이혁준 민사소송법 정리

2차 기본강의

이혁준 편저

10년간 9회

★ 전 체 수 석 ★

합격자 배출

박문각 법무사

먼저 그동안 본 교재에 보여 준 여러분들의 깊은 관심과 사랑에 다시 한번 머리 숙여 감사드리고, 평생 가슴속에 간직하며 살아갈 것을 다짐해 본다.

이번 민사소송법 개정판(제10판)에서도 기존 체계와 마찬가지로 일련의 소송절차 순서대로 법리를 설명하는 방식을 그대로 유지하여 민사소송법을 체계적으로 정리할 수 있도록 하였고, 시험을 대비하는 데에 부족함이 없는 최적의 수험서(기본서)가 되도록 보다 많은 신경을 썼다.

이번 민사소송법 개정판(제10판)의 개편기조는 다음과 같다.

첫째, 내용을 다소 정비하였다.
기존에 오해의 소지가 있는 부분과 오기 또는 오탈자가 있는 부분을 바로 잡았다. 또한 2025년에 개정된 조문과 기존에 누락된 조문도 보충하였고 중요한 법리에 대해서도 추가해서 정리하고 소개하였다.

둘째, 판례를 대거 보완하였다.
2024년까지 치러진 법무사, 법원행시, 변리사시험과 2025년에 치러진 변호사시험, 법원행시, 변리사시험 등에 출제된 판례를 비롯하여, 2025년 상반기까지의 주목할 만한 중요판례를 모두 반영하였다. 아울러 구체적인 판례의 법리가 그려지지 않는 사안에서는 사실관계나 소송과정을 축약함과 동시에 해설이나 보충설명도 간략히 소개함으로써 쉽게 이해하고 정리될 수 있도록 힘을 쏟았다. 또한 판례서로서의 면모에 부합하게 누락된 판례도 보충하여 그 완결을 도모하였다. 나아가 중요하고 핵심적인 판례에는 별표(★)를 추가(중요도 별로 가감)하여 보다 효율적인 공부를 할 수 있도록 신경을 썼다.

셋째, 특히 중요한 판례에 대해서는 논증 Set를 추가하여 서술하였다.
본 교재에 소개된 논증구도를 정리하는 것만으로 사례문제에 대한 감각과 답안작성의 기본적인 틀을 익힐 수 있을 것이다. 이로써 본서가 한층 새로워지고 충실해진 것으로 생각된다.

현 국가시험은 민사소송법 전반에 걸친 이해와 판례에 대한 보다 구체적이고 정확하며 실질적인 이해를 요구하고 있다. 또한 그 쓰임새를 알고 있는지를 묻는 문제들이 출제되는 경향이 있다. 따라서 민사소송법은 정확하게 공부하는 것이 정도라고 생각한다. 본서는 이러한 원칙에 입각하여 만들어진 것이다. 본서를 활용함에 처음에는 다소 어려움이 있을 수 있으나, 반복적으로 보면서 차근차근 정리해 간다면 민사소송법의 진면목을 엿볼 수 있고 시험에 합격함은 당연지사라 할 것이다.

언제나 그랬듯이 이번 개정판을 출간함에 있어서도 많은 분들의 도움이 있었다. 일일이 이름을 들어 감사의 말씀을 드리지는 못하나, 다시 한번 그분들에게 지면을 빌려 고마움을 전한다. 그리고 본서가 수험서로서 보다 새로워지고 충실해질 수 있도록 도움을 주신 박문각 朴容 회장님과 출판사 임직원 분들에게 감사의 말씀을 드린다.
마지막으로 이 책을 항상 격려와 관심 그리고 깊은 애정으로 지켜봐 주는 사랑하는 가족들에게 바친다.

개정판을 내면서 매해 그러하듯이, 본서가 민사소송법을 공부하는 수험생 여러분들에게 조금이라도 도움이 되었으면 하는 바람이다. 앞으로도 계속적으로 다듬고 보충하여 좀 더 훌륭한 책이 될 수 있도록 끊임없이 노력할 것을 약속드리며, 수험생 여러분들의 조속한 합격을 진심으로 기원한다.

이혁준 올림

Ⅰ. 초안을 작성하라

수험생 중에는 초안의 중요성을 인식하지 못하거나 초안의 필요성을 못 느끼고 있는 수험생들이 많은 듯하다. 그러나 초안작성은 실수를 줄이고 누락쟁점을 줄이는 데에 가장 효율적인 방법 중 하나이다. 초안을 작성하면 시간을 낭비하는 것 같지만, 초안작성을 안 하고 답안을 쓰다가 실수한 부분을 발견하여 지우고 다시 쓰게 된다면, 시험장에서 당황하게 되고 오히려 그것이 더욱 시간을 낭비한다는 것을 생각해 본다면 초안작성의 중요성과 필요성을 인식할 수 있을 것이다. 그럼, 초안을 어떻게 작성할 것인가?

① 초안작성을 위해 사실관계는 최소한 2번 정도 반드시 읽고 파악해야 한다. 사실관계 파악에서부터 잘못한다면 초안작성은 무의미하다.

② 사실관계를 파악하는 데에는 문제를 먼저 눈으로 훑어보기를 권한다. 그리고 문제를 연상하면서 사실관계를 볼 때 우선 눈에 명백하게 보이는 쟁점을 뽑아낸다.

③ 이후 도출한 쟁점을 유기적으로 연결하기에 필요한 부분쟁점을 추가로 도출한다.

④ 이렇게 도출된 쟁점을 논증순서에 맞게 재구성한다. 그리고 구성된 쟁점별로 조문과 판례가 있음을 표시해 둔다.

⑤ 주의할 것은 위 모든 사항을 초안에 기재할 때에는 축약된 표현으로, 예컨대 다룰 쟁점의 앞글자만 따서 표시하거나 결론은 O·X 등의 방법으로 시간을 최대한 줄이도록 한다.

이렇게 도출된 쟁점은 다음과 같은 방식으로 목차 순서를 부여하면서 논증구도를 잡도록 한다.

Ⅱ. 목차의 구성순서

✔ 사법시험과 변리사시험을 기준으로 할 때라면, 예를 들어

〈제1문〉

Ⅰ. 설문 1. 또는 (1)에 관하여

 1. 논점의 정리/ 문제점(문제의 소재)

　　[※ 칸을 띄운다. 지나친 여백(– 좌우여백 포함)은 답안 내용이 부실할 것이라는 선입견을 주지만, 여백 없이 구성하면 채점하는 자로 하여금 답답함을 들게 하고, 자칫 답안 전체의 구성(이미지 포함)을 흐리게 하여 채점에 불이익을 줄 우려가 있다. 여백의 미를 살릴 필요가 있다.]

 2. 쟁점의 목차화

 (1) 의의·근거·취지/ 법적 성질/ 요건/ 문제점(문제의 소재)

　　[※ 칸을 띄운다. 또한 이 부분에서 다시 문제점(문제의 소재)을 거론하지 않아도 되는 정도의 문제라면 굳이 목차를 달아 기재할 이유는 없다. 즉 위 1.에서 언급하는 것으로 대체할 수 있다.]

(2) (부분)쟁점사항
  1) 학설
  2) 판례
  3) 검토
  [※ 각각 칸을 띄운다. 또 다른 (부분)쟁점이 문제될 때에도 마찬가지의 방식이다.]
(3) 사안의 경우(해결)

✔ 변호사시험과 법무사시험을 기준으로 할 때라면, 예를 들어

〈제1문〉
Ⅰ. 설문 1. 또는 (1)에 관하여
 1. 결론
   [※ 칸을 띄운다. 지나친 여백(– 좌우여백 포함)은 답안 내용이 부실할 것이라는 선입견을
   주지만, 여백 없이 구성하면 채점하는 자로 하여금 답답함을 들게 하고, 자칫 답안 전체의
   구성(이미지 포함)을 흐리게 하여 채점에 불이익을 줄 우려가 있다. 여백의 미를 살릴 필요가
   있다.]
 2. 근거(이유, 논거)
   (1)
   [※ 칸을 띄운다.]
   (2)
   [※ 칸을 띄운다.]
   (3) 사안의 경우(해결)

Ⅲ. 본문 내용의 설시상 주의사항

다른 답안과 차별화된 답안을 작성함으로써 득점에 유리하기 위해서는 다음과 같은 점을 항상
생각하면서 훈련하여야 한다.

1. 논증의 전개면

논증의 전개는 큰 틀에서 물 흐르듯이 자연스러워야 한다. 예컨대, 쟁점의 구성이 그 선·후
관계에 역행하지 않도록 하여야 하며, 쟁점을 단순히 나열함에 그치지 말고 그것을 넘어서 첫
번째 쟁점에서 다음 쟁점으로 넘어가는 이유(예컨대 문제점 또는 문제의 소재 등)를 가볍게
제시하면서 후행 쟁점을 논의하는 식으로 한다.

2. 근거제시형의 문제편

① 근거제시형 문제에서는 항상 조문으로든 해석상으로든 그 근거를 제시해야 한다. 이는 철칙이다. 예컨대「판례는 사안의 경우 ~을 긍정한다.」는 식의 내용은 1차 시험에서나 생각할 문제이다. 2차 시험의 근거제시형에서는 이와 같은 서술은 득점에 도움이 되지 못한다. 또한 원칙은 안 되지만, 예외적으로 허용된다면 왜 그런가? 그 물음에 대한 근거가 있어야 하는 것이다. 그럼, 근거는 어디까지 제시하여야 하는가? 다다익선이다. 근거제시형에서 남보다 더 치밀하고 상세한 근거를 제시한다면 그만큼 더 좋은 점수를 받을 것이라는 점은 자명한 사실이다. 최대한 친절을 베풀어라.

② 쟁점에 대해서는 설문의 해결에 관련된 것만을 서술하여야 한다. 사안의 해결에 불필요한 쟁점에 대해서는 시간도 에너지도 낭비해서는 안 된다. 그러기 위해서는 처음부터 선입견 없이 설문(출제의도)을 제대로 파악하여야 한다. 물론 사안 해결에 필요한 쟁점을 도출하는 것 자체가 어려운 일이다. 이것은 위 초안작성의 방법에서 언급한 ②와 ③의 내용을 염두에 두면서 거듭된 훈련을 통해서 익혀갈 수밖에 없다. 그래서 2차 준비는 이런 훈련방식으로 답안을 작성하는 과정이 필수적으로 뒤따라야 하는 것이다. 안다는 것이 잘 쓴다는 것까지 담보하지는 않기 때문이다.

③ 2차 답안은 법리의 이해 정도와 판례의 숙지 정도, 그리고 이러한 판례법리(내지 자기견해)를 실제 사안에서 적용할 수 있는지의 능력, 즉 사안의 해결능력을 평가하게 된다. 따라서 자신의 이해 정도를 정확하게 표현하여야 한다. 잘못된 용어를 사용하거나 설문에 적용될 법리 이외의 쟁점을 다룸으로써 논점일탈 내지 논리비약이 있어서는 안 된다. 그 실수만으로 이미 법리를 이해하지 못하고 있다는 점을 증명하는 것이나 다름없다. 또한 사안 해결능력을 보여주기 위해서는 반드시 법리의 사안포섭 과정을 보여주어야 한다는 점을 잊지 말아야 한다.

3. 논점추출형의 문제편

① 민사소송법의 출제는 교과서의 단편적인 문제에서 민사분쟁의 실제사건을 해결하고 소송절차에서 발생되는 실질적인 사건 해결에 따른 절차상의 문제를 해결하는 능력을 평가하는 특성이 있다. 이러한 출제는 법학전문대학원의 설치에 따른 변호사시험 등의 영향에 따라 더욱 두드러지게 나타나게 되는 경향이라고 할 것이다. 따라서 사건 중심에서 민사소송절차 전반에서 야기되는 문제를 연결하여 해결할 수 있는 능력을 배양하는 학습방법의 전환이 필요한 부분이다.

② 이러한 출제경향은 결국 논점추출형의 문제로 나타날 수 있는데, 이러한 유형의 문제에서는 사안 해결을 위해 절차전반에 걸쳐 나타나는 모든 논점을 추출해 내는 것이 득점상

절대적으로 필요하다. 물론 논점추출형의 문제에서도 위 근거제시형의 문제에서 거론했던 논점의 일탈이나 논리의 비약에 주의를 기울여야 함은 마찬가지이나, 특히 논점의 누락이 있어서는 해당 배점을 못 받는다는 데에 신경을 써야 한다는 것이다.

4. 기타 주의사항

① 주의할 것은 위에 따른 답안을 작성할 때 자칫 너무 흥에 겨워서 시간 안배에 실패하는 경우가 있으며, 선입견을 갖고 문제를 임의로 해석하는 경우가 있다. 답안은 철저히 표시주의가 적용된다. 답안에 없다면 주장이 없어서 채점의 기초로 삼을 수 없다. 변론주의를 생각해 보라. 또한 많이 아는데 답안에 실수가 있다는 이유로 동정 점수를 받는 일은 없다. 본인은 실수한 것이라지만 채점자는 철저히 모르는 것으로 평가하게 된다. 법학은 그럴 것 같은 데… 라는 것은 없다. 치밀하고 정교하게 움직이는 기계와 같다. 따라서 실수는 본인이 증명책임(점수의 불이익)을 지게 되는 것으로 치명적이다.

② 한 가지 덧붙이자면, 법학은 논리를 빼면 남는 것이 없다. 왜 논리가 중요한가? 논리가 없다면 마치 자의적인 판단에 불과한 것이다. 법칙이라는 것이 무엇인지를 생각하면 당연한 것이다. 또한 법학에서는 형식이 중요하다. 형식은 논리적 전개(논리성)를 보여주는 최소한의 가장 효율적인 수단이기 때문이다. 그래서 형식을 갖추지 않은 답안은 점수는 받겠지만 형식을 갖춘 답안보다 결코 좋은 점수를 얻을 수 없다. 1점의 소중함을 생각해야 한다.

Ⅳ. 판례 서술의 방법

답안에 판례를 서술할 경우, 판례의 결론만 제시해서는 안 된다는 점을 다시 한 번 당부하면서, 다음과 같은 판례 서술방법의 예를 제공한다. 예컨대, 「판례는 ~사안에서 또는 ~(쟁점)에 관해서, ……라고 판시한 바 있다.」라고 설시한다. 그리고 "……"의 부분에서는 ① 판례의 쟁점에 대한 Key-word 또는 ② 논거가 되는 판결요지의 문구가 현출되도록 함이 절실히 요구된다. 채점자는 이미 자신이 다루었던 익숙한 문장이 있다. 만약 그 문장이 답안에 묻어나 있다면 이런 사정만으로 점수에 실질적인 영향을 미칠 것이라는 점은 자명한 사실이다.

Ⅴ. 기호 등의 기재방법

① 법의 표현은, 처음 민사소송법 조문을 기재할 경우, 예컨대 「민사소송법(이하 '법'이라 한다) 제000조」라는 식으로 기재하고, 그 후에는 「법 제000조」라고 기재하면 된다.
② 마침표, 쉼표 외에 특수기호, 예컨대 §, : 등은 사용하지 않도록 한다. 또한 마침표나 쉼표는 적절하게 사용할 수 있도록 하여야 한다. 특히 괄호 다음에 기호를 사용할 경우에는 반드시 괄호 다음에 나타나도록 한다.

Ⅵ. 마무리하며

「남들만큼만 하자 또는 과락만 조금 넘기자!」라는 생각은 위험한 발상이다. 이런 안일한 생각으로는 경쟁에서 이길 수가 없다. 어렵다고 쉽게만 하자는 생각은 아무 도움도 안 된다. 이것이 시험에서의 진실이고 정의이다. 법리도 치밀하고 정확하게 익히고 배워야 한다는 점을 분명히 상기하여야 한다. 민사소송법은 결코 방어과목이 아니다. 처음에는 외계어처럼 여겨진다 하더라도, 절차법이라는 특성상 인내심을 갖고 꾸준히 학습한다면 나중에는 민사소송법만큼 전략과목도 없다는 생각을 하게 될 것이다.

그러면 민사소송법을 공부할 때 어떻게 하여야 하는가? 모든 주제를 볼 때에는, 왜 이것이 문제인가?, 어떤 분쟁에서 나타나는 모습인가?, 이에 대한 쟁점이 나오면 답안에는 어떤 내용이 담겨져야 하는가?를 항상 생각하면서 익혀야 한다. 답안에는 그렇게 이해·정리한 내용을 설시하면 된다. 그런데 이것이 한순간에 이루어지는 것은 아니다. 결국 많은 사례를 풀어보는 계속적인 연습과정이 있어야 하고 반복해서 사례를 풀어 보는 것이 중요하다. 풀어 본 사례라도 다시 풀어 본다면 전과 동일한 내용의 답안을 작성하리라는 보장은 어디에도 없다. 이렇듯 계속적으로 훈련을 하다 보면, 답안의 풍미가 깊어질 것이다. 만약 많은 문제를 풀어보기에 시간이 부족하다면(대부분의 수험생이 이렇겠지만), 초안작성 연습에 중점을 두면서 훈련하기를 권한다. 그리고 자신이 도출한 쟁점과 해설 답안에서 다루고 있는 쟁점을 서로 비교하면서 누락쟁점이나 일탈쟁점을 분석하고, 판례의 태도 및 사안포섭을 해설 답안에서는 어떻게 다루고 있는가를 면밀히 살펴보아야 한다.

지금까지 언급한 사항을 최대한 체득할 수 있도록 꾸준히 연습하기를 바라며, 위 사항이 답안 작성에 조금이라도 도움이 되길 기대한다.

차례

Chapter 04 소송의 종료

PART 03 상소·재심

Chapter 01 상소

Chapter 02 재심

민사소송

제1절 | 기본문제의 구성

민사소송은 「사인 사이의 사법적 법률관계에서 발생하는 분쟁의 법적 해결」을 위하여 「소의 제기」로부터 「변론」을 거쳐 「판결」에 이르기까지 원고, 피고 및 법원의 행위가 연속하여 이루어지면서 진행되어 가는 「재판상의 절차」이다.

1) 민사소송은 사법상의 권리관계를 그 대상으로 한다.
   ① 권리관계가 아닌 사실관계는 민사소송의 대상이 되지 않는다.
   ② 또한 법률상의 문제라 하여도 구체적 권리의무에 관한 분쟁이 아닌, 추상적 법률·명령·규칙 등의 효력을 다투는 것은 민사소송의 대상이 아니다.

2) 민사소송은 널리 권리관계의 보전(보전절차 : 가압류·가처분)·확정(판결절차)·실현(강제집행절차) 등을 과제로 하는 절차이다. 다만 좁은 의미의 민사소송이라 할 때에는 판결절차만을 의미한다.

제2절 ▌ 민사소송의 구성요소와 구조

제1관 민사소송의 구성요소 − 소송의 주체와 객체

Ⅰ. 소의 의의 및 구성요소

소란 원고가 피고를 상대방으로 하여 법원에 대해 특정 청구의 당부에 관해 심판을 요구하는 소송 행위이다. 따라서 소의 본질적 구성요소는 ① 주관적 요소로서 누가 누구를 상대로 하였는가, 즉 소송의 당사자로서 원고와 피고가 특정되어야 하고, ② 객관적 요소로서 법원이 심판주체가 되어 어떤 청구의 당부를 판단하여야 하는가, 즉 소송의 객체가 무엇인지 특정되어야 한다. 결국 소송은 소송의 주체인 당사자와 법원, 그리고 소송의 객체인 청구(소송물)로 구성된다. 이에 기초하여 소장의 필요적 기재사항과 소송요건도 정해지는 것이다.

소장의 필요적 기재사항과 소송요건에 관한 구체적인 내용은 절차의 흐름을 파악하면서 개별적으로 살펴볼 것이고, 여기서는 민사소송의 중핵에 해당하는 소송물에 관한 일반론만을 살펴보기로 한다.

Ⅱ. 소송물에 관한 일반론

1. 소송물의 개념과 소송물이론

① 원고가 소에 의하여 주장한 권리 또는 법률관계의 존부, 즉 법원의 심판대상(소송의 객체)을 소송물(청구)이라고 한다. 어떠한 소송에 있어서도 심판의 대상을 둘러싸고 양쪽 당사자가 공격방어방법을 충분히 다한 뒤에 법원의 판결이 내려져야 한다. 예 매매대금이행의 소에 있어서 원고가 제시한 매매대금이행청구가 인정되는지 여부를 둘러싸고 공방이 행하여지고, 법원이 원고의 청구가 정당하다고 인정하면 피고에 대하여 매매대금채무의 이행을 명하는 판결을 선고하게 된다. 이와 같이 소송에 있어서 중요한 지침이 되며, 심판의 대상이 되는 소송의 객체를 「소송물」이라고 부른다. 여기서 소송물을 어떻게 구성하고 규명할 것인가에 대한 논의가 소송물이론이다.

② 다만 다음의 경우는 대체로 견해의 일치를 보고 있다. 즉 ⅰ) 청구의 목적물 또는 계쟁물 자체는 소송물이 아니고, ⅱ) 사실관계 자체도 소송물이 아니다. 또한 ⅲ) 청구취지가 다르면 특별한 사정이 없는 한 소송물은 다르다.

(1) 이행의 소와 형성의 소

이와 같은 소송물이론은 크게 ① 실체법상의 권리 또는 법률관계의 주장을 소송물로 보고, 실체법상의 권리마다 소송물이 별개로 된다는 구소송물이론(판례도 기본적으로 이러한 입장이다), ② 실체법상 권리에 구애받지 않고 소송법적 요소, 즉 신청(우리 법의 청구의 취지)만으로 또는 신청과 사실관계 (우리 법의 청구 원인의 사실관계)에 의해 소송물을 파악하려는 신소송물이론(일원설과 이원설)의 두 가지 입장이 있다(다만 금전지급의 청구에 있어서는 신구이론의 결론상 차이가 없다).

1) 구소송물이론(구실체법설)

① 원고가 소송에서 주장하고 있는 실체법상의 권리 또는 법률관계 그 자체를 소송물로 보고, 소송물은 「신청」(우리 법의 청구의 취지)과 「사실관계」(우리 법의 청구 원인의 사실관계) 및 실체법상의 근거로 구성된다고 보는 입장이다. 따라서 개개의 구체적인 실체법상 권리(청구권)마다 이행소송의 소송물이 다르고, 개개의 형성권·형성원인마다 형성소송의 소송물이 다르다고 본다.

[대판 2013.7.12, 2013다22775] 저작인격권이나 저작재산권을 이루는 개별적인 권리들은 저작인격권이나 저작재산권이라는 동일한 권리의 한 내용에 불과한 것이 아니라 각 독립적인 권리로 파악하여야 하므로 위 각 권리에 기한 청구는 별개의 소송물이 된다. 따라서 이 사건에서 이 사건 중문 서적의 편집 저작물 저작권 침해를 원인으로 하는 손해배상청구와 이 사건 중문 서적에 수록된 개별 이야기 (2차적 저작물 또는 독창적 저작물)의 저작재산권 침해를 원인으로 하는 손해배상청구는 별개의 소송물이 된다.

[대판 2014.1.16, 2013다69385] 복직의무 불이행에 따른 손해배상청구와 근로계약에 기한 임금 청구가 별개의 소송물인지 여부(적극) 및 해고무효 확인과 함께 임금 청구의 소를 제기하여 임금 지급을 명하는 확정판결을 받은 근로자가 승소액을 넘는 금액에 대하여 채무불이행 또는 불법행위로 인한 손해배상청구권을 행사하는 것이 허용되는지 여부(적극)
사용자가 복직의무를 이행하지 아니한 것이 채무불이행 또는 불법행위를 구성하는 경우, 근로자가 사용자의 복직의무 불이행과 관계없이 근로계약에 기한 임금청구권을 가진다고 할지라도, 위와 같은 사용자의 채무불이행 또는 불법행위로 인한 손해배상청구권은 실체법상 근로계약에 기한 임금청구권과 별개의 청구권으로 존재하고 소송법적으로도 소송물을 달리하므로(대판 1989.3.28, 88다1936 참조), 근로자로서는 근로계약에 기한 임금채권을 가지고 있다 하더라도 아직 채권의 만족을 얻지 못한 경우에는 채무불이행 또는 불법행위로 인한 손해배상청구권에 관한 이행판결을 얻기 위하여 그에 관한 이행의 소를 제기할 수 있다. 그리고 근로자가 먼저 해고무효 확인과 함께 해고가 무효일 경우 근로계약에 기한 임금을 청구하는 소를 제기하여 임금의 지급을 명하는 확정판결을 받았다고 하더라도 그 승소액을 넘는 금액에 대하여 채무불이행 또는 불법행위로 인한 손해배상청구권의 행사가 허용되지 않는 것도 아니다(대판 2013.9.13, 2013다45457 참조).

---

② 따라서 청구권 경합이 생기는 경우, 예 전차의 승객이 사고에 의하여 손해를 입은 때에 승객에 귀속하는 민법 제390조의 계약불이행에 기한 손해배상청구와 제750조 또는 제756조의 불법행위에 기한 손해배상청구를 하는 경우에 이 입장에서는 소송물은 2개가 되는 것으로 청구의 병합이 존재하게 되고, 먼저 어느 한쪽이 주장되고 이어서 다른 쪽이 소송계속 중에 주장되면 청구의 변경에 의한 후발적 청구의 병합이 존재하게 된다. 이 경우에 여러 개의 청구 가운데 어느 하나가 인용되면 그 목적을 달성할 수 있기 때문에 다른 청구에 대하여는 재판을 바라지 않는 형태의 「선택적 병합」이 나타나게 된다.

2) 소송법설(신소송물이론)

소송물을 실체법상 권리에 구애받지 않고 소송법 독자의 관점에서 파악하고자 한다. 이러한 입장으로는 ① 일분지설(일원설)과 ② 이분지설(이원설)이 있다.

가) 일분지설(일원설)

① 소송물개념에서 실체법상 권리를 단절하여 소송물개념을 오로지 「신청」(우리 법의 청구의 취지)이라는 소송법상의 요소로 구성하고, 실체법상 권리는 법적 관점 내지는 공격방어방법으로서의 지위로 한 단계 끌어내리는 입장이다. 위 청구권경합이 생기는 손해배상청구의 예에 있어서, 신청이 1개이므로 소송물도 1개가 되고, 여러 개의 청구권을 주장하여도 이는 공격방어방법에 불과하여 청구의 병합이 되지 않는다.

② 한편, 이 입장에 의하여도 금전이나 대체물의 일정수량의 이행을 구하는 이행소송의 경우에는 신청만으로는 소송물은 특정되지 않는다고 본다. 동일 당사자 사이에 동일 금액의 지급을 구하는 전혀 별개의 청구권이 복수로 존재할 수 있기 때문이다. 이러한 경우에는 소송물은 「사실관계」에 의하여 특정된다고 한다. 다만, 그렇더라도 사실관계를 신청의 해석을 위한 단순한 보조수단으로 풀이하는 것이고, 신청과 대등한 소송물의 구성요소로 인정하는 것은 아니다.

나) 이분지설(이원설)

「신청」(우리 법의 청구의 취지)과 「사실관계」(우리 법의 청구 원인의 사실관계)라는 두 가지 요소에 의하여 소송물이 구성된다고 보는 입장이다. 위 청구권 경합이 생기는 손해배상청구의 예에 있어서, 동일한 사실관계에 입각한 것으로 소송물은 1개이고 청구의 병합이 아니라고 한다.

(2) 확인의 소

그러나 확인의 소의 경우에는 위 소송물이론에 따른 차이는 거의 없다(다만 신소송물이론 중 이원설의 입장에서 확인의 소에서도 청구취지와 청구원인의 사실관계에 의해 소송물이 특정된다고 보는 일관설도 존재한다). 확인의 소에서는 "원고의 피고에 대한 2012.3.1. 금전소비대차계약에 기한 금 10,000,000원의 대여금채권이 존재함을 확인한다."는 식으로 확인을 구하는 권리관계를 청구의 취지에 기재하는 것이 통례이므로, 청구취지만으로 소송물의 동일성이 특정되기 때문이다.

2. 소송물의 실천적 기능

절차의 개시	① 토지관할 · 사물관할 ② 청구의 특정과 그 범위 따위를 결정
절차의 진행	① 처분권주의의 위배 여부 ② 중복소송 ③ 청구의 병합 ④ 청구의 변경
절차의 종결	① 기판력의 범위 ② 재소금지의 범위
실체법상의 효과	① 소제기에 의한 시효중단 ② 제척기간준수의 효과

(1) 소송물 특정의 필요성

① 심판의 대상을 명확하게 하기 위한 것이다. 법원에 대하여 심판의 목표를 명확히 하고(처분권주의 관련, 제203조), 상대방에 대하여 방어의 목표를 분명하게 하기 위하여 요청된다(예상외 재판방지, 불의의 타격방지 관련).

② 다른 제도의 적용의 유무를 분명하게 하기 위한 것이다. 청구의 병합(제253조)의 유무, 중복제소금지(제259조)의 범위, 청구의 변경(제262조)의 유무, 재소금지(제267조 제2항), 기판력의 객관적 범위(제216조 제1항) 등은 그 소의 소송물이 무엇인지가 특정되어 있지 않으면 판단할 수 없다. 특히 주문에 포함된 판단만이 기판력을 가지는 것이 원칙이므로(제216조 제1항), 「신청사항 = 소송물 = 판결사항 ≒ 기판력이 생기는 사항」이라는 도식이 성립할 수 있다.

③ 따라서 소를 제기하는 원고로서는 소장의 기재에 의하여 소송물을 특정할 것이 요청된다.

(2) 소송물이론의 시금석

① 원고는 여러 개의 소송상 청구를 같은 종류의 소송절차에서 병합하여 소를 제기할 수가 있는데(소의 객관적 병합), 1개의 소에 있어서 여러 개의 소송상 청구가 병합되어 있는지 여부는 소송물의 동일성을 기준으로 판단한다.

② 법원에 계속된 사건에 대하여는 당사자는 다시 소를 제기하지 못한다(중복제소의 금지). 여기서도 제1소송의 소송상 청구와 제2소송의 그것이 동일하다고 할 수 있는가의 문제에 있어서 소송물의 동일성이 관계한다. **예** 소유자이자 건물임대인 甲이 임대차계약이 종료한 뒤에도 목적건물을 인도하지 않는 임차인 乙에 대하여 소유권에 기하여 건물명도청구소송을 제기하였다. 이 소가 계속 중 甲이 乙에게 임대차계약종료에 기하여 건물인도청구소송을 제기할 수 있는가의 문제에서, 구소송물이론에 의하면 후소는 중복제소가 되지 않는다.

③ 청구의 변경에 관하여 소송상 청구의 동일성이 문제된다. 동일한 소송물이라면 청구의 변경에 해당하지 않는다.

④ 판결이 확정된 뒤에 동일한 소송상 청구에 대하여 재차 소를 제기하는 것은 확정판결의 기판력에 저촉된다. 여기서 전소의 소송물과 후소의 소송물이 동일한지 여부가 문제되는 것이다.

⑤ 본안에 관한 종국판결선고 뒤의 소의 취하의 경우에 동일한 사건에 대하여 재차 소를 제기하는 것은 허용되지 않는다. 따라서 소송물의 동일성이 이러한 재소금지효를 한계 짓는 의미도 가진다.

3. 소송물이론의 상대화 경향

다만 소송물 개념이 가지는 한계로 인하여 각각의 문제영역에 있어서 소송물개념의 효용이 상대화되기에 이르렀고, 결국 ① 소멸시효의 중단여부 및 범위, ② 일부청구, ③ 중복제소, ④ 재소금지, ⑤ 기판력의 문제 등에 있어서 각각 그 제도 자체의 취지와 함께 고려될 필요성이 있게 되었다. 즉 소송물이론으로부터 일관되게 결론을 이끌어 내는 것은 이제 재조정이 필요하게 되었다. 다시 말해 소송물은 하나의 기준으로서 작용함은 사실이나, 현재 절대적 기준으로서 작용하는 것은 아니라고 이해되어야 할 것이다.

4. 판례상 문제되는 구체적 유형

(1) 원금채권과 지연손해금채권 및 확정 지연손해금채권에 대한 지연손해금채권

★[대판 2022.4.14, 2020다268760] 금전채무의 지연손해금채무는 금전채무의 이행지체로 인한 손해배상채무로서 이행기의 정함이 없는 채무에 해당하므로, 채무자는 확정된 지연손해금채무에 대하여 채권자로부터 이행청구를 받은 때부터 지체책임을 부담하게 된다. 한편 원금채권과 금전채무불이행의 경우에 발생하는 지연손해금채권은 별개의 소송물이다. 따라서 판결이 확정된 채권자가 시효중단을 위한 신소를 제기하면서 확정판결에 따른 원금과 함께 원금에 대한 확정 지연손해금 및 이에 대한 지연손해금을 청구하는 경우, 확정 지연손해금에 대한 지연손해금채권은 채권자가 신소로써 확정 지연손해금을 청구함에 따라 비로소 발생하는 채권으로서 전소의 소송물인 원금채권이나 확정 지연손해금채권과는 별개의 소송물이므로, 채무자는 확정 지연손해금에 대하여도 이행청구를 받은 다음 날부터 지연손해금을 별도로 지급하여야 하되 그 이율은 신소에 적용되는 법률이 정한 이율을 적용하여야 한다.

(2) 등기청구

1) 소유권이전등기가 원인무효라는 이유로 그 등기의 말소를 구하는 말소등기청구사건

★★[대판 1993.6.29, 93다11050] 말소등기청구사건의 소송물은 당해 등기의 말소등기청구권이고 그 동일성 식별의 표준이 되는 청구원인(즉 말소등기청구권의 발생원인)은 당해 등기원인의 무효라 할 것으로서 등기원인의 무효를 뒷받침하는 개개의 사유는 독립된 공격방어방법에 불과하여 별개의 청구원인을 구성하는 것이 아니라 할 것이므로 전소에서 원고가 주장한 사유나 후소에서 주장하는 사유들은 모두 등기의 원인무효를 뒷받침하는 공격방법에 불과할 것일 뿐 그 주장들이 자체로서 별개의 청구원인을 구성한다고 볼 수 없고 모두 전소의 변론종결 전에 발생한 사유라면 전소와 후소는 그 소송물이 동일하여 후소에서의 주장사유들은 전소의 확정판결의 기판력에 저촉되어 허용될 수 없는 것이다.

2) 말소등기에 갈음하여 허용되는 진정등기명의회복을 원인으로 한 소유권이전등기청구사건

★★★[대판(전) 2001.9.20, 99다37894]

[1] 진정한 등기명의의 회복을 위한 소유권이전등기청구는 이미 자기 앞으로 소유권을 표상하는 등기가 되어 있었거나 법률에 의하여 소유권을 취득한 자가 진정한 등기명의를 회복하기 위한 방법으로 현재의 등기명의인을 상대로 그 등기의 말소를 구하는 것에 갈음하여 허용되는 것이다.

[2] 말소등기에 갈음하여 허용되는 진정등기명의회복을 원인으로 한 소유권이전등기청구권과 무효등기의 말소청구권은 어느 것이나 진정한 소유자의 등기명의를 회복하기 위한 것으로서, ① 실질적으로 그 목적이 동일하고, ② 두 청구권 모두 소유권에 기한 방해배제청구권으로서 그 법적 근거와 성질이 동일하므로, 비록 전자는 이전등기, 후자는 말소등기의 형식을 취하고 있다고 하더라도 그 소송물은 실질상 동일한 것으로 보아야 하고, 따라서 소유권이전등기말소청구소송에서 패소확정판결을 받았다면 그 기판력은 그 후 제기된 진정등기명의회복을 원인으로 한 소유권이전등기청구소송에도 미친다.

3) 통상의 소유권이전등기청구사건

★★[대판 1996.8.23, 94다49922]

[1] 소유권이전등기청구사건에 있어서 등기원인을 달리하는 경우에는 그것이 단순히 공격·방어방법의 차이에 불과한 것이 아니고 등기원인별로 별개의 소송물로 인정된다.

[2] 부동산의 처분에 관한 사무를 위임하면서 그 위임사무 처리를 위하여 소유권이전등기를 넘겨주기로 한 약정은 매매와는 서로 다른 법률관계임이 분명하고, 그와 같은 약정을 원인으로 한 소유권이전등기청구권과 매매를 원인으로 하는 소유권이전등기청구권은 별개의 소송물이므로, 비록 매매로 인한 소유권이전등기청구를 인낙하는 인낙조서가 준재심소송에서 취소되고 그 청구를 기각하는 판결이 선고되어 확정되었다고 하여도 그 기판력은 위와 같은 약정으로 인한 소유권이전등기청구권의 존부에 미친다고 볼 수 없다.

★★[대판 1997.4.11, 96다50520] 매매 또는 취득시효 완성을 원인으로 하는 소유권이전등기청구소송에서 그 대상을 1필지 토지의 일부에서 전부로 확장하는 것은 청구의 양적 확장으로서 소의 추가적 변경에 해당하고, 동일 부동산에 대하여 이전등기를 구하면서 그 등기청구권의 발생원인을 처음에는 매매로 하였다가 후에 취득시효의 완성을 선택적으로 추가하는 것도 단순한 공격방법의 차이가 아니라 별개의 청구를 추가시킨 것이므로 역시 소의 추가적 변경에 해당한다.

[대판 1994.4.15, 93다60120] 취득시효완성으로 인한 소유권이전등기청구소송에 있어서, 전소에서의 대물변제를 받았다는 주장과 후소에서의 증여를 받았다는 주장은 모두 부동산을 소유의 의사로 점유한 것인지를 판단하는 기준이 되는 권원의 성질에 관한 주장으로서 이는 공격방어방법의 차이에 불과하고, 취득시효의 기산점은 법률효과의 판단에 관하여 직접 필요한 주요사실이 아니고 간접사실에 불과하여 법원으로서는 이에 관한 당사자의 주장에 구속되지 아니하고 소송자료에 의하여 진정한 점유의 시기를 인정하여야 하는 것이므로, 그러한 점유권원, 점유개시 시점과 그로 인한 취득시효완성일을 달리 주장한다고 하더라도, 그러한 주장의 차이를 가지고 별개의 소송물을 구성한다고 할 수 없다.

(3) 건물'인도'청구와 건물'퇴거'청구

★★★[대판 2024.6.13, 2024다213157] 건물의 '인도'는 건물에 대한 현실적·사실적 지배를 완전히 이전하는 것을 의미하고, 민사집행법상 인도청구의 집행은 집행관이 채무자로부터 물건의 점유를 빼앗아 이를 채권자에게 인도하는 방법으로 한다. 한편 건물에서의 '퇴거'는 건물에 대한 채무자의 점유를 해제하는 것을 의미할 뿐, 더 나아가 채권자에게 점유를 이전할 것까지 의미하지는 않는다는 점에서 건물의 '인도'와 구별된다. 그러므로 채권자가 소로써 채무자가 건물에서 퇴거할 것을 구하고 있는데 법원이 채무자의 건물 인도를 명하는 것은 처분권주의에 반하여 허용되지 않는다.

(4) 소유권·점유권에 기한 반환청구

동일물의 반환청구를 소유권에 기하여 청구하는 경우(제213조)와 점유권에 기하여 청구(제204조)하는 경우는 별개의 소송물에 관한 청구임을 전제로 전자의 청구임이 명백하다면 후자의 청구인지 여부를 석명할 의무가 없다.

[대판 1996.6.14, 94다53006] 소유권에 기하여 미등기 무허가건물의 반환을 구하는 청구취지 속에는 점유권에 기한 반환청구권을 행사한다는 취지가 당연히 포함되어 있다고 볼 수는 없고, 소유권에 기한 반환청구만을 하고 있음이 명백한 이상 법원에 점유권에 기한 반환청구도 구하는지의 여부를 석명할 의무가 있는 것은 아니다.

(5) 생명침해 또는 신체상해로 인한 손해배상청구

1) 소송물

1개의 신체상해에 의하여 치료비, 의복 등의 파손, 일실이익 등과 같은 손해를 입은 경우에 소송물을 적극적 재산상 손해, 소극적 재산상 손해, 정신적 손해로 3분 할 것인가에 대하여, 학설은 ① 전손해 1개설, ② 재산적 손해·비재산적 손해의 2분설, ③ 적극손해·소극손해·비재산적 손해의 3분설로 나뉜다. 판례는 손해3분설의 입장이다.

★★[대판 2002.9.10, 2002다34581; 대판 2022.4.28, 2022다200768] 생명 또는 신체에 대한 불법행위로 인하여 입게 된 적극적 손해와 소극적 손해 및 정신적 손해는 서로 소송물을 달리하므로 그 손해배상의무의 존부나 범위에 관하여 항쟁함이 상당한지의 여부는 각 손해마다 따로 판단하여야 한다.

[대판 2020.12.24, 2017다51603] 불법행위에 기한 손해배상책임
[1] 민법 제751조 제1항에서 정한 재산 이외의 손해에 수량적으로 산정할 수 없으나 사회통념상 금전평가가 가능한 무형의 손해가 포함되는지 여부(적극) 및 이러한 비재산적 손해의 배상청구는 독립된 하나의 소송물로서 소송상 일체로 취급되어야 하는지 여부(적극)
민법 제751조 제1항은 불법행위로 인한 재산 이외의 손해에 대한 배상책임을 규정하고 있고, 재산 이외의 손해는 정신상의 고통만을 의미하는 것이 아니라 그 외에 수량적으로 산정할 수 없으나 사회통념상 금전평가가 가능한 무형의 손해도 포함된다. 그리고 이러한 비재산적 손해의 배상청구는 독립된 하나의 소송물로서 소송상 일체로 취급되어야 한다.

➲ [사실관계 및 해설] : 원심은, 공동불법행위로 인한 비재산적 손해에 대해 배상을 구하는 취지의 원고 청구에 대하여, 피고들이 원고의 조직, 운영에 지배·개입하여 건전한 사회통념이나 사회상 규상 용인될 수 없는 정도에 이른 부당노동행위를 함으로써 노동조합인 원고의 단결권을 침해하는 불법행위를 하였으므로, 피고들은 공동하여 원고에게 위와 같은 불법행위로 인한 원고의 무형의 손해에 대한 손해배상금 또는 위자료를 지급하여야 한다고 판단하였다. 원심판결 이유를 앞서 본 법리에 비추어 보면, 이러한 원심판단에 상고이유 주장과 같이 비재산적 손해, 소송물에 관한 법리를 오해하여 필요한 심리를 다하지 아니하거나, 변론주의 및 처분권주의를 위반한 잘못이 없다.

[2] 불법행위로 입은 비재산적 손해에 대한 위자료 액수의 산정이 사실심법원의 재량사항인지 여부(적극) 손해배상책임의 범위를 정함에 있어서 과실상계 사유의 유무 및 정도에 관한 사실인정이나 그 비율을 정하는 것은 그것이 형평의 원칙에 비추어 현저히 불합리한 것이 아닌 한 사실심의 전권사항이고, 불법행위로 입은 비재산적 손해에 대한 위자료 액수는 사실심법원이 여러 사정을 참작하여 그 직권에 속하는 재량에 의하여 이를 확정할 수 있다.

[대판 1976.10.12, 76다1313] 불법행위로 말미암아 신체의 상해를 입었기 때문에 가해자에게 대하여 손해배상을 청구할 경우에 있어서는 그 소송물인 손해는 통상의 치료비 따위와 같은 적극적 재산상 손해와 일실수익 상실에 따르는 소극적 재산상 손해 및 정신적 고통에 따르는 정신적 손해(위자료)의 3가지로 나누어진다고 볼 수 있고 일실수익상실로 인한 소극적 재산상 손해로서는 예를 들면 일실 노임 일실상여금 또는 후급적 노임의 성질을 딴 일실퇴직금 따위가 모두 여기에 포함된다.

[대판 2011.4.14, 2008다14633] 채권자가 동일한 채무자에 대하여 수개의 손해배상채권을 가지고 있다고 하더라도 그 손해배상채권들이 발생시기와 발생원인 등을 달리하는 별개의 채권인 이상 이는 별개의 소송물에 해당하고, 그 손해배상채권들은 각각 소멸시효의 기산일이나 채무자가 주장할 수 있는 항변들이 다를 수도 있으므로, 이를 소로써 구하는 채권자로서는 손해배상채권별로 청구금액을 특정하여야 하며, 법원도 이에 따라 손해배상채권별로 인용금액을 특정하여야 하고, 이러한 법리는 채권자가 수개의 손해배상채권들 중 일부만을 청구하고 있는 경우에도 마찬가지이다(대판 2007.9.20, 2007다25865, 대판 2008.10.9, 2007다5069 등 참조). 또한 민사소송에 있어서 청구의 취지는 그 내용 및 범위를 명확히 알아볼 수 있도록 구체적으로 특정되어야 하고, 이의 특정 여부는 직권조사사항이라고 할 것이므로 청구취지가 특정되지 않은 경우에는 법원은 피고의 이의 여부에 불구하고 직권으로 그 보정을 명하고, 이에 응하지 않을 때에는 소를 각하하여야 한다.

★★[대판 2013.2.15, 2012다68217] 「채권자가 동일한 목적을 달성하기 위하여 복수의 채권을 가지고 이를 행사하는 경우 각 채권이 발생시기와 발생원인 등을 달리하는 별개의 채권인 이상 별개의 소송물에 해당」하므로, 이에 대하여 채무자가 소멸시효 완성의 항변을 하는 경우에 그 항변에 의하여 어떠한 채권을 다투는 것인지 특정하여야 하고 그와 같이 특정된 항변에는 특별한 사정이 없는 한 청구원인을 달리하는 채권에 대한 소멸시효 완성의 항변까지 포함된 것으로 볼 수는 없다. 그러나 채권자가 동일한 목적을 달성하기 위하여 복수의 채권을 가지고 있더라도 그 선택에 따라 어느 하나의 채권만을 행사하는 것이 명백한 경우라면 채무자의 소멸시효 완성의 항변은 채권자가 행사하는 당해 채권에 대한 항변으로 봄이 상당하다. 그리고 어떤 권리의 소멸시효기간이 얼마나 되는지에 관한 주장은 단순한 법률상의 주장에 불과하므로 변론주의의 적용대상이 되지 않고 법원이 직권으로 판단할 수 있다.[1]

---

1) 대판 2014.5.16, 2013다101104도 마찬가지이다.

➲ [해설] : 원고의 채무불이행으로 인한 손해배상청구권에 대한 소멸시효 항변은 불법행위로 인한 손해배상청구권에 대한 소멸시효 항변을 포함한 것으로 볼 수는 없다(대판 1998.5.29, 96다51110 등). 그러나 원고의 원인채권(상사채권)과 어음채권의 선택적 행사가 가능한 경우, 그 선택에 따라 어느 하나의 채권만을 행사하는 것이 명백한 경우라면 채무자의 소멸시효 완성의 항변은 채권자가 행사하는 당해 채권에 대한 항변으로 봄이 상당하다는 것이다. 따라서 원고의 대여금청구에 대해 피고가 어음법상 3년의 소멸시효기간을 주장한 경우 대여금채권에 대한 소멸시효 완성 여부를 가려 보지도 아니한 채 어음금 청구임을 전제로 한 어음시효 항변은 이유 없다는 이유로 피고의 항변을 배척한다면 위법한 판결에 해당한다.

[대판 2015.8.13, 2015다209002] 소제기 당시 이미 사망한 당사자와 상속인을 공동원고로 표시한 손해배상청구의 소가 제기된 경우, 상속인이 자기 고유의 손해배상청구권뿐만 아니라 이미 사망한 당사자의 손해배상청구권에 대한 자신의 상속분에 관한 권리도 함께 행사한 것으로 볼 수 있는지 여부(소극)

생명침해의 불법행위로 인한 피해자 본인의 위자료 청구권과 민법 제752조에 의한 배우자 등 유족의 정신적 피해로 인한 그 고유의 위자료 청구권은 별개이므로 소멸시효 완성 여부도 각각 그 권리를 행사한 때를 기준으로 판단하여야 한다(대판 2013.8.22, 2013다200568 참조). 또한 소제기 당시 이미 사망한 당사자와 상속인이 공동원고로 표시된 손해배상청구의 소가 제기된 경우, 이미 사망한 당사자 명의로 제기된 소 부분은 부적법하여 각하되어야 할 것일 뿐이고, 소의 제기로써 상속인이 자기 고유의 손해배상청구권뿐만 아니라 이미 사망한 당사자의 손해배상청구권에 대한 자신의 상속분에 대해서까지 함께 권리를 행사한 것으로 볼 수는 없다.

2) 후유증에 의한 확대손해

전소 당시 예견할 수 없었던 후유증에 따른 손해배상청구의 후소를 제기할 수 있다는 점에 대하여는 다툼이 없다. 다만 어떤 근거로 후유증에 따른 확대손해를 청구할 수 있는가에 대하여는 견해의 대립이 있는데, 후유증에 따른 손해는 표준시 뒤에 발생한 새로운 사유로 인한 손해로서 그 소송물은 전소와는 별개의 소송물이라고 보는 입장이 일반적이다(별개소송물설).

[대판 2007.4.13, 2006다78640] 적극적 손해의 배상을 명한 전소송의 변론종결 후에 발생한 새로운 적극적 손해와 전소송의 기판력 – 불법행위로 인한 적극적 손해의 배상을 명한 전소송의 변론종결 후에 새로운 적극적 손해가 발생한 경우에 그 소송의 변론종결 당시 그 손해의 발생을 예견할 수 없었고 또 그 부분 청구를 포기하였다고 볼 수 없는 등 특별한 사정이 있다면 전소송에서 그 부분에 관한 청구가 유보되어 있지 않다고 하더라도 이는 전소송의 소송물과는 별개의 소송물이므로 전소송의 기판력에 저촉되는 것이 아니다(대판 1980.11.25, 80다1671).

(6) 불법행위에 기한 손해배상청구와 채무불이행에 기한 손해배상청구

★★★[대판 2021.6.24, 2016다210474] 하나의 행위가 계약상 채무불이행의 요건을 충족함과 동시에 불법행위의 요건도 충족하는 경우, 권리자는 경합하여 발생하는 손해배상청구권 중 어느 것이든 선택하여 행사할 수 있는지 여부(적극) / 이때 법원은 원고가 행사하는 청구권에 관하여 다른 청구권과는 별개로 그 성립요건과 법률효과의 인정 여부를 판단하여야 하는지 여부(적극)

채무불이행책임과 불법행위책임은 각각 요건과 효과를 달리하는 별개의 법률관계에서 발생하는 것이므로 하나의 행위가 계약상 채무불이행의 요건을 충족함과 동시에 불법행위의 요건도 충족하는 경우에는 두 개의 손해배상청구권이 경합하여 발생하고, 권리자는 위 두 개의 손해배상청구권 중 어느 것이든 선택하여 행사할 수 있다. 다만 동일한 사실관계에서 발생한 손해의 배상을 목적으로 하는 경우에도 채무불이행을 원인으로 하는 배상청구와 불법행위를 원인으로 한 배상청구는 청구원인을 달리하는 별개의 소송물이므로, 법원은 원고가 행사하는 청구권에 관하여 다른 청구권과는 별개로 그 성립요건과 법률효과의 인정 여부를 판단하여야 한다. 계약 위반으로 인한 채무불이행이 성립한다고 하여 그것만으로 바로 불법행위가 성립하는 것은 아니다.

(7) 불법행위에 기한 손해배상청구와 부당이득반환청구

★[대판 2013.9.13. 2013다45457] 부당이득반환청구권과 불법행위로 인한 손해배상청구권은 서로 실체법상 별개의 청구권으로 존재하고 그 각 청구권에 기초하여 이행을 구하는 소는 소송법적으로도 소송물을 달리하므로, 채권자로서는 어느 하나의 청구권에 관한 소를 제기하여 승소 확정판결을 받았다고 하더라도 아직 채권의 만족을 얻지 못한 경우에는 다른 나머지 청구권에 관한 이행판결을 얻기 위하여 그에 관한 이행의 소를 제기할 수 있다. 그리고 채권자가 먼저 부당이득반환청구의 소를 제기하였을 경우 특별한 사정이 없는 한 손해 전부에 대하여 승소판결을 얻을 수 있었을 것임에도 우연히 손해배상청구의 소를 먼저 제기하는 바람에 과실상계 또는 공평의 원칙에 기한 책임제한 등의 법리에 따라 그 승소액이 제한되었다고 하여 그로써 제한된 금액에 대한 부당이득반환청구권의 행사가 허용되지 않는 것도 아니다.

(8) 부당이득반환청구와 계약해제에 기한 원상회복청구

★★[대판 2022.7.28. 2020다231928] 부당이득반환청구의 소송물 식별
① 부당이득반환청구에서 법률상의 원인 없는 사유를 계약의 불성립, 취소, 무효, 해제 등으로 주장하는 것은 공격방법에 지나지 않으므로, 그중 어느 사유를 주장하여 패소한 경우에 다른 사유를 주장하여 청구하는 것은 기판력에 저촉되어 허용할 수 없다. ② 또한 판결의 기판력은 그 소송의 변론종결 전에 주장할 수 있었던 모든 공격방어방법에 미치는 것이므로, 그 당시 당사자가 알 수 있었거나 또는 알고서 이를 주장하지 않았던 사항에 한해서만 기판력이 미친다고 볼 수 없다.

★[대판 2000.5.12. 2000다5978] 기망을 이유로 계약취소 및 대금반환을 구하는 전소의 기판력이 이행불능을 이유로 계약해제 및 원상회복을 구하는 후소에 미치는지 여부(적극)
계약해제의 효과로서의 원상회복은 부당이득에 관한 특별규정의 성격을 가지는 것이고, 부당이득반환청구에서 법률상의 원인 없는 사유를 계약의 불성립, 취소, 무효, 해제 등으로 주장하는 것은 공격방법에 지나지 아니하므로 그 중 어느 사유를 주장하여 패소한 경우에 다른 사유를 주장하여 청구하는 것은 기판력에 저촉되어 허용될 수 없다 할 것인바, 패소판결이 확정된 전소에서 주장하였던 기망에 의한 의사표시의 취소의 효과로서 구하였던 매매대금반환의 성질은 부당이득반환이라고 할 것이고, 후소에서 계약해제의 효과인 원상회복으로서 구하는 것도 같은 성질의 것이라 할 것이므로, 전소의 소송물인 부당이득반환청구권의 존부에 관한 공격방법을 후소에 다시 제출하여 전소와 다른 판단을 구하는 것은 전소의 확정판결의 기판력에 저촉되어 허용될 수 없으며, 이는 전소에서 이행불능사실을 몰랐다고 하더라도 마찬가지이다.

➡ [소송과정 및 해설] : ① X는 Y와 특정 토지의 매매계약을 체결하고 일정한 매매대금을 지급하였다. 그러나 Y의 기망으로 인해 매매계약의 목적을 달성할 수 없는 사유를 간과하고 체결하였다고 하여, X는 Y를 상대로 당해 계약을 취소하고, 원상회복으로 기지급한 매매대금의 반환을 요구하는 소를 제기하였다(전소). 이에 대해서는 Y의 기망행위는 인정되지 않고 당해 매매계약이 유효하다는 이유에서 X의 청구를 기각하는 판결이 내려지고 확정되었다. 그러자 X는 또다시 당해 계약이 유효함을 전제로 Y의 후발적인 이행불능을 원인으로 하여 매매계약을 해제하고, 그 원상회복으로서 기지급한 매매대금의 반환을 청구하는 소를 제기하였다(후소). 이러한 후소는 전소 확정판결의 기판력에 저촉되는지가 문제되었는데, 원심은 전소와 후소의 소송물이 서로 다르다는 이유에서 전소판결의 기판력이 후소에는 미치지 않는다고 판단하였다. 이에 대해 대법원은 X가 전소에서 주장하였던 무효 또는 기망에 의한 의사표시의 취소의 효과로서 구하였던 매매대금반환의 성질은 부당이득반환이라고 할 것이고, 후소에서 계약해제의 효과인 원상회복으로서 구하는 것도 같은 성질의 것이라 할 것이므로, 이는 결국 전소의 소송물인 부당이득반환 청구권의 존부에 관한 공격방법을 후소에 다시 제출하여 전소와 다른 판단을 구하는 것이어서 전소의 확정판결의 기판력에 저촉되어 허용될 수 없다고 하였다. ② 한편 본판결의 방론에서, 원심은 부가적으로, X가 매매계약이 확정적으로 이행불능이 되었음을 전소의 변론종결일 전에 이미 알고 있었다고 인정하기에 부족하다고 설시하였는데, 대법원은 판결의 기판력은 그 소송의 변론종결 전에 있어서 주장할 수 있었던 모든 공격 및 방어방법에 미치므로 전소의 변론종결일 전의 이행불능을 내세워 해제권을 행사하는 것은 기판력에 의해 차단된다고 하였다.

(9) 일부청구

일부청구의 경우 소송물을 어떻게 볼 것인가에 관하여는, ① 원고가 청구한 부분만이 소송물이라는 일부청구 긍정설, ② 원고가 청구하지 아니한 부분까지 포함하여 전부가 소송물이라는 일부청구 부정설, ③ 당사자가 일부청구임을 명시적으로 밝힌 경우에는 청구한 부분만이 소송물이 되고 일부청구임을 명시하지 아니한 경우(묵시적 일부청구)에는 전부가 소송물이 된다는 명시적 일부청구설이 대립한다. 판례는 명시적 일부청구설을 취하고 있다.

★★★[대판 1985.4.9, 84다552] 전 소송에서 불법행위를 원인으로 치료비청구를 하면서 일부만을 특정하여 청구하고 그 이외의 부분은 별도소송으로 청구하겠다는 취지를 명시적으로 유보한 때에는 그 전소송의 소송물은 그 청구한 일부의 치료비에 한정되는 것이고 전 소송에서 한 판결의 기판력은 유보한 나머지 부분의 치료비에까지는 미치지 아니한다 할 것이므로 전 소송의 계속 중에 동일한 불법행위를 원인으로 유보한 나머지 치료비청구를 별도소송으로 제기하였다 하더라도 중복제소에 해당하지 아니한다.

➡ [해설] : 명시적 일부청구설(명시설)의 입장을 전제로 심판대상, 즉 소송물은 명시한 일부청구에 한정되고, 이러한 명시유무에 따라서 중복제소 여부를 판단함으로써 중복제소의 문제에 있어서도 명시설의 입장을 분명히 하였다는 점에 그 의의가 있다.

(10) 소유권확인소송

> **[대판 1987.3.10, 84다카2132]** 특정토지에 대한 소유권확인의 본안판결이 확정되면 그에 대한 권리 또는 법률관계가 그대로 확정되는 것이므로 그 사건의 변론종결 전에 그 확인원인이 되는 다른 사실이 있었다 하더라도 그 확정판결의 기판력은 거기까지도 미치는 것이다. 그러므로 같은 취지에서 피고가 비록 그 사건 변론종결 이전에 그 토지를 매수하였다거나 취득시효의 완성으로 소유권을 취득하였다 하더라도 그와 같은 사유만으로는 위 확정판결의 기판력을 배제할 수 없다.

(11) 채권자대위소송

1) 법적 성질

가) 학설

① 채권자대위소송의 채권자는 자신에게 인정된 대위권이라는 실체법상의 권리를 행사한다는 점에서 소송담당자가 아니라는 견해(독자적 권리행사설:독립한 대위권설:고유적격설)도 있으나, ② 통설은 채권자대위소송은 법률이 채권자가 자기 채권의 보전을 할 수 있도록 그에게 채무자인 다른 사람의 권리에 관하여 소송수행권을 부여한 법정소송담당으로 보고 있다(법정소송담당설).

나) 판례

판례는 채권자가 스스로 원고가 되어 채무자의 제3채무자에 대한 권리를 행사하는 것이라고 판시하여 법정소송담당으로 보고 있다.

2) 당사자적격과 소송물 ★★★

통설·판례인 법정소송담당설의 입장에 의하면 "① 피보전채권, ② 보전의 필요성, ③ 채무자의 권리불행사는 당사자적격의 요소"가 되나, ④ 피대위권리는 소송물에 해당한다고 보게 된다.

(12) 채권자취소소송

1) 법적 성질

채권자취소권은 제3자 소송담당에 해당하지 않으며, 자신의 실체법상 독자적인 고유한 권리를 행사하는 경우에 해당한다.

2) 소송물의 식별

① 소송물은 민법 제406조에 기한 자신의 고유한 실체법상 권리(채권자취소권)이고, 피보전채권과 사해행위는 단순한 공격방법에 불과하다.

> **★★★[대판 2003.5.27, 2001다13532]** 사해행위취소소송에서 피보전채권을 변경하는 것이 소의 변경에 해당하는지 여부(소극)
>
> 채권자가 사해행위의 취소를 청구하면서 그 보전하고자 하는 채권을 추가하거나 교환하는 것은 그 사해행위취소권을 이유 있게 하는 공격방법에 관한 주장을 변경하는 것일 뿐이지 소송물 또는 청구 자체를 변경하는 것이 아니므로 소의 변경이라 할 수 없다.

★★★ [대판 2005.3.25, 2004다10985 · 10992] 채권자가 채무자의 어떤 금원지급행위가 사해행위에 해당
되다고 하여 그 취소를 청구하면서 다만 그 금원지급행위의 법률적 평가와 관련하여 증여 또는 변제로
달리 주장하는 것은 그 사해행위취소권을 이유 있게 하는 공격방법에 관한 주장을 달리하는 것일
뿐이지 소송물 또는 청구 자체를 달리하는 것으로 볼 수 없다.

② 사해행위 취소의 소와 원상회복청구의 소는 서로 소송물과 쟁점을 달리하는 별개의 소로서,
양자는 반드시 동시에 제기되어야 하는 것은 아니고 별개로 제기될 수 있다(대판 2013.4.26,
2011다37001). 즉 사해행위의 취소만을 먼저 청구한 다음 원상회복을 나중에 청구할 수도 있
다. 다만 원상회복만을 청구한 경우라면 그 전제가 되는 사해행위의 취소가 없는 이상 원상회
복청구권은 인정되지 않는다(대판 2008.12.11, 2007다69162).

③ 다만 원물반환이나 가액반환을 구하는 것은 모두 사해행위를 원인으로 하는 것으로 소송물이
동일하다.

★★★ [대판 2006.12.7, 2004다54978] 채권자가 사해행위 취소 및 원상회복으로 원물반환 청구를 하
여 승소판결이 확정된 후에 원물반환의 목적을 달성할 수 없게 된 경우, 다시 제기한 가액배상
청구의 권리보호의 이익 유무(소극)

사해행위 후 목적물에 관하여 제3자가 저당권이나 지상권 등의 권리를 취득한 경우에는 수익자가
목적물을 저당권 등의 제한이 없는 상태로 회복하여 이전하여 줄 수 있다는 등의 특별한 사정이 없는
한, 채권자는 원상회복방법으로 수익자를 상대로 가액 상당의 배상을 구할 수도 있고, 채무자 앞으로
직접 소유권이전등기절차를 이행할 것을 구할 수도 있다. 이 경우 원상회복청구권은 사실심 변론종결
당시의 채권자의 선택에 따라 원물반환과 가액배상 중 어느 하나로 확정되며, 채권자가 일단 사해행위
취소 및 원상회복으로서 원물반환 청구를 하여 승소판결이 확정되었다면, 그 후 어떠한 사유로 원물반
환의 목적을 달성할 수 없게 되었다고 하더라도 다시 원상회복청구권을 행사하여 가액배상을 청구할 수
는 없으므로 그 청구는 권리보호의 이익이 없어 허용되지 않는다.

➲ [해설] : 채무자 乙이 사해행위로 제3자 丙에게 부동산소유권이전등기를 하자 채권자 甲이 丙을
상대로 사해행위 취소 및 원상회복으로 乙 앞으로 소유권이전등기를 할 것을 청구하여 승소판결이
있은 후, 사해행위 이전에 이미 그 부동산에 있었던 근저당권이 실행되어 타인에게 경락됨으로써
채무자 乙로의 소유권이전등기가 불가능해지자, 甲이 丙을 상대로 가액배상을 구한 사안이다. 이
경우 동일한 수익자를 상대로 원물반환이나 가액반환을 구하는 것은 모두 사해행위를 원인으로 하는
것으로 소송물이 동일하므로, 이러한 청구는 전소의 기판력으로 인해 다시 청구할 수 없게 된다.

★★★ [대판 2018.12.28, 2017다265815] 채권자가 사해행위취소 및 원상회복으로서 수익자 명의 등기
의 말소를 청구하여 승소판결이 확정된 경우, 수익자 명의 등기를 말소하는 것이 불가능하게
되었다고 하여 다시 수익자를 상대로 원상회복청구권을 행사하여 가액배상을 청구하거나 원물
반환으로서 채무자 앞으로 직접 소유권이전등기절차를 이행할 것을 청구할 수 있는지 여부(소극)

① 채권자의 사해행위취소 및 원상회복청구가 인정되면, 수익자는 원상회복으로서 사해행위의 목적물
을 채무자에게 반환할 의무를 진다. 만일 원물반환이 불가능하거나 현저히 곤란한 경우에는 원상
회복의무 이행으로서 사해행위 목적물의 가액 상당을 배상하여야 하는데, 여기서 원물반환이 불가
능하거나 현저히 곤란한 경우는 원물반환이 단순히 절대적, 물리적으로 불가능한 경우가 아니라
사회생활상 경험법칙 또는 거래 관념에 비추어 채권자가 수익자나 전득자로부터 이행의 실현을 기

대할 수 없는 경우를 말한다. 따라서 사해행위로 부동산 소유권이 이전된 후 그 부동산에 관하여 제3자(선의 전득자)가 저당권이나 지상권 등의 권리를 취득한 경우에는 수익자가 부동산을 저당권 등의 제한이 없는 상태로 회복하여 채무자에게 이전하여 줄 수 있다는 등의 특별한 사정이 없는 한 채권자는 수익자를 상대로 원물반환 대신 가액 상당의 배상을 구할 수 있지만, 그렇다고 하여 채권자가 스스로 위험이나 불이익을 감수하면서 원물반환을 구하는 것까지 허용되지 않는 것은 아니다.

② 채권자는 원상회복 방법으로 가액배상 대신 수익자 명의 등기의 말소를 구하거나 수익자를 상대로 채무자 앞으로 직접 소유권이전등기절차를 이행할 것을 구할 수도 있다. 이 경우 원상회복청구권은 사실심 변론종결 당시 채권자의 선택에 따라 원물반환과 가액배상 중 어느 하나로 확정된다. 채권자가 일단 사해행위취소 및 원상회복으로서 수익자 명의 등기의 말소를 청구하여 승소판결이 확정되었다면, 어떠한 사유로 수익자 명의 등기를 말소하는 것이 불가능하게 되었다고 하더라도 다시 수익자를 상대로 원상회복청구권을 행사하여 가액배상을 청구하거나 원물반환으로서 채무자 앞으로 직접 소유권이전등기절차를 이행할 것을 청구할 수는 없으므로, 그러한 청구는 권리보호의 이익이 없어 허용되지 않는다(대판 2018.12.28, 2017다265815).

➲ [해설] : 이러한 법리에 비추어 원심의 판단을 살펴본다. 원고는 피고를 상대로 사해행위취소소송을 제기하여 이 사건 매매계약을 사해행위로서 취소하고 피고에게 이 사건 각 소유권이전등기의 말소를 명하는 원고승소판결을 받았고 이 판결이 확정되었다. 그렇다면 원고가 다시 사해행위취소에 따른 원상회복청구권을 행사하여 피고에게 채무자 앞으로 직접 소유권이전등기절차를 이행할 것을 구하는 이 사건 소는 권리보호이익이 없어 부적법하다고 보아야 한다. 그런데도 원심은 그 판시와 같은 이유만으로 이 사건 소는 권리보호이익이 없어 부적법하다는 피고의 본안전 항변을 배척하였으니, 이러한 원심판단에는 확정판결의 기판력과 권리보호이익에 관한 법리를 오해하여 판결 결과에 영향을 미친 잘못이 있다고 본 사례이다.

(13) 이혼소송

판례는 민법 제840조 소정의 각호의 이혼사유(예 부정한 행위, 악의의 유기, 심히 부당한 대우 등)마다 소송물이 별개이고, 법원은 원고가 주장한 이혼사유(예 심히 부당한 대우)에 관하여만 심판하여야 하며 원고가 주장하지 아니한 이혼사유(예 부정한 행위)에 관하여는 심판을 할 필요가 없고 그 사유에 의하여 이혼을 명하여서는 안 된다고 한다.

[대판 1963.1.31, 62다812] 이혼의 소는 원고가 주장하는 사유에 의한 재판상 이혼청구의 이유의 유무에 관한 판단을 구하는 것이며 민법 제840조 각 호가 규정한 이혼사유마다 재판상이혼청구를 할 수 있는 것이므로 법원은 원고가 주장한 이혼사유에 관하여만 심판하여야 하며 원고가 주장하지 아니한 이혼사유에 관하여는 심판을 할 필요가 없고 그 사유에 의하여 이혼을 명하여서는 안 되는 것이다.

제2관 민사소송의 구조

I. 재판의 구조

1) 민사소송이란 분쟁이 발생한 경우에 원고가 주장하는 권리(의무)의 존부에 대하여 법원이 심리하여 그 판단을 판결이라는 형식으로 재판하는 것에 의하여 그 분쟁을 해결하는 것이다.

2) 그렇다면 법원은 권리의 존부에 대하여 어떻게 판단하여 재판하는가. 민법이나 상법 등의 실체사법이 권리의 존부를 인식하기 위한 수단이다. 법규는「어느 법률요건이 있는 때에는 어느 법률효과가 발생한다」는 형식으로 규정되어 있다(반드시 모든 조문이 이러한 형식으로 규정되어 있는 것은 아니지만, 그러한 경우는 해석에 의하여 보완된다). 어느 권리를 가지고 있는 것을 주장하기를 원하는 당사자는「권리의 발생」이라는 법률효과를 정하는 법규의 법률요건에 해당하는 사실을 주장하고 증명하게 된다. 또 상대방 당사자의 권리가 없는 것을 주장하기를 원하는 당사자는「권리의 발생의 장애」나「권리의 발생의 소멸」이라는 법률효과를 정하는 법규의 법률요건에 해당하는 사실을 주장하고 증명하게 된다.

3) 위와 같이 재판은 ① 어느 법률요건이 있으면, 어느 법률효과가 발생한다는 법규를 대전제로 하고, ② 어느 확정된 구체적인 요건사실(주요사실)이 위 법률요건에 포섭되는 것을 소전제로 하여, ③ 따라서 사안에서 그 법률효과가 인정된다는 결론(해석과 적용)을 이끌어내는 법적 3단 논법에 의하여 구체적인 법률효과의 발생·변경·소멸을 판단하여 선언하는 것이다.

II. 심리의 구조

민사소송의 절차를 단순화하면, ① 원고에 의한 심리·판단의 대상의 제시(청구) → ② 원고·피고에 의한 주장(주장) → ③ 원고·피고에 의한 입증(증명) → ④ 법원에 의한 판단(판결)이라는 과정을 거친다.

1. 청구(본안의 신청)의 단계

1) 소송은 원고가 청구를 제시하는 것에서 시작한다. 법률상 분쟁이 생긴 경우에 원고가 될 사람은 민사소송이라는 법정의 분쟁해결수단에 있어서 어떠한 법률관계(권리·의무)를 해결의 대상으로 할 것인가를 특정하고 명확하게 하여 법원에 제시할 필요가 있는데, 이를 청구(본안의 신청)라고 한다.

2) 청구는 소제기의 단계에 있어서는 소장에 청구의 취지로서 기재되며, 이후 권리(의무)의 발생, 소멸 등을 둘러싼 주장·증명으로 심리의 대상이 되고, 판결의 단계에서는 판결서의 중심적 판단의 대상이 된다. 이에 대하여 피고가 응답한다. 통상은 청구의 기각을 구하면서(또는 소의 부적법 각하를 구하기도 한다) 원고의 청구를 다툰다. 다투는 경우 절차는 다음 단계로 진행한다.

3) 한편, 청구의 단계에서 소송이 종료되는 경우도 있다. 그것은 원고에 의한 소의 취하, 청구의 포기, 피고에 의한 청구의 인낙, 원·피고 사이에 소송상 화해가 성립한 경우이다. 이렇게 당사자의 의사에 따른 소송종료가 인정되는 것은 처분권주의가 지배하기 때문이다.

2. 법률상의 주장 단계

1) 다음 원고가 자기의 청구를 뒷받침하는 법률상의 주장을 행하고, 이에 대하여 피고가 응답한다. 예를 들어 원고가 소유권에 기한 반환청구권으로서 목적물의 인도를 구하는 경우에 자기의 청구(소유권에 기한 인도청구권)의 유무를 뒷받침하기 위해서 실무상 원고는 자기가 그 목적물의 소유권을 가지고 있다는 것과, 피고가 그 목적물을 점유하고 있다는 것을 위 본안의 신청 단계에서 처음부터 함께 주장하게 된다. 여기서 목적물의 소유권을 가지고 있다는 원고의 법률상의 주장을 피고가 인정하면, 원고가 소유권의 취득원인사실을 구체적으로 주장·증명할 필요가 없지만, 피고가 원고의 소유권을 다투면, 원고는 소유권에 대한 취득원인사실을 주장하여야 하므로 절차는 다음 단계로 진행하게 된다.

2) 본래 법률상의 주장이 당사자 사이에 일치하여도 아무런 효과를 가지지 않기 때문에 법률상 주장이 서로 일치한 경우에도 절차는 원칙적으로 다음 단계로 진행된다. 왜냐하면 법률상의 주장에 관하여는 「법적 구성·평가=법원의 임무·책무」라는 원리가 타당하기 때문이다. 다만, 권리자백을 한 것으로 볼 것인가 하는 문제가 있다.

3. 사실상의 주장 단계

> 제150조(자백간주)
> ① 당사자가 변론에서 상대방이 주장하는 사실을 명백히 다투지 아니한 때에는 그 사실을 자백한 것으로 본다. 다만, 변론 전체의 취지로 보아 그 사실에 대하여 다툰 것으로 인정되는 경우에는 그러하지 아니하다.
> ② 상대방이 주장한 사실에 대하여 알지 못한다고 진술한 때에는 그 사실을 다툰 것으로 추정한다.
> ③ 당사자가 변론기일에 출석하지 아니하는 경우에는 제1항의 규정을 준용한다. 다만, 공시송달의 방법으로 기일통지서를 송달받은 당사자가 출석하지 아니한 경우에는 그러하지 아니하다.
> 제288조(불요증사실)
> 법원에서 당사자가 자백한 사실과 현저한 사실은 증명을 필요로 하지 아니한다. 다만, 진실에 어긋나는 자백은 그것이 착오로 말미암은 것임을 증명한 때에는 취소할 수 있다.

1) 다음 위 예에서 청구에 대한 원인사실(소유권취득의 원인사실로, 예 매매계약이나 증여계약)을 원고가 주장하고, 이에 대하여 피고가 응답한다. 통상적으로 피고의 응답방법은 ① 인정한다, ② 다툰다, ③ 인정하면서 다툰다로 나눌 수 있다.

2) 우선 ① 원고가 증명책임을 지는 사실의 주장을 피고가 인정하면, 자백이 성립하여 그 사실은 불요증사실이 된다(제288조). 이는 변론주의가 타당하다는 점에 기인한다. 특히 다투지 않고 침묵하고 있는 경우도 마찬가지이다(제150조 제1항). 이를 자백간주라고 한다. 이 경우에 그 사실을 법원은 그대로 인정하지 않으면 안 된다. 다음 ② 원고의 주장을 피고가 다투면, 그 사실은 증명이

필요하다. 이를 부인이라고 한다. 피고가 그 사실을 알지 못한다는 부지의 진술을 한 경우도 마찬가지이다(제150조 제2항). 이 경우에는 이러한 사실에 관하여 절차는 다음 증명의 단계로 진행한다. 한편 ③ 원고의 주장을 인정하면서, 피고가 적극적으로 자기의 방어방법을 제출하는 경우가 있다. 이를 항변이라고 한다. 이 경우에는 피고의 주장, 즉 항변에 대하여 원고의 응답을 구하게 된다.

4. 증명(입증)의 단계

1) 위 다툼이 된 사실에 대하여 증명을 하게 된다. 이 경우에 그 사실에 대하여 증명책임을 지는 당사자는 본증을 하게 된다.

2) 위 예에서 원고가 목적물을 매수하였는지 여부를 둘러싸고, 매매계약서를 증거로 제출하고(본증), 피고는 그 계약서가 위조라는 것을 감정에 의하여 밝히려는(반증) 공방이 전개될 것이다.

3) 실제의 소송에서는 증명책임을 지는 당사자만이 증명활동을 하는 것은 아니고, 양쪽의 당사자가 한쪽은 그 사실의 존재를 증명하기 위하여 증거를 제출하고, 다른 쪽은 그 사실의 존재를 부정하기 위하여 증거를 제출하는 것이 보통이다. 이 경우에 자기가 증명책임을 지는 사실을 증명하기 위한 증거 내지는 증명활동을 본증, 상대방이 증명책임을 지는 사실에 대하여 제출되는 증거 내지는 증명활동을 반증이라고 한다.

4) 법원은 증거조사의 결과에 따라 자유로운 심증으로, 예를 들어 매매계약을 부정하는 사실인정을 하여 원고의 청구를 기각하는 판결을 내리게 될 것이다.

제3절 ┃ 민사소송절차의 흐름

민사소송은 '사인 사이의 사법적 법률관계에서 발생하는 법적분쟁의 해결'을 위하여 '소의 제기'로 부터 '변론'을 거쳐 '판결'에 이르기까지 원고, 피고 및 법원의 행위가 연속하여 이루어지면서 진행 되어 가는 '재판상 절차'이다. 이를 좀 더 개관하면 다음과 같다.

① 원고는 소장에 의하여 소를 제기한다.

↓

② 제1단계 심사(소장의 적식심사) : 재판장이 소장을 심사한다(소장을 수리한 법원은 사건을 특정한 재판 부에 배당하고, 재판장은 소장이 필수적 기재사항을 구비하고 있는지와 소장에 소정의 인지가 첩부되어 있는가 를 심사한다).

↓

③ 소장심사를 통과하면, 소장부본을 피고에게 송달한다.

↓

④ 피고는 답변서를 제출한다.

↓

⑤ 제2단계 심사(소의 적법성 심사) : 법원은 소송요건의 구비 여부에 관한 심사를 본안심사와 함께 진행한다(다만 본안판단에 앞서서 소송요건의 흠이 존재하는 경우라면 법원은 소각하판결을 해야 하고 본안 판단을 할 수 없다 ; 소송요건심리의 선순위성).

↓

⑥ 제3단계 심사(본안심사)[2] : 소송요건이 구비되고 변론기일이 열려 증거조사까지 마쳐서 쟁점이 정리되었다면 변론을 종결한다(이 경우 본안의 신청 → 법률상의 주장 → 원고·피고의 사실상의 주장 → 원고·피고의 증명 단계를 거치게 된다).

↓

⑦ 법원은 판결내용을 확정하고 판결을 선고한다.

↓

⑧ 판결정본을 송달한다.

↓

⑨ 이에 불복하기 위해서 상소를 제기한다.

---

2) 재판장은 변론준비절차에 부칠 필요 등 예외적으로 필요한 경우 이외에는 바로 변론기일을 정한다.

제4절 소송과 비송

Ⅰ. 서설

1. 의의 및 종류

1) 법원관할에 속하는 민사사건 중 소송절차로 처리하지 않는 사건을 비송사건이라 한다. 형식적으로는 비송사건절차법에 정해진 사건과 그 총칙규정의 적용·준용을 받는 사건을 말한다.

2) 사인간의 생활관계이나 법원의 후견적·감독적 개입이 필요한 사항으로서 호적(현행 가족관계등록부), 등기, 공탁, 법인의 사무나 청산의 감독 등이 비송사건에 속한다. 또한 형식적 형성의 소(예 공유물분할청구나 경계확정의 소)는 민사소송의 형식으로 처리되나, 실질은 비송사건이다.

2. 논의의 실익

소송사건과 비송사건은 그 심판방법을 달리 하기 때문에 ① 먼저 비송사건을 소송사건과 구별하기 위하여 비송의 성질을 규명하고, ② 소송절차와 비송절차의 심판방법의 차이점과 ③ 소송의 비송화 경향과 그 한계 등을 살펴보아야 한다.

Ⅱ. 소송과 비송의 구별 − 비송사건의 성질

1. 문제점

소송사건과의 관계에서 실질적 의미의 비송사건을 어떻게 파악할 것인지가 문제된다.

2. 학설

① 비송사건은 사법질서의 형성을 목적으로 하고, 소송사건은 사법질서의 유지·확정을 목적으로 한다는 목적설, ② 비송사건은 국가에 의한 사인간의 생활관계에의 후견적 개입을 대상으로 하고, 소송사건은 법적 분쟁을 대상으로 한다는 대상설(다수설), ③ 비송사건의 본질을 규명하는 것을 단념하고 실정법이 비송사건으로 규정한 사건이 비송사건이고 그 밖의 사건이 소송사건이라는 실체법설(실정법설)의 대립이 있다.

3. 판례

[대결 1984.10.5. 84마카42] 회사정리절차개시신청에 대한 결정을 함에 있어서 법원은 개시결정이 다수 이해관계인의 이익을 조정하고 기업을 정리, 재건하기 위한 것이기 때문에 정리의 가망, 신청의 성실성 등 회사정리법 제38조 각호 소정의 사유를 판단하지 않으면 안되고 그 판단을 위해서 법원의 합목적적 재량을 필요로 하고 또 경제사정을 감안하여 유효적절한 조치를 강구하지 않으면 안되므로 절차의 간이 신속성이 요구되므로 정리절차의 개시결정 절차는 비송사건으로 봄이 상당하다.

4. 검토

① <u>목적설</u>은 비송사건에 있어서도 기존의 법률관계의 확정을 목적으로 하는 것(예 가사비송사건 중 유아인도청구)이 있는가 하면 소송사건에도 법률관계의 형성을 목적으로 하는 것(예 형성의 소)이 있다는 점에서, ② 실체법설은 입법자의 자의에 의해 소송사건을 비송사건화함으로써 국민의 재판청구권을 침해할 우려가 있다는 점에서 대상설이 타당하다 할 것이다. 다만 비송사건에 속하는 사건들이 다양하여 각자 다른 특성을 가지고 있으므로 위 구별은 다양한 기준으로 개별적으로 판단하여야 한다.

Ⅲ. 비송사건의 특징 – 소송절차와 비송절차의 심판방법의 차이

구분	소송	비송
기본원리	공개·대심·판결이라는 신중하면서도 엄격한 절차! 양당사자에게 충분한 주장·증명의 기회 보장!	비공개·비대심·결정이라는 간이·신속한 절차! 법원의 재량에 의한 적절한 해결 도모! 예 공탁, 가족관계등록부, 등기, 법인의 사무나 청산의 감독, 민사조정 등
당사자	이당사자대립구조	편면적 구조 ➡ 이당사자 대립을 전제로 하지 않음(비대심)
절차원칙	① 처분권주의 ② 변론주의 ③ 공개주의 ④ 구술주의	① 처분권주의 배제 ② 직권탐지주의 ③ 비공개주의 ④ 서면주의
절차방식	① 소의 제기로 개시 ② 필요적 변론 ③ 대리인자격의 제한 ④ 기일마다 조서작성 ⑤ 엄격한 증명	① 신청 없이 개시되는 경우가 적지 않다 ② 임의적 심문 ③ 대리인자격의 제한 ✗ ④ 조서작성은 원칙적으로 재량 ⑤ 자유로운 증명
재판	① 판결 ② 구속력 인정 ③ 불이익변경금지 인정	① 결정 ② 사정변경에 의한 취소변경이 가능 ③ 불이익변경금지(제415조) 부정
상소(불복)	항소, 상고 – 3심제	항고, 재항고 – 사실상 2심제

IV. 소송의 비송화와 그 한계

1. 의의

종래 소송으로 처리하던 사건을 비송의 영역으로 이관하여 재량에 의한 탄력적인 처리현상을 소송의 비송화 경향이라고 한다.

2. 비송화 경향의 원인과 배경

복지국가의 경향과 함께 국가의 후견적 개입의 필요와 일반조항이 늘어가고, 신속하고 구체적·탄력적인 분쟁해결의 요청에 따라 소송의 비송화 경향이 두드러지고 있다.

3. 비송화의 한계

비송사건절차에서는 공개·대심의 구조를 취하지 않는 것이 원칙이므로, 소송사건을 비송사건화할 때에는 헌법이 보장하는 '재판받을 권리'(헌법 제27조)가 침해되지 않도록 유의하여야 한다.

V. 비송사건의 관할문제

1. 문제점

비송사건절차법에 의하여 처리하여야 할 사건을 통상의 민사소송절차에 의하여 제소하거나 그 반대의 경우에 법원이 이를 어떻게 처리할 것인지가 문제된다.

2. 판례

법인의 임시이사 해임을 민사소송으로 청구한 사안에서 부적법한 제소이므로 각하하여야 한다고 판시하였다(대판 1976.10.26, 76다1771 ➡ 각하설).

3. 학설

통설은 비송사건도 통상의 민사법원의 재판권에 속하므로 이를 단순히 부적법 각하할 것이 아니라 직분관할위반의 경우를 유추하여 제34조의 관할위반으로 이송해야 한다고 본다(이송설).

4. 검토

소송과 비송의 구별이 모호함에서 오는 위험부담을 줄이고, 소송경제를 도모하기 위해서도 직분관할위반의 경우를 유추하여 제34조의 관할위반으로 이송하는 것이 타당하다.

논점정리 ┃ 과거의 양육비청구가 비송인지 여부

1. 학설

(1) 비송설

부양의무에 관한 가장 적합한 판단기관인 가정법원에서 통일적으로 사건처리를 해야 한다는 이유에서 장래의 양육비지급청구와 같이 비송으로 처리하자는 견해이다.

(2) 소송설

가사비송사건 중 마류사건은 함부로 확대해석할 것은 아니라는 이유로 가사소송사건으로 처리하자는 견해이다.

(3) 절충설

① 권리의 존부는 소송으로 처리하고, ② 권리의 존재 시 그 금액은 비송으로 결정하여야 한다는 견해이다.

2. 판례(대결(전) 1994.5.13, 92스21)

(1) 다수의견 ➡ 비송사건으로 처리하자는 입장

① 어떠한 사정으로 인하여 부모 중 어느 한 쪽만이 자녀를 양육하게 된 경우에, 양육하는 일방은 상대방에 대하여 현재 및 장래에 있어서의 양육비 중 적정 금액의 분담을 청구할 수 있음은 물론이고, 부모의 자녀양육의무는 특별한 사정이 없는 한 자녀의 출생과 동시에 발생하는 것이므로 과거의 양육비에 대하여도 상대방이 분담함이 상당하다고 인정되는 경우에는 그 비용의 상환을 청구할 수 있다.

② 한 쪽의 양육자가 양육비를 청구하기 이전의 과거의 양육비 모두를 상대방에게 부담시키게 되면 상대방은 예상하지 못하였던 양육비를 일시에 부담하게 되어 지나치고 가혹하며 신의성실의 원칙이나 형평의 원칙에 어긋날 수도 있으므로, 이와 같은 경우에는 반드시 이행청구 이후의 양육비와 동일한 기준에서 정할 필요는 없고, 부모 중 한 쪽이 자녀를 양육하게 된 경위와 그에 소요된 비용의 액수, 그 상대방이 부양의무를 인식한 것인지 여부와 그 시기, 그것이 양육에 소요된 통상의 생활비인지 아니면 이례적이고 불가피하게 소요된 다액의 특별한 비용(치료비 등)인지 여부와 당사자들의 재산 상황이나 경제적 능력과 부담의 형평성 등 여러 사정을 고려하여 적절하다고 인정되는 분담의 범위를 정할 수 있다.

(2) 반대의견 ➡ 소송사건으로 처리하자는 입장

양육에 관한 협의의 요청이나 심판청구가 있기 전의 기간에 지출한 양육비에 대하여는 이를 법원의 심판으로서 상대방에게 그 부담을 명할 수는 없다. 왜냐하면 민법 제837조 제1항, 제2항, 가사소송법 제2조 제1항 (나)목 (2)마류 제3호, 같은 법 제3편(가사비송)의 여러 규정을 종합하면, 이혼한 당사자의 아이의 양육에 관하여 가정법원이 비송사건으로서 행하는 심판은 어디까지나 아이의 현재와 장래의 양육에 관한 사항을 정하거나 이미 정하여진 사항을 변경하는 절차이지, 지나간 과거에 마땅히 이행되었어야 할 부양에 관한 사항을 다시 정하거나 이미 지출된 비용의 분담에 관한 사항을 결정하는 절차가 아니기 때문이다.

민사소송법

제1절 민사소송법규의 의의 및 종류

```
┌ 훈시규정 – 민소법규정을 위반해도 소송법상 위반의 효력 발생 ✗
└ 효력규정 – 이에 위반하면 소송법상 위반의 효력 발생 ○ → 다시 강행규정과 임의규정으로 구분
        ┌ 강행규정 ┌ 위반 시 당사자의 이의 여부를 불문하고, 위반의 효력 발생 ○
        │        └ 이에 위배된 행위, 절차는 무효(하자치유 ✗)
        └ 임의규정 – 당사자의 소송수행의 편의와 이익을 보호할 목적, 법원이 직권으로 조사할 필요 ✗
                ┌ 당사자가 이의 ○ → 위반의 효력발생 ○
                └ 당사자가 이의 ✗ → 위반의 하자 치유(이의권 포기·상실)
```

Ⅰ. 서설

1. 의의와 종류

1) 소송법규는 법원·당사자에게 그 준수를 요구하고 있지만, 그 요구의 정도는 일률적인 것이 아니다. 그 강도에 의하여 각 소송법규 위배의 효력에 차이가 생기는 것으로, 그 구별은 민사소송법 전체를 이해하는 데 있어서 가장 기초가 되는 개념이고 매우 중요한 의미가 있다.

2) 소송법규의 종류는 위반 시 소송법상 효력발생 여부를 기준으로 ① 소송법상 위반의 효력이 발생하지 않는 것이 훈시규정이고, ② 위반의 효력이 발생하는 것이 효력규정이다. ③ 효력규정은 다시 소송법상 위반의 효력이 당사자의 이의 여부를 불문하고 발생하는가에 따라 강행규정과 임의규정으로 구분된다.

2. 논의실익

① 소송법규 위반 시 소송법상 효력이 발생하는지 여부, ② 소송법상 효력이 발생할 경우 이의권을 행사하여야 위반의 효력이 발생하는지 아니면 위반이 있으면 이의 여부를 불문하고 바로 위반의 효력이 발생하는지 여부, ③ 소송법상 소송절차를 당사자가 임의로 변경하는 합의가 가능한지 여부, ④ 소송법규 위배의 하자가 치유될 수 있는지 여부 등에 그 논의의 실익이 있다.

II. 효력규정과 훈시규정

1. 의의

위배의 경우에 행위의 효력에 영향이 있는가의 여부에 따라 훈시규정과 효력규정으로 나뉘는데, 위반 시에 소송법상 위반효력이 발생하지 않는 것이 훈시규정이고, 발생하는 것이 효력규정이다. 효력규정에 대해서는 강행규정과 임의규정으로 나누어서 각각 별항으로 검토한다.

2. 훈시규정 위배의 효과

소송고지의 방식(제85조 제2항)이나 종국판결 선고기간(제199조) 등의 훈시규정은 이를 준수하지 않아도 그 행위나 절차의 효력에 영향이 없는 규정으로서, 이에 위배되는 소송행위의 효력에는 아무런 영향이 없다.

III. 강행규정과 임의규정

1. 강행규정

(1) 의의 및 구체적인 예

법원이나 당사자의 의사·태도에 의하여 그 구속을 배제할 수 없으며, 이에 위배된 행위·절차는 무효로 되는 규정이다. 이는 공익성에 근거를 둔 것으로 법관의 제척, 전속관할, 당사자능력, 소송능력, 상소제기의 기간 등이 해당된다.

(2) 강행규정 위배의 효과

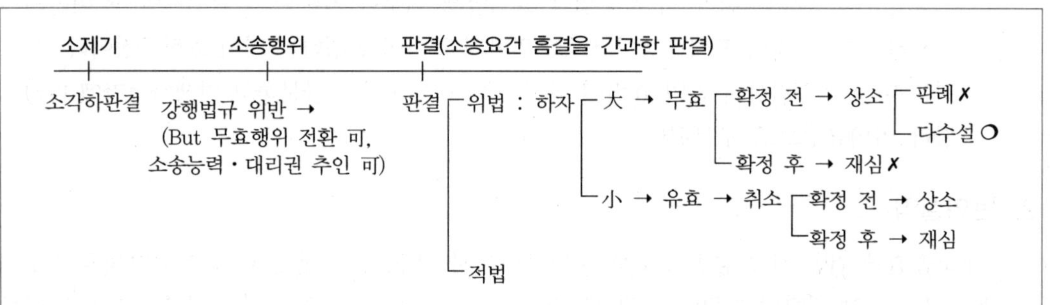

1) 원칙 – 직권조사사항

가) 강행법규 위반의 소제기

강행법규 위배의 소제기는 무효지만 법원은 판결로 소를 각하한다.

나) 강행법규 위반의 소송행위 – 무효

강행법규 위배의 소송행위는 무효로 보아 배척하여야 한다.

다) 강행법규 위반의 판결 - 무효 또는 유효이지만 취소

강행법규 위배이지만 유효인 판결은 확정 전에는 상소이유로써 취소할 수 있는 데 그친다. 판결은 상소에 의하지 아니하고는 당연무효로 되지 않기 때문이다. 판결이 확정되면 재심사유에 해당하는 때 한하여 재심을 통해 취소할 수 있다.

2) 무효인 소송행위의 전환

가) 의의

일응 무효인 소송행위라고 하더라도 그 소송행위가 당사자가 의도하는 목적과 동일한 다른 소송행위의 요건을 갖춘 경우에는 민법 제138조의 법리를 유추하여 다른 소송행위의 효력을 갖게 되는 경우가 있다.

나) 인정범위(요건)

① 절차상의 과오로 당사자가 실체법상의 권리를 잃게 되어 그것이 매우 가혹하고, ② 소송법이 규제하려는 취지에 반하지 않으면서, ③ 원래의 행위가 무효로 되는 것을 알았다면 다른 행위를 의욕하였으리라고 인정되는 때에 한하여 인정된다고 할 것이다.

다) 판례

당사자가 항소를 제기하면서 추완항소라는 취지의 문언을 기재하지 아니하였다고 하더라도 증거에 의하여 그 항소기간의 도과가 그의 책임질 수 없는 사유에 기인한 것으로 인정되는 이상 그 항소는 처음부터 소송행위의 추완에 의하여 제기된 항소라고 보아야 한다(대판 1980.10.14, 80다1795).

2. 임의규정

(1) 의의

임의규정은 당사자의 의사·태도에 의하여 그 적용이 배척·완화될 수 있는 규정이다. 이는 주로 사익성에 근거를 두고 정해진 것으로서, 임의관할과 소송행위방식에 관한 규정들이 이에 해당된다.

(2) 임의규정 위배의 효과

1) 원칙

당사자가 그 위배에 대해 이의를 제기해야 위반의 효력이 발생하고, 이는 직권조사사항이 아니다.

2) 하자의 치유 - 이의권 포기·상실(제151조)

임의규정의 위배는 법원이 직권으로 조사할 필요가 없고, 당사자의 이의권의 행사를 기다려 고려하면 된다. 소송절차의 임의규정을 위배한 경우 이의권의 포기 또는 상실에 의해 그 하자는 치유되고, 임의규정의 위반을 간과한 판결이라도 그 위법을 주장할 수 없다(제151조).

(3) 소송상 합의의 허용 여부

1) 편의소송금지의 원칙

소송법상으로는 다수의 사건을 획일적으로 처리하고 절차의 안정을 꾀하여야 하므로 당사자의 합의에 의하여 임의로 소송절차를 변경하는 것은 원칙적으로 허용되지 않는다. 이를 편의(임의)소송의 금지라고 한다.

2) 예외

다만 ① 관할의 합의(제29조)나 불항소의 합의(제390조 제1항 단서)와 같이 명문의 규정이 있는 경우에는 허용되며, ② 명문의 규정이 없어도 당사자가 소송의 목적이 되는 권리관계를 자유롭게 처분할 수 있는 경우에는 그 합의가 공서 양속에 반하지 않는 한 예외적으로 허용된다. 즉 다수의 견해와 판례는 실체법의 사적 자치의 원칙의 소송상 발현인 처분권주의와 변론주의가 적용되는 영역에 있어서는 당사자 간의 합의의 효력을 인정하고 있다. 이에 속하는 예로는 부제소의 합의, 소취하의 합의 등이 있다.

제2절 ▌민사소송의 이상과 신의칙 등

> **제1조(민사소송의 이상과 신의성실의 원칙)**
> ① 법원은 소송절차가 공정하고 신속하며 경제적으로 진행되도록 노력하여야 한다.
> ② 당사자와 소송관계인은 신의에 따라 성실하게 소송을 수행하여야 한다.

Ⅰ. 민사소송의 이상

이념	구현제도
적정	구술주의(제134조), 직접주의(제204조), 석명권(제136조), 직권증거조사(제292조), 교호신문제도(제327조), 3심제도, 재심제도 등
공평	심리의 공개, 법관의 제척·기피·회피제도(제41조), 소송절차의 중단제도(제233조), 쌍방심리주의 등
신속	독촉절차(제462조), 변론준비절차(제258조), 적시제출주의(제146조), 실기한 공격방어방법의 각하(제149조), 불출석의 경우 자백간주(제150조)나 취하간주(제268조), 계속심리주의(규칙 제72조) 등
경제	소액사건에의 구술제소(소액사건심판법 제4조), 소의 병합, 소송의 이송, 이의권의 상실(제151조)에 의한 하자치유, 변호사비용의 소송비용산입(제109조) 등

Ⅱ. 민사소송과 신의칙

1. 서설

(1) 의의 및 성질

① 당사자와 소송관계인은 상대방의 신뢰를 헛되이 하지 않도록 신의에 따라 성실하게 소송을 수행하여야 한다는 원칙을 말한다(제1조 제2항).

② 민사소송에는 신의칙 적용이 문제되지 않는다는 학설이 과거에 유력하였지만, 오늘날에는 이를 민사소송법의 대원칙으로 인정하는 것이 통설·판례의 입장이다(대판 1973.6.5, 69다1228 등). 나아가 신의칙은 당사자와 소송관계인의 행동원리로서 법원이 민사소송의 이상을 실현하는 것을 도와주는 기능을 한다.

(2) 취지

건전한 소송윤리를 확립하고, 법의 형식적 적용에 의하여 정의와 형평에 반하는 결과를 조정하기 위함이다.

(3) 현행법 규정 등 – 구체적 발현 제도 등

신의칙을 구체화한 규정으로는 실기한 공격방어방법의 각하(제149조), 문서제출거부(증명방해)에 대한 제재(제349조, 제350조), 자백취소의 원칙적 불허(제288조 단서), 불필요한 소송행위로 인한 승소자의 소송비용부담(제99조) 등이 있다. 나아가 쟁점효이론에 대한 대안, 참가적 효력의 근거, 증명방해에 대한 제재의 근거 등으로 활용된다.

2. 적용범위

(1) 주관적 적용범위

원고·피고 외에 모든 소송관계인, 즉 보조참가인, 소송대리인뿐만 아니라 증인, 감정인 등에도 미친다.

(2) 객관적 적용범위 – 신의칙의 보충성 여부

1) 논의실익

어느 견해에 의하느냐에 따라 발현형태에서 차이가 있다. 특히, ① 일부청구로서 소액사건을 만드는 경우, ② 소송지연을 위한 기피신청, ③ 소·상소의 이익흠결 시 이를 제기하는 경우, ④ 부제소특약·소취하계약에 위반하는 소의 제기나 소의 유지를 신의칙의 적용범위로 보고 신의칙의 발현형태 속에서 규율할 수 있는지에 차이가 있다.

2) 학설

① 일반조항으로의 도피나 남용은 바람직하지 않으므로 개개의 규정이나 특정 법해석이론에 의해 타당한 결과를 얻을 수 없는 경우에 한하여 보충적·예외적으로 신의칙을 적용하자는 보충적 적용설, ② 개별규정이나 특정 법해석이론에 의해 해결할 수 있는 경우에도 신의칙에 의하는 것이

보다 직접적이고, 용이하다고 생각되는 경우에는 추가적·선택적으로 신의칙을 적용해야 한다는 선택적 적용설(다수설)의 대립이 있다.

3) 판례

특정한 권리나 법률관계에 관하여 분쟁이 있어도 제소하지 아니하기로 합의한 경우, 이에 위반하여 제기한 소는 권리보호의 이익이 없고, 또한 신의칙에 반하여 부적법하다고 하였다.

[대판 1993.5.14, 92다21760] 특정한 권리나 법률관계에 관하여 분쟁이 있어도 제소하지 아니하기로 합의한 경우 이에 위반하여 제기한 소는 권리보호의 이익이 없고, 또한 권리의 행사와 의무의 이행은 신의에 좇아 성실히 하여야 한다는 신의성실의 원칙은 계약법뿐 아니라 모든 법률관계를 규제, 지배하는 법의 일반원칙으로서 민사소송에서도 당연히 요청되는 것인바, (중략) 이 사건 소는 위 부제소 특약에 위반한 것으로서 부적법하다.

---

4) 검토

법의 형식적 적용에 따르는 부당함을 조정하기 위한 신의칙 도입의 취지상 구체적 타당성을 위해서는 선택적 적용설이 타당하다.

3. 발현형태

(1) 소송상태의 부당형성

1) 의의

당사자 한쪽이 잔꾀를 써서 자기에게 유리한 소송상태나 상대방에게 불리한 상태를 만들어 놓고 이를 이용하는 행위를 말한다.

2) 구체적인 예

① 국내에 주소도 재산도 없는 자를 상대로 소제기를 하려 하는데 국내 재판적이 없어 국내에서 소송할 길이 막혔을 때에 억지로 재산을 국내에 끌어들여 재산 있는 곳의 재판적을 만들어 놓고 소제기를 하는 재판적의 도취(대판 1988.11.22, 87다카1671)

② 신의칙 반영의 입법으로 소액사건심판법 제5조의2를 적용받기 위해 고액채권을 여러 개의 소액채권으로 쪼개서 세분한 일부청구의 경우

③ 주소 있는 자를 주소불명의 행방불명자인 것처럼 해놓고 공시송달을 하게 하는 공시송달의 남용(판결의 편취)

(2) 소송상의 금반언 – 선행행위와 모순되는 거동의 금지

1) 의의

한쪽 당사자가 과거 일정방향의 태도를 취하여 상대방으로 하여금 이를 신뢰하게 해 놓고, 그 후 신뢰를 저버리고 종전의 태도와는 모순되는 거동으로 나오는 경우, 뒤의 거동은 허용되지 않는다는 원칙을 말한다.

2) 적용요건

① 당사자가 어떠한 선행행위를 행하고 후에 그 태도와 모순되는 행위를 할 것, ② 상대방이 선행의 태도를 신뢰하였을 것, ③ 모순되는 후행행위의 효력을 그대로 인정하여서는 선행행위를 신뢰한 당사자에게 불이익이 될 것을 그 요건으로 한다.

3) 적용범위 - 구체적 예

① 부제소특약에 반하는 소제기(대판 1993.5.14, 92다21760), 소취하계약에 반하여 소송을 계속 유지하는 행위

② 일부청구임을 명시하지 않은 사건에서 판결이 확정된 뒤에 나머지가 또 있다고 잔부청구를 하는 경우3)

③ 어느 사실에 기하여 소를 제기하고 그 사실의 존재를 적극 주장·입증한 사람이 그 뒤 상대방으로부터 이 사실의 존재를 전제로 한 소를 제기당한 때 태도를 바꾸어 이 사실을 부인하는 경우

[대판 1990.11.23, 90다카25512] 회사가 근로자를 해고한 후 근로자가 퇴직금과 해고수당의 변제를 받지 아니하여 이를 공탁하자 근로자가 아무런 조건의 유보 없이 공탁금을 수령하여 간 경우 근로자가 공탁금을 수령할 때 회사의 해고처분을 유효한 것으로 인정하였다고 볼 수밖에 없고, 근로자가 해고당한 후 약 1개월이 지난 다음 동종업체에 취업하여 전 회사에 있어서와 유사한 봉급수준의 임금을 지급받으며 근무하고 있으면서 해고당한 때로부터 3년 가까이나 경과하여 해고무효확인청구소송을 제기한 경우라면 위 청구는 금반언의 원칙에 위배된다.

[대판 1992.7.28, 92다7726] 무효인 공정증서(집행증서)상에 집행채무자로 표시된 자가 그 공정증서를 채무명의로 한 경매절차가 진행되고 있는 동안에 공정증서의 무효를 주장하여 경매절차를 저지할 수 있었음에도 불구하고 그러한 주장을 일체 하지 않고 이를 방치하였을 뿐 아니라, 오히려 공정증서가 유효임을 전제로 변제를 주장하여 경락허가결정에 대한 항고절차를 취하였고 경락허가결정확정 후에 경락대금까지 배당받았다면, 특별한 사정이 없는 한 집행채무자로 표시된 자는 경락인에 대하여 그 공정증서가 유효하다는 신뢰를 부여한 것으로서 객관적으로 보아 경락인으로서는 이와 같은 신뢰를 갖는 것이 상당하다고 할 것이므로, 그 후 집행채무자로 표시된 자가 경락인에 대하여 공정증서의 무효임을 이유로 이에 기하여 이루어진 강제경매도 무효라고 주장하는 것은 금반언 및 신의칙에 위반되는 것이라고 보아야 한다.

[대판 1995.1.24, 93다25875] 민사소송의 당사자 및 관계인은 소송절차가 공정 신속하고, 경제적으로 진행되도록 신의에 쫓아 성실하게 소송절차에 협력해야 할 의무가 있으므로, 당사자 일방이 과거에 일정 방향의 태도를 취하여 상대방이 이를 신뢰하고 자기의 소송상의 지위를 구축하였는데, 그 신뢰를 저버리고 종전의 태도와 지극히 모순되는 소송행위를 하는 것은 신의법칙상 허용되지 않고, 따라서 원심에서 피고의 추완항소를 받아들여 심리 결과 본안판단에서 피고의 항소가 이유 없다고 기각하자 추완항소를 신청했던 피고 자신이 이제 상고이유에서 그 부적법을 스스로 주장하는 것은 허용될 수 없다.

---

3) 판례는 기판력의 확장으로 해결하고 있다(대판 1971.4.30, 71다430). 이에 반하여 동 사안은 소송상 신의칙 위배라기보다는 실체법상 신의칙 위배로 민법 제2조가 적용될 문제라는 견해(호문혁)도 유력하다.

4) 적용의 한계

① 당사자 간의 형평보다도 가사소송(**예** 혼인관계와 같은 신분관계를 둘러싼 소송)과 같이 실체적 진실이 중요한 경우이거나, ② 뒤의 행위가 진실이고 모순의 정도나 상대방의 불이익의 정도가 크지 않은 경우에는 금반언 원칙의 적용은 제한되어야 할 것이다.

5) 관련문제 - 쟁점효이론과의 관계

이는 판결이유 속에 판단된 선결적 법률관계에 기판력이 미치는가의 문제로서 ① 원칙적으로 선결적 법률관계에 대한 판단에는 기판력이 미치지 않는다. 따라서 ② 판결상호 간 모순저촉을 방지하기 위하여 구속력을 인정하자는 쟁점효이론이 주장되고 있다. 그러나 ③ 다수설은 쟁점효이론을 부정하며 신의칙 등을 적용하여 이를 해결하고, 판례 역시 쟁점효이론을 부정하고 신의칙 내지 증명력설을 취하고 있다(대판 2002.9.24, 2002다11847 등).

(3) 소권의 실효

1) 의의

소송상 권능을 장기간 행사하지 않고 방치하여 상대방이 이를 행사하지 않으리라는 정당한 기대를 가지게 되고, 상대방이 그에 기하여 법적지위를 구축한 때에는 소송상 권능은 이미 실효하여 그 뒤에 소송상 권능을 행사하려고 하여도 허용되지 않게 된다는 것을 말한다. 금반언의 일종인데 소송상 권능의 불행사라는 부작위의 결과로서 생긴 외관에 대한 상대방의 신뢰보호를 목적으로 하는 점에 그 특징이 있다.

2) 적용요건

① 소송상 권능의 장기간 불행사, ② 더 이상 권리를 행사하지 않을 것이라는 상대방의 정당한 기대를 요건으로 한다.

3) 적용범위 - 구체적 예

판례에 따르면 자백간주 형식에 의하여 판결이 편취된 경우에는 기간의 정함이 없이 어느 때나 항소를 제기할 수 있는데, 이처럼 기간의 정함이 없는 항소권과 같은 소송법상의 권리(또는 통상항고 등 기간의 정함이 없는 각종의 신청)에 대하여도 실효의 원칙이 적용될 수 있다.

> [대판 1996.7.30, 94다51840] 실효의 원칙이라 함은 권리자가 장기간에 걸쳐 그 권리를 행사하지 아니함에 따라 그 의무자인 상대방이 더 이상 권리자가 권리를 행사하지 아니할 것으로 신뢰할 만한 정당한 기대를 가지게 된 경우에 새삼스럽게 권리자가 그 권리를 행사하는 것은 법질서 전체를 지배하는 신의성실의 원칙에 위반되어 허용되지 아니한다는 것을 의미하고, 항소권과 같은 소송법상의 권리에 대하여도 이러한 원칙은 적용될 수 있다(대판 1992.12.11, 92다23285; 1992.5.26, 92다3670; 1992.1.21, 91다30118 등 참조).

4) 소권자체의 실효 여부

가) 학설

① 소권이 처분권의 대상이 될 수 있는 것과 대응하여 소권자체의 실효를 인정하여 이 경우 소각하판결을 하여야 한다는 실효긍정설, ② 소권의 본질은 헌법상 보장되는 재판청구권이므로 실효는 있을 수 없고, 이 경우 소권남용의 문제로 다루어야 한다는 실효부정설과 ③ 소권자체가 실효되는 것이 아니라 실체법상 권리가 실효의 원칙에 의해 소멸되는 것이므로 이 경우 청구기각판결을 해야 한다는 견해(실체법상의 문제로 보는 견해 – 실체법상 권리 실효설)가 대립하고 있다.

나) 판례

[대판 1992.12.11. 92다23285] 원고들이 1980.7. 면직된 후 바로 퇴직금을 청구하여 아무런 이의나 조건의 유보 없이 수령하였으며 그로부터 9년이 지난 1989.11.부터 1990.1.까지의 사이에 1980년 해직 공무원의 보상 등에 관한 특별조치법 소정의 보상금에 준한 보상금까지 수령하였다면 면직일로부터 10년이 다 되어 피고로서도 원고들에 대한 위 면직처분이 유효한 것으로 믿고 이를 전제로 그 사이에 새로운 인사체제를 구축하여 조직을 관리 경영하여 오고 있는 마당에 새삼스럽게 원고들이 이 사건 면직처분무효확인의 소를 제기함은 신의성실의 원칙에 반하거나 실효의 원칙에 따라 그 권리의 행사가 허용되지 않는다고 보아야 할 것이다.

[대판 2015.3.20. 2013다88829] 甲이 乙이 장래 설립·운영할 丙 주식회사에 토지를 현물로 출자하거나 매도하기로 약정하고 丙 회사 설립 후 소유권이전등기를 마쳐 준 다음 회장 등 직함으로 장기간 丙 회사의 경영에 관여해 오다가, 丙 회사가 설립된 때부터 약 15년이 지난 후에 토지 양도의 무효를 주장하면서 소유권이전등기의 말소를 구한 사안에서, 위 약정은 상법 제290조 제3호에서 정한 재산인수로서 정관에 기재가 없어 무효이나, 丙 회사로서는 丙 회사의 설립에 직접 관여하여 토지에 관한 재산인수를 위한 약정을 체결하고 이를 이행한 다음 설립 후에는 장기간 丙 회사의 경영에까지 참여하여 온 甲이 이제 와서 丙 회사의 설립을 위한 토지 양도의 효력을 문제 삼지 않을 것이라는 정당한 신뢰를 가지게 되었고, 甲이 乙과 체결한 사업양도양수계약에 따른 양도대금채권이 시효로 소멸하였으며, 甲이 丙 회사 설립 후 15년 가까이 지난 다음 토지의 양도가 정관의 기재 없는 재산인수임을 내세워 자신이 직접 관여한 회사설립행위의 효력을 부정하면서 무효를 주장하는 것은 회사의 주주 또는 회사채권자 등 이해관계인의 이익 보호라는 상법 제290조의 목적과 무관하거나 오히려 이에 배치되는 것으로서 신의성실의 원칙에 반하여 허용될 수 없다.

(4) 소권의 남용

> **제219조의2(소권 남용에 대한 제재)**
> 원고가 소권(항소권을 포함한다)을 남용하여 청구가 이유 없음이 명백한 소를 반복적으로 제기한 경우에는 법원은 결정으로 500만원 이하의 과태료에 처한다.

1) 의의

소송외적 목적의 추구를 위한 소송상 권능의 행사는 금지된다는 원칙을 말한다.

2) 구체적 예

① 소에 의하지 않는 간편한 방법이 있거나, 특별절차가 있음에도 불구하고 소를 제기하는 경우, ② 소송상 권리행사가 법의 목적에 반하는 경우, ③ 무익한 소권을 행사하는 경우, ④ 소송지연이나 강제집행의 지연을 목적으로 기피권을 남용하거나 상소권을 남용하는 경우, ⑤ 재산상의 이득이나 탈법 따위를 목적으로 소권을 행사하는 경우 등을 들 수 있다.

4. 위반의 효과

(1) 직권조사사항

① 신의칙은 소송요건과 무관하므로 직권조사사항이 아니라 직권으로 판단해야 할 사항이라고 보는 직권판단사항설, ② 당사자와 법원 사이에서는 직권조사사항이나, 당사자들 사이에서는 상대방의 원용을 기다려 참작하여야 한다는 원용설이 있으나, ③ 신의칙은 소송요건이라는 면에서 그 위반 여부는 당사자의 주장이 없어도 법원이 직권으로 조사하여 한다는 직권조사사항설(다수설)이 타당하다고 본다.

(2) 신의칙 위반의 소송행위의 효력

1) 신의칙에 반하는 소의 제기의 효력

① 제소 그 자체는 실체법상의 권리행사의 한 방법이므로 제소가 신의칙 위반이면 실체법상의 신의칙 위배로서 청구가 실체법상 이유가 없는 것이 되므로 청구기각판결을 해야 한다는 견해(청구기각판결설)가 있으나, ② 소의 제기가 신의칙에 반하지 않을 것은 소송요건이므로 신의칙 위반의 제소는 소의 이익이 없어 소각하판결을 해야 한다는 견해(소각하판결설 ; 다수설)가 타당하다고 본다. ③ 그 밖에 원고가 소권(항소권을 포함한다)을 남용하여 청구가 이유 없음이 명백한 소를 반복적으로 제기한 경우에 법원은 결정으로 500만원 이하의 과태료에 처한다(제219조의2).

2) 신의칙에 반하는 소송행위의 효력

① 여효적 소송행위가 신의칙에 위반될 때에는 무효(유효성의 문제)로 되고, ② 취효적 소송행위가 신의칙에 위반될 때에는 부적법(적법성의 문제)하게 되므로 법원에 의해 배척된다.

(3) 신의칙 위반을 간과한 판결의 효력

① 확정 전에는 상소, ② 확정 후에는 당연무효의 판결이라 할 수 없고 위법·유효한 판결로서 재심이나 추완 상소가 가능하며, ③ 판결이 집행된 뒤에는 실체법상 부당이득이나 불법행위를 이유로 손해배상의 문제가 생긴다(판결편취의 경우 판결의 취소 없이 부당이득 또는 불법행위에 기한 손해배상청구가 가능한지의 문제이다).

Ⅲ. 법관의 제척·기피·회피

1. 법원의 의의

법원은 넓은 의미로는 법관과 그 이외의 법원직원에 의하여 조직된 복합적 국가관서로서의 법원을 의미한다. 좁은 의미로는 재판사무를 담당하기 위하여 1인 또는 수인으로 구성된 재판기관으로서 법원을 의미하는데, 판결절차를 취급하는 수소법원(예 서울중앙지방법원 제3민사부)이 그 예이다. 법원은 그것을 구성하는 법관의 수에 의하여 재판장과 합의부원(소위 배석판사라고 한다)으로 구성되는 합의제와 단독제로 나뉜다.

2. 제척

법관이 일정한 법정사유(제척이유)가 있는 경우에 법률상 당연히 직무집행을 할 수 없는 것을 제척이라고 한다.

(1) 제척원인

> **제41조(제척의 이유)**
> 법관은 다음 각 호 가운데 어느 하나에 해당하면 직무집행에서 제척된다.
> 1. 법관 또는 그 배우자나 배우자이었던 사람이 사건의 당사자가 되거나, 사건의 당사자와 공동권리자·공동의무자 또는 상환의무자의 관계에 있는 때
> 2. 법관이 당사자와 친족의 관계에 있거나 그러한 관계에 있었을 때
> 3. 법관이 사건에 관하여 증언이나 감정을 하였을 때
> 4. 법관이 사건당사자의 대리인이었거나 대리인이 된 때
> 5. 법관이 불복사건의 이전심급의 재판에 관여하였을 때. 다만, 다른 법원의 촉탁에 따라 그 직무를 수행한 경우에는 그러하지 아니하다.

1) 내용

① 법정사유는 한정적으로 열거된 것으로서 확대해석을 해서는 안 된다.

② 제41조 제1호 전단의 배우자라 함은 현재와 과거를 포함한 법률상의 배우자를 가리키고 사실혼관계나 약혼관계는 포함되지 않는다.

③ 사건의 당사자란 넓은 의미로 원·피고뿐만 아니라 보조참가인 그리고 기판력이 미치는 당사자와 동일시할 사람을 포함한다. 다만 대리인은 포함되지 않는다(제41조 제4호 참조). 물론 자연인을 염두로 한 것이지만, 법인의 경우에도 유추적용할 수 있다고 본다.

④ 당사자와 공동권리자·의무자란 소송의 목적이 된 권리관계에 법률상 이해관계가 있는 경우를 말한다. 판례는 종중소송에서 재판부의 구성법관이 종중의 구성원이면 당사자와 공동권리자·의무자의 관계에 있어 제척이유가 된다고 하였다(대판 2010.5.13, 2009다102254). 그러나 법관이 당사자인 회사의 주주나 채권자인 때에는 경제적·사실적 이해관계만 있을 뿐이므로 공동권리자가 아니다.

⑤ 제41조(제척의 이유) 각 호에서 '사건'이라 함은 현재 계속 중인 해당 사건을 가리킨다(대판 1965.8.31, 65다1102).

2) 제41조(제척의 이유) 제5호에 규정된 전심재판 관여

가) 의의

상소법원을 구성하는 법관이 불복신청이 된 이전심급의 재판에 이미 관여한 경우에 그 법관은 해당 사건에 대하여 직무를 집행할 수 없다는 것을 전심관여법관의 제척이라고 한다(제41조 제5호 본문). 이는 법관의 예단배제로 재판의 공정성을 유지하고, 심급제도의 실효성을 확보하기 위하여 인정된다.

나) 요건

① **전심** – 해당 사건에 관하여 직접·간접의 하급심을 말한다(상고심에서 보았을 때 항소심은 직접적 하급심이고, 제1심은 간접적 하급심이다).

② **재판** – 불복의 대상이 된 종국판결뿐만 아니라 종국판결과 더불어 상급심의 판단을 받는 중간적인 재판(예 제149조. 실기한 공격방어방법의 각하결정)도 포함한다.

③ **관여** – 재판의 성립에 실질적으로 관여하였음을 의미한다. 따라서 최종변론, 평결(판결의 합의), 재판서의 작성에 관여한 것을 말하고, 단순히 판결의 선고만 관여한 경우나 최종변론 전의 변론, 변론준비절차·증거조사만을 한 경우라면 이에 해당하지 않는다. 다만 이 경우 제척 사유가 없다고 하더라도 기피 내지 회피의 여지는 있다.

[**대판 1997.6.13, 96다56115**] 법관의 제척원인이 되는 전심관여라 함은 「최종변론과 판결의 합의에 관여」하거나, 종국판결과 더불어 상급심의 판단을 받는 중간적인 재판에 관여함을 말하는 것이고, 최종변론 전의 변론이나 증거조사 또는 기일지정과 같은 소송지휘상의 재판 등에 관여한 경우는 포함되지 않는다.

다) 전심관여에 해당하지 않는 예

㉠ 환송·이송되기 전의 원심판결(단 이 경우 제436조 제3항에 의해 배제), ㉡ 재심소송에 있어서 재심의 대상이 된 확정판결(대판 2000.8.18, 2000재다87; 대결 1987.7.28, 87마590 등), ㉢ 본안소송에 대한 관계에서 가압류·가처분에 관한 재판(대결 1962.7.20, 61민재항3), ㉣ 본안소송의 재판장에 대한 기피신청사건의 재판(대결 1991.12.27, 91마631)은 이전심급의 재판에 해당되지 않고, 또한 ㉤ 소송상 화해에 관여한 법관이 그 화해내용에 따른 목적물의 인도소송에 관여하는 것은 전심관여라 볼 수 없다(대판 1969.12.9, 69다1232).

[**대결 1987.7.28, 87마590**] 제41조 5호에 규정된 전심재판이라 함은 그 불복사건의 하급심재판을 말하는 것으로서 재심사건에서 그 재심의 대상으로 삼고 있는 확정된 원재판은 이에 해당하지 아니 하므로 재심대상재판에 관여한 법관이 나아가 그 재심사건의 재판에 관여하여도 이를 제척사유에 해당한다고 볼 수 없다.

(2) 제척의 재판과 효과

> **제42조(제척의 재판)**
> 법원은 제척의 이유가 있는 때에는 **직권으로 또는 당사자의 신청**에 따라 제척의 재판을 한다.

1) 제척이유의 유무는 그 이유가 있는 법관 자신과 그 소속합의부의 직권조사사항이다. 조사결과 제척이유가 있으면 해당 법관은 스스로 직무집행에서 물러나고 이를 조서에 적으면 된다. 그러나 제척이유의 유무에 관하여 의문이 있을 때에는 법원은 직권으로 또는 당사자의 신청에 따라 제척의 재판을 하여야 한다(제42조). 제척의 재판절차는 기피의 경우와 마찬가지이다.

2) 제척의 효과는 그 재판 유무에 관계없이, 당사자나 법관의 지·부지를 불문하고 당연히 발생하기 때문에 제척의 재판은 확인적 성질을 갖으며, 제척사유가 있는 법관은 법률상 당연히 해당 사건에 대해 직무집행을 할 수 없다. 제척이유가 있는 법관이 관여한 소송행위는 본질적인 절차상의 하자로서 무효로 된다. 다만 간과한 판결은 당연무효라 할 수 없고, 그 판결은 확정 전일 때에는 절대적 상고이유(제424조 제1항 제2호), 확정 후에는 재심사유가 된다(제451조 제1항 제2호).

3. 기피

(1) 의의

1) 기피라 함은 법률상 정해진 제척이유 이외의 재판의 공정을 기대하기 어려운 사정이 있는 경우에 당사자의 신청을 기다려 재판에 의하여 비로소 법관이 직무집행에서 배제되는 것을 말한다.

2) ① 법정사유가 존재하면 법률상 당연히 직무집행에서 배제되는 제척이나, ② 당사자의 신청이나 재판을 거치지 않고 법관 스스로 직무집행을 피하는 회피와 다르다.

3) 이는 제척제도를 보충하여 재판의 공정을 보다 철저히 보장하기 위한 것이다.

(2) 기피의 원인 – 제43조 "공정한 재판을 기대하기 어려운 사정"

> **제43조(당사자의 기피권)**
> ① 당사자는 법관에게 공정한 재판을 기대하기 어려운 사정이 있는 때에는 기피신청을 할 수 있다.
> ② 당사자가 법관을 기피할 이유가 있다는 것을 알면서도 본안에 관하여 변론하거나 변론준비기일에서 진술을 한 경우에는 기피신청을 하지 못한다.

1) 객관적 사유

[대결 1992.12.30, 92마783] 민사소송법 제43조 제1항 소정의 "재판의 공정을 기대하기 어려운 사정이 있는 때"라 함은 당사자가 불공정한 재판이 될지도 모른다고 추측할 만한 주관적인 사정이 있는 때를 말하는 것이 아니고, 통상인의 판단으로서 법관과 사건과의 관계로 보아 불공정한 재판을 할 것이라는 의혹을 갖는 것이 합리적이라고 인정될 만한 객관적인 사정이 있는 때를 말하는 것이므로, 설사 소송당사자 일방이 재판장의 변경에 따라 소송대리인을 교체하였다 하더라도 그와 같은 사유가 재판의 공정을 기대하기 어려운 객관적인 사정이 있는 때에 해당할 수 없다.

[대결 2019.1.4. 2018스563] 법관과 개별 사건과의 관계로 인하여 발생할 수 있는 재판의 불공정성에 대한 의심을 해소하여 당사자로 하여금 재판이 편파적이지 않고 공정하게 진행되리라는 신뢰를 갖게 함으로써 구체적인 재판의 공정성을 보장할 필요가 있고, 이를 위하여 민사소송법은 제척 제도 외에도 기피 제도를 마련하여 제43조 제1항에서 "당사자는 법관에게 공정한 재판을 기대하기 어려운 사정이 있는 때에는 기피신청을 할 수 있다."라고 규정하고 있다. 기피 제도의 위와 같은 목적과 관련 규정의 내용에 비추어 보면, '법관에게 공정한 재판을 기대하기 어려운 사정이 있는 때'라 함은 우리 사회의 평균적인 일반인의 관점에서 볼 때, 법관과 사건과의 관계, 즉 법관과 당사자 사이의 특수한 사적 관계 또는 법관과 해당 사건 사이의 특별한 이해관계 등으로 인하여 법관이 불공정한 재판을 할 수 있다는 의심을 할 만한 객관적인 사정이 있고, 그러한 의심이 단순한 주관적 우려나 추측을 넘어 합리적인 것이라고 인정될 만한 때를 말한다. 그러므로 평균적 일반인으로서의 당사자의 관점에서 위와 같은 의심을 가질 만한 객관적인 사정이 있는 때에는 실제로 법관에게 편파성이 존재하지 아니하거나 헌법과 법률이 정한 바에 따라 공정한 재판을 할 수 있는 경우에도 기피가 인정될 수 있다.

➲ [해설] : 사건은 다음과 같다. ○○그룹 회장의 딸인 호텔신라 이 사장과 이혼소송 중인 전 ○○전기 고문 임씨는 두 사람은 이혼하고, 이 사장은 임씨에게 80억원을 지급하도록 하면서 이 사장에게 친권 및 양육권을 주는 것을 내용으로 하는 이혼소송에 대한 판결에 항소를 제기하였고, 위 항소심 재판은 강 부장판사에게 배당되었는데, 임씨는 강 부장판사가 창원지법 법원장으로 근무하던 시기에 ○○그룹 장 사장에게 인사청탁 등의 사적인 문자메시지를 10여 차례 이상 보내는 등 ○○그룹과 특수한 관계에 있다는 이유로 기피신청을 냈고 서울고법은 기각결정을 내렸다. 이에 임씨는 제47조 제2항에 따라 대법원에 즉시항고를 하였는데, 대법원은 위와 같은 이유로 기피신청은 이유 있다고 판단한 사례이다. 개인적으로 사법부의 신뢰성을 회복할 수 있는 초석이 되기를 바라는 마음이다.

가) 당사자 관계

당사자와의 관계에서 법관이 약혼·사실혼관계 등의 애정관계, 우정관계, 원한관계, 법관이 당사자인 법인의 주주인 경우 등은 재판의 공정을 기대하기 어려운 객관적인 사정이 있음에 의문이 없다.

나) 소송대리인과 관계

소송대리인과의 관계에서 법관이 혼인관계, 민법 소정의 친척관계, 과거 같은 재판부의 구성원이었다는 친근관계가 있을 때에는 연고와 의리를 중시하는 우리의 풍토에서 법조정화를 위해서나 제41조 제2호와의 균형관계로 보아 기피사유가 되는 것으로 보는 것이 타당할 것이다(소송대리인이 변호사인 경우 특별한 사정이 있는 경우를 제외하고는 기피사유가 아니라고 보는 반대견해도 있다).

2) 주관적 의혹

① 주관적 의혹만으로는 기피이유에 해당되지 않고, ② 재판장의 소송지휘에 대한 불만만으로는 해당되지 않는다. 이에 대해서는 별도로 소송법이 구제절차를 마련해 놓고 있기 때문이다(제138조, 제392조).

(3) 절차 - 기피신청

1) 기피신청의 방식

> **제44조(제척과 기피신청의 방식)**
> ① 합의부의 법관에 대한 제척 또는 기피는 그 합의부에, 수명법관·수탁판사 또는 단독판사에 대한 제척 또는 기피는 그 법관에게 이유를 밝혀 신청하여야 한다.
> ② 제척 또는 기피하는 이유와 소명방법은 신청한 날부터 3일 이내에 서면으로 제출하여야 한다.

① 제척과 달리 기피절차는 당사자의 <u>신청</u>으로만 개시된다. 합의부의 법관의 경우에는 그 법관의 소속 합의부에, 수명법관, 수탁판사 또는 단독판사에 대한 기피는 그 법관에게 이유를 밝혀 신청하여야 하고, 신청한 날로부터 3일 이내에 기피하는 이유와 소명방법을 서면으로 제출하여야 한다(제44조).

② 기피신청은 말로도 할 수 있다(제161조 참조).

2) 행사시기와 상실

기피신청은 기피이유를 안 <u>직후</u>(지체 없이)에 하여야 한다(제43조 제2항). 즉 당사자가 법관을 기피할 이유가 있다는 것을 알면서도 본안에 관하여 변론하거나 변론준비기일에서 진술을 한 경우에는 기피권은 상실한다.

(4) 기피신청에 대한 재판

1) 간이각하(결정)

> **제45조(제척 또는 기피신청의 각하 등)**
> ① 제척 또는 기피신청이 제44조의 규정에 어긋나거나 소송의 지연을 목적으로 하는 것이 분명한 경우에는 신청을 받은 법원 또는 법관은 결정으로 이를 각하한다.
> ② 제척 또는 기피를 당한 법관은 제1항의 경우를 제외하고는 바로 제척 또는 기피신청에 대한 의견서를 제출하여야 한다.
>
> **제46조(제척 또는 기피신청에 대한 재판)**
> ① 제척 또는 기피신청에 대한 재판은 그 신청을 받은 법관의 소속 법원 합의부에서 결정으로 하여야 한다.
> ② 제척 또는 기피신청을 받은 법관은 제1항의 재판에 관여하지 못한다. 다만, 의견을 진술할 수 있다.
> ③ 제척 또는 기피신청을 받은 법관의 소속 법원이 합의부를 구성하지 못하는 경우에는 바로 위의 상급 법원이 결정하여야 한다.
>
> **제47조(불복신청)**
> ① 제척 또는 기피신청에 정당한 이유가 있다는 결정에 대하여는 불복할 수 없다.
> ② 제45조 제1항의 각하결정 또는 제척이나 기피신청이 이유 없다는 결정에 대하여는 즉시항고를 할 수 있다.
> ③ 제45조 제1항의 각하결정에 대한 즉시항고는 집행정지의 효력을 가지지 아니한다.

기피의 신청이 방식에 어긋나거나 소송의 지연을 목적으로 하는 것이 분명한 경우에는 신청을 받은 법원 또는 법관이 직접 결정으로 신청을 각하할 수 있다(제45조 제1항). 이를 간이각하라고도 하는데, 기피권의 남용에 대한 우리 법의 독특한 것이다.

2) 다른 합의부의 재판 – 기피신청의 인용 또는 기각결정

① 기피신청에 대한 재판은 그 신청을 받은 법관의 소속법원의 다른 합의부에서 결정으로 한다(제46조 제1항). 만일 기피당한 법관의 소속법원이 합의부를 구성하지 못하는 경우에는 바로 위의 상급법원이 결정한다(동조 제3항). 이 경우에 기피를 당한 법관은 이 절차에 관여하지 못하고, 다만 그에 관한 의견을 진술할 수 있을 뿐이다(동조 제2항).

② 제척과 달리 기피의 재판은 형성적 의미를 갖는다.

3) 불복방법

① 기피신청이 이유 있다는 결정에 대하여는 불복신청이 인정되지 않는다(제47조 제1항). ② 반면 간이각하결정이나 기피신청이 이유 없다고 기각한 결정에 대하여는 즉시항고를 할 수 있다(동조 제2항). 다만 간이각하결정에 대한 즉시항고에는 집행정지효(즉시항고의 대상이 된 재판의 효력발생을 저지하는 효력으로, 이 경우에는 소송절차(본안절차)가 진행되는 것을 정지시킨다는 효력)가 없으므로(제47조 제3항), 보통의 기피신청의 각하와는 달리 소송절차가 정지되지 않는다는 차이점이 있다. 이처럼 기피신청이 있어도 간이각하를 한 경우라면 그 결정의 확정 여부와 관계없이 소송절차는 정지되지 않는다는 점이 간이각하를 인정한 중요한 이유이다.

(5) 기피신청의 효과

1) 본안소송절차의 정지

> **제48조(소송절차의 정지)**
> 법원은 제척 또는 기피신청이 있는 경우에는 그 재판이 확정될 때까지 소송절차를 정지하여야 한다. 다만, 제척 또는 기피신청이 각하된 경우 또는 종국판결을 선고하거나 긴급을 요하는 행위를 하는 경우에는 그러하지 아니하다.

신청이 각하된 경우 또는 종국판결을 선고하거나(변론종결 뒤에 비로소 기피신청이 있는 때) 긴급을 요하는 행위를 하는 경우를 제외하고, 기피(또는 제척)의 신청이 있으면 기피의 재판이 확정될 때까지 소송절차를 정지하여야 한다(제48조). 동 규정에 위반한 소송행위는 위법하다.

[대판 1993.11.9. 93다39553] 종국판결의 선고는 기피의 신청이 있는 때에도 할 수 있는 것이므로, 변론종결 후에 기피신청을 당한 법관이 소송절차를 정지하지 아니하고 판결을 선고한 것이 위법하다고 할 수 없다.

[대결 1993.9.27. 93마1184] 법관에 대한 기피신청에도 불구하고 본안사건 담당법원이 민사소송법 제48조 단서에 의하여 종국판결을 선고한 경우 그 담당법관을 그 사건의 심리재판에서 배제하고자 하는 기피신청의 목적은 사라지는 것이므로 기피신청에 대한 재판을 할 이익이 없게 된다(대결 1991. 6.14. 90두21 同旨).

2) 절차를 정지하지 않은 경우의 효과

가) 기피신청인용결정

절차정지 중임에도 불구하고 종국판결의 선고·긴급을 요하는 행위가 아닌 소송행위를 하였을 때에는 뒤에 기피신청인용결정이 있으면 불공정한 재판의 우려가 있는 경우이므로, 절차정지 중에 내려진 판결이 위법하다는 점에는 아무런 다툼이 없다(상고이유 및 재심사유가 된다. 제424조 제1항 제2호, 제451조 제1항 제2호).

나) 기피신청기각결정 – 위법하자의 치유 여부 문제

① 학설

ⅰ) 제48조의 취지 및 기피신청한 당사자의 절차권을 보장하기 위해 하자의 치유를 부정하는 소극설, ⅱ) 소송경제의 도모를 위해 하자의 치유를 긍정하는 적극설과 ⅲ) 원칙적으로는 하자의 치유가 부정되나, 신청인이 충분한 소송행위를 한 때와 같이 기피신청인의 소송상 이익·절차권을 해하지 않은 때에는 하자의 치유를 인정하자는 절충설(다수설)의 대립이 있다.

② 판례

[대판 1978.10.31, 78다1242] 기피신청을 당한 법관이 그 기피신청에 대한 재판이 확정되기 전에 한 판결의 효력은 그 후 그 기피신청이 이유 없는 것으로서 배척되고 그 결정이 확정되는 때에는 유효한 것으로 된다.

> ➥ [해설] : 본 판례는 기피신청에 대한 재판이 확정되기 전에 한 판결의 효력은 설령 제48조 단서에 따른 종국판결의 선고로서 허용되는 경우가 아니라고 하더라도, 이 후 기피신청기각결정이 확정된 경우라면 그 위법이 치유된다고 하는 적극설의 입장으로 평가된다.

◈ 비교판례 ◈

[대판 2010.2.11, 2009다78467·78474] 기피신청을 각하하는 결정이 확정되었다는 사정만으로 민사소송법 제48조의 규정을 위반하여 쌍방불출석의 효과를 발생시킨 절차 위반의 흠결이 치유되는지 여부(소극)

기피신청에 대한 각하결정 전에 이루어진 변론기일의 진행 및 위 각하결정이 당사자에게 고지되기 전에 이루어진 변론기일의 진행은 모두 민사소송법 제48조의 규정을 위반하여 쌍방불출석의 효과를 발생시킨 절차상 흠결이 있고, 특별한 사정이 없는 이상, 그 후 위 기피신청을 각하하는 결정이 확정되었다는 사정만으로 민사소송법 제48조의 규정을 위반하여 쌍방불출석의 효과를 발생시킨 절차 위반의 흠결이 치유된다고 할 수 없다.

4. 회피

> **제49조(법관의 회피)**
> 법관은 제41조 또는 제43조의 사유가 있는 경우에는 감독권이 있는 법원의 허가를 받아 회피할 수 있다.

법관이 위에서 살핀 바와 같은 당사자의 신청이나 재판을 거치지 않고 스스로 제척 또는 기피의 사유가 있다고 인정하여 직무집행을 피하는 것을 회피라고 한다. 회피를 하려면 사법행정상의 감독권이 있는 법원의 허가를 얻어야 한다(제49조). 회피의 허가는 사법행정상의 처분이고 제척 또는 기피의 사유를 확정하는 효과를 가지는 재판이 아니기 때문에 예를 들어 기피이유가 있는 것을 이유로 허가를 받아 직무집행을 회피한 법관이 그 뒤에 그대로 그 사건에 관여하였다 하여도 그 행위의 효력에는 영향이 없고 소송법상 위법은 아니다.

제척 · 기피 · 회피의 비교

구분	제척	기피	회피
의의	법률상 당연히 직무집행에서 배제	당사자의 신청과 그에 대한 재판에 의해 직무집행에서 배제	당사자의 신청이나 재판을 거치지 않고 스스로 직무집행을 회피
원인	제41조의 한정적 열거사유	공정한 재판을 기대하기 어려운 객관적 사정	제척 또는 기피이유(제49조)
절차	① 직권조사사항 ② 당사자의 신청 또는 직권으로 재판	기피신청(제43조와 제44조)	감독권 있는 법원의 허가
재판	① 법률에 의하여 당연히 직무집행에서 배제되므로, 재판은 확인적 성질을 갖는다(➲ 소급효 O). ② 제척원인 있는 법관은 일체의 소송행위에 관여할 수 없다. 그러나 예외적으로 종국판결의 선고나 긴급사정이 있는 경우에는 직무를 행할 수 있다. ③ 제척이유가 있는 법관이 관여한 소송행위는 본질적인 절차상의 하자로서 무효로 된다. 따라서 그 판결은 확정 전일 때에는 절대적 상고이유(제424조 제1항 제2호), 확정 후에는 재심사유가 된다(제451조 제1항 제2호).	① 기피재판에 의하여 비로소 직무집행에서 배제되므로 재판은 형성적 성질을 갖는다(➲ 소급효 ✗). ② 제45조(간이각하), 제46조(다른 합의부의 재판) ③ 제48조(소송절차의 정지) ➲ 절차를 정지하지 않은 경우의 효과 : 판례는 기피신청을 당한 법관이 그 기피신청에 대한 재판이 확정되기 전에 한 판결의 효력은 그 후 그 기피신청이 이유 없는 것으로서 배척되고 그 결정이 확정되는 때에는 유효한 것으로 된다고 본다(대판 1978.10.31, 78다1242).	① 법원의 허가는 재판이 아니다. ② 허가를 받아 회피한 법관이 그 후에 그 사건에 관여하였더라도 그 행위의 효력에 영향이 없다(위법 ✗).

02

절차를 통해 본 민사소송

제1절 소의 제기

제1관 소의 의의 및 종류

Ⅰ. 서설

1. 소의 의의

소라 함은 원고가 피고를 상대방으로 하여 법원에 대하여 특정 청구의 당부에 관해 심판을 요구하는 신청(=소송행위)이다.

2. 내용

① 소는 판결을 목적으로 하는 소송절차의 개시로서 재판절차는 소에 의하여 개시되고, 판결로써 종료된다.

② 소는 심판의 대상과 법원 및 당사자를 특정하여야 한다.

③ 소는 법원에 대한 판결신청이다(본안의 신청).

④ 소의 제기가 있으면 법원은 판결로 응답할 의무를 진다.

Ⅱ. 청구의 성질, 내용에 의한 분류

구분	이행의 소	확인의 소	형성의 소
의의	이행청구권의 확정·피고의 이행명령을 구하는 소	권리·법률관계의 존재·부존재의 확정을 구하는 소	법률관계의 변동을 구하는 소 새로운 법률관계 발생, 기존의 법률관계 변경·소멸
대상	실체법상 청구권	권리·법률관계	형성소권
종류	변론종결 시를 기점으로 현재이행의 소와 장래이행의 소로 구별	확인의 소의 특수한 형태로 중간확인의 소가 있다.	1. 실체법상 형성의 소 2. 소송상의 형성의 소 　(1) 재심의 소 　(2) 변경의 소 3. 형식적 형성의 소

특징	현재이행의 소는 소장송달 다음날부터 연 12%의 비율로 지연손해금을 청구할 수 있고, 장래이행의 소는 미리 청구할 필요가 있어야 한다.	〈이행의 소와의 관계〉 1. 대·소 관계에 해당 2. 시효중단 목적의 이행의 소 대역 3. 사전 분쟁예방기능	형성의 소는 창설적 효과를 목적으로 하며, 이미 있는 법률관계를 확정·실현시키는 선언적 효과를 목적으로 하는 확인·이행의 소와 구별
청구취지	피고는 원고에게 ~를 지급하라. (실체법상 청구권이 바탕)	~은 ~임을 확인한다. (확인의 이익을 필요로 함)	~를 취소한다. ~는 이혼한다.
원고승소	주문 : ~는 ~에게 ~하라 확정 ┌ 기판력 ○ └ 집행력 ○ → 강제집행可	주문 : ~임을 확인한다. 확정 ┌ 기판력 ○ └ 집행력 ✗	주문 : ~~ 한다. 확정 ┌ 기판력 ○ └ 형성력 ○
원고패소	주문 : 청구기각 확정 – 기판력 (청구권의 부존재)	주문 : 청구기각 확정 – 기판력 (권리의 부존재)	주문 : 청구기각 확정 – 기판력 (형성소권의 부존재)

1. 이행의 소

물건의 인도나 사람의 작위 등을 구하는 소이다. 이행의 소는 ① 변론종결 시를 기준으로 이미 이행기가 도래하고 있는 이행청구권이 주장되고 있는 경우를 현재의 이행을 청구하는 소(현재이행의 소), ② 아직 이행기가 도래하고 있지 않은 이행청구권이 청구의 내용이 되어 있는 경우를 장래의 이행을 청구하는 소(장래이행의 소)라고 부른다.

2. 확인의 소

① 토지의 소유권의 확인, 학교법인의 이사인 지위의 확인 등 권리 또는 법률관계의 존재의 확정을 목적으로 하는 소를 적극적 확인의 소, 반대로 채무부존재확인 등의 그 부존재의 확정을 목적으로 하는 소를 소극적 확인의 소라고 한다.

② 확인의 소의 대상은 본래 권리 또는 법률관계에 한하는 것이 원칙이지만, 예외적으로 법은 법률관계를 증명하는 서면이 진정한지 아닌지를 확정하기 위하여 증서의 진정 여부를 확인하는 소를 인정하고 있다(제250조).

3. 형성의 소

(1) 특징

형성의 소는 명문의 규정으로 허용되는 경우(예 이혼의 소, 인지를 구하는 소, 주주총회결의의 취소를 구하는 소 등)에만 인정(형성의 소 법정주의)되고, 그러한 특별규정이 없이 제기된 형성의 소는 부적법하다.

(2) 종류

① 형성의 소에는 위와 같은 실체법상의 권리 또는 법률관계에 대한 형성의 소(실체법상의 형성의 소) 이외에, ② 정기금판결의 변경의 소, 재심의 소, 청구이의의 소, 중재판정취소의 소(중재법 제36조) 등도 일반적으로 형성의 소(소송법상의 형성의 소)의 일종으로 본다. 그리고 ③ 다음과 같은 형식적 형성의 소가 있다.

▌형성의 소의 종류

실체법상 형성의 소	소송상 형성의 소	형식적 형성의 소
가사소송, 회사관계소송(주주총회결의 취소의 소), 항고소송, 선거무효·당선무효의 소, 위헌제청(헌재법 제47조), 헌법소원(헌재법 제68조) ※ 사해행위취소의 소의 성질에 관하여는 다양한 견해가 대립하고 있다. 판례의 주류는 사해행위취소권은 사해행위의 취소보다는 제3자에게 넘어간 재산의 원상회복에 그 목적이 있으며, 원상회복의 이행을 구하는 범위 내에서 수익자 또는 전득자에 대한 관계에서만 상대적 취소를 구하는 것으로 보고 기능상 이행의 소에 그 중점을 두는 태도라고 평가된다(대결 2002.5.10, 2002마1156 등).	재심의 소(제451조), 준재심의 소(제461조), 정기금판결에 대한 변경의 소(제252조), 제권판결에 대한 불복의 소(제490조), 청구이의의 소(민집법 제44조), 제3자 이의의 소(민집법 제48조)	경계확정의 소(대판 1993.11.23, 93다41792·41808), 공유물분할청구(민법 제2689조), 父를 정하는 소(민법 제845조, 가사소송법 제27조), 법정지상권이 성립한 경우 그 지료를 결정하는 소(대판 2001.3.13, 99다17142) → 판결의 구체적 내용은 원고의 신청에 구속되지 않고 법원의 합목적적인 재량에 의해 심판된다. → ① 처분권주의의 배제, ② 불이익변경금지원칙의 배제, ③ 청구기각판결의 불가능

(3) 공유물분할청구의 소

1) 의의 및 성질

① 공유물분할청구의 소는 공유물의 분할방법에 관하여 공유자 간에 협의가 성립되지 아니한 때 판결에 의한 분할을 청구하는 소이다(민법 제269조 제1항).

② 이는 공유자가 가지는 분할청구권(민법 제268조 제1항)이라는 형성권을 기초로 하는 형성의 소로서, 법원이 재량에 의해 구체적인 사정에 따라 합목적적으로 처분이 가능한 비송사건의 실질을 갖는 형식적 형성의 소에 해당한다.

2) 처분권주의의 적용 여부

판례는 공유물분할청구의 소는 형식적 형성의 소이므로, 법원은 당사자 주장내용에 구속받지 않고 재량대로 판단할 수 있어 처분권주의가 배제되며, 불이익변경금지의 원칙도 적용되지 아니한다고 하였다. 또 어떠한 형식으로라도 법률관계를 형성하여야 하므로, 요건사실의 진위불명을 이유로 원고의 청구를 기각할 수 없다. 따라서 분할방법에 대한 당사자의 신청은 법원을 구속할 수 없고, 원고가 현물분할을 청구하는 경우에 법원은 청구취지의 변경 없이도 경매분할을 명하는 판결을 할 수 있다고 하였다.

★[대판 2020.8.20. 2018다241410]

[1] 甲이 乙을 상대로 제기한 공유물분할청구의 소에 관하여 선고한 원심판결의 주문에서 '1. 가. (가), (나) 부분 토지는 乙의 소유로, (다) 부분 토지는 甲의 소유로 각 분할한다. 나. 甲은 乙로부터 가액보상금을 지급받음과 동시에, 乙에게 (가), (나) 부분 토지 중 甲의 지분에 관하여 공유물분할을 원인으로 한 소유권이전등기절차를 이행하라'고 한 사안에서, 원심판결의 주문 제1의 가항과 나항은 효과 면에서 서로 모순되는지 여부(적극)

甲이 乙을 상대로 제기한 공유물분할청구의 소에 관하여 선고한 원심판결의 주문에서 '1. 가. (가), (나) 부분 토지는 乙의 소유로, (다) 부분 토지는 甲의 소유로 각 분할한다. 나. 甲은 乙로부터 가액보상금을 지급받음과 동시에, 乙에게 (가), (나) 부분 토지 중 甲의 지분에 관하여 공유물분할을 원인으로 한 소유권이전등기절차를 이행하라'고 한 사안에서, ① 원심판결의 주문 제1의 가항은 형성판결로서 그대로 확정될 경우, 乙은 (가), (나) 부분 토지에 관한 단독소유권을 취득하고, 甲은 (다) 부분 토지에 관한 단독소유권을 취득하게 되므로, 乙이 단독소유권을 취득하게 될 (가), (나) 부분 토지와 관련하여, 甲이 乙에게 (가), (나) 부분 토지 중 甲의 지분에 관하여 소유권이전등기신청에 대한 의사표시를 별도로 할 필요가 없고, ② 반면에 원심판결의 주문 제1의 나항은 이행판결로서 그대로 확정될 경우, 乙이 반대의무인 가액보상금 지급의무를 이행한 사실을 증명하여 재판장의 명령에 의하여 집행문을 받아야만 (가), (나) 부분 토지 중 甲의 지분에 관하여 甲의 소유권이전등기신청에 대한 의사표시 의제의 효과가 발생하므로, ③ 향후 (가), (나) 부분 토지 중 甲의 지분에 관하여 甲의 소유권이전등기신청에 대한 의사표시가 필요하지 않음을 전제로 하는 원심판결의 주문 제1의 가항과 향후 (가), (나) 부분 토지 중 甲의 지분에 관하여 甲의 소유권이전등기신청에 대한 의사표시가 필요함을 전제로 하는 원심판결의 주문 제1의 나항은 효과 면에서 서로 모순되므로, 원심판결에는 이유모순 등의 잘못이 있다.

[2] 공유물분할청구의 소에서 법원이 등기의무자가 아닌 자를 상대로 등기의 말소절차 이행을 명할 수 있는지 여부(소극)

공유물분할청구의 소는 형성의 소로서 법원은 공유물분할을 청구하는 원고가 구하는 방법에 구애받지 않고 재량에 따라 합리적 방법으로 분할을 명할 수 있다. 그러나 법원은 등기의무자, 즉 등기부상의 형식상 그 등기에 의하여 권리를 상실하거나 기타 불이익을 받을 자(등기명의인이거나 그 포괄승계인)가 아닌 자를 상대로 등기의 말소절차 이행을 명할 수는 없다.

(4) (토지)경계확정의 소[4]

1) 문제점

형성의 소는 명문의 규정으로 허용되는 경우에만 인정(형성의 소 법정주의)되고, 그러한 특별규정이 없이 제기된 형성의 소는 부적법한 것인데, 토지경계확정의 소는 명문규정이 없어서 그 성질을 형성의 소로 파악할 수 있는지가 문제이다.

---

4) 건물의 경계도 경계확정소송의 대상이 되는지 문제되는데, 이에 대해 판례는 건물의 경계는 사회통념상 건물 사이의 현실의 경계에 의해 특정되므로 공적으로 설정된 것이 아닌 사적관계의 소유권의 한계선에 불과하다고 보았으며, 사적자치의 영역에 속하는 건물소유권의 범위를 확정하려면 소유권확인소송에 의해야 한다고 판시하였다(대판 1997.7.8. 96다36517 ; 반면 토지의 경계는 지적도상의 경계에 의해 특정되는 것으로서 공적으로 설정 인증된 것이다).

2) 인정 여부

명문의 규정이 없음을 이유로 부정하는 견해도 있으나, 통설·판례는 서로 계쟁지 소유권의 귀속 (경계)에 관한 결정적인 증거를 갖고 있지 않는 한 쌍방 모두 소유권확인청구는 기각을 면하지 못하는 결과가 되어 계쟁지의 소유권에 관한 분쟁은 결국 종국적으로 해결될 수 없게 되는바, 경계확정의 소를 이용하면 이러한 문제를 해결할 수 있다는 현실적 필요성이 있음을 이유로 허용하는 입장이다.[5]

3) 법적 성질

가) 학설

경계를 재판에 의해 확인하는 것으로 보는 확인소송설 또는 형성하는 것으로 보는 형성소송설과 실질은 비송이나 형식상 민사소송의 형태로 처리한다고 보는 형식적 형성소송설의 대립이 있다.

나) 판례

판례는 ① 토지경계확정의 소는 인접 토지의 경계확정을 구하는 소이고 토지소유권의 범위나 실체상 권리의 확인을 목적으로 하는 것은 아니라고 함으로써 확인의 소의 성질을 부정하였고(대판 1993.10.8, 92다44503), 나아가 ② 경계확정의 소가 제기되면 법원은 당사자가 주장하는 경계선에 구속되지 않고 진실한 경계를 확정해야 한다고 함으로써 실질상 비송의 성질이 있다는 입장이다 (대판 1996.4.23, 95다54761). 즉 형식적 형성의 소로 파악하고 적법하다고 본다.

4) 형식적 형성의 소의 특징 – 처분권주의의 적용 여부

통설 및 판례는 형식적 형성의 소는 실질이 비송이기 때문에, 법원은 당사자의 주장에 구속되지 않고 합리적인 재량에 따라 판단할 수 있다고 본다. 따라서 ① 처분권주의가 배제되며, 처분권주의의 항소심에서의 발현인 불이익변경금지의 원칙도 배제된다. 또한 ② 원고의 청구를 기각할 수 없다.

★[대판 2021.8.19, 2018다207830] ① 토지경계확정의 소는 인접한 토지의 경계가 사실상 불분명하여 다툼이 있는 경우 재판으로 그 경계를 확정해 줄 것을 구하는 소로서, 토지소유권의 범위의 확인을 목적으로 하는 소와는 달리, 인접한 토지의 경계가 불분명하여 그 소유자들 사이에 다툼이 있다는 것만으로 권리보호이익이 인정된다. 여기서 '인접한 토지의 경계가 사실상 불분명하여 다툼이 있는 경우'에는 지적도를 작성하면서 기점을 잘못 선택하는 등 기술적인 착오로 지적도상 경계가 진실한 경계선과 다르게 잘못 작성되었다고 인접토지 소유자 사이에 다툼이 있는 경우를 포함한다. ② 토지경계

---

5) 경계확정의 소가 인정되지 아니한다면, 소유권의 경계에 대한 다툼이 있는 당사자들로서는 그 분쟁의 해결을 소유권 확인소송의 방법에만 의하여야 할 것인데, 당사자들로서는 경계가 확실치 않은 상태라서 그 소송 과정에서 자신의 소유권의 경계를 특정하여 주장하지 못하거나, 그 경계 내 토지의 소유권에 대한 입증을 충분히 하지 못하는 경우에는 청구기각의 판결을 받을 수밖에 없을 것이고, 상대방도 마찬가지여서 서로 계쟁지 소유권의 귀속에 관한 결정적인 증거를 갖고 있지 않는 한 쌍방 모두 소유권확인청구는 기각을 면하지 못하는 결과가 되어 계쟁지의 소유권에 관한 분쟁은 결국 해결될 수 없게 된다. 이러한 경우 경계확정의 소를 이용하면 확실한 입증이 어려운 경우에도 청구기각 의 판결을 받을 염려가 없고 조리에 따라 경계를 확정받는 것이 가능하게 되며 반사적 효과로 그 경계선까지 소유권 확인의 승소판결을 받은 것과 마찬가지의 실제적 효과도 거둘 수 있다는 점에서 경계 확정의 소의 존재 의의와 현실 적 필요성이 있다.

확정의 소가 제기되면 법원은 당사자 쌍방이 주장하는 경계선에 구속되지 않고 어떠한 형식으로든 스스로 진실하다고 인정되는 바에 따라 경계를 확정해야 한다. 따라서 토지경계확정의 소에서는 특별한 사정이 없는 한 원고가 주장하는 경계가 인정되지 않더라도 청구의 전부 또는 일부를 기각할 수 없다.

Ⅲ. 제소의 태양·시기에 의한 분류

1. 단일의 소와 병합의 소

(1) 단일의 소

1인의 원고가 1인의 피고를 상대방으로 하여 1개의 소송물에 관하여 그 심판을 구하는 소

(2) 병합의 소

1) 객관적 병합 – 1인의 원고가 1인의 피고를 상대방으로 하여 수개의 청구를 하는 경우

2) 주관적 병합 – 수인의 원고가 소를 제기하거나 수인의 피고를 상대방으로 하여 소를 제기하는 경우

2. 독립의 소와 소송 중의 소

(1) 독립의 소

다른 소송절차와 관계없이 그 제기에 의해 비로소 판결절차가 개시되는 소

(2) 소송 중의 소

이미 계속 중인 소송절차를 이용하여 이와 병합심리를 구하기 위해 제기하는 소로서 소변경(제262조), 중간확인의 소(제264조), 반소(제269조), 공동소송인의 추가(제68조), 참가승계(제81조), 인수승계(제82조), 독립당사자참가(제79조), 공동소송참가(제83조) 등이 이에 속한다.

제2관 소제기의 방식

Ⅰ. 소장의 제출

> 제248조(소제기의 방식)
> ① 소를 제기하려는 자는 법원에 소장을 제출하여야 한다.
> ② 법원은 소장에 붙이거나 납부한 인지액이 「민사소송 등 인지법」 제13조 제2항 각 호에서 정한 금액에 미달하는 경우 소장의 접수를 보류할 수 있다.
> ③ 법원에 제출한 소장이 접수되면 소장이 제출된 때에 소가 제기된 것으로 본다.

1) 소송은 원칙적으로 당사자의 주도하에 개시되고, 법원의 직권으로 개시되지는 않는다(처분권주의). 이 경우 원고는 원칙적으로 소장을 법원에 제출함으로써 소를 제기한다(제248조 – 소장제출주의). 독립한 소뿐만 아니라, 소송 중의 소(예 반소, 소의 변경, 당사자참가 등)의 경우에도 소장에 준하는 서면제출이 필요하다.

2) 이러한 소장제출주의의 예외로 소가(訴價)가 3,000만원 이하의 금전 기타 대체물 또는 유가증권의 일정 수량의 지급을 구하는 소액사건에 있어서는 구술제소, 당사자 쌍방의 임의출석에 의한 제소를 할 수 있다(소액사건심판법 제4조, 제5조).

3) 그리고 소제기가 의제되는 경우가 있다. 즉, 지급명령의 신청(제472조 제1항), 제소 전 화해의 신청(제388조 제2항), 조정신청(민사조정법 제36조)에서 그 절차가 불발에 그쳐 결국 소송절차로 이행하는 때에는 이들 신청을 한 때에 소를 제기한 것으로 본다.

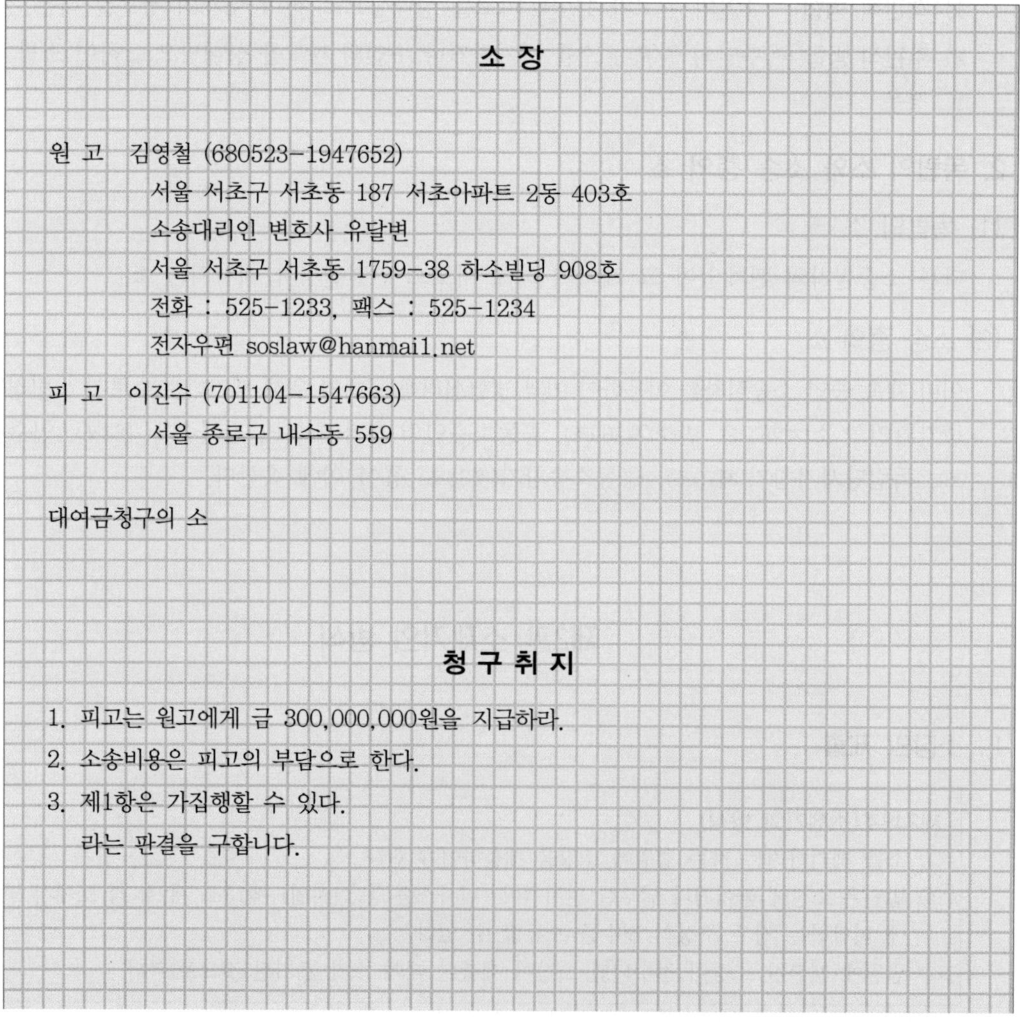

소 장

원 고   김영철 (680523-1947652)
　　　　서울 서초구 서초동 187 서초아파트 2동 403호
　　　　소송대리인 변호사 유달변
　　　　서울 서초구 서초동 1759-38 하소빌딩 908호
　　　　전화 : 525-1233, 팩스 : 525-1234
　　　　전자우편 soslaw@hanmai1.net

피 고   이진수 (701104-1547663)
　　　　서울 종로구 내수동 559

대여금청구의 소

청 구 취 지

1. 피고는 원고에게 금 300,000,000원을 지급하라.
2. 소송비용은 피고의 부담으로 한다.
3. 제1항은 가집행할 수 있다.
　라는 판결을 구합니다.

청 구 원 인

1. 원고는 2009.8.1. 피고에게 금 300,000,000원을 변제기일 같은 해 11.30.로 정하여 대여하였습니다.
2. 그런데 피고는 위 변제기일이 지나도 위 대여금을 변제하지 않기에 원고는 피고에게 위 대여금 300,000,000원의 지급을 구하기 위하여 이 사건 청구에 이른 것입니다.

입 증 방 법

갑 제1호증　차용증서

첨 부 서 류

1. 위 입증방법	2통
1. 송달료 납부서	1통
1. 소장부본	1통
1. 소송위임장	1통

2010.3.10.

원고 소송대리인

변호사　유 달 변 (인)

서울중앙지방법원 귀중

Ⅱ. 소장의 기재사항

1. 필수적 기재사항

> 제249조 제1항(소장의 기재사항)
> 소장에는 당사자와 법정대리인, 청구의 취지와 원인을 적어야 한다.

소장에는 필수적 기재사항으로서 당사자와 법정대리인(대표자 포함), 청구의 취지와 청구원인을 기재하여 소송의 주체와 심판의 객체를 특정하여야 한다(제249조 제1항).

(1) 당사자

1) 당사자 지위의 표시(원고·피고)와 함께 당사자의 이름과 주소를 적어야 하며, 소장의 당사자표시에는 주민등록번호를 적어야 한다. 그 밖에 원고(대리인 포함)에 대한 간편한 연락방법으로 전화번호·휴대폰 번호, Fax 번호 또는 E-mail 주소 등을 적어야 한다(민사소송규칙 제2조 제1항 제2호).

2) 제3자 소송담당 중 채권자 대위소송의 경우에는 법정소송담당관계를 표시하지 않으며 제3자인 채권자를 당사자로서 원고라고 표시하고 그 자의 성명, 주소만을 기재하는 것이 실무관행이다. 그 밖에 파산관재인, 유언집행자, 선정당사자, 업무집행조합원 등의 경우에는 제3자 소송담당의 관계임을 표시한다(예 파산자 A의 파산관재인 甲, 망 A의 유언집행자 甲).

3) 당사자가 회사인 경우에는 상호와 본점소재지를, 그 밖의 법인인 경우에는 명칭과 주사무소를 적는다. 이 경우 법인등기부등본상의 명칭을 기재하고, 주식회사의 경우 단순히 ㈜라고 기재하지 않는 것이 실무이다.

(2) 법정대리인·대표자

1) 당사자가 제한능력자일 경우에는 당사자의 법정대리인을 기재하여야 한다. 따라서 미성년자일 때에는 친권자인 부모, 피한정후견인·피성년후견인일 때에는 후견인을 기재할 것이 요구된다. 법정대리인은 당사자표시 아래에 대리인의 자격을 표시하고 성명과 주소를 기재한다. 다만 당사자와 주소가 동일하면 법정대리인의 주소를 기재하지 않아도 된다.

2) 당사자가 법인이나 비법인사단·재단의 경우에는 법정대리인에 준하여 취급되는 대표자를 기재하여야 한다.

(3) 청구취지와 청구원인

1) 청구의 취지

① 청구의 취지는 원고가 청구의 내용·범위를 나타내 어떠한 내용의 판결을 구하는지를 간결·명료하게 표시하는 소의 결론부분이고, 원고가 소로 구하고자 하는 판결의 주문에 대응하는 형식으로 적는 것이 보통이다.[6]

② 예를 들어 대여금반환청구소송의 경우에는 명하는 형식으로 「피고는 원고에게 금 6,000만원을 지급하라 또는 철거·인도하라」, 소유권확인소송의 경우에는 선언하는 형식으로 「원고에게 별지 기재의 부동산의 소유권이 있음을 확인한다」, 이혼소송의 경우에는 선언하는 형식으로 「원고와 피고는 이혼한다」는 판결을 구한다와 같이 적는다. 어느 경우이든 청구의 취지는 소송상 청구를 특정하고, 이에 대응하여 피고에게 방어의 목표를 정하게 한다.

③ 청구의 취지는 판결을 확정적으로 요구하여야 한다. 그래서 경우에 따라서 기한 또는 조건을 붙일 수 있는지 여부가 문제된다. 소가 일반적으로 현재의 권리관계를 주장하는 것이라는 점에 비추어 기한을 붙이는 것은 허용되지 않는데, 장래의 이행을 청구하는 소(제251조)는 약간

---

6) 부진정 연대채무와 불가분채무의 경우 「피고들은 각자」라는 표현 대신에 「공동하여(또는 연대하여)」라는 표현을 사용하여야 한다.

특수한 경우이다. 조건은 그것을 붙이는 것이 심판대상의 특정을 방해하는 때(**예** 소송 밖의 조건)에는 허용되지 않으나, 그러한 우려가 없는 경우(**예** 소송 내의 조건)에는 허용된다. 예비적 청구, 예비적 반소와 같은 예비적 신청이 그 예이다.

2) 청구원인

① 청구의 원인은 청구(소송물)를 특정하기 위하여 필요한 사실(협의의 청구원인)로서, 다른 청구와 식별하기에 필요한 사실관계를 의미한다. 또한 소장의 청구원인에는 자기 청구를 이유 있게 하기 위해 필요한 구체적 사실, 즉 원고 측에서 권리의 발생요건에 해당하는 요건사실로서 주장·증명이 필요한 사실과 피고가 주장할 것이 명백한 방어방법에 대한 구체적인 진술에 대한 증거방법을 등을 적어야 한다(민사소송규칙 제62조).

② 계약의 체결사실과 같은 요건사실의 기재순서는 일반적으로 "주체 → 일시(시기) → 상대방 → 목적 → 행위"의 순서로 한다.

2. 임의적 기재사항

위 필수적 기재사항의 흠이 있다면 소장이 각하되지만(소장각하명령), 임의적 기재사항을 누락하더라도 소장의 효력에는 전혀 관계없고, 소장이 각하되는 것은 아니다. 이와 같은 임의적 기재사항에는 관할원인 등 소송요건에 기초가 될 사실, 청구를 이유 있게 할 사실상의 주장(광의의 청구원인), 청구원인사실에 대응하는 증거방법의 구체적 기재 등이 있다.

3. 관행적 기재사항

반면 표제(표제로는 소장, 반소의 경우에는 반소장, 재심청구의 경우에는 재심소장, 항소의 경우에는 항소장이라고 기재) 및 입증방법의 표시는 관행적 기재사항에 해당한다. 또한 소송대리인의 표시도 필수적 기재사항은 아니고, 송달의 편의상 적는 것이 실무관행이다.

제2절   재판장의 소장심사와 후속 조치

Ⅰ. 서설

위와 같은 사항을 기재한 소장이 법원에 제출되면, ① 사건기록을 작성한 뒤에 사무배당에 의하여 법원은 소송사건을 특정한 재판부에 배당하고, 재판장(합의체의 재판장 또는 단독사건에서의 단독판사)은 소장이 필수적 기재사항을 구비하고 있는지와 소장에 소정의 인지가 첨부되어 있는가를 심사한다(제254조 제1항; 제1단계 심사 – 소장의 적식심사) → ② 소장심사를 통과하면, 소장부본을 피고에게 송달한다(소송계속의 발생시기). → ③ 피고는 답변서를 제출 한다. → ④ 재판장은 변론준비절차에 부칠 필요 등 예외적으로 필요한 경우 이외에는 바로 변론기일을 정한다. → ⑤ 제2단계 심사

(소의 적법성 심사) : 법원은 소송요건의 구비 여부에 관한 심사를 본안심사와 함께 진행한다(다만 본안판단에 앞서서 소송요건의 흠이 존재하는 경우라면 법원은 소각하판결을 해야 하고 본안판단을 할 수 없다 ; 소송요건심리의 선순위성). → ⑥ 제3단계 심사(본안심사) : 소송요건이 구비되고 변론기일이 열려 증거조사까지 마쳐서 쟁점이 정리되었다면 변론을 종결한다(이 경우 본안의 신청 → 법률상의 주장 → 원고·피고의 사실상의 주장 → 원고·피고의 증명 단계를 거치게 된다). → ⑦ 법원은 판결을 선고한다. → ⑧ 이에 불복하기 위해서 상소를 제기한다.

II. 재판장의 소장심사

> **제254조(재판장등의 소장심사권)**
> ① 소장이 제249조 제1항의 규정에 어긋나는 경우와 소장에 법률의 규정에 따른 인지를 붙이지 아니한 경우에는 재판장은 상당한 기간을 정하고, 그 기간 이내에 흠을 보정하도록 명하여야 한다. 재판장은 법원사무관등으로 하여금 위 보정명령을 하게 할 수 있다.
> ② 원고가 제1항의 기간 이내에 흠을 보정하지 아니한 때에는 재판장은 명령으로 소장을 각하하여야 한다.
> ③ 제2항의 명령에 대하여는 즉시항고를 할 수 있다.

1. 의의 및 소장심사의 선순위성 원칙

1) 소장이 방식을 갖추었는가, 즉 적식 여부를 심사하게 되는데 이를 소장심사라고 한다(제254조). 수소법원이 변론에 들어가기에 앞서 재판장이 미리 이를 시정함으로써 소송경제를 도모하려는 것이다.

2) 재판장은 소장심사단계에서 소가 소송요건을 구비한 적법한 것인가 또는 청구가 이유있는가 등의 실질적 심사는 할 수 없다. 이러한 사항은 재판의 주체가 재판장에서 법원으로 이전된 이후, 즉 소장부본의 송달에 의하여 소송계속이 이루어진 이후에 법원에 의하여 판결로서 가려져야 할 사항이기 때문이다. 결국 소장의 심사는 소송요건의 존부 판단(소의 적법 여부 판단)이나 본안의 판단(청구의 당부판단)보다 선행적으로 판단해야 함이 원칙이다(소장심사의 선순위성). 다만 소장심사의 단계에서 보정이 불가능한 소송요건의 흠(예 제소기간 경과 후의 소의 제기 등)을 발견한 경우에는 소송경제상 곧바로 소각하의 판결을 하면 되고, 소장의 보정명령을 선행시킬 필요는 없다 할 것이다.

2. 심사의 대상

심사의 대상은 ① 당사자의 특정이나 청구취지·청구원인의 기재 등 소장의 필수적 기재사항에 흠이 없는지 여부와 ② 소장에 소정의 인지가 첨부되어 있는지 여부이다(제254조 제1항).

[대결 2004.11.24. 2004무54] 민사소송법 제254조는 소장이 제249조 제1항의 규정에 어긋나는 경우에는 재판장은 상당한 기간을 정하고, 그 기간 이내에 흠을 보정하도록 명하여야 하고, 원고가 그 기간 내에 흠을 보정하지 아니한 때에는 명령으로 소장을 각하하여야 한다고 규정하고 있으며,

민사소송법 제249조 제1항은 소장에 당사자와 법정대리인, 청구의 취지와 원인을 적어야 한다고 규정하고 있는바, 여기서 민사소송법 제254조에 의한 소장심사의 대상이 되는 것은 소장에 필요적 기재사항, 즉 청구취지 및 원인 등이 빠짐없이 기재되어 있는지의 여부에 있고, 소장에 일응 청구의 특정이 가능한 정도로 청구취지 및 원인이 기재되어 있다면 비록 그것이 불명확하여 파악하기 어렵다 하더라도 그 후는 석명권 행사의 문제로서 민사소송법 제254조 제1항의 소장심사의 대상이 되지는 않는다고 할 것이고, 석명권 행사에 의하여도 원고의 주장이 명확하게 되지 않는 경우에는 비로소 원고의 청구를 기각할 수 있을 뿐이다.

★[대결 2013.9.9, 2013마1273] 민사소송법 제254조에 의한 재판장의 소장심사권은 소장이 같은 법 제249조 제1항의 규정에 어긋나거나 소장에 법률의 규정에 따른 인지를 붙이지 아니하였을 경우에 재판장이 원고에 대하여 상당한 기간을 정하여 그 흠결의 보정을 명할 수 있고, 원고가 그 기간 내에 이를 보정하지 않을 때에 명령으로써 그 소장을 각하한다는 것일 뿐이므로, 소장에 일응 대표자의 표시가 되어 있는 이상 설령 그 표시에 잘못(Ex. 乙법인의 등기부 등본에는 B가 대표자로 등재되어 있는데, 소장에는 乙법인의 대표로 A라고 기재)이 있다고 하더라도 이를 정정 표시하라는 보정명령을 하고 그에 대한 불응을 이유로 소장을 각하하는 것은 허용되지 아니한다. 이러한 경우에는 오로지 판결로써 소를 각하할 수 있을 뿐이다.

[대결 2024.11.5, 2024카기172] 민사소송 등 인지법 제13조 제2항에서 인지액 미달을 이유로 접수를 보류할 수 있다고 정한 대상 외에 반복하여 제기된 소에 대한 각하판결 또는 소장각하명령에 대한 불복절차에 부수하여 제출하는 소송구조 등의 신청서나 항고장 및 재항고장 등에 대해서도 접수를 보류할 수 있는지 여부(적극) / 접수를 보류할 수 있는 소장, 신청서 등에 형식적으로 법원의 접수인이 날인이 되었으나 접수인의 날인이 업무상 착오 또는 오류에 의한 경우, 그와 관계없이 접수를 보류할 수 있는지 여부(적극)

2023.4.18. 개정되어 2023.10.19. 시행된 민사소송법 제248조 제2항에서는 "법원은 소장에 붙이거나 납부한 인지액이 민사소송 등 인지법 제13조 제2항 각 호에서 정한 금액에 미달하는 경우 소장의 접수를 보류할 수 있다."라고 규정하고, 민사소송 등 인지법 제13조 제2항에서는 "제1항 단서에도 불구하고 제2조의 소장, 제6조 제1항의 참가신청서 또는 제8조의 재심소장·준재심소장에 붙이거나 납부한 인지액이 다음 각 호의 금액에 미달하는 경우 법원은 그 소장, 참가신청서, 재심소장 또는 준재심소장의 접수를 보류할 수 있다."라고 규정한다. 민사소송 등 인지규칙 제4조의2에서는 "법 제13조 제2항에 따라 소장 등의 접수를 보류할 수 있는 경우는 소장 등에 붙이거나 납부한 인지액이 법 제13조 제2항 각 호에서 정한 금액에 미달하는 경우로서 다음 각 호의 어느 하나에 해당하는 경우로 한다."라고 규정하면서 제1호에서 "소장 등을 제출한 자가 동일인을 대상으로 반복하여 소장 등을 제출한 전력이 있고, 그 소 등에 대하여 각하판결 또는 소장각하명령 등을 받은 적이 있는 경우"를 그중 하나로 규정하고, 제4호에서 "그 밖에 제1호부터 제3호까지의 규정에 준하는 경우"를 규정함으로써 반복하여 소장 등을 제출하는 사람이 제출한 소장 등의 접수 자체를 보류할 수 있도록 하였다. 이는 소권을 남용하여 무익한 소송의 반복적인 제기에 따른 사법자원의 소모를 방지함으로써 일반 국민의 정당한 재판청구권을 실질적으로 보장하는 데에 그 목적이 있다. 개정 민사소송 등 인지법 제13조 제2항에서는 접수를 보류할 수 있는 대상으로 소장, 참가신청서, 재심소장 또는 준재심소장만 규정하고 있으나, 위 규정들의 목적과 취지에 비추어 볼 때 반복하여 제기된 소에 대한 각하판결 또는 소장각하명령에 대한 불복절차에 부수하여 제출하는 소송구조 등의 신청서나 항고장 및 재

항고장 등에 대해서도 접수를 보류할 수 있다고 할 것이다. 또한 접수를 보류할 수 있는 소장, 신청서 등에 형식적으로 법원의 접수인이 날인이 되었다고 하더라도 접수인의 날인이 업무상 착오 또는 오류에 의한 것이라면 그와 관계없이 접수를 보류할 수 있다.

3. 보정명령

(1) 보정명령의 내용

소장의 적식 여부를 심사한 결과 소장에 흠이 있을 때에는 재판장은 원고에게 상당한 기간을 정하여 그 기간 내에 흠을 보정할 것을 명하여야 한다(제254조 제1항). 다만 재판장의 보정명령에는 시기적 제한이 없다. 따라서 변론이 개시된 뒤에는 물론 상소심에서도 소장에 흠이 발견되면 그 보정을 명할 수 있다(대판 1969.12.26, 67다1744; 대판 2002.11.26, 2002다48719).

(2) 보정의 효력 - 소제기의 실체법상 효력의 발생시기

소장을 보정한 경우에 소제기의 실체법상 효과인 시효중단의 효력이 발생하는 시기가 소장의 보정 시인지 아니면 소장제출 시인지가 문제되는데, 다수설은 부족인지의 보정인 경우에는 소장제출 시에 소급하지만, 청구의 불특정(청구취지와 청구원인의 불명)으로 이를 보정한 때에는 보정 시에 효력이 발생한다고 본다. 다만 실무는 소장제출 시 시효중단의 효력이 발생하는 것으로 보고 있다.

[대결 1997.9.22, 97마1731] 인지보정명령에 따른 인지 상당액의 현금 납부는 송달료처리의 특례에 관한 규칙 제3조에 정한 송달료 수납은행에 현금을 납부한 때에 인지보정의 효과가 발생한다.

4. 소장각하명령

(1) 행사 및 행사시기 - 재판주체의 변경시기

① 재판장의 보정명령에 따라 원고가 소장의 흠을 보정하지 않을 때에는 재판장은 명령으로 소장을 각하하여야 한다(제254조 제2항).

② 재판장이 소장각하명령을 내릴 수 있는 시기가 언제까지인가. 즉 재판장이 언제까지 소장각하권을 가지는지가 문제된다. 실무는 소송계속시설의 입장에 따라 소장부본이 피고에게 송달된 뒤에는 판결로서 소를 각하하는 방식을 취하고 있다(소장부본송달시설·소송계속시설). 즉 이 경우 재판장의 소장각하명령권은 소멸하고 법원이 판결로서 소를 각하하게 된다.

(2) 효력

소장각하명령은 청구의 당부에 대하여 판단하지 않고 사건의 종결(소송의 종료)을 가져오는 점에서 소각하판결과 공통된다.

(3) 불복

① 소장각하명령에 대하여는 즉시항고를 할 수 있다(제254조 제3항).

② 판례는 재판장이 소장각하명령을 한 경우에 원고가 즉시항고를 하면서 부족한 인지 등을 보정하였더라도 그 흠이 보정되는 것은 아니므로, 항고심에서 소장각하명령을 경정할 수 없다고 하였다.

★[대결(전) 1968.7.29. 68사49] 민사소송법 제254조 소정 재판장의 소장각하 명령에 대하여 그 흠결을 보정하였을 경우 원 명령을 경정할 수 있는지의 여부

재판장의 소장 심사권에 의하여 소장 각하명령이 있었을 경우에 있어서는 즉시항고를 하고 그 흠결을 보정하였을 경우라도 이를 경정할 수 없다. 즉 원 명령은 정당한 것이므로 즉시항고는 이유 없다.

★[대결 2013.7.31. 2013마670] 각하명령과 즉시항고

[1] 상소장에 인지를 붙이지 아니한 흠이 있는 경우, 상소 제기에 관한 특별한 권한을 따로 받은 소송대리인이 이를 보정할 수 있는지와 원심재판장이 위 소송대리인에게 인지의 보정을 명할 수 있는지 여부(원칙적 적극)

소송대리권의 범위는 원칙적으로 당해 심급에 한정되지만, 소송대리인이 상소 제기에 관한 특별한 권한을 따로 받았다면 특별한 사정이 없는 한 상소장을 제출할 권한과 의무가 있으므로, 상소장에 인지를 붙이지 아니한 흠이 있다면 소송대리인은 이를 보정할 수 있고 원심재판장도 소송대리인에게 인지의 보정을 명할 수 있다.

[2] 각하명령이 성립한 후 그 명령정본이 당사자에게 고지되기 전에 부족한 인지에 대한 보정이 있는 경우, 각하명령이 위법한 것으로 되거나 재도의 고안에 의해 그 명령을 취소할 수 있는지 여부(소극)

판결과 같이 선고가 필요하지 않은 결정이나 명령과 같은 재판은 그 원본이 법원사무관등에게 교부되었을 때 성립한 것으로 보아야 하므로, 이미 각하명령이 성립한 이상 그 명령정본이 당사자에게 고지되기 전에 부족한 인지를 보정하였다 하여 위 각하명령이 위법한 것으로 되거나 재도의 고안에 의하여 그 명령을 취소할 수 있는 것은 아니다(참 즉시항고는 각하명령의 성립 전까지만 가능하다).

[대결 2021.3.11. 2020마7755] 인지 보정명령에 따라 인지액에 해당하는 현금을 수납은행에 납부하면서 잘못하여 인지로 납부하지 않고 송달료로 납부한 경우, 인지 보정의 효과가 발생하는지 여부(소극) 및 이 경우 원심 재판장이 상소인에게 인지를 보정하는 취지로 송달료를 납부한 것인지에 관하여 석명을 구하고 다시 인지를 보정할 수 있는 기회를 부여하여야 하는지 여부(적극) / 이러한 보정의 기회를 부여하지 않은 채 상소장을 각하하는 것이 위법한지 여부(적극)

상소장에 법률의 규정에 따른 인지를 붙이지 않은 경우 원심 재판장은 상당한 기간을 정하여 그 기간 내에 흠을 보정하도록 명해야 하고, 상소인이 위 기간 내에 흠을 보정하지 않은 때에는 원심 재판장은 명령으로 상소장을 각하해야 한다(제399조, 제425조). 상소인이 인지의 보정명령에 따라 인지액에 해당하는 현금을 수납은행에 납부하면서 잘못하여 인지로 납부하지 않고 송달료로 납부한 경우에는 인지가 납부되었다고 할 수 없어 인지 보정의 효과가 발생하지 않으나, 그 경우에도 인지액에 해당하는 현금을 송달료로 잘못 납부한 상소인에게는 다시 인지를 보정할 수 있는 기회를 부여함이 타당하다. 원심 재판장은 인지 보정명령 이후 수납은행의 영수필확인서와 영수필통지서가 보정기간 내에 제출되지 않았다고 하더라도 곧바로 상소장을 각하해서는 안 된다. 인지액에 해당하는 현금이 송달료로 납부된 사실이 있는지를 관리은행 또는 수납은행에 전산 그 밖에 적당한 방법으로 확인하고 만일 그러한 사실이 확인되는 경우 상소인에게 인지를 보정하는 취지로 송달료를 납부한 것인지에 관하여 석명을 구하고 다시 인지를 보정할 수 있는 기회를 부여해야 한다. 이러한 보정의 기회를 부여하지 않은 채 상소장을 각하하는 것은 석명의무를 다하지 않아 심리를 제대로 하지 않은 것으로 위법하다.

Ⅲ. 소장부본의 송달

1. 개관

재판장이 소장을 심사한 결과 방식에 위반이 없는 경우, 즉 소장에 흠이 없는 경우 또는 흠이 있어도 보정이 행하여진 경우에는 피고에게 소장부본을 송달한다(제255조 제1항). 소장부본을 피고에게 송달하면, 이로써 법원과 양쪽 당사자 사이에 소송법률관계가 성립하게 되고 이 상태를 소송계속이라고 한다(이당사자 대립구조의 형성).

2. 소송계속의 발생

(1) 의의

소송 계속이란 특정한 청구에 대하여 법원이 판결을 위하여 필요한 행위를 할 수 있는 상태를 말한다. 따라서 ① 판결절차가 아닌 강제집행절차, 가압류·가처분처분절차, 증거보전절차에 있을 때에는 소송계속이라 할 수 없다. ② 판결절차가 현존하면 소송계속은 있다고 할 것이므로, 설령 그 소가 소송요건을 갖추지 못하여 부적법한 소라도 소장부본이 송달되면 소송계속은 발생한다.

(2) 발생범위

소송 계속은 특정한 청구(소송물)에만 발생한다. 따라서 공격방법인 선결적 법률관계와 방어방법인 항변관계에 대해서는 소송계속이 발생하지 않는다. 이 점에서 공격방어방법에 기판력이 발생하지 않는 것과 같다(다만 상계의 항변은 제216조 제2항에 의해 예외이다).

(3) 발생시기

소송계속의 발생시기에 대해서 ① 소장제출시설도 있으나, ② 소장부본의 송달에 의해 비로소 소송법률관계가 성립되므로, 소송계속의 발생시기는 소장부본송달 시로 보는 것이 통설·판례이다.[7]

(4) 효과

소송계속이 발생하면 ① 전소 소송계속 중 동일한 후소를 제기하는 것이 금지되는 중복소제기 금지의 효과(제259조)가 발생하고, ② 소송참가 및 소송고지의 기회가 생기며, 관련청구의 재판적(제25조, 제79조, 제264조, 제269조)이 인정된다.

(5) 종료

소송계속은 소장의 각하, 소 각하, 판결의 확정, 소의 취하·취하간주 등에 의해 소멸된다.

---

7) 대판 1994.11.25, 94다12517·12524. 따라서 전·후소의 판단기준은 피고에게 소장부본이 송달된 시점에 의할 것이고, 소제기에 앞선 보전절차의 경료 시가 아니다.

제3절 ▎ 소제기의 효과

Ⅰ. 실체법상의 효과

1. 서설

소의 제기는 사법상의 권리행사의 방법이므로 사법상의 효과로서 ① 시효중단의 효과, ② 기간준수의 효과(제265조 참조), ③ 본권에 관한 소에 패소한 때에 선의의 점유자라도 소가 제기된 때로부터 악의의 점유자로 의제되는 효과(민법 제197조 제2항), ④ 그 밖에 채무자가 이유 없이 소송을 지연하는 것에 대한 방지책으로 소장부본 송달일 다음 날부터 지연배상금의 법정이율의 인상(연 12%, 2019. 6.1. 시행)이 있게 된다. 이하에서는 시효중단의 효과를 중심으로 개괄적인 내용을 살펴보기로 한다.

2. 시효의 중단

> 제265조(소제기에 따른 시효중단의 시기)
> 시효의 중단 또는 법률상 기간을 지킴에 필요한 재판상 청구는 소를 제기한 때 또는 제260조 제2항·제262조 제2항 또는 제264조 제2항의 규정에 따라 서면을 법원에 제출한 때에 그 효력이 생긴다.

(1) 중단의 근거

통설·판례는 권리자가 권리 위에 잠자지 않고 단호하게 권리를 행사하는 점에서 근거를 구하는 권리행사설의 입장이다.

(2) 시효중단의 사유

1) 재판상 청구

① 이행의 소, 확인의 소, 형성의 소이든 본소·반소(민소법 제269조)이든 소송계속 중에 청구의 변경 또는 확장의 소이든 모두 시효중단의 효력이 있다. 또한 행정소송의 제기는 중단사유가 되지 않지만, 과세처분취소소송은 시효중단의 효과가 있다(대판(전) 1992.3.31, 91다32053).

② 재판상 청구는 소의 제기에 한정되지 않고, 권리자가 이행의 소를 대신하여 재판기관의 공권적인 법률판단을 구하는 지급명령 신청도 포함된다. 그리고 민사소송법 제472조 제1항은 "법원이 제466조 제2항의 규정에 따라 지급명령신청사건을 소송절차에 부치는 결정을 한 경우에는 지급명령을 신청한 때에 소가 제기된 것으로 본다."라고 규정하고 있으므로, 지급명령 사건이 법원의 직권에 의한 결정으로 소송절차에 회부된 경우에 지급명령에 의한 시효중단의 효과는 소송으로 이행된 때가 아니라 지급명령을 신청한 때에 발생한다(대판 2025.5.15, 2024다317783).

③ 나아가 부적법한 제소의 경우에 대해, 판례는 "종중이 적법한 대표자 아닌 자가 제기하여 수행한 소송을 추인하였다면 그 소송은 소급하여 유효한 것이고, 가사 종중의 소제기 당시에 그 대표자의 자격에 하자가 있다고 하더라도 이 소가 각하되지 아니하고 소급하여 유효한 것

으로 인정되는 한, 이에 의한 시효중단의 효력도 유효하다고 볼 것이지 소송행위가 추인될 때에 시효가 중단된다고 볼 것이 아니다."라고 하였다(대판 1992.9.8, 92다18184).

▶ **백지어음의 소지인이 백지 부분을 보충하지 않은 상태에서 어음금을 청구한 경우 어음상 청구권에 관한 소멸시효가 중단되는지 여부**(적극)

만기는 기재되어 있으나 지급지, 지급을 받을 자 등과 같은 어음요건이 백지인 약속어음의 소지인이 그 백지 부분을 보충하지 않은 상태에서 어음금을 청구하는 것은 어음상의 청구권에 관하여 잠자는 자가 아님을 객관적으로 표명한 것이고 그 청구로써 어음상의 청구권에 관한 소멸시효는 중단된다. 이 경우 백지에 대한 보충권은 그 행사에 의하여 어음상의 청구권을 완성시키는 것에 불과하여 그 보충권이 어음상의 청구권과 별개로 독립하여 시효에 의하여 소멸한다고 볼 것은 아니므로 어음상의 청구권이 시효중단에 의하여 소멸하지 않고 존속하고 있는 한 이를 행사할 수 있다(대판(전) 2010.5.20, 2009다48312).

▶ **민법 제170조 제1항에서 정한 '재판상의 청구'에 지급명령 신청도 포함되는지 여부**(적극) **및 지급명령 신청이 각하된 후 6개월 내 다시 소를 제기한 경우 지급명령 신청이 있었던 때 시효가 중단된 것으로 보아야 하는지 여부**(적극)

지급명령이란 금전 그 밖에 대체물이나 유가증권의 일정한 수량의 지급을 목적으로 하는 청구에 대하여 법원이 보통의 소송절차에 의함이 없이 채권자의 신청에 의하여 간이, 신속하게 발하는 이행에 관한 명령으로 지급명령에 관한 절차는 종국판결을 받기 위한 소의 제기는 아니지만, 채권자로 하여금 간이, 신속하게 집행권원을 취득하도록 하기 위하여 이행의 소를 대신하여 법이 마련한 특별소송절차로 볼 수 있다. 그런데 재판상 청구에 시효중단의 효력을 인정하는 근거는 권리자가 재판상 그 권리를 주장하여 권리 위에 잠자는 것이 아님을 표명하고 이로써 시효제도의 기초인 영속되는 사실상태와 상용할 수 없는 다른 사정이 발생하였다는 점에 기인하는 것인데, 그와 같은 점에서 보면 지급명령 신청은 권리자가 권리의 존재를 주장하면서 재판상 그 실현을 요구하는 것이므로 본질적으로 소의 제기와 다르지 않다. 따라서 민법 제170조 제1항에 규정하고 있는 '재판상의 청구'란 종국판결을 받기 위한 '소의 제기'에 한정되지 않고, 권리자가 이행의 소를 대신하여 재판기관의 공권적인 법률판단을 구하는 지급명령 신청도 포함된다고 보는 것이 타당하다. 그리고 민법 제170조의 재판상 청구에 지급명령 신청이 포함되는 것으로 보는 이상 특별한 사정이 없는 한, 지급명령 신청이 각하된 경우라도 6개월 이내 다시 소를 제기한 경우라면 민법 제170조 제2항에 의하여 시효는 당초 지급명령 신청이 있었던 때에 중단되었다고 보아야 한다(대판 2011.11.10, 2011다54686).

▶ **채권자가 동일한 목적을 달성하기 위하여 복수의 채권을 갖고 있는 경우 어느 하나의 청구권을 행사하는 것이 다른 채권에 대한 소멸시효 중단의 효력이 있는지 여부**(소극)

채권자가 동일한 목적을 달성하기 위하여 복수의 채권을 갖고 있는 경우, 채권자로서는 그 선택에 따라 권리를 행사할 수 있되, 그 중 어느 하나의 청구를 한 것만으로는 다른 채권 그 자체를 행사한 것으로 볼 수는 없으므로, 특별한 사정이 없는 한 그 다른 채권에 대한 소멸시효 중단의 효력은 없다(대판 2011.2.10, 2010다81285).

➥ [해설] : 甲이 乙을 상대로 부당이득반환청구의 소를 제기함으로써 甲의 乙에 대한 채무불이행으로 인한 손해배상청구권의 소멸시효가 중단되는지 여부가 문제된 사안에서, 부당이득반환청구의 소 제기로 채무불이행으로 인한 손해배상청구권의 소멸시효가 중단되었다고 본 원심판결을 파기한 사례이다.

> [대판 2014.4.24, 2012다105314] 권리자가 재판상 그 권리를 주장하여 권리 위에 잠자는 것이
> 아님을 표명한 경우, 시효중단사유인 재판상 청구에 해당하는지 여부(적극)
> 시효제도의 존재 이유는 영속된 사실상태를 존중하고 권리 위에 잠자는 자를 보호하지 않는다는 데
> 있고 특히 소멸시효는 후자의 의미가 강하므로, 권리자가 재판상 그 권리를 주장하여 권리 위에 잠자
> 는 것이 아님을 표명한 때에는 시효중단사유인 재판상 청구에 해당한다.
>
> ⮕ [해설] : 甲이 자신의 차량을 운전하던 중 乙 주식회사 소유의 차량을 충돌하여 상해를 입었는데,
> 甲 차량의 보험자인 丙 주식회사가 甲에게 보험금을 지급한 후 乙 회사를 상대로 구상금청구의
> 소(구상금청구의 소는 실질적으로 甲이 乙에 대해 가지는 손해배상청구권을 이전받아 대위행사하는 성격
> 을 띠고 있다)를 제기하였고 甲이 丙 회사 측 보조참가인으로 참가하여 乙 회사의 과실 존부 등에
> 관하여 적극적으로 다툰 사안에서, 甲의 손해배상청구권의 소멸시효는 위 보조참가로 중단되었
> 다고 본 사례이다.

2) 일부청구와 시효중단

가) 학설

일부청구의 경우 시효중단의 범위에 관하여는 ① 실제 청구한 일부만 중단된다는 일부중단설,
② 권리 위에 잠자는 자가 아니므로 청구 전부가 중단된다는 전부중단설, ③ 명시적 일부청구의
경우에만 청구한 일부에 중단의 효력이 생긴다는 명시설의 대립이 있다.

나) 판례

판례는 기본적으로 명시적·묵시적 일부청구임을 묻지 않고 그 일부에 대하여만 시효중단의 효
력이 미치고 잔부에 대하여는 시효중단의 효력이 생기지 않는다고 하였다(일부중단설). 다만 최근
에는 합리적 해석에 따라 어느 정도 융통성 있게 판단을 하고 있는 것으로 보인다.

> [대판 1975.2.25, 74다1557] 청구부분이 특정될 수 있는 경우에 있어서의 일부청구는 나머지 부분에
> 대한 시효중단의 효력이 없고 나머지 부분에 관하여는 소를 제기하거나 그 청구를 확장(청구의 변경)하
> 는 서면을 법원에 제출한 때에 비로소 시효중단의 효력이 생긴다.

> ★[대판 1992.4.10, 91다43695] 한 개의 채권 중 일부에 관하여만 판결을 구한다는 취지를 명백히
> 하여 소송을 제기한 경우에는 소제기에 의한 소멸시효중단의 효력이 그 일부에 관하여만 발생하고,
> 나머지 부분에는 발생하지 아니하지만 비록 그 중 일부만을 청구한 경우에도 그 취지로 보아 채권 전
> 부에 관하여 판결을 구하는 것으로 해석된다면 그 청구액을 소송물인 채권의 전부로 보아야 하고,
> 이러한 경우에는 그 채권의 동일성의 범위 내에서 그 전부에 관하여 시효중단의 효력이 발생한다고
> 해석함이 상당하다.
>
> ⮕ [해설] : 신체의 훼손으로 인한 손해의 배상을 청구하는 사건에서는 그 손해액을 확정하기 위하여
> 통상 법원의 신체감정을 필요로 하기 때문에, 앞으로 그러한 절차를 거친 후 그 결과에 따라 청
> 구금액을 확장하겠다는 뜻을 소장에 객관적으로 명백히 표시한 경우에는, 그 소제기에 따른 시
> 효중단의 효력은 소장에 기재된 일부 청구액뿐만 아니라 그 손해배상청구권 전부에 대하여 미친
> 다고 한 사례이다.

[대판 2001.9.28, 99다72521] 청구의 대상으로 삼은 채권 중 일부만을 청구한 경우에도 그 취지로 보아 채권 전부에 관하여 판결을 구하는 것으로 해석되는 경우에는 그 동일성의 범위 내에서 그 전부에 관하여 시효중단의 효력이 발생하고(대판 1992.4.10, 91다43695 판결, 1992.12.8, 92다29924 판결들 참조), 이러한 법리는 특정 불법행위로 인한 손해배상채권에 대한 지연손해금청구의 경우에도 마찬가지로 적용된다고 할 것이다.

★★★[대판 2020.2.6, 2019다223723]

[1] 하나의 채권 중 일부만을 청구하는 소송을 제기한 경우, 소멸시효중단의 효력발생범위

하나의 채권 중 일부에 관하여만 판결을 구한다는 취지를 명백히 하여 소송을 제기한 경우에는 소제기에 의한 소멸시효중단의 효력이 그 일부에 관하여만 발생하고, 나머지 부분에는 발생하지 아니하나, 소장에서 청구의 대상으로 삼은 채권 중 일부만을 청구하면서 소송의 진행경과에 따라 장차 청구금액을 확장할 뜻을 표시하고 당해 소송이 종료될 때까지 실제로 청구금액을 확장한 경우에는 소제기 당시부터 채권 전부에 관하여 판결을 구한 것으로 해석되므로, 이러한 경우에는 소제기 당시부터 채권 전부에 관하여 재판상 청구로 인한 시효중단의 효력이 발생한다.

[2] 소장에서 청구의 대상으로 삼은 채권 중 일부만을 청구하면서 소송의 진행경과에 따라 장차 청구금액을 확장할 뜻을 표시하였으나 당해 소송이 종료될 때까지 실제로 청구금액을 확장하지 않은 경우, 나머지 부분에 대하여 재판상 청구로 인한 시효중단의 효력이 발생하는지 여부(소극) 및 이와 같은 경우 채권자가 당해 소송이 종료된 때부터 6월 내에 민법 제174조에서 정한 조치를 취함으로써 나머지 부분에 대한 소멸시효를 중단시킬 수 있는지 여부(적극)

① 소장에서 청구의 대상으로 삼은 채권 중 일부만을 청구하면서 소송의 진행경과에 따라 장차 청구금액을 확장할 뜻을 표시하였으나 당해 소송이 종료될 때까지 실제로 청구금액을 확장하지 않은 경우에는 소송의 경과에 비추어 볼 때 채권 전부에 관하여 판결을 구한 것으로 볼 수 없으므로, 나머지 부분에 대하여는 재판상 청구로 인한 시효중단의 효력이 발생하지 아니한다. 그러나 ② 이와 같은 경우에도 소를 제기하면서 장차 청구금액을 확장할 뜻을 표시한 채권자로서는 장래에 나머지 부분을 청구할 의사를 가지고 있는 것이 일반적이라고 할 것이므로(주 – 명시적 일부청구의 경우에도 나머지 부분에 대한 최고로서의 효력은 인정하겠다는 취지), 다른 특별한 사정이 없는 한 당해 소송이 계속 중인 동안에는 나머지 부분에 대하여 권리를 행사하겠다는 의사가 표명되어 최고에 의해 권리를 행사하고 있는 상태가 지속되고 있는 것으로 보아야 하고, 채권자는 당해 소송이 종료된 때부터 6월 내에 민법 제174조에서 정한 조치를 취함으로써 나머지 부분에 대한 소멸시효를 중단시킬 수 있다.

➲ [사실관계] : ① 甲은 乙이 시행한 공익사업으로 인해 주거용 건축물을 제공함에 따라 이주대책의 일환으로 아파트를 분양받게 되었고, 2008.10.31.까지 분양대금을 완납하였다. ② 甲은 아파트 분양대금에 생활기본시설 설치비용이 포함되어 있어 사업시행자인 乙이 부당이득금을 반환할 의무가 있다고 주장하면서 2013.7.30. 乙을 상대로 이 사건 선행소송을 제기하였다. ③ 이 사건 선행소송의 소장에는 '일부청구'라는 제목하에 "원고 甲은 부당이득금반환청구권이 있다고 할 것이나 정확한 금액은 추후 피고 乙로부터 생활기본시설 관련 자료를 받아 계산하도록 하고 우선 이 중 일부인 2,000,000원 및 이에 대한 지연손해금에 대하여만 청구하게 되었습니다."라고 기재되어 있었다(주 – 명시적 일부청구). ④ 원고 甲은 이 사건 선행소송이 종료될 때까지 청구금액을 확장하지 아니하였고, 법원은 2016.10.12. '피고 乙은 원고 甲에게 2,000,000원

및 이에 대한 지연손해금을 지급하라'는 판결을 선고하였으며, 위 판결은 2016.11.8. 확정되었다. ⑤ 그 후 甲은 2017.5.18. 이 사건 소송을 제기하였는데, 이 사건 선행소송에서 인정된 금액을 제외한 나머지 금액 18,000,000원 및 이에 대한 지연손해금을 청구하고 있다.

➡ [해설] : ① 원고 甲의 피고 乙에 대한 부당이득반환청구권은 금전의 지급을 목적으로 하는 지방자치단체에 대한 권리로써 소멸시효기간이 5년이다. ② 위와 같은 사실관계를 앞서 본 법리에 비추어 살펴보면, 원고 甲이 소장 등에서 장차 청구금액을 확장할 뜻을 표시하였지만 이 사건 선행소송이 종료될 때까지 청구금액을 확장하지 아니한 이상, 원고 甲은 이 사건 선행소송에서 2,000,000원 및 이에 대한 지연손해금에 관하여만 판결을 구하였다고 봄이 상당하므로, 이 사건 선행소송의 제기에 의한 소멸시효중단의 효력은 위 2,000,000원 및 이에 대한 지연손해금에 관하여만 발생하고, 나머지 부분에 대하여는 이 사건 선행소송이 계속 중인 동안에는 최고에 의해 권리를 행사하고 있는 상태가 지속되고 있었다고 할 것이나, 원고 甲이 이 사건 선행소송이 종료된 때부터 6월 내에 이 사건 소송을 제기하는 등 민법 제174조에서 정한 조치를 취하지 아니한 이상 시효중단의 효력이 없어 소멸시효가 완성되었다. ③ 따라서 이 사건 선행소송에서 청구하지 아니한 나머지 부분에 관하여 소멸시효가 완성되었다고 보아 원고 甲의 청구를 기각한 원심의 판단은 정당하고, 거기에 상고이유 주장과 같이 소멸시효중단에 관한 법리를 오해하는 등으로 인해 판결에 영향을 미친 잘못이 없다.

[대판 2021.6.10. 2018다44114; 대판 2022.5.26. 2020다206625] ① 하나의 채권 중 일부에 관하여만 판결을 구한다는 취지를 명백히 하여 소송을 제기한 경우에는 소제기에 의한 소멸시효중단의 효력이 그 일부에 관하여만 발생하고, 나머지 부분에는 발생하지 않는다. ② 다만 소장에서 청구의 대상으로 삼은 채권 중 일부만을 청구하면서 소송의 진행경과에 따라 장차 청구금액을 확장할 뜻을 표시하고 해당 소송이 종료될 때까지 실제로 청구금액을 확장한 경우에는 소제기 당시부터 채권 전부에 관하여 재판상 청구로 인한 시효중단의 효력이 발생하나, ③ 소장에서 청구의 대상으로 삼은 채권 중 일부만을 청구하면서 소송의 진행경과에 따라 장차 청구금액을 확장할 뜻을 표시하였더라도 그 후 채권의 특정 부분을 청구범위에서 명시적으로 제외하였다면, 그 부분에 대하여는 애초부터 소의 제기가 없었던 것과 마찬가지이므로 재판상 청구로 인한 시효중단의 효력이 발생하지 않는다. 다만 이와 같은 경우에도 소를 제기하면서 장차 청구금액을 확장할 뜻을 표시한 채권자는 장래에 나머지 부분을 청구할 의사를 가지고 있는 것이 일반적이라고 할 것이므로, 다른 특별한 사정이 없는 한 당해 소송이 계속 중인 동안에는 나머지 부분에 대하여 권리를 행사하겠다는 의사가 표명되어 최고에 의해 권리를 행사하고 있는 상태가 지속되고 있는 것으로 보아야 하고, 채권자는 당해 소송이 종료된 때부터 6월 내에 민법 제174조에서 정한 조치를 취함으로써 나머지 부분에 대한 소멸시효를 중단시킬 수 있다.

3) 응소와 시효중단

다만 응소가 시효중단 사유에 해당하는지 문제되는데, 이에 대해 판례는 민법 제168조 제1호, 제170조 제1항에서 시효중단사유의 하나로 규정하고 있는 재판상의 청구라 함은, ① 시효를 주장하는 자가 원고가 되어 소를 제기한 데 대하여 피고로서 응소하여, ② 그 소송에서 적극적으로 권리를 주장하고, ③ 이것이 받아들여진 경우도 마찬가지로 이에 포함되는 것으로 해석함이 타당하다고 함으로써 시효중단 긍정설의 입장이다(대판(전) 1993.12.21, 92다47861).

★[대판(전) 1993.12.21, 92다47861] 민법 제168조 제1호, 제170조 제1항에서 시효중단사유의 하나로 규정하고 있는 재판상의 청구라 함은, 통상적으로는 권리자가 원고로서 시효를 주장하는 자를 피고로 하여 소송물인 권리를 소의 형식으로 주장하는 경우를 가리키지만, ① 시효를 주장하는 자가 원고가 되어 소를 제기한 데 대하여, ② 피고로서 응소하여 그 소송에서 적극적으로 권리를 주장하고, ③ 그것이 받아들여진 경우도 마찬가지로 이에 포함되는 것으로 해석함이 타당하다.

[대판 1995.2.28, 94다18577] 시효를 주장하는 자가 원고가 되어 소를 제기한 경우에 있어서, 피고가 시효중단사유가 되는 응소행위를 하였다고 하여 바로 시효중단의 효과가 발생하는 것은 아니고 변론주의 원칙상 시효중단의 효과를 원하는 피고로서는 당해 소송 또는 다른 소송에서의 응소행위로서 시효가 중단되었다고 주장하지 않으면 안 되고, 피고가 변론에서 시효중단의 주장 또는 이러한 취지가 포함되었다고 볼 만한 주장을 하지 아니하는 한, 피고의 응소행위가 있었다는 사정만으로 당연히 시효중단의 효력이 발생한다고 할 수는 없는 것이다.

➡ [보충] : 본 판례에서는 더 나아가 "법원의 석명권행사는 당사자의 진술에 모순, 흠결이 있거나 애매하여 그 진술의 취지를 알 수 없을 때 이를 보완하여 명료하게 하거나 입증책임이 있는 당사자에게 입증을 촉구하는 것을 그 내용으로 하는 것이니, 당사자가 주장하지도 아니한 법률효과에 관한 요건사실이나 공격방어의 방법을 시사하여 그 제출을 권유함과 같은 행위는 변론주의의 원칙에 위배되어 허용되지 아니한다고 할 것이다."라고 판시하였다.

(3) 시효중단의 효력 범위

1) 인적 범위(주관적 범위)

① 시효가 중단된 후에는 중단사유가 종료된 때부터 다시 새로운 시효기간이 진행하는데, ⅰ) 시효중단의 효력은 당사자 및 그 승계인 사이에서만 발생한다(제169조). 승계인에는 포괄승계인과 특정승계인을 포함하지만 시효중단사유 발생 전의 승계인은 포함하지 않는다. ⅱ) 채권자대위권 행사의 효과는 채무자에게 귀속되는 것이므로 채권자대위소송의 제기로 인한 소멸시효 중단의 효과 역시 채무자에게 생긴다.

② 그러나 예외적으로 다음의 경우에는 인적 범위가 확대된다. ⅰ) 연대채무자 중 1인에 대한 이행청구는 다른 연대채무자에게도 효력이 있다(제416조). ⅱ) 주채무자에 대한 시효중단은 보증인에게도 미친다(제440조).

2) 물적 범위(객관적 범위 – 시효중단의 대상)

① 소송물인 권리관계에 중단의 효력이 미침이 원칙이다(구소송물이론의 입장인 판례는 소송물인 원고 주장의 실체법상의 권리를 시효중단의 대상으로 본다). 판례도 ⅰ) 부당이득반환청구에 의해 채무불이행에 기한 손해배상청구권의 시효가 중단되지 않으며, ⅱ) 원인채권에 기해 이행의 소를 제기한 경우 어음채권의 시효가 중단되지 않는다고 하였다(반대로 어음채권에 기하여 청구한 경우 원인채권의 시효는 중단됨에 주의). 또한 ⅲ) 채권자대위의 소가 제기된 경우 소송물인 피대위권리의 소멸시효가 중단된다.

② 나아가 판례는 공격방어방법으로 주장한 권리, 즉 소송물인 권리관계의 선결·파생관계를 이루는 권리관계에도 중단의 효과가 미친다고 본다(예 교직원의 학교법인을 상대로 한 의원면직처분무효확인소송에 의해 교직원의 학교법인에 대한 급여청구의 한 실현수단이 될 수 있으므로 보수채권의 시효중단을 인정한다).

[대판(전) 1992.3.31, 91다32053] 시효제도의 존재이유는 영속된 사실상태를 존중하고 권리 위에 잠자는 자를 보호하지 않는다는 데에 있고 특히 소멸시효에 있어서는 후자의 의미가 강하므로, 권리자가 재판상 그 권리를 주장하여 권리 위에 잠자는 것이 아님을 표명한 때에는 시효중단사유가 되는바, 이러한 시효중단사유로서의 재판상의 청구에는 그 권리 자체의 이행청구나 확인청구를 하는 경우만이 아니라, 그 권리가 발생한 기본적 법률관계에 관한 확인청구를 하는 경우에도 그 법률관계의 확인청구가 이로부터 발생한 권리의 실현수단이 될 수 있어 권리 위에 잠자는 것이 아님을 표명한 것으로 볼 수 있을 때에는 그 기본적 법률관계에 관한 확인청구도 이에 포함된다고 보는 것이 타당하다.

---

(4) 효력발생 및 소멸시기

1) 소제기에 따른 시효중단의 효력발생시기는 소송계속과 달리 소를 제기한 때, 즉 통상은 소장을 법원에 제출한 때이다. 소송 중의 소일 경우에는 소장에 해당하는 서면을 법원에 제출한 때 그 효력이 발생한다(제265조).

★★[대판 2010.6.24, 2010다17284] 원고가 채권자대위권에 기해 청구를 하다가 당해 피대위채권 자체를 양수하여 양수금청구로 소를 변경한 경우, 이는 청구원인의 교환적 변경으로서 채권자대위권에 기한 구 청구는 취하된 것으로 보아야 하나, 그 채권자대위소송의 소송물은 채무자의 제3채무자에 대한 계약금반환청구권인데 위 양수금청구는 원고가 위 계약금반환청구권 자체를 양수하였다는 것이어서 ① 양 청구는 동일한 소송물에 관한 권리의무의 특정승계가 있을 뿐 그 소송물은 동일한 점, ② 시효중단의 효력은 특정승계인에게도 미치는 점(민법 제169조), 계속 중인 소송에 소송목적인 권리 또는 의무의 전부나 일부를 승계한 특정승계인이 소송참가하거나 소송인수한 경우에는 소송이 법원에 처음 계속된 때에 소급하여 시효중단의 효력이 생기는 점(민사소송법 제80조, 제82조 제3항), 원고는 위 계약금반환채권을 채권자대위권에 기해 행사하다 다시 이를 양수받아 직접 행사한 것이어서 위 계약금반환채권과 관련하여 ③ 원고를 '권리 위에 잠자는 자'로 볼 수 없는 점 등에 비추어 볼 때, 당초의 채권자대위소송으로 인한 시효중단의 효력이 소멸하지 않는다.

➲ [해설] : ① 원심은 대위청구로 인해 소멸시효가 중단되었더라도, 원고가 양수금청구로 청구원인을 교환적으로 변경함으로써 구소가 취하된 이상 대위청구에 의한 재판상 청구로서의 시효중단

효력은 유지되지 않는다고 하였다. ② 이에 대해 대법원은 위와 같은 근거로, 원고가 채권자대위
소송 중 채무자로부터 당해 피대위채권 자체를 양도받아 채권자대위권에 기한 청구에서 양수금
청구로 소를 교환적으로 변경한 경우 종전 채권자대위소송에 의한 소멸시효 중단의 효과는 양수
금청구에도 미친다고 본 사례이다.

◈ 비교 판례 ◈ [대판 2009.2.12, 2008다84229]

[1] '집합건물의 소유 및 관리에 관한 법률' 제9조에 의한 하자담보추급권은 특별한 사정이 없는 한
집합건물 구분소유자에게 귀속하는 것이고, 비록 '주택법' 제46조 및 '주택법 시행령' 제59조 제2항
이 구 '주택건설촉진법'(2003.5.29. 법률 제6916호로 전문 개정되기 전의 것)에서 정한 입주자대표회의
에게 공동주택의 사업주체에 대한 하자보수청구권을 부여하고 있으나, 이는 행정적인 차원에서
공동주택 하자보수의 절차·방법 및 기간 등을 정하고 하자보수보증금으로 신속하게 하자를 보
수할 수 있도록 하는 기준을 정하는 데 그 취지가 있을 뿐, 입주자대표회의에게 하자보수청구권
외에 하자담보추급권까지 부여하는 것이라고 볼 수는 없으므로, 공동주택에 하자가 있는 경우 입
주자대표회의로서는 사업주체에 대하여 하자보수를 청구할 수 있을 뿐, 그에 갈음한 손해배상청구
권을 가지지 못한다(대판 2006.8.24, 2004다20807 등 참조).

[2] 원고는 당초 자신이 이 사건 각 하자보수에 갈음하는 손해배상청구권을 가진다는 전제 아래 2004.
7.6. 이 사건 소를 제기하여 수행하던 중 2005년 7월 ~ 2007년 6월 사이에 일부 구분소유자들로
부터 위 손해배상청구권을 양도받아 2005.7.26.에 이르러 위 채권양도에 의한 손해배상청구를 예
비적 청구원인으로 추가하였음을 알 수 있는바, 앞서 본 법리에 의하면 원고가 당초에 한 소제기는
아무 권리 없는 자가 한 것이어서 그에 의해 시효중단의 효력이 생길 수 없고, 특별한 사정이 없는
한 채권양도를 받아 정당한 권리자로서 예비적 청구원인의 준비서면을 제출한 날에 비로소 시효중
단의 효과가 발생한다고 보아야 할 것인데, 원심이 들고 있는 사유만으로는 위 소멸시효 중단일을
달리 보아야 하는 특별한 사정이 존재한다고 할 수 없다(대판 2008.12.11, 2008다12439; 대판 2008.12.
24, 2008다48490 등 참조).

➲ [해설] : 대판 2009.2.12, 2008다84229 판결이나 대판 1982.12.14, 82다카148 등 판결은 채
권자가 자신의 권원에 기하여 직접 청구하다 채무자의 권리를 대위하거나 이를 양수하여 청구한
사안에 관한 것으로서, 원고가 대위청구를 하다가 그 피대위채권 자체를 양수받아 양수금청구를
하는 위 대판 2010.6.24, 2010다17284 사건과는 사안을 달리한다.

2) 다만 소의 취하·각하(소장의 각하도 같다)에 의하여 시효중단의 효력은 소급하여 소멸한다. 그러
나 소송의 이송에 의하여는 소멸하지 않는다. 다만 소의 취하 등으로 소멸되었더라도 6개월
이내에 소의 제기, 압류 또는 가압류·가처분을 하면 최초의 소제기 시에 중단된 것으로 본다
(민법 제170조).

[대판 2011.10.13, 2010다80930] 채권자 甲이 채무자 乙을 대위하여 丙을 상대로 부동산에 관하여
부당이득반환을 원인으로 한 소유권이전등기절차 이행을 구하는 소를 제기하였다가 피보전권리가 인
정되지 않는다는 이유로 소각하판결을 선고받아 확정되었고, 그로부터 3개월 남짓 경과한 후에 다른
채권자 丁이 乙을 대위하여 丙을 상대로 같은 내용의 소를 제기하였다가 乙과 사이에 피보전권리가
존재하지 않는다는 취지의 조정이 성립되었는데, 또 다른 채권자인 戊가 조정 성립일로부터 10여 일
이 경과한 후에 乙을 대위하여 丙을 상대로 같은 내용의 소를 다시 제기한 사안에서, 채무자 乙의 丙에

대한 위 부동산에 관한 부당이득반환을 원인으로 한 소유권이전등기청구권의 소멸시효는 甲, 丁, 戊의 순차적인 채권자대위소송에 따라 최초의 재판상 청구인 甲의 채권자대위소송 제기로 중단되었다.

➲ [해설] : 채권자대위소송의 제기로 인한 소유권이전등기청구권의 시효중단의 효력은 그 소각하판결이 확정되었다고 하여도 6개월 내에 다른 채권자가 대위소송을 제기하면 최초의 소제기 시에 중단된 것으로 본 판례이다. 이는 채권자대위권 행사의 효과는 채무자에게 귀속되는 것이므로 채권자대위소송의 제기로 인한 소멸시효 중단의 효과 역시 채무자에게 생기는 것으로서, 어느 채권자가 대위권을 행사하든 채무자를 기준으로 시효중단의 효력을 파악해야 한다는 점에 근거를 둔 것이다.

★★[대판 2014.2.27. 2013다94312] 이미 사망한 자를 피고로 하여 제기된 소의 경우, 민법 제170조 제2항이 적용되는지 여부(원칙적 소극) 및 법원이 이를 간과하여 본안 판결을 내린 경우에도 마찬가지인지 여부(적극) - 민법 제170조 제1항은 재판상 청구가 민법 제168조에 의하여 시효중단사유가 됨을 전제로 "재판상의 청구는 소송의 각하, 기각 또는 취하의 경우에는 시효중단의 효력이 없다."고 규정하고, 같은 조 제2항은 "전항의 경우에 6월내에 재판상의 청구, 파산절차참가, 압류 또는 가압류, 가처분을 한 때에는 시효는 최초의 재판상 청구로 인하여 중단된 것으로 본다."고 규정함으로써 최초의 재판상 청구에 소송요건의 결여 등의 흠이 있는 경우 일정기간 내에 새로운 재판상 청구 등이 이루어지면 최초의 제소 시로 시효중단의 소급을 인정하고 있다. 그런데 이미 사망한 자를 피고로 하여 제기된 소는 부적법하여 이를 간과한 채 본안 판단에 나아간 판결은 당연무효로서 그 효력이 상속인에게 미치지 않고, 채권자의 이러한 제소는 권리자의 의무자에 대한 권리행사에 해당하지 않으므로, 상속인을 피고로 하는 당사자표시정정이 이루어진 경우와 같은 특별한 사정이 없는 한, 거기에는 애초부터 시효중단 효력이 없어 민법 제170조 제2항이 적용되지 않는다고 봄이 타당하고, 법원이 이를 간과하여 본안에 나아가 판결을 내린 경우에도 마찬가지라고 보아야 한다.

★[대판 2017.7.18. 2016다35789]

[1] 법원이 인수참가인의 청구의 당부에 관하여 심리한 결과 인수참가인의 청구를 기각하거나 소를 각하하는 판결을 선고하여 그 판결이 확정된 경우에 탈퇴원고가 제기한 최초의 재판상 청구로 인한 시효중단의 효력이 소멸하는지 여부(긍정)
소송목적인 권리를 양도한 원고는 법원이 소송인수 결정을 한 후 피고의 승낙을 받아 소송에서 탈퇴할 수 있는데(민사소송법 제82조 제3항, 제80조), 그 후 법원이 인수참가인의 청구의 당부에 관하여 심리한 결과 인수참가인의 청구를 기각하거나 소를 각하하는 판결을 선고하여 그 판결이 확정된 경우에는 원고가 제기한 최초의 재판상 청구로 인한 시효중단의 효력은 소멸한다.

[2] 인수참가인의 소송목적 양수 효력이 부정되어 인수참가인에 대한 청구기각 또는 소각하판결이 확정된 날부터 6개월 내에 탈퇴원고가 다시 탈퇴 전과 같은 재판상의 청구 등을 한 때, 탈퇴 전에 원고가 제기한 재판상의 청구로 인하여 발생한 시효중단의 효력이 그대로 유지되는지 여부(긍정)
다만 소송탈퇴는 소취하와는 그 성질이 다르며, 탈퇴 후 잔존하는 소송에서 내린 판결은 탈퇴자에 대하여도 그 효력이 미친다(민사소송법 제82조 제3항, 제80조 단서). 이에 비추어 보면 인수참가인의 소송목적 양수 효력이 부정되어 인수참가인에 대한 청구기각 또는 소각하판결이 확정된 날부터 6개월 내에 탈퇴한 원고가 다시 탈퇴 전과 같은 재판상의 청구 등을 한 때에는, 탈퇴 전에 원고가 제기한 재판상의 청구로 인하여 발생한 시효중단의 효력은 그대로 유지된다고 봄이 타당하다.

➲ [소송과정 및 해설] : 원고가 피고를 상대로 약정금의 지급을 구하며 제기한 전소에서 원고의 소송인수 신청에 따라 1심 법원이 2011.9.30. 甲을 원고 인수참가인으로 하여 소송인수 결정을

하였고, 이에 따라 원고가 같은 날 피고의 승낙을 얻어 전소에서 탈퇴한 후 甲이 소송을 계속 수행하다가 전소의 1심 법원이 2012.6.8. 인수참가인의 소를 각하하는 판결을 선고하였으며, 2013.5.23. 항소가 기각된 후 대법원이 2014.10.27. '무효의 채권양도를 원인으로 하는 甲의 청구는 기각되었어야 함에도 항소심이 甲의 소가 부적법하다고 판단한 것은 잘못이나 불이익변경금지의 원칙상 청구기각판결을 선고할 수는 없다'고 판단하여 상고기각판결을 함으로써 전소판결이 확정되었으나, 그 확정된 날부터 6개월 이내인 2015.1.19. 원고가 피고를 상대로 다시 동일한 약정금의 지급을 구하는 후소를 제기한 사안에서, 원고가 전소를 제기함으로써 발생한 시효중단의 효력은 위와 같은 확정판결에도 불구하고 그대로 유지된다고 판단한 사안이다.

★★★[대판 2019.7.25. 2019다212945]

[1] 채무자가 제3채무자를 상대로 금전채권의 이행을 구하는 소를 제기한 후 채권자가 위 금전채권에 대하여 압류 및 추심명령을 받아 제3채무자를 상대로 추심의 소를 제기한 경우, 채무자가 권리주체의 지위에서 한 시효중단의 효력이 추심채권자에게 미치는지 여부(적극)

채무자의 제3채무자에 대한 금전채권에 대하여 압류 및 추심명령이 있더라도, 이는 추심채권자에게 피압류채권을 추심할 권능만을 부여하는 것이고, 이로 인하여 채무자가 제3채무자에게 가지는 채권이 추심채권자에게 이전되거나 귀속되는 것은 아니다. 따라서 채무자가 제3채무자를 상대로 금전채권의 이행을 구하는 소를 제기한 후 채권자가 위 금전채권에 대하여 압류 및 추심명령을 받아 제3채무자를 상대로 추심의 소를 제기한 경우, 채무자가 권리주체의 지위에서 한 시효중단의 효력은 집행법원의 수권에 따라 피압류채권에 대한 추심권능을 부여받아 일종의 추심기관으로서 그 채권을 추심하는 추심채권자에게도 미친다.

[2] 채무자가 제3채무자를 상대로 제기한 금전채권의 이행소송이 압류 및 추심명령에 따른 당사자적격의 상실로 각하되었으나 이행소송 계속 중 피압류채권에 대하여 당사자적격을 취득한 추심채권자가 각하판결이 확정된 날로부터 6개월 내에 제3채무자를 상대로 추심의 소를 제기한 경우, 채무자의 재판상 청구에 따른 시효중단의 효력이 추심채권자의 추심소송에서 그대로 유지되는지 여부(적극)

재판상의 청구는 소송의 각하, 기각 또는 취하의 경우에는 시효중단의 효력이 없지만, 그 경우 6개월 내에 재판상의 청구, 파산절차참가, 압류 또는 가압류, 가처분을 한 때에는 시효는 최초의 재판상 청구로 인하여 중단된 것으로 본다(민법 제170조). 그러므로 채무자가 제3채무자를 상대로 제기한 금전채권의 이행소송이 압류 및 추심명령으로 인한 당사자적격의 상실로 각하되더라도, 위 이행소송의 계속 중에 피압류채권에 대하여 채무자에 갈음하여 당사자적격을 취득한 추심채권자가 위 각하판결이 확정된 날로부터 6개월 내에 제3채무자를 상대로 추심의 소를 제기하였다면, 채무자가 제기한 재판상 청구로 인하여 발생한 시효중단의 효력은 추심채권자의 추심소송에서도 그대로 유지된다고 보는 것이 타당하다.

➲ [사실관계 및 소송과정] :

① 甲은 2014.2.26. 乙을 상대로 2억원의 임대료 지급을 구하는 소를 제기하였고, 2016.1.14. 제1심에서 乙은 甲에게 1억원을 지급하라는 일부승소 판결을 선고받았다. 이에 대하여 乙이 항소하였는데, 항소심 법원은 2017.4.28. 甲의 채권자 A가 甲의 乙에 대한 임대료 채권 중 5천만원에 해당하는 일부 금액(이하 '이 사건 임대료 채권')에 대하여 채권압류 및 추심명령(이하 '이 사건 추심명령')을 받았기 때문에 이처럼 추심명령을 받은 금액 부분에 관하여는 甲의 당사자적격이 없다는 것을 확인하는 내용과 함께, 나머지 청구 부분 중 일부에 대한 지급을 명하는 취지의 화해권고결정(이하 '이 사건 화해권고결정')을 하였으며, 이 사건 화해권고결정은 2017.5.16. 확정되었다.

② 한편 A의 이 사건 임대료 채권에 대한 이 사건 추심명령은 2015.5.7. 피고에게 송달되었다. 이후 A는 이 사건 추심명령을 근거로 2017.8.11. 乙을 상대로 이 사건 추심의 소를 제기하였는데, 乙은 이 사건 추심의 소는 이 사건 임대료 채권이 변제기 2014.1.31.부터 민법 제163조의 소멸시효 기간인 3년이 지나 시효로 소멸한 후 제기되었다며 소멸시효 항변을 하였다.

③ 이에 대하여 제1심 법원은 乙의 소멸시효 항변을 받아들여 A의 청구를 기각하였으나, 원심은 이 사건 화해권고결정이 확정된 후 6개월 이내에 A가 이 사건 추심의 소를 제기하였으므로, "재판상의 청구는 소송의 각하의 경우 6개월 내에 재판상의 청구, 파산절차참가, 압류 또는 가압류, 가처분을 한 때에는 시효는 최초의 재판상 청구로 인하여 중단된 것으로 본다."라고 규정한 민법 제170조에 따라 이 사건 임대료 채권의 소멸시효는 甲이 乙을 상대로 최초의 재판상 청구를 한 2014.2.26. 중단된 것이라고 보아 소멸시효 항변을 배척하고 A의 청구를 인용하였다.

④ 그러나 대상판결은 甲의 재판상 청구(전소)로 인한 시효중단의 효력은 그 추심권능을 부여받은 A에게도 미치고, A가 위 화해권고결정이 확정된 때로부터 6월 내에 이 사건 추심의 소를 제기한 이상 이 사건 임대료 채권의 소멸시효는 甲이 乙에게 전소를 제기한 2014.2.26. 중단된 것이므로, 乙의 소멸시효 항변을 배척한 것은 정당하다고 판단하였다.

➲ [해설] :

① 시효중단의 효력이 미치는 인적 범위에 관하여 민법 제169조는 "시효의 중단은 당사자 및 그 승계인간에만 효력이 있다."라고 규정하고 있고, 이때 '승계인'이라 함은 시효중단에 관여한 당사자로부터 중단의 효과를 받는 권리를 그 중단효과 발생 이후에 승계한 자를 의미한다(대판 1994.6.24. 94다7737 등). 여기서 채무자가 제3채무자에게 가지는 채권은 추심채권자에게 이전되거나 귀속되는 것은 아니라는 점에서 추심채권자가 민법 제169조 소정의 '승계인'에 해당하는지가 문제된다. 이와 관련하여 대상판결은 추심채권자가 피압류채권에 대한 추심권능을 부여받아 일종의 추심기관으로서 그 채권을 추심하는 것이어서 채무자가 권리주체의 지위에서 한 시효중단의 효력이 추심채권자에게도 미친다고 판단하였다(판결이유에서는 "A는 甲의 소제기로 인하여 시효중단의 효력이 발생한 이후에 이 사건 임대료 채권에 대하여 이 사건 추심명령을 받은 추심채권자로서 甲으로부터 그 권리를 승계하였다."고 밝히고 있다).

② 나아가 이 사건 임대료 채권은 甲의 소제기로 시효가 중단되었다가 항소심에서 당사자적격이 없음을 확인한다는 취지의 이 사건 화해권고결정이 확정됨으로써 사실상 소가 각하된 것과 동일한 효력이 발생하였다. 또한 채무자가 제3채무자를 상대로 이행의 소를 제기하였다가 압류 및 추심명령으로 인한 당사자적격의 상실로 각하되는 경우에는 채무자에 갈음하여 당사자적격을 취득한 추심채권자가 위 각하 판결이 확정된 날로부터 6개월 내에 제3채무자를 상대로 추심의 소를 제기하면 민법 제170조에 따라 시효중단의 효력이 그대로 유지되는 것이라고 보았다.

③ 이러한 대상판결의 판시는, 피추심채권에 대해 추심채권자만이 당사자적격이 인정되어 적법한 소를 제기할 수 있다는 점을 고려해 보건대, 채무자에 의하여 발생한 시효중단의 효력이 추심채권자에게 미치지 않는다면, 결국 권리자인 채무자의 권리행사가 있음에도 불구하고 추심채권자 스스로 시효중단의 조치를 취하지 않는 한 피추심채권은 시효로 소멸하게 되는 불합리한 상황이 발생하게 된다는 점에서 채무자가 한 시효중단의 효력과 추심채권자의 관계를 적절히 밝혔다는 데에 그 의의가 있다고 본다.

Ⅱ. 소송법상의 효과

1) 소의 제기에 의한 소송법상의 효과로서 소송계속이 발생한다. 소송계속이라 함은 특정한 당사자 간에 특정한 청구에 대하여 법원에 절차가 현실적으로 존재하는 상태, 즉 법원이 판결하는 데에 필요한 행위를 할 수 있는 상태를 말한다. 이와 같은 소송계속의 발생시기에 대하여 통설·판례(대판 1994.11.25, 94다12517·12524)는 소장부본이 피고에게 송달된 때에 소송계속이 발생한다고 해석한다(소장부본 송달시설).

2) 소송계속은 소장의 각하, 소의 취하, 재판상 화해, 청구의 포기·인낙, 판결의 확정 등에 의하여 소멸한다.

3) 소송계속은 여러 소송상의 효과를 수반하는데, 그중 가장 중요한 것은 중복소제기가 금지된다는 것이다(제259조). 다만 중복제소의 금지는 소극적 소송요건의 논의국면에도 해당하는 것이므로 후술하는 소송요건 부분에서 상술하기로 한다.

제4절 ▌ 소제기에 대한 피고의 대응태도

Ⅰ. 답변서 제출의무

제256조(답변서의 제출의무)
① 피고가 원고의 청구를 다투는 경우에는 소장의 부본을 송달받은 날부터 30일 이내에 답변서를 제출하여야 한다. 다만, 피고가 공시송달의 방법에 따라 소장의 부본을 송달받은 경우에는 그러하지 아니하다.
② 법원은 소장의 부본을 송달할 때에 제1항의 취지를 피고에게 알려야 한다.
③ 법원은 답변서의 부본을 원고에게 송달하여야 한다.
④ 답변서에는 준비서면에 관한 규정을 준용한다.

제257조(변론 없이 하는 판결)
① 법원은 피고가 제256조 제1항의 답변서를 제출하지 아니한 때에는 청구의 원인이 된 사실을 자백한 것으로 보고 변론 없이 판결할 수 있다. 다만, 직권으로 조사할 사항이 있거나 판결이 선고되기까지 피고가 원고의 청구를 다투는 취지의 답변서를 제출한 경우에는 그러하지 아니하다.
② 피고가 청구의 원인이 된 사실을 모두 자백하는 취지의 답변서를 제출하고 따로 항변을 하지 아니한 때에는 제1항의 규정을 준용한다.
③ 법원은 피고에게 소장의 부본을 송달할 때에 제1항 및 제2항의 규정에 따라 변론 없이 판결을 선고할 기일을 함께 통지할 수 있다.

> ◈ 민사소송규칙 ◈
>
> 제65조(답변서의 기재사항 등)
> ① 답변서에는 법 제256조 제4항에서 준용하는 법 제274조 제1항의 각 호 및 제2항에 규정된 사항과 청구의 취지에 대한 답변 외에 다음 각 호의 사항을 적어야 한다.
>   1. 소장에 기재된 개개의 사실에 대한 인정 여부
>   2. 항변과 이를 뒷받침하는 구체적 사실
>   3. 제1호 및 제2호에 관한 증거방법

피고가 원고의 청구를 다투는 때에는 공시송달의 방법에 따라 소장부본을 송달받은 경우를 제외하고, 소장부본을 송달받은 날부터 30일 이내에 답변서를 제출하여야 하고(제256조 제1항), 피고가 제출한 답변서부본을 법원은 원고에게 송달하여야 한다(동조 제3항). 이 경우 피고는 단순히 "원고의 청구를 일단 부인한다"와 같은 형식적 답변을 하여서는 안 되고, 어느 정도 구체적 내용이 기재된 답변서를 제출하여야 한다(민사소송규칙 제65조 제1항).

물론 피고는 원고가 제기한 소가 소송요건을 흠결한 부적법한 것이라고 소송상 항변으로서 '본안 전 항변'을 할 수도 있다. 그러나 이는 엄밀한 의미에서의 (본안의)항변이 아니며 소송요건의 구조 속에서 살펴봐야 하는 것이므로, 후술하는 소송요건 부분에서 검토하기로 한다.

Ⅱ. 답변서가 제출되지 않은 경우 등

법원은 피고가 제256조 제1항의 답변서를 제출하지 아니한 때에는 청구의 원인이 된 사실을 자백한 것으로 보고 변론 없이 판결할 수 있고(무변론판결 – 제257조 제1항), 피고가 청구의 원인이 된 사실을 모두 자백하는 취지의 답변서를 제출하고 따로 항변을 하지 아니한 때에도 마찬가지이다(제257조 제2항).

무변론판결이 불가능하거나 부적합한 사건

① 피고에게 공시송달로 소장부본을 송달한 경우(제256조 제1항 단서)
② 판결이 선고되기까지 피고가 원고의 청구를 다투는 취지의 답변서를 제출한 경우(제257조 제1항 단서)
③ 직권으로 조사할 사항(예 소송요건의 존부 등)이 있는 경우(제257조 제1항 단서)
④ 변론주의 원칙의 적용이 일부배제되는 등 그 소송의 성질상 무변론판결에 적합하지 아니한 경우(예 형성소송, 가사소송, 행정소송 등)
⑤ 법원이 변론기일을 지정한 경우

[대판 2020.12.10. 2020다255085] 제1심법원이 피고의 답변서 제출을 간과한 채 민사소송법 제257조 제1항에 따라 무변론판결을 선고한 경우 위법 여부(적극)

　① 제1심법원이 피고에게 소장의 부본을 송달하였을 때 피고가 원고의 청구를 다투는 경우에는 소장의 부본을 송달받은 날부터 30일 이내에 답변서를 제출하여야 하고(제256조 제1항), 법원은 피고가 답변서를 제출하지 아니한 때에는 청구의 원인이 된 사실을 자백한 것으로 보고 변론 없이 판결할 수 있으나(이하 '무변론판결'이라 한다), 판결이 선고되기까지 피고가 원고의 청구를 다투는 취지의 답

변서를 제출한 경우에는 무변론판결을 할 수 없다(제257조 제1항). 따라서 제1심법원이 피고의 답변서 제출을 간과한 채 민사소송법 제257조 제1항에 따라 무변론판결을 선고하였다면, 이러한 제1심판결의 절차는 법률에 어긋난 경우에 해당한다. ② 항소법원은 제1심판결의 절차가 법률에 어긋날 때에 제1심판결을 취소하여야 한다(제417조). 따라서 제1심법원이 피고의 답변서 제출을 간과한 채 민사소송법 제257조 제1항에 따라 무변론판결을 선고함으로써 제1심판결 절차가 법률에 어긋난 경우 항소법원은 민사소송법 제417조에 의하여 제1심판결을 취소하여야 한다. 다만 항소법원이 제1심판결을 취소하는 경우 반드시 사건을 제1심법원에 환송하여야 하는 것은 아니므로, 사건을 환송하지 않고 직접 다시 판결할 수 있다.

Ⅲ. 답변서가 제출된 경우

피고가 답변서를 제출하면 재판장은 원칙적으로 바로 변론기일을 정하여야 한다(제258조 제1항). 종전 민사소송법에서는 소송경제와 신속을 위하여 변론준비절차를 필요적으로 거치도록 하였으나, 이것이 직접주의와 공개심리주의 및 구술심리를 저해하게 된다는 이유로 개정 민사소송법에서는 변론준비절차를 '임의'절차화 하였다. 이에 대해서는 뒤의 변론부분에서 상술하기로 한다.

제1절 소송요건의 개관

Ⅰ. 소송요건의 의의 및 소송상 지위

1. 소송요건의 개념 및 체계적 지위

원고가 소를 제기하면, ① 소장의 적식 → ② 소의 적법 → ③ 원고가 소로 구하고 있는 청구의 당부 등이 심리(심사)의 대상이 된다. 이 가운데 소송요건은 ②의 소의 적법요건에 해당한다. 즉 소송요건은 법원에 소가 제기된 경우에 본안판결을 하기 위하여 필요한 요건으로, 소가 적법한 취급을 받기 위하여 구비하여야 할 소의 적법요건을 말한다. 본안판결을 내릴 가치가 없는 부적법한 소를 미리 배제하기 위하여 마련된 것이다.

2. 소송요건의 종류

(1) 일반적 소송요건

소의 주관적 구성요소로서 소송의 주체가, 소의 객관적 구성요소로서 소송의 객체(심판의 대상)가 필요하고, 각각의 경우에 필요한 소송요건이 구비되어야 원고 청구에 대한 본안판결이 가능하게 된다. 따라서 소송요건은 '법원·당사자 및 소송물(청구)'에 따라 다음과 같이 분류할 수 있다. 각 소송요건에 대한 구체적인 내용은 후술하기로 한다.

(2) 특수한 소송요건

일반적 소송요건 이외에도 상급심의 절차, 보조참가, 독립당사자참가, 중간확인의 소, 장래의 이행의 소, 재심의 소와 같은 다른 특별한 절차를 위한 그 자체 특수한 소송요건이 있는데, 각각의 절차는 일반적 소송요건과 함께 각각의 특수한 소송요건이 구비된 경우에 적법하다. 여기서는 일반적 소송요건에 대하여 설명한다.

▌소송요건의 개관

```
┌ 법원 ┬ 재판권 ┬ 인적 범위 – 외국국가
│        │        └ 물적 범위 – 국제재판 관할권
│        └ 관할권 ➡ 특히 전속관할·임의관할과 토지관할·합의관할·변론관할
│
├ 당사자 ┬ 일반적 소송요건 ┬ 당사자 실재 ┬ 당사자 특정
│        │                │             └ 당사자 확정 ➡ 성명모용소송·사자명의소송
│        │                ├ 당사자 자격 ┬ 당사자능력 ➡ 비법인사단과 조합
│        │                │             ├ 당사자적격(관리처분권) ➡ 일반적 당사자적격자와 제3자 소송담당
│        │                │             └ 소송능력 ➡ 소송제한능력자
│        │                └ 소송상대리인
│        └ 다수당사자소송 ➡ 특수한 소송요건
│
└ 청구 ┬ 일반적 소송요건 ┬ 청구의 특정 – 소송물이론
       │                ├ 소의 이익 ┬ 권리보호의 자격 ┬ 공통자격[소·금(법률상과 계약상 금지)·장·승·신]
       │                │           │                └ 개별자격
       │                │           └ 권리보호의 이익(필요) ➡ 개별이익
       │                └ 기간의 준수
       └ 청구의 복수 ➡ 특수한 소송요건
```

II. 소송요건의 조사

1. 조사의 개시 – 직권조사사항과 항변사항

1) 소송요건은 어느 정도의 공익성을 가지고 있으므로 원칙적으로 직권조사사항이다. 직권조사사항은 법원이 소송요건의 구비 여부에 의심이 있을 때에 피고의 지적이 없더라도(피고의 주장에 구속될 필요 없이) 스스로 직권으로 그 사항의 구비에 대한 조사를 개시하여야 한다. 따라서 이에 대한 피고의 다툼은 단지 법원의 직권발동을 촉구하는 의미에 불과하다. 이런 점에서 본래 의미의 항변은 아니다.

2) 반면, 항변사항은 피고의 지적을 기다려 비로소 조사를 개시하게 되는 것을 말한다. 통설은 ① 임의관할, ② 부제소특약의 존재, ③ 소취하계약의 존재 등은 피고의 항변이 없으면 참작할 수 없는 항변사항에 해당한다고 본다. 이러한 항변사항은 변론주의 방식에 따라 판단하게 된다.

3) 그러나 판례는 부제소특약의 경우 직권조사사항으로 보고 있다. 다만 당사자들이 부제소 합의의 효력이나 그 범위에 관하여 쟁점으로 삼아 소의 적법 여부를 다투지 아니하는데도 법원이 직권으로 부제소 합의에 위배되었다는 이유로 소가 부적법하다고 판단하기 위해서는 그와 같은 법률적 관점에 대하여 당사자에게 의견을 진술할 기회를 주어야 한다고 하였다.

★★★[대판 2013.11.28. 2011다80449] 부제소 합의에 위배된 소의 적법 여부가 직권조사사항인지 여부 (적극) 지적의무

[1] 특정한 권리나 법률관계에 관하여 분쟁이 있어도 제소하지 아니하기로 합의(이하 '부제소 합의'라고 한다)한 경우 이에 위배되어 제기된 소는 권리보호의 이익이 없고, 또한 당사자와 소송관계인은

신의에 따라 성실하게 소송을 수행하여야 한다는 신의성실의 원칙(민사소송법 제1조 제2항)에도 어긋나는 것이므로(대판 1993.5.14, 92다21760 등 참조), 소가 부제소 합의에 위배되어 제기된 경우 법원은 직권으로 소의 적법 여부를 판단할 수 있다(대판 1980.1.29, 79다2066 등 참조 – 📌 참조된 판례는 「불항소 합의의 유무는 항소의 적법요건에 관한 것으로서 법원의 직권조사사항」이라고 본 판례이다. 아마도 본 판례는 부제소 합의와 불항소 합의의 법적 성질을 동일하게 평가하려는 데에 기인한 듯하다). 이와 달리 원심이 직권으로 이 사건 소가 부제소 합의에 위배되어 부적법한지 여부를 판단한 데에 변론주의를 위반한 위법이 있다는 상고이유의 주장은 받아들일 수 없다.

[2] 한편 민사소송법 제136조 제1항은 "재판장은 소송관계를 분명하게 하기 위하여 당사자에게 사실상 또는 법률상 사항에 대하여 질문할 수 있고, 증명을 하도록 촉구할 수 있다."라고 규정하고 있고, 그 제4항은 "법원은 당사자가 간과하였음이 분명하다고 인정되는 법률상 사항에 관하여 당사자에게 의견을 진술할 기회를 주어야 한다."라고 규정하고 있다.

[3] 부제소 합의는 소송당사자에게 헌법상 보장된 재판청구권의 포기와 같은 중대한 소송법상의 효과를 발생시키는 것으로서 그 합의 시에 예상할 수 있는 상황에 관한 것이어야 유효하고(대판 1999.3.26, 98다63988 등 참조), 그 효력의 유무나 범위를 둘러싸고 이견이 있을 수 있는 경우에는 당사자의 의사를 합리적으로 해석한 후 이를 판단하여야 한다. 따라서 당사자들이 부제소 합의의 효력이나 그 범위에 관하여 쟁점으로 삼아 소의 적법 여부를 다투지 아니하는데도 법원이 직권으로 부제소 합의에 위배되었다는 이유로 소가 부적법하다고 판단하기 위해서는 그와 같은 법률적 관점에 대하여 당사자에게 의견을 진술할 기회를 주어야 하고, 부제소 합의를 하게 된 동기 및 경위, 그 합의에 의하여 달성하려는 목적, 당사자의 진정한 의사 등에 관하여도 충분히 심리할 필요가 있다. 법원이 그와 같이 하지 않고 직권으로 부제소 합의를 인정하여 소를 각하하는 것은 예상외의 재판으로 당사자 일방에게 불의의 타격을 가하는 것으로서 석명의무를 위반하여 필요한 심리를 제대로 하지 아니하는 것이다.

2. 소송요건의 조사 방법 – 판단자료의 수집·제출 방법 : 직권조사사항에 대한 판례의 태도

「소송요건 중 직권조사사항」에 관한 소송자료의 수집·제출에서도, 「청구」에 관한 소송자료의 수집·제출에서와 같은 변론주의와 직권탐지주의가 적용될 것인지가 문제이다. 이에 대해 견해의 대립이 있으나, 직권조사사항은 변론주의와 직권탐지주의와는 다른 제3의 독자적인 방법에 의함이 타당하다(중간설).8)9)

(1) 구체적 내용

1) 제출자료상 존부에 의심이 있는 경우에는 당사자의 이의유무에 관계없이 이를 조사하여야 한다. 그러나 의심할 만한 사정이 발견되지 않는 경우까지 법원이 직권증거조사를 하여야 하는 것은 아니다(대판 2007.6.28, 2007다16113).

2) 당사자의 이의 유무에 관계없이 이를 조사하여야 하며, 설사 이의하다가 철회하여도 이에 구애됨이 없이 심리하여야 한다. 즉 이의권의 포기·상실은 허용되지 아니한다(대판 1971.3.23, 70다2639).

---

8) 대립되는 견해로는 ① 소송요건의 공익성의 정도에 따라 변론주의와 직권탐지주의 가운데서 조사방식을 정할 것이라는 한정설, ② 공익성의 정도에 따라 변론주의형·직권탐지형·직권조사형의 방식을 혼용해야 한다는 혼용설이 있다.
9) 재판권의 유무 판단에 대해서는 직권탐지주의에 따를 것이라는 점에 이견이 없다.

3) 그 존부 자체는 재판상의 자백이나 자백간주의 대상이 될 수 없다(대판 1971.2.23, 70다44 · 70다45).
4) 공격방어방법과 상고이유서의 제출에 시기적 제한이 없다(대판 2003.4.25, 2003두988).
5) 직권조사사항인 소송요건에 대하여도 그 사실의 존부가 불명한 경우에는 증명책임의 원칙이 적용된다고 할 것이다. 이 경우 본안판결을 받는다는 것 자체가 원고에게 유리하다는 점에 비추어 직권조사사항인 소송요건에 대한 입증책임은 원고에게 있다. 반면 항변사항은 피고가 증명책임을 진다.

★[**대판** 2007.3.29, 2006**다**74273; **대판** 2021.11.11, 2021**다**238902; **대판** 2022.4.28, 2021**다**306904] 종중이 당사자인 사건에 있어서 그 종중의 대표자에게 적법한 대표권이 있는지 여부는 소송요건에 관한 것으로서 법원의 직권조사사항이므로, 법원으로서는 그 판단의 기초자료인 사실과 증거를 직권으로 탐지할 의무까지는 없다 하더라도, 이미 제출된 자료들에 의하여 그 대표권의 적법성에 의심이 갈 만한 사정이 엿보인다면 상대방이 이를 구체적으로 지적하여 다투지 않거나 본안전 항변으로 다투다가 철회한 경우에도 이에 관하여 심리 · 조사할 의무가 있다 할 것이다.

➲ [사실관계 및 해설] : 공동선조의 후손들로 구성된 甲 단체의 회칙에는 구성원의 자격을 '남자'로 한정하는 내용이 없었으나, 공동선조의 자손은 성별의 구별 없이 종중원이 된다는 취지의 대법원 전원합의체 판결이 있은 후 甲 단체가 자신의 실체를 고유 의미의 종중이 아니라 종중 유사의 권리능력 없는 사단이라고 표방하면서 구성원의 자격을 공동선조의 후손 중 남자로 제한하는 내용의 회칙을 마련하였는데, 그 후 위 회칙에 따라 남자들에게만 소집통지를 하여 개최한 총회에서 대표자로 선출된 乙이 甲 단체를 대표하여 소송을 제기한 사안에서, 甲 단체는 실체가 고유 의미의 종중임에도 총회를 개최하면서 남자 종중원들에게만 소집통지를 하고 여자 종중원들에게는 소집통지를 하지 않은 것으로 보이므로, 위 총회에서 이루어진 대표자 선출 결의는 무효이고, 따라서 위 소는 적법한 대표자에 의해 제기된 것이 아니어서 부적법하다고 볼 여지가 상당한데도, 대표권의 적법성에 관한 심리 · 조사 없이 본안으로 나아간 원심의 판단에는 법리오해 등 잘못이 있다고 한 사례이다.

★★[**대판** 2002.5.14, 2000**다**42908] 직권조사사항은 자백의 대상이 될 수 없다.

★★[**대판** 1971.2.23, 70**다**44 · 70**다**45] 법인 아닌 사단 또는 재단의 존재 여부 그 대표자자격에 관한 사항은 소송당사자능력 또는 소송능력에 관한 사항이고, 소송당사자의 자백에 구속되지 아니할 사항이다.

★★[**대판** 1997.7.25, 96**다**39301] 직권조사사항에 관하여도 그 사실의 존부가 불명한 경우에는 입증책임의 원칙이 적용되어야 할 것인바, 본안판결을 받는다는 것 자체가 원고에게 유리하다는 점에 비추어 직권조사사항인 소송요건에 대한 입증책임은 원고에게 있다.

[**대판** 2009.10.29, 2009**다**47852; **대판** 2023.4.13, 2021**다**309231] 채권자취소권의 행사에 있어서 제척기간의 기산점인 채권자가 "취소원인을 안 날"이라 함은 채권자가 채권자취소권의 요건을 안 날, 즉 채무자가 채권자를 해함을 알면서 사해행위를 하였다는 사실을 알게 된 날을 의미한다. 이는 단순히 채무자가 재산의 처분행위를 한 사실을 아는 것만으로는 부족하고, 구체적인 사해행위의 존재를 알고 나아가 채무자에게 사해의 의사가 있었다는 사실까지 알 것을 요한다. 한편, 사해행위의 객관적 사실을 알았다고 하여 취소원인을 알았다고 추정할 수는 없고, 그 제척기간의 도과에 관한 증명책임은 채권자취소소송의 상대방에게 있다(대판 2009.3.26, 2007다63102 참조).

---

(2) 적용범위

직권조사사항에 속하는 것으로는 소송요건 또는 상소요건(불항소합의의 유무), 절차적 강행법규의 준수, 과실상계, 신의칙이나 권리남용 등이 있다.

> [대판 1980.1.29. 79다2066] 불항소합의의 유무는 항소의 적법요건에 관한 것으로서 법원의 직권조사사항이다.
>
> [대판 1995.12.22. 94다42129] 신의성실의 원칙에 반하는 것 또는 권리남용은 강행규정에 위배되는 것이므로 당사자의 주장이 없더라도 법원은 직권으로 판단할 수 있다.

3. 소송요건 판단의 표준시

(1) 원칙

소송요건의 존부를 판단하는 시기는 원칙적으로 사실심의 변론종결 시이다. 따라서 제소 당시에는 소송요건이 부존재하여도 사실심의 변론종결 시까지 이를 구비하면 적법한 소로 되고, 또한 제소 당시에는 구비하였으나 변론종결 시 전에 소멸하면 본안판결을 할 수 없다.

> ★★[대판 1976.7.13. 75다1086] 채권자 대위권 행사에 있어서 채권을 보전하기에 필요한 여부의 판단시기 및 증명책임
>
> 채권자대위권의 행사로서 채권자가 채권을 보전하기에 필요한 여부는 변론종결당시를 표준으로 판단되어야 할 것이며, 그 채권이 금전채권일 때에는 채무자가 무자력하여 그 일반재산의 감소를 방치할 필요가 있는 경우에 허용되고 이와 같은 요건의 존재사실은 채권자가 주장·입증하여야 한다.

(2) 예외

다만 관할권의 존부는 제소 당시에만 갖추면 된다(제33조). 따라서 그 뒤 관할원인이 소멸하여도 관할이 없어지는 것은 아니다(관할의 항정).

4. 소송요건의 조사와 본안심리의 순서

(1) 학설

① 통설은 소송요건심리의 선순위성을 긍정한다. 따라서 소송요건이 존재한다는 것이 확정되어야 비로소 본안청구가 이유 있는지 여부를 판단하여야 한다고 본다. 결국 원고의 청구에 대해 기각판결을 할 수 있음이 명백한 경우라 하더라도 소송요건의 흠이 있는 경우라면 법원은 본안판결을 할 수 없고, 소각하판결을 해야 한다. 이에 반해 ② 소송요건과 실체법상의 요건은 모두 동일 평면의 본안판결 선고요건이므로 청구가 이유 없음이 명백하면 소송요건을 갖추었는가를 가릴 것 없이 청구기각판결을 할 수 있다는 소송요건심리의 선순위성을 부정하는 견해와 ③ 소송요건 중 무익한 소송의 배제나 피고의 이익보호를 목적으로 삼는 소송요건에 한하여 선순위성을 부인하는 절충설도 있다.

(2) 판례

채권자대위소송에 있어서 대위에 의하여 보전될 채권자의 채무자에 대한 권리가 인정되지 아니할 경우에는 당사자적격이 없게 되므로 그 대위소송은 부적법하여 소를 각하하여야 함에도 불구하고 원심이 이를 간과하고 본안에 관하여 심리판단한 것은 위법하다고 하여 소송요건심리의 선순위성을 긍정한다.

★★★[대판 1990.12.11, 88다카4727] 직권으로 살펴건대, 채권자대위소송에 있어서 대위에 의하여 보전될 채권자의 채무자에 대한 권리가 인정되지 아니할 경우에는 채권자 스스로 원고가 되어 채무자의 제3채무자에 대한 권리를 행사할 당사자적격이 없게 되므로 그 대위소송은 부적법하여 각하할 수밖에 없다 할 것인바(당원 1988.6.14, 선고 87다카2753 판결 참조), 원고의 위 김점도에 대한 소유권이전등기청구권이 인정되지 아니하는 이 사건에 있어서는 원고가 위 김점도에 대한 소유권이전등기청구권을 보전하기 위하여 위 김점도의 피고에 대한 소유권이전등기청구권을 대위청구하는 이 사건 소를 각하하여야 함에도 불구하고 원심이 이를 간과하고 본안에 관하여 심리판단한 것은 위법하므로 원심판결은 파기를 면할 수 없다.

Ⅲ. 소송요건 조사의 결과

1. 소각하판결

소송요건을 갖추지 못한 것이 분명하면 법원은 소각하의 판결을 한다. 그러나 일반적으로 소송요건의 흠을 보정할 수 있는 경우라면 법원은 일단 보정명령을 내리고(제59조), 만약 보정이 불가능(例 제소기간의 경과, 소의 이익 흠결)하면 부적법한 소로서 변론 없이 판결로 소를 각하하고(제219조), 그 이상 심리에 들어가는 것을 정지한다. 다만, ① 관할위반의 경우에는 소를 부적법 각하하지 않고, 관할권 있는 법원에 직권으로 이송한다(제34조 제1항). 또한 ② 소송계속 중에 당사자능력·소송능력·법정대리권의 소멸은 소각하사유가 아니고 단지 소송중단사유로 되는 것에 그친다.

2. 기판력 발생

소각하의 판결은 소송요건의 부존재를 확인하는 확인판결의 일종이며, 그 부존재에 기판력이 생긴다고 봄이 통설·판례(대판 1997.12.9, 97다25521)의 입장이다.

★★[대판 1997.12.9, 97다25521] 소송판결의 기판력은 그 판결에서 확정한 소송요건의 흠결에 관하여 미친다. 그러나 확정된 각하판결의 기판력이 새로운 청구에는 미치지 아니한다.

[대판 2023.2.2, 2020다270633] 소송판결의 기판력이 미치는 범위
소송판결의 기판력은 그 판결에서 확정한 소송요건의 흠결에 관하여 미치는 것이지만, 당사자가 그러한 소송요건의 흠결이 보완된 상태에서 다시 소를 제기한 경우에는 그 기판력의 제한을 받지 않는다.

Ⅳ. 소송요건의 흠을 간과한 판결

1. 위법 · 무효의 판결

재판권의 흠을 간과한 판결, 제소 전 사망을 간과한 판결, 당사자적격의 흠을 간과한 판결은 무효이다. 판례는 제소 전 사망을 간과한 판결의 경우 상소와 재심의 소는 부적법하다고 하였다.

2. 위법 · 유효의 판결

① 성명모용을 간과한 판결, 대리권의 흠이나 소송능력의 흠을 간과한 판결, 중복제소임을 간과한 판결의 경우 당연무효의 판결은 아니다. 따라서 판결이 확정 전에는 상소로, 확정 후에는 재심사유에 해당하는 경우에 한하여 재심의 소를 제기할 수 있다.

② 다만 임의관할 위반의 경우에는 판결로써 하자가 치유되므로 그 흠결을 다툴 수 없다.

제2절 # 법원에 관한 소송요건

제1관 재판권

Ⅰ. 의의

구체적 사건을 재판에 의하여 처리하는 국가권력을 재판권이라고 한다. 이 가운데 민사소송을 처리하는 권능을 민사재판권이라고 부른다. 민사재판권은 광의의 사법권의 하나의 작용으로 법원에 속한다.

Ⅱ. 대인적 제약(인적 범위 · 한계)

1. 내용

1) 민사재판권은 영토고권과 관련하여 원칙적으로 국적을 불문하고 우리 국내에 있는 모든 자(대통령 포함)에게 미친다.

2) 그러나 국제법의 원칙에 의하여 일정한 자에 대하여 예외적으로 재판권의 행사가 제한되는 경우가 있다(📖 외교사절, 영사관원, 국제기구 등의 치외법권자에게 재판권의 면제가 인정된다). 이와 관련하여 외국국가에 대하여 국내재판권이 미치는지 여부가 문제이다.

2. 외국국가에 대한 국내재판권

외국국가에 대하여 우리나라 법원이 재판권을 행사할 수 있는지 여부가 문제되는데, 현재에는 외국 국가의 행위 자체의 성질에 따라 사법적 행위에 있어서는 국내 민사재판권에 복종하여야 하고, 주권적 행위에 한하여 면제된다는 상대적(제한적) 면제주의가 일반적이다. 물론 외국국가가 스스로의 의사에 의하여 특권을 포기하고 다른 국가의 재판권에 임의로 복종하는 경우에는 그 나라의 법원이 그 사건에 관하여 재판권을 가진다. 판례도 상대적 면제주의를 취하고 있다.

> [대판(전) 1998.12.17. 97다39216] 우리나라의 영토 내에서 행하여진 외국의 사법적 행위가 주권적 활동에 속하는 것이거나 이와 밀접한 관련이 있어서 이에 대한 재판권의 행사가 외국의 주권적 활동에 대한 부당한 간섭이 될 우려가 있다는 등의 특별한 사정이 없는 한, 외국의 사법적 행위에 대하여는 당해 국가를 피고로 하여 우리나라의 법원이 재판권을 행사할 수 있다.
>
> ➲ [해설] : 본 판결은 종전의 절대적 면제주의를 취하던 판례의 입장(대결 1975.5.23. 74마281)을 폐기하고, 국가의 활동이 다양해짐에 따라 외국국가가 자국 내에서 사적인 지위에서 민사적 또는 상업적인 활동을 하는 예가 늘어가고 있는 국제적 현실에 맞게 상대적 면제주의로 입장을 변경했다. 이러한 판례의 변경은 학계에서도 타당한 것으로 평가받는다.

★[대판 2011.12.13. 2009다16766]

[1] 외국의 사법적 행위에 대하여 해당 국가를 피고로 하여 우리나라 법원이 재판권을 행사할 수 있는지 여부(원칙적 적극)

우리나라 영토 내에서 행하여진 외국의 사법적 행위가 주권적 활동에 속하는 것이거나 이와 밀접한 관련이 있어서 이에 대한 재판권 행사가 외국의 주권적 활동에 대한 부당한 간섭이 될 우려가 있다는 등의 특별한 사정이 없는 한, 외국의 사법적 행위에 대하여는 해당 국가를 피고로 하여 우리나라 법원이 재판권을 행사할 수 있다.

[2] 우리나라 법원이 외국을 제3채무자로 하는 채권압류 및 추심명령을 발령할 재판권을 가지는지 여부(한정 적극) 및 추심명령에 대한 재판권이 인정되지 않는 경우에는 추심금 소송에 대한 재판권 역시 인정되지 않는지 여부(적극)

채권압류 및 추심명령은 집행법원이 일방적으로 제3채무자에게 채무자에 대한 채무의 지급금지를 명령하고 피압류채권의 추심권능을 집행채권자에게 부여하는 것으로서 이에 따라 제3채무자는 집행채무자에게 채무를 지급하더라도 집행채권자에게 대항할 수 없어 여전히 추심명령을 받은 집행채권자에게 채무를 지급하여야 할 의무를 부담하게 된다. 이와 같이 채권압류 및 추심명령은 제3채무자 소유의 재산에 대한 집행이 아니고, 제3채무자는 집행당사자가 아님에도 채권압류 및 추심명령이 있으면 지급금지명령, 추심명령 등 집행법원 강제력 행사의 직접적인 상대방이 되어 이에 복종하게 된다. 이와 같은 점을 고려하면 제3채무자를 외국으로 하는 채권압류 및 추심명령에 대한 재판권 행사는 외국을 피고로 하는 판결절차의 재판권 행사보다 더욱 신중히 행사될 것이 요구된다. 더구나 채권압류 및 추심명령이 제3채무자에 대한 집행권원이 아니라 집행채권자의 채무자에 대한 집행권원만으로 일방적으로 발령되는 것인 점을 고려하면 더욱 그러하다. 따라서 피압류채권이 외국의 사법적 행위를 원인으로 하여 발생한 것이고 그 사법적 행위에 대하여 해당 국가를 피고로 하여 우리나라 법원이 재판권을 행사할 수 있다고 하더라도, 피압류채권의 당사자가 아닌 집행채권자가 해당 국가를 제3채무자로 한 압류 및 추심명령을 신청하는 경우, 우리나라 법원은, 해당 국가가 국제협약, 중재합의, 서면계약, 법정에서 진술 등의 방법으로 사법적 행위로 부담하는 국가의 채무에 대하여 압류 기타 우리나라 법원에 의하여 명하여지는 강제집행의 대상이 될 수 있다는 점에 대하여 명시적으로 동의하였거나, 우리나라 내에 그 채무의 지급을 위한 재산을 따로 할당해 두는 등 우리나라 법원의 압류 등 강제조치에 대하여 재판권 면제 주장을 포기한 것으로 볼 수 있는 경우 등에 한하여 해당 국가를 제3채무자로 하는 채권압류 및 추심명령을 발령할 재판권을 가진다고 볼 것이다. 그리고 이와 같이 우리나라 법원이 외국을 제3채무자로 하는 추심명령에 대하여 재판권을 행사할 수 있는 경우에는 그 추심명령에 기하여 외국을 피고로 하는 추심금 소송에 대하여도 역시 재판권을 행사할 수 있다고 할 것이고, 반면 추심명령에 대한 재판권이 인정되지 않는 경우에는 추심금 소송에 대한 재판권 역시 인정되지 않는다고 보아야 한다.

➲ [해설] : 본 대한민국에 거주하면서 주한미군사령부에서 근무하는 甲의 채권자 乙이 우리나라 법원에서 제3채무자를 미합중국으로 하여 甲이 미합중국에 대하여 가지는 퇴직금과 임금 등에 대하여 채권압류 및 추심명령을 받은 후 추심금의 지급을 구한 사안에서, 위 채권압류 및 추심명령은 재판권이 없는 법원이 발령한 것으로 무효이고, 우리나라 법원은 추심금 소송에 대하여도 재판권이 인정되지 않는다고 한 사례이다.

[대판 2023.4.27, 2019다247903] 우리나라의 영토 내에서 행하여진 외국의 사법적 행위에 대해 해당 국가를 피고로 하여 우리나라 법원이 재판권을 행사할 수 있는지 여부(원칙적 적극)

① 국제관습법에 의하면 국가의 주권적 행위는 다른 국가의 재판권으로부터 면제되는 것이 원칙이다. 그러나 우리나라의 영토 내에서 행하여진 외국의 사법적 행위에 대하여는 그것이 주권적 활동에 속하는 것이거나 이와 밀접한 관련이 있어서 이에 대한 재판권의 행사가 외국의 주권적 활동에 대한 부당한 간섭이 될 우려가 있다는 등의 특별한 사정이 없는 한 해당 국가를 피고로 하여 우리나라 법원이 재판권을 행사할 수 있다. ② 부동산은 영토주권의 객체로, 부동산 점유 주체가 외국이라는 이유만으로 부동산 소재지 국가 법원의 재판권에서 당연히 면제된다고 보기 어렵고, 부동산을 점유하는 데에는 다양한 원인과 목적, 형태가 있을 수 있으므로, 외국이 국내 부동산을 점유하는 것을 두고 반드시 주권적 활동에 속하거나 이와 밀접한 관련이 있는 사법적 행위에 해당한다고 볼 수도 없다. 다만 외교공관은 한 국가가 자국을 대표하여 외교 활동을 하고 자국민을 보호하며 영사 사무 등을 처리하기 위하여 다른 국가에 설치한 기관이므로, 외국이 부동산을 공관지역으로 점유하는 것은 그 성질과 목적에 비추어 주권적 활동과 밀접한 관련이 있다고 볼 수 있고, 국제법상 외국의 공관지역은 원칙적으로 불가침이며 접수국은 이를 보호할 의무가 있다. 따라서 외국이 부동산을 공관지역으로 점유하는 것과 관련하여 해당 국가를 피고로 하여 제기된 소송이 외교공관의 직무 수행을 방해할 우려가 있는 때에는 그에 대한 우리나라 법원의 재판권 행사가 제한되고, 이때 그 소송이 외교공관의 직무 수행을 방해할 우려가 있는지 여부는 원고가 주장하는 청구 권원과 내용, 그에 근거한 승소판결의 효력, 그 청구나 판결과 외교공관 또는 공관직무의 관련성 정도 등을 종합적으로 고려하여 판단하여야 한다(➎ 주한외국대사관 건물의 인접 토지 경계 침범 사건).

Ⅲ. 대물적 제약(물적 범위 – 국제재판관할권)

1. 의의

국제재판관할권은 섭외적 민사사건에 있어서 국내법원과 외국국가의 법원 중 어느 국가의 법원이 해당 사건에 대하여 재판을 할 수 있는가 하는 문제, 즉 재판권의 문제로서 한 국가 내에서 어느 지방의 법원이 관할권을 가지는가 하는 문제와는 차원이 다르다.

2. 국제재판관할권의 결정기준

1) ① 국제재판관할권의 결정기준에 대해서 종래 명문의 규정이 존재하지 않아서 견해의 대립(역추지설, 조리설, 수정역추지설)이 있었으나, ② 현재 개정 국제사법 제2조 제1항에서 "법원은 당사자 또는 분쟁이 된 사안이 대한민국과 실질적 관련이 있는 경우에 국제재판관할권을 가진다. 이 경우 법원은 실질적 관련의 유무를 판단함에 있어 국제재판관할 배분의 이념에 부합하는 합리적인 원칙에 따라야 한다"(실질적 관련원칙의 도입). 제2항에서 "법원은 국내법의 관할규정을 참작하여 국제재판관할권의 유무를 판단하되, 제1항의 규정의 취지에 비추어 국제재판관할의 특수성을 충분히 고려하여야 한다"(국내법 관할규정의 참작과 국제관할의 특수성 고려 ➡ 원고·피고의 소송수행의 편의, 예측가능성 등 개인적 이익과 법원의 재판 편의 등 법원 내지 국가적 이익의 고려)는 일반적인 원칙규정을 마련하였다.

2) 제1항에서 '실질적 관련'이라 함은 우리나라 법원이 재판관할권을 행사하는 것을 정당화할 수 있을 정도로 당사자 또는 분쟁대상이 우리나라와 관련성을 갖는 것을 의미하며, 그 구체적인 인정 여부는 법원이 개별사건마다 종합적인 사정을 고려하여 판단하게 될 것이다(대판 2005.1.27, 2002다59788; 대판 2008.5.29, 2006다71908·71915 참조).

3) 판례는 ① 일본국에 주소를 둔 재외동포 甲이 일본국에 주소를 둔 재외동포 乙을 상대로 대여금청구소송에서, 분쟁이 된 사안과 대한민국 사이에 실질적 관련성(가압류집행재산이 국내에 있는 등)이 있다 하여 국제재판관할권을 인정하였고(대판 2014.4.10, 2012다7571), ② 개성공업지구 현지기업 사이의 민사분쟁에 대하여도 대한민국 법원의 재판관할권을 인정하였다. 대체로 대한민국 법원에 토지관할권이 존재하고 대한민국과 실질적 관련성이 인정되면, 우리나라 법원에 국제재판관할권이 생긴다는 것이 판례의 입장인 것으로 요약된다.[10]

---

10) 대판 2006.5.26, 2005므884 – 미합중국 미주리 주에 법률상 주소를 두고 있는 미합중국 국적의 남자(원고)가 대한민국 국적의 여자(피고)와 대한민국에서 혼인 후, 미합중국 국적을 취득한 피고와 거주기한을 정하지 아니하고 대한민국에 거주하다가 피고를 상대로 이혼, 친권자 및 양육자지정 등을 청구한 사안에서, 원·피고 모두 대한민국에 상거소를 가지고 있고, 혼인이 대한민국에서 성립되었으며, 그 혼인생활의 대부분이 대한민국에서 형성된 점 등을 고려하면 위 청구는 대한민국과 실질적 관련이 있다고 볼 수 있으므로 국제사법 제2조 제1항의 규정에 의하여 대한민국 법원이 재판관할권을 가진다고 할 수 있고, 원·피고가 선택에 의한 주소를 대한민국에 형성했고, 피고가 소장부본을 적법하게 송달받고 적극적으로 응소한 점까지 고려하면 국제사법 제2조 제2항에 규정된 '국제재판관할의 특수성'을 고려하더라도 대한민국 법원의 재판관할권 행사에 아무런 문제가 없다고 하였다.

[대판 2010.7.15, 2010다18355] 법원이 국제재판관할권의 유무를 판단함에 있어서 (국제사법 제2조
가 제1항에서 "법원은 당사자 또는 분쟁이 된 사안이 대한민국과 실질적 관련이 있는 경우에 국제재판관할권
을 가진다. 이 경우 법원은 실질적 관련의 유무를 판단함에 있어 국제재판관할 배분의 이념에 부합하는 합리적
인 원칙에 따라야 한다"고 규정하고, 이어 제2항에서 "법원은 국내법의 관할 규정을 참작하여 국제재판관할권
의 유무를 판단하되, 제1항의 규정의 취지에 비추어 국제재판관할의 특수성을 충분히 고려하여야 한다"고 규
정하고 있으므로) 당사자 간의 공평, 재판의 적정, 신속 및 경제를 기한다는 기본이념에 따라 국제재
판관할을 결정하여야 하고, 구체적으로는 소송당사자들의 공평, 편의 그리고 예측가능성과 같은 개
인적인 이익뿐만 아니라 재판의 적정, 신속, 효율 및 판결의 실효성 등과 같은 법원 내지 국가의
이익도 함께 고려하여야 하며, 이러한 다양한 이익 중 어떠한 이익을 보호할 필요가 있을지 여부는
개별 사건에서 법정지와 당사자의 실질적 관련성 및 법정지와 분쟁이 된 사안과의 실질적 관련성을
객관적인 기준으로 삼아 합리적으로 판단하여야 한다.

➲ [해설] : 2002년 김해공항 인근에서 발생한 중국 항공기 추락사고로 사망한 중국인 승무원의 유가
족이 중국 항공사를 상대로 대한민국 법원에 손해배상청구소송을 제기한 사안에서, 민사소송법상
토지관할권, 소송당사자들의 개인적인 이익, 법원의 이익, 다른 피해유가족들과의 형평성 등에
비추어 위 소송은 대한민국과 실질적 관련이 있다고 보기에 충분하므로, 대한민국 법원의 국제재
판관할권을 인정한 사례이다.

[대판 2016.8.30, 2015다255265] 대한민국 법원이 개성공업지구 현지기업 사이의 민사분쟁에
대하여 재판관할권을 가지는지 여부(적극) 및 소송의 목적물이 개성공업지구 내에 있는 건물 등
인 경우에도 마찬가지인지 여부(적극)
개성공업지구 지원에 관한 법률 제2조 제4호, 제6조, 제7조, 제8조, 제9조, 제10조, 제11조, 제12조,
제13조, 제14조, 제15조, 남북교류협력에 관한 법률 제17조, 제17조의2에 더하여, 개성공업지구 현지
기업 사이의 민사분쟁은 우리 헌법이 규정하고 있는 자유시장경제질서에 기초한 경제활동을 영위하다
가 발생하는 것이라는 점 등까지 고려하면, 대한민국 법원은 개성공업지구 현지기업 사이의 민사분쟁
에 대하여 당연히 재판관할권을 가지고, 이는 소송의 목적물이 개성공업지구 내에 있는 건물 등이라고
하여 달리 볼 것이 아니다.

➲ [보충] : 나아가 동 판례는 "이행의 소는 원칙적으로 원고가 이행청구권의 존재를 주장하는 것으
로서 권리보호의 이익이 인정되고, 이행판결을 받아도 집행이 사실상 불가능하거나 현저히 곤란
하다는 사정만으로 그 이익이 부정되는 것은 아니다. 따라서 원고가 개성공업지구에 위치한 이
사건 건물에 관한 인도청구의 소에서 승소하더라도 그 강제집행이 곤란하므로 소의 이익이 없다
는 취지의 상고이유 주장도 받아들일 수 없다."고 하였다.

[대판 2019.6.13, 2016다33752]

[1] 국제사법 제2조 제1항에서 정한 '실질적 관련'의 의미 및 판단 기준
국제사법 제2조 제1항은 "법원은 당사자 또는 분쟁이 된 사안이 대한민국과 실질적 관련이 있는
경우에 국제재판관할권을 가진다. 이 경우 법원은 실질적 관련의 유무를 판단함에 있어 국제재판
관할 배분의 이념에 부합하는 합리적인 원칙에 따라야 한다."라고 정하고 있다. 여기에서 '실질적
관련'은 대한민국 법원이 재판관할권을 행사하는 것을 정당화할 정도로 당사자 또는 분쟁이 된 사안
과 관련성이 있는 것을 뜻한다. 이를 판단할 때에는 당사자의 공평, 재판의 적정, 신속과 경제 등
국제재판관할 배분의 이념에 부합하는 합리적인 원칙에 따라야 한다. 구체적으로는 당사자의 공

평, 편의, 예측가능성과 같은 개인적인 이익뿐만 아니라, 재판의 적정, 신속, 효율, 판결의 실효성과 같은 법원이나 국가의 이익도 함께 고려하여야 한다. 이처럼 다양한 국제재판관할의 이익 중 어떠한 이익을 보호할 필요가 있을지는 개별 사건에서 실질적 관련성 유무를 합리적으로 판단하여 결정하여야 한다.

[2] 민사소송법 관할 규정이 국제재판관할권을 판단하는 데 가장 중요한 판단 기준으로 작용하는지 여부(적극) / 국제재판관할에서도 피고의 주소지가 생활관계의 중심적 장소로서 중요한 고려요소인지 여부(적극)

① 국제사법 제2조 제2항은 "법원은 국내법의 관할 규정을 참작하여 국제재판관할권의 유무를 판단하되, 제1항의 규정의 취지에 비추어 국제재판관할의 특수성을 충분히 고려하여야 한다."라고 정하여 제1항에서 정한 실질적 관련성을 판단하는 구체적 기준 또는 방법으로 국내법의 관할 규정을 제시한다. 따라서 민사소송법 관할 규정은 국제재판관할권을 판단하는 데 가장 중요한 판단 기준으로 작용한다. 다만 이러한 관할 규정은 국내적 관점에서 마련된 재판적에 관한 규정이므로 국제재판관할권을 판단할 때에는 국제재판관할의 특수성을 고려하여 국제재판관할 배분의 이념에 부합하도록 수정하여 적용해야 하는 경우도 있다.

② 민사소송법 제3조 본문은 "사람의 보통재판적은 그의 주소에 따라 정한다."라고 정한다. 따라서 당사자의 생활 근거가 되는 곳, 즉 생활관계의 중심적 장소가 토지관할권의 가장 일반적·보편적 발생근거라고 할 수 있다. 민사소송법 제2조는 "소는 피고의 보통재판적이 있는 곳의 법원이 관할한다."라고 정하고 있는데, 원고에게 피고의 주소지 법원에 소를 제기하도록 하는 것이 관할 배분에서 당사자의 공평에 부합하기 때문이다. 국제재판관할에서도 피고의 주소지는 생활관계의 중심적 장소로서 중요한 고려요소이다.

[3] 국제재판관할에서 특별관할을 고려하는 이유 및 원고가 소를 제기할 당시 피고의 재산이 대한민국에 있으나 원고의 청구와 직접적 관련이 없는 경우, 국제재판관할권을 판단하는 방법

국제재판관할에서 특별관할을 고려하는 것은 분쟁이 된 사안과 실질적 관련 있는 국가의 관할권을 인정하기 위한 것이다. 민사소송법 제11조는 "대한민국에 주소가 없는 사람 또는 주소를 알 수 없는 사람에 대하여 재산권에 관한 소를 제기하는 경우에는 청구의 목적 또는 담보의 목적이나 압류할 수 있는 피고의 재산이 있는 곳의 법원에 제기할 수 있다."라고 정한다. 원고가 소를 제기할 당시 피고의 재산이 대한민국에 있는 경우 대한민국 법원에 피고를 상대로 소를 제기하여 승소 판결을 얻으면 바로 집행하여 재판의 실효를 거둘 수 있다. 이와 같이 피고의 재산이 대한민국에 있다면 당사자의 권리구제나 판결의 실효성 측면에서 대한민국 법원의 국제재판관할권을 인정할 수 있다. 그러나 그 재산이 우연히 대한민국에 있는 경우까지 무조건 국제재판관할권을 인정하는 것은 피고에게 현저한 불이익이 발생할 수 있다. 따라서 원고의 청구가 피고의 재산과 직접적인 관련이 없는 경우에는 그 재산이 대한민국에 있게 된 경위, 재산의 가액, 원고의 권리구제 필요성과 판결의 실효성 등을 고려하여 국제재판관할권을 판단해야 한다.

[4] 국제재판관할에서 예측가능성을 판단하는 기준 및 피고가 대한민국에서 생활 기반을 가지고 있거나 재산을 취득하여 경제활동을 하는 경우, 대한민국 법원에 피고를 상대로 재산에 관한 소를 제기하리라는 점에 관하여 예측가능성이 인정되는지 여부(적극)

예측가능성은 피고와 법정지 사이에 상당한 관련이 있어서 법정지 법원에 소가 제기되는 것에 대하여 합리적으로 예견할 수 있었는지를 기준으로 판단해야 한다. 피고가 대한민국에서 생활 기반을 가지고 있거나 재산을 취득하여 경제활동을 할 때에는 대한민국 법원에 피고를 상대로 재산에 관한 소가 제기되리라는 점을 쉽게 예측할 수 있다.

[5] 국제재판관할권이 병존할 수 있는지 여부(적극) 및 지리, 언어, 통신의 편의 측면에서 다른 나라 법원이 대한민국 법원보다 더 편리하다는 것만으로 대한민국 법원의 재판관할권을 쉽게 부정할 수 있는지 여부(소극)

국제재판관할권은 배타적인 것이 아니라 병존할 수도 있다. 지리, 언어, 통신의 편의 측면에서 다른 나라 법원이 대한민국 법원보다 더 편리하다는 것만으로 대한민국 법원의 재판관할권을 쉽게 부정할 수는 없다.

➡ [사실관계 및 해설] : 중국인 원고(甲)가 중국에서 중국인 피고들에게 금전을 대여하였는데 피고들(乙 등)이 이를 변제하지 아니하고 중국에서 제기된 소송에도 응하지 아니한 채 대한민국에 입국하여 부동산과 차량을 구입하는 등으로 생활의 근거를 마련하고 영주권 취득의 전제가 되는 비자를 취득한 후, 甲도 영업을 하기 위하여 대한민국에 입국하여 乙 등을 상대로 대한민국 법원에 소를 제기한 사안에서, 乙 등이 대한민국에 있는 부동산과 차량을 구입하여 소유·사용하고, 위 소제기 당시 대한민국에 생활의 근거를 두고 자녀를 양육하면서 취득한 부동산에서 실제로 거주해 온 사실 등과 甲도 위 소제기 무렵 대한민국에 입국하여 변론 당시까지 상당한 기간을 대한민국에서 거주하면서 향후 대한민국에서 영업활동을 수행할 계획을 가지고 있는 사실 등을 종합하면 甲과 乙 등이 모두 위 소제기 당시 대한민국에 실질적인 생활 기반을 형성하였다고 볼 수 있는 점, 乙 등은 중국을 떠난 뒤 대한민국에 생활 기반을 마련하고 재산을 취득하였으므로 甲이 자신들을 상대로 대한민국 법원에 위 소를 제기할 것을 예상하지 못했다고 보기 어렵고, 乙 등이 대한민국에 부동산과 차량 등 재산을 소유하고 있어 甲이 이를 가압류한 상황에서 청구의 실효성 있는 집행을 위해서 대한민국 법원에 소를 제기할 실익이 있는 점, 중국 국적인 甲이 중국 국적인 乙 등을 상대로 스스로 대한민국 법원에 재판을 받겠다는 의사를 명백히 표시하여 재판을 청구하고 있고, 乙 등도 대한민국에서 소송대리인을 선임하여 응소하였으며, 상당한 기간 대한민국 법원에서 본안에 관한 실질적인 변론과 심리가 이루어졌는데, 위 사건의 요증사실은 대부분 계약서나 계좌이체 내역 등의 서증을 통해 증명이 가능하고 반드시 중국 현지에 대한 조사가 필요하다고 보기 어렵고, 대한민국에서 소송을 하는 것이 乙 등에게 현저히 불리하다고 볼 수 없는 반면, 위 사건에 관하여 대한민국 법원의 국제재판관할을 부인하여 중국 법원에서 다시 심리해야 한다면 소송경제에 심각하게 반하는 결과가 초래되는 점, 위 사건에 관한 법률관계의 준거법이 중국법이라 하더라도 국제재판관할과 준거법은 서로 다른 이념에 의해 지배되는 것이므로 그러한 사정만으로 위 소와 대한민국 법원의 실질적 관련성을 부정할 수는 없는 점 등에 비추어 위 소는 대한민국과 실질적 관련성이 있으므로 대한민국 법원이 국제재판관할권을 가진다고 본 사례이다.

[대판 2021.2.4. 2017므12552] 국제재판관할권의 존부 판단

[1] 국제사법 제2조 제2항에 따라 국제재판관할권을 판단할 때 고려하여야 할 사항 / 국제사법 제2조가 가사사건에도 마찬가지로 적용되는지 여부(적극) 및 가사사건에서 '실질적 관련의 유무'를 판단하는 기준
① 국제사법 제2조 제2항은 "법원은 국내법의 관할 규정을 참작하여 국제재판관할권의 유무를 판단하되, 제1항의 규정의 취지에 비추어 국제재판관할의 특수성을 충분히 고려하여야 한다."라고 정하고 있다. 따라서 국제재판관할권을 판단할 때 국내법의 관할 규정을 가장 기본적인 판단 기준으로 삼되, 해당 사건의 법적 성격이나 그 밖의 개별적·구체적 사정을 고려하여 국제재판관할 배분의 이념에 부합하도록 합리적으로 수정할 수 있다. ② 국제재판관할권에 관한 국제사법 제2조는 가사사건에도 마찬가지로 적용된다. 따라서 가사사건에 대하여 대한민국 법원이 재판관할권을

가지려면 대한민국이 해당 사건의 당사자 또는 분쟁이 된 사안과 실질적 관련이 있어야 한다. 그런데 가사사건은 일반 민사사건과 달리 공동생활의 근간이 되는 가족과 친족이라는 신분관계에 관한 사건이거나 신분관계와 밀접하게 관련된 재산, 권리, 그 밖의 법률관계에 관한 사건으로서 사회생활의 기본토대에 중대한 영향을 미친다. 가사사건에서는 피고의 방어권 보장뿐만 아니라 해당 쟁점에 대한 재판의 적정과 능률, 당사자의 정당한 이익 보호, 가족제도와 사회질서의 유지 등 공적 가치를 가지는 요소도 고려할 필요가 있다. 따라서 가사사건에서 '실질적 관련의 유무'는 국내법의 관할 규정뿐만 아니라 당사자의 국적이나 주소 또는 상거소, 분쟁의 원인이 되는 사실관계가 이루어진 장소(예를 들어 혼인의 취소나 이혼 사유가 발생한 장소, 자녀의 양육권이 문제 되는 경우 자녀가 생활하는 곳, 재산분할이 주요 쟁점인 경우 해당 재산의 소재지 등), 해당 사건에 적용되는 준거법, 사건 관련 자료(증인이나 물적 증거, 준거법 해석과 적용을 위한 자료, 그 밖의 소송자료 등) 수집의 용이성, 당사자들 소송 수행의 편의와 권익보호의 필요성, 판결의 실효성 등을 종합적으로 고려하여 판단하여야 한다.

[2] 재판상 이혼과 같은 혼인관계를 다투는 사건에서 대한민국에 당사자들의 국적이나 주소가 없더라도 이혼청구의 주요 원인이 된 사실관계가 대한민국에서 형성되었고 이혼과 함께 청구된 재산분할사건에서 대한민국에 있는 재산이 재산분할대상인지 여부가 첨예하게 다투어지고 있는 경우, 대한민국과 해당 사안 간의 실질적 관련성을 인정할 수 있는지 여부(적극) 및 이때 피고가 소장 부본을 적법하게 송달받고 적극적으로 응소한 사정을 대한민국 법원에 관할권을 인정하는 데 긍정적으로 고려할 수 있는지 여부(적극)

재판상 이혼과 같은 혼인관계를 다투는 사건에서 대한민국에 당사자들의 국적이나 주소가 없어 대한민국 법원에 국내법의 관할 규정에 따른 관할이 인정되기 어려운 경우라도 이혼청구의 주요 원인이 된 사실관계가 대한민국에서 형성되었고(부부의 국적이나 주소가 해외에 있더라도 부부의 한쪽이 대한민국에 상당 기간 체류함으로써 부부의 별거상태가 형성되는 경우 등) 이혼과 함께 청구된 재산분할사건에서 대한민국에 있는 재산이 재산분할대상인지 여부가 첨예하게 다투어지고 있다면, 피고의 예측가능성, 당사자의 권리구제, 해당 쟁점의 심리 편의와 판결의 실효성 차원에서 대한민국과 해당 사안 간의 실질적 관련성을 인정할 여지가 크다. 나아가 피고가 소장 부본을 적법하게 송달받고 실제 적극적으로 응소하였다면 이러한 사정은 대한민국 법원에 관할권을 인정하는 데 긍정적으로 고려할 수 있다(대판 2006.5.26, 2005므884 참조). 또한 국제재판관할권은 배타적인 것이 아니라 병존할 수도 있다. 다른 나라 법원에 재판관할권이 인정될 수 있다는 이유만으로 대한민국 법원의 재판관할권을 쉽게 부정해서는 안 된다.

[대판 2021.3.25, 2018다230588] 국제재판관할권의 존부 판단

① 민사소송법 제2조는 "소는 피고의 보통재판적이 있는 곳의 법원이 관할한다."라고 정하고 있고, 민사소송법 제5조 제1항 전문은 "법인, 그 밖의 사단 또는 재단의 보통재판적은 이들의 주된 사무소 또는 영업소가 있는 곳에 따라 정한다."라고 정하고 있다. 이는 원고에게 피고의 주된 사무소 또는 영업소가 있는 법원에 소를 제기하도록 하는 것이 관할 배분에서 당사자의 공평에 부합하기 때문이므로, 국제재판관할에서도 피고의 주된 사무소가 있는 곳은 영업관계의 중심적 장소로서 중요한 고려요소가 된다. ② 국제재판관할에서 특별관할을 고려하는 것은 분쟁이 된 사안과 실질적 관련이 있는 국가의 관할권을 인정하기 위한 것이다. 가령 민사소송법 제11조에서 재산이 있는 곳의 특별재판적을 인정하는 것과 같이 원고가 소를 제기할 당시 피고의 재산이 대한민국에 있는 경우 대한민국 법원에 피고를 상대로 소를 제기하여 승소판결을 얻으면 바로 집행하여 재판의 실효를 거둘 수 있으

므로, 당사자의 권리구제나 판결의 실효성 측면에서 대한민국 법원의 국제재판관할권을 인정할 수 있는 것이다. ③ 예측가능성은 피고와 법정지 사이에 상당한 관련이 있어서 법정지 법원에 소가 제기되는 것에 대하여 합리적으로 예견할 수 있었는지를 기준으로 판단해야 한다. 만일 법인인 피고가 대한민국에 주된 사무소나 영업소를 두고 영업활동을 할 때에는 대한민국 법원에 피고를 상대로 재산에 관한 소가 제기되리라는 점을 쉽게 예측할 수 있다. ④ 국제재판관할권은 배타적인 것이 아니라 병존할 수도 있다. 지리, 언어, 통신의 편의, 법률의 적용과 해석 등의 측면에서 다른 나라 법원이 대한민국 법원보다 더 편리하다는 것만으로 대한민국 법원의 재판관할권을 쉽게 부정해서는 안 된다.

  ⊃ [사실관계 및 해설] : 甲 중국 회사 등이 乙 주식회사가 중국법에 따라 설립한 丙 중국 회사와 물품공급계약을 체결하고 丙 회사에 물품을 공급한 후 물품대금 일부를 지급받지 못하자, 乙 회사를 상대로 丙 회사의 미지급 물품대금 채무에 대하여 연대책임을 부담하여야 한다고 주장하며 대한민국 법원에 물품대금의 지급을 구하는 소를 제기한 사안에서, 乙 회사의 보통재판적인 주된 사무소의 소재지가 대한민국에 있고, 乙 회사가 대한민국에서 영업활동을 하고 있으므로 위 소송을 수행하는 데 중국 법원보다 대한민국 법원이 불리하다고 볼 수 없는 점, 甲 회사 등이 소송 수행과 관련하여 지리상·언어상 불이익을 감수하면서 스스로 대한민국 법원에서 재판을 받겠다는 의사를 표시하고 있으므로, 甲 회사 등의 이러한 의사 또한 존중되어야 하는 점, 丙 회사의 1인 주주인 乙 회사로서는 丙 회사가 물품대금 채무를 제대로 이행하지 않을 경우 乙 회사의 주된 사무소가 있는 대한민국 법원에 丙 회사의 물품대금 채무와 관련한 소가 제기될 수 있다는 점을 예측하지 못하였다고 보기 어려운 점, 乙 회사의 재산이 대한민국에 있으므로 甲 회사 등이 승소할 경우 당사자의 권리구제나 재판의 실효성 측면에서 대한민국 법원의 국제재판관할을 인정하는 것이 재판의 적정과 신속 이념에 부합하는 점, 위 사건에 적용될 준거법이 중국법이라고 하더라도 국제재판관할권과 준거법은 서로 다른 이념에 따라 지배되는 것이므로 그러한 사정만으로 위 소와 대한민국 법원 사이의 실질적 관련을 부정할 수는 없는 점 등에 비추어 위 소는 대한민국과 실질적 관련이 있다고 보기 충분한데도, 이와 달리 본 원심판결에 법리오해의 잘못이 있다고 한 사례이다.

3. 국제재판관할의 합의

(1) 부가적 합의

국내법원 외에 외국법원을 관할법원으로 부가하는 이른바 부가적 합의는 유효하다는 데 별 문제가 없다.

(2) 전속적 합의

이에 대해 판례는 ① 해당 사건이 국내재판권에 전속하지 않고, ② 합의한 외국법원이 해당 외국법상 그 사건에 대해 관할권을 갖는 경우일 것, ③ 해당 사건이 합의한 외국법원에 대하여 합리적 관련성을 가질 것, ④ 전속적 관할합의가 공서양속에 반하지 않을 것 등을 유효요건으로 하고 있다(대판 1997.9.9, 96다20093).

[대판 2010.8.26, 2010다28185; 대판 2023.4.13, 2017다219232] 대한민국 법원의 관할을 배제하고 외국의 법원을 관할법원으로 하는 전속적인 국제관할의 합의가 유효하기 위해서는, ① 당해 사건이 대한민국 법원의 전속관할에 속하지 아니하고, ② 지정된 외국법원이 그 외국법상 당해 사건에 대하여 관할권을 가져야 하는 외에, ③ 당해 사건이 그 외국법원에 대하여 합리적인 관련성을 가질 것이

요구되고, ④ 그와 같은 전속적인 관할 합의가 현저하게 불합리하고 불공정하여 공서양속에 반하는 법률행위에 해당하지 않는 한 그 관할 합의는 유효하다.

➲ [해설] : 전속적 국제관할합의의 경우 그 유효요건에 대해서 종래 '합리적 관련성'이라는 요건은 다루지 않았다. 이러한 점에서 판례는 특히 '합리적 관련성'을 요건으로 추가하여 전속적 국제관할합의의 유효요건을 인정하고 있다는 점에 그 의의가 있다. 다만 동 요건의 필요 여부에 대해서는 현재 견해가 대립하고 있다.

4. 변론관할과 국제재판관할권

국제재판관할에 있어서도 변론관할이 성립될 수 있다. 판례도 마찬가지이다.

> [대판 2014.4.10, 2012다7571] 일본국에 주소를 둔 재외동포 甲이 일본국에 주소를 둔 재외동포 乙을 상대로 3건의 대여금채무에 대한 변제를 구하는 소를 대한민국 법원에 제기한 사안에서, 3건의 대여금 청구 중 2건은 분쟁이 된 사안과 대한민국 사이에 실질적 관련성이 있어 대한민국 법원에 국제재판관할권이 인정되고, 나머지 1건도 당사자 또는 분쟁이 된 사안과 법정지인 대한민국 사이에 실질적 관련성이 있다고 볼 수는 없지만 변론관할에 의하여 대한민국 법원에 국제재판관할권이 생겼다고 봄이 타당하다.

Ⅳ. 재판권에 흠이 있는 경우의 효과

1. 소송요건

재판권의 존재는 소송요건이며 직권조사사항으로서 재판권에 흠이 있으면 그 소는 판결로 부적법 각하된다.

2. 흠결 시 법원의 조치

(1) 흠결이 명백한 경우

① 제255조 제2항의 소장부본송달불능에 준하여 소장각하명령으로 처리하여야 한다는 견해(소장각하명령설)와 ② 재판권은 소송요건이므로 소각하판결을 하여야 한다는 견해(소각하판결설)가 대립하고 있다.

(2) 흠결이 명백하지 않은 경우

이에 관하여 변론하여야 하기 때문에 법원은 소장부본의 송달을 하여야 하고, 변론의 결과 재판권의 부존재가 판명되면 판결로써 소를 각하하여야 한다.

3. 간과판결의 효력

그 흠을 간과하고 본안판결을 한 경우 ① 판결확정 전이라면 상소로 취소 가능하나, ② 판결확정 뒤에는 재심사유에 해당하지 않으므로 취소를 구할 여지는 없다. 다만 이러한 판결은 재판권이 미치지 않는 자에 대하여 선고된 것이므로, 확정되어도 기판력·집행력 등의 판결의 효력이 미칠 수 없다는 의미에서 무효이다. 따라서 재심에 의하여 취소할 실익도 없다.

제2관 관할

제2-1관 관할의 의의 및 종류

Ⅰ. 관할의 의의

1) 특정한 사건에 대하여 어느 법원이 재판권을 행사하는가에 대한 <u>재판권의 분장관계(分掌關係)</u>의 정함을 관할이라고 한다. 결국 관할은 법원에 소를 제기하려는 경우에 어느 법원에 제기하여야 하는가의 문제이다.

2) 관할은 법원을 단위로 정한 것이고, 동일한 법원 내에서 여러 재판부가 있을 때에 어느 재판부가 사건을 심판하여야 하는가의 이른바 사무분담의 문제와는 다르다.

Ⅱ. 관할의 종류

1) 관할이 발생하는 근거상 차이에 따라 ① 법정관할(법률의 규정), ② 지정관할(재판), ③ 당사자의 거동에 따른 합의관할(당사자 사이의 합의)과 변론관할(본안에 대한 피고의 변론)로 나뉜다.

2) 법정관할은 그 소송법상의 효과에 따라 전속관할과 임의관할로 나뉜다. ① 전속관할은 법정관할 가운데 재판의 적정·신속 등 공익적 요구에 기하여 오로지 특정한 법원에만 관할을 인정하고, 그 밖의 관할을 일체 배제하는 것을 말한다. 한편, ② 임의관할은 주로 당사자의 편의와 공평을 도모하기 위한 사익적 견지에서 정하여진 것으로서 당사자의 의사나 태도에 의하여 이와 다른 관할(예 합의관할과 변론관할)을 인정하여도 무방하다. 사물관할이나 토지관할은 원칙적으로 임의관할이다.

▌발생근거에 따른 분류

```
              ┌ 법정관할(법률) ┬ 직분관할 – 수소법원 vs 집행법원 / 합의법원 vs 단독법원 / 심급관할
              │               ├ 사물관할 – 소가로 구분 ┬ 5억 이하 – 단독
              │               │                      └ 5억 초과 – 합의부
              │               └ 토지관할 ┬ 보통재판적 – 제2조 ~ 제6조
              │                         ├ 특별재판적 – 제7조 ~ 제24조
              │                         ├ 관련재판적 – 제25조
              │                         └ 관할의 경합 – 관할선택의 자유
              ├ 지정관할(재정관할) – 제28조
              └ 거동관할(당사자의 합의나 피고의 응소) ┬ 합의관할 – 제29조
                                                  └ 변론관할 – 제30조
```

전속관할과 임의관할

구분	전속관할	임의관할
규정의 성질	강행규정(공익, 재판의 적정·공평)	임의규정(사익, 당사자의 소송편의)
법적 성격	직권조사사항	항변사항
종류	• 법정관할 중 직분관할 • 사물·토지관할은 전속관할로 법정해 놓은 경우에만 포함 • 재심(제453조), 정기금판결에 대한 변경의 소(제252조), 독촉절차(제463조), 공시최고절차(제476조), 민사집행사건(민사집행법 제21조) • 가사소송, 회사관계소송, 파산, 화의, 회사정리사건 • 증권관련집단소송(증권관련 집단소송법 제4조) • 할부거래에 관한 소송에서의 매수인 주소지 지방법원 • 특허권 등의 지식재산권	• 사물관할·토지관할 • 직분관할 중 심급관할에서 비약상고 • 합의관할은 성질상 모두 임의관할
효과	보통·특별재판적·관련재판적 규정 적용 ✗ ➲ 관할의 경합 발생 ✗ ※ 단, 특허권 등의 지식재산권에 관한 소는 전속관할임에도 불구하고 관할경합과 재량이송이 허용된다(제24조. 제36조 제3항).	보통·특별재판적·관련재판적 규정 적용 ○ ➲ 관할의 경합 발생 ○
합의·변론관할의 발생 여부	합의·변론관할 발생 ✗	합의·변론관할 발생 ○

이송 –
구속력과
소송계속의
유지
	1.이송 ┬ 관할위반
	      ➲ 당사자가 다투었는지 여부와 관계없이 이송
	    └ 심판편의 이송 ✗
	
	2. 심급관할 위반 시 이송결정의 구속력 – 판례
	① 심급관할을 위배한 이송결정의 기속력은 이송받은 상급심법원에는 미치지 않는다고 보는 반면, ② 이송받은 하급심법원에는 미친다는 입장이다.
		이송 ┬ 관할위반 ┬ 이의 없이 응소
		              ➲ 변론관할
		             └ 이의하면 ➲ 이송
		     └ 심판편의 이송 ○

간과판결의
효력과
불복방법
	간과판결 ┬ 확정 전 ➲ 상소
	        └ 확정 후 ➲ 재심사유 ✗
	            무효 ✗
	            유효 ○
		간과판결 ┬ 확정 전 ➲ 하자치유
		             ∴상소제기 ✗
		        └ 확정 후 ➲ 당연유효

제2-2관 법정관할

어느 곳의 법원이 재판권을 분담하는가의 기준을 미리 법률에 따라 획일적으로 정하여 둘 필요가 있다. 이렇게 직접 법률에 따라 정한 관할을 법정관할이라고 한다.

Ⅰ. 직분관할

1) 재판권의 여러 종류의 작용을 어느 종류의 법원의 직분(직무권한)으로서 분담시킬 것인가를 정한 것을 말한다. 직분관할은 사법제도 전체의 운용이라는 공익에 관계하는 것이므로 원칙적으로 전속관할이고, 당사자의 의사나 태도에 따른 변경의 여지는 없게 된다.

2) 직분관할 가운데 중요한 것은 심급관할이다. ① 제1심은 지방법원(본원, 지원) 단독판사나 지방법원(본원, 지원) 합의부, ② 항소심은 지방법원본원(또는 일부지원) 합의부(항소부)나 고등법원, ③ 상고심은 대법원이 담당한다.

▌ 심급관할

구분	1심		2심	3심
단독사건	소액사건 : 소가 1 ~ 3,000만원 이하	2억원 이하	지법합의부	대법원
	중액사건 : 소가 3,000만원 초과 ~ 2억원 이하			
	고액사건 : 소가 2억원 초과 ~ 5억원 이하	2억원 초과	고등법원	
합의부사건	5억원 초과			

Ⅱ. 사물관할

1. 의의

사물관할은 제1심 소송사건을 그 경중을 기준으로 하여 지방법원합의부와 단독판사의 어느 쪽에 재판권을 분담시킬 것인가를 정해 놓은 것을 말한다. 종래 소송목적의 값(=소가)이 2억원을 넘지 않으면(이하) 단독판사(단독재판부)가, 2억원을 초과하는 경우에는 지방법원합의부가 담당하도록 하였던 것을 최근 민사 및 가사소송의 사물관할에 관한 규칙(시행일 2022.3.1.)을 개정하여 제1심 단독사건의 관할을 2억원에서 5억원으로 상향조정하였다(민사 및 가사소송의 사물관할에 관한 규칙 제2조, 제4조). 다만, 어음·수표금의 청구사건은 유통증권으로 신속처리가 요구되므로 소송목적의 값이 2억원을 초과하더라도 단독판사의 관할이다(민사 및 가사소송의 사물관할에 관한 규칙 제2조 단서 제1호).

2. 소가(소송목적의 값)

(1) 의의 및 취지

원고가 소로써 달성하려는 목적이 갖는 경제적 이익을 금전으로 평가한 금액이다. 제26조 제1항에 규정되어 있는 「소로 주장하는 이익」이 바로 소송목적의 값(소가)의 의미이다.

소가는 ① 사물관할을 정하는 데에 그 기준이 되고, ② 소장 등의 제출 시에 납부할 인지액을 정하는 기준이 된다.

(2) 소가산정의 기본원칙

원고가 청구취지로써 구하는 범위 내에서 원고가 전부 승소할 경우에 직접 받게 될 경제적 이익을 객관적으로 평가·산정하여야 한다(민사소송 등 인지규칙 제6조). 따라서 ① 소가의 산정에 있어서 소의 유형·심판의 난이도·피고의 자력의 유무나 응소태도 등은 고려하지 않는다. 또한 ② 기판력이 미치는 소송물에 관한 이익으로 보아야 하므로 상환이행청구의 경우에는 반대급부를 공제하지 않는다.11)

(3) 소가산정의 표준시기

1) 산정시기

소제기 시를 그 기준으로 하여 산정한다(민사소송 등 인지규칙 제7조). 따라서 소제기 시를 표준으로 하여 그 사물관할이 정해지며, 소제기 후에 목적물의 훼손, 가격의 변동 등 사정변경이 있어도 관할에 영향을 미치지 않는다(제33조). 판례는 소액사건이 제소 후에 그 목적물의 시가가 상승하였다고 하여도 소액사건으로 취급하는 데 지장이 없다고 하였다(대판 1979.11.13, 79다1404).

2) 관할의 변동

① 예외적으로 단독사건의 계속 중 청구취지 확장에 의하여 그 소송목적의 값이 5억원을 초과하게 되는 경우에는 변론관할이 생기지 않는 한 관할위반에 해당하여 합의부로 이송하여야 한다(제34조 제1항).

② 그러나 반대로 합의부에 계속 중 청구취지 감축에 의하여 그 소송목적의 값이 5억원 이하로 되는 경우에는 단독판사에게 이송할 필요가 없고, 그 관할유무는 원고가 청구확장을 한 경우나 청구추가한 경우와는 달리 제소 당시를 표준으로 하여야 한다.

(4) 청구병합과 소가의 산정

> **제27조(청구를 병합한 경우의 소송목적의 값)**
> ① 하나의 소로 여러 개의 청구를 하는 경우에는 그 여러 청구의 값을 모두 합하여 소송목적의 값을 정한다.

---

11) 원고가 청구취지에서 「피고는 원고에게 금 3,000만원을 지급받음과 동시에 해당 건물을 인도하라」고 청구한 경우 소가 산정의 기준은 건물의 가액이고, 여기에서 상환의무가 있는 3,000만원을 공제할 필요는 없다.

> ② 과실·손해배상·위약금 또는 비용의 청구가 소송의 부대목적이 되는 경우에는 그 값은 소송목적의
> 값에 넣지 아니한다.

1) 합산의 원칙

하나의 소로써 여러 개의 청구를 하는 경우에는 그 여러 청구의 값을 모두 합하여 소송목적의 값을 정한다(제27조 제1항). 이를 청구병합의 경우 소송목적의 값의 산정에 있어서 합산의 원칙이라 한다. 그러나 이러한 합산의 원칙이 적용되기 위해서는 그 여러 개의 청구가 경제적 이익이 독립한 별개의 것(단순병합)이어야 한다.

2) 예외

가) 중복청구의 흡수(선택적·예비적 병합, 대상청구의 병합)

하나의 소로써 여러 개의 청구를 하는 경우라도 그 경제적 이익이 동일하거나 중복되는 경우에는 합산하지 않으며 흡수의 법리에 의하여 그중 가장 많은 가액인 청구가액을 소송목적의 값으로 한다. 청구의 선택적·예비적 병합, 여러 명의 연대채무자에 대한 청구, 본래의 목적물인도청구와 집행불능을 대비한 대상청구(代償請求)의 병합 등이 그 예이다.

나) 수단청구의 불산입(흡수)

1개의 청구가 다른 청구의 수단인 경우에는 그 수단인 청구의 가액은 소송목적의 값에 산입하지 않는다. 예컨대 건물철거청구와 함께 대지인도를 청구하는 경우에는 대지인도청구만이 소송목적의 값의 대상이 된다. 다만 수단인 청구의 가액이 다액인 때에는 그 다액을 소가로 한다.

다) 부대청구의 불산입

계산의 복잡을 피하기 위해 과실·손해배상·위약금 또는 비용의 청구가 소송의 부대목적이 되는 경우에는 그 값은 소송목적의 값에 넣지 아니한다(제27조 제2항). 예컨대 원금과 이자를 함께 청구하는 경우에는 원금만이 소송목적의 값의 대상이 된다.

★[대결 1992.1.7, 91마692] 민사소송법 제27조 제2항에 의하여 소송의 목적의 가액에 산입하지 아니하는 소송의 부대목적이 되는 손해배상이라 함은 주된 청구의 이행을 지연하였기 때문에 생기는 지연배상을 의미한다. 따라서 주된 청구인 대여금청구의 원금에 부대청구인 지연손해금은 합산하지 아니한다.

Ⅲ. 토지관할

1. 의의 및 재판적

1) 동종의 직분관할에 속하는 사건들을 소재지를 달리하는 동종의 법원 중 어떠한 법원에 재판권을 분담시킬 것인가를 정한 것이다. 이 토지관할을 정하는 기준이 되는 관련지점(장소)을 재판적이라고 한다.

2) 관할구역 내에 그 재판적이 존재하는 법원에 토지관할이 인정된다(관용적으로 재판적은 그것을 기초로 하는 토지관할을 지칭하는 의미로도 사용된다). 다만, 재판적은 하나의 사건에 있어서 하나만으로 한정되는 것은 아니고, 예를 들어 피고의 주소, 소송물인 의무의 이행지, 불법행위지 등 여러 재판적이 인정되는 것이 보통이다. 따라서 이러한 경우에는 재판적을 기준으로 하는 토지관할도 경합하여 발생한다.

> [대결 1964.7.24, 64마555] 보통재판적에 의하여 생기는 토지관할과 특별재판적에 의하여 생기는 토지관할이 경합되는 경우에는 원고는 그중 아무데나 임의로 선택하여 제소할 수 있다.

2. 보통재판적

> 제2조(보통재판적)
> 소는 피고의 보통재판적이 있는 곳의 법원이 관할한다.
> 제3조(사람의 보통재판적)
> 사람의 보통재판적은 그의 주소에 따라 정한다. 다만, 대한민국에 주소가 없거나 주소를 알 수 없는 경우에는 거소에 따라 정하고, 거소가 일정하지 아니하거나 거소도 알 수 없으면 마지막 주소에 따라 정한다.
> 제5조(법인 등의 보통재판적)
> ① 법인, 그 밖의 사단 또는 재단의 보통재판적은 이들의 주된 사무소 또는 영업소가 있는 곳에 따라 정하고, 사무소와 영업소가 없는 경우에는 주된 업무담당자의 주소에 따라 정한다.
> ② 제1항의 규정을 외국법인, 그 밖의 사단 또는 재단에 적용하는 경우 보통재판적은 대한민국에 있는 이들의 사무소·영업소 또는 업무담당자의 주소에 따라 정한다.
> 제6조(국가의 보통재판적)
> 국가의 보통재판적은 그 소송에서 국가를 대표하는 관청(법무부→수원) 또는 대법원이 있는 곳(→서울)으로 한다.

사건의 종류·내용을 묻지 않고 일반적으로 인정되는 것으로서, 보통재판적은 원칙적으로 피고가 자연인이면 그 자의 주소(제3조), 법인 등 단체이면 주된 사무소 또는 영업소(제5조)에 의하여 정하여진다.

3. 특별재판적

> 제7조(근무지의 특별재판적)
> 사무소 또는 영업소에 계속하여 근무하는 사람에 대하여 소를 제기하는 경우에는 그 사무소 또는 영업소가 있는 곳을 관할하는 법원에 제기할 수 있다.
> 제8조(거소지 또는 의무이행지의 특별재판적)
> 재산권에 관한 소를 제기하는 경우에는 거소지 또는 의무이행지의 법원에 제기할 수 있다.
> 제9조(어음·수표 지급지의 특별재판적)
> 어음·수표에 관한 소를 제기하는 경우에는 지급지의 법원에 제기할 수 있다.

> 제11조(재산이 있는 곳의 특별재판적)
> 대한민국에 주소가 없는 사람 또는 주소를 알 수 없는 사람에 대하여 재산권에 관한 소를 제기하는 경우에는 청구의 목적 또는 담보의 목적이나 압류할 수 있는 피고의 재산이 있는 곳의 법원에 제기할 수 있다.
> 제12조(사무소·영업소가 있는 곳의 특별재판적)
> 사무소 또는 영업소가 있는 사람에 대하여 그 사무소 또는 영업소의 업무와 관련이 있는 소를 제기하는 경우에는 그 사무소 또는 영업소가 있는 곳의 법원에 제기할 수 있다.
> 제18조 제1항(불법행위지의 특별재판적)
> 불법행위에 관한 소를 제기하는 경우에는 행위지의 법원에 제기할 수 있다.
> 제20조(부동산이 있는 곳의 특별재판적)
> 부동산에 관한 소를 제기하는 경우에는 부동산이 있는 곳의 법원에 제기할 수 있다.
> 제21조(등기·등록에 관한 특별재판적)
> 등기·등록에 관한 소를 제기하는 경우에는 등기 또는 등록할 공공기관이 있는 곳의 법원에 제기할 수 있다.
> 제24조(지적재산권 등에 관한 특별재판적)
> ① 특허권, 실용신안권, 디자인권, 상표권, 품종보호권(이하 "특허권 등"이라 한다)을 제외한 지식재산권과 국제거래에 관한 소를 제기하는 경우에는 제2조 내지 제23조의 규정에 따른 관할법원 소재지를 관할하는 고등법원이 있는 곳의 지방법원에 제기할 수 있다. 다만, 서울고등법원이 있는 곳의 지방법원은 서울중앙지방법원으로 한정한다.
> ② 특허권 등의 지식재산권에 관한 소를 제기하는 경우에는 제2조부터 제23조까지의 규정에 따른 관할법원 소재지를 관할하는 고등법원이 있는 곳의 지방법원의 전속관할로 한다. 다만, 서울고등법원이 있는 곳의 지방법원은 서울중앙지방법원으로 한정한다.
> ③ 제2항에도 불구하고 당사자는 서울중앙지방법원에 특허권 등의 지식재산권에 관한 소를 제기할 수 있다.

(1) 보통재판적과의 경합

특별재판적에는 제7조부터 제25조에 걸쳐 여러 가지 종류가 있는데, 주로 당사자의 편의의 관점에서 규정된 것이다(예 재산권에 관한 소는 의무이행지(제8조 후단)에서 소를 제기할 수 있다). 이러한 특별재판적은 특정된 사건에 있어서만 인정되는 재판적으로서 보통재판적과 경합하여 발생한다. 따라서 원고는 그중 아무데나 임의로 선택하여 제소할 수 있다(대결 1964.7.24. 64마555).

(2) 의무이행지

1) 특정물 인도 이외의 채무

① 재산권에 관한 소를 제기하는 경우에는 의무이행지의 법원에 제기할 수 있다(제8조 후단). 계약상의 의무를 전제로 한 청구로서 채무불이행에 기한 손해배상청구, 계약해제로 인한 원상회복청구는 의무이행지 법원에 소를 제기할 수 있다.

② 이 경우 특정물의 인도 이외의 채무, 예 금전지급채무는 지참채무의 원칙상 채권자의 주소지에서 이행하는 것이 원칙이다(민법 제467조 제2항). 따라서 이러한 채무의 이행을 구하는 소에

있어서는 채권자인 원고의 주소지가 이행의무지가 된다. 다만 영업에 관한 채무의 변제는 채권자의 현영업소에서 하여야 한다.

> **[대결 2022.5.3. 2021마6868]** 민법 제467조 제2항의 '영업에 관한 채무'는 영업과 관련성이 인정되는 채무를 의미하고, '현영업소'는 변제 당시를 기준으로 그 채무와 관련된 채권자의 영업소로서 주된 영업소(본점)에 한정되는 것이 아니라 그 채권의 추심 관련 업무를 실제로 담당하는 영업소까지 포함된다. 따라서 영업에 관한 채무의 이행을 구하는 소는 제소 당시 채권 추심 관련 업무를 실제로 담당하는 채권자의 영업소 소재지 법원에 제기할 수 있다.

2) 부동산 등기의무의 이행지[12)]

부동산 등기의무의 이행지는 등기소 소재지이고(제21조), 등기청구권자의 주소지가 그 의무이행지로 되는 것이 아니다(대결 2002.5.10. 2002마1156). 또한 사해행위취소의 소에 있어서의 의무이행지는 「취소의 대상인 법률행위의 의무이행지」가 아니라, 「취소로 인하여 형성되는 법률관계에 있어서의 의무이행지」이다(대결 2002.5.10. 2002마1156). 즉 취소로 인하여 수익자 또는 전득자가 원상회복의무를 이행하여야 할 곳이 의무이행지가 된다(※ 가액반환청구의 경우에는 지참채무의 원칙상 원고의 주소지가 의무이행지가 된다).

★**[대결 2002.5.10. 2002마1156]** 사해행위취소의 소에 있어서의 의무이행지(소유권이전등기 말소등기의무의 이행지)

[1] 채권자가 사해행위의 취소와 함께 수익자 또는 전득자로부터 책임재산의 회복을 구하는 사해행위취소의 소를 제기한 경우 그 취소의 효과는 채권자와 수익자 또는 전득자 사이의 관계에서만 생기는 것이므로, 수익자 또는 전득자가 사해행위의 취소로 인한 원상회복 또는 이에 갈음하는 가액배상을 하여야 할 의무를 부담한다고 하더라도 이는 채권자에 대한 관계에서 생기는 법률효과에 불과하고 채무자와 사이에서 그 취소로 인한 법률관계가 형성되는 것은 아닐 뿐만 아니라, 이 경우 채권자의 주된 목적은 사해행위의 취소 그 자체보다는 일탈한 책임재산의 회복에 있는 것이므로, 사해행위취소의 소에 있어서의 의무이행지는 '취소의 대상인 법률행위의 의무이행지'가 아니라 '취소로 인하여 형성되는 법률관계에 있어서의 의무이행지'라고 보아야 한다.

[2] 부동산등기의 신청에 협조할 의무의 이행지는 성질상 등기지의 특별재판적에 관한 민사소송법 제19조(현행 제21조)에 규정된 '등기할 공무소 소재지'라고 할 것이므로, 원고가 사해행위취소의 소의 채권자라고 하더라도 사해행위취소에 따른 원상회복으로서의 소유권이전등기 말소등기의무의 이행지는 그 등기관서 소재지라고 볼 것이지, 원고의 주소지를 그 의무이행지로 볼 수는 없다.

➲ [해설] : 포항시에 주소를 둔 甲이 원주시에 주소를 둔 乙에 대하여 금전채권을 갖고 있었는데, 乙이 강원 고성군 소재 X 부동산을 인천시에 주소를 둔 丙에게 매도하고 그에 따른 등기를 마치자, 甲이 丙을 상대로 사해행위취소 및 X 부동산에 관한 소유권이전등기말소의 소를 자신의 주소지 법원인 대구지방법원 포항지원에 제기한 사안으로, 대법원은 「취소로 인하여 형성되는 X

---

12) 등기의 물적편성주의에 따라 부동산에 관한 소송에서는 부동산 소재지(제20조)와 등기소 소재지가 일치하는 것이 일반적이고, 부동산이 있는 곳에 독립재판적이 인정되므로, 등기·등록지의 재판적을 인정할 실익은 적다(주석민소 (I), 149면). 다만 제21조는 부동산에 관한 소송 중에서 등기의무의 이행을 구하는 경우를 보다 직접적이고 독립적으로 규정한 것이다.

> 부동산에 관한 소유권이전등기말소의무의 이행지, 즉 X 부동산 소재지인 춘천지방법원 속초지
> 원에 관할이 있다」고 하였다.

(3) 부동산 소재지

① 부동산에 관한 소를 제기하는 경우에는 부동산이 있는 곳의 법원에 제기할 수 있다(제20조). 여기서 부동산에 관한 소라 함은 주로 「물권에 관한 소」, **예** 부동산물권의 존부확인청구, 소유권에 기한 인도청구 또는 방해배제청구 등이 이에 해당한다.

② 그 밖에 채권에 관한 소 중 「부동산 자체」의 인도를 구하는 소, **예** 매매계약에 기한 부동산 인도청구 역시 여기에 포함된다.

(4) 지적재산권 등에 관한 특별재판적

1) 특허권 등을 제외한 지식재산권과 국제거래에 관한 소

① 특허권 등을 제외한 지식재산권과 국제거래에 관한 소도 제2조 내지 제23조에 따른 재판적이 있는 곳의 지방법원에 제기할 수 있지만, 신법은 그 관할법원 소재지를 관할하는 고등법원이 있는 곳의 지방법원(서울중앙, 대전, 대구, 부산, 광주)에도 제기할 수 있도록 하였다(제24조 제1항).

② 이 관할은 임의관할이고 원래의 토지관할에 대하여 부가적·경합적 의미를 가진다. **예** 인천에 거주하는 甲이 청주에 거주하는 乙을 상대로 저작권침해의 손해배상청구의 소를 제기하는 경우, ⅰ) 피고 乙의 보통재판적 소재지인 청주지방법원과 의무이행지인 인천지방법원이 통상의 관할법원이 되지만, ⅱ) 청주를 관할하는 고등법원 소재지인 대전지방법원과 인천을 관할하는 고등법원 소재지인 서울중앙지방법원도 경합적으로 관할권을 가진다. 따라서 甲은 위 법원 중 임의로 선택하여 소를 제기할 수 있다.

2) 특허권 등의 지식재산권에 관한 소

① 특허권, 실용신안권, 디자인권, 상표권, 품종보호권에 관한 소는 제2조 내지 제23조에 따른 재판적이 있는 곳의 지방법원에 제기할 수는 없고, 그 관할법원 소재지를 관할하는 고등법원이 있는 곳의 지방법원(서울중앙, 대전, 대구, 부산, 광주)에만 제기할 수 있는 전속관할이다(제24조 제2항).

② 다만 이러한 전속관할에도 불구하고 개정법은 서울중앙지방법원에도 제기할 수 있는 선택적 중복관할을 인정한다(제24조 제3항).

[대결 2019.4.10, 2017마6337] 민사소송법 제24조 제2항, 제3항 및 법원조직법 제28조의4 제2호와 같이 특허권 등에 관한 지식재산권에 관한 소의 관할에 대하여 별도의 규정을 둔 취지
2015.12.1. 법률 제13521호로 개정된 민사소송법 제24조 제2항, 제3항은 특허권, 실용신안권, 디자인권, 상표권, 품종보호권 등의 지식재산권에 관한 소를 제기하는 경우에는 제2조부터 제23조까지의 규정에 따른 관할법원 소재지를 관할하는 고등법원이 있는 곳의 지방법원(서울고등법원이 있는 곳의 경우 서울중앙지방법원)의 전속관할로 하되, 그 지방법원이 서울중앙지방법원이 아닌 경우 서울중앙지방법원에도 소를 제기할 수 있다고 규정하고 있다. 위 개정 규정은 부칙(2015.12.1.) 제1조, 제2조에 의하여 그 시행일인 2016.1.1. 이후 최초로 소장이 접수된 사건부터 적용된다. 한편 2015.12.1. 법률 제13522호로 개정된 법원조직법 제28조의4 제2호는 특허법원이 특허권 등의

지식재산권에 관한 민사사건의 항소사건을 심판한다고 규정하고 있고, 제28조 및 제32조 제2항은 이러한 특허법원의 권한에 속하는 사건을 고등법원 및 지방법원 합의부의 심판대상에서 제외한다고 규정하고 있다. 위 개정 규정은 부칙(2015.12.1.) 제1조, 제2조에 의하여 그 시행일인 2016.1.1. 전에 소송 계속 중인 특허권 등의 지식재산권에 관한 민사사건에 대하여 위 시행일 이후에 제1심판결이 선고된 경우에도 적용된다. 이와 같이 특허권 등에 관한 지식재산권에 관한 소의 관할에 대하여 별도의 규정을 둔 이유는 통상적으로 그 심리·판단에 전문적인 지식이나 기술 등에 대한 이해가 필요하므로, 심리에 적합한 체계와 숙련된 경험을 갖춘 전문 재판부에 사건을 집중시킴으로써 충실한 심리와 신속한 재판뿐만 아니라 지식재산권의 적정한 보호에 이바지할 수 있기 때문이다.

③ 또한 개정법은 비록 전속관할이라 하여도 제2조 내지 제23조의 규정에 따른 원래의 재판적이 있는 지방법원으로 재량이송이 가능하도록 하였다(제36조 제3항).

4. 관련재판적

> **제25조(관련재판적)**
> ① 하나의 소로 여러 개의 청구를 하는 경우에는 제2조 내지 제24조의 규정에 따라 그 여러 개 가운데 하나의 청구에 대한 관할권이 있는 법원에 소를 제기할 수 있다.
> ② 소송목적이 되는 권리나 의무가 여러 사람에게 공통되거나 사실상 또는 법률상 같은 원인으로 말미암아 그 여러 사람이 공동소송인으로서 당사자가 되는 경우에는 제1항의 규정을 준용한다.
> **제31조(전속관할에 따른 제외)**
> 전속관할이 정하여진 소에는 제2조, 제7조 내지 제25조, 제29조 및 제30조의 규정을 적용하지 아니한다.

(1) 의의 및 인정취지

1) 의의

관련재판적은 원고가 하나의 소로 여러 개의 청구(예 A청구, B청구)를 하는 경우에 그 여러 개 가운데 하나의 청구(A청구)에 대하여 수소법원에 관할이 있으면 본래 그 법원에 법정관할권이 없는 나머지 청구(B청구)도 그 법원에 관할이 생기는 것을 말한다(제25조).

2) 인정취지

① 원고로서는 여러 청구의 병합 제기가 용이해져 그 편의를 도모할 수 있고, 피고로서도 여러 청구에 대하여 한 법원에서 재판을 받을 수 있다는 장점이 있게 되며(원·피고의 편의 도모), ② 법원으로서도 분쟁을 통일적으로 해결할 수 있게 되어 소송경제에 도움을 줄 수 있다(법원의 심판편의와 분쟁의 통일적 해결·소송경제).

(2) 요건

1) ① 한 개의 소로써 여러 개의 청구를 하는 경우일 것, ② 수소법원이 여러 개의 청구 중 적어도 한 청구에 관하여 관할권을 가질 것, ③ 다른 법원의 전속관할에 속하는 청구가 아닐 것(제31조), ④ 토지관할에 한할 것이 요구된다.

2) 여기서 청구의 객관적 병합의 경우에 인정되고, 그 병합의 시기나 모습은 상관이 없다. 즉 원시적·후발적 병합이든 또는 교환적·추가적 병합이든 문제되지 않는다. 또한 합의관할(제29조)이나 변론관할(제30조)에 의하여 관할권이 생기는 경우에도 적용된다고 할 것이다(통설). 다만 관련재판적 규정인 제25조는 '재판적'에 관한 규정이므로 사물관할에 관하여는 적용이 없다. 사물관할은 원칙적으로 제27조에 의하여 합산된 소가에 의해 정해지기 때문이다.

(3) 관련재판적과 공동소송

1) 문제점

객관적 병합의 경우에 대해서는 관련재판적을 인정하는 명문규정이 있어 문제되지 않지만, 종래 주관적 병합의 경우에는 이를 인정하는 법규정이 없었기 때문에 확대 적용되느냐에 관해서 다툼이 있었다.

2) 종래의 학설 및 판례

① 적극설(분쟁의 일회적·통일적 해결과 소송경제를 위해 인정), ② 소극설(피고의 관할이익 보장을 위하여 이를 부정), ③ 제65조 전문의 공동소송의 경우에만 인정하고 후문의 공동소송관계에 있는 경우에는 부정하자는 절충설의 대립이 있었고, ④ 종래 판례는 관련재판적은 객관적 병합의 경우에 적용되고 주관적 병합에는 적용되지 않는다는 소극설의 입장이었다.

3) 개정 법률

개정 민사소송법 제25조 제2항은 "소송목적이 되는 권리나 의무가 여러 사람에게 공통되거나 사실상 또는 법률상 같은 원인으로 말미암아 그 여러 사람이 공동소송인으로서 당사자가 되는 경우에는 제1항의 규정을 준용한다."고 규정함으로써 절충설을 입법화하였다. 즉 제65조 전문의 공동소송의 경우(예 주채무자와 (연대)보증인을 공동피고로 하여 소송이 이루어지는 경우 등)에만 관련재판적의 적용을 인정하고 있다.

위 규정은 제65조에서 규정한 ① 통상공동소송의 요건들 중에서 공동소송인 사이에 실질적인 관련성이 있는 경우에만 관련재판적을 인정한 것으로, 실질적 관련성이 있는 경우에는 공동소송인 사이에 다른 곳에 재판적이 있는 공동소송인의 관할의 이익을 별로 침해하지 않는다고 보기 때문에 재판적을 인정한 것이다. 그리고 ② 관련성이 더 깊은 필수적 공동소송의 경우에는 당연히 제25조가 적용된다고 볼 것이다.

(4) 효과

1) 관할권의 창설

병합된 청구 중 하나의 청구에 대하여 관할권이 인정되면 원래 관할권이 없던 다른 청구에 대해서도 관할권이 인정된다. 따라서 피고는 관할위반의 항변을 할 수 없다.

2) 관할의 항정

일단 관할권이 창설된 이상, 관할의 근거가 된 청구가 취하되거나 각하되어도 다른 청구에 관하여 인정된 관할권에는 영향이 없다.

3) 한계

민사소송의 당사자와 소송관계인은 신의에 따라 성실하게 소송을 수행하여야 하고(제1조 제1항), 민사소송의 일방 당사자가 다른 청구에 관하여 관할만을 발생시킬 목적으로 본래 제소할 의사 없는 청구를 병합한 것이 명백한 경우에는 관할선택권의 남용으로서 신의칙에 위배되어 허용될 수 없으므로, 그와 같은 경우에는 관련재판적에 관한 민사소송법 제25조의 규정을 적용할 수 없다(대결 2011.9.29, 2011마62 → 변호사 甲과 乙 사찰이, 소송위임계약으로 인하여 생기는 일체 소송은 전주지방법원을 관할 법원으로 하기로 합의하였는데, 甲이 乙 사찰을 상대로 소송위임계약에 따른 성공보수금 지급 청구 소송을 제기하면서 乙 사찰의 대표단체인 丙 재단을 공동피고로 추가하여 丙 재단의 주소지를 관할하는 서울중앙지방법원에 소를 제기한 사안에서, 甲의 위와 같은 행위는 관할선택권의 남용으로서 신의칙에 위반하여 허용될 수 없으므로 관련재판적에 관한 민사소송법 제25조는 적용이 배제되어, 서울중앙지방법원에는 甲의 乙 사찰에 대한 청구에 관하여 관할권이 인정되지 않는다고 한 사례).

제2-3관 거동관할

Ⅰ. 합의관할

> **제29조(합의관할)**
> ① 당사자는 합의로 제1심 관할법원을 정할 수 있다.
> ② 제1항의 합의는 일정한 법률관계로 말미암은 소에 관하여 서면으로 하여야 한다.

1. 서설

(1) 의의 및 취지

합의관할이라 함은 법정관할과 다른 관할을 정하는 당사자 사이의 소송상의 합의에 의하여 생기는 관할을 말한다(제29조). 이로 인해 당사자의 편의를 도모할 수 있다.

(2) 약관에 의한 관할의 합의

우리 법은 관할합의의 자유의 원칙을 인정하면서도 약관에 의한 관할합의는 약관의 규제에 관한 법률 제14조에서 경제적 약자인 고객을 보호하기 위하여 약관상의 관할의 합의조항이 고객에게 부당하게 불리할 때에는 무효가 되게 하였다.

[대결 2009.11.13, 2009마1482] 전속적 관할합의에 관한 약관조항이 무효인지 여부의 판단 방법

약관조항에 의하여 고객에게 생길 수 있는 불이익의 내용과 불이익 발생의 개연성, 당사자들 사이의 거래과정에 미치는 영향, 관계 법령의 규정 등 제반 사정을 종합하여 볼 때, 당사자 중 일방이 지정하는 법원을 관할법원으로 한다는 것과 다를 바 없거나, 사업자가 그 거래상의 지위를 남용하여 사업자의 영업소를 관할하는 지방법원을 전속적 관할로 하는 약관조항을 작성하여 고객과 계약을 체결함으로써 건전한 거래질서를 훼손하는 등 고객에게 부당하게 불이익을 주었다고 인정되는 경우라면,

그 약관조항은 약관의 규제에 관한 법률 제14조에 위반되어 무효이고, 이에 이르지 아니하고 그 약관
조항이 고객에게 다소 불이익한 것에 불과하다면 그 약관조항을 무효라고 할 수는 없을 것이나, 이
경우에도 그 약관은 신의성실의 원칙에 따라 공정하게 해석되어야 하며, 약관의 뜻이 명백하지 아니
한 경우에는 고객에게 유리하게 해석되어야 한다.

2. 법적 성질

(1) 소송계약

관할의 합의는 관할의 발생이라는 소송법상의 효과를 발생시키는 소송행위로서 소송계약의 일종
이므로 소송능력이 필요하다(제55조). 또한 본 계약인 사법상의 계약이 무효·취소되어도 원칙적
으로 관할합의의 효력에는 영향이 없다(무인성).

(2) 합의 자체의 흠

관할의 합의는 소송행위이기는 하지만 주로 소송 전 또는 소송 외에서 당사자 간에 체결되는 것이
므로, 그 합의과정에 사기·강박 등이 있는 경우에는 민법의 의사표시의 하자규정을 유추적용할
수 있다(통설).

3. 합의의 태양(모습)

합의관할의 모습에는 크게 ① 국내법원의 합의관할과 ② 국제재판관할의 합의가 있다. 이 중 후자
의 경우는 이미 살펴보았으므로, 여기서는 국내법원의 합의만을 살펴보기로 한다.

(1) 부가적 합의와 전속적 합의

① 전속적 합의는 합의로 정하여진 법원에만 관할을 인정하고, 그 밖의 법원의 관할을 배제하
는 것이고, ② 부가적 합의는 법정관할법원 이외에 다른 법원에도 병존적으로 관할을 인정하는 것
이다.

(2) 부가적 합의와 전속적 합의의 구별

1) 문제점

당사자의 의사가 분명한 경우에는 그 의사에 따라 판단하면 족하나, 불분명한 경우에는 부가적
합의인지 전속적 합의인지 여부가 문제된다.

2) 학설

① 경합하는 법정관할법원 중 어느 하나를 특정하는 합의는 전속적이지만, 그렇지 않은 경우에
는 부가적 합의로 보는 절충설(통설), ② 특단의 사정이 없는 한 전속적 합의로 보아야 하고 다만
보통거래약관 등에 의하여 합의한 경우에는 절충설과 같이 풀이할 수 있다는 견해(전속적 합의설),
③ 법정관할을 배제하는 것은 무리이고 당사자의 편의를 위해 부가적 합의로 보아야 한다는 견해
(부가적 합의설)의 대립이 있다.

3) 판례

당사자들이 법정관할법원에 속하는 여러 관할법원 중 어느 하나의 법원을 관할법원으로 하기로 약정한 경우에, 그와 같은 약정은 전속적 관할법원을 정하는 취지의 합의라고 해석될 수 있다고 하여 통설과 마찬가지의 입장이다.

★★[대판 2008.3.13, 2006다68209] ① 당사자들이 법정관할법원에 속하는 여러 관할법원 중 어느 하나의 법원을 관할법원으로 하기로 약정한 경우에, 그와 같은 약정은 그 약정이 이루어진 국가 내에서 재판이 이루어질 경우를 예상하여 그 국가 내에서의 전속적 관할법원을 정하는 취지의 합의라고 해석될 수 있지만, ② 특별한 사정이 없는 한 다른 국가의 재판관할권을 완전히 배제하거나 다른 국가에서의 전속적인 관할법원까지 정하는 합의를 한 것으로 볼 수는 없다. 따라서 ③ 채권양도 등의 사유로 외국적 요소가 있는 법률관계에 해당하게 된 때에는 다른 국가의 재판관할권이 성립할 수 있고, 이 경우에는 위 약정의 효력이 미치지 아니하므로 관할법원은 그 국가의 소송법에 따라 정하여진다고 봄이 상당하다.

➲ [해설 및 보충] :
① 판례는 법정관할법원 중의 하나를 관할법원으로 합의한 경우에 그 관할합의의 성질은 전속적 합의로 풀이할 수 있다는 종래의 입장을 확인하면서, 국가 내의 전속적 관할합의에 국제재판관할의 전속적 합의까지 포함된 것으로 볼 수 없다고 하고 있다.
② 관할합의의 효력은 당사자 사이에만 미치는 것이고 제3자에게 미치지 않는 것이 원칙이지만, 소송물을 이루는 권리관계가 채권과 같은 것이라면 합의의 효력은 양수인에게 미치는 것인데 (대결 2006.3.2, 2005마902), 그렇다고 하더라도 채권양도로 그 사건이 외국적 요소가 있는 법률관계에 해당하는 사건이 된 경우에는 양수인에게 관할합의의 효력이 미치지 않는다는 점을 밝힌 판례로서 의미가 있다. 나아가
③ 동 판례에서는 일본국에 거주하던 채권자와 채무자가 일본국에서 일본국 통화를 대차하면서 작성한 차용증에 채무자들의 일본 내 주소를 기재하고 차용금액 등을 기재하였는데, 위 증서는 당시 문구점에서 판매하던 것으로서 분쟁 발생시 채권자의 주소지 법원을 제1심 관할법원으로 한다는 문구가 부동문자로 인쇄되어 있더라도, 위 문구는 예문이 아니고 법정 관할법원 중 하나인 일본국 내 채권자 주소지 법원을 관할법원으로 하기로 하는 전속적 관할합의에 해당한다고 하였고, 그 후 위 채권이 국내에 주소를 둔 내국인에게 양도되어 외국적 요소가 있는 법률관계가 된 경우, 위 관할합의의 효력이 이에 미치지 아니하여 대한민국 법원에 재판관할권이 있다고 하였다.

---

4. 요건

(1) 제1심 법원의 임의관할에 한하여 할 것

① 관할의 합의는 제1심 관할법원에 관한 것에 한하여 할 수 있다(제29조 제1항. 예 대법원이나 서울고등법원을 제1심 법원으로 하는 합의는 허용되지 않는다). ② 제1심 법원이라도 토지관할과 사물관할 등 임의관할에 한하여 할 수 있고, 전속관할이 법정되어 있는 때에는 합의할 수 없다(제31조).

(2) 일정한 법률관계로 말미암은 소에 관한 합의일 것(합의의 대상인 소송의 특정)

일정한 법률관계로 말미암은 소에 관한 합의이어야 한다(제29조 제2항). 따라서 장래의 모든 소송이라고 정하는 방식은 허용되지 않는다.

(3) 관할법원의 특정

① 합의의 취지로부터 관할법원의 특정이 가능하지 않으면 안 된다. 그러나 그 특정이 1개의 법원인가 여러 개의 법원인가는 관계없다.

② 다만 일체의 법원의 관할을 배제하는 합의는 부제소의 합의라고 할 수 있고 본래의 관할의 합의가 아니다. 반대로 모든 법원에 관할을 인정하는 합의는 피고의 관할의 이익을 박탈하는 것으로서 허용되지 않는다.

③ 또한 원고가 지정하는 법원을 관할법원으로 하기로 하는 합의(例 관할법원의 지정의 위임)도 결국 전국의 법원 가운데 원고가 선택하는 어느 법원에나 관할권을 인정하는 합의로써 피고의 권리를 부당하게 침해하고 공평의 원칙에 어긋나 무효이다(대결 1977.11.9, 77마284).

(4) 합의의 방식과 시기

합의는 서면으로 하여야 한다(제29조 제2항). 이는 당사자의 의사를 명확히 남겨 이에 대한 분쟁이 생기지 않게 하려는 취지이다. 그 시기에 대하여 특별한 제한은 없다.

5. 효과

(1) 관할의 변동

합의에 의하여 직접 그 내용대로 관할의 변경이 생긴다. 따라서 ① 부가적 합의라면 그 법원에도 관할권이 생기고, ② 전속적 합의라면 다른 법정관할은 배제된다.

(2) 전속적 합의관할

1) 변론관할의 발생 여부

전속적 합의관할의 경우에도 그 성질상 임의관할이므로 원고가 합의를 무시한 채 다른 법정관할 법원에 소를 제기하여도 피고가 이의 없이 본안변론을 하면 변론관할(제30조)이 생긴다.

2) 심판편의 이송(재량이송)의 가능성

전속적으로 합의된 법원이라도 현저한 지연을 피한다는 공익상의 필요가 있을 때에는 다른 법정관할법원에 이송할 수 있다고 보는 견해가 통설이다(제35조의 재량이송). 그러나 판례는 현저한 손해 또는 지연을 피하기 위한 원인을 불문하고 일반적으로 제35조의 이송 자체를 인정하지 않고 사문화시키고 있다. 단 전속적 관할합의의 경우 법률이 규정한 전속관할과 달리 임의관할의 성격을 가지기 때문에, 법원은 공익상의 필요에 의하여 사건을 다른 관할 법원에 이송할 수 있다는 점을 밝힌 바 있다(대결 2008.12.16, 2007마1328 - 판결이유 중).

(3) 효력의 주관적 범위

1) 원칙

관할의 합의는 당사자 간의 소송상 합의이기 때문에 당사자 사이에서만 발생하고, 제3자를 구속할 수는 없는 것이 원칙이다(例 채권자와 보증인 간의 합의는 주채무자에게는 미치지 않는다).

2) 특정승계인에게 관할합의의 효력이 미치는지 여부

다만 승계인과 관련해서는 특히 상속인과 같은 일반(포괄)승계인에게 합의의 효력이 미친다는 점에는 의문이 없지만, 특정승계인일 경우에는 문제이다. 이에 대해 판례는 ① 관할의 합의를 실체법적으로 보면 권리행사의 조건으로서 소송물을 이루는 권리관계가 채권과 같은 것이면 그 권리관계의 내용을 당사자가 자유롭게 정할 수 있는 경우로서 합의의 효력은 양수인에게 미치지만(∵ 계약자유의 원칙, 민법 제451조), ② 물권인 경우에는 양수인은 양도인이 한 합의에 구속되지 않는 것으로 본다(∵ 민법 제185조의 물권법정주의와 공시의 원칙).

★★ **[대결 2006.3.2. 2005마902]** 관할의 합의는 소송법상의 행위로서 합의 당사자 및 그 일반승계인을 제외한 제3자에게 그 효력이 미치지 않는 것이 원칙이지만, 관할에 관한 당사자의 합의로 관할이 변경된다는 것을 실체법적으로 보면, 권리행사의 조건으로서 그 권리관계에 불가분적으로 부착된 실체적 이해의 변경이라 할 수 있으므로, 지명채권과 같이 그 권리관계의 내용을 당사자가 자유롭게 정할 수 있는 경우에는, 당해 권리관계의 특정승계인은 그와 같이 변경된 권리관계를 승계한 것이라고 할 것이어서, 관할합의의 효력은 특정승계인에게도 미친다.

★★ **[대결 1994.5.26. 94마536]** 관할의 합의의 효력은 부동산에 관한 물권의 특정승계인에게는 미치지 않는다고 새겨야 할 것인바, 부동산 양수인이 근저당권 부담부의 소유권을 취득한 특정승계인에 불과하다면(근저당권 부담부의 부동산의 취득자가 그 근저당권의 채무자 또는 근저당권설정자의 지위를 당연히 승계한다고 볼 수는 없다), 근저당권설정자와 근저당권자 사이에 이루어진 관할합의의 효력은 부동산 양수인에게 미치지 않는다.

Ⅱ. 변론관할

> **제30조(변론관할)**
> 피고가 제1심 법원에서 관할위반이라고 항변하지 아니하고 본안에 대하여 변론하거나 변론준비기일에서 진술하면 그 법원은 관할권을 가진다.

1. 의의

원고가 관할권 없는 법원에 소를 제기하였는데 피고가 관할위반이라고 항변하지 아니하고 본안에 대하여 변론하거나 변론준비기일에서 진술함으로써 생기는 관할을 변론관할이라고 한다(제30조). 당사자의 이익과 소송경제의 도모를 위해 인정된다.

2. 요건

(1) 소가 관할권 없는 제1심 법원에 제기되었을 것

① 토지관할, 사물관할 등의 임의관할을 위반한 경우에 인정되고, 전속관할을 위반한 경우에는 변론관할은 생기지 않는다(제31조).

② 전속적 합의관할이 있더라도 그 성질은 임의관할이므로 전속적 합의에 위반하여 제소한 경우라도 변론관할이 생길 수 있다.

(2) 피고의 관할위반의 항변이 없을 것

피고가 관할위반의 항변을 제출하면 변론관할이 생기지 아니한다. 여기서 관할위반의 항변은 반드시 적극적·명시적으로 할 필요는 없고, 묵시적 항변으로도 가능하다.

(3) 피고가 관할위반의 항변 없이 본안에 관하여 변론하거나 변론준비기일에서 진술하였을 것

① 여기서 '본안'에 관하여 변론이라 함은, 피고 측에서 원고의 청구가 이유 있느냐의 여부에 관한 사실상·법률상의 진술을 하는 것을 말한다. 따라서 실체사항이 아닌 소송에 관한 절차사항인 기피신청, 기일변경신청, 소각하판결의 신청(예 소송요건에 관한 진술) 등은 본안에 관한 진술이 아니다. 또한 변론준비기일에서의 진술이라 함은 제출한 답변서, 준비서면 등의 진술을 의미한다.

② 청구기각의 판결만을 구한 경우 본안에 관한 진술인지 여부가 문제되나 통설은 청구기각의 신청만으로도 원고의 청구를 배척하여 달라는 취지인 것이 명백하므로, 이 경우에도 본안에 관한 변론을 한 것으로 보아 변론관할이 생긴다고 보는 적극설의 입장이다.

③ 피고의 변론기일 내지 변론준비기일에서의 출석과 현실적·적극적 구술일 것이 요구된다. 따라서 피고가 변론기일에 불출석하거나 출석하여도 변론하지 않은 경우, 또한 진술간주(제148조 제1항)가 된 경우에는 변론관할이 발생하지 않는다(통설).

[대결 1980.9.26. 80마403] 변론(응소)관할이 생기려면 피고의 본안에 관한 변론이나 변론준비기일에서의 진술은 현실적인 것이어야 하므로, 피고의 불출석에 의하여 답변서 등이 법률상 진술간주되는 경우는 이에 포함되지 아니한다.

---

3. 효과

(1) 관할의 창설

① 피고가 관할위반의 항변을 하지 않고 본안에 관하여 진술하는 때에는 본래 관할권이 없었던 법원에 관할권이 발생하므로 관할위반의 문제는 없다.

② 따라서 그 이후 피고의 관할위반의 항변은 허용되지 않는다.

(2) 효력의 범위

① 변론관할은 당해 사건에 한하여 발생하므로, 소의 취하 또는 각하 후에 다시 소를 제기하는 경우에는 그 효력이 미치지 않는다.

② 변론관할의 발생 여부는 청구의 병합이 있거나 수인의 피고가 있는 경우에는 각 청구 또는 각 피고 별로 요건을 검토하여야 한다. 다만, 청구병합의 경우는 관련재판적이 발생할 수 있으며, 공동소송의 경우에도 제65조 전문의 관계에 있다면 관련재판적이 생길 수 있다.

(3) 변론관할에 의한 국제재판관할권 인정 여부

> [대판 2014.4.10, 2012다7571] 일본국에 주소를 둔 재외동포 甲이 일본국에 주소를 둔 재외동포 乙을 상대로 3건의 대여금채무에 대한 변제를 구하는 소를 대한민국 법원에 제기한 사안에서, 3건의 대여금 청구 중 2건은 분쟁이 된 사안과 대한민국 사이에 실질적 관련성이 있어 대한민국 법원에 국제재판관할권이 인정되고, 나머지 1건도 당사자 또는 분쟁이 된 사안과 법정지인 대한민국 사이에 실질적 관련성이 있다고 볼 수는 없지만 변론관할에 의하여 대한민국 법원에 국제재판관할권이 생겼다고 봄이 타당하다.

제2-4관 소송의 이송

I. 서설

1. 의의

소송의 이송은 어느 법원에 일단 계속된 소송(소송계속)을 그 법원의 재판에 의하여 다른 법원에 이전하는 것을 말한다(그 재판을 이송의 재판이라 하고, 이송을 행한 수소법원을 이송법원, 이송을 받은 법원을 수이송법원이라고 부른다).

2. 인정취지

1) 관할위반의 경우(제34조 제1항)에는 관할권 흠결로 그 소를 각하하기보다는 관할권 있는 법원으로 이송함으로써 다시 소를 제기하는 시간·노력·비용을 절감케 하고, 소제기에 의한 시효중단·기간 준수의 효력을 유지시켜 소송경제에 도움이 되게 한다.
2) 관할위반이 아닌 경우(제35조)에도 소송촉진과 소송경제의 취지에 비추어 수소법원이 보다 편리한 다른 법원에 소송을 이송하는 것이 인정된다(심판편의를 위한 이송 : 재량이송).

3. 구별개념

구분	소각하판결	소송기록의 송부	소송의 이송
소제기의 효과 (➡시효중단·기간준수의 효력 유지 여부 : 소송계속의 이전)	소멸	송부된 때 발생	유지
인지의 효력	소멸 (∴인지를 다시 붙여야 함)	유지	유지

II. 이송의 원인

> **제34조(관할위반 또는 재량에 따른 이송)**
> ① 법원은 소송의 전부 또는 일부에 대하여 관할권이 없다고 인정하는 경우에는 결정으로 이를 관할법원에 이송한다.
> ② 지방법원 단독판사는 소송에 대하여 관할권이 있는 경우라도 상당하다고 인정하면 직권 또는 당사자의 신청에 따른 결정으로 소송의 전부 또는 일부를 같은 지방법원 합의부에 이송할 수 있다.
> ③ 지방법원 합의부는 소송에 대하여 관할권이 없는 경우라도 상당하다고 인정하면 직권으로 또는 당사자의 신청에 따라 소송의 전부 또는 일부를 스스로 심리·재판할 수 있다.
> ④ 전속관할이 정하여진 소에 대하여는 제2항 및 제3항의 규정을 적용하지 아니한다.
> **제35조(손해나 지연을 피하기 위한 이송)**
> 법원은 소송에 대하여 관할권이 있는 경우라도 현저한 손해 또는 지연을 피하기 위하여 필요하면 직권 또는 당사자의 신청에 따른 결정으로 소송의 전부 또는 일부를 다른 관할법원에 이송할 수 있다. 다만, 전속관할이 정하여진 소의 경우에는 그러하지 아니하다.
> **제36조(지적재산권 등에 관한 소송의 이송)**
> ① 법원은 특허권 등을 제외한 지식재산권과 국제거래에 관한 소가 제기된 경우 직권 또는 당사자의 신청에 따른 결정으로 그 소송의 전부 또는 일부를 제24조 제1항에 따른 관할법원에 이송할 수 있다. 다만, 이로 인하여 소송절차를 현저하게 지연시키는 경우에는 그러하지 아니하다.
> ② 제1항은 전속관할이 정하여져 있는 소의 경우에는 적용하지 아니한다.
> ③ 제24조 제2항 또는 제3항에 따라 특허권 등의 지식재산권에 관한 소를 관할하는 법원은 현저한 손해 또는 지연을 피하기 위하여 필요한 때에는 직권 또는 당사자의 신청에 따른 결정으로 소송의 전부 또는 일부를 제2조부터 제23조까지의 규정에 따른 지방법원으로 이송할 수 있다.
> **제419조(관할위반으로 말미암은 이송)**
> 관할위반을 이유로 제1심 판결을 취소한 때에는 항소법원은 판결로 사건을 관할법원에 이송하여야 한다.

1. 관할위반에 의한 이송

(1) 적용범위

1) 원칙

관할위반은 전속관할위반에 한정되지 않으며, 사물관할위반(예 지방법원 합의부에 제기될 소가 잘못하여 지방법원 단독판사에게 제기된 경우), 토지관할위반의 경우에도 이송결정에 의하여 사건이 관할법원에 이송된다. 다만 임의관할을 위반한 경우에는 변론관할이 생길 여지가 있으므로, 피고가 관할위반의 항변을 하면 그 때에 사건을 관할법원에 이송하여야 한다.

2) 심급관할의 위반

관할위반에 의한 이송규정은 제1심 법원 사이에 적용됨이 원칙인데, 심급관할을 위반한 경우에도 사건의 이송이 가능한가에 관하여는 다툼이 있다.

가) 심급관할위반의 소제기 – 제1심 소를 제기할 법원을 그르친 경우

상급심법원을 제1심 법원으로 하여 소제기한 경우(**예** 지방법원에 제기할 소를 고등법원을 제1심으로 하여 제기한 경우), ① 소를 각하할 것이라는 견해도 있으나, ② 심급관할은 공익적인 것이기 때문에 당사자의 의사를 고려함이 없이 관할법원으로 이송하여야 할 것이다(다수설).

나) 관할위반의 상소제기 – 상소할 법원을 그르친 경우

상소법원을 혼동하여 상소를 제기한 경우(**예** 고액단독사건의 판결에 대해 고등법원이 아닌 지법합의부에 항소한 경우), 제34조는 상소심에서도 적용될 수 있는 총칙규정인 점과 각하하면 상소기간준수의 이익이 상실 되는 점을 고려하여 이송을 긍정함이 타당하다 할 것이다(통설).

다) 관할위반의 재심의 소제기 – 재심의 소를 제기할 법원을 그르친 경우

재심은 재심을 제기할 판결을 한 법원의 전속관할이다(제453조 제1항). 그런데 제451조 제3항에 의하면 항소심에서 사건에 대하여 본안판결을 한 때에는 제1심 판결에 대하여 재심의 소를 제기하지 못한다. 따라서 재심의 소를 항소심 법원에 제기하여야 하는데, 잘못하여 제1심 법원에 제기한 경우 제1심 법원이 이를 항소심법원으로 이송할 수 있는지가 문제된다. 판례는 재심사유가 항소심판결에 관한 것으로 인정되거나 재심사유가 제1심 판결과 항소심판결에 공통된 경우에 한하여 이송을 긍정한다.

[**대판**(전) 1984.2.28, 83다카1981] 민사소송법 제451조 제3항의 규정에 의하면 항소심에서 사건에 대하여 본안판결을 한 때에는 제1심 판결에 대하여 재심의 소를 제기하지 못한다고 되어 있으므로, <u>항소심판결이 아닌 제1심 판결에 대하여 제1심 법원에 제기된 재심의 소는 재심대상이 아닌 판결을 대상으로 한 것으로서 재심의 소송요건을 결여한 부적법한 소송이며 단순히 재심의 관할을 위반한 소송이라고 볼 수는 없다.</u> 그러나 항소심에서 본안판결을 한 사건에 관하여 제기된 재심의 소가 과연 제1심 판결을 대상으로 한 것인가 또는 항소심판결을 대상으로 한 것인가의 여부는 재심소장에 기재된 재심을 할 판결의 표시만 가지고 판단할 것이 아니라 재심의 이유에 기재된 주장내용을 살펴보고 재심을 제기한 당사자의 의사를 참작하여 판단하여야 할 것인바, <u>재심소장에 재심을 할 판결로 제1심 판결을 표시하고 있다고 하더라도 재심의 이유에서 주장하고 있는 재심사유가 항소심판결에 관한 것이라고 인정되는 경우</u>(항소심판결과 제1심 판결에 공통되는 재심사유인 경우도 같다)에는 <u>그 재심의 소는 항소심판결을 대상으로 한 것으로서 재심을 할 판결의 표시는 잘못 기재된 것으로 보는 것이 타당하므로, 재심소장을 접수한 제1심 법원은 그 재심의 소를 부적법하다 하여 각하할 것이 아니라 재심 관할법원인 항소심법원에 이송하여야 할 것이다</u>(대결 1995.6.19, 94마2513 同旨).

---

3) 이종법원 간의 이송

가) 가사소송

가사소송사건임에도 불구하고 일반 민사법원에 소를 제기한 경우 또는 그 반대의 경우에 통설은 이송제도의 취지에 비추어 이송을 긍정한다. 판례도 마찬가지의 입장이다.

[**대결** 1980.11.25, 80마445] 서울가정법원의 전속관할인 청구이의의 소를 서울지방법원 성동지원에 제기하였다면 이는 전속관할 위반이지만 가정법원에서도 가사심판법 제9조, 인사소송법 제13조에

의하여 그 성질에 반하지 아니하는 한도 내에서는 민사소송법의 규정을 준용하도록 되어 있으므로 위 성동지원은 위 소를 각하할 것이 아니라 민사소송법 제34조(관할위반 또는 재량에 따른 이송) 제1항에 의하여 서울가정법원으로 이송하여야 한다.

나) 행정소송

행정소송사건을 일반민사법원에 제소한 경우 수소법원이 그 행정소송에 관한 관할도 동시에 가지고 있다면 이를 행정소송으로 심판하여야 하고, 관할이 없다면 이송해야 한다(행정소송법 제7조). 판례도 마찬가지이다.

[대판(전) 1996.2.15, 94다31235] 항고소송으로 제기하였어야 할 소를 민사소송으로 제기하였다 하더라도 그 항소심 법원이 항고소송에 대한 관할을 동시에 가지고 있다면, 당사자 권리구제나 소송경제의 측면에서 항고소송에 대한 제1심 법원으로서 사건을 심리·판단하여야 한다.

[대판 1999.11.26, 97다42250; 대판 2017.11.9, 2015다215526; 대판 2018.7.26, 2015다221569] 행정소송법 제7조는 원고의 고의 또는 중대한 과실 없이 행정소송이 심급을 달리하는 법원에 잘못 제기된 경우에 민사소송법 제34조(관할위반 또는 재량에 따른 이송) 제1항을 적용하여 이를 관할법원에 이송하도록 규정하고 있을 뿐 아니라 관할위반의 소를 부적법하다고 하여 각하하는 것보다 관할법원에 이송하는 것이 당사자의 권리구제나 소송경제의 측면에서 바람직하므로, 원고가 고의 또는 중대한 과실 없이 행정소송으로 제기하여야 할 사건을 민사소송으로 잘못 제기한 경우 수소법원으로서는 만약 그 행정소송에 대한 관할도 동시에 가지고 있는 경우라면, 행정소송으로서의 전심절차 및 제소기간을 도과하였거나 행정소송의 대상이 되는 처분 등이 존재하지도 아니한 상태에 있는 등 행정소송으로서 소송요건을 결하고 있음이 명백하여 행정소송으로 제기되었더라도 어차피 부적법하게 되는 경우가 아닌 이상 이를 부적법한 소라고 하여 각하할 것이 아니라 관할법원에 이송하여야 한다.

[대판 2020.10.15, 2020다222382] 원고가 고의 또는 중대한 과실 없이 행정소송으로 제기하여야 할 사건을 민사소송으로 잘못 제기하였으나 행정소송으로서의 소송요건을 결하고 있음이 명백한 경우, 수소법원이 취하여야 할 조치(=각하)
원고가 고의 또는 중대한 과실 없이 행정소송으로 제기하여야 할 사건을 민사소송으로 잘못 제기한 경우, 수소법원으로서는 만약 그 행정소송에 대한 관할도 동시에 가지고 있다면 이를 행정소송으로 심리·판단하여야 하고, 그 행정소송에 대한 관할을 가지고 있지 아니하다면 관할법원에 이송하여야 한다. 다만 해당 소송이 이미 행정소송으로서의 전심절차 및 제소기간을 도과하였거나 행정소송의 대상이 되는 처분 등이 존재하지도 아니한 상태에 있는 등 행정소송으로서의 소송요건을 결하고 있음이 명백하여 행정소송으로 제기되었더라도 어차피 부적법하게 되는 경우에는 이송할 것이 아니라 각하하여야 한다.

[대판 2018.2.13, 2014두11328] 민사사건을 행정소송 절차로 진행한 경우, 그 자체로 위법한지 여부(원칙적 소극)
행정사건의 심리절차는 행정소송의 특수성을 감안하여 행정소송법이 정하고 있는 특칙이 적용될 수 있는 점을 제외하면 심리절차 면에서 민사소송 절차와 큰 차이가 없으므로, 특별한 사정이 없는 한 민사사건을 행정소송 절차로 진행한 것 자체가 위법하다고 볼 수 없다.

다) 비송

① 판례는 법인의 임시이사 해임을 민사소송으로 청구한 사안에서 부적법한 제소이므로 각하하여야 한다고 판시하였으나(대판 1976.10.26, 76다1771 ➡ 각하설), ② 통설은 비송사건도 통상의 민사법원의 재판권에 속하므로 이를 단순히 부적법 각하할 것이 아니라 관할위반으로 이송해야 한다고 본다(이송설). 소송과 비송의 구별이 모호함에서 오는 위험부담을 줄이고, 소송경제를 도모하기 위해서도 직분관할위반의 경우를 유추하여 제34조의 관할위반으로 이송하는 것이 타당하다고 할 것이다.

(2) 이송범위

소송의 전부가 관할위반의 경우에는 그 전부를 이송하여야 하지만(전부이송), 청구병합의 경우에 청구의 일부만이 전속관할 위반인 때에는 그 일부만을 이송하면 된다(일부이송).13)

(3) 직권이송

1) 직권이송의 원칙

관할위반의 경우에는 원칙적으로 직권으로 이송하여야 한다. 이 점이 다른 원인에 의한 이송의 경우와 다르다.

2) 이송신청권 인정 여부

가) 문제점

관할위반에 의한 이송의 경우에는 다른 이송원인과 달리 당사자의 신청권이 명시되어 있지 않다. 이에 직권이송의 경우에도 당사자에게 이송신청권을 인정할 것인지에 대해 다툼이 있다.

나) 학설

① 피고의 관할이익의 보호와 다른 원인에서 이송신청권을 인정하는 것과의 균형상 인정하여야 한다는 긍정설(다수설), ② 제34조 제1항 명문이 이송신청권을 규정하고 있지 않으므로 부정하여야 한다는 부정설의 대립이 있다.

다) 판례14)

★[대결(전) 1993.12.6, 93마524] 수소법원에 재판관할권이 있고 없음은 원래 법원의 직권조사사항으로서 법원은 직권으로 이송결정을 하는 것이고, 소송 당사자에게 이송신청권이 있는 것이 아니므로 당사자가 이송신청을 한 경우에도 이는 단지 법원의 직권발동을 촉구하는 의미밖에 없는 것이고, 따라서 법원은 이송신청에 대하여는 재판을 할 필요가 없고, 이송신청의 기각결정에 대하여 즉시항고가 허용될 수 없다.

---

13) 임의관할인 경우에는 관련재판적(제25조 제1항)으로 구제될 수 있으므로, 이 경우라면 일부이송의 문제는 발생하지 않는다.

14) 판례의 태도를 기술할 때에는 「① 직권조사사항 ➡ ② 이송신청권 부정 ➡ ③ 법원의 직권발동 촉구의 의미에 불과 ➡ ④ 이송신청에 대한 재판 불요 ➡ ⑤ 이송신청기각결정에 대한 즉시항고권 부정」이라는 논리과정을 선명하게 현출시킬 필요가 있다(득점 포인트!).

★[대결 2018.1.19, 2017마1332] 소송당사자에게 관할위반을 이유로 하는 이송신청권이 있는지 여부(소극) 및 항고심에서 당초의 이송결정이 취소된 경우, 이에 대한 신청인의 재항고가 허용되는지 여부(소극)

① 수소법원의 재판관할권 유무는 법원의 직권조사사항으로서 법원이 그 관할에 속하지 아니함을 인정한 때에는 민사소송법 제34조 제1항에 의하여 직권으로 이송결정을 하는 것이고, 소송당사자에게 관할위반을 이유로 하는 이송신청권이 있는 것은 아니다. 따라서 당사자가 관할위반을 이유로 한 이송신청을 한 경우에도 이는 단지 법원의 직권발동을 촉구하는 의미밖에 없다.

② 한편 법원이 당사자의 신청에 따른 직권발동으로 이송결정을 한 경우에는 즉시항고가 허용되지만(민사소송법 제39조), 위와 같이 당사자에게 이송신청권이 인정되지 않는 이상 항고심에서 당초의 이송결정이 취소되었다 하더라도 이에 대한 신청인의 재항고는 허용되지 않는다.

➾ [보충] : 관할위반이 아님에도 당사자(피고)의 관할위반을 이유로 한 이송신청에 따라 이송결정을 한 경우 상대방(원고)은 위법한 이송결정에 대해 즉시항고할 수 있다. 이 경우 항고심 법원은 특별한 사정이 없는 한 이송결정을 취소하여야 한다. 그리고 당초의 이송결정이 취소되었다 하더라도 이에 대한 신청인의 재항고는 허용되지 않는다.

2. 심판편의에 의한 재량이송

(1) 현저한 손해(사익적 규정) 또는 지연(공익적 규정)을 피하기 위한 이송(제35조)

1) 의의 및 취지

법원은 ① 소송에 대하여 관할권이 있는 경우라도 ② 현저한 손해 또는 지연을 피하기 위하여 필요하면 ③ 직권 또는 당사자의 신청에 따른 결정으로 ④ 소송의 전부 또는 일부를 다른 관할법원에 이송할 수 있다(제35조 본문). 이는 피고의 소송수행의 부담 경감과 소송경제를 고려하고 소송의 신속을 도모하기 위함이다.[15]

2) 적용범위

다만, 전속관할이 정하여진 소의 경우에는 그러하지 아니하다(제35조 단서). 따라서 임의관할의 경우에만 인정된다.

3) 전속적 합의관할의 법원에서 법정관할 법원으로의 이송 가부

① 전속적 합의관할로 법정관할은 소멸되므로 제35조에 의한 이송은 불가능하다고 보는 이송 부정설도 있으나, ② 현저한 지연을 피한다는 공익상의 필요가 있을 때에는 합의의 효력을 무시하고 다른 법정관할법원으로 이송할 수 있다는 보는 이송 긍정설(통설)이 타당하다고 할 것이다. ③ 판례는 전속적 관할합의의 경우 법률이 규정한 전속관할과 달리 임의관할의 성격을 가지기 때문에, 법원은 공익상의 필요에 의하여 사건을 다른 관할 법원에 이송할 수 있다는 점을 밝힌 바 있다(대결 2008.12.16, 2007마1328 – 판결이유 중).

---

15) 실무상(판례)으로는 현저한 손해 또는 지연을 피하기 위한 이송 자체를 사실상 사문화시켜 이송을 인정하지 않고 있다.

(2) 지법단독판사로부터 지법합의부로의 이송(제34조 제2항)

지방법원 단독판사는 그 관할에 속하는 소송이라도 상당하다고 인정하는 때에는 전속관할에 속하는 경우를 제외하고(제34조 제4항), 직권 또는 당사자의 신청에 따른 결정으로 지방법원 합의부에 이송할 수 있다(동조 제2항).

(3) 지적재산권 등에 관한 소송의 이송특칙(제36조)

1) 특허권 등을 제외한 지식재산권과 국제거래에 관한 소

법원은 특허권 등을 제외한 지식재산권과 국제거래에 관한 소가 고등법원이 있지 아니한 곳의 지방법원에 제기된 경우 직권 또는 당사자의 신청에 따른 결정으로 그 소송의 전부 또는 일부를 제24조 제1항에 따른 고등법원이 있는 곳의 지방법원에 이송할 수 있다. 다만, 이로 인하여 소송절차를 현저하게 지연시키는 경우에는 이송하지 못하고(제36조 제1항 단서), 또 전속관할일 때에는 이송할 수 없다(제36조 제2항).

2) 특허권 등의 지식재산권에 관한 소

제24조 제2항 또는 제3항에 따라 특허권 등의 지식재산권에 관한 소를 관할하는 법원은 현저한 손해 또는 지연을 피하기 위하여 필요한 때에는 직권 또는 당사자의 신청에 따른 결정으로 소송의 전부 또는 일부를 제2조부터 제23조까지의 규정에 따른 지방법원으로 이송할 수 있다(제36조 제3항). 고등법원이 있는 곳의 지방법원의 전속관할로 하면서도, 한편 제2조 내지 제23조의 규정에 따른 원래의 지방법원으로 이송할 수 있도록 함으로써 전속관할에 재량이송이 허용되지 않는 것의 예외취급을 두었다.

3. 반소제기에 의한 이송(제269조 제2항)

본소가 단독사건인 경우에 피고가 지방법원 합의부에 속하는 반소청구를 한 경우(**예** 본소의 소가 4억원의 단독사건에 소가 5억 2천만원의 반소가 제기된 경우)에는 원고가 반소청구에 의하여 합의부의 심리를 받을 수 있는 이익을 박탈하지 않기 위해, 직권 또는 당사자의 신청으로 본소와 반소를 합의부로 이송하여야 한다. 다만, 원고가 관할위반의 항변을 하지 않고서 본안에 관하여 변론을 함으로써 변론관할(제30조)이 생긴 경우에는 이송할 필요가 없다(제269조 제2항).

Ⅲ. 이송절차

> **제39조(즉시항고)**
> 이송결정과 이송신청의 기각결정에 대하여는 즉시항고를 할 수 있다.

1. 개시

① 판례에 따르면 제34조의 관할위반의 이송은 직권에 의해서만 가능하고, 당사자의 이송신청권은 없다.

② 그 밖에 심판편의에 의한 이송 등은 직권 또는 당사자의 신청에 의해서 개시된다.

2. 재판의 형식

① 이송의 재판은 결정으로 한다(제34조, 제39조).

② 다만 상소심에서 원심판결을 취소 또는 파기하고 관할법원에 사건을 이송하는 때에는 예외적으로 판결의 형식으로 한다(제419조, 제436조).

3. 불복방법

① 이송결정과 이송신청의 기각결정에 대하여는 즉시항고로 불복할 수 있다(제39조). 즉 관할위반이 아님에도 신청인의 관할위반을 이유로 한 이송신청에 따라 이송결정을 한 경우 상대방은 위법한 이송결정에 대해 즉시항고할 수 있다. 이 경우 항고심 법원은 특별한 사정이 없는 한 이송결정을 취소하여야 한다. 다만 ② 판례는 "수소법원에 재판관할권이 있고 없음은 원래 법원의 직권조사사항으로서 법원은 직권으로 이송결정을 하는 것이고, 소송 당사자에게 이송신청권이 있는 것이 아니므로 당사자가 이송신청을 한 경우에도 이는 단지 법원의 직권발동을 촉구하는 의미밖에 없는 것이고, 따라서 법원은 이송신청에 대하여는 재판을 할 필요가 없고, 이송신청의 기각결정에 대하여 즉시항고가 허용될 수 없다."고 하였으며, 나아가 대법원에 특별항고도 할 수 없다고 하였다(대결 1996.1.12, 95그59 등).

IV. 이송의 효과

> 제38조(이송결정의 효력)
> ① 소송을 이송받은 법원은 이송결정에 따라야 한다.
> ② 소송을 이송받은 법원은 사건을 다시 다른 법원에 이송하지 못한다.

1. 구속력

(1) 의의

'이송결정이 확정'되면 소송을 이송받은 법원은 그 재판에 따라야 하므로(제38조 제1항), 이송받은 법원은 사건을 심리·판단하여야 하며, 다시 이송한 법원에 재이송(=반송)하거나 다른 법원에 전송할 수 없다(동조 제2항).

(2) 전속관할에 위반한 이송결정의 구속력 인정 여부

1) 문제점

이송결정의 구속력이 전속관할을 위반한 경우에도 적용되는지, 특히 심급관할을 위반한 경우에도 구속력이 있다고 할 것인지가 문제된다.

2) 학설

① 전속관할 위반의 경우 항소심에서 그 위반을 주장할 수 있고, 절대적 상고이유가 된다는 점, 또한 당사자의 심급의 이익을 보장하기 위해서 전속관할위반의 이송결정은 구속력이 없다고 보는 소극설, ② 제38조가 전속관할의 경우에 이송결정의 구속력을 배제하고 있지 않으며, 전속관할에 위반한 이송의 경우에도 이송의 반복에 의한 소송지연을 피하여야 할 공익적 요청은 다르지 않으므로 이송결정의 구속력을 긍정하여야 한다고 보는 적극설, ③ 원칙적으로 적극설을 취하되, 심급관할의 경우에는 상급심뿐만 아니라 하급심 모두에게 구속력을 부정하여야 한다고 보는 절충설의 대립이 있다.

3) 판례

① 전속관할에 위반한 이송의 경우에도 이송결정의 구속력을 긍정하지만, ② 심급관할 위반의 이송의 경우에는 당사자의 심급의 이익과 이송의 반복에 의한 소송지연의 문제를 조화롭게 해결하기 위하여, ⅰ) 상급심 법원의 하급심 법원으로의 이송은 하급심 법원을 구속하나, ⅱ) 하급심 법원의 상급심 법원으로의 이송은 상급심 법원을 구속하지 못한다는 입장이다(상급심 불구속설).

★[대결 1995.5.15, 94마1059]

[1] 심급관할을 위배하여 이송한 경우에 이송결정의 기속력이 이송 받은 상급심법원에도 미친다고 한다면 당사자의 심급의 이익을 박탈하여 부당할 뿐만 아니라, 이송을 받은 법원이 법률심인 대판인 경우에는 직권조사사항을 제외하고는 새로운 소송자료의 수집과 사실확정이 불가능한 관계로 당사자의 사실에 관한 주장, 입증의 기회가 박탈되는 불합리가 생기므로, 심급관할을 위배한 이송결정의 기속력은 이송받은 상급심법원에는 미치지 않는다고 보아야 한다.

[2] 한편 그 기속력이 이송받은 하급심법원에도 미치지 않는다고 한다면 사건이 하급심과 상급심법원 간에 반복하여 전전이송되는 불합리한 결과를 초래하게 될 가능성이 있어 이송결정의 기속력을 인정한 취지에 반하는 것일 뿐더러 민사소송의 심급의 구조상 상급심의 이송결정은 특별한 사정이 없는 한 하급심을 구속하게 되는바 이와 같은 법리에도 반하게 되므로, 심급관할을 위배한 이송결정의 기속력은 이송받은 하급심법원에는 미친다고 보아야 한다.

➲ [해설] : 본 판례사안에서는 이송결정의 구속력이 전속관할, 특히 심급관할을 위반한 경우에도 미치는가의 문제이다. 이러한 문제는 근본적으로 당사자의 심급의 이익 보장과 이송에 따른 반복으로 인한 소송지연의 방지라는 공익적 요청이라는 이념 상호간의 갈등관계에 기인한다고 할 것이고, 이러한 측면에서 견해의 대립이 존재한다. 동 판례는 결국 당사자의 심급이익의 보장과 함께 이송의 반복에 의한 소송지연의 문제를 조화롭게 해결하고자 하는 입장을 전제로, 하급심은 구속하나 상급심에 대해서는 구속력이 없다는 결론(상급심불구속설)을 취한 것이라고 볼 수 있겠다.

---

2. 소송계속의 이전(유지)

(1) 소송계속의 소급적 이전

제40조 제1항(이송의 효과) 이송결정이 확정된 때에는 소송은 처음부터 이송받은 법원에 계속된 것으로 본다.

이송결정이 확정된 때에는 소송계속이 처음부터 이송받은 법원(수이송법원)에 계속된 것으로 본다(제40조 제1항). 따라서 소제기의 효과인 시효중단의 효력이나 기간준수의 효력은 그대로 유지된다.

(2) 이송 전의 소송행위의 효력

① 관할위반에 의한 이송의 경우에는 이송 전의 소송행위가 실효된다는 견해도 있으나, ② 관할위반에 의한 이송의 경우에도 소송계속의 일체성이 인정되는 이상 이송한 법원과 이송받은 법원 사이에 변론의 일체성이 있고, 제37조가 이송법원이 기록송부 전에는 긴급처분을 할 수 있게 한 점에 비추어 관할위반의 경우를 포함한 모든 이송의 경우에 이송 전 소송행위는 이송 후에도 그 효력이 지속된다고 볼 것이다(통설).

3. 소송기록의 송부와 긴급처분

이송결정이 확정된 때에는 그 결정의 정본을 소송기록에 붙여 이송받을 법원에 보내야 한다(제40조 제2항). 또한 이송결정이 확정된 뒤라도 이송법원은 급박한 사정이 있는 때에는 직권으로 또는 당사자의 신청에 따라 증거조사나 가압류·가처분 등의 필요한 처분을 할 수 있다. 다만, 기록을 보낸 뒤에는 그러하지 아니한다(제37조).

V. 관할위반을 간과한 판결의 효력

① 전속관할의 위반을 간과하고 본안판결을 한 경우에는 상소로써 이를 다툴 수 있지만(제411조, 제424조), ② 임의관할의 위반을 간과한 경우라면 그 하자가 치유되어 불복할 수 없다.

제3절   당사자에 관한 소송요건

제1관 당사자

I. 당사자의 의의

민사소송에서 당사자는 법원과 함께 절차의 주체이다. 당사자는 어느 소송사건에 있어서 자기의 이름으로 법원에 판결(권리보호)을 구하는 사람(원고) 및 이에 대립하는 관계에 있는 상대방(피고)을 말한다. 또한 판결은 청구에 대하여 행하여진다는 점에서 당사자는 판결의 명의인이 되는 사람이다.

1. 형식적 당사자개념

민사소송의 당사자는 실체법상 법률관계의 당사자와 전혀 다르고, 누가 재판상의 권리보호를 구하고 있고, 누가 그 상대방이 되는가에 의하여 결정되는 것이다. 이는 다툼 있는 법률관계의 주체가 실체법상 누구인가에 관계없이 주장 자체만으로 결정되는 것을 의미하고, 실체법상 권리관계의 주체와 단절하여 완전히 형식적으로 이해되는 것이다. 이러한 당사자개념을 형식적 당사자개념이라고 부른다.

2. 당사자의 호칭

당사자는 소송절차의 종류나 각각의 단계에 대응하여 그 호칭이 다르다. 판결절차의 제1심에 있어서는 원고·피고, 항소심에서는 항소인·피항소인, 상소심에서는 상고인·피상고인이라고 부른다. 반소에서는 반소원고, 반소피고라고 부른다. 증거보전절차, 소송비용액확정절차에서는 신청인, 상대방이라고 부른다. 독촉절차에서는 채권자, 채무자라고 부른다.

II. 당사자는 민사소송의 주역 – 당사자권

민사소송의 주역은 당사자이다. 당사자의 소송절차상 지위는 최종적으로는 청구에 대한 심판을 받는 것에 집약되는데, 헌법상 원리인 「재판을 받을 권리」나 「적법절차의 보장」에 기하여 공평하면서 적정한 심판을 받기 위하여 소송절차상 자기의 변명, 평계를 충분히 밝힐 지위가 보장되어 있다. 즉 자기의 신청의 정당성을 기초지우는 사실을 주장하거나 증거를 제출하여 자유롭게 공격방어를 행할 수 있는 지위가 보장되어 있다. 그 밖에 당사자에게는 민사소송의 주역에 어울리는 여러 가지 권능(예 이송신청권, 제척·기피신청권, 기일의 소환, 소송서류의 송달을 받을 권리, 소송절차의 진행에 관한 신청권, 소송물의 처분권, 상소권 등)이 보장되고 있는데, 민사소송의 주역으로서 인정되고 있는 위와 같은 권리를 총칭하여 강학상 당사자권이라고 부르기도 한다(이는 민사소송의 기본규제개념인 절차보장의 핵심적 내용이 된다).

III. 이당사자 대립의 구조

① 비송절차와 달리 소송절차에 있어서는 통상 서로 대립하는 양쪽 당사자의 존재가 필수불가결하다. 그 한쪽이 상대방에 대한 관계에서 재판상의 권리보호를 구하고 그 요구의 당부에 대하여 법원이 양쪽 당사자에게 주장과 반론의 기회를 공평하게 부여한 뒤에 재판한다는 기본구조(쌍방심리주의)를 가지기 때문이다. 서로 대립하는 양쪽 당사자에게 대등하면서 충분한 공격방어가 가능한 지위를 부여하는 원칙을 「당사자 대립의 원칙」이라고 부르는데, 민사소송은 당사자의 공격방어를 축으로 발전하여 간다는 것을 나타내는 원칙이라고도 볼 수 있다.

② 다만, 다수당사자소송의 경우에는 어느 쪽 또는 양쪽 당사자 측이 여러 사람이 되기도 하고, 독립당사자참가소송과 같이 세 당사자 사이에 소송법률관계가 성립하기도 하는 경우가 있는데, 여하튼 기본이 되는 것은 두 당사자 대립구조이다.

제2관 당사자의 확정

I. 의의 및 당사자 특정과의 구별

소송절차는 당사자를 중심으로 진행되므로, 확정된 당사자를 전제로 하여 당사자능력, 당사자적격, 소송능력 등이 검토되고 판결의 효력(기판력의 주관적 범위)도 확정된 당사자에게 미치게 된다. 따라서 우선 현실적으로 계속된 소송에서 누가 당사자인가를 명백히 하여야 한다. 즉 누가 누구를 상대로 청구가 이뤄지고 있는지가 당사자 확정의 문제이다. 이는 원고에 의하여 소장에서 당사자로 특정된 자를 법원이 당사자로 취급하는 것이 타당한가를 해석에 의해 판단하는 작업을 말하는 것으로서, 원고가 소장에서 당사자가 누구인가를 정확하게 표시하는 당사자의 특정과 구별된다.

II. 당사자확정의 기준

1. 학설

학설은 ① 원고나 법원이 당사자로 삼으려는 자가 당사자가 된다는 의사설, ② 소송상 당사자로 취급되거나 또는 당사자로 행동하는 자가 당사자라고 하는 행동설(행위설), ③ 소송개시단계에서는 표시설에 의하되, 소송진행 뒤에는 누가 당사자로서 행동하였는가, 누가 분쟁주체로서 절차보장을 받았는가를 기준으로 정하여야 한다는 규범분류설, ④ 소장에 나타난 당사자의 표시를 비롯하여 청구원인 그 밖의 일체의 기재사항 등 소장의 전체를 기준으로 합리적으로 해석하여 당사자를 결정할 것이라는 실질적 표시설이 대립하고 있다.

2. 판례

이에 대해 판례는 당사자확정에 관하여 ① 원칙적으로 소장에 나타난 당사자의 표시를 비롯하여 청구원인 그 밖의 일체의 기재사항 등 소장의 전체를 기준으로 합리적으로 해석하여 당사자를 결정할 것이라는 (실질적) 표시설의 입장이다. 또한 ② 소제기 이전에 피고가 사망한 사실을 알지 못하고 사망자를 피고로 하여 소를 제기한 경우 실질적인 피고(사실상 피고)는 사망자의 상속인이고 다만 그 표시를 잘못한 것에 불과하다고 하였다.[16) 나아가 ③ 최근 판례는 피고의 사망사실을 안 경우에도 마찬가지로 보았다.

★★[대판 1999.11.26, 98다19950; 대판 1996.12.20, 95다26773 등 다수] 당사자는 소장에 기재된 표시 및 청구의 내용과 원인 사실 등 소장의 전취지를 합리적으로 해석하여 확정하여야 하며, 소장에 표시된 원고에게 당사자능력이 인정되지 않는 경우에는 소장의 전취지를 합리적으로 해석한 결과 인정되는 올바른 당사자능력자로 그 표시를 정정하는 것은 허용된다.

★★★[대결 2006.7.4, 2005마425] 원고가 사망사실을 모르고 사망자를 피고로 표시하여 소를 제기한 경우에, 청구의 내용과 원인사실, 당해 소송을 통하여 분쟁을 실질적으로 해결하려는 원고의 소제기 목

---

16) 판례의 이러한 태도를 의사설에 입각한 것으로 평가하는 입장이 일반적이나, 실질적 표시설을 탄력적으로 운영한 결과라고 평가하는 입장도 있다.

적 내지는 사망 사실을 안 이후의 원고의 피고표시정정신청 등 여러 사정을 종합하여 볼 때 사망자의 상속인이 처음부터 실질적인 피고이고 다만 그 표시를 잘못한 것으로 인정된다면, 사망자의 상속인으로 피고의 표시를 정정할 수 있다.

➡ [해설] : 본 판결은 제소 전 사망자를 상대로 한 소송에서 당사자확정의 기준에 대해 의사설의 입장을 취한 것으로 평가받는다. 즉 판례는 당사자의 확정에 있어서 표시설을 기본입장으로 일관하면서도 제소 전 사망자를 상대로 한 소송에서는 의사설에 따라 상속인이 당사자라고 보는 입장이다. 이러한 판례는 피고의 경정제도가 민사소송법에 도입되기 이전의 것으로서 그 당시에는 당사자변경이 금지되었으므로 당사자표시정정을 통하여 소송경제를 추구하기 위해 의사설을 취할 필요가 있었고, 그러한 태도가 계속 유지되었던 것인데, 이러한 태도는 지나치게 소송경제만을 추구하여 당사자표시정정을 확대하고 있으며, 개정법 하에서 당사자변경제도를 인정함이 법리적으로 타당하다는 비판을 받는다. 그러나 개정 민사소송법에서도 원고경정과 제2심에서의 피고경정은 여전히 허용되지 않고 있으므로, 판례의 의사설에 따라 당사자표시정정을 통하여 소송경제를 추구할 실익은 여전히 존재한다.

[대판 2011.3.10. 2010다99040] 소장에 표시된 피고에게 당사자능력이 인정되지 않는 경우 당사자표시를 정정하는 것이 허용되는지 여부(적극) **및 원고가 피고의 사망사실을 안 경우에도 허용되는지 여부**(적극) – 소송에서 당사자가 누구인가는 당사자능력, 당사자적격 등에 관한 문제와 직결되는 중요한 사항이므로, 사건을 심리·판결하는 법원으로서는 직권으로 소송당사자가 누구인가를 확정하여 심리를 진행하여야 하며, 이때 당사자가 누구인가는 소장에 기재된 표시 및 청구의 내용과 원인 사실 등 소장의 전취지를 합리적으로 해석하여 확정하여야 한다. 따라서 소장에 표시된 피고에게 당사자능력이 인정되지 않는 경우에는 소장의 전취지를 합리적으로 해석한 결과 인정되는 올바른 당사자능력자로 표시를 정정하는 것이 허용된다.

➡ [해설] : 채무자 甲의 乙 은행에 대한 채무를 대위변제한 보증인 丙이 채무자 甲의 사망사실을 알면서도 그를 피고로 기재하여 소를 제기한 사안에서, 채무자 甲의 상속인이 실질적인 피고이고 다만 소장의 표시에 잘못이 있었던 것에 불과하므로, 보증인 丙은 채무자 甲의 상속인으로 피고의 표시를 정정할 수 있고, 따라서 당초 소장을 제출한 때에 소멸시효중단의 효력이 생긴다고 본 원심판단을 수긍한 사례이다.

Ⅲ. 보정방법 등

1. 당사자표시정정과 당사자변경

그 보정방법으로 ① 확정된 자와 당사자 자격(당사자능력, 당사자적격, 소송능력)이 있는 자로 바꾸려는 자 사이에 동일성이 인정되면 당사자표시정정의 방식으로, ② 그렇지 않고 동일성이 인정되지 않는 경우로서 새로운 사람을 끌어들이는 결과가 된다면 임의적 당사자변경에 의한다. 즉 통설·판례는 당사자의 동일성 유무를 그 기준의 한계로 삼고 있다(대판 1999.4.27. 99다3150).

★★**[대판 2021.6.24. 2019다278433]** 당사자는 소장에 기재된 표시 및 청구의 내용과 원인사실을 합리적으로 해석하여 확정하여야 하고, 확정된 당사자와의 동일성이 인정되는 범위 내에서라면 항소심에서도 당사자의 표시정정을 허용하여야 한다. 원고가 당사자를 정확히 표시하지 못하고 당사자능력이나 당

사자적격이 없는 자를 당사자로 잘못 표시하였다면, 당사자 표시정정신청을 받은 법원으로서는 당사자를 확정한 연후에 원고가 정정신청한 당사자 표시가 확정된 당사자의 올바른 표시이며 동일성이 인정되는지의 여부를 살피고, 그 확정된 당사자로 표시를 정정하도록 하는 조치를 취하여야 한다.

★★[대판 1996.12.20. 95다26773]

[1] 소송당사자 확정 방법

당사자는 소장에 기재된 표시 및 청구의 내용과 원인사실 등 소장의 전체 취지를 합리적으로 해석하여 확정하여야 한다.

[2] 항소심이 임의적 당사자 변경에 관한 판단을 그르쳐 소송당사자 아닌 자를 소송당사자로 한 판결을 선고한 경우, 진정한 소송당사자에 대한 관계에서 상고대상이 되는지 여부(소극)

제1심에서의 당사자 표시 변경이 당사자 표시정정에 해당하는 것으로서, 제1심이 소송당사자를 제대로 확정하여 판결하였음에도 불구하고, 항소심이 제1심에서의 당사자 표시 변경이 임의적 당사자 변경에 해당하여 허용될 수 없는 것이라고 잘못 판단하여 소송당사자 아닌 자를 소송당사자로 취급하여 변론을 진행시키고 판결을 선고한 경우, 진정한 소송당사자에 대하여는 항소심 판결이 아직 선고되지 않았다고 할 것이고, 진정한 소송당사자와 사이의 사건은 아직 항소심에서 변론도 진행되지 않은 채 계속 중이라고 할 것이므로 진정한 소송당사자는 상고를 제기할 것이 아니라 항소심에 그 사건에 대한 변론기일지정신청을 하여 소송을 다시 진행함이 상당하며, 항소심이 선고한 판결은 진정한 소송당사자에 대한 관계에 있어서는 적법한 상고 대상이 되지 아니한다.

➲ [사실관계] : 당사자는 소장에 기재된 표시 및 청구의 내용과 원인사실 등 소장의 전체 취지를 합리적으로 해석하여 확정하여야 하는 것이다. 이 법리와 확정된 사실관계(소장의 첨부서류로 "乙 회사 대표자 丙을 선정당사자로 하여 본 소송에 관한 모든 권한을 위임합니다."라는 내용으로 위임자 30명이 기명날인한 위임장이 제출되었고, 그 후 丙 등 30명의 이름으로 "丙을 소송수행자로 선정한다."는 내용의 '선정당사자(원고) 선정서'가 제출되었다. 제1심의 제1회 변론기일에 "丙은 乙 회사의 대표자로 이 사건 소송을 수행하는 것이 아니고, 乙 회사 소속 구성원 30명의 선정당사자로 소송을 수행하고 있다."는 진술이 이루어졌다)를 종합하여 검토하여 보면, 이 사건 소는 丙 등 30명이 丙을 선정당사자로 선정하여 제기한 것으로 보아야 할 것이고, 제1심이 이 사건 원고의 표시를 '乙 회사 대표자 丙'에서 '원고(선정당사자) 丙'으로 변경한 것은 당사자의 동일성이 인정되는 범위 내에서의 당사자 표시정정에 지나지 않는다고 할 것임에도 불구하고, 원심이 이 사건의 원고를 '乙 회사'로 보고 '선정당사자 丙'으로 변경하는 것은 임의적 당사자 변경에 해당하여 허용될 수 없다는 전제 아래 '乙 회사'에게 항소장부본을 송달한 후 그를 원고로 취급하여 변론을 진행하여 판결을 선고한 것은 소송당사자 아닌 자를 소송당사자로 보고 소송을 진행하여 판결을 한 것이므로 이 사건 원고에 대하여는 항소심 판결이 아직 선고되지 않았다고 할 것이고, 원고와 사이의 이 사건은 아직 원심에서 변론도 진행되지 않은 채 계속 중이라고 할 것이므로 원고는 상고를 제기할 것이 아니라 원심에 이 사건에 대한 변론기일지정신청을 하여 소송을 다시 진행함이 상당하다고 할 것이며, 원심이 선고한 판결은 원고에 대한 관계에 있어서는 적법한 상고대상이 되지 아니한다. 따라서 이 사건 상고는 부적법하다고 본 사례이다.

2. 당사자의 동일성이 유지되는 경우 – 당사자표시정정

(1) 허용 예

① 당사자의 이름에 <u>오기 내지 누락이 명백한 경우</u>, ② 당사자능력이나 당사자적격이 없는 자를 당사자로 잘못 표시하였음이 명백한 경우(예 점포주인 대신 점포 자체를 당사자로 표시, 대한민국 대신 관계행정청을 당사자로 표시, 학교법인 대신 학교를 당사자로 표시한 경우 – 국립학교 : 국가 또는 지방자치단체 가, 사립학교 : 학교법인이, 각종학교 : 운영주체 내지 설립자가 당사자능력이 있다) 당사자표시정정이 허용된 다. ③ 이처럼 당사자표시정정이 필요한 경우 이를 위한 조치를 취하지 아니하고 소를 각하할 수 는 없다(대판 2001.11.13, 99두2017).

> [대판 1978.8.22, 78다1205] 개인이 설립 경영하는 <u>학교시설에 불과한 영남실업고등기술학교를 피고 로 표시하였다가 개인명의로 피고표시를 정정하는 것은 당사자를 변경하는 것이 아니므로</u> 항소심에서 피고표시정정신청을 하였다가 환송된 뒤에 그 표시정정신청을 철회할 수 있다 할 것이다.

> [대판 2001.11.13, 99두2017] 소송에 있어서 당사자가 누구인가는 당사자능력, 당사자적격 등에 관한 문제와 직결되는 중요한 사항이므로, 사건을 심리·판결하는 법원으로서는 직권으로 소송당사 자가 누구인가를 확정하여 심리를 진행하여야 하는 것이며, 이때 당사자가 누구인가는 소장에 기재 된 표시 및 청구의 내용과 원인 사실 등 소장의 전취지를 합리적으로 해석하여 확정하여야 할 것이 고, <u>소장에 표시된 원고에게 당사자능력이 인정되지 않는 경우에는 소장의 전취지를 합리적으로 해석 한 결과 인정되는 올바른 당사자능력자로 그 표시를 정정하는 것은 허용되며</u>, 소장에 표시된 당사자가 <u>잘못된 경우에 당사자표시를 정정케 하는</u> 조치를 취함이 없이 바로 소를 각하할 수는 없다.

> [대판 2013.8.22, 2012다68279] 원고가 당사자를 정확히 표시하지 못하고 당사자능력이나 당사 자적격이 없는 자를 당사자로 잘못 표시한 경우, 법원이 취하여야 할 조치
> <u>원고가 당사자를 정확히 표시하지 못하고 당사자능력이나 당사자적격이 없는 자를 당사자로 잘못 표시</u> 하였다면 법원은 당사자를 소장의 표시만에 의할 것이 아니고 청구의 내용과 원인사실을 종합하여 확정한 후 확정된 당사자가 소장의 표시와 다르거나 소장의 표시만으로 분명하지 아니한 때에는 당 사자의 표시를 정정보충시키는 조치를 취하여야 하고 이러한 조치를 취함이 없이 단지 원고에게 막연 히 보정명령만을 명한 후 소를 각하하는 것은 위법하다.
> ➲ [해설] : 당사자적격이 없는 자를 당사자로 잘못 표시한 경우에도 당사자의 표시를 정정·보충시 키는 조치가 필요하다고 하여, 당사자표시정정의 법리를 확대시켰다는 점에 의의가 있는 판례이다.

(2) 효과

시효중단·기간준수의 효력 등은 <u>최초의 소제기 시에 발생한 것으로 된다</u>. 여기서 표시의 정정 이 인정됨에도 형식적으로 임의적 당사자변경신청을 한 경우에 시효중단효가 소멸되는지 문제되 는데, 판례는 이 경우에도 표시정정으로서의 효과인 시효중단효가 여전히 지속된다고 본다.

★★★[대판 2009.10.15, 2009다49964]
> [1] 원고가 피고의 사망 사실을 모르고 사망자를 피고로 표시하여 소를 제기한 경우에, 청구의 내용과 원 인사실, 당해 소송을 통하여 분쟁을 실질적으로 해결하려는 원고의 소제기 목적 내지는 사망 사실 을 안 이후 원고의 피고표시정정신청 등 여러 사정을 종합하여 볼 때에, 실질적인 피고는 당사자능

력이 없어 소송당사자가 될 수 없는 사망자가 아니라 처음부터 사망자의 상속자이고 다만 그 표시에 잘못이 있는 것에 지나지 않는다고 인정되면 사망자의 상속인으로 피고의 표시를 정정할 수 있다 할 것인바, 상속개시 이후 상속의 포기를 통한 상속채무의 순차적 승계 및 그에 따른 상속채무자 확정의 곤란성 등 상속제도의 특성에 비추어 위의 법리는 채권자가 채무자의 사망 이후 그 1순위 상속인의 상속포기 사실을 알지 못하고 1순위 상속인을 상대로 소를 제기한 경우에도 채권자가 의도한 실질적 피고의 동일성에 관한 위 전제요건이 충족되는 한 마찬가지로 적용이 된다.

[2] (판결이유 중 발췌) 원고가 의도한 이 사건 소의 실질적인 피고는 상속포기의 소급효로 말미암아 처음부터 상속채무에 관한 법률관계의 당사자가 될 수 없는 1순위 상속인이 아니라 적법한 상속채무자인 2순위 상속인인 피고들이라 할 것인데 다만 그 표시에 잘못이 있는 것에 지나지 아니하여 피고표시정정의 대상이 된다 할 것이고, 이와 같이 변경 전후 당사자의 동일성이 인정됨을 전제로 진정한 당사자를 확정하는 표시정정의 대상으로서의 성질을 지니는 이상 비록 소송에서 피고의 표시를 바꾸면서 피고경정의 방법을 취하였다 해도 피고표시정정으로서의 법적 성질 및 효과는 잃지 않는다고 보아야 할 것이다.

3. 당사자의 동일성이 없는 경우 – 임의적 당사자변경

(1) 임의적 당사자변경의 허용 여부

명문에 규정이 있는 경우(예 필수적 공동소송인의 추가(제68조), 예비적·선택적 공동소송(제70조), 피고의 경정(제260조))를 제외하고, 판례는 일체의 당사자변경을 불허하며 부적법한 제소라고 봄으로써 소를 각하한다.

[대판 2003.3.11. 2002두8459] 정보공개거부처분을 받은 개인이 자신의 명의로 취소소송을 제기하였다가 항소심에서 원고의 표시를 개인에서 시민단체로 정정하면서 그 단체의 대표자로 자신의 이름을 기재한 당사자표시정정신청은 임의적 당사자변경신청에 해당하여 허용될 수 없다.

[대판 2002.8.23. 2001다58870] 종중의 특정은 그 종중에서 봉제사의 대상으로 삼고 있는 공동선조가 누구인지에 따라 이루어지고 이를 기준으로 하여 종중구성원의 범위도 확정될 수 있는 것이어서 공동선조를 달리하는 종중은 그 구성원도 달리하는 별개의 실체를 가지는 종중이므로, 원고가 주장하는 종중의 공동선조를 변경하는 것은 당사자변경의 결과를 가져오는 것으로서 허용될 수 없다.

◈ 비교판례 ◈

종중의 명칭을 변경하더라도 변경 전의 종중과 공동선조가 동일하고 실질적으로 동일한 단체를 가리키는 것으로 보이는 경우에는 당사자표시의 정정에 불과하므로 그러한 변경은 허용된다(대판 1999.4.13. 98다50722).

[대판 1994.5.10. 93다10866] 원고의 주장이 이미 고유의 의미의 종중인 것으로 확정된 원고 문중의 성격을 종중 유사의 단체로 변경하는 결과가 된다면 이는 당사자의 변경을 가져오는 것으로서 허용될 수 없다.

[대판 2016.7.7. 2013다76871] 소송당사자인 종중의 실체에 관하여 당사자가 주장하는 사실관계의 기본적 동일성이 유지되고 있는 경우, 당사자변경에 해당하는지 여부(소극) 및 이때 법원이 당사자능력 등 소의 적법 여부를 판단하는 방법 – 소송당사자인 종중의 법적 성격에 관한 당사자의 법적 주장이 무엇이든 실체에 관하여 당사자가 주장하는 사실관계의 기본적 동일성이 유지되고 있다면

법적 주장의 추이를 가지고 당사자변경에 해당한다고 할 것은 아니다. 그 경우에 법원은 직권으로 조사한 사실관계에 기초하여 당사자가 주장하는 단체의 실질이 고유한 의미의 종중인지 혹은 종중 유사의 단체인지, 공동선조는 누구인지 등을 확정한 다음 법적 성격을 달리 평가할 수 있고, 이를 기초로 당사자능력 등 소의 적법 여부를 판단하여야 한다.

[대판 1974.7.16, 73다1190] 사망자를 피고로 하여 제소한 제1심에서 원고가 상속인으로 당사자표시정정을 함에 있어서 일부상속인을 누락시킨 탓으로 그 누락된 상속인이 피고로 되지 않은 채 제1심 판결이 선고된 경우에 원고는 항소심에서 그 누락된 상속인을 다시 피고로 정정추가 할 수 없다.

[대판 2008.6.12, 2008다11276; 대판 1998.1.23, 96다41496 등] 당사자표시정정은 원칙적으로 당사자의 동일성이 인정되는 범위에서만 허용되는 것이므로 회사의 대표이사였던 사람이 개인 명의로 제기한 소송에서 그 개인을 회사로 당사자표시정정을 하는 것은 부적법하다.

(2) 효과

시효중단 · 기간준수의 효과는 제265조에 의해 피고의 경정신청 시부터 발생한다.

IV. 당사자확정이 문제되는 영역

당사자의 확정은 통상적으로는 문제되지 않고, 특별한 사안에 한해서만 발생한다. 그 대표적인 예로는 ① 다른 사람의 성명을 몰래 사용하면서 소송을 수행하는 경우인 성명모용소송, ② 사자를 당사자로 표시하여 소송이 개시된 경우인 사자명의소송과 ③ 그 밖에 법인과 그 배후에 있는 사원이나 다른 회사의 어느 쪽이 당사자인지 문제되는 법인격부인의 경우가 있다.

이하에서는 이 중 ①, ②에 관해서만 살펴보기로 한다.

1. 성명모용소송

(1) 의의

성명모용소송은 A가 甲의 성명을 무단히 모용(본인 모르게 사용)하여 甲 명의로 소를 제기하여 소송을 수행하거나(원고 측 모용소송), 乙에 대한 소송에 B가 무단히 乙 명의로 소송대리인을 선임하여 응소하는 등 乙 명의를 참칭하여 소송을 수행하는 것(피고 측 모용소송)과 같이 소장에 표시된 성명에는 아무런 잘못이 없이 제3자가 타인의 성명을 모용하여 소송을 수행하는 것을 말한다.

(2) 당사자 확정

(3) 소송계속 중 성명모용이 발견된 경우 조치

표시설에 따라 당사자가 피모용자인 것을 전제로 한다면, 소송계속 중에 법원이 성명모용의 사실을 발견한 때에(법원은 직권으로 조사하여야 한다) 그 취급은 다음과 같다.

1) 원고 측 모용소송

① 성명모용이 원고 측이라면 소를 부적법 각하하게 된다. 왜냐하면 위 예에서 소장의 표시에 따른다면 피모용자 甲이 당사자가 되는데, 현실적으로 소송수행을 하고 있는 모용자 A는 실질적

으로 무권대리인과 마찬가지로 소제기를 비롯한 소송행위를 甲 명의로 행할 자격을 갖지 못하여 그 소는 소송요건에 흠이 있기 때문이다.

② 다만, 피모용자가 모용자의 소송행위를 추인할 수는 있다. 추인에 의하여 모용자가 행한 소송행위는 피모용자에 대하여 효과가 생긴다.

2) 피고 측 모용소송

① 피고 측의 성명모용의 경우에는 모용자의 소송관여를 배제하고, 피고인 피모용자를 출석요구하여 소송수행을 시킨다.

② 이 경우 피모용자는 모용자의 소송행위를 추인할 수는 있고, 추인에 의하여 모용자가 행한 소송행위는 피모용자에 대하여 효과가 생긴다.

(4) 간과한 판결의 효력과 구제수단

1) 간과판결의 효력

① 성명모용의 사실이 발견되지 않은 채 법원이 이를 간과하고 그대로 본안판결을 하였을 때에 그 효력에 대하여 표시설에 의하면 피모용자에게 판결의 효력이 미친다. 왜냐하면 표시설에 의할 경우 확정된 당사자는 어디까지나 피모용자이기 때문이다.

② 다만 간과판결은 위법하나 당연무효의 판결은 아닌 것으로 본다.

2) 피모용자의 구제수단

① 피모용자는 무권대리인이 대리권을 행사한 경우에 준하여 판결이 확정 전이면 상소를(제424조 제1항 제4호), 판결이 확정된 후라면 재심의 소에 의하여(제451조 제1항 제3호) 판결을 취소할 수 있게 된다.

② 판결확정 후 피모용자는 재심에 의해 확정판결을 취소하기 전에는 별소를 제기하여 권리구제를 받을 수 없다. 전소의 기판력이 피모용자에게 미쳐 기판력에 저촉되기 때문이다.

[대판 1964.11.17. 64다328] 민사소송에 있어서 피고의 지위는 피고의 의사와는 아무런 관계없이 원고의 소에 의하여 특정되는 것이므로 설령 제3자가 원고의 소에 의하여 특정된 피고를 잠칭하였다고 하더라도 그 소송의 피고가 모용자로 변경되는 것이 아니다. 만일 피고 아닌 제3자가 피고를 잠칭하여 소송을 진행하여 판결이 선고되었다고 하면 피고는 그 소송에 있어서 적법히 대리되지 않는 타인에 의하여 소송절차가 진행되므로 말미암아 결국 소송관여의 기회를 얻지 못하였다고 할 것이며 이는 피고 아닌 자가 피고를 잠칭하여 소송행위를 하였거나 소송대리권이 없는 자가 피고의 소송대리인으로서 소송행위를 하였거나 그간에 아무런 차이가 없는 것이며 이러한 경우에 법원이 피고 아닌 자가 피고를 모용하여 소송을 진행한 사실을 알지 못하고 판결을 선고하였다고 하면 피모용자는 상소 또는 재심의 소를 제기하여 그 판결의 취소를 구할 수 있다고 할 것이다.

---

2. 사자명의소송

(1) 의의

제소 전 또는 소송계속 발생 전에 피고로 표시된 사람이 사망하였음에도 불구하고 소장이 상속인에 의하여 수령되어 외관상 소송계속이 발생하고 소송절차가 진행되는 경우이다.

★★★[대판 2015.1.29, 2014다34041] 사망자를 피고로 하는 소제기 상태에서 선고된 제1심 판결의 효력(당연무효) **및 이 경우 상속인들에 의한 항소나 소송수계신청이 적법한지 여부**(소극) **및 이러한 법리는 소제기 후 소장부본이 송달되기 전에 피고가 사망한 경우에도 마찬가지로 적용되는지 여부**(적극) – 사망자를 피고로 하는 소제기는 원고와 피고의 대립당사자 구조를 요구하는 민사소송법상의 기본원칙이 무시된 부적법한 것으로서 실질적 소송관계가 이루어질 수 없으므로, 그와 같은 상태에서 제1심 판결이 선고되었다 할지라도 판결은 당연무효이며, 판결에 대한 사망자인 피고의 상속인들에 의한 항소나 소송수계신청은 부적법하다. 이러한 법리는 소제기 후 소장부본이 송달되기 전에 피고가 사망한 경우에도 마찬가지로 적용된다.[17]

◈ 논증구도 ◈

1. 소제기 후 소장부본 송달 전 사망 시 취급

판례는 사망자를 피고로 하는 소제기는 원고와 피고의 대립당사자 구조를 요구하는 민사소송법상의 기본원칙이 무시된 부적법한 것으로서 실질적 소송관계가 이루어질 수 없고, 제소 전 사망자를 상대로 한 소송에 관한 법리는 소제기 후 소장부본이 송달되기 전에 피고가 사망한 경우에도 마찬가지로 적용된다고 하였다.

2. 당사자 확정

판례는 당사자 확정의 기준에 대해 ① "당사자는 소장에 기재한 표시만에 의할 것이고 청구의 내용과 원인사실을 종합하여 확정하여야 하는 것"이라고 판시하였다. 다만 ② 예외적으로 "이미 사망한 자를 상대로 한 소송에서 사실상의 피고는 사망자의 상속인이고 다만 그 표시를 잘못한 것에 불과하다고 해석함이 타당하다."고 하였다.

3. 제소 전 사망자임을 간과한 판결의 효력 및 항소·수계신청의 적법 여부

판례는 "사망자를 피고로 하는 소제기는 원고와 피고의 대립당사자 구조를 요구하는 민사소송법상의 기본원칙이 무시된 부적법한 것으로서 실질적 소송관계가 이루어질 수 없으므로, 그와 같은 상태에서 제1심 판결이 선고되었다 할지라도 판결은 당연무효이며, 판결에 대한 사망자인 피고의 상속인들에 의한 항소나 소송수계신청은 부적법하다."고 하였다.

(2) 당사자 확정

---

17) 소송계속의 발생시기에 대해 ① 소장부본송달시설에 따르면 제소 후 소장부본송달 전에 피고가 사망한 경우 비록 소를 제기한 때에는 피고가 생존하였다는 점에서 제소 전에 사망한 경우와 다르지만, 이당사자대립구조는 소송계속 시에 필요한 것이므로, 이 경우는 소제기 전에 사망한 경우와 동일하게 취급하면 된다고 본다. 다만 위 기간에 원고가 사망한 경우에는 제233조를 유추하여 상속인이 소송을 수계하여야 한다고 해석한다(정동윤·유병현; 이시윤 등). 이에 반하여 ② 소장제출시설에 의하면 이 경우 소송계속 후 변론종결 전에 사망한 경우와 동일하게 취급된다.

(3) 소송계속 중 당사자가 사망한 사실이 발견된 경우 조치

1) 법원의 조치

당사자의 실재는 소송요건의 하나(당사자능력)이므로, 일방 당사자가 사망하였는지 여부는 법원의 직권조사사항이다. 따라서 ① 표시설에 의하면 피고가 이미 사망한 자로 확정된 경우 법원은 피고가 당사자능력이 없음을 이유로 원칙적으로 소를 부적법 각하하여야 한다(소송요건과 관련). 다만 보정할 수 있다면 보정의 기회를 주어야 한다. ② 판례에 따르면 사망자를 피고로 하는 소제기는 원고와 피고의 대립당사자 구조를 요구하는 민사소송법상의 기본원칙이 무시된 부적법한 것으로서 실질적인 소송관계가 이루어질 수 있도록 올바른 당사자능력자로 표시를 정정할 수 있도록 보정명령을 하여야 한다.[18]

2) 보정방법

① 표시설에 의하면 당사자로 확정된 사망자와 상속인은 동일성이 없으므로 당사자변경인 제260조에 기한 피고경정의 방법에 의해야 한다고 본다.

② 판례는 상속인이 처음부터 실질적인 피고이고 다만 소장의 당사자표시가 잘못되어 있으므로 그 표시를 사망자에서 상속인으로 표시정정할 것이 필요하다고 하였다(당사자표시정정의 입장). 즉 학설과 달리 당사자변경(예 제260조의 피고의 경정)으로 해결하는 것에 판례는 부정적이다. 다만 그 시기를 제1심으로 한정하고 있다(대판 1974.7.16, 73다1190).

★★[대결 2006.7.4, 2005마425] 2차 당사자표시정정의 허부 – 원고가 사망 사실을 모르고 사망자를 피고로 표시하여 소를 제기한 경우에, 청구의 내용과 원인사실, 당해 소송을 통하여 분쟁을 실질적으로 해결하려는 원고의 소제기 목적 내지는 사망 사실을 안 이후의 원고의 피고 표시 정정신청 등 여러 사정을 종합하여 볼 때 사망자의 상속인이 처음부터 실질적인 피고이고 다만 그 표시를 잘못한 것으로 인정된다면, 사망자의 상속인으로 피고의 표시를 정정할 수 있다. 그리고 이 경우에 실질적인 피고로 해석되는 사망자의 상속인은 실제로 상속을 하는 사람을 가리키고, 상속을 포기한 자는 상속개시시부터 상속인이 아니었던 것과 같은 지위에 놓이게 되므로 제1순위 상속인이라도 상속을 포기한 경우에는 이에 해당하지 아니하며, 후순위 상속인이라도 선순위 상속인의 상속포기 등으로 실제로 상속인이 되는 경우에는 실질적인 피고가 되므로 피고경정이 아닌, 당사자표시정정에 의하여 소송을 진행하여야 한다(대판 1983.12.27, 82다146 同旨).

[대판 1974.7.16, 73다1190] 사망자를 피고로 하여 제소한 제1심에서 원고가 상속인으로 당사자표시정정을 함에 있어서 일부상속인을 누락시킨 탓으로 그 누락된 상속인이 피고로 되지 않은 채 제1심 판결이 선고된 경우에 원고는 항소심에서 그 누락된 상속인을 다시 피고로 정정추가할 수 없다.

[대판 2012.6.14, 2010다105310] 이미 사망한 자를 상대로 소를 제기한 경우, 상고심에 이르러 당사자표시정정의 방법으로 흠결을 보정할 수 있는지 여부(소극) – 민사소송에서 소송당사자의 존재나 당사자능력은 소송요건에 해당하고, 이미 사망한 자를 상대로 한 소의 제기는 소송요건을 갖추지 않은 것으로서 부적법하며, 상고심에 이르러서는 당사자표시정정의 방법으로 그 흠결을 보정할 수 없다.

---

18) 의사설·행동설에 의하면 적법한 소의 제기이지만, 표시가 사망자로 되어 있으므로 보정방법이 문제된다. 따라서 표시설과는 문제되는 전제사유가 다르다는 점에 주의해야 한다.

(4) 간과한 판결의 효력

1) 사자에 대한 효력과 구제수단

가) 학설

① 표시설의 입장에서는 사자가 당사자로 확정되므로 법원이 피고가 사자임을 간과하고 본안판결을 하였을 때 그 판결의 효력은 사자에게 미치지만 그 판결이 확정되어도 그 판결은 이당사자대립구조의 흠결을 간과한 판결로서 당연무효라는 것이 통설의 입장이다.

② 또한 당연무효인 판결에 대하여 확정 전에 상소를 제기할 수 있는지 여부가 문제되는데, 다수설은 원칙적으로 무효인 판결이라도 판결의 외형을 가지고 있으므로 악용될 여지가 있기 때문에 외관제거를 위하여 상소가 가능하다고 한다. 다만, 당연무효의 판결은 형식적으로 확정이 된 경우라도 기판력이 발생할 여지가 없으므로 재심적격이 없어 재심으로 다툴 수 있는 여지는 없다고 본다.

나) 판례

이에 대해 판례는 ① 당사자가 소제기 이전에 이미 사망한 사실을 간과한 채 본안판단에 나아간 원심판결은 민사소송이 당사자의 대립을 그 본질적 형태로 하는 것임에 비추어 당연무효라 할 것이고, ② 무효인 판결에 대한 상소나 재심의 소는 부적법하다고 본다. 따라서 사망한 자를 상대로 한 상소도 부적법하고, 사망자 명의의 항소나 그 상속인들의 소송수계신청도 허용될 수 없다고 하였다.

★★[대판 2017.5.17, 2016다274188] 사망자를 피고로 하는 소제기 상태에서 선고된 제1심 판결의 효력(당연무효) 및 피고가 소제기 후 소장부본이 송달되기 전에 사망한 경우에도 마찬가지인지 여부(적극) / 사망자를 채무자로 하여 지급명령을 신청하거나 지급명령 신청 후 정본이 송달되기 전에 채무자가 사망한 경우 지급명령의 효력(무효)

① 사망자를 피고로 하는 소제기는 원고와 피고의 대립당사자 구조를 요구하는 민사소송법의 기본원칙에 반하는 것으로서 실질적 소송관계가 성립할 수 없어 부적법하므로, 그러한 상태에서 제1심 판결이 선고되었다 할지라도 판결은 당연무효이다. 피고가 소제기 당시에는 생존하였으나 그 후 소장부본이 송달되기 전에 사망한 경우에도 마찬가지이다.

② 이러한 법리는 사망자를 채무자로 한 지급명령에 대해서도 적용된다. 사망자를 채무자로 하여 지급명령을 신청하거나 지급명령 신청 후 정본이 송달되기 전에 채무자가 사망한 경우에는 지급명령은 효력이 없다. 설령 지급명령이 상속인에게 송달되는 등으로 형식적으로 확정된 것 같은 외형이 생겼다고 하더라도 사망자를 상대로 한 지급명령이 상속인에 대하여 유효하게 된다고 할 수는 없다. 그리고 회생절차폐지결정이 확정되어 효력이 발생하면 관리인의 권한은 소멸하므로, 관리인을 채무자로 한 지급명령의 발령 후 정본의 송달 전에 회생절차폐지결정이 확정된 경우에도 채무자가 사망한 경우와 마찬가지로 보아야 한다.

★★[대판 2000.10.27, 2000다33775] 당사자가 소제기 이전에 이미 사망한 사실을 간과한 채 본안판단에 나아간 원심판결은 당연무효라 할 것이나, 민사소송이 당사자의 대립을 그 본질적 형태로 하는 것임에 비추어 사망한 자를 상대로 한 상고는 허용될 수 없다 할 것이므로, 이미 사망한 자를 상대방으로 하여 제기한 상고는 부적법하다.

★★ **[대판 1994.12.9, 94다16564]** 원래 재심의 소는 종국판결의 확정력을 제거함을 그 목적으로 하는 것으로 확정된 판결에 대하여서만 제기할 수 있는 것이므로 소송수계 또는 당사자표시정정 등 절차를 밟지 아니하고 사망한 사람을 당사자로 하여 선고된 판결은 당연무효로서 확정력이 없어 이에 대한 재심의 소는 부적법하다.

★★ **[대판 1970.3.24, 69다929]** 사망자를 당사자로 한 소제기는 부적법하므로 비록 1심 판결의 선고가 있었다 할지라도 실질적 소송관계가 이루어지지 않은 이상 망인 명의의 항소나 망인의 재산상속인들의 소송수계신청은 허용될 수 없다.

[대판 2015.8.13, 2015다209002] 생명침해의 불법행위로 인한 피해자 본인의 위자료 청구권과 민법 제752조에 의한 배우자 등 유족의 정신적 피해로 인한 그 고유의 위자료 청구권은 별개이므로 소멸시효 완성 여부도 각각 그 권리를 행사한 때를 기준으로 판단하여야 한다(대판 2013.8.22, 2013다200568 참조). 또한 소제기 당시 이미 사망한 당사자와 상속인이 공동원고로 표시된 손해배상청구의 소가 제기된 경우, 이미 사망한 당사자 명의로 제기된 소 부분은 부적법하여 각하되어야 할 것일 뿐이고, 소의 제기로써 상속인이 자기 고유의 손해배상청구권뿐만 아니라 이미 사망한 당사자의 손해배상청구권에 대한 자신의 상속분에 대해서까지 함께 권리를 행사한 것으로 볼 수는 없다.

2) 상속인에 대한 효력

가) 학설

표시설에 따르면 사망한 자가 당사자이므로 상속인에게 판결의 효력이 미치지 않는다고 보게 된다. 그러나 이 입장에서도 상속인이 현실적으로 소송수행을 한 경우라면 그 소송수행의 결과나 판결의 효력을 상속인에게 미친다고 보자는 견해가 있다. 다만 그 논거에 대해서는 ① 신의칙상 상속인에게 그 소송수행의 결과나 판결의 효력을 미치게 하자는 견해와 ② 이 경우 상속인이 적절히 소송을 수행하였다면 소송계속 후의 사망과 실질적으로 동일한 것으로 보아 당연승계규정을 유추적용·묵시의 수계가 있었다고 인정하고, 따라서 판결의 효력을 인정하는 것이 타당하다고 보는 견해가 있다.19)

나) 판례

판례는 이미 사망한 자를 피고로 하여 제기된 소는 부적법하여 이를 간과한 채 본안 판단에 나아간 판결은 당연무효로서 그 효력이 상속인에게 미치지 않는다고 하였다(대판 2014.2.27, 2013다94312 참고).

3) 실체법상 시효중단의 효력

판례는 "이미 사망한 자를 피고로 하여 제기된 소는 부적법하여 이를 간과한 채 본안 판단에 나아간 판결은 당연무효로서 그 효력이 상속인에게 미치지 않고, 채권자의 이러한 제소는 권리자의 의무자에 대한 권리행사에 해당하지 않으므로, 상속인을 피고로 하는 당사자표시정정이 이루어진 경우와 같은 특별한 사정이 없는 한, 거기에는 애초부터 시효중단 효력이 없어 민법 제170조 제2항이 적용되지 않는다고 봄이 타당하고, 법원이 이를 간과하여 본안에 나아가 판결을 내린 경우에도 마찬가지라고 보아야 한다."고 하였다.

---

19) 반면, 의사설·행동설에 따라 이를 엄격하게 적용하면 상속인에게 판결의 효력이 미친다고 보게 된다.

★★[대판 2014.2.27, 2013다94312] 이미 사망한 자를 피고로 하여 제기된 소의 경우, 민법 제170조 제2항이 적용되는지 여부(원칙적 소극) 및 법원이 이를 간과하여 본안 판결을 내린 경우에도 마찬가지인지 여부(적극) – 민법 제170조 제1항은 재판상 청구가 민법 제168조에 의하여 시효중단사유가 됨을 전제로 "재판상의 청구는 소송의 각하, 기각 또는 취하의 경우에는 시효중단의 효력이 없다." 고 규정하고, 같은 조 제2항은 "전항의 경우에 6월내에 재판상의 청구, 파산절차참가, 압류 또는 가압류, 가처분을 한 때에는 시효는 최초의 재판상 청구로 인하여 중단된 것으로 본다."고 규정함으로써 최초의 재판상 청구에 소송요건의 결여 등의 흠이 있는 경우 일정기간 내에 새로운 재판상 청구 등이 이루어지면 최초의 제소 시로 시효중단의 소급을 인정하고 있다. 그런데 이미 사망한 자를 피고로 하여 제기된 소는 부적법하여 이를 간과한 채 본안 판단에 나아간 판결은 당연무효로서 그 효력이 상속인에게 미치지 않고, 채권자의 이러한 제소는 권리자의 의무자에 대한 권리행사에 해당하지 않으므로, 상속인을 피고로 하는 당사자표시정정이 이루어진 경우와 같은 특별한 사정이 없는 한, 거기에는 애초부터 시효중단 효력이 없어 민법 제170조 제2항이 적용되지 않는다고 봄이 타당하고, 법원이 이를 간과하여 본안에 나아가 판결을 내린 경우에도 마찬가지라고 보아야 한다.

논점정리 — 법인격 부인

Ⅰ. 서설

1. 의의 및 근거

특정 사안에서 회사의 법인격을 부인하고 그 배후자에 대해 회사의 책임을 지우는 법이론을 법인격 부인론이라 한다. 이는 회사의 법적 독립성을 부인하여 그 배후자에게 책임을 지우는 것이 정의와 형평에 부합하다는 신의칙에 근거한 것이다.

2. 적용 요건 및 효과

1) ① 법인격의 형해화(회사에 대한 완전한 지배 – 개인기업) 또는 법인격의 남용(이해와 소유의 일치 – 배후자에 대한 법률적용의 회피수단)이 있을 것, ② 자본 불충분 상태를 야기할 것, ③ 이로 인해 손해가 발생할 것(인과관계)을 요한다.

2) 특정 사안에서 회사의 독립된 법인격이 일시적·잠정적으로 부인되고 그 배후자에게 책임을 물을 수 있다.

Ⅱ. 소제기상의 문제 및 조치 등

1. 법인격이 부인되는 법인에 대해 제기된 소의 적법성 여부 및 조치

(1) 소의 적법성 여부

1) 문제점

법인과 그 배후자 중 어느 쪽이 당사자인지 문제되고, 만약 법인이 당사자로 확정된 경우 법인격이 부인됨에 따라 당사자능력과 당사자적격도 부인되는지 여부가 문제된다.

2) 당사자 확정

실질적 표시설에 의하면 피고로 표시된 법인이 당사자로 확정되고, 그 배후자가 피고로 되는 것은 아니다.

3) 당사자능력

제51조에 의해 민법상 권리능력에 관한 규정에 따르는데, 법인격 부인론은 특정 사안에서, 일시적·잠정적으로 법인격을 부인함으로써 그 배후자에게 책임을 추궁하기 위한 것이지 법인의 책임을 면제하여 주기 위한 것이라거나 일반적·전면적으로 법인격을 소멸시키는 것이 아니므로, 법인격이 부인되는 법인의 당사자능력은 인정된다.

4) 당사자적격

이행의 소에서 실체법상의 의무자로 주장받는 자는 피고적격이 인정되고, 법인격 부인론이 당사자적격을 상실시키는 것은 아니라고 할 것이다.

(2) 배후자로 피고를 바꾸는 방법

① 회사와 배후자는 동일성이 인정되지 않아 임의적 당사자변경에 의해야 한다는 견해(임의적 당사자변경설), ② 원칙적으로는 임의적 당사자변경에 의하되, 예외적으로 회사와 그 배후자가 인적 구성과 영업목적이 동일하다고 평가되면 당사자표시정정으로 당사자를 고칠 수 있다는 견해(수정 임의적 당사자변경설), ③ 회사와 배후자는 실질적으로 일체성이 있고 절차의 안정성·명확성 등을 고려하여 소송승계에 준하는 처리를 해야 한다는 견해(소송승계설)의 대립이 있다.

2. 배후자에 대한 소제기의 가능성

(1) 문제점

법인의 채권자가 배후자에 대한 책임추궁으로서 별도로 소를 제기할 수 있는지 여부가 문제된다.

(2) 판례

판례는 ① 기존회사가 채무를 면탈하기 위하여 기업의 형태·내용이 실질적으로 동일한 신설회사를 설립하였다면, 신설회사의 설립은 기존회사의 채무면탈이라는 위법한 목적 달성을 위하여 회사제도를 남용한 것에 해당하고, 이러한 경우에 기존회사의 채권자에 대하여 위 두 회사가 별개의 법인격을 갖고 있음을 주장하는 것은 신의성실의 원칙상 허용될 수 없으므로, 기존회사의 채권자는 위 두 회사 어느 쪽에 대하여서도 채무의 이행을 청구할 수 있다고 하였다(대판 2010.1.14, 2009다77327).[20] 또한 ② 이러한 법리는 어느 회사가 이미 설립되어 있는 다른 회사 가운데 기업의 형태·내용이 실질적으로 동일한 회사를 채무를 면탈할 의도로 이용한 경우에도 적용된다고 하였고, 이때 기존회사의 자산이 기업의 형태·내용이 실질적으로 동일한 다른 회사로 바로 이전되지 않고, 기존회사에 정당한 대가를 지급한 제3자에게 이전되었다가 다시 다른 회사로 이전되었다고 하더라도, 다른 회사가 제3자로부터 자산을 이전받는 대가로 기존회사의 다른 자산을 이용하고도 기존회사에 정당한 대가를 지급하지 않았다면, 이는 기존회사에서 다른 회사로 직접 자산이 유용되거나 정당한 대가 없이 자산이 이전된 경우와 다르지 않고, 이러한 경우에도 기존회사의 채무를 면탈할 의도나 목적, 기존회사의 경영상태, 자산상황 등 여러 사정을 종합적으로 고려하여 회사제도를 남용한 것으로 판단된다면, 기존회사의 채권자는 다른 회사에 채무 이행을 청구할 수 있다고 하였다(대판 2019.12.13, 2017다271643).

3. 공동소송의 형태

(1) 문제점

법인격이 부인된 법인도 당사자능력과 당사자적격이 인정되므로, 채권자가 법인격이 부인되는 법인과 그 배후자를 공동피고로 제소할 수 있는바, 이 경우 소송형태가 어떠한지 문제된다.

(2) 학설

① 통상공동소송으로 보는 견해, ② 유사필수적 공동소송으로 보는 견해, ③ 양자의 동일성이 인정되는 경우에만 판결효력의 확장을 인정하여 유사필수적 공동소송으로 보는 견해의 대립이 있다.

III. 판결효력의 확장 여부

1. 문제점

법인격이 부인되는 법인에 대한 이행판결의 효력(기판력 및 집행력)이 그 배후자에게도 미치는지 여부 또는 배후자에 대한 이행판결의 효력이 법인에게 미치는지 여부가 문제된다.

2. 학설

① 법인격 부인론은 실체적 법률관계뿐만 아니라 절차적 법률관계에도 미친다고 하여 긍정하는 견해, ② 절차의 명확성과 안정성의 요청상 법인격 부인론은 소송절차 및 강제집행절차에는 미치지 않는다고 부정하는 견해, ③ 법인과 배후자가 동일하다고 평가되는지 여부에 따라 판결효력의 확장을 달리 보아야 한다는 견해(절충설)의 대립이 있다.

3. 판례

별개의 법인격을 가지는 회사라는 주장을 하는 것이 신의성실의 원칙에 반하거나 법인격을 남용하는 것으로 인정되는 경우에도, 권리관계의 공권적인 확정 및 그 신속·확실한 실현을 도모하기 위하여 절차의 명확·안정을 중시하는 소송절차 및 강제집행절차에 있어서는 그 절차의 성격상 판결의 기판력 및 집행력의 범위를 확장하는 것은 허용되지 아니한다(대판 1995. 5.12, 93다44531).[21]

---

20) 대판 2016.4.28, 2015다13690도 같다. 즉 "기존회사가 채무를 면탈할 목적으로 기업의 형태·내용이 실질적으로 동일한 신설회사를 설립하였다면, 신설회사의 설립은 기존회사의 채무면탈이라는 위법한 목적달성을 위하여 회사제도를 남용한 것이므로 기존회사의 채권자에 대하여 두 회사가 별개의 법인격을 갖고 있음을 주장하는 것은 신의성실의 원칙상 허용될 수 없고, 기존회사의 채권자는 두 회사 어느 쪽에 대하여서도 채무의 이행을 청구할 수 있다고 볼 것이다. 그리고 여기서 기존회사의 채무를 면탈할 의도로 다른 회사의 법인격이 이용되었는지는 기존회사의 폐업 당시 경영상태나 자산상황, 기존회사에서 다른 회사로 유용된 자산의 유무와 그 정도, 기존회사에서 다른 회사로 이전된 자산이 있는 경우 그 정당한 대가가 지급되었는지 등 제반 사정을 종합적으로 고려하여 판단하여야 한다."고 하였다.
21) 본 판결은 부정설을 취하고 있다. 이러한 판례의 입장을 따르면 배후자에게 강제집행을 하고자 할 경우에는 집행권을 다시 받아야 하고, 승계집행문을 받아 강제집행을 할 수는 없다. 반면 판결의 효력이 확장된다고 보게 되면 법인에 대한 판결에 기초하여 그 배후자에게 승계집행문을 받아 강제집행을 할 수 있게 된다.

제3관 당사자능력

I. 의의

당사자능력이라 함은 소송의 주체가 될 수 있는 일반적 능력(자격)을 말한다. 민법상 권리능력에 대응하여 소송법상의 주체로서 소송수행을 하고 최종적으로는 판결의 명의인으로서 판결효력의 귀속주체로 될 수 있는 자격을 지칭한다.

> **[대판 2015.2.26. 2013다87055]** 집행판결을 청구하는 소도 당사자능력 등 소송능력을 갖추어야 하는지 여부(적극) – 집행판결을 청구하는 소도 소의 일종이므로 통상의 소송에서와 마찬가지로 당사자능력 등 소송요건을 갖추어야 한다.

II. 실질적 당사자능력자(제51조 – 민법상 권리능력자)

> **제51조(당사자능력·소송능력 등에 대한 원칙)**
> 당사자능력, 소송능력, 소송무능력자의 법정대리와 소송행위에 필요한 권한의 수여는 이 법에 특별한 규정이 없으면 민법, 그 밖의 법률에 따른다.

제51조는 당사자능력은 민사소송법에 특별한 규정이 없으면 민법 그 밖의 법률에 따른다고 규정하고 있는 바, 실체법상 권리능력을 가진다면 소송법상 당사자능력을 가진다(이를 '실질적 당사자능력자'라고도 한다). 따라서 자연인 및 법인은 당연히 당사자능력이 인정된다.

1. 자연인

1) 사람은 사망에 의하여 당사자능력을 잃는다. 단 실종선고가 확정되기 전의 실종자도 당사자능력은 있다는 것이 판례이다(대판 1992.7.14. 92다2455). 한편, 파산은 채무자의 당사자능력에 변동을 가져오지 않는다.

2) 태아인 경우에는 원칙적으로 당사자능력이 없지만, 민법상 권리능력이 예외적으로 인정되는 경우에 당사자능력을 인정할 것인지 문제된다. 이에 대해 판례는 권리능력 취득의 시기에 관한 정지조건설의 입장에서 태아의 당사자능력을 인정하지 않는다.

> **[대판 1976.9.14. 76다1365]** 태아가 특정한 권리에 있어서 이미 태어난 것으로 본다는 것은 살아서 출생한 때에 출생시기가 문제의 사건의 시기까지 소급하여 그때에 태아가 출생한 것과 같이 법률상 보아 준다고 해석하여야 상당하므로 그가 <u>모체와 같이 사망하여 출생의 기회를 못 가진 이상 배상청구권을 논할 여지가 없다.</u>

3) 한편, 자연보호라는 환경소송의 목적에 충실하려면 동물, 식물 등 자연 그 자체를 당사자로 하여도 무방하다고 생각할 수도 있으나, 일반적으로 당사자능력을 인정하고 있지 않다.

[대판 2013.4.25, 2012다118594] 동물의 당사자능력

동물의 생명보호, 안전 보장 및 복지 증진을 꾀하고 동물의 생명 존중 등 국민의 정서를 함양하는 데에 이바지함을 목적으로 한 동물보호법의 입법 취지나 그 규정 내용 등을 고려하더라도, <u>민법이나 그 밖의 법률에 동물에 대하여 권리능력을 인정하는 규정이 없고 이를 인정하는 관습법도 존재하지 아니하므로</u>, 동물 자체가 위자료 청구권의 귀속주체가 된다고 할 수 없다. 그리고 이는 그 동물이 애완견 등 이른바 <u>반려동물이라고 하더라도 달리 볼 수 없다</u>.22)

2. 법인

1) 내국·외국법인, 영리·비영리법인, 사단·재단법인을 불문하고 법인이면 당사자능력이 있다. 법인은 비록 해산·파산되어도, 청산·파산의 목적범위 내에서 법인격이 유지되므로 당사자능력을 보유하며 청산이 종결되면 당사자능력을 잃는다.

2) 국가·지방자치단체 등의 공법인도 권리능력을 가지기 때문에 당사자능력이 있다.

3) 다만 법인의 기관에 불과한 경우, 노동조합선거관리위원회, 국가기관에 불과한 행정청, 지방자치단체의 하부 행정구역에 불과한 읍·면 등은 당사자능력이 없다.

4) 또한 학교에 대해 판례는 국공립학교·사립학교 등을 불문하고 학교는 교육을 위한 <u>시설</u>(영조물)에 불과하다는 이유로 당사자능력을 부인하고 있다. 따라서 <u>학교에 관한 분쟁에 있어서는 그 운영주체</u>(**예** 사립학교에 있어서는 '학교법인', 각종 학교에서는 '설립자')를 당사자로 삼을 수밖에 없다.

[대판 1968.6.18, 67다2528] 청산결과의 등기를 하였더라도 채권이 있는 이상 <u>청산은 종료되지 않으므로 그 한도에서 청산법인은 당사자능력이 있다</u>(대판 2005.11.24, 2003후2515 同旨).

[대결 2019.3.25, 2016마5908] 학교가 민사소송에서 당사자능력이 인정되는지 여부(원칙적 소극) **및 이러한 법리는 비송사건에서도 마찬가지인지 여부**(적극)

<u>학교는 교육시설의 명칭으로서 일반적으로 법인도 아니고 대표자 있는 법인격 없는 사단 또는 재단도 아니기 때문에, 원칙적으로 민사소송에서 당사자능력이 인정되지 않는다.</u> 이러한 법리는 비송사건에서도 마찬가지이다.

➲ [해설] : 甲 외국인학교의 이사인 乙이 甲 학교의 임시이사를 선임해달라는 신청을 한 사안에서, 위 신청은 甲 학교의 당사자능력이 인정되지 않아 부적법하므로 각하하여야 하는데도, 이를 간과하고 본안에 대하여 판단한 원심판단에 법리오해의 잘못이 있다고 한 사례이다.

[대판 2001.6.29, 2001다21991] <u>서울대학교는 법인이 아닌 교육시설의 명칭에 불과하여 당사자능력을 인정할 수 없다</u>.

[대판 1987.4.4, 86다카2479] 사립대학교 <u>학장은 학교법인의 기관의 하나에 지나지 아니하여 민사소송상의 당사자적격이 인정되지 아니한다</u>.

---

22) 대결 2006.6.2, 2004마1148·1149도 마찬가지이다. 즉 천성산 일원에 서식하고 있는 도롱뇽이 천성산 일원의 자연 자체를 보호하기 위하여 고속철건설에 있어서 천성산을 관통하는 길이 13.5km의 원호터널의 착공금지가처분을 신청한 사안에서, 자연물인 도롱뇽 또는 그를 포함한 자연 그 자체에 대하여 당사자능력을 인정하고 있는 현행 법률이 없고, 이를 인정하는 관습법도 존재하지 아니하므로 신청인 도롱뇽이 당사자능력이 있다는 주장은 이유 없다고 하였다.

[대판 1975.12.9, 75다1048] 경북대학교는 국립대학으로서 민사법상의 권리능력이나 당사자능력이 없음이 명백하므로 특허출원인이나 항고심판청구인, 상고인이 될 수 없다(대판 1997.9.26, 96후825 同旨).

[대판 2018.8.1, 2018다227865] **노인요양원이나 노인요양센터에 당사자능력이 인정되는지 여부** (원칙적 소극)

권리능력이 있는 자연인과 법인은 원칙적으로 민사소송의 주체가 될 수 있는 당사자능력이 있으나, 법인이 아닌 사단과 재단은 대표자 또는 관리인이 있는 경우에 한하여 당사자능력이 인정된다. 노인요양원이나 노인요양센터는 일반적으로 노인성질환 등으로 도움을 필요로 하는 노인을 위하여 급식·요양과 그 밖에 일상생활에 필요한 편의를 제공함을 목적으로 하는 시설, 즉 노인의료복지시설을 가리킨다. 이는 법인이 아님이 분명하고 대표자 있는 비법인 사단 또는 재단도 아니므로, 원칙적으로 민사소송에서 당사자능력이 인정되지 않는다.

Ⅲ. 형식적 당사자능력자(제52조 – 대표자나 관리인이 있는 비법인 사단·재단)

> **제52조(법인이 아닌 사단 등의 당사자능력)**
> 법인이 아닌 사단이나 재단은 대표자 또는 관리인이 있는 경우에는 그 사단이나 재단의 이름으로 당사자가 될 수 있다.
>
> ◈ **민사소송규칙** ◈
> **제12조(법인이 아닌 사단 등의 당사자능력을 판단하는 자료의 제출)**
> 법원은 법인이 아닌 사단 또는 재단이 당사자가 되어 있는 때에는 정관·규약, 그 밖에 그 당사자의 당사자능력을 판단하기 위하여 필요한 자료를 제출하게 할 수 있다.

1. 의의

제52조는 법인이 아닌 사단이나 재단은 대표자 또는 관리인이 있는 경우 그 사단이나 재단의 이름으로 당사자가 될 수 있다고 규정하고 있다. 이를 형식적 당사자능력자라고 한다. 따라서 권리능력이 있는 자연인과 법인은 원칙적으로 민사소송의 주체가 될 수 있는 당사자능력이 있으나, 법인이 아닌 사단과 재단은 대표자 또는 관리인이 있는 경우에 한하여 당사자능력이 인정된다.

2. 비법인 사단

1) 사단이라 함은 일정한 목적을 위하여 조직된 다수인의 결합체로서 그 구성원의 가입·탈퇴에 관계없이 존속하며, 대내적으로 그 단체의 의사를 결정하고 업무를 집행할 기관에 관한 정함이 있고(내부조직성), 대외적으로 사단을 대표할 기관에 관한 정함이 있는 단체를 말한다(대판 1999. 4.23, 99다4504 등).

2) 판례상 인정된 비법인 사단에는 종중, 문중, 설립중의 회사, 동창회, 정당, 노동조합, 학회, 교회, 자연부락, 사찰, 어촌계, 재건축조합(도시및주거환경정비법 시행 전 판례), 아파트입주자대표

회의, 상가번영회 등이 있다. 그러나 동백홍농계·원호대상자광주목공조합(조합이라는 이유), 학교·개인사찰(단순한 시설에 불과하다는 이유)은 비법인사단이 아니라고 한다.

3) 종중이라 함은 원래 공동선조의 후손 중 성년 이상의 남자를 종원으로 하여 구성되는 종족의 자연발생적 집단으로서 선조의 사망과 동시에 자손에 의하여 성립하는 것이고 성립을 위하여 특별한 조직행위를 필요로 하는 것이 아니며, 다만 목적인 공동선조의 분묘수호, 제사봉행, 종원 상호간의 친목을 위한 활동을 규율하기 위하여 규약을 정하는 경우가 있고, 또 대외적인 행위를 할 때에는 대표자를 정할 필요가 있는 것에 지나지 아니하며, 반드시 특정한 명칭의 사용 및 서면화된 종중규약이 있어야 하거나 종중의 대표자가 계속하여 선임되어 있는 등 조직을 갖추어야 하는 것도 아니다(대판 1998.7.10, 96다488).

[대판 1997.9.12, 97다20908] 종중 또는 문중과 같이 특별한 조직행위 없이도 자연적으로 성립하는 예외적인 사단이 아닌 한, 사단으로서의 실체를 갖추는 조직행위가 있어야 하는 바, 만일 어떤 단체가 외형상 목적, 명칭, 사무소 및 대표자를 정하고 있다고 할지라도 사단의 실체를 인정할 만한 조직, 그 재정적 기초, 총회의 운영, 재산의 관리 기타 단체로서의 활동에 관한 입증이 없는 이상, 이를 법인이 아닌 사단으로 볼 수 없다.

★[대판 2019.2.14, 2018다264628] ① 종중 유사의 권리능력 없는 사단은 반드시 총회를 열어 성문화된 규약을 만들고 정식의 조직체계를 갖추어야만 비로소 단체로서 성립하는 것이 아니라, 실질적으로 공동의 목적을 달성하기 위하여 공동의 재산을 형성하고 일을 주도하는 사람을 중심으로 계속적으로 사회적인 활동을 하여 온 경우에는 이미 그 무렵부터 단체로서의 실체가 존재한다고 하여야 한다. 계속적으로 공동의 일을 수행하여 오던 일단의 사람들이 어느 시점에 이르러 비로소 창립총회를 열어 조직체로서의 실체를 갖추었다면, 그 실체로서의 조직을 갖추기 이전부터 행한 행위나 또는 그때까지 형성한 재산은, 다른 특별한 사정이 없는 한, 모두 이 사회적 실체로서의 조직에게 귀속되는 것으로 봄이 타당하다. ② 어떠한 단체가 고유 의미의 종중이 아니라 종중 유사의 권리능력 없는 사단(이하 '종중 유사단체'라고 한다)을 표방하면서 그 단체에 권리가 귀속되어야 한다고 주장하는 경우, 우선 권리 귀속의 근거가 되는 법률행위나 사실관계 등이 발생할 당시 종중 유사단체가 성립하여 존재하는 사실을 증명하여야 하고, 다음으로 당해 종중 유사단체에 권리가 귀속되는 근거가 되는 법률행위 등 법률요건이 갖추어져 있다는 사실을 증명하여야 한다.

[대판 2020.10.15, 2020다232846] 고유 의미의 종중 또는 종중 유사의 권리능력 없는 사단이 당사자능력을 갖는지 판단할 때 기준이 되는 시기(=사실심 변론종결 시) 및 종중 유사의 권리능력 없는 사단은 창립총회를 열어 정식의 조직체계를 갖추지 않았더라도 공동의 목적을 달성하기 위하여 공동의 재산을 형성하고 일을 주도하는 사람을 중심으로 계속적으로 사회적인 활동을 하여 왔다면 이미 그 무렵부터 단체로서의 실체가 존재하는지 여부(적극)
당사자능력은 소송요건에 관한 것으로서 그 청구의 당부와는 별개의 문제인 것이며, 소송요건은 사실심의 변론종결 시에 갖추어져 있으면 되는 것이므로, 고유 의미의 종중 또는 종중 유사의 권리능력 없는 단체(이하 '종중 유사단체'라고 한다)가 비법인사단으로서의 실체를 갖추고 당사자로서의 능력이 있는지 여부는 사실심인 원심의 변론종결 시를 기준으로 하여 그 존부를 판단하여야 한다. 그런데 종중 유사단체는 반드시 총회를 열어 성문화된 규약을 만들고 정식의 조직체계를 갖추어야만 비로소 단체로 성립하는 것이

아니라, 실질적으로 공동의 목적을 달성하기 위하여 공동의 재산을 형성하고 일을 주도하는 사람을 중심으로 계속적으로 사회적인 활동을 하여 온 경우에는 이미 그 무렵부터 단체로서의 실체가 존재하는 것이다.

> ⊃ [사실관계 및 해설] : 망인인 甲이 생전에 자신을 공동선조로 하고 자신의 후예들을 구성원으로 하여 '선조의 분묘 수호와 봉제사' 등을 목적으로 하는 단체(문중)를 설립하면서 자신의 동생들까지 구성원으로 포함시켰는데, 위 문중이 종중 유사의 권리능력 없는 사단(이하 '종중 유사단체'라고 한다)으로서 당사자능력이 있는지 문제 된 사안에서, 위 문중이 당사자능력이 있는지는 사실심 변론종결 당시까지 요건을 구비하여 비법인사단으로서의 실체를 갖추었는지에 따라 판단하여야 하고, 시조인 甲이 사망한 시점 내지는 본안에서 그 존재 및 효력 유무가 다투어지는 위 문중의 각 총회 시점을 기준으로 판단할 것이 아닌데도, 甲 사망 전을 기준으로 위 문중이 비법인사단의 단체성을 갖추었는지 여부를 살피고 甲 사망 후 위 문중 구성원들 사이에 재산분쟁이 계속 중이라는 이유만으로 위 문중의 본래 활동이 현재도 전혀 이루어지고 있지 않다고 속단하여 위 문중의 당사자능력을 부정한 원심판단에는 종종 유사단체 및 그 당사자능력에 관한 법리오해의 잘못이 있다고 한 사례이다.

★**[대판 2021.6.24. 2019다278433]** 민사소송법 제52조가 비법인사단의 당사자능력을 인정하는 것은 법인이 아니라도 사단으로서의 실체를 갖추고 그 대표자 또는 관리인을 통하여 사회적 활동이나 거래를 하는 경우에는, 그로 인하여 발생하는 분쟁은 그 단체가 자기 이름으로 당사자가 되어 소송을 통하여 해결하도록 하기 위한 것이다. 그러므로 여기서 말하는 사단이라 함은 일정한 목적을 위하여 조직된 다수인의 결합체로서 대외적으로 사단을 대표할 기관에 관한 정함이 있는 단체를 말하고, 어떤 단체가 비법인사단으로서 당사자능력을 가지는가 하는 것은 소송요건에 관한 것으로서 사실심의 변론종결일을 기준으로 판단하여야 한다. 원래 당사자능력의 문제는 법원의 직권조사사항에 속하는 것이므로 그 당사자능력 판단의 전제가 되는 사실에 관하여는 법원이 당사자의 주장에 구속될 필요 없이 직권으로 조사하여야 하고, 따라서 비법인사단이 원고로 된 경우, 그 성립의 기초가 되는 사실에 관하여 당사자가 다양한 주장을 하는 경우, 구체적인 주장사실에 구속될 필요 없이 직권으로 단체의 실체를 파악하여 당사자능력의 존부를 판단하여야 한다.

[대판 2007.11.16. 2006다41297] 교회가 건물을 다른 교회에 매도하고 더 이상 종교활동을 하지 않아 해산하였다고 하더라도 교인들이 교회 재산의 귀속관계에 대하여 다투고 있는 이상 교회는 청산목적의 범위 내에서 권리·의무의 주체가 되어 당사자능력이 있다.

[대판 1995.9.5. 95다21303] 교회의 총유재산에 관한 소송은 권리능력 없는 사단인 교회 자체의 명의로 하거나 그 교회 구성원 전원이 당사자가 되어 할 수 있을 뿐이고, 후자의 경우에는 필요적 공동소송이다.

[대판 1999.1.29. 98다33512] 자연부락이 그 부락 주민을 구성원으로 하여 고유목적을 가지고 의사결정기관과 집행기관인 대표자를 두어 독자적인 활동을 하는 사회조직체라면 비법인사단으로서의 당사자능력을 가지는데, 자연부락인 '수하리'에 거주하는 주민들로 구성되고 고유의 목적과 주민총회라는 의사결정기관 및 이장이라는 대표자를 갖추고 독자적인 활동을 하는 사회조직체로서 비법인사단에 해당한다.

[대결 1992.1.23. 91마581] 대한불교조계종이 그 산하의 사찰과 승려 및 신도로써 구성되는 비법인사단으로서의 법적성격을 가지는 것이어서, 위 종단에 소속된 사찰은 그 구성분자로서 종단의 자치법규인 종헌, 종법 등의 적용을 받아 자율적인 주지임명권 등을 상실하고 위 종단이 그 권한 등을 행사하게 되어 있지만, 사찰도 독립된 단체로서의 실체를 가지는 경우에는 독자적인 권리능력과 당사자능력을

가질 수 있는 것이므로 그러한 사찰의 주지임명에 관하여 당해 사찰과 아무런 관계도 없는 자가 다만 위 종단의 구성원이라는 막연한 지위에서 그 효력을 다툴 법률상의 이해관계가 있다고 볼 수 없다.

[대판 2020.12.24. 2015다222920] 사찰의 성립과 법적 성격 등

[1] 사찰이 독립한 실체로서 권리의무의 주체가 되기 위하여 갖추어야 할 요건

사찰이란 불교교의를 선포하고 불교의식을 행하기 위한 시설을 갖춘 승려, 신도의 조직인 단체로서 독립한 사찰로서의 실체를 가지기 위해서는 물적 요소인 불당 등의 사찰재산이 있고, 인적 요소인 주지를 비롯한 승려와 상당수의 신도가 존재하며, 단체로서의 규약을 가지고 사찰이 그 자체 생명력을 가지고 사회적 활동을 할 것을 필요로 한다.

[2] 사찰이 특정 종단에 소속하려면 사찰과 종단 사이의 합의가 전제되어야 하는지 여부(적극) / 사찰이 특정 종단에 가입하거나 소속 종단을 변경하기 위해서는 사찰 자체의 자율적 의사결정이 전제되어야 하는지 여부(적극) 및 그 의사결정의 방법(=사찰 자체의 규약에서 정한 방법)

법인격 없는 사단이나 재단으로서 권리의무의 주체가 되는 독립한 사찰은 독자적으로 존속할 수도 있지만 종교적 이념이나 교리 또는 종교적 이해관계를 같이하는 사람과 단체로 구성된 상위 종단에 소속되어 존속하기도 하는데, 사찰의 종단소속관계는 사법상 계약의 영역으로서 사찰이 특정 종단에 소속하려면 이에 관한 사찰과 특정 종단 사이의 합의가 전제되어야 한다. 또한 사찰이 특정 종단과 종단소속에 관한 합의를 하게 되면 그때부터는 그 종단의 소속 사찰이 되어 종단의 종헌이나 종법을 사찰의 자치법규로 삼아 따라야 하고 사찰의 주지임면권도 종단에 귀속되는 등 사찰 자체의 지위나 권한에 중대한 변화를 가져오게 되므로 어느 사찰이 특정 종단에 가입하거나 소속 종단을 변경하기 위해서는 사찰 자체의 자율적인 의사결정이 기본적인 전제가 되어야 한다. 한편 사찰의 자율적인 의사결정 방법은 사찰의 법적 성격이 법인격 없는 사단인지 아니면 법인격 없는 재단인지에 따라 달라질 수 있겠지만 적어도 사찰 자체의 규약에서 정하는 방법에 따라야 할 것이다.

[3] 어느 종단소속인지 불분명한 사찰이 구 불교재산관리법에 따라 특정 종단의 소속임을 밝히면서 사찰 등록신청을 하여 관할관청에 등록된 경우, 위 사찰을 특정 종단소속 사찰로 인정할 수 있는지 여부(원칙적 적극) / 사찰이 특정 종단에 소속되었다는 내용으로 관할관청에 등록되었으나 사찰이 자율적인 의사결정을 거쳐 등록 내용대로 종단과 종단소속관계를 합의한 것이 아니라고 볼만한 사정이 다수 밝혀진 경우, 위 사찰의 종단소속관계를 판단하는 방법

어느 종단에 소속하는지 불분명한 사찰이 구 불교재산관리법(1987.11.28. 법률 제3974호 전통사찰보존법 부칙 제2조로 폐지, 이하 같다)에 따라 특정 종단의 소속임을 밝히면서 사찰 등록신청을 하였고 관할관청의 요건흠결 심사를 거쳐 등록이 되었다면 특별한 사정이 없는 한 특정 종단의 소속 사찰로 인정할 수 있다. 구 불교재산관리법에 따라 등록신청을 하는 사찰이 관할관청에 소속 종단에 관한 사항을 제출하는 것은 해당 사찰이 자율적인 의사결정을 거쳐 자신이 속하기로 한 특정 종단과 종단소속관계의 합의를 하였음을 대외적으로 밝히는 의사표시로 볼 수 있기 때문이다. 그렇지만 사찰이 권리의무의 주체로 되는 데 구 불교재산관리법에 따른 관할관청에의 등록이 반드시 그 요건이 되는 것은 아니고, 구 불교재산관리법에 따른 관할관청에의 등록 자체로 인하여 사찰의 민사상 권리 또는 법률관계에 변동을 가져오거나 사찰의 실체를 좌우하는 것도 아니다. 어느 사찰이 특정 종단에 소속되었다는 내용으로 관할관청에 등록되었더라도 사찰이 자율적인 의사결정을 거쳐 등록 내용대로 종단과 종단소속관계를 합의한 것이 아니라고 볼만한 사정이 다수 밝혀진 경우에는 사찰의 자율적인 의사에 따라 결정한 종단소속관계가 무엇인지를 정확히

파악하여 이를 인정하여야 하고, 구 불교재산관리법에 따른 관할관청에의 등록 내용만으로 그 사찰의 종단소속관계를 섣불리 단정하여서는 안 된다.

➡ [사실관계 및 해설] : 원심은 원고가 대한불교조계종의 종헌, 종법에 따라 포교, 법회 등의 종교활동을 하고 있고 1962년경부터 현재까지 대한불교조계종이 임명한 주지를 비롯하여 원고에 소속된 승려들과 신도들이 있어 왔다는 사정 등을 들어 독립된 사찰로서 원고의 실체를 긍정하였다. 그러나 원심이 들고 있는 사정들은 ○○사를 둘러싼 분쟁의 경위, 그동안 ○○사의 현실적인 운영 주체와 모습이 어떠했는지 등에 관한 고려가 부족한 것으로 보여 선뜻 이해하기 어려운 면이 있다. 즉 순천시장(구 승주군수)이 1970.3.28. 구 불교재산관리법 부칙 제3조 제1항에 따른 재산관리인으로 임명되어 2011.2. 무렵 해임될 때까지 대한불교조계종과 한국불교태고종 사이에 ○○사의 종단소속관계 등을 둘러싼 분규는 계속되었는데, 그 상황에서도 한국불교태고종은 지속적으로 ○○사의 주지를 임명하여 왔고, 한국불교태고종 소속 승려들은 대한불교조계종 소속 승려들의 ○○사 내 진입을 허용하지 않은 채 현실적으로 ○○사를 관리·운영하면서 한국불교태고종의 불교의식을 행하였던 것으로 보인다.

가. 사정이 위와 같다면, ○○사는 한국불교태고종과 종단소속관계를 형성한 피고보조참가인 '한국불교태고종 ○○사'로서 존재할 뿐이고 이와 다른 별개의 사찰이라고 하는 원고 '대한불교조계종 ○○사'는 사찰로서의 실체가 인정되지 않을 여지가 있다(대판 1992.2.25, 88누4058, 대판 1995.9.26, 93다33951 등 참조).

나. 원고가 사찰로서 실체가 인정되지 않는다면 당사자능력이 없다고 보아야 한다. 그런데 당사자능력의 문제는 법원의 직권조사사항에 속하는 것으로 당사자능력 판단의 전제가 되는 사실에 관하여는 법원이 당사자의 주장에 구속될 필요 없이 직권으로 조사하여야 한다(대판 1983.7.12, 82다257, 대판 1994.5.10, 93다53955 등 참조). 따라서 원심으로서는 전래의 사찰인 ○○사가 자율적 의사결정에 따라 대한불교조계종과 종단소속의 합의를 하였는지, ○○사가 대한불교조계종 소속으로 등록된 것이 정당하게 임명된 대표자(주지)에 의한 것인지, 대한불교조계종이 지속적으로 임명한 원고의 주지들이 ○○사의 인적·물적 조직을 관리·운영하면서 ○○사의 대표로서 임무를 수행하였는지, 원고 소속 승려들이 ○○사 경내에서 불교의식을 행하는 등 종교활동을 지속적으로 행하여 왔는지, 원고가 독자적인 신도들을 갖추고 있는지 등을 상세하게 심리하여 원고가 독립된 사찰의 실체를 갖추기 위한 모든 요소를 구비하여 당사자능력을 보유하고 있는지 여부를 판단하였어야 했다.

다. 그런데도 원심은 원고가 구 불교재산관리법에 따라 관할관청에 등록되고 이 사건 토지 등에 관하여 앞서 본 경위로 소유권보존등기를 마쳤다는 사정 등을 주된 근거로 그 밖의 다른 여러 사정들을 면밀히 대조하여 살펴보지 않은 채 원고가 독립된 사찰로서 당사자능력이 있다고 판단하였다. 이러한 원심의 판단에는 사찰의 당사자능력에 관한 법리를 오해하여 필요한 심리를 다하지 않아 판결에 영향을 미친 잘못이 있다. 이를 지적하는 상고이유 주장은 정당하다.

[대판 1991.4.23, 91다4478] 공동주택의 입주자가 주택건설촉진법 제38조 제7항과 공동주택관리령 제10조 제1항에 따라서 구성한 입주자대표회의는 단체로서의 조직을 갖추고 의사결정기관과 대표자가 있을 뿐만 아니라, 또 현실적으로도 자치관리기구를 지휘, 감독하는 등 공동주택의 관리업무를 수행하고 있으므로 특별한 다른 사정이 없는 한 법인 아닌 사단으로서 당사자능력을 가지고 있는 것으로 보아야 한다.[23)]

★[대판 2009.1.30. 2006다60908; 대판 2022.8.11. 2022다227688] ① 민사소송법 제52조가 비법인사단의 당사자능력을 인정하는 이유는 법인이 아니라도 사단으로서의 실체를 갖추고 대표자 또는 관리인을 통하여 사회적 활동이나 거래를 하는 경우에는 그로 인하여 발생하는 분쟁은 그 단체가 자기 이름으로 당사자가 되어 소송을 통하여 해결하도록 하기 위한 것이므로, 여기서 말하는 사단이라 함은 일정한 목적을 위하여 조직된 다수인의 결합체로서 대외적으로 사단을 대표할 기관에 관한 정함이 있는 단체를 말하고, 사단법인의 하부조직의 하나라 하더라도 스스로 단체로서의 실체를 갖추고 독자적인 활동을 하고 있다면 사단법인과는 별개의 독립된 비법인사단으로 볼 수 있다. ② 비법인사단의 하부기관이 당사자능력을 가지는지에 관한 사항은 직권조사사항이다.

3. 비법인 재단

권리능력 없는 재단은 일정한 목적을 위하여 결합된 재산의 집합체로 출연자로부터 독립한 관리자가 있음에도 불구하고 주무관청의 허가가 없어 법인격을 가지지 못한 것을 말한다(예 사회사업을 위하여 모집한 기부재산, 육영회, 대학교 장학회 등).

4. 소송상 취급

법인이 아닌 사단이나 재단이 당사자가 된 경우에는 법인이 당사자가 된 때와 마찬가지의 소송상 취급을 한다. 따라서 단체 그 자체가 당사자가 되며, 그 대표자나 관리인은 법정대리인에 준하여 취급된다(제64조). 판결의 효력은 단체에 대하여만 미치기 때문에 그 구성원이나 출연자 개인은 판결의 효력을 받지 않고, 강제집행의 대상은 단체의 고유재산뿐이다.

5. 비법인 사단이 소송을 수행하는 방안

(1) 비법인 사단의 당사자능력 인정 여부

법인 아닌 사단은 민법상 권리능력이 인정되지 않으므로 소송법에서의 당사자능력을 부정하여야 하지만, 그렇게 되면 구성원 전원이 소송을 수행해야 하는 소송상의 불편을 고려하여 제52조는 법인 아닌 사단이나 재단으로서 대표자 또는 관리인이 있으면 그 이름으로 당사자가 될 수 있도록 하였다. 이를 형식적 당사자능력자라고 한다. 따라서 비법인 사단은 당사자능력이 인정되므로 원고가 될 수 있다.

★★★[대판(전) 2005.9.15. 2004다44971] 민법 제276조 제1항은 "총유물의 관리 및 처분은 사원총회의 결의에 의한다", 같은 조 제2항은 "각 사원은 정관 기타의 규약에 좇아 총유물을 사용·수익할 수 있다"라고 규정하고 있을 뿐 공유나 합유의 경우처럼 보존행위는 그 구성원 각자가 할 수 있다는 민법 제265조 단서 또는 제272조 단서와 같은 규정을 두고 있지 아니한바, 이는 법인 아닌 사단의 소유형태인 총유가 공유나 합유에 비하여 단체성이 강하고 구성원 개인들의 총유재산에 대한 지분권이 인정되지 아니하는 데에서 나온 당연한 귀결이라고 할 것이므로, ① 총유재산에 관한 소송은 법인 아닌

---

23) 구 주택법(2013.12.24. 법률 제12115호로 개정되기 전의 것) 제43조, 구 주택법 시행령(2013.1.9. 대통령령 제24307호로 개정되기 전의 것) 제50조 등의 규정에 근거하여 구성되는 공동주택의 입주자대표회의는 동별 세대수에 비례하여 선출되는 동별 대표자를 구성원으로 하는 법인 아닌 사단에 해당한다(대판 2016.9.8. 2015다39357).

사단이 그 명의로 사원총회의 결의를 거쳐 하거나 또는 ② 그 구성원 전원이 당사자가 되어 필수적 공동소송의 형태로 할 수 있을 뿐, ③ 그 사단의 구성원은 설령 그가 사단의 대표자라거나 사원총회의 결의를 거쳤다 하더라도 그 소송의 당사자가 될 수 없고, 이러한 법리는 총유재산의 보존행위로서 소를 제기하는 경우에도 마찬가지라 할 것이다.

★★[대판 2013.4.25, 2012다118594] 비법인사단의 대표권의 존부 및 비법인사단이 사원총회 결의 없이 제기한 소송의 적법 여부 – 비법인사단(원고 '유기견에게 사랑을 주세요')이 당사자인 사건에서 대표자에게 적법한 대표권이 있는지는 소송요건에 관한 것으로서 법원의 직권조사사항이므로 비법인사단 대표자의 대표권 유무가 의심스러운 경우에 법원은 이를 직권으로 조사하여야 하고, 비법인사단이 총유재산에 관한 소송을 제기할 때에는 정관에 다른 정함이 있다는 등의 특별한 사정이 없는 한 사원총회 결의를 거쳐야 하므로 비법인사단이 이러한 사원총회 결의 없이 그 명의로 제기한 소송은 소송요건이 흠결된 것으로서 부적법하다.

★★★[대판 2014.9.25, 2014다211336] 비법인사단이 총유재산에 관한 권리를 행사하지 아니하고 있어 비법인사단의 채권자가 비법인사단의 총유재산에 관한 권리를 대위행사하는 경우, 사원총회의 결의 등 비법인사단의 내부적인 의사결정절차를 거칠 필요가 있는지 여부(소극) – 비법인사단이 총유재산에 관한 소를 제기할 때에는 정관에 다른 정함이 있는 등의 특별한 사정이 없는 한 사원총회의 결의를 거쳐야 하지만(대판 2011.7.28, 2010다97044 등 참조), 이는 비법인사단의 대표자가 비법인사단 명의로 총유재산에 관한 소를 제기하는 경우에 비법인사단의 의사결정과 특별수권을 위하여 필요한 내부적인 절차이다. 채권자대위권은 채무자가 스스로 자기의 권리를 행사하지 아니하는 때에 채권자가 채무자에 대한 채권을 보전하기 위하여 채무자의 의사와는 상관없이 채무자의 권리를 대위하여 행사할 수 있는 권리로서 그 권리행사에 채무자의 동의를 필요로 하는 것은 아니므로, 비법인사단이 총유재산에 관한 권리를 행사하지 아니하고 있어 비법인사단의 채권자가 채권자대위권에 기하여 비법인사단의 총유재산에 관한 권리를 대위행사하는 경우에는 사원총회의 결의 등 비법인사단의 내부적인 의사결정절차를 거칠 필요가 없다.

➡ [해설] : 원심은, 이 사건 소 중 원고들의 보수 상당액에 관한 대위청구 부분은 비법인사단인 이 사건 대표회의의 피고에 대한 운영비 채권의 일부를 대위행사하는 것인데, 이 사건 운영규정에는 이 사건 대표회의가 그 총유재산에 관한 소를 제기하는 경우에 관하여 별다른 정함이 없으므로 이 사건 소제기에 관하여 이 사건 대표회의 사원총회의 결의를 거쳐야 한다고 전제한 다음, 이 사건 소 중 원고들의 보수 상당액에 관한 대위청구 부분은 이 사건 대표회의 사원총회의 결의 없이 제기된 것으로서 소송요건이 흠결되어 부적법하다고 판단하였는데, 원심의 이러한 조치는 비법인사단을 피대위자로 하는 채권자대위권의 행사요건에 관한 법리를 오해하여 판결에 영향을 미친 위법이 있다고 본 사안이다.

(2) 비법인 사단의 구성원 전원이 소송을 수행하는 방법

1) 총유관계소송과 고유필수적 공동소송 해당 여부

비법인 사단의 재산 소유형태는 총유에 해당하고(민법 제275조), 민법 제276조에 의해 총유물의 관리처분권이 구성원 전원에게 귀속되므로 고유필수적 공동소송에 해당한다(실체법상 관리처분권설). 따라서 구성원 전원이 당사자가 되어야 당사자적격을 구비한 적법한 소가 된다.

2) 보존행위에 기한 소의 경우 고유필수적 공동소송 해당 여부

판례는 종전 총유물의 보존행위에 해당하는 소송의 경우 사원총회의 결의를 거친 경우에는 가능하다는 입장을 변경하여, "총유재산에 관한 소송은 ① 법인 아닌 사단이 그 명의로 사원총회의 결의를 거쳐 하거나 또는 ② 그 구성원 전원이 당사자가 되어 필수적 공동소송의 형태로 할 수 있을 뿐, ③ 그 사단의 구성원(개인)은 설령 그가 사단의 대표자라거나 사원총회의 결의를 거쳤다 하더라도 그 소송의 당사자가 될 수 없고, 이러한 법리는 총유재산의 보존행위로서 소를 제기하는 경우에도 마찬가지다."라고 하였다. 따라서 비법인 사단의 구성원은 원고가 될 수 없다.

(3) 구성원이 소송을 수행하는 방법 – 임의적 소송담당 허용 여부

비법인 사단의 대표자가 임의적 소송담당자로 소송을 수행하는 방법이 문제되나, ① 제53조는 공동의 이해관계를 가진 여러 사람이 제52조에 해당되지 않는 경우에 선정당사자를 활용할 수 있도록 규정하고 있으며, ② 비법인 사단 명의로 소송수행이 가능하다는 점을 고려하여 명문의 규정이 없는 소송담당도 부정함이 일반적이다. 따라서 비법인 사단의 구성원은 원고가 될 수 없다.

IV. 민법상 조합

1. 비법인사단과 민법상 조합의 구별

판례는 민법상 조합과 비법인사단은 명칭을 기준으로 구별하는 것이 아니라 단체성의 강약을 기준으로 판단하여야 한다고 하면서, "민법상 조합의 명칭을 가지고 있는 단체라 하더라도 ① 고유의 목적을 가지고 사단적 성격을 가지는 규약을 만들어 이에 근거하여 의사결정기관 및 집행기관인 대표자를 두는 등 조직을 갖추고 있고, ② 기관의 의결이나 업무집행방법이 다수결의 원칙에 의하여 행해지며, ③ 구성원의 가입, 탈퇴 등으로 인한 변경에 관계없이 단체 그 자체가 존속되는 경우에는 비법인사단으로서의 실체를 가진다고 할 것이다."라고 판시하여 구체적 구별기준을 제시하고 있다(대판 1992.7.10, 92다2431).

2. 조합의 당사자능력 인정 여부 – 조합명의로 당사자가 가능한지 여부

민법상 조합에 대하여 당사자능력을 인정하자는 견해도 있으나, 통설·판례는 조합은 단체라는 실질이 없고, 비법인사단과 달리 조합의 소유관계는 합유로 정해져 있음을 주된 논거로 하여 조합의 당사자능력을 부정한다.

★**[대판 1991.6.25, 88다카6358]** 구성원의 직업재활과 자립정착의 달성 등을 목적으로 하여 설립된 '원호대상자 광주목공조합'은 조합에 가입하려면 전조합원의 동의를 얻어야 하고, 탈퇴하려면 조합원 3분의 2 이상의 동의를 얻어야 하며, 조합자산은 원칙적으로 균일지분에 의하여 조합원에게 합유적으로 귀속되어 조합원이 단독으로 그 분할청구를 하지 못하도록 되어 있는 사실에 비추어 보면 민법상의 조합의 실체를 가지고 있으므로 당사자능력이 없다.

[대판 1999.4.23, 99다4504] 채권자 137명이 정관이나 규약을 작성하지는 아니한 채, 다만 소외 B, C, D 등 10인을 대표자로 선임하여 '주식회사 A의 채권단'을 구성한 경우에 비법인사단으로서의 실체를 갖추지 못하여 당사자능력이 없다.

[대판 1997.11.28, 95다35302] 조합업무를 집행할 권한을 수여받은 업무집행조합원은 조합재산에 관하여 조합원으로부터 임의적 소송신탁을 받아 자기 이름으로 소송을 수행하는 것이 허용된다.

3. 조합이 소송을 수행하는 방안

(1) 조합원 전원이 소송을 수행하는 방법

조합의 재산 소유형태는 합유에 해당하고(민법 제271조), 민법 제272조에 의해서 합유물의 처분·변경에 관한 소송수행권이 조합원 전원에게 귀속되어 조합원들의 공동소송은 원칙적으로 고유필수적 공동소송이 된다. 고유필수적 공동소송은 그 구성원 전원이 당사자가 되지 않으면 당사자적격에 흠이 있어 부적법한 소가 된다. 따라서 조합재산에 관한 소송은 구성원 전원이 당사자가 되어 수행해야 한다.

★★[대판 1994.10.25, 93다54064] 동업약정에 따라 동업자 공동으로 토지를 매수하였다면 그 토지는 동업자들을 조합원으로 하는 동업체에서 토지를 매수한 것이므로 그 동업자들은 토지에 대한 소유권이전등기청구권을 준합유하는 관계에 있고, 합유재산에 관한 소는 이른바 고유필요적 공동소송이라 할 것이므로 그 매매계약에 기하여 소유권이전등기의 이행을 구하는 소를 제기하려면 동업자들이 공동으로 하지 않으면 안 된다.

➲ [해설] : 2인이 동업약정에 따라 공동으로 토지를 매수하였는지, 아니면 동업관계에 있지 않은 2인이 단순히 공동으로 토지를 매수하였는지에 따라 소송의 형태가 달라진다. ① 동업약정에 따라 토지를 매수하였다면 매수인들의 소유권이전등기청구소송은 필수적 공동소송이 되지만, ② 단순히 공동으로 토지를 매수하였을 뿐이라면 매도인은 2인 각자에게 1/2의 지분에 대한 이전등기의무를 지게 되고 매수인들이 공동으로 제기하는 소유권이전등기청구의 소는 통상공동소송이 된다.

(2) 조합의 구성원 1인 각자가 소송을 수행하는 방법

① 합유재산에 대한 관리·처분행위에 대한 소송형태는 고유필수적 공동소송이라고 할 것이므로 구성원 중 일부가 위와 같은 소를 제기하는 경우는 그 당사자적격이 없어 부적법하다고 할 것이다.

② 다만, 예외적으로 보존행위(민법 제272조 단서)에 관한 소송(예 합유물에 관하여 경료된 소유권이전등기의 말소를 구하는 경우)은 통상공동소송으로서, 이때는 조합원 각자가 소송을 수행할 수 있다.

[대판 1997.9.9, 96다16896]

[1] 원호대상자 정착직업재활조합 서울목공분조합은 그 설립에 있어서 구 원호대상자직업재활법 제17조와 그 시행령 제19조 등의 공법상의 근거에 기초하고 있고 공법적으로 국립직업재활원장의 후견적 감독을 받는다는 점에서는 전형적인 민법상 조합이라기보다 오히려 비법인 사단에 가까운 요소들을 일부 구비하고 있으나, 그 분조합의 목적, 분조합 재산에 대한 합유 규정, 분조합 채무에 대한 분조합원들의 무한책임, 분조합원 자격의 제한, 가입과 탈퇴에 대한 제약 등에 비추어 볼 때에 그 실질은 민법상 조합에 다름 아닌 것으로서, 분조합원의 탈퇴와 분조합 재산의 처분과 귀속, 그에

대한 보존행위의 방법 등에 관하여는 우선 원호대상자직업재활법과 그 시행령, 분조합 운영규약이
정하는 바에 따르고, 민법의 합유재산에 관한 규정 및 조합에 관한 규정을 적용하여야 한다.

[2] 합유물에 관하여 경료된 원인무효의 소유권이전등기의 말소를 구하는 소송은 합유물에 관한 보존행
위로서 합유자 각자가 할 수 있다.

(3) 업무집행조합원이 당사자가 되어 소송를 수행하는 방법

1) 문제점

업무집행조합원이 조합원들을 대신해서 당사자로서 소송을 수행할 수 있는지 문제되는데, 업무집
행조합원은 자신의 권리관계에 대해서는 당사자적격을 인정할 수 있지만, 다른 조합원의 권리관
계에 대해서 당사자적격을 갖춘 것으로 볼 수 없어 소송수행권이 없다. 따라서 제3자 소송담당에
해당해야 당사자적격을 갖는다고 할 것인데 법정소송담당자는 아니므로 임의적 소송담당자로 활
용할 수 있는지 문제된다.

2) 임의적 소송담당의 허용 여부

가) 임의적 소송담당의 의의

임의적 소송담당이란 권리관계의 주체인 당사자의 의사에 의해 제3자에게 자기의 권리에 대한 소
송수행권을 수여하는 것을 말한다.

나) 명문규정이 있는 선정당사자제도의 활용

① 의의 및 요건

선정당사자란 공동의 이해관계가 있는 다수자 중에서 모두를 위해 소송을 수행할 자로 선정된
자를 말한다(제53조). 선정당사자의 선정은 ⅰ) 공동소송을 할 다수자가 있고, ⅱ) 공동소송인
사이에 공동의 이해관계가 있어야 하며, ⅲ) 공동의 이해관계가 있는 자 중에 선정할 것을 그
요건으로 하는데, 조합은 공동소송을 할 다수자가 있고, 조합원들의 공동소송은 합유자들의 공
동소송으로 제65조 전문의 『소송목적이 되는 권리나 의무가 여러 사람에게 공통되는 경우』에
해당하므로 조합원 사이에 공동의 이해관계가 있으며, 공동의 이해관계가 있는 자 중에서, 즉
업무집행조합원을 선정하는 경우이므로 제53조의 요건에 해당하여 조합원 전원이 업무집행조
합원을 선정당사자로 선정하여 소송을 수행케 할 수 있을 것이다.

② 문제점

그러나 ⅰ) 선정자인 조합원이 다수결로 선정할 수는 없고, 전원의 개별적인 선정행위로 선정
하여야 하며, ⅱ) 서면증명을 요한다는 점과 ⅲ) 선정당사자에게 소송수행권만 수여하는 선정
은 그 효력이 없다는 점, ⅳ) 조합원이 피고가 되는 경우에는 상대방인 원고가 피고 측의 선정
당사자를 선정해 오지 않을 것이고 상대방 측에서 선정을 강제할 수 없다는 점에서 문제된다.
그러므로 법률이 명문으로 인정하고 있지는 않지만 조합의 업무집행조합원의 임의적 소송담당
을 인정하여 해결하는 방법을 모색해 보아야 한다.

다) 명문규정이 없는 경우

① 허용 여부 – 예외적 허용요건

변호사대리의 원칙(제87조), 소송신탁의 금지(신탁법 제7조)를 잠탈할 염려가 있어 원칙적으로 임의적 소송담당은 허용되지 않는다. 그러나 ㉠ 위와 같은 원칙을 잠탈할 염려가 없고, ㉡ 합리적인 필요가 있으면 허용된다는 것이 다수설과 판례의 입장이다. 이때 합리적 이유는 ⅰ) 권리주체인자의 소송수행권을 포함한 포괄적 관리처분권의 수여가 있을 것, ⅱ) 소송담당자도 소송을 수행할 고유의 이익이 있는 경우에 인정된다고 본다.

② 조합의 업무집행조합원의 임의적 소송담당 인정 여부

조합의 업무집행조합원의 경우 조합원들로부터 포괄적 수권을 받았을 뿐만 아니라 그에게도 소송을 수행할 고유의 이익이 있으므로 소송담당을 허용하자는 긍정설이 다수의 견해이다. 판례도 업무집행조합원은 조합원으로부터 임의적 소송신탁을 받아 자기 이름으로 소송을 수행할 수 있다고 하여 긍정하는 입장이다.

★**[대판 1984.2.14, 83다카1815]** 민사소송 중 재산권상의 청구에 관하여는 소송물인 권리 또는 법률관계에 관하여 관리처분권을 갖는 권리주체에게 당사자적격이 있다고 함이 원칙이나 비록 제3자라고 하더라도 법률이 정하는 바에 따라 일정한 권리나 법률관계에 관하여 당사자적격이 부여되는 경우와 본래의 권리주체로부터 그의 의사에 따라 소송수행권을 수여 받음으로써 당사자적격을 인정하는 경우도 허용된다고 풀이할 것이다. 물론 이와 같은 임의적 소송신탁은 우리나라 법제하에서는 그 허용되는 경우라는 것은 극히 제한적이라고 밖에 할 수 없을 것이나 탈법적 방법에 의한 것이 아니고(소송대리를 변호사에 한하게 하고 소송신탁을 금지하는 것을 피하는 따위) 이를 인정하는 합리적 필요가 있다고 인정되는 경우가 있을 것이다. 따라서 민법상의 조합에 있어서 조합규약이나 조합결의에 의하여 자기의 이름으로 조합재산을 관리하고 대외적 업무를 집행할 권한을 수여받은 업무집행조합원은 조합재산에 관한 소송에 관하여 조합원으로부터 임의적 소송신탁을 받아 자기의 이름으로 소송을 수행하는 것은 허용된다고 할 것이다.

[대판 1997.11.28, 95다35302] 조합업무를 집행할 권한을 수여받은 업무집행조합원은 조합재산에 관하여 조합원으로부터 임의적 소송신탁을 받아 자기 이름으로 소송을 수행하는 것이 허용된다.

(4) 업무집행조합원이 소송대리인으로서 소송을 수행하는 방법

1) 법률상 소송대리인의 인정 여부

가) 문제점

법률상의 소송대리인은 업무에 관한 포괄대리권이 수여되어 있어 그 사무에 관련된 소송에서 당연히 소송대리권을 가지는 것인데, 민법 제709조에는 업무집행조합원에게 그 업무집행에 관한 대리권이 있는 것으로 추정한다고만 규정하고 있다. 이에 업무집행조합원이 법률상의 소송대리인인지가 문제된다.

나) 학설

① 민법 제709조는 업무집행조합원에게 업무집행의 대리권이 있는 것으로 추정하고 있으며, 그 대리권의 범위는 소송행위의 대리권을 포함한 업무에 관한 포괄적 대리권일 수밖에 없으므로, 업무집행조합원을 법률상의 소송대리인으로 보아야 한다는 견해(다수설)와 ② 재판상 행위도 대리할 수 있는 지배인과는 달리, 업무집행조합원은 단지 업무집행의 대리권이 있는 것으로 「추정」될 뿐이므로 당연히 소송대리권을 인정하는 것은 타당하지 않다고 보는 견해가 대립한다.

생각건대, 조합원이 다수인 경우에 업무집행조합원의 소송대리에 의하여 조합의 번잡한 소송수행을 단순·간략화할 수 있다는 점에 비추어, 긍정설이 타당하다고 본다.

2) 소송위임에 의한 소송대리인의 인정 여부

소송위임에 의한 소송대리의 경우 변호사대리원칙의 규율을 받으나(제87조), 예외적으로 단독사건 중 ① 소가 1억원 이하의 단독사건에서는 법원의 허가를 얻어 변호사가 아니더라도 소송대리가 가능하며(제88조 제1항 단서), 다만 ② 소가 3,000만원 이하의 소액사건에서는 일정한 경우 변호사가 아니더라도 법원의 허가 없이 소송대리가 가능하다(소심법 제8조).

4. 조합 측을 상대로 하는 경우 – 수동소송

판례는 ① 조합채권자가 각 「조합원의 개인적 책임」에 기하여 해당 채권을 행사하는 경우에는 조합원 각자를 상대로 하여 그 이행의 소를 제기할 수 있으므로 공동소송으로 소를 제기한 경우에도 통상공동소송이 될 것이나(민법 제712조), ② 조합의 채권자가 조합원에 대하여 「조합재산에 관한 공동책임」을 묻는 경우에는 합유물의 처분·변경에 해당하여 조합원 전원의 동의가 필요(민법 제272조 본문)하므로 실체법상 관리처분권이 조합원 전원에게 공동으로 귀속되어 고유필수적 공동소송이 된다고 본다.

> [대판 1991.11.22. 91다30705] 조합의 채권자가 조합원에 대하여 조합재산에 의한 공동책임을 묻는 것이 아니라 각 조합원의 개인적 책임에 기하여 당해 채권을 행사하는 경우에는 조합원 각자를 상대로 하여 그 이행의 소를 제기할 수 있다.

비법인사단과 조합의 소송수행방법의 비교

구분	비법인사단	조합
구별기준	[대판 1992.7.10, 92다2431] 민법상의 조합과 법인격은 없으나 사단성이 인정되는 비법인사단을 구별함에 있어서는 일반적으로 그 단체성의 강약을 기준으로 판단하여야 하는바, 조합은…어느 정도 단체성에서 오는 제약을 받게 되는 것이지만 구성원의 개인성이 강하게 드러나는 인적 결합체인 데 비하여 비법인사단은 구성원의 개인성과는 별개로 권리의무의 주체가 될 수 있는 독자적 존재로서의 단체적 조직을 가지는 특성이 있다 하겠는데, 민법상 조합의 명칭을 가지고 있는 단체라 하더라도 고유의 목적을 가지고 사단적 성격을 가지는 규약을 만들어 이에 근거하여 의사결정기관 및 집행기관인 대표자를 두는 등의 조직을 갖추고 있고, 기관의 의결이나 업무집행방법이 다수결의 원칙에 의하여 행해지며, 구성원의 가입, 탈퇴 등으로 인한 변경에 관계없이 단체 그 자체가 존속되고, 그 조직에 의하여 대표의 방법, 총회나 이사회 등의 운영, 자본의 구성, 재산의 관리 기타 단체로서의 주요사항이 확정되어 있는 경우에는 비법인사단으로서의 실체를 가진다고 할 것이다.	
재산소유 형태	총유	합유
사단·단체의 명의	당사자능력 : 명문의 규정 有(제52조) ➡ ∴비법인사단 명의로 소송수행 可	당사자능력 : 명문의 규정 無 ➡ 통설·판례(대판 1991.6.25, 88다카6358 등) : 부정
구성원 전원의 명의	통설·판례(실체법설) ➡ 총유재산에 관한 소송은 민법 제276조에 의해 총유물의 관리처분권(소송수행권)이 구성원 전원에 귀속 ➡ 고유필수적 공동소송에 해당함(∴구성원 전원이 당사자가 되어야 하고, 일부누락하면 부적법한 소 O)	통설·판례(실체법설) ➡ 합유재산에 관한 소송은 민법 제272조에 의해 합유물의 관리처분권(소송수행권)은 조합원 전원에게 귀속 ➡ 원칙적으로 고유필수적 공동소송(∴구성원 전원이 당사자가 되어야 하고, 일부누락하면 부적법한 소 O)
구성원 일부의 명의	(1) 관리·처분행위 ➡ 고유필수적 공동소송(∴구성원 일부의 소제기는 부적법) (2) 보존행위 ⎡ 종래 판례 - 긍정 ⎣ 변경 판례 - 종래의 판례를 변경하여 사단의 구성원 일부는 총유재산의 보존행위로서 소를 제기하는 경우에도 소송의 당사자가 될 수 없다고 함으로써 부정(대판 2005.9.15, 2004다44971)	(1) 관리·처분행위 ➡ 고유필수적 공동소송(∴조합원 일부의 소제기는 당사자적격이 없어 부적법) (2) 보존행위 ➡ 민법 제272조 단서에 의해 보존행위는 각자가 할 수 있는 것 ∴ 통상공동소송의 형태 ➡ 조합원 일부라도 단독으로 소송수행 可 ↓ 소송수행의 불편해소의 방안 업무집행조합원의 소송수행 ⎡ 대리 ⎡ 법률상 소송대리인 - O(多) 　　　 ⎣ 소송위임 - 예외적(제88조, 소심법 제8조) 임의적 소송담당 - 긍정(판례 : 대판 1984.2.14, 83다카1815)

V. 당사자능력의 조사와 그 흠결의 효과

1. 소송요건 및 소송행위의 유효요건

1) 당사자능력의 존재는 소송요건으로서 직권조사사항이다. 따라서 법원은 당사자능력의 흠을 인정한 때에는 판결로서 소를 각하하여야 한다.

2) 또한 당사자능력은 소송행위의 유효요건이다. 따라서 당사자능력이 없는 사람의 또는 이에 대한 소송행위는 무효이다. 다만 당사자능력의 흠결 시 무효는 유동적 무효이므로 후에 당사자능력을 취득한 당사자의 추인에 의하여 유효로 될 수 있다.

3) 당사자능력의 유무는 사실심 변론종결 시를 기준으로 판단한다.

[대판 1991.11.26, 91다30675] 민사소송법 제52조가 비법인의 당사자능력을 인정하는 것은 법인이 아닌 사단이나 재단이라도 사단 또는 재단으로서의 실체를 갖추고 그 대표자 또는 관리인을 통하여 사회적 활동이나 거래를 하는 경우에는, 그로 인하여 발생하는 분쟁은 그 단체의 이름으로 당사자가 되어 소송을 통하여 해결하게 하고자 함에 있다 할 것이므로 여기서 말하는 사단이라 함은 일정한 목적을 위하여 조직된 다수인의 결합체로서 대외적으로 사단을 대표할 기관에 관한 정함이 있는 단체를 말한다고 할 것이고, 당사자능력이 있는지 여부는 사실심의 변론종결일을 기준으로 하여 판단되어야 할 성질의 것이다.

[대판 2013.1.10, 2011다64607] **종중이 비법인사단으로서 당사자능력을 구비하였는지 판단하는 기준시점**(사실심 변론종결 시) - 고유의 의미의 종중이란 공동선조의 후손들에 의하여 그 선조의 분묘수호 및 봉제사와 후손 상호간의 친목을 목적으로 형성되는 자연발생적인 종족단체로서 특별한 조직행위가 없더라도 그 선조의 사망과 동시에 그 후손에 의하여 성립한다. 다만 비법인사단이 민사소송에서 당사자능력을 가지려면 일정한 정도로 조직을 갖추고 지속적인 활동을 하는 단체성이 있어야 하고 또한 그 대표자가 있어야 하므로(제52조), 자연발생적으로 성립하는 고유한 의미의 종중이라도 그와 같은 비법인사단의 요건을 갖추어야 당사자능력이 인정된다 할 것이고 이는 소송요건에 관한 것으로서 사실심의 변론종결 시를 기준으로 판단하여야 한다(대판 2010.3.25, 2009다95387 참조). 그리고 자연발생적으로 성립한 종중이 특정 시점에 부동산 등에 대한 권리를 취득하여 타인에게 명의신탁을 할 수 있을 정도로 유기적 조직을 갖추고 있었는지 여부 등은 그 권리귀속의 주체에 관한 문제, 즉 본안에 관한 문제로서 종중의 당사자능력과는 별개이다.

---

2. 소송계속 중 당사자능력의 상실

소송계속 중에 당사자가 사망 또는 합병 등에 의하여 당사자능력을 상실한 경우에는 승계인이 있으면 이들이 당사자로 되어 소송을 승계하고, 이들이 실제로 소송에 관여할 때까지 소송절차가 중단된다(제233조, 제234조, 제238조). 그러나 소송물이 승계할 성질의 권리관계가 아닌 때에는 두 당사자 중 한 쪽 당사자가 없게 되므로 소송절차는 당연히 종료한다.

[대판 2003.11.14, 2003다34038] 소송계속 중 어느 일방 당사자의 사망에 의한 소송절차 중단을 간과하고 변론이 종결되어 판결이 선고된 경우에는 그 판결은 소송에 관여할 수 있는 적법한 수계인의 권한을 배제한 결과가 되는 절차상 위법은 있지만 그 판결이 당연무효라 할 수는 없고, 다만 그 판결

은 대리인에 의하여 적법하게 대리되지 않았던 경우와 마찬가지로 보아 대리권 흠결을 이유로 상소 또는 재심에 의하여 그 취소를 구할 수 있을 뿐이므로, 판결이 선고된 후 적법한 상속인들이 수계신청을 하여 판결을 송달받아 상고하거나 또는 사실상 송달을 받아 상고장을 제출하고 상고심에서 수계절차를 밟은 경우에도 그 수계와 상고는 적법한 것이라고 보아야 하고, 그 상고를 판결이 없는 상태에서 이루어진 상고로 보아 부적법한 것이라고 각하해야 할 것은 아니고, 제424조 제2항을 유추하여 볼 때 당사자가 판결 후 명시적 또는 묵시적으로 원심의 절차를 적법한 것으로 추인하면 위와 같은 상소사유 또는 재심사유는 소멸한다고 보아야 한다.

3. 당사자능력의 흠을 간과한 판결의 효력과 구제방법

(1) 당연무효의 판결인지 여부

당사자능력이 없어 소각하판결을 해야 함에도 이를 간과하고 본안판결을 한 경우, ① 무효설도 있으나, ② 당사자가 비실재인이거나 사망자인 경우 이외에는 당사자의 부존재인 경우와 달라서 판결을 당연무효로 볼 것은 아니다(통설).

(2) 구제방법

① 확정 전이면 상소로 취소할 수 있다. ② 그러나 확정 후에는 이러한 판결은 당연무효는 아니며 재심사유로 규정되어 있지 않고, 일응 사회생활단위로서 소송상 행동하여 판결을 받은 것이기 때문에 다시 재심으로 다툴 이익도 없다고 보는 비재심설(유효설)이 타당하다(다수설).

> [대판 1992.7.14, 92다2455] 실종선고의 효력이 발생하기 전에는 실종기간이 만료된 실종자라 하여도 소송상 당사자능력을 상실하는 것은 아니므로 실종선고 확정 전에는 실종기간이 만료된 실종자를 상대로 하여 제기된 소도 적법하고 실종자를 당사자로 하여 선고된 판결도 유효하며 그 판결이 확정되면 기판력도 발생한다고 할 것이고, 이처럼 판결이 유효하게 확정되어 기판력이 발생한 경우에는 그 판결이 해제조건부로 선고되었다는 등의 특별한 사정이 없는 한 그 효력이 유지되어 당사자로서는 그 판결이 재심이나 추완항소 등에 의하여 취소되지 않는 한 그 기판력에 반하는 주장을 할 수 없는 것이 원칙이라 할 것이며, 비록 실종자를 당사자로 한 판결이 확정된 후에 실종선고가 확정되어 그 사망간주의 시점이 소제기 전으로 소급하는 경우에도 위 판결 자체가 소급하여 당사자능력이 없는 사망한 사람을 상대로 한 판결로서 무효가 된다고는 볼 수 없다.

제4관 당사자적격

I. 서설

1. 의의 및 취지

1) 당사자적격은 특정한 청구(소송물인 특정한 권리 또는 법률관계)에 대하여 정당한 당사자로서 소송을 수행하고 본안판결을 받기에 적합한 자격을 말한다. 이를 당사자의 권능으로 보는 때에는 「소송수행권」이라 한다.

2) 이는 형식적 당사자개념에서 민중소송 및 소송의 남용을 배제하기 위한 제도이다.

2. 구별개념

(1) 당사자확정과의 구별

당사자적격은 누가 정당한 당사자로서 소송을 수행하고 본안판결을 받기에 적합한 자격이 있는가의 문제인 점에서, 현재 계속 중인 소송에서 누가 당사자인가를 가리는 당사자확정의 문제와 구별된다.

(2) 당사자능력 · 소송능력과의 구별

당사자적격은 특정사건과의 관계에서 문제가 됨에 반해, 당사자능력과 소송능력은 구체적인 사건을 떠난 일반적 · 인격적 능력이라는 점에서 구별된다. 당사자능력과 소송능력이 민법상의 권리능력과 행위능력에 대응하는 개념이라면, 당사자적격은 민법상의 관리처분권에 대응되는 개념이다.

(3) 본안적격과의 관계

당사자적격은 실체법상의 권리와는 무관하게 소송법적으로 정해지는 개념임에 반해, 본안적격은 원고가 주장된 권리 또는 법률관계의 귀속자인가의 문제로서, 실체법상의 권리의무의 문제이다.

II. 당사자적격을 갖는 자(정당한 당사자)

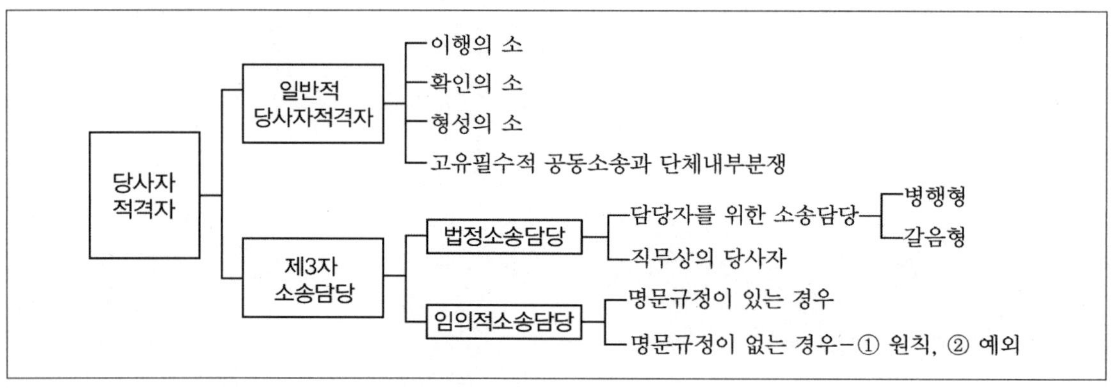

1. 일반적인 경우

일반적인 규정은 없으나, 통상 소송물인 권리 또는 법률관계의 존부의 확정에 대하여 법률상 이해관계를 가지는 사람이 정당한 당사자이다. 소의 종류에 따라서 구체적으로 살펴보면 다음과 같다.

(1) 이행의 소

1) 판단기준

이행의 소에 있어서는 자기의 실체법상 이행청구권을 주장하는 사람이 원고적격자이고, 그로부터 의무자로 주장되고 있는 사람이 피고적격자이다. 여기서 청구권 내지는 의무가 존재하는가에 대하여는 법원이 실체관계를 심리한 후 결정되는 것이므로 정당한 원고가 반드시 실체법상의 권리자이고 정당한 피고가 반드시 실체법상의 의무자는 아니다. 결국 당사자적격은 주장 자체만으로 판단한다.

2) 판례의 태도

★★★[대판 1994.6.14, 94다14797] 급부의 소에 있어서는 원고의 청구 자체로서 당사자적격이 판가름되고 그 판단은 청구의 당부의 판단에 흡수되는 것이니, 자기의 급부청구권을 주장하는 자가 정당한 원고이고, 의무자라고 주장된 자가 정당한 피고이다.

★★★[대판 1994.2.25, 93다39225] 등기의무자, 즉 등기부상의 형식상 그 등기에 의하여 권리를 상실하거나 기타 불이익을 받을 자가 아닌 자를 상대로 한 등기의 말소절차이행을 구하는 소는 당사자적격이 없는 자를 상대로 한 부적법한 소이다.

　　➲ [해설] : 본 판결에 대해서는 이행의 소에서의 일반적 당사자적격의 판단기준에 대한 예외적 판례로서 소개되기도 한다. 즉 본 판례사안에서는 주장 자체로 당사자적격이 인정되고, 판례가 들고 있고 있는 등기의무자의 여부는 본안의 문제로서 등기의무가 없다면 결국 청구기각판결을 내렸어야 함이 타당하다고 한다. 이러한 비판은 다음의 판례에 대해서도 동일하게 작용한다.

　　◈ 관련판례 ◈

★[대판 2019.5.30, 2015다47105]

　[1] 등기부상 진실한 소유자의 소유권에 방해되는 허무인 또는 실체가 없는 단체 명의의 부실등기가 존재하는 경우, 소유자가 허무인 등 명의로 실제 등기행위를 한 자를 상대로 등기의 말소를 구할 수 있는지 여부(적극)

　　등기부상 진실한 소유자의 소유권에 방해가 되는 부실등기가 존재하는 경우에 그 등기명의인이 허무인 또는 실체가 없는 단체인 때에는 소유자는 그와 같은 허무인 또는 실체가 없는 단체 명의로 실제 등기행위를 한 자에 대하여 소유권에 기한 방해배제로서 '등기행위자를 표상'하는 허무인 또는 실체가 없는 단체 명의 등기의 말소를 구할 수 있다.

　[2] 등기명의인 표시변경(경정)의 등기에 등기의무자라는 관념이 존재할 수 있는지 여부(소극) 및 등기의무자가 아닌 자를 상대로 등기의 말소절차이행을 구하는 소가 적법한지 여부(소극)

　　등기명의인 표시변경(경정)의 등기는 등기명의인의 동일성이 유지되는 범위 내에서 등기부상의 표시를 실제와 합치시키기 위하여 행하여지는 것에 불과할 뿐 어떠한 권리변동을 가져오는 것이 아니므로 등기가 잘못된 경우에도 등기명의인은 다시 소정의 서면을 갖추어 경정등기를 하면 되는 것이고, 따라서 <u>거기에는 등기의무자의 관념이 있을 수 없다.</u> 한편 등기의무자, 즉 등기부상의 형식상 그 등기에 의하여 권리를 상실하거나 기타 불이익을 받을 자(등기명의인이거나 그 포괄승계인)가 아닌 자를 상대로 한 등기의 말소절차이행을 구하는 소는 당사자적격이 없는 자를 상대로 한 부적법한 소이다.

★★★[대판 2017.12.5, 2015다240645] **현재의 등기명의인이 아닌 자를 상대로 진정한 등기명의의 회복을 위한 소유권이전등기청구를 할 수 있는지 여부**(소극) – 진정한 등기명의의 회복을 위한 소유권이전등기청구는 이미 자기 앞으로 소유권을 표상하는 등기가 되어 있었거나 법률에 따라 소유권을 취득한 자가 진정한 등기명의를 회복하기 위한 방법으로서, <u>현재의 등기명의인을 상대로 하여야 하고 현재의 등기명의인이 아닌 자는 피고적격이 없다.</u>

★[대판 2020.8.20, 2018다241410] **공유물분할청구의 소에서 법원이 등기의무자가 아닌 자를 상대로 등기의 말소절차 이행을 명할 수 있는지 여부**(소극)
공유물분할청구의 소는 형성의 소로서 법원은 공유물분할을 청구하는 원고가 구하는 방법에 구애받지 않고 재량에 따라 합리적 방법으로 분할을 명할 수 있다. 그러나 법원은 등기의무자, 즉 등기부상의 형식상 그 등기에 의하여 권리를 상실하거나 기타 불이익을 받을 자(등기명의인이거나 그 포괄승계인)가 아닌 자를 상대로 등기의 말소절차 이행을 명할 수는 없다.

[대판 2009.10.15, 2006다43903] 말소된 등기의 회복등기절차의 이행을 구하는 소에서는 회복등기의무자에게만 피고적격이 있는바, 가등기가 이루어진 부동산에 관하여 제3취득자 앞으로 소유권이전등기가 마쳐진 후 그 가등기가 말소된 경우 그와 같이 말소된 가등기의 회복등기절차에서 회복등기의무자는 가등기가 말소될 당시의 소유자인 제3취득자이므로, <u>그 가등기의 회복등기청구는 회복등기의무자인 제3취득자를 상대로 하여야 한다.</u>

➲ [해설] : 甲 소유 부동산에 乙이 소유권이전청구권 보전을 위한 가등기를 설정받은 후 甲이 丙에게 양도하고 甲에서 丙으로 소유권이전등기가 된 후 乙명의의 가등기가 원인 없이 말소된 경우 乙은 말소 당시의 소유자 丙을 상대로 가등기의 회복등기를 청구하여야 한다는 것이다.

★★★[대판 2000.4.11, 2000다5640] 근저당권 양도(가등기 이전 포함)의 부기등기는 기존의 근저당권설정등기(가등기 포함)에 의한 권리의 승계를 등기부상 명시하는 것뿐으로, 그 등기에 의하여 새로운 권리가 생기는 것이 아닌 만큼 근저당권설정등기(가등기 포함)의 말소등기청구는 <u>양수인만을 상대로 하면 족하고 양도인은 그 말소등기청구에 있어서 피고적격이 없으며,</u> 근저당권의 이전이 전부명령 확정에 따라 이루어졌다고 하여 이와 달리 보아야 하는 것은 아니다(대판 1994.10.21, 94다17109 同旨).

◈ 관련판례 ◈

▶ **근저당권설정등기가 말소되면 그 부기등기도 직권말소되는지 여부**
근저당권 이전의 부기등기는 기존의 주등기인 근저당권설정등기에 종속되어 주등기와 일체를 이루는 것이어서 피담보채무가 소멸된 경우 또는 근저당권설정등기가 당초 원인무효인 경우 주등기인 근저당권설정등기의 말소만 구하면 되고 그 부기등기는 별도로 말소를 구하지 않더라도 주등기의 말소에 따라 직권으로 말소된다(대판 1995.5.26, 95다7550).

▶ **주등기의 피담보채무가 소멸된 경우, 주등기의 말소와 별도의 채무자의 변경을 내용으로 하는 근저당권변경 부기등기의 말소청구의 적법 여부**(소극) ★★★
채무자의 변경을 내용으로 하는 근저당권변경의 부기등기는 기존의 주등기인 근저당권설정등기에 종속되어 주등기와 일체를 이루는 것이고 주등기와 별개의 새로운 등기는 아니라 할 것이므로, 그 피담보채무가 변제로 인하여 소멸된 경우 위 주등기의 말소만을 구하면 되고 그에 기한 부기등기는 별도로 말소를 구하지 않더라도 주등기가 말소되는 경우에는 직권으로 말소되어야 할 성질의 것이므로, 위 부기등기의 말소청구는 권리보호의 이익이 없는 부적법한 청구라고 할 것이다(대판 2000. 10.10, 2000다19526).

▶ **근저당권이전의 부기등기만의 말소를 구하는 소의 이익이 인정되는 경우**

그러나 근저당권의 이전원인만이 무효로 되거나 취소 또는 해제된 경우, 즉 근저당권의 주등기 자체는 유효한 것을 전제로 이와는 별도로 근저당권이전의 부기등기에 한하여 무효사유가 있다는 이유로 부기등기만의 효력을 다투는 경우에는 그 부기등기의 말소를 소구할 필요가 있으므로 예외적으로 소의 이익이 있다(대판 2005.6.10, 2002다15412·15429).

★★★[대판(전) 2015.5.21, 2012다952]

[1] 사해행위인 매매예약에 기하여 수익자 앞으로 가등기가 이루어졌다가 전득자 앞으로 그 가등기 이전의 부기등기 및 본등기가 이루어진 경우, 수익자가 사해행위취소에 따른 원상회복으로서 가액배상의무를 부담하는지 여부(적극)

사해행위인 매매예약에 기하여 수익자 앞으로 가등기를 마친 후 전득자 앞으로 그 가등기 이전의 부기등기를 마치고 나아가 그 가등기에 기한 본등기까지 마쳤다 하더라도, 위 부기등기는 사해행위인 매매예약에 기초한 수익자의 권리의 이전을 나타내는 것으로서 위 부기등기에 의하여 수익자로서의 지위가 소멸하지는 아니하며, 채권자는 수익자를 상대로 그 사해행위인 매매예약의 취소를 청구할 수 있다. 그리고 설령 부기등기의 결과 위 가등기 및 본등기에 대한 말소청구소송에서 수익자의 피고적격이 부정되는 등의 사유로 인하여 수익자의 원물반환의무인 가등기말소의무의 이행이 불가능하게 된다 하더라도 달리 볼 수 없으며, 특별한 사정이 없는 한 수익자는 위 가등기 및 본등기에 의하여 발생된 채권자들의 공동담보 부족에 관하여 원상회복의무로서 가액을 배상할 의무를 진다 할 것이다. 이와 달리 사해행위인 매매예약에 의하여 마친 가등기를 부기등기에 의하여 이전하고 그 가등기에 기한 본등기를 마친 경우에, 그 가등기에 의한 권리의 양도인은 가등기말소등기청구 소송의 상대방이 될 수 없고 본등기의 명의인도 아니므로 가액배상의무를 부담하지 않는다는 취지의 대법원 2005.3.24. 선고 2004다70079 판결 등은 이 판결의 견해에 배치되는 범위 안에서 이를 변경하기로 한다.

➡ [해설] : 채무자와 수익자 사이에 이루어진 사해행위인 매매예약에 기하여 수익자 앞으로 소유권이전청구권가등기가 이루어지고 전득자 앞으로 그 가등기 이전의 부기등기 및 그 가등기에 기한 본등기가 이루어졌는데, 채권자가 수익자를 상대로 사해행위인 매매예약의 취소와 그에 따른 원상회복으로서 가액배상을 구한 경우에, 수익자는 가등기가 전득자에게 이전됨에 따라 원물반환의무인 가등기말소의무의 이행이 불가능하게 되었더라도 가등기 및 본등기에 의하여 발생된 공동담보 부족에 관하여 가액배상의무를 진다고 한 사안이다. 이 판결에 대하여는 관여 법관의 의견이 일치되었다.

[2] 사해행위의 취소 및 원상회복을 구하는 소송계속 중 사해행위가 해제 또는 해지되고 사해행위의 취소에 의해 복귀를 구하는 재산이 채무자에게 복귀한 경우, 권리보호의 이익이 있는지 여부(원칙적 소극) 및 사해행위취소소송이 제기되기 전에 사해행위의 취소에 의해 복귀를 구하는 재산이 채무자에게 복귀한 경우에도 마찬가지인지 여부(적극)

채권자가 채무자의 부동산에 관한 사해행위를 이유로 수익자를 상대로 사해행위의 취소 및 원상회복을 구하는 소송을 제기한 후 소송계속 중에 사해행위가 해제 또는 해지되고 채권자가 사해행위의 취소에 의해 복귀를 구하는 재산이 벌써 채무자에게 복귀한 경우에는, 특별한 사정이 없는 한 사해행위취소소송의 목적은 이미 실현되어 더 이상 소에 의해 확보할 권리보호의 이익이 없어진다. 그리고 이러한 법리는 사해행위취소소송이 제기되기 전에 사해행위의 취소에 의해 복귀를 구하는 재산이 채무자에게 복귀한 경우에도 마찬가지로 타당하다.

[대판 2015.12.10. 2014다87878] 부동산등기법 제52조 단서 제5호에서 정한 '등기상 이해관계 있는 제3자'의 의미 및 판단 기준 / 등기명의인이 아닌 사람을 상대로 권리변경등기나 경정등기에 대한 승낙의 의사표시를 청구하는 소가 적법한지 여부(소극)
부동산등기법 제52조 단서 제5호는 "등기상 이해관계 있는 제3자의 승낙이 없는 경우에는 권리의 변경이나 경정의 등기를 부기등기로 할 수 없다."라고 규정하고 있는데, 이때 등기상 이해관계 있는 제3자란 기존 등기에 권리변경등기나 경정등기를 허용함으로써 손해를 입게 될 위험성이 있는 등기명의인을 의미하고, 손해를 입게 될 위험성은 등기의 형식에 의하여 판단하며 실질적으로 손해를 입을 염려가 있는지는 고려의 대상이 되지 아니한다. 따라서 등기명의인이 아닌 사람은 권리변경등기나 경정등기에 관하여 등기상 이해관계 있는 제3자에 해당하지 않음이 명백하고, 권리변경등기나 경정등기를 부기등기로 하기 위하여 등기명의인이 아닌 사람의 승낙을 받아야 할 필요는 없으므로, 등기명의인이 아닌 사람을 상대로 권리변경등기나 경정등기에 대한 승낙의 의사표시를 청구하는 소는 당사자적격이 없는 사람을 상대로 한 부적법한 소이다.

(2) 확인의 소

확인의 소에 있어서는 그 청구에 관하여 확인의 이익을 가지는 사람이 원고적격자이고, 원고의 이익과 반대의 이해관계를 가지는 사람이 피고적격자이다. 즉 확인의 이익이 있는 때에는 당사자적격이 있는 것이 원칙이다.

[대판 1997.10.16. 96다11747] 확인의 이익은 원고의 권리 또는 법률상의 지위에 현존하는 불안·위험이 있고 그 불안·위험을 제거함에는 피고를 상대로 확인판결을 받는 것이 가장 유효·적절한 수단일 때에만 인정되므로 확인의 소의 피고는 원고의 권리 또는 법률관계를 다툼으로써 원고의 법률상의 지위에 불안·위험을 초래할 염려가 있는 사람이어야 하고 그와 같은 피고를 상대로 하여야 당사자적격이 인정된다.

★**[대판 2024.11.28. 2023다245287] 비법인사단인 교회에 확인의 이익이 인정되는 경우, 교회 스스로 원고가 되어 교인총회 결의의 존재를 주장하는 교인 등을 상대로 그 결의의 부존재 확인의 소를 제기할 수 있는지 여부**(적극)
비법인사단인 교회의 교인총회 결의에 대하여 부존재 확인의 소를 제기할 수 있는 사람이 누구인지에 관하여 민법 등에 특별한 규정이 없으므로, 일반적인 확인의 소의 경우처럼 확인의 이익이나 법률상 이해관계를 가지는 사람은 누구든지 원고적격을 가진다. 교회에 확인의 이익이 인정되는 경우에는 교회 스스로 원고가 되어 교인총회 결의의 존재를 주장하는 교인 등을 상대로 그 결의의 부존재 확인의 소를 제기할 수도 있다.

(3) 형성의 소

법률관계의 변동의 효과가 생기는 것에 대하여 이익이 있는 사람이 원고적격자이고, 그 반대의 이해관계를 가진 사람이 피고적격자이다. 그런데 형성의 소는 보통 실체법규(예 상법 제376조, 민법 제818조, 민법 제840조 등)에서 원고적격자나 피고적격자를 정해 놓고 있다(형성의 소의 법정주의).

★★★ [대판 2004.8.30, 2004다21923]

[1] 채권자가 채권자취소권을 행사하려면 사해행위로 인하여 이익을 받은 자나 전득한 자를 상대로 그 법률행위의 취소를 청구하는 소송을 제기하여야 되는 것으로서 채무자를 상대로 그 소송을 제기할 수는 없다.

[2] 채권자가 전득자를 상대로 하여 사해행위의 취소와 함께 책임재산의 회복을 구하는 사해행위취소의 소를 제기한 경우에 그 취소의 효과는 채권자와 전득자 사이의 상대적인 관계에서만 생기는 것이고 채무자 또는 채무자와 수익자 사이의 법률관계에는 미치지 않는 것이므로, 이 경우 취소의 대상이 되는 사해행위는 채무자와 수익자 사이에서 행하여진 법률행위에 국한되고, 수익자와 전득자 사이의 법률행위는 취소의 대상이 되지 않는다.

(4) 특수한 경우

1) 고유필수적 공동소송

이해관계인 모두(전원)가 공동으로 소를 제기하거나 제소되어야 한다. 그렇지 않으면 당사자적격이 없다(예 공유물분할청구소송의 경우 모든 공유자를 공동피고로 하여야 한다). 이러한 경우에는 그 모두가 함께 할 때에 비로소 소송수행권이 주어지고, 각자 단독으로는 당사자적격이 인정되지 않는다.

2) 단체의 내부분쟁

단체의 내부분쟁(통상의 사단법인이나 재단법인뿐만 아니라 종교법인이나 학교법인 등 여러 종류의 단체의 내부분쟁이 소송에 등장)은 단체 내부에서 획일적으로 처리되어야 한다는 요청 때문에 누구를 당사자로 하여 소송을 진행할 것인가가 문제되는데, 주주총회결의취소 등에 대하여는 상법이 명문으로 원고적격의 규정을 두고 있다(상법 제376조 등. 이렇듯 형성소송의 경우 원고적격에 관해서는 보통 법규에 제소권자에 관한 규정이 있는 관계로 크게 문제되지 않는다). 그러나 피고적격은 명문의 규정을 두고 있지 않아서 문제이다. 판례는 주주총회결의 취소와 결의무효확인 판결은 대세적 효력이 있으므로 그와 같은 소송의 피고가 될 수 있는 자는 그 성질상 회사로 한정된다고 하여, 회사 자체를 그리고 회사만을 피고로 하지 않으면 안 된다고 하였다(단체피고설). 회사를 피고로 하지 않으면 비록 승소판결을 받아도 그 효력이 회사에게 미치지 않게 되어서 회사가 그 판결은 자기네와 무관계함을 내세울 수 있고, 따라서 법적불안제거에 도움이 안 된다는 이유에서이다.

★ [대판(전) 1982.9.14, 80다2425]

[1] 주주총회결의 취소와 결의무효확인 판결은 대세적 효력이 있으므로 그와 같은 소송의 피고가 될 수 있는 자는 그 성질상 회사로 한정된다고 할 것이다.

[2] 주주총회결의부존재확인의 소송은 일응 외형적으로는 존재하는 것같이 보이는 주주총회결의가 그 성립과정에 있어서의 흠결이 중대하고도 명백하기 때문에 그 결의자체가 존재하는 것으로 볼 수 없을 때에 법률상 유효한 결의로서 존재하지 아니한다는 것의 확인을 소구하는 것으로서 주주총회결의 무효확인의 소송과는 주주총회결의가 법률상 유효한 결의로서는 존재하지 않는다는 것의 확정을 구하는 것을 목적으로 한다는 점에서 공통의 성질의 가진다 할 것이므로 주주총회결의부존재확인의 소송에는 그 결의무효확인의 소송에 관한 상법 제380조의 규정이 준용된다 할 것이므로 그 결

의부존재확인판결의 효력은 제3자에게 미치고 그 부존재확인소송에 있어서 피고가 될 수 있는 자도 회사로 한정된다(➜ [해설] : 주주총회결의 부존재확인의 소송에 상법 제380조의 규정이 준용되는지 여부에 관하여 이와 상반되는 견해를 표시한 종전의 본원 판례(대결 1963.2.15, 62마25; 대결 1964.4.20, 63마33; 대결 1964.4.21, 63마31; 대판 1969.5.13, 69다279 등)는 이를 폐기함).

[3] 주식회사의 이사회결의는 회사의 의사결정이고 회사는 그 결의의 효력에 관한 분쟁의 실질적인 주체라 할 것이므로 그 효력을 다투는 사람이 회사를 상대로 하여 그 결의의 무효확인을 소구할 수 있다 할 것이나, 그 이사회결의에 참여한 이사들은 그 이사회의 구성원에 불과하므로 특별한 사정이 없는 한 이사 개인을 상대로 하여 그 결의의 무효확인을 소구할 이익은 없다.

2. 제3자 소송담당 - 예외적인 경우

```
┌ 법정소송담당 : 권리주체의 의사가 아니라 법률이 제3자에게 원·피고가 될 수 있는 소송수행권 부여 ○
│     (1) 담당자를 위한 소송담당
│        (가) 병행형 ┬ 주체 ○, 제3자 ○
│                  └ 해당 예 ┬ ① 공유자 전원 위해 보존행위하는 공유자
│                            ├ ② 미등기 건물의 매수인
│                            ├ ③ 채권자 대위소송의 채권자(통설·판례)
│                            └ ④ 회사대표소송의 주주
│
│        (나) 갈음형 ┬ 주체 ×, 제3자 ○
│                  └ 해당 예 ┬ ① 채권추심명령을 받은 압류채권자
│                            ├ ② 유언에 관한 소송에서 유언집행자
│                            ├ ③ 파산재단에 관한 소송을 하는 파산관재인
│                            └ ④ 상속재산관리인(판례)
│
│     (2) 직무상 당사자 ┬ 일정한 직무에 있는 자에게 법률이 소송수행권 부여
│                      └ 검사(예 민법 제864조, 상법 제894조의 해난구조료청구에서의 선장)
│
└ 임의적 소송담당 : 권리주체가 그 의사로 제3자에게 자기의 권리에 대한 소송수행권 수여 ○
   ┌ 명문의 규정이 있는 경우 - 선정당사자(제53조), 어음의 추심위임배서의 피배서인(어음법 제18조),
   │                          한국자산관리공사
   └ 명문의 규정이 없는 경우 ┬ 원칙 : × (∵ 변호사대리의 원칙과 편의소송금지)
                            └ 예외 : 변호사대리의 원칙의 잠탈, 소송신탁금지의 회피 우려가 없고
                                    또한 합리적인 이유가 있는 경우 예외적으로 허용(통설)
                                    ➜ 판례 : 조합의 업무집행조합원 허용(대판 1997.11.28, 95다35302 등)
```

(1) 의의 및 유형

1) 실체법상 권리의무의 주체 이외에 제3자가 당사자적격을 갖는 경우를 제3자의 소송담당이라고 한다. 소송담당자는 자기의 이름으로 소송을 수행하는 사람이라는 점에서, 다른 사람의 이름으로 소송수행을 하는 대리인과 구별된다. 즉 당사자는 어디까지나 제3자인 소송담당자이다.

2) 제3자의 소송담당은 크게 나누어 당사자적격을 취득하는 원인에 따라 ① 법정소송담당(법률의 정함)과 ② 임의적 소송담당(권리의무의 주체로부터의 권한수여), ③ 법원의 허가에 의한 소송담당으로 나뉜다.

(2) 법정소송담당

1) 의의 및 유형

권리관계의 주체인 사람의 의사에 관계없이 제3자가 <u>법률의 규정</u>에 의하여 소송수행권을 갖는 경우를 법정 소송담당이라 한다. 여기에는 다시 ① 제3자에게 관리처분권이 부여된 결과 소송수행권을 갖는 경우로서, 담당자를 위한 소송담당의 경우(병행형과 갈음형)와 ② 직무상의 당사자가 있다.

2) 담당자를 위한 소송담당

가) 병행형

① 의의 및 유형

<u>채권자대위소송을 하는 채권자(민법 제404조)</u>가 전형적인 예로 거론되며, 이 외에도 <u>회사대표소송의 주주</u>(상법 제403조 - 대판 2010.4.15, 2009다98058), <u>채권질의 질권자(민법 제353조)</u>, <u>공유자 전원을 위해 보존행위를 하는 공유자(민법 제265조)</u> 등이 그 예이다. 다만 채권자대위소송에 대해서는 다툼이 있으므로, 별항으로 검토한다.

★[대판 2018.11.29. 2017다35717] 주주대표소송의 원고적격의 판단 - 주주가 적법한 주주대표소송을 제기한 이후 주식교환 등 비자발적 사유로 주주 지위를 상실하게 된 경우, 주주대표소송의 원고 적격을 상실하는지 여부(적극)

주주가 대표소송을 제기하기 위하여는 회사에 대하여 이사의 책임을 추궁할 소의 제기를 청구할 때와 회사를 위하여 그 소를 제기할 때 상법 또는 구 은행법이 정하는 주식보유요건을 갖추면 되고, 소제기 후에는 보유주식의 수가 그 요건에 미달하게 되어도 무방하다. 그러나 <u>대표소송을 제기한 주주가 소송의 계속 중에 주식을 전혀 보유하지 아니하게 되어 주주의 지위를 상실하면</u>, 특별한 사정이 없는 한 그 주주는 원고적격을 상실하여 그가 제기한 소는 부적법하게 되고(상법 제403조 제5항, 대판 2013.9.12, 2011다57869 참조), 이는 그 <u>주주가 자신의 의사에 반하여 주주의 지위를 상실하였다</u> 하여 달리 볼 것은 아니다.

➲ [해설] : 원고는 대상회사의 주주로서 같은 주주인 제1심 공동원고들과 함께, 대상회사의 임직원 등이 대상회사에게 손해를 입혔다고 주장하면서 상법 제403조에 따라 그 손해배상을 구하는 주주대표소송을 제기하였는데, 제1심 계속 중에 대상회사가 소외 회사와 주식의 포괄적 교환계약을 체결하고 그 계약이 대상회사 주주총회에서 승인됨에 따라 원고가 대상회사 주주 지위를 상실하게 되었다면, 원고는 주주대표소송의 원고 적격을 상실하여 원고가 제기한 소는 부적법하게 된다고 본 사례이다.

② 채권자대위소송

i) 법적 성질

이에 대해서는 (ㄱ) 채권자대위소송의 채권자는 <u>자신에게 인정된 대위권이라는 실체법상의 권리를 행사한다</u>는 점에서 소송담당자가 아니라는 견해(독자적 권리행사설:독립한 대위권설:고유적격설)도 있으나, (ㄴ) 통설은 채권자대위소송은 법률이 채권자가 자기 채권의 보전을 할 수 있도록 그에게 채무자인 다른 사람의 권리에 관하여 소송수행권을 부여한 법정소송담당으로 보고 있다(법정소송담당설).24) (ㄷ) 판례도 채권자가 <u>스스로 원고가 되어 채무자의 제3채무자에 대한 권리를 행사하는 것</u>이라고 하여 통설과 마찬가지로 법정소송담당으로 보고 있다.

ⅱ) 당사자적격과 소송물

통설·판례인 법정소송담당설의 입장에 의하면 "① 피보전채권, ② 보전의 필요성, ③ 채무자의 권리불행사는 당사자적격의 요소"가 되나, ④ 피대위권리는 소송물에 해당한다고 보게 된다. 따라서 ①,②,③의 흠결 시에는 원고적격의 흠결로 부적법하고, ④의 흠결 시에는 청구가 이유 없게 된다.

★★★[대판 1988.6.14, 87다카2753] 채권자대위소송에 있어서 대위에 의하여 보전될 채권자의 채무자에 대한 권리가 인정되지 아니할 경우에는 채권자가 스스로 원고가 되어 채무자의 제3채무자에 대한 권리를 행사할 당사자적격이 없게 되므로 그 대위소송은 부적법하여 각하할 수밖에 없다(대판 1994.6.24, 94다14339 등 同旨).

➲ [해설] : 본 판례는 채권자대위소송은 채권자가 스스로 원고가 되어 채무자의 제3채무자에 대한 권리를 행사하는 것이라는 점을 전제로 하므로, 통설은 판례도 채권자대위소송의 법적성질을 법정소송담당으로 보고 있다고 평가한다.

★★★[대판 2021.7.21, 2020다300893]

[1] 채권자대위소송에서 피대위자인 채무자가 실존인물이 아니거나 사망한 사람인 경우, 소가 적법한지 여부(소극)

채권자대위소송에서 대위에 의하여 보전될 채권자의 채무자에 대한 권리가 인정되지 아니할 경우에는 채권자가 스스로 원고가 되어 채무자의 제3채무자에 대한 권리를 행사할 당사자적격이 없게 되므로 그 대위소송은 부적법하여 각하할 것인바, 피대위자인 채무자가 실존인물이 아니거나 사망한 사람인 경우 역시 피보전채권인 채권자의 채무자에 대한 권리를 인정할 수 없는 경우에 해당하므로 그러한 채권자대위소송은 당사자적격이 없어 부적법하다.

[2] 국가를 상대로 한 토지소유권확인청구가 확인의 이익이 있는 경우

국가를 상대로 한 토지소유권확인청구는 어느 토지가 미등기이고, 토지대장이나 임야대장상에 등록명의자가 없거나 등록명의자가 누구인지 알 수 없을 때와 그 밖에 국가가 등록명의자인 제3자의 소유를 부인하면서 계속 국가 소유를 주장하는 등 특별한 사정이 있는 경우에 한하여 그 확인의 이익이 있다.

[3] 미등기토지에 대하여 토지대장이나 임야대장의 소유자 명의인 표시란에 구체적 주소나 인적사항에 관한 기재가 없어서 그 명의인을 특정할 수 없는 경우, 소유명의인의 채권자가 국가를 상대로 소유명의인을 대위하여 소유권확인의 확정판결을 받았다면 그 판결을 특정인이 위 토지의 소유자임을 증명하는 확정판결이라고 볼 수 있는지 여부(소극)

부동산등기법 제65조 제2호는 확정판결에 의하여 자기의 소유권을 증명하는 자는 미등기의 토지에 관한 소유권보존등기를 신청할 수 있는 것으로 규정하고 있고, 부동산등기규칙 제46조 제1항 제6호는 보존등기 신청 시 등기권리자의 주소 및 주민등록번호를 증명하는 정보를 첨부정보로서 등기소에 제공하여야 한다고 규정한다. 따라서 미등기토지에 대하여 토지대장이나 임야대장의 소유자 명의인 표시란에 구체적 주소나 인적사항에 관한 기재가 없어서 그 명의인을 특정할 수 없는 경우에는 그 소유명의인의 채권자가 국가를 상대로 소유명의인을 대위하여 소유권확인의 확정판결을

---

24) 채권자대위소송에 있어서 채무자가 그 사실을 알기 전에는 채무자와 병행형, 그 사실을 안 후에는 갈음형의 소송수행권을 갖는다는 견해도 있다.

받더라도 이 확인판결에는 소유자가 특정되지 않아 특정인이 위 토지의 소유자임을 증명하는 확정판결이라고 볼 수 없다(등기선례 제201112-2호, 제201005-1호 등도 같은 취지로 규정하고 있다).

[4] 확인의 소에서 확인의 이익의 유무가 직권조사사항인지 여부(적극)

확인의 소에서 확인의 이익의 유무는 직권조사사항이므로 당사자의 주장 여부에 관계없이 법원이 직권으로 판단하여야 한다.

★★[대판 1976.7.13, 75다1086] 채권자 대위권 행사에 있어서 채권을 보전하기에 필요한 여부의 판단시기 및 증명책임

채권자대위권의 행사로서 채권자가 채권을 보전하기에 필요한 여부는 변론종결당시를 표준으로 판단되어야 할 것이며, 그 채권이 금전채권일 때에는 채무자가 무자력하여 그 일반재산의 감소를 방치할 필요가 있는 경우에 허용되고 이와 같은 요건의 존재사실은 채권자가 주장·입증하여야 한다.

★★★[대판 2015.9.10, 2013다55300] 채권자대위소송에서 제3채무자가 채권자의 채무자에 대한 권리의 발생원인이 된 법률행위가 무효라거나 변제 등으로 소멸하였다는 등의 사실을 주장하여 채권자의 채무자에 대한 권리가 인정되는지를 다툴 수 있는지 여부(적극) 및 이 경우 법원은 채권자의 채무자에 대한 권리가 인정되는지에 관하여 직권으로 심리·판단하여야 하는지 여부(적극)

채권자가 채권자대위소송을 진행한 경우, ① 제3채무자는 채무자가 채권자에 대하여 가지는 항변권이나 형성권 등과 같이 권리자에 의한 행사를 필요로 하는 사유를 들어 채권자의 채무자에 대한 권리가 인정되는지 여부를 다툴 수 없지만, ② 채권자의 채무자에 대한 권리의 발생원인이 된 법률행위가 무효라거나 위 권리가 변제 등으로 소멸하였다는 등의 사실을 주장하여 채권자의 채무자에 대한 권리가 인정되는지 여부를 다투는 것은 가능하고, ③ 이 경우 법원은 제3채무자의 주장을 고려하여 채권자의 채무자에 대한 권리가 인정되는지 여부에 관하여 직권으로 심리·판단하여야 한다.

⊃ [해설] : 종래의 입장을 변경한 판례가 아니다. 동 판례의 취지는 ① 제3채무자가 채무자의 채권자에 대한 항변을 가지고 채권자에 대하여 대항할 수 없다는 것은 채무자의 형성권이나 항변권의 행사에 의하여 채권자와 채무자 사이의 법률관계가 변동될 가능성이 있는 경우로서 권리자에 의한 행사가 필요한 사유에 한하는 것이고, 이와 달리 ② 이미 법률관계가 완성된 상태(필자 주 무효로 완성되었든 변제에 의해 채무가 소멸된 것으로 완성되었든)에서 피보전채권이 존재하지 않다는 주장은 당사자적격의 유무에 관한 법원의 직권조사를 촉구하는 의미로 또는 본안 전 항변으로 충분히 할 수 있다는 것이다.

다만 피보전채권의 소멸시효가 완성된 경우 이를 원용할 수 있는 자는 시효이익을 직접 받는 자뿐이므로, 제3채무자는 채권자대위소송의 피보전채권의 소멸시효가 완성되었다고 하더라도 이를 행사할 수 없다. 동 판례에서도 원고가 상고이유서에서 들고 있는 대법원 1992.11.10. 선고 92다35899 판결, 대법원 1997.7.22. 선고 97다5749 판결 등은 모두 소멸시효 항변에 관한 것으로서 사안이 달라 이 사건에 원용하기에 적절하지 아니하다고 하였다.

⊃ [사실관계] :

(1) 甲은 1988.8.5.경 乙로 하여금 선의인 丙 소유의 토지를 매수하게 하는 위임계약을 체결하면서 乙이 토지를 보관하다가 이후 甲과 乙이 지정하는 丁의 명의로 등기를 하되 내부적으로는 甲의 소유로 하는 명의신탁약정을 체결하였다(甲과 乙의 관계는 계약명의신탁관계가, 乙과 丁의 관계는 양자간 등기명의신탁관계가 성립). 이후 부동산실명법이 정한 유예기간의 경과로 인하여 명의신탁약정이 무효가 되었다.

(2) 명의신탁약정이 무효가 되면 그와 함께 이루어진 부동산 매입의 위임 약정 역시 무효로 된다. 나아가 甲과 乙 사이에 甲의 요구에 따라 부동산의 소유 명의를 이전하기로 한 약정이 있다면 이 또한 명의신탁약정이 유효함을 전제로 명의신탁 부동산 자체의 반환을 구하는 범주에 속하는 것에 해당하여 역시 무효로 된다.

(3) 甲이 乙을 대위하여 丁에게 소유권이전등기 말소등기를 청구하는 경우, 丁은 甲의 乙에 대한 권리의 발생원인이 된 법률행위(명의신탁약정, 위임계약, 별도의 반환약정)가 무효이고, 따라서 甲의 乙에 대한 권리는 존재하지 않는다고 다툴 수 있다.

★★★[대판 2019.1.31. 2017다228618]

[1] 채권자대위권의 행사에서 채권자가 채무자를 상대로 보전되는 청구권에 기한 이행청구의 소를 제기하여 승소판결을 선고받고 판결이 확정된 경우, 청구권의 발생원인이 되는 사실관계가 제3채무자에 대한 관계에서 증명되었다고 볼 수 있는지 여부(원칙적 적극) / 청구권의 취득이 강행법규 위반 등으로 무효인 경우, 채권자대위소송의 제3채무자에 대한 관계에서 피보전권리가 존재하는지 여부(소극) 및 이는 확정판결 또는 그와 같은 효력이 있는 재판상 화해조서 등이 재심이나 준재심으로 취소되지 아니하여 채권자와 채무자 사이에서 판결이나 화해가 무효라는 주장을 할 수 없는 경우라 하더라도 마찬가지인지 여부(적극)

① 채권자대위권을 행사하는 경우, 채권자가 채무자를 상대로 보전되는 청구권에 기한 이행청구의 소를 제기하여 승소판결을 선고받고 판결이 확정되었다면, 특별한 사정이 없는 한 그 청구권의 발생원인이 되는 사실관계가 제3채무자에 대한 관계에서도 증명되었다고 볼 수 있다. 그러나 ② 그 청구권의 취득이, 채권자로 하여금 채무자를 대신하여 소송행위를 하게 하는 것을 주목적으로 이루어진 경우와 같이, 강행법규에 위반되어 무효라고 볼 수 있는 경우 등에는 위 확정판결에도 불구하고 채권자대위소송의 '제3채무자에 대한 관계'에서는 피보전권리가 존재하지 아니한다고 보아야 한다. 이는 '위 확정판결 또는 그와 같은 효력이 있는 재판상 화해조서 등이 재심이나 준재심으로 취소되지 아니하여 채권자와 채무자 사이에서는 그 판결이나 화해가 무효라는 주장을 할 수 없는 경우'라 하더라도 마찬가지이다.

[2] 구 국토의 계획 및 이용에 관한 법률에서 정한 토지거래계약 허가구역 내 토지에 관하여 허가를 배제하거나 잠탈하는 내용으로 체결된 매매계약의 효력(확정적 무효) 및 계약체결 후 허가구역 지정이 해제되거나 허가구역 지정기간 만료 이후 재지정을 하지 아니한 경우, 확정적으로 무효로 된 계약이 유효로 되는지 여부(소극)

구 국토의 계획 및 이용에 관한 법률(2016.1.19. 법률 제13797호로 개정되기 전의 것, 이하 '구 국토계획법'이라고 한다. 현행 부동산거래신고 등에 관한 법률)에서 정한 토지거래계약 허가구역 내 토지에 관하여 허가를 배제하거나 잠탈하는 내용으로 매매계약이 체결된 경우에는, 강행법규인 구 국토계획법 제118조 제6항에 따라 계약은 체결된 때부터 확정적으로 무효이다. 계약체결 후 허가구역 지정이 해제되거나 허가구역 지정기간 만료 이후 재지정을 하지 아니한 경우라 하더라도 이미 확정적으로 무효로 된 계약이 유효로 되는 것이 아니다.

➡ [사실관계 및 소송과정] : ① 원고 甲은 乙과 토지거래허가구역 내에 있던 이 사건 X 토지에 관하여 2003.4.2. '이 사건 제1매매계약'을 체결한 뒤 토지거래허가를 받을 수 없다는 것을 알고, 2003.11.29. 허가요건을 갖춘 丙에게 요청하여 丙을 매수인으로 한 매매계약서를 작성한 뒤 丙 명의로 토지거래허가를 받아 소유권이전등기를 마쳤다. 피고 丁은 2004.7.31. 丙으로부터 위 X 토지(이하 '이 사건 매매부동산'이라고 한다)를 대금 5억원에 매수(이하 '이 사건 제2매매계약

이라고 한다)하고 그 후 소유권이전등기를 마쳤다. 피고 丁은 피고 戊 금융기관과 사이에 이 사건 매매부동산을 담보로 하여 근저당권설정계약을 체결하고, 위 부동산에 관하여 채권최고액을 5억 2,000만원으로 하는 피고 戊 명의의 근저당권설정등기 및 지상권설정등기(이하 '이 사건 근저당권 및 지상권설정등기'라고 한다)를 마쳐 주었다. 그 후 원고 甲은 이 사건 부동산이 토지거래허가구역에서 해제되자, 丙에 대하여는 이 사건 부동산에 관한 소유권이전등기 말소등기절차의 이행을 구하고, 乙에 대하여는 이 사건 각 부동산에 관한 소유권이전등기절차의 이행을 구하는 소를 제기하였다. 이 소송에서 2014.11.13. "원고 甲에게, 乙은 2014.11.13.자 매매를 원인으로 한 소유권이전등기절차를 이행하고, 원고 甲은 위 乙에 대하여 위 2014.11.13.자 매매계약 및 이 사건 제1매매계약의 이행불능, 집행불능 등으로 인한 매매대금 반환이나 손해배상 청구 등 일체의 금전적 청구를 포기한다."는 내용으로 조정(이하 '이 사건 화해'라고 한다)이 성립하였다. 그 후 甲은 다음과 같은 주장을 하며 丁과 戊를 상대로 각 등기의 말소를 구하였다. "乙은 원고 甲에게 이 사건 화해에 따라 이 사건 각 부동산에 관한 소유권이전등기절차를 이행할 의무가 있다. 이 사건 제1매매계약이 강행법규 위반으로 무효인 이상 그에 기초하여 마쳐진 丙 명의의 소유권이전등기와 그에 기하여 마쳐진 피고들 丁, 戊 명의의 각 소유권이전등기, 이 사건 근저당권설정등기와 지상권설정등기는 모두 무효이다. 이 사건 각 부동산의 원래 소유자인 乙은 피고들 丁, 戊에게 위 각 등기의 말소를 청구할 수 있다. 따라서 원고 甲은, 원고 甲의 乙에 대한 위 소유권이전등기청구권을 보전하기 위하여 乙을 대위하여 피고들 丁, 戊를 상대로 위 각 등기의 말소를 구한다."

➲ [판단 및 결론] : 대법원은 위와 같은 사실관계 등을 앞에서 본 법리에 비추어 채권자대위소송의 피보전권리의 존부에 관하여 직권으로 살펴보아 다음과 같이 판단하였다. "① 우선 이 사건 화해는 강행법규 위반으로 확정적으로 무효(토지거래계약 허가구역 내 토지에 관하여 허가를 배제하거나 잠탈하는 내용으로 매매계약이 체결된 경우에는, 강행법규인 구 국토계획법 제118조 제6항에 따라 계약은 체결된 때부터 확정적으로 무효이고, 계약체결 후 허가구역 지정이 해제되거나 허가구역 지정기간 만료 이후 재지정을 하지 아니한 경우라 하더라도 이미 확정적으로 무효로 된 계약이 유효로 되는 것이 아니라는 점)가 된 이 사건 제1매매계약에 따른 법률효과를 발생시키려는 목적에서 단지 재판상 화해의 형식을 취하여 위 매매계약의 이행을 약정한 것에 불과하다고 보이므로, 위 매매계약과 마찬가지로 무효라고 봄이 타당하다. 또한 ② 이 사건 화해의 기판력 범위와 관련이 있는 원고의 청구원인은 이 사건 제1매매계약에 기한 소유권이전등기청구인데, 이 사건 화해의 내용은 소외 1 등이 원고에게 2014.11.13.자 매매계약에 근거하여 소유권이전등기절차를 이행한다는 내용이기는 하나, 이는 이 사건 화해가 성립한 날짜를 조정조항에 새로운 매매계약일로 기재한 것으로 보이고, 새로운 계약 내용은 전혀 존재하지 아니한다. ③ 이처럼 이 사건 화해가 강행법규 위반으로 무효인 이상, 이 사건 화해의 당사자가 아닌 피고 丁과 戊에 대한 관계에서 원고 甲의 乙에 대한 소유권이전등기청구권이 존재한다고 볼 수는 없다. 이는 이 사건 화해가 준재심절차에 의하여 취소되지 아니하여 그 당사자인 원고 甲과 乙 사이에서는 위 소유권이전등기청구권이 존재한다고 하더라도 마찬가지이다. 결국 원고 甲의 이 사건 소는 채권자대위소송의 피보전권리가 존재하지 아니하므로, 당사자적격이 없는 자에 의하여 제기된 소로써 부적법하다고 할 것이다." 즉 원고 甲의 乙에 대한 피보전권리가 재판상 조정에 의한 것이라 하더라도, 그 내용이 강행법규 위반으로 무효인 이상, 위 조정의 당사자가 아닌 피고들에 대한 관계에서 원고 甲의 乙에 대한 소유권이전등기청구권이 존재한다고 볼 수는 없고, 이는 위 조정

조서가 준재심절차에 의하여 취소되지 아니하여 그 당사자인 원고 甲과 乙 사이에서는 위 소유권이전등기청구권이 존재한다고 하더라도 마찬가지라고 하여, 이 사건 소를 직권으로 각하한 사례이다.

★★★[대판 1993.2.12. 92다25151] 채무자에 대한 소유권이전등기청구권을 보전하기 위하여 채무자를 대위하여 제3자 명의의 소유권이전등기의 말소를 청구하기 위하여는 우선 채권자의 채무자에 대한 소유권이전등기청구권을 보전할 필요가 인정되어야 할 것이고 그러한 보전의 필요가 인정되지 않는 경우에는 소가 부적법하므로 직권으로 이를 각하하여야 할 것인바, 채권자가 채무자를 상대로 소유권이전등기절차이행의 소를 제기하였으나 패소확정판결을 받았다면 위 판결의 기판력으로 말미암아 채권자로서는 더 이상 소유권이전등기청구를 할 수 없게 되었다 할 것이고, 가사 채권자가 채권자대위소송에서 승소하였다 한들 채권자가 채무자에 대하여 다시 소유권이전등기절차의 이행을 구할 수 있는 것도 아니므로 채권자로서는 채권자대위권을 행사함으로써 위 소유권이전등기청구권을 보전할 필요가 없게 되었다 할 것이다.

★★★[대판 2014.10.27. 2013다25217] 채무자 소유의 부동산을 시효취득한 채권자의 공동상속인이 채무자에 대한 소유권이전등기청구권을 피보전채권으로 하여 제3채무자를 상대로 채무자의 제3채무자에 대한 소유권이전등기의 말소등기청구권을 대위행사하는 경우, 공동상속인은 자신의 지분 범위 내에서만 채무자의 제3채무자에 대한 소유권이전등기의 말소등기청구권을 대위행사할 수 있고, 지분을 초과하는 부분에 관하여는 채무자를 대위할 보전의 필요성이 없다.

➲ [해설] : 甲이 乙의 丙에 대한 점유취득시효를 원인으로 한 소유권이전등기청구권 중 일부 지분을 상속받았다고 주장하면서 丁을 상대로 丙의 丁에 대한 소유권이전등기의 말소등기청구권을 대위하여 전부 말소를 구한 사안에서, 甲의 상속지분을 넘는 부분에 관하여는 보전의 필요성이 없다는 점을 지적하거나 甲이 주장한 상속지분이 증거에 의하여 인정되는 상속지분과 일치하지 아니함에도 아무런 석명을 하지 아니한 채 甲이 주장하는 지분을 초과하는 부분에 관하여 보전의 필요성이 없다는 이유로 소를 각하한 원심판결에 석명의무를 다하지 아니하여 심리를 제대로 하지 않은 잘못이 있다고 본 사례이다. 즉 채권자대위소송에서 보전의 필요성이 없다는 이유로 소를 각하하고자 할 때에도 지적석명을 필요로 한다는 것이다.

★★★[대판 2016.4.12. 2015다69372] 채권자가 채권자대위소송을 제기하기 하루 전에 채무자가 이미 별개의 소송을 통하여 제3채무자를 상대로 반소를 제기하였으나 이후 위 반소가 적법하게 취하된 경우에, 채권자가 채무자를 대위하여 제3채무자를 상대로 동일한 권리를 행사한 채권자대위소송의 적법 여부(- 채권자대위소송의 당사자적격의 흠결)

① 채권자대위권은 채무자가 제3채무자에 대한 권리를 행사하지 아니하는 경우에 한하여 채권자가 자기의 채권을 보전하기 위하여 행사할 수 있는 것이어서, 채권자가 대위권을 행사할 당시에 이미 채무자가 그 권리를 재판상 행사하였을 때는 채권자는 채무자를 대위하여 채무자의 권리를 행사할 당사자적격이 없다.

② 채권자대위권의 인정 취지가 채무자가 스스로 권리행사를 하고 있는 경우에까지 채무자의 재산관리의 자유를 부당하게 간섭케 하여 채권자에게 그 대위권의 행사를 허용할 수 없으므로 채무자가 제3채무자에 대한 권리를 행사하지 아니하는 경우에 채권자가 자기의 채권을 보전하기 위하여 행사할 수 있다는 점, 채권자가 대위권을 행사할 당시 이미 채무자가 그 권리를 재판상 행사하였을 때에는 설사 패소확정판결을 받았다고 하더라도 채권자는 채무자를 대위하여 권리를 행사할 당사

자적격이 없으므로 채권자가 동일 소송물에 대한 채권자대위소송을 제기하면 그 소송은 각하된다는 점 등을 고려할 때에, 채무자가 반소를 제기한 후 설령 그 반소가 적법하게 취하되었다고 하더라도 반소 후에 제기된 채권자에 의한 채권자대위권의 행사는 부적법하다고 보아야 할 것이다.

③ <u>원심은</u>, 이 사건 소송이 제기되기 하루 전에 이미 채무자가 제3채무자를 상대로 소송(반소)을 제기한 사실은 인정하면서도, 이후 채무자가 위 반소를 취하하였고 제3채무자인 상대방도 이에 동의하였으며, 그렇다면 <u>반소가 취하되면 처음부터 소송이 계속되지 아니하였던 것과 같은 상태에서 소송이 종료되어 위 반소의 소송계속이 소급적으로 소멸되는바</u>(민사소송법 제270조, 제267조 제1항), (이제는 채무자가 권리를 행사하는 것으로 볼 수 없다고 보아) 채권자의 채권자대위권 행사와 관련하여 <u>채권자에게 당사자적격이 없다고는 볼 수 없다고 판단하였다.</u> 이에 대해 대법원은 위와 같은 이유로 채무자가 이미 반소를 제기한 후에 채권자가 채무자를 대위하여 제3채무자를 상대로 동일한 권리를 행사하며 제기한 이 사건 소는 당사자적격을 흠결하여 부적법 각하하여야 한다고 본 사례이다.

➲ [보충] : 참고로, 채무자가 제3채무자를 상대로 소송의 방법으로 자신의 권리를 행사하는 경우에 그 소송수행이 적절치 못한 때에는, 채권자는 자기의 이익보호를 위하여 참가의 방법에 의할 수밖에 없고, 그것이 사해행위에 해당하는 경우 채권자취소권에 의하여 권리보존을 꾀할 수 있음은 별개의 문제라 할 것이다.

★★★[대판 2018.10.25, 2018다210539]

[1] 채무자가 제3채무자에게 이미 재판상 행사한 권리를 채권자가 채무자를 대위하여 행사할 수 있는지 여부(소극)
채권자대위권은 채무자가 스스로 제3채무자에 대한 권리를 행사하지 아니하는 경우에 한하여 채권자가 자기의 채권을 보전하기 위하여 행사할 수 있는 것이어서, <u>채권자가 대위권을 행사할 당시에 이미 채무자가 그 권리를 재판상 행사하였을 때에는 채권자는 채무자를 대위하여 채무자의 권리를 행사할 수 없다.</u>

[2] 비법인사단인 채무자 명의로 제기된 제3채무자를 상대로 한 소가 사원총회 결의가 없었다는 이유로 각하되어 판결이 확정된 경우, 채무자가 스스로 제3채무자에 대한 권리를 행사하였다고 볼 수 있는지 여부(소극)
그런데 비법인사단이 사원총회의 결의 없이 제기한 소는 소제기에 관한 특별수권을 결하여 부적법하고, 그 경우 소제기에 관한 비법인사단의 의사결정이 있었다고 할 수 없다. 따라서 비법인사단인 채무자 명의로 제3채무자를 상대로 한 소가 제기되었으나 사원총회의 결의 없이 총유재산에 관한 소가 제기되었다는 이유로 각하판결을 받고 그 판결이 확정된 경우에는 채무자가 스스로 제3채무자에 대한 권리를 행사한 것으로 볼 수 없다.

★★★[대판 2014.9.25, 2014다211336] 비법인사단이 총유재산에 관한 권리를 행사하지 아니하고 있어 비법인사단의 채권자가 비법인사단의 총유재산에 관한 권리를 대위행사하는 경우, 사원총회의 결의 등 비법인사단의 내부적인 의사결정절차를 거칠 필요가 있는지 여부(소극) – 비법인사단이 총유재산에 관한 소를 제기할 때에는 정관에 다른 정함이 있는 등의 특별한 사정이 없는 한 사원총회의 결의를 거쳐야 하지만(대판 2011.7.28, 2010다97044 등 참조), 이는 비법인사단의 대표자가 비법인사단 명의로 총유재산에 관한 소를 제기하는 경우에 비법인사단의 의사결정과 특별수권을 위하여 필요한 내부적인 절차이다. 채권자대위권은 채무자가 스스로 자기의 권리를 행사하지 아니하는 때에 채권자가 채무자에 대한 채권을 보전하기 위하여 채무자의 의사와는 상관없이 채무자의 권리를 대위하

여 행사할 수 있는 권리로서 그 권리행사에 채무자의 동의를 필요로 하는 것은 아니므로, 비법인사단이 총유재산에 관한 권리를 행사하지 아니하고 있어 비법인사단의 채권자가 채권자대위권에 기하여 비법인사단의 총유재산에 관한 권리를 대위행사하는 경우에는 사원총회의 결의 등 비법인사단의 내부적인 의사결정절차를 거칠 필요가 없다.

③ **권리주체의 보호방안** – 참가형태

판결의 효력을 받는 권리주체인 사람은 자신의 이익보호를 위하여 공동소송적 보조참가(제78조) 등 소송참가를 할 수 있으며, 소송담당자에 의한 소송고지가 의무화된 경우도 있다(민법 제405조 제1항, 상법 제404조 제2항). 다만 판례는 i) 회사대표소송과 관련하여 권리주체인 회사의 공동소송참가를 허용한 바 있고(대판 2002.3.15, 2000다9086), 또한 ii) 채권자대위소송이 계속 중인 상황에서 다른 채권자가 동일한 채무자를 대위하여 채권자대위권을 행사하면서 공동소송참가 신청을 할 수 있다고 하였다(대판 2015.7.23, 2013다30301 · 2013다30325).[25]

나) 갈음형

① 파산재단에 관한 소송을 하는 파산관재인(채무자 회생 및 파산에 관한 법률 제359조), 회생회사의 재산에 관한 소송을 하는 관리인(회사정리법 제96조), 채권추심명령을 받은 압류채권자(민집법 제238조, 제249조), 유언에 관한 소송에서 유언집행자(민법 제1101조, 대판 1999.11.26, 97다57733; 대판 2001.3.27, 2000다26920) 등이다.

② 이 경우 당사자적격이 없는 권리주체인 자는 공동소송적 보조참가(제78조)로써 자기 이익을 보호받는 길이 있다.

★★[대판 2018.6.15, 2017다289828] **파산선고 전에 채무자가 채권자를 상대로 채무 부존재 확인의 소를 제기하였으나 소장 부본이 송달되기 전에 채무자에 대하여 파산선고가 이루어진 경우, 소가 적법한지 여부**(소극) **및 이 경우 파산관재인의 소송수계신청이 허용되는지 여부**(소극)

① 원고와 피고의 대립당사자 구조를 요구하는 민사소송법의 기본원칙상 사망한 사람을 피고로 하여 소를 제기하는 것은 실질적 소송관계가 이루어질 수 없어 부적법하다. 소제기 당시에는 피고가 생존하였으나 소장 부본이 송달되기 전에 사망한 경우에도 마찬가지이다. 사망한 사람을 원고로 표시하여 소를 제기하는 것 역시 특별한 경우를 제외하고는 적법하지 않다. ② 파산선고 전에 채권자가 채무자를 상대로 이행청구의 소를 제기하거나 채무자가 채권자를 상대로 채무 부존재 확인의 소를 제기하였더라도, 만약 그 소장 부본이 송달되기 전에 채권자나 채무자에 대하여 파산선고가 이루어졌다면 이러한 법리는 마찬가지로 적용된다. (따라서) ③ 파산재단에 관한 소송에서 채무자는 당사자적격이 없으므로, 채무자가 원고가 되어 제기한 소는 부적법한 것으로서 각하되어야 하고(채무자 회생 및 파산에 관한 법률 제359조), 이 경우 파산선고 당시 법원에 소송이 계속되어 있음을 전제로 한 파산관재인의 소송수계신청 역시 적법하지 않으므로 허용되지 않는다.

➲ [해설] : 원고가 피고를 상대로 채무부존재확인의 소를 제기하였는데, 그 소장부본이 송달되기 전에 원고에 대해 파산이 선고되었고 파산관재인이 소송수계신청을 한 사안에서, 파산재단에 관한 소송에서 채무자인 원고는 당사자적격이 없으므로, 위 소는 부적법한 것으로서 각하되어야 하고,

25) 매우 중요한 판례이다. 이와 관련해서는 공동소송참가 부분에서 상술하도록 한다. 반드시 참고하기 바란다.

파산선고 당시 법원에 소송이 계속되어 있음을 전제로 한 파산관재인의 소송수계신청 역시 부적 법하다고 본 사례이다.

[대판 1999.11.26, 97다57733] 유언의 집행을 위하여 지정 또는 선임된 유언집행자는 유증의 목적 인 재산의 관리 기타 유언의 집행에 필요한 행위를 할 권리의무가 있으므로, 유언의 집행에 방해가 되는 유증목적물에 경료된 상속등기 등의 말소청구소송 또는 유언을 집행하기 위한 유증목적물에 관한 소유권이전등기청구소송에 있어서 유언집행자는 이른바 법정소송담당으로서 원고적격을 가진 다고 봄이 상당하다.

[대판 2001.3.27, 2000다26920] 유언집행자는 유증의 목적인 재산의 관리 기타 유언의 집행에 필 요한 모든 행위를 할 권리의무가 있으므로, 유증 목적물에 관하여 경료된, 유언의 집행에 방해가 되 는 다른 등기의 말소를 구하는 소송에 있어서는 유언집행자가 이른바 법정소송담당으로서 원고적격을 가진다고 할 것이고, 유언집행자는 유언의 집행에 필요한 범위 내에서는 상속인과 이해상반되는 사 항에 관하여도 중립적 입장에서 직무를 수행하여야 하므로, 유언집행자가 있는 경우 그의 유언집행 에 필요한 한도에서 상속인의 상속재산에 대한 처분권은 제한되며 그 제한 범위 내에서 상속인은 원고 적격이 없다고 할 것이다. 민법 제1103조 제1항은 "지정 또는 선임에 의한 유언집행자는 상속인의 대 리인으로 본다."고 규정하고 있으나, 이 조항은 유언집행자의 행위의 효과가 상속인에게 귀속함을 규 정한 것이지, 유언집행자의 소송수행권과 별도로 상속인 본인의 소송수행권도 언제나 병존함을 규정 한 것은 아니다.

[대판 2000.12.22, 2000다39780] 파산법 제7조는 '파산재단을 관리 및 처분할 권리는 파산관재인 에게 속한다'고 규정하고 있어 파산자에게는 그 재단의 관리처분권이 인정되지 않고, 그 관리처분권 을 파산관재인에게 속하게 하였으며, 같은 법 제15조는 '파산채권은 파산절차에 의하지 아니하고는 이를 행사할 수 없다'고 규정하고 있는바, 이는 파산자의 자유로운 재산정리를 금지하고 파산재단의 관리처분권을 파산관재인의 공정·타당한 정리에 일임하려는 취지임과 동시에 파산재단에 대한 재 산의 정리에 관하여는 파산관재인에게만 이를 부여하여 파산절차에 의해서만 행하여지도록 하기 위 해 파산채권자가 파산절차에 의하지 않고 이에 개입하는 것도 금지하려는 취지의 규정이라 할 것이 므로, 그 취지에 부응하기 위하여는 파산채권자가 파산자에 대한 채권을 보전하기 위하여 파산재단에 관하여 파산관재인에 속하는 권리를 대위하여 행사하는 것은 법률상 허용되지 않는다고 해석해야 한다.

 압류 및 추심명령이 있는 경우에서의 주의할 점 ★★★

1. 법적 성질 및 당사자적격의 판단

① 채권에 대한 압류 및 추심명령이 있는 경우에는 실체법상의 청구권은 집행채무자(원래의 채권 자)에게 있으면서 소송법상의 관리권만이 추심채권자에게 넘어가는 제3자 법정소송담당의 관 계에 있게 되므로, 집행채무자는 당사자적격을 상실한다.

② 그러나 채권양도나 전부명령이 있는 경우에는 추심명령과 달리 채권양도인이나 전부채무자가 자기가 이행청구권자임을 주장하는 이상 원고적격을 가지며, 다만 실체법상의 청구권의 상실 로 인하여 본안에서 기각될 뿐이다.

2. 압류 및 추심명령의 효력

(1) 효력의 내용 및 범위

① 추심명령이 있더라도, 채권의 귀속주체는 여전히 집행채무자이므로 집행채권자의 권리를 해하지 않는 범위 내에서는 피압류채권에 관해 채권자로서의 권리를 갖는다.

② 판례도 추심명령은 강제집행절차에서 추심채권자에게 채무자의 제3채무자에 대한 채권을 추심할 권능만을 부여하는 것이므로, 이로 인하여 채무자가 제3채무자에 대하여 가지는 채권이 추심채권자에게 이전되거나 귀속되는 것은 아니어서, 추심채무자로서는 제3채무자에 대하여 피압류채권에 기하여 그 동시이행을 구하는 항변권을 상실하지 않는다고 하였다(대판 2001.3.9, 2000다73490). 또한 이러한 추심권능은 압류의 대상이 될 수 없다(대판 2019.1.31, 2015다26009).

③ 금전채권에 대한 채권압류 및 추심명령이 있는 때에는 제3채무자는 채권이 압류되기 전에 압류채무자에게 대항할 수 있는 사유로 압류채권자에게 대항할 수 있다(대판 2023.5.18, 2022다265987).

⮞ [참고] : 금전채권에 대한 가압류로부터 본압류로 전이하는 압류 및 추심명령이 있는 때에는 제3채무자는 채권이 가압류되기 전에 압류채무자에게 대항할 수 있는 사유로써 압류채권자에게 대항할 수 있으므로, 제3채무자의 압류채무자에 대한 자동채권이 수동채권인 피압류채권과 동시이행의 관계에 있는 경우에는, 그 가압류명령이 제3채무자에게 송달되어 가압류의 효력이 생긴 후에 자동채권이 발생하였다고 하더라도 제3채무자는 동시이행의 항변권을 주장할 수 있고, 따라서 그 상계로써 압류채권자에게 대항할 수 있다. 이 경우에 자동채권 발생의 기초가 되는 원인은 수동채권이 가압류되기 전에 이미 성립하여 존재하고 있었으므로, 그 자동채권은 민법 제498조 소정의 "지급을 금지하는 명령을 받은 제3채무자가 그 후에 취득한 채권"에 해당하지 아니한다(대판 2001.3.27, 2000다43819).

◈ 비교 판례 ◈

[대판 2023.4.13, 2022다293272]

[1] 금전채권에 대하여 채권압류 및 추심명령이 있는 경우, 제3채무자가 채권압류 전 압류채무자에게 대항할 수 있는 사유로 압류채권자에게 대항할 수 있는지 여부(적극) 및 전부명령이 있는 경우, 제3채무자가 채권압류 전 피전부채권자에게 가지고 있던 항변사유로 전부채권자에게 대항할 수 있는지 여부(적극)

① 금전채권에 대하여 채권압류 및 추심명령이 있는 때에는 제3채무자는 채권이 압류되기 전에 압류채무자에게 대항할 수 있는 사유로 압류채권자에게 대항할 수 있고, ② 전부명령이 있는 때에는 피전부채권이 동일성을 유지한 채로 집행채무자로부터 집행채권자에게 이전되므로 제3채무자는 채권압류 전 피전부채권자에 대하여 가지고 있었던 항변사유로 전부채권자에게 대항할 수 있다.

[2] 가집행선고에 의하여 집행을 하였으나 본안판결의 일부 또는 전부가 실효되는 경우, 가집행선고에 기해 이미 지급받은 것이 있으면 부당이득으로 반환하거나 가집행으로 인한 손해 또는 그 면제를 받기 위한 손해를 배상하여야 하는지 여부(적극) 및 가지급물 반환신청의 성질(=본안판결의 취소·변경을 조건으로 하는 예비적 반소) / 제1심에서 가집행선고부 승소판결을 받고 이에 기해 판결원리금을 지급받았다가 항소심에 이르러 당초의 소가 교환적으로 변경되어 취하된 것으로 되는 경우, 채무자가 항소심 절차에서 곧바로 가지급물의 반환 등을 구할 수 있는지 여부(적극)

① 가집행선고부 판결에 기한 집행의 효력은 확정적인 것이 아니고 후일 본안판결 또는 가집행선고가 취소·변경될 것을 해제조건으로 하는 것이다. 즉 가집행선고에 의하여 집행을 하였다고 하더라도 후일 본안판결의 일부 또는 전부가 실효되면 이전의 가집행선고부 판결에 기하여는 집행을 할 수 없는 것으로 확정이 되는 것이다. 따라서 가집행선고에 기하여 이미 지급받은 것이 있다면 법률상 원인이 없는 것이 되므로 부당이득으로서 이를 반환하거나 그로 인한 손해 또는 그 면제를 받기 위한 손해를 배상하여야 한다. ② 위와 같은 가지급물 반환신청은 가집행에 의하여 집행을 당한 채무자로 하여금 별도의 소를 제기하는 비용, 시간 등을 절약하고 본안의 심리 절차를 이용하여 신청의 심리를 받을 수 있는 간이한 길을 터놓은 제도로서 그 성질은 본안판결의 취소·변경을 조건으로 하는 예비적 반소에 해당한다. 위와 같은 법리와 규정에 비추어 볼 때, 제1심에서 가집행선고부 승소판결을 받고 그에 기하여 판결원리금을 지급받았다가 항소심에 이르러 당초의 소가 교환적으로 변경되어 취하된 것으로 되는 경우에는 항소심 절차에서 곧바로 가지급물의 반환 등을 구할 수 있다고 보아야 하고, 그것을 별소의 형식으로 청구하여야만 된다고 볼 것은 아니다.

(2) 효력발생시기

압류 및 추심명령의 효력발생시기는 제3채무자에 대한 송달일이고, 제3채무자에게 송달된 이상 채무자에게 송달되지 않았다 하더라도 효력발생에는 영향이 없다.

3. 2인 이상의 불가분채무자 또는 연대채무자가 있는 금전채권에 관하여 그중 1인을 제3채무자로 한 채권압류 및 추심명령이 이루어진 경우와 금전채권 중 일부에 대하여만 채권압류 및 추심명령이 이루어진 경우에 당사자적격의 판단

2인 이상의 불가분채무자 또는 연대채무자(이하 '불가분채무자 등'이라 한다)가 있는 금전채권의 경우에, 그 불가분채무자 등 중 1인을 제3채무자로 한 채권압류 및 추심명령이 이루어지면 그 채권압류 및 추심명령을 송달받은 불가분채무자 등에 대한 피압류채권에 관한 이행의 소는 추심채권자만이 제기할 수 있고 추심채무자는 그 피압류채권에 대한 이행소송을 제기할 당사자적격을 상실하지만, 그 채권압류 및 추심명령의 제3채무자가 아닌 나머지 불가분채무자 등에 대하여는 추심채무자가 여전히 채권자로서 추심권한을 가지므로 나머지 불가분채무자 등을 상대로 이행을 청구할 수 있고, 이러한 법리는 위 금전채권 중 일부에 대하여만 채권압류 및 추심명령이 이루어진 경우에도 마찬가지이다(대판 2013.10.31, 2011다98426).

4. 채권압류 및 추심명령을 신청하면서 판결 결과에 따라 제3채무자가 채무자에게 지급하여야 하는 금액을 피압류채권으로 표시한 경우, 채권압류 및 추심명령의 효력이 거기에서 지시하는 소송의 소송물인 청구원인 채권에 미치는지 여부(적극)

판결 결과에 따라 제3채무자가 채무자에게 지급하여야 하는 금액을 피압류채권으로 표시한 경우 해당 소송의 소송물인 실체법상의 채권이 채권압류 및 추심명령의 대상이 된다고 볼 수밖에 없고, 결국 채권자가 받은 채권압류 및 추심명령의 효력은 거기에서 지시하는 소송의 소송물인 청구원인 채권에 미친다고 보아야 한다(대판 2018.6.28, 2016다203056).

➡ [사실관계 및 해설] : 甲 주식회사가 乙을 상대로 토지 인도 및 차임 상당의 부당이득반환소송을 제기하자, 甲 회사에 대한 구상금채권자인 신용보증기금이 '그 소송에서 甲 회사가 받게 될 지료청구채권 및 합의로 소가 취하될 경우 합의금 등 청구채권'을 피압류채권으로 하는 압류명령 및

추심명령을 받았고, 그 후 위 소송에서 차임 상당의 부당이득반환을 구하는 부분이 신용보증기금에만 당사자적격이 있다는 이유로 각하판결이 선고되어 확정되자, 신용보증기금이 乙을 상대로 추심금 청구의 소를 제기하여 승소판결을 받은 다음 乙 소유 동산에 대한 강제집행을 신청하였는데, 위 각하판결 확정 후 甲 회사로부터 부당이득반환채권을 양수한 丙이 乙을 상대로 제기한 소송에서 부당이득금의 지급을 명하는 이행권고결정이 확정되어 위 강제집행의 배당절차에 대한 압류 및 추심명령을 받은 경우에는 압류채권자가 상고심에서 승계인으로서 소송참가를 하는서 丙에게 배당금을 지급하는 내용의 배당표가 작성되자, 신용보증기금이 강제집행절차 진행 중 사망한 丙의 단독상속인 丁을 상대로 배당이의의 소를 제기한 사안에서, 신용보증기금이 채권압류 및 추심명령을 통하여 압류한 채권은 甲 회사가 乙을 상대로 제기한 부당이득반환소송의 소송물인 甲 회사의 乙에 대한 차임 상당의 부당이득반환채권으로 해석함이 타당하고, 신용보증기금이 '압류 및 추심할 채권의 표시'에 위 부당이득반환소송의 사건번호를 기재하였다고 하더라도 이는 피압류채권을 그 소송의 청구원인 채권으로 특정하기 위한 것이지 그 범위를 단순히 소송의 결과에 따라 乙이 실제 지급하여야 하는 판결금 채권만으로 한정하고자 하는 의미로 볼 수는 없으며, 피압류채권을 '압류할 채권의 표시'에 기재된 문언에 따라 객관적으로 엄격하게 해석하여야 하는 주된 이유는 제3채무자를 보호하기 위한 것인데, 제3채무자인 乙은 부당이득반환소송에서 신용보증기금만이 추심의 소를 제기할 수 있다고 주장하여 그 주장이 받아들여지기도 하였으므로, 乙의 입장에서 피압류채권의 범위 및 특정에 관하여 혼동을 하거나 문제가 발생할 여지도 없었던 것으로 보인다는 등의 이유로, 丁은 채권압류 및 추심명령의 효력이 발생한 후에 이루어진 피압류채권에 관한 채권양도로 채권압류 및 추심권자인 신용보증기금에 대항할 수 없다고 한 사례이다.

5. 채무자가 제3채무자를 상대로 제기한 이행의 소가 법원에 계속되어 있는 상태에서 압류채권자가 제3채무자를 상대로 추심의 소를 제기하는 것이 민사소송법 제259조에서 금지하는 중복된 소제기에 해당하는지 여부(소극)

[다수의견] 채무자가 제3채무자를 상대로 제기한 이행의 소가 이미 법원에 계속되어 있는 상태에서 압류채권자가 제3채무자를 상대로 제기한 추심의 소의 본안에 관하여 심리·판단한다고 하여, 제3채무자에게 불합리하게 과도한 이중 응소의 부담을 지우고 본안 심리가 중복되어 당사자와 법원의 소송경제에 반한다거나 판결의 모순·저촉의 위험이 크다고 볼 수 없다. (따라서) 채무자가 제3채무자를 상대로 제기한 이행의 소가 법원에 계속되어 있는 경우에도 압류채권자는 제3채무자를 상대로 압류된 채권의 이행을 청구하는 추심의 소를 제기할 수 있고, 제3채무자를 상대로 압류채권자가 제기한 추심의 소는 채무자가 제기한 이행의 소에 대한 관계에서 민사소송법 제259조가 금지하는 중복된 소제기에 해당하지 않는다고 봄이 타당하다(대판(전) 2013.12.18, 2013다202120).

- ⊃ [보충] : 이러한 다수의견에 대해 다음과 같은 반대의견이 있었다. 즉, 「① 민사소송법 제259조가 규정하는 중복된 소제기의 금지는 소송의 계속으로 인하여 당연히 발생하는 소제기의 효과이다. 그러므로 설령 이미 법원에 계속되어 있는 소(전소)가 소송요건을 갖추지 못한 부적법한 소라고 하더라도 취하·각하 등에 의하여 소송 계속이 소멸하지 않는 한 그 소송 계속 중에 다시 제기된 소(후소)는 중복된 소제기의 금지에 저촉되는 부적법한 소로서 각하를 면할 수 없다. ② 채무자가 제3채무자를 상대로 먼저 제기한 이행의 소와 압류채권자가 제3채무자를 상대로 나중에 제기한 추심의 소는 비록 당사자는 다를지라도 실질적으로 동일한 사건으로서 후소는 중복된

소에 해당한다. ③ 압류채권자에게는 채무자가 제3채무자를 상대로 제기한 이행의 소에 민사소송법 제81조, 제79조에 따라 참가할 수 있는 길이 열려 있으므로, 굳이 민사소송법이 명문으로 규정하고 있는 기본 법리인 중복된 소제기의 금지 원칙을 깨뜨리면서까지 압류채권자에게 채무자가 제기한 이행의 소와 별도로 추심의 소를 제기하는 것을 허용할 것은 아니다. 다만 다수의 견이 지적하듯이 채무자가 제3채무자를 상대로 제기한 이행의 소가 상고심에 계속 중 채권에 것이 불가능하나, 이때에도 상고심은 압류 및 추심명령으로 인하여 채무자가 당사자적격을 상실한 사정을 직권으로 조사하여 압류 및 추심명령이 내려진 부분의 소를 파기하여야 하므로, 압류채권자는 파기환송심에서 승계인으로서 소송참가를 하면 된다」는 것이다.

6. 채권압류 및 추심명령에 기한 추심의 소에서 피압류채권의 존재에 관한 증명책임의 소재

채권압류 및 추심명령에 기한 추심의 소에서 피압류채권의 존재는 채권자가 증명하여야 한다(대판 2023.4.13, 2022다279733 · 279740).

7. 추심금소송과 재판상 화해 및 기판력의 주관적 범위(대판 2020.10.29, 2016다35390)

(1) 재판상 화해의 성립 및 효력 범위

① 금전채권에 대해 압류 · 추심명령이 이루어지면 채권자는 민사집행법 제229조 제2항에 따라 대위절차 없이 압류채권을 직접 추심할 수 있는 권능을 취득한다. 추심채권자는 추심권을 포기할 수 있으나(민사집행법 제240조 제1항), 그 경우 집행채권이나 피압류채권에는 아무런 영향이 없다. 한편 추심채권자는 추심 목적을 넘는 행위, 예를 들어 피압류채권의 면제, 포기, 기한 유예, 채권 양도 등의 행위는 할 수 없다. ② 추심금소송에서 추심채권자가 제3채무자와 '피압류채권 중 일부 금액을 지급하고 나머지 청구를 포기한다.'는 내용의 재판상 화해를 한 경우 '나머지 청구 포기 부분'은 추심채권자가 적법하게 포기할 수 있는 자신의 '추심권'에 관한 것으로서 제3채무자에게 더 이상 추심권을 행사하지 않고 소송을 종료하겠다는 의미로 보아야 한다. 이와 달리 추심채권자가 나머지 청구를 포기한다는 표현을 사용하였다고 하더라도 이를 애초에 자신에게 처분권한이 없는 '피압류채권' 자체를 포기한 것으로 볼 수는 없다. 따라서 위와 같은 재판상 화해의 효력은 별도의 추심명령을 기초로 추심권을 행사하는 다른 채권자에게 미치지 않는다.

(2) 기판력의 주관적 범위

① 동일한 채권에 대해 복수의 채권자들이 압류 · 추심명령을 받은 경우 어느 한 채권자가 제기한 추심금소송에서 확정된 판결의 기판력은 그 소송의 변론종결일 이전에 압류 · 추심명령을 받았던 다른 추심채권자에게 미치지 않는다. 그 이유는 다음과 같다. ⅰ) 확정판결의 기판력이 미치는 주관적 범위는 신분관계소송이나 회사관계소송과 같이 법률에 특별한 규정이 있는 경우를 제외하고는 원칙적으로 당사자, 변론을 종결한 뒤의 승계인 또는 그를 위하여 청구의 목적물을 소지한 사람과 다른 사람을 위하여 원고나 피고가 된 사람이 확정판결을 받은 경우의 그 다른 사람에 국한되고(민사소송법 제218조 제1항, 제3항) 그 밖의 제3자에게 는 미치지 않는다. 따라서 추심채권자들이 제기하는 추심금소송의 소송물이 채무자의 제3채무자에 대한 피압류채권의 존부로서 서로 같더라도 소송당사자가 다른 이상 그 확정판결의 기판력이 서로에게 미친다고 할 수 없다. ⅱ) 민사집행법 제249조 제3항, 제4항은 추심의 소에서 소를 제기당한 제3채무자는 집행력 있는 정본을 가진 채권자를 공동소송인으로 원고 쪽에 참가하도록 명할 것을 첫 변론기일까지 신청할 수 있고, 그러한 참가명령을 받은 채권자

가 소송에 참가하지 않더라도 그 소에 대한 재판의 효력이 미친다고 정한다. <u>위 규정 역시 참가명령을 받지 않은 채권자에게는 추심금소송의 확정판결의 효력이 미치지 않음을 전제로 참가명령을 통해 판결의 효력이 미치는 범위를 확장할 수 있도록 한 것이다. iii) 제3채무자는 추심의 소에서 다른 압류채권자에게 위와 같이 참가명령신청을 하거나 패소한 부분에 대해 변제 또는 집행공탁을 함으로써,</u> 다른 채권자가 계속 자신을 상대로 소를 제기하는 것을 <u>피할 수 있다.</u> 따라서 어느 한 채권자가 제기한 추심금소송에서 확정된 판결의 효력이 다른 채권자에게 미치지 않는다고 해도 제3채무자에게 부당하지 않다.

② <u>확정된 화해권고결정에는 재판상 화해와 같은 효력이 있다</u>(민사소송법 제231조). 위에서 본 추심금소송의 확정판결에 관한 법리는 <u>추심채권자가 제3채무자를 상대로 제기한 추심금소송에서 화해권고결정이 확정된 경우에도 마찬가지로 적용된다.</u> 따라서 어느 한 채권자가 제기한 추심금소송에서 화해권고결정이 확정되었더라도 화해권고결정의 기판력은 화해권고결정 확정일 전에 압류·추심명령을 받았던 다른 추심채권자에게 미치지 않는다.

➲ [보충] : 원심은 채권자대위소송 판결의 기판력에 관한 대판 1994.8.12. 93다52808의 법리(채무자가 어떠한 사유로든 채권자대위소송이 제기된 사실을 알았을 경우에는 그 판결의 효력이 채무자에게 미친다는 취지)는 추심금소송에서 청구 일부를 포기하는 내용의 화해권고결정이 확정된 이 사건에도 그대로 적용된다는 이유로, 채무자가 선행 추심금소송이 제기된 사실을 안 이상 다른 추심채권자에게 이 사건 화해권고결정의 기판력이 미치고, 다른 추심채권자의 후행 추심금소송은 화해권고결정의 기판력에 반한다는 이유로 청구기각 판결을 선고하였다. 이에 대해 대법원은 "원심이 원용한 대법원 93다52808 판결은 채권자대위소송에서 채권자 패소 판결이 확정되었던 사안에 관한 것으로서, 추심금소송에서 청구 일부를 포기하는 내용의 화해권고결정이 확정된 경우 그 포기의 의미가 문제된 이 사건과는 사안이 다르고, 나아가 채권자대위소송과 추심금소송은 소송물이 채무자의 제3채무자에 대한 채권의 존부로서 같다고 볼 수 있지만 그 근거 규정과 당사자적격의 요건이 달라 채권자대위소송의 기판력과 추심금소송의 기판력을 반드시 같이 보아야 하는 것은 아니어서 위 판결을 이 사건에 적용하는 것은 적절하지 않다."고 보아, 원심판결을 파기환송하였다.

8. 추심권능에 대한 압류의 효력

금전채권에 대하여 압류 및 추심명령이 있었다고 하더라도 이는 강제집행 절차에서 압류채권자에게 채무자의 제3채무자에 대한 채권을 추심할 권능만을 부여하는 것으로서 강제집행절차상의 환가처분의 실현행위에 지나지 아니한 것이며, 이로 인하여 채무자가 제3채무자에 대하여 가지는 채권이 압류채권자에게 이전되거나 귀속되는 것이 아니다. 따라서 이와 같은 추심권능은 그 자체로 독립적으로 처분하여 환가할 수 있는 것이 아니어서 압류할 수 없는 성질의 것이고, 이에 대한 압류명령은 무효라고 보아야 한다(대판 2019.12.12. 2019다256471).

9. 압류 및 추심명령신청 취하의 효력

채권자는 현금절차가 끝나기 전까지 압류명령의 신청을 취하할 수 있고, 이 경우 채권자의 추심권도 당연히 소멸하게 되며, 추심금청구소송을 제기하여 확정판결을 받은 경우라도 그 집행에 의한 변제를 받기 전에 압류명령의 신청을 취하하여 추심권이 소멸하면 <u>추심권능과 소송수행권이 모두 채무자에게 복귀한다</u>(대판 2009.11.12. 2009다48879).

10. 압류 또는 가압류만 되어 있는 상태에서 압류채무자의 청구

① 압류(또는 가압류)만 되어 있는 상태에서 압류채무자가 제3채무자를 상대로 압류된 채권의 이행을 청구하는 경우에 대해 견해의 다툼이 있으나, 압류(또는 가압류)만 되어 있는 상태에서 압류채무자가 제3채무자를 상대로 압류된 채권이행을 청구하는 경우 채무자가 제3채무자로부터 현실적 급부의 추심만 금지하는 것이고, 제3채무자를 상대로 이행을 구하는 소송을 제기할 수 있는 것이므로, 판례는 일단 본안의 문제로 보아 (가)압류되어 있음을 이유로 배척할 수는 없다고 본다. 즉 일반적으로 채권에 대한 가압류가 있더라도 이는 채무자가 제3채무자로부터 현실로 급부를 추심하는 것만을 금지하는 것일 뿐 채무자는 제3채무자를 상대로 그 이행을 구하는 소송을 제기할 수 있고 법원은 가압류가 되어 있음을 이유로 이를 배척할 수는 없는 것이 원칙이다. 왜냐하면 채무자로서는 제3채무자에 대한 그의 채권이 가압류되어 있다 하더라도 채무명의를 취득할 필요가 있고 또는 시효를 중단할 필요도 있는 경우도 있을 것이며 또한 소송계속 중에 가압류가 행하여진 경우에 이를 이유로 청구가 배척된다면 장차 가압류가 취소된 후 다시 소를 제기하여야 하는 불편함이 있는데 반하여 제3채무자로서는 이행을 명하는 판결이 있더라도 집행단계에서 이를 저지하면 될 것이기 때문이다(대판 2002.4.26, 2001다59033).

② 다만 판례는 금전채권에 대한 압류(가압류)의 경우에는 무조건 청구인용설을 취하고 있고(대판 1989.11.24, 88다카25038), 소유권이전등기청구권에 대한 압류의 경우에는 압류의 해제를 조건으로 한 조건부 청구인용설을 취하고 있다(대판 2000.2.11, 98다35327 등). 즉 소유권이전등기를 명하는 판결은 의사의 진술을 명하는 판결로서 이것이 확정되면 채무자는 일방적으로 이전등기를 신청할 수 있고 제3채무자는 이를 저지할 방법이 없게 되므로, 이와 같은 경우에는 가압류의 해제를 조건으로 하지 않는 한 법원은 이를 인용하여서는 안 되는 것이라고 하였다.

3) 피담당자를 위한 소송담당 – 직무상의 당사자

직무상의 당사자는 권리의무의 주체가 소송수행권을 행사하는 것이 곤란한 경우 등에 있어서 법률이 일정한 직무에 있는 제3자에게 당사자적격을 부여하는 경우이다(예) 子가 본래의 적격자인 父 사망 후에 인지청구를 하는 경우 피고로 되는 검사(민법 제864조) 등).

(3) 임의적 소송담당

1) 의의

본래 권리관계의 귀속주체인 자의 권한수여(=수권)의 의사에 따라 제3자가 소송을 수행하는 경우이다(예) 제3자가 수권(의사)에 따라 당사자적격을 취득).

2) 인정 여부 – 허용의 한계

가) 법률상 규정이 있는 경우

명문상 인정하는 경우로서 허용된다는 점에는 의문이 없다. 그 예로는 ① 선정당사자(제53조), ② 추심위임배서(어음법 제19조), ③ 한국자산관리공사(금융회사부실자산 등의 효율적 처리 및 한국자산관리공사의 설립에 관한 법률 제26조) 등이 있다.

나) 법률상 규정이 없는 경우

① 원칙적 불허

변호사대리의 원칙(제87조)과 소송신탁의 금지(신탁법 제7조)의 취지를 잠탈할 우려가 있기 때문에, 명문으로 인정한 경우 이외에는 임의적 소송담당을 원칙적으로 허용하지 않는다는 것이 통설·판례이다.

② 예외적 허용 - 허용요건

그러나 (ㄱ) 변호사대리원칙과 소송신탁금지를 잠탈할 우려가 없고, (ㄴ) 합리적 필요성이 인정되면 예외적·제한적으로 허용된다. 여기서 합리적 필요성이란 ⅰ) 권리주체인 자의 소송수행권을 포함한 포괄적 관리처분권의 수여가 있을 것, ⅱ) 소송담당자도 소송을 수행할 고유의 이익이 있는 경우에 인정된다고 본다. 판례도 집합건물의 소유 및 관리에 관한 법률 제41조 제1항에 따라 구분소유자들이 공용부분의 변경에 해당하는 난방방식의 변경 공사에 동의한다는 서면을 입주자대표회의에 제출한 경우, 입주자대표회의가 구분소유자들에 대하여 해당 업무의 처리에 따른 비용을 재판상 청구할 수 있는지 여부가 문제된 사안에서, 입주자대표회의가 공용부분 변경에 관한 업무를 수행하는 과정에서 체납된 비용을 추심하기 위하여 직접 자기 이름으로 그 비용에 관한 재판상 청구를 하는 것은 임의적 소송신탁에 해당하고, 임의적 소송신탁은 원칙적으로는 허용되지 않지만, 민사소송법 제87조에서 정한 변호사대리의 원칙이나 신탁법 제6조에서 정한 소송신탁의 금지 등을 회피하기 위한 탈법적인 것이 아니고, 이를 인정할 합리적인 이유와 필요가 있는 경우에는 예외적·제한적으로 허용될 수 있다고 하였다(대판 2017.3.16, 2015다3570).

③ 판례의 구체적인 예

[대판 1984.2.14, 83다카1815] 민사소송 중 재산권상의 청구에 관하여는 소송물인 권리 또는 법률관계에 관하여 관리처분권을 갖는 권리주체에게 당사자적격이 있다고 함이 원칙이나 비록 제3자라고 하더라도 법률이 정하는 바에 따라 일정한 권리나 법률관계에 관하여 당사자적격이 부여되는 경우와 본래의 권리주체로부터 그의 의사에 따라 소송수행권을 수여 받음으로써 일정 당사자적격을 인정하는 경우도 허용된다고 풀이할 것이다. 물론 이와 같은 임의적 소송신탁은 우리나라 법제하에서는 그 허용되는 경우라는 것은 극히 제한적이라고 밖에 할 수 없을 것이나 탈법적 방법에 의한 것이 아니고(소송대리를 변호사에 한하게 하고 소송신탁을 금지하는 것을 피하는 따위), 이를 인정하는 합리적 필요가 있다고 인정되는 경우가 있을 것이므로 따라서 민법상의 조합에 있어서 조합규약이나 조합결의에 의하여 자기의 이름으로 조합재산을 관리하고 대외적 업무를 집행할 권한을 수여받은 업무집행조합원은 조합재산에 관한 소송에 관하여 조합원으로부터 임의적 소송신탁을 받아 자기의 이름으로 소송을 수행하는 것은 허용된다고 할 것이다(대판 1997.11.28, 95다35302; 대판 2001.2.23, 2000다68924 同旨).

[대판 1996.3.26, 95다20041] 부부 사이의 채권양도가 소송행위를 하게 함을 주목적으로 하는 신탁에 해당한다면 신탁법 제7조의 위반으로 무효이다.

[대판 1997.5.16, 95다54464] 공사의 수급인이 건축 중인 도급인 소유의 주택 및 부지를 매수한 후 공사대금을 지급받을 목적으로 제3자와 그 매매계약상 권리 및 의무를 양도하기로 하는 계약을 체결한 사안에서, 수급인과 제3자 사이에 양도계약이 체결된 경위와 방식, 양도계약시로부터 단기간 내에 소송이 제기된 점, 소송과 관련된 제3자의 그간의 행적 등 제반 상황에 비추어 볼 때, 수급인과 제3

자 사이의 양도계약은 진정한 의미에서의 권리의 양도·양수가 아니라 소송행위를 하게 하는 것을 주된 목적으로 하는 신탁으로서 무효이다.

[대판 2016.12.15, 2014다87885·87892; 대판 2022.5.13, 2019다229516] 집합건물의 관리단이 관리비의 부과·징수를 포함한 관리업무를 위탁관리회사에 포괄적으로 위임한 경우에는, 통상적으로 관리비에 관한 재판상 청구를 할 수 있는 권한도 함께 수여한 것으로 볼 수 있다. 이 경우 위탁관리회사가 관리업무를 수행하는 과정에서 체납관리비를 추심하기 위하여 직접 자기 이름으로 관리비에 관한 재판상 청구를 하는 것은 임의적 소송신탁에 해당한다. 그러나 다수의 구분소유자가 집합건물의 관리에 관한 비용 등을 공동으로 부담하고 공용부분을 효율적으로 관리하기 위하여 구분소유자로 구성된 관리단이 전문 관리업체에 건물 관리업무를 위임하여 수행하도록 하는 것은 합리적인 이유와 필요가 있고, 그러한 관리방식이 일반적인 거래현실이며, 관리비의 징수는 그 업무수행에 당연히 수반되는 필수적인 요소이다. 또한, 집합건물의 일종인 일정 규모 이상의 공동주택에 대해서는 주택관리업자에게 관리업무를 위임하고 주택관리업자가 관리비에 관한 재판상 청구를 하는 것이 법률의 규정에 의하여 인정되고 있다[구 주택법(2015.8.11. 법률 제13474호로 개정되기 전의 것) 제43조 제2항, 제5항, 제45조 제1항]. 이러한 점 등을 고려해 보면 관리단으로부터 집합건물의 관리업무를 위임받은 위탁관리회사는 특별한 사정이 없는 한 구분소유자 등을 상대로 자기 이름으로 소를 제기하여 관리비를 청구할 당사자적격이 있다고 할 것이다.

➲ [해설] : 집합건물의 소유 및 관리에 관한 법률이 적용되는 집합건물의 관리단으로부터 관리비의 부과·징수업무를 포함하여 관리업무를 포괄적으로 위탁받은 원고(위탁관리업체)가 구분소유자를 상대로 체납관리비의 지급을 청구한 사건에서, 원고는 관리단과의 관리용역계약을 통해 체납관리비 채권에 관한 소송수행권까지 부여받은 것으로 봄이 상당하고, 이러한 임의적 소송신탁은 변호사대리의 원칙이나 신탁법상 소송신탁의 금지를 회피할 염려가 없고 이를 인정할 합리적 필요가 인정되므로, 원고는 구분소유자들을 상대로 체납관리비를 재판상 청구할 권한이 있다고 판단하여 상고를 기각한 사안이다.

(4) 법원의 허가에 의한 소송담당 – 현대형 소송과 당사자적격

공해소송, 환경소송 등 이른바 현대형 소송에 있어서는 소액의 다수피해자가 양산되는 것이 특색이다. 피해자 전원이 소송당사자로 직접 나서는 것이 사실상으로나 법률상으로 적절치 못하므로, 영미의 class action의 경우에는 대표당사자가 나서게 하였는데 이때에 법원의 허가를 받도록 하였다. 2005년부터 시행되는 증권관련 집단소송법에서는 영미의 class action을 모방하여 법원의 허가에 의하여 수권된 대표당사자가 나서도록 하였다(동법 제2조 제1항).

(5) 제3자의 소송담당과 기판력

제218조 제3항(기판력의 주관적 범위)
다른 사람을 위하여 원고나 피고가 된 사람에 대한 확정판결은 그 다른 사람에 대하여도 효력이 미친다.

1) 문제점

제3자가 소송담당자로서 소송수행한 결과 받은 판결은 권리관계의 주체인 본인에게 미치는데 (제218조 제3항), 그 적용범위가 문제된다. ① 「갈음형」 소송담당자, 직무상의 당사자, 그리고 임의적 소송담당자의 경우에 제218조 제3항이 적용되어 판결의 기판력이 권리주체인 자에 미치는 것에 아무런 의문이 없다. ② 그러나 「병행형」 소송담당자, 예컨대 채권자대위소송에 있어서 채권자의 경우에 제218조 제3항이 적용되어 채권자가 받은 판결의 기판력이 권리주체인 자에게 어느 때나 미치는지에 대해서는 논의가 있다.

2) 학설

이에 대해서는 ① 채권자대위소송의 성질을 법정소송담당으로 파악하지 않고 채권자 자신의 고유한 대위권을 행사하는 것으로 보거나, 기판력의 주관적 범위는 판결의 당사자 사이에 한정된다는 기판력의 상대성의 원칙에 비추어볼 때 소송당사자가 아닌 채무자에게는 미치지 않는다는 소극설 (기판력 부정설; 과거 판례[대판 1970.7.21, 70다866]의 입장이었다), ② 채권자대위소송을 법정소송담당으로 보는 한 민사소송법 제218조 제3항의 규정에 따라 당연히 채무자 본인에게 미친다는 적극설 (기판력 긍정설), ③ 대위소송의 법적성질을 법정소송담당으로 보면서도 채무자에게 절차보장의 기회를 준 경우에만 기판력이 채무자에게 확장된다고 보는 절충설(절차보장설)의 대립이 있다.

3) 판례

① 과거 판례는 기판력 부정설의 입장이었으나, ② 어떠한 사유로 인하였든 적어도 채무자가 채권자 대위권에 의한 소송이 제기된 사실을 알았을 경우에는 그 판결의 효력은 채무자에게 미친다고 하여 절충설로 그 입장을 변경하였다.

[대판(전) 1975.5.13, 74다1664] 채권자가 채권자대위권을 행사하는 방법으로 제3채무자를 상대로 소송을 제기하고 판결을 받은 경우에는 어떠한 사유로 인하였든 적어도 채무자가 채권자 대위권에 의한 소송이 제기된 사실을 알았을 경우에는 그 판결의 효력은 채무자에게 미친다.

★★★[대판 2014.1.23, 2011다108095] 채권자가 채권자대위권을 행사하는 방법으로 제3채무자를 상대로 소송을 제기하였다가 피보전채권이 인정되지 않는다는 이유로 소각하판결을 받아 확정된 경우, 판결의 기판력이 채권자가 채무자를 상대로 피보전채권의 이행을 구하는 소송에 미치는지 여부(소극) 민사소송법 제218조 제3항은 '다른 사람을 위하여 원고나 피고가 된 사람에 대한 확정판결은 그 다른 사람에 대하여도 효력이 미친다.'고 규정하고 있으므로, 채권자가 채권자대위권을 행사하는 방법으로 제3채무자를 상대로 소송을 제기하고 판결을 받은 경우 채권자가 채무자에 대하여 민법 제405조 제1항에 의한 보존행위 이외의 권리행사의 통지, 또는 민사소송법 제84조에 의한 소송고지 혹은 비송사건절차법 제49조 제1항에 의한 법원에 의한 재판상 대위의 허가를 고지하는 방법 등 어떠한 사유로 인하였든 적어도 채권자대위권에 의한 소송이 제기된 사실을 채무자가 알았을 때에는 그 판결의 효력이 채무자에게 미친다고 보아야 한다. 이때 ① 채무자에게도 기판력이 미친다는 의미는 채권자대위소송의 소송물인 피대위채권의 존부에 관하여 채무자에게도 기판력이 인정된다는 것이고, ② 채권자대위소송의 소송요건인 피보전채권의 존부에 관하여 당해 소송의 당사자가 아닌 채무자에게 기판력이 인정된다는 것은 아니다. 따라서 ③ 채권자가 채권자대위권을 행사하는 방법으로 제3채무자를 상대로 소송을

제기하였다가 채무자를 대위할 피보전채권이 인정되지 않는다는 이유로 소각하판결을 받아 확정된 경우 그 판결의 기판력이 채권자가 채무자를 상대로 피보전채권의 이행을 구하는 소송에 미치는 것은 아니다.

4) 검토

권리주체인 자의 보호와 소송상대방의 이익을 적절히 조화하면서, 구체적 타당성과 분쟁의 1회적 해결을 도모할 수 있는 절충설 및 판례의 태도가 타당하다고 본다.

Ⅲ. 당사자적격 흠결의 효과

1. 소송요건

1) 당사자적격도 소송요건의 하나이며, 그 존부는 직권조사사항이다. 따라서 당사자적격이 없는 경우 소는 부적법 각하된다.

2) 채권자대위소송과 같은 제3자의 소송담당에 있어서도 원고에게 당사자적격이 없다면, 그 소는 부적법 각하된다. 다만 채권자대위소송에서 원고적격이 무엇인지가 문제되는데, 법정소송담당설의 입장에 의하면 "① 피보전채권, ② 보전의 필요성, ③ 채무자의 권리불행사는 당사자적격의 요소"가 되나, ④ 피대위권리는 소송물에 해당한다고 보게 된다. 따라서 당사자적격의 요건을 피대위권리의 존부보다 먼저 판단하여야 하고(소송요건심리의 선순위성), 이것이 부정될 경우에는 그 소는 부적법 각하되어야 한다.

[**대판 1994.11.8, 94다31549**] 채권자대위소송에 있어서 대위에 의하여 보전될 채권자의 채무자에 대한 권리가 인정되지 아니할 경우에는 채권자가 스스로 원고가 되어 채무자의 제3채무자에 대한 권리를 행사할 당사자적격이 없게 되므로, 그 대위소송은 부적법하여 각하할 수밖에 없다.

➲ [해설] : ① 판례는 채권자대위소송을 제3자의 소송담당 중 법정소송담당, 또 그중에서도 권리주체인 자와 함께 제3자가 당사자적격을 가지는 경우로 본다(병행형). 이와 같이 채권자대위소송을 법정소송담당의 일종으로 보는 판례에 따르면 피대위채권의 흠결과는 달리 피보전채권이 존재하지 않는 경우에는 당사자적격의 흠결로 대위소송은 부적법하여 각하되어야 한다고 본다(소각하설). 이에 대해 ② 채권자대위소송은 단순히 채무자의 채권을 행사하는 것이 아니라 채권자 자신의 실체법상의 고유한 대위권을 자기 자신의 이익을 위해 행사하는 것이므로 제3자의 소송담당으로 볼 수 없다는 견해에 따르면 피보전채권의 존재는 실체법상의 법률요건이므로 피보전채권이 없을 때에는 청구를 기각해야 한다는 입장이다(청구기각설). ③ 이와 같은 입장의 차이는 이행의 소의 경우 당사자적격은 그 주장자체를 판단기준으로 삼아서 정하여지는 것인데, 채권자대위소송의 경우 피보전채권의 존부평가는 본안심리에서 밝혀져야 할 사항이라는 점에 기인한다. 따라서 이와 같은 논의의 핵심은 피보전채권의 존부평가와 당사자적격 판단의 일반론의 문제를 어떻게 관련지을 것인지에 있다고 할 것이다.

[**대판 2009.4.23, 2009다3234**] 채권자대위소송에서 대위에 의하여 보전될 채권자의 채무자에 대한 권리(피보전채권)가 존재하는지 여부는 소송요건으로서 법원의 직권조사사항이므로, 법원으로서는 그 판단의 기초자료인 사실과 증거를 직권으로 탐지할 의무까지는 없다 하더라도, 법원에 현출된 모든 소송자료를 통하여 살펴보아 피보전채권의 존부에 관하여 의심할 만한 사정이 발견되면 직권으로 추가적인 심리·조사를 통하여 그 존재 여부를 확인하여야 할 의무가 있다.

> **[대판 1993.2.12. 92다25151]** 채무자에 대한 소유권이전등기청구권을 보전하기 위하여 채무자를
> 대위하여 제3자 명의의 소유권이전등기의 말소를 청구하기 위하여는 우선 채권자의 채무자에 대한
> 소유권이전등기청구권을 보전할 필요가 인정되어야 할 것이고, 그러한 보전의 필요가 인정되지 않는
> 경우에는 소가 부적법하므로 직권으로 이를 각하하여야 할 것인 바, 채권자가 채무자를 상대로 소유권
> 이전등기절차이행의 소를 제기하였으나 패소확정판결을 받았다면 위 판결의 기판력으로 말미암아 채
> 권자로서는 더 이상 소유권이전등기청구를 할 수 없게 되었다 할 것이고, 가사 채권자가 채권자대위
> 소송에서 승소하였다 한들 채권자가 채무자에 대하여 다시 소유권이전등기절차의 이행을 구할 수
> 있는 것도 아니므로 채권자로서는 채권자대위권을 행사함으로써 위 소유권이전등기청구권을 보전할
> 필요가 없게 되었다 할 것이다.

2. 소송계속 중의 당사자적격의 상실

소송계속 중에 당사자적격을 잃은 경우에 그 당사자 사이에 본안판결을 할 의미는 없게 된다. 이
경우에 종래의 소송수행의 결과를 승계할 제3자가 있는 때에는 그 사람에게 소송승계의 문제가
발생한다. 다만 채권자대위소송의 채권자와 같이 권리주체와 병행하여 소송담당자가 된 경우에
는 피담당자를 위한 것이 아니라, 자기의 권리실현을 위한 소송담당이므로 이 경우에 그 적격이
없게 되면 소는 각하될 뿐이다.

3. 당사자적격의 흠을 간과한 판결의 효력

당사자적격이 없어 소각하판결을 하여야 하는데도 이를 간과하고 본안판결을 하였을 때에는 확
정 전이면 상소에 의해 취소할 수 있으나, 확정 후에는 재심사유로 되지 않으므로 이를 다툴 수
없다. 다만 이와 같은 판결은 정당한 당사자로 될 사람이나 소송담당의 경우 권리의 귀속주체에
게 그 효력이 미치지 않으므로, 이러한 의미에서 무효인 판결이다(통설).

제5관 소송능력

Ⅰ. 서설

1. 의의

'당사자'로서 스스로 유효하게 소송행위를 하거나 법원·상대방으로부터 소송행위를 받기 위해 갖
추어야 할 능력을 말한다. 소송능력은 민법상의 행위능력에 대응한 것이다.

2. 제도적 취지

소송능력은 소송상 자기이익을 주장·옹호할 수 없는 자를 보호해 주기 위한 제도이다. 궁극적으
로는 양 당사자의 무기평등의 사상에 기초하여 재판청구권의 실질적 보장을 위한 것이라 할 것이다.

3. 범위

① 소송절차 내의 소송행위는 물론 소송 외의 행위(예 소송대리권의 수여 또는 관할의 합의 등)에 있어서도 소송능력이 요구된다. 또한 ② 소송능력은 당사자로 소송행위를 하기 위해 필요한 능력이므로, 증인신문·당사자본인신문 등 증거조사의 대상이 되는 경우이거나 다른 사람의 대리인으로 소송행위를 할 경우에는 소송능력이 필요하지 않다.

4. 의사능력과의 관계

(1) 판단 및 효력

소송행위를 하거나 받기 위해서는 행위자에게 의사능력이 있어야 한다. 의사능력의 유무는 개별적으로 판단하여야 하고 소송능력자라도 의사능력이 없는 경우가 있고, 이러한 자의 소송행위는 절대적 무효이다. 예 성년후견개시심판을 받지 않은 성년자라도 8세 정도의 지능밖에 없는 자나 치매환자 등이 한 소송행위는 무효로 된다.

(2) 소송상 능력의 보완

1) 소송상 특별대리인제도

① 종래 통설·판례는 특별대리인제도는 당사자의 권리실현의 편의와 절차의 지연으로 인한 손해방지를 위한 제도이므로, 의사무능력자이지만 아직 성년후견개시심판까지 받지 않은 자도 제한능력자에 준하여 특별대리인을 선임할 수 있다고 보았다.

② 2016년 개정법 제62조의2에서는 의사무능력자가 유효하게 소송행위를 하도록 직권 또는 당사자의 신청에 의하여 선임되는 특별대리인의 대리행위에 의하도록 하여 이를 입법화하였다.

2) 대리인 선임명령제도

제144조에서는 ① 법원은 소송관계를 분명하게 하기 위하여 필요한 진술을 할 수 없는 당사자 또는 대리인에게 진술을 금지하는 재판을 할 수 있도록 하였고, ② 법원은 진술금지재판과 함께 변론무능력자에게 변호사 선임을 명할 수 있도록 하였다. 이러한 선임명령제도는 변론능력이 흠결된 자의 보완방안으로 활용될 수 있겠다.

3) 진술보조인제도

> **제143조의2(진술 보조)**
> ① 질병, 장애, 연령, 그 밖의 사유로 인한 정신적·신체적 제약으로 소송관계를 분명하게 하기 위하여 필요한 진술을 하기 어려운 당사자는 법원의 허가를 받아 진술을 도와주는 사람과 함께 출석하여 진술할 수 있다.
> ② 법원은 언제든지 제1항의 허가를 취소할 수 있다.
> ③ 제1항 및 제2항에 따른 진술보조인의 자격 및 소송상 지위와 역할, 법원의 허가 요건·절차 등 허가 및 취소에 관한 사항은 대법원규칙으로 정한다.

개정법 제143조의2에서는 질병, 장애, 노령 그 밖의 사유로 인한 정신적·신체적 제약으로 소송관계를 분명하게 하기 위하여 필요한 진술을 하기 어려운 당사자를 위하여 그 진술을 도와주는 진술보조인제도를 신설하였다.

Ⅱ. 소송능력자

1. 민법상 행위능력자(제51조)

① 제51조는 소송능력에 관하여 민사소송법에 특별한 규정이 없으면 민법 그 밖의 법률에 따른다고 하므로 소송능력의 유무는 민법상의 행위능력을 기준으로 결정된다. 즉 민법상의 행위능력자는 소송능력을 가지고, 민법상 제한능력자인 미성년자, 피한정후견인(가정법원이 한정후견인의 동의를 받아야 하는 행위의 범위를 정한 범위 내에서) 및 피성년후견인은 소송제한능력자이다.

② 민법상 행위능력자이면 모두 소송능력자이므로, 자기의 재산에 대하여 관리처분권을 잃어서 당사자적격을 상실한 사람(예 파산선고를 받은 사람)도 소송능력을 잃지 않는다.

2. 법인의 소송능력

제64조는 법인 자체는 소송제한능력자임을 전제로 법인의 대표자에게 법정대리인과 준하는 취급을 하고 있다. 즉 법인 또는 제52조의 단체는 당사자능력은 인정되지만 그 자체에 소송능력은 인정할 수 없다.

Ⅲ. 소송제한능력자

> **제55조(제한능력자의 소송능력)**
> ① 미성년자 또는 피성년후견인은 법정대리인에 의해서만 소송행위를 할 수 있다. 다만, 다음 각 호의 경우에는 그러하지 아니하다.
> 1. 미성년자가 독립하여 법률행위를 할 수 있는 경우
> 2. 피성년후견인이 민법 제10조 제2항에 따라 취소할 수 없는 법률행위를 할 수 있는 경우
> ② 피한정후견인은 한정후견인의 동의가 필요한 행위에 관하여는 대리권 있는 한정후견인에 의해서만 소송행위를 할 수 있다.

1. 원칙

(1) 민법상 제한능력자

① 민법상의 제한능력자로서 미성년자·피성년후견인은 소송능력이 없다. 따라서 원칙적으로 단독으로 소송행위를 할 수 없고 법정대리인에 의해서만 이를 할 수 있다(제55조 제1항 본문).

② 피한정후견인은 원칙적으로 소송능력자이나, 가정법원이 한정후견인의 동의가 필요한 행위로 정한 범위 내에서 소송능력을 잃는다.

③ 그런데 소송제한능력자에게 법정대리인이 없거나 또는 법정대리인이 대리권을 행사할 수 없는 상태에 있는 경우 등에는 소송제한능력자를 피고로 하여 긴급하게 소를 제기하거나 그 밖의 소송행위를 할 필요가 있는 사람으로서는 즉시 그와 같은 것을 할 수 없고, 그 때문에 시기를 놓쳐 손해를 입을 수도 있으므로 이러한 경우에는 수소법원에 그 소송에 관한 특별대리인의 선임을 구할 수 있다(제62조). 이와 같은 소송상 특별대리인제도는 개정법에서 크게 보완되었으므로, 법정대리인부분에서 자세히 살펴보기로 한다.

(2) 민법과의 차이

① 민법상 제한능력자의 법률행위는 취소할 수 있지만, 소송제한능력자의 행위는 무효이다.

② 민법상으로는 미성년자와 피한정후견인은 법정대리인의 동의를 얻어 법률행위를 할 수 있고, 법정대리인이 범위를 정하여 처분을 허락한 재산은 임의로 처분할 수 있지만, 소송법상으로는 이 경우에도 소송능력이 인정되지 않는다.

2. 예외

다만, ① 혼인한 미성년자는 성년자로 보므로(민법 제826조의2) 소송법상으로도 소송능력자가 된다. 또한 ② 영업을 허락받은 재산에 관한 법률행위(민법 제8조)에는 그 범위 내에서, ③ 근로계약 및 임금청구(근로기준법 제67조, 제68조)에 관련된 소송에서는 소송능력이 인정되고, 나아가 ④ 소송능력을 다투는 범위 내에서도 소송능력이 인정된다.

Ⅳ. 소송능력의 소송법상 의의와 흠의 효과

1. 소송행위의 유효요건

소송능력은 소송요건인 동시에 개개의 소송행위의 유효요건이기도 하다. 따라서 소송능력이 없는 사람의 소송행위나 그 사람에 대한 소송행위는 무효이다(예 소송제한능력자에 의한 소의 제기, 소송대리인의 선임 등은 무효). 민법상 제한능력자의 법률행위는 취소할 수 있다는 것과는 다르게 절차의 안정을 위해 무효로 처리된다. 다만 여기서 무효라고 하는 것은 유동적 무효이고 절대적 무효는 아니다.

2. 추인

> **제60조(소송능력 등의 흠과 추인)**
> 소송능력, 법정대리권 또는 소송행위에 필요한 권한의 수여에 흠이 있는 사람이 소송행위를 한 뒤에 보정된 당사자나 법정대리인이 이를 추인한 경우에는, 그 소송행위는 이를 한 때에 소급하여 효력이 생긴다.

(1) 의의·취지 및 효과

소송제한능력자의 소송행위나 그에 대한 소송행위는 이른바 유동적 무효이다. 따라서 법정대리인이 추인하면 그 행위 시로 소급하여 유효로 된다(제60조). 이는 소송제한능력자 본인에게 반드시 불리한 것이라 단정할 수 없고, 소송경제에도 도움이 되기 때문이다.

(2) 추인의 방법

추인의 방식은 특별한 규정이 없으므로, 법정대리인이나 성년이 된 본인이 법원 또는 상대방에 대하여 구술로 명시하거나 묵시의 의사표시로 할 수 있다.

> **[대판 1988.10.25. 87다카1382]** 종중을 대표할 권한 없는 자로부터 소송위임을 받은 소송대리인에 의하여 이루어진 제1심에서의 소송대리인에 의한 소송행위는 그 효력이 없으나, 항소심에 이르러 종중의 정당한 대표자로부터 소송위임을 받은 소송대리인이 제1심 변론결과를 진술하는 등 변론을 하였다면 위 제1심에서의 소송행위는 묵시적으로 추인된 것이라고 보아야 한다.

(3) 추인의 시기

추인의 시기에는 아무런 제한이 없다. 따라서 추인은 상소심이나 재심절차에서도 가능하다.

> **[대판 1996.11.29. 94누13343] 무권대리인이 한 소송행위를 상고심에서 추인할 수 있는지 여부** (적극) – 민사소송법 제97조에 의하여 소송대리인에게 준용되는 같은 법 제60조에 의하면 소송대리권의 흠결이 있는 자의 소송행위는 보정된 소송대리인의 추인에 의하여 행위 시에 소급하여 그 효력이 있게 되고, 그와 같은 추인은 상고심에서도 가능하다.

(4) 추인의 범위

① 추인할 행위를 선별하는 것은 절차의 안정을 해치고 상대방에게 불이익이 되기 때문에 추인은 원칙적으로 그때까지의 소송행위를 일괄하여 전체에 대하여 하여야 한다.

② 개개의 행위에 대한 일부추인은 원칙적으로 허용되지 않는다. 다만 예외적으로 소송의 혼란을 일으킬 염려가 없고 소송경제상으로도 적절하다면 일부행위만을 제외하고 나머지 소송행위만을 추인하는 것은 가능하다.

> ★**[대판 1973.7.24. 69다60]** 무권대리인이 행한 소송행위의 추인은 소송행위의 전체를 일괄하여 하여야 하는 것이나 무권대리인이 변호사에게 위임하여 소를 제기하여서 승소하고 상대방의 항소로 소송이 2심에 계속 중 그 소를 취하한 일련의 소송행위 중 소취하 행위만을 제외하고 나머지 소송행위를 추인함은 소송의 혼란을 일으킬 우려가 없고 소송경제상으로도 적절하여 그 추인은 유효하다.

3. 소송요건 – 소송능력의 조사와 보정

소송능력은 소송요건의 하나이다. 따라서 법원은 언제든지 그 존재 여부에 관하여 직권으로 조사할 수 있다. 조사결과 그 흠이 인정될 때에는 법원은 소를 부적법 각하하여야 한다. 다만 소송능력이 없는 사람의 소송행위도 위와 같이 추인의 여지가 있으므로 법원은 기간을 정하여 보정을 명하여야 하고, 긴급을 요하는 행위는 일시적으로 소송행위를 하게 할 수 있다(제59조).

4. 소송능력 흠결의 경우 법원의 조치

(1) 제소 시 소송능력의 흠결

소송제한능력자의 소제기는 무효가 되겠지만 일반적으로 소송요건을 갖추지 못한 것이고, 따라서 소는 부적법 각하되어야 한다. 다만 추인한 경우에는 보정이 된다. 그리고 일단 각하되기까지는 소송이 계속된다고 보므로, 부적법한 소송계속을 소멸시키기 위해서 소송제한능력자가 단독으로 소를 취하할 수 있다고 보는 것이 일반적이다. 부적법한 소송계속의 소멸을 위하여 구태여 소송능력의 구비는 필요하지 않다는 것이다.

(2) 소송계속 중 소송능력의 흠결

소 자체가 부적법해지는 것은 아니므로 소각하를 할 것은 아니고, 그 뒤의 소송행위만 개별적으로 무효가 된다. 이 경우 소송절차는 법정대리인이 수계할 때까지 중단된다(제235조). 다만 소송대리인이 있는 경우에는 중단되지 않는다(제238조).

(3) 소송능력에 관하여 당사자 간에 다툼이 있는 경우

① 조사결과 그 능력이 긍정되는 경우에는 중간판결 또는 종국판결의 이유에서 판단하면 되고, 흠결이 있으면 소를 각하한다. 이 경우 각하판결문의 소송제한능력자에 대한 송달은 유효하고, 소송제한능력자라 하더라도 그 능력을 다투는 한도에서 유효하게 소송행위를 할 수 있으므로 단독으로 소송능력을 다투는 항소를 제기할 수 있다(통설).

② 이때 항소심은 소송제한능력자의 상소라 하여 상소를 각하할 수 없고, 심리결과 소송능력이 없으면 상소를 기각하고, 능력이 인정되면 필수적으로 환송한다(제418조 본문).

(4) 소송제한능력을 간과한 판결의 효력

1) 소송제한능력자의 패소

① 소송제한능력자에게 절차보장권이 박탈되었기 때문에 당연무효라고 보는 견해도 있으나(무효설), ② 소송제한능력자가 패소한 경우에도 그 판결은 당연무효는 아니라고 보는 것이 통설이다(위법·유효설). 그리고 이 판결에 대해서는 확정 전에는 상소로, 확정 후에는 재심의 소로 다툴 수 있다. 다만 판결 이후라도 적법한 추인이 있으면, 상소·재심의 사유는 소멸한다(제424조 제2항, 제451조 제1항 제3호 단서).

2) 소송제한능력자의 승소

이 경우 미성년자는 상소의 이익이 없고, 패소한 상대방이 승소자의 소송능력흠결을 이유로 상소 또는 재심을 제기하는 것은 제한능력자 보호의 취지나 신의칙에 반하여 허용되지 않는다.

제6관 대리권 – 소송상의 대리인

I. 서설

1. 개념

(1) 소송상 대리인

당사자 본인에게 법률효과를 귀속시키기 위하여(판결의 효력을 본인이 직접 받는다) 당사자의 이름으로 소송행위를 하거나 소송행위를 받는 제3자를 소송상의 대리인이라 한다. 이는 사법상의 대리제도가 소송법상 투영된 것으로서 자기의 이름으로 소송수행을 하는 제3자의 소송담당과 다르다.

(2) 소송대리인과 법정대리인

① 임의대리인은 본인의 의사에 의하여 선임되는 대리인으로서, 당사자로부터 대리권을 수여받은 자이다. 포괄적 대리권을 갖는 임의대리인을 소송대리인이라고 하고, 단순히 소송대리인이라고 하는 경우는 통상 이러한 의미에서 사용된다. 포괄적 대리권을 갖는 임의대리인은 법률상 소송대리인과 소송위임에 의한 소송대리인으로 나뉜다.

② 법정대리인은 본인의 의사에 의하지 않고 대리인이 된 사람, 즉 법률의 규정에 의하여 소송상의 대리권이 부여된 사람을 말한다. 이는 실체법상의 법정대리인과 소송법상의 특별대리인으로 나뉜다. 법인 등의 대표자도 법정대리인에 준하여 취급된다(제64조).

2. 대리의 허용성 · 필요성

자기 자신만으로는 유효하게 소송행위를 할 수 없는 소송제한능력자에게는 그 능력을 보충하기 위하여 대리인이 불가결하지만, 이러한 소송제한능력자가 아닌 경우에도 소송수행은 전문가로서의 경험이 없이는 곤란하므로 소송상의 대리를 인정할 실제적 필요가 있다.

3. 소송대리인과 법정대리인의 기본적 차이

① 소송대리인은 본인이 소송을 수행할 수 있음에도 불구하고 본인을 위한 대리인으로서 등장하므로 그 소송에서 제3자에 불과하다. 그러나 ② 법정대리인은 본인 스스로 소송수행의 능력이 없어서 등장하는 것이므로 당사자에 준하는 지위를 형성한다. 다만 그 본질은 어디까지나 대리인이라는 점에서 양자는 공통된다.

II. 소송대리인과 법정대리인의 유사점

> 제97조(법정대리인에 관한 규정의 준용)
> 소송대리인에게는 제58조 제2항(법정대리권을 증명한 서면의 소송기록 첨부) · 제59조(법정대리권 흠에 대한 보정명령) · 제60조(법정대리권 흠에 대한 추인) 및 제63조(법정대리권의 소멸통지)의 규정을 준용한다.

1. 본인을 위한 대리인

소송대리인이든 법정대리인이든 양자는 모두 당사자가 아니고, 본인의 이름으로 소송행위를 하며 그 효과도 직접 본인에게 귀속된다. 따라서 법관의 제척이나 재판적의 표준이 되지 않으며 또한 기판력과 집행력 등의 판결의 효력을 받지 않는다.

2. 대리권의 증명

법정대리권이 있는 사실 또는 소송행위를 위한 권한을 받은 사실은 서면으로 제출하여 이를 증명하여야 하고(제58조 제1항. **예** 가족관계기록사항에 관한 증명서 중 가족관계증명서 또는 주민등록등본 등), 법원은 이를 소송기록에 붙여야 한다(동조 제2항). 이는 소송대리인의 경우에도 마찬가지이다(제97조 **예** 소송위임장, 지배인 등의 경우에는 보통 상업등기부초본). 절차의 안정성과 명확성을 위함이다.

3. 대리권 소멸의 통지

> **제63조 제1항(법정대리권의 소멸통지)**
> 소송절차가 진행되는 중에 법정대리권이 소멸한 경우에는 본인 또는 대리인이 상대방에게 소멸된 사실을 통지하지 아니하면 소멸의 효력을 주장하지 못한다. 다만, 법원에 법정대리권의 소멸사실이 알려진 뒤에는 그 법정대리인은 제56조 제2항의 소송행위를 하지 못한다.
>
> **제56조(법정대리인의 소송행위에 대한 특별규정)**
> ① 미성년후견인, 대리권 있는 성년후견인 또는 대리권 있는 한정후견인이 상대방의 소 또는 상소 제기에 관하여 소송행위를 하는 경우에는 그 후견감독인으로부터 특별한 권한을 받을 필요가 없다.
> ② 제1항의 법정대리인이 소의 취하, 화해, 청구의 포기·인낙 또는 제80조에 따른 탈퇴를 하기 위해서는 후견감독인으로부터 특별한 권한을 받아야 한다. 다만, 후견감독인이 없는 경우에는 가정법원으로부터 특별한 권한을 받아야 한다.

1) 법정대리권·소송대리권의 소멸은 본인 또는 대리인이 상대방에게 통지하지 않으면 그 효력이 없다(제63조와 제97조). 따라서 대리권의 소멸통지가 도달할 때까지는 구대리인이 한 또는 구대리인에 대한 소송행위는 무효로 되지 않는다. 이에 대해 판례는 상대방이 소멸사유의 발생을 알든 모르든, 모른 데 대해 과실이 있든 없든 유효하다는 입장이다(대판 1968.12.17, 68다1629; 대판(전) 1998. 2.19, 95다52710 등). 대리권 소멸 사실의 통지 유무에 의하여 대리권의 소멸 여부를 획일적으로 처리함으로써 소송절차의 명확과 안정을 기하기 위함이다.

2) 다만, 구대리인이 상대방과 통모하여 소취하 등 본인에게 손해를 가하는 경우를 대비하여, 2002년 개정법은 법원에 법정대리권의 소멸사실이 알려진 뒤에는 상대방에게 통지가 없더라도 소취하, 화해, 청구의 포기나 인낙, 소송탈퇴 등의 행위는 하지 못한다는 규정(제63조 제1항 단서와 제97조)을 신설하였다.

3) 다만 대리인이 사망하거나 성년후견개시의 심판을 받았을 때에는 통지할 수 없는 상황이므로 사망하거나 성년후견개시의 심판을 받은 때에 소멸의 효과가 생긴다는 것이 통설이다.

Ⅲ. 소송대리인과 법정대리인의 차이점

1. 대리권의 발생원인

(1) 소송대리인

1) 법률상의 소송대리인

본인의 의사에 기해 대리인으로서 선임되지만 소송대리권을 포함하여 그 권한의 범위는 각 법률에서 정해 놓고 있는 자이다. 지배인(상법 제11조), 선장(상법 제773조) 등이 이에 해당한다. 업무집행조합원에 대해서는 다툼이 있으나, 민법 제709조의 업무집행의 대리권에는 소송행위의 대리권도 포함되어 있다고 풀이되므로, 이를 긍정함이 타당하다(다수설).

2) 소송위임에 의한 소송대리인

가) 의의

소송수행을 위하여 포괄적인 대리권을 갖는 임의대리인으로서 특정한 사건에 있어서 소송위임을 받아서 그 대리권을 수여받은 사람이다. 좁은 의미의 소송대리인이라고 할 때에는 이를 지칭한다.

나) 소송위임 – 소송대리권의 수여

소송대리권의 수여행위 자체는 소송대리권의 발생이라는 소송법상의 효과를 발생시킨다는 의미에서 소송행위(단독행위)이다. 따라서 소송능력을 필요로 하고, 소송대리권의 수여방식은 자유이고 말이나 서면으로 할 수 있다.

다) 소송대리인의 자격

우리나라는 변호사강제주의를 취하고 있지 않으므로 본인은 스스로 소송행위를 할 수 있으나, 대리인을 선임하여 소송을 수행하려면 변호사대리의 원칙상 변호사가 아니면 안 된다(제87조). 다만 일정한 경우 예외가 인정된다(예 소가 5억원 이하의 단독사건 가운데 소가 1억원 이하의 사건으로 당사자와 친족관계 또는 고용관계 등에 있는 사람으로서 법원의 허가를 받은 때(제88조), 단독사건 중 소가 3천만원 이하의 소액사건의 경우에는 법원의 허가 없이 당사자의 배우자·직계혈족 또는 형제자매는 소송대리인이 될 수 있다(소심법 제8조)).

(2) 법정대리인

① 실체법상의 법정대리인(제51조), ② 소송법상의 특별대리인(제62조), ③ 법인 등 단체의 대표자(제64조)가 있다.

1) 실체법상의 법정대리인과 법인 등의 대표자

법정대리인은 본인의 의사에 의하지 않고 민법 그 밖의 법률에 의해 대리권이 인정된다. ① 미성년자에 있어서는 친권자 또는 후견인이(민법 제911조, 제928조), ② 피한정후견인이나 피성년후견인에 있어서는 후견인이 법정대리인이 된다(민법 제929조 등). ③ 법인의 이사도 법인의 대리인으로서 지위를 가진다(민법 제59조). 그리고 이들 법정대리인과 본인 사이에 이해상반(利害相反)된 경우에 법원에 의하여 선임되는 민법상의 특별대리인(민법 제64조, 제921조), ④ 친생부인의 소에 있어서 친권자인 母가 없는 경우에 子를 위하여 선임되는 특별대리인(민법 제847조)도 법정대리인이 된다. 그 밖에 ⑤ 법원이 선임한 부재자의 재산관리인(민법 제22조)도 소송상의 법정대리인이 된다.

2) 소송법상의 특별대리인

제62조(제한능력자를 위한 특별대리인)

① 미성년자·피한정후견인 또는 피성년후견인이 당사자인 경우, 그 친족, 이해관계인(미성년자·피한정후견인 또는 피성년후견인을 상대로 소송행위를 하려는 사람을 포함한다), 대리권 없는 성년후견인, 대리권 없는 한정후견인, 지방자치단체의 장 또는 검사는 다음 각 호의 경우에 소송절차가 지연됨으로써 손해를 볼 염려가 있다는 것을 소명하여 수소법원에 특별대리인을 선임하여 주도록 신청할 수 있다.

　1. 법정대리인이 없거나 법정대리인에게 소송에 관한 대리권이 없는 경우

　2. 법정대리인이 사실상 또는 법률상 장애로 대리권을 행사할 수 없는 경우

　3. 법정대리인의 불성실하거나 미숙한 대리권 행사로 소송절차의 진행이 현저하게 방해받는 경우

② 법원은 소송계속 후 필요하다고 인정하는 경우 직권으로 특별대리인을 선임·개임하거나 해임할 수 있다.

③ 특별대리인은 대리권 있는 후견인과 같은 권한이 있다. 특별대리인의 대리권의 범위에서 법정대리인의 권한은 정지된다.

④ 특별대리인의 선임·개임 또는 해임은 법원의 결정으로 하며, 그 결정은 특별대리인에게 송달하여야 한다.

⑤ 특별대리인의 보수, 선임 비용 및 소송행위에 관한 비용은 소송비용에 포함된다.

제62조의2(의사무능력자를 위한 특별대리인의 선임 등)

① 의사능력이 없는 사람을 상대로 소송행위를 하려고 하거나 의사능력이 없는 사람이 소송행위를 하는 데 필요한 경우 특별대리인의 선임 등에 관하여는 제62조를 준용한다. 다만, 특정후견인 또는 임의후견인도 특별대리인의 선임을 신청할 수 있다.

② 제1항의 특별대리인이 소의 취하, 화해, 청구의 포기·인낙 또는 제80조에 따른 탈퇴를 하는 경우 법원은 그 행위가 본인의 이익을 명백히 침해한다고 인정할 때에는 그 행위가 있는 날부터 14일 이내에 결정으로 이를 허가하지 아니할 수 있다. 이 결정에 대해서는 불복할 수 없다.

가) 의의 및 취지

소송능력을 보완하여 줄 수 있는 민사소송법상의 제도로는 특별대리인이 있다. 즉 소송제한능력자에게 ① 법정대리인이 없거나 또는 ② 법정대리인이 대리권을 행사할 수 없을 경우, ③ 법정대리인이 변변치 못해 소송절차의 진행이 현저히 방해받는 경우(③은 개정법에서 추가) 중 어느 하나에 해당될 때, 수소법원에 그를 대리해 줄 특별대리인의 선임을 신청 또는 필요에 따라 직권으로 할 수 있도록 하였다(제62조 제1항, 제2항). 이는 민법에 의해 법정대리인이나 실체법상의 특별대리인이 선임되기까지 그 <u>소송지연으로 인한 당사자의 불이익을 회피</u>하기 위해서이다.

나) 요건

① ⅰ) <u>소송제한능력자가 당사자일 것</u>, 즉 소송제한능력자를 피고로 하여 소송을 하고자 할 경우나 소송제한능력자 측이 원고가 되어 소송을 하고자 할 것, ⅱ) <u>소송제한능력자에게 법정대리인이 없거나 법정대리인이 대리권을 행사할 수 없을 것, 또는 법정대리인이 불성실하거나 미숙한 대리권행사로 소송절차의 진행이 현저히 방해받는 경우일 것</u>, ⅲ) <u>소송절차가 지연됨으로써 손해를 받을 염려가 있을 것</u>을 요한다.

② 여기서 '법정대리인이 없을 때'란 미성년자에게 친권자가 없고 후견인도 지정되지 아니한 경우 등이며, 당사자의 권리실현의 편의를 위한 제도이므로 여기의 '법정대리인이 대리권을 행사할 수 없는 때'는 이해상반 등으로 대리권행사에 법률상 장애가 있는 경우 뿐만 아니라 널리 사실상의 장애(예 법정대리인의 질병, 장기간의 해외여행 등)가 있는 경우도 포함된다.[26]

다) 선임·개임절차 및 권한

① 특별대리인은 신청에 의해 선임되는데, 개정법은 필요하면 법원이 직권으로 할 수 있도록 하였다. 신청권자는 개정법 제62조 제1항에 규정하였고, 의사무능력자를 위한 특별대리인의 선임신청은 특별후견인 또는 임의후견인도 할 수 있도록 하였다(제62조의2 제1항 단서).

② 나아가 개정법에서는 법원은 필요하다고 인정하는 때에는 직권으로 특별대리인의 선임은 물론, 개임·해임도 할 수 있도록 하였다(제62조 제2항).

③ 특별대리인은 대리권 있는 후견인과 같은 권한을 갖는다. 특별대리인의 대리권의 범위 내에서 법정대리인의 권한은 정지된다(제62조 제3항). 따라서 소송행위뿐 아니라, 필요한 때에는 공격방어방법으로 사법상의 실체적 권리도 행사할 수 있다.

라) 준용

① 법인 또는 비법인 단체에 대표자·관리인이 없거나 그가 대표권을 행사할 수 없는 경우에 준용된다(제64조).

[대판 1992.3.10, 91다25208] 비법인사단과 그 대표자 사이의 이익이 상반되는 사항에 관한 소송행위에 있어서는 위 대표자에게 대표권이 없으므로, 달리 위 대표자를 대신하여 비법인사단을 대표할 자가 없는 한 이해관계인은 민사소송법 제64조, 제62조의 규정에 의하여 특별대리인의 선임을 신청할 수 있고 이에 따라 선임된 특별대리인이 비법인사단을 대표하여 소송을 제기할 수 있다.

[대판 2011.1.27, 2008다85758] 법인 대표자의 자격이나 대표권에 흠이 있어 그 법인이 또는 그 법인에 대하여 소송행위를 하기 위하여 민사소송법 제64조, 제62조에 따라 수소법원에 의하여 선임되는 특별대리인은 법인의 대표자가 대표권을 행사할 수 없는 흠을 보충하기 위하여 마련된 제도이므로, 이러한 제도의 취지에 비추어 보면 특별대리인이 선임된 후 소송절차가 진행되던 중에 법인의 대표자 자격이나 대표권에 있던 흠이 보완되었다면 특별대리인에 대한 수소법원의 해임결정이 있기 전이라 하더라도 그 대표자는 법인을 위하여 유효하게 소송행위를 할 수 있다.

[대판 2018.12.13, 2016다210849·210856] **소송법상 특별대리인의 권한 범위 – 항소심에서 재단법인에 대해 소송법상 특별대리인이 선임되었고, 이후 그 특별대리인이 항소심판결에 대해 상고하였다가 이를 취하한 경우 그 효력 여부**(원칙적 적극)

---

[26] 도시 및 주거환경정비법에 따른 조합의 이사가 자기를 위하여 조합을 상대로 소를 제기하는 경우 그 소송에 관하여는 감사가 조합을 대표하므로(도시 및 주거환경정비법 제22조 제4항), 조합에 감사가 있는 때에는 조합장이 없거나 조합장이 대표권을 행사할 수 없는 때에 해당하지 아니한다. 따라서 조합장이 없거나 조합장이 대표권을 행사할 수 없는 사정이 있더라도 조합은 특별한 사정이 없는 한 민사소송법 제64조, 제62조에 정한 '법인의 대표자가 없거나 대표자가 대표권을 행사할 수 없는 경우'에 해당하지 아니하여 특별대리인을 선임할 수 없다. 나아가 수소법원이 이를 간과하고 특별대리인을 선임하였더라도 특별대리인은 이사가 제기한 소에 관하여 조합을 대표할 권한이 없다(대판 2015.4.9, 2013다89372).

법인 또는 법인 아닌 사단의 대표자가 없거나 대표권을 행사할 수 없는 경우, 대표자가 사실상 또는 법률상 장애로 대표권을 행사할 수 없는 경우, 대표자의 불성실하거나 미숙한 대표권 행사로 소송절차의 진행이 현저하게 방해받는 경우에 구 민사소송법(2016.2.3. 법률 제13952호로 개정되기 전의 것, 이하 '법'이라 한다) 제64조에 의해 준용되는 법 제62조의 규정에 따라 선임된 특별대리인, 즉 소송법상 특별대리인은 법인 또는 법인 아닌 사단의 대표자와 동일한 권한을 가져 그 소송수행에 관한 일체의 소송행위를 할 수 있으므로(대판 2010.6.10, 2010다5373 참조), 소송법상 특별대리인은 특별한 사정이 없는 한 법인을 대표하여 수행하는 소송에 관하여 상소를 제기하거나 이를 취하할 권리가 있다.

⇨ [사실관계] : 재단법인인 甲이 기본재산인 토지의 수탁자인 乙을 상대로 그 토지의 처분에 관하여 적법한 정관변경결의나 이에 대한 주무관청의 허가가 없었음을 이유로 진정명의회복을 원인으로 소유권이전등기절차의 이행을 구하는 소송을 제기하였고, 그 소송 도중 항소심이 피고 乙의 신청에 따라 원고 甲을 대표할 '소송법상 특별대리인 B'를 선임한 후 판결을 선고하였는데, 그 특별대리인이 상고하였다가 곧바로 항소심법원에 상고취하서를 제출하자, 원고 甲의 대표자 직무대행자라고 주장하는 A가 상고장 등을 제출하면서 그 상고취하의 효력을 다투어 소송기록이 대법원에 송부된 사안에서, 소송법상 특별대리인은 법인의 대표자와 동일한 권한을 가져 소송수행에 관한 일체의 소송행위를 할 수 있고, 소송법상 특별대리인의 권한에는 상소를 제기하거나 이를 취하하는 권한도 원칙적으로 포함될 수 있음을 이유로, 위 소송은 그 특별대리인의 상고취하로 항소심에서 이미 종료되었다고 보아 직권으로 소송종료를 선언한 사례이다.

② 또한 성년후견개시심판을 받지 않은 의사무능력자도 여기의 제한능력자에 준하여, 특별대리인을 선임할 수 있음은 앞서 본 바이다. 개정법은 이때의 특별대리인의 소의 취하, 청구의 포기·인낙, 화해 등 그 행위가 본인의 이익을 명백히 침해한다고 인정되면 불허결정을 할 수 있도록 하였다(제62조의2 제2항). 제한능력자와 같이 후견감독인을 통한 견제책이 없기 때문이다.

2. 대리권의 범위

(1) 소송대리인

1) 법률상의 소송대리인

실체법(상법 제11조, 제773조 등)에 의해 그 범위가 정해지며, 재판상 일체의 행위를 할 수 있다. 이러한 대리인의 법정권한을 제한하였다고 하더라도 소송법상으로 효력이 없다(제92조).

2) 소송위임에 의한 소송대리인

> **제90조(소송대리권의 범위)**
> ① 소송대리인은 위임을 받은 사건에 대하여 반소·참가·강제집행·가압류·가처분에 관한 소송행위 등 일체의 소송행위와 변제의 영수를 할 수 있다.
> ② 소송대리인은 다음 각 호의 사항에 대하여는 특별한 권한을 따로 받아야 한다.
>   1. 반소의 제기
>   2. 소의 취하, 화해, 청구의 포기·인낙 또는 제80조의 규정에 따른 탈퇴
>   3. 상소의 제기 또는 취하

> 4. 대리인의 선임
>
> **제91조(소송대리권의 제한)**
> 소송대리권은 제한하지 못한다. 다만, 변호사가 아닌 소송대리인에 대하여는 그러하지 아니하다.
> **제92조(법률에 의한 소송대리인의 권한)**
> 법률에 의하여 재판상 행위를 할 수 있는 대리인의 권한에는 제90조와 제91조의 규정을 적용하지 아니한다.

가) 법정범위

① 소송위임에 의한 소송대리인의 대리권의 범위는 소송법에서 직접 규정하고 있다. 반소의 제기, 소의 취하 등 일정한 사항에 대하여 특별수권이 있어야 하는(제90조 제2항) 이외에 소의 변경, 중간확인의 소의 제기, 상대방이 제기한 반소와 제3자의 소송참가에 대한 응소, 공격방어방법의 제출과 해당 소송에 관한 강제집행, 가압류·가처분 등 위임된 사건의 처리를 위하여 필요한 일체의 행위를 할 수 있다(제90조 제1항).

② 위 소송대리권에 제한을 가하지 못한다고 규정하고 있다(제91조 본문). 다만 예외적으로 변호사가 아닌 소송대리인에 대하여는 본인의 의사를 존중하는 뜻에서 그 제한이 허용된다(제91조 단서).

③ 소송대리인은 실체법상의 행위도 할 수 있다. 제90조 제1항은 단순히 변제의 영수만을 규정하고 있는데, 이는 예시적으로 규정한 것이고, 그 밖에도 소송위임의 목적을 달성하기 위하여 필요한 행위는 사법행위와 소송행위를 묻지 않고 소송대리권에 속한다고 본다. 따라서 소송대리인은 본인이 가지는 취소권, 해제권, 상계권 등의 사법상의 형성권도 행사할 수 있다.

나) 특별수권사항

① 범위

중대한 결과가 생기는 경우에는 본인의 의사를 존중하기 위하여 소송대리인은 특별한 권한을 따로 받아야 한다[제90조 제2항. **예** 소의 취하, 화해, 청구의 포기·인낙 등 소송의 종료를 가져오는 행위(내지는 소송탈퇴)나 반소 및 항소·상고의 제기(또는 취하), 복대리인의 선임 등]. 특별한 권한을 따로 받지 않은 대리인이 행한 소송행위는 무효이다.

[대판 1984.3.13, 82므40] 소취하에 대한 소송대리인의 동의는 제90조(소송대리권의 범위) 제2항 소정의 특별수권사항이 아닐 뿐 아니라, 소송대리인에 대하여 특별수권사항인 소취하를 할 수 있는 대리권을 부여한 경우에도 상대방의 소취하에 대한 동의권도 포함되어 있다고 봄이 상당하므로, 그 같은 소송대리인이 한 소취하의 동의는 소송대리권의 범위 내의 사항으로서 본인에게 그 효력이 미친다.

➡ [해설] : 상대방의 소취하에 대한 동의가 특별수권사항인지 여부에 대해서는, ① 제90조 제2항은 예외적 규정인데, 명문으로 특별수권사항으로 정하고 있지 않으므로 특별수권이 필요 없다는 견해와 ② 대리인이 피고 모르게 소취하에 동의함으로써 소송계속을 소급소멸케 함은 본인에게 부당하다는 이유로 특별수권이 필요하다는 견해의 대립이 있다. 이에 대해 판례는 특별수권사항이 아님을 분명히 밝히고 있다.

[대판 1993.10.12. 93다32354] 소송대리인이 권한의 범위를 넘어 당해 소송물 이외의 권리관계를 포함시켜 소송상 화해를 한 경우 민사소송법 제456조 소정의 "대리권의 흠결"에 해당하는지 여부
화해가 성립된 소송사건에서 원고들의 소송대리인이었던 변호사가 원고들로부터 그 소송사건만을 위임받아 그 소송의 목적이 된 부동산에 관하여만 화해할 권한을 부여받았음에도 불구하고 그 권한의 범위를 넘어 당해 소송물 이외의 권리관계를 포함시켜 화해를 하였음을 이유로 하는 준재심청구는 결국 대리인이 소송행위를 함에 필요한 특별수권의 흠결(대리권의 흠결)을 그 사유로 하는 것이므로 민사소송법 제456조가 적용될 수 없다(㊟ 언제든지 준재심청구 가능).

[대결 2000.1.31. 99마6205] 소송상 화해나 청구의 포기에 관한 특별수권이 있는 경우, 당해 소송물인 권리의 처분이나 포기에 대한 권한도 수여되어 있다고 볼 것인지 여부(적극)
소송상 화해나 청구의 포기에 관한 특별수권이 되어 있다면, 특별한 사정이 없는 한 그러한 소송행위에 대한 수권만이 아니라 그러한 소송행위의 전제가 되는 당해 소송물인 권리의 처분이나 포기에 대한 권한도 수여되어 있다고 봄이 상당하다.

---

② 심급대리원칙의 인정 여부

ⅰ) 문제점

제90조 제2항 제3호는 상소의 제기만을 특별수권사항으로 규정하고 있지만, 해석상으로 상대방의 상소에 응소하는 것도 특별수권사항으로 볼 수 있는지 여부가 문제이다. 만약 제1심만의 대리인이라면 상대방이 제기한 상소에 응소할 수 없다고 본다(이를 근거로 심급대리의 원칙이 주장된다).

ⅱ) 학설 및 판례

이에 대해 판례는 소송대리권의 범위는 특별한 사정이 없는 한 해당 심급에 한정되어, 소송대리인의 소송대리권의 범위는 수임한 소송사무가 종료하는 시기인 해당 심급의 판결을 송달받은 때까지라고 함으로써 심급대리의 원칙을 긍정한다. 통설도 마찬가지이다. 이에 따르면 1심의 대리인은 특별한 사정이 없는 한 상대방이 제기한 상소에 응소할 수 없다고 본다. 다만 상소제기의 특별수권이 있다면 판결정본이 송달되더라도 소송대리권은 존속하며 상소제기 시 소송대리권은 소멸한다.

★[대결 2000.1.31. 99마6205] 소송대리권의 범위는 특별한 사정이 없는 한 당해 심급에 한정되어, 소송대리인의 소송대리권의 범위는 수임한 소송사무가 종료하는 시기인 당해 심급의 판결을 송달받은 때까지라고 할 것이다.

  ➲ [해설] : ① 본 판결은 통설과 같이 심급대리의 원칙을 명확히 밝히고 있다. 결국 이에 따르면 상소의 제기를 위해서는 새로이 소송위임계약을 체결해야 한다. 즉 상소의 제기에 관하여 특별수권을 받지 아니한 제1심 소송대리인이 제기한 상소는 무권대리인에 의해 제기된 것으로서 위법한 것이 된다. 단, 후에 당사자의 적법한 소송대리인이 항소심에서 본안에 대하여 변론하였다면, 이로써 그 항소제기 행위를 추인하였다고 할 것이므로, 그러한 항소는 당사자가 적법하게 제기한 것으로 된다고 할 것이다(대판 1995.7.28. 95다18406; 대판 2007.2.28. 2006다67893 등). 아울러 무권대리인이 행한 소송행위의 추인은 특별한 사정이 없는 한, 소송행위의 전체를 대상으로 하여야 하는 것이고 그중 일부의 소송행위만을 추인하는 것은 허용되지 아니하므로, 상고제기행위만의 추인을 한 경우라면 그것을 허용할 만한 특별한 사정이 있다고 보기 어렵고 일부추인에 불과하다고 할 것이다(대판 2008.8.21. 2007다79480).

② 한편 상소의 제기가 아닌 상소의 응소에 관해서는 다툼이 있으나, 판례는 당해 심급의 판결을 송달받음으로써 소송대리권이 소멸한다는 해석이므로, 통설과 같이 상소의 응소도 특별수권사항에 포함된다고 해석하는 것으로 이해된다.

③ 파기환송 시 소송대리권의 부활 여부

환송 전 항소심 소송대리인의 대리권이 환송에 의하여 당연히 부활하는가에 대해서는, ⅰ) 파기환송판결의 법적성질에 대해 중간판결설의 입장에서, 이는 환송 전 절차의 재개·속행에 불과하며 환송 전 원심의 대리인이 이미 사실관계에 정통함을 근거로 부활을 긍정하는 견해와 ⅱ) 파기환송판결의 법적 성질에 대해 종국판결설의 입장에서, 부활의 긍정은 심급대리의 원칙에 반하고 원심에서의 패소로 신뢰관계가 파괴된 것을 다시 회복시키는 것은 무리이므로 부활을 부정해야 한다는 견해의 대립이 있다. ⅲ) 판례는 파기환송에 의해 환송 전 원심의 상태로 환원되므로 환송 전 소송대리인의 대리권은 부활한다는 긍정설의 입장을 취하고 있다.

[대판 1984.6.14, 84다카744]

[1] 사건이 상고심에서 환송되어 다시 항소심에 계속하게 된 경우에는 상고 전의 항소심에서의 소송대리인의 대리권은 그 사건이 항소심에 계속되면서 다시 부활하는 것이므로 환송받은 항소심에서 환송 전의 항소심에서의 소송대리인에게 한 송달은 소송당사자에게 한 송달과 마찬가지의 효력이 있다.

[2] 소송대리인이 판결정본의 송달을 받고도 당사자에게 그 사실을 알려 주지 아니하여 당사자가 그 판결정본의 송달사실을 모르고 있다가 상고제기기간이 경과된 후에 비로소 그 사실을 알게 되었다 하더라도 이를 가리켜 당사자가 책임질 수 없는 사유로 인하여 불변기간을 준수할 수 없었던 경우에 해당한다고는 볼 수 없다.

[대판 2016.7.7, 2014다1447] 수임인은 위임사무를 완료하여야 보수를 청구할 수 있는 것이 원칙이다(민법 제686조 제2항 참조). 항소심 사건의 소송대리인인 변호사 또는 법무법인, 법무법인(유한), 법무조합(이하 '변호사 등'이라 한다)의 위임사무는 특별한 약정이 없는 한 항소심판결이 송달된 때에 종료되므로, 변호사 등은 항소심판결이 송달되어 위임사무가 종료되면 원칙적으로 그에 따른 보수를 청구할 수 있다. 그러나 항소심판결이 상고심에서 파기되고 사건이 환송되는 경우에는 사건을 환송받은 항소심법원이 환송 전의 절차를 속행하여야 하고 환송 전 항소심에서의 소송대리인인 변호사 등의 소송대리권이 부활하므로, 환송 후 사건을 위임사무의 범위에서 제외하기로 약정하였다는 등의 특별한 사정이 없는 한 변호사 등은 환송 후 항소심 사건의 소송사무까지 처리하여야만 비로소 위임사무의 종료에 따른 보수를 청구할 수 있다.

[대결 1996.4.4, 96마148] 한편 상고심에서 항소심으로 파기환송된 사건이 다시 상고되었을 경우에는 환송 전의 상고심에서의 소송대리인의 대리권이 그 사건이 다시 상고심에 계속되면서 부활하게 되는 것은 아니라고 할 것이어서, 새로운 상고심은 변호사 보수의 소송비용 산입에 관한 규칙의 적용에 있어서는 환송 전의 상고심과는 별개의 심급으로 보아야 한다.

➥ 새로운 상고심은 환송 전 상고심과는 별개의 심급이기 때문이다.

[대결 1991.3.27, 90마970] 재심의 소의 절차에 있어서의 변론은 재심 전 절차의 속행이기는 하나 재심의 소는 신소의 제기라는 형식을 취하고 재심 전의 소송과는 일응 분리되어 있는 것이며, 사전 또는 사후의 특별수권이 없는 이상 재심 전의 소송의 소송대리인이 당연히 재심소송의 소송대리인이 되는 것이 아니다.

다) 개별대리의 원칙

동일한 당사자에 대하여 여러 소송대리인이 있는 때에는 대리인 각자가 당사자를 대리한다(제93조 제1항). 소송의 신속·원활을 위함이다. 당사자가 이에 어긋나는 공동대리 등의 약정을 하더라도 법원이나 상대방에 대한 관계에서 그 약정은 무효이다(동조 제2항). 그리고 여러 소송대리인의 서로 모순·저촉되는 행위가 동시에 행하여진 경우에는 어느 것도 효력이 발생하지 않는다. 다만 이시에 행하여진 경우에는 철회가 가능한 것이면 뒤의 행위에 의해 선행행위가 철회된 것이고, 철회할 수 없는 것이면 뒤의 행위가 효력이 없게 된다.

[대결 2011.9.29, 2011마1335] 민사소송의 당사자는 민사소송법 제396조 제1항에 의하여 판결정본이 송달된 날부터 2주 이내에 항소를 제기하여야 한다. 한편 당사자에게 여러 소송대리인이 있는 때에는 민사소송법 제93조에 의하여 각자가 당사자를 대리하게 되므로, 여러 사람이 공동으로 대리권을 행사하는 경우 그중 한 사람에게 송달을 하도록 한 민사소송법 제180조가 적용될 여지가 없어 법원으로서는 판결정본을 송달함에 있어 여러 소송대리인에게 각각 송달을 하여야 하지만, 그와 같은 경우에도 소송대리인 모두 당사자 본인을 위하여 소송서류를 송달받을 지위에 있으므로 당사자에 대한 판결정본 송달의 효력은 결국 소송대리인 중 1인에게 최초로 판결정본이 송달되었을 때 발생한다. 따라서 당사자에게 여러 소송대리인이 있는 경우 항소기간은 소송대리인 중 1인에게 최초로 판결정본이 송달되었을 때부터 기산된다.

---

(2) 법정대리인

가) 법정대리권의 범위

> **제56조(법정대리인의 소송행위에 대한 특별규정)**
> ① 미성년후견인, 대리권 있는 성년후견인 또는 대리권 있는 한정후견인이 상대방의 소 또는 상소 제기에 관하여 소송행위를 하는 경우에는 그 후견감독인으로부터 특별한 권한을 받을 필요가 없다.
> ② 제1항의 법정대리인이 소의 취하, 화해, 청구의 포기·인낙 또는 제80조에 따른 탈퇴를 하기 위해서는 후견감독인으로부터 특별한 권한을 받아야 한다. 다만, 후견감독인이 없는 경우에는 가정법원으로부터 특별한 권한을 받아야 한다.

① 법정대리인의 경우에 대리권의 범위에 관하여 소송법에 특별한 규정이 없는 한, 실체법의 정함에 따른다(제51조). 따라서 친권자는 子를 대리하여 일체의 소송행위를 할 수 있는데(민법 제920조), 반면 후견인은 피후견인을 대리하여 소송행위를 할 때에는 후견감독인의 동의를 얻어야 한다(민법 제950조).

② 다만, 상대방의 보호를 위하여 상대방의 소제기 등에 관하여 소송행위를 하는 경우와 같이 수동적 소송행위인 경우에는 후견감독인으로부터 특별한 권한을 받을 필요가 없다(제56조 제1항). 그러나 후견인은 소의 취하, 화해, 청구의 포기·인낙 또는 소송탈퇴를 하는 때에는 후견감독인의 특별한 권한을 받아야 한다(동조 제2항).

③ 나아가 개정법은 만약 후견감독인이 없는 경우에는 가정법원으로부터 특별수권을 받도록 하였다(제56조 제2항 단서).

나) 공동대리

친권을 공동행사하는 부모(민법 제909조)와 같이 공동대리의 정함이 있는 경우에는 ① 소송행위의 수령은 단독으로 할 수 있지만(예 송달의 경우의 제180조), ② 적극적인 행위에 대하여는 원칙적으로 대리인 전원이 행하여야 한다. 그 밖에 소·상소의 제기, 화해나 소의 취하 등 제56조 제2항이 열거하는 특별수권사항은 동조를 유추하여 전원이 공동으로 행하여야 한다(제56조 제2항 유추설).27) ③ 그 밖의 것은 단독으로 행하고 다른 대리인이 묵인한다면 공동으로 한 것으로 인정된다. ④ 각 대리인의 변론내용이 모순되는 경우에는 본인에게 유리한 주장이 효력이 있다(다만 근거상의 차이만 있을 뿐이다).

3. 대리권의 소멸

(1) 소송대리인

가) 소멸사유

대리인의 사망, 성년후견개시의 심판 또는 파산(민법 제127조), 위임사무의 종료(심급대리의 원칙을 유지하는 한 해당 심급의 판결정본의 송달에 의해 대리사무가 종료된다), 기본관계의 소멸(민법 제689조, 제690조)에 따라 대리권도 소멸한다. 다만 기본관계의 소멸의 경우에는 대리권의 소멸사실을 상대방에게 통지하지 않는 한 소멸의 효력이 생기지 않는다(제97조, 제63조). 따라서 소송대리인이 사임서를 법원에 제출하여도 상대방에게 그 사실을 통지하지 않은 이상 그 대리인의 대리권은 존속한다(대판 1970. 9.29, 70다1593; 대판 1995.2.28, 94다49311).

나) 불소멸사유

> **제95조(소송대리권이 소멸되지 아니하는 경우)**
> 다음 각 호 가운데 어느 하나에 해당하더라도 소송대리권은 소멸되지 아니한다.
> 1. 당사자의 사망 또는 소송능력의 상실
> 2. 당사자인 법인의 합병에 의한 소멸
> 3. 당사자인 수탁자의 신탁임무의 종료
> 4. 법정대리인의 사망, 소송능력의 상실 또는 대리권의 소멸·변경
>
> **제96조(소송대리권이 소멸되지 아니하는 경우)**
> ① 일정한 자격에 의하여 자기의 이름으로 남을 위하여 소송당사자가 된 사람에게 소송대리인이 있는 경우에 그 소송대리인의 대리권은 당사자가 자격을 잃더라도 소멸되지 아니한다.
> ② 제53조의 규정에 따라 선정된 당사자가 그 자격을 잃은 경우에는 제1항의 규정을 준용한다.

그러나 당사자의 사망, 소송능력의 상실, 당사자인 법인의 합병, 법정대리인의 사망·소송능력의 상실 또는 법정대리권의 소멸의 경우에는 소멸하지 않는다. 또한 제3자의 소송담당의 경우에 소송

---

27) 이에 대해 제67조를 준용하여 공동대리인 중 1인의 행위가 본인에게 불리하면 공동대리인 전원이 함께 하여야만 효력이 있다고 보는 제67조 준용설(소수설)도 있다. 대리에 관한 문제이므로 필수적 공동소송에 관한 제67조의 규정보다 대리에 관한 규정인 제56조 제2항을 유추적용함이 타당하다.

담당자의 자격상실이 있다고 하더라도 소송대리인의 대리권은 소멸하지 않는다. 즉 일정한 자격에 의하여 자기의 이름으로 남을 위하여 소송당사자가 된 사람에게 소송대리인이 있는 경우에 그 소송대리인의 대리권은 당사자가 자격을 잃더라도 소멸되지 아니한다(제95조, 제96조).

(2) 법정대리인

① 법정대리권의 소멸원인도 민법 그 밖의 법률에 의한다(제51조). 즉, ⅰ) 본인의 사망이나 ⅱ) 법정대리인의 사망·성년후견개시의 심판·파산선고를 받은 경우(민법 제127조)에 소멸되며, ⅲ) 본인의 소송능력 취득이나, ⅳ) 친권상실 등 법정대리인의 자격상실의 경우에도 소멸된다.

② 다만 대리권 소멸의 통지가 있어야 그 효력이 있는데, 이에 대해서는 이미 살펴보았다.

4. 소송수행상의 지위

(1) 필수적 기재사항 여부

① 소송대리인의 기재는 소장의 필수적 기재사항이 아니다. 이에 반하여 ② 법정대리인의 기재는 당사자와 함께 소장 및 판결서의 필수적 기재사항이다(제249조 제1항, 제208조 제1항).

(2) 송달받을 지위 여부

① 소송대리의 경우에는 법원은 본인에게 기일소환장이나 소송서류를 송달할 수 있으며, 이렇게 하더라도 위법이라 할 수 없다. 이에 반하여 ② 법정대리의 경우에는 소송서류의 송달은 법정대리인에게 할 것이 법률상 요구된다(제179조).

(3) 본인의 출석과 경정권 유무

① 소송대리인이 있더라도 본인은 소송수행권을 상실하지 않고 그대로 존속하므로 본인은 소송대리인과 함께 기일에 출석해서 변론할 수 있으며, 이와 같은 경우 본인이 소송대리인의 사실상의 진술을 취소하거나 경정하면 그 진술은 효력을 잃는다(제94조). 이에 반하여 ② 법정대리인은 본인에 갈음하여 출석하고 본인의 간섭을 받지 않고 독자적으로 소송을 수행하게 된다(제140조 제1항 제1호, 제145조 제2항 참조).

(4) 소송절차의 중단 여부

① 소송대리인이 사망하거나 또는 대리권이 소멸한 경우에도 본인은 스스로 소송수행이 가능하므로 소송절차는 중단되지 않는다(제238조). 이에 반하여 ② 법정대리의 경우에는 법정대리인이 사망하거나 대리권을 상실하면 본인의 사망, 능력의 상실에 준하여 소송절차는 원칙적으로 중단된다(제235조). 다만 법정대리인이 소송대리인을 선임하고 있는 경우에는 중단되지 않는다(제238조).

(5) 당사자신문의 가부

① 소송대리인은 해당 소송에 있어서 증인이나 감정인이 될 수 있다. 이에 반하여 ② 법정대리인은 본인에 대신하는 자이므로 증인적격이 없으며, 그 신문은 당사자신문의 절차에 의한다(제372조).

IV. 대리권의 조사와 흠결의 효과

무권대리인이라 함은 대리권이 없는 대리인을 말한다(예 대리권을 수여받지 못한 경우, 법정대리인의 무자격, 대리권의 서면증명이 없는 경우 등). 법인이나 비법인단체의 대표자 등이 대표권이 없는 경우에도 무권대리인에 준하여 취급된다(제64조 참조).

1. 소송행위의 유효요건

(1) 유동적 무효

무권대리인에 의한, 또는 그에 대한 소송행위는 무효이다. 무효가 된다고 하더라도 확정적 무효는 아니고, 당사자 본인이나 정당한 대리인에 의한 추인의 여지가 있는 유동적 무효이다. 추인한 경우에는 행위 시에 소급하여 유효하게 된다(제97조, 제60조).

(2) 추인

> **제60조(소송능력 등의 흠과 추인)**
> 소송능력, 법정대리권 또는 소송행위에 필요한 권한의 수여에 흠이 있는 사람이 소송행위를 한 뒤에 보정된 당사자나 법정대리인이 이를 추인한 경우에는, 그 소송행위는 이를 한 때에 소급하여 효력이 생긴다.

1) **추인방법** – 명시·묵시를 가리지 않는다.

2) **추인시기** – 아무런 제한이 없으므로 상급심에서도 하급심에서 한 무권대리인의 소송행위를 추인할 수 있다.

[대판 1996.11.29, 94누13343] 사실심에서 무권대리인이 한 소송행위를 상고심에서 추인할 수 있는지 여부(적극) – 민사소송법 제97조에 의하여 소송대리인에게 준용되는 같은 법 제60조에 의하면 소송대리권의 흠결이 있는 자의 소송행위는 보정된 소송대리인의 추인에 의하여 행위 시에 소급하여 그 효력이 있게 되고, 그와 같은 추인은 상고심에서도 가능하다.

[대판 2016.7.7, 2013다76871] 적법한 대표자 자격이 없는 비법인 사단의 대표자가 한 소송행위는 후에 대표자 자격을 적법하게 취득한 대표자가 소송행위를 추인하면 행위 시에 소급하여 효력을 가지게 되고, 이러한 추인은 상고심에서도 할 수 있다(대판 2019.9.10, 2019다208953).

★[대판 2024.4.12, 2023다313241]

[1] 비법인사단이 당사자인 사건에서 이미 제출된 자료들에 의하여 대표권의 적법성을 의심할 만한 사정이 있는 경우, 법원이 이에 관하여 심리·조사할 의무가 있는지 여부(적극)
비법인사단이 당사자인 사건에서 대표자에게 적법한 대표권이 있는지는 소송요건에 관한 것으로서 직권조사사항이므로, 법원에 그 판단의 기초자료인 사실과 증거를 직권으로 탐지할 의무까지는 없으나, 이미 제출된 자료들에 의하여 그 대표권의 적법성을 의심할 만한 사정이 엿보인다면 상대방이 이를 구체적으로 지적하여 다투지 않더라도 이에 관하여 심리·조사할 의무가 있다.

[2] 민법상의 법인이나 비법인사단을 상대로 대표자의 지위 부존재 확인을 구하는 소송에서 대표자에 대하여 직무집행정지가처분 결정이 내려진 경우, 대표자는 본안소송에서 단체를 대표할 권한을 포함한 일체

의 직무집행에서 배제되는지 여부(원칙적 적극) / 원고가 단체를 상대로 직무집행정지가처분 결정이 내려진 대표자의 대표자 지위 부존재 확인의 소를 제기하면서 그 대표자를 단체의 대표자로 표시한 소장을 제출하고 법원도 그 대표자를 송달받을 사람으로 하여 소장 부본을 송달한 후 소송절차가 진행된 경우, 대표자가 단체를 대표하여 한 소송행위나 원고가 대표자에 대하여 한 소송행위의 효력(무효) / 법인의 대표자에게 대표권이 없는 경우, 법원이 취하여야 할 조치 및 대표권의 보정이 항소심에서도 가능한지 여부(적극)

① 민법상의 법인이나 비법인사단을 상대로 그 대표자의 지위 부존재 확인을 구하는 소송에서 그 단체를 대표할 자는 지위 부존재 확인의 대상이 된 대표자이나, 대표자에 대하여 직무집행정지가처분 결정이 내려진 경우에는, 가처분 결정에 특별한 정함이 없는 한 그 대표자는 본안소송에서 그 단체를 대표할 권한을 포함한 일체의 직무집행에서 배제된다. 따라서 원고가 단체를 상대로 직무집행정지가처분 결정이 내려진 대표자의 대표자 지위 부존재 확인의 소를 제기하면서 그 대표자를 단체의 대표자로 표시한 소장을 제출하고 법원도 그 대표자를 송달받을 사람으로 하여 소장 부본을 송달한 후 소송절차가 진행되었다면, 그 대표자에게는 그 소송에 관하여 단체를 대표할 권한이 없기 때문에 소장 부본이 단체에 적법·유효하게 송달되었다고 볼 수 없고 그 대표자가 단체를 대표하여 한 소송행위나 원고가 그 대표자에 대하여 한 소송행위는 모두 무효가 된다. ② 그러나 민사소송법 제64조에 따라 법인의 대표자에게 준용되는 같은 법 제59조 전단 및 제60조는, 소송능력·법정대리권 또는 소송행위에 필요한 권한의 수여에 흠이 있는 경우에는 법원은 기간을 정하여 이를 보정하도록 명하여야 하고, 소송능력·법정대리권 또는 소송행위에 필요한 권한의 수여에 흠이 있는 사람이 소송행위를 한 뒤에 보정된 당사자나 법정대리인이 이를 추인한 경우에는 그 소송행위는 이를 한 때에 소급하여 효력이 생긴다고 규정하고 있다. 그러므로 법인의 대표자에게 대표권이 없는 경우 법원은 그 흠을 보정할 수 없음이 명백한 사정이 있지 않는 한 위 민사소송법 규정에 따라 기간을 정하여 이를 보정하도록 명할 의무가 있고, 이러한 대표권의 보정은 항소심에서도 가능하다.

★★★[대판 2024.7.11, 2023다301941]

[1] 민법 제921조에서 정한 '이해상반행위'의 의미 / 수인의 미성년자와 그 친권자가 공유물분할의 소의 당사자가 된 경우, 미성년자마다 특별대리인을 선임하여 그 특별대리인이 미성년자를 대리하여 소송행위를 하여야 하는지 여부(적극) / 이때 친권자가 수인의 미성년자의 법정대리인으로서 한 소송행위의 효력(원칙적 무효)

민법 제921조의 이해상반행위란 행위의 객관적 성질상 친권자와 그 자 사이 또는 친권에 복종하는 수인의 자 사이에 이해의 대립이 생길 우려가 있는 행위를 가리키고, 친권자의 의도나 그 행위의 결과 실제로 이해의 대립이 생겼는지의 여부는 묻지 않는다. 공유물분할에 관한 절차는 그 절차의 객관적 성질상 공유자들 사이에 이해의 대립이 생길 우려가 있다. 따라서 수인의 미성년자와 그 친권자가 공유물분할의 소의 당사자가 된 경우에는 미성년자마다 특별대리인을 선임하여 그 특별대리인이 미성년자를 대리하여 소송행위를 하여야 한다. 만약 친권자가 수인의 미성년자의 법정대리인으로서 소송행위를 하였다면 이는 민법 제921조에 위반되어 미성년자들의 적법한 추인이 없는 한 무효라고 할 것이다.

[2] 미성년자의 법정대리인에게 법정대리권이 흠결된 경우, 법원이 취하여야 할 조치 및 법정대리권의 보정이 항소심에서도 가능한지 여부(적극)

민사소송법 제59조 전단과 제60조는 소송능력·법정대리권 또는 소송행위에 필요한 권한의 수여에 흠이 있는 경우에는 법원은 기간을 정하여 이를 보정하도록 명하여야 하고, 소송능력·법정대리권 또는 소송행위에 필요한 권한의 수여에 흠이 있는 사람이 소송행위를 한 뒤에 <u>보정된 당사자나 법정대리인이 이를 추인한 경우</u>에는 그 소송행위는 이를 한 때에 <u>소급</u>하여 <u>효력이 생긴다</u>고 규정하고 있다. 그러므로 미성년자의 법정대리인에게 법정대리권이 흠결된 경우 법원은 그 흠을 보정할 수 없음이 명백한 때가 아닌 한 기간을 정하여 <u>보정을 명하여야 할 의무가 있고</u>, <u>법정대리권의 보정은 항소심에서도 가능하다</u>.

3) **추인의 범위** – 추인은 원칙적으로 과거의 소송행위 전체에 대하여 일괄적으로 하여야 하며 일부추인은 허용되지 않는다. 다만, 절차의 복잡 내지 혼란을 초래할 염려가 없는 경우에는 예외적으로 일부추인이 허용된다(대판 1973.7.24, 69다60). 예 소취하를 제외하고 나머지 소송행위만을 추인하는 것은 허용된다.

2. 소송요건

① 제소과정에서의 대리권의 존재는 소송요건이고 대리권의 존부는 직권조사사항이므로, 법원은 당사자가 문제로 삼지 않는 경우에도 대리권의 유무에 대하여 조사를 하여야 한다. 이 경우 본안판결을 받는다는 것 자체가 원고에게 유리하다는 점에 비추어 <u>직권조사사항인 소송요건에 대한 입증책임은 원고에게 있다</u>.

[대판 1997.7.25, 96다39301]

　[1] 제소단계에서의 <u>소송대리인의 대리권 존부</u>는 소송요건으로서 <u>법원의 직권조사사항</u>이다.

　[2] 직권조사사항에 관하여도 그 사실의 존부가 불명한 경우에는 입증책임의 원칙이 적용되어야 할 것인바, 본안판결을 받는다는 것 자체가 원고에게 유리하다는 점에 비추어 <u>직권조사사항인 소송요건에 대한 입증책임은 원고에게 있다</u>.

② 다만, 보정할 수 있다면 기간을 정하여 보정명령을 한다. 대리권에 흠이 있는 경우에 보정되지 않는 한, 법원은 결국 종국판결로 소를 부적법 각하하여야 한다.

③ 소가 적법하게 제기되었으나 후에 무권대리인이 기일에 관여하는 경우에는 무권대리인을 소송으로부터 배제하여야 한다. 이 경우 법정대리인이 대리권을 잃은 경우라면 소송절차가 중단되지만, 소송대리인이 대리권을 잃은 경우라면 절차는 중단되지 않고 기일불출석의 불이익을 입을 수 있다.

3. 간과판결의 효력

대리권의 흠을 간과한 판결은 확정 전에는 상소, 확정(무권대리인에 대한 송달도 일응 유효라고 보므로 확정된다) 후에는 재심(제451조 제1항 제3호)의 대상이 된다.

4. 쌍방대리의 금지

① 민법상의 법률행위에 있어서는 본인의 허락이 없으면 쌍방대리를 금지하고, 이에 반하여 대리인이 대리행위를 하더라도 그 효과는 본인에게 귀속하지 않는다(민법 제124조). 법정대리인에 대하여도 쌍방대리에 해당하는 경우에는 보통 법정대리권의 제한으로서 실체법상에 규정이 있

다(민법 제64조, 제921조 등). 따라서 이러한 규정에 어긋나는 쌍방대리의 소송행위는 무권대리로 처리된다.

② 그런데 소송위임에 의한 소송대리인의 경우는 통상 변호사이므로 변호사법 제31조가 관계한다. 당사자 일방으로부터 상의를 받아 그 수임을 승낙한 사건의 상대방이 위임하는 사건(동조 제1항), 공무원 등으로서 직무상 취급한 사건(동조 제3호) 등에 관하여 수임을 제한하고 있다. 이에 위반된 소송행위의 효력에 관하여, 학설은 ① 절대무효설, ② 뒤에 선임한 본인의 추인에 의하여 소송행위가 유효하게 된다는 추인설(상대적 무효설) 및 ③ 사실심 변론종결 시까지 아무런 이의를 제기하지 않았다면 그 소송행위는 소송법상 완전한 효력이 생긴다는 이의설(다수설) 등이 있다.

③ 판례는 변호사가 변호사법 제31조 제3호의 규정에 위배되는 소송행위를 하였다고 하더라도 당사자가 그에 대하여 아무런 이의를 제기하지 아니하면 그 소송행위는 소송법상 완전한 효력이 생긴다고 하여 이의설에 입각하고 있다(대판(전) 1975.5.13, 72다1183 – 판결이유 중).

5. 표현대리의 법리 적용 여부[28]

(1) 문제점

무권대리인의 소송행위이지만 상대방이 대리권이 있는 것으로 믿고, 그와 같이 믿은 데에 정당한 사유가 있을 때, 상대방은 소송행위에 있어서도 실체법상의 표현대리의 법리가 유추적용되어 보호받을 수 있는지 문제된다.

(2) 학설

① 표현대리의 규정은 절차의 안정을 중시하는 소송행위에는 적용될 수 없다고 보는 견해, ② 등기를 신뢰한 상대방에게 희생을 강요함은 공평의 관념에 반한다는 이유로 유추적용을 긍정하는 견해, ③ 원칙적으로 부정함이 타당하나 부실등기의 원인이 법인 자신의 고의적인 태만에 따른 경우에는 유추적용을 긍정해야 한다는 견해의 대립이 있다.

(3) 판례

판례는 적법한 대리권 없이 공정증서작성의 촉탁을 한 사안에서, 즉시 강제집행을 하여도 이의가 없다는 강제집행수락의 의사표시는 소송행위라 할 것이고, 이러한 소송행위에 민법상의 표현대리규정이 적용 또는 유추적용될 수는 없다고 판시하여 소극적이다(대판 1994.2.22, 93다42047; 대판 1983.2.8, 81다카621 同旨).

---

28) 甲이 乙법인을 상대방으로 하여 소를 제기하면서 법인등기부에 등재된 대표자 A를 현재의 진정한 대표자로 믿고 그를 상대방으로 소송 수행하여 승소확정판결을 받았는데, A는 이미 해임되어 대표권이 소멸되었음에도 불구하고 등기부상으로만 대표자로 남아 있는 자로서 진정한 대표자가 아님이 판명된 경우, 乙법인은 무권대표를 주장하여 확정 전에는 상소(제424조 제1항 제4호), 확정 후에는 재심(제451조 제1항 제3호)으로 위 판결을 취소할 수 있다. 이때 등기부를 신뢰한 甲이 민법상의 표현대리의 법리를 주장하여 대표자 A의 소송행위가 乙법인에 대해서 그 효력이 있음을 주장할 수 있는지 문제된다. 즉 민사소송법에서는 표현대리에 관한 규정이 없지만 거래안전을 위해 소송행위에도 민법상의 표현대리를 유추적용할 수 있는지 여부가 문제되는 것이다.

제7관 청구(소송물)에 관한 소송요건 – 소의 이익

제7-1관 서설

Ⅰ. 의의

심판의 대상인 특정한 청구에 대하여 본안판결을 구하는 것이 분쟁의 해결로서 필요하면서도 유효·적절한 것을 말한다.

[대판 2013.3.14. 2011다28946] 소송물이 특정되었는지가 법원의 직권조사사항인지 여부(적극)
– 민사소송에서 당사자가 소송물로 하는 권리 또는 법률관계는 특정되어야 하고, 소송물이 특정되지 아니한 때에는 법원이 심리·판단할 대상과 재판의 효력범위가 특정되지 않게 되므로, 소송물이 특정되었는지 여부는 소송요건으로서 법원의 직권조사사항에 속한다(대판 2011.3.10. 2010다87641; 대판 2011.8.25. 2011다29703 등 참조). 한편 채권양도에 있어서 양도채권의 종류나 금액 등이 구체적으로 적시되어 있어야 하는 것은 아니지만, 사회통념상 양도채권은 다른 채권과 구별하여 그 동일성을 인식할 수 있을 정도로 특정되어야 한다.

★[대판 2017.11.23. 2017다251694; 대판 2024.10.25. 2023다280358] 채권자가 동일한 채무자에 대하여 발생시기와 발생원인 등을 달리하는 수 개의 손해배상채권을 소송으로 청구하는 경우, 손해배상채권별로 청구금액을 특정하여야 하는지 여부(적극) 및 법원도 이에 따라 손해배상채권별로 인용금액을 특정하여야 하는지 여부(적극) / 이러한 법리는 채권자가 수 개의 손해배상채권들 중 일부만을 청구하고 있는 경우에도 마찬가지인지 여부(적극) / 청구취지가 특정되지 않은 경우, 법원이 취하여야 할 조치
채권자가 동일한 채무자에 대하여 수 개의 손해배상채권을 가지고 있다고 하더라도 그 손해배상채권들이 발생시기와 발생원인 등을 달리하는 별개 채권인 이상 이는 별개 소송물에 해당하고, 그 손해배상채권들은 각각 소멸시효 기산일이나 채무자가 주장할 수 있는 항변이 다를 수도 있으므로, 이를 소송으로 청구하는 채권자로서는 손해배상채권별로 청구금액을 특정하여야 하고, 법원도 이에 따라 손해배상채권별로 인용금액을 특정하여야 하며, 이러한 법리는 채권자가 수 개의 손해배상채권들 중 일부만을 청구하고 있는 경우에도 마찬가지이다. 또한 민사소송에서 청구취지는 그 내용 및 범위가 명확히 알아볼 수 있도록 구체적으로 특정되어야 하고, 이의 특정 여부는 직권조사사항이므로 청구취지가 특정되지 않은 경우에는 법원은 피고의 이의 여부와 관계없이 직권으로 보정을 명하고, 이에 응하지 않을 때에는 소를 각하하여야 한다.

★[대판 2011.11.10. 2010다75648] 1필지 토지의 특정된 일부에 대하여 소유권보존등기의 말소를 구할 수 있는지 여부(적극)
1필지의 토지의 특정된 일부에 대하여 소유권보존등기의 말소를 명하는 판결을 받은 등기권리자는 그 판결에 기하여 그 특정된 일부에 대한 분필등기절차를 마친 후 소유권보존등기를 말소할 수 있으므로, 1필지의 토지의 특정된 일부에 대하여도 소유권보존등기의 말소를 구할 수 있다.
➡ [해설] : 하나의 부동산에 관하여 경료된 소유권보존등기 중 일부분에 관한 등기만을 따로 말소하

는 것은 허용되지 아니한다는 등의 이유로 1필지 토지에 관하여 경료된 소유권보존등기 중 일부분에 관한 등기만의 말소를 구하는 원고의 소가 부적법하다고 판단하는 것은 잘못이다.

[대판 2024.7.11. 2024다222861] 주식회사가 적법한 절차에 따라 소집, 의결한 주주총회에서 하자 있는 종전의 결의를 그대로 추인하거나 재차 동일한 안건에 대한 결의를 한 경우, 종전의 하자 있는 결의에 대하여 부존재나 무효확인 또는 그 취소를 구할 소의 이익이 있는지 여부(원칙적 소극)

주식회사가 적법한 절차에 따라 소집, 의결한 주주총회에서 하자 있는 종전의 결의를 그대로 추인하거나 재차 동일한 안건에 대한 결의를 한 경우에는, 그 새로운 주주총회의 결의가 다른 절차상, 내용상의 하자로 인하여 부존재 또는 무효임이 인정되거나 그 결의가 취소되는 등의 특별한 사정이 없는 한, 설령 종전의 결의에 어떠한 하자가 있었다고 할지라도 종전의 하자 있는 결의에 대하여 부존재나 무효확인 또는 그 취소를 구할 소의 이익이 없다.

Ⅱ. 발현의 형태

넓은 의미에 있어서 소의 이익은 ① 청구의 내용이 본안판결을 받는 데에 적합한 일반적 자격(청구적격 또는 권리보호의 자격이라고 한다), ② 원고가 청구에 대하여 판결을 구할 현실적 필요성(권리보호의 이익 내지는 필요), 그리고 ③ 이와 같은 객관적 이익 이외에 주관적 이익으로서 그 소송의 원고·피고 사이에 그 청구에 대하여 판결을 하는 것이 분쟁의 해결에 있어서 유효·적절하다고 할 만한 권능·적격을 당사자가 가지고 있을 것(당사자적격)으로 나타난다. 이 세 가지는 서로 관련을 맺고 있으며, 특히 확인의 소에 있어서는 권리보호의 이익과 당사자적격이 서로 표리일체의 관계에 있다. 또한 그 어느 것이나 모두 소송요건이고, 그 소송상의 취급에 차이가 있는 것은 아니다. 이하에서는 객관적 이익에 대하여 살펴보기로 한다.

Ⅲ. 소의 이익의 소송상 취급

1. 직권조사사항

소송요건 가운데 소의 이익은 직권조사사항으로서 사익적 색채가 강하며 본안청구의 내용과도 밀접하게 관련하고 있는 점에서 그 조사에 있어서는 변론주의 방식에 의하여 자료를 당사자에게 수집시키면 충분하다. 단, 자백의 구속력은 인정되지 않는다.

2. 소의 이익의 조사와 본안심리 순서

소의 이익을 확실히 긍정한 뒤가 아니라면 본안판결을 하여서는 안 된다(소송요건심리의 선순위성).

3. 소의 이익을 갖추지 못한 경우

소의 이익은 본안판결을 하는 데에 필요한 요건이므로, 소의 이익을 갖추지 못하였으면 소를 부적법 각하하여야 한다.

제7-2관 각종의 소에 공통한 소의 이익 – 공통자격

소의 이익은 보통, 각종의 소에 공통하는 일반적 소의 이익과 각종의 소에 고유(특수)한 소의 이익으로 분류할 수 있는데, 전자는 이행·확인·형성이라는 소의 유형에 관계없이 공통하여 일반적으로 문제되는 소의 이익이다.

I. 청구가 소구할 수 있는 구체적인 권리관계나 법률관계의 존부에 대한 주장일 것

민사소송으로 해결할 수 있는 청구는 '법률상의 쟁송'이어야 한다는 것이다. 따라서 ① 사실의 존부만의 다툼(다만, 증서의 진정 여부를 확인하는 소는 예외[제250조]), ② 추상적인 법령의 해석, ③ 고도의 정치적 성격을 지니는 이른바 통치행위 내지는 정치문제, ④ 종교단체 등의 자치에 간섭하는 이른바 부분사회의 내부분쟁이 청구의 내용을 이루는 경우에는 원칙적으로 소의 이익이 없게 된다. 최근 판례도 이를 재확인하였다. 즉 지교회의 교단총회결의 무효확인과 위임목사의 대표자 지위확인을 구하는 소를 제기한 사안에서, 지교회가 소속 교단에 의하여 지교회의 종교적 자율권이 제한되는 경우 지교회로서는 교단 내부의 관련 절차에 따라 문제를 해결하여야 하고, 관련 내부 절차가 없거나 그 절차에 의하여도 문제가 해결되지 않는 경우 지교회로서는 그 제한을 수인할 수밖에 없는 것으로서, 지교회의 일반 국민으로서의 권리의무나 법률관계와 관련된 분쟁에 관한 것이 아닌 이상, 교단의 종교적 자율권 보장을 위하여 교단의 내부관계에 관한 사항은 원칙적으로 법원에 의한 사법심사의 대상이 되지 않는다고 하였다(대판 2014.12.11, 2013다78990).

[대판 2023.4.13, 2021다271725]

[1] 토지의 경계에 경계표나 담이 설치되어 있지 않을 때 한쪽 토지 소유자의 경계표나 담 설치 협력 요구에 인접 토지 소유자가 응하지 않는 경우, 민사소송으로 협력 의무의 이행을 구할 수 있는지 여부(적극) 및 이때 법원이 명할 협력 의무의 내용 / 기존의 경계표나 담장에 대하여 한쪽 토지 소유자가 처분권한을 가지고 있으면서 기존의 경계표나 담장을 제거할 의사를 분명하게 나타내고 있는 경우, 한쪽 토지 소유자가 인접 토지 소유자에 대하여 새로운 경계표나 담장의 설치에 협력할 것을 소구할 수 있는지 여부(적극) 및 담장의 처분권한이 없는 토지 소유자가 처분권한이 있는 인접 토지 소유자를 상대로 기존 담장의 철거를 명하는 판결을 받아 담장이 적법하게 철거되어야 하는 경우에도 마찬가지인지 여부(적극)

① 토지의 경계에 경계표나 담이 설치되어 있지 아니하다면 특별한 사정이 없는 한 어느 한쪽 토지의 소유자는 인접한 토지의 소유자에 대하여 공동비용으로 통상의 경계표나 담을 설치하는 데에 협력할 것을 요구할 수 있고, 인접 토지 소유자는 그에 협력할 의무가 있다고 보아야 하므로, 한쪽 토지 소유자의 요구에 대하여 인접 토지 소유자가 응하지 아니하는 경우에는 한쪽 토지 소유자는 민사소송으로 인접 토지 소유자에 대하여 그 협력 의무의 이행을 구할 수 있다. ② 법원은 당해 토지들의 이용 상황, 그 소재 지역의 일반적인 관행, 설치비용 등을 고려하여 새로 설치할 경계표나 담장의 위치(특별한 사정이 없는 한 원칙적으로 새로 설치할 경계표나 담장의 중심 또는 중심선이 양 토지의 경계선상에 위치하도록 해야 한다), 재질, 모양, 크기 등 필요한 사항을 심리하여 인접 토지 소유자에 대하여 협력 의무의 이행을 명할 수 있다. ③ 한편 i) 기존의 경계표나 담장에 대하여

어느 쪽 토지 소유자도 일방적으로 처분할 권한을 가지고 있지 아니하다면 한쪽 토지 소유자가 인접 토지 소유자의 동의 없이 임의로 기존의 경계표나 담장을 제거하는 것은 허용되지 않으므로 한쪽 토지 소유자의 의사만으로 새로운 경계표나 담장을 설치하도록 강제할 수는 없으나, ii) 그와 달리 기존의 경계표나 담장에 대하여 한쪽 토지 소유자가 처분권한을 가지고 있으면서 기존의 경계표나 담장을 제거할 의사를 분명하게 나타내고 있는 경우라면 한쪽 토지 소유자는 인접 토지 소유자에 대하여 새로운 경계표나 담장의 설치에 협력할 것을 소구할 수 있다. ④ 담장의 처분권한이 없는 토지 소유자가 그 처분권한이 있는 인접 토지 소유자를 상대로 기존 담장의 철거를 명하는 판결을 받아 그 담장이 적법하게 철거되어야 하는 경우에도 인접 토지 사이에 경계를 표시할 통상의 담장이 설치되지 않은 상태와 마찬가지로 볼 수 있으므로, 이와 같은 법리가 그대로 적용된다.

[2] 법률상 사항에 관한 법원의 석명 또는 지적의무

당사자의 주장에 법률적 관점에서 보아 현저한 모순이나 불명료한 부분이 있는 경우, 법원은 적극적으로 석명권을 행사하여 당사자에게 의견 진술의 기회를 주어야 하고, 이를 게을리한 경우에는 석명 또는 지적의무를 다하지 아니한 것으로서 위법한 평가를 받을 수 있다. 청구취지나 청구원인의 법적 근거에 따라 요건사실에 대한 증명책임이 달라지는 중대한 법률적 사항에 해당되는 경우라면 더욱 그러하다.

[대판 1995.12.22. 93다61567] 사단법인 대한민국 상이군경회의 정관의 무효확인을 구하는 것은 일반적·추상적 법규의 효력을 다투는 것일 뿐 구체적 권리 또는 법률관계를 대상으로 하는 것이 아님이 명백하므로, 이를 독립한 소로써 구할 수는 없다.

[대판 1995.3.24. 94다47193] 교회의 권징재판은 종교단체의 내부적인 제재로 자율에 맡겨져 있어서 원칙적으로 사법심사의 대상이 되지 아니하므로 그 권징재판으로 말미암은 목사, 장로의 자격에 관한 시비는 직접적으로 법원의 심판의 대상이 된다고 할 수 없다.

[대판 2014.12.11. 2013다78990] 교단의 내부관계에 관한 사항이 법원의 사법심사 대상이 되는지 여부(원칙적 소극) – 법인 아닌 사단으로서의 실체를 갖춘 개신교 교회는 단독으로 종교활동을 할 수도 있지만, 교리의 내용, 예배의 양식, 신앙공동체로서의 정체성, 선교와 교회행정에 관한 노선과 방향 등에 따라 특정 교단의 지교회로 가입하거나 새로운 교단을 구성하여 다른 지교회의 가입을 유도할 수도 있다. 이때 각 지교회가 소속된 특정 교단은 교리의 내용 등 해당 교단의 고유한 특성과 교단 내에서의 종교적 질서를 유지하는 것을 존립 목적으로 하게 된다. 교단은 존립 목적을 위하여 필요한 경우 교단 헌법을 제정·개정·해석하고, 행정쟁송 등 교단 내의 각종 분쟁을 처리하며, 목사 등 교역자의 자격 요건을 정하며, 소속 지교회를 지휘·감독하는 등의 기능을 수행한다. 종교단체의 자율권 보장의 필요성은 지교회뿐만 아니라 지교회의 상급단체인 교단에도 동일하게 적용되므로, 양 종교단체의 종교적 자율권은 모두 보장되어야 한다. 그런데 경우에 따라서는 지교회와 교단 사이에 종교적 자율권이 상호 충돌할 수 있는데, 이 경우 교단의 존립 목적에 비추어 지교회의 자율권은 일정한 제한을 받을 수밖에 없다. 즉, 교단이 각 지교회의 자율권을 제한 없이 인정하면 해당 교단의 고유한 특성과 교단 내에서의 종교적 질서 유지라는 교단의 존립 목적을 달성하는 것이 곤란하게 된다. 나아가, 지교회가 특정 교단 소속을 유지하는 것은 해당 교단의 지휘·감독을 수용하겠다는 지교회 교인의 집합적 의사의 표현으로 볼 수 있으므로, 소속 교단에 의하여 지교회의 종교적 자율권이 제한되는 경우 지교회로서는 교단 내부의 관련 절차에 따라 문제를 해결하여야 하고, 관련 내부 절차가 없거나 그 절차에 의하여도 문제가 해결되지 않는 경우 지교회로서는 그 제한을 수인

할 수밖에 없다. 따라서 지교회의 일반 국민으로서의 권리의무나 법률관계와 관련된 분쟁에 관한 것이 아닌 이상, 교단의 종교적 자율권 보장을 위하여 교단의 내부관계에 관한 사항은 원칙적으로 법원에 의한 사법심사의 대상이 되지 않는다.

➊ [해설] : 甲 교단 소속의 乙 교회가 丙을 위임목사로 청빙하는 것을 승인해 달라는 요청을 하여 甲 교단의 하급 치리회인 노회에서 청빙승인결의를 하였는데, 甲 교단의 최고 치리회인 총회에서 위임목사 청빙승인결의 무효확인 및 丙에 대한 목사안수결의 무효확인 총회판결을 하자 乙 교회가 총회판결의 무효확인과 丙의 대표자 지위확인을 구하는 소를 제기한 사안에서, 乙 교회는 목사나 위임목사로서의 지위가 부인된 직접적인 당사자가 아니므로 목사나 위임목사로서의 지위가 부인됨으로써 丙의 권리의무나 법률관계가 영향을 받는다는 점은 乙 교회가 총회판결의 무효확인을 구할 법률상 이익의 근거가 될 수 없고, 총회판결에 의하여 침해된 乙 교회의 이익은 설교와 예배인도 등을 담당할 위임목사를 자율적으로 청빙할 수 있는 이익인데 그것 자체는 乙 교회의 종교적 자율권과 관계된 사항일 뿐, 일반 국민으로서의 권리의무나 법률관계와 관련이 있는 사항이라고 보기 어려우므로, 총회판결로 인하여 위임목사 청빙과 관련한 乙 교회의 종교적 자율권이 제한받게 되었다고 하더라도 甲 교단의 종교적 자율권 보장을 위하여 위 총회판결은 사법심사의 대상이 되지 않는다고 한 사례이다.

[대판 1979.2.27, 78다913] 임야대장, 토지대장, 가옥대장 등은 조세의 부과징수의 편의를 도모하기 위하여 작성된 장부에 불과한 것으로서 부동산에 관한 권리변동의 공시방법이 아닌 만큼 위의 대장 등에 진실한 소유권자가 아닌 자의 명의로 등재되어 있다고 하더라도 이것만으로는 소유권의 방해가 된다고 할 수 없어 소유권을 부인하는 자에 대하여 소유권의 확인을 청구함으로써 충분하고 대장상의 명의말소를 청구할 필요가 없다.

[대판 2014.11.27, 2014다206075] 건축물대장에 건축물 대지로 잘못 기재된 지번의 토지 소유자라고 주장하는 자가 지번의 정정신청을 거부하는 건축물 소유자를 상대로 건축물대장 지번정정신청절차의 이행을 구할 소의 이익이 있는지 여부(적극)

건축법 제38조, 제39조와 건축법 시행령 제25조의 위임에 따른 국토교통부령인 '건축물대장의 기재 및 관리 등에 관한 규칙'(이하 '건축물대장규칙'이라 한다) 제21조에 의하면, 건축물대장의 지번에 관한 사항에 잘못이 있는 경우 건축물대장 소관청은 직권에 의한 정정을 제외하고는 건축물 소유자의 신청에 의해서만 잘못된 부분을 정정할 수 있다. 따라서 건축물대장에 건축물 대지가 아닌 토지가 건축물지번으로 잘못 기재되어 있음을 이유로 잘못 기재된 지번의 토지 소유자가 건축물대장 소관청에 대하여 지번의 정정을 신청하더라도, 소관청으로서는 건축물 소유자의 정정신청이 없다면 지번을 정정할 수 없다. 또한 동일 대지에 기존 건축물대장이 존재하는 경우 대장을 말소하거나 폐쇄하기 전에는 새로운 건축물대장을 작성할 수 없다는 건축물대장규칙 제6조에 비추어, 건축물대장에 건축물 대지가 아님에도 건축물지번으로 잘못 기재된 토지가 있는 경우에 건축물 소유자가 지번의 정정신청을 거부하고 있다면, 잘못 기재된 지번의 토지 소유자는 사실상 토지 위에 건축물을 신축할 수 없고 그에 따른 소유권보존등기를 마칠 수도 없는 불이익을 받고 있다고 볼 수밖에 없다. 이러한 결과는 건축물대장에 건축물 대지로 잘못 기재된 지번의 토지 소유자가 가지는 토지의 사용·수익이라는 소유권에 대한 건축물 소유자의 방해 행위로 평가할 수 있다. 사정이 이러하다면, 건축물대장에 건축물 대지로 잘못 기재된 지번의 토지 소유자라고 주장하는 자가 지번의 정정신청을 거부하는 건축물 소유자를 상대로 건축물대장 지번의 정정을 신청하라는 의사의 진술을 구하는 소는 토지 소유권의 방해배제를 위한 유효하고도 적절한 수단으로서 소의 이익이 있다.

II. 제소가 금지되어 있지 않을 것

> **제259조(중복된 소제기의 금지)**
> 법원에 계속되어 있는 사건에 대하여 당사자는 다시 소를 제기하지 못한다.
> **제267조(소취하의 효과)**
> ② 본안에 대한 종국판결이 있은 뒤에 소를 취하한 사람은 같은 소를 제기하지 못한다.

제소금지사유에는 ① 법률상 금지사유로서 중복제소의 금지(제259조), 본안에 대한 종국판결에 대하여 소취하 뒤의 재소금지(제267조 제2항)가 있으며, ② 계약상 금지사유로서 부제소특약과 소취하계약이 있다. 이에 대해서는 후술하기로 한다.

III. 그 밖의 제소장애사유가 없을 것

1. 제소장애사유가 없을 것

소 외에 직접적이고 경제적인 특별구제절차가 마련되어 있는 경우 소를 제기하는 것은 소의 이익이 없는 것으로 부적법하다. **예** ① 소송비용확정절차(제110조)에 의하여 상환받을 수 있는 신체감정비용 등의 소송비용의 상환을 소로써 구하는 경우나, ② 비송사건절차법에 의할 것임에도 통상의 소로써 구한 임시이사선임취소의 소는 소의 이익이 없어 부적법하다(판례 - 각하설).

[대판(전) 2014.7.16. 2011다76402] 국유재산의 무단점유자에 대하여 구 국유재산법 제51조 제1항, 제4항, 제5항에 의한 변상금 부과·징수권의 행사와 별도로 민사상 부당이득반환청구의 소를 제기할 수 있는지 여부(적극)

[다수의견] 국유재산의 무단점유자에 대한 변상금 부과는 공권력을 가진 우월적 지위에서 행하는 행정처분이고, 그 부과처분에 의한 변상금 징수권은 공법상의 권리인 반면, 민사상 부당이득반환청구권은 국유재산의 소유자로서 가지는 사법상의 채권이다. 또한 변상금은 부당이득 산정의 기초가 되는 대부료나 사용료의 120%에 상당하는 금액으로서 부당이득금과 액수가 다르고, 이와 같이 할증된 금액의 변상금을 부과·징수하는 목적은 국유재산의 사용·수익으로 인한 이익의 환수를 넘어 국유재산의 효율적인 보존·관리라는 공익을 실현하는 데 있다. 그리고 대부 또는 사용·수익허가 없이 국유재산을 점유하거나 사용·수익하였지만 변상금 부과처분은 할 수 없는 때에도 민사상 부당이득반환청구권은 성립하는 경우가 있으므로, 변상금 부과·징수의 요건과 민사상 부당이득반환청구권의 성립 요건이 일치하는 것도 아니다. 이처럼 구 국유재산법(2009.1.30. 법률 제9401호로 전부 개정되기 전의 것, 이하 같다) 제51조 제1항, 제4항, 제5항에 의한 변상금 부과·징수권은 민사상 부당이득반환청구권과 법적 성질을 달리하므로, 국가는 무단점유자를 상대로 변상금 부과·징수권의 행사와 별도로 국유재산의 소유자로서 민사상 부당이득반환청구의 소를 제기할 수 있다. 그리고 이러한 법리는 구 국유재산법 제32조 제3항, 구 국유재산법 시행령(2009.7.27. 대통령령 제21641호로 전부 개정되기 전의 것) 제33조 제2항에 의하여 국유재산 중 잡종재산(현행 국유재산법상의 일반재산에 해당한다)의 관리·처분에 관한 사무를 위탁받은 한국자산관리공사의 경우에도 마찬가지로 적용된다.29)

[대판 2014.9.4. 2014다203588] 국유 일반재산의 대부료 등의 지급을 민사소송의 방법으로 구할 수 있는지 여부(원칙적 소극)
국유재산법 제42조 제1항, 제73조 제2항 제2호에 따르면, 국유 일반재산의 관리·처분에 관한 사무를 위탁받은 자는 국유 일반재산의 대부료 등이 납부기한까지 납부되지 아니한 경우에는 국세징수법 제23조와 같은 법의 체납처분에 관한 규정을 준용하여 대부료 등을 징수할 수 있다. 이와 같이 국유 일반재산의 대부료 등의 징수에 관하여는 국세징수법 규정을 준용한 간이하고 경제적인 특별구제절차가 마련되어 있으므로, 특별한 사정이 없는 한 민사소송의 방법으로 대부료 등의 지급을 구하는 것은 허용되지 아니한다.

2. 승소확정판결이 없을 것

원고가 동일 청구에 대하여 이미 승소의 확정판결을 얻고 있는 경우(기판력 있는 재판이 있는 경우)에는 원칙적으로 소의 이익이 없다. 다만 ① 시효중단의 필요, ② 판결내용의 불특정(집행 불가능), ③ 판결원본의 멸실 등의 특별한 사정이 있는 경우에는 예외적으로 소의 이익이 인정된다. 이는 기판력과 관계되는 것이므로 뒤의 판결의 효력 중 기판력 부분에서 상술하기로 한다.

[대판 2006.12.7. 2004다54978] 채권자가 일단 사해행위 취소 및 원상회복으로서 원물반환 청구를 하여 승소판결이 확정되었다면, 그 후 어떠한 사유로 원물반환의 목적을 달성할 수 없게 되었다고 하더라도 다시 원상회복청구권을 행사하여 가액배상을 청구할 수는 없으므로 그 청구는 권리보호의 이익이 없어 허용되지 않는다.

★★[대판 2018.12.28. 2017다265815] 채권자는 원상회복 방법으로 가액배상 대신 수익자 명의 등기의 말소를 구하거나 수익자를 상대로 채무자 앞으로 직접 소유권이전등기절차를 이행할 것을 구할 수도 있다. 이 경우 원상회복청구권은 사실심 변론종결 당시 채권자의 선택에 따라 원물반환과 가액배상 중 어느 하나로 확정된다. 채권자가 일단 사해행위취소 및 원상회복으로서 수익자 명의 등기의 말소를 청구하여 승소판결이 확정되었다면, 어떠한 사유로 수익자 명의 등기를 말소하는 것이 불가능하게 되었다고 하더라도 다시 수익자를 상대로 원상회복청구권을 행사하여 가액배상을 청구하거나

---

29) 이에 대해 반대의견은 다음과 같다. (가) 행정주체가 효율적으로 권리를 행사·확보할 수 있도록 관련 법령에서 간이하고 경제적인 권리구제절차를 특별히 마련해 놓고 있는 경우에는, 행정주체로서는 그러한 절차에 의해서만 권리를 실현할 수 있고 그와 별도로 민사소송의 방법으로 권리를 행사하거나 권리의 만족을 구하는 것은 허용될 수 없다고 보아야 한다. 특히 국유재산 중 잡종재산에 관한 법률관계는 사경제주체로서 국가를 거래 당사자로 하는 것이어서 사법의 적용을 받음이 원칙임에도, 구 국유재산법 제51조는 잡종재산의 무단점유자에 대해서까지 대부료의 120%에 상당하는 중한 변상금을 부과하고, 국세징수법의 체납처분에 관한 규정을 준용하여 이를 강제징수할 수 있도록 함으로써 특별한 공법적 규율을 하고 있다. 나아가 구 국유재산법 제51조 제1항에 의하여 국유재산의 무단점유자에게 변상금을 부과하는 것은 행정주체의 재량이 허용되지 않는 기속행위로서, 행정주체의 선택에 의하여 부과 여부가 결정될 수 있는 성질의 것도 아니다. 따라서 국유재산의 무단점유와 관련하여 구 국유재산법 제51조에 의한 변상금 부과·징수가 가능한 경우에는 변상금 부과·징수의 방법에 의해서만 국유재산의 무단점유·사용으로 인한 이익을 환수할 수 있으며, 그와 별도로 민사소송의 방법으로 부당이득반환청구를 하는 것을 허용하여서는 아니 된다. (나) 구 국유재산법 제51조에 의한 변상금 부과·징수권은 공법상의 권리이고 민사상 부당이득반환청구권은 사법상의 채권이기는 하지만, 양자 모두 국유재산의 무단점유자로부터 법률상 원인 없는 이익을 환수하는 것을 본질로 하므로, 변상금 부과·징수는 국유재산의 무단점유자에 대한 부당이득반환청구를 공법적인 형태로 규율하는 것으로 볼 수 있다. 결국 구 국유재산법 제51조에 의한 변상금 부과·징수권과 민사상 부당이득반환청구권은 본질이 다르지 아니하다.

원물반환으로서 채무자 앞으로 직접 소유권이전등기절차를 이행할 것을 청구할 수는 없으므로, 그러한 청구는 권리보호의 이익이 없어 허용되지 않는다(대판 2018.12.28, 2017다265815).

★★[대판 2005.11.25, 2005다51457] 어느 한 채권자가 동일한 사해행위에 관하여 사해행위취소 및 원상회복청구를 하여 승소판결을 받아 그 판결이 확정되었다는 것만으로는 그 후에 제기된 다른 채권자의 동일한 청구가 권리보호의 이익이 없게 되는 것은 아니고, 그에 기하여 재산이나 가액의 회복을 마친 경우에 비로소 다른 채권자의 사해행위취소 및 원상회복청구는 그와 중첩되는 범위 내에서 권리보호의 이익이 없게 된다.

[대판 1998.5.15, 97다57658] 소송물이 동일한 경우라도 판결내용이 특정되지 아니하여 집행을 할 수 없는 경우에는 다시 소송을 제기할 권리보호의 이익이 있다.

➡ [보충] : 화해조서의 내용이 특정되지 아니하여 강제집행을 할 수 없는 경우에는 다시 소송을 제기할 권리보호의 이익이 있다고 한 판례로는 대판 1998.5.15, 97다57658 등

[대판 1998.6.12, 98다1645] 이미 확정된 승소판결에는 기판력이 있으므로 당사자는 그 확정된 판결과 동일한 소송물에 기하여 신소를 제기할 수 없는 것이 원칙이나 다만 시효중단 등 특별한 사정이 있어 예외적으로 신소가 허용되는 경우라고 하더라도, 신소의 판결은 전소의 승소확정판결의 내용에 저촉되어서는 아니 되므로, 후소 법원으로서는 그 확정된 권리를 주장할 수 있는 모든 요건이 구비되어 있는지 여부에 관하여 다시 심리할 수는 없다고 보아야 할 것이다.

[대판 2013.4.11, 2012다111340] 시효중단 등 특별한 사정이 있어 예외적으로 확정된 승소판결과 동일한 소송물에 기한 신소가 허용되는 경우, 피고가 후소에서 전소의 확정된 권리관계를 다투려면 먼저 적법한 추완항소를 제기하여 전소 확정판결의 기판력을 소멸시켜야 하는지 여부(적극) 시효중단 등 특별한 사정이 있어 예외적으로 확정된 승소판결과 동일한 소송물에 기한 신소가 허용되는 경우라 하더라도 신소의 판결이 전소의 승소확정판결의 내용에 저촉되어서는 아니 되므로, 후소 법원으로서는 그 확정된 권리를 주장할 수 있는 요건이 구비되어 있는지에 관하여 다시 심리할 수 없다. 따라서 피고가 후소에서 전소의 확정된 권리관계를 다투기 위하여는 먼저 전소의 승소확정판결에 대하여 적법한 추완항소를 제기함으로써 그 기판력을 소멸시켜야 할 것인데, 이는 전소의 소장부본과 판결정본 등이 공시송달의 방법에 의하여 송달되어 피고가 그 책임질 수 없는 사유로 전소에 응소할 수 없었던 경우라고 하여 달리 볼 것이 아니다.

[대판 2001.7.27, 2001다31448] 임야 소유자가 그 임야 중 일부를 불법점유하고 있는 자를 상대로 건물철거 등 청구소송을 제기하여 받은 확정판결의 소송물은 소유권에 기한 물권적 청구권으로서 소멸시효의 대상이 되지 아니하는 권리임이 분명하고, 한편 소멸시효의 대상이 되지 아니하는 권리에 관한 확정판결이 있는 경우에 그 확정판결의 원본이 멸실되어 강제집행에 필요한 집행문을 받을 수 없다는 등 특별한 사정이 없는 한, 시효소멸에 대비하여 동일한 소를 제기할 소의 이익은 없는 것이다.

★★★[대판(전) 2018.7.19, 2018다22008; 대판(전) 2018.10.18, 2015다232316] 승소 확정판결 후 시효중단을 위한 재소의 이익 유무와 그 방식

[1] 확정판결에 의한 채권의 소멸시효기간인 10년의 경과가 임박한 경우, 시효중단을 위한 재소에 소의 이익이 있는지 여부(적극) 및 이때 후소 법원이 그 확정된 권리를 주장할 수 있는 모든 요건이 구비되어 있는지에 관하여 다시 심리할 수 있는지 여부(소극)

[다수의견] ① 확정된 승소판결에는 기판력이 있으므로, 승소 확정판결을 받은 당사자가 그 상대방

을 상대로 다시 승소 확정판결의 전소와 동일한 청구의 소를 제기하는 경우 그 후소는 권리보호의 이익이 없어 부적법하다. 하지만 예외적으로 확정판결에 의한 채권의 소멸시효기간인 10년의 경과가 임박한 경우에는 그 시효중단을 위한 소는 소의 이익이 있다. 나아가 ② 이러한 경우에 후소의 판결이 전소의 승소 확정판결의 내용에 저촉되어서는 아니 되므로, 후소 법원으로서는 그 확정된 권리를 주장할 수 있는 모든 요건이 구비되어 있는지 여부에 관하여 다시 심리할 수 없다. 대법원은 종래 확정판결에 의한 채권의 소멸시효기간인 10년의 경과가 임박한 경우에는 그 시효중단을 위한 재소는 소의 이익이 있다는 법리를 유지하여 왔다. 이러한 법리는 현재에도 여전히 타당하다. 다른 시효중단 사유인 압류·가압류나 승인 등의 경우 이를 1회로 제한하고 있지 않음에도 유독 재판상 청구의 경우만 1회로 제한되어야 한다고 보아야 할 합리적인 근거가 없다. 또한 확정판결에 의한 채무라 하더라도 채무자가 파산이나 회생제도를 통해 이로부터 전부 또는 일부 벗어날 수 있는 이상, 채권자에게는 시효중단을 위한 재소를 허용하는 것이 균형에 맞다(대판(전) 2018.7.19, 2018다22008).

➲ [보충] : 위 다수의견에 대해 종전 대법원판례는 변경되어야 한다는 반대의견이 있었다. 그 이유 중 중요한 부분만 발췌하면 다음과 같다. ① 민법이 소멸시효와 시효중단 제도를 두고 있는 취지에 비추어 보면, 판결이 확정된 채권의 시효기간을 10년으로 정하고 있는 제165조 제1항과 '청구'를 시효중단사유로 규정하고 있는 제168조 제1호의 두 규정을 무한히 반복, 순환하면서 영원히 소멸하지 않는 채권을 상정하고 있다고 볼 수 없다. 그러나 다수의견에 따르면 1년의 단기소멸시효에 해당하는 채권도 10년마다 주기적으로 소송을 제기하여 판결을 받으면 영구적으로 존속하는 채권이 될 수 있다. 이러한 결론은 소멸시효제도를 두고 있는 우리 민법이 의도한 결과라고 할 수 없다. 즉 채권이 만족될 때까지 시효소멸을 방지해야 한다는 것을 당연한 전제로 하는 다수의견은 채권의 본질과 민법 규정에 어긋난다. ② 민사소송법상 이미 이행판결을 선고받아 유효한 집행권원을 가지고 있는 원고에게 다시 동일한 소송을 제기할 법적 이익은 인정되지 않는다. 그것이 기판력과 논리적으로도 일관성이 있다. ③ 시효중단을 위한 재소를 허용하여 영구적으로 소멸하지 않는 채권의 존재를 인정하게 되면, 각종 채권추심기관의 난립과 횡행을 부추겨 충분한 변제능력이 없는 경제적 약자가 견뎌야 할 채무의 무게가 더욱 무거워지는 사회적 문제도 따른다. 따라서 강제집행이 가능하지 않을 채권이라면 이를 소멸시켜 채권자로 하여금 재소의 부담에서 벗어나게 하고, 채무자에 대하여는 채권의 시효소멸에 대한 신뢰를 보호하여 법적 불안을 제거하며, 부실채권의 전전양도 및 그에 따른 부당한 채권추심이라는 악순환의 고리를 단절시킴으로써 경제적 약자를 보호할 필요도 있다. 또한 ④ 현재 대부분의 재산거래가 전자적으로 이루어지고 있어 그 추적이 용이하고, 재산명시, 재산조회 등 강제집행의 대상이 되는 재산을 알아볼 수 있는 법적 절차가 마련되어 있으며, 채권자취소소송도 널리 이용되고 있으므로, 이러한 사정에 비추어 보면 위 기간은 채권자가 그 권리를 행사하는 데 결코 짧은 기간이 아니다. 그렇다고 시효중단을 위한 재소를 허용하지 않겠다는 것이 전에 없던 새로운 제도를 도입하여 악의적 채무자의 채무를 면제해 주자는 것은 아니고, 원래 민법이 예정하고 있는 제도를 그 취지에 맞게 원칙대로 해석·적용하자는 것이다. 만일 채권자 보호가 소홀할 우려가 있다면, 이는 입법적으로 해결하면 될 것이다.

◈ 보충판례 ◈

[대판 2018.4.24, 2017다293858] 시효중단 등 특별한 사정이 있어 당사자가 확정된 승소판결과 동일한 소송물에 기하여 신소를 제기하는 것이 허용되는 경우, 후소 법원이 그 확정된 권리를

주장할 수 있는 모든 요건이 구비되어 있는지에 관하여 다시 심리할 수 있는지 여부(소극)

확정된 승소판결에는 기판력이 있으므로 당사자는 확정된 판결과 동일한 소송물에 기하여 신소를 제기할 수 없는 것이 원칙이나, 시효중단 등 특별한 사정이 있는 경우에는 예외적으로 신소가 허용되는데, 이러한 경우에 신소의 판결이 전소의 승소확정판결의 내용에 저촉되어서는 아니 되므로, 후소 법원으로서는 그 확정된 권리를 주장할 수 있는 모든 요건이 구비되어 있는지에 관하여 다시 심리할 수 없다.

　⊃ [해설] : 甲 유한회사가 乙 은행으로부터 채권을 양도받은 다음 채무자인 丙을 상대로 양수금 청구소송을 제기하여 승소판결을 받고 그 무렵 판결이 확정되었는데, 그 후 채권을 전전 양도받은 丁 주식회사가 소멸시효 완성을 차단하기 위해 丙을 상대로 양수금 청구소송을 제기한 사안에서, 전소에서 甲 회사의 丙에 대한 채권이 확정된 이상 확정된 채권의 소멸시효 중단을 위하여 제기된 후소에서는 乙 은행이 丙에 대하여 甲 회사에 채권을 양도한 사실을 통지하였는지 등 채권양도 대항요건의 구비 여부에 관하여 다시 심리할 수 없다고 한 사례이다.

[2] 시효중단을 위한 후소로서 이행소송 외에 전소 판결로 확정된 채권의 시효를 중단시키기 위한 재판상의 청구가 있다는 점에 대하여만 확인을 구하는 형태의 '새로운 방식의 확인소송'이 허용되는지 여부(적극)

[다수의견] ① 종래 대법원은 시효중단사유로서 재판상의 청구에 관하여 반드시 권리 자체의 이행청구나 확인청구로 제한하지 않을 뿐만 아니라, 권리자가 재판상 그 권리를 주장하여 권리 위에 잠자는 것이 아님을 표명한 것으로 볼 수 있는 때에는 널리 시효중단사유로서 재판상의 청구에 해당하는 것으로 해석하여 왔다. 이와 같은 법리는 이미 승소 확정판결을 받은 채권자가 그 판결상 채권의 시효중단을 위해 후소를 제기하는 경우에도 동일하게 적용되므로, 채권자가 전소로 이행청구를 하여 승소 확정판결을 받은 후 그 채권의 시효중단을 위한 후소를 제기하는 경우, 후소의 형태로서 항상 전소와 동일한 이행청구만이 시효중단사유인 '재판상의 청구'에 해당한다고 볼 수는 없다. ② 시효중단을 위한 이행소송은 다양한 문제를 야기한다. 그와 같은 문제들의 근본적인 원인은 시효중단을 위한 후소의 형태로 전소와 소송물이 동일한 이행소송이 제기되면서 채권자가 실제로 의도하지도 않은 청구권의 존부에 관한 실체 심리를 진행하는 데에 있다. 채무자는 그와 같은 후소에서 전소 판결에 대한 청구이의사유를 조기에 제출하도록 강요되고 법원은 불필요한 심리를 해야 한다. 채무자는 이중집행의 위험에 노출되고, 실질적인 채권의 관리·보전비용을 추가로 부담하게 되며 그 금액도 매우 많은 편이다. 채권자 또한 자신이 제기한 후소의 적법성이 10년의 경과가 임박하였는지 여부라는 불명확한 기준에 의해 좌우되는 불안정한 지위에 놓이게 된다. 위와 같은 종래 실무의 문제점을 해결하기 위해서, 시효중단을 위한 후소로서 이행소송 외에 전소 판결로 확정된 채권의 시효를 중단시키기 위한 조치, 즉 '재판상의 청구가 있다'는 점에 대하여만 확인을 구하는 형태의 '새로운 방식의 확인소송'이 허용되고, 채권자는 두 가지 형태의 소송 중 자신의 상황과 필요에 보다 적합한 것을 선택하여 제기할 수 있다고 보아야 한다(대판(전) 2018.10.18, 2015다232316).

　⊃ [보충] : 이에 대해 시효중단을 위한 후소는 가능하지만, 그 방식과 관련하여 '새로운 방식의 확인소송'은 불허함이 타당하다는 의견이 있었다. 그 논거는 ① 다수의견이 지적하는 것처럼 이행소송을 허용하는 현재 실무의 폐해가 크다고 보기 어렵다. 또한 새로운 방식의 확인소송에는 법리적으로 적지 않은 문제점이 있고, 이행소송 외에 굳이 이를 허용할 실익이나 필요도 크지 않아 보인다. 최근 대법원판결에서도 이행소송이 허용됨을 재확인하였다. 이러한 상황에서 새삼스레 이행소송에 여러 문제가 있다고 주장하면서 굳이 새로운 방식의 확인소송이라는 낯설고 설익은 소송형태를 추가하여, 법적 안정성을 해치고 당사자의 편리보다는 혼란만 가중시키는 결과를 초

래하지 않을까 염려된다. ② 시효중단을 위한 재소로서 이행소송과 함께 해석을 통하여 다른 형태의 소송을 허용하고자 한다면, '청구권 확인소송'으로 충분하다. 새로운 방식의 확인소송은 입법을 통하여 받아들여야 할 사항이지 법률의 해석을 통하여 받아들일 수는 없다. 청구권 확인소송에 비하여 새로운 방식의 확인소송이 큰 이점이 있다고 보기는 어렵다. 법리적인 측면에서 본다면 청구권 확인소송을 허용하는 데 별다른 문제가 없는 반면, 새로운 방식의 확인소송에는 확인의 이익을 비롯하여 법리적으로 극복하기 어려운 문제가 적지 않다. 이론적으로 문제가 많은 새로운 방식의 확인소송을 굳이 무리하게 도입할 이유가 없다.

★★★[대판 2019.1.17, 2018다24349] 시효중단을 위한 후소 절차에서 채무자인 피고가 전소의 변론종결 후에 발생한 변제, 상계, 면제 등과 같은 채권소멸사유를 들어 항변할 수 있는지 여부(적극) 및 이는 소멸시효 완성의 경우에도 마찬가지인지 여부(적극) / 후소가 전소 판결이 확정된 후 10년이 지나 제기되었더라도 법원은 채무자인 피고의 항변에 따라 원고의 채권이 소멸시효 완성으로 소멸하였는지에 관한 본안판단을 하여야 하는지 여부(원칙적 적극)

① 확정된 승소판결에는 기판력이 있으므로 승소 확정판결을 받은 당사자가 전소의 상대방을 상대로 다시 승소 확정판결의 전소와 동일한 청구의 소를 제기하는 경우, 특별한 사정이 없는 한 후소는 권리보호의 이익이 없어 부적법하다. 하지만 예외적으로 확정판결에 의한 채권의 소멸시효기간인 10년의 경과가 임박한 경우에는 그 시효중단을 위한 소는 소의 이익이 있다.

② 이는 승소판결이 확정된 후 그 채권의 소멸시효기간인 10년의 경과가 임박하지 않은 상태에서 굳이 다시 동일한 소를 제기하는 것은 확정판결의 기판력에 비추어 권리보호의 이익을 인정할 수 없으나, 그 기간의 경과가 임박한 경우에는 시효중단을 위한 필요성이 있으므로 후소를 제기할 소의 이익을 인정하는 것이다.

③ 한편 시효중단을 위한 후소의 판결은 전소의 승소 확정판결의 내용에 저촉되어서는 아니 되므로, 후소 법원으로서는 그 확정된 권리를 주장할 수 있는 모든 요건이 구비되어 있는지에 관하여 다시 심리할 수 없으나, 위 후소 판결의 기판력은 후소의 변론종결 시를 기준으로 발생하므로, 전소의 변론종결 후에 발생한 변제, 상계, 면제 등과 같은 채권소멸사유는 후소의 심리대상이 된다. 따라서 채무자인 피고는 후소 절차에서 위와 같은 사유를 들어 항변할 수 있고 심리 결과 그 주장이 인정되면 법원은 원고의 청구를 기각하여야 한다. 이는 채권의 소멸사유 중 하나인 소멸시효 완성의 경우에도 마찬가지이다.

④ 이처럼 판결이 확정된 채권의 소멸시효기간의 경과가 임박하였는지 여부에 따라 시효중단을 위한 후소의 권리보호이익을 달리 보는 취지와 채권의 소멸시효 완성이 갖는 효과 등을 고려해 보면, 시효중단을 위한 후소를 심리하는 법원으로서는 전소 판결이 확정된 후 소멸시효가 중단된 적이 있어 그 중단사유가 종료한 때로부터 새로이 진행된 소멸시효기간의 경과가 임박하지 않아 시효중단을 위한 재소의 이익을 인정할 수 없다는 등의 특별한 사정이 없는 한, 후소가 전소 판결이 확정된 후 10년이 지나 제기되었다 하더라도 곧바로 소의 이익이 없다고 하여 소를 각하해서는 아니 되고, 채무자인 피고의 항변에 따라 원고의 채권이 소멸시효 완성으로 소멸하였는지에 관한 본안판단을 하여야 한다.

➲ [사실관계 및 해설] :

① 원고 A는 피고 B를 상대로 손해배상금 7,000만원의 지급을 구하는 소를 제기하였고, 위 법원은 2005.12.22. 피고가 원고에게 2006.3.10.까지 2,500만원을 지급하고, 이를 지체하는 경우 지연손해금을 가산하여 지급하는 내용의 조정에 갈음하는 결정(이하 '이 사건 강제조정결정'

이라고 한다)을 하였으며 위 강제조정결정은 2006.1.24. 확정되었다.

② 또한 원고 A는 피고 B를 상대로 매매계약의 해제에 따른 매매대금 반환청구의 소를 제기하였고, 위 법원은 2006.9.21. 피고가 원고에게 2,500만원 및 지연손해금을 지급하라는 내용의 판결(이하 '이 사건 전소 판결'이라고 한다)을 선고하였으며, 위 판결은 2006.10.11. 확정되었다.

③ 원고 A는 2017.4.28. 이 사건 강제조정결정과 이 사건 전소 판결(이하 '이 사건 전소 판결 등'이라고 한다)에 의해 확정된 채권에 기한 금원의 지급을 구하는 이 사건 소를 제기하였고, 제1심 법원에 제출한 2017.10.19.자 청구취지 및 청구원인 변경신청서를 통해 위 각 채권의 시효중단을 위해 다시 소를 제기한 것임을 밝혔다.

④ 원심은, 이 사건 소는 승소확정판결을 받았거나 그와 효력이 같은 강제조정결정이 확정된 전소와 동일한 권리 및 법률관계를 소송물로 하는 소로서, 이 사건 전소 판결 등이 확정된 후 권리를 행사할 수 있는 때로부터 10년이 지나 제기되어 시효중단을 구할 이익이 없으므로 부적법하다는 이유로, 직권으로 소를 각하하였는데, 위와 같은 사실을 앞서 본 법리에 비추어 살펴보면, 이 사건 소가 이미 확정된 이 사건 전소 판결 등에 의한 채권의 각 시효중단을 위한 소로서 이 사건 전소 판결 등이 확정된 후 10년이 지나 제기되었더라도 그것만으로 곧바로 소의 이익이 없어 부적법하다고 볼 수는 없으므로, 원심의 위와 같은 판단은 잘못이다.

IV. 신의칙위반의 제소가 아닐 것

신의칙에 위반하여 제소하는 경우에는 소의 이익이 부정되므로 법원은 소각하판결을 하여야 한다. 나아가 판례는 부제소특약에 반하는 소제기의 경우 소의 이익으로 해결할 수 있으나, 신의칙에도 반한다고 하면서 불허한바 있다(대판 1993.5.14, 92다21760). 소취하계약에 반하여 소취하를 하지 않고 소송을 계속 유지하는 경우도 마찬가지이다(선택적 적용설).

V. 중복제소의 금지

1. 의의 및 취지

> **제259조(중복된 소제기의 금지)**
> 법원에 계속되어 있는 사건에 대하여 당사자는 다시 소를 제기하지 못한다.

1) 이미 법원에 소송계속 중인 사건과 동일한 사건에 관하여 당사자는 다시 소를 제기하지 못한다(제259조). 이를 중복된 소제기의 금지라고 한다(중복제소금지). 한편 판결이 확정되어 소송계속이 끝난 뒤에는 중복제소의 문제가 아니라, 기판력의 문제가 된다.

2) 중복제소금지의 취지는 동일한 사건이 다시 이중으로 제기된 경우에 ① 피고의 이중응소의 방지, ② 법원의 중복심리에 따른 무용한 비용과 노력의 낭비를 방지, ③ 각각의 판결의 모순·저촉의 방지를 위한 것이다.

2. 요건

중복된 소제기인지 여부의 판단은 원칙적으로 당사자 및 소송물(청구)의 동일이라는 두 가지 측면에서 행한다. 전후 양소의 계속된 법원의 동일성은 문제되지 않으며, 소가 어느 법원에 제기되는 경우라도 당사자 및 소송물이 동일하면 중복된 소제기에 해당될 수 있는 것이다.

(1) 당사자의 동일

중복된 소제기의 금지의 요건으로서 우선 당사자의 동일성이 요구된다. ⒲ 甲이 乙을 상대로 소유권확인의 소를 제기하여 소송계속 중에 별개의 丙이 乙을 상대로 제기한 동일물의 소유권확인의 소는 일단 대상이 되는 권리관계와 피고는 동일하더라도 원고가 다르므로 전소와 후소가 동일한 사건이라고 할 수 없다.

1) 원·피고 역전형

원고와 피고의 지위가 동일할 필요는 없고, 원고와 피고가 전소와 후소에서 서로 바뀌어도(⒲ 전소에서의 원고가 후소에서의 피고) 당사자의 동일성은 인정되어 중복제소가 된다.

2) 예외 – 판결의 효력을 받는 사람

① 전후 양소의 당사자가 다르더라도 후소의 당사자가 기판력의 확장으로 전소판결의 효력(기판력 또는 반사효)을 받게 될 경우에는 판결의 효력이 모순·저촉될 수 있기 때문에 동일사건에 해당되어 중복소송이 된다(제218조 참조). ⒲ ⅰ) 전소의 사실심 변론종결 후에 소송물을 양수받은 승계인이 후소를 제기한 경우나, ⅱ) 전소에서 당사자를 위하여 청구의 목적물을 소지한 사람에 대하여 후소가 제기된 경우, ⅲ) 또한 소송담당에 있어서 권리귀속주체인 피담당자와 같이 기판력의 확장으로 전소의 판결의 효력을 받게 될 경우(⒲ 선정당사자의 제소 뒤에 선정자가 후소를 제기한 경우) 중복제소에 해당한다.

② 다만 채권자대위소송에 대하여는 좀 더 살펴볼 필요가 있다. 또한 최근 판례는 법정소송담당 중 갈음형에 해당하는 채권추심명령을 받은 압류채권자와 관련하여 중복제소에 해당하지 않는다고 하였다.

3) 채권자대위소송

가) 문제점

채권자대위소송과 중복제소의 문제는 우선, 채권자대위소송의 법적성질에 대한 논의에서부터 출발한다. 이러한 법적 성질에 따라 채권자대위소송의 판결의 효력이 채무자에게 미치는지 여부와 채권자대위소송의 소송물의 동일성 인정 여부에 대한 판단이 달라질 수 있기 때문이다.

나) 채권자대위소송이 제기된 뒤에 채무자가 동일한 내용의 후소를 제기한 경우

① 학설

ⅰ) 법정소송담당설을 전제로 채무자가 대위소송의 계속 사실을 알았을 때에만 대위소송의 기판력이 미치므로 전·후소의 당사자 동일성이 인정되어 중복제소가 된다는 견해(제한적 긍정설),

ii) 법정소송담당설을 전제로 하면서 채무자가 대위소송의 제기 여부를 아느냐에 관계없이 당사자와 소송물이 동일하므로 중복제소가 된다는 견해(긍정설), iii) 채권자대위소송은 법정소송담당이 아니라 고유한 실체법상의 대위권행사이므로 기판력이 확장되지 않아 당사자가 다르고 또한 후소의 소송물은 채무자의 채권이므로 전·후소는 소송물이 서로 다르므로 중복제소가 아니라는 견해(부정설)의 대립이 있다.

② 판례

채권자대위소송이 제기된 뒤에 채무자가 동일한 내용의 후소를 제기한 경우, 양 소송은 비록 그 당사자는 다르다 할지라도 실질상으로는 동일소송이므로, 원고가 제기한 소는 채무자가 대위소송이 제기된 것을 알든 모르든 민사소송법 제259조 소정의 이른바 중복소송 금지규정에 저촉되는 것이라고 하였다.

★★★[대판 1995.4.14, 94다29256] 원고가 소유권이전등기말소소송을 제기하기 전에 이미 원고의 채권자가 같은 피고를 상대로 채권자대위권에 의하여 원고를 대위하여 그 소송과 청구취지 및 청구원인을 같이하는 내용의 소송을 제기하여 계속 중에 있다면, 양 소송은 비록 그 당사자는 다르다 할지라도 실질상으로는 동일소송이므로, 원고가 제기한 소송은 민사소송법 제259조 소정의 이른바 중복소송 금지규정에 저촉되는 것이다.

➡ [해설] : 본 판례는 채무자의 대위소송 계속 사실에 대한 인식 여부와 관계없이 채무자의 후소는 중복제소에 해당한다는 입장으로서 긍정설에 입각하고 있다고 평가된다. 이러한 판례의 태도에 대해서는 "채무자가 대위소송이 계속 중임을 알았을 때에 한하여 기판력을 받는다(대판(전) 1975. 5.13, 74다1664)."고 하는 기판력의 법리와 합치되지 않는다는 비판이 제기된다.

다) 채무자가 소를 제기한 뒤에 채권자대위소송이 제기된 경우

① 학설

i) 법정소송담당설을 전제로 중복제소에 해당한다거나 대위소송의 당사자적격이 흠결된 경우에 해당한다고 보는 견해, ii) 독립한 대위권설을 전제로 중복제소에 해당하지 않는다고 보는 견해(다만 동 견해에 따르면 중복제소에 해당하지 않으므로 부적법하지 않다 하더라도 채무자의 권리 불행사의 요건은 실체법상 법률요건에 해당하므로 흠결 시 청구기각을 해야 한다고 본다)의 대립이 있다.

② 판례

i) 채권자가 채무자를 상대로 제기한 소송이 계속 중 제3자가 채권자를 대위하여 같은 채무자를 상대로 청구취지 및 원인을 같이하는 내용의 소송을 제기한 경우에는 양 소송은 동일소송이므로 후소는 중복제소금지규정에 저촉된다고 하였다. ii) 다만 당사자적격의 흠으로 본 판례도 존재한다.

★★★[대판 1981.7.7, 80다2751]

[1] 채권자가 채무자를 상대로 제기한 소송이 계속 중 제3자가 채권자를 대위하여 같은 채무자를 상대로 청구취지 및 원인을 같이하는 내용의 소송을 제기한 경우에는 양 소송은 동일소송이므로 후소는 중복제소금지규정에 저촉된다.

[2] 제3자가 채권자를 대위하여 채무자를 상대로 제기한 소송과 이미 확정판결이 되어 있는 채권자와 채무자간의 기존소송이 실질적으로 동일내용의 소송이라면 위 확정판결의 효력은 채권자대위권 행사에 의한 소송에도 미친다.

[3] 기판력은 후소와 동일한 내용의 전소의 변론종결 전에 있어서 주장할 수 있었던 모든 공격 방어 방법에 미치므로 해제사유가 전소의 변론종결 전에 존재하였다면 그 변론종결 후에 해제의 의사표시를 하였다고 하여도 이는 기판력에 저촉된다.

➡ [해설] : 본 판례는 양 소송은 동일소송이라는 이유로 중복제소에 해당한다고 보고 있으며, 이와 같이 보는 판례가 주류이다. 그러나 다음과 같이 채무자 스스로 권리를 행사한 경우에 해당한다고 하여 대위요건의 흠결로서 구성한 판례도 있다.

◈ 참고판례 ◈

[대판 1969.2.25, 68다2352·2353] 채권자 대위권은 채무자가 그 권리를 행사하지 아니하는 경우에 한하여 채권자가 자기의 채권을 보전하기 위하여 행사할 수 있는 것이므로 대위할 당시에 이미 채무자가 재판상 그 권리를 행사하였을 때에는 설사 패소의 본안 판결이 있을 때에도 채권자는 대위로 인하여 그의 권리를 행사할 수 없다 할 것이다(대판 1957.11.14, 4290민상448 참조).

[대판 1970.4.28, 69다1311] 채권자 대위권은 채무자가 제3채무자에 대한 권리를 스스로 행사하지 않은 때에 비로소 발생하는 것이다.

라) 채권자대위소송이 경합된 경우

① 학설

ⅰ) 중복제소의 취지상 채무자가 대위소송이 계속 중임을 알든 모르든 다른 채권자의 대위소송은 중복소제기에 해당한다고 보는 중복제소 긍정설, ⅱ) 채무자가 대위소송이 계속 중임을 알았을 때에만 다른 채권자가 제기한 대위소송이 중복소제기가 된다고 보는 제한적 긍정설, ⅲ) 독립한 대위권설을 전제로 다른 채권자에게는 아무런 판결의 효력이 미치지 않으므로 당사자 동일성이 부정되고, 전·후 양소의 청구는 소송물이 다르므로 중복소제기가 아니라고 보는 중복제소 부정설의 대립이 있다.

② 판례

채권자대위소송이 이미 법원에 계속 중에 있을 때 같은 채무자의 다른 채권자가 동일한 소송물에 대하여 채권자대위권에 기한 소를 제기한 경우 시간적으로 나중에 계속하게 된 소송은 중복제소 금지의 원칙에 위배하여 제기된 부적법한 소송이 된다고 하였다.

★★★ [대판 1994.2.8, 93다53092] 채권자대위소송이 이미 법원에 계속 중에 있을 때 같은 채무자의 다른 채권자가 동일한 소송물에 대하여 채권자대위권에 기한 소를 제기한 경우 시간적으로 나중에 계속하게 된 소송은 중복제소금지의 원칙에 위배하여 제기된 부적법한 소송이 된다.

➡ [해설] : 본 판례는 채무자의 인식 여부와 무관하게 중복제소에 해당한다고 보는 견해에 입각한 것으로 평가된다. 이러한 판례의 태도에 대해서는 "채무자가 전소의 제기 사실을 안 경우에만 전소의 기판력이 다른 채권자에게 미친다(대판 1994.8.12, 93다52808)."고 하는 기판력의 법리와 합치되지 않는다는 비판이 제기된다.

4) 채무자가 제기한 이행소송 계속 중 압류채권자의 추심금청구소송

가) 중복제소 부정설

판례의 다수견해는 채무자가 제3채무자를 상대로 제기한 이행의 소가 이미 법원에 계속되어 있는 상태에서 압류채권자가 제3채무자를 상대로 제기한 추심의 소의 본안에 관하여 심리·판단한다고 하여, 판결의 모순·저촉의 위험이 크다고 볼 수 없으며, 따라서 채무자가 제3채무자를 상대로 제기한 이행의 소가 법원에 계속되어 있는 경우에도 압류채권자는 제3채무자를 상대로 압류된 채권의 이행을 청구하는 추심의 소를 제기할 수 있고, 제3채무자를 상대로 압류채권자가 제기한 추심의 소는 채무자가 제기한 이행의 소에 대한 관계에서 민사소송법 제259조가 금지하는 중복된 소제기에 해당하지 않는다고 봄이 타당하다고 하였다.

★★★ [대판(전) 2013.12.18, 2013다202120] [다수의견]

[1] 채무자가 제3채무자를 상대로 제기한 이행의 소가 이미 법원에 계속되어 있는 상태에서 압류채권자가 제3채무자를 상대로 제기한 추심의 소의 본안에 관하여 심리·판단한다고 하여, 제3채무자에게 불합리하게 과도한 이중 응소의 부담을 지우고 본안 심리가 중복되어 당사자와 법원의 소송경제에 반한다거나 판결의 모순·저촉의 위험이 크다고 볼 수 없다.

[2] 압류채권자는 채무자가 제3채무자를 상대로 제기한 이행의 소에 민사소송법 제81조(참가승계), 제79조(독립당사자참가)에 따라 참가할 수도 있으나, 채무자의 이행의 소가 상고심에 계속 중인 경우에는 승계인의 소송참가가 허용되지 아니하므로 압류채권자의 소송참가가 언제나 가능하지는 않으며, 압류채권자가 채무자가 제기한 이행의 소에 참가할 의무가 있는 것도 아니다.

[3] 채무자가 제3채무자를 상대로 제기한 이행의 소가 법원에 계속되어 있는 경우에도 압류채권자는 제3채무자를 상대로 압류된 채권의 이행을 청구하는 추심의 소를 제기할 수 있고, 제3채무자를 상대로 압류채권자가 제기한 추심의 소는 채무자가 제기한 이행의 소에 대한 관계에서 민사소송법 제259조가 금지하는 중복된 소제기에 해당하지 않는다고 봄이 타당하다.

◈ 논증구도 ◈

1. 채권에 대한 압류 및 추심명령의 성질 및 효과

(1) 법정소송담당으로서의 효과

판례에 따르면 ① 채권에 대한 유효한 압류 및 추심명령이 있으면 실체법상의 청구권은 채무자인 집행채무자(원래의 채권자)에게 있으면서 추심채권자는 소송법상의 관리권만을 이전받는 제3자 법정소송담당의 관계에 있게 된다. 따라서 채무자는 원고로서의 당사자적격을 상실한다. 나아가 ② 추심금청구소송의 소송물은 피압류채권이다.

(2) 압류 및 추심명령의 효력발생 시기

압류 및 추심명령의 효력발생 시기는 제3채무자에 대한 송달일이고(민사집행법 제227조 제3항, 제229조 제4항), 제3채무자에게 송달된 이상 채무자에게 송달되지 않았다 하더라도 효력발생에는 아무런 영향이 없다.

2. 추심금소송이 중복제소에 해당하는지 여부

(1) 중복제소금지의 의의·취지 및 요건

① 이미 법원에 소송계속 중인 사건과 동일한 사건에 관하여 당사자는 다시 소를 제기하지 못하는

데(제259조), 이는 판결의 모순·저촉의 방지를 위한 것이다.

② 중복소제기로 금지가 되기 위해서는 ⅰ) 전·후 양소의 당사자가 동일할 것, ⅱ) 전·후 양소의 소송물이 동일할 것, ⅲ) 전소가 소송계속 중일 것이 요구된다.

(2) 중복제소 해당 여부

판례는 채무자가 제3채무자를 상대로 제기한 이행의 소가 이미 법원에 계속되어 있는 상태에서 압류채권자가 제3채무자를 상대로 제기한 추심의 소의 본안에 관하여 심리·판단한다고 하여, 판결의 모순·저촉의 위험이 크다고 볼 수 없으며, 따라서 채무자가 제3채무자를 상대로 제기한 이행의 소가 법원에 계속되어 있는 경우에도 압류채권자는 제3채무자를 상대로 압류된 채권의 이행을 청구하는 추심의 소를 제기할 수 있고, 제3채무자를 상대로 압류채권자가 제기한 추심의 소는 채무자가 제기한 이행의 소에 대한 관계에서 민사소송법 제259조가 금지하는 중복된 소제기에 해당하지 않는다고 봄이 타당하다고 하였다.

나) 중복제소 긍정설

이러한 다수의견에 대해 다음과 같은 반대의견이 있었다. 즉, "① 민사소송법 제259조가 규정하는 중복된 소제기의 금지는 소송의 계속으로 인하여 당연히 발생하는 소제기의 효과이다. 그러므로 설령 이미 법원에 계속되어 있는 소(전소)가 소송요건을 갖추지 못한 부적법한 소라고 하더라도 취하·각하 등에 의하여 소송 계속이 소멸하지 않는 한 그 소송 계속 중에 다시 제기된 소(후소)는 중복된 소제기의 금지에 저촉되는 부적법한 소로서 각하를 면할 수 없다. ② 채무자가 제3채무자를 상대로 먼저 제기한 이행의 소와 압류채권자가 제3채무자를 상대로 나중에 제기한 추심의 소는 비록 당사자는 다를지라도 실질적으로 동일한 사건으로서 후소는 중복된 소에 해당한다. ③ 압류채권자에게는 채무자가 제3채무자를 상대로 제기한 이행의 소에 민사소송법 제81조, 제79조에 따라 참가할 수 있는 길이 열려 있으므로, 굳이 민사소송법이 명문으로 규정하고 있는 기본 법리인 중복된 소제기의 금지 원칙을 깨뜨리면서까지 압류채권자에게 채무자가 제기한 이행의 소와 별도로 추심의 소를 제기하는 것을 허용할 것은 아니다. 다만 다수의견이 지적하듯이 채무자가 제3채무자를 상대로 제기한 이행의 소가 상고심에 계속 중 채권에 대한 압류 및 추심명령을 받은 경우에는 압류채권자가 상고심에서 승계인으로서 소송참가를 하는 것이 불가능하나, 이때에도 상고심은 압류 및 추심명령으로 인하여 채무자가 당사자적격을 상실한 사정을 직권으로 조사하여 압류 및 추심명령이 내려진 부분의 소를 파기하여야 하므로, 압류채권자는 파기환송심에서 승계인으로서 소송참가를 하면 된다"는 것이다.

5) 채권자취소소송과 중복소송

가) 1인의 채권자취소소송이 중복된 경우

★★★[대판 2012.7.5, 2010다80503] 채권자가 사해행위취소 및 원상회복청구를 하면서 보전하고자 하는 채권을 추가하거나 교환하는 것은 사해행위취소권과 원상회복청구권을 이유 있게 하는 공격방법에 관한 주장을 변경하는 것일 뿐이지 소송물 또는 청구 자체를 변경하는 것이 아니므로, 채권자가 보전하고자 하는 채권을 달리하여 동일한 법률행위의 취소 및 원상회복을 구하는 채권자취소의 소를 이중으로 제기하는 경우 전소와 후소는 소송물이 동일하다고 보아야 한다.

나) 수인의 채권자취소소송이 경합된 경우

*** [대판 2005.11.25, 2005다51457] 채권자취소권의 요건을 갖춘 각 채권자는 고유한 권리로 채무자의 재산처분행위를 취소·원상회복을 구할 수 있으므로 여러 명의 채권자가 동시에 또는 시기를 달리하여 사해행위취소 및 원상회복청구의 소를 제기한 경우 이들 소가 중복제소에 해당하지 않는다.

(2) 소송물(청구)의 동일

1) 청구의 취지가 같지만, 청구의 원인을 이루는 실체법상 권리가 다른 경우

소송물의 동일성은 소송물이론에 따라 그 기준이 달라진다. 예 동일한 사실관계에 기하여 채무불이행을 원인으로 하는 손해배상청구의 소를 제기하여 계속 중에 불법행위를 원인으로 하는 손해배상청구의 별소를 제기하는 경우, ① 판례의 구소송물이론에 따르면 소송물이 다르므로 중복제소에 해당되지 않는다고 본다. 반면 ② 신소송물이론에 따르면 소송물은 동일하므로 중복제소에 해당된다고 본다.

2) 청구의 취지가 다른 경우

청구의 취지가 다르면 원칙적으로 신·구소송물이론 어느 쪽에서도 소송물이 다르므로 중복제소에 해당되지 않는다고 하나, 다음과 같은 경우에는 문제가 있다.

가) 선결적 법률관계

전소의 소송물과 후소의 소송물이 동일하여야 하므로 소송물의 전제를 이루는 항변이나 선결문제로 주장한 권리(예 동시이행 항변권 또는 유치권 항변으로 주장한 반대채권)에 대하여 별소를 제기하더라도 중복된 소제기에 해당되지 않는다. 이 경우 수소법원이 동일하다면 중간확인의 소(제264조)가 된다. 또한 소유권확인소송의 계속 중에 별소로 소유권에 기한 인도청구를 하는 逆(역)의 경우에도 역시 중복제소가 아니다.

나) 심판형식의 차이

① 원고의 적극적 확인청구와 피고의 소극적 확인청구

甲의 乙에 대한 소유권확인청구가 계속 중 乙이 甲을 상대로 동일 물건의 소유권부존재확인청구를 한 경우, 동일한 권리관계에 관한 원고의 적극적 확인청구에 대하여 피고의 소극적 확인청구는 원고의 청구기각을 구하는 것 이상의 의미가 없으므로 양 청구는 동일한 사건이다. 그러나 피고가 같은 권리에 대하여 적극적 확인청구를 하는 경우에는 동일사건이 아니다.

② 동일권리에 관한 이행청구와 확인청구

ⅰ) 문제점

甲이 乙을 상대로 손해배상채무의 이행을 구하는 소를 제기하여 그 소송계속 중에 乙이 甲을 상대로 별소로 위 손해배상채무의 부존재확인의 소를 제기하는 경우이거나 그 반대의 경우 중복소송에 해당하는지 여부가 문제된다.

ii) 학설

(ㄱ) 소의 이익문제(확인의 소의 보충성의 문제)로 처리하여야 한다는 견해, (ㄴ) 중복제소의 문제로 처리하여야 한다는 견해의 대립이 있으며, 중복제소의 문제로 처리하자는 견해는 다시 i) 중복소송 부정설, ii) 중복소송 긍정설, iii) 확인의 소와 이행의 소는 집행력 문제 등 그 효과가 다르므로 이행의 소가 먼저 제기되고 확인의 소가 뒤에 제기된 경우는 동일사건이지만, 그 반대의 경우는 중복소제기가 아니라고 보는 견해의 대립이 있다.

iii) 판례

판례는 청구의 취지와 청구원인이 서로 다르므로 중복제소에 해당하지 않지만, 이행청구의 소송계속 중 그 채무의 부존재확인을 구하는 것은 소의 이익이 없다는 입장이다.30)

★★★[대판 2001.7.24, 2001다22246]

[1] 채권자가 채무인수자를 상대로 제기한 채무이행청구소송(전소)과 채무인수자가 채권자를 상대로 제기한 원래 채무자의 채권자에 대한 채무부존재확인소송(후소)은 그 청구취지와 청구원인이 서로 다르므로 중복제소에 해당하지 않는다.

[2] 채무인수자를 상대로 한 채무이행청구소송이 계속 중, 채무인수자가 별소로 그 채무의 부존재 확인을 구하는 것은 소의 이익이 없다.

➡ [해설] : 본 판례사안은 별소가 ① 중복제소에 해당하는가와 ② 확인의 이익이 있는지가 문제된 사안이다. 대법원은 ① 중복제소의 해당성에 대해서는 "채권자가 채무인수자를 상대로 제기한 채무이행청구소송과 채무인수자가 채권자를 상대로 제기한 원래 채무자의 채권자에 대한 채무부존재확인소송은 그 청구취지와 청구원인이 서로 다르므로 중복제소에 해당하지 않는다"고 하면서, ② 확인의 이익에 관해서는 "채무인수자는 채권자가 제기한 채무이행청구소송에서 청구기각의 판결을 구함으로써 채권의 존부를 다툴 수 있으므로 채무인수자가 별소로 그 채무의 부존재확인을 구하는 것은 소의 이익이 없다"고 판시하였다.

◆ 비교 판례 ◆

[대판 1999.6.8, 99다17401·17418] 소송요건을 구비하여 적법하게 제기된 본소가 그 후에 상대방이 제기한 반소로 인하여 소송요건에 흠결이 생겨 다시 부적법하게 되는 것은 아니므로, 원고가 피고에 대하여 손해배상채무의 부존재확인을 구할 이익이 있어 본소로 그 확인을 구하였다면, 피고가 그 후에 그 손해배상채무의 이행을 구하는 반소를 제기하였다 하더라도 그러한 사정만으로 본소청구에 대한 확인의 이익이 소멸하여 본소가 부적법하게 된다고 볼 수는 없다.

---

3) 일부청구와 잔부청구

가) 문제점

甲이 乙에 대하여 불법행위에 기한 6,000만원의 손해배상청구의 소를 제기하였는데, 이 소송계속 중에 甲은 乙에 대하여 손해액이 7,000만원인 것으로 판명되었다고 하여 1,000만원의 지급을 구하는 별소를 제기하는 경우, 후소가 중복제소에 해당하는지 여부가 문제된다.

---

30) 이와 같은 판례사안이 출제된 경우, 채무자의 채무부존재확인의 소의 적법 여부를 살펴보기 위해서는 「① 중복제소에 해당하는지 여부 → ② 확인의 이익 인정 여부」의 순서로 논증함이 득점상 유리할 것이다. 물론 배점은 고려하여야 한다.

나) 학설

① 일부청구의 경우에도 채권 전부가 소송물이 되므로 잔부청구의 별소는 중복제소에 해당한다고 보는 <u>중복소송설</u>, ② 소송물은 그 일부에 지나지 않게 되므로 잔부청구의 별소는 중복제소에 해당하지 않는다고 보는 <u>독립소송설</u>, ③ 일부청구임을 명시하였을 때에는 그 부분만이 독립한 소송물이 되고, 따라서 잔부청구의 별소는 중복제소에 해당되지 않게 된다고 보는 <u>명시적 일부청구설</u>(명시설), ④ 잔부청구가 중복제소는 아니지만, 일부청구가 사실심에 계속 중이어서 잔부마저 청구취지의 확장에 의하여 쉽게 흡수 청구할 수 있는 경우인데, 별소로 잔부를 청구하는 것은 남소이고, 이때에 우선 이부·이송·변론의 병합으로 절차의 단일화를 시도하여 보고, 그것이 잘 안 될 때에는 후소를 각하할 것이라고 보는 <u>단일절차병합설</u>(처분권주의의 원칙상 잔부청구는 남소에 해당하지 않음을 전제로 하되, 단일절차를 시도해 보아야 한다는 견해도 존재)의 대립이 있다.

다) 판례

판례는 ① 전소에서 일부청구임을 명시하였을 때에는 청구한 부분만이 소송물이 되므로 잔부청구의 별소는 중복제소에 해당되지 않으나, ② 일부청구임을 명시하지 않은 경우에는 전부가 소송물이 되므로 잔부청구의 별소는 중복소송에 해당한다는 입장이다(명시적 일부청구긍정설).

★★★ **[대판 1985.4.9, 84다552]** 전 소송에서 불법행위를 원인으로 치료비청구를 하면서 일부만을 특정하여 청구하고 그 이외의 부분은 별도소송으로 청구하겠다는 취지를 명시적으로 유보한 때에는 그 전 소송의 소송물은 그 청구한 일부의 치료비에 한정되는 것이고 전 소송에서 한 판결의 기판력은 유보한 나머지 부분의 치료비에까지는 미치지 아니한다 할 것이므로 전 소송의 계속 중에 동일한 불법행위를 원인으로 유보한 나머지 치료비청구를 별도소송으로 제기하였다 하더라도 중복제소에 해당하지 아니한다.

◈ **일부청구와 관련된 그 밖의 문제에 대한 판례의 기본적 태도** ◈

[1] **기판력의 범위** – 불법행위의 피해자가 일부청구임을 명시하여 그 손해의 일부만을 청구한 경우 그 일부청구에 대한 판결의 기판력은 청구의 인용 여부에 관계없이 청구의 범위에 한하여 미치는 것이고 잔부청구에는 미치지 아니하는 것이라고 판시하여 명시설과 동일하다(대판 1989.6.27, 87다카2478).

[2] **명시방법** – 일부청구임을 명시하는 방법으로는 반드시 전체 손해액을 특정하여 그 중 일부만을 청구하고 나머지 손해금액에 대한 청구를 유보하는 취지임을 밝혀야 할 필요는 없고 일부청구하는 손해의 범위를 잔부청구와 구별하여 그 심리의 범위를 특정할 수 있는 정도의 표시를 하여 전체 손해의 일부로서 우선 청구하고 있는 것임을 밝히는 것으로 족하다고 하였다(대판 1986.12.23, 86다카536).

[3] **명시시기** – 명시의 시기와 관련해서는 소제기 시로 한정된다고 할 수는 없고, 기판력의 시적 한계를 고려할 때 사실심의 변론종결 시까지 가능하다고 하였다(대판 1994.1.14, 93다43170).

4) 상계의 항변

가) 문제점

위와 같이 공격방어방법으로 주장한 권리에 대하여는 소송계속이 발생하지 않으나. 상계의 항변에 대하여는 대항한 액수에 있어서 그 판단에 기판력이 인정되는(제216조 제2항) 등 보통의 공격방어방법과 다른 특수성이 있어서 판결의 모순·저촉의 우려가 있다. 이에 따라 소송 중 상계항변으로 주장한 반대채권으로 별소를 제기하거나 별소로 청구한 채권으로 후소에서 상계항변을 하는 경우 중복제소에 해당하는지 여부가 문제된다.[31]

나) 학설

① 상계의 항변 자체는 소송물이 아니라 공격방어방법에 지나지 않기 때문에 중복제소에 해당되지 않는다고 보는 중복소송부정설(적법설), ② 상계에 제공된 반대채권의 존재에 대한 심리가 중복되어 기판력이 있는 판결이 모순·저촉될 염려가 있으므로 중복제소에 해당한다고 보는 중복소송긍정설(부적법설), ③ 원칙적으로 별소제기는 중복소제기는 아니지만, 이미 계속 중인 소송에서 석명권을 행사하여 반소의 제기를 하도록 유도함이 타당하며, 만일 별소제기를 하면 소각하할 것이 아니라 단일절차로 병합되도록 하자는 반소요구설, ④ 별소제기는 중복소제기는 아니지만, 이부·이송 등으로 병합하여 심리하도록 하되, 그것이 불가능하면 경우를 나누어 상계항변이 예비적이면 후소를 적법한 소로 허용하고, 무조건적인 것이면 중복제소로 처리하자는 견해의 대립이 있다.

다) 판례

판례는 "이부·이송 또는 변론병합 등을 시도함으로써 기판력의 저촉·모순을 방지함과 아울러 소송경제를 도모함이 바람직하였다고 할 것이나, 그렇다고 하여 특별한 사정이 없는 한, 별소로 계속 중인 채권을 자동채권으로 하는 소송상 상계의 주장이 허용되지 않는다고 볼 수는 없다."고 하였다.

[대판 1975.6.24, 75다103] 손해배상채권에 관하여 별도로 소송계속 중에 있다고 하더라도 그 손해배상채권에 기하여 상계의 항변을 할 수 있다.

★★★[대판 2001.4.27, 2000다4050] **후항변 사안** – 담당재판부로서는 전소와 후소를 같은 기회에 심리·판단하기 위하여 이부·이송 또는 변론병합 등을 시도함으로써 기판력의 저촉·모순을 방지함과 아울러 소송경제를 도모함이 바람직하였다고 할 것이나, 그렇다고 하여 특별한 사정이 없는 한, 별소로 계속 중인 채권을 자동채권으로 하는 소송상 상계의 주장이 허용되지 않는다고 볼 수는 없다.

★★★[대판 2022.2.17, 2021다275741] **선항변 사안** – 상계의 항변을 제출할 당시 이미 자동채권과 동일한 채권에 기한 소송을 별도로 제기하여 계속 중인 경우, 사실심의 담당재판부로서는 전소와 후소를 같은 기회에 심리·판단하기 위하여 이부, 이송 또는 변론병합 등을 시도함으로써 기판력의 저촉·모순을 방지함과 아울러 소송경제를 도모함이 바람직하나, 그렇다고 하여 특별한 사정이 없는 한 별소로 계속 중인 채권을 자동채권으로 하는 소송상 상계의 주장이 허용되지 않는다고 볼 수는 없다. 마찬가지로 먼저 제기된 소송에서 상계 항변을 제출한 다음 그 소송계속 중에 자동채권과 동일한 채권에 기한 소송을 별도의 소나 반소로 제기하는 것도 가능하다.

---

(3) 전소의 계속 중에 다시 후소를 제기하였을 것

1) 전소와 후소의 구별 등

① 전소와 후소의 판단기준은 각 소의 소장제출 시를 기준으로 하는 것이 아니라 소장이 피고에게 송달된 때의 선후를 기준으로 한다. 또한 보전절차(가압류·가처분 등)의 선후는 기준이 될 수 없다.

---

31) 엄밀히 말하면 중복제소 금지의 취지상 제259조를 준용할 수 있는지의 문제이다.

[대판 1990.4.27, 88다카25274·25281] 전항의 경우 <u>전소·후소의 판별기준은 소송계속의 발생시기, 즉 소장이 피고에게 송달된 때의 선후에 의할 것이다.</u>

② 전후 양 소가 동일한 사건이면 전소와 후소가 같은 법원에 제기되었든 다른 법원에 제기되었든 상관없다.

③ 후소가 단일한 독립의 소일 것에 한하지 않는다. 다른 청구와 병합되어 있든지 다른 소송에서 소의 변경, 반소 또는 소송참가의 방법으로 제기되었어도 전소와 동일한 소로 인정되면 중복된 소제기가 된다.

2) 전소가 부적법한 경우

중복된 소라도 후소의 변론종결 시까지 취하·각하 등에 의하여 전소의 소송계속이 소멸되면 중복제소의 문제는 해소된다. 그러나 설령 <u>전소가 소송요건에 흠이 있어서 부적법하다고 할지라도 후소의 변론종결 시까지 취하·각하 등에 의하여 소송계속이 소멸되지 않는 한, 후소는 중복된 소제기의 금지에 위배되어 각하를 면치 못한다.</u>

★[대판 1998.2.27, 97다45532] 중복제소금지는 소송계속으로 인하여 당연히 발생하는 소송요건의 하나로서, 이미 동일한 사건에 관하여 전소가 제기되었다면 설령 그 <u>전소가 소송요건을 흠결하여 부적법하다고 할지라도 후소의 변론종결 시까지 취하·각하 등에 의하여 소송계속이 소멸되지 아니하는 한 후소는 중복제소금지에 위배하여 각하를 면치 못하게 된다.</u> 이와 같은 법리는 어느 채권자가 채무자를 대위하여 제3채무자를 상대로 제기한 채권자대위소송이 법원에 계속 중 다른 채권자가 같은 채무자를 대위하여 제3채무자를 피고로 하여 동일한 소송물에 관하여 소송을 제기한 경우에도 적용된다.

★★[대판 2021.5.7, 2018다259213] <u>민사소송법 제259조는 "법원에 계속되어 있는 사건에 대하여 당사자는 다시 소를 제기하지 못한다."라고 정하고 있다. 민사소송에서 중복제소금지는 소송요건에 관한 것으로서 사실심의 변론종결 시를 기준으로 판단하여야 하므로,</u> 전소가 후소의 변론종결 시까지 취하·각하 등에 의하여 소송계속이 소멸되면 후소는 중복제소금지에 위반되지 않는다.

3. 효과 – 중복된 소의 처리

(1) 부적법 각하

동일한 사건에 대하여 소송계속이 발생하고 있지 않을 것은 소극적 소송요건이다. 따라서 중복된 소제기에 해당하면 후소는 부적법 각하된다. 법원은 이를 직권으로 고려하여야 하는 직권조사사항이다. 법원은 중복된 소제기에 해당되면 피고의 항변을 기다릴 필요 없이 후소를 부적법 각하하여야 한다.

[대판 1990.4.27, 88다카25274·25281] 소가 중복제소에 해당하지 아니한다는 것은 <u>소극적 소송요건으로서 법원의 직권조사사항이다.</u>

[대판 2017.11.14, 2017다23066] 당사자와 소송물이 동일한 소송이 시간을 달리하여 제기되었으나, 전소가 후소의 변론종결 시까지 취하·각하 등에 의하여 소송계속이 소멸되지 않은 경우, 후소가 적법한지 여부(소극) 및 승소 확정판결을 받은 당사자가 전소의 상대방을 상대로 다시

동일한 청구의 소를 제기하는 경우, 후소에 권리보호의 이익이 있는지 여부(원칙적 소극)

① 법원에 계속되어 있는 사건에 대하여 당사자는 다시 소를 제기하지 못한다(민사소송법 제259조). 따라서 당사자와 소송물이 동일한 소송이 시간을 달리하여 제기된 경우 전소가 후소의 변론종결 시까지 취하·각하 등에 의하여 소송계속이 소멸되지 않으면 후소는 중복제소금지에 위반하여 제기된 소송으로서 부적법하다. 한편 ② 확정된 승소판결에는 기판력이 있으므로 승소 확정판결을 받은 당사자가 전소의 상대방을 상대로 다시 승소 확정판결의 전소와 동일한 청구의 소를 제기하는 경우, 특별한 사정이 없는 한 후소는 권리보호의 이익이 없어 부적법하다.

➲ [소송과정 및 해설] : ① 甲 보험회사는 乙과 체결한 소액대출보증보험계약에 따라 乙이 A에게 연체한 보험금을 지급한 후 乙을 상대로 구상금 지급을 구하는 소를 제기하였고(선행사건), 이 사건은 처음부터 공시송달의 방법으로 이루어져 형식상 확정되었다. 이후 2005.6.경 丙은 甲으로부터 이 사건 채권을 양수하였고 양도사실에 관한 통지가 이루어졌다. ② 乙은 2016.11.15. 선행사건의 1심 판결에 대해 추후보완 항소를 제기하였고, 2017.2.10. 항소심에서 丙은 甲으로부터 채권을 양수하였다고 주장하며 승계참가신청을 하였다. 항소심 법원은 2017.8.11. 乙의 추후보완 항소를 받아들여 1심 판결을 취소하고 甲의 청구를 기각하며, 丙의 청구를 전부 인용하는 판결을 선고하였다. 항소심 판결은 상고기간이 지남으로써 2017.9.2. 그대로 확정되었다. 한편 ③ 丙은 위 판결이 선고되기 전인 2011.6.28. 乙을 상대로 甲으로부터 양수받은 채권의 지급을 구하는 소를 제기하였고, 원심은 2017.5.24. 변론을 종결한 후 일부인용판결을 선고한 사안이다. 대법원은 원심판결은 중복제소에 관한 법리를 오해하여 판결에 영향을 미친 잘못이 있다고 하였다. 즉 '丙의 청구는 결과적으로 아직 미확정된 선행사건이 법원에 계속되어 있는 중임에도 다시 당사자와 소송물이 동일한 소를 제기한 셈이 되며, 원심 변론종결일인 2017.5.24.에 선행사건이 아직 법원에 계속 중이었으므로 중복소송에 해당한다. 나아가 선행사건의 항소심판결이 2017.9.2. 그대로 확정되었으므로 권리보호의 이익도 없어 부적법하다.'고 본 것이다.

(2) 중복소송임을 간과한 판결

① 중복된 소제기의 금지원칙에 위배되어 제기된 소임을 간과하고 선고된 판결이 확정되었다면 당연무효의 판결이라고 할 수는 없다.

> **[대판 1995.12.5. 94다59028]** 중복제소금지의 원칙에 위배되어 제기된 소에 대한 판결이나 그 소송절차에서 이루어진 화해라도 확정된 경우에는 당연무효라고 할 수는 없다.

② 법원이 중복제소임을 간과하여 본안판결을 하였다면 상소에 의하여 취소를 구할 수 있다. 그러나 재심사유로는 규정되어 있지 않고, 그 판결이 먼저 확정되면 오히려 전소가 기판력의 효력을 받아 전소 법원은 먼저 확정된 후소의 판결과 저촉되는 판결을 할 수 없게 된다.

4. 중복소송금지원칙의 확대시도

(1) 문제점

전·후소의 청구취지가 다르지만 전·후소의 사실관계 내지 그 자료가 공통하여 청구기초에 동일성이 인정되는 경우 또는 주요쟁점이 공통된 경우[32]에 재판의 모순·저촉의 방지의 필요상 중복소송에 해당한다고 볼 것인지가 문제된다.[33]

(2) 학설 및 평가

① 이를 긍정하는 견해도 있으나, ② 이 경우에 양 소는 소송물을 달리하고 전소의 판결이 후소의 판결을 무익하게 만들지 않으므로, 소송물이 동일한 경우에만 중복소제기에 해당한다고 보는 견해가 타당하다.

VI. 재소금지

1. 서설

> **제267조(소취하의 효과)**
> ① 취하된 부분에 대하여는 소가 처음부터 계속되지 아니한 것으로 본다.
> ② 본안에 대한 종국판결이 있은 뒤에 소를 취하한 사람은 같은 소를 제기하지 못한다.

(1) 의의

본안에 관한 종국판결이 선고된 후 소를 취하한 경우에는 동일한 소에 대해 다시 소제기하는 것이 금지되는데(제267조 제2항), 이를 소취하의 효과로서 재소의 금지라고 한다.

(2) 취지

이 취지에 대해서 판례는 소의 취하로 인하여 그 동안 판결에 들인 법원의 노력이 무용화되고 종국판결이 당사자에 의하여 농락당하는 것을 방지하기 위한 제재적 취지의 규정이라고 이해한다(대판 1998.3.13, 95다48599·48605).

2. 요건

(1) 당사자 동일

1) 전소의 당사자

재소금지의 제재를 받는 것은 전소의 원고만이고, 전소의 피고나 보조참가인 등은 재소금지의 제재를 받지 않는다.

2) 전소 원고의 승계인

가) 문제점

원고의 포괄승계인(일반승계인)은 원고와 동일시되므로 재소금지의 제재를 받는다고 할 것이나, 특정승계인도 재소금지의 제재를 받는가에 관하여는 견해가 대립하고 있다.

---

32) 이러한 입장은 결국 쟁점효이론에 입각하고 있다.
33) 이를 긍정하게 되면 극단적으로는 선결적 법률관계에까지 중복제소금지의 원칙이 확대 적용된다.

나) 학설

① 승계인은 일반승계인, 특정승계인을 가리지 않고 모두 재소금지의 효과를 받는다고 보는 견해(특정승계인 포함설), ② 일반승계인은 재소금지의 효과를 받지만 전소의 취하를 알면서 받아들이는 등의 특단의 사정이 없는 한 특정승계인에게는 그 효과가 미치지 않는다는 견해(특정승계인 불포함설)가 대립된다.

다) 판례

이에 대해서 판례는 특정승계인에게 새로운 권리보호의 이익이 없다면 재소금지의 효과가 미친다는 입장이다(특정승계인 포함설). 즉 특정승계인에게도 재소금지의 효과가 미치나, 새로운 권리보호의 이익이 있다면 동일한 소가 아니라고 하며 재소가 가능하다고 하였다.

★★★[대판 1981.7.14, 81다64·65] ① 민사소송법 제267조 제2항 소정의 "소를 취하한 자"에는 변론종결 후의 특정승계인을 포함하나, ② "동일한 소"라 함은 권리보호의 이익도 같아야 하므로 이 건 토지의 전소유자가 피고를 상대로 한 전소와 본건 소는 소송물인 권리관계는 동일하다 할지라도 위 전소의 취하 후에 이 건 토지를 양수한 원고는 그 소유권을 침해하고 있는 피고에 대하여 그 배제를 구할 새로운 권리보호의 이익이 있다고 할 것이니 위 전소와 본건 소는 동일한 소라고 할 수 없다.

[대판 1998.3.13, 95다48599·48605] 부동산 공유자들이 제기한 명도청구소송에서 제1심 종국판결 선고 후 항소심 계속 중 소송당사자 상호간의 지분 양도·양수에 따라 소취하 및 재소가 이루어진 경우, 그로 인하여 그 때까지의 법원의 노력이 무용화된다든가 당사자에 의하여 법원이 농락당한 것이라 할 수 없고, 소송 계속 중 부동산의 공유지분을 양도함으로써 그 권리를 상실한 공유자가 더 이상 소를 유지할 필요가 없다고 생각하고 소를 취하한 것이라면 그 지분을 양도받은 자에게 소취하에 대한 책임이 있다고 할 수 없을 뿐만 아니라, 공유지분 양수인으로서는 자신의 권리를 보호하기 위하여 양도받은 공유지분에 기하여 다시 소를 제기할 필요도 있어 그 양수인의 추가된 점포명도청구는 그 공유지분의 양도인이 취하한 전소와는 권리보호의 이익을 달리하여 재소금지의 원칙에 위배되지 아니한다.

➥ [해설] : 공유지분의 양수인도 특정승계인으로서 재소금지의 효력이 미치나, 새로운 권리보호의 이익이 생겼다 하여 재소가 가능하다고 본 사례이다.

3) 제3자 소송담당의 경우

가) 선정당사자의 소취하

선정당사자가 소를 취하한 경우 선정자도 재소금지의 효과를 받는다(통설).

나) 채권자대위소송을 한 채권자의 소취하

① 학설

ⅰ) 채권자대위소송은 법정 소송담당으로서 채무자가 대위소송이 제기된 것을 안 이상 채권자대위소송의 기판력을 채무자도 받기 때문에 재소금지의 효과를 받는다는 적극설과, ⅱ) 채권자대위소송을 소송담당임을 인정하면서도 기판력과 재소금지 양자를 같은 기준으로 취급할 수는 없다는 소극설이 대립한다. 또한 ⅲ) 소송담당으로 보지 않고 채권자 자신의 권리를 행사하는 것으로

보는 견해에서는, 당사자와 소송물의 동일성이 인정되지 아니하므로 채무자에게는 재소금지의 효과가 미치지 않는다고 한다.

② 판례

판례는 채권자대위소송이 법정 소송담당임을 전제로 채무자가 대위소송이 제기된 것을 안 이상 채권자대위소송의 기판력을 채무자도 받기 때문에 재소금지의 효과를 받는다는 적극설의 입장이다.

★★★ **[대판 1996.9.20. 93다20177 · 20184]** 채권자대위소송이 제기된 사실을 채무자가 알았을 때에는 그 판결의 효력은 채무자에게 미친다는 것을 전제로 채권자대위소송이 제기된 사실을 피대위자가 알게 된 이상, 위 대위소송에 관한 종국판결이 있은 뒤, 그 소가 취하된 때에는 피대위자도 재소금지규정의 적용을 받아 위 대위소송과 동일한 소를 제기하지 못한다.

(2) 소송물 동일

1) 소송물이론

재소금지의 제재를 받는 것은 전 · 후소의 소송물이 동일한 경우에 한하며, 소송물 동일 여부에 관하여는 소송물이론이 전개된다. ① 판례의 입장인 구소송물이론에 의하면 같은 목적의 소송이라도 실체법상의 권리를 달리 주장하면 동일한 소가 아니다(예 불법행위를 이유로 손해배상을 청구하는 소와 채무불이행을 이유로 손해배상을 청구하는 소는 구소송물이론에 의하면 소송물이 다르다). 반면 ② 신소송물이론은 이 경우에도 동일한 소로서 재소금지의 효과를 받는다고 본다.

> **[대판 1991.5.28. 91다5730]** 아버지 소유 부동산을 증여받았음을 전제로 그 소유권의 확인을 구하는 소와 아버지가 사망함에 따라 그 지분소유권을 상속받았음을 전제로 그 지분소유권의 확인을 구하는 소는 민사소송법 제267조 제2항 소정의 '동일한 소'라고 볼 수 없다.

> **[대판 2009.6.25. 2009다22037]** 제1심에서 부정경쟁방지 및 영업비밀보호에 관한 법률 제4조, 제5조에 기하여 침해금지청구와 2004.1.1.부터 2007.6.30.까지의 부정경쟁행위로 인한 손해배상청구를 하였다가 패소한 후 항소심에서 위 청구를 철회하고 상표법 제65조, 제67조에 기한 침해금지청구 및 손해배상청구를 하는 것으로 청구원인을 변경하는 준비서면을 제출한 자가, 다시 부정경쟁방지 및 영업비밀보호에 관한 법률 제4조, 제5조에 기하여 2007.7.1.부터 2008.3.3.까지의 부정경쟁행위로 인한 침해금지청구 및 손해배상청구를 추가하는 준비서면을 제출한 사안에서, 항소심에서 추가한 청구는 제1심 변론종결 이후에도 계속하여 부정경쟁행위를 하고 있음을 전제로 그 침해행위의 금지를 청구함과 아울러 제1심에서 청구하지 않았던 다른 기간에 해당하는 손해배상청구를 한 것이므로 제1심에서 청구하였던 침해금지청구 및 손해배상청구와 소송물이 동일하다고 보기 어렵고 다시 청구할 필요도 있어, 그 청구의 추가가 재소금지의 원칙에 저촉되지 않는다.

2) 선결문제와 재소금지

가) 문제점

전소의 소송물을 후소에서 선결문제로 하는 경우(예 전소가 소유권존재확인의 소이고 재소가 제213조 본문에 기한 건물반환청구의 소인 경우 또는 전소가 원본채권을 소송물로 하고 재소가 이자채권을 소송물로 하는 경우 등) 소송물이 동일한지가 문제된다.

나) 학설

① 재소금지의 취지상 소송물이 동일한 경우에 한정하지 않고 이를 확장하여 후소가 전소의 소송물을 선결관계로 하는 것일 때에도 재소로 금지된다는 견해(긍정설 – 다수설), ② 이 경우 서로 소송물이 다르기 때문에 동일한 소로 보기 어렵고, 재소금지를 확대적용하여 후소의 제기 자체를 금지하면 기판력이 생긴 경우보다 더 불리하게 되어 타당하지 않다고 하는 견해(부정설)가 대립한다.

다) 판례

판례는 소송물이 다르더라도, 재소금지의 취지와 목적에 비추어 원고는 전소의 목적이었던 권리 내지 법률관계의 존부에 대하여는 다시 법원의 판단을 구할 수 없는 관계상 후소는 동일한 소로써 판결을 구할 수 없다고 하였다.

★★[**대판 1989.10.10, 88다카18023**] 민사소송법 제267조 제2항의 규정은 임의의 소취하에 의하여 그때까지의 국가의 노력을 헛수고로 돌아가게 한 자에 대한 제재적 취지에서 그가 다시 동일한 분쟁을 문제삼아 소송제도를 농락하는 것과 같은 부당한 사태의 발생을 방지할 목적에서 나온 것이므로 여기에서 동일한 소라 함은 반드시 기판력의 범위나 중복제소금지의 경우의 그것과 같이 풀이할 것은 아니고, 따라서 당사자와 소송물이 동일하더라도 재소의 이익이 다른 경우에는 동일한 소라고 할 수 없는 반면, 후소가 전소의 소송물을 선결적 법률관계 내지 전제로 하는 것일 때에는 비록 소송물은 다르지만, 원고는 전소의 목적이었던 권리 내지 법률관계의 존부에 대하여는 다시 법원의 판단을 구할 수 없는 관계상 후소에 대하여도 동일한 소로써 판결을 구할 수 없다고 풀이함이 상당하다.

➲ [해설] : 대법원 판례 해설(제13호)에 따르면 "재소금지제도의 제재적 취지와 목적에 비추어 후소에 대해서도 동일한 소로서 판결을 구할 수 없다고 풀이함이 상당하고, 재소를 제기하지 못함으로 말미암아 불이익을 입는 원고에 대한 구제는 다른 각도, 즉 재소금지의 또 하나의 요건인 재소의 이익 내지 필요성이 있느냐의 점에서 검토하여야 한다."고 하였다. 그리하여 사안에서 원고의 재소를 정당화시킬 만한 새로운 이익이나 필요성은 보이지 않아 대법원이 직권으로 원판결을 파기하고 제1심 판결을 취소하고, 이 사건 소를 각하한 것은 정당하다고 하였다.

★[**대판 2023.3.16, 2022두58599**] **민사소송법 제267조 제2항의 규정 취지 / 후소가 전소의 소송물을 전제로 하거나 선결적 법률관계에 해당하는 경우, 전소와 '같은 소'로 보아 판결을 구할 수 없는지 여부**(적극) **및 재소의 이익이 다른 경우 '같은 소'라 할 수 있는지 여부**(소극) **/ 본안에 대한 종국판결이 있은 후 소를 취하하였으나 위 규정 취지에 반하지 않고 소를 제기할 필요가 있는 정당한 사정이 있는 경우, 다시 소를 제기할 수 있는지 여부**(적극)

민사소송법 제267조 제2항은 "본안에 대한 종국판결이 있은 뒤에 소를 취하한 사람은 같은 소를 제기하지 못한다."라고 규정하고 있다. 이는 임의의 소취하로 그때까지 국가의 노력을 헛수고로 돌아가게 한 사람에 대한 제재의 취지에서 그가 다시 동일한 분쟁을 문제 삼아 소송제도를 남용하는 부당한 사태의 발생을 방지하고자 하는 규정이다. 따라서 ① 후소가 전소의 소송물을 전제로 하거나 선결적 법률관계에 해당하는 것일 때에는 비록 소송물은 다르지만 위 제도의 취지와 목적에 비추어 전소와 '같은 소'로 보아 판결을 구할 수 없다고 풀이하는 것이 타당하다. ② 그러나 여기에서 '같은 소'는 반드시 기판력의 범위나 중복제소금지의 경우와 같이 풀이할 것은 아니므로, 재소의 이익이 다른 경우에는 '같은 소'라 할 수 없다. ③ 또한 본안에 대한 종국판결이 있은 후 소를 취하한 사람이더라도 민사소송법 제267조 제2항의 취지에 반하지 아니하고 소를 제기할 필요가 있는 정당한 사정이 있다면 다시 소를 제기할 수 있다.

➲ [사실관계 및 해설] : 甲 등이 운영하는 병원에서 부당한 방법으로 보험자 등에게 요양급여비용을 부담하게 하였다는 이유로 보건복지부장관이 甲 등에 대하여 구 국민건강보험법(2016.2.3. 법률 제13985호로 개정되기 전의 것) 제98조 제1항 제1호에 따라 40일의 요양기관 업무정지 처분을 하자, 甲 등이 위 업무정지 처분의 취소를 구하는 소송(전소)을 제기하였다가 패소한 뒤 항소하였는데, 보건복지부장관이 항소심 계속 중 같은 법 제99조 제1항에 따라 위 업무정지 처분을 과징금 부과처분으로 직권 변경하자, 甲 등이 과징금 부과처분의 취소를 구하는 소송(후소)을 제기한 후 업무정지 처분의 취소를 구하는 소를 취하한 사안에서, 전소는 처분의 변경으로 인해 효력이 소멸한 '업무정지 처분'의 취소를 구하는 것이고, 후소는 후행처분인 '과징금 부과처분'의 취소를 구하는 것이므로 전소와 후소의 소송물이 같다고 볼 수 없고, 전소의 소송물인 '업무정지 처분의 위법성'이 과징금 부과처분의 위법성을 소송물로 하는 후소와의 관계에서 항상 선결적 법률관계 또는 전제에 있다고 보기도 어려워, 결국 甲 등에게 업무정지 처분과는 별도로 과징금 부과처분의 위법성을 소송절차를 통하여 다툴 기회를 부여할 필요가 있으므로, 위 과징금 부과처분의 취소를 구하는 소의 제기는 재소금지 원칙에 위반된다고 할 수 없음에도 이와 달리 본 원심판결에 법리오해의 잘못이 있다고 한 사례이다.

(3) 권리보호이익의 동일

1) 소취하 후에 새로운 권리보호이익이 생긴 때라면 종국판결을 농락하는 것으로는 볼 수 없으므로 전소와 동일한 소라고 할 수 없다. 즉 재소금지에 해당하기 위해서는 전·후 양소의 권리보호이익이 동일하여야 한다. 이점이 중복제소금지의 원칙과 다른 것이다.

2) 따라서 ① 피고가 소유권 침해를 중지하여서 소를 취하하였는데 다시 침해(재침해)하는 경우(대판 1981.7.14, 81다64·65), ② 피고가 변제를 확약하여 취하하였는데 피고가 그 후 지급을 하지 아니하여 다시 이행의 소를 제기하는 경우(대판 1956.12.5, 4290민상503), ③ 피고가 소취하의 전제조건인 약정사항을 지키지 아니하여 약정이 해제·실효되는 사정변경이 발생한 경우(대판 1993.8.24, 93다22074), ④ 소취하 후 토지거래허가를 받고 나서 다시 소유권이전등기를 구하는 경우(대판 1997.12.23, 97다45341) 등은 동일한 소가 아니다.

★★ [대판 1997.12.23, 97다45341] 민사소송법 제267조 제2항 소정의 재소금지원칙이 적용되기 위하여는 소송물이 동일한 외에 권리보호의 이익도 동일하여야 할 것인바, 매수인이 매도인을 상대로 부동산에 관하여 매매를 원인으로 한 소유권이전등기절차 이행의 소를 제기하여 승소판결을 받았지만, 항소심에서 매매에 따른 토지거래허가신청절차의 이행을 구하는 소로 변경하여 당초의 소는 종국판결 선고 후 취하된 것으로 되었다 하더라도, 그 후 토지거래허가를 받고 나서 다시 소유권이전등기절차의 이행을 구하는 것은 취하된 소와 권리보호의 이익이 달라 재소금지원칙이 적용되지 않는다.

★★★ [대판 2021.5.7, 2018다259213] 민사소송법 제267조 제2항은 "본안에 대한 종국판결이 있은 뒤에 소를 취하한 사람은 같은 소를 제기하지 못한다."라고 정하고 있다. 이는 소취하로 그 동안 판결에 들인 법원의 노력이 무용화되고 다시 동일한 분쟁을 문제 삼아 소송제도를 남용하는 부당한 사태를 방지할 목적에서 나온 제재적 취지의 규정이다. 여기에서 '같은 소'는 반드시 기판력의 범위나 중복제

소금지에서 말하는 것과 같은 것은 아니고, 당사자와 소송물이 같더라도 이러한 규정의 취지에 반하지 않고 소제기를 필요로 하는 정당한 사정이 있다면 다시 소를 제기할 수 있다.

➲ [사실관계 및 해설] : 甲이 乙에 대하여 가지는 정산금 채권에 대하여 甲의 채권자 丙이 채권압류 및 추심명령을 받아 乙을 상대로 추심금청구의 소를 제기하였다가 항소심에서 소를 취하하였는데, 그 후 甲의 다른 채권자 丁이 위 정산금 채권에 대하여 다시 채권압류 및 추심명령을 받아 乙을 상대로 추심금청구의 소를 제기하였고, 이에 乙은 丁이 제기한 후소와 선행 추심소송은 소송물과 실질적인 당사자가 동일하므로 재소금지 규정에 반하여 부적법하다고 주장한 사안에서, 대법원은 丙이 선행 추심소송에서 패소판결을 회피할 목적 등으로 종국판결 후 소를 취하하였다거나 丁이 소송제도를 남용할 의도로 소를 제기하였다고 보기 어려운 사정 등을 감안할 때, 丁은 선행 추심소송과 별도로 자신의 甲에 대한 채권의 집행을 위하여 위 소를 제기한 것이므로 새로운 권리보호이익이 발생한 것으로 볼 수 있어 재소금지 규정에 반하지 않는다고 본 원심판결이 정당하다고 한 사례이다.

★★[대판 2022.6.30, 2021다239301] 정당한 권원 없는 사람이 집합건물의 공용부분이나 대지를 점유·사용하는 경우, 구분소유자뿐만 아니라 관리단도 위 사람을 상대로 부당이득반환을 구하는 소를 제기할 수 있는지 여부(적극) / 구분소유자가 부당이득반환 소송을 제기하여 판결이 확정된 경우, 그 부분에 관한 효력이 관리단에 미치는지 여부(원칙적 적극) / 구분소유자가 부당이득반환청구의 소를 제기하였다가 본안에 대한 종국판결이 있은 뒤에 소를 취하한 경우, 관리단이 부당이득반환청구의 소를 제기한 것이 민사소송법 제267조 제2항의 재소금지 규정에 반하는지 여부(원칙적 소극)
① 정당한 권원 없는 사람이 집합건물의 공용부분이나 대지를 점유·사용함으로써 이익을 얻고, 구분소유자들이 해당 부분을 사용할 수 없게 됨에 따라 부당이득의 반환을 구하는 법률관계는 구분소유자의 '공유지분권에 기초'한 것이어서 그에 대한 소송은 1차적으로 구분소유자가 각각 또는 전원의 이름으로 할 수 있다. 한편 관리단은 집합건물에 대하여 구분소유 관계가 성립되면 건물과 그 대지 및 부속시설의 관리에 관한 사업의 시행을 목적으로 당연히 설립된다. 관리단은 건물의 관리 및 사용에 관한 공동이익을 위하여 필요한 구분소유자의 권리와 의무를 선량한 관리자의 주의의무로 행사하거나 이행하여야 하고, 관리인을 대표자로 하여 관리단집회의 결의 또는 규약에서 정하는 바에 따라 공용부분의 관리에 관한 사항에 관련된 재판상 또는 재판 외의 행위를 할 수 있다(집합건물의 소유 및 관리에 관한 법률 제16조, 제23조, 제23조의2, 제25조 참조). 따라서 관리단은 관리단집회의 결의나 규약에서 정한 바에 따라 집합건물의 공용부분이나 대지를 정당한 권원 없이 점유하는 사람에 대하여 부당이득의 반환에 관한 소송을 할 수 있다. ② 관리단이 집합건물의 공용부분이나 대지를 정당한 권원 없이 점유·사용하는 사람에 대하여 부당이득반환청구 소송을 하는 것은 '구분소유자의 공유지분권을 구분소유자 공동이익을 위하여 행사하는 것으로 구분소유자가 각각 부당이득반환청구 소송을 하는 것과 다른 내용의 소송이라 할 수 없다.' 「관리단이 부당이득반환 소송을 제기하여 판결이 확정되었다면 그 효력은 구분소유자에게도 미치고(민사소송법 제218조 제3항), 특별한 사정이 없는 한 구분소유자가 부당이득반환 소송을 제기하여 판결이 확정되었다면 그 부분에 관한 효력도 관리단에게 미친다고 보아야 한다.」 ③ 다만 관리단의 이러한 소송은 구분소유자 공동이익을 위한 것으로 구분소유자가 자신의 공유지분권에 관한 사용수익 실현을 목적으로 하는 소송과 목적이 다르다. 구분소유자가 부당이득반환청구 소송을 제기하였다가 본안에 대한 종국판결이 있은 뒤에 소를 취하하였더라도 관리단이 부당이득반환청구의 소를 제기한 것은 특별한 사정이 없는 한 새로운 권리보호이익이 발생한 것으로 민사소송법 제267조 제2항의 재소금지 규정에 반하지 않는다고 볼 수 있다.

⊃ [사실관계 및 해설] : 집합건물(상가건물)의 구분소유자 A가 공용부분을 정당한 권원 없이 점유·사용하고 있다면서 다른 구분소유자들이 A를 상대로 차임 상당의 부당이득반환을 구하였으나 제1심에서 패소하고 항소심에서 부당이득반환 청구부분을 취하하였다(전소). 그 후 집합건물 관리단이 원고로서 A를 상대로 다시 부당이득반환을 구하는 소를 제기하였고(후소), A는 재소금지원칙 위배라고 주장하였다. 이에 대해 대법원은 원고는 이 사건 상가의 <u>구분소유자 공동이익을 위하여</u> 이 사건 소를 제기한 것으로 <u>새로운 권리보호이익이 발생</u>하였다고 할 수 있으므로 재소금지 규정의 적용을 받지 않는다고 보는 것이 타당하다고 보았다.

⊃ [보충] : 집합건물법 제23의2에 의하면 "관리단은 건물의 관리 및 사용에 관한 공동이익을 위하여 필요한 구분소유자의 권리와 의무를 선량한 관리자의 주의로 행사하거나 이행하여야 한다."고 규정하고 있으므로, 관리단은 구분소유자들과의 관계에서 제3자 소송담당자에 해당한다고 볼 수 있다.

(4) 본안에 대한 종국판결선고 후의 소취하

1) 본안에 대한 종국판결

본안에 관한 종국판결이 있어야 한다. 따라서 ① 소송판결(예 소각하판결, 소송종료선언의 판결 등)이 있은 뒤에 소를 취하하여도 재소금지의 제재는 없다. ② 본안판결이면 판결의 내용, 즉 원고승소이든 패소이든 묻지 아니한다. 다만 ③ 본안에 대한 종국판결은 유효한 것이어야 한다. 따라서 사망자를 상대로 한 판결과 같이 무효인 판결이 있은 뒤에 소를 취하하여도 다시 소를 제기할 수 있다(대판 1968.1.23, 67다2494).

> **[대판 1968.1.23, 67다2494]** 사망자를 상대로 한 판결에 대하여 그 망인의 상속인인 피고가 항소를 제기하여 원고가 항소심변론에서 그 소를 취하하였다 하더라도 위 판결은 당연무효의 판결이므로 원고는 재소금지의 제한을 받지 않는다.

★★★[대판 2021.7.29, 2018다230229]

[1] 본안에 대한 종국판결이 있은 뒤에 '원고는 소를 취하하고, 피고는 이에 동의한다.'는 내용의 화해권고결정이 확정되어 소송이 종결된 경우, 민사소송법 제267조 제2항의 규정에 따라 같은 소를 제기하지 못하는지 여부(적극)

화해권고결정에 '<u>원고는 소를 취하하고, 피고는 이에 동의한다.</u>'는 화해조항이 있고, 이러한 화해권고결정에 대하여 양 당사자가 이의하지 않아 확정되었다면, <u>화해권고결정의 확정으로 당사자 사이에 소를 취하한다는 내용의 소송상 합의를 하였다고 볼 수 있다.</u> 따라서 <u>본안에 대한 종국판결이 있은 뒤에 이러한 화해권고결정이 확정되어 소송이 종결된 경우에는 소취하한 경우와 마찬가지로 민사소송법 제267조 제2항의 규정에 따라 같은 소를 제기하지 못한다.</u>

[2] 재소금지 원칙을 규정한 민사소송법 제267조 제2항의 취지 및 위 규정의 취지에 반하지 아니하고 소제기를 필요로 하는 정당한 사정이 있는 등 취하된 소와 권리보호이익이 동일하지 않은 경우에는 다시 소를 제기할 수 있는지 여부(적극)

민사소송법 제267조 제2항은 소취하로 인하여 그동안 판결에 들인 법원의 노력이 무용화되고 종국판결이 당사자에 의하여 농락당하는 것을 방지하기 위한 제재적 취지의 규정이므로, 본안에 대한 종국판결이 있은 뒤에 소를 취하한 사람이라 할지라도 이러한 규정의 취지에 반하지 아니하고 <u>소제기를 필요로 하는 정당한 사정(집 승계참가신청을 통해 대여금청구 소송을 승계할 정당한 사정)이 있는 등 취하된 소와 권리보호이익이 동일하지 않은 경우에는 다시 소를 제기할 수 있다.</u>

➲ [사실관계 및 해설] : 甲 주식회사가 乙을 상대로 대여금청구 소송을 제기하여 공시송달에 의한 승소판결을 선고받았고, 그 후 甲 회사로부터 대여금 채권을 양수한 丙 유한회사가 乙을 상대로 양수금청구 소송을 제기하여 공시송달에 의한 승소판결을 선고받았으며, 乙이 위 판결들에 대하여 각 추완항소를 제기하였는데, 양수금청구 소송의 항소심법원이 '丙 회사는 소를 취하하고, 乙은 소취하에 동의한다.'는 내용의 화해권고결정을 하였고, 화해권고결정이 확정되기 전 丙 회사가 甲 주식회사의 乙에 대한 대여금청구 소송의 항소심에서 승계참가신청을 한 사안에서, 화해권고결정의 확정으로 양수금청구 소송이 취하된 것과 같은 효과가 발생하였는데, 이는 丙 회사가 乙의 추완항소로 인하여 생긴 소송계속의 중복상태(승계참가신청은 일종의 소의 제기에 해당하고 그 소제기의 시점이 甲 주식회사가 乙을 상대로 대여금청구의 소를 제기한 시점으로 소급하여 효력이 있으므로(제81조 참조), 결국 丙 회사가 乙을 상대로 제기한 양수금청구의 소는 소송계속 중에 다시 당사자와 소송물이 동일한 소를 제기한 셈이 되어 중복소송에 해당하게 되었다(대판 2017.11.14, 2017다23066 참조))를 해소하고 먼저 소가 제기된 대여금청구 소송을 승계하는 방법으로 소송관계를 간명하게 정리한 것일 뿐이므로, 종국판결 선고 후 양수금청구 소송을 취하하는 소송상 합의를 한 동기와 경위에 비추어 보면 丙 회사의 승계참가신청이 화해권고결정의 확정으로 종결된 양수금청구 소송과 당사자와 소송물이 동일하더라도 이는 재소금지에 관한 민사소송법 제267조 제2항의 취지에 반하지 아니하고, 승계참가신청을 통해 대여금청구 소송을 승계할 정당한 사정이 있는 등 양수금청구 소송과 권리보호이익이 동일하지 않아 위 승계참가신청이 재소금지 원칙에 위반된다고 보기 어렵다고 한 사례이다.

★★★ [대판 2022.2.17, 2021다275741] 민사소송법 제267조 제2항은 "본안에 대한 종국판결이 있은 뒤에 소를 취하한 사람은 같은 소를 제기하지 못한다."라고 정하고 있다. 이는 소취하로 그동안 판결에 들인 법원의 노력이 무용해지고 다시 동일한 분쟁을 문제 삼아 소송제도를 남용하는 부당한 사태를 방지할 목적에서 나온 제재적 취지의 규정이다. 그런데 상대방이 본안에 관하여 준비서면을 제출하거나 변론준비기일에서 진술 또는 변론을 한 뒤에는 상대방의 동의를 받아야 효력을 가지는 소의 취하와 달리 소송상 방어방법으로서의 상계 항변은 그 수동채권의 존재가 확정되는 것을 전제로 하여 행하여지는 일종의 예비적 항변으로서 상대방의 동의 없이 이를 철회할 수 있고, 그 경우 법원은 처분권주의의 원칙상 이에 대하여 심판할 수 없다. 따라서 먼저 제기된 소송의 제1심에서 상계 항변을 제출하여 제1심판결로 본안에 관한 판단을 받았다가 항소심에서 상계 항변을 철회하였더라도 이는 소송상 방어방법의 철회에 불과하여 민사소송법 제267조 제2항의 재소금지 원칙이 적용되지 않으므로, 그 자동채권과 동일한 채권에 기한 소송을 별도로 제기할 수 있다.

➲ [사실관계 및 해설] : ① 도급인 A는 수급인 B가 A를 상대로 제기한 공사대금 청구소송(선행소송)의 제1심에서 공사 하자에 관한 손해배상채권을 자동채권으로 하여 상계항변을 하였다가 상계항변의 주장이 배척되자 항소하였다. A는 선행소송 항소심 계속 중 위 상계항변의 자동채권과 동일한 채권에 기하여 공사의 하자보수에 갈음한 손해배상을 청구하는 이 사건 소(후행소송)를 제기한 다음 위 상계항변을 철회하였고, 선행소송은 B의 승소로 확정되었다. 이후 B는 후행소송에서 "A가 제기한 후행소송은 이미 선행소송에서 상계항변을 한 청구권에 대한 소송이고, 선행소송의 제1심에서 상계항변이 배척된 후 선행소송의 항소심에서 상계항변을 철회하였으므로, 재소금지원칙에 반하여 위법한 소송이다."라고 주장하였다. 이에 선행소송에서 한 상계항변의 자동채권과 동일한 채권에 기하여 제기된 후소의 적법 여부가 문제되었다. ② 대법원은, 이미 선행소송에서 하자보수에 갈음한 손해배상채권을 자동채권으로 하는 상계항변을 하였더라도 그 자동채권과 같은 채권에 기하여 이 사건 소를 별도로 제기하는 것도 허용되고, 선행소송 제1심에서 상계항변에 관한

본안판단을 받은 다음 그 항소심에서 상계항변을 철회하였더라도 이로 인하여 하자보수에 갈음한 손해배상채권을 소구할 수 없게 되는 것도 아니라고 판단하였다. 나아가 원고의 상계항변 철회로 선행소송 항소심법원이 상계항변에 대하여 판단하지 않은 이상 그 철회된 상계항변에 기판력이 생기는 것도 아니므로 기판력에 저촉되는 것 역시 아니라고 하였다.

2) 항소심에서의 소의 교환적 변경과 재소금지

가) 문제점

항소심에서 소의 교환적 변경을 한 후 다시 재변경(교환적 변경 또는 추가적 변경)에 의하여 본래의 구청구를 되살린 경우 재소금지의 효과 때문에 부적법한 것이 아닌지 여부가 문제된다. 이는 교환적 변경의 법적 성질을 어떻게 보는가와 결부되어 문제된다.

나) 학설

① 청구의 교환적 변경을 구소의 취하와 신소 제기의 결합형태로 보는 통설적 견해에 의하면 항소심에서의 소의 교환적 변경 후 다시 소의 변경에 의하여 본래의 구청구를 되살리게 되면 재소금지의 적용을 받아 부적법하게 된다고 한다(긍정설).[34] 반면 ② 이 경우 원고는 승소하기 위한 방편 중의 하나로서 교환적 변경 후 다시 재변경을 한 것이지 법원을 농락할 의도가 전혀 없다고 보아 재소금지는 적용되지 않는다는 견해(부정설)가 있다. 한편, ③ 독자적 소변경설에서는 구소취하의 효력이 부정되므로 재소금지가 문제되지 않는다고 한다.

다) 판례

판례는 ① 교환적 변경의 성질에 대해서 '신소 제기와 구소 취하의 결합(결합설)'이라고 보고 있으므로, 항소심에서의 교환적 변경 후 재변경에 의해 다시 본래의 청구를 되살리는 것은 종국판결이 있은 후 소를 취하하였다가 동일한 소를 다시 제기한 경우에 해당하여 재소금지의 효과 때문에 부적법하다는 입장이다. 다만 ② 소의 변경에 대해 원고가 명시하지 아니한 경우, 신청구가 부적법하여 법원의 판단을 받을 수 없는 경우까지 구청구가 취하되는 교환적 변경이라 볼 수 없다고 하여, 교환적 변경의 해석을 엄격하게 하였다.

★★[대판 1987.11.10. 87다카1405] 소의 교환적 변경은 신청구의 추가적 병합과 구청구의 취하의 결합 형태로 볼 것이므로 본안에 대한 종국판결이 있은 후 구청구를 신청구로 교환적 변경을 한 다음 다시 본래의 구청구로 교환적 변경을 한 경우에는 종국판결이 있은 후 소를 취하하였다가 동일한 소를 다시 제기한 경우에 해당하여 부적법하다.

---

34) 긍정설에 의한다면, 특히 재변경이 교환적 변경일 경우 재변경 전의 구청구는 취하로 소멸되고 신청구는 재소금지에 따라 부적법하게 되므로 불의의 타격을 받게 된다는 문제점이 발생한다. 그러나 이는 소변경의 형태에 대해 반드시 석명권을 행사하도록 하고, 또한 당사자의 의사를 엄격히 해석함으로써 방지할 수 있다. 따라서 소의 교환적 변경의 성질에 대한 결합설의 입장을 버릴 이유는 없겠다. 판례도 "소의 변경이 교환적인가 추가적인가 또는 선택적인가의 여부는 기본적으로 당사자의 의사해석에 의할 것이므로 당사자가 구청구를 취하한다는 명백한 표시 없이 새로운 청구취지를 항소장 등에 기재하는 등으로 그 변경형태가 불명할 경우에는 사실심법원으로서는 과연 청구변경의 취지가 무엇인가 즉, 교환적인가, 추가적인가 또는 선택적인가의 점에 대하여 석명으로 이를 밝혀볼 의무가 있다."고 하였다(대판 1987.6.9, 86다카2600).

3. 효과

(1) 직권조사사항

재소금지에 해당하는가의 여부는 법원의 직권조사사항에 속하고, 피고의 동의가 있어도 재소금지에 해당하면 판결로서 소를 각하하지 않으면 안 된다.

(2) 재소금지의 실체법상 효과

재소금지의 효과는 소송법상의 효과임에 그치고, 실체법상의 권리관계에 영향을 미치는 것은 아니다. 즉 재소금지의 효과를 받는 권리관계라고 하여 실체법상으로도 소멸되는 것은 아니고, 자연채무의 상태로 남게 된다. 따라서 재소가 금지된 채권의 원고라도 임의변제의 수령이 가능하고 상계의 기초로 삼을 수 있다(단, 채권자가 자연채무를 자동채권으로 상계할 수 없다).

[대판 1989.7.11. 87다카2406] 소의 취하는 원고가 제기한 소를 철회하는 법원에 대한 단독적 소송행위로서 소송물을 이루는 실체법상의 권리를 포기하는 것과 같은 처분행위와는 다르고 본안에 대한 종국판결이 있은 후 소를 취하한 자가 동일한 소를 제기하지 못하는 이른바 재소금지의 효과는 소송법상의 효과임에 그치고 실체법상의 권리관계에 영향을 주는 것은 아니므로 재소금지의 효과를 받는 권리관계라고 하여 실체법상으로도 권리가 소멸하는 것은 아니다.

★★[대판 2023.1.12. 2022다266874] 양자간 등기명의신탁과 재소금지 및 손해배상청구의 가부
甲이 乙 앞으로 마쳐준 부동산 소유권이전등기가 명의신탁에 의한 것으로 무효라고 주장하면서 乙을 상대로 소유권이전등기말소청구의 소를 제기하여 제1심과 항소심 모두 승소하였으나 상고심 계속 중 소를 취하하였는데, 그 후 재차 乙을 상대로 소유권이전등기의 말소를 구하는 소를 제기하였다가 부동산 가액 상당 손해배상을 구하는 것으로 청구를 변경한 사안에서, ① 불법행위로 인한 재산상 손해는 위법한 가해행위로 생긴 재산상 불이익, 즉 위법행위가 없었더라면 존재하였을 재산상태와 위법행위가 가해진 현재의 재산상태의 차이를 말하므로, 부동산 교환가치 전액이 甲의 손해가 되려면 乙의 행위 때문에 부동산이 멸실되거나 甲이 소유권을 잃는 등의 결과가 사회통념상 현실적으로 발생해야 하는데, 양자간 등기명의신탁의 경우 부동산 실권리자명의 등기에 관한 법률에 따라 명의신탁 약정과 그에 터 잡은 등기가 무효이므로, 甲이 부동산 소유권을 여전히 보유하고 있는 이상 乙 앞으로 마친 소유권이전등기로 인하여 어떠한 손해를 입게 되는 것은 아니며, ② 재소금지의 효과는 동일한 당사자 사이에 같은 소송물에 관하여 다시 소를 제기하지 못하게 하는 것일 뿐 실체상의 권리는 소멸하지 않으므로, 甲이 종전 소송을 취하함에 따라 원인무효인 乙 명의 소유권이전등기의 말소를 소송을 통해 강제할 수 없을 뿐 부동산 소유권은 계속 甲에게 남아 있고, 乙이 부동산을 제3자에게 처분할 경우에 비로소 甲이 소유권을 상실하게 되는데도, 이와 달리 乙이 원인무효인 소유권이전등기의 말소를 거부하고 있을 뿐인데도 甲의 소유권이 침해되어 부동산 가액 상당 손해가 발생했다고 보아 그 금액의 배상을 명한 원심판단은 법리오해의 잘못이 있다.

➲ [사실관계 및 해설] : ① 원고는 피고 앞으로 2013.8.26. X토지에 관하여 같은 해 8.20. 매매를 원인으로 소유권이전등기를 마쳐주었다. 그러나 원고가 위와 같이 소유권이전등기를 마친 실제 원인은 매매가 아니라 피고와의 명의신탁 약정이었다. ② 원고는 X토지에 관하여 피고 앞으로 마친 소유권이전등기가 명의신탁에 의한 것으로 무효임을 주장하여 소유권이전등기말소청구의 소를 제기하고 제1심과 항소심 모두 승소하였다가 종전 소송 상고심 계속 중 소를 취하하였다. ③ 원고는 재차 피고를 상대로 X토지에 관한 소유권이전등기의 말소를 구하는 이 사건 소를 제기

하였는데, 피고가 원고의 이 사건 소제기가 재소금지 규정(민사소송법 제267조 제2항)을 위반했다고 항변하자, 원고는 X토지의 가액 상당의 손해배상을 구하는 것으로 청구를 변경하였다. ④ 원심은 피고가 X토지를 처분하지는 않았지만 제1심에서부터 줄곧 X토지의 반환을 거부하여 불법영득의사를 드러냄으로써 원고의 소유권을 침해했으므로 그에 따른 손해를 배상할 의무가 있다고 판단하고, X토지의 가액 상당의 배상을 명하였다. ⑤ 그러나 대법원은 위와 같은 이유로 원심은 소유권 침해로 인한 손해배상에 관한 법리를 오해한 잘못이 있다고 보았다.

Ⅶ. 소송상 합의(소송계약) – 부제소특약과 소취하계약을 중심으로

1. 서설

(1) 소송행위의 의의

널리 소송행위라 함은 소송주체의 행위를 말하는데, 당사자의 소송행위의 개념에 대해서는 다툼이 있다. ① 주요 불가결한 효과가 소송법의 영역에서 발생되는 행위이면 소송행위로 보아야 한다는 (주요)효과설이 있으나, ② 그 요건 및 효과가 소송법에 의하여 규율되는 행위가 소송행위라고 하는 요건 및 효과설이 통설·판례(대판 1997.6.27, 97다6124 등)의 입장이다.

(2) 소송상 합의의 의의

현재 계속 중이거나 또는 장래 계속될 특정 소송에 대하여 직접 또는 간접으로 어떠한 영향을 미치는 법적 효과의 발생을 목적으로 하는 당사자 간의 합의를 말한다.

2. 적법성 – 허용 여부

(1) 명문의 규정이 있는 경우

관할의 합의(제29조), 기일변경의 합의(제165조 제2항), 불항소합의(제390조 제1항) 등과 같이 소송법에 규정되어 있는 소송상 합의는 소송행위로서 그 요건과 효과가 모두 소송법에 의해 결정되므로 적법한 것임은 의문의 여지가 없다.

(2) 명문의 규정이 없는 경우

1) 적법성

① 종래 편의소송금지의 원칙을 이유로 소송상의 합의는 허용되지 않는다고 보는 부적법설도 있었으나, ② 오늘날에는 당사자의 자유로운 의사를 존중하여야 한다는 요청에 기하여 처분권주의·변론주의가 적용되는 범위 내에서 소송상 합의의 적법성을 인정하는 견해(적법설)가 일반적이다. 그 예로서 특히 부제소특약과 소취하계약이 있다.

2) 허용요건

소송상 합의가 허용되기 위해서는 ① 당사자가 처분할 수 있는 권리범위 내의 것으로서, ② 특정한 권리관계에 관한 합의일 것, ③ 당사자가 그 합의의 법적 효과의 의미를 명확하게 예견할 수 있는 경우일 것, ④ 특약자체가 불공정한 방법으로 이루어지지 않았을 것이 요구된다.

★[대판 2010.7.15, 2009다50308] 매매계약과 같은 쌍무계약이 급부와 반대급부와의 불균형으로 말미암아 민법 제104조에서 정하는 '불공정한 법률행위'에 해당하여 무효라고 한다면, 그 계약으로 인하여 불이익을 입는 당사자로 하여금 위와 같은 불공정성을 소송 등 사법적 구제수단을 통하여 주장하지 못하도록 하는 부제소합의 역시 다른 특별한 사정이 없는 한 무효이다.

★[대판 2023.2.2, 2018다261773] 강행법규를 위반한 분양계약을 체결하면서 이에 부수하여 한 부제소합의의 효력(원칙적 무효)

강행법규인 임대주택법 등 관련 법령에서 정한 산정기준에 따른 금액을 초과한 분양전환가격으로 분양계약을 체결하면서 이에 부수하여 부제소합의를 한 때와 같이, 부제소합의로 인해 그 계약이 강행법규에 반하여 무효임을 주장하지 못하게 됨으로써 강행법규의 입법취지를 몰각하는 결과가 초래되는 경우 그 부제소합의는 특별한 사정이 없는 한 무효라고 봄이 타당하다.

⇨ [사실관계] : B사는 1999.2.3. 임대주택 아파트를 건설하여 A 등에게 아파트 세대를 임대하고, 이후 B사는 2013.10.14. 지방자치단체로부터 임대주택 분양전환 승인을 받았다. A 등과 B사는 2013.11.경 분양전환가격을 합의하면서 그 분양전환가격에 대하여는 일체의 민·형사상 책임을 묻지 않겠다는 부제소합의를 하였다. A 등은 이 합의에 따라 분양대금을 납입하고 각 세대를 분양받았는데, 이 분양전환가격이 구 임대주택법 등 관련 법령에서 정한 산정기준에 따른 금액을 초과하였다는 이유로 이미 지급한 분양대금 중 정당한 분양전환가격을 초과한 금액을 부당이득반환으로 구하는 소를 제기한 사안이다.

[대판 1999.3.26, 98다63988] 소극적 소송요건의 하나인 부제소 합의는 합의 당사자가 처분할 권리 있는 범위 내의 것으로서 특정한 법률관계에 한정될 때 허용되며, 그 합의 당시에 예상할 수 있는 상황에 관한 것이어야 유효하다.

[대판 2019.8.14, 2017다217151] 부제소합의가 존재하는지에 관하여 당사자의 의사를 해석하는 방법 및 권리의무의 주체인 당사자 간의 부제소합의가 유효하기 위한 요건

부제소합의는 소송당사자에게 헌법상 보장된 재판청구권의 포기와 같은 중대한 소송법상의 효과를 발생시키는 것이다. 이와 같이 그 합의의 존부 판단에 따라 당사자들 사이에 이해관계가 극명하게 갈리게 되는 소송행위에 관한 당사자의 의사를 해석할 때는 표시된 문언의 내용이 불분명하여 당사자의 의사해석에 관한 주장이 대립할 소지가 있고 나아가 당사자의 의사를 참작한 객관적·합리적 의사해석과 외부로 표시된 행위에 의하여 추단되는 당사자의 의사조차도 불분명하다면, 가급적 소극적 입장에서 그러한 합의의 존재를 부정할 수밖에 없다. 그리고 권리의무의 주체인 당사자 간에서의 부제소합의라도 그 당사자가 처분할 수 있는 특정된 법률관계에 관한 것으로서 그 합의 당시 각 당사자가 예상할 수 있는 상황에 관한 것이어야 유효하게 된다.

[대판 2002.2.22, 2000다65086] 노동조합의 조합규약에 기초하여 제정된 신분보장대책기금관리규정에서 그 규정에 따른 위로금의 지급을 둘러싸고 벌어지는 노동조합과 조합원의 분쟁에 대하여 조합원은 노동조합을 상대로 일절 소송을 제기할 수 없다는 제소금지규정을 둔 경우, 그 규정이 국민의 재판을 받을 권리를 보장한 헌법 및 법원조직법의 규정과 부제소 합의 제도의 취지에 위반되어 무효인지 여부(적극)

헌법 제27조 제1항은 "모든 국민은 헌법과 법률이 정한 법관에 의하여 법률에 의한 재판을 받을 권리를 가진다."고 규정하여 국민의 재판을 받을 권리를 기본적 인권 중의 하나로 보장하고 있고,

법원조직법 제2조 제1항은 "법원은 헌법에 특별한 규정이 있는 경우를 제외한 일체의 법률상의 쟁송을 심판하고, 이 법과 다른 법률에 의하여 법원에 속하는 권한을 가진다."고 규정하여 국민의 재판청구권을 실질적으로 보장하고 있으며, 한편 권리의무의 주체인 당사자 간에서의 부제소 합의라도 그 당사자가 처분할 수 있는 특정된 법률관계에 관한 것으로서 그 합의 당시 각 당사자가 예상할 수 있는 상황에 관한 것이어야 유효하게 되는바, 그러한 법리와 규정 취지들을 고려할 때, 노동조합이 조합규약에 근거하여 자체적으로 만든 신분보장대책기금관리규정에 기한 위로금의 지급을 둘러싼 노동조합과 조합원 간의 분쟁에 관하여 노동조합을 상대로 일절 소송을 제기할 수 없도록 정한 노동조합의 신분보장대책기금관리규정 제11조는 조합원의 재산권에 속하는 위로금의 지급을 둘러싸고 생기게 될 조합원과 노동조합 간의 법률상의 쟁송에 관하여 헌법상 보장된 조합원의 재판을 받을 권리를 구체적 분쟁이 생기기 전에 미리 일률적으로 박탈한 것으로서 국민의 재판을 받을 권리를 보장한 위의 헌법 및 법원조직법의 규정과 부제소 합의 제도의 취지에 위반되어 무효라고 할 것이다.

3. 법적 성질

(1) 문제점

관할의 합의(제29조) 등과 같이 소송법이 규정하고 있는 소송계약은 소송행위로서, 그 요건과 효과 모두가 소송법에 따라 결정되므로 특별히 문제는 없다. 그러나 소송법에 규정이 없지만 그 적법성이 인정되는 부제소의 합의나 소취하의 합의 등과 같은 소송상의 합의를 소송법상 어떻게 취급할 것인지가 그 법적 성질을 둘러싸고 문제된다.

(2) 학설

1) 사법계약설

소송행위에 대한 '요건 및 효과설'에 의하면 이러한 합의는 요건 등이 소송법에 규정되어 있지 않으므로 사법상의 계약에 지나지 않고 단지 소송상의 사항에 관하여 약정대로 작위·부작위의무를 발생케 하는 것으로 본다. 이는 다시 계약을 위반한 경우의 구제방법에 대해, ① 불이행의 경우에 그 의무이행을 소송상 청구할 수 있다는 의무이행소구설[35]과 ② 이는 간접적·우회적이므로 당해 소송에서 상대방 당사자에게 항변권이라는 구제수단을 주자는 항변권(발생)설이 있다. 항변권(발생)설에 의하면 소취하계약이 있음에도 이에 위반하여 소를 유지하면 피고는 계약의 존재를 항변으로 주장할 수 있고, 법원은 소취하계약이 있음이 증명되면 권리보호의 이익이 없다는 이유로 소를 각하하게 된다고 한다.

2) 소송계약설

소송에 관한 합의는 소송상의 사항인 만큼 여기에 사법상의 작위·부작위의무가 발생할 여지가 없고, 직접적으로 소가 취하되는 소송법상의 효과를 발생케 하는 소송계약으로 보아야 한다는 견해이다. 따라서 법원으로서는 소취하계약의 존재가 주장·증명되면 소송종료선언을 해야 한다고 한다.

---

35) 불이행의 경우에 그 의무이행을 소구하여 승소판결에 의해 강제집행을 할 수 있고, 만약 집행불능 시라면 손해배상을 청구할 수 있다는 견해이다.

3) 발전적 소송계약설

소송상의 합의를 소송계약으로 보면서도 소송법상의 처분적 효과뿐 아니라 의무부과적 효과, 즉 작위·부작위의무까지도 발생하고, 이러한 의무를 위반하는 경우에 손해배상청구가 가능하다는 견해이다.36)

(3) 판례

판례는 ① 강제집행취하계약에 위배했다고 하여 직접 소송으로서 그 취하를 구할 수 없다고 하여 의무이행소구설을 배척하였고, ② 부제소특약이나 소취하계약에 위반한 경우 그 소는 권리보호의 이익이 없으므로 각하되어야 한다고 하였다. 또한 ③ 최근 판례에서는 甲과 乙 사이에 부제소 합의가 있는 채권을 피보전권리로 하여 제기한 사해행위취소청구도 인용될 수 없다고 하였다.

[대판 1966.5.31, 66다564] 강제집행 당사자 사이에 그 신청을 취하하기로 하는 약정은 사법상으로는 유효하다 할지라도 이를 위배하였다하여 직접 소송으로서 그 취하를 청구하는 것은 공법상의 권리의 처분을 구하는 것이어서 할 수 없는 것이다.

★★[대판 1993.5.14, 92다21760]

[1] 특정한 권리나 법률관계에 관하여 분쟁이 있어도 제소하지 아니하기로 합의한 경우 이에 위반하여 제기한 소는 권리보호의 이익이 없다.

[2] 소송을 제기한 후 협상을 하여 더 이상 소송을 제기하지 아니하기로 합의하고서도 그에 위반하여 제기한 소이므로 부적법한 소라고 한 사례이다.

★★[대판 1982.3.9, 81다1312] 소송당사자가 소송 외에서 그 소송을 취하하기로 합의한 경우에는 그 합의는 유효하여 원고에게 권리보호의 이익이 없으므로 원고의 소는 각하되어야 한다.

★[대판 2012.3.29, 2011다81541] 채권자취소권을 행사하려면 채무자에 대하여 피보전채권을 행사할 수 있음이 전제되어야 하고 이를 행사할 수 없다면 그 채권을 행사하기 위한 사해행위취소청구도 인용될 수 없으므로(대판 1993.2.12, 92다25151 참조), 피고의 주장처럼 원고가 이 사건 합의각서로 인하여 피보전채권인 물품대금채권을 소송상 행사할 수 없다면 원고는 이를 보전하기 위하여 채무자와 피고 사이에 이루어진 사해행위의 취소를 구할 수는 없다.

➡ [해설] : 甲 주식회사가 乙 주식회사에 대한 물품대금채권에 관하여 민·형사상 법적 절차를 취하지 않겠다는 취지의 합의각서를 작성하였는데, 그 후 위 채권을 피보전채권으로 하여 丙 주식회사를 상대로 사해행위취소의 소를 제기한 사안에서, 丙 회사가 합의각서로 인하여 甲 회사가 乙 회사에 대한 물품대금채권을 소송상 행사할 수 없다고 주장하였음에도, 이를 판단하지 않은 원심판결에 위법이 있다고 한 사례이다.

---

36) 이 견해에 따르면 작위·부작위의무는 사법상의 의무가 아니라 소송법상의 의무라고 보는 점이 사법계약설과 다르다. 이처럼 의무부과효과를 인정하는 이유는 소송상의 합의가 합의대로 이행되는 경우를 설명하기 위해서는 이러한 의무를 상정할 필요가 있고, 또한 소송상의 합의에 위반하는 경우 손해배상청구가 가능하게 되기 때문이라고 한다 (정동윤·유병현 416면).

4. 소송상 합의의 법리 – 유효요건

(1) 인적 유효요건

1) 명문의 규정이 있는 경우

당사자능력·소송능력을 갖추고 있어야만 유효한 소송행위를 할 수 있고, 대리인의 경우에는 법정대리권이나 소송대리권이 있어야 한다. 민법상 표현대리법리는 소송행위에는 적용 내지 유추적용되지 않는다(다수설·판례).

> [대판 1994.2.22. 93다42047] 공정증서가 채무명의로서 집행력을 가질 수 있도록 하는 집행인낙(의사)표시는 공증인에 대한 소송행위로서 이러한 소송행위에는 민법상의 표현대리 규정이 적용 또는 준용될 수 없다.

2) 명문의 규정이 없는 경우

① 소송계약설에 의하면 소송능력과 소송상 대리권이 필요하지만, ② 사법계약설에 의하면 행위능력과 민법상 대리권이 있으면 족하다.

(2) 방식

소송상의 합의는 구술이든 서면이든 상관없이 방식의 자유가 존중된다. 다만 관할의 합의와 불항소의 합의는 예외적으로 명문상 「서면」에 의하도록 제한하고 있다(제29조 제2항, 제390조 제2항).

(3) 조건과 기한

소송절차 외에서 행하는 소송상의 합의는 단독적 소송행위와는 달리 조건·기한 등 부관을 붙일 수 있다.

(4) 의사표시의 하자

의사표시의 하자가 있으면 민법의 법률행위에 관한 규정이 직접 또는 유추 적용되어 무효와 취소의 주장이 인정된다.[37]

> ★★ [대판 2020.10.15. 2020다227523] 소취하 합의에서도 민법 제109조에 기한 착오취소가 가능한지 여부(적극)
>
> 소취하 합의의 의사표시 역시 민법 제109조에 따라 법률행위의 내용의 중요 부분에 착오가 있는 때에는 취소할 수 있을 것이다. 의사표시의 동기에 착오가 있는 경우에는 당사자 사이에 그 동기를 의사표시의 내용으로 삼았을 때에 한하여 의사표시의 내용의 착오가 되어 취소할 수 있는 것이며, 법률행위의 중요 부분의 착오라 함은 표의자가 그러한 착오가 없었더라면 그 의사표시를 하지 않으리라고 생각될 정도로 중요한 것이어야 하고 보통 일반인도 표의자의 처지에 섰더라면 그러한 의사표시를 하지 않았으리라고 생각될 정도로 중요한 것이어야 한다. 이때 착오를 이유로 의사표시를 취소하

---

37) ① 명문의 규정이 있는 소송계약에 대해서는 민법규정의 유추적용을 긍정함이 일반적인 견해이고, ② 명문의 규정이 없는 소송상의 합의에 대해서는 문제가 될 수 있겠으나, 사법계약설에 따르면 민법규정이 적용됨은 당연한 이치라고 할 것이다. 또한 소송계약설에서도 민법규정의 유추적용은 긍정하고 있다. 결론적으로 말해서 명문의 규정이 있든 없든, 소송상의 합의에 대해서는 민법규정이 직접 혹은 유추 적용됨은 긍정된다고 할 것이다.

는 자는 법률행위의 내용에 착오가 있었다는 사실과 함께 착오가 의사표시에 결정적인 영향을 미쳤다는 점, 즉 만일 착오가 없었더라면 의사표시를 하지 않았을 것이라는 점을 증명하여야 한다.

(5) 합의해제의 가부

당사자 사이의 명시적·묵시적 합의에 의하여 해제할 수 있다.

> [대판 2007.5.11, 2005후1202] 소취하계약도 당사자 사이의 합의에 의하여 해제할 수 있음은 물론이고 계약의 합의해제는 명시적으로 이루어진 경우뿐만 아니라 묵시적으로 이루어질 수도 있는 것으로, 계약의 성립 후에 당사자 쌍방의 계약실현의사의 결여 또는 포기로 인하여 쌍방 모두 이행의 제공이나 최고에 이름이 없이 장기간 이를 방치하였다면, 그 계약은 당사자 쌍방이 계약을 실현하지 아니할 의사가 일치됨으로써 묵시적으로 합의해제되었다고 해석함이 상당하다.
>
> ⊃ [해설] : 원고와 피고는 이 사건 소송이 대법원에 계속 중 이 사건 소를 취하하기로 합의하였음에도 불구하고, 원고는 소 취하서를 대법원에 제출하지 아니하고 피고도 소취하 합의서를 대법원에 제출하지 아니한 상태에서, 결국 대법원의 파기환송이 있은 후, 피고가 환송 후 판결에 대한 상고심에 이르러서야 위 소취하 합의 사실을 주장하는 경우에 원고와 피고는 위 합의약정이 성립된 후 그 실현을 포기하려는 의사로 이를 방치하였다고 할 것이므로, 위 소취하 약정은 특별한 사정이 없는 한 묵시적으로 합의해제되었다고 봄이 상당하다고 본 사례이다.

5. 개별적·구체적 고찰

(1) 부제소 합의

1) 의의

당사자 간에 제소하지 않기로 소송 외에서 합의하는 것을 말한다.

2) 위반의 효력

가) 학설

부제소 합의에 반하여 제소한 경우, ① 항변권발생설에 따르면 상대방은 부제소 합의의 존재를 항변으로 제출할 수 있고, 법원은 소의 이익이 없음을 이유로 소각하판결을 한다. ② 소송계약설 내지 발전적 소송계약설은 이 경우 권리보호의 자격 또는 재판권(소권)의 흠을 이유로 소각하판결을 하여야 한다고 본다.[38]

나) 판례

판례는 ① 특정한 권리나 법률관계에 관하여 분쟁이 있어도 제소하지 아니하기로 합의한 경우, 이에 위반하여 제기한 소는 권리보호의 이익이 없다고 하였다(대판 1993.5.14, 92다21760). ② 다만 최근 판례에 따르면, 부제소합의는 직권조사사항으로서 합의의 당사자가 이를 쟁점으로 삼아야

---

38) 정동윤·유병현 419면. 결국 부제소계약이 존재하는 경우에는 법원은 소를 각하하여야 한다는 데 견해가 일치하고 있으며, 발전적 소송계약설에 따르더라도 부제소계약은 법원의 직권조사사항은 아니고 피고의 항변사항이라는 점에서는 공통된다. 즉 발전적 소송계약설에서는 소송상 합의의 효과가 발생하는 계기를 법원이 당연히 고려해야 하는 것으로서 찾는 것이 아니라, 당사자의 신청·항변을 기다려 비로소 고려해야 하는 것으로 본다는 것이다.

소를 각하할 수 있고, 당사자가 이를 다투지 아니하는데도 법원이 직권으로 부제소합의의 위배를
이유로 소각하하는 것은 석명의무(지적의무)의 위반이라 하였다.

★★★[대판 2013.11.28, 2011다80449]

[1] 부제소 합의에 위배된 소의 적법 여부가 직권조사사항인지 여부(적극)

특정한 권리나 법률관계에 관하여 분쟁이 있어도 제소하지 아니하기로 합의(이하 '부제소 합의'라고
한다)한 경우 이에 위배되어 제기된 소는 권리보호의 이익이 없고, 또한 당사자와 소송관계인은
신의에 따라 성실하게 소송을 수행하여야 한다는 신의성실의 원칙(민사소송법 제1조 제2항)에도 어긋
나는 것이므로(대판 1993.5.14, 92다21760 등 참조), 소가 부제소 합의에 위배되어 제기된 경우 법원은
직권으로 소의 적법 여부를 판단할 수 있다(대판 1980.1.29, 79다2066 등 참조 - ※ 참조된 판례는 「불항소
합의의 유무는 항소의 적법요건에 관한 것으로서 법원의 직권조사사항」이라고 본 판례이다. 아마도 본 판례는 부
제소 합의와 불항소 합의의 법적 성질을 동일하게 평가하려는 데에 기인한 듯하다). <u>이와 달리 원심이 직권으
로 이 사건 소가 부제소 합의에 위배되어 부적법한지 여부를 판단한 데에 변론주의를 위반한 위법
이 있다는 상고이유의 주장은 받아들일 수 없다.</u>

[2] 당사자들이 부제소 합의의 효력이나 범위에 관하여 다투지 않는데도 법원이 직권으로 부제소 합의에
위배되었다는 이유로 소가 부적법하다고 판단하기 위한 요건 - 지적의무

부제소 합의는 소송당사자에게 헌법상 보장된 재판청구권의 포기와 같은 중대한 소송법상의 효과
를 발생시키는 것으로서 그 합의 시에 예상할 수 있는 상황에 관한 것이어야 유효하고(대판 1999.3.
26, 98다63988 등 참조), 그 효력의 유무나 범위를 둘러싸고 이견이 있을 수 있는 경우에는 당사자의
의사를 합리적으로 해석한 후 이를 판단하여야 한다. <u>따라서 당사자들이 부제소 합의의 효력이나
그 범위에 관하여 쟁점으로 삼아 소의 적법 여부를 다투지 아니하는데도 법원이 직권으로 부제소 합의
에 위배되었다는 이유로 소가 부적법하다고 판단하기 위해서는 그와 같은 법률적 관점에 대하여 당사자
에게 의견을 진술할 기회를 주어야 하고, 부제소 합의를 하게 된 동기 및 경위, 그 합의에 의하여 달성
하려는 목적, 당사자의 진정한 의사 등에 관하여도 충분히 심리할 필요가 있다. 법원이 그와 같이
하지 않고 직권으로 부제소 합의를 인정하여 소를 각하하는 것은 예상외의 재판으로 당사자 일방에게
불의의 타격을 가하는 것으로서 석명의무를 위반하여 필요한 심리를 제대로 하지 아니하는 것이다.</u>

(2) 소취하계약

1) 의의

이미 계속 중인 소를 취하하기로 하는 당사자 간의 소송 외에서의 합의를 말한다.

2) 위반의 효력

소취하계약을 하고서도 소를 계속 유지하고 있는 경우, ① 항변권발생설은 권리보호이익의 흠결
또는 신의칙위반으로 각하해야 한다고 본다. ② 이에 반하여 소송계약설은 소취하합의에 의한 소
송종료선언을 해야 한다고 본다.

판례는 소송당사자가 소송 외에서 그 소송을 취하하기로 합의한 경우에는 그 합의는 유효하여
원고에게 <u>권리보호의 이익이 없으므로 원고의 소는</u> 각하되어야 한다는 입장이다(대판 1982.3.9,
81다1312).

[대판 1966.5.31, 66다564] 강제집행 당사자 사이에 그 신청을 취하하기로 하는 약정은 사법상으로는 유효하다 할지라도 이를 위배하였다하여 직접 소송으로서 그 취하를 청구하는 것은 공법상의 권리의 처분을 구하는 것이어서 할 수 없는 것이다.

3) 조건부 소취하계약과 소의 이익 유무

★★[대판 2013.7.12, 2013다19571] 당사자 사이에 조건부 소취하의 합의를 한 경우, 그 소송을 계속 유지할 법률상의 이익이 있는지 여부(조건부 소취하 합의와 소의 이익 유무)

당사자 사이에 그 소를 취하하기로 하는 합의가 이루어졌다면 특별한 사정이 없는 한 소송을 계속 유지할 법률상의 이익이 없어 그 소는 각하되어야 하는 것이지만(대판 1982.3.9, 81다1312 등 참조), 조건부 소취하의 합의를 한 경우에는 조건의 성취사실이 인정되지 않는 한 그 소송을 계속 유지할 법률상의 이익을 부정할 수 없다.

4) 소 각하 후 재소의 가부

소취하계약에 의하여 소가 각하된 뒤라도 원칙적으로 재소를 할 수 있지만, 소취하계약과 함께 다시 재소하지 않는다는 부제소합의까지 이루어진 경우라면 다르다고 할 것이다.

[대판 2012.3.15, 2011다105966] 민사소송법 제53조에 따라 선정당사자가 소송행위 등을 할 때에 선정자의 개별적인 동의가 필요한지 여부(소극)

공동의 이해관계가 있는 여러 사람은 민사소송법 제53조에서 정한 바에 따라 그 가운데에서 모두를 위하여 당사자가 될 선정당사자를 선정할 수 있고, 이와 같이 선정된 선정당사자는 선정자들로부터 소송수행을 위한 포괄적인 수권을 받은 당사자로서 선정자들 모두를 위한 일체의 소송행위를 할 수 있음은 물론 소송수행에 필요한 사법상의 행위도 할 수 있는 것이고, 이와 같은 행위를 함에 있어서 선정자의 개별적인 동의가 필요한 것은 아니라고 할 것이다.

➲ [해설] : 甲 등이 乙 등을 상대로 소송을 제기하면서 그들 모두를 위한 선정당사자로 丙을 선정하여 소송을 수행하도록 하였는데, 丙이 선정당사자 지위에서 乙 등과 '乙 등은 연대하여 丙에게 500만원을 지급하고, 丙은 소송을 취하하며 민·형사상의 책임을 묻지 않겠다'는 취지로 합의한 후 소를 취하한 사안에서, 丙이 소송 도중 乙 등과 한 합의는 甲 등을 위하여 500만원을 지급받는 대신 소송을 취하하여 종료시킴과 아울러 乙 등을 상대로 동일한 소송을 다시 제기하지 않기로 한 것, 즉 재소를 하지 않기로 한 것으로서, 이는 선정당사자가 할 수 있는 소송수행에 필요한 「사법상의 행위」에 해당하고, 甲 등으로부터 개별적인 동의를 받았는지에 관계없이 그들 모두에게 그 효력이 미친다고 볼 것이다. 따라서 이 사건 소송은 원고 선정자들이 위와 같은 재소금지 합의에 반하여 제기한 것으로서 권리보호의 이익이 없다고 본 사례이다.

제7-3관 각종의 소에 특수한 소의 이익
– 개별자격과 개별이익(권리보호의 이익 또는 필요)

Ⅰ. 이행의 소의 이익

이행의 소는 이행청구권에 대한 이행기가 변론종결 시에 도래하고 있는지 여부에 의하여, ① 현재의 이행의 소와 ② 장래의 이행의 소로 구별되는데, 소의 이익을 검토하는 데에도 이러한 구별이 전제가 된다.

1. 현재이행의 소의 이익

현재 이행의 소는 변제기가 도래한 이행청구권을 주장하는 소로서 원고가 이행청구권을 주장하는 것 자체에 의하여 소의 이익은 긍정된다. 다만 몇 가지 문제되는 경우가 있다.

(1) 집행이 불가능하거나 현저히 곤란한 청구

이행판결을 받더라도 그 급부의 실현(집행)이 법률상 또는 사실상 불가능하거나 현저히 곤란한 경우, 이행의 소의 이익을 인정할 수 있는지 문제된다.

이에 대해 판례는 ① 순차 경료된 소유권이전등기의 말소를 청구한 소송에서 최종 등기명의자를 상대로 한 말소등기청구가 인용되지 않아서 중간 등기명의자의 말소등기의 집행이 불가능하더라도, 중간 등기명의자에 대하여 등기말소를 구할 소의 이익이 있다고 하였고, ② 개성공단에 위치한 건물인도청구의 소에서 이행판결을 받아도 강제집행이 곤란하다고 하여 소의 이익을 부정할 수 없다고 하였다(대판 2016.8.30, 2015다255265).

★★[대판 1998.9.22, 98다23393] 순차 경료된 소유권이전등기의 각 말소청구소송은 보통 공동소송이므로 그 중의 어느 한 등기명의자만을 상대로 말소를 구할 수 있고, 최종 등기명의자에 대하여 등기말소를 구할 수 있는지에 관계없이 중간의 등기명의자에 대하여 등기말소를 구할 소의 이익이 있다.

➡ [해설] : 순차 경료된 소유권이전등기의 말소를 청구한 소송에서 최종 등기명의자를 상대로 패소판결이 확정되었다고 하더라도, 중간 등기명의자를 상대로 그 등기의 말소를 구할 이익이 있다는 취지이다. 판결절차와 강제집행절차는 별도의 독자적 존재의의가 있고, 피고에 대한 심리적 압박이 가능하다는 점에서 소의 이익을 긍정하는 판례의 태도는 타당하다.

★★[대판 2002.4.26, 2001다59033] 일반적으로 채권에 대한 가압류가 있더라도 이는 채무자가 제3채무자로부터 현실로 급부를 추심하는 것만을 금지하는 것일 뿐 채무자는 제3채무자를 상대로 그 이행을 구하는 소송을 제기할 수 있고 법원은 가압류가 되어 있음을 이유로 이를 배척할 수는 없는 것이 원칙이다. 왜냐하면 채무자로서는 제3채무자에 대한 그의 채권이 가압류되어 있다 하더라도 채무명의를 취득할 필요가 있고 또는 시효를 중단할 필요도 있는 경우도 있을 것이며 또한 소송 계속 중에 가압류가 행하여진 경우에 이를 이유로 청구가 배척된다면 장차 가압류가 취소된 후 다시 소를 제기하여야 하는 불편함이 있는데 반하여 제3채무자로서는 이행을 명하는 판결이 있더라도 집행단계에서 이를 저지하면 될 것이기 때문이다.

(2) 목적의 실현 또는 실익 없는 청구

판례는 ① 근저당권설정등기의 말소등기절차의 이행을 구하는 소송 도중에 그 근저당권설정등기가 경락을 원인으로 하여 말소된 경우에는 더 이상 근저당권설정등기의 말소를 구할 소의 이익이 없다고 하였다(대판 2003.1.10, 2002다57904). 나아가 ② 원인 없이 말소된 근저당권설정등기의 회복등기절차 이행과 회복등기에 대한 승낙의 의사표시를 구하는 소송 도중에 근저당목적물인 부동산에 관하여 경매절차가 진행되어 매각허가결정이 확정되고 매수인이 매각대금을 완납하였다면 매각부동산에 설정된 근저당권은 당연히 소멸하므로, 더 이상 원인 없이 말소된 근저당권설정등기의 회복등기절차 이행이나 회복등기에 대한 승낙의 의사표시를 구할 법률상 이익이 없게 된다고 하였다(대판 2014.12.11, 2013다28025). 또한 ③ 의사진술을 명하는 판결이 확정되더라도 그로써 무슨 법적 효과가 생기는 경우가 아니라면 의사진술을 구하는 소는 소의 이익이 없어 부적법하다고 하였다. 다만 ④ 등기관이 부동산등기법 제33조에 따라 등기기록에 등기된 사항 중 현재 효력이 있는 등기만을 새로운 등기기록에 옮겨 기록한 후 종전 등기기록을 폐쇄하는 경우, 새로운 등기기록에는 옮겨 기록되지 못한 채 폐쇄된 등기기록에만 남게 되는 등기(이하 '폐쇄등기'라 한다)는 현재의 등기로서의 효력이 없고, 폐쇄된 등기기록에는 새로운 등기사항을 기록할 수도 없으므로, 폐쇄등기 자체를 대상으로 하여 말소회복등기절차의 이행을 구할 소의 이익은 없으나, 진정한 권리자의 권리실현을 위하여 등기가 부적법하게 말소된 상태에서 현재 효력이 있다고 보이는 등기만을 새로운 등기기록에 옮겨 기록한 후 종전 등기기록을 폐쇄함으로써 진정한 권리자의 말소된 등기가 폐쇄등기로 남게 되는 경우와 같이, 새로운 등기기록에 옮겨 기록되지는 못하였지만 진정한 권리자의 권리실현을 위하여는 말소회복등기를 마쳐야 할 필요가 있는 때에도 등기가 폐쇄등기로 남아 있다는 이유로 말소회복등기절차의 이행을 구하는 소의 이익을 일률적으로 부정하는 것은 타당하다고 할 수 없다. 따라서 폐쇄등기 자체를 대상으로 하는 것이 아니라, 부적법하게 말소되지 아니하였더라면 현재의 등기기록에 옮겨 기록되었을 말소된 권리자의 등기 및 그 등기를 회복하는 데에 필요하여 함께 옮겨 기록되어야 하는 등기를 대상으로 말소회복등기절차 등의 이행을 구하는 소는 소의 이익을 인정할 수 있다고 하였다(대판 2017.9.12, 2015다242849).

[대판 2016.9.30, 2016다200552] 의사의 진술로 법적 효과가 발생하지 아니할 경우, 의사의 진술을 명하는 소의 법률상 이익이 있는지 여부(소극) – 판결절차는 분쟁의 관념적 해결절차로서 강제집행절차와는 별도로 독자적인 존재 의의를 갖는 것이므로 집행이 가능한지는 이행의 소의 이익을 부정하는 절대적인 사유가 될 수 없더라도, 이행을 구하는 아무런 실익이 없어 법률상 이익이 부정되는 경우까지 소의 이익이 인정된다고 볼 수는 없다. 특히 의사의 진술을 명하는 판결은 확정과 동시에 그러한 의사를 진술한 것으로 간주되므로(민사집행법 제263조 제1항), 의사의 진술이 간주됨으로써 어떤 법적 효과를 가지는 경우에는 소로써 구할 이익이 있지만 그러한 의사의 진술이 있더라도 아무런 법적 효과가 발생하지 아니할 경우에는 소로써 청구할 법률상 이익이 있다고 할 수 없다.

⊃ [해설] : 원고는 피고에 대하여 이 사건 약정에 기한 협력의무의 이행으로써 이 사건 협의회의 구성원인 피고 대표 위원들로 하여금 회의의 소집을 요구하게 하고 나아가 회의에서 복지기금의 추가 출연 의안에 찬성하는 의사를 표시하게 하라는 것이 이 사건 소의 청구 내용이었다. 결국 이 사건은 피고가 피고를 대표하는 이 사건 협의회 위원들에게 회의 소집을 요구하고 의안에

찬성할 것을 지시하는 의사의 진술을 구하는 소라고 할 것이므로, 그 청구대로 판결이 확정되어 그러한 의사를 진술한 것으로 간주됨으로써 어떤 법적 효과가 생길 수 있다는 것이 전제되어야 소의 이익이 인정될 수 있다고 할 것인데, 기록상 피고가 이 사건 협의회 위원들에게 회의 소집 및 의안 찬성을 요구하거나 지시한다고 하여 그 위원들이 피고의 요구나 지시에 따를 법적 의무가 있다거나 거기에 기속된다고 볼 만한 자료를 찾아 볼 수 없으므로, 원고가 이 사건 소에 의한 승소판결을 받고 그 판결이 확정되어 피고의 의사의 진술이 간주되더라도 그로써 무슨 법적 효과가 생길 것이 없다. 결국 위 청구와 같은 내용으로 의사의 진술을 구하여 협력의무의 이행을 구하는 이 사건 소는 소의 이익이 없어 부적법하다고 할 수밖에 없다고 본 사례이다.

[대판 2016.6.28, 2016다1793] 자신의 소유가 아닌 토지의 소유자를 상대로 토지의 경계 정정에 대한 승낙의 의사표시를 구하는 소가 적법한지 여부(소극) 및 자신 소유 토지의 경계 정정에 따라 경계가 변경되는 인접 토지소유자가 아닌 사람을 상대로 토지의 경계 정정에 대한 승낙의 의사표시를 구하는 소가 적법한지 여부(소극) – 공간정보의 구축 및 관리 등에 관한 법률(이하 '공간정보법'이라 한다) 제84조 제1항은 '토지소유자는 지적공부의 등록사항에 잘못이 있음을 발견하면 지적소관청에 그 정정을 신청할 수 있다'고 규정하고, 같은 조 제3항은 '제1항에 따른 정정으로 인접 토지의 경계가 변경되는 경우에는 인접 토지소유자의 승낙서나 인접 토지소유자가 승낙하지 아니하는 경우에는 이에 대항할 수 있는 확정판결서 정본을 지적소관청에 제출하여야 한다'고 규정하고 있다. 이와 같은 공간정보법의 규정에 따르면 자신의 소유가 아닌 토지에 관하여 지적공부의 등록사항 정정신청을 할 수 없으므로 토지의 소유자를 상대로 토지의 경계 정정에 대한 승낙의 의사표시를 구하는 소는 권리보호의 이익이 없어 부적법하다. 또한 자신 소유 토지의 경계 정정에 따라 경계가 변경되는 인접 토지소유자가 아닌 사람을 상대로 자신 소유 토지의 경계 정정에 대한 승낙의 의사표시를 구하는 소 역시 권리보호의 이익이 없어 부적법하다.

[대판 2016.12.15, 2015다247325] 급수공사를 위한 토지사용승낙의 의사표시를 구하는 사건 – 민법 제218조의 수도 등 시설권에 근거하여 시설공사에 필요한 타인 소유의 토지에 대한 사용 승낙의 의사표시를 구하는 소의 적법 여부(소극) – ① 민법 제218조 제1항 본문은 '토지 소유자는 타인의 토지를 통과하지 아니하면 필요한 수도, 소수(疏水)관, 까스관, 전선 등을 시설할 수 없거나 과다한 비용을 요하는 경우에는 타인의 토지를 통과하여 이를 시설할 수 있다.'고 규정하고 있는데, 이와 같은 수도 등 시설권은 법정의 요건을 갖추면 당연히 인정되는 것이고, 그 시설권에 근거하여 수도 등 시설공사를 시행하기 위해 따로 수도 등이 통과하는 토지 소유자의 동의나 승낙을 받아야 하는 것이 아니다. 따라서 이러한 토지 소유자의 동의나 승낙은 민법 제218조에 기초한 수도 등 시설권의 성립이나 효력 등에 어떠한 영향을 미치는 법률행위나 준법률행위라고 볼 수 없다. 한편 「성남시 수도급수 조례」에서 급수공사 신청 시 필요하다고 판단될 경우 이해관계인의 동의서를 제출하게 할 수 있다고 한 것은, 급수공사 신청인이 아닌 타인 소유 토지에 급수공사를 시행할 경우에 발생할 수 있는 분쟁을 사전에 예방하고 성남시가 신청인의 사용권한에 근거하여 타인 소유 토지에 급수공사를 원활하게 시행하고자 하는 목적에서 신청인에게 해당 토지에 대한 사용권한이 있는지를 확인하기 위하여 증명자료의 하나로서 그 토지 소유자의 급수공사에 대한 동의 내지 승낙의 뜻이 표시된 서류의 제출을 요구할 수 있다는 취지라고 보아야 하고, 급수공사 신청인이 다른 자료에 의하여 해당 토지의 사용권한이 있음을 증명하였음에도 급수공사를 승인하기 위해서는 예외 없이 토지사용승낙서의 제출이 필요한 것이라고 볼 수는 없다. 그렇다면 민법 제218조에 근거하여 수도 등 시설권이

있음을 주장하면서 해당 토지의 소유자를 상대로 '수도 등 시설공사에 필요한 토지 사용을 승낙한다.'는 진술을 구하는 이 사건 소는, 그 시설공사를 하는 데 필요한 증명자료를 소로써 구하는 것에 불과하고, 민법 제389조 제2항에서 규정하는 '채무가 법률행위를 목적으로 한 때에 채무자의 의사표시에 갈음할 재판을 청구하는 경우'에 해당한다고 볼 수 없으므로, 권리보호의 이익을 인정할 수 없어 부적법하다.
② 원고로서는, 피고가 토지사용승낙서의 작성을 거절하는 경우라도 위와 같은 진술을 소로써 구할 것이 아니라, 원고에게 이 사건 도로 중 이 사건 사용부분에 대하여 민법 제218조의 수도 등 시설권이 있다는 확인을 구하는 소 등을 제기하여 승소 판결을 받은 다음, 이를 이 사건 사용부분에 대한 원고의 사용권한을 증명하는 자료로 제출하여 성남시에 이 사건 급수공사의 시행을 신청하면 될 것이다.

> ⊃ [해설] : 원고가 피고 소유의 토지를 경유하여 자신 소유의 건물에 급수공사를 하기 위해 성남시에 급수공사 시행을 신청하였으나, 성남시가 수도급수 조례 및 수도급수 조례 시행규칙을 근거로 피고의 토지사용승낙서 제출을 요구하며 위 신청을 반려한 사안에서, 토지사용승낙서가 토지 사용권한에 대한 증명자료에 불과한 이상 민법 제218조의 수도 등 시설권에 근거하여 토지사용승낙의 의사표시를 구하는 소는 권리보호의 이익이 인정되지 않아 부적법하다고 판단한 사례이다.

(3) 청구인용판결이 확정된 후의 청구

확정된 이행판결이 있는 때에는 채권자는 다시 소를 제기할 수 없는 것이 원칙인데, 다만 예외적으로 소의 이익이 인정되는 경우가 있다. ① 채권의 시효중단을 위하여 동일한 내용의 소가 제기된 경우, ② 판결내용이 특정되지 아니하여 집행을 할 수 없는 경우, ③ 판결원본의 멸실의 경우 등이다.

[대판 1987.11.10, 87다카1761] 확정판결에 기한 채권의 소멸시효기간인 10년의 도과가 임박하여서 강제집행의 실시가 현실적으로 어렵게 되었다면, 그 이전에 강제집행의 실시가 가능하였던가의 여부에 관계없이 시효중단을 위하여는 동일내용의 재판상 청구가 불가피하다고 할 것이므로 확정판결이 있었다고 하더라도 시효중단을 위한 동일내용의 소에 대하여 소멸시효완성 내지 중복제소금지 규정에 위반한 것이라고는 할 수 없다.

[대판 2001.7.27, 2001다31448] 임야 소유자가 그 임야 중 일부를 불법점유하고 있는 자를 상대로 건물철거 등 청구소송을 제기하여 받은 확정판결의 소송물은 소유권에 기한 물권적 청구권으로서 소멸시효의 대상이 되지 아니하는 권리임이 분명하고, 한편 소멸시효의 대상이 되지 아니하는 권리에 관한 확정판결이 있는 경우에 그 확정판결의 원본이 멸실되어 강제집행에 필요한 집행문을 받을 수 없다는 등 특별한 사정이 없는 한, 시효소멸에 대비하여 동일한 소를 제기할 소의 이익은 없는 것이다.

2. 장래이행의 소의 이익

> **제251조(장래의 이행을 청구하는 소)**
> 장래에 이행할 것을 청구하는 소는 미리 청구할 필요가 있어야 제기할 수 있다.

(1) 의의 및 취지

장래의 이행의 소는 변론종결 시를 표준으로 하여 이행기가 장래에 도래하는 이행청구권을 주장하는 소이다. 따라서 '미리 청구할 필요'가 있는 경우에 한하여 허용된다(제251조). 즉 미리 채무자의 임의이행의 거부에 대비하여 이행판결(=집행권원)을 얻어 둘 필요가 있는 경우에만 허용되는 것이며, 채무자가 무자력이 될 염려나 재산상태가 악화될 징후 등의 강제집행의 곤란에 대비하기 위한 것은 아니므로(대판 2000.8.22, 2000다25576), 그 필요성은 가압류나 가처분에 있어서 보전의 필요성과는 다르다(집행이 곤란해질 사유가 있으면 가압류·가처분의 사유는 될지언정, 장래이행의 소를 제기할 사유는 되지 않는다).

> [대판 2000.8.22, 2000다25576] 장래의 이행을 청구하는 소는 미리 청구할 필요가 있는 경우에 한하여 제기할 수 있는바, 여기서 미리 청구할 필요가 있는 경우라 함은 이행기가 도래하지 않았거나 조건 미성취의 청구권에 있어서는 채무자가 미리부터 채무의 존재를 다투기 때문에 이행기가 도래되거나 조건이 성취되었을 때에 임의의 이행을 기대할 수 없는 경우를 말하고, 이행기에 이르거나 조건이 성취될 때에 채무자의 무자력으로 말미암아 집행이 곤란해진다든가 또는 이행불능에 빠질 사정이 있다는 것만으로는 미리 청구할 필요가 있다고 할 수 없다.

(2) 청구적격 – 권리보호자격

소의 공통된 청구적격(예 ① 청구가 소구할 수 있는 구체적인 권리 또는 법률관계이어야 하고, ② 법률상·계약상의 제소금지사유가 없어야 하며, 또한 ③ 특별구제절차가 있는 경우와 같이 제소장애사유가 없어야 하고, ④ 원고가 동일한 청구에 대하여 승소확정의 판결을 받은 경우가 아니어야 한다. 나아가 ⑤ 신의칙 위반의 소제기가 아니어야 한다) 이외에 다음과 같은 개별적 청구적격이 문제된다.

1) 청구적격성 유무의 기준

장래이행의 소에서의 청구적격은 "① 현재 청구권 발생의 기초관계가 존재하여야 하고, ② 변론종결 당시에 청구권 발생의 가능성이 확실히 예상(침해상태 계속의 확실성)"되어야 한다. 이것은 '미리 청구할 필요'의 한 요소로 보아도 무방하다. 다만 구체적으로 문제되는 경우는 다음과 같다.

> [대판 1987.9.22, 86다카2151] 장래의 이행을 명하는 판결을 하기 위하여는 채무의 이행기가 장래에 도달하는 것뿐만 아니라 의무불이행사유가 그 때까지 존속한다는 것을 변론종결 당시에 확정적으로 예정할 수 있는 것이어야 하며 이러한 책임기간이 불확실하여 변론종결 당시에 확정적으로 예정할 수 없는 경우에는 장래의 이행을 명하는 판결을 할 수 없다.
> ➡ [해설] : 본 판례는 그 사실관계에 비추어 볼 때, 청구적격이 문제가 된다고 보는 입장도 있다. 그러나 장래이행의 소에서 청구적격과 권리보호의 이익 내지 필요를 준별하기가 쉽지 않고 모두 다 소송요건에 속하기 때문에 준별할 실익도 없다거나, 양자의 요건에 있어서 그 상관관계가 긴밀하므로 일체화하여 보아도 무방하다고 보아야 할 것이다. 그렇다면 본 판례에서 "장래의 이행을 명하는 판결을 할 수 없다."고 판시한 취지는 침해상태 계속의 확실성을 청구적격의 문제로 보든, 아니면 미리 청구할 필요의 문제로 보든 그 체계적 지위는 소송요건의 문제에 해당하는 것이므로, 결국 부적법한 소로서 각하되어야 한다는 취지라고 이해된다.

2) 기한부·정지조건부 청구권

① 기한부청구권은 채권의 기초관계가 이미 성립되어 있는 경우라면 청구적격이 인정되지만, 조건부청구권은 조건성취의 개연성이 인정되어야 청구적격이 인정될 수 있다.

② 판례는 ⅰ) 학교법인이 감독청의 허가 없이 기본재산인 부동산에 관한 매매계약을 체결하고, 매수인이 감독청의 허가를 조건으로 부동산에 관한 소유권이전등기절차의 이행을 구한 사안에서 이를 허용한 바 있다(대판 1998.7.24, 96다27988). ⅱ) 그러나 이에 반하여 토지거래허가를 조건으로 하는 소유권이전등기청구에 대하여는 허가 전 거래계약은 물권적 효력은 물론 채권적 효력도 발생하지 아니하여 무효라는 점을 이유로 불허하는 입장이다(대판(전) 1991.12.24, 90다12243).

[대판 1998.7.24, 96다27988] 학교법인이 감독청의 허가 없이 기본재산인 부동산에 관한 매매계약을 체결하는 한편 그 부동산에서 운영하던 학교를 당국의 인가를 받아 신축교사로 이전하고 준공검사까지 마친 경우, 위 매매계약이 감독청의 허가 없이 체결되어 아직은 효력이 없다고 하더라도 위 매매계약에 기한 소유권이전등기절차이행청구권의 기초가 되는 법률관계는 이미 존재한다고 볼 수 있고 장차 감독청의 허가에 따라 그 청구권이 발생할 개연성 또한 충분하므로, 매수인으로서는 미리 그 청구를 할 필요가 있는 한, 감독청의 허가를 조건으로 그 부동산에 관한 소유권이전등기절차의 이행을 청구할 수 있다.

★[대판(전) 1991.12.24, 90다12243] (구)국토이용관리법상의 규제구역 내의 토지 등의 거래허가를 받기 전에는 거래계약은 물권적 효력은 물론 채권적 효력도 발생하지 아니하여 무효이므로, 토지거래허가를 받을 것을 조건으로 하는 권리의 이전 또는 설정에 관한 어떠한 이행청구도 할 수 없다.

---

3) 장래의 부당이득반환·손해배상청구

① 판례는 ⅰ) 한때 장래의 부당이득반환청구는 청구권의 성질상 허용되지 않는다고 하였으나, ⅱ) 뒤에 전원합의체 판결로써 이를 변경하여 장래의 계속적인 불법행위·부당이득청구권도 장래이행의 소의 대상적격이 있다는 입장이다(대판(전) 1975.4.22, 74다1184). 다만 원고가 주장하는 장래의 시점까지 침해가 존속될 것이 변론종결 당시에 확정적으로 예정되어야 한다. 그 이전에 채무자(불법행위자)의 침해가 중단될 사정 등 사정변경이 생길 가능성이 있으면 부적법하다는 취지이다.

② 불법점유자를 상대로 한 임료상당의 손해배상 또는 부당이득을 구하는 경우, 통상 청구취지는 "~ 건물의 인도완료일까지 월 00원의 비율에 의한 금원을 지급하라."는 식으로 기재하고, 이것이 인정되는 경우 주문도 이와 마찬가지로 기재된다. 또한 이는 동시이행항변이나 유치권항변에 기한 점유의 경우에도 마찬가지로 "인도완료일(시)까지"를 종기로 정함이 일반적이다.[39]

---

39) 참고로 대판 2002.6.14, 2000다37517 사안은, ① 점유 자체가 불분명하여 인도의무가 있음이 명확하지 아니한 특수한 사정을 고려한 사안이고, 나아가 ② 사용·수익을 종료하고 인도시까지는 적법한 점유일 가능성도 있는바, 침해상태나 그로 인한 실질적 이득을 얻었다고 단정하기 곤란한 점을 고려한 사안이다.

[대판 2019.2.14, 2015다244432] 사실심의 재판 실무에서 장래의 부당이득금의 계속적·반복적 지급을 명하는 판결의 주문에 광범위하게 사용되고 있는 '원고의 소유권 상실일까지'라는 표시가 이행판결의 주문 표시로서 바람직한지 여부(소극)[40]

사실심의 재판 실무에서 장래의 부당이득금의 계속적·반복적 지급을 명하는 판결의 주문에 '원고의 소유권 상실일까지'라는 표시가 광범위하게 사용되고 있다. 그러나 '원고의 소유권 상실일까지'라는 기재는 이행판결의 주문 표시로서 바람직하지 않다. 그 이유는 다음과 같다.

① '원고의 소유권 상실일까지'라는 기재는 집행문 부여기관, 집행문 부여 명령권자, 집행기관의 조사·판단에 맡길 수 없고, 수소법원이 판단해야 할 사항인 소유권 변동 여부를 수소법원이 아닌 다른 기관의 판단에 맡기는 형태의 주문이다(→ 원고의 소유권은 장래의 부당이득금의 지급을 명하는 판결이 표상하는 사법상 청구권(부당이득반환청구권)의 법률요건을 이루는 실체적 법률관계에 관한 사항인데, 이러한 소유권의 상실·이전과 같은 물권변동은 실체관계의 변동으로서 수소법원이 심리·판단하여야 할 사항에 해당하고, 확정판결의 변론종결 후의 원고의 소유권 변동은 변론종결 당시에 특정할 수 없는 후발적인 실체법률관계의 변동에 해당하므로, 집행개시의 요건에 해당한다고 보기도 어렵다. 따라서 집행개시 단계에서 집행기관이 독립하여 자기 책임으로 조사·판단할 대상에 포함되지 않음에도 '원고의 소유권 상실일'을 의무의 종료 시점으로 이행판결의 주문에 기재하여 두면 집행기관의 집행 과정에서 혼란을 가져올 수 있다).

② '원고의 소유권 상실일까지'라는 기재는 확정된 이행판결의 집행력에 영향을 미칠 수 없는 무의미한 기재이다(→ 이행판결이 확정되면 집행력이 생기고 이는 재심 등에 의해 그 판결이 취소되거나 청구이의의 소에 의해 집행력이 배제되지 않는 한 영구적인 것이다(대판(전) 2018.10.18, 2015다232316 참조). 따라서 이행판결의 주문에 원고의 소유권 상실일이 부당이득반환의무의 종료 시점으로 기재되어 있다고 해서, 청구이의의 소에 의하지 않고 원고의 소유권 상실·이전이라는 후발적인 실체관계의 변동만으로 그 판결의 집행력이 소멸하는 것이 아니고, 변론종결 후 원고의 소유권 상실·이전을 주장하는 피고로서는 그러한 사후적인 실체관계 변동 사유가 판결의 주문에 기재되어 있는지 여부와 상관없이 청구이의의 소로써 다투어야 한다).

③ '원고의 소유권 상실일'은 장래의 부당이득반환의무의 '임의 이행' 여부와는 직접적인 관련이 없으므로, 이를 기재하지 않더라도 장래의 이행을 명하는 판결에 관한 법리에 어긋나지 않는다(→ 장래의 이행을 명하는 판결을 하기 위해서는 채무의 이행기가 장래에 도래할 뿐만 아니라 의무 불이행 사유가 그때까지 계속하여 존속한다는 것을 변론종결 당시에 확정적으로 예정할 수 있어야 하고, 이러한 책임 기간이 불확실하여 변론종결 당시에 확정적으로 예정할 수 없는 경우에는 장래의 이행을 명하는 판결을 할 수 없다. 그러나 이러한 법리를 감안하더라도, 장래의 부당이득금의 지급을 명하는 이행판결의 주문에 기재하는 부당이득반환의무의 종료 시점은 그것이 불확정한 것이라면 위와 같은 법리에 어긋나지 않는 범위 내에서 최소한에 그쳐야 한다. 또한 장래의 이행을 청구하는 소는 미리 청구할 필요가 있는 경우에 한하여 제기할 수 있는데, 여기서 '미리 청구할 필요가 있는 경우'라 함은 채무자가 미리부터 채무의 존재를 다투기 때문에 이행기가 도

---

40) ※ [참고] – 개인 소유의 도로를 불법점유한 사안에서, 판례는 "도로폐쇄로 인한 피고의 점유종료일(=인도 완료일) 또는 원고의 도로 소유권 상실일"까지의 부당이득반환청구를 인정(대판 1993.3.9, 91다46717)한 바 있었는데, 최근 판례는 "원고의 소유권 상실일까지의 기재는 바람직하지 않다"고 하여 그 입장을 변경·제한하였다(대판 2019. 2.14, 2015다244432).

래되거나 조건이 성취되었을 때에 '임의의 이행을 기대할 수 없는' 경우를 말한다. 따라서 부당이득반환의무의 종료 시점은 임의의 이행과 관련되는 의무자 측의 사정에 속하는 경우이어야 하는데, 원고의 소유권 상실·이전 여부는 권리자인 원고의 영역에 속하는 사정으로서 특별한 사정이 없는 한 의무자인 피고가 이를 좌우할 수 있는 성질의 것이 아니다).

➲ [사실관계 및 해설] :

① 지방자치단체인 피고는 ○○저수지의 관리청으로서 이 사건 토지를 ○○저수지의 일부로 점유·관리하고 있는데, 사실상 지배주체로서의 점유뿐만 아니라 저수지 관리청으로서의 점유 역시 부당이득반환청구의 대상이 되는 지방자치단체의 점유에 해당한다. 또한 피고들이 제출한 증거만으로는 이 사건 토지의 종전 소유자인 甲이 이 사건 토지의 배타적 사용·수익권을 포기하였거나, 甲의 상속인인 乙 또는 그로부터 이 사건 토지를 전전매수하여 소유권을 취득한 A가 위와 같은 사용·수익권의 제한이 있음을 용인하거나 알고서 이 사건 토지의 소유권을 취득하였다고 보기 어렵다. 따라서 피고가 이 사건 토지의 소유자인 원고에게 이 사건 토지를 점유·사용함으로써 얻는 이익을 부당이득으로 반환할 의무가 있다고 판단하였다.

② 다만 원심이 유지하는 제1심 판결의 주문 제1의 나.항은 "2014.1.2.부터 원고들의 이 사건 부동산에 대한 각 소유권 상실일 또는 피고의 점유 상실일 중 먼저 도래하는 날까지 각 월 45,697원의 비율에 의한 금원을 지급하라."라는 것이었는데, 대법원은 위와 같은 이유로 '원고의 소유권 상실일까지'라는 기재는 이행판결의 주문 표시로서 바람직하지 않다고 보았다. 반면 제1심 판결 주문 제1의 나.항에 기재된 "피고의 점유 상실일"은 부당이득반환의무를 부담하는 피고의 임의의 이행과 관련되는 의무자 측의 사정으로서, 장래의 부당이득금의 지급을 명하는 판결의 주문에 그 의무의 종료 시점으로 기재할 수 있는 최소한의 표현에 해당한다고 볼 수 있다(이 점은 사실심의 재판 실무에서 장래이행판결의 주문에 흔히 사용되는 '인도 완료일'도 마찬가지라고 볼 수 있다)고 하였다.

★[대판 2023.7.27. 2020다277023] 장래의 이행을 명하는 판결을 하기 위해서는 채무의 이행기가 장래에 도래할 뿐만 아니라 의무불이행 사유가 그때까지 계속하여 존속한다는 것을 변론종결 당시에 확정적으로 예정할 수 있어야 하는지 여부(적극)

장래의 이행을 명하는 판결을 하기 위해서는 채무의 이행기가 장래에 도래할 뿐만 아니라 의무불이행 사유가 그때까지 계속하여 존속한다는 것을 변론종결 당시에 확정적으로 예정할 수 있어야 하고, 이러한 책임 기간이 불확실하여 변론종결 당시에 확정적으로 예정할 수 없는 경우에는 장래의 이행을 명하는 판결을 할 수 없다.

➲ [사실관계 및 해설] : 甲 등이 자신의 토지를 점유하고 있는 乙 지방자치단체를 상대로 차임 상당 금원의 부당이득 반환을 구한 사안에서, 원심판결 중 乙 지방자치단체에 대하여 원심 변론종결일 다음 날부터 甲 등이 계쟁토지의 소유권을 상실하는 날까지의 부당이득 반환을 명한 부분에는 장래이행의 소에 관한 법리오해의 잘못이 있다고 한 사례이다. 왜냐하면 甲 등이 이 사건 계쟁토지의 소유권을 상실하지 아니하더라도 원심이 이행을 명한 '소유권을 상실하는 날' 이전에 乙 지방자치단체가 이 사건 계쟁토지에 관한 점유를 종료할 수도 있으므로, 乙 지방자치단체의 의무불이행 사유가 '원고들이 소유권을 상실하는 날까지' 존속한다는 것을 원심 변론종결 당시에 확정적으로 예정할 수 있는 경우에 해당한다고 단정할 수 없고, 그렇다면 그때까지 부당이득의 반환을 명하는 판결을 할 수도 없기 때문이다.

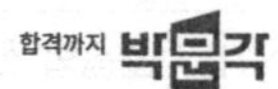

(3) 권리보호이익 – 미리 청구할 필요

1) 판단기준

미리 청구할 필요가 있는가는, ① 의무의 성질과 ② 의무자의 태도를 고려하여 개별적으로 판단해야 한다. 구체적으로 문제가 되는 경우는 다음과 같다.

2) 의무의 성질상 미리 청구할 필요가 인정되는 경우

① 정기행위(예 일정한 일시의 연주회에서의 연주)와 같이 급부의 성질상 이행이 조금이라도 늦으면 채무의 본지에 맞는 이행이 되지 않는 경우, 또는 ② 생활보호를 위한 부양료의 청구와 같이 이행지체에 의하여 원고가 현저한 손해를 입는 경우에는 미리 청구할 필요가 인정된다.

3) 의무자의 태도상 미리 청구할 필요가 있는 경우

가) 임의이행의 기대 불가능

의무자가 현재 이행의무의 존재나 이행기, 조건 등을 다투고 있어 원고가 주장하는 이행기가 도래하는 시점에서의 임의이행을 기대하기 어렵다면 미리 청구할 필요가 있다. 또한 피고가 주된 청구에 대하여 다투고 있어 파생적 급부의 이행도 기대할 수 없는 경우에는 파생적 급부의 청구도 미리 청구할 필요가 있다(예 토지의 인도청구와 더불어 변론종결 시 이후에 그 인도에 이르기까지의 임대료 또는 임대료 상당액의 지급청구를 병합한 경우와 같이 '현재의 이행의 소와 장래이행의 소의 병합'이 문제되는 경우이다).

[대판 1993.7.27, 92다13332] 피고들이 서울시와의 특약에 따라 원고에게 건물을 10년간 무상으로 사용하게 할 의무가 있음에도 원고의 2차례에 걸친 사용수익요구에 불응할 뿐 아니라 서울시와의 위 특약의 효력 자체를 다툰다면 피고들의 채무불이행상태는 장래에도 계속되리라고 예측되므로 장래이행을 청구할 필요가 있다.

★[대판 2023.3.13, 2022다286786] 장래이행의 소가 적법하기 위한 요건 및 장래이행의 소의 적법 여부는 엄격한 기준에 따라 신중하게 판단하여야 하는지 여부(적극)

이행의 소는 청구권의 이행기가 도래한 경우에 한하여 허용되는 것이 원칙이지만, 이행기가 도래하더라도 채무자가 임의이행을 거부할 것이 명백히 예상되는 상황과 같이 예외적으로 채권자로 하여금 이행기에 이르러 소를 제기하게 하는 것보다 미리 집행권원을 확보하게 함으로써 이행기가 도래하면 곧바로 강제집행을 할 필요가 인정되는 경우를 대비하여 민사소송법 제251조에서 '장래이행의 소'를 정하였다. 장래이행의 소가 적법하기 위해서는 청구권 발생의 기초가 되는 법률상·사실상 관계가 변론종결 당시 존재하여야 하고, 그 상태가 계속될 것이 확실히 예상되어야 하며, 미리 청구할 필요가 인정되어야만 한다. 그런데 장래이행의 소는 통상적인 이행의 소의 예외에 해당하는 것일 뿐 채무자의 무자력에 따른 강제집행의 곤란에 대비하기 위해 마련된 것이 아니다. 더구나, 쌍무계약관계의 이행기가 도래하지 않은 상태임에도 당사자 일방에 대하여 선제적으로 집행권원을 확보할 수 있게 하는 것은 자칫 계약관계의 균형이 상실되어 상대방 당사자의 계약상 권리가 침해될 수 있을 뿐만 아니라 장래의 이행기에 이르기까지 발생할 수 있는 계약상 다양한 변화를 반영하지 못함으로써 이행기 당시 쌍방 당사자의 권리의무관계와 집행권원이 모순·충돌되는 불합리한 결과를 초래할 수 있다. 따라서 장래이행의 소의 적법 여부는 엄격한 기준에 따라 신중하게 판단하여야 한다.

➲ [사실관계 및 해설] : 상가건물의 임대인인 甲이 임차인인 乙을 상대로 임대차계약이 기간만료로 종료됨을 이유로 건물 인도를 구하는 소를 제기하였는데, 제1심은 乙이 계약갱신요구권을 행사하였으므로 甲은 정당한 사유 없이 이를 거절할 수 없다는 이유로 甲의 청구를 기각하였고, 항소심에서 甲이 장래이행의 소로서 계약갱신요구권 행사에 따른 10년의 임대차기간이 만료하면 건물을 인도할 것을 구하는 예비적 청구를 추가한 사안에서, 乙이 적법한 계약갱신요구권을 행사하여 임대차계약이 유효하게 존속한 상태였는데도 甲이 임대차계약이 이미 종료되었음을 주장하면서 소를 제기하여 乙이 응소하였을 뿐 예비적 청구가 추가된 이후로도 乙은 건물 인도의무의 존부나 이행기의 도래 여부를 부정하거나 다툰 것으로 보이지 않고, 한편 甲이 원심 변론종결 직전에 예비적 청구를 인용하되 나머지 청구를 포기하는 내용의 '화해권고결정 요청서'를 제출하였으나, 위 요청서는 임대차보증금의 반환, 권리금 회수기회의 보장, 연체 차임 등의 문제에 관한 언급 없이 甲에게 건물에 관한 인도청구권에 대해서 집행권원을 부여하는 것으로만 되어 있어 乙로서는 甲의 제의에 적극적으로 응할 수 없었던 것으로 보이고, 오히려 甲은 향후 임대차계약 종료에 따른 권리의무관계와 법률관계를 전체적으로 일괄 해결하는 방식이 아니라 甲의 권리인 건물에 관한 인도청구권에만 국한하여 집행권원을 확보하려 하였는바, 이를 함부로 허용할 경우에는 현재 존속 중이고 상당기간 지속되어야 할 임대차계약관계의 균형이 상실됨은 물론 임대차계약의 종료 시점에 인정될 乙의 여러 권리가 침해될 가능성도 있어 보이므로, 乙이 '화해권고결정 요청서'를 수용하지 않았다고 하여, 건물 인도의무의 이행기가 도래하더라도 乙의 임의이행을 기대할 수 없는 경우에 해당하는 등 예비적 청구에 관하여 '미리 청구할 필요'가 있다고 단정할 수 없다고 본 사례이다.

나) 계속적·반복적 이행청구

계속적 또는 반복적(例 임대료 지급의무) 이행의무에 있어서는 현재 이행기 도래분에 대하여 다투거나 불이행이 있는 이상, 장래 부분의 이행도 기대할 수 없는 것이 분명하므로 미리 청구할 필요가 있다.

다) 선이행청구

① 먼저 자기 채무의 이행이 있어야 비로소 그 이행기가 도래하여 현실화되는 이행청구권을 대상으로 하는 선이행청구는 원칙적으로 허용되지 않는다(例 채무자는 자신의 채무를 먼저 변제하여야만 비로소 그 채무를 담보하기 위하여 경료되었던 저당권설정등기의 말소를 청구할 수 있다). 그러나 ② 예외적으로 채권자가 그 가등기 등이 채권담보의 목적으로 경료된 것임을 다툰다든지 피담보채무의 액수를 다투기 때문에 채무자가 채무를 변제하더라도 채권자가 이에 협력할 의무를 이행할 것으로 기대되지 않는 경우에는 미리 청구할 필요가 있다고 보아 채무의 변제를 조건으로 채권담보의 목적으로 경료된 가등기 및 그 가등기에 기한 본등기의 말소나 저당권설정등기의 말소를 청구하는 장래이행의 소를 허용하여야 할 것이다(대판 1992.1.21, 91다35175).

[대판 1992.1.21, 91다35175]

[1] 이른바 '진정한 등기명의의 회복을 원인으로 한 소유권이전등기청구'는 당해 부동산에 관하여 이미 자기의 명의로 소유권을 표상하는 등기가 되어 있었거나 법률에 의하여 소유권을 취득한 그 부동산의 진정한 소유자가 그의 등기명의를 회복하기 위한 방법으로 현재의 등기부상의 소유명의인을 상대로 소유권이전등기절차의 이행을 직접 청구하는 경우에 인정되는 것인바, 가등기담보 등에 관한 법률이 시행되기 전에 경료된 채권자 명의의 가등기에 기하여 소유권이전의 본등기가 경료된

경우 위 소유권이전등기가 비록 채권담보의 목적으로 경료된 것이라고 하더라도, 대외적인 관계에서는 그 소유권이 완전히 이전되는 것으로 볼 수밖에 없고, 따라서 위 가등기에 기한 소유권이전의 본등기가 경료됨으로써 그 가등기가 경료된 다음에 경료된 제3취득자 명의의 소유권이전등기가 말소됨으로 말미암아 제3취득자는 그 소유권을 상실하게 되었다고 보아야 할 것이므로, 그 후 채권자 명의의 위 가등기와 본등기의 원인이 그 피담보채무의 변제로 인하여 소멸하게 된다고 하더라도, 제3취득자로서는 채권자에게 진정한 등기명의의 회복을 원인으로 한 소유권이전등기청구를 할 수 있는 진정한 소유자의 지위에 있다고 볼 수 없다.

[2] 채권자가 채권담보의 목적으로 부동산에 가등기를 경료하였다가 그 후 변제기까지 변제를 받지 못하게 되어 위 가등기에 기한 소유권이전의 본등기를 경료한 경우에는 당사자들이 달리 특별한 약정을 하지 아니하는 한 그 본등기도 채권담보의 목적으로 경료된 것으로서 당사자 사이에 정산절차를 예정하고 있는 이른바 약한 의미의 양도담보가 된 것으로 보아야 할 것이다.

[3] 약한 의미의 양도담보가 된 경우 채무의 변제기가 도과된 후라고 하더라도 채권자가 담보권을 실행하여 정산절차를 마치기 전에는 채무자는 언제든지 채무를 변제하고 채권자에게 가등기 및 그 가등기에 기한 본등기의 말소를 청구할 수 있다.

[4] 채무자는 자신의 채무를 먼저 변제하여야만 비로소 그 채무를 담보하기 위하여 경료되었던 가등기 및 그 가등기에 기한 본등기의 말소나 새로운 소유권이전등기를 청구할 수 있는 것이기는 하지만, 채권자가 그 가등기 등이 채권담보의 목적으로 경료된 것임을 다툰다든지 피담보채무의 액수를 다투기 때문에 채무자가 채무를 변제하더라도 채권자가 위와 같은 소유권의 공시에 협력할 의무를 이행할 것으로 기대되지 않는 경우에는 미리 청구할 필요가 있다고 보아 채무의 변제를 조건으로 채권담보의 목적으로 경료된 가등기 및 그 가등기에 기한 본등기의 말소나 새로운 소유권이전등기를 청구하는 장래이행의 소를 허용하여야 할 것이다.

라) 장래의 부당이득반환·손해배상청구

[대판 1991.10.8, 91다17139]

[1] 오래전부터 자연스럽게 도로로 형성되어 사용되고 있는 토지에 대해 시의 신청에 의하여 건설부장관이 도로망확정고시를 하였고 그 무렵 시가 위 토지상에 포장공사를 하여 일반인과 차량의 통행에 제공하여 사실상 도시계획사업을 실시한 것과 다름없는 효과를 얻음으로써 그 때부터 이를 점유하면서 상수도, 맨홀, 전신주 등을 설치하고 도로 보수공사를 시행하는 등 사용 관리하고 있다면 달리 특별한 사정이 없는 한 시는 법률상 원인 없이 이 사건 토지를 사용하여 그 차임 상당의 이득을 얻고 토지 소유자에게 동액 상당의 손해를 입게 한 것이다.

[2] 위 [1]항의 경우 토지 소유자가 시를 상대로 "시가 위 토지를 매수할 때까지"로 기간을 정한 장래의 차임 상당 부당이득반환청구는 장차 시가 위 토지를 매수하거나 수용하게 될는지 또는 그 시점이 언제 도래할지 불확실할 뿐만 아니라 시가 매수하거나 수용하지 아니하고 도로폐쇄조치를 하여 점유사용을 그칠 수도 있고 소유자가 위 토지를 계속하여 소유하지 못할 수도 있는 것이어서 위 장래의 기간 한정은 의무불이행의 사유가 그때까지 계속하여 존속한다는 보장이 성립되지 아니하는 불확실한 시점이라 아니할 수 없을 것이므로 이에 대한 장래의 이행을 명할 수는 없다.

★[대판 2018.7.26. 2018다227551] 채무의 이행기가 장래에 도래할 예정이고 그때까지 채무불이행 사유가 계속 존속할 것이 변론종결 당시에 확정적으로 예정되어 있는 경우, 장래의 이행을 명하는 판결을 할 수 있는지 여부(적극)

① 민사소송법 제251조는 "장래에 이행할 것을 청구하는 소는 미리 청구할 필요가 있어야 제기할 수 있다."라고 정하고 있다. 채무자의 태도나 채무의 내용과 성질에 비추어 채무의 이행기가 도래하더라도 채무자의 이행을 기대할 수 없다고 판단되는 경우에는 미리 청구할 필요가 있다고 보아야 한다.

② 장래에 채무의 이행기가 도래할 예정인 경우에도 채무불이행 사유가 언제까지 존속할 것인지가 불확실하여 변론종결 당시에 확정적으로 채무자가 책임을 지는 기간을 예정할 수 없다면 장래의 이행을 명하는 판결을 할 수 없다. 그러나 채무의 이행기가 장래에 도래할 예정이고 그때까지 채무불이행 사유가 계속 존속할 것이 변론종결 당시에 확정적으로 예정되어 있다면, 장래의 이행을 명하는 판결을 할 수 있다.

⊃ [해설] : 甲이 乙에게서 건물을 임차하였다가 임대차계약상 의무 위반 등을 주장하면서 임차보증금 반환 등을 구하는 소를 제기하여 조정이 성립하였는데, 甲이 조정 성립을 전후하여 건물에서 퇴거하면서 乙이 아닌 丙에게 건물의 열쇠를 건네주어 건물을 점유·사용케 하였고, 이에 乙이 甲을 상대로 조정 성립 다음 날부터 건물 인도 완료일까지 부당이득 또는 손해배상의 지급을 구한 사안에서, 甲이 乙이 아닌 丙에게 건물의 열쇠를 건네주어 점유·사용케 함으로써 乙은 건물을 인도받지 못하여 차임에 해당하는 손해를 입고 있는데, 丙이 甲의 양해를 얻어 건물을 점유한 이래 건물 인도를 거부하고 있고 甲이 여전히 乙에게 건물에 대한 인도의무를 부담하고 있는 이상, 甲의 불법행위로 인한 乙의 손해는 건물을 인도받을 때까지 계속해서 발생할 것이 확정적으로 예정되어 있다고 볼 여지가 있는데도, 원심은 丙이 건물을 직접 점유하고 있어 甲의 의사와 관계없이 乙의 손해 발생이 중단될 수도 있으므로 乙의 손해가 계속 발생할 것이 확정적으로 예정되어 있지 않다는 이유로 원심 변론종결 다음 날부터 건물 인도 완료일까지 부당이득 또는 손해배상의 지급을 구하는 부분은 장래의 이행을 명하는 판결을 하기 위한 요건을 갖추지 못한 것으로서 부적법하다고 보았는데, 이는 법리오해의 잘못이 있다고 한 사례이다.

(4) 장래이행의 소와의 병합

1) 현재이행의 소와의 병합

① 원금의 지급청구에 병합된 원금 완제에 이르기까지의 지연이자나 손해금을 청구하거나, 토지의 인도청구에 변론종결 시 뒤 그 인도에 이르기까지의 임대료 또는 임대료 상당액의 지급청구를 병합한 경우에 있어서, 피고가 주된 청구(예 원금채권, 인도의무)를 다투는 경우에는 파생적 급부의 이행도 원고의 주장대로 이행이 기대될 수 없으므로 소의 이익이 인정된다(실무상 가장 빈번하게 행하여지는 현재의 이행의 소와 장래이행의 소의 병합의 예이다).

② 문제는 본래의 목적물의 이행청구에 장래 그 청구의 집행불능을 우려하여 이에 갈음하는 대상청구를 병합한 경우인데, 대상청구도 그 이행이 장래의 집행불능이라는 조건에 관계하고 있으므로 장래이행의 소이고, 미리 청구할 필요가 있다고 풀이할 수 있으므로 소의 이익이 긍정된다.

2) 형성의 소와의 병합

공유물분할청구와 병합하여 공유물분할판결이 날 경우에 대비한 분할부분에 대한 등기청구가 이에 해당하는데, 판례는 분할판결의 확정 전에는 등기청구권이 발생하지 않는다는 점을 이유로 불허한다(대판 1969.12.29, 68다2425). 그러나 양육자지정청구와 함께 하는 장래의 양육비지급청구는 미리 집행권원을 확보할 필요가 있는 때에는 가능하다고 하였다(대판 1988.5.10, 88므92).

(5) 장래이행의 소의 심판과 집행

1) 심판절차

① 장래이행의 소의 심판절차는 현재이행의 소와 동일하다. 다만 미리 청구할 필요가 있어야 하므로 일반 소송요건을 구비하였다 하더라도 직권으로 조사하여 이를 결하면 소각하판결을 해야 한다.

② 현재이행의 소에서 심리결과 이행기 미도래 또는 이행조건이 미성취인 것으로 판명된 때에는 바로 청구기각할 것이 아니라 장래의 소로서 미리 청구할 필요가 있고, 원고의 의사에 반하는 것이 아니면 장래의 이행판결을 할 수 있다.

★★★ [대판 1996.11.12, 96다33938] 채무자가 피담보채무 전액을 변제하였다고 하거나, 피담보채무의 일부가 남아 있음을 시인하면서 그 변제와 상환으로 담보목적으로 경료된 소유권이전등기의 회복을 구함에 대하여 채권자는 그 소유권이전등기가 담보목적으로 경료된 것임을 다투고 있는 경우, 채무자의 청구 중에는 만약 그 소유권이전등기가 담보목적으로 경료된 것이라면 소송 과정에서 밝혀진 잔존 피담보채무의 선이행을 조건으로 그 소유권이전등기의 회복을 구한다는 취지까지 포함되어 있는 것으로 해석하여야 하고, 그러한 경우에는 장래이행의 소로서 미리 청구할 필요도 있다.

★★★ [대판 2023.11.16, 2023다266390] 피담보채무 전액을 변제하였다고 주장하면서 근저당권설정등기에 대한 말소등기절차의 이행을 청구하였으나, 원리금의 계산 등에 관한 다툼 등으로 인하여 변제액이 채무 전액을 소멸시키는 데 미치지 못하고 잔존채무가 있는 것으로 밝혀진 경우, 원고의 청구에 확정된 잔존채무를 변제하고 그 다음에 위 등기의 말소를 구한다는 취지도 포함되어 있는 것으로 해석하여야 하는지 여부(원칙적 적극) 및 이때 근저당권설정등기의 피담보채무 중 잔존원금 및 지연손해금의 액수를 심리·확정한 후 그 변제를 조건으로 근저당권설정등기의 말소를 명하여야 하는지 여부(적극)
피담보채무 전액을 변제하였다고 주장하면서 근저당권설정등기에 대한 말소등기절차의 이행을 청구하였으나, 원리금의 계산 등에 관한 다툼 등으로 인하여 변제액이 채무 전액을 소멸시키는 데 미치지 못하고 잔존채무가 있는 것으로 밝혀진 경우에는 ① 특별한 사정이 없는 한 원고의 청구에 확정된 잔존채무를 변제하고 그 다음에 위 등기의 말소를 구한다는 취지도 포함되어 있는 것으로 해석함이 상당하고, ② 이는 장래 이행의 소로서 미리 청구할 이익도 인정되므로, ③ 피담보채무가 전액 변제되지 않았다는 이유만으로 원고의 청구를 기각할 것이 아니라 근저당권설정등기의 피담보채무 중 잔존원금 및 지연손해금의 액수를 심리·확정한 후 그 변제를 조건으로 근저당권설정등기의 말소를 명하여야 한다.

★★★ [대판 2024.11.28, 2024다271825] ① 원고가 피담보채무 전액을 변제하였다고 주장하면서 근저당권설정등기의 말소등기절차 이행을 청구하였으나 원리금의 계산에 관한 다툼 등으로 인하여 변제액

이 채무 전액을 소멸시키는 데에 미치지 못하고 <u>잔존채무가 있는 것으로 밝혀진 경우</u>에는 특별한 사정이 없는 한 원고의 청구에 확정된 잔존채무를 변제하고 그 다음에 위 등기의 말소를 구한다는 취지도 포함되어 있다고 해석함이 상당하고, ② 이는 장래이행의 소로서 미리 청구할 이익도 인정되므로, 피담보채무가 전액 변제되지 않았다는 이유만으로 <u>원고의 청구를 단순히 기각할 것이 아니라</u> 근저당권설정등기의 피담보채무 중 잔존원금 및 지연손해금의 액수를 심리·확정한 후 그 <u>변제를 조건으로 근저당권설정등기의 말소를 명하여야 한다.</u> ③ 이는 채무의 담보를 위하여 설정된 <u>지상권설정등기 말소청구의 경우에도 마찬가지이다.</u>

2) 장래이행판결의 집행

① <u>불확정기한의 도래나 선이행의무의 제공과 같은 것</u>은 그 성질상 쉽게 판단되는 것이 아니므로 이는 <u>집행문부여의 요건</u>이 되며 집행법원이 판단하게 되나, ② 집행에 있어 <u>확정기한의 도래나 동시이행에 있어서 반대급부의 제공, 집행불능에 대비한 대상청구</u>와 같이 집행관이 쉽게 판단할 수 있는 명확한 것은 <u>강제집행개시의 요건</u>이 된다.

(6) 장래이행판결과 사정변경[41]

II. 확인의 소의 이익

1. 서설

(1) 의의

확인의 소는 당사자 간의 권리 또는 법률관계의 존부의 확정을 목적으로 하는 소로서, 소의 이익이 가장 문제되는 소의 유형이다. 확인의 소는 기본적으로 대상이 무한정이고 남소의 우려가 있으므로 소의 이익으로 그 제한을 하지 않으면 안 된다. 이러한 이유로 확인의 소의 이익은 원고의 권리 또는 법률적 지위에 위험·불안이 현존하고 또한 그 위험·불안을 제거하는 방법으로서 원고·피고 사이의 청구에 대하여 확인판결을 받는 것이 가장 유효·적절한 경우에 인정된다(대판 2019.3.14, 2018다281159).

[대판 1997.10.16, 96다11747] 확인의 소에 있어서는 권리보호요건으로서 확인의 이익이 있어야 하고 그 확인의 이익은 원고의 권리 또는 법률상의 지위에 현존하는 불안·위험이 있고 그 불안·위험을 제거함에는 피고를 상대로 확인판결을 받는 것이 가장 유효적절한 수단일 때에만 인정되므로 확인의 소의 피고는 원고의 권리 또는 법률관계를 다툼으로써 원고의 법률상의 지위에 불안·위험을 초래할 염려가 있는 자이어야 하고, 그와 같은 피고를 상대로 하여야 확인의 이익이 있다.

[대판 2007.8.24, 2006다40980]

[1] 공동상속인 사이에 어떤 재산이 피상속인의 상속재산에 속하는지 여부에 관하여 다툼이 있어 일부 공동상속인이 다른 공동상속인을 상대로 그 재산이 상속재산임의 확인을 구하는 소를 제기한 경우, 이는 그 재산이 현재 공동상속인들의 상속재산분할 전 공유관계에 있음의 확인을 구하는 소송으로

---

41) 이는 정기금판결의 변경의 소(제252조)와 상관적으로 문제되는 것으로서 해당부분을 참조하기 바란다.

서, 그 승소확정판결에 의하여 그 재산이 상속재산분할의 대상이라는 점이 확정되어 상속재산분할 심판 절차 또는 분할심판이 확정된 후에 다시 그 재산이 상속재산분할의 대상이라는 점에 대하여 다툴 수 없게 되고, 그 결과 공동상속인 간의 상속재산분할의 대상인지 여부에 관한 분쟁을 종국적으로 해결할 수 있으므로 확인의 이익이 있다.

[2] 공동상속인이 다른 공동상속인을 상대로 어떤 재산이 상속재산임의 확인을 구하는 소는 이른바 고유필수적 공동소송이라고 할 것이고, 고유필수적 공동소송에서는 원고들 일부의 소취하 또는 피고들 일부에 대한 소취하는 특별한 사정이 없는 한 그 효력이 생기지 않는다.

(2) 당사자적격과의 관계

확인의 이익이 인정될 때에는 당사자적격도 있는 것이 원칙이다. 즉 확인의 소에서 확인의 이익은 당사자적격과 표리일체의 관계에 있다(당사자적격의 문제는 확인의 이익의 판단에 포함되어 버린다). 따라서 원고적격자는 그 청구에 대하여 확인의 이익을 가지는 자가, 피고적격자는 원고의 이익과 대립되는 이익을 가진 자가 된다.

2. 청구적격 - 확인의 대상(권리보호의 자격)

(1) 원칙적 기준

원칙적인 기준으로서「현재의 권리 또는 법률관계의 확인」에 한한다. 민사소송은「법률상 쟁송」의 해결을 목적으로 하는 것이므로 확인의 대상이 될 수 있는 것도 현재의 권리 또는 법률관계에 한정하는 것이 원칙이다. 이에 대해서 구체적으로 살펴보기로 한다.

(2) 자기의 권리 또는 법률관계

다른 사람 사이의 권리 또는 법률관계의 확인도 자기의 권리관계에 영향을 미치는 한, 확인의 이익이 인정된다. 이 경우 당사자 한쪽과 제3자 사이 또는 제3자 상호간의 법률관계라도 상관이 없다(예 2번 저당권자가 1번 저당권자와 저당권설정자를 상대로 하여 1번 저당권의 부존재확인을 구하는 경우). 판례도 "확인의 소는 반드시 원·피고 간의 법률관계에 한하지 않고 원·피고의 일방과 제3자 또는 제3자 상호 간의 법률관계도 대상이 될 수 있다."고 하여 마찬가지 입장이다.

★★[대판 1995.10.12, 95다26131]

[1] 확인의 소는 반드시 당사자 간의 법률관계에 한하지 아니하고, 당사자의 일방과 제3자 사이 또는 제3자 상호 간의 법률관계도 그 대상이 될 수 있지만, 그 법률관계의 확인이 확인의 이익이 있기 위하여는 그 법률관계에 따라 제소자의 권리 또는 법적 지위에 현존하는 위험, 불안이 야기되어야 하고, 그 위험, 불안을 제거하기 위하여 그 법률관계를 확인의 대상으로 한 확인 판결에 의하여 즉시로 확정할 필요가 있고 또한 그것이 가장 유효적절한 수단이 되어야 한다.42)

---

42) 확인의 소에서 오로지 당사자 사이의 권리관계만이 확인의 대상이 될 수 있는 것은 아니다. 당사자 일방과 제3자 사이의 권리관계 또는 제3자 사이의 권리관계에 관해서도 당사자 사이에 다툼이 있어서 당사자 일방의 권리관계에 불안이나 위험이 초래되고 있고, 다른 일방에 대한 관계에서 그 법률관계를 확정시키는 것이 당사자의 권리관계에 대한 불안이나 위험을 제거할 수 있는 유효·적절한 수단이 되는 경우에는 당사자 일방과 제3자 사이의 권리관계 또는 제3자 사이의 권리관계에 관해서도 확인의 이익이 있다(대판 2021.5.7, 2021다201320).

[2] 자기의 권리 또는 법률상의 지위가 타인으로부터 부인당하거나 또는 그와 저촉되는 주장을 당함으로써 위협을 받거나 방해를 받는 경우에는 그 타인을 상대로 자기의 권리 또는 법률관계의 확인을 구하여야 하고, 자기의 권리 또는 법률상의 지위를 부인하는 상대방이 자기 주장과는 양립할 수 없는 제3자에 대한 권리 또는 법률관계를 주장한다고 하여 상대방 주장의 그 제3자에 대한 권리 또는 법률관계가 부존재한다는 것만의 확인을 구하는 것은, 설령 그 확인의 소에서 승소판결을 받는다고 하더라도 그 판결로 인하여 상대방에 대한 관계에서 자기의 권리가 확정되는 것도 아니고 그 판결의 효력이 제3자에게 미치는 것도 아니어서, 그와 같은 부존재 확인의 소는 자기의 권리 또는 법률적 지위에 현존하는 불안, 위험을 해소시키기 위한 유효적절한 수단이 될 수 없으므로 확인의 이익이 없다.

[대판 2004.3.12. 2003다49092]

[1] 일반적으로 채권은 채무자로부터 급부를 받는 권능이기 때문에 소송상으로도 채권자는 통상 채무자에 대하여 채권의 존재를 주장하고 그 급부를 구하면 되는 것이지만, 만약 하나의 채권에 관하여 2인 이상이 서로 채권자라고 주장하고 있는 경우에 있어서는 그 채권의 귀속에 관한 분쟁은 채무자와의 사이에 생기는 것이 아니라 스스로 채권자라고 주장하는 사람들 사이에 발생하는 것으로서 참칭채권자가 채무자로부터 변제를 받아버리게 되면 진정한 채권자는 그 때문에 자기의 권리가 침해될 우려가 있어 그 참칭채권자와의 사이에서 그 채권의 귀속에 관하여 즉시 확정을 받을 필요가 있고, 또 그들 사이의 분쟁을 해결하기 위하여는 그 채권의 귀속에 관한 확인판결을 받는 것이 가장 유효적절한 권리구제 수단으로 용인되어야 할 것이므로 스스로 채권자라고 주장하는 어느 한 쪽이 상대방에 대하여 그 채권이 자기에게 속한다는 「채권의 귀속에 관한 확인」을 구하는 청구는 그 확인의 이익이 있다.

[2] 자기의 권리 또는 법률상의 지위를 부인하는 상대방이 자기 주장과는 양립할 수 없는 제3자에 대한 권리 또는 법률관계를 주장한다고 하여 「상대방 주장의 그 제3자에 대한 권리 또는 법률관계가 부존재한다는 것만의 확인」을 구하는 것은, 설령 그 확인의 소에서 승소판결을 받는다고 하더라도 그 판결로 인하여 상대방에 대한 관계에서 자기의 권리가 확정되는 것도 아니고 그 판결의 효력이 제3자에게 미치는 것도 아니어서 그와 같은 부존재확인의 소는 자기의 권리 또는 법률적 지위에 현존하는 불안·위험을 해소시키기 위한 유효적절한 수단이 될 수 없으므로 확인의 이익이 없다.

➡ [해설] : 압류 및 전부명령을 받은 양 당사자 중 어느 한 쪽이 상대방에 대하여 제3채무자의 상대방에 대한 전부금채무 부존재확인을 구하는 소는 확인의 이익이 없어 부적법하다고 한 사례이다.

[대판 2017.3.15. 2014다208255] 확인의 소에는 권리보호요건으로서 확인의 이익이 있어야 하고 확인의 이익은 확인판결을 받는 것이 원고의 권리 또는 법률상의 지위에 현존하는 불안·위험을 제거하는 가장 유효적절한 수단일 때에 인정된다. 확인의 소는 반드시 원·피고 간의 법률관계에 한하지 않고 원·피고의 일방과 제3자 또는 제3자 상호 간의 법률관계도 대상이 될 수 있으나, 법률관계와 관련하여 원고의 권리 또는 법적 지위에 현존하는 위험이나 불안이 야기되어 이를 제거하기 위하여 법률관계를 확인의 대상으로 삼아 원·피고 간의 확인판결에 의하여 즉시 확정할 필요가 있고, 또한 그것이 가장 유효적절한 수단이 되어야 확인의 이익이 있다. 이러한 법리는 원·피고의 일방이 제3자와 계약이나 협약을 체결하였으나, 그 후 계약이나 협약의 해제·해지를 둘러싸고 분쟁이 생긴 경우에도 적용된다.[43)]

★[대판 2004.3.25. 2002다20742] 근저당권자가 근저당권의 피담보채무의 확정을 위하여 스스로 물상보증인을 상대로 확인의 소를 제기하는 것이 부적법하다고 볼 것은 아니며, 물상보증인이 근저당권자의 채권에 대하여 다투고 있을 경우 그 분쟁을 종국적으로 종식시키는 유일한 방법은 근저당권의 피담보채권의 존부에 관한 확인의 소라고 할 것이므로, 근저당권자가 물상보증인을 상대로 제기한 확인의 소는 확인의 이익이 있어 적법하다.

[대판 1993.3.9. 92다56575] 토지거래규제구역 내에 있으며 토지대장상 소유자미복구로 되어 있는 토지를 매수한 자는 토지거래허가신청절차의 협력의무이행청구권을 보전하기 위하여 매도인을 대위하여 위 토지가 매도인 소유임의 확인을 구할 수 있는지 여부(적극)

[1] 국토이용관리법상의 토지거래규제구역 내의 토지에 관하여 관할관청의 허가 없이 체결된 매매계약이라 하더라도 거래 당사자 사이에는 계약이 효력 있는 것으로 완성될 수 있도록 서로 협력할 의무가 있어 매매계약의 쌍방 당사자는 공동으로 관할관청의 허가를 신청할 의무가 있고, 이러한 의무에 위배하여 허가신청절차에 협력하지 않는 당사자에 대하여 상대방은 협력의무의 이행을 청구할 수 있다.

[2] 망인으로부터 토지거래규제지역 내에 있는 토지로서 등기부 등 관계공부가 멸실되어 토지대장상 소유자미복구로 되어 있는 토지를 매수한 자는 망인의 상속인들에 대한 토지거래허가신청절차의 협력의무의 이행청구권을 보전하기 위하여 상속인들을 대위하여 위 토지가 상속인들 소유임의 확인을 구할 수 있다.

    ➜ [해설] : 채권자가 채권자대위권에 기하여 채무자의 권리확인의 소를 제기할 수 있다고 본 사례이다.

(3) '현재'의 권리 또는 법률관계

1) 과거의 권리 또는 법률관계

① 원칙적으로 과거의 권리관계의 존부확인은 확인의 소로써 대상적격이 없다. 그러나 과거의 권리 내지는 법률관계에 대한 확인이라도 경우에 따라서 그 확인이 현재의 법률관계를 둘러싼 분쟁의 발본적 해결에 도움이 되는 경우, 즉 현재의 권리·법률관계에 관련되어 있거나 과거의 포괄적 법률관계로서 일체분쟁의 직접적·획일적 해결에 유효한 수단이 되는 경우에는 확인의 이익이 인정되고 있다.

---

43) 甲 외국인학교 총감 乙이 丙 지방자치단체 등과 丁 학교의 설립·운영에 관한 협약을 체결하였는데, 丙 지방자치단체 등이 乙에게 협약 해지를 통보하자, 甲 학교가 丙 지방자치단체 등을 상대로 협약유효확인을 구한 사안에서, 丙 지방자치단체 등과 협약을 체결한 당사자는 甲 학교가 아니라 乙임이 분명하므로, 丙 지방자치단체 등의 협약 해지로 곧바로 甲 학교의 권리 또는 법률상의 지위에 불안이나 위험이 있다고 볼 수 없고, 협약 해지로 甲 학교의 권리나 법률상 지위에 영향이 있더라도 협약에 따른 이행청구를 하는 대신 협약의 유효를 판결로서 확정하는 것이 甲 학교의 법률상의 지위에 관한 불안·위험을 제거하는 데 필요하고도 가장 적절하다고 볼 수 있는지 불분명하므로, 甲 학교가 丙 지방자치단체 등을 상대로 협약유효확인을 구할 이익이 있다고 단정하기 어렵다고 본 사례이다. 나아가 동 판례에서는 학교는 일반적으로 법인도 아니고 대표자 있는 법인격 없는 사단 또는 재단도 아닌 교육시설의 명칭일 뿐이기 때문에 원칙적으로 민사소송에서 당사자능력이 인정되지 않는다(그러므로 환송 후 원심으로서는 원고에게 민사소송에서 당사자능력이 인정되는지 여부에 관하여 심리·판단할 필요가 있음을 아울러 지적해 둔다)고 하였다.

② 판례도, ⅰ) 매매계약 무효확인의 소에 있어서 "과거의 법률행위인 매매계약무효의 확인을 구하는 것으로 볼 것이 아니라 현재 매매계약에 기한 채권·채무가 존재하지 않는다는 확인을 구하는 취지를 간결하게 표현한 것으로 선해하여야 한다"고 판시하고(대판 1966.3.15, 66다17), 나아가 ⅱ) 신분관계, 사단관계, 행정소송관계처럼 포괄적 법률관계인 경우에 과거의 것이라도 확인을 구하는 것이 관련된 일체의 분쟁을 일거에 해결하는 유효·적절한 수단이 되는 때에는 확인의 소로써 청구적격이 있다고 하였다(대판 1978.7.11, 78므7).

[대판 1995.3.28, 94므1447]

[1] 일반적으로 과거의 법률관계는 확인의 소의 대상이 될 수 없으나, 혼인, 입양과 같은 신분관계나 회사의 설립, 주주총회의 결의무효, 취소와 같은 사단적 관계, 행정처분과 같은 행정관계와 같이 그것을 전제로 하여 수많은 법률관계가 발생하고 그에 관하여 일일이 개별적으로 확인을 구하는 번잡한 절차를 반복하는 것보다 과거의 법률관계 그 자체의 확인을 구하는 편이 관련된 분쟁을 일거에 해결하는 유효·적절한 수단일 수 있는 경우에는 예외적으로 확인의 이익이 인정된다.

[2] 사실혼관계에 있던 당사자 일방이 사망하였더라도, 현재적 또는 잠재적 법적 분쟁을 일거에 해결하는 유효·적절한 수단이 될 수 있는 한, 그 사실혼관계 존부확인청구에는 확인의 이익이 인정되고, 이러한 경우 친생자관계존부확인청구에 관한 민법 제865조와 인지청구에 관한 민법 제863조의 규정을 유추적용하여, 생존 당사자는 그 사망을 안 날로부터 1년 내에 검사를 상대로 과거의 사실혼관계에 대한 존부확인청구를 할 수 있다고 보아야 한다.

[대판 1978.7.11, 78므7] 협의이혼으로 혼인관계가 해소된 경우에도 과거의 혼인관계의 무효확인을 구할 정당한 법률상의 이익이 있다(➔ 판결이유 중 – 과거 일정기간 동안의 혼인관계의 존부의 문제라 해도 혼인무효의 효과는 기왕에 소급하는 것이고 그것이 적출자의 추정 등 당사자의 신분법상의 관계 또는 연금관계법에 기한 유족연금의 수급자격, 재산상속권 등 재산법상의 관계에 있어 현재의 법률상태에 직접적인 중대한 영향을 미치는 이상 그 무효확인을 구할 정당한 법률상의 이익이 있다 할 것이다).

[대판(전) 2024.5.23, 202므15896] 혼인관계가 이혼으로 해소된 이후에도 과거 일정기간 존재하였던 혼인관계의 무효 확인을 구할 확인의 이익이 있는지 여부(원칙적 적극)

이혼으로 혼인관계가 이미 해소되었다면 기왕의 혼인관계는 과거의 법률관계가 된다. 그러나 신분관계인 혼인관계는 그것을 전제로 하여 수많은 법률관계가 형성되고 그에 관하여 일일이 효력의 확인을 구하는 절차를 반복하는 것보다 과거의 법률관계인 혼인관계 자체의 무효 확인을 구하는 편이 관련된 분쟁을 한꺼번에 해결하는 유효·적절한 수단일 수 있으므로, 특별한 사정이 없는 한 혼인관계가 이미 해소된 이후라고 하더라도 혼인무효의 확인을 구할 이익이 인정된다고 보아야 한다. 그 상세한 이유는 다음과 같다. ① 무효인 혼인과 이혼은 법적 효과가 다르다. 무효인 혼인은 처음부터 혼인의 효력이 발생하지 않는다. 따라서 인척이거나 인척이었던 사람과의 혼인금지 규정(민법 제809조 제2항)이나 친족 사이에 발생한 재산범죄에 대하여 형을 면제하는 친족상도례 규정(형법 제328조 제1항 등) 등이 적용되지 않는다. 반면 혼인관계가 이혼으로 해소되었더라도 그 효력은 장래에 대해서만 발생하므로 이혼 전에 혼인을 전제로 발생한 법률관계는 여전히 유효하다. 그러므로 이혼 이후에도 혼인관계가 무효임을 확인할 실익이 존재한다. ② 가사소송법은 부부 중 어느 한쪽이 사망하여 혼인관계가 해소된 경우 혼인관계 무효 확인의 소를 제기하는 방법에 관한 규정을 두고 있다. 이러한 가사소송법 규정에 비추어 이혼한 이후 제기되는 혼인무효 확인의 소가 과거의 법률관계를 대상으로 한다는 이유로 확인의 이익이 없다고 볼 것은 아니다. ③ 대법원은 협의파양으로 양친자관계가 해소된 이후 제기된 입양무효 확인의 소에서 확인의 이익을 인정하였다. 대법원의 위와 같은 판단은 이혼으로 혼인관계가 해소된 이후 제기된 혼인무효 확인의 소에서 확인의 이익을 판단할 때에도 동일하게 적용될 수 있다. ④ 무효인 혼인 전력이 잘못 기재된 가족관계등록부의 정정 요구를 위한 객관적 증빙자료를 확보하기 위해서는 혼인관계 무효 확인의 소를 제기할 필요가 있다. ⑤ 가족관계 등록부의 잘못된 기재가 단순한 불명예이거나 간접적·사실상의 불이익에 불과하다고 보아 그 기재의 정정에 필요한 자료를 확보하기 위하여 기재 내용의 무효 확인을 구하는 소에서 확인의 이익을 부정한다면, 혼인무효 사유의 존부에 대하여 법원의 판단을 구할 방법을 미리 막아버림으로써 국민이 온전히 권리구제를 받을 수 없게 되는 결과를 가져올 수 있다.

[대판(전) 2000.5.18, 95재다199] 학교법인의 정관이나 대학교원의 인사규정상 임용기간이 만료되는 교원에 대한 재임용의무를 부여하는 근거규정이 없다면 임용기간의 만료로 당연히 교원의 신분을 상실한다고 할 것이고, 따라서 임용기간 만료 전에 행하여진 직위해제 또는 면직처분이 무효라고 하더라도 교원의 신분을 회복할 수 없는 것으로서 그 무효확인청구는 과거의 법률관계의 확인청구에 지나지 않는다고 할 것이며, 한편 과거의 법률관계라 할지라도 현재의 권리 또는 법률상 지위에 영향을 미치고 있고 현재의 권리 또는 법률상 지위에 대한 위험이나 불안을 제거하기 위하여 그 법률관계에 관한 확인판결을 받는 것이 유효·적절한 수단이라고 인정될 때에는 그 법률관계의 확인소송은 즉시확정의 이익이 있다고 보아야할 것이지만, 직위해제 또는 면직된 경우에는 징계에 의하여 파면 또는 해임된 경우와는 달리 공직이나 교원으로 임용되는 데에 있어서 법령상의 아무런 제약이 없으므로 그 무효확인을 구할 이익이 없다.

[대판 2013.8.23, 2012다17585] 근저당권의 피담보채무에 관한 부존재확인의 소가 근저당권이 말소된 경우 확인의 이익이 없게 되는지 여부(적극)
확인의 소에서 확인의 대상은 현재의 권리 또는 법률관계일 것을 요하므로 특별한 사정이 없는 한 과거의 권리 또는 법률관계의 존부확인은 인정되지 아니하는바, 근저당권의 피담보채무에 관한 부존재확인의 소는 근저당권이 말소되면 과거의 권리 또는 법률관계의 존부에 관한 것으로서 확인의 이익이 없게 된다.

[대판 2020.8.20, 2018다249148; 대판 2021.2.25, 2017다51610; 대판 2022.2.10, 2019다227732]
과거의 법률관계가 확인의 소의 대상이 될 수 있는 경우
일반적으로 과거의 법률관계는 확인의 소의 대상이 될 수 없지만, 그것이 이해관계인들 사이에 현재적 또는 잠재적 분쟁의 전제가 되어 과거의 법률관계 자체의 확인을 구하는 것이 관련된 분쟁을 일거에 해결하는 유효·적절한 수단이 될 수 있는 경우에는 예외적으로 확인의 이익이 인정된다.

➲ [사실관계 및 해설] : 甲 주식회사의 주주들이 법원의 허가를 받아 개최한 주주총회에서 乙이 감사로 선임되었는데도 甲 회사가 감사 임용계약의 체결을 거부하자, 乙이 甲 회사를 상대로 감사 지위의 확인을 구하는 소를 제기하여, 소를 제기할 당시는 물론 대법원이 乙의 청구를 받아들이는 취지의 환송판결을 할 당시에도 乙의 감사로서 임기가 남아 있었는데, 환송 후 원심의 심리 도중 乙의 임기가 만료되어 후임 감사가 선임된 사안에서, 乙의 임기가 만료되고 후임 감사 선임됨으로써 乙의 감사 지위 확인 청구가 과거의 법률관계에 대한 확인을 구하는 것이 되었으나, 과거의 법률관계라고 할지라도 현재의 권리 또는 법률상 지위에 영향을 미치고 이에 대한 위험이나 불안을 제거하기 위하여 그 법률관계에 관한 확인판결을 받는 것이 유효·적절한 수단이라고 인정될 때에는

확인을 구할 이익이 있으므로, 乙에게 현재의 권리 또는 법률상 지위에 대한 위험이나 불안을 제거하기 위해 과거의 법률관계에 대한 확인을 구할 이익이나 필요성이 있는지를 석명하고 이에 관한 의견을 진술하게 하거나 청구취지를 변경할 수 있는 기회를 주어야 하는데도, 종전의 감사 지위 확인 청구가 과거의 법률관계에 대한 확인을 구하는 것이 되었다는 등의 이유만으로 확인의 이익이 없다고 보아 乙의 청구를 부적법 각하한 원심판결에는 확인소송에서 확인의 이익 및 석명의무의 범위에 관한 법리오해의 잘못이 있다고 한 사례이다(대판 2020.8.20, 2018다249148).

[대판 2022.6.16, 2022다207967] ① 확인의 소는 원칙적으로 분쟁 당사자 사이의 권리 또는 법률상 지위에 현존하는 불안·위험이 있고 확인판결을 받는 것이 분쟁을 근본적으로 해결하는 가장 유효·적절한 수단일 때에 허용되므로, 과거의 법률관계는 현재의 권리 또는 법률관계에 관하여 확정할 이익이 없어 확인의 소의 대상이 될 수 없음이 원칙이다. 다만 과거의 법률관계가 이해관계인들 사이에 분쟁의 전제가 되어 과거의 법률관계라고 하더라도 그에 대한 확인을 구하는 것이 이와 관련된 다수 분쟁을 일거에 해결하는 유효·적절한 수단이 될 수 있는 경우 등에는 예외적으로 확인의 이익이 인정될 수 있다. ② 확인의 소에서 확인의 이익 유무는 직권조사사항이므로 당사자의 주장 여부에 관계 없이 법원이 직권으로 판단하여야 하고, 당사자가 현재의 권리나 법률관계에 존재하는 불안·위험이 있어 확인을 구하는 소를 제기하였으나 법원의 심리 도중 시간적 경과로 인해 확인을 구하는 대상이 과거의 법률관계가 되어 버린 경우, 법원으로서는 확인의 대상이 과거의 법률관계라는 이유로 확인의 이익이 없다고 보아 곧바로 소를 각하할 것이 아니라, 당사자에게 현재의 권리 또는 법률상 지위에 대한 위험이나 불안을 제거하기 위해 과거의 법률관계에 대한 확인을 구할 이익이나 필요성이 있는지 여부를 석명하여 이에 관한 의견을 진술하게 하거나 당사자로 하여금 청구취지를 변경할 수 있는 기회를 주어야 한다.

[대판 2023.2.23, 2022다207547] **과거의 법률관계에 관하여 확인의 소를 구할 확인의 이익이 인정되는 경우**
확인의 소는 현재의 권리 또는 법률상 지위에 관한 위험이나 불안을 제거하기 위하여 허용되는 것이지만, 과거의 법률관계라 할지라도 현재의 권리 또는 법률상 지위에 영향을 미치고 있고 현재의 권리 또는 법률상 지위에 대한 위험이나 불안을 제거하기 위하여 그 법률관계에 관한 확인판결을 받는 것이 유효적절한 수단이라고 인정될 때에는 확인의 이익이 있다.

➲ [사실관계 및 해설] : 甲이 乙 주식회사가 운영하는 고등학교에서 재학 중 정학 2일의 징계를 받은 뒤 이에 불복하여 乙 회사를 상대로 징계 무효 확인을 구하는 소를 제기하였다가 소송 중 학교를 졸업한 사안에서, 학교생활기록부에 기재된 징계 내역은 준영구적으로 보존되고, 학교생활기록부 기재사항은 대상자의 교육을 받을 권리, 공무담임권, 직업의 선택 등 여러 방면에 상당한 영향을 미칠 수 있으며, 甲은 학교생활기록부에 기재된 징계 내역이 잘못된 경우 정정을 요구할 수 있고, 이를 위해서는 '객관적 증빙자료'를 확보할 필요가 있으므로, 징계 자체는 과거의 법률관계라고 하더라도 징계 무효 확인을 구하는 소는 학교생활기록부 기재사항과 밀접하게 관련된 현재의 권리 또는 법률상 지위에 대한 위험이나 불안을 제거하기 위하여 그 법률관계에 관한 확인판결을 받는 것이 유효·적절한 수단에 해당하므로, 확인을 구할 법률상 이익이 인정된다고 한 사례이다.

2) 장래의 권리 또는 법률관계

① 장래의 권리의무 또는 법률관계는 확인의 소의 대상이 되지 못한다. 장래의 법률관계를 현재 확정하여 보았자 장래의 변동가능성이 항상 존재하므로 그 의미가 별로 없기 때문이다. 따라서 상속개시 전에 상속권확인, 유언자생전에 유언무효확인은 허용되지 않는다. 다만 ② 조건부권리나 기한부권리는 확인의 소의 대상이 될 수 있다.

(4) 권리 또는 법률관계

① 단순한 사실관계, 즉 역사적인 사실이나 자연현상은 확인의 대상이 되지 않고, 권리 또는 법률관계이어야 한다. 그리고 이러한 권리관계에는 명확한 법률적 명칭이 있는 것에 한하지 않고, 친자관계나 부부관계 등에서와 같은 법적 지위 또는 법적 상태인 경우에도 이에 포함된다.

② 다만, 예외적으로 증서의 진정 여부를 확인하는 소송은 사실관계의 확인임에도 불구하고 명문의 규정으로 인정되고 있다(제250조).

3. 확인의 이익 – 권리보호의 이익 내지 필요

① 권리 또는 법률상 지위에, ② 현존하는 위험·불안이 있고, ③ 이를 제거함에 확인판결을 받는 것이 가장 유효·적절한 수단인 경우이어야 한다. 따라서 권리 또는 법률상의 지위에 위험·불안이 현존하지 아니하거나 다른 특별한 사정의 존재로 말미암아 확인판결을 받는 것이 무용·무의미하여 그 필요성이 없는 경우에는 확인의 이익이 있다고 할 수 없어 확인의 소는 허용되지 아니한다.

[대판(전) 2021.6.17, 2018다257958] [다수의견] 확인의 소에서는 권리보호요건으로서 확인의 이익이 있어야 하고 확인의 이익은 원고의 권리 또는 법률상의 지위에 현존하는 불안·위험이 있고 그 불안·위험을 제거하는 데 피고를 상대로 확인판결을 받는 것이 가장 유효적절한 수단일 때에만 인정된다고 할 것이므로, 원고의 권리 또는 법률관계를 다툼으로써 원고의 법률상 지위에 불안·위험을 초래할 염려가 있다면 확인의 이익이 있다. 그러므로 보험계약의 당사자 사이에 계약상 채무의 존부나 범위에 관하여 다툼이 있는 경우 그로 인한 법적 불안을 제거하기 위하여 보험회사는 먼저 보험수익자를 상대로 소극적 확인의 소를 제기할 확인의 이익이 있다고 할 것이다.

[대판 2022.10.27, 2017다9732·9749·9756; 대판 2022.10.27, 2017다14581; 대판 2022. 12.15, 2019다269156; 대판 2024.3.12, 2019다29013] 확인의 소에서 '확인의 이익'이 인정되기 위한 요건
확인의 소에서 '확인의 이익'이란 당사자(원고)의 권리 또는 법률상 지위에 현존하는 불안·위험이 있고, 그 불안·위험을 제거하는 데 피고를 상대로 확인판결을 받는 것이 가장 유효적절한 수단일 때 인정된다. 따라서 원고의 권리 또는 법률관계를 다툼으로써 원고의 법률상 지위에 불안·위험을 초래할 염려가 있다면 확인의 이익이 있다.

★[대판 1995.6.9, 94다13480] 취득시효 완성을 원인으로 한 소유권이전등기절차를 이행해 주어야 할 지위에 있는 미등기 토지의 소유자가, 취득시효가 완성된 점유자인 국가를 상대로 소유권의 확인을 구할 법률상 이익이 있는지 여부
국가가 미등기 토지를 20년간 점유하여 취득시효가 완성된 경우, 그 미등기 토지의 소유자로서는 국

가에게 이를 원인으로 하여 <u>소유권이전등기절차를 이행하여 줄 의무를 부담하고 있는 관계로 국가에 대하여 그 소유권을 행사할 지위에 있다고 보기 어렵고</u>, 또 그가 <u>소유권확인판결을 받는다고 하여 이러한 지위에 변동이 생기는 것도 아니라고 할 것이므로</u>, 이와 같은 사정하에서는 그 소유자가 굳이 국가를 상대로 토지에 대한 소유권의 확인을 구하는 것은 무용·무의미하다고 볼 수밖에 없어 확인판결을 받을 <u>법률상 이익이 있다고 할 수 없다.</u>

➡ [사실관계 및 해설] : 확인의 소에 있어서는 권리보호요건으로서 확인의 이익이 있어야 하고, 그 확인의 이익은 원고의 권리 또는 법률상의 지위에 불안·위험이 있어 이를 즉시 제거하여야 할 필요성이 있고, 그 불안·위험을 제거함에는 피고를 상대로 확인판결을 받는 것이 가장 유효 적절한 수단일 때에만 인정된다고 할 것이므로, <u>원고의 권리 또는 법률상의 지위에 불안·위험이 현존하지 아니하거나 다른 특별한 사정의 존재로 말미암아 확인판결을 받는 것이 무용·무의미하여 그 필요성이 없는 경우에는 확인의 이익이 있다고 할 수 없어 확인의 소는 허용되지 아니한다 할 것이다.</u> 이 사건에서 원심이 적법하게 확정한 바와 같이 피고가 원고의 소유인 이 사건 토지를 1946.7.23.경부터 점유하기 시작하여 그로부터 20년이 경과한 1966.7.23. 취득시효가 완성되었다면 피고는 원고에게 이를 원인으로 한 소유권이전등기절차의 이행을 청구할 수 있고 원고는 이에 응할 의무를 부담하고 있다 할 것이므로, 이러한 지위에 놓여 있는 원고로서는 다른 특별한 사정이 없는 한 이 사건 토지에 관하여 피고를 상대로 소유권확인판결을 받을 필요성은 없다고 보아야 옳을 것이다.

[대판 2025.6.5. 2024다202652] 주주명부상 주주가 회사에 대하여 주주권 확인을 구한 경우, 주주명부상 주주라는 이유만을 들어 확인의 이익이 없다고 할 수 있는지 여부(소극) 및 이 경우 확인의 이익이 인정되는지 판단하는 방법

① <u>확인의 소는 원고의 권리 또는 법률상의 지위에 현존하는 불안·위험이 있고 확인판결을 받는 것이 그 분쟁을 근본적으로 해결하는 유효적절한 수단인 경우에 허용된다.</u> ② 특별한 사정이 없는 한, <u>주주명부에 적법하게 주주로 기재되어 있는 자는 회사에 대한 관계에서 그 주식에 관한 의결권 등 주주권을 행사할 수 있고</u>, 회사 역시 주주명부상 주주 외에 실제 주식을 인수하거나 양수하고자 하였던 자가 따로 존재한다는 사실을 알았든 몰랐든 간에 주주명부상 주주의 주주권 행사를 부인할 수 없으며, <u>주주명부에 기재를 마치지 아니한 자의 주주권 행사를 인정할 수도 없다.</u> 그러나 상법은 주주명부의 기재를 회사에 대한 <u>대항요건(제337조 제1항)으로 정하고 있을 뿐 주식 이전의 효력발생요건으로 정하고 있지 않으므로 명의개서가 이루어졌다고 하여 무권리자가 주주가 되는 것은 아니고, 명의개서가 이루어지지 않았다고 해서 주주가 그 권리를 상실하는 것도 아니다.</u> 이와 같이 주식의 소유권 귀속에 관한 권리관계와 주주의 회사에 대한 주주권 행사국면은 구분되는 것이고, 회사와 주주 사이에서 주주권의 귀속이 다투어지는 경우 역시 주식의 소유권 귀속에 관한 권리관계로서 회사에 대한 주주권의 행사와는 별도로 판단되어야 한다. 따라서 <u>회사가 주주명부상 주주에 대하여 그 주주권의 귀속을 부인할 가능성이 없다고 단정할 수 없으므로, 주주명부상 주주라는 이유만을 들어 회사에 대하여 주주권 확인을 구할 이익이 없다고 할 수 없다.</u> 따라서 회사가 주주명부상 주주 외에 다른 자에게 명의개서 절차를 이행해 줄 것 같은 태세를 보이거나 주주명부상 주주의 주주권 행사를 정당한 이유 없이 거절하였는지 등의 사정을 종합하여 확인의 이익이 인정되는지를 판단하여야 한다.

➡ [사실관계 및 해설] : 甲 주식회사가 발행한 일부 주식에 관하여 주주명부상 주주로 기재되어 있는 乙이 甲 회사를 상대로 회계장부 등 열람·등사 가처분을 신청하였다가 甲 회사가 그 대표이

사인 丙이 乙에게 위 주식을 명의신탁한 것이라고 주장하며 다투어 위 신청이 기각되자 甲 회사
와 丙을 상대로 위 주식에 관한 주주권의 확인을 구하는 소를 제기한 사안에서, 乙이 위 주식에
관하여 주주명부에 주주로 기재되어 있다는 사정은 甲 회사에 대하여 주주권을 행사하는 것이
원칙적으로 가능함을 의미할 뿐이지 그것만으로 주주권 귀속에 관한 분쟁에 따른 법률상 위험까
지도 제거된다고 볼 수 없고, 乙이 甲 회사와 丙을 상대로 주주권 확인을 구하는 것 외에 위와
같은 분쟁을 더 유효적절하게 해결할 다른 수단을 발견하기도 어려우므로, 甲 회사와 丙이 위
주식에 관한 주주권 귀속을 다투는 이상 乙이 甲 회사와 丙을 상대로 위 주식에 관한 주주권이
乙에게 있다는 확인을 구할 이익이 있다고 봄이 타당다고 한 사례이다.

(1) 즉시확정의 이익

원고의 권리 또는 법률상 지위에 위험·불안이 현존하고, 이것을 제거하기 위하여 확인판결에 의
해 즉시 확정하여야 할 법률상의 이익이 있는 것을 의미한다.

★[대판 2023.6.1, 2020다211238; 대판 2024.1.4, 2023다244499] 확인의 이익 - 단체 내부분쟁
① 확인소송은 즉시확정의 이익이 있는 경우, 즉 원고의 권리 또는 법률상 지위에 대한 위험 또는
불안을 제거하기 위하여 확인판결을 얻는 것이 법률상 유효적절한 경우에 한하여 허용된다. ② 법인
아닌 사단의 대표자 또는 구성원의 지위에 관한 확인소송에서 대표자 또는 구성원 개인을 상대로 제소
하는 경우에는 청구를 인용하는 판결이 내려진다 하더라도 그 판결의 효력이 해당 단체에 미친다고
할 수 없기 때문에 대표자 또는 구성원의 지위를 둘러싼 당사자들 사이의 분쟁을 근본적으로 해결하
는 유효적절한 방법이 될 수 없으므로, 그 단체를 상대로 하지 않고 대표자 또는 구성원 개인을 상대
로 한 청구는 확인의 이익이 없어 부적법하다. ③ 확인의 소에서 확인의 이익 유무는 직권조사사항이
므로 당사자의 주장 여부에 관계없이 법원이 직권으로 판단하여야 한다.

1) 법률상 이익

법률상 이익이 아닌 반사적으로 받게 될 사실상·경제상 이익은 포함되지 않는다. 따라서 회사의
자산증가에 대한 주주로서의 경제적 이익만으로는 확인의 이익이 없다(판례).

★★★[대판 2016.3.10, 2013다99409]
[1] 근저당권자가 유치권 신고를 한 사람을 상대로 경매절차에서 유치권을 내세워 대항할 수 있는 범위를
초과하는 유치권의 부존재 확인을 구할 법률상 이익이 있는지 여부(적극) 및 유치권 신고를 한 사람이
피담보채권으로 주장하는 금액 중 일부만 경매절차에서 유치권으로 대항할 수 있는 경우, 법원이 취할
조치(유치권 부분에 대한 일부패소 판결)
① 민사집행법 제268조에 의하여 담보권의 실행을 위한 경매절차에 준용되는 같은 법 제91조 제5
항에 의하면 유치권자는 경락인에 대하여 피담보채권의 변제를 청구할 수는 없지만 자신의 피담보
채권이 변제될 때까지 유치목적물인 부동산의 인도를 거절할 수 있어 경매절차의 입찰인들은 낙찰
후 유치권자로부터 경매목적물을 쉽게 인도받을 수 없다는 점을 고려하여 입찰하게 되고 그에 따
라 경매목적 부동산이 그만큼 낮은 가격에 낙찰될 우려가 있다. 이와 같이 저가낙찰로 인해 경매를
신청한 근저당권자의 배당액이 줄어들거나 경매목적물 가액과 비교하여 거액의 유치권 신고로 매각
자체가 불가능하게 될 위험은 경매절차에서 근저당권자의 법률상 지위를 불안정하게 하는 것이므로

위 불안을 제거하는 근저당권자의 이익을 단순한 사실상·경제상의 이익이라고 볼 수는 없다. 따라서 근저당권자는 유치권 신고를 한 사람을 상대로 유치권 전부의 부존재뿐만 아니라 경매절차에서 유치권을 내세워 대항할 수 있는 범위를 초과하는 유치권의 부존재 확인을 구할 법률상 이익이 있고, ② 심리 결과 유치권 신고를 한 사람이 유치권의 피담보채권으로 주장하는 금액의 일부만이 경매절차에서 유치권으로 대항할 수 있는 것으로 인정되는 경우에는 법원은 특별한 사정이 없는 한 그 유치권 부분에 대하여 일부패소의 판결을 하여야 한다.

[2] 유치권 부존재 확인소송에서 유치권의 목적물과 견련관계 있는 채권의 존재에 관한 주장·증명책임의 소재(피고)

소극적 확인소송에서는 원고가 먼저 청구를 특정하여 채무발생원인 사실을 부정하는 주장을 하면 채권자인 피고는 권리관계의 요건사실에 관하여 주장·증명책임을 부담하므로, 유치권 부존재 확인소송에서 유치권의 요건사실인 유치권의 목적물과 견련관계 있는 채권의 존재에 대해서는 피고가 주장·증명하여야 한다.

➩ [해설] : 근저당권자인 원고의 신청에 의한 경매절차에서 36여억원의 공사대금채권을 피담보채권으로 하는 유치권을 신고한 피고에 대하여 유치권부존재확인의 소를 제기한 사건에서, ① 원심은 유치권은 불가분성을 가지므로 피담보채무의 범위에 따라 그 존부나 효력을 미치는 목적물의 범위가 달라지는 것은 아닌 점, 유치권자는 우선변제권이 없으므로 배당절차에서 피담보채권액 전부를 배당받을 수 없다는 점 고려 등을 이유로 확인의 이익을 부정하였다. 이에 대해 ② 대법원은 유치권의 유치적 효력을 주된 근거로 위와 같이 판시하여 확인의 이익을 인정하였다. 나아가 일부패소의 판결을 하더라도 처분권주의에 반하지 않음을 밝히고 있다.

◈ 논증구도 ◈

1. 확인의 소의 적법성
(1) 확인의 소의 대상적격 및 확인의 이익 유무
　① 제3자의 권리·법률관계도 자기의 권리관계에 영향을 미치는 한, 당사자의 일방과 제3자 사이 또는 제3자 상호간의 법률관계도 그 대상이 될 수 있다.
　② 확인의 이익이 인정되기 위해서는 ⅰ) 원고의 권리 또는 법률상 지위에, ⅱ) 위험·불안이 현존하고, ⅲ) 이것을 제거하기 위하여 확인판결을 받는 것이 가장 유효·적절한 수단이어야 한다.
　③ 법률상 지위는 보호할 가치 있는 법적 이익으로서, 법률상 이익이 아닌 반사적으로 받게 될 사실상·경제상 이익은 포함되지 않는다.
(2) 근저당권자가 유치권부존재 확인을 구할 법률상 이익의 인정 여부
　위 판시내용 참고

2. 일부인용판결의 가부
(1) 처분권주의의 의의 및 내용
　처분권주의란 절차의 개시, 심판의 대상, 절차의 종결에 대해 당사자에게 주도권을 주어 그의 처분에 맡기는 입장을 말한다(제203조). 법원으로서는 당사자가 신청한 사항에 대하여, 신청의 범위 내에서만 판단하여야 하고, 신청한 소송물의 범위 내에서 소송물의 일부가 인용될 수 있을 경우에는 청구취지의 변경이 없이도 일부인용의 판결을 할 수 있다. 그것이 원고의 통상의 의사에 부합하기 때문이다.
(2) 유치권부존재확인의 소에서 일부인용판결의 가부
　위 판시내용 참고

★★★[대판 2020.1.16. 2019다247385]

[1] 확인의 이익 등 소송요건이 법원의 직권조사사항인지 여부(적극) 및 사실심 변론종결 이후 소송요건이 흠결되거나 흠결이 치유된 경우 상고심에서 이를 참작하여야 하는지 여부(적극)

확인의 소는 원고의 권리 또는 법률상의 지위에 현존하는 불안·위험이 있고, 확인판결을 받는 것이 그 분쟁을 근본적으로 해결하는 가장 유효·적절한 수단일 때에 허용된다. 그리고 확인의 이익 등 소송요건은 직권조사사항으로서 당사자가 주장하지 않더라도 법원이 직권으로 조사하여 판단하여야 하고, 사실심 변론종결 이후에 소송요건이 흠결되거나 그 흠결이 치유된 경우 상고심에서도 이를 참작하여야 한다.

[2] 경매절차에서 <u>유치권이 주장되었으나</u> 소유부동산 또는 담보목적물이 매각된 경우, 소유권을 상실하거나 근저당권이 소멸된 소유자와 근저당권자가 유치권의 부존재 확인을 구할 법률상 이익이 있는지 여부(소극)

<u>근저당권자에게 담보목적물에 관하여 각 유치권의 부존재 확인을 구할 법률상 이익이 있다고 보는 것은 경매절차에서 유치권이 주장됨으로써 낮은 가격에 입찰이 이루어져 근저당권자의 배당액이 줄어들 위험이 있다는 데에 근거가 있고,</u> 이는 소유자가 그 소유의 부동산에 관한 경매절차에서 유치권의 부존재 확인을 구하는 경우에도 마찬가지이다. 위와 같이 경매절차에서 유치권이 주장되었으나 <u>소유부동산 또는 담보목적물이 매각되어 그 소유권이 이전되어 소유권을 상실하거나 근저당권이 소멸하였다면,</u> 소유자와 근저당권자는 유치권의 부존재 확인을 구할 법률상 이익이 없다.

[3] 경매절차에서 <u>유치권이 주장되지 아니한 경우,</u> 채권자인 근저당권자가 유치권의 부존재 확인을 구할 법률상 이익이 있는지 여부(적극) 및 이때 채무자가 아닌 소유자가 유치권의 부존재 확인을 구할 법률상 이익이 있는지 여부(소극)

① 경매절차에서 유치권이 주장되지 아니한 경우에는, 담보목적물이 매각되어 그 소유권이 이전됨으로써 근저당권이 소멸하였더라도 채권자는 유치권의 존재를 알지 못한 매수인으로부터 민법 제575조, 제578조 제1항, 제2항에 의한 담보책임을 추급당할 우려가 있고, 위와 같은 위험은 채권자의 법률상 지위를 불안정하게 하는 것이므로, 채권자인 근저당권자로서는 위 불안을 제거하기 위하여 유치권 부존재 확인을 구할 법률상 이익이 있다. 반면 ② 채무자가 아닌 소유자는 위 각 규정에 의한 담보책임을 부담하지 아니하므로, 유치권의 부존재 확인을 구할 법률상 이익이 없다.

➡ [사실관계 및 해설] :

① 甲은 X부동산의 소유자로서, 乙은 A를 채무자로 甲소유의 X부동산에 관한 근저당권자로서, X부동산에 관하여 유치권을 주장한 丙을 상대로 유치권의 부존재 확인을 구하였다.

② 원심 변론종결 전인 2019.4.10. X부동산에 관하여 乙의 근저당권에 기하여 임의경매절차가 개시되고, 위 임의경매절차에서 B가 이 사건 X부동산의 소유권을 취득하였으며, 이를 원인으로 2019.4.11. B명의의 소유권이전등기가 이루어짐과 동시에 乙의 근저당권설정등기가 말소되었다.

③ 甲은 원심 변론종결 뒤인 2019.5.13. 이 사건 경매절차에서 B가 매각대금을 완납하고 소유권을 취득하였다는 이유로 변론재개 신청을 하였다.

④ 이 경우 원심으로서는 당사자의 주장 여부에 관계없이 직권으로 피고가 이 사건 경매절차에서 유치권을 주장하거나 신고하였는지 여부와 甲이 이 사건 근저당권의 피담보채무를 승계하였는지 여부를 심리하여 원고들의 유치권 부존재 확인의 이익이 있는지 여부를 판단하였어야 함에도, 이를 간과하고 본안에 나아가 심리·판단한 원심의 판단에는 확인의 소의 소송요건

인 확인의 이익에 관한 법리를 오해하고 필요한 심리를 다하지 아니하여 판결에 영향을 미친 위법이 있다고 본 사례이다.

[대판 2011.12.22, 2011다84298] 채무자 소유의 목적물에 이미 저당권 기타 담보물권이 설정되어 있는데 채권자가 자기 채권의 우선적 만족을 위하여 채무자와 의도적으로 유치권의 성립요건을 충족하는 내용의 거래를 하고 목적물을 점유함으로써 유치권이 성립한 경우, 유치권을 저당권자 등에게 주장하는 것이 허용되는지 여부(소극) 및 이 경우 저당권자 등이 경매절차 기타 채권실행 절차에서 유치권을 배제하기 위하여 그 부존재확인 등을 소로써 청구할 수 있는지 여부(적극) 채무자가 채무초과의 상태에 이미 빠졌거나 그러한 상태가 임박함으로써 채권자가 원래라면 자기 채권의 충분한 만족을 얻을 가능성이 현저히 낮아진 상태에서 이미 채무자 소유의 목적물에 저당권 기타 담보물권이 설정되어 있어서 유치권의 성립에 의하여 저당권자 등이 그 채권 만족상의 불이익을 입을 것을 잘 알면서 자기 채권의 우선적 만족을 위하여 위와 같이 취약한 재정적 지위에 있는 채무자와의 사이에 의도적으로 유치권의 성립요건을 충족하는 내용의 거래를 일으키고 그에 기하여 목적물을 점유하게 됨으로써 유치권이 성립하였다면, 유치권자가 그 유치권을 저당권자 등에 대하여 주장하는 것은 다른 특별한 사정이 없는 한 신의칙에 반하는 권리행사 또는 권리남용으로서 허용되지 아니한다. 그리고 저당권자 등은 경매절차 기타 채권실행절차에서 위와 같은 유치권을 배제하기 위하여 그 부존재의 확인 등을 소로써 청구할 수 있다고 할 것이다(대판 2011.12.22, 2011다84298).

➡ [사실관계] : 채무자 甲 주식회사 소유의 건물 등에 관하여 乙 은행 명의의 1순위 근저당권이 설정되어 있었는데, 2순위 근저당권자인 丙 주식회사가 甲 회사와 건물 일부에 관하여 임대차계약을 체결하고 건물 일부를 점유하고 있던 중 乙 은행의 신청에 의하여 개시된 경매절차에서 유치권신고를 한 사안에서, 경매개시결정 기입등기가 마쳐지기 전에 임대차계약이 체결되어 丙 회사가 건물 일부를 점유하고 있으며, 丙 회사의 甲 회사에 대한 채권은 상인인 丙 회사와 甲 회사 사이의 상행위로 인한 채권으로서 임대차계약 당시 이미 변제기에 도달하였고 상인인 丙 회사가 건물 일부를 임차한 행위는 채무자인 甲 회사에 대한 상행위로 인한 것으로 인정되므로, 丙 회사는 상사 유치권자로서 甲 회사에 대한 채권 변제를 받을 때까지 유치목적물인 건물 일부를 점유할 권리가 있으나, 위 건물 등에 관한 저당권 설정 경과, 丙 회사와 甲 회사의 임대차계약 체결 경위와 내용 및 체결 후의 정황, 경매에 이르기까지의 사정 등을 종합하여 보면, 丙 회사는 선순위 근저당권자인 乙 은행의 신청에 의하여 건물 등에 관한 경매절차가 곧 개시되리라는 사정을 충분히 인식하면서 임대차계약을 체결하고 그에 따라 유치목적물을 이전받았다고 보이므로, 丙 회사가 선순위 근저당권자의 신청에 의하여 개시된 경매절차에서 유치권을 주장하는 것은 신의칙상 허용될 수 없다고 본 원심판단을 수긍한 사례이다.

★[대판 2017.10.31, 2015다65042] 지상권은 용익물권으로서 담보물권이 아니므로 피담보채무라는 것이 존재할 수 없다. 근저당권 등 담보권 설정의 당사자들이 담보로 제공된 토지에 추후 용익권이 설정되거나 건물 또는 공작물이 축조·설치되는 등으로 토지의 담보가치가 줄어드는 것을 막기 위하여 담보권과 아울러 설정하는 지상권을 이른바 담보지상권이라고 하는데, 이는 당사자의 약정에 따라 담보권의 존속과 지상권의 존속이 서로 연계되어 있을 뿐이고, 이러한 경우에도 지상권의 피담보채무가 존재하는 것은 아니다. 따라서 지상권설정등기에 관한 피담보채무의 범위 확인을 구하는 청구는 원고의 권리 또는 법률상의 지위에 관한 청구라고 보기 어려우므로, 확인의 이익이 없어 부적법하다.

2) 현존하는 위험·불안의 존재

자기의 권리 또는 법적 지위가 다른 사람으로부터 부인당하거나 이와 양립하지 않는 주장을 당하는 경우에 인정된다. 따라서 당사자 사이에 권리관계에 관하여 아무런 다툼이 없으면 원칙적으로 즉시확정의 이익이 없다. 다만 다툼이 없더라도 소멸시효의 완성단계에 이른 경우에 시효중단의 필요, 또는 공부상의 기재를 정정하기 위하여 판결에 의한 확정이 필요한 때에는 즉시확정의 이익이 인정된다.

★[대판 2023.6.29, 2021다277525] 현재 금전채무가 없다는 점에 대하여 당사자 사이에 다툼이 없는 경우, 금전채무의 부존재확인을 구할 확인의 이익이 있는지 여부(원칙적 소극)

확인의 소는 원고의 법적 지위가 불안·위험할 때에 그 불안·위험을 제거함에 확인판결로 판단하는 것이 가장 유효·적절한 수단인 경우에 인정된다. 금전채무에 대한 부존재확인의 소에서는 채무가 존재하는지 또는 잔존채무액이 얼마인지에 관하여 당사자 사이에 다툼이 있는 경우에 원고의 법적 지위에 불안·위험이 있는 것이고, 현재 금전채무가 없다는 점에 대하여 당사자 사이에 다툼이 없다면 원고의 법적 지위에 어떠한 불안·위험이 있다고 할 수 없으므로 특별한 사정이 없는 한 그 채무의 부존재확인을 구할 확인의 이익이 없다고 보아야 한다.

[대판 2009.1.15, 2008다74130] 확인의 소제기 전·후에 권리관계를 다투던 피고가 항소심에서 그 권리관계를 다투지 않는 경우, 확인의 이익이 있는지 여부(적극)

권리관계에 대하여 당사자 사이에 아무런 다툼이 없어 법적 불안이 없으면 원칙적으로 확인의 이익이 없다고 할 것이나, 피고가 권리관계를 다투어 원고가 확인의 소를 제기하였고 당해 소송에서 피고가 권리관계를 다툰 바 있다면 특별한 사정이 없는 한 항소심에 이르러 피고가 권리관계를 다투지 않는다는 사유만으로 확인의 이익이 없다고 할 수 없다.

[대판 2014.4.24, 2012다40592] 공탁관이 가족관계증명서, 제적등본 등 첨부서류만으로는 출급청구인이 진정한 상속인인지 심사할 수 없다는 이유로 공탁물출급청구를 불수리한 경우, 정당한 공탁물 수령권자가 공탁자를 상대로 공탁물출급청구권의 확인을 구하는 소송을 제기할 이익이 있는지 여부(적극)

채권자가 사망하고 과실 없이 그 상속인을 알 수 없는 경우 채무자는 민법 제487조 후문에 따라 변제공탁을 할 수 있고, 피공탁자인 상속인은 가족관계증명서, 제적등본 등 상속을 증명하는 서류를 첨부하여 공탁관에게 공탁물출급을 청구할 수 있다. 한편 공탁관은 공탁물출급청구서와 그 첨부서류만으로 공탁당사자의 공탁물지급청구가 공탁관계 법령에서 규정한 절차적, 실체적 요건을 갖추고 있는지 여부를 심사하여야 하는 형식적 심사권만을 가지고 있으므로(대결 2011.7.14, 2011마934 참조), 공탁관이 가족관계증명서, 제적등본 등의 첨부서류만으로는 출급청구인이 진정한 상속인인지 여부를 심사할 수 없는 경우에는 공탁물출급청구를 불수리할 수밖에 없다. 그러한 경우에는 공탁물출급청구권확인을 구하는 것이 출급청구인이 진정한 상속인이라는 실질적 권리관계를 확정하는 데 가장 유효·적절한 수단이 되고, 정당한 공탁물수령권자는 그 법률상 지위의 불안이나 위험을 제거하기 위하여 공탁자를 상대방으로 하여 그 공탁물출급청구권의 확인을 구하는 소송을 제기할 이익이 있다고 할 것이다.

➥ [해설] : 원고의 주장과 반대되는 공부상의 기재 등이 불확실할 때에는 법적 불안이 있는 것으로 보아야 한다는 취지이다.

[대판 2017.6.29, 2014다30803] 가등기 이후 그 부동산에 관하여 가압류등기를 마친 가압류 채권자의 가등기가 담보 목적 가등기임의 확인을 구하는 소가 적법한지 여부(소극)

확인의 소는 원고의 권리 또는 법률상의 지위에 현존하는 불안·위험이 있고, 확인판결을 받는 것이 그 분쟁을 근본적으로 해결하는 가장 유효·적절한 수단일 때에 허용된다. ① 부동산등기법 제92조 제1항은 '등기관은 가등기에 의한 본등기를 하였을 때에는 가등기 이후에 된 등기로서 가등기에 의하여 보전되는 권리를 침해하는 등기를 직권으로 말소하여야 한다'고 규정하고 있다. 따라서 가등기가 담보 목적인지 여부와 상관없이 그 본등기가 이루어지면 가등기 후의 가압류등기는 말소될 수밖에 없다. 즉 이 사건 가등기에 의한 본등기로 인하여 원고의 위 가압류등기가 직권으로 말소되는지 여부가 이 사건 가등기가 순위보전을 위한 가등기인지 담보가등기인지 여부에 따라 결정되는 것이 아니므로, 원고의 법률상 지위에 현존하는 불안·위험이 존재한다고 볼 수 없다. 또한 ② 만약 이 사건 가등기가 담보가등기임에도 불구하고 가등기권자가 청산절차를 거치지 않은 채 본등기를 마친다면, 원고로서는 소유자를 대위하여 그 본등기의 말소를 구할 수 있고 그에 따라 위 가압류등기도 회복시킬 수 있을 것이므로, 담보가등기라는 확인의 판결을 받는 것 외에 달리 구제수단이 없다고 보기도 어렵다.

➲ [사실관계 및 해설] : 甲 소유의 부동산에 관하여 乙 명의의 소유권이전등기청구권가등기가 마쳐진 후 위 부동산에 관하여 가압류등기를 마친 丙 주식회사가 위 가등기가 담보목적 가등기인지 확인을 구한 사안에서, 부동산등기법 제92조 제1항에 따라 丙 회사의 위 가압류등기가 직권으로 말소되는지가 위 가등기가 순위보전을 위한 가등기인지 담보가등기인지에 따라 결정되는 것이 아니므로, 丙 회사의 법률상 지위에 현존하는 불안·위험이 존재한다고 볼 수 없고, 만약 위 가등기가 담보가등기임에도 乙이 청산절차를 거치지 않은 채 본등기를 마친다면, 丙 회사로서는 甲을 대위하여 본등기의 말소를 구할 수 있고 그에 따라 위 가압류등기도 회복시킬 수 있을 것이므로, 담보가등기라는 확인의 판결을 받는 것 외에 달리 구제수단이 없다고 보기 어려운데도, 丙 회사의 청구가 확인의 이익이 있다고 본 원심판단에 법리오해의 잘못이 있다고 한 사안이다.

판례 연구 ▶ **관련판례 정리**

◈ **국가를 상대로 한 소유권확인의 소** ◈

[대판 1979.4.10, 78다2399] 멸실임야대장 복구 시 소유자란이 공백이 되어 토지 소유자임을 임야대장으로 증명할 수 없는 경우에는, 부동산등기법 제130조에 의하면 판결에 의하여 소유자임을 증명하고 보존등기를 할 수 밖에 없으니 보존등기를 위한 소유권 증명 때문에 토지 소유자가 국가를 상대로 제기한 소유권 확인의 소는, 가사 관계당사자 간에 다툼이 없다 할지라도, 확인의 이익이 있다.

➲ [해설] : 본 판례사안에서는 특히, ① 불안제거를 위하여 확인판결을 받는 것이 필요하고도 적절한가의 문제와 ② 굳이 다투지도 않는 국가를 상대로 확인판결을 받아야만 하는가의 문제가 있으나, 전소유자가 없거나 그 소재생사를 알 수 없는 경우도 있어 전소유자를 상대로 소유권이전등기절차 이행청구의 소가 항상 가능하다고 볼 수는 없으므로 확인판결이 필요한 경우로 볼 수 있다. 또한 국가가 관련법령을 내세워 소유권자로 등재할 수 없다고 하는 경우에는 원고의 소유권을 다투는 것이라고 볼 수 있고, 국가가 원고의 토지를 수용하는 문제 등이 생길 때 소유권에 대한 증명수단을 갖고 있지 않아 국유지로 편성될 가능성 등이 있어 국가를 피고로 하여 확인의 소를 제기하는 것은 적절하다고 볼 수 있겠다.

[대판 1999.5.28, 99다2188]

[1] 확인의 소는 분쟁 당사자 사이에 현재의 권리 또는 법률관계에 관하여 즉시 확정할 이익이 있는 경우에 허용되는 것이므로, 소유권을 다투고 있지 않은 국가를 상대로 소유권확인을 구하기 위하여는 그 판결을 받음으로써 원고의 법률상 지위의 불안을 제거함에 실효성이 있다고 할 수 있는 특별한 사정이 있어야 할 것인바, 건물의 경우 가옥대장이나 건축물관리대장의 비치·관리업무는 당해 지방자치단체의 고유사무로서 국가사무라고 할 수도 없는데다가 당해 건물의 소유권에 관하여 국가가 이를 특별히 다투고 있지도 아니하다면 국가는 그 소유권 귀속에 관한 직접 분쟁의 당사자가 아니어서 이를 확인해 주어야 할 지위에 있지 않으므로, 국가를 상대로 미등기 건물의 소유권 확인을 구하는 것은 그 확인의 이익이 없어 부적법하다.

[2] 미등기 건물에 관하여 국가를 상대로 한 소유권확인판결을 받는다고 하더라도 그 판결은 부동산등기법 제131조 제2호에 해당하는 판결이라고 볼 수 없어 이를 근거로 소유권보존등기를 신청할 수 없다.

[대판 1995.9.15, 94다27649]

[1] 국가를 상대로 한 토지소유권 확인청구는 어느 토지가 미등기이고, 토지대장이나 임야대장상에 등록명의자가 없거나 등록명의자가 누구인지 알 수 없을 때와 그 밖에 국가가 등록명의자인 제3자의 소유를 부인하면서 계속 국가 소유를 주장하는 등 특별한 사정이 있는 경우에 확인의 이익이 있다.

[2] 토지수용의 효과를 다투면서 토지 소유권을 주장하는 자는 그 기업자에 대한 승소판결만으로도 토지에 관한 기업자의 소유권보존등기를 말소하고 그 소유권보존등기를 신청할 수 있으므로, 이와 병합하여 국가를 상대로 한 소유권확인청구는 그 토지의 소유권을 둘러싼 법적 불안정을 해소하는 데 필요하고도 적절한 수단이 될 수 없어 그 확인의 이익이 없다고 한 사례이다.

[대판 2010.7.8, 2010다21757] 어느 토지에 관하여 등기부나 토지대장 또는 임야대장상 소유자로 등기 또는 등록되어 있는 자가 있는 경우에는 그 명의자를 상대로 한 소송에서 당해 부동산이 보존등기신청인의 소유임을 확인하는 내용의 확정판결을 받으면 소유권보존등기를 신청할 수 있는 것이므로, 그 명의자를 상대로 한 소유권확인청구에 확인의 이익이 있는 것이 원칙이지만, 토지대장 또는 임야대장의 소유자에 관한 기재의 권리추정력이 인정되지 아니하는 경우에는 국가를 상대로 소유권확인청구를 할 수밖에 없다.

[대판 2011.11.10, 2009다93428] 구 부동산등기법(2011.4.12. 법률 제10580호로 전부 개정되기 전의 것, 이하 '구법'이라 한다) 제131조 제2호에서 판결 또는 그 밖의 시·구·읍·면의 장의 서면에 의하여 자기의 소유권을 증명하는 자가 소유권보존등기를 신청할 수 있다고 규정한 것은 건축물대장이 생성되어 있으나 다른 사람이 소유자로 등록되어 있는 경우 또는 건축물대장의 소유자 표시란이 공란으로 되어 있거나 소유자 표시에 일부 누락이 있어 소유자를 확정할 수 없는 등의 경우에 건물 소유자임을 주장하는 자가 판결이나 위 서면에 의하여 소유권을 증명하여 소유권보존등기를 신청할 수 있다는 취지이지, 아예 건축물대장이 생성되어 있지 않은 건물에 대하여 처음부터 판결 내지 위 서면에 의하여 소유권을 증명하여 소유권보존등기를 신청할 수 있다는 의미는 아니라고 해석하는 것이 타당하다. 위와 같이 제한적으로 해석하지 않는다면, 사용승인을 받지 못한 건물에 대하여 구법 제134조에서 정한 처분제한의 등기를 하는 경우에는 사용승인을 받지 않은 사실이 등기부에 기재되어 공시되는 반면, 구법 제131조에 의한 소유권보존등기를 하는 경우에는 사용승인을 받지 않은 사실을 등기부에 적을 수 없어 등기부상으로는 적법한 건물과 동일한 외관을 가지게 되어 건축법상 규제에 대한 탈법행위를 방조하는 결과가 된다. 결국 건축물대장이 생성되지 않은 건물에 대해서는 소유권확인판결을 받는다고 하더라도 그 판결은 구법 제131조 제2호에 해당하는 판결이라고 볼 수 없어 이를 근거로 건물의 소유권보존등기를 신청할 수 없다. 따라서 건축물대장이 생성되지 않은 건물에 대하여 구법 제131조 제2호에 따라 소유권보존등기를

마칠 목적으로 제기한 소유권확인청구의 소는 당사자의 법률상 지위의 불안 제거에 별다른 실효성이 없는 것으로서 확인의 이익이 없어 부적법하다.

[대판 2019.5.16, 2018다242246] 토지대장상 소유자 표시 중 주소 기재가 일부 누락되어 등록명의자가 누구인지 알 수 없는 경우 토지소유자의 채권자가 소유권보존등기의 신청을 위해 토지소유자를 대위하여 국가를 상대로 소유권확인을 구할 이익이 있는지 여부(적극)

① 국가를 상대로 한 토지소유권확인청구는 그 토지가 미등기이고 토지대장이나 임야대장상에 등록명의자가 없거나 등록명의자가 누구인지 알 수 없을 때와 그 밖에 국가가 등기 또는 등록명의자인 제3자의 소유를 부인하면서 계속 국가소유를 주장하는 등 특별한 사정이 있는 경우에 한하여 그 확인의 이익이 있다(대판 2009.10.15, 2009다48633 참조). 한편 ② 공간정보의 구축 및 관리 등에 관한 법률 제87조 제4호에 의하면 채권자는 자기의 채권을 보전하기 위하여 채무자인 토지소유자가 위 법에 따라 하여야 하는 신청을 대위할 수 있으나, 같은 법 제84조에 따른 지적공부의 등록사항 정정은 대위하여 신청할 수 없다. 따라서 ③ 토지대장상의 소유자 표시 중 주소 기재의 일부가 누락된 경우는 등록명의자가 누구인지 알 수 없는 경우에 해당하여 그 토지대장에 의하여 소유권보존등기를 신청할 수 없고, 토지대장상 토지소유자의 채권자는 토지소유자를 대위하여 토지대장상 등록사항을 정정할 수 없으므로, 토지대장상 토지소유자의 채권자는 소유권보존등기의 신청을 위하여 토지소유자를 대위하여 국가를 상대로 소유권확인을 구할 이익이 있다고 보아야 한다.

➲ [사실관계 및 해설] : 공간정보의 구축 및 관리 등에 관한 법률상 토지소유자의 채권자는 토지소유자를 대위하여 토지대장상 등록사항을 정정할 수 없기 때문에 토지대장상 소유자 표시 중 주소 기재의 일부가 누락되어 등록명의자가 누구인지 알 수 없는 경우 토지소유자의 채권자는 소유권보존등기의 신청을 위해 토지소유자를 대위하여 국가를 상대로 소유권확인을 구할 이익이 있음에도 확인의 이익이 없다는 이유로 소를 각하한 원심판결을 파기한 사례이다.

(2) 방법선택의 적절 – 불안제거에 가장 유효·적절한 수단

1) 적극적 확인의 소와 소극적 확인의 소

① 자기의 권리의 적극적 확인이 가능할 때에는 그 확인을 구할 것이고 상대방 권리의 소극적 확인을 구할 것이 아니다. 전자가 보다 유리하고 발본적인 해결방법이기 때문이다. 다만 ② 원고에게 소유권이 없고 피고의 소유권이 부인됨으로써 원고의 법적 지위에 대한 불안이 제거되는 경우에는 상대방의 소유권에 관한 소극적 확인의 소도 예외적으로 허용된다.

★[대판 2016.5.24, 2012다87898] 토지의 일부에 대한 소유권의 귀속에 관하여 다툼이 있는 경우, 상대방 소유권의 부존재 확인을 구하는 것이 확인의 이익이 있는지 여부(원칙적 소극) – 토지의 일부에 대한 소유권의 귀속에 관하여 다툼이 있는 경우에 적극적으로 그 부분에 대한 자기의 소유권확인을 구하지 아니하고 소극적으로 상대방 소유권의 부존재 확인을 구하는 것은, 원고에게 내세울 소유권이 없더라도 피고의 소유권이 부인되면 그로써 원고의 법적 지위의 불안이 제거되어 분쟁이 해결될 수 있는 경우가 아닌 한 소유권의 귀속에 관한 분쟁을 근본적으로 해결하는 즉시확정의 방법이 되지 못하며, 또한 그러한 판결만으로는 토지의 일부에 대한 자기의 소유권이 확인되지 아니하여 소유권자로서 지적도의 경계에 대한 정정을 신청할 수도 없으므로, 확인의 이익이 없다.

[대판 1984.3.27, 83다카2337] 소유권의 귀속에 관하여 다툼이 있는 경우에 적극적으로 자기의 소유
권확인을 구하지 아니하고 소극적으로 상대방 소유권의 부존재확인을 구하는 것은 그 소유권의 귀속
에 관한 분쟁을 근본적으로 해결하는 즉시확정의 방법이 되지 못하므로 확인의 이익이 없는 것이나,
다만 원고에게 내세울 소유권이 없고 피고의 소유권이 부인되면 그로써 원고의 법적 지위의 불안이 제거
되어 분쟁이 해결될 수 있는 경우에는 피고의 소유권의 소극적 확인을 구할 이익이 있다고 할 것이다.

2) 본안판단의 전제문제로서 판단되어야 할 절차문제

본안판단의 전제문제로서 판단되어야 할 절차문제는 해당 소송 내에서 확인하면 충분하므로 별소
로 확인할 이익은 없다(예 별도로 소송대리인의 대리권 부존재의 확인을 구하는 소, 별도로 소송대리권을 증명
하는 서면의 진정 여부를 확인하는 소 등은 인정될 수 없다).

3) 확인의 소의 보충성

가) 의의

이행의 소나 형성의 소를 제기할 수 있는 경우인데도 동일한 권리관계에 관한 확인의 소를 제기할
수 있는가, 즉 분쟁의 해결수단으로서 별도의 직접적인 구제수단이 있는 경우에 확인의 소에 의하
는 것이 적합한 방법인가의 문제이다.

나) 원칙

① 이행의 소가 가능함에도 불구하고 그 청구권에 관하여 확인을 구하는 것은 원칙적으로 허용되
지 않는다. 직접 이행판결을 구하는 편이 집행의 면에도 충족하고 보다 더 효율적인 발본적 해결
이 되기 때문이다. 마찬가지로 ② 형성의 소가 가능한 때에는 그 형성권의 확인을 구하는 소는
허용되지 않는다(예 이혼청구가 가능한데 이혼권의 확인을 구하는 소는 허용되지 않는다).

[대판 1994.11.22, 93다40089] 소송상 청구는 구체적인 권리 또는 법률관계만을 대상으로 하고,
확인의 소에 있어서 확인의 이익은 소송물인 법률관계의 존부가 당사자 간에 불명확하여 그 관계
가 즉시 확정됨으로써 그 소송의 원고의 권리 또는 법률적 지위에 기존하는 위험이나 불안정이
제거될 수 있는 경우에 확인의 이익이 있으며, 이행의 소를 제기할 수 있는데도 그 이행청구권 자체
의 존재확인청구를 허용하는 것은 불안 제거에 실효성이 없고 소송경제에 비추어 원칙적으로 허용
할 것이 못 된다.

★[대판 2019.5.16, 2016다240338] 이행의 소를 제기할 수 있는데도 확인의 소를 제기한 경우,
확인의 이익이 있는지 여부(소극) 및 확인의 이익이 있는지는 법원이 직권으로 판단할 사항인지
여부(적극)
확인의 소는 법적 지위의 불안·위험을 제거하기 위하여 확인판결을 받는 것이 가장 유효·적절한
수단인 경우에 인정되고, 이행을 청구하는 소를 제기할 수 있는데도 불구하고 확인의 소를 제기하는
것은 분쟁의 종국적인 해결방법이 아니어서 확인의 이익이 없다. 또한 확인의 소에 확인의 이익이 있
는지는 직권조사사항이므로 당사자의 주장 여부에 관계없이 법원이 직권으로 판단하여야 한다. 한편,
주식을 취득한 자는 특별한 사정이 없는 한 점유하고 있는 주권의 제시 등의 방법으로 자신이 주식
을 취득한 사실을 증명함으로써 회사에 대하여 단독으로 그 명의개서를 청구할 수 있다.

➜ [사실관계 및 해설] : 원고 甲은 주주명부상 피고 乙 회사의 주주로 기재되어 있던 자로, 타인의 주식매매계약서 위조로 인해 주주명부상 주주명의가 제3자로 변경되었다는 이유로, 자신이 여전히 피고 乙의 주주라고 주장하며 피고 乙을 상대로 주주권 확인을 구한 사안에서, 원심은 이러한 원고 甲의 청구가 확인의 이익이 있다는 전제 하에 원고 甲이 주주가 아니라는 본안 판단을 하였는데, 이에 대해 대법원은 원고 甲이 주식 소유자라고 인정하기 어렵다는 원심 판단은 타당하나, 직권으로 보건대 원고 甲은 회사인 피고 乙을 상대로 직접 자신이 주주임을 증명하여 명의개서절차의 이행을 구할 수 있으므로, 이 사건과 같이 주주권 확인을 구하는 것은 원고 甲의 권리 또는 법률상의 지위에 현존하는 불안·위험을 제거하는 유효·적절한 수단이 아니거나, 분쟁의 종국적 해결방법이 아니어서 확인의 이익이 없다고 하여 원심판결을 파기하고 제1심판결을 취소하는 한편 이 사건 소를 각하한 사례이다.

[대판 2023.12.21, 2023다275424] '확인의 소'가 허용되는 경우 / 이행청구를 할 수 있거나 손해배상청구를 할 수 있는데도 확인의 소를 제기한 경우, 확인의 이익이 있는지 여부(원칙적 소극)

① 확인의 소는 원칙적으로 분쟁 당사자 사이의 권리 또는 법률상 지위에 현존하는 불안·위험이 있고 확인판결을 받는 것이 분쟁을 근본적으로 해결하는 가장 유효·적절한 수단일 때에 허용되는바, ② 이행청구를 할 수 있는 경우임에도 별도로 그 이행의무의 존재 확인을 구하거나 손해배상청구를 할 수 있는 경우임에도 별도로 그 침해되는 권리의 존재 확인을 구하는 것은 특별한 사정이 없는 한 불안 제거에 별다른 실효성이 없고 소송경제에 비추어 유효·적절한 수단이라 할 수 없어 분쟁의 종국적인 해결 방법이 아니므로 확인의 이익이 없다.

★★**[대판 2001.7.24, 2001다22246] 채무인수자를 상대로 한 채무이행청구소송이 계속 중 채무인수자가 별소로 그 채무의 부존재 확인을 구하는 것은 소의 이익이 없다.**

➜ [해설] : 본 판례사안은 별소가 ① 중복제소에 해당하는가와 ② 확인의 이익이 있는지가 문제된 사안이다. 대법원은 ① 중복제소의 해당성에 대해서는 "채권자가 채무인수자를 상대로 제기한 채무이행청구소송과 채무인수자가 채권자를 상대로 제기한 원래 채무자의 채권자에 대한 채무부존재확인소송은 그 청구취지와 청구원인이 서로 다르므로 중복제소에 해당하지 않는다."고 하면서, ② 확인의 이익에 관해서는 "채무인수자는 채권자가 제기한 채무이행청구소송에서 청구기각의 판결을 구함으로써 채권의 존부를 다툴 수 있으므로 채무인수자가 별소로 그 채무의 부존재확인을 구하는 것은 소의 이익이 없다."고 판시하였다.

[대판 2017.7.11, 2017다216271] 어촌계가 다른 어촌계를 상대로 한 업무구역 확인 청구의 소에 확인의 이익이 인정되는지 여부(소극)

① 시장·군수·구청장 등으로부터 면허를 받아 어업권을 취득하기 전이라면 법적으로 보호되는 어촌계의 업무구역이 존재한다고 할 수 없으므로, 설사 면허를 받게 될 업무구역의 경계에 관하여 다른 어촌계와 다툼이 있을 여지가 있다고 하더라도 그러한 사정만으로 원고의 현재의 권리 또는 법률상 지위에 어떠한 구체적인 불안이나 위험이 있다고 할 수 없다. 또한 ② 시장·군수·구청장 등이 다른 어촌계의 업무구역과 중복된다는 등의 이유로 어업면허를 거부하거나 취소하는 등의 처분을 하는 경우에는 행정처분의 효력을 다투는 항고소송의 방법으로 그 처분의 취소 또는 무효확인을 구하는 것이 분쟁을 해결하는 데에 직접적인 수단이 되는 것이므로, 그와 별도로 민사상 다른 어촌계를 상대로 업무구역의 확인을 구하는 것은 원고의 법적 지위에 대한 불안·위험을 제거하는 데 가장 유효·적절한 수단이라고 보기도 어렵다. 결국 원고는 현재의 권리 또는 법적 지위에 대한 불안이나 위험을 제거하기

위하여 피고를 상대로 업무구역의 확인을 구할 이익이 없으므로, 이 사건 소는 부적법하다.

➲ [해설] : 원고 어촌계가 인근의 피고 어촌계를 상대로 업무구역 확인을 구하는 소송에서 확인의 이익이 인정되지 않는다고 판단하여 원심을 파기한 사안이다.

★[대판 2015.2.16, 2011다101155] **법인 아닌 사단인 종교단체의 대표자 또는 구성원의 지위에 관한 확인소송을 단체가 아닌 대표자 또는 구성원 개인을 상대로 제기할 확인의 이익이 있는지 여부**(소극)

법인 아닌 사단인 종교단체의 대표자 또는 구성원의 지위에 관한 확인소송에서 그 대표자 또는 구성원 개인을 상대로 제소하는 경우에는 그 청구를 인용하는 판결이 내려진다 하더라도 그 판결의 효력이 해당 단체에 미친다고 할 수 없기 때문에 대표자 또는 구성원의 지위를 둘러싼 당사자들 사이의 분쟁을 근본적으로 해결하는 가장 유효적절한 방법이 될 수 없으므로, 그 단체를 상대로 하지 않고 대표자 또는 구성원 개인을 상대로 한 청구는 확인의 이익이 없어 부적법하다.

다) 예외

① 그러나 예외적으로 ⅰ) 손해액수의 불분명, ⅱ) 확인판결로 피고의 임의이행이 기대가능한 경우에는 확인의 이익이 인정된다. 나아가 ⅲ) 기본이 되는 법률관계로부터 파생하는 이행청구권을 주장하여 이행의 소가 가능한 경우라도, 해당 기본이 되는 권리관계 즉 선결적 법률관계의 확인의 소는 허용되고, 또 기본이 되는 권리관계의 확인청구와 함께 그 파생되는 청구권에 기한 이행의 소를 아울러 제기하여도 상관이 없다.

② 판례도 ⅰ) 건물명도청구가 가능한 경우에 그 명도청구권 발생의 기본이 되는 소유권확인청구가 가능하다고 하였고(대판 1971.5.24, 71다519), ⅱ) 매매계약해제의 효과로서 이미 이행한 것의 반환을 구하는 이행의 소를 제기할 수 있을지라도 그 기본되는 매매계약의 존부에 대하여 다툼이 있어 즉시 확정의 이익이 있는 때에는 계약이 해제되었음의 확인을 구할 수도 있는 것이므로 매매계약이 해제됨으로써 현재의 법률관계가 존재하지 않는다는 취지의 소는 확인의 이익이 있다고 하였다(대판 1982.10.26, 81다108). 다만 이와 관련하여 다음의 판례가 문제된다.

★★[대판 2000.4.11, 2000다5640] 확인의 소는 원고의 권리 또는 법률상 지위에 현존하는 불안·위험이 있고 확인판결을 받는 것이 그 분쟁을 근본적으로 해결하는 가장 유효·적절한 수단일 때 허용되는바, 근저당권설정자가 근저당권설정계약에 기한 피담보채무가 존재하지 아니함의 확인을 구함과 함께 그 근저당권설정등기의 말소를 구하는 경우에 근저당권설정자로서는 피담보채무가 존재하지 않음을 이유로 근저당권설정등기의 말소를 구하는 것이 분쟁을 유효·적절하게 해결하는 직접적인 수단이 될 것이므로 별도로 근저당권설정계약에 기한 피담보채무가 존재하지 아니함의 확인을 구하는 것은 확인의 이익이 있다고 할 수 없다.

➲ [해설] : 이에 대해 피담보채무의 부존재확인의 소는 근저당권설정등기의 말소등기청구권의 선결적 법률관계에 해당하므로 확인의 이익을 인정하여야 한다고 비판한다.

---

4. 증서의 진정 여부를 확인하는 소

> **제250조(증서의 진정 여부를 확인하는 소)**
> 확인의 소는 법률관계를 증명하는 서면이 진정한지 아닌지를 확정하기 위하여서도 제기할 수 있다.

(1) 의의 및 취지

확인의 소는 법률관계를 증명하는 서면이 진정한지 아닌지를 확인하기 위하여도 제기할 수 있다(제250조). 권리 또는 법률관계에 대한 확인이 아닌, 예외적으로 사실에 대한 확인소송을 인정한 경우이다. 법률관계를 증명하는 서면이 분쟁의 해결에 있어서 결정적인 증거가 되므로, 그 진위여부를 신중하게 확정하기 위한 것이다.

(2) 당사자적격

확인의 이익이 인정될 때에는 당사자적격도 있다. 즉 확인의 소에서 확인의 이익은 당사자적격과 표리일체의 관계에 있다.

(3) 청구적격

1) 판단기준

확인의 소는 ① 원칙적으로「현재의 권리 또는 법률관계의 확인」에 한한다. 그러나 ② 예외적으로 확인의 소는 법률관계를 증명하는 서면이 진정한지 아닌지를 확인하기 위하여도 제기할 수 있는데(제250조), 다만 다음과 같은 요건을 구비하여야 한다.

2) 요건

① 증서의 진정 여부를 확인하는 소가 인정되기 위해서는 진정 여부의 대상이 되는 서면이 법률관계를 증명하는 서면이어야 한다.

② 여기서 '법률관계를 증명하는 서면'이라 함은 그 기재 내용에 의하여 직접적으로 현재의 법률관계의 성부·존부를 증명할 수 있는 처분문서(예 매매계약서, 임대차계약서 등)를 말한다. 따라서 과거의 사실의 보고를 증명하는 서면인 보고문서(예 영수증, 대차대조표 등)는 확인의 대상이 되지 않는다.

③ 그리고 '진정 여부'라 함은 그 서면이 작성자라고 주장된 사람의 의사에 따라 작성되었는지 여부의 사실, 즉 성립의 진정을 말하는 것이지 내용의 진정까지 의미하는 것은 아니다.

(4) 확인의 이익

1) 의의

원고의 권리 또는 법률상 지위에 위험·불안이 현존하고, 이것을 제거하기 위하여 확인판결을 받는 것이 가장 유효적절한 수단이어야 한다.

2) 증서진부확인의 소에서도 확인의 이익이 필요한지 여부

법률관계를 증명하는 서면이라고 하더라도 언제나 소를 제기할 수 있는 것은 아니다. 이 소도 확인의 소인 이상, 일반적인 확인의 소와 마찬가지로 <u>확인의 이익이 있어야 한다.</u> 즉 원고의 권리 또는 법률상 지위에 현존하는 위험·불안을 제거함에 그 문서의 진정 여부에 대한 확인이 필요하고 가장 적절한 수단이어야 한다. 따라서 서면에 의해 증명되는 법률관계에 관하여 당사자 간에 다툼이 없거나 법률관계가 소멸되면 확인의 이익이 없다.

★ [대판 1991.12.10, 91다15317 등] 소로써 확인을 구하는 서면의 진부가 확정되어도 서면이 증명하려는 권리관계 내지 법률적 지위의 불안이 제거될 수 없고, 그 법적 불안을 제거하기 위하여서는 당해 권리 또는 법률관계 자체의 확인을 구하여야 할 필요가 있는 경우에는 증서의 진정 여부를 확인하는 소는 즉시확정의 이익이 없어 부적법하다.

3) 증서와 관련된 법률관계에 관한 소가 제기된 경우 증서진부확인의 이익 유무

판례는 ① 어느 서면에 의하여 증명되어야 할 법률관계를 둘러싸고 이미 소가 제기되어 있는 경우에는 그 소송에서 분쟁을 해결하면 되므로 <u>그와 별도로 그 서면에 대한 진정 여부를 확인하는 소를 제기하는 것은 특별한 사정이 없는 한 확인의 이익이 없다고 봄에 반하여</u>, ② <u>증서진부확인의 소가 제기된 후에 그 법률관계에 관한 소가 제기된 경우에는 진부확인의 소의 확인의 이익이 소멸되지 않는다고</u> 하였다.

★ [대판 2007.6.14, 2005다29290·29306]

[1] 민사소송법 제250조는 "확인의 소는 법률관계를 증명하는 서면이 진정한지 아닌지를 확정하기 위하여서도 제기할 수 있다."고 규정하고 있으므로, 증서의 진정 여부를 확인하는 소의 대상이 되는 서면은 직접 법률관계를 증명하는 서면에 한하고, '법률관계를 증명하는 서면'이란 그 기재 내용으로부터 직접 일정한 현재의 법률관계의 존부가 증명될 수 있는 서면을 말한다.

[2] 임대차계약금으로 일정한 금원을 받았음을 증명하기 위하여 작성된 영수증은 특별한 사정이 없는 한 임대차 등 법률관계의 성립 내지 존부를 직접 증명하는 서면이 아니므로 증서의 진정 여부를 확인하는 소의 대상이 될 수 없다.

[3] 민사소송법 제250조에서 증서의 진정 여부를 확인하는 소를 허용하고 있는 이유는 법률관계를 증명하는 서면의 진정 여부가 확정되면 당사자가 그 서면의 진정 여부에 관하여 더 이상 다툴 수 없게 되는 결과, 법률관계에 관한 분쟁 그 자체가 해결되거나 적어도 분쟁 자체의 해결에 크게 도움이 된다는 데 있으므로, 증서의 진정 여부를 확인하는 소가 적법하기 위해서는 그 서면에 대한 진정 여부의 확인을 구할 이익이 있어야 한다.

[4] 어느 서면에 의하여 증명되어야 할 법률관계를 둘러싸고 이미 소가 제기되어 있는 경우에는 그 소송에서 분쟁을 해결하면 되므로 그와 별도로 그 서면에 대한 진정 여부를 확인하는 소를 제기하는 것은 특별한 사정이 없는 한 확인의 이익이 없다.

[대판 2001.12.14, 2001다53714] 제250조에 의하여 법률관계를 증명하는 서면에 대하여 당해 서면의 진부라고 하는 사실의 확정을 구하는 소가 허용되는 것은 법률관계를 증명하는 서면의 진부가 확정되면 당사자가 그 서면의 진부에 관하여 더 이상 다툴 수 없게 되는 결과 법률관계에 관한 분쟁 그 자체가 해결되거나 적어도 분쟁 자체의 해결에 크게 도움이 된다는 이유에서이다. 따라서 증서진부확인의 소에 있어서 '법률관계를 증명하는 서면'은 그 기재내용으로부터 직접 일정한 현재의 법률

관계의 존부 여부가 증명될 수 있는 문서를 가리키므로 단지 과거의 사실관계를 증명하는 서면은 여기에 해당하지 아니하는 것이며, 또한 그 소가 적법하기 위하여는 그 증서의 진부확인을 구할 이익이 인정되어야 한다.

Ⅲ. 형성의 소의 이익

1. 형성의 소의 법정주의

형성의 소는 법률에 규정이 있는 경우에 한하여 제기할 수 있으므로 법률에 따라 소송을 제기한 경우에는 원칙적으로 소의 이익이 인정되며, 법률에 규정이 없는 형성의 소, 예컨대 "매매계약을 취소한다."와 같은 형성의 소는 부적법 각하된다.

2. 권리보호이익이 부정되는 경우

① 목적이 이미 실현된 경우(예 회사해산 후 회사설립무효의 소제기, 공유물의 분할에 관한 협의가 성립된 후의 분할청구의 소), ② 사정변경에 의해 원상회복이 의미가 없는 경우(예 이사선임결정의 취소소송 중 해당 이사가 임기만료로 퇴임한 경우), ③ 별도의 직접적 권리구제절차가 있는 경우에는 권리보호이익이 부정된다.

3. 그 밖의 문제

(1) 사해행위취소의 소

제척기간이 경과된 경우에는 소를 각하하여야 한다.

(2) 정기금판결의 변경의 소

1) 소송요건

① '정기금'의 '지급'을 명하는 판결이 있을 것, ② '정기금'의 '지급'을 명하는 판결이 확정되었을 것, ③ 전소 확정판결의 기판력을 받는 당사자일 것, ④ 전소 제1심 판결법원에 제소할 것, ⑤ 기타 일반적인 소송요건을 갖출 것을 소송요건으로 한다.

2) 변경의 소의 본안요건

정기금 액수산정의 기초가 된 사정이 현저하게 바뀜으로써 당사자 사이의 형평을 침해할 특별한 사정이 생겼어야 한다.

청구의 당부 심사

 변론의 의의 및 종류 - 변론일반

Ⅰ. 변론의 의의

변론이라 함은 기일에 수소법원의 공개법정에서 당사자 쌍방이 구술에 의하여 판결의 기초가 될 소송자료, 즉 사실과 증거를 제출하는 방법으로 소송을 심리하는 절차이다. 이는 ① 넓은 의미(광의)에서는 소송주체가 기일에서 하는 일체의 소송행위를 말하며, 당사자의 신청·진술·증거신청 등의 소송행위뿐만 아니라 소송지휘·증거조사·판결의 선고 등 재판기관의 소송행위를 포함한다. ② 좁은 의미(협의)에서는 그중 당사자의 소송행위와 법원의 증거조사만을 가리킨다. 그리고 ③ 일반적으로 변론이라 함은 가장 좁은 의미(최협의)로의 변론을 말하는데, 이는 증거조사도 제외한 당사자의 소송행위만을 가리킨다. 결국 변론이라 함은 기일에 공개법정에서 당사자 쌍방이 구술로 판결의 기초가 될 소송자료(사실과 증거자료)를 진술하는 것이다.

2016.9.6. 신설의 민소규칙 제17조의2에서는 몰래변론을 금지하고자, ① 당사자나 대리인은 기일 외에서 구술, 전화, 휴대전화 문자전송, 그 밖에 이와 유사한 방법으로 사실상 또는 법률상 사항에 대하여 진술하는 등 법령이나 재판장의 지휘에 어긋나는 절차와 방식으로 소송행위를 하여서는 아니 되고, ② 재판장은 이를 어긴 경우 당사자나 대리인에게 주의를 촉구하고 기일에서 그 위반사실을 알릴 수 있도록 하였다.

Ⅱ. 변론의 종류

1. 필요적 변론의 원칙

> **제134조(변론의 필요성)**
> ① 당사자는 소송에 대하여 법원에서 변론하여야 한다. 다만, 결정으로 완결할 사건에 대하여는 법원이 변론을 열 것인지 아닌지를 정한다.
> ② 제1항 단서의 규정에 따라 변론을 열지 아니할 경우에, 법원은 당사자와 이해관계인, 그 밖의 참고인을 심문할 수 있다.

1) 재판의 전제로서 반드시 변론을 열지 않으면 안 되며, 변론에서 행한 구술진술만이 재판의 자료로서 참작되는 경우를 필요적 변론이라 한다. 판결절차는 원칙적으로 필요적 변론에 의하지 않으면 안 된다.

2) 변론은 당사자가 말로 중요한 사실상 또는 법률상 사항에 대하여 진술하거나, 법원이 당사자에게 말로 해당사항을 확인하는 방식으로 한다(민사소송규칙 제28조 제1항). 법원은 변론에서 당사자에게 중요한 사실상 또는 법률상 쟁점에 관하여 의견을 진술할 기회를 주어야 한다(동조 제2항). 따라서 변론은 공개의 법정에서, 법관의 면전에서, 당사자 쌍방이 대석하여, 말로 하게 되므로 공개주의, 직접주의, 쌍방심리주의, 구술주의라는 근대적 소송의 여러 가지 원칙이 실현되게 된다.

3) 필요적 변론의 원칙에 대한 예외는, 예 ① 피고가 30일 내의 답변서 제출기간 내에 답변서를 제출하지 않거나 답변서를 제출하였더라도 원고 주장사실을 모두 자백하는 취지이고 따로 항변을 하지 않은 때에는 무변론 원고승소판결을 할 수 있고(제257조), ② 소송요건이나 상소요건의 흠이 분명하고, 보정의 가망성이 없는 경우에는 변론을 거치지 않고 판결로 소를 각하할 수 있다(제219조, 제413조). 그리고 ③ 소액사건에서 소송기록에 의하여 청구가 이유 없음이 명백한 때(소액사건심판법 제9조 제1항), ④ 상고심 판결에 있어서(제429조, 제430조), ⑤ 소송비용의 담보제공의 결정을 받고 담보를 제공하지 않은 때(제124조) 등의 경우에는 변론을 거치지 않아도 된다.

2. 임의적 변론

변론을 열 것을 요하지 않는 경우에 법원의 재량에 의해 임의적으로 열 수 있는 변론을 임의적 변론이라 한다. 결정으로 완결될 사건은 이에 의한다. 예 제척·기피, 관할의 지정, 특별대리인의 선임 등이 이에 해당한다.

3. 양자의 차이

필요적 변론의 경우에는 ① 변론에서 당사자의 구술진술만이 판결의 기초로 되며, 서면상의 진술은 특별한 규정이 없는 한(제148조) 그것만으로 곧바로 판결의 기초로 할 수 없다. 또한 ② 필요적 변론기일에의 불출석은 기일의 해태로 되므로, 이 경우 진술간주·자백간주·소취하간주의 불이익을 받는다.

제2절 ▌ 심리에 관한 제 원칙

심리란 당사자의 주장을 듣고, 다툼이 있는 사실에 대하여 증거조사를 하는 것을 말한다. 소송물에 대한 판단자료의 제출 기회를 심리를 통하여 당사자 쌍방에게 보장하는 쌍방심리주의는 절차보장의 이념이고, 구술심리주의나 직접심리주의 등의 원칙은 법원이 다툼이 있는 사실에 대하여 진실을 발견할 수 있도록 하는 역할을 한다. 또한 절차보장의 이념이나 진실발견의 요청은 당사자뿐만 아니라 재판권의 근원인 국민에게의 공개를 요구하는 공개심리주의에 의하여 담보된다. 그 밖에 심리와 관련한 기본원칙으로는 처분권주의와 변론주의 등이 있으며, 이하에서는 이를 중심으로 살펴본다.

제1관 공개심리주의

Ⅰ. 의의

공개심리주의는 변론, 증거조사 및 판결의 선고를 공개된 법정에서 행하는 원칙이다. 이는 헌법상의 요청이다(헌법 제109조, 법원조직법 제57조). 일반 공중의 방청을 허용하는 주의를 일반공개주의라고 하고, 한편 당사자에게만 재정(在廷)을 허용하는 것을 당사자공개주의라고 한다. 공개주의의 반대는 심리 및 판결의 비공개를 의미하는 소송밀행주의이다.

Ⅱ. 내용

1) 재판의 심리와 판결은 공개한다. 반면 변론준비절차는 원칙적으로 비공개이다. 여기서의 재판은 소송사건의 재판을 말한다. 따라서 조정절차(민사조정법 제20조), 비송사건절차에서는 공개주의가 배제된다(비송사건절차법 제13조).

2) 변론의 공개에 관한 사항(변론의 공개 여부와 공개하지 아니한 경우에는 그 이유)은 변론조서의 필수적 기재사항이다(제153조 제6호). 비공개재판은 당연히 무효가 되는 것은 아니지만, 절대적 상고이유가 된다(제424조 제1항 제5호).

3) 그런데 소송사건이라도 국가의 안전보장 또는 안녕질서를 방해하거나 선량한 풍속을 해할 염려가 있을 때에 수소법원의 결정으로 공개의 제한을 할 수 있다. 그러나 이는 재판의 심리에 한하며, 재판의 선고는 항상 공개하여야 한다(헌법 제109조).

Ⅲ. 소송기록의 열람 등

1. 내용

1) 공개주의는 소송기록에도 적용되고 이해관계 있는 제3자도 소송기록의 열람 등의 청구권을 가진다(제162조 제1항). 본래 소송기록에 대하여는 공개주의 그 자체가 적용되는 것은 아니지만, 법은 공개주의의 취지를 존중하여 이해관계 있는 제3자의 열람 등을 인정한 것이다. 다만 심리가 비공개로 진행된 사건이거나 해당 소송관계인이 동의하지 아니하는 경우에는 열람을 제한하도록 하였다(동조 제2항, 제3항).

2) 한편 소송기록의 열람 등을 통하여 프라이버시나 영업비밀이 누설될 우려가 있으므로, 소송기록 중에 당사자의 사생활에 관한 중대한 비밀 및 당사자가 가지는 영업비밀이 적혀 있는 부분에 대한 열람 등을 신청할 수 있는 자를 당사자로 한정할 수 있도록 하고 있다(제163조).

2. 비밀의 보호

제163조(비밀보호를 위한 열람 등의 제한)

① 다음 각 호 가운데 어느 하나에 해당한다는 소명이 있는 경우에는 법원은 당사자의 신청에 따라 결정으로 소송기록 중 비밀이 적혀 있는 부분의 열람·복사, 재판서·조서중 비밀이 적혀 있는 부분의 정본·등본·초본의 교부(이하 "비밀 기재부분의 열람 등"이라 한다)를 신청할 수 있는 자를 당사자로 한정할 수 있다.
 1. 소송기록 중에 당사자의 사생활에 관한 중대한 비밀이 적혀 있고, 제3자에게 비밀 기재부분의 열람 등을 허용하면 당사자의 사회생활에 지장이 클 우려가 있는 때
 2. 소송기록 중에 당사자가 가지는 영업비밀(부정경쟁방지 및 영업비밀보호에 관한 법률 제2조 제2호에 규정된 영업비밀을 말한다)이 적혀 있는 때
② 소송관계인의 생명 또는 신체에 대한 위해의 우려가 있다는 소명이 있는 경우에는 법원은 해당 소송관계인의 신청에 따라 결정으로 소송기록의 열람·복사·송달에 앞서 주소 등 대법원규칙으로 정하는 개인정보로서 해당 소송관계인이 지정하는 부분(이하 "개인정보 기재부분"이라 한다)이 제3자(당사자를 포함한다. 이하 제3항·제4항 중 이 항과 관련된 부분에서 같다)에게 공개되지 아니하도록 보호조치를 할 수 있다. [신설 2023.7.11. / 시행일 2025.7.12.]
③ 제1항 또는 제2항의 신청이 있는 경우에는 그 신청에 관한 재판이 확정될 때까지 제3자는 개인정보 기재부분 또는 비밀 기재부분의 열람 등을 신청할 수 없다. [개정 2023.7.11. / 시행일 2025.7.12.]
④ 소송기록을 보관하고 있는 법원은 이해관계를 소명한 제3자의 신청에 따라 제1항 또는 제2항의 사유가 존재하지 아니하거나 소멸되었음을 이유로 제1항 또는 제2항의 결정을 취소할 수 있다. [개정 2023.7.11. / 시행일 2025.7.12.]
⑤ 제1항 또는 제2항의 신청을 기각한 결정 또는 제4항의 신청에 관한 결정에 대하여는 즉시항고를 할 수 있다. [개정 2023.7.11. / 시행일 2025.7.12.]
⑥ 제4항의 취소결정은 확정되어야 효력을 가진다. [개정 2023.7.11. / 시행일 2025.7.12.]

사회의 고도화·복잡화와 함께 법적으로 보호되어야 할 비밀(예 영업비밀이나 개인의 프라이버시)이 나타나고 있는데, 소송절차에서도 이를 배려할 필요가 있게 되었다. ① 소송기록의 열람 등의 금지(제163조), ② 증언 등의 거절권(제315조 등), ③ 문서제출의무의 거부사유(제344조 제1항 제3호 단서, 제344조 제2항), ④ 문서의 일부제출명령제도(제347조 제2항), ⑤ 비밀심리절차(제347조 제4항) 등이 민사소송법이 인정하는 비밀보호의 예라고 할 수 있다.

제2관 구술심리주의

Ⅰ. 의의

1) 구술심리주의는 변론이나 증거조사를 말로 하여야 한다는 원칙이다. 반대는 서면심리주의인데, 서면주의는 사건에 대한 당사자의 진술도, 법원의 증거조사도 제출된 서면을 통하여서만 할 수 있다는 주의이다. 현행법은 당사자는 소송에 대하여 법원에서 변론하여야 한다고 하여 필요적 구술변론을 채택하고 있다(제134조 제1항 본문).

2) 다만, 사실이 복잡한 경우에는 당사자도 법원도 기억만으로 심리·판단하는 것은 거의 불가능하고, 사회현상의 복잡화, 법규범의 치밀화, 사회분쟁의 집단화·다량화 현상이 발생하고 있는 요즈음은 구술주의를 관철하는 것이 거의 불가능한 것이다. 따라서 소송심리의 능률을 도모하기 위하여 서면의 이용에 의한 구술주의의 보완이 필요하다.

Ⅱ. 현행법에 있어서 서면의 이용

1) 심판의 기초를 이루는 중요한 소송행위에 대하여는 반드시 서면으로 할 것이 요구되고 있다. 예 소의 제기, 항소·상고·재심의 소, 항고, 소의 변경, 소의 취하, 관할의 합의, 소송고지 등이 그것이다.

2) 법원에 있어서도 심리의 과정을 정확히 보존할 필요에서 변론에 있어서 변론조서를 작성하여야 한다(제152조). 또 재판의 결과에 대하여도 원칙적으로 판결서를 작성하여야 한다(제208조).

3) 그리고 법원이 서면의 제출에 의한 진술로 충분하다고 인정할 때에는 증인으로 하여금 출석·증언에 갈음하여 서면을 제출할 수 있게 하였다(제310조).

제3관 직접심리주의

Ⅰ. 의의

직접심리주의는 재판을 행하는 법관이 직접 당사자의 주장을 듣고 증거를 조사하여야 하는 원칙으로, 반대는 다른 사람이 심리한 결과를 기초로 재판하는 간접심리주의이다.

Ⅱ. 내용

1. 원칙으로서 직접주의

현행법은 직접주의를 원칙으로 하고 있다. 즉 판결은 기본이 되는 변론에 관여한 법관이 하여야 한다(제204조 제1항).

2. 직접주의의 변용과 후퇴 - 변론의 갱신

1) 심리 도중에 법관이 바뀐(更迭) 경우에는 종전의 변론결과를 당사자가 새로운 법관의 면전에서 진술하는 변론의 갱신을 행한다(제204조 제2항). 실무상으로는 당사자가 새로운 법관의 면전에서 종전의 변론결과를 진술하는 것이 아니라, 이를 조서에 기재하여 놓는 요식행위에 그치고 있다(형해화). 동일 심급의 변론 중에 법관이 바뀐 경우뿐만 아니라 이송이나 항소에 의하여 법관이 바뀐 경우와 그리고 재심사건의 본안심리에 들어서는 경우에도 변론의 갱신은 필요하다.

2) 판결내용의 확정 뒤에 관여법관의 전임 등으로 판결서에 서명날인이 불가능한 경우는 다른 법관이 판결에 그 사유를 적고 서명날인할 수 있다(제208조 제4항). 그리고 판결의 선고에만 관여하는 경우에는 판결의 선고는 이미 확정된 판결을 고지하는 것이기 때문에 위 직접주의는 적용되지 않는다. 또한 소액사건에서는 변론의 갱신 없이 재판할 수 있다(소액사건심판법 제9조 제2항).

3. 증거조사

(1) 증인신문

증인신문에 있어서는 직접주의의 요청이 보다 강하므로, 직접주의의 형해화를 막기 위하여 단독판사나 합의부의 법관의 반수가 바뀐 경우에 당사자의 신청이 있으면 증인을 재신문하여야 한다(제204조 제3항).

(2) 수명법관 등에 의한 증거조사

증거조사를 법정 내에서 실시하기 어려운 사정이 있을 때에는 수명법관·수탁판사에게 법원 밖에서 증거조사를 시키고 그 결과를 기재한 조서를 재판자료로 하도록 하였는데(제297조, 제298조), 이 한도에서는 간접주의에 의한다. 외국에서 증거조사를 시행하는 경우에 그 나라에 주재하는 우리나라 대사, 공사, 영사 또는 그 나라의 관할 공공기관에 촉탁하는 것도 마찬가지이다(제296조).

제4관 쌍방심리주의

I. 의의

쌍방심리주의는 당사자 쌍방에게 평등하게 그 변명을 다하고, 주장·증명의 기회를 충분히 주는 것을 요청으로 하는 원칙으로, 절차보장의 중심적인 것이다. 쌍방심리라는 표현은 법원 측에서 본 것이고, 당사자 측에서 보는 경우에는 당사자평등의 원칙 또는 무기평등의 원칙이라고도 한다. 적정한 재판을 받을 권리와 법 앞의 평등 및 개인의 존엄·가치의 소송상의 발현이다.

II. 내용

1) 판결절차에 있어서는 필요적 변론(제134조 제1항)에 기하여 변론에서는 쌍방심리주의가 관철된다. 이에 대하여 권리관계의 확정 그 자체를 목적으로 하지 않는 가압류, 가처분 등 보전절차 등에서는 변론이 필수적인 것이 아니고(동조 동항 단서), 쌍방심리주의가 엄격히 적용되는 것은 아니다.

2) ① 당사자 일방의 사망을 비롯하여 소송계속 중에 일방에게 소송을 수행할 수 없는 사정이 생긴 경우 등의 소송절차의 중단·중지제도(제233조 이하)는 실질적으로 쌍방심리주의를 보장하기 위한 것으로 중요하다. 또한 ② 소송절차의 중단·중지의 사유에 해당하지 않는 경우에도 예를 들어 당사자가 자기 책임으로 돌릴 수 없는 사유로 결석하고, 대리인이 출석할 기회마저 없는 채 패소된 경우에 대리권의 흠을 이유로 상소 또는 재심에 의하여 구제되어야 하는 것(제424조 제1항 제4호, 제451조 제1항 제3호)은 쌍방심리주의의 당연한 요청이라 할 것이다.

3) 쌍방심리주의는 당사자 양쪽이 변론에 출석·대석할 수 있는 기회가 주어지면 충분하고, 현실적으로 한쪽이 결석하더라도 절차의 진행은 가능하다.

4) 한편, 쌍방심리주의에 의하여 공격방어의 기회가 주어진 당사자가 그것을 이용하지 않은 경우에는 일정한 불이익을 부과하더라도 어쩔 수 없는 것이다. 이는 상대방이나 법원의 행위에 대한 소송절차의 위반을 주장하는 권능인 소송절차에 관한 이의권의 포기·상실(제151조) 등이 있을 수 있는 것과 관련된다.

제5관 집중심리주의

I. 의의

1) 집중심리주의는 소송의 초기단계에서 사건을 분류하여 각 사건에 적합한 처리방법에 따라 변론을 집중적·계속적으로 행하여 그 사건의 심리를 마치고 나서 다른 사건에 들어가는 원칙이다. 따라서 동시에 다수의 사건의 심리를 병행해 나가는 병행심리주의보다 집중심리주의 쪽이 소승촉진이 도모되고, 구술주의·직접주의에도 합치하게 된다.

2) 현행법은 실체적 진실발견 및 신속한 재판에 이바지할 수 있도록 쟁점중심의 집중심리를 핵심으로 하는 심리방식을 채택하고 있다(제272조). 법원은 변론이 집중되도록 함으로써 변론이 가능한 한 속행되지 않도록 하여야 하고, 당사자는 이에 협력하여야 한다(민사소송규칙 제69조 제2항).

II. 집중심리방식의 내용

1. 소송의 초기단계에서의 공격방어방법의 충실화

(1) 재판장의 소장심사권의 강화

재판장은 소장을 심사하면서 필요하다고 인정하는 경우에는 원고에게 청구하는 이유에 대응하는 증거방법을 구체적으로 적어 내도록 명할 수 있고, 원고가 소장에 인용한 서증의 등본 또는 사본을 붙이지 아니한 경우에는 이를 제출하도록 명할 수 있다(제254조 제4항, 민사소송규칙 제63조 제2항).

(2) 답변서제출의무·무변론판결

쟁점이 조기에 효과적으로 부각되고 효율적 심리를 할 수 있기 위하여 충실한 답변서 제출이 필요하므로 답변서에는 청구의 취지에 대한 답변과 청구의 원인에 대한 구체적인 진술을 적어야 한다(민사소송규칙 제65조 제1항). 한편, 제출기간 이내에 답변서가 제출되지 않은 사건은 바로 변론 없이 판결을 하는 것이 당사자의 의사에도 부합하고 소송경제에도 이바지하므로 무변론판결을 할 수 있다(제257조).

(3) 준비서면의 충실화

준비서면에 어떠한 사항을 적을 것인가는 법정되어 있다(제274조 제1항). 그 가운데 중요한 것은 자기가 제출하려고 하는 공격방어방법과 상대방의 청구와 공격방어방법에 대한 진술인데(동조 제4호, 제5호), 위 사항에 대하여는 사실상 주장을 증명하기 위한 증거방법과 상대방의 증거방법에 대한 의견을 함께 적어야 한다(동조 제2항).

(4) 증거의 신청

기본적 서증은 소장 또는 답변서 제출 단계에서 함께 제출하여야 하고, 문서송부촉탁이나 감정과 같이 증거조사의 실시를 위하여 후속절차가 필요하거나 기간이 오래 걸리는 증거신청은 소송절차의 초기단계에서 이루어져야 한다.

(5) 적시제출주의 · 재정기간제도

공격방어방법은 소송의 정도에 따라 적절한 시기에 제출하여야 한다(제146조). 그리고 재판장은 당사자의 의견을 들어 주장을 제출하거나 증거를 신청할 기간을 정할 수 있으며(재정기간), 그 기간을 넘긴 때에는 그 주장을 제출하거나 증거를 신청할 수 없도록 하고 있다(제147조).

2. 쟁점정리

필요에 따라 변론이 효율적이고 집중적으로 실시될 수 있도록 당사자의 주장과 증거를 정리하기 위하여 사건을 변론준비절차에 부칠 수 있다(제258조 제1항 단서, 제279조). 그 밖에도 변론을 중요한 쟁점에 집중시키기 위한 수단으로서 주장을 제출하거나 증거를 신청할 재정기간(제147조), 석명준비명령(제137조), 법원의 석명처분(제140조) 등의 소송지휘가 이루어진다.

3. 변론기일에서의 집중증거조사

1) 법원은 변론준비절차를 마친 경우에는 첫 변론기일을 거친 뒤 바로 변론을 종결할 수 있도록 하여야 하고, 당사자는 이에 협력하여야 한다(제287조 제1항).

2) 법원은 변론기일에 변론준비절차에서 정리된 결과에 따라서 바로 증거조사를 하여야 한다(제287조 제3항). 변론준비절차를 거친 경우에는 변론준비절차에서 쟁점과 증거를 정리하고 증거조사의 준비도 마칠 것이므로, 첫 변론기일은 변론준비절차에서 할 수 없었던 증인신문 등의 집중증거 조사기일이 된다.

3) 증거의 신청과 조사는 변론기일 전에도 할 수 있다(제289조 제2항). 변론준비절차를 거치지 않은 사건의 경우에는 이 규정에 따라 미리 증거조사의 준비(예 문서의 제출, 증인의 출석요구) 등을 할 수 있다.

4) 증인신문 및 당사자신문은 당사자의 주장과 증거를 정리한 뒤 집중적으로 행하여야 한다(제293조). 쟁점을 분명히 정리한 뒤에 집중적으로 증인신문 또는 당사자신문을 실시함으로써 충실하고 효율적인 심리를 할 수 있다.

4. 화해권고 · 조정

절차진행 중에 어느 단계에서도 화해권고(및 화해권고결정)나 조정을 활용하여 분쟁의 해결을 시도할 수 있다.

제6관 법원과 당사자의 기능 분담 – 처분권주의와 변론주의

소송심리에 있어서 주요한 역할을 당사자에게 인정하는 것을 당사자주의라고 하고, 반면 법원에게 인정하는 것을 직권주의라고 한다. 법원과 당사자의 기능 분담을 표로 정리하면 다음과 같다.

구분	당사자 주도 ➲ 당사자주의	법원의 주도 ➲ 직권주의
소송의 개시·심판대상·절차의 종료	처분권주의 ➲ 보완 : 석명권	직권(개시)주의
소송자료의 수집·제출	변론주의 ➲ 보완 ┌ 석명권 ├ 직권증거조사(제292조) └ 적시제출주의	직권탐지주의 ◈ 처분권주의와 직권탐지주의의 결합형태 ➲ 가사소송·행정소송
절차의 진행	당사자진행주의	직권진행주의 ➲ 보완 ┌ 절차이의권 └ 신청권(예 공시송달신청, 기일지정신청 등)

제6-1관 처분권주의

Ⅰ. 서설

1. 의의 및 근거

> 제203조(처분권주의)
> 법원은 당사자가 신청하지 아니한 사항에 대하여는 판결하지 못한다.

1) 처분권주의는 소송의 개시, 심판의 대상과 범위의 결정, 소송의 종결에 있어서 당사자에게 주도권을 인정하고, 당사자의 처분에 맡기는 원칙을 말한다.
2) 이는 실체법의 사적 자치의 원칙에 대응하는 것이다. 사적 자치에 있어서 개인의 자유로운 의사의 존중은 민사소송에 있어서는 처분권주의라는 원칙에 의하여 구현되고 있다.

2. 제도적 취지

① 사권을 법원을 통해 실현할 것인지(소송의 개시면에서 쟁송의 자주적 형성과 재판받을 권리 보장), ② 어떠한 사권을 실현할 것인지(심판대상·범위의 결정으로 예상외 판결의 방지), ③ 사권의 실현에 착수하였으나 그만 둘 것인지(소송의 종결면에서 분쟁의 자주적 해결)를 당사자의 의사에 일임하려는 것이다.

3. 구별개념

처분권주의는 당사자의 소송물에 대한 처분의 자유를 의미한다는 점에서, 소송자료의 수집책임을 당사자에게 부과하는 변론주의와 다르고 법원이 심판대상에 대하여 직권으로 고려하는 직권조사주의와 다르다.

II. 소송(절차)의 개시

1. 원칙

소송은 원고의 소의 제기에 의하여 개시되며, 법원은 직권으로 분쟁의 심리를 개시하여서는 안된다. 「신청 없으면 재판은 없다」는 것은 민사소송의 대원칙이다.

2. 예외

다만 처분권주의의 예외로서 소송비용의 재판(제104조), 가집행선고(제213조 제1항), 소송구조(제128조), 판결의 경정(제211조), 재판의 누락에 따른 추가판결(제212조) 등은 당사자의 신청이 없더라도 직권으로 행할 수 있다.

III. 심판의 대상과 범위

1. 개설

원고는 소장에서 청구의 취지 및 청구의 원인을 적어(제249조 제1항) 소송대상을 특정하여야 하고, 법원은 당사자가 신청하지 않은 사항에 대하여는 판결할 수 없고, 신청한 범위 내에서만 판단하여야 한다(제203조). 즉 민사소송에서 심판 대상은 원고의 의사에 따라 특정되고, 법원은 당사자가 신청한 사항에 대하여 신청 범위 내에서만 판단하여야 한다(대판 2020.1.30, 2015다49422). 상소심에서는 이러한 법리가 불이익변경·이익변경금지의 원칙(제415조)으로 나타난다.

2. 질적 동일(한계)

(1) 소송물의 이동(異同)

1) 원고가 신청한 소송물과 다른 소송물에 대하여 판결하는 것은 처분권주의의 위반이다.
2) ① 구소송물이론의 입장은 원고 주장과 다른 실체법상의 권리에 기하여 판결하는 것은 허용되지 않는다. 그러나 ② 신소송물이론은 원고 주장의 실체법상의 권리는 단순한 공격방법 내지 법률적 관점에 불과하여 원고 주장과는 다른 실체법상의 권리에 기하여 판단하여도 다른 소송물에 대한 판단이 아니므로 제203조에 위배되지 않는다.

[대판 2013.5.23, 2013다10482] 甲이 乙에게 돈을 대여하였다고 주장하면서 그 반환을 구한 사안에서, 甲이 위 돈이 투자금이 아니라고 일관되게 주장하고 있음에도 甲의 청구에 투자금반환청구 또는 정산금청구가 포함되어 있다고 본 원심판결은 甲이 신청하지 아니한 사항(㈜ 서로 소송물을 달리하는 별개의 청구)에 대하여 판결한 것으로서 민사소송법 제203조에서 정한 처분권주의를 위반하였다.

★★[대판 1992.3.27, 91다40696] 원고 A가 乙을 상대로 매매를 원인으로 한 소유권이전등기를 청구한 데 대하여 원심이 양도담보약정을 원인으로 한 소유권이전등기를 명한 경우, 원심판결에 처분권주의를 위반한 위법이 있고 그에 대한 원고 A의 상소이익의 유무(적극)

원고 A가 乙을 상대로 매매를 원인으로 한 소유권이전등기를 청구한 데 대하여 원심이 양도담보약정을 원인으로 한 소유권이전등기를 명하였다면 판결주문상으로는 원고 A가 전부 승소한 것으로 보이기는 하나, 매매를 원인으로 한 소유권이전등기청구와 양도담보약정을 원인으로 한 소유권이전등기청구와는 청구원인사실이 달라 동일한 청구라 할 수 없음에 비추어, 원심은 원고 A가 주장하지도 아니한 양도담보약정을 원인으로 한 소유권이전등기청구에 관하여 심판하였을 뿐, 정작 원고 A가 주장한 매매를 원인으로 한 소유권이전등기청구에 관하여는 심판을 한 것으로 볼 수 없어, 결국 원고 A의 청구는 실질적으로 인용한 것이 아니어서 판결의 결과가 불이익하게 되었으므로, 원심판결에 처분권주의를 위반한 위법이 있고 따라서 그에 대한 원고 A의 상소이익이 인정된다.

★★★[대판 2024.6.13, 2024다213157]

[1] 민사소송에서 법원의 심판 대상과 범위

민사소송법 제203조는 '처분권주의'라는 제목으로 "법원은 당사자가 신청하지 아니한 사항에 대하여는 판결하지 못한다."라고 정하고 있다. 민사소송에서 심판 대상은 원고의 의사에 따라 특정되고, 법원은 당사자가 신청한 사항에 대하여 신청 범위 내에서만 판단하여야 한다.

[2] 건물의 '인도'와 건물에서의 '퇴거'의 구별 / 채권자가 소로써 채무자가 건물에서 퇴거할 것을 구하고 있는데 법원이 채무자의 건물 인도를 명한 경우, 처분권주의에 반하는지 여부(적극)

건물의 '인도'는 건물에 대한 현실적·사실적 지배를 완전히 이전하는 것을 의미하고, 민사집행법상 인도 청구의 집행은 집행관이 채무자로부터 물건의 점유를 빼앗아 이를 채권자에게 인도하는 방법으로 한다. 한편 건물에서의 '퇴거'는 건물에 대한 채무자의 점유를 해제하는 것을 의미할 뿐, 더 나아가 채권자에게 점유를 이전할 것까지 의미하지는 않는다는 점에서 건물의 '인도'와 구별된다. 그러므로 채권자가 소로써 채무자가 건물에서 퇴거할 것을 구하고 있는데 법원이 채무자의 건물 인도를 명하는 것은 처분권주의에 반하여 허용되지 않는다.

[3] 공유물의 소수지분권자가 다른 공유자와 협의 없이 공유물의 전부 또는 일부를 독점적으로 점유하는 경우, 다른 소수지분권자가 공유물의 인도를 청구할 수 있는지 여부(소극)

공유물의 소수지분권자인 피고가 다른 공유자와 협의하지 않고 공유물의 전부 또는 일부를 독점적으로 점유하는 경우 소수지분권자인 원고가 피고를 상대로 공유물의 인도를 청구할 수는 없다.

➡ [사실관계 및 해설] : 甲과 A는 건물을 1/2의 지분 비율로 공유하고 있었는데, A는 이 사건 건물 중 3층(이하 'Y건물'이라 한다) 부분을 甲의 동의 없이 독점적·배타적으로 점유하면서 사용·수익하였다. 甲은 A를 상대로 Y건물에서의 퇴거를 청구하였다. 이에 법원은 심증결과 A에게 점유할 정당한 권원이 없다고 판단하여 A는 Y건물을 甲에게 인도하라고 판단하였다. 사안의 경우 甲은 A를 상대로 Y건물에서의 퇴거를 청구하였는데, 법원이 甲의 청구에 Y건물의 인도청구가 포함되어 있다고 보아 A에게 Y건물을 인도하라고 판단한 것은 처분권주의를 위반한 경우로서 타당하지 않다. 설령 원심과 같이 원고의 청구를 이 사건 건물 중 3층의 인도를 구하는 것으로 선해하여도 원심판결은 받아들이기 어렵다. 공유물의 소수지분권자인 피고가 다른 공유자와 협의하지 않고 공유물의 전부 또는 일부를 독점적으로 점유하는 경우 소수지분권자인 원고가 피고를 상대로 공유물의 인도를 청구할 수는 없기 때문이다. 그럼에도 원심이 이 사건 건물 중 3층의

인도를 명하였으므로, 원심의 판단에는 공유물 인도청구에 관한 법리를 오해한 잘못이 있다. 결국, 甲과 A는 부당이득반환청구나 손해배상청구 또는 공유물분할의 방법에 의해 해결할 수밖에 없을 것이다.

(2) 심판의 형식 · 심판의 순서 - 소의 종류 · 순서

1) 법원은 원고가 청구의 취지란에 표시하여 구하는 판결의 권리구제의 형식(종류)에 구속된다. 이행의 소에 대하여 확인판결을 하거나, 확인의 소에 대하여 이행판결을 하는 것은 허용되지 않는다.

2) 당사자가 구하는 권리구제의 순서에도 구속된다. 예 원고가 2가지의 청구를 주위적 청구, 예비적 청구라는 순서로 심판을 구하고 있는 때에(예 예비적 병합) 법원이 주위적 청구에 대하여 먼저 기각판결을 하지 않은 채, 예비적 청구에 대한 판결을 하는 것은 처분권주의의 위반이다.

(3) 형식적 형성의 소 - 제203조의 예외

형식적 형성소송으로 보는 ① 경계확정소송에 있어서 법원은 당사자의 신청으로서의 경계선에 구속되지 않고, 원고가 주장하고 있는 것보다도 넓은 범위에서 원고에게 유리한 경계선을 확정할 수 있다. 즉 처분권주의의 적용이 없다. ② 공유물분할청구의 소에 있어서도 마찬가지로 당사자가 구하는 분할방법에 구애받지 않고, 법원의 재량으로 합리적 분할을 할 수 있다. 즉 원고가 현물분할을 신청하였어도 경매에 의한 가격분할을 명할 수 있다(대판 1993.12.7, 93다27819).

3. 양적 동일(한계)

(1) 일반적 기준

법원은 원고의 신청 범위 내에서만 판결할 수 있다. 그러나 신청사항과 판결사항이 다르더라도 불의의 타격이 되지 않는 한, 처분권주의에 위반되지 않는다고 할 것이다. 이것이 보통 원고의 의사에 합치하기 때문이다. 다음과 같이 문제되는 경우를 살펴본다.

(2) 양적 상한(범위 초과)

1) 부진정연대채무의 이행청구에 대한 개별적 지급책임

① 피고들에게 부진정연대의 관계에서 청구한 경우에 진정연대의 관계에서 인용하는 것은 양적 범위 내에 준하여 허용된다고 할 것이다.

② 다만 부진정연대관계에서 청구하였는데도 개별적 지급책임을 인정한 것은 청구한 범위를 넘는 것으로 처분권주의에 반한다. 또 피고들의 손해배상채무가 부진정연대관계로 주장함이 없음에도 피고들에게 그렇게 판단하는 것은 아니 된다.

★★ [대판 2014.7.10, 2012다89832] 채권자 甲이 채무자 乙을 상대로 자신의 인수대금 채권을 행사하는 청구와 제3채무자 丙을 상대로 위 채권을 피보전채권으로 하여 乙의 채권을 대위행사하는 청구를 한 사안에서, 乙의 甲에 대한 채무와 丙의 乙에 대한 채무가 연대채무 또는 부진정연대채무의 관계가 아니지만, 甲이 두 채무가 부진정연대채무 관계에 있음을 전제로 연대하여 지급할 것을 구하였는데도 乙과 丙에게 개별적 지급책임을 인정한 원심판결에는 처분권주의에 관한 법리오해의 잘못이 있다.

➡ [해설] : 채권자대위소송에서 대위채권자가 제3채무자를 상대로 직접 이행을 청구할 수 있다고 하여 채무자의 대위채권자에 대한 채무와 제3채무자의 채무자에 대한 채무가 동일한 경제적 목적을 가지고 있다거나 서로 중첩되는 부분에 관하여 일방의 채무가 변제 등으로 소멸할 경우 타방의 채무도 소멸하는 관계에 있다고 볼 수 없다는 점에서 원심이 피고들의 각 채무가 연대채무 또는 부진정연대의 관계가 아니라고 판단한 것은 정당하지만, 한편 기록에 의하면, 원고는 청구취지로 피고들의 각 채무가 부진정연대채무의 관계에 있음을 전제로 피고들은 연대하여 2,520만원과 이에 대한 지연손해금을 지급할 것을 구하였음을 알 수 있는바, 원심판결 주문에서 피고들에게 중첩관계가 아닌 개별적인 지급책임을 인정한 것은 당사자가 청구한 범위를 넘는 것으로서 처분권주의에 관한 법리를 오해하여 판단을 그르친 경우에 해당한다고 본 사례이다.

[대판 2013.5.9. 2011다64616] 민사소송절차에서 법원의 심판 대상 및 당사자가 변론에서 주장하지 않은 주요사실(요건사실)**을 판결의 기초로 삼을 수 있는지 여부**(소극)

甲이 乙 주식회사의 보험모집인인 丙의 권유에 따라 다른 회사와 체결한 보험계약을 해지하고 乙 회사와 새로운 보험계약을 체결하였는데, 이는 丙의 잘못된 설명에 기한 것이라는 이유로 손해배상으로 乙 회사에 대하여는 납부한 보험료 상당액, 丙에 대하여는 종전 보험계약의 해지로 인한 손실금 상당액 등의 각 지급을 구한 사안에서, 甲이 구하지 않았음에도 丙이 지급할 손해배상금으로서 종전 보험계약의 해지로 인한 손실금을 넘는 금액을 인정하거나, 부진정연대채무관계에 관한 아무런 주장이 없었음에도 乙 회사와 丙에게 연대하여 손해배상금을 지급하라고 한 원심판결은 처분권주의, 변론주의에 관한 판례 위반의 위법이 있다.

2) 인명사고에 의한 손해배상청구

가) 문제점

원고가 청구한 총액을 초과하지 않으면, 법원이 각 항목별로 청구액을 초과하여 인용하여도 처분권주의에 반하는 것은 아닌지가 문제된다.

나) 학설

① 하나의 사고로 적극적 손해, 소극적 손해, 정신적 손해가 발생한 경우 각 손해항목은 각기 다른 소송물을 이루는 것이므로, 법원이 각 손해항목에서 원고가 청구한 금액을 초과하여 인정하면 처분권주의 위반이라고 보는 손해3분설, ② 손해를 재산적 손해와 정신적 손해로 나누어 각 손해배상청구를 소송물로 보는 손해2분설, ③ 발생된 손해를 모두 하나의 소송물로 보고 총액을 초과하지 않는 한 각 항목을 초과하여 인정하여도 처분권주의 위반이 아니라고 보는 손해1개설의 대립이 있다.

다) 판례

판례는 교통사고에 의한 손해배상청구에서 적극적 손해, 소극적 손해, 위자료 등 3가지 손해항목이 각각 소송물이 된다는 손해3분설을 따르고 있는데, 이 경우 청구총액을 초과하지 않는다 하여도 각 손해항목의 청구액을 초과하여 인용하면 처분권주의에 위반된다고 하였다(대판 2001.2.23, 2000다63752).

★★ [대판 2001.2.23, 2000다63752] 법원은 각 손해항목의 청구에 구속되어 각 항목별로 청구액을 초과
하여 인용하는 것은 허용되지 않는다고 볼 것이다.

3) 이자청구

판례는 이 경우에 소송물은 원금·이율·기간 등 3개의 인자(因子)에 의하여 정해진다고 보고,
비록 원고의 이자청구액을 초과하지 않았지만 3개의 기준 중 어느 것에서나 원고 주장의 기준보다
넘어서면 처분권주의에 위반된다고 하였다(대판 1989.6.13, 88다카19231).

4) 일부청구와 과실상계

가) 문제점

원고가 손해배상의 일부를 청구한 경우에 과실상계의 방법이 문제된다.

나) 학설

① 손해전액을 산정하여 과실상계한 뒤에 남은 잔액이 청구액을 초과하지 않을 경우에는 그 잔액
을 인용할 것이고, 잔액이 청구액을 초과할 경우에는 청구의 전액을 인용할 것이라고 하는 외측
설, ② 손해전액이 아니라 일부청구액에서 과실상계를 하여야 한다는 안분설, ③ 일응 외측설이
타당하나 명시적 일부청구로서 잔부를 유보하여 둔다는 표시를 한 경우에는 안분설에 따르는 것
이 당사자의 의사에 합당하다고 보는 절충설(명시설)이 대립하고 있다.

다) 판례

판례는 한 개의 손해배상청구권 중 일부가 소송상 청구되어 있는 경우에 과실상계를 함에 있어서
는 손해의 전액에서 과실비율에 의한 감액을 하고 그 잔액이 청구액을 초과하지 않을 경우에는 그
잔액을 인용할 것이고 잔액이 청구액을 초과할 경우에는 청구의 전액을 인용하는 것으로 풀이하는
것이 일부청구를 하는 당사자의 통상적 의사라고 하였다(대판 1994.10.11, 94다17710; 대판 1984.3.27,
83다323·83다카1037 同旨).

★★ [대판 1976.6.22, 75다819] 일개의 손해배상청구권 중 일부가 소송상 청구되어 있는 경우에 과실상
계를 함에 있어서는 손해의 전액에서 과실비율에 의한 감액을 하고 그 잔액이 청구액을 초과하지 않을
경우에는 그 잔액을 인용할 것이고 잔액이 청구액을 초과할 경우에는 청구의 전액을 인용하는 것으로
풀이하는 것이 일부청구를 하는 당사자의 통상적 의사라고 할 것이다(대판 1994.10.11, 94다17710; 대판
1984.3.27, 83다323·83다카1037 同旨).

➾ [보충 : 일부청구와 상계항변] 판례는 금전채권 전액 중의 일부청구에 대한 피고의 상계항변이 있는
경우에도 위 법리는 마찬가지로 적용된다는 입장이다. 즉 원고가 피고에게 합계금 5,151,900원의
금전채권 중 그 일부인 금 3,500,000원을 소송상 청구하는 경우에 이를 피고의 반대채권으로써
상계함에 있어서는 위 금전채권 전액에서 상계를 하고 그 잔액이 청구액을 초과하지 아니할 경우
에는 그 잔액을 인용할 것이고 그 잔액이 청구액을 초과할 경우에는 청구의 전액을 인용하는 것
으로 해석하는 것이 일부 청구를 하는 당사자의 통상적인 의사이고 원고의 청구액을 기초로 하여
피고의 반대채권으로 상계하여 그 잔액만을 인용한 원심판결은 상계에 관한 법리를 오해한 위법이
있다고 하였다(대판 1984.3.27, 83다323).

(3) 일부인용(범위 내)

1) 양적 일부인용

① 금전이행청구 등에 있어서 채권액은 채권의 내용을 이루는 것이므로 청구의 양적 범위를 넘어서 이행을 명하는 것은 처분권주의의 위반에 해당하지만, 반대로 양적 범위 내에서 그 일부의 이행을 명하고 잔부의 청구를 기각하는 것은 처분권주의에 저촉되는 것은 아니다. ② 판례는 전부의 소유권확인청구에는 지분에 대한 소유권확인의 취지가 포함되어 있으므로 그 범위에서 원고청구를 일부인용할 수 있다고 하였다(대판 1995.9.29, 95다22849).

> [대판 1995.9.29, 95다22849] 부동산을 단독으로 상속하기로 분할협의하였다는 이유로 그 부동산 전부가 자기 소유임의 확인을 구하는 청구에는 그와 같은 사실이 인정되지 아니하는 경우 자신의 상속받은 지분에 대한 소유권의 확인을 구하는 취지가 포함되어 있다고 보아야 하므로, 이러한 경우 법원은 특단의 사정이 없는 한 그 청구의 전부를 기각할 것이 아니라 그 소유로 인정되는 지분에 관하여 일부승소의 판결을 하여야 한다.

2) 단순이행청구에 대한 상환이행판결

가) 동시이행항변권·유치권의 존재

원고가 무조건의 물건의 인도를 구하는 소를 제기한 경우에 피고가 제출한 유치권의 항변 또는 동시이행의 항변을 인용하는 때에는 그 물건에 관하여 발생한 채권의 변제와 상환하여 (원고의 반대급부의 이행을 조건으로 하는)물건의 인도를 명하는 상환이행판결을 선고하는 경우와 같이 당사자의 신청범위 내에 있어서 법원이 질적인 의미의 일부인용의 판결을 하는 것은 당사자의 의사에 반하지 않고 적법하다고 본다. 다만, 동시이행의 항변이 이유 있는 경우라도 원고의 청구가 반대급부의무가 없다는 취지임이 분명한 경우에는 청구기각판결을 하여야 한다(대판 1980.2.26, 80다56).

> ★★[대판 1979.10.10, 79다1508] 매매계약 체결과 대금완납을 청구원인으로 하여 (무조건)소유권이전등기를 구하는 청구취지에는 대금 중 미지급금이 있을 때에는 위 금원의 수령과 상환으로 소유권이전등기를 구하는 취지도 포함되어 있다고 할 것이다.

나) 지상물매수청구권 행사

판례는 ① 토지임대차 종료 시 임대인의 건물철거와 그 부지인도 청구에는 건물매수대금 지급과 동시에 건물명도를 구하는 청구가 포함되어 있다고 볼 수 없고, ② 이 경우에 법원으로서는 임대인이 종전의 청구를 계속 유지할 것인지, 아니면 대금지급과 상환으로 지상물의 명도를 청구할 의사가 있는 것인지(예비적으로라도)를 석명하고 임대인이 그 석명에 응하여 소를 변경한 때에는 지상물 명도의 판결을 함으로써 분쟁의 1회적 해결을 꾀하여야 한다고 판시하였다.

> ★★★[대판(전) 1995.7.11, 94다34265]
> [1] 지상물매수청구권은 이른바 형성권으로서 그 행사로 임대인·임차인 사이에 지상물에 관한 매매가 성립하게 되며, 임차인이 지상물의 매수청구권을 행사한 경우에는 임대인은 그 매수를 거절하

지 못하고, 이 규정은 강행규정이므로 이에 위반하는 것으로서 임차인에게 불리한 약정은 그 효력이 없다.

[2] 토지임대차 종료 시 임대인의 건물철거와 그 부지인도 청구에는 건물매수대금 지급과 동시에 건물 명도를 구하는 청구가 포함되어 있다고 볼 수 없다.

[3] 위 [2]항의 경우에 법원으로서는 임대인이 종전의 청구를 계속 유지할 것인지, 아니면 대금지급과 상환으로 지상물의 명도를 청구할 의사가 있는 것인지(예비적으로라도)를 석명하고 임대인이 그 석명 에 응하여 소를 변경한 때에는 지상물 명도의 판결을 함으로써 분쟁의 1회적 해결을 꾀하여야 한 다. 그러므로 이와는 달리 이러한 경우에도 법원에게 위와 같은 점을 석명하여 심리하지 아니한 것이 위법이 아니라는 취지의 당원 1972.5.23. 선고 72다341 판결은 이로써 이를 변경한다.

◈ 논증구도 ◈

1. 문제점

① 건물철거 및 토지인도청구에 그 건물의 매수대금지급과 상환으로 건물명도청구가 포함되어 있다 고 보아 일부인용, 즉 상환이행판결(질적 일부인용)이 가능한지가 처분권주의 위반 여부와 관련해서 문제되고, ② 상환이행판결을 하지 않을 경우 청구변경(소변경)을 행사하도록 석명하지 않고 바로 원 고청구를 기각할 수 있는지와 관련하여 법원의 석명의무의 범위가 문제된다. 왜냐하면 석명권은 변 론주의의 보완·수정원리이기도 하지만 처분권주의의 보완·수정원리로 기능하고 있기 때문이다.

2. 처분권주의와 일부인용판결의 가부 – 지상물철거청구에 지상물명도청구 포함 여부

상환이행판결(질적 일부인용판결)의 가능성 문제는 당사자의 의사, 피고의 이익보호 등을 고려하여 판 단할 문제이다. 본 판례사안에서는 지상물의 명도를 명하는 것이 철거를 구하는 원고의 의사에 반드 시 부합한다고 할 수는 없다. 또한 명도청구와 철거청구는 청구취지가 상이하고 그 청구권원에 있어 서도 상이하다고 할 것이다. 따라서 원고의 건물철거의 단순이행청구 속에 매매대금지급과 상환으로 건물명도를 구하는 청구가 포함되어 있다고 보아서 상환이행판결을 할 수는 없다고 보는 판례의 태도 는 타당하다고 할 것이다(이에 반대하는 견해도 존재한다. 즉 소송경제와 분쟁의 일회적 해결 및 임대인으 로서는 전부패소하는 것보다 상환이행판결이라도 받겠다는 의사라고 봄이 상당하고 임차인으로서도 건물매 수청구권을 행사함에는 상환이행판결을 해달라는 의사이므로, 법원이 상환이행판결을 하는 것은 당사자의 의 사에 부합하다는 것이다).

따라서 법원으로서는 피고의 매수청구가 이유 있다면 원고의 청구를 기각하는 판결을 선고하여야 하 는데, 다만 이 경우 청구를 변경(소변경)하도록 석명할 의무가 있는지가 문제된다.

3. 상환이행청구로의 소변경에 대한 석명의무 인정 여부

(1) 소변경의 요건충족 여부

소변경에 있어서 적극적 석명이 허용되는가를 논하기 위해서는 소변경의 요건이 일단 충족될 것 이 필요하다. 소변경의 요건이 충족되지 못했는데, 그에 대한 석명의무의 여부를 논할 수는 없기 때문이다. 본 판례사안에서는 소변경의 적법요건 중 특히 '청구기초의 동일성'을 충족했는지가 문제된다(소변경의 요건에 대해서는 해당부분을 참고할 것).

결론적으로 말하면 건물철거 및 토지인도청구와 그 건물의 매수대금지급과 상환으로 건물을 명 도하라는 상환이행청구 사이에는 임대차기간 만료라는 사실자료를 공통으로 하고 있으므로 청구 기초의 동일성이 인정되며, 다른 요건들도 별 문제 없이 충족되는 것으로 보이므로, 소변경의 적법요건은 구비되었다고 할 것이다.

(2) 적극적 석명의 허용 여부

 1) 문제점

적극적 석명의 인정 여부는 이를 인정할 경우 처분권주의·변론주의와 충돌할 위험이 있고, 석명권의 범위를 불분명하게 한다는 점에서 부정설과 제한적 긍정설의 대립이 있다. 이에 대해 판례는 태도는 다음과 같다.

 2) 판례의 태도

① 원칙적으로 적극적 석명을 인정하지 않는다(대판 1999.4.23, 98다61463 등).

② 그러나 본 사안에서는 (판결이유 중) "제소 당시에는 임대인의 청구가 이유 있는 것이었으나 제소 후에 임차인의 매수청구권 행사라는 사정변화가 생겨 임대인의 청구가 받아들여질 수 없게 된 경우에는 임대인으로서는 통상 지상물철거 등의 청구에서 전부 패소하는 것보다는 대금지급과 상환으로 지상물명도를 명하는 판결이라도 받겠다는 의사를 가질 수도 있다고 봄이 합리적이라 할 것이고, 또 임차인의 처지에서도 이러한 법원의 석명은 임차인의 항변에 기초한 것으로서 그에 의하여 논리상 예기되는 범위 내에 있는 것이므로 그러한 법원의 석명에 의하여 임차인이 특별히 불리하게 되는 것도 아니고, 오히려 법원의 석명에 의하여 지상물명도와 상환으로 대금지급의 판결을 받게 되는 것이 매수청구권을 행사한 임차인의 진의에도 부합한다고 할 수 있기 때문이다. 또한 위와 같은 경우에 법원이 이러한 점을 석명하지 아니한 채 토지임대인의 청구를 기각하고 만다면, 또다시 지상물명도 청구의 소를 제기하지 않으면 안 되게 되어 쌍방 당사자에게 다같이 불리한 결과를 안겨 줄 수밖에 없으므로 소송경제상으로도 매우 불합리하다고 하지 않을 수 없다"라고 하여 예외적(제한적)으로 인정하고 있다.

4. 본 판결의 의의

본 판결은 종래 판례가 그 인정에 소극적이었던 적극적 석명의무를 명시적으로 인정함으로써 다른 사례에서도 법원이 분쟁을 적극적으로 해결할 수 있는 발판을 제시하고 마련하였다는 데 큰 의미가 있다고 하겠다. 뿐만 아니라 석명의무의 존부에 관하여 구체적으로 판단기준을 적시함으로써 법적 안정성 확보에도 기여할 수 있는 획기적인 판결이라고 평가된다.

3) 현재이행의 소에 대한 장래이행의 판결

현재이행의 소에 대하여 심리한 결과 원고에게 청구권이 존재하나 이행기의 미도래, 조건의 미성취일 때 바로 기각할 것이 아니라, 장래의 이행을 청구하는 소로 미리 청구할 필요가 있고 원고의 의사에 반하지 않으면 장래이행을 명하는 판결을 하여도 무방하다고 할 것이다(대판 1996.11.12, 96다33938).

★[대판 1991.4.23, 91다6009] 피담보채무가 발생하지 아니한 것을 전제로 한 근저당권설정등기의 말소등기절차이행청구 중에는, 피담보채무의 변제를 조건으로 장래의 이행을 청구하는 취지가 포함된 것으로 볼 수 없다.

➡ [해설] : 판례는 ① 원고가 「피담보채무가 발생하지 아니한 것(부존재)」을 전제로 근저당권설정등기의 말소등기절차의 이행을 구하는 경우에는 피담보채무의 변제와 같은 선이행을 조건으로 장래의 이행을 구한다는 취지가 포함된 것으로 볼 수 없으므로, 법원은 장래이행 판결을 할 수 없다는 입장이다. ② 이와 달리 원고가 「피담보채무의 존재를 인정」하면서 변제 등으로 소멸했음을 이유로 근저당권설정등기의 말소를 청구하는 경우에는 잔존 피담보채무의 선이행을 조건으로 구한다는 취지가 포함되어 있는 것으로 해석되고 미리 청구할 필요가 있다면 법원은 장래이행

판결을 할 수 있다는 아래 판례의 입장과 혼동해서는 안 될 것이다.

★★★[대판 1996.11.12. 96다33938] 채무자가 피담보채무 전액을 변제하였다고 하거나, 피담보채무의 일부가 남아 있음을 시인하면서 그 변제와 상환으로 담보목적으로 경료된 소유권이전등기의 회복을 구함에 대하여 채권자는 그 소유권이전등기가 담보목적으로 경료된 것임을 다투고 있는 경우, ① 채무자의 청구 중에는 만약 그 소유권이전등기가 담보목적으로 경료된 것이라면 소송 과정에서 밝혀진 잔존 피담보채무의 선이행을 조건으로 그 소유권이전등기의 회복을 구한다는 취지까지 포함되어 있는 것으로 해석하여야 하고, ② 그러한 경우에는 장래이행의 소로서 미리 청구할 필요도 있다(➔ 선이행판결도 장래이행판결의 일종이다).

◇ 논증구도 ◇

1. 처분권주의와 일부인용판결

(1) 처분권주의의 의의

(2) 일부인용판결의 허용 여부

법원은 신청한 소송물의 범위 내에서 소송물의 일부가 인용될 수 있을 경우에는 청구취지의 변경이 없이도 일부인용의 판결을 해야 한다. 그것이 원고의 통상의 의사에 맞고 또 응소한 피고의 이익보호나 소송제도의 합리적 운영에도 부합한다.

2. 현재의 이행의 소에 대한 장래이행판결의 가부

(1) 판례의 태도

위에서 본 바와 같이 일부인용판결은 처분권주의에 반하는 것이 아닌 바, 사안과 같이 현재의 이행의 소에서 심리결과 원고에게 청구권은 있는데 이행조건의 미성취일 때 바로 기각할 것이 아니라 ① 원고의 의사에 반하는 것이 아니하고, ② 장래이행의 소로서 미리 청구할 필요가 있으면 장래이행판결을 할 수 있다는 것이 판례의 입장이다. 따라서 사안의 경우 원고의 의사와 미리 청구할 필요가 있는지 검토한다.

(2) 장래이행판결이 원고 의사에 부합하는지 여부

(3) 장래이행의 소의 미리 청구할 필요가 있는지 여부

1) 미리 청구할 필요의 판단기준

장래의 이행을 청구하는 소는 채무자가 임의이행을 거부하여 '미리 청구할 필요'가 있는 경우에 한하여 제기할 수 있다(제251조). 어떠한 경우에 그러한 필요가 있는가는 이행의무의 성질이나 의무자의 태도를 고려하여 개별적으로 판단해야 한다.

2) 사안의 경우

사안과 같이 원고가 먼저 자기 채무의 이행을 하여야 비로소 이행기가 도래하는 선이행청구는 미리 청구할 필요가 없다. 다만 채권자가 자기 명의의 등기가 담보의 목적이 아님을 다투기 때문에 채무자가 변제하더라도 채권자가 등기의 말소에 즉시 협력을 기대할 수 없으면 미리 청구할 필요가 있다. 사안에서 피고는 임의이행을 거부할 태도를 보이고 있으므로 의무자의 태도를 고려하여 미리 청구할 필요가 인정되는 경우이다.

★★★[대판 2024.11.28. 2024다271825] 원고가 피담보채무 전액을 변제하였다고 주장하면서 근저당권설정등기의 말소등기절차 이행을 청구하였으나 원리금의 계산에 관한 다툼 등으로 인하여 변제액이 채무 전액을 소멸시키는 데에 미치지 못하고 잔존채무가 있는 것으로 밝혀진 경우, 원고

의 청구에 확정된 잔존채무를 변제하고 그다음에 위 등기의 말소를 구한다는 취지도 포함되어 있다고 해석하여야 하는지 여부(원칙적 적극) 및 이때 근저당권설정등기의 피담보채무 중 잔존원금 및 지연손해금의 액수를 심리·확정한 후 그 변제를 조건으로 근저당권설정등기의 말소를 명하여야 하는지 여부(적극) / 이는 채무의 담보를 위하여 설정된 지상권설정등기 말소청구의 경우에도 마찬가지인지 여부(적극)

① 원고가 피담보채무 전액을 변제하였다고 주장하면서 근저당권설정등기의 말소등기절차 이행을 청구하였으나 원리금의 계산에 관한 다툼 등으로 인하여 변제액이 채무 전액을 소멸시키는 데에 미치지 못하고 잔존채무가 있는 것으로 밝혀진 경우에는 특별한 사정이 없는 한 원고의 청구에 확정된 잔존채무를 변제하고 그 다음에 위 등기의 말소를 구한다는 취지도 포함되어 있다고 해석함이 상당하고, ② 이는 장래이행의 소로서 미리 청구할 이익도 인정되므로, 피담보채무가 전액 변제되지 않았다는 이유만으로 원고의 청구를 단순히 기각할 것이 아니라 근저당권설정등기의 피담보채무 중 잔존원금 및 지연손해금의 액수를 심리·확정한 후 그 변제를 조건으로 근저당권설정등기의 말소를 명하여야 한다. ③ 이는 채무의 담보를 위하여 설정된 지상권설정등기 말소청구의 경우에도 마찬가지이다.

4) 채권자취소소송

가) 사해행위를 전부 취소하고 원상회복을 구하는 채권자의 주장 속에는 사해행위를 일부 취소하고 가액의 배상을 구하는 취지도 포함되어 있으므로, 채권자가 원상회복만을 구하는 경우에도 법원은 가액의 배상을 명할 수 있다(대판 2001.9.4, 2000다66416).

나) 채권자가 전득자를 상대로 민법 제406조 제1항에 의한 채권자취소권을 행사하여 원상회복을 구하기 위해서는 같은 조 제2항에서 정한 기간 안에 법원에 소를 제기하는 방법으로 전득자에 대한 관계에 있어서 채무자와 수익자 사이의 사해행위를 취소하는 청구를 하여야 하나(대판 2005. 6.9, 2004다17535 등 참조), 채권자가 수익자 및 전득자를 공동피고로 삼아 채권자취소의 소를 제기하면서 청구취지로 '채무자와 수익자 사이의 사해행위 취소청구'를 구하는 취지임을 명시한 이상 전득자에 대한 관계에 있어서 채무자와 수익자 사이의 사해행위를 취소하는 청구도 이에 포함되어 있다고 할 것이므로, 그 취소를 구하는 취지를 수익자에 대한 청구취지와 전득자에 대한 청구취지로 분리하여 각각 기재하지 아니하였다고 하더라도 그 취소를 구하는 취지가 수익자에 대한 청구에 한정되는 것으로 섣불리 단정하여서는 안 된다(대판 2011.10.13, 2011다46647).

5) 채무부존재확인청구

가) 문제점

통상의 확인소송에는 일부인용판결의 여지가 없고, 원고 주장대로의 구체적 내용이 인정되지 않으면 청구기각판결을 하여야 한다는 취급이 확인소송의 특질로 지적되고 있는데, 반면 소극적 확인소송인 금전채무의 부존재확인소송의 경우에는 청구기각판결을 하더라도 당사자 사이에 분쟁의 근본적 해결을 가져올 수 없을 뿐만 아니라 오히려 액수를 둘러싼 분쟁을 유발하는 것이 될 수밖에 없다. 따라서 잔존채무의 금액을 확정하는 것이 오히려 원고의 의사에 합치하는 것이라고 할 수 있다. 이에 따라 특히 원고주장의 채무액보다 실제 채무액이 많다고 판단되는 경우, 일부인용판결이 가능한가 여부가 동 소송의 소송물, 청구취지의 특정, 처분권주의 등과 관련하여 문제된다.

나) 채무의 상한을 명시한 경우

① 소송물

채무부존재확인소송의 소송물은 부존재하는 것으로 주장된 채무부분의 금액이다.[44]

② 확인의 이익

판례는 채무자가 인정하는 채무부분에 대하여는 그 존재에 대하여 다툼이 없으므로 확인의 이익이 없고, 이를 초과하는 부분에 대해서만 채무자로서 채무부존재확인의 이익이 있다고 하였다(대판 1983.6.14, 83다카37). 즉 채무자가 인정하는 채무부분을 초과하는 부분에 대해 피고가 채권의 존재를 주장하는 것만으로도 원고에게 법률상 지위에 불안·위험이 있다고 할 것이므로 확인의 이익을 인정할 수 있다.

③ 일부인용판결의 가부

법원은 채무의 부존재 부분을 전부 심리하여 존재하는 부분이 있을 때에는 그 액수를 확정하고, 채무가 존재하는 부분이 원고가 자인한 부분을 넘어서 존재하면 법원은 전부기각을 해서는 안 되고 일부인용판결을 해야 한다. 당사자 사이에 액수를 둘러싼 분쟁을 근본적으로 해결하기 위함이다.

다) 채무의 상한을 명시하지 않은 경우

① 소송의 허용성 – 소송물(청구)의 특정 문제[45]

ⅰ) 문제점

소극적 확인의 소에서는 구체적으로 특정한 법률관계를 기재하지 않더라도 소송물은 특정되나, 채무부존재확인소송에서는 해당 금전채무의 발생사유가 명확하지 않으면 법률관계가 특정되지 않으므로 구체적 발생사유와 금액을 청구취지에 반드시 명시해야 하는 것인지가 문제된다.

ⅱ) 학설

(ㄱ) 청구취지가 불명확한 것이므로 부적법각하해야 한다는 견해와 (ㄴ) 청구취지 및 청구원인 기타 변론전체의 취지를 참작하여 상한이 표시된 소로 볼 수 있다면 청구의 특정을 인정할 수 있다는 견해의 대립이 있다.

ⅲ) 판례

판례는 원고가 상한을 명시하지는 않았지만 "부동산에 의하여 담보되는 차용금채무에 대하여 원고가 자인하는 금액을 초과한 나머지 채무의 부존재확인을 구한 것"은 상한을 표시한 것으로 해석할 수 있다는 전제에서, 그 채무의 수액을 심리 확정한 다음 채무가 존재하는 부분이 원고가 자인한 부분을 넘어서 존재하는 경우라면 일부패소판결을 해야 한다고 하여 본안판단을 한 바 있다(대판 1982.11.23, 81다393; 대판 1994.1.25, 93다9422 유사).

---

44) 예컨대, "채무 금 3,000만원 중 금 1,000만원을 초과하는 부분의 채무가 부존재함을 확인한다."는 청구의 소송물은 1,000만원에 대해서는 다툼이 없고, 다투는 대상·범위로서 소송물은 2,000만원이 된다.

45) 청구취지의 특정 문제라고 목차를 구성해도 상관없다. 왜냐하면 확인의 소는 청구취지만으로 소송물이 특정된다고 봄이 일반적이기 때문이다.

② **확인의 이익**

채무의 상한을 명시한 경우에서 살펴본 바와 같다.

③ **일부인용판결의 가부 – 처분권주의의 문제**

ⅰ) **학설**

(ㄱ) 상한을 표시하지 않은 경우 초과하는 채무가 부존재한다는 점이 전면적으로 인용되지 않는 한 청구기각을 바란다고 봄이 원고의 통사의사에 부합하므로 일부패소할 수 없고 청구기각판결을 해야 한다는 견해와 (ㄴ) 상한을 표시하지 않은 경우 기각판결을 하면 오히려 수액을 둘러싼 분쟁을 유발하는 것이 되므로 일부인용판결을 받아서라도 분쟁을 근본적으로 해결하려는 것이 원고의 의사에 부합하다고 보는 견해의 대립이 있다.

ⅱ) **판례**

판례는 원고가 상한을 표시하고 일정액을 초과하는 채무의 부존재확인을 구한 사안에서, 일정액을 초과하는 채무의 존재가 인정되는 경우에는 특단의 사정이 없는 한 법원은 그 청구의 전부를 기각할 것이 아니라 존재하는 채무부분에 대하여 일부패소판결을 하여야 한다고 판시하였다(대판 1994.1.25, 93다9422).

ⅲ) **구체적 해결 예**

> 금 3,000만원을 차용한 채무자 甲은 금 2,000만원을 변제하였는데, 채권자 乙은 변제를 다투며 아직 금 3,000만원의 대여금채권이 있다고 주장한다. 그래서 채무자 甲은 채권자 乙을 상대로 채무는 금 1,000만원을 초과하여서는 존재하지 아니함을 확인하다는 소를 제기하였다.

(ㄱ) 위 예에서 법원이 채무가 금 1,500만원이라는 심증을 얻은 경우, 원고로서는 자인하고 있는 현존채무인 금 1,000만원을 넘고 있더라도 그 액이 금 1,500만원이라면 이때 그 금액으로 채무액을 둘러싼 분쟁에 종지부를 찍고 싶을 것이다. 따라서 「금 1,500만원을 초과하여 존재하지 않는 것을 확인한다. 원고의 나머지 청구를 기각한다」라는 일부인용판결(원고의 신청을 금 2,000만원의 채무부존재확인이라고 해석한다면 금 1,500만원에 대하여 청구인용, 그리고 금 500만원에 대하여 청구기각판결)을 하는 것은 원고의 신청의 양적 범위 내에 속하므로 허용된다(통설·판례).

(ㄴ) 한편, 이와 달리 가령 법원이 잔존채무로서 금 500만원밖에 존재하지 않는다는 심증을 얻은 경우, 「금 500만원을 초과하여 존재하지 않는 것을 확인한다」는 판결을 하는 것은 원고가 소로서 구하고 있는 부분 이상으로 인정하는 내용이 되므로(양적으로 신청의 범위를 넘고 있다), 처분권주의에 위반되어 허용되지 않는다. 따라서 이 경우 법원은 「금 1,000만원을 초과하는 채무는 존재하지 않는 것을 확인한다」라는 전부인용판결을 하게 된다.

IV. 소송(절차)의 종결

1. 원칙 – 당사자의 처분에 의한 절차의 종결

소송의 종료에도 처분권주의가 적용되므로, 당사자는 법원의 판결에 의하지 않고 일정한 행위에 의하여 소송을 종료시킬 수 있다. 즉 원고는 소의 취하(제266조)로 소송을 종료시킬 수 있고, 상소인은 상소의 취하 또는 상소권의 포기로 상소법원의 판결을 받지 않고 소송을 종료시킬 수 있다(이 경우에는 불복신청의 대상이 된 원판결이 확정된다). 또 원고가 청구를 포기하거나 피고가 청구를 인낙하면 청구의 포기 또는 인낙을 조서에 기재하는 것에 의하여 소송이 종료된다(제220조). 이는 당사자 일방이 단독으로 소송을 종료시킬 수 있는 경우인데, 그 밖에 양쪽 당사자가 소송상의 화해를 조서에 기재하는 것에 의하여 소송을 종료시킬 수도 있다.

2. 제한 – 직권탐지주의절차

직권탐지주의에 따르는 가사소송이나 행정소송 등은 처분권주의가 제한을 받아서 소취하는 인정되나, 청구의 포기·인낙, 소송상의 화해는 성질상 허용될 수 없다고 본다.

V. 처분권주의 위배의 효과

1. 위반한 판결의 효력

처분권주의에 위배된 판결은 원칙적으로 상소 등으로 불복하여 취소를 구할 수 있을 뿐이고 당연무효라고는 할 수 없다. 그러나 재심사유로 규정되어 있지 않으므로 확정 후에 재심으로 취소를 구할 수는 없다.

2. 하자의 치유

(1) 이의권의 포기·상실 부정

처분권주의의 위배는 판결의 내용에 관한 것이고 소송절차에 관한 것이 아니므로 이의권의 대상이 아니다. 따라서 예컨대, 예비적 병합의 경우 법원이 주위적 청구에 대한 판단 없이 먼저 예비적 청구에 대해 심리하여 인용판결을 한 경우, 이는 처분권주의를 위반한 위법이 있으며 처분권주의 위배는 판결의 내용에 관한 것이고, 소송절차에 관한 것이 아니므로 이의권의 포기·상실의 대상이 아니다. 따라서 원고는 언제든지 이의를 할 수 있으며, 이의권이 상실되지 않는다.

(2) 항소심에서의 하자치유

처분권주의에 위배된 경우라도 피고가 항소한 경우에 원고가 항소기각의 신청을 하거나, 제1심에서 신청하지 아니한 사항에 대해 항소심에서 새로 신청하면 그 흠이 치유된다.

제6-2관 변론주의

Ⅰ. 서설

1. 의의

변론주의라 함은 소송자료(사실자료와 증거자료)의 수집과 제출책임을 당사자에게 맡기고, 당사자가 수집하여 변론에서 제출한 소송자료만을 재판의 기초로 삼아야 한다는 원칙을 말한다.

2. 구별개념

변론주의는 소송물과 직접적인 관계없이 소송자료의 수집·제출책임을 당사자에게 부과하는 점에서, ① 소송자료의 수집·제출책임을 당사자가 아닌 법원이 부담하는 직권탐지주의와 구별되고, ② 당사자의 소송물에 대한 처분의 자유를 의미하는 처분권주의와 구별된다.

3. 근거와 기능

1) 근거에 대해서는 본질설, 수단설, 절차보장설 등의 견해가 대립하고 있으나, 사적자치의 반영·진실발견의 수단·절차보장에 의한 예상외 판결의 방지와 공정한 재판 등 여러 가지 근거에서 나온 역사적 소산이라고 하는 보는 것이 타당하다(다원설).
2) 따라서 변론주의는 ① 쟁송내용의 자주적 형성, ② 예상 외 판결의 방지, ③ 공정한 재판에 대한 신뢰확보, ④ 진실의 발견이라는 기능을 가진다.

Ⅱ. 변론주의의 내용

변론주의의 내용은 ① 변론주의 제1명제로 법원은 당사자에 의하여 주장되지 않은 사실을 판결의 기초로 할 수 없다(사실의 주장책임). 그런데 이 명제는 법원의 석명권에 의하여 보완·수정되고 있다. ② 변론주의 제2명제로 법원은 당사자 사이에 다툼이 없는 주요사실에 대하여는 당연히 판결의 기초로 하지 않으면 안 된다(자백의 구속력). 따라서 그 진부를 확인하기 위하여 증거조사를 하여 자백에 반하는 사실인정을 하는 것은 허용되지 않는다. ③ 변론주의 제3명제로 당사자 사이에 다툼이 있는 사실을 확정하는 때에 법원이 조사할 수 있는 증거는 당사자가 신청한 것에 한한다(증거제출책임). 다만, 이러한 직권증거조사의 금지는 위 제1명제, 제2명제 정도로 절대적인 것은 아니다. 직권에 따른 (보충적인)증거조사를 인정하고 있어서(제292조, 제294조, 제341조, 제367조 등) 대폭적으로 제한되고 있다.

1. 사실의 주장책임

(1) 주장책임의 의의

① 법률효과인 권리의 발생·소멸의 판단에 직접 필요한 요건사실인 주요사실은 당사자의 변론으로 진술되어야만 법원이 이를 판결의 기초로 삼을 수 있다. 따라서 당사자는 자기에게 유리한 사실을 주장하지 않았으면 그 사실은 없는 것으로 취급되어 불이익한 판단을 받게 되는데, 이를 주장책임이라 한다. 이러한 주장책임의 분배는 증명책임의 분배에 따른다.

[대판 2021.3.25, 2020다289989] 법률상의 요건사실에 해당하는 주요사실에 대하여 당사자가 주장하지도 아니한 사실을 인정하여 판단하는 것은 변론주의에 위반된다.

[대판 2022.2.24, 2021다291934] 법원은 변론주의 원칙상 당사자의 주장에 대해서만 판단해야 하고 당사자가 주장하지 않은 사항에 관해서는 판단하지 못한다.

② 어느 당사자이든 변론에서 주장하기만 하면 되고 반드시 주장책임을 지는 당사자가 진술해야 하는 것은 아니다(주장공통의 원칙).

(2) 주요사실과 간접사실의 구별

1) 의의 및 변론주의가 적용되는 사실

① 주요사실이란 권리의 발생·변경·소멸이라는 법률효과를 발생시키는 법규의 직접요건사실을 말하고, 간접사실은 주요사실의 존부확인에 도움을 주는 데 그치는 사실을 말한다. 보조사실이란 증거능력이나 증거가치에 관한 사실을 말한다.

② 변론주의가 적용되는 사실은 법규의 구성요건에 해당하는 주요사실에만 한정되고, 간접사실과 보조사실에는 적용이 없다. 따라서 간접사실 등은 변론에서 당사자의 주장이 없어도 또 주장과는 달리 증거로써 이를 인정할 수 있다. 다만 판례는 문서의 진정성립(보조사실)에 관한 인정진술에 대해 자백의 법리를 활용한다.

2) 구별 기준

양자의 구별의 기준에 대해서는 ① 법률효과를 발생시키는 법규의 요건사실, 즉 법규의 구성요건 해당사실이 주요사실이고, 그 이외의 사실은 간접사실로 보는 법규기준설과 ② 법규기준설에 입각한 주요사실과 간접사실의 구별은 유지하되, 과실, 인과관계 등을 요건으로 한 일반규정의 경우만은 일반규정의 요건사실 자체를 변론주의의 적용을 받는 주요사실로 볼 것이 아니라 요건사실을 구성하는 개개의 구체적 사실이 재판에서 중요한 역할을 함에 비추어 이러한 구체적 사실을 주요사실에 준해서 변론주의의 적용을 받게 하자는 준주요사실설 등의 학설상 다툼이 있는데, 종래의 통설 및 판례는 법률효과를 발생시키는 법규의 요건사실이 주요사실이고, 그 이외의 사실은 간접사실이라고 보는 법규기준설의 입장으로서, 주요사실과 간접사실의 구별기준을 법규의 구조 속에서 찾는다.

[대판 2004.5.14, 2003다57697] 민사소송절차에서의 변론주의 원칙은 권리의 발생·변경·소멸이라는 법률효과 판단의 요건이 되는 주요사실에 대한 주장·입증에 적용되는 것으로서 그 주요사실의 존부를 확인하는 데 도움이 되는 간접사실이나 그의 증빙자료에 대하여는 적용되지 않는 것이다.

▌양자의 구별

구분	주요사실	간접사실
구별기준 – 법규기준설	甲의 乙에 대한 금 10,000,000원의 대여금반환청구권이 법적분쟁으로서 문제되고 있는 경우에 甲의 주장 가운데 주요사실은 무엇인가. 대여금반환청구권에 있어서 「권리의 발생」이라는 법률효과를 정하는 법률은 민법 제598조이다. 따라서 甲이 민법 제598조에 의한 대여금반환청구권의 발생을 주장하는 경우에 ① 甲이 乙과 사이에 2011.3.1. 소비대차의 약정을 하고, ② 변제기를 같은 해 5월 5일로 정하여 대여하였는데, ③ 변제기가 지나도록 위 대여금을 지급하지 않고 있다는 사실이 주요사실이다.	
사실의 주장책임	당사자의 주장이 있어야 판결의 기초로 삼을 수 있다. 따라서 자기에게 유리한 주요사실을 변론에서 진술하지 않으면 판결의 기초로 삼을 수 없어서 그 결과 불이익한 재판을 받게 된다.	당사자의 주장이 없어도 증언 등의 증거자료로 판결의 기초로 삼을 수 있다.
자백의 구속력	구속력 인정	구속력 부정(∵ 자유심증주의). 단 문서의 진정성립에 관한 자백은 보조사실에 관한 것이나 자백의 구속력 인정(판례)
판단누락	판단누락의 경우 상소이유 · 재심사유 인정	간접사실은 판단하지 않아도 상소이유 · 재심사유로서의 판단누락에 해당하지 않음
증거조사의 필요성	증거조사 *必要*	주요사실과 무관할 때 증거조사 *不必要*. 단 주요사실의 증명에 필요한 한도에서는 증명 필요(요증사실)
유일한 증거	유일한 증거가 주요사실에 관한 것일 때에는 법원은 그 조사를 거부할 수 없다(제290조 단서).	간접사실에 관한 것일 때에는 그 조사를 거부할 수 있다.

3) 구체적으로 문제되는 판례사안

가) 대리인에 의한 계약체결사실이 주요사실인지 여부

★★★[대판 1990.6.26, 89다카15359] 대리인에 의한 계약체결의 사실은 법률효과를 발생시키는 실체법상의 구성요건 해당사실에 속하므로 법원은 변론에서 당사자의 주장이 없으면 그 사실을 인정할 수가 없는 것이나, 그 주장은 반드시 명시적인 것이어야 하는 것은 아닐 뿐더러 반드시 주장책임을 지는 당사자가 진술하여야 하는 것은 아니고 소송에서 쌍방 당사자 간에 제출된 소송자료를 통하여 심리가 됨으로써 그 주장의 존재를 인정하더라도 상대방에게 불의의 타격을 줄 우려가 없는 경우에는 그 대리행위의 주장은 있는 것으로 보아 이를 재판의 기초로 삼을 수 있다.

나) 소멸시효의 기산일이 주요사실인지 여부

① 학설

ⅰ) 취득시효와 동일한 취급상 간접사실로 보는 견해도 있으나, ⅱ) 법규기준설의 입장에서 소멸시효의 기산일은 민법 제166조 제1항에서 「권리를 행사할 수 있을 때로부터」라고 규정되어 있으므로 법규의 요건사실로서 주요사실이라는 견해가 통설이다.

② 판례

판례는 ⅰ) 소멸시효의 기산일은 소멸시효항변의 법률요건을 구성하는 구체적인 사실에 해당하므로 이는 변론주의의 적용대상이고, 따라서 법원은 당사자가 주장하는 기산일을 기준으로 소멸시효를 계산하여야 하며, 이는 당사자가 본래의 기산일보다 뒤의 날짜를 기산일로 하여 주장하는 경우는 물론이고 특별한 사정이 없는 한 그 반대의 경우에 있어서도 마찬가지라고 하였다(주요사실설). ⅱ) 한편, 어떤 권리의 소멸시효기간이 얼마나 되는지에 관한 주장은 단순한 법률상의 주장에 불과하여 변론주의의 적용 대상이 되지 않으므로 법원이 직권으로 판단할 수 있다고 하였다(대판 2023.12.14, 2023다248903).

★★[대판 1995.8.25, 94다35886] 소멸시효의 기산일은 채무의 소멸이라고 하는 법률효과발생의 요건에 해당하는 소멸시효기간계산의 시발점으로서 소멸시효항변의 법률요건을 구성하는 구체적인 사실에 해당하므로 이는 변론주의의 적용대상이고, 따라서 본래의 소멸시효기산일과 당사자가 주장하는 기산일이 서로 다른 경우에는 변론주의의 원칙상 법원은 당사자가 주장하는 기산일을 기준으로 소멸시효를 계산하여야 하는데, 이는 당사자가 본래의 기산일보다 뒤의 날짜를 기산일로 하여 주장하는 경우는 물론이고 특별한 사정이 없는 한 그 반대의 경우에 있어서도 마찬가지이다.

➾ [해설] : 소멸시효의 기산점을 주요사실로 본 사례이다(통설인 법규기준설에 따르면 소멸시효에 대한 민법 제162조와 제166조 제1항의 규정방식에 비추어 "권리를 행사할 수 있을 때로부터 기산하여 10년간 채권을 행사하지 아니한 사실"이 주요사실이 된다고 할 것이므로 판례의 태도는 타당하다고 할 것이다. 다만 반대견해는 있다). 결국 소멸시효의 기산일은 주요사실이므로 증거로 인정되는 소멸시효의 기산일과 당사자가 자백하는 기산일이 서로 다른 경우에는 법원은 당사자가 자백하는 기산일을 기준으로 계산하여야 한다. 왜냐하면 자백의 대상은 주요사실에 한하고, 당사자 사이에 다툼이 없는 사실은 자백의 구속력에 의해 증거조사할 필요 없이 그대로 판결의 기초로 삼아야 하기 때문이다.

★★[대판 2017.3.22, 2016다258124] 민사소송절차에서 변론주의 원칙은 권리의 발생·변경·소멸이라는 법률효과 판단의 요건이 되는 주요사실에 관한 주장·증명에 적용된다. 따라서 권리를 소멸시키는 소멸시효 항변은 변론주의 원칙에 따라 당사자의 주장이 있어야만 법원의 판단대상이 된다. 그러나 이 경우 어떤 시효기간이 적용되는지에 관한 주장은 권리의 소멸이라는 법률효과를 발생시키는 요건을 구성하는 사실에 관한 주장이 아니라 단순히 법률의 해석이나 적용에 관한 의견을 표명한 것이다. 이러한 주장에는 변론주의가 적용되지 않으므로 법원이 당사자의 주장에 구속되지 않고 직권으로 판단할 수 있다. 당사자가 민법에 따른 소멸시효기간을 주장한 경우에도 법원은 직권으로 상법에 따른 소멸시효기간을 적용할 수 있다.

➾ [해설] : 어떤 시효기간이 적용되는지는 주요사실도 아니고 간접사실도 아니다. 즉 사실문제가 아니라 법률문제에 해당한다. 따라서 어떤 권리의 소멸시효기간이 얼마나 되는지에 관한 주장은 단순한 법률상의 주장에 불과하므로 변론주의의 적용대상이 되지 않고 특별한 사정이 없는 한 법원이 직권으로 적용·판단하는 것으로 주장과 증명이 필요한 것이 아니다. 다만 문제된 채권의 소멸시효기간에 관한 근거사실은 당사자의 주장·입증이 필요하다.

다) 취득시효의 기산점이 주요사실인지 여부

① 학설

ⅰ) 소멸시효, 취득시효 모두 시효의 기산점이 정해지면 계산상 바로 시효완성 여부가 정해지므로 주요사실에 해당한다는 견해도 있으나, ⅱ) 법규기준설의 입장에서 취득시효를 규정한 민법 제245조의 규정에 의해『20년간 부동산을 점유한 사실』이 주요사실이고, 그 기산점에 관한 규정은 없으므로 간접사실에 해당한다고 보는 견해가 통설이다.

② 판례

취득시효의 기산점은 주요사실이 아니고, 간접사실에 불과하므로 법원으로서는 이에 관한 당사자의 주장에 구속되지 아니하고 소송자료에 의하여 점유의 시기를 인정할 수 있다는 입장이다(간접사실설).

★★[대판 1998.5.12, 97다34037] 취득시효의 기산점은 법률효과의 판단에 관하여 직접 필요한 주요사실이 아니고, 간접사실에 불과하므로 법원으로서는 이에 관한 당사자의 주장에 구속되지 아니하고 소송자료에 의하여 점유의 시기를 인정할 수 있다.

➲ [해설] : 취득시효의 기산점을 간접사실로 본 사례이다(통설인 법규기준설에 따르면 취득시효를 규정한 민법 제245조와 제197조 제1항에 의하면 "20년간 부동산을 점유한 사실"이 주요사실이 되고 취득시효의 기산일은 단지 이를 추정하는 징표로서 간접사실에 불과하게 된다고 할 것이므로 판례의 태도는 타당하다고 할 것이다. 다만 이에 대해서도 반대견해는 있다). 더 나아가 판례가 이처럼 소멸시효와 달리 취득시효의 기산점을 간접사실이라고 보는 것은 타인으로의 권리변동시점이 취득시효완성 전인가 후인가에 따라 시효취득 여부가 좌우되기 때문에 취득시효 주장자가 임의로 기산점을 조정하는 것을 방지하기 위함도 고려된 것으로 평가된다.

라) 신체손해의 산정

[대판 1983.6.28, 83다191]

[1] 불법행위로 인한 장래 얻을 수 있는 일실수익의 현가를 산정함에 있어 중간이자 공제방법으로서 호프만식 계산법에 의하지 아니하고 라이프니쯔식 계산법에 의하여 그 일실수익의 현가를 산정하였다 하여 이를 판례위반의 위법이라 할 수 없다.

[2] 불법행위로 인한 일실수익의 현가산정에 있어서 기초사실인 수입, 가동연한, 공제할 생활비 등은 사실상의 주장이지만 현가 산정방식에 관한 주장(호프만식에 의할 것이냐 또는 라이프니쯔식에 의할 것이냐에 관한 주장)은 당사자의 평가에 지나지 않는 것이므로 당사장의 주장에 불구하고 법원은 자유로운 판단에 따라 채용할 수 있고 이를 변론주의에 반한 것이라 할 수 없다.

➲ [해설] : 장래의 일실이익 산정의 기초가 되는 월수입·가동연한·월생계비 따위는 주요사실로 보고, 중간이자 공제방식에 관한 주장, 즉 Hoffman식이냐, Leibnitz식이냐에 관한 주장은 당사자의 평가에 지나지 아니한다고 하며 간접사실로 본 사례이다.

마) 기본사실의 경위·내력, 충돌사고의 경위

[대판 1971.4.20, 71다278] 판결의 기초가 되는 권리의 발생, 소멸 등 법률효과의 판단에 직접 필요한 요건 사실은 당사자가 주장하는 사실관계를 그 토대로 삼아야 할 것이나 그 기본사실의 경위·내

력 등에 관해서는 당사자의 주장유무 여하에 불구하고 법원이 증거에 의하여 자유로이 사실을 인정할 수 있다. ➡ [해설] : 기본사실의 경위·내력을 간접사실로 본 사례이다.

[대판 1979.7.24, 79다879] 가해차량이 피해차량의 후미를 충격하게 된 경위를 원고 주장사실과 다소 다르게 인정하였다 하더라도 이는 원고주장의 범위 내에 속하는 사실임이 분명하므로 원고가 주장하지도 아니한 사실을 인정한 위법이 없다. ➡ [해설] : 차량충돌사고의 경위를 간접사실로 본 사례이다.

바) 재판상 이혼사유

[대판 1990.8.28, 90므422] 일련의 행위가 모두 합하여 재판상 이혼사유인 배우자에 대한 심히 부당한 대우가 되는 경우에 그 개개의 사실은 간접사실로서 청구인이 일일이 꼬집어 주장하지 아니하였다 하더라도 법원은 이를 인정할 수 있는 것이다. ➡ [해설] : 재판상 이혼사유인 '부당한 대우'가 주요사실이고, 그것을 추인케 하는 일련의 개개의 행위는 간접사실이라고 본 사례이다.

사) 문서의 진정성립

[대판 2001.4.24, 2001다5654] 문서의 성립에 관한 자백은 보조사실에 관한 자백이기는 하나 그 취소에 관하여는 다른 간접사실에 관한 자백취소와는 달리 주요사실의 자백취소와 동일하게 처리하여야 할 것이므로 문서의 진정성립을 인정한 당사자는 자유롭게 이를 철회할 수 없다고 할 것이고, 이는 문서에 찍힌 인영의 진정함을 인정하였다가 나중에 이를 철회하는 경우에도 마찬가지이다.

(3) 사실자료(소송자료)와 증거자료의 구별 및 완화

1) 사실자료(소송자료)와 증거자료 구별의 의의 및 취지

① 당사자가 변론으로부터 얻은 재판자료를 사실자료라고 하고, 증거조사로부터 얻은 재판자료를 증거자료라고 한다. 변론주의에 의할 때 주장책임이 인정되는 결과 사실자료와 증거자료는 구별된다. 따라서 증인의 증언 그 밖의 증거에 의하여 법원이 주요사실을 알았다 하더라도 당사자가 변론에서 그 사실을 주장한 바 없으면 그것을 기초로 재판을 할 수 없으며 또 당사자가 주장한 바와 달리 재판할 수 없다(증거자료로 소송자료를 대체할 수 없다).

② 이는 증거자료를 함부로 판결의 기초로 한다면 변론주의의 붕괴를 초래할 위험이 있고, 또한 상대방은 제대로 방어를 못한 채 뜻밖의 재판을 받게 될 수 있기 때문이다. 그러나 이를 너무 철저하게 관철하면 구체적으로 타당한 해결을 꾀할 수 없는 경우가 발생한다. 따라서 이를 완화할 필요가 있는데, 그 해결방안으로서 ⅰ) 간접적 주장의 인정 여부(주장의제), ⅱ) 묵시적 주장의 인정 여부(주장 포함) 등이 논의되고 있다.

2) 간접적 주장

가) 의의

간접적 주장이란 실제는 당사자에 의한 명시적 주장은 없었지만 해석에 의해 그 주장이 있었던 것으로 간주하는 것을 말한다.

나) 인정 여부

① 문제점

사실자료와 증거자료의 구별을 엄격히 유지할 경우라면 법원은 발견된 진실에 대하여 눈을 감을 수밖에 없어서 진실을 외면하게 되고, 또한 변론주의의 단점을 그대로 방치하는 결과가 된다. 따라서 구체적으로 타당한 해결을 위해 사실자료와 증거자료의 준별은 완화될 필요가 있고, 그 완화 방안으로 문제되는 것이 바로 간접적 주장의 인정 여부이다.

② 학설

ⅰ) 이를 인정하게 되면 상대방의 방어권침해가 우려되고 변론주의의 한계를 벗어나게 되므로 부정함이 타당하다고 하면서, 차라리 석명권의 행사로 직접 주장을 하도록 유도해야 한다는 견해, ⅱ) 구체적 타당한 해결을 위해 상대방에게 불이익을 주지 아니하는 한도에서 인정해도 불공평하지 않다는 견해의 대립이 있다.

③ 판례

판례는 ⅰ) 사건의 타당한 해결을 위해 변론에서 당사자의 명시적인 주장이 없어도 당사자의 변론을 전체적으로 관찰하여 혹은 증거신청을 한 것에 의하여 간접적으로 주장하였다고 인정할 수 있다고 하는 등 사실자료와 증거자료의 준별을 완화하고 간접적 주장을 인정하는 태도이다(대판 1995.4.28, 94다16083 등). 또한 ⅱ) 청구원인에 관한 주장이 불분명한 경우에 그 주장이 무엇인지에 관하여 석명을 구하면서 이에 대하여 가정적으로 항변한 경우에도 주요사실에 대한 주장이 있다고 볼 수 있다고 하였다(대판 2017.9.12, 2017다865).

★★[대판 2002.11.8, 2002다38361·38378] 법률상의 요건사실에 해당하는 주요사실에 대하여 당사자가 주장하지도 아니한 사실을 인정하여 판단하는 것은 변론주의에 위배된다고 할 것이나, 당사자의 주요사실에 대한 주장은 직접적으로 명백히 한 경우뿐만 아니라 당사자가 법원에 서증을 제출하며 그 입증취지를 진술함으로써 서증에 기재된 사실을 주장하거나 그 밖에 당사자의 변론을 전체적으로 관찰하여 간접적으로 주장한 것으로 볼 수 있는 경우에도 주요사실의 주장이 있는 것으로 보아야 할 것이다(대판 1999.7.27, 98다46167 등 同旨).

[대판 1987.9.8, 87다카982] 대리행위에 관한 명백한 주장을 한 흔적은 없다 하더라도 증인신청을 하여 조부가 자신을 대리하여 계약을 체결한 사실을 증명하고 있다면, 대리행위에 관한 간접적인 진술은 있었다고 볼 수 있다.

[대판 2017.9.12, 2017다865] 청구원인에 관한 주장이 불분명한 경우에 그 주장이 무엇인지에 관하여 석명을 구하면서 이에 대하여 가정적으로 항변한 경우, 주요사실에 대한 주장이 있다고 볼 수 있는지 여부(적극) 및 항변이 있다고 볼 수 있는지 판단할 때 고려하여야 할 사항
주요사실에 대한 주장은 당사자가 이를 직접적으로 명백히 한 경우뿐만 아니라 당사자의 변론을 전체적으로 관찰하여 그 주장을 한 것으로 볼 수 있는 경우에도 주요사실의 주장이 있다고 보아야 한다. 또한 청구원인에 관한 주장이 불분명한 경우에 그 주장이 무엇인지에 관하여 석명을 구하면서 이에 대하여 가정적으로 항변한 경우에도 주요사실에 대한 주장이 있다고 볼 수 있다. 이러한 경우 항변이 있다고 볼 수 있는지는 당사자들이 진술한 내용이나 취지뿐만 아니라 상대방이 당사자의 진술을 어떻게 이해하였는지도 함께 고려해서 합리적으로 판단하여야 한다.

➡ **[소송과정 및 해설]** : 甲 주식회사가 乙을 상대로 제기한 부당이득금반환 등 소송에서 乙이 원심 변론기일에 '만약 甲 회사의 주장대로 乙이 甲 회사를 기망하여 돈을 편취하였다면, 甲 회사는 乙에게 불법행위를 원인으로 손해배상을 청구해야 하는데도 甲 회사가 乙에게 부당이득을 청구하고 있는 것은 아마도 甲 회사가 乙에게 불법행위를 원인으로 손해배상을 청구할 경우, 이미 소멸시효기간이 완료한 점을 고려한 것으로 보인다'고 주장하면서 甲 회사의 청구원인이 무엇인지 재판부에 석명을 요청하였고, 이에 甲 회사가 乙에 대한 청구가 불법행위에 따른 손해배상청구, 차용금반환 청구, 부당이득반환 청구의 성격을 모두 가진다고 하면서 '이 중 乙의 소멸시효 완성의 항변에 관해서는 관련 사건의 판결을 제시함으로써 乙의 주장이 타당하지 않음을 밝힌다'고 주장한 사안에서, 대법원은 '위와 같이 피고가 원고의 청구원인이 불법행위에 기한 손해배상청구라면 소멸시효가 완성되었다고 가정적으로 항변하고, 원고도 피고의 주장을 소멸시효 항변으로 이해하고 재항변까지 하였으므로, 피고는 소멸시효 항변을 한 것으로 볼 수 있다. 따라서 원심으로서는 원고의 손해배상채권에 관하여 피고의 주장과 같이 소멸시효가 완성되었는지에 관해서 판단하였어야 할 것이다. 그런데도 원심은 피고의 불법행위책임을 인정하면서도 피고의 소멸시효 항변 등에 관해서는 아무런 판단을 하지 않았으므로, 원심판결에는 소멸시효에 관한 판단을 누락한 나머지 판결에 영향을 미친 잘못이 있다.'고 하였다.

다) 인정요건

① 증거조사단계에서 당사자의 일정한 소송행위(예 증거자료의 제출, 증거조사 결과의 원용)에 비추어 보아 명백히 주요사실의 주장이 예상되거나, ② 변론을 전체적으로 관찰하여 명백히 간접적으로 주장한 것으로 볼 수 있는 경우이어야 하며, ③ 상대방의 방어권행사의 지장을 초래함이 없어야 한다.

라) 간과판결의 효력과 구제수단

주요사실에 대한 간접적 주장이 있음에도 불구하고 법원이 이를 간과하여 판단하지 않은 경우라면, 변론주의를 위반한 판단누락을 이유로 상소·재심이 허용된다고 할 것이다.

> **[대판 1993.3.9, 92다54517]** 원고가 명백한 주장을 한 바가 없다 하더라도 증인신청으로써 이에 대한 간접적인 주장이 있었다고 볼 여지가 없지 아니할 뿐 아니라, 그렇지 않다 하더라도 법원으로서는 적어도 원고가 이를 주장하는 취지인지 석명을 구하여 당사자의 진의를 밝힘으로써 소송관계를 명확히 하였어야 옳을 것이다.

3) 묵시적 주장[46)]

가) 의의

사실의 주장은 반드시 명시적이어야 하는 것은 아니고, 당사자의 주장 취지에 비추어 다른 주장이 포함되어 있는 것으로 볼 수 있다면, 재판의 기초로 삼을 수 있다.

---

46) 간접적 주장은 실제 당사자의 (명시적)주장은 없었지만 다른 소송행위(예컨대, 증거조사단계에서의 소송행위)의 해석에 의하여 그 주장이 있었던 것으로 간주하는 것(주장의 의제)임에 반하여, 묵시적 주장은 명시적 주장이 없는 것은 동일하지만, 일정한 주장(예컨대, 사실의 주장단계에서의 주장)이 있음을 전제로 하여 이 주장에 다른 주장이 포함되어 있는 것(주장의 포함)을 말한다. 이 점에서 양자는 구별된다.

나) 판례의 구체적 예

① 인정사안

판례는 ⅰ) 원고의 납품거부행위가 채무불이행이 되지 아니한다는 주장에는 자신의 납품거부행위가 동시이행의 항변권 또는 불안의 항변권의 행사로서 위법하지 아니하다는 주장을 포함하는 것이라고 판시하여 묵시적 주장을 인정하고 있다(대판 1995.2.28, 93다53887).47) 또한 ⅱ) 피고가 본안 전 항변으로 채권양도사실을 내세워 당사자적격이 없다고 주장하는 경우, 그와 같은 주장 속에는 원고가 채권을 양도하였기 때문에 채권자임을 전제로 한 청구는 이유가 없는 것이라는 취지의 본안에 관한 항변이 포함되어 있다고 하였다(대판 1992.10.27, 92다18597). 나아가 ⅲ) 취득시효중단사유의 주장·입증책임은 시효완성을 다투는 당사자가 지며, 그 주장책임의 정도는 취득시효가 중단되었다는 명시적인 주장을 필요로 하는 것이 아니라 중단사유에 속하는 사실만 주장하면 주장책임을 다한 것으로 보아야 한다고 하였다(대판 1997.4.25, 96다46484).

② 부정사안

다만 ⅰ) 증여를 원인으로 한 부동산소유권이전등기청구에 대하여 피고가 시효취득을 주장하였다고 하여도 그 주장 속에 원고의 위 이전등기청구권이 시효소멸하였다는 주장까지 포함되었다고 할 수 없다고 하였다(대판 1982.2.9, 81다534). 또한 ⅱ) 채무불이행으로 인한 손해배상청구권에 대한 소멸시효 항변에 불법행위로 인한 손해배상청구권에 대한 소멸시효 항변이 포함된 것으로 볼 수 없다고 하였고(대판 1998.5.29, 96다51110), ⅲ) 의사표시가 강박에 의한 것이어서 당연 무효라는 주장 속에 강박에 의한 의사표시이므로 취소한다는 주장이 당연히 포함되어 있다고 볼 수 없다는 입장이다(대판 1996.12.23, 95다40038). 나아가 ⅳ) 민사소송절차에서 권리의 발생·변경·소멸이라는 법률효과의 판단의 요건이 되는 주요사실에 대한 주장·입증에는 변론주의의 원칙이 적용되는바, 상계는 상계적상에 있는 채권을 가진 채권자가 별도로 의사표시를 하여야 하는 것이고(민법 제493조 제1항) 그 의사표시 여부는 원칙적으로 채권자의 자유에 맡겨져 있는 것이므로, 비록 상계의 의사표시가 묵시적으로도 가능하다 하더라도, 다른 의사와 구분되는 별도의 상계 의사를 확인하지 않은 채 이를 인정할 수는 없다고 하였다. 즉 채무가 변제로 소멸하였다는 주장 속에 상계의 주장이 당연히 포함되어 있는 것으로 볼 수 없다는 입장이다(대판 2009.10.29, 2008다51359).

---

47) 대판 1995.2.28, 93다53887; 즉 원고는 민법 제536조 제2항을 들거나 동시이행의 항변권 또는 불안의 항변권을 행사하였다고 명확히 주장하지는 아니하였지만, 피고가 종전의 임가공비 지급을 지체하였기 때문에 가공원단을 납품하지 아니한 것이어서 자기의 납품거부행위가 채무불이행이 되지 아니하기 때문에 손해배상책임이 없다는 취지로 주장하였다면, 원고의 위 주장에는 자신의 납품거부행위가 동시이행의 항변권 또는 불안의 항변권의 행사로서 위법하지 아니하다는 주장을 포함하는 것으로 해석할 수 있어, 변론주의 위반의 위법이 없다고 판시하였다. 또한 대판 1995.2.28, 94다19341에서는 『甲이 乙을 대리하여 토지를 매도하였다는 주장에는 甲이 乙을 이른바 대행적으로 대리하여 자신의 명의로 토지를 매도하였다는 주장도 포함되어 있다』고 보았다.

다) 유권대리 주장 속에 표현대리 주장이 포함되는지 여부

① 학설

ⅰ) 표현대리는 유권대리와 같은 효과를 발생시킨다는 점을 강조하여 유권대리의 주장은 그 안에 표현대리의 주장을 포함한다는 포함설과 ⅱ) 표현대리는 본질상 무권대리의 일종이므로 유권대리의 주장 속에 표현대리의 주장이 당연히 포함되어 있는 것은 아니라는 비포함설이 대립한다.

② 판례

판례는 표현대리가 성립된다고 하여 무권대리의 성질이 유권대리로 전환되는 것은 아니므로, 양자의 구성요건 해당사실 즉 주요사실은 다르다고 볼 수밖에 없으니 유권대리에 관한 주장 속에 무권대리에 속하는 표현대리의 주장이 포함되어 있다고 볼 수 없다고 하였다.

★★★[대판(전) 1983.12.13, 83다카1489]

[1] 당사자가 변론에서 주장한 주요사실만이 심판의 대상이 되는 것으로서 여기서 주요사실이라 함은 법률효과를 발생시키는 실체법상의 구성요건 해당사실을 말한다.

[2] 유권대리에 있어서는 본인이 대리인에게 수여한 대리권의 효력에 의하여 법률효과가 발생하는 반면 표현대리에 있어서는 대리권이 없음에도 불구하고 법률이 특히 거래상대방 보호와 거래안전 유지를 위하여 본래 무효인 무권대리행위의 효과를 본인에게 미치게 한 것으로서 표현대리가 성립된다고 하여 무권대리의 성질이 유권대리로 전환되는 것은 아니므로, 양자의 구성요건 해당사실 즉 주요사실은 다르다고 볼 수밖에 없으니 유권대리에 관한 주장 속에 무권대리에 속하는 표현대리의 주장이 포함되어 있다고 볼 수 없다.

◈ **본 판례사안의 정리** ◈

1. 소송물이론과 처분권주의의 문제

본 사안에서 표현대리의 주장이 소송물인지가 문제될 수 있다. ① 신소송물이론에 의하면 대리권의 수여, 표현대리, 무권대리의 추인의 주장 등은 복수의 공격방법에 불과하다. 한편 ② 구소송물이론에 의하면 유권대리에 기한 계약상 청구와 표현대리책임은 법규를 달리하는 별개의 소송물이라고 보는 견해와 소송물은 계약상 청구권으로서 소송물은 동일하고, 유권대리나 표현대리는 위 청구규범을 이유 있게 하는 공격방법의 복수에 불과하다는 견해가 대립하고 있다. ③ 이와 같은 견해의 대립은 본 판결의 해석과 관련하여 의미가 있는데, 결국 소송물이 다르다고 보는 견해에 따르면 판례사안은 처분권주의와 관련하여 문제가 되고, 소송물이 동일하다고 보는 견해에 따르면 변론주의와 관련하여 문제가 된다.

2. 유권대리의 주장 속에 표현대리의 주장이 포함되는지 여부

① 신소송물이론이나 구소송물이론 중 소송물이 동일하다고 하는 견해에 따르면 유권대리책임을 신청하였어도 법원이 표현대리책임을 인정하는 것은 처분권주의에 위배되지는 않는다고 할 것이다. 다만 그렇더라도 변론주의의 위반 여부가 문제로 남게 된다. 그리고 이 경우 더 나아가 법원의 지적의무 위반 여부가 아울러 고찰되어야 한다. 그러나 ② 구소송물이론 중 소송물이 별개라고 보는 견해에 따르면 처음부터 처분권주의 위배 여부가 문제된다. 그러나 이 경우에도 유권대리를 주장하는 당사자의 의사에 표현대리의 주장이 포함되어 있다고 본다면 법원은 달리 표현대리에 관한 주장이 없어도 표현대리의 성립 여부를 심리 판단할 수 있는 것이므로, 처분권주의의 위반은 아니라고 할 것이다.

3. 평석

위와 같은 논증체계의 차이점에 기인하여 본 판례의 평석도 갈려지고 있다. 즉 본 판례에서 유권대리에 관한 주장 가운데 무권대리에 속하는 표현대리의 주장이 포함되어 있다고 볼 수 없다고 판시한 것이 소송물이 동일함을 전제로 하면서, 다만 유권대리와 표현대리의 주요사실이 서로 다르다는 관계에서 변론주의의 국면에서 언급한 것인지, 아니면 소송물이 별개라는 점을 전제로 처분권주의의 위반여부의 국면에서 언급한 것인지에 대하여는 평석이 갈리고 있다.

◈ **참고판례(대판 1987.9.8, 87다카982 등 다수)** ◈

甲이 소장에서 토지를 乙로부터 매수하였다고 주장하고 있으나 甲이 위 매매당시 불과 10세 남짓한 미성년이었고 증인신문을 신청하여 甲의 조부인 丙이 甲을 대리하여 위 토지를 매수한 사실을 입증하고 있다면 甲이 그 변론에서 위 대리행위에 관한 명백한 진술을 한 흔적은 없다 하더라도 위 증인신청으로서 위 대리행위에 관한 간접적인 진술은 있었다고 보아야 할 것이므로 원심이 위 토지를 甲의 대리인이 매수한 것으로 인정하였다 하여 이를 변론주의에 반하는 것이라고는 할 수 없다.

➲ [보충] : 판례는 대리행위도 법률효과를 발생시키는 주요사실에 속함을 전제로 하여, 법원은 변론에서 당사자가 주장하지 않는 이상 이를 인정할 수 없으나(사실의 주장책임), 이와 같은 주장은 반드시 명시적일 필요는 없고 당사자의 주장취지 등에 비추어 이러한 주장이 포함되어 있으면 된다(간접적 주장의 인정)고 판시하고 있다.

---

2. 자백의 구속력

(1) 재판상 자백의 의의

당사자 간에 다툼이 없는 주요사실은 증거조사 없이 그대로 판결의 기초로 해야 하는 구속력이 인정된다. 여기서 재판상의 자백이란 당사자가 그 소송의 변론 또는 변론준비절차에서 상대방의 주장과 일치하고 자기에게 불리한 사실의 진술을 말한다.

재판상 자백은 ① 변론주의의 적용에 따라 구속력이 발생하고, ② 증명을 요하지 않는 경우로서 불요증사실에 해당한다(제288조 참조).

(2) 재판상 자백의 요건

1) 자백의 대상 – 구체적인 사실을 대상

① 자백의 대상이 되는 것은 구체적인 사실에 한정되고, 법률상의 주장에 대해서는 적용되지 않는다. 여기서 사실은 주요사실에 한정되고, 간접사실이나 보조사실에 대하여는 자백의 구속력이 인정되지 않는다. ② 다만 문서의 성립의 진정은 보조사실에 관한 것이지만 주요사실에 관한 자백의 취소와 동일하게 취급하여야 할 것이라는 입장이 일반적이다(통설). 판례도 마찬가지의 입장이다. 나아가 문서에 찍힌 인영의 진정을 인정한 경우에도 동일하게 취급한다.

[대판 2016.3.24, 2013다81514] **사실에 대한 법적 판단이나 평가 또는 적용할 법률이나 법적 효과가 자백의 대상이 되는지 여부**(소극)

일반적으로 법원에서 당사자가 자백한 사실은 증명을 필요로 하지 아니하고(민사소송법 제288조), 자백이 성립된 사실은 법원을 기속한다. 그러나 이는 법률 적용의 전제가 되는 주요사실에 한정되고, 사실에 대한 법적 판단이나 평가 또는 적용할 법률이나 법적 효과는 자백의 대상이 되지 아니한다.

★[대판 2018.10.4, 2016다41869] **인신사고로 인한 손해배상 사건에서 손해배상액을 산정하는 기초가 되는 피해자의 기대여명이 재판상 자백의 대상이 되는지 여부**(적극) **및 당사자 사이에 다툼이 없는 사실에 관하여 재판상 자백이 성립한 경우, 법원이 이에 배치되는 사실을 증거에 의하여 인정할 수 있는지 여부**(소극)

인신사고로 인한 손해배상 사건에서 손해배상액을 산정하는 기초가 되는 피해자의 기대여명은 변론주의가 적용되는 주요사실로서 재판상 자백의 대상이 된다. 그리고 일단 재판상 자백이 성립하면 그것이 적법하게 취소되지 않는 한 법원도 이에 구속되므로, 법원은 당사자 사이에 다툼이 없는 사실에 관하여 성립된 자백과 배치되는 사실을 증거에 의하여 인정할 수 없다.

★★★[대판 1988.12.20, 88다카3083; 대판 1991.1.11, 90다8244] 진정성립을 인정한 다음 그 문서의 일부변조항변을 제출한 사안에서 문서의 성립에 관한 자백은 보조사실에 관한 것이나, 그 취소에 관하여는 주요사실에 관한 자백취소와 동일하게 취급하여야 할 것이므로 문서의 진정성립을 인정한 당사자는 자유롭게 이를 철회할 수 없다.

➥ [해설] : 그 이유는 ① 문서의 진정성립은 보조사실이지만 그것이 인정되면, 처분문서의 경우 거기에 기재된 법률행위의 존재가 증명되므로 결국 주요사실과 유사한 기능을 한다는 점, ② 문서의 진정성립은 형식적 증거력에 관한 문제이고 이와 별도로 실질적 증거력은 법관의 자유심증에 의해 판단하게 되므로 인정해도 무방하다는 점 때문이다.

[대판 2014.8.28, 2013다74363] **월급 금액으로 정한 통상임금을 시간급 금액으로 산정하는 방법에 관한 당사자의 주장이 자백의 대상이 되는지 여부**(소극)

자백이라 함은 소송당사자가 자신에게 불리한 사실을 인정하는 진술을 말하는 것으로서 월급 금액으로 정한 통상임금을 시간급 금액으로 산정하는 방법에 관한 당사자의 주장은 자백의 대상이 되는 사실에 관한 진술이라 할 수 없다.

➥ [해설] : '계산근거 내역에 기한 원고들의 금액계산에 이의가 없다.'는 피고의 진술은 그 의미 자체로 명확하지 않을 뿐 아니라, 계산의 근거가 되는 구체적 내역이라고 볼 수 있는 원고들의 근로일수, 연장 및 야간근로일수, 근속기간 및 근속수당액, 연차휴가일수, 유급휴가일수, 퇴직금 수령액 등이 너무 포괄적이어서 이러한 구체적 사실에 대한 자백이라고 보기도 어렵다고 할 것인데, 그럼에도 원심이 월 급여로 지급되는 고정수당의 시간급 통상임금을 산정할 때 고려되어야 할 총 근로시간을 피고가 자백한 것으로 취급하여 그에 관한 주장의 변경을 허용하지 아니한 것은 자백에 관한 법리를 오해하여 판결에 영향을 미친 위법이 있다고 본 사례이다.

2) 자백의 내용 – 자기에게 불리한 사실상의 진술

불이익의 판단과 관련해서 ① 상대방에게 증명책임이 있는 사실을 인정하는 경우라고 보는 증명책임설과 ② 이에 한하지 않고, 상대방의 주장사실이 판결의 기초로 채택되어 패소가능성이 있는 경우에는 자기에게 증명책임이 있는 사실도 포함된다고 보는 <u>패소가능성설</u>(다수설)의 대립이 있다.48) 판례는 패소가능성설에 따르는 듯한 판시를 한바 있다.

> **[대판 1993.9.14. 92다24899]** 원고들이 소유권확인을 구하고 있는 사건에서 원고들의 피상속인 명의로 소유권이전등기가 마쳐진 것이라는 점은 원래 원고들이 입증책임을 부담할 사항이지만 위 소유권이전등기를 마치지 않았다는 사실을 원고들 스스로 자인한 바 있고 이를 피고가 원용한 이상 이 점에 관하여는 자백이 성립한 결과가 되었다.

3) 자백의 모습(형태) – 상대방의 주장사실과 일치되는 사실상의 진술

가) 선행자백

자백은 상대방의 사실주장과 일치하여야 하는데, 주장의 일치에 있어서 <u>시간적 선후관계는 상관없다</u>. 즉 당사자의 일방이 자진하여 불리한 사실을 진술(자인진술)하고, 이를 철회하지 않는 동안 상대방이 이를 원용하는 경우에도 자백이 성립한다. ① 상대방이 <u>원용하기까지는 선행「자백」이 아니므로 상대방이 원용하지 않은 상태에서 자기에게 불리한 진술은 이를 철회할 수 있다.</u> 이런 의미에서 당사자에 대한 구속력은 없다. 반면, ② 상대방이 원용하였다면 자백의 구속력이 발생하므로 이를 철회할 수 없음이 원칙이다.

> ★★**[대판 1992.8.14. 92다14724]** 재판상 자백의 일종인 <u>소위 선행자백은</u> 당사자 일방이 자기에게 불리한 사실상의 진술을 자진하여 한 후 <u>상대방이 이를 원용함으로써</u> 그 사실에 관하여 당사자 쌍방의 주장이 일치함을 요하므로 그 일치가 있기 전에는 이를 선행자백이라 할 수 없고, 따라서 일단 자기에게 불리한 사실을 진술한 당사자도 그 후 그 상대방의 원용이 있기 전에는 그 자인한 진술을 철회하고 이와 모순된 진술을 자유로이 할 수 있다.49)

> **[대판 1992.8.18. 92다5546; 대판 2005.11.25. 2002다59528·59535]** 당사자가 변론에서 상대방이 주장하기도 전에 스스로 자신에게 불이익한 사실을 진술하였다고 하더라도, 상대방이 이를 명시적으로 원용하거나 그 진술과 일치되는 진술을 하게 되면, 재판상 자백이 성립되어 <u>법원도 그 자백에 구속되어 그 자백에 저촉되는 사실을 인정할 수 없다.</u>

> **[대판 1986.7.22. 85다카944]** 원고는 제1심 제3차 변론기일에 진술한 1984.4.23.자 청구취지확장 및 원인변경신청을 통하여 이 사건 사고로 인한 휴업급여금으로 금 2,557,433원을 지급받았음을 스스로 인정하였다가 원심 제2차 변론기일에 진술한 1984.11.1.자 청구취지확장 및 원인변경신청에서는 휴업급여금으로 금 1,061,599원을 지급받았다고 진술하여 앞의 진술과 상반되는 주장을 하고 있음이 분명하고, 한편 피고는 원고의 앞의 진술이 있을 때까지 그것과 동일한 내용의 주장을 한 사실이 없을 뿐더러 원고의 그러한 진술이 있는 뒤에도 그것을 원용한 흔적이 없음에도 불구하고, 원심은 원고의 위 앞의 진술을 자백으로 처리하여 원고가 지급받은 휴업급여금으로 금 2,557,433원을 재산상 손해배

---

48) 패소가능성설을 취하려고 할 때에는, 자기책임의 원칙상 구속력을 인정하여 자유로이 철회할 수 없다고 봄이 타당하다는 식으로 논거를 밝히면 된다. 다만, 증명책임설과 패소가능성설 모두 상대방이 증명책임을 지는 사실에 자백의 성립을 인정하는 점은 마찬가지이다. 따라서 예를 들어 대여금반환청구소송에서 채무자인 피고가 돈을 차용한 것을 인정하거나 채권자인 원고가 변제사실을 인정한 것은 자백이 된다.

49) 이 경우 앞의 자인사실은 소송자료에서 제거된다(대판 2016.6.9. 2014다64752).

상금에서 공제하고 있다.

그러나 재판상 자백의 일종인 소위 선행자백은 당사자 일방이 자기에게 불리한 사실상의 진술을 자진하여 한 후 그 상대방이 이를 원용함으로써 그 사실에 관하여 당사자 쌍방의 주장이 일치함을 요하므로 그 일치가 있기 전에는 전자의 진술을 선행자백이라 할 수 없고, 따라서 일단 자기에게 불리한 사실을 진술한 당사자도 그 후 그 상대방의 원용이 있기 전에는 그 자인한 진술을 철회하고 이와 모순되는 진술을 자유로이 할 수 있으며 이 경우 앞의 자인사실은 소송자료로부터 제거된다고 할 것인바(당원 1984.3.27. 선고 83다카2406 판결; 1981.11.10. 선고 81다378 판결; 1977.4.12. 선고 76다2707ㆍ2708 판결; 1974.5.28. 선고 73다1288 판결; 1969.1.21. 선고 68다1684 판결 참조), 원심의 위와 같은 조치는 필경 재판상 자백에 관한 법리를 오해하여 판결에 영향을 미친 위법을 저지른 것이 되고 이는 파기사유에 해당되므로 이를 지적하는 상고논지는 이유 있다.

★ [대판 2018.8.1. 2018다229564] 선행자백의 성립요건 및 당사자 일방이 한 진술에 잘못이 분명한 경우, 상대방이 이를 원용하였다고 하여 자백이 성립한 것으로 볼 수 있는지 여부(소극)

자백은 당사자가 자기에게 불이익한 사실을 인정하는 진술로서 상대방 당사자의 진술내용과 일치하거나 상대방 당사자가 이를 원용하는 경우에 성립하는 것이고, 상대방이 이를 원용하지 아니하여 당사자 쌍방의 주장이 일치된 바 없다면 이를 자백(선행자백)이라고 볼 수 없다. 그리고 당사자 일방이 한 진술에 잘못된 계산이나 기재 기타 이와 비슷한 표현상의 잘못이 있고, 잘못이 분명한 경우에는 비록 상대방이 이를 원용하였다고 하더라도 당사자 쌍방의 주장이 일치한다고 할 수 없으므로 자백(선행자백)이 성립할 수 없다.

⊃ [사실관계] : 甲은 자동차를 운행하던 중 인도와 차도를 구분 짓는 연석(보행의 안전, 노면배수, 시선유도, 도로용지의 경계, 유지관리 등의 편의를 위하여 보도 등과 차도와의 경계에 연접하여 설치하는 경계석)의 범위 밖 차도에 서 있었던 乙을 보지 못하고 좌회전을 하던 중 乙을 역과하였는데, 위 사고로 인하여 乙은 입원하여 치료를 받게 되었고, 甲과 乙은 그 손해액에 대하여 다툼이 계속되었다. 이에 甲은 乙을 상대로 채무부존재확인의 소를 제기하면서 교통사고로 인한 乙의 일실이익은 2천만원 정도에 불과하고, 乙은 사고가 발생한 2005.8.4.부터 2016.2.8.까지 입원하여 치료를 받았다고 주장하였다. 그러나 乙이 제출한 증거에 의하면 乙은 2005.8.4.부터 2006. 2.8.까지 입원치료를 받았을 뿐이었고, 2015.11.9.경까지 약 10년 동안은 간헐적으로 입원치료를 받아 오다가 그 이후에는 통원치료만 받았음을 알 수 있었다. 또한 甲이 乙의 입원기간인 '사고일로부터 2016.2.8.까지'를 기준으로 계산한 乙의 일실이익은 甲이 주장한 2천만원 정도보다 현저히 큰 금액인 2억원 정도에 해당하였다. 이에 甲은 자신이 인정한 乙의 퇴원일자 '2016.2.8.'은 실제 乙이 퇴원한 일자인 '2006.2.8.'의 오기에 불과하므로 위 퇴원일자에 관하여 재판상 자백이 성립되지 않는다고 주장하였다. 이에 법원은 甲이 乙의 입원치료 기간을 2016.2.8.까지로 진술하였다고 하더라도 위 진술에 관하여 선행자백이 성립한 것으로 볼 수 없다고 하였다.

나) 자백의 가분성

상대방의 주장과 전부 일치할 필요는 없고, 일부만이 일치하는 경우에도 그 범위에서 자백이 성립함에 문제가 없다. 따라서 ① 상대방의 진술 취지에 결론적으로 반대하여도 그 일부에 대하여는 일치한 진술을 하는 경우나(이유부 부인 → 예 상대방이 금원을 빌려주었다고 하는 데 대하여, 그 금액의 금전을 받았지만 이는 증여로 받았다고 하는 것), ② 상대방의 진술을 긍정하면서 이와 관련시켜 별개의 사실을 부가하여 방어하는 경우에도(제한부 자백 → **예** 상대방이 금원을 빌려주었다고 하는 데 대하여, 그 금원은 빌린 것이지만 즉시 변제하였다는 것) 일치하고 있는 부분에 대하여는 자백의 성립을 방해하지 않는다. 이때에 진술이 일치하지 않는 잔여부분은 이유부 부인의 경우에는 부인이 되고, 제한부 자백의 경우에는 항변이 된다.

4) 자백의 형식 – 변론이나 변론준비기일에서 소송행위로서의 진술

자백은 변론이나 변론준비기일에서의 소송상 진술에 한하고, ① 소송 밖에서 한 재판 외 자백이나 다른 소송에서 한 자백은 하나의 증거원인이 될 뿐 자백으로서의 구속력이 없다(대판 1996.12.20, 95다37988). 또한 ② 증거조사방법 중의 하나인 당사자본인신문의 결과 중에 당사자의 진술로서 상대방의 주장과 일치되는 부분이 나왔다고 하더라도 그것은 재판상 자백이 될 수 없다(대판 1978. 9.12, 78다879). 다만, ③ 법원에 대한 당사자의 소송행위로서 상대방이 불출석하여도 자백을 할 수 있고, 상대방의 주장사실을 인정하는 취지의 서면이 진술간주되면(제148조) 재판상 자백의 효력이 생긴다. 그러나 ④ 상대방의 주장에 단순히 침묵하거나 불분명한 진술을 하는 것만으로는 자백이 있다고 인정하기에 충분하지 않다.

[대판 1996.12.20, 95다37988] 민사소송법 제288조의 규정에 의하여 구속력을 갖는 자백은 재판상의 자백에 한한다 할 것이고, 재판상 자백이란 변론기일 또는 준비절차기일에서 당사자가 하는 상대방의 주장과 일치하는 자기에게 불리한 사실의 진술을 말하는 것으로서 다른 소송에서 한 자백은 하나의 증거원인이 될 뿐 민사소송법 제288조에 의한 구속력이 없다.

[대판 1978.9.12, 78다879] 증거조사방법 중의 하나인 당사자본인신문의 결과 중에 당사자의 진술로서 상대방의 주장과 일치되는 부분이 나왔다고 하더라도 그것은 재판상 자백이 될 수 없다.

★★[대판 2015.2.12, 2014다229870] **법원에 제출되어 상대방에게 송달된 답변서나 준비서면에 자백에 해당하는 내용이 기재되어 있는 경우, 그것이 변론기일이나 변론준비기일에서 진술 또는 진술간주되어야 재판상 자백이 성립하는지 여부**(적극) – 민사소송법 제288조의 규정에 의하여 구속력을 갖는 자백은 재판상의 자백에 한하는 것이고, 재판상 자백이란 변론기일 또는 변론준비기일에서 당사자가 하는 상대방의 주장과 일치하는 자기에게 불리한 사실의 진술을 말하는 것으로서, 법원에 제출되어 상대방에게 송달된 답변서나 준비서면에 자백에 해당하는 내용이 기재되어 있는 경우라도 그것이 변론기일이나 변론준비기일에서 진술 또는 진술간주되어야 재판상 자백이 성립한다.

➔ [소송과정] : (1) 원심은, 그 채용 증거에 의하여 이 사건 1 부동산에 관하여 2011.11.8. 경매개시결정 기입등기가 마쳐진 사실 등을 인정하는 한편, 피고가 그 기입등기 후인 2011.11.14.경 이 사건 1 부동산에 관한 점유를 시작한 사실을 제1심 제1회 변론기일에서 재판상 자백하였다고 보았다. 나아가 원심은 그 판시와 같은 이유로 위 자백이 진실에 반한다거나 착오로 말미암은 것으로 보기 어렵다고 판단한 다음, 경매개시결정 기입등기 후 점유를 시작한 점유자로서는 그 유치권을 내세워 경매절차의 매수인에게 대항할 수 없다는 이유로 원고의 이 사건 1 부동산에 관한 유치권부존재확인청구를 인용하였다.

(2) 그러나 기록에 의하면, 피고가 2012.11.13. 제출한 답변서에는 '피고가 2011.11.14.경 이 사건 1 부동산에 관한 점유를 시작하였다'는 취지의 기재가 있는 반면, 2013.6.5. 제출한 준비서면에는 '이 사건 1 부동산에 관한 점유를 2011.11.14.경 시작하였다는 답변서의 내용은 잘못

된 것이고, 2011.3.30.경 그 점유를 시작하였다'는 취지의 기재가 있는데, 피고는 2013.6.7. 제1심 제1회 변론기일에서 답변서와 2013.6.5.자 준비서면을 함께 진술하였음을 알 수 있다. 이처럼 피고가 답변서와 2013.6.5.자 준비서면을 같은 변론기일에서 함께 진술한 이상, 위 준비서면에 기재된 내용대로 정정된 진술, 즉 '피고가 이 사건 1 부동산에 관한 점유를 2011. 3.30.경 시작하였다'는 진술만을 변론기일에서 한 것이지, 답변서에 기재된 내용대로의 진술, 즉 피고가 경매개시결정 기입등기 후인 2011.11.14.경 점유를 시작하였다는 진술을 먼저 한 것이 아니다. 그리고 이는 피고의 위와 같은 준비서면 제출 이전에 원고가 제출한 준비서면에 피고의 답변서에 기재된 내용을 원용하는 내용이 기재되어 있다고 하여 달리 볼 수 없다. 따라서 피고가 경매개시결정 기입등기 후인 2011.11.14.경 이 사건 1 부동산에 관한 점유를 시작한 사실에 관하여 재판상 자백이 성립할 수 없다고 본 사례이다.

★★[대판 2024.2.29, 2023다299789] 재판상 자백의 의의 · 요건 및 효력

① 재판상의 자백은 변론기일 또는 변론준비기일에서 상대방의 주장과 일치하면서 자기에게는 불리한 사실을 진술하는 것을 말한다. ② 법원에 제출되어 상대방에게 송달된 준비서면 등에 자백에 해당하는 내용이 기재되어 있는 경우라도 그것이 변론기일이나 변론준비기일에서 진술 또는 진술간주되면 재판상 자백이 성립한다. ③ 당사자가 변론에서 상대방이 주장하기 전에 스스로 자신에게 불이익한 사실을 진술하고 상대방이 이를 명시적으로 원용하거나 그 진술과 일치되는 진술을 하는 경우에도 재판상 자백이 성립한다. ④ 재판상의 자백이 있으면 그것이 적법하게 취소되지 않는 한 법원도 이에 구속되므로, 법원은 자백 사실과 다른 판단을 할 수 없다.

➲ [사실관계 및 해설] : 원고는 피고에게 5억원을 이자 월 3%로 정하여 대여하였고, 피고는 3회에 걸쳐 총 6억원을 변제하였는데, 위 변제 이후 <u>원고가</u> 피고에게 위 6억원을 <u>이자에 먼저 충당하는 방식의 제1안과 원금에 먼저 충당하는 방식의 제2안을 기재한 이 사건 문서를 제시하였고, 피고는 제2안을 수용한다고 기재하고 서명하였다. 원고는</u> 이 사건 대여금 청구 소송 중 원고가 피고에게 제1안과 제2안을 제시하였는데 피고가 제2안에 동의하였다는 취지로 진술하였고, <u>피고도 같은 취지로 진술하였다.</u> ① 원심은 이 사건 문서 작성 당시 원고와 피고 사이에 피고 주장과 같이 위 6억원을 제2안에 따라 충당하기로 하는 합의가 성립되었다고 볼 수 없고 달리 이를 인정할 증거가 없다고 보아, 변제금은 민법 제479조에 따라 법정변제충당되었다고 판단하였으나, ② 대법원은 제2안은 피고 측이 변제한 6억원 전부를 원금에 먼저 충당하고 남은 금액을 이자에 충당하는 방식이라고 할 것인데, 원고가 먼저 제2안의 방식으로 변제충당을 하는 것에 원고와 피고의 의사가 합치되었다는 취지로 진술하였고 피고도 그 진술과 일치되는 진술을 하였으므로, <u>원고와 피고 사이에 제2안에 따라 변제충당하기로 하는 합의가 이루어졌다는 사실에 대한 재판상 자백이 성립되었다고 볼 여지가 있다고 보아,</u> 이와 달리 원고와 피고가 제출한 위 각 서면의 내용과 그 진술경위 등 변론 과정을 전체적으로 살펴 재판상 자백이 성립된 것으로 볼 수 있는지 여부를 심리하지 않은 채 원고와 피고 사이에 제2안에 따라 변제충당하기로 하는 합의가 성립되었다고 볼 수 없다고 판단하여 법정변제충당에 따라 잔존 채무액을 계산한 원심을 파기 · 환송한 사례이다.

★★[대판 2022.4.14, 2021다280781] 재판상 자백은 변론기일 또는 변론준비기일에서 상대방의 주장과 일치하면서 자신에게는 불리한 사실을 진술하는 것을 말하며, <u>상대방의 주장에 단순히 침묵하거나 불분명한 진술을 하는 것만으로는 자백이 있다고 인정하기에 충분하지 않다.</u>

(3) 재판상 자백의 효력

> **제288조(불요증사실)**
> 법원에서 당사자가 자백한 사실과 현저한 사실은 증명을 필요로 하지 아니한다. 다만, 진실에 어긋나는
> 자백은 그것이 착오로 말미암은 것임을 증명한 때에는 취소할 수 있다.

자백한 사실은 증명이 필요 없는 사실(불요증사실)이 되므로, 당초 증명책임은 문제되지 않는다. 또한 법원 및 당사자에 대한 구속력이 인정된다.

1) 법원에 대한 구속력 – 사실인정권의 배제

법원은 자백사실이 진실인가의 여부에 관하여 판단할 필요가 없으며, 증거조사의 결과 반대의 심증을 얻었다 하여도 다른 사실을 인정할 수 없고, 자백한 사실을 판결의 기초로 삼아야 한다.

[대판 1988.10.24. 87다카804] 자백은 창설적 효력이 있는 것이어서 법원도 이에 기속되는 것이므로, 당사자 사이에 다툼이 없는 사실에 관하여는 법원은 그와 배치되는 사실을 증거에 의하여 인정할 수 없다(대판 2010.2.11. 2009다84288·84295 동).

2) 당사자에 대한 구속력

가) 철회제한의 원칙

자백의 철회는 원칙적으로 인정되지 않는다. 이 점이 자백간주의 효과와 다른 점이다. 다만 다음과 같은 경우는 철회가 허용된다.

나) 예외적 허용

① 진실에 반하는 자백은 그것이 착오로 말미암은 것임을 증명한 때에는 철회할 수 있다(제288조 단서). 그리고 ② 당사자가 소송대리인의 자백에 있어서 경정권을 행사한 경우(제94조) 및 ③ 상대방의 동의가 있는 경우와 ④ 상대방 또는 제3자의 형사상 처벌받을 행위로 말미암아 자백을 한 경우(제451조 제1항 제5호 참조)에는 예외적으로 자백의 철회가 허용된다.

[대판 1992.12.8. 91다6962] 진실에 반한 자백이라 할지라도 착오에 인하였다는 증명이 없는 한 취소할 수 없으므로, 자백의 반진실이 입증된다 하더라도 착오에 인한 것인지에 관한 입증이 없으면 자백취소의 주장은 효력이 없다.

★[대판 1994.9.27. 94다22897]

[1] 자백을 취소하는 당사자는 그 자백이 진실에 반한다는 것 외에 착오로 인한 것임을 아울러 증명하여야 하고, 진실에 반하는 것임이 증명되었다고 하여 착오로 인한 자백으로 추정되지는 아니한다(대판 2010.2.11. 2009다84288·84295 동).

[2] 재판상 자백의 취소는 반드시 명시적으로 하여야만 하는 것은 아니고 종전의 자백과 배치되는 사실을 주장함으로써 묵시적으로도 할 수 있다.

[3] 자백은 사적 자치의 원칙에 따라 당사자의 처분이 허용되는 사항에 관하여 그 효력이 발생하는 것이므로, 일단 자백이 성립되었다고 하여도 그 후 그 자백을 한 당사자가 위 자백을 취소하고 이에 대하여 상대방이 이의를 제기함이 없이 동의하면 반진실, 착오의 요건은 고려할 필요 없이 자백의

취소를 인정하여야 할 것이나, 위 자백의 취소에 대하여 상대방이 아무런 이의를 제기하고 있지 않다는 점만으로는 그 취소에 동의하였다고 볼 수는 없다.

➲ [보충] : ① 진실하지 않음이 증명되었다고 해서 착오가 추정되는 것은 아니며, 다만 착오를 입증할 증거원인은 반드시 증거자료만에 의할 것은 아니고 변론의 전체 취지로도 인정할 수 있다(대판 1997.11.11, 97다30646). ② 상대방의 동의가 있으면 제288조 단서의 요건도 갖출 필요가 없다고 한다(본 판결 및 대판 1997.11.11, 97다30646). 그러나 자백취소에 상대방이 아무런 이의를 제기하고 있지 않다는 사정만으로는 상대방이 이에 동의한 것으로 볼 수 없다는 것이 판례의 태도이다. ③ 철회의 방법은 특별한 규정을 두고 있지 않기에 명시적 방법 이외에 묵시적 방법으로도 할 수 있다고 해석된다(본 판결 및 대판 1996.2.23, 94다31976).

(4) 관련문제

1) 권리자백(증거편에서 상술)

2) 자백간주

가) 의의

당사자가 상대방이 주장하는 사실을 명백히 다투지 아니하거나 또는 당사자가 기일에 출석하지 않은 경우에는 당사자가 상대방의 주장사실을 스스로 자백한 것은 아니지만, 자백한 것으로 본다(제150조 제1항, 제3항).

나) 자백간주의 성립

① 상대방이 주장하는 사실을 명백히 다투지 아니한 때

(ㄱ) 당사자가 변론에서 상대방이 주장하는 사실을 명백히 다투지 아니하고, 변론 전체의 취지로 보아 다툰 것으로 인정되지 않는 경우에는 자백한 것으로 본다(제150조 제1항). 이는 변론준비절차에도 준용된다(제286조).

★[대판 2022.4.14, 2021다280781] 당사자가 변론에서 상대방이 주장하는 사실을 명백히 다투지 않았더라도 변론 전체의 취지로 보아 다툰 것으로 인정되는 때에는 자백간주가 성립하지 않는다(민사소송법 제150조 제1항 참조). 여기서 변론 전체의 취지로 보아 다투었다고 볼 것인지는 변론종결 당시까지 당사자가 한 주장 취지와 소송의 경과를 전체적으로 종합해서 판단해야 한다. 자백간주 역시 재판상 자백의 경우와 마찬가지로 상대방의 사실에 관한 주장에 대해서만 적용되고, 법률상의 주장에 대해서는 적용되지 않는다.

(ㄴ) 자백으로 간주되는 것은 변론의 일체성에서 변론종결 시까지 다투지 않는 상태가 이어지는 경우이다. 따라서 본래의 자백을 한 것과 달리 상대방의 주장 당시에 즉시 다투지 않아도 항소심의 변론종결 시까지 다투는 것에 의하여 자백으로 간주되는 효과를 면할 수 있다.

[대판 2004.9.24, 2004다21305] 민사소송법 제150조 제1항은 "당사자가 변론에서 상대방이 주장하는 사실을 명백히 다투지 아니한 때에는 그 사실을 자백한 것으로 본다. 다만, 변론 전체의 취지로 보아 그 사실에 대하여 다툰 것으로 인정되는 경우에는 그러하지 아니하다."고 규정하고 있는바, 당사

자는 변론이 종결될 때까지 어느 때라도 상대방의 주장사실을 다툼으로써 자백간주를 배제시킬 수 있고, 상대방의 주장사실을 다투었다고 인정할 것인가의 여부는 사실심 변론종결 당시의 상태에서 변론의 전체를 살펴서 구체적으로 결정하여야 할 것이다.

② 당사자 일방이 변론기일에 불출석한 경우

당사자가 상대방의 주장사실을 다투는 답변서 등의 서면을 제출하지 않고, 변론기일에 출석하지 않은 경우 자백한 것으로 본다. 다만, 공시송달의 방법으로 기일통지서를 송달받은 경우에는 자백으로 보지 않는다(제150조 제3항).

> [대판 2018.7.12, 2015다36167] 제1심에서 피고에 대하여 공시송달로 재판이 진행되어 피고에 대한 청구가 기각되었는데, 원고가 항소한 항소심에서 피고가 공시송달이 아닌 방법으로 송달받고도 다투지 아니한 경우, 민사소송법 제150조의 자백간주가 성립하는지 여부(적극)
> 제1심에서 피고에 대하여 공시송달로 재판이 진행되어 피고에 대한 청구가 기각되었다고 하여도 피고가 원고 청구원인을 다툰 것으로 볼 수 없으므로, 원고가 항소한 항소심에서 피고가 공시송달이 아닌 방법으로 송달받고도 다투지 아니한 경우에는 민사소송법 제150조의 자백간주가 성립된다.

③ 답변서 부제출의 경우

법원은 피고가 답변서제출의무기간인 30일 이내에 답변서를 제출하지 아니한 경우(공시송달의 방법에 따라 소장의 부본을 송달받은 경우를 제외)에 청구의 원인이 된 사실을 자백한 것으로 보고, 이때에는 변론 없이 원고승소판결(무변론판결)할 수 있으며, 다만 직권으로 조사할 사항이 있거나 판결이 선고되기까지 피고가 원고의 청구를 다투는 취지의 답변서를 낸 경우에는 그러하지 아니하다(제257조 제1항).

다) 자백간주의 효력

① 법원에 대한 구속력

자백간주가 성립되면 재판상 자백과 마찬가지로 법원에 대한 구속력이 생긴다. 따라서 법원은 요증사실에 대하여 자백간주가 된 경우 그 사실을 판결의 기초로 삼아야 하며, 법원이 증거를 판단하여 자백간주에 배치되는 사실을 인정할 수 없다.

② 당사자에 대한 구속력

반면에 자백간주는 재판상 자백과 달리 당사자에 대한 구속력이 없다. 당사자는 자백간주가 있었다 하여도 사실심 변론종결 시까지 그 사실을 다툼으로써 그 효과를 번복할 수 있다. 단, 항소심에서는 실기한 공격방어방법의 각하(제149조)와 변론준비기일을 종결한 효과(제285조)에 의한 제약 하에 다툴 수 있다. 파기환송 뒤에 다시 상대방의 주장을 다투어도 그 효과가 배제된다.

3. 증거의 제출책임(직권증거조사 금지의 원칙)

(1) 보충적 직권증거조사

다툼이 있는 사실의 인정은 원칙적으로 당사자가 신청한 증거에 의하여야 한다(증거제출책임). 다만 당사자가 신청한 증거에 의하여 심증을 얻을 수 없을 때에는 보충적으로 직권증거조사를 할 수 있다.

(2) 객관적 증명책임

소송상 특정한 법률효과의 발생 또는 불발생을 판단함에 있어서 필요로 하는 사실에 대하여 당사자가 증거의 제출을 제대로 하지 못하였기 때문에 소송상 그 존부가 명백하지 아니할 때에는 당사자의 일방은 입증책임에 의해 소송상 불리한 법률적 판단을 받게 된다.

Ⅲ. 변론주의의 한계

① 주장된 사실관계를 기초로 한 법적 판단과 제출된 증거의 가치 평가는 법원의 책무에 속하므로 변론주의가 적용되지 않는다. 또한 ② 사실판단의 전제가 되는 경험법칙도 변론주의의 적용범위 밖이다. 그리고 ③ 간접사실과 보조사실에 대하여도 변론주의가 적용되지 않는다.

Ⅳ. 변론주의의 보완 · 수정

1. 문제의 소재

소송자료의 수집에 관하여 법원이 전혀 개입하지 않은 채 변론주의를 형식적으로 관철시킨다면 소송수행능력의 불완전으로 인하여, 승소할 사안인데도 패소를 당하는 경우가 있을 수 있다. 그러므로 당사자 간의 실질적인 평등을 보장하고 국민의 재판청구권을 보장하기 위하여 일정한 보완방법이 필요하다.

2. 석명권[50]

1) 석명권이라 함은 사건의 내용을 이루는 소송관계를 분명하게 하기 위하여 당사자에게 사실상 또는 법률상 사항에 대하여 질문할 수 있거나 증명을 하도록 촉구하고, 나아가 당사자가 간과하였음이 분명하다고 인정되는 법률상 사항에 관하여 당사자에게 의견을 진술할 기회를 주어야 하는 법원의 소송지휘권에 의한 권능을 말하며, 동시에 법원의 석명의무이다(제136조).

2) 변론주의를 시정하면서 지나친 당사자주의의 폐해를 방지하기 위하여 당사자의 신청, 주장 등의 불명료 내지는 모순, 또는 불충분한 것을 보완하고 수정하는 것이 법원의 석명권이라고 할 수 있는데, 이러한 석명권은 변론주의의 형식적 적용에서 나오는 불합리를 시정하는 Magna Charta라고 할 수 있다.[51]

3. 직권증거조사

직권에 의한 증거조사는 변론주의와 상대되는 개념이지만 변론주의의 문제점에 비춰본다면 기능적으로 이를 보완하는 의미를 가진다고 하겠다. 제292조에서는 당사자가 신청한 증거에 의하여 심증을 얻을 수 없거나 기타 필요하다고 인정한 때에 보충적으로 법원이 직권으로 증거조사를 할 수 있도록 규정하고 있다.

---

50) 상세한 설명은 별도로 정리한다.
51) 엄밀하게는 석명권은 변론주의뿐만 아니라 처분권주의의 보완 · 수정원리이기도 하다.

4. 대리인의 선임명령

제144조 제2항에서는 변론무능력자에게 법원이 변호사 선임을 명할 수 있도록 규정하고 동조 제4항에서는 이러한 명령을 받은 자가 소나 상소를 제기한 자일 경우 명령위반에 대하여 결정으로 소나 상소를 각하할 수 있도록 하였다. 이러한 제도는 변호사 강제주의를 인정하지 않는 현행 법제 하에서 변론주의의 문제점인 당사자의 소송수행능력의 불평등을 완화하기 위해 부분적인 변호사 강제주의를 도입한 것으로 볼 수 있다.

5. 진실의무

(1) 의의 및 인정근거

① 양 당사자는 진실에 반하는 것으로 알고 있는 사실을 주장할 수도 없고, 진실한 것으로 알고 있는 상대방의 주장을 다투어서도 안 된다는 것이다.

② 이러한 의무의 인정근거에 대해서는 (i) 제363조의 문서성립의 부인에 대한 제재와 제370조의 거짓진술에 대한 제재규정을 근거로 삼는 견해와 (ii) 당사자의 진실의무는 신의성실의 원칙을 규정한 제1조 제2항에서 파생한 것이라고 보는 견해가 있다.

(2) 기능

당사자는 소송에서 승소를 목적으로 활동하는 자인데 진실의무를 법적으로 지나치게 강조하면 당사자는 법원의 진실발견의 객체로 전락할 위험이 있다. 다만 진실의무를 위반하여 승소한 경우에 소송비용의 부담, 손해배상책임의 문제, 사실인정에 있어서의 변론의 전체 취지로서 해당 당사자에게 불리한 영향을 줄 수 있다는 점에서 그 의미가 있다. 이러한 점에서 진실의무는 변론주의의 남용을 억제하는 보완책으로서 기능한다.

6. 소송구조제도

소송비용을 지출할 자금능력이 부족하여 자신의 소송을 원활히 수행할 수 없는 당사자에게 재판받을 권리를 실질적으로 보장하기 위한 제도이지만(제128조), 변론주의의 문제점인 당사자의 실질적 불평등을 보완하는 의미도 함께 갖는다고 할 것이다.

7. 협동주의의 문제

변론주의의 타당성 자체에 대하여 근본적으로 비판을 가하면서 사회국가의 원리(사회적 민사소송이론)에 입각하여 변론주의 대신에 이제는 양 당사자와 법원이 협력하여 소송자료를 수집하고 사안해명을 해야 한다는 협동주의를 주장하는 입장이 있다. 이에 따르면 사회적 약자를 보호하여 당사자에게 실질적인 기회균등과 무기평등을 보장해 줄 수 있다는 점에서 변론주의의 보완책이 될 수 있을 것이다. 그러나 이러한 입장은 법원의 협력을 과대평가한 것이고, 소송에 있어서 당사자의 자기책임의 우선을 포기해야 한다는 점에 문제가 있다.

V. 변론주의의 예외(제한)

1. 직권탐지주의

(1) 의의

직권탐지주의라 함은 소송자료 즉 사실과 증거의 수집·제출 책임을 당사자가 아닌 법원이 지게 되어 있는 입장을 말한다.

(2) 내용

1) 사실의 직권탐지

당사자가 주장하지 않는 사실도 직권으로 수집하여 재판의 기초로 해야 하나, 직권에 의한 사실의 수집의무의 범위에 대해 판례는 무제한의 직권수집이 아니라 기록에 나타난 사실에 한한다고 판시하였다(대판 1981.3.24, 80누493).

2) 자백의 구속력 배제

당사자의 자백은 법원을 구속하지 못하고 단지 증거자료에 불과하다.

3) 직권증거조사

당사자의 증거신청 여부와 무관하게 직권으로 증거를 조사할 책임이 있다. 그러나 판례는 당사자의 입증을 불허하는 것은 아니라고 한다.

4) 공격방어방법 제출시기의 무제한

적시제출주의의 제한인 제149조와 제285조는 당사자만이 소송자료의 제출책임이 있는 것을 전제로 하여 그 제출을 신속히 하도록 하기 위한 규정이므로 직권탐지주의에서는 그 적용이 배제된다.

(3) 적용범위

① 재판권·재심사유의 존재는 고도의 공익성 때문에, 그리고 알려지지 않은 경험법칙·외국법규·관습법 따위는 법관이 직책상 규명해야 할 사항이기 때문에 직권탐지가 필요하다.

② 소송물의 성질상 가사소송·행정소송·선거소송·헌법재판은 직권탐지주의에 의한다.

③ 회사관계소송은 직권탐지주의를 유추적용하자는 견해가 있으나, 원고패소판결의 효력이 제3자에게 미치지 않아 직권탐지주의가 필연적인 것이 아니나, 원고승소의 경우에 판결의 효력이 제3자에 미치는 특성상 승소판결과 동일한 효력이 있는 재판상 화해, 청구의 인낙이 불허되는 등 제한적으로 직권탐지주의가 적용되어야 할 것이다.

2. 직권조사사항

(1) 의의

당사자의 신청 또는 이의에 관계없이 법원이 의심이 드는 경우 직권으로 조사하여 판단하여야 할 사항으로서, 항변사항과 다르다.

(2) 구체적 내용 – 판례를 중심으로

① 당사자의 이의 유무에 관계없이 이를 조사하여야 하며, 설사 이의하다가 철회하여도 이에 구애됨이 없이 심리하여야 한다. 즉 이의권의 포기·상실은 허용되지 아니한다(대판 1971.3.23, 70다2639).

② 제출자료상 존부에 의심이 있는 경우에는 당사자의 이의유무에 관계없이 이를 조사하여야 한다. 그러나 의심할 만한 사정이 발견되지 않는 경우까지 법원이 직권증거조사를 하여야 하는 것은 아니다(대판 2007.6.28, 2007다16113).

③ 그 존부 자체는 재판상의 자백이나 자백간주의 대상이 될 수 없다(대판 1971.2.23, 70다44·70다45).

④ 공격방어방법과 상고이유서의 제출에 시기적 제한이 없다(대판 2003.4.25, 2003두988).

(3) 적용범위

직권조사사항에 속하는 것으로는 소송요건 또는 상소요건, 상고심의 심리불속행사유, 절차적 강행법규의 준수, 실체법의 해석적용 등이 있다.

제6-3관 석명권

제136조(석명권·구문권 등)
① 재판장은 소송관계를 분명하게 하기 위하여 당사자에게 사실상 또는 법률상 사항에 대하여 질문할 수 있고, 증명을 하도록 촉구할 수 있다.
② 합의부원은 재판장에게 알리고 제1항의 행위를 할 수 있다.
③ 당사자는 필요한 경우 재판장에게 상대방에 대하여 설명을 요구하여 줄 것을 요청할 수 있다.
④ 법원은 당사자가 간과하였음이 분명하다고 인정되는 법률상 사항에 관하여 당사자에게 의견을 진술할 기회를 주어야 한다.

Ⅰ. 서설

1. 의의 및 성질

① 소송관계를 분명히 하기 위하여 당사자에게 사실상 또는 법률상 사항에 대하여 질문을 하거나 증명을 촉구하고, 나아가 당사자가 간과한 법률상 사항을 지적하여 의견진술의 기회를 주는 법원의 권능을 말한다.

② 종래에는 석명권을 권한으로 규정해 놓고 있었지만, 1990년 개정민사소송법은 제136조 제4항의 규정에서 법원의 의무임을 명백히 함으로써, 석명권이 법원의 권한인 동시에 의무임이 입법화되었다.

2. 근거와 기능

① 석명권은 법원이 당사자의 소송자료 수집에 협력하여 변론주의의 결함을 시정하고, 나아가 당사자가 명백히 간과한 법률상의 사항에 대하여 판결의 기초로 하기에 앞서 석명권을 통해 당사자에게 의견진술의 기회를 줌으로써, 변론주의를 형식적으로 적용하는데서 발생하는 불합리를 시정하여 적정하고 공평한 재판을 꾀하려고 하는 데 그 기능이 있다.

② 사회적 법치국가 이념의 발현이며, 변론주의의 결함을 시정하는 大憲章(Magna Carta)이라고 할 수 있다.

3. 처분권주의와 석명권

석명권은 보통 변론주의의 보완·수정원리로서 논의되지만, 처분권주의의 보완·수정원리로서도 작용한다. 다만 변론주의의 영역에서는 비교적 강도 높은 석명권의 행사가 요구되지만, 처분권주의의 영역에서는 비교적 소극적 자세를 가지게 된다.

Ⅱ. 석명권의 행사

1. 주체

석명권은 소송지휘권의 하나이므로 합의부에서는 재판장이, 단독판사의 경우에는 그 판사가 이를 행사한다(제136조 제1항). 합의부원은 재판장에게 알리고 행사할 수 있다(동조 제2항). 당사자는 직접 상대방에게 석명을 구하는 것이 아니라, 재판장에 대하여 필요한 설명을 요구하여 줄 것을 요청할 수 있다(동조 제3항).

2. 방법

변론에서 사실상 또는 법률상 사항에 대하여 질문하는 것, 증명을 하도록 촉구하는 것, 당사자가 간과하였음이 분명하다고 인정되는 법률상 사항에 관하여 당사자에게 의견을 진술할 기회를 주는 것이다. 그리고 필요한 경우에는 재판장은 당사자에게 미리 변론기일 전에 이를 준비하도록 명할 수 있다(제137조의 석명준비명령).

3. 석명불응에 대한 조치

법원의 석명에 대하여 당사자가 반드시 응하여야 할 의무는 없다. 다만, 이에 응하지 않으면 주장책임이나 증명책임의 원리에 따라서 주장·증명이 없는 것으로 취급되어 불리한 재판을 받을 염려가 있다. 또한 공격방어방법이 각하되는 불이익을 받을 수 있다(제149조 제2항).

Ⅲ. 석명권의 범위와 한계

1. 소극적 석명

사실적·법률적 측면에서 당사자의 신청이나 주장에 불분명·불완전·모순 있는 점을 제거하는 방향으로 행사하는 석명을 말한다. 이러한 소극적 석명이 허용된다는 점에는 다툼이 없다.

2. 적극적 석명

(1) 의의

당사자가 주장하지도 아니한 새로운 신청, 주장, 공격방어방법의 제출을 권유하거나 시사하는 석명을 적극적 석명이라 한다. 소극적 석명은 제한 없이 행사할 수 있는 반면, 적극적 석명은 처분권주의·변론주의의 원칙과 관계에서 허용될 것인가에 대해서는 다툼이 있다.

(2) 허용 여부

1) 학설

① 적극적 석명권을 인정하는 것은 석명권의 범위를 불분명하게 하고, 변론주의를 침해한다는 이유로 이를 부정하는 부정설과 ② 적극적 석명은 원칙적으로 인정할 수 없으나, 종전의 소송자료와 합리적 연관성, 즉 법률상 또는 논리상 예견되는 경우라면 적극적 석명도 가능하다는 제한적 긍정설의 대립이 있다.

2) 판례

이에 대해 일반적으로 변론주의에 위반되며 허용할 수 없다는 것이 판례의 기본적인 태도이다. 다만 종전의 소송자료에 비추어 법률상·이론상 예기되는 주장을 촉구하는 석명은 무방하며, 본인소송의 경우에 어느 정도의 적극적 석명은 구체적 정의실현을 위해 필요하다고 보고 있다.

가) 기본적 태도

> [대판 2005.1.14, 2002두7234; 대판 2018.11.9, 2015다75308] 법원의 석명권 행사는 사안을 해명하기 위하여 당사자에게 그 주장의 모순된 점이나 불완전·불명료한 부분을 지적하여 이를 정정·보충할 수 있는 기회를 주고, 계쟁사실에 대한 증거의 제출을 촉구하는 것을 그 내용으로 하는 것이며, 당사자가 주장하지도 않은 법률효과에 관한 요건사실이나 공격방어방법을 시사하여 그 제출을 권유하는 행위는 변론주의의 원칙에 위배되고 석명권 행사의 한계를 일탈한 것이 된다.

나) 예외적으로 적극적 석명을 인정한 예

판례는 예외적으로 ① 손해배상의무가 인정될 경우에 배상액에 관한 증명촉구,[52] ② 토지임대인의 임차인 상대의 지상물철거 및 토지인도청구소송에서 임차인이 지상물매수청구권을 적법하게 행사한 경우에 임대인의 청구를 그대로 유지한다면 원고청구기각을 당할 수밖에 없을 때, 법원으

---

[52] 대판 1998.5.12, 96다47913; 이 판결에 대해서 적극적 석명으로 보는 견해가 다수설이다. 다만 소극적 석명사항으로 보는 견해도 있다.

로서는 임대인이 종전의 청구를 계속 유지할 것인지, 아니면 대금지급과 상환으로 지상물의 명도를 청구할 의사가 있는 것인지를 석명하여야 한다고 함으로써 적극적 석명권을 제한적으로 인정하였다(대판(전) 1995.7.11, 94다34265).

Ⅳ. 석명의 대상

1. 청구취지의 석명

① 원고의 청구취지가 불분명, 불특정, 법률상 부정확한 경우에는 소송의 목적을 달성할 수 있도록 적절하게 석명하여야 한다. ⅰ) 매매무효확인의 소의 경우에는 과거의 사실관계의 확인이라고 하여 바로 각하할 것이 아니라, 현재의 권리 또는 법률관계의 확인을 구하는 취지인가를 석명하여야 하고, 또한 ⅱ) 청구가 변경된 경우에 변경된 청구와 구청구의 관계가 불명확할 때에는 교환적인지 또는 추가적인지, 선택적인지 또는 예비적인지 여부에 관하여 석명을 하여야 한다.

② 새로운 신청으로 변경하도록 석명하는 것은 원칙적으로 허용될 수 없으나, 예외적으로 토지임대인의 임차인 상대의 지상물철거 및 토지인도청구소송에서 임차인이 지상물매수청구권을 적법하게 행사한 경우에 적극적 석명권을 인정한 바가 있다.

★[대판 2024.1.4, 2023다282040] 청구취지가 특정되지 아니한 경우 법원의 조치 - 보정의 기회 부여 및 석명의무와 소각하

민사소송에서 청구의 취지는 그 내용 및 범위를 명확히 알아볼 수 있도록 구체적으로 특정되어야 하고 청구취지의 특정 여부는 직권조사사항이므로, 청구취지가 특정되지 않은 경우에는 법원은 직권으로 보정을 명하고 그 보정명령에 응하지 않을 때에는 소를 각하하여야 한다. 이 경우 당사자가 부주의 또는 오해로 인하여 청구취지가 특정되지 아니한 것을 명백히 간과한 채 본안에 관하여 공방을 하고 있는데도 보정의 기회를 부여하지 아니한 채 당사자가 전혀 예상하지 못하였던 청구취지 불특정을 이유로 소를 각하하는 것은 석명의무를 다하지 아니하여 심리를 제대로 하지 아니한 것으로서 위법하다.

★★[대판(전) 1995.7.11, 94다34265]

[1] 지상물매수청구권은 이른바 형성권으로서 그 행사로 임대인·임차인 사이에 지상물에 관한 매매가 성립하게 되며, 임차인이 지상물의 매수청구권을 행사한 경우에는 임대인은 그 매수를 거절하지 못하고, 이 규정은 강행규정이므로 이에 위반하는 것으로서 임차인에게 불리한 약정은 그 효력이 없다.

[2] 토지임대차 종료 시 임대인의 건물철거와 그 부지인도 청구에는 건물매수대금 지급과 동시에 건물명도를 구하는 청구가 포함되어 있다고 볼 수 없다.

[3] 위 [2]항의 경우에 법원으로서는 임대인이 종전의 청구를 계속 유지할 것인지, 아니면 대금지급과 상환으로 지상물의 명도를 청구할 의사가 있는 것인지(예비적으로라도)를 석명하고 임대인이 그 석명에 응하여 소를 변경한 때에는 지상물 명도의 판결을 함으로써 분쟁의 1회적 해결을 꾀하여야 한다. 그러므로 이와는 달리 이러한 경우에도 법원에게 위와 같은 점을 석명하여 심리하지 아니한 것이 위법이 아니라는 취지의 당원 1972.5.23. 선고 72다341 판결은 이로써 이를 변경한다.

> **[대판 1995.5.12, 94다6802]** 소의 변경이 교환적인가 또는 추가적인가의 여부는 기본적으로 당사자의 의사해석에 의할 것이므로 당사자가 구청구를 취하한다는 명백한 의사표시 없이 새로운 청구원인을 주장하는 등으로 그 변경 형태가 불명할 경우에는 사실심법원으로서는 과연 청구변경의 취지가 무엇인가 즉, 교환적인가 또는 추가적인가의 점에 대하여 석명으로 이를 밝혀 볼 의무가 있다.

2. 주장사실의 석명

(1) 불분명을 바로잡기 위한 석명

① 청구원인이 매매로 샀다는 것인지 대물변제로 받았다는 것인지 불분명한 경우와 같이 주장이 불분명한 경우, ② 청구원인사실이 청구취지와 법률상 모순되는 경우이거나, 주장과 제출증거가 서로 모순되는 경우, ③ 피고가 원고로부터 오히려 더 받아야 한다는 취지의 진술을 한 것이 상계항변을 한 것인지와 같이 법률상 정리되지 않은 주장을 하는 경우에는 석명이 필요하다.

(2) 소송자료보충을 위한 석명

어떠한 법률효과를 주장하면서 미처 깨닫지 못하고 요건사실을 빠뜨렸을 때에 이를 지적하며 이의 보충을 시키기 위한 석명이 필요하다. 판례도 원고가 적법하게 계약해제되었다고 주장하면서 그 요건사실인 원고 자신의 채무이행제공과 상대방에 대한 이행최고에 대해 원고가 아무런 말이 없으면 이에 대해 석명하여야 한다고 하였다(대판 1995.2.28, 94누4325).

> **[대판 1963.7.25, 63다289]** 소유권이전등기를 매매대금 잔대금 지급채무와 동시에 이행하기로 약정한 매매계약이 적법하게 해제된 사실을 인정하기 위하여는 등기의무이행의 제공 여부와 기간을 정한 채무이행의 최고 여부를 석명심리하여 적법한 계약해제의 여부를 판단하여야 한다.

(3) 신소송자료의 제출을 위한 석명

① 종전의 소송자료에 비추어 법률상·이론상 예기되는 주장을 촉구하는 석명은 무방하나, 전혀 예기할 수 없는 새로운 공격방어방법의 제출을 유도하는 석명은 변론주의에 위반되기 때문에 허용되지 않는다.

② 판례는 대금변제의 주장이 없으면 변제항변을 하라는 석명은 필요 없고(대판 1990.7.10, 90다카6825·6832 등), 소멸시효완성의 항변을 하지 않은 경우에 시효항변을 하느냐에 대한 석명의무는 없다고 하였다. 또한 채권자의 수령지체주장에 상계항변이 포함되어 있는지에 대해 석명의무가 없다고 하였다(대판 2004.3.12, 2001다79013).[53]

---

53) 매수인인 원고 甲의 부당이득반환청구에 대해 매도인인 피고 乙이 민법 제358조 제1항의 적용을 주장하기 위하여 甲의 수령지체 책임이 있다는 주장을 하였다고 하더라도 그와 같은 주장은 채무자위험부담주의의 예외규정인 민법 제538조 제1항의 적용을 주장한 것에 불과하므로, 이러한 주장 속에 "원고는 잔금지급의무의 이행지체 책임이 있으므로 원고는 그로 인한 피고의 손해를 배상할 책임이 있고, 따라서 원고 주장의 부당이득반환채권과 대등액에서 상계하면 남는 것이 없다."는 취지의 상계항변이 포함되어 있는지 여부에 관하여 피고에게 석명을 구하여야 할 의무가 없다고 본 사례이다.

3. 증명촉구

① 다툼이 있는 사실에 대하여 증명이 없는 경우에는 그 증명을 하도록 촉구할 수 있으나 증명의 촉구는 소송의 정도로 보아 당사자가 무지, 부주의 또는 오해로 인하여 증명하지 아니하는 것이 분명한 경우에 한하여 인정되는 것이고 다툼이 있는 사실에 관하여 증명이 없는 모든 경우에 법원이 심증을 얻을 때까지 증명을 하도록 촉구하여야 하는 것은 아니다(대판 1998.2.27, 97다38442; 대판 2008.7.24, 2007다50663 등 참조).

> **[대판 2021.3.11, 2020다273045]** 다툼이 있는 사실을 증명하기 위하여 제출한 증거가 당사자의 부주의 또는 오해로 인하여 불완전·불명료한 경우, 법원이 석명권을 행사하여야 하는지 여부(적극)
> 민사소송법 제136조 제1항은 재판장은 소송관계를 명료하게 하기 위하여 당사자에게 사실상 또는 법률상 사항에 관하여 질문하거나 증명을 하도록 촉구할 수 있다고 규정하고 있고, 같은 조 제4항은 법원은 당사자가 간과하였음이 분명하다고 인정되는 법률상 사항에 관하여 당사자에게 의견을 진술할 기회를 주어야 한다고 규정하고 있으므로, 법원으로서는 다툼 있는 사실을 증명하기 위하여 제출한 증거가 당사자의 부주의 또는 오해로 인하여 불완전·불명료한 경우에는 당사자에게 그 제출된 증거를 명확·명료하게 할 것을 촉구하거나 보충할 수 있는 기회를 주어야 하고, 만약 이를 게을리한 채 제출된 증거가 불완전·불명료하다는 이유로 그 주장을 배척하는 것은 석명의무 또는 심리를 다하지 아니한 것으로서 위법하다.

② 판례는 불법행위에 기한 손해배상책임이 인정되는 경우에 배상액에 관한 증명이 없더라도 청구기각할 것이 아니라 적극적으로 석명권을 발동하여 증명을 촉구할 의무가 있다고 하였다. 그러나 당사자가 법원의 증명촉구에 불응할 뿐 아니라 명백히 증명을 하지 않겠다는 의사를 표시한 경우에는 청구기각을 할 수 밖에 없다. 다만 개정법 제202조의2는 손해가 발생한 사실은 인정되나 구체적인 손해의 액수를 증명하는 것이 사안의 성질상 매우 어려운 경우에 법원은 변론 전체의 취지와 증거조사의 결과에 의하여 인정되는 모든 사정을 종합하여 상당하다고 인정되는 금액을 손해배상 액수로 정할 수 있다고 하였다. 법원의 재량산정을 인정한 것이다.

> **[대판 1987.12.22, 85다카2453]** 불법행위로 인하여 손해가 발생한 사실이 인정되는 경우에는 법원은 손해액에 관한 당사자의 주장과 증명이 미흡하더라도 적극적으로 석명권을 행사하여 증명을 촉구하여야 하고, 경우에 따라서는 직권으로라도 손해액을 심리·판단하여야 한다.

> **[대판 1997.12.26, 97다42892·42908]** 매수인이 점포에 대한 매매계약이 유효한 것으로 믿고 비용을 들여 영업광고지를 배포하였으나 계약이 기망을 이유로 취소됨으로써 매수인이 광고지배포비용 상당의 손해를 입은 사실을 인정할 수 있는 경우, 특단의 사정이 없는 한 손해액을 심리·확정하여야 하는 것이므로 광고지 제작비에 관한 입증이 불충분하다 하더라도 법원은 그 이유만으로 그 부분 손해배상 청구를 배척할 것이 아니라 손해액에 관하여 적극적으로 석명권을 행사하고 입증을 촉구하여 이를 밝혀야 한다.

> ★**[대판 2020.3.26, 2018다301336]**
> [1] 손해배상책임이 인정되나 손해액에 관한 당사자의 주장과 증명이 미흡한 경우, 법원이 취하여야 할 조치
> 손해배상책임이 인정되는 경우 법원은 손해액에 관한 당사자의 주장과 증명이 미흡하더라도 적극적

으로 석명권을 행사하여 증명을 촉구하여야 하고, 경우에 따라서는 직권으로 손해액을 심리·판단하여야 한다.

[2] 채무불이행이나 불법행위로 인한 손해배상청구소송에서 재산적 손해의 발생사실이 인정되나 구체적인 손해의 액수를 증명하는 것이 사안의 성질상 곤란한 경우, 법원이 증거조사의 결과와 변론 전체의 취지에 의하여 밝혀진 간접사실들을 종합하여 손해의 액수를 정할 수 있는지 여부(적극) 및 이때 법원이 취하여야 할 조치 / '손해배상 액수의 산정'에 관하여 규정한 민사소송법 제202조의2가 특별법에 따른 손해배상에도 적용되는 일반적 성격의 규정인지 여부(원칙적 적극)

채무불이행이나 불법행위로 인한 손해배상청구소송에서 재산적 손해의 발생사실이 인정되나 구체적인 손해의 액수를 증명하는 것이 사안의 성질상 곤란한 경우, 법원은 증거조사의 결과와 변론 전체의 취지에 의하여 밝혀진 당사자들 사이의 관계, 채무불이행이나 불법행위와 그로 인한 재산적 손해가 발생하게 된 경위, 손해의 성격, 손해가 발생한 이후의 제반 정황 등 관련된 모든 간접사실들을 종합하여 적당하다고 인정되는 금액을 손해의 액수로 정할 수 있다. <u>민사소송법 제202조의2는 종래의 판례를 반영하여 '손해배상 액수의 산정'이라는 제목으로 "손해가 발생한 사실은 인정되나 구체적인 손해의 액수를 증명하는 것이 사안의 성질상 매우 어려운 경우에 법원은 변론 전체의 취지와 증거조사의 결과에 의하여 인정되는 모든 사정을 종합하여 상당하다고 인정되는 금액을 손해배상 액수로 정할 수 있다."라고 정하고 있다.</u> <u>이 규정은 특별한 정함이 없는 한 채무불이행이나 불법행위로 인한 손해배상뿐만 아니라 특별법에 따른 손해배상에도 적용되는 일반적 성격의 규정이다.</u> <u>손해가 발생한 사실이 인정되나 구체적인 손해의 액수를 증명하는 것이 매우 어려운 경우에는 법원은 손해배상청구를 쉽사리 배척해서는 안 되고, 적극적으로 석명권을 행사하여 증명을 촉구하는 등으로 구체적인 손해액에 관하여 심리하여야 한다.</u> <u>그 후에도 구체적인 손해액을 알 수 없다면 손해액 산정의 근거가 되는 간접사실을 종합하여 손해액을 인정할 수 있다.</u>

➡ [사실관계] : 甲이 乙 주식회사와 건물 리노베이션과 증축에 관한 설계 및 감리계약을 체결하였다가 해지한 후 乙 회사와 건축사인 丙을 상대로 설계도면의 하자를 이유로 손해배상을 구한 사안에서, 甲이 설계도면의 하자를 보수하는 비용을 지급한 것으로 볼 여지가 있으므로 원심으로서는 손해액에 관하여 적극적으로 석명권을 행사하고 증명을 촉구하여 이를 밝히거나, 제출된 증거와 당사자의 주장, 甲과 乙 회사 등의 관계, 손해 발생 경위, 손해의 성격, 손해가 발생한 이후의 여러 정황 등 관련된 모든 간접사실을 종합하여 손해액을 인정하였어야 하는데도, 이러한 조치를 하지 않고 손해액에 관한 주장과 증명이 없다는 이유로 甲의 손해배상청구를 배척한 원심판단에 법리오해 등의 잘못이 있다고 한 사례이다.

4. 지적의무

(1) 의의 및 취지

지적의무는 당사자가 간과하였음이 분명하다고 인정되는 법률상의 사항에 관하여 당사자에게 의견을 진술할 기회를 주는 것으로, 법원의 권능인 동시에 의무이다(제136조 제4항). 지적의무는 당사자가 예상 밖의 법률적 관점에 기한 재판으로 불의의 타격을 받는 것을 막아 당사자의 절차적 기본권을 보장하려 한 것이다.

(2) 제도적 의의

지적의무가 도입됨으로써 ① 법률적 관점선택의 자유를 인정하는 신소송물이론의 입지가 크게 강화되었으며, ② 당사자의 심문청구권을 법률상의 사항에까지 확장시켜 당사자의 절차보장권이 신장되었으며, ③ 석명권이 권한인 동시에 의무임이 입법화된 것으로 석명의무를 강조한 것으로 평가되고 있다.

(3) 지적의무의 체계적 지위 − 제136조 제1항과 제4항과의 관계

1) 학설

① 지적의무를 석명의무의 한 내용으로 보는 견해와 ② 제4항의 지적의무는 제1항의 석명의무와는 별개의 목적과 의미를 가지는 제도로 보는 견해의 대립이 있다.

2) 판례

판례는 ① 당사자가 부주의 또는 오해로 인하여 명백히 간과한 법률상의 사항이 있거나, ② 당사자의 주장이 법률상의 관점에서 보아 모순이나 불명료한 점이 있는 경우, 법원은 적극적으로 석명권을 행사하여 당사자에게 의견진술의 기회를 주어야 하고, 만일 이를 게을리 한 경우에는 석명 또는 지적의무를 다하지 아니한 것으로서 위법하다고 판시하였다.

> [대판 2003.1.10, 2002다41435] 구 민사소송법(2002.1.26, 법률 제6626호로 전문 개정되기 전의 것) 제126조 제4항은, 법원은 당사자가 명백히 간과한 것으로 인정되는 법률상의 사항에 관하여 당사자에게 의견진술의 기회를 주어야 한다고 규정하고 있으므로, 당사자가 부주의 또는 오해로 인하여 명백히 간과한 법률상의 사항이 있거나 당사자의 주장이 법률상의 관점에서 보아 모순이나 불명료한 점이 있는 경우 법원은 적극적으로 석명권을 행사하여 당사자에게 의견진술의 기회를 주어야 하고 만일 이를 게을리한 경우에는 석명 또는 지적의무를 다하지 아니한 것으로서 위법하다.

(4) 지적의무의 적용요건

1) 당사자가 간과하였음이 분명할 것

통상인의 주의력을 기준으로 당사자가 소송목적에 비추어 당연히 변론에서 주장되어야 할 법률상의 사항을 부주의 또는 오해로 빠뜨린 경우가 이에 해당한다.

> [대판 2021.9.16, 2021다200914; 대판 2022.8.25, 2018다261605] 민사소송법 제136조 제1항은 "재판장은 소송관계를 분명하게 하기 위하여 당사자에게 사실상 또는 법률상 사항에 대하여 질문할 수 있고, 증명을 하도록 촉구할 수 있다."라고 정하고, 같은 조 제4항은 "법원은 당사자가 간과하였음이 분명하다고 인정되는 법률상 사항에 관하여 당사자에게 의견을 진술할 기회를 주어야 한다."라고 정하고 있다. 그러므로 당사자가 부주의 또는 오해로 인하여 증명하지 아니한 것이 분명하거나 쟁점으로 될 사항에 관하여 당사자 사이에 명시적인 다툼이 없는 경우에는 법원은 석명을 구하고 증명을 촉구하여야 하고, 만일 당사자가 전혀 의식하지 못하거나 예상하지 못하였던 법률적 관점을 이유로 법원이 청구의 당부를 판단하려는 경우에는 그 법률적 관점에 대하여 당사자에게 의견진술의 기회를 주어야 한다. 그와 같이 하지 않고 예상외의 재판으로 당사자 일방에게 불의의 타격을 가하는 것은 석명의무를 다하지 아니하여 심리를 제대로 하지 아니한 위법을 범한 것이 된다.

➪ [보충] : 판례는 甲 종중이 乙을 상대로 소를 제기하면서 소장에 대표자 표시를 누락하였다가 제1심법원의 석명준비명령에 따라 대표자를 丙으로 기재한 서면을 제출하였으나, 소제기 당시 甲 종중의 대표자는 丙이 아니라 丁이었고, 그 후 甲 종중이 원심법원에 대표자를 丙에서 丁으로 정정하는 당사자표시정정신청서를 제출하면서 丙의 기존 소송행위를 추인하는 취지라고 주장한 사안에서, 丁에게 적법한 대표권이 있는지는 소송요건에 해당하므로 원심이 이를 의심할 만한 사정이 있다면 당사자들이 특별히 다투지 않더라도 이를 심리·조사할 의무가 있고, 원심 변론종결 당시까지 당사자 사이에 丁의 대표자 지위에 관해서 쟁점이 되지 않았으므로, 원심으로서는 당사자에게 이 부분에 관하여 증명이 필요함을 지적하고 적극적으로 석명권을 행사하여 당사자에게 의견진술의 기회를 부여할 의무가 있는데도, 이러한 조치를 전혀 취하지 않은 채 당사자표시정정신청서 제출 당시 丁에게 추인을 할 수 있는 적법한 대표권이 있다고 볼 증거가 부족하다는 이유로 소를 각하한 원심의 판단은 예상외의 재판으로 당사자 일방에게 뜻밖의 판결을 한 것으로서 석명의무를 다하지 않아 심리를 제대로 하지 않은 잘못이 있다고 하였다(대판 2022.4.14, 2021다276973).

2) 법률상의 사항일 것

지적의무의 대상은 법률상의 사항을 대상으로 한다. 여기서 법률상의 사항이란 사실관계에 대한 법규적용사항인 법률적 관점을 말하며, 모두 지적의무의 대상이 되는 것은 아니고 기본적이고 주요한 법률적 관점만이 문제된다.

[대판 2023.10.12, 2020다210860] 법률상 사항에 관한 법원의 석명 또는 지적의무

민사소송법 제136조 제1항은 "재판장은 소송관계를 분명하게 하기 위하여 당사자에게 사실상 또는 법률상 사항에 대하여 질문할 수 있고, 증명을 하도록 촉구할 수 있다."라고 규정하고, 제4항은 "법원은 당사자가 간과하였음이 분명하다고 인정되는 법률상 사항에 관하여 당사자에게 의견을 진술할 기회를 주어야 한다."라고 규정하고 있다. 따라서 당사자가 부주의 또는 오해로 증명하지 아니한 것이 분명하거나 쟁점으로 될 사항에 관하여 당사자 사이에 명시적인 다툼이 없는 경우에는 법원은 석명을 구하고 증명을 촉구하여야 하고, 만일 당사자가 전혀 의식하지 못하거나 예상하지 못하였던 법률적 관점을 이유로 법원이 청구의 당부를 판단하려는 경우에는 그 법률적 관점에 대하여 당사자에게 의견진술의 기회를 주어야 한다. 그와 같이 하지 않고 예상 외의 재판으로 당사자 일방에게 불의의 타격을 가하는 것은 석명의무를 다하지 않아 심리를 제대로 하지 않은 위법을 범한 것이 된다.

3) 재판의 결과에 영향이 있을 것

지적의무의 대상은 재판의 결과에 영향이 있는 법률적 관점으로 법원이 그 법률적 관점을 기초로 하여 재판을 하려고 하는 것으로 그것이 없다면 재판의 결과가 달라지리라는 것을 뜻한다. 따라서 부수적 의견이나 재판에서 미결로 둔 법률문제에 관하여는 지적의무가 없다.

(5) 지적의무의 내용과 위반의 효과

1) 내용

① 지적의무의 내용은 당사자에게 의견진술의 기회를 주어야 하는 것이다.
② 지적의무의 상대방은 그 법률적 관점이 불리하게 작용하는 당사자이다.

③ 당사자의 의견진술은 법원이 지정한 그 변론기일에 하여야 하는 것이 원칙이고, 그를 위하여 변론기일의 속행을 구할 수 있는 권리가 당연히 발생하는 것은 아니다. 그리고 책임 있는 사유로 결석한 당사자에게는 의견진술의 기회를 부여하지 않아도 된다. 변론을 종결한 뒤에 지적의무가 필요하다는 것을 발견하였을 때에는 법원은 직권으로 변론을 재개하여야 한다.

2) 위반의 효과

지적의무를 어기고 판결한 경우에는 당연히 절차위배로 상고이유가 된다. 이때에 절대적 상고이유가 되는 것이 아니고 일반상고이유(제423조)가 된다. 따라서 의무위반이 판결에 영향을 미칠 것을 요한다.

(6) 지적의무에 관한 구체적 판례

1) 지적의무를 긍정한 사례

★★ [대판 1994.10.21. 94다17109] 이 사건 소송수행과정이나 심리과정에 비추어 볼 때, 원심이 피고적격 등의 문제를 재판의 기초로 삼기 위하여는 원고로 하여금 이 점에 관하여 변론을 하게 하고, 필요한 경우 청구취지 등을 변경할 기회를 주었어야 할 것인데도 이에 이르지 아니한 채 이 점을 재판의 기초로 삼아 소를 각하한 것은 원고가 전혀 예상하지 못한 법률적인 관점에 기한 예상 외의 재판으로 원고에게 불의의 타격을 가하였을 뿐 아니라 석명의무를 다하지 아니하여 심리를 제대로 하지 아니한 것이라 할 것이고, 이러한 위법은 판결결과에 영향을 미쳤음이 분명하다.

★★ [대판 2007.7.26. 2007다19006 · 19013] ① 소유권에 기한 건물인도의 청구와 채권자대위권에 기한 건물인도의 청구는 법률효과에 관한 요건사실이 다름에도 불구하고, ② 건물의 소유권을 취득하였음을 전제로 건물의 인도를 구하는 청구에 그 건물을 원시취득한 매도인을 대위하여 건물의 인도를 구하는 취지가 포함되어 있다고 보아, ③ 원심 변론종결 시까지 주장하지도 아니한 위 채권자대위권에 기한 건물인도 청구에 기초하여 상대방에게 의견진술의 기회조차 부여하지 아니한 채 그 청구를 인용한 원심판결을 파기한 사례이다.

★ [대판 2009.11.12. 2009다42765] 손해배상청구의 법률적 근거는 이를 계약책임으로 구성하느냐 불법행위책임으로 구성하느냐에 따라 요건사실에 대한 증명책임이 달라지는 중대한 법률적 사항에 해당하므로, 당사자가 이를 명시하지 않은 경우 석명권을 행사하여 당사자에게 의견 진술의 기회를 부여함으로써 당사자로 하여금 그 주장을 법률적으로 명쾌하게 정리할 기회를 주어야 한다.

> ➲ [보충] : 당사자의 주장이 법률적 관점에서 보아 현저한 모순이나 불명료한 부분이 있는 경우, 법원은 적극적으로 석명권을 행사하여 당사자에게 의견 진술의 기회를 주어야 하고, 이를 게을리한 경우에는 석명 또는 지적의무를 다하지 아니한 것으로서 위법한 평가를 받을 수 있다. 청구취지나 청구원인의 법적 근거에 따라 요건사실에 대한 증명책임이 달라지는 중대한 법률적 사항에 해당되는 경우라면 더욱 그러하다(대판 2022.4.28. 2019다200843).

★ [대판 2024.12.12. 2021다300173; 대판 2024.10.25. 2022다243550; 대판 2024.10.25. 2024다232066] 법률상 사항에 관한 법원의 석명 또는 지적의무

① 민사소송법 제136조 제4항은 "법원은 당사자가 간과하였음이 분명하다고 인정되는 법률상 사항에 관하여 당사자에게 의견을 진술할 기회를 주어야 한다."라고 규정하고 있으므로, 당사자가 부주

의 또는 오해로 인하여 명백히 간과한 법률상의 사항이 있거나 당사자의 주장이 법률상의 관점에서 보아 모순이나 불명료한 점이 있는 경우 법원은 적극적으로 석명권을 행사하여 당사자에게 의견 진술의 기회를 주어야 하고, 만일 이를 게을리한 경우에는 석명 또는 지적의무를 다하지 아니한 것으로서 위법하다. ② 청구취지나 청구원인의 법적 근거에 따라 요건사실에 대한 증명책임이 달라지는 중대한 법률적 사항에 해당되는 경우라면 더욱 그러하다.

➲ [사실관계 및 해설] : 甲 등이 乙 은행이 위탁판매하는 펀드의 수익증권을 매수하였다가 손해를 입자, 乙 은행을 상대로 乙 은행이 수익증권을 판매할 때 투자자보호의무 등을 위반하였다며 손해배상을 구한 사안에서, 甲 등이 투자자보호의무 등 위반과 관련한 주장을 한 것이 채무불이행으로 인한 손해배상청구만 하는 것인지 아니면 불법행위로 인한 손해배상청구도 하는 것인지 불명료한데도 석명권 행사 없이 甲 등의 청구원인에 투자자보호의무 등 위반으로 인한 민법 제750조의 불법행위책임 또는 구 자본시장과 금융투자업에 관한 법률에 따른 손해배상책임이 포함되어 있다고 선해하여 불법행위에 따른 乙 은행의 손해배상책임을 인정한 원심판단에 석명 또는 지적의무를 다하지 않은 잘못이 있다고 한 사례이다.

★★[대판 2013.11.28. 2011다80449] 부제소 합의는 소송당사자에게 헌법상 보장된 재판청구권의 포기와 같은 중대한 소송법상의 효과를 발생시키는 것으로서 그 합의 시에 예상할 수 있는 상황에 관한 것이어야 유효하고(대판 1999.3.26. 98다63988 등 참조), 그 효력의 유무나 범위를 둘러싸고 이견이 있을 수 있는 경우에는 당사자의 의사를 합리적으로 해석한 후 이를 판단하여야 한다. 따라서 당사자들이 부제소 합의의 효력이나 그 범위에 관하여 쟁점으로 삼아 소의 적법 여부를 다투지 아니하는데도 법원이 직권으로 부제소 합의에 위배되었다는 이유로 소가 부적법하다고 판단하기 위해서는 그와 같은 법률적 관점에 대하여 당사자에게 의견을 진술할 기회를 주어야 하고, 부제소 합의를 하게 된 동기 및 경위, 그 합의에 의하여 달성하려는 목적, 당사자의 진정한 의사 등에 관하여도 충분히 심리할 필요가 있다. 법원이 그와 같이 하지 않고 직권으로 부제소 합의를 인정하여 소를 각하하는 것은 예상 외의 재판으로 당사자 일방에게 불의의 타격을 가하는 것으로서 석명의무를 위반하여 필요한 심리를 제대로 하지 아니하는 것이다.

★★[대판 2014.10.27. 2013다25217] 채무자 소유의 부동산을 시효취득한 채권자의 공동상속인이 채무자에 대한 소유권이전등기청구권을 피보전채권으로 하여 제3채무자를 상대로 채무자의 제3채무자에 대한 소유권이전등기의 말소등기청구권을 대위행사하는 경우, 공동상속인은 자신의 지분 범위 내에서만 채무자의 제3채무자에 대한 소유권이전등기의 말소등기청구권을 대위행사할 수 있고, 지분을 초과하는 부분에 관하여는 채무자를 대위할 보전의 필요성이 없다.

➲ [해설] : 甲이 乙의 丙에 대한 점유취득시효를 원인으로 한 소유권이전등기청구권 중 일부 지분을 상속받았다고 주장하면서 丁을 상대로 丙의 丁에 대한 소유권이전등기의 말소등기청구권을 대위하여 전부 말소를 구한 사안에서, 甲의 상속지분을 넘는 부분에 관하여는 보전의 필요성이 없다는 점을 지적하거나 甲이 주장한 상속지분이 증거에 의하여 인정되는 상속지분과 일치하지 아니함에도 아무런 석명을 하지 아니한 채 甲이 주장하는 지분을 초과하는 부분에 관하여 보전의 필요성이 없다는 이유로 소를 각하한 원심판결에 석명의무를 다하지 아니하여 심리를 제대로 하지 않은 잘못이 있다고 본 사례이다. 즉 채권자대위소송에서 보전의 필요성이 없다는 이유로 소를 각하하고자 할 때에도 지적석명을 필요로 한다는 것이다.

2) 지적의무를 부정한 사례

> [대판 1995.8.22. 95다15575] 부동산이 전전 양도된 사안에서 최초 양도인이 처음부터 자신과 아무런 관계가 없는 최종 양수인에게는 소유권이전등기 절차를 이행할 의무가 없다고 다투고 있다면, 법원은 새삼스럽게 최초 양도인이 이전등기 청구권의 양도에 동의하고 있는지에 관한 법률상의 사항을 지적하여 그에 관하여 최종 양수인에게 의견진술의 기회를 주어야 할 필요는 없다.

> [대판 1995.9.29. 94다15738] 종중의 대표자로 자처하면서 소송을 제기한 자에게 적법한 대표권이 있는지 여부가 상대방의 항변으로 소송의 쟁점이 되어 항소심에 이르기까지 이에 주안을 둔 당사자들의 공격방어와 법원의 심리 등을 거쳐 그에게 적법한 대표권이 없다는 사실이 밝혀지게 된 경우라면, 법원은 이 사유를 들어 소를 각하하면 족한 것이지 이러한 경우에까지 그 대표권의 흠결에 관하여 보정을 명한다거나 그 종중에 대표자 표시 정정을 촉구할 의무가 법원에 있다고는 할 수 없다.

V. 석명의무 위반의 효과 – 상고이유

1. 문제점

법원이 석명을 태만히 하거나 그릇 행사한 경우, 이를 상고이유로 삼을 수 있는지 문제된다.

2. 학설

① 적극설(석명권과 의무의 범위는 동일), ② 소극설(법원의 자유재량), ③ 절충설(석명권의 범위가 의무의 범위보다 크다는 전제하에 석명권의 중대한 해태로 심리가 현저히 조잡하게 된 경우 인정)의 대립이 있다.

3. 판례

피고들이 건물매수청구권을 행사하였다는 이유만으로 원고에게 건물명도를 청구할 의사가 있는지를 석명하여 보지도 아니한 채 원고의 청구를 배척하고 만 것은 석명의무의 범위에 관한 법리를 오해하여 판결에 영향을 미친 위법을 저지른 것이라고 판시한 바 있다.

VI. 석명처분

법원은 소송관계를 분명하게 하기 위하여 변론(또는 변론준비절차)에서 석명권을 행사할 수 있는 이 외에, 변론의 준비 또는 보충으로서 사안의 해명을 도모하기 위하여 본인의 출석이나 검증, 감정 등의 적당한 처분을 할 수 있다(제140조).

이러한 처분은 어디까지나 사건의 내용을 이해하고 사건의 내용을 파악하기 위한 것이므로, 다툼이 있는 사실을 인정하기 위한 증거자료를 수집하는 증거조사와는 목적을 달리한다. 다만, 증거조사와 절차 그 자체에는 차이를 둘 특별한 이유가 없으므로 증거조사에 관한 규정을 준용하도록 하고 있다(동조 제2항).

제6-4관 직권진행주의

소송자료의 수집 및 제출에 대하여는 당사자에게 주도권을 인정하는 변론주의가 채택되고 있어도, 절차의 진행에 있어서는 법원에게 주도권을 인정하는 직권진행주의가 취하여지고 있다. 절차의 진행의 국면에 있어서 법원의 역할을 강조하는 것이다. 당사자진행주의는 현행법에서는 부정되고 있다는 것이 일반적이다.

Ⅰ. 의의

소송절차의 진행 및 심리의 정리를 법원의 주도하에 행하는 입장을 직권진행주의라고 하고, 이를 당사자에게 맡기는 입장을 당사자진행주의라고 한다. 우리 민사소송법은 직권진행주의를 취하고 있는데, 이 원칙은 법원에 소송지휘권을 부여하는 것에 의하여 구체화된다.

Ⅱ. 소송지휘권

1. 의의

소송의 심리를 신속하면서 완전하게 수행하기 위해서는 소송절차를 적법하게 진행하는 것이 필요한 것은 물론 각 경우에 대응하여 적당한 처리가 필요하다. 이를 위하여 법원이 가지는 소송의 주재(主宰)권능을 소송지휘권이라고 부른다. 법원은 소송절차가 공정하고 신속하며 경제적으로 진행되도록 노력하여야 한다(제1조 제1항). 소송지휘권은 법원의 권한이자 책무·의무이기도 하다.

2. 주체

소송지휘권은 법원이 행사하는 것이 원칙이다(제140조 내지 제145조). 특별한 경우에는 재판장이 합의체의 대표기관으로서 행사하고(제135조 내지 제137조), 또는 합의체로부터 독립적으로 그 권한을 부여받는 경우가 있다(제165조 제1항 본문, 제154조). 수명법관이나 수탁판사도 수권된 사항을 처리하는 데에 있어서 소송지휘권을 가진다(제165조 제1항 단서, 제286조, 제332조).

3. 내용

(1) 소송절차의 진행

기일의 지정과 변경(제165조), 기간의 신축(제172조), 소송절차의 중지(제246조), 중단절차의 속행(제244조) 등과 같은 소송절차의 진행에 대하여는 일반적으로 당사자의 신청을 기다리지 않고, 또한 합의에도 구속되지 않는 것이 원칙이다.

(2) 심리의 집중

쟁점을 확실하게 하여서 변론을 중요한 쟁점에 집중시키기 위한 수단으로서 주장을 제출하거나 증거를 신청할 재정기간(제147조), 변론준비절차의 실시(제279조), 석명준비명령(제137조), 법원의 석명처분(제140조) 등의 지휘가 이루어진다.

(3) 심리의 정리

변론이나 증거조사에 대한 지휘가 행하여진다. 변론을 분리·제한하는(제141조) 등 변론을 지휘하고 (제135조), 석명권을 통하여 소송관계를 분명하게 할 수 있다(제136조). 또 증거결정을 통하여 정리된 쟁점에 따라서 증거조사가 행하여지도록 지휘하고, 불필요한 증거조사를 배제하고 있다(제290조). 한 편, 쓸모없는 심리의 중복을 피하기 위하여 변론의 병합(제141조)을 명할 수 있다. 당사자의 고의 또는 태만에 의한 소송지연을 교정하기 위하여 당사자의 자료제출을 실기한 공격방어방법으로 각하 할 수 있다(제149조). 심판의 편의에 따른 재량이송(제35조)도 심리를 정리하기 위한 조치이다.

4. 행사의 형식

소송지휘는 변론의 지휘(제135조)와 같이 사실행위로서 행하여지는 경우도 있지만, 진술금지(제144조) 와 같이 관계인에게 행위를 명하거나 일정한 소송법상의 효과를 발생시키는 재판의 형식을 취하 는 경우도 있다. 재판의 형식에 있어서 법원이 주체이면 결정이고, 재판장, 수명법관, 수탁판사의 지위에서 하는 경우에는 명령이다. 소송지휘의 재판(결정·명령)은 그 뒤에 불필요·부적당하다고 인정되면 언제라도 스스로 이를 취소할 수 있는 것이 원칙이다(제222조).

5. 법원의 소송지휘에 관한 당사자의 신청권

(1) 원칙

직권진행주의 하에서 당사자는 심리의 진행 및 정리에 있어서 주도권을 가지지 못하고, 가령 당사 자가 이에 대하여 신청을 행하여도 그것은 법원의 소송지휘권의 발동을 촉구하는 의미밖에 없다.

(2) 예외

다만, 당사자에게도 예외적으로 소송지휘상의 조치를 요구할 수 있는 경우가 있다(예 심판의 편의에 의한 재량이송(제35조), 실기한 상대방의 공격방어방법의 각하(제149조), 중단절차의 수계(제241조) 등). 이렇게 당사자의 신청권이 명시적으로 인정되고 있는 경우에는 가령 재량사항이라도 신청에 대하여 법원 은 그 허부를 분명히 하여야 하고 방치하여서는 안 된다.

Ⅲ. 당사자의 소송절차에 관한 이의권

1. 의의 및 취지

> **제151조(소송절차에 관한 이의권)**
> 당사자는 소송절차에 관한 규정에 어긋난 것임을 알거나, 알 수 있었을 경우에 바로 이의를 제기하지 아니하면 그 권리를 잃는다. 다만, 그 권리가 포기할 수 없는 것인 때에는 그러하지 아니하다.

(1) 의의

법원이나 상대방의 소송행위가 소송절차의 법규에 위배되는 경우에 당사자가 이에 대하여 이의를 하고 그 효력을 다툴 수 있는 소송상의 권능을 말한다(제151조).

(2) 취지 및 기능

① 적극적 기능

법원에게 소송지휘권을 인정한 것에 대응하여, 그 보완으로 당사자에게는 자기의 소송상 이익을 보호하도록 소송절차가 적법하게 행하여지는지 여부를 감시하는 기능을 부여한 것이다.

② 소극적 기능

그런데 제151조는 소송절차에 관한 이의권에 관하여 적극적으로 규정하지 아니하고, 다만 그 포기 또는 상실로 인하여 흠이 있는 소송행위가 치유되는가와 같이 소극적으로 규정하고 있다. 이처럼 당사자가 절차이의권을 포기하거나 바로 이의를 제기하지 아니한 경우에 소송경제와 절차의 안정을 위하여 소송행위의 흠을 치유시킨다는 점에 절차이의권의 제도적 의의가 있다.

2. 적용범위 – 대상

(1) 이의권의 대상

1) 소송절차에 관한 임의규정

가) 소송절차에 관한 규정

절차이의권의 대상이 되는 것은 소송절차에 관한 규정에 어긋난 경우에 한한다. 여기에서 소송절차에 관한 규정이란 소송행위의 방식이나 심리에 관한 형식적 사항에 관한 것만을 지칭한다. 소송행위의 내용(예 공격방어방법에 관한 판단, 자백에 반하는 사실인정 등)에 관한 것은 포함하지 않는다. 따라서 처분권주의 위배는 판결의 내용에 관한 것이고, 소송절차에 관한 것이 아니므로 이의권의 대상이 아니다.

나) 효력규정인 임의규정

① 판결선고기간(제199조), 판결선고기일(제207조) 등과 같이 훈시규정일 경우에는 그 법규에 어긋난 행위라도 효력에는 영향이 없으므로 절차이의권의 문제는 발생할 여지가 없다.

② 절차이의권이 인정되는 것은 성질상 효력규정 가운데 임의규정에 어긋난 경우이다. 강행규정은 법원이나 당사자가 당연히 준수하여야 할 공익적 규정으로서 이에 어긋나는 소송행위는 당사자의 이의 여부에 관계없이 당연히 무효이기 때문에 그 대상이 되지 않는다(제151조 단서). 보통 직권조사사항이 이에 해당한다.

2) 법원이나 상대방의 행위

절차이의권은 어디까지나 법원 또는 상대방 당사자의 소송절차에 관한 규정에 어긋난 행위에 인정되는 것이고, 자기의 행위에 대하여는 절차이의권의 대상이 될 수 없다.

(2) 이의권의 포기와 상실의 대상

① 송달의 흠(예 소장, 답변서 등 소송서류의 송달의 하자, 다만 불변기간의 기산점이 되는 판결정본의 송달에 관한 흠은 달리 본다). ② 소송행위의 방식의 흠(예 서면에 의하지 아니한 청구취지의 변경), ③ 증거조사절차의 흠(예 감정인신문할 것을 증인신문한 경우나 당사자본인신문할 것을 증인신문한 경우), ④ 소송절차중단 중의 소송행위 등은 임의규정에 어긋난 경우로서 절차이의권의 대상이 된다.

구분			이의권 대상	포기·상실의 대상
훈시규정			✗	✗
효력규정	강행규정		✗ (이의권 행사는 가능 O, But 법원을 구속하는 의미 ✗)	✗
	임의규정	실체규정	✗	✗
		절차규정	O	O

포기·상실의 대상성 인정 예	포기·상실의 대상성 부정 예
① 소장·답변서 등 소송서류의 송달의 하자 ② 서면 방식에 위배된 청구취지의 변경 ③ 증거조사방식의 위배(예 감정인 신문이나 당사자신문할 것을 증인신문한 경우) ④ 소송절차 중단 중의 행위 ⑤ 변호사법 제31조 위반의 소송행위(→이의설)	① 법원의 구성, 법관의 제척 ② 판결선고기간(제199조), 판결선고기일(제207조)의 위배 ③ 불변기간의 위반 ④ 판결정본의 송달에 관한 하자 ⑤ 실체규정 위반(예 공격방어방법에 관한 판단 또는 자백에 반하는 사실인정)

[대판 1998.2.13. 95다15667] 사망한 자에 대하여 실시된 송달은 위법하여 원칙적으로 무효이나, 그 사망자의 상속인이 현실적으로 그 송달서류를 수령한 경우에는 하자가 치유되어 그 송달은 그 때에 상속인에 대한 송달로서 효력을 발생하므로, 압류 및 전부명령 정본이나 그 경정결정 정본의 송달이 이미 사망한 제3채무자에 대하여 실시되었다고 하더라도 그 상속인이 현실적으로 그 압류 및 전부명령 정본이나 경정결정 정본을 수령하였다면, 그 송달은 그 때에 상속인에 대한 송달로서 효력을 발생하고, 그 때부터 각 그 즉시항고기간이 진행한다.

[대판 1979.9.25. 78다2448] 판결 정본의 피고에 대한 송달은 그 절차를 위배한 것이어서 부적법한 송달이라 할 것이며, 불변기간인 항소 제기기간에 관한 규정은 성질상 강행규정이니 만큼 그 기간 계산의 기산점이 되는 위 판결 정본의 부적법한 송달의 하자는 이에 대한 피고의 책문권의 포기나 상실로 인하여 치유될 수는 없는 것이다(대판 1972.5.9. 72다379 同旨).

3. 이의권의 행사

(1) 주체

법원의 소송행위에 흠이 있는 경우에는 원칙적으로 당사자 쌍방이 절차이의권자가 된다. 이에 대하여 당사자의 소송행위에 흠이 있는 경우에는 그 상대방만이 절차이의권자가 된다.

(2) 시기

당사자가 소송절차에 관한 규정에 어긋난 것임을 알거나 알 수 있었을 경우에 바로(지체 없이) 행사되어야 할 것이다.

4. 절차이의권의 포기와 상실

(1) 절차이의권의 포기

① 소송절차에 관한 규정에 어긋난 소송행위가 생긴 경우에 당사자가 소송절차에 관한 불이익을 감수하고 이에 대한 이의를 하지 않겠다는 취지를 적극적으로 법원에 대하여 표시하는(명시 또는 묵시의 의사표시) 것을 절차이의권의 포기라고 한다.

② 절차이의권의 포기는 규정에 어긋난 소송행위가 있을 때에 비로소 행사되므로 사전포기는 인정되지 않는다(예 자기에 대한 송달은 불필요하다고 표시하여도 송달을 생략하는 것은 허용되지 않는다).

(2) 절차이의권의 상실

① 절차이의권의 상실이란 소송절차에 관한 규정에 어긋난 것임을 알거나 알 수 있을 경우에 바로 이의를 제기하지 않는 것에서 절차이의권을 잃게 되는 경우를 말한다(제151조 본문). 여기서 '바로'는 이의를 할 수 있는 기회(예 바로 다음 기일)에 지체 없이 이의를 하지 아니한 것을 뜻한다. 절차이의권을 상실하면 흠이 있는 소송행위는 완전히 유효하게 된다(흠의 치유).

② 다만, 법원의 행위로 당사자 쌍방에 절차이의권이 생긴 경우에는 쌍방 모두가 상실한 때에 유효하게 된다.

제7관 적시제출주의

Ⅰ. 서설

1. 의의

> **제146조(적시제출주의)**
> 공격 또는 방어의 방법은 소송의 정도에 따라 적절한 시기에 제출하여야 한다.

적시제출주의는 당사자가 소송을 지연시키지 않도록 소송의 정도에 따라 공격방어방법을 적절한 시기에 제출하여야 한다는 원칙을 말한다.

2. 연혁

(1) 동시제출주의 또는 법정순서(서열)주의

공격방어방법의 제출에 엄격한 순서를 정해 놓고 그 순서를 놓치면 뒤에 보충제출을 허용하지 아니하고 실권시키는 입법례를 말한다. 원래 이는 소송의 지연을 방지하고 심리를 집중시키고자 위함이었는데, 오히려 당사자로 하여금 가정주장이나 가정항변을 무수히 제출하게 만들어 소송심리가 지연되고 사건을 복잡하고 방대하게 만드는 폐해를 낳게 되었다.

(2) 수시제출주의

종래 민소법은 당사자가 시기의 제약을 받지 아니하고 공격방어방법을 변론종결 시까지 자유롭게 제출할 수 있는 수시제출주의를 취하였었다. 그러나 이 또한 악의의 당사자에 의해 소송지연의 도구로 악용되었고 제1심 경시의 풍조를 가져왔다.

(3) 적시제출주의

2002년 개정 민사소송법에서는 종전의 수시제출주의를 버리고 적시제출주의를 채택하였다(제146조). 나아가 재정기간제도를 채택하였고(제147조), 적시제출주의에 위반한 경우의 실권효에 관한 규정으로 실기한 공격방어방법의 각하를 마련하고 있다(제149조 제1항).

3. 취지

이렇듯 적시제출주의는 ① 소송경제를 도모하고, ② 집중심리주의의 충실화를 위해서 채택되었으며, 나아가 ③ 신의칙에 의한 소송의무를 부과한다는 점에 그 취지가 있다.

Ⅱ. 적시제출주의의 내용

1. 적절한 시기

공격방어방법을 제출하여야 할 적절한 시기는 언제인지가 문제이다. 이는 「소송의 정도에 따라」 개별적·구체적으로 결정되게 되는데, 시간적인 뒤늦음뿐만 아니라 당사자에 의한 공격방어를 둘러싼 신의칙과의 관계에서 결정되어야 한다.

2. 변론의 일체성

변론종결 시까지 여러 차례 실시된 변론은 그 전체가 마치 한 기일에 전부 행하여진 것과 마찬가지로 판결의 기초가 되는데, 이를 변론의 일체성이라고 한다. 당사자의 변론 등이 어떠한 기일에서라도 유효하게 행하여진 이상, 재판자료로서 동일한 가치가 있는 것이다(변론의 등가치성).

Ⅲ. 실효성 확보를 위한 제도

1. 재정기간제도

> 제147조(제출기간의 제한)
> ① 재판장은 당사자의 의견을 들어 한 쪽 또는 양 쪽 당사자에 대하여 특정한 사항에 관하여 주장을 제출하거나 증거를 신청할 기간을 정할 수 있다.
> ② 당사자가 제1항의 기간을 넘긴 때에는 주장을 제출하거나 증거를 신청할 수 없다. 다만, 당사자가 정당한 사유로 그 기간 이내에 제출 또는 신청하지 못하였다는 것을 소명한 경우에는 그러하지 아니하다.

(1) 의의 및 취지

신법은 당사자가 특정한 공격방어방법을 적기에 제출하도록 재판장이 제출기간을 정하고, 그 기간을 넘기면 그 공격방어방법을 제출할 수 없게 하는 제도를 신설하였다(제147조). 이는 적시제출주의의 실효성 확보를 위한 사전유도책으로서 집중심리제도의 충실화를 위한 것이다.

(2) 내용(요건)

① 제출기간이나 신청기간을 정하기에 앞서 재판장은 당사자의 의견을 들어야 한다(제147조 제1항). 이는 당사자의 절차권을 보장하고 무리하게 제출기간을 정하는 것을 막자는 취지이다.

② 재판장은 주장제출이나 증거신청을 요하는 사항과 그 기간 및 어느 당사자에 대한 기간인지를 명확하게 특정하여야 한다.

③ 재판장은 제147조 제1항에 따른 재정기간을 넘긴 때에는 주장을 제출할 수 없거나 증거를 신청할 수 없다는 취지를 함께 고지하여 당사자가 예상치 아니한 손해를 입지 않도록 하여야 한다.

(3) 위반의 효과

당사자가 정해진 기간을 넘긴 때에는 새로운 주장을 제출하거나 새로운 증거를 신청할 수 없다(제147조 제2항). 즉, 실권효가 발생한다. 다만, 당사자가 정당한 사유로 제출기간 내에 제출·신청하지 못하였음을 소명한 경우에는 구제받을 길을 마련해 놓았다(제147조 제2항 단서).

(4) 적용범위

재정기간에 관한 제147조는 변론절차에 적용되지만 변론준비절차에도 준용된다(제286조).

2. 실기한 공격방어방법의 각하

(1) 의의 및 취지

> **제149조(실기한 공격·방어방법의 각하)**
> ① 당사자가 제146조의 규정을 어기어 고의 또는 중대한 과실로 공격 또는 방어방법을 뒤늦게 제출함으로써 소송의 완결을 지연시키게 하는 것으로 인정할 때에는 법원은 직권으로 또는 상대방의 신청에 따라 결정으로 이를 각하할 수 있다.
> ② 당사자가 제출한 공격 또는 방어방법의 취지가 분명하지 아니한 경우에, 당사자가 필요한 설명을 하지 아니하거나 설명할 기일에 출석하지 아니한 때에는 법원은 직권으로 또는 상대방의 신청에 따라 결정으로 이를 각하할 수 있다.

당사자가 적시제출주의의 규정을 어기고 고의 또는 중대한 과실로 공격방어방법을 뒤늦게 제출함으로써 소송의 완결을 지연시키게 하는 것으로 인정할 때에는 법원은 직권으로 또는 상대방의 신청에 따라 이를 각하하는 결정을 할 수 있다(제149조 제1항). 이는 적시제출주의의 실효성 확보를 위한 사후제재에 해당한다.

(2) 각하요건

1) 시기에 뒤늦게 제출(시기에 늦은 제출)

① 적절한 시기를 넘겨 뒤늦게 제출하였는지를 판단함에는 새로운 공격·방어방법이 구체적인 소송의 진행정도에 비추어 당사자가 과거에 제출을 기대할 수 있었던 객관적 사정이 있었는데도 이를 하지 않은 것인지, 상대방과 법원에 새로운 공격·방어방법을 제출하지 않을 것이라는 신뢰를 부여하였는지 여부 등을 고려해야 한다(대판 2017.5.17, 2017다1097).

② 항소심에서 새로운 공격방어방법이 제출되었을 때에 시기에 늦었는가의 판단은 「제1심과 항소심의 전 과정」을 통하여 판정하여 항소심의 초기 단계에서의 공격방어방법의 제출이라도 시기에 뒤늦은 것이면 각하할 수 있다고 본다. 판례도 항소심에서 새로운 공격·방어방법이 제출된 경우에는 특별한 사정이 없는 한 항소심뿐만 아니라 제1심까지 통틀어 시기에 늦었는지를 판단해야 한다고 하였다(대판 2017.5.17, 2017다1097).

[대판 1962.4.4, 4294민상1122] 건물철거와 대지명도의 청구사건에 있어서 제1심에서 유치권의 항변을 주장할 수 있었을 뿐만이 아니라 제2심의 1,2,3차 변론기일에까지도 그 항변을 주장할 수 있었을 것인데 만연히 주장을 하지 않고 제4회 변론기일에 비로소 그 주장을 한 것은 시기에 늦어서 방어방법을 제출한 것이라 볼 것이고 만일 항변의 제출을 허용한다면 소송의 완결에 지연을 가져올 것은 분명하다.

---

2) 당사자에게 고의·중과실이 있을 것

① 여기서의 당사자에는 소송대리인도 포함된다. 대리인에 의한 소송수행에서의 지·부지, 고의·과실과 같은 사유가 소송법상의 효과에 영향을 미치는 경우에는 우선 대리인을 표준으로 결정한다(민법 제116조 제1항 참조).

② 공격방어방법의 종류와 내용, 당사자의 법률지식의 정도, 기존의 공격방어방법과의 관계 등을 종합적으로 고려하여 결정한다(대판 2017.5.17, 2017다1097). 따라서 ⅰ) 상계항변이나 건물매수청구권 같은 예비적 내지 출혈적인 방어방법을 소송 초기부터 제출하리라고 기대하는 것은 무리이고, ⅱ) 본인소송과 변호사대리소송은 다른 기준으로 판단하여야 할 것이다.

[대판 2006.3.10, 2005다46363·46370·46387·46394] 미성년자의 신용카드이용계약 취소에 따른 부당이득반환청구사건에서 항소심에 이르러, 동일한 쟁점에 관한 대법원의 첫 판결이 선고되자 그 판결의 취지를 토대로 신용카드 가맹점과의 개별계약 취소의 주장을 새로이 제출한 경우, 대법원판결이 선고되기 전까지는 미성년자의 신용카드이용계약이 취소되더라도 신용카드회원과 해당 가맹점 사이에 체결된 개별적인 매매계약이 유효하게 존속한다는 점을 알지 못한 데에 중대한 과실이 있었다고 단정할만한 자료가 없는 점, 취소권 행사를 전제로 하는 공격·방어방법의 경우에는 취소권 행사에 신중을 기할 수밖에 없어 조기 제출에 어려움이 있다는 점 등에 비추어 위 주장이 당사자의 고의 또는 중대한 과실로 시기에 늦게 제출되었거나 제1심의 변론준비기일에 제출되지 아니한 데 중대한 과실이 있었다고 보기 어렵다.

---

3) 소송완결이 지연될 것

① 해당 기일에 즉시 조사할 수 있는 증거의 신청, ② 별도의 증거조사가 불필요한 항변과 같이 그 내용이 이미 심리를 마친 소송자료의 범위 내에 포함되어 있는 경우, ③ 어차피 기일의 속행을 필요로 하고 그 속행기일의 범위 내에서 공격방어방법의 심리도 마칠 수 있는 경우는 소송의 완결을 지연시킨다고 할 수 없다.

★[대판 1999.2.26, 98다52469] 법원은 당사자의 고의 또는 중대한 과실로 시기에 늦게 제출한 공격 또는 방어방법이 그로 인하여 소송의 완결을 지연하게 하는 것으로 인정될 때에는 이를 각하할 수 있고, 이는 독립된 결정의 형식으로 뿐만 아니라 판결이유 중에서 판단하는 방법에 의하여 할 수도 있으나, 법원이 당사자의 공격방어방법에 대하여 각하결정을 하지 아니한 채 그 공격방어방법에 관한 증거조사까지 마친 경우에 있어서는 더 이상 소송의 완결을 지연할 염려는 없어졌으므로, 그러한 상황에서 새삼스럽게 판결이유에서 당사자의 공격방어방법을 각하하는 판단은 할 수 없고, 더욱이 실기한 공격방어방법이라 하더라도 어차피 기일의 속행을 필요로 하고 그 속행기일의 범위 내에서 공격방

어방법의 심리도 마칠 수 있거나 공격방어방법의 내용이 이미 심리를 마친 소송자료의 범위 안에 포함되어 있는 때에는 소송의 완결을 지연시키는 것으로 볼 수 없으므로, 이와 같은 경우에도 각하할 수 없다고 보아야 한다.

4) 각하의 대상

① 각하의 대상은 공격방어방법, 즉 주장·부인·항변·증거신청 등이다. 따라서 소변경이나 반소 등은 공격방어방법이 아니므로 각하의 대상이 아니다.

② 유일한 증거방법을 실기하였다고 각하할 수 있는가에 대하여는, ⅰ) 소송의 신속이 유일한 증거까지 무시할 수 있는 절대적 가치는 아님을 이유로 이를 부정하는 입장도 있으나, ⅱ) 유일한 증거방법이라고 해도 소송지연의 폐단방지는 필요한 것이고 부적법한 증거신청까지 받아주어야 한다고는 볼 수 없으므로, 이를 예외로 취급할 필요는 없다고 본다. 판례의 주류도 같다.

(3) 각하절차[54]

① 직권 또는 상대방의 신청에 의한다.

② 각하 여부는 법원의 재량이다. 각하를 함에는 독립된 결정으로 하거나 종국판결의 이유 중에 판단하면 된다.

③ 각하에 대하여 당사자는 독립하여 항고할 수 없고, 종국판결에 대한 상소와 함께 불복하여야 한다(제392조). 각하신청이 배척된 경우에는 불복신청을 할 수 없다.

3. 변론준비기일을 거친 경우의 새로운 공격방어방법의 제출의 제한

제285조는 변론준비기일에 제출하지 아니한 공격방어방법은 ① 그 제출로 인하여 소송을 현저히 지연시키지 아니하는 때, ② 중대한 과실 없이 변론준비절차에서 제출하지 못하였다는 것을 소명한 때, ③ 법원이 직권으로 조사할 사항인 때 이외에는 변론에서 제출할 수 없다고 실권효에 대하여 규정하고 있다. 그리고 제1심의 변론준비절차는 항소심에서도 그 효력을 가지므로(제410조), 무변론판결을 제외하고 변론준비기일을 거친 사건은 제1심 판결의 선고로 항소심에서도 실권효가 발생한다.

4. 석명에 불응하는 공격방어방법의 각하(제149조 제2항)

당사자가 제출한 공격방어방법의 취지가 불명료한 경우나, 이를 제출한 당사자가 필요한 석명을 하지 않거나 또는 석명할 기일에 출석하지 않는 경우에는 법원은 당사자의 신청 또는 직권으로 그 공격방어방법을 각하할 수 있다.

5. 중간판결의 내용과 저촉되는 주장의 제한

중간판결의 기속력(제201조) 때문에 그 판단사항에 대한 공격방어방법은 해당 심급에서는 제출할 수 없다.

---

54) 절차에 관한 답안의 일반적 방식은 「① 신청 ➡ ② 재판 ➡ ③ 불복」의 순으로 다루면 된다.

6. 상고이유서 제출기간 도과 후의 새로운 상고이유의 제한(제427, 제429조, 제431조)

상고심에서는 상고이유서 제출기간 안에 기재하여 제출하지 않은 상고이유는 원칙적으로 고려하지 않는다.

7. 답변서제출의무와 방소항변

신법은 피고에게 소장송달을 받은 날부터 30일 이내에 답변서를 제출할 의무를 지우고 있다. 임의관할 위반(제30조), 소송비용의 담보제공(제118조) 따위의 방소항변을 본안에 관한 변론 전까지 제출하게 한 것도 적시제출주의를 실현하기 위한 것이다.

IV. 적시제출주의의 예외(적용범위)

적시제출주의는 변론주의가 적용되는 범위에 한정되며, 가사소송과 같은 직권탐지주의나 직권조사사항에 있어서는 그 적용이 배제된다. 이는 실체적 진실발견의 요청이 중시되기 때문이다.

제3절 ▌ 변론의 준비

I. 변론의 준비 필요성

집중심리방식에 있어서는 소송촉진을 위하여 변론을 가능한 한 충실화하고 그 횟수를 줄여서 변론을 집중적으로 행할 필요가 있으므로(민사소송규칙 제69조 제2항), 그 전제로서 변론의 준비의 의미가 크다. 현재 변론의 준비의 방법으로는 ① 당사자에게 변론의 내용을 예고하는 준비서면과 ② 법원에 의한 변론준비로 쟁점과 증거를 정리하는 변론준비절차를 두고 있다.

II. 준비서면

1. 서설

(1) 의의 및 제도적 취지

① 준비서면이라 함은 당사자가 변론에서 진술하고자 하는 사항을 변론에 앞서 미리 예고적으로 기재하여 법원에 제출하는 서면을 말한다. 집중심리를 용이하게 하고자 하는 것이 준비서면제도의 취지이다(제272조).

② 준비서면은 본래 변론의 준비를 목적으로 하는 것이지만, 변론준비절차에 있어서도 준비서면이 활용된다(제280조 제1항).

(2) 준비서면의 판단기준

준비서면인지의 여부는 그 목적 내지 내용에 의해 정해지는 것이고, 서면의 표제를 문제삼을 것이 아니다. 따라서 ① 소장에 임의적 기재사항으로서「공격방어방법」이 포함되었을 때에는 그 한도에서 소장도 준비서면의 성격을 갖는 것이고(제249조 제2항), 한편 ② 준비서면에 이송신청, 기일지정의 신청, 청구취지의 변경, 수계의 신청 등을 적으면 그 부분은 준비서면이 아니다.

(3) 성질

준비서면은 변론의 준비를 위한 것이고, 변론에 대신하는 것이 아니므로 이를 제출한 것만으로는 소송자료가 되지 않는 것이 원칙이다. 그 적은 내용을 소송자료로 하는 데에는 변론에서 말로 진술하여야 한다(구술주의의 및 직접주의의 요청).

> [대판 1983.12.27, 80다1302] 준비서면에 취득시효완성에 관한 주장사실이 기재되어 있다 하더라도 그 준비서면이 변론기일에서 진술된 흔적이 없다면 취득시효완성의 주장에 대한 판단유탈의 위법이 있다 할 수 없다.

2. 준비서면의 종류

(1) 통상의 준비서면

당사자가 변론에서 진술하려고 하는 사항을 기일 전에 미리 예고적으로 기재하여 법원에 제출하는 보통의 준비서면을 말한다.

(2) 답변서

피고가 원고의 청구기각의 반대신청을 적어 최초에 제출하는 서면을 답변서라고 하는데, 답변서에는 준비서면에 관한 규정을 준용한다(제256조 제4항). 이를 제출하지 아니하면 무변론 원고승소 판결의 불이익을 받게 된다.

(3) 요약준비서면

재판장은 당사자의 공격방어방법의 요지를 파악하기 어렵다고 인정하는 때에는 변론을 종결하기에 앞서 당사자에게 쟁점과 증거의 정리 결과를 요약한 준비서면을 제출하도록 할 수 있다(제278조).

3. 준비서면의 기재사항

(1) 기재사항

준비서면에 어떠한 사항을 적을 것인가는 법정되어 있다(제274조 제1항). 그 가운데 중요한 것은 자기가 제출하려고 하는 공격방어방법과 상대방의 청구와 공격방어방법에 대한 진술인데(동조 제4호, 제5호), 위 사항에 대하여는 사실상 주장을 증명하기 위한 증거방법과 상대방의 증거방법에 대한 의견을 함께 적도록 하여(동조 제2항) 집중심리의 충실화를 기하고자 하였다.

(2) 준비서면의 첨부서류

당사자가 가지고 있는 문서로서 준비서면에 인용한 것은 그 등본 또는 사본을 붙여야 하고(제275조 제1항), 문서의 일부가 필요한 때에는 그 부분에 대한 초본을 붙이고, 문서가 많을 때에는 그 문서를 표시하면 된다(동조 제2항). 위 문서는 상대방이 요구하면 그 원본을 보여주어야 한다(동조 제3항). 그리고 외국어로 작성된 문서에는 번역문을 붙여야 한다(제277조).

4. 준비서면의 제출 · 교환

(1) 합의부에서의 필수절차

합의부 이상의 절차에서는 준비서면의 제출이 반드시 필요하지만, 단독사건인 경우에는 제출하지 아니할 수 있다. 다만 단독사건이라도 상대방이 준비하지 않으면 답변 진술할 수 없는 사항은 서면으로 준비하여야 한다(제272조 제2항).

(2) 준비서면의 교환

① 준비서면은 그것에 적힌 사항에 대하여 상대방이 준비하는 데 필요한 기간을 두고 제출하여야 하며, 법원은 상대방에게 그 부본을 송달하여야 한다(제273조).

② 한편, 적시제출주의의 실효성을 위하여 재판장은 당사자의 의견을 들어 한쪽 또는 양쪽 당사자에 대하여 특정한 사항에 관하여 주장을 제출하거나 증거를 신청할 기간을 정할 수 있고, 정당한 사유로 그 기간 내에 제출하지 못하였다는 것을 소명한 경우 이외에는 당사자는 그 제출을 할 수 없는 실권적 효과에 관한 규정을 두고 있다(제147조).

5. 준비서면의 제출 · 부제출의 효과

(1) 제출의 효과

1) 자백간주의 이익(제150조 제1항, 제3항)

상대방이 준비서면을 제출하지 않은 채 불출석한 경우에는 준비서면을 제출하고 출석한 당사자는 자백간주의 이익을 얻을 수 있다.

2) 진술간주의 이익(제148조)

준비서면을 제출하였으면 그 제출자가 불출석한 경우라도 그 기재사항에 관하여 진술간주의 이익을 얻을 수 있다.

3) 실권효의 배제(제285조 제3항)

변론준비절차 전에 제출된 준비서면에 기재된 사항은 변론준비기일에 제출하지 않았더라도 변론에서 주장할 수 있다.

4) 소의 취하에 동의권(제266조 제2항)

피고가 본안에 관한 사항을 기재한 준비서면을 제출하였다면, 그 후 원고의 소취하에 있어서는 피고의 동의를 얻어야 한다.

5) 피고의 경정에 대한 동의권(제260조 제1항)

피고의 경정에 있어서 피고가 본안에 관하여 준비서면을 제출한 뒤에는 피고의 동의를 받아야 한다.

(2) 부제출의 효과

1) 무변론패소판결의 위험(제257조 제1항)

법원은 피고가 준비서면의 일종인 답변서를 소장 송달받은 날로부터 30일 이내에 제출하지 아니한 때에는 원고의 청구원인사실에 대하여 자백한 것으로 보고, 변론 없이 판결을 선고할 수 있다.

2) 예고 없는 사실주장의 금지(제276조)

① 준비서면에 적지 아니한 사실은 상대방이 출석하지 아니한 때에는 변론에서 주장하지 못한다. 이는 불출석한 상대방의 절차보장, 즉 반론의 기회를 보장하기 위함이다.

② 여기의 금지되는 사실에는 주요사실·간접사실이 포함됨은 물론이나, 증거신청이 포함되는지에 대해서는 다툼이 있다. 이에 대해 ⅰ) 적극설은 제276조의 사실에 증거의 신청도 포함되므로 준비서면에 기재가 없는 한 증거신청, 증거조사를 하는 것은 허용되지 않는다고 본다. 어떠한 증거조사가 행하여지는가는 소송의 승패에 중대한 영향을 미친다는 점에서 사실의 주장과 다르지 않고, 상대방의 반증제출 기회와 반대신문의 권리를 보장해야 함을 이유로 한다. 이에 반하여 ⅱ) 소극설은 제276조의 사실에 증거신청은 포함되지 않는다고 본다. 그러나 ⅲ) 증거신청 가운데 적어도 상대방이 예상할 수 있는 사실에 관한 증거신청 정도이면 여기의 사실에서 배제시켜 허용함이 절차촉진을 위해 바람직하다는 절충설이 타당하다고 본다.

3) 변론준비절차의 종결(제284조)

변론준비절차에서 법원은 기간을 정하여 당사자로 하여금 준비서면을 제출하게 하였는데, 당사자가 그 기간 내에 준비서면을 제출하지 아니한 때에는 상당한 이유가 없는 한 변론준비절차를 종결하여야 한다. 이 경우에는 준비서면의 제출에 의한 쟁점정리의 목적이 무산될 수밖에 없기 때문이다.

4) 소송비용의 부담(제100조)

승소한 경우라도 준비서면의 미제출로 인해 상대방이 즉시 답변할 수 없고 그 결과 기일이 속행될 수밖에 없었던 경우에는 승소자에게 소송비용을 부담케 할 수 있다.

Ⅲ. 변론의 준비절차

1. 의의

변론준비절차는 변론이 효율적이고 집중적으로 실시될 수 있도록 당사자의 주장과 증거를 정리하는 절차를 말한다(제279조 제1항).

2. 임의적 절차

① 종전에는 답변서 제출 단계에서 원칙적으로 변론준비절차에 부치도록 하여 서면준비절차와 변론준비기일을 선행시킨 사건관리방식을 채택하였으나, 2008년 12월에 민사소송법을 개정하여 절차가 변론기일을 중심으로 진행되도록 함으로써 「직접주의와 공개주의에 바탕을 둔 충실한 구술심리를 실현」하고자 피고가 답변서를 제출하면 재판장은 원칙적으로 바로 변론기일을 정하도록 하였고, 예외적으로 사건을 변론준비절차에 부칠 필요가 있는 경우에만 변론준비절차에 부치도록 하였다(제258조 제1항, 민사소송규칙 제69조 제1항). 이와 같은 민사소송법의 개정으로 변론준비절차는 「임의」절차화하였고, 원칙적인 사건관리방식이 「변론준비절차 선행방식」에서 「변론기일 지정방식」으로 변경되었다고 할 것이다.

② 변론준비절차가 끝난 경우에도 재판장은 바로 변론기일을 정하여야 한다(제258조 제2항). 다만 특별한 사정이 있는 때(옙 반소 등으로 사건이 복잡하게 되는 경우)에는 변론기일을 연 뒤에도 사건을 변론준비절차에 부칠 수 있다(제279조 제2항).

3. 변론준비절차의 진행

(1) 진행법관의 권한

① 변론준비절차를 진행하는 재판장 등은 필요한 범위 안에서 증거조사를 할 수 있다. 즉 서증, 검증, 감정 등을 행하여 주장 및 증거의 정리를 하게 된다. 다만 증인신문 및 당사자신문은 변론준비절차에서 정리된 결과를 바탕으로 변론기일에서 집중적으로 증거조사가 실시된다.

② 재판장 등은 변론준비절차에서 판결을 할 수는 없으며, 이송결정, 소송수계 허부결정 등의 재판도 할 수 없다. 다만 변론준비절차에서 화해나(제286조, 제145조) 조정을 권고할 수 있고, 또한 화해권고결정을 할 수 있다(제286조, 제225조 이하).

(2) 변론준비절차의 종류와 진행내용

변론준비절차의 종류로, ① 서면공방(=서면교환)의 방식에 의한 쟁점정리절차와 ② 변론준비기일(쟁점정리기일)의 두 가지를 마련하고 있다. 서면공방에 의한 변론준비절차가 원칙적인 변론준비절차로 선행하고, 재판장 등은 이로써 부족한 경우에 변론준비기일을 열어 쟁점정리를 할 수 있다.

1) 서면에 의한 변론준비절차

① 서면에 의한 변론준비절차는 기간을 정하여(기일을 열지 않고), 당사자로 하여금 준비서면, 그 밖의 서류를 내게 하거나 당사자 사이에 이를 교환하게 하고 주장사실을 증명할 증거를 신청하게 하는 방법으로 진행한다(제280조 제1항). 따라서 소장부본의 송달을 받은 피고가 답변서를 제출하면, 그 부본을 원고 측에 보내어 반박준비서면을 제출하게 하고, 이를 다시 피고 측에 보내어 재반박준비서면을 제출하게 한다. 이러한 서면공방방식은 실무상 특별한 경우가 아니라면, 양쪽 당사자에게 2회 정도 주어진다.

② 그런데 변론준비절차의 도입이 오히려 소송지연을 일으킬 수 있으므로 이를 방지하기 위하여 사건이 서면에 의한 변론준비절차에 부쳐진 뒤 이후 변론준비기일이 지정됨이 없이 4월이 지난 때에는 재판장 등은 즉시 변론준비기일을 지정하거나 변론준비절차를 끝내야 한다(제282조 제2항).

③ 한편, 쟁점정리기일(변론준비기일 또는 제1회 변론기일)에 양쪽 당사자의 주장과 함께 증거관계에 대한 정리를 완결할 수 있도록 증인 및 당사자본인에 대한 증거조사를 제외한 모든 증거신청 및 증거자료의 현출을 원칙적으로 쟁점정리기일 전에 마쳐야 한다(기일 전 증거조사).

2) 변론준비기일

가) 개요

① 재판장 등은 서면공방방식에 의한 변론준비절차를 진행하는 중에 좀 더 주장 및 증거를 정리하기 위하여 필요하다고 인정하는 때에는 변론준비기일을 열어 당사자를 출석하게 할 수 있다(제282조 제1항). 이러한 쟁점정리는 변론준비기일에 하는 것이 원칙인데, 이 경우에 변론준비기일을 쟁점정리기일이라고 한다. 그러나 쟁점정리를 첫 변론기일에 할 수도 있는데, 이러한 경우에는 첫 변론기일이 쟁점정리기일이 되고, 제2회 변론기일이 집중증거조사기일이 된다.

② 그런데 변론준비기일은, 준비절차실이나 심문실과 같은 법정이 아닌, 법정 외의 장소에서 엄격한 형식에 구애받지 않고 비공개로 실시할 수 있는데, 이와 관련하여 재판장 등의 허가를 얻은 때에는 당사자는 변론준비기일에 제3자와 함께 출석할 수 있다(제282조 제3항).

③ 당사자는 변론준비기일이 끝날 때까지 변론의 준비에 필요한 주장과 증거를 정리하여 제출하여야 한다(동조 제4항). 변론준비기일에서는 당사자가 말로 변론의 준비에 필요한 주장과 증거를 정리하여 진술하거나, 법원이 당사자에게 말로 해당사항을 확인하여 정리하여야 한다(민사소송규칙 제70조의2). 재판장 등은 변론준비기일이 끝날 때까지 변론의 준비를 위한 모든 처분을 할 수 있다(동조 제5항).

④ 변론준비기일에 법원사무관 등이 참여하여 조서를 작성하여야 한다. 단지 경과만이 아니라 당사자의 공격방어방법 및 상대방의 응답을 기재하고, 특히 증거에 관한 진술은 명확히 하여야 한다. 변론준비기일의 조서에는 변론조서에 관한 규정이 준용된다(제283조).

⑤ 변론준비기일에서 양쪽 당사자 불출석의 효과는 변론기일에 승계되지 않는다.

[대판 2006.10.27. 2004다69581]

[1] 변론준비절차는 원칙적으로 변론기일에 앞서 주장과 증거를 정리하기 위하여 진행되는 변론 전 절차에 불과할 뿐이어서 변론준비기일을 변론기일의 일부라고 볼 수 없고 변론준비기일과 그 이후에 진행되는 변론기일이 일체성을 갖는다고 볼 수도 없는 점, 변론준비기일이 수소법원 아닌 재판장 등에 의하여 진행되며 변론기일과 달리 비공개로 진행될 수 있어서 직접주의와 공개주의가 후퇴하는 점, 변론준비기일에 있어서 양쪽 당사자의 불출석이 밝혀진 경우 재판장 등은 양쪽의 불출석으로 처리하여 새로운 변론준비기일을 지정하는 외에도 당사자 불출석을 이유로 변론준비절차를 종결할 수 있는 점, 나아가 양쪽 당사자 불출석으로 인한 취하간주제도는 적극적 당사자에게 불리

한 제도로서 적극적 당사자의 소송유지의사 유무와 관계없이 일률적으로 법률적 효과가 발생한다는 점까지 고려할 때 변론준비기일에서 양쪽 당사자 불출석의 효과는 변론기일에 승계되지 않는다.

[2] 양쪽 당사자가 변론준비기일에 한 번, 변론기일에 두 번 불출석하였다고 하더라도 변론준비기일에서 불출석의 효과가 변론기일에 승계되지 아니하므로 소를 취하한 것으로 볼 수 없다.

나) 변론준비기일을 종결한 경우의 효과

① 변론준비기일에 제출하지 아니한 공격방어방법은 ⅰ) 그 제출로 인하여 소송을 현저히 지연시키지 아니하는 때(ⓔ 재정증인의 증인신문신청), ⅱ) 중대한 과실 없이 변론준비절차에서 제출하지 못하였다는 것을 소명한 때, ⅲ) 법원이 직권으로 조사할 사항인 때(ⓔ 소송요건에 대한 흠의 주장) 이외에는 변론에서 제출할 수 없다(제285조 제1항).

② 단 이와 같은 실권효는 서면공방의 방식에 의해 변론준비절차가 진행된 경우에는 적용되지 않는다.

4. 변론준비절차의 종결

재판장 등은 사건을 변론준비절차에 부친 뒤 6월이 지난 때, 정한 기간 내에 준비서면 등을 제출하지 아니하거나 증거의 신청을 하지 아니한 때, 당사자가 변론준비기일에 출석하지 아니한 때에는 변론준비절차를 종결하여야 한다. 다만, 변론의 준비를 계속하여야 할 상당한 이유가 있는 때에는 그러하지 아니하다(제284조 제1항).

5. 변론준비절차를 마친 뒤의 변론

1) 변론준비절차를 마친 경우에는 변론기일을 정하여 변론절차를 거치게 되는데, 이 경우 변론기일에서 당사자는 변론준비기일의 결과를 진술하여야 한다(제287조 제2항 – 변론에의 상정). 이는 필요적 변론의 원칙을 전제로 구술변론주의, 직접주의 등의 요청을 충족하기 위하여 변론준비기일에 제출된 자료를 소송자료로 하기 위하여 필요한 절차이다.

[대판 2006.10.27. 2004다69581] 변론준비절차는 수소법원 재판장의 회부에 의하여 그 절차가 개시되어 재판장 또는 합의부원인 수명법관이나 재판장으로부터 촉탁받은 다른 판사(제280조 제2항 내지 제4항, 아래에서는 '재판장 등'이라고만 한다)에 의하여 진행되며, 재판장 등은 서면에 의한 변론준비절차를 진행하는 동안에 주장 및 증거를 정리하기 위하여 필요하다고 인정하는 때 및 사건이 변론준비절차에 부쳐진 뒤 4월이 지난 때에는 변론준비기일을 열어(제282조 제1항, 제2항) 이후 변론기일에서의 변론과 증거조사가 집중적으로 이루어질 수 있도록 필요한 범위에서 주장과 증거를 정리·제출받은 다음(제282조 제4항) 변론준비기일을 마치는바, 변론준비기일에서 제출된 주장과 증거는 그 뒤의 변론기일에서 당사자의 진술에 의하여 변론에 상정됨으로써(제287조 제2항) 심리와 판단의 자료가 된다.

2) 그리고 법원은 변론기일에 변론준비절차에서 정리된 결과에 따라서 바로 증거조사를 하여야 한다(동조 제3항). 즉, 변론준비절차에서 할 수 없었던 증인신문 및 당사자신문을 중심으로 변론기일에서는 집중적으로 증거조사가 실시될 것인데(제293조), 이때의 변론기일은 집중증거조사기일이 된다.

Ⅳ. 변론의 제한·분리·병합 및 재개 등

> 제141조(변론의 제한·분리·병합)
> 법원은 변론의 제한·분리 또는 병합을 명하거나, 그 명령을 취소할 수 있다.
> 제142조(변론의 재개)
> 법원은 종결된 변론을 다시 열도록 명할 수 있다.

1. 변론의 제한

1) 1개의 절차에 있어서 여러 개의 청구가 심리되거나 1개의 청구에 대하여 여러 개의 쟁점이 심리의 대상이 되는 때에는 심리의 정리를 위하여 법원은 변론이나 증거조사를 1개의 청구나 쟁점에 한정할 수 있다(예 손해배상청구사건에 있어서 책임의 유무와 손해액의 양쪽이 쟁점으로 되는 때에는 변론을 우선 책임에 한정하여 손해액의 심리와 단절하여 행할 수 있다). 심리의 결과 책임이 없는 것이 분명하면 손해액의 심리를 할 필요도 없이 청구기각의 종국판결이 행하여지고, 책임이 존재한다고 인정되면 중간판결을 할 수가 있다(제201조). 아니면 변론의 제한을 취소하여 단절한 사항의 심리로 옮겨간다.

2) 변론의 제한은 법원의 소송지휘권에 속하고 재량에 따른 재판(결정)으로 행하여지므로, 당사자는 직권을 촉구할 수는 있어도 그 신청권은 없다고 본다. 변론의 분리나 변론의 병합에도 당사자의 신청권이 없음은 마찬가지이다.

3) 변론의 분리와 달리, 변론의 제한에 있어서는 제한의 대상이 된 사항도 그 밖의 사항도 심리의 순서에 의해 구별되지만, 동일한 절차에서 심리되는 것이므로 소송자료·증거자료 및 변론 전체의 취지는 공통한다. 또 청구에 대한 판결도 1개의 판결로 행하여진다.

2. 변론의 분리

1) 소의 객관적·주관적 병합, 반소 또는 변론의 병합 등의 원인으로 말미암아 여러 개의 청구가 하나의 소로 제기된 경우에 법원은 심리의 번잡을 피하기 위하여 어느 청구에 대한 심리를 다른 청구에 대한 심리로부터 분리할 수 있다. 변론이 분리되면 각 청구는 별개로 심리되게 된다.

2) 변론을 분리할 것인지 여부는 원칙적으로 법원의 재량이다. 다만, ① 예외적으로 변론을 분리하여야 하는 경우(예 병합이 허용되지 않는 경우와 병합요건에 흠이 있는 경우)가 있다. 이러한 경우에는 상대방이 이 점에 대하여 이의를 하였을 때에 병합청구를 부적법하다고 각하할 것은 아니고, 변론을 분리하여 별소의 제기가 있는 것으로서 심리하여야 한다. 또한 ② 변론을 분리하여서는 안 되는 경우(예 ⅰ) 예비적 병합과 선택적 병합, ⅱ) 필수적 공동소송, ⅲ) 예비적·선택적 공동소송, ⅳ) 독립당사자참가 등과 같이 일부판결이 허용되지 않는 경우)가 있다. 이러한 경우 변론을 분리한다면 일부판결과 마찬가지의 상황이 생기므로 일부판결이 허용되지 않는 경우에는 변론의 분리도 인정되지 않는다.

3) 변론의 분리 전의 소송자료·증거자료는 분리 뒤의 각각의 절차에서도 당연히 재판자료가 된다. 그러나 분리 뒤 각각의 절차에 상정된 소송자료·증거자료는 서로 구별되고, 판결도 별개로 행하여진다. 다만 분리되더라도 법원의 관할에는 영향을 미치지 않는다(제33조).

3. 변론의 병합

동일한 법원에 계속하고 있는 여러 개의 소송을 동일 절차에서 심리하는 법원의 소송지휘이다. 병합될 소송이 동일 심급에 계속되고 있어야 한다. 그리고 병합될 소송은 동일 당사자 사이로 제한되지 않는다. 다른 당사자 사이라도 무방하다.

4. 변론의 재개

1) 일단 종결된 변론에 대하여도 법원은 심리가 불충분하다고 판단한 때에는(예 심리미진 부분이 발견되었다든가, 당사자가 미처 주장 혹은 제출하지 못한 주요사실이나 증거를 발견하게 되었다든가)에는 변론을 직권으로 다시 열도록(재개) 명할 수 있다(제142조).

2) 당사자에게 신청권이 없고, 신청은 법원의 직권발동을 촉구하는 의미밖에 없으므로 변론을 다시 열지 여부는 법원의 직권사항이고, 법원의 재량으로 결정된다는 것이 판례이다.

[대판 1998.9.18, 97다52141] 변론의 재개신청은 법원의 직권발동을 촉구하는 의미밖에 없으므로 변론의 재개 여부는 법원의 직권사항이고 당사자에게 신청권이 없으므로 이에 대한 허부의 결정을 할 필요가 없으며, 또한 변론재개신청이 있다고 하여 법원에 재개의무가 있는 것도 아니다.

[대판 1991.4.9, 91다3260]

[1] 토지임대인인 원고가 당초에 임대토지위에 건립된 토지임차인인 피고 소유건물의 철거와 그 부지인도를 청구하였다가 피고가 위 건물의 매수청구권을 행사하자, 원고가 위 매수청구권행사에 의하여 위 건물의 매매가 성립되었음을 이유로 위 건물의 명도청구로 소를 변경하였는바, 1심 판결이 피고의 매수청구권주장을 받아 들이고 원고의 매수인으로서의 건물명도청구를 인용한 데에 대하여 피고가 항소를 제기하였다면 피고가 자기의 매수청구권주장을 받아들인 1심 판결에 대하여 불복한 것은 매수청구권행사로 성립된 매매의 이행관계를 다투는 것 외에 별다른 이유가 없을 것이므로, 법률전문가가 아닌 피고본인이 변론기일에 출석하여 항소인으로서 적절한 불복이유를 진술하지 못하고 있다면 법원으로서는 불복의 이유가 무엇인지 석명을 구해 볼 필요가 있다.

[2] 위 [1]항의 경우에 원심이 그러한 조치를 취하지 않은 채 첫 변론기일에 결심을 한 뒤에 뒤이어 피고가 변론재개신청서를 제출하여 건물명도청구에 대한 동시이행항변의 취지로 보이는 주장을 하고 있다면, 원심으로서는 변론을 재개하여 피고에게 불복이유를 진술할 기회를 줌으로써 충분히 심리를 다하여야 한다.

➲ [해설] : 법원은 변론종결 후라도 심리미진이 발견되거나 기타 필요하다고 인정되면 자유재량으로 변론을 재개할 수 있다(제142조). 변론의 재개는 직권사항이며 재량사항이기 때문에 당사자는 법원에 이를 신청할 권리가 없고 신청하더라도 이는 직권의 발동을 촉구함에 불과하여 법원은 이에 응답할 의무가 없다는 것이 일반적인 견해이며 판례도 동일한 취지로 판시하여 왔다(대판(전) 1971.2.25, 70누125 등). 재개의무를 함부로 인정하면 당사자가 성실한 소송수행의무를 해태하게 되므로 소송정책상으로도 바람직하지 않기 때문이다. 따라서 변론재개신청을 한 경우

에 동 변론재개신청을 받아들이지 않았다고 해서 심리미진의 위법사유에 해당한다고 할 수는 없다(대판 1981.11.10, 80다2475). 그러나 예외적으로 법원의 변론재개의무가 있다고 보는 것이 타당한 경우가 있는바, 본 판결은 그러한 특별한 경우의 一例로서 그 의의가 있다. 본 판결을 계기로 변론재개의무를 인정한 판례는 다음과 같다.

[대판 1994.11.11, 94다34333] 원고가 변론재개신청을 하면서 주장한 내용이 제1심 판결 후에 새로운 사실의 발생이 있었다는 것으로서 법원의 화해조서 사본까지 첨부되어 있어 상당히 신빙성이 있는 것으로 보이는데다가 그 내용 또한 그것이 입증된다면 원고의 청구를 일부인용하여야 할 것임이 분명하다면, 이는 판결의 결론을 좌우할 만한 관건적 요증사실이 된다 할 것이므로 원심으로서는 당연히 당사자 사이의 분쟁을 적정하고 공평하게 해결하기 위하여 변론의 재개를 허용하는 등의 방법으로 충분한 심리를 다하였어야 할 것임에도 불구하고, 원고의 불복으로 인한 항소심의 첫 변론기일에서 원고의 항소장과 피고의 답변서만을 진술시키고 그대로 변론을 종결한 뒤 위와 같은 재개신청을 무시한 채 원고의 항소를 기각한 원심판결에는 판결에 영향을 미친 심리미진의 위법이 있다.

[대판 2011.7.28, 2009다64635] 당사자가 변론종결 후 주장·증명을 제출하기 위하여 변론재개신청을 한 경우 당사자의 변론재개신청을 받아들일지 여부는 원칙적으로 법원의 재량에 속한다. 그러나 법원이 사실상 또는 법률상 사항에 관한 석명의무나 지적의무 등을 위반한 채 변론을 종결하였는데 당사자가 그에 관한 주장·증명을 제출하기 위하여 변론재개신청을 한 경우 등과 같이 사건의 적정하고 공정한 해결에 영향을 미칠 수 있는 소송절차상의 위법이 드러난 경우에는, 사건을 적정하고 공정하게 심리·판단할 책무가 있는 법원으로서는 그와 같은 소송절차상의 위법을 치유하고 그 책무를 다하기 위하여 변론을 재개하고 심리를 속행할 의무가 있다(대판 2021.3.25, 2020다277641 同).

[대판 2014.10.27, 2013다27343; 대판 2022.4.14, 2021다305796] 당사자가 변론종결 후 주장·증명을 제출하기 위하여 변론재개신청을 한 경우 당사자의 변론재개신청을 받아들일지는 원칙적으로 법원의 재량에 속한다. 그러나 변론재개신청을 한 당사자가 변론종결 전에 그에게 책임을 지우기 어려운 사정으로 주장·증명을 제출할 기회를 제대로 갖지 못하였고, 주장·증명의 대상이 판결 결과를 좌우할 수 있는 관건이 되는 요증사실에 해당하는 경우 등과 같이, 당사자에게 변론을 재개하여 주장·증명을 제출할 기회를 주지 않은 채 패소의 판결을 하는 것이 민사소송법이 추구하는 절차적 정의에 반하는 경우에는 법원은 변론을 재개하고 심리를 속행할 의무가 있다(대판 2019.9.10, 2017다258237, 대판 2021.3.25, 2020다277641 同).[55]

[대판 2024.11.14, 2024다238392] 법원이 당사자의 변론재개신청을 받아들여 변론을 재개할 의무가 있는 예외적인 경우
당사자가 변론종결 후 주장·증명을 제출하기 위하여 변론재개신청을 한 경우 당사자의 변론재개신청을 받아들일지는 원칙적으로 법원의 재량에 속한다. 법원이 변론을 재개하고 심리를 속행할 의무가 있는 경우는, 변론재개신청을 한 당사자가 변론종결 전에 그에게 책임을 지우기 어려운 사정으로 주장

---

55) 판례는 "당사자가 변론종결 후 주장·증명을 제출하기 위하여 변론재개신청을 한 경우 당사자의 변론재개신청을 받아들일지는 원칙적으로 법원의 재량에 속한다. 법원이 변론을 재개하고 심리를 속행할 의무가 있는 경우는 변론을 재개하여 당사자에게 주장·증명을 제출할 기회를 주지 않은 채 패소 판결을 하는 것이 민사소송법이 추구하는 절차적 정의에 반하는 경우로 한정된다. 가령 변론재개신청을 한 당사자가 변론종결 전에 그에게 책임을 지우기 어려운 사정으로 주장·증명을 제출할 기회를 제대로 갖지 못하였고 주장·증명의 대상이 판결의 결과를 좌우할 만큼 주요한 요증사실에 해당하는 경우 등이 이에 해당한다."고 하였다.

> ·증명을 제출할 기회를 제대로 갖지 못하였고 그 주장·증명의 대상이 판결의 결과를 좌우할 만큼 주요한 요증사실에 해당하는 경우 등과 같이 당사자에게 변론을 재개하여 그 주장·증명을 제출할 기회를 주지 않은 채 패소판결을 하는 것이 민사소송법이 추구하는 절차적 정의에 반하는 경우로 한정된다.

5. 당사자 본인의 최종진술

민소규칙 제28조의3에서는 형사소송절차에서와 같이 당사자 본인은 변론이 종결되기 전에 재판장의 허가를 받아 최종의견을 진술할 수 있게 하였다.

제4절 변론의 내용 및 소송행위

제1관 소송행위 의의 및 종류·특질

I. 의의

널리 소송행위라 함은 소송주체인 법원과 당사자의 소송절차를 형성하는 행위를 말하는데, 처분권주의와 변론주의에 의하는 소송에서는 주로 당사자에 의하여 절차가 발전되기 때문에 여기서는 당사자의 소송행위만을 살펴본다.

당사자의 소송행위라 함은 소송절차를 형성하고 그 요건 및 효과가 소송법에 의해 규율되는 행위를 말한다(요건 및 효과설).

II. 소송행위의 종류

당사자의 소송행위에는 예를 들어 소송절차의 조성행위로서 변론에 있어서 각종의 신청·공격방어방법(예 법률상·사실상의 주장, 증거신청), 소송 전·소송 외의 소송행위(예 관할의 합의, 소송대리권의 수여 등), 소송종료행위(예 소의 취하, 청구의 포기·인낙, 소송상의 화해 등) 등 다양한 것이 포함되어 있다.

III. 소송행위의 특질 – 단독행위를 중심으로

1. 소송행위의 유효요건 – 인적 요건

당사자능력, 소송능력이 필요하다. 당사자능력이 없는 사람의 소송행위나 소송능력이 없는 사람의 소송행위는 무효이다. 다만, 추인권자에 의한 추인이 인정된다.

2. 소송행위의 방식

변론주의 및 구술주의의 요청으로 변론절차에서 말로 함이 원칙이다(제134조 제1항). 따라서 공격방어방법을 기재한 준비서면을 제출하였어도 구술로 진술하지 않으면 소송자료로 할 수 없다. 다만 예외적으로 소의 제기, 소의 취하, 소송고지 등의 경우에는 서면에 의하여야 한다.

3. 소송행위와 조건 · 기한

소송행위는 소송절차의 안정을 도모하기 위하여 조건 · 기한에 친하지 않다. 절차의 안정을 확보할 필요가 있기 때문이다.

(1) 기한

기한은 언제나 허용되지 않는다. 예「법원이 일정한 기간 내에 판결을 하지 않는 경우에는 그 기간경과와 함께 소제기는 효력을 잃는다」와 같은 종기부의 소는 허용되지 않는다.

(2) 조건

조건의 경우는 절차의 안정을 해하지 않는 범위 내에서만 가능하다. 즉, ① 장래의 불확실한 소송 외의 조건은 소송행위의 효력을 불확실하게 하기 때문에 허용되지 않는다. 이와 달리 ② 소송 내의 조건의 경우에는 법원은 조건이 성취되는지 여부를 소송 내에서 스스로 판단할 수 있으므로 절차의 불안정성은 생기지 않기 때문에 허용된다. 예 소유권의 취득원인으로서 우선 매매를 주장하고, 이것이 인정되지 않는다면 취득시효를 주장하는 경우와 같은 예비적 주장(예비적 병합) 등의 경우는 허용된다.

4. 소송행위에 있어서 표현법리의 부적용

소송행위에도 민법상의 표현대리의 법리를 유추적용할 수 있는지가 문제된다. 이에 대해서는 학설의 대립(소극설, 적극설, 절충설)이 있으나, 소송행위는 거래행위가 아니므로 거래의 안전을 위한 표현법리의 적용은 없다고 하는 것이 판례의 입장이다.

[대판 1994.2.22, 93다42047] 공정증서가 채무명의로서 집행력을 가질 수 있도록 하는 집행인낙(의사)표시는 공증인에 대한 소송행위로서 이러한 소송행위에는 민법상의 표현대리 규정이 적용 또는 준용될 수 없다.

➲ [해설] : 집행증서는 소송절차를 거치지 않고도 그 자체가 바로 채무명의가 되어 채권자는 여기에 집행문을 부여받아 강제집행을 할 수 있으므로 그 중요성으로 볼 때 집행증서는 정당한 권한을 갖는 자에 의해 촉탁되고 그 기재사항이 진실에 합치되는 것을 담보할 필요가 있고, 집행증서의 작성은 엄격하게 규율할 필요가 있다. 따라서 판례의 취지는 적어도 법률의 규정에 위반된 집행증서를 무효로 함으로써 공정증서의 신용성을 유지하자는 데 목적이 있다고 할 것이다. 다만 이러한 판례이론은 채권자의 권리실현절차만 번거롭게 한다는 비판을 받고 있기도 하다.

제2관 변론에 있어서 당사자의 소송행위

변론에서 당사자는 법원에 대하여 재판을 신청하고 재판자료, 즉 사실과 증거를 제출하는 소송행위를 하는데, 이러한 당사자의 변론의 내용은 구체적으로 원고·피고가 자기에게 유리한 판결을 구하는 본안의 신청과 이를 뒷받침하기 위한 주장 및 증명을 하는 공격방어방법으로 구성된다. 결국 변론의 내용인 본안의 신청과 공격방어방법인 주장 및 증명 등은 변론에서 당사자에 의하여 행하여지는 소송행위의 하나이다.

Ⅰ. 의의

변론에 있어서 당사자의 소송행위는 "① 본안의 신청 → ② 법률상의 주장 → ③ 사실상의 주장 → ④ 입증"이라는 단계를 거치게 된다. 이 중 ①의 단계에서는 처분권주의가 지배하고, ②의 단계에서는 "법적 평가 = 법원의 책무"라는 명제가 지배하며, 위 ③과 ④의 단계에서는 변론주의가 지배한다. 각 단계에 있어서 상대방이 다투지 않는 경우에는(㉾ 처분권주의 효과로 본안의 신청단계에서는 청구의 인낙, 변론주의의 효과로 주장단계에서는 재판상의 자백) 다음 단계의 소송행위에 의하여 뒷받침될 필요가 없으나, 다투는 경우에는 다음 단계의 소송행위에 의하여 뒷받침되어야 한다. 이하에서는 각 단계의 개괄적 내용을 살펴보기로 한다.

Ⅱ. 본안의 신청

1) 변론은 원고가 소장에 기재한 청구의 취지에 따라 특정한 내용의 판결을 구하는 뜻의 진술로 시작된다(구술주의의 요청). 이렇게 당사자가 본안에 관하여 종국판결을 구하는 진술을 본안의 신청이라고 한다. 한편, 가집행선고 및 소송비용에 관한 재판도 종국판결에 포함되므로 그것에 관한 신청도 본안의 신청이기는 하지만 이는 원고의 신청이 없더라도 직권으로 할 수 있다.

2) 원고의 본안의 신청에 대하여 피고는 반대신청(㉾ 본안 전의 신청으로서 소의 각하, 본안에 대한 신청으로서 청구기각판결의 신청)을 하게 된다.

Ⅲ. 공격방어방법

1. 의의

1) 법원이 심리·판결을 하기 위하여 필요한 사실 및 증거를 제출하는 당사자의 행위(판단자료 제출행위)를 당사자 사이의 관계에서는 공격방어방법이라고 부른다(변론주의를 취하는 민사소송에서는 사실 및 증거의 제출이 당사자의 책임이다). 즉, 당사자가 본안의 신청을 뒷받침하기 위하여 제출하는 일체의 재판자료를 공격방어방법이라고 하는데, 원고가 자기의 청구를 이유 있게 하기 위하여 제출하는 재판자료를 공격방법이라고 하고, 반대로 피고가 원고의 청구를 배척하기 위하여

(반대신청을 유지하기 위하여) 제출하는 재판자료를 방어방법이라고 한다. 공격방법과 방어방법의 구별은 제출자가 원고인가, 피고인가의 구별에 따라 결정되는 것이고 내용상의 구별이 아니다. 법원의 입장에서는 양자 모두 재판자료로서 동일하다.

2) 이러한 공격방어방법은 자료의 성질에 따라서 「① 법률상의 주장, ② 사실상의 주장 및 ③ 입증」의 세 가지로 분류된다. 그리고 항변도 공격방어방법에 있어서 주장에 속하는 것이나, 통상 별도로 설명함이 보통이다. 한편, 원고의 소의 변경이나 피고의 반소는 새로운 본안의 신청인 것이고, 공격방어방법이 아니다. 이러한 공격방어방법은 소송의 정도에 따라 적절한 시기에 제출하여야 한다(제146조).

3) 여기서 본안에 관한 주장이나 항변 가운데 다른 공격방어방법과 관계없이 분리·독립하여 그에 관한 판단만으로 소송상의 청구를 유지 또는 배척하기에 충분한 것을 독립한 공격방어방법이라고 한다. 예 소유권이 다투어지는 경우에 원고가 그 목적물을 취득한 법적 원인으로 매매(또는 취득시효 등)를 주장한다고 하자. 법원이 매매를 인정하면 소유권의 취득이라는 법률효과의 발생이 긍정되므로 매매는 독립한 공격방어방법이다. 이와 같은 독립한 공격방어방법은 중간판결을 할 수 있다(제201조).

2. 주장(진술)

(1) 의의

당사자가 법원에 대하여 특별한 법률효과 또는 사실의 존부에 관한 인식을 표명하는 소송행위를 말한다. 이러한 주장은 다시 법률상의 주장과 사실상의 주장으로 구분된다.

(2) 법률상의 주장

1) 법률상의 주장은 협의로는 요건사실에 대한 법규의 적용의 효과, 즉 권리관계의 발생·변경·소멸의 주장을 의미한다(예 원고가 물건의 소유권자라는 진술, 손해배상의무가 있다는 주장 등). 상대방이 그 주장을 인정하는 취지의 진술을 하더라도 법원은 이에 구속되지 않는다. 법률상의 주장은 변론주의의 적용을 받지 아니하며, 「법적 구성·평가 = 법원의 책무」라는 원리가 적용되므로 원칙적으로 법률상의 주장이 당사자 사이에 일치하여도 아무런 효과를 가지지 않기 때문이다. 그러나 예 원고가 목적물의 인도를 구하고(본안의 신청), 이를 뒷받침하기 위해서 소유권의 존재를 주장하였을 때에(법률상의 주장) 소송물인 인도청구권의 전제를 이루는 원고의 소유권을 피고가 인정하는 경우, 이는 권리자백의 문제로 법원을 구속하는 면이 있다.

2) 법률상의 주장은 광의로는 외국법을 포함한 법규의 존부, 내용, 해석, 운용에 대한 주장도 포함되는데, 이는 법원의 책임에 속하는 것이고, 당사자의 주장은 법관의 주의를 환기시키는 의미밖에 없다. 그러나 당사자에 대한 절차보장과 관련하여 법원이 당사자에 대하여 적용 가능성 있는 법적 관점을 지적할 의무와 함께 법원에 대하여 법적 관점의 시사를 요구할 당사자의 청구권 등이 인정되는 방향으로 나아가고 있다(제136조 제4항 참조).

(3) 사실상의 주장

1) 의의

① 사실상의 주장이란 구체적 사실의 존부에 관한 당사자의 지식·인식을 법원에 보고하는 행위이다.

② 사실에 관한 당사자의 진술이라도 당사자본인신문에 있어서의 진술은 사실을 증명하기 위한 증거자료이고 사실상의 주장에는 포함되지 않는다. 사실은 외계의 사실에 한하지 않고 선의·악의, 고의·과실 등과 같은 내심의 사실도 포함한다. 사실은 ⅰ) 주요사실(권리의 발생·변경·소멸이라는 법률효과의 판단에 직접적으로 필요한 사실), ⅱ) 간접사실(논리칙, 경험법칙의 도움을 빌려서 주요사실을 추인케 하는 사실), ⅲ) 보조사실(증거능력이나 증거력에 관계되는 사실)로 구별된다.

2) 소송상의 효과

가) 주장책임

변론주의 하에서는 당사자가 주장하지 아니한 주요사실을 재판의 기초로 할 수 없다. 따라서 자료제출의 책임을 지는 당사자가 변론에서 주요사실을 주장하지 않는 경우에 그는 소송상 불리한 위치에 서게 된다.

나) 철회가능성

당사자가 일단 사실상의 주장을 하였다 하더라도 변론종결 시까지 철회·정정함으로써 소송자료로부터 이를 제거할 수 있다. 다만, 자기에게 불리한 진술을 상대방이 원용한 뒤에는 재판상의 자백이 되어 철회가 제한된다(제288조 참조).

다) 조건·기한

사실상의 주장에는 소송절차의 안정성을 유지하기 위해서 원칙적으로 조건이나 기한을 붙일 수 없다. 다만, 예비적 주장과 같이 소송 내의 조건은 허용된다.

3) 상대방의 답변 태도

가) 부인

상대방의 주장사실을 부정하는 진술이다. 이러한 부인에는 ① 단순히 상대방의 주장을 진실이 아니라고 소극적으로 부정하는 단순부인(예 대여금반환청구소송에서 원고의 "금전을 대여하였다"는 주장에 대한 피고의 "그러한 사실이 없다"는 진술)과 ② 상대방의 주장과 양립하지 않는 별개의 사실을 적극적으로 주장하여(간접적으로, 이유를 붙여) 상대방의 주장을 부정하는 적극부인·간접부인 내지는 이유부 부인(예 피고의 "금전은 받았으나, 빌린 것이 아니고 증여로 받은 것이다"는 진술)이 있다.

다만 단순부인은 원칙적으로 허용되지 않으며, 이유부 부인이어야 한다. 예 피고의 답변서에는 청구의 취지에 대한 답변과 청구의 원인에 대한 구체적인 진술을 적어야 한다(민사소송규칙 제65조 제1항).

나) 부지

상대방의 주장사실을 알지 못한다는 진술로서 부지는 부인으로 추정한다(제150조 제2항).

다) 자백

자기에게 불리한 상대방의 주장사실을 시인하는 진술이다. 변론주의 하에서 자백한 사실은 증명을 필요로 하지 아니하고 재판의 기초로 하지 않으면 안 된다(제288조).

라) 침묵

상대방의 주장사실을 명백히 다투지 아니한 것을 말하며, 변론 전체의 취지를 보아 다툰 것으로 인정되는 경우를 제외하고는 자백한 것으로 본다(제150조 제1항). 당사자가 불출석한 경우에도 침묵에 준하여 자백으로 본다(동조 제3항).

3. 입증(증거신청)

1) 증거신청은 증거를 제출하여 법관으로 하여금 사실상의 주장이 진실이라는 확신을 갖도록 하기 위한 소송행위이다. 이러한 증거신청에 대하여 상대방은 부적법·불필요·증거능력의 흠 등을 이유로 증거항변을 할 수 있다.

2) 증거신청은 법원이 증거조사를 개시하기 전까지 임의로 철회할 수 있다(대판 1971.3.23, 70다3013). 그러나 증거조사를 개시한 뒤에는 당사자 사이의 증거공통의 원칙이 작용하므로 상대방의 동의가 없다면 그 증거신청의 철회는 허용되지 않는다.

IV. 항변

1. 항변의 의의

피고가 원고의 청구를 배척하기 위하여 소송상 또는 실체법상의 이유를 들어 적극적인 방어를 하는 것을 널리 항변이라 하는데, 소송상의 항변과 본안의 항변으로 나누어지며(통설), 좁은 의미로는 후자인 본안의 항변만을 가리킨다.

2. 항변의 종류

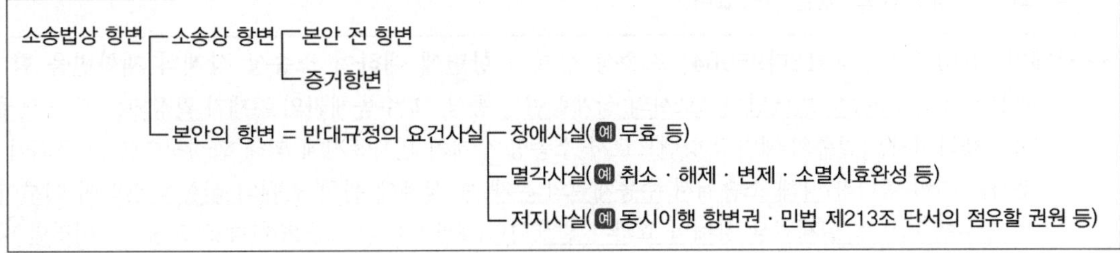

(1) 소송상의 항변

1) 의의

소송절차에 관한 항변으로 실체법상 효과에 관계없는 항변을 소송상의 항변이라 한다. 소송상의 항변은 다시 본안 전 항변과 증거항변으로 나뉜다.

2) 본안 전 항변

원고가 제기한 소에 소송요건의 흠이 있어 소가 부적법하다는 피고의 주장을 말하는데, ① 직권조사사항에 해당하는 소송요건은 피고의 주장을 기다려 고려할 사항이 아니므로 법원의 직권발동을 촉구하는 의미밖에 없어 엄밀한 의미의 항변이라 볼 수 없다. 그러나 ② 임의관할위반(제30조), 소송비용담보제공(제119조), 부제소특약, 소취하계약, 중재계약(중재 제9조) 등의 항변사항은 예외적으로 피고의 주장을 기다려 고려하는 것이므로 진정한 의미의 항변이라 할 수 있다. 다만 판례는 부제소특약을 직권조사사항으로 보고 있다.

3) 증거항변

상대방의 증거신청에 대하여 부적법, 불필요, 증거능력의 흠 따위를 이유로 하여 각하를 구하거나 혹은 증거능력이 없다 하여 증거조사결과를 채용하지 말아달라는 진술이다. 증거신청의 채택 여부는 법원의 직권사항이고 또 증거력의 존부 문제도 법관의 자유심증에 의하여 결정되므로, 이것도 엄밀한 의미의 항변이라 할 수 없다.

(2) 본안의 항변

1) 의의

원고의 청구를 배척하기 위하여 원고의 주장사실이 진실임을 전제로 하여 이와 양립가능한 별개의 사실에 대해 피고가 하는 사실상의 진술을 본안의 항변이라 한다(반대규정의 요건사실의 주장).

2) 종류

① 주장의 형태에 따라 제한부 자백과 가정항변으로 나눌 수 있고, ② 반대규정의 성질에 따라 권리장애사실, 권리멸각사실, 권리행사저지사실로 나눌 수 있다. 또한 ③ 피고의 항변사실을 일단 받아들이면서 항변사실의 효과의 발생에 장애가 되거나 발생한 효과를 소멸·저지하는 사실을 주장할 수 있는데, 이를 재항변이라고 한다(예 피고가 소멸시효의 항변을 하였을 때에 원고가 시효완성에 장애가 될 채무승인 등에 의한 시효중단[민법 제168조]을 주장하는 경우이다). 나아가 원고의 재항변에 대한 피고의 재재항변도 있을 수 있다.

★★★[대판 2014.6.12, 2013다95964] **소송상 상계의 항변에 대하여 소송상 상계의 재항변을 할 수 있는지**(소극) 소송상 방어방법으로서의 상계항변은 통상 그 수동채권의 존재가 확정되는 것을 전제로 하여 행하여지는 일종의 예비적 항변으로서 소송상 상계의 의사표시에 의해 확정적으로 그 효과가 발생하는 것이 아니라 당해 소송에서 수동채권의 존재 등 상계에 관한 법원의 실질적 판단이 이루어지는 경우에 비로소 실체법상 상계의 효과가 발생한다(대판 2013.3.28, 2011다3329 참조). 이러한 피고의 소송상 상계항변에 대하여 원고가 다시 피고의 자동채권을 소멸시키기 위하여 소송상 상계의 재항변을 하는 경우, ① 법원이 원고의 소송상 상계의 재항변과 무관한 사유로 피고의 소송상 상계항변을 배척하는 경우에는 소송상 상계의 재항변을 판단할 필요가 없고, ② 피고의 소송상 상계항변이 이유 있다고 판단하는 경우에는 원고의 청구채권인 수동채권과 피고의 자동채권이 상계적상 당시에 대등액에서 소멸한 것으로 보게 될 것이므로 원고가 소송상 상계의 재항변으로써 상계할 대상인 피고의 자동

채권이 그 범위에서 존재하지 아니하는 것이 되어 이때에도 역시 원고의 소송상 상계의 재항변에 관하여 판단할 필요가 없게 된다. 또한 원고가 소송물인 청구채권 외에 피고에 대하여 다른 채권을 가지고 있다면 소의 추가적 변경에 의하여 그 채권을 당해 소송에서 청구하거나 별소를 제기할 수 있는 것이다. 그렇다면 원고의 소송상 상계의 재항변은 일반적으로 이를 허용할 이익이 없다고 할 것이다. 따라서 피고의 소송상 상계항변에 대하여 원고가 소송상 상계의 재항변을 하는 것은 다른 특별한 사정이 없는 한 허용되지 않는다고 보는 것이 타당하다.

➡ [해설] : 이와 같은 판례의 태도에 대해서는, ① 상계의 간이결제화 기능에 따른 분쟁의 1회적 해결과 이중분쟁의 방지의 면에서 상계의 재항변을 당연 불허함은 타당치 않다는 입장이 있을 수 있다. ② 반면 반대상계의 항변을 인정하는 것은 소송정책적으로 적절하지 않다고 하여 판례의 입장에 찬성하는 입장이 있을 수 있다. 즉 반대상계의 재항변이 제출되면 법원은 전부 3개의 채권을 심리하는 것이 되는데, 이 3개의 채권은 별개의 발생원인에 기한 것으로 별개의 심리판단이 필요하고, 1개의 소송물에 관한 심리가 모두 상계의 항변과 반대상계의 재항변의 조건에 해당하여 다중구조를 띠게 된다는 점을 감안하여, 신속한 민사소송의 심리절차를 지향하는 관점에서 이를 특별히 인정하지 않으면 권리자에게 실질적인 불편이 있다고 할 수 없는 경우에 심리의 대상에서 제외하는 것이 바람직하다는 것이다.

[대판 2015.3.20, 2012다107662] 소송상 상계항변에 대하여 상대방이 소송상 상계의 재항변을 하는 것이 허용되는지 여부(원칙적 소극) 및 이러한 법리는 2개의 청구채권 중 1개의 채권을 수동채권으로 삼아 소송상 상계항변을 하자, 상대방이 다시 청구채권 중 다른 1개의 채권을 자동채권으로 소송상 상계의 재항변을 하는 경우에도 마찬가지로 적용되는지 여부(적극)

원고의 소송상 상계의 재항변은 일반적으로 이를 허용할 이익이 없다. 따라서 피고의 소송상 상계항변에 대하여 원고가 소송상 상계의 재항변을 하는 것은 다른 특별한 사정이 없는 한 허용되지 않는다. 그리고 이러한 법리는 원고가 2개의 채권을 청구하고, 피고가 그중 1개의 채권을 수동채권으로 삼아 소송상 상계항변을 하자, 원고가 다시 청구채권 중 다른 1개의 채권을 자동채권으로 소송상 상계의 재항변을 하는 경우에도 마찬가지로 적용된다.

가) 권리장애사실

권리근거규정에 기한 권리의 발생을 애초부터 방해하는 권리장애규정의 요건사실을 주장하는 경우이다.

해당 예	의사능력 흠결, 강행법규의 위반, 통정허위표시, 공서 양속의 위반(민법 제103조), 불공정한 법률행위(민법 제104조), 원시적 이행불능 등 법률행위의 무효사유가 일반적으로 이에 속하고,56) 정지조건의 존재나 불법원인급여도 이에 해당한다.

나) 권리멸각(소멸)사실

권리근거규정에 기하여 일단 발생한 권리를 그 뒤에 소멸시키는 권리멸각규정의 요건사실을 주장하는 경우이다.

---

56) 반면, 매도한 사실이 없다는 주장은 "부인"에 불과하다.

해당 예	변제, 대물변제, 공탁, 경개, 면제, 혼동 등 채권의 소멸원인이나 소멸시효의 완성, 해제조건의 존재와 성취, 후발적 이행불능 따위이다. 또한 제3자에의 권리양도, 취득시효의 완성 등도 이에 속한다. 나아가 해제 · 해지권, 취소권(착오 · 사기 · 강박 등), 상계권 등 사법상 형성권의 행사에 의하여 일단 발생한 법률효과를 배제하는 소위 권리배제규정의 요건사실도 널리 권리멸각사실에 포함된다.

다) 권리행사저지사실

권리근거규정에 기하여 이미 발생한 권리의 행사를 저지시키는 권리저지규정의 요건사실을 주장하는 경우이다.

해당 예	유치권, 보증인의 최고 · 검색의 항변권, 동시이행의 항변권 등 사법상의 항변권을 구성하는 사실이 이에 해당한다. 또한 기한의 유예, 목적물인도청구에 있어서 권원에 의한 점유(제213조 단서)나 신의칙도 이에 해당한다.

3. 형태

(1) 제한부 자백 · 가정적 항변

1) 제한부 자백

상대방의 주장사실을 인정하면서 양립될 수 있는 새로운 별개의 사실을 주장하는 경우이다. 예 상대방이 금전을 빌려주었다고 하는 데 대하여 그 금원은 빌린 것이지만 변제하였다는 진술을 말한다.

2) 가정적 항변

상대방의 주장사실을 일응 다투면서 예비적으로 항변을 제출하는 경우이다. 예 대여금청구소송에서 피고가 차용사실을 부인하고 가사 차용사실이 있더라도 이미 변제하였다고 주장하는 경우의 변제항변과 같이 상대방의 주장사실을 가정적으로 인정한 뒤에 이와 상반되는 법률효과를 생기게 하는 주장을 제출하는 것을 말한다.

(2) 주위적 항변 · 예비적 항변

1) 주위적 항변

당사자가 주된 공격방어방법으로서 제출하는 항변을 말한다.

2) 예비적 항변

예 대여금청구소송에서 주위적으로 변제항변을, 예비적으로 소멸시효항변을 하는 경우와 같이 주위적 항변이 받아들여지지 않을 것을 고려하여 주위적 항변의 인용을 해제조건으로 하여 이와 논리적으로 양립할 수 없는 제2의 항변을 제출하는 것을 말한다.

> **논점정리** 상계항변의 특성 - 판단순서
>
> **1. 일반적 항변의 판단순서**
>
> 일반적으로 당사자가 공격·방어방법을 여러 개 주장하면서 순위를 붙여 주장하더라도(예비적 주장이나 항변) 그 상호 간의 논리적 순서와 역사적 선후에 불구하고 법원은 어느 하나를 선택하여 판단하면 되고, 이때 그 주장이 이유 있는 경우에는 다른 주장에 대하여는 판단할 필요가 없다.
>
> **2. 상계항변의 특수성**
>
> 그러나 상계의 항변은 판결이유 중 판단에 불과하지만 기판력이 생긴다는 점과 대가적 출혈을 동반하는 항변이라는 점에서 다음과 같은 특별한 취급을 요한다. 즉 상계항변은 증거조사를 하여 수동채권의 존재를 확정하고 난 후에 판단을 하여야 하며, 그 존재를 가정하여 상계항변으로 곧바로 청구기각을 하여서는 안 된다(증거조사설). 이러한 의미에서 상계항변은 예비적 항변으로 다루는 것이 옳다.
>
> **3. 위반의 효과**
>
> 예비적 항변이라는 상계항변의 특수성을 무시한 위법한 판결이다. 따라서 이러한 판결은 확정 전에는 상소이유가 되고, 확정 후에는 제451조 제1항 제9호의 판단누락에 해당되어 재심사유가 된다.

4. 부인과의 구별

(1) 의의

부인과 항변은 상대방의 사실상 주장을 배척하기 위한 사실상의 진술인 점에서는 차이가 없다. 더욱이 당사자의 주장이 부인과 항변 어느 쪽에 해당하느냐 하는 것은 반드시 명확하지 않다. 특히 간접부인과 항변의 구별은 쉽지 않은데 실무상 그 구별이 매우 중요하므로 구별기준과 구별의 실익을 검토할 필요가 있다.

(2) 구별 기준

1) 양립가능성

부인의 경우에는 상대방의 주장사실과 이론적으로 양립할 수 없음에 반하여, 항변의 경우에는 상대방의 주장사실과 논리적으로 양립하는 것이 가능하다. 따라서 부인의 경우에 피고의 답변태도는 "아니다"이지만, 항변의 경우에는 "그렇다. 하지만"이다.

2) 증명책임의 소재

부인과 항변은 증명책임의 소재가 서로 다른데, 자기에게 증명책임이 있는 사실의 주장은 항변이 되고, 그렇지 않은 사실의 주장은 부인이 된다.

(3) 구별의 실익

1) 증명책임의 분배

① 부인의 경우에는 부인당한 사실에 대한 증명책임이 그 상대방에게 돌아가지만, 항변의 경우에는 항변사실의 증명책임이 그 제출자에게 있다. 대체로 부인하는 경우는 원고가, 항변하는 경우는 피고가 각 사실의 증명책임을 진다. **예** 소비대차로 인한 대여금청구소송에 있어서 대주인 원고가 금전대여사실을 주장한 데 대하여, 피고가 그와 같은 금원의 수령을 인정하면서 증여를 주장하였을 경우에 원·피고 사이에 소비대차계약이 성립된 사실(권리근거규정)은 원고에게 증명책임이 있는 것이므로 피고의 증여의 주장은 부인이지, 항변은 아니다. 그러나 이 경우에 피고가 소비대차계약의 성립을 모두 인정하면서 그 변제(또는 면제 등의 권리멸각(소멸)규정)를 주장하는 때에는 그것은 피고에게 증명책임이 있는 것이므로 그 주장은 부인이 아니고 항변이 된다.

② 만약 피고가 적극적 부인의 증명에 실패하더라도, 여전히 원고에게 증명책임이 있으므로 그 자체로 원고가 승소하는 것은 아니다.

2) 판결이유의 설시

① 원고의 주장사실을 인정하는 내용의 판단에는 이미 피고의 부인의 주장을 배척하는 판단이 포함되어 있다고 볼 수 있기 때문에 그 부인의 주장에 대하여 반드시 따로 판단할 필요가 없으나, 반면 피고가 항변을 한 경우에 그 항변이 인정되지 아니할 경우에는 일단 원고의 청구원인 사실이 인정된다는 판단을 마친 다음, 새로 그 항변을 배척한다는 판단이 판결이유에 설시되어야 한다. 그렇지 않으면 판단누락의 위법이 있다(제451조 제1항 제9호).

② 다만, 판결서의 이유에는 주문이 정당하다는 것을 인정할 수 있을 정도로 당사자의 주장, 그 밖의 공격·방어방법에 관한 판단을 표시하면 되고 당사자의 모든 주장이나 공격·방어방법에 관하여 판단할 필요가 없다(민사소송법 제208조). 따라서 법원의 판결에 당사자가 주장한 사항에 대한 구체적·직접적인 판단이 표시되어 있지 않더라도 판결이유의 전반적인 취지에 비추어 그 주장을 인용하거나 배척하였음을 알 수 있는 정도라면 판단누락이라고 할 수 없다. 설령 실제로 판단을 하지 않은 부분이 있더라도 그 주장이 배척될 것이 분명한 때에는 판결 결과에 영향이 없어 판단누락의 잘못을 이유로 파기할 필요가 없다(대판 2017.12.5, 2017다9657; 대판 2018.10.25, 2016다42800).[57]

---

57) 원심이 이 사건 임대차계약이 합의 갱신되었다는 피고(임차인)의 주장에 관해서 명시적으로 판단하지 않았지만 원심 판결 이유의 전반적 내용을 살펴보면 2015.5.16. 기간만료로 임대차관계가 종료하였다는 원심의 판단에는 피고의 위 주장을 배척하는 취지가 포함되어 있다고 볼 수 있어 판단누락이 아니라고 본 사례이다.

[대판 2022.11.30. 2021다287171; 대판 2024.10.8. 2024다241510; 대판 2024.8.1. 2024다
227699] 당사자가 주장한 사항에 대한 구체적·직접적인 판단이 표시되어 있지 않지만 판결
이유의 전반적인 취지에 비추어 주장의 인용 여부를 알 수 있는 경우 또는 판결에서 실제로 판
단을 하지 않았지만 주장이 배척될 것임이 분명한 경우, 판단누락의 잘못(위법)이 있다고 할 수
있는지 여부(소극)
판결서의 이유에는 주문이 정당하다는 것을 인정할 수 있을 정도로 당사자의 주장, 그 밖의 공격·
방어방법에 관한 판단을 표시하면 되고 당사자의 모든 주장이나 공격·방어방법에 관하여 판단할
필요가 없다(민사소송법 제208조). 따라서 법원의 판결에 당사자가 주장한 사항에 대한 구체적·직접
적인 판단이 표시되어 있지 않더라도 판결 이유의 전반적인 취지에 비추어 그 주장을 인용하거나 배척
하였음을 알 수 있는 정도라면 판단누락이라고 할 수 없다. 설령 판결에서 실제로 판단을 하지 않았더
라도 그 주장이 배척될 것이 분명하다면 판결 결과에 영향이 없어 판단누락의 잘못(위법)이 있다고
할 수 없다.
    ➪ [사실관계 및 해설] : 피고는 원고의 소제기가 권리남용이라고 주장하였으나, 원심은 이에 대하여
명시적으로 판단하지 않았다. 그러나 원심이 피고에 대한 소의 이익을 인정하는 판단에는 위 주
장을 간접적으로 배척하는 판단이 포함되었다고 볼 수 있고, 설령 판단이 누락되었더라도 피고의
주장이 받아들일 수 없는 주장임이 분명하다면, 원심판결에는 판단을 누락하여 판결에 영향을
미친 잘못이 없다고 본 사례이다.

3) 피고의 부인·항변에 따른 원고의 추가적 증명부담

원고의 청구원인이 피고로부터 부인당한 경우에는 원고는 청구원인사실을 구체적으로 밝혀야 할
부담이 따른다. 그러나 피고의 항변제출의 경우에는 원고에게 이와 같은 부담이 없다.

[대판 2019.1.31. 2016다215127; 대판 2019.1.31. 2017다289903] 법원의 판결에 당사자가
주장한 사항에 대한 구체적·직접적인 판단이 표시되어 있지 않더라도 판결 이유의 전반적인
취지로 그 주장의 인용 여부를 알 수 있는 경우, 판단누락이 있다고 할 수 있는지 여부(소극)
판결서의 이유에는 주문이 정당하다는 것을 인정할 수 있을 정도로 당사자의 주장, 그 밖의 공격·
방어방법에 관한 판단을 표시하면 되고 당사자의 모든 주장이나 공격·방어방법에 관하여 판단할
필요가 없다(민사소송법 제208조). 따라서 법원의 판결에 당사자가 주장한 사항에 대한 구체적·직접
적인 판단이 표시되어 있지 않더라도 판결 이유의 전반적인 취지에 비추어 그 주장을 인용하거나
배척하였음을 알 수 있는 정도라면 판단누락이라고 할 수 없다.

제3관 소송행위의 흠과 치유

I. 소송행위에 있어서 의사표시의 흠 – 소송행위의 취소 가능성

1. 문제의 소재

소송행위에 의사표시의 흠(사기·강박 또는 착오 등)이 있는 경우 민법의 의사표시의 흠에 관한 규정을 유추적용하여 소송행위의 무효나 취소를 주장할 수 있는지 여부가 문제된다. 다만 소송행위 중 소송절차 조성행위(예 신청, 주장, 증거신청)에 대해서는 민법규정을 유추하여 취소할 수 없다는 점에 대해서는 대체로 견해가 일치하고 있으며, 소송 외의 소송행위(예 관할합의)에 대해서는 민법규정의 유추로 취소가 가능하다고 봄이 일반적이다. 따라서 이러한 논의는 소송종료행위(예 소취하, 청구의 포기·인낙, 화해)의 경우로 집중되어 있다.

2. 학설

① 소송종료행위는 이에 터 잡아 후속되는 소송행위가 있을 수 없어 그 취소를 인정하더라도 소송절차의 안정을 해치지 않으므로 민법의 규정을 유추적용하여 취소할 수 있다는 견해(하자고려설), ② 소송절차의 명확성과 안정성을 기하기 위하여 소송행위에는 표시주의·외관주의가 관철되어야 한다는 이유로 민법의 의사표시의 흠에 관한 규정을 유추적용하여 취소할 수 없다는 견해(하자불고려설 – 통설)의 대립이 있다.

3. 판례

판례는 민사소송법상의 소송행위에는 특별한 규정이나 특별한 사정이 없는 한 민법상의 법률행위에 관한 규정이 적용될 수 없는 것이므로 사기·강박 또는 착오 등 의사표시의 하자를 이유로 그 무효나 취소를 주장할 수 없다는 입장이다. 따라서 소취하가 타인의 기망에 의한 것이라 하더라도 이를 취소할 수 없으며, 나아가 소송위임행위도 소송대리권의 발생을 목적으로 하는 소송행위이므로 달리 볼 것이 아니라고 하였다(하자불고려설).

[대판 1979.12.11. 76다1829] 소를 취하하는 소송행위는 정당한 당사자에 의하여 이루어진 것이라면 그 취하가 타인의 기망에 의한 것이라 하더라도 이를 취소할 수 없다.

★★[대판 1980.8.26. 80다76] 민사소송법상의 소송행위에는 특별한 규정이나 특별한 사정이 없는 한 민법상의 법률행위에 관한 규정이 적용될 수 없는 것이므로 사기·강박 또는 착오 등 의사표시의 하자를 이유로 그 무효나 취소를 주장할 수 없다.

[대판 1997.10.10. 96다35484(판결이유 중)] 민법상의 법률행위에 관한 규정은 민사소송법상의 소송행위에는 특별한 규정 기타 특별한 사정이 없는 한 적용이 없는 것이므로 소송행위가 강박에 의하여 이루어진 것임을 이유로 취소할 수는 없다 할 것이고(대판 1964.9.15. 64다92; 1979.5.15. 78다1094; 1980.8.26. 80다76; 1984.5.29. 82다카963 등 참조), 소송위임행위도 소송대리권의 발생을 목적으로 하는 소송행위이므로 달리 볼 것이 아니다. 따라서 이 사건 제소 전 화해 사건에서 준재심원고가 변호

사에게 소송대리를 위임한 것이 합동수사본부 수사관들의 강박에 의한 것이라고 할지라도 위임인인 준재심원고가 이를 이유로 소송행위를 취소할 수는 없다고 보아야 할 것이다.

Ⅱ. 소송행위의 철회가부

1. 문제의 소재

위와 같은 판례의 태도(하자불고려설의 입장)에 따르면 의사표시에 하자가 있는 경우 그 효력을 부인하기 위한 소송법상의 독자적인 법리가 필요하게 되고, 이러한 측면에서 논의되는 것이 소송행위의 철회이다.

2. 소송행위의 철회 자유와 제한

(1) 신청

신청은 자유롭게 철회할 수 있는 것이 원칙이다. 다만 법원이 신청에 따른 행위를 한 경우에는 철회가 허용되지 않으므로, 피고의 응소 뒤에는 원고의 소취하는 제한된다(제266조 제2항).

(2) 주장

변론주의의 원칙상 변론종결 시까지 원칙적으로 자유롭게 철회가 인정된다.

(3) 재판상의 자백

당사자에 대한 구속력이 발생하므로 자백한 자는 원칙적으로 이를 자유롭게 철회할 수 없다.

3. 소송행위의 철회제한의 예외

(1) 제451조 제1항 제5호의 재심사유가 있을 때

> 제451조 제1항 제5호 및 제2항(재심사유)
> ① 다음 각 호 가운데 어느 하나에 해당하면 확정된 종국판결에 대하여 재심의 소를 제기할 수 있다. 다만, 당사자가 상소에 의하여 그 사유를 주장하였거나, 이를 알고도 주장하지 아니한 때에는 그러하지 아니하다.
> 　5. 형사상 처벌을 받을 다른 사람의 행위로 말미암아 자백을 하였거나 판결에 영향을 미칠 공격 또는 방어방법의 제출에 방해를 받은 때
> ② 제1항 제4호 내지 제7호의 경우에는 처벌받을 행위에 대하여 유죄의 판결이나 과태료부과의 재판이 확정된 때 또는 증거부족 외의 이유로 유죄의 확정판결이나 과태료부과의 확정재판을 할 수 없을 때에만 재심의 소를 제기할 수 있다.

1) 판례는 소송행위가 사기, 강박 등 형사상 처벌을 받을 타인의 행위로 인하여 이루어졌다고 하여도, ① 그 타인의 행위에 대하여 유죄판결이 확정되고(확정판결 필요설), 또한 ② 그 소송행위가 그에 부합되는 의사 없이 외형적으로만 존재할 때에 한하여 민사소송법 제451조 제1항 제5호, 제2항의 규정을 유추해석하여 그 효력을 부인할 수 있다고 해석함이 상당하므로,

③ 타인의 범죄행위가 소송행위를 하는 데 착오를 일으키게 한 정도에 불과할 뿐 소송행위에 부합되는 의사가 존재할 때에는 그 소송행위의 효력을 다툴 수 없다는 입장이다. ④ 다만 판례 중에는 유죄의 확정을 요건으로 하지 않은 것도 있다.

2) 유죄확정판결을 요구하는 판례에 관하여는 구제의 길을 지나치게 좁힌 것이라는 비판이 있다.

★★[대판 1984.5.29, 82다카963] ① 소송행위가 <u>사기</u>, <u>강박</u> 등 형사상 처벌을 받을 타인의 행위로 인하여 이루어졌다고 하여도 그 타인의 행위에 대하여 유죄판결이 확정되고 또 그 소송행위가 그에 부합되는 의사 없이 외형적으로만 존재할 때에 한하여 민사소송법 제451조 제1항 제5호, 제2항의 규정을 유추해석하여 그 효력을 부인할 수 있다고 해석함이 상당하므로, ② 타인의 범죄행위가 소송행위를 하는데 착오를 일으키게 한 정도에 불과할 뿐 소송행위에 부합되는 의사가 존재할 때에는 그 소송행위의 효력을 다툴 수 없다(대판 2001.1.30, 2000다42939・42946 同旨).

[대판 2004.4.27, 2003다31619] 소의 제기를 당한 피고 측 당사자나 그의 대리인이 제1심에서 패소하자 항소한 후, 재소가 금지된 그 시점에 이르러 소송진행 과정을 모르고 있던 상대방인 원고 중의 일부를 기망하여 소를 취하하게 하는 것은 형사상 처벌받을 사기행위로서 그 원고는 그 소취하의 의사표시를 취소하여 그의 효력을 부인할 수 있다 함이 상당하다.

(2) 상대방의 동의가 있는 때

판례는 당사자의 일방이 자백을 취소하였을 때에 상대방이 이의를 하지 않고 이를 승낙한 경우에는 자백은 원래 당사자의 처분이 허용되는 사항에 관한 것이므로 그 자백의 취소는 유효하다고 하였다(대판 1967.8.29, 67다1216).

(3) 자백이 진실에 반하고 착오로 인한 때(제288조 단서)

> **제288조(불요증사실)**
> 법원에서 당사자가 자백한 사실과 현저한 사실은 증명을 필요로 하지 아니한다. 다만, 진실에 어긋나는 자백은 그것이 착오로 말미암은 것임을 증명한 때에는 취소할 수 있다.

[대판 1992.12.8, 91다6962] 진실에 반한 자백이라 할지라도 착오에 인하였다는 증명이 없는 한 취소할 수 없으므로, 자백의 반진실이 입증된다 하더라도 착오에 인한 것인지에 관한 입증이 없으면 자백취소의 주장은 효력이 없다.

[대판 1994.9.27, 94다22897]

[1] 자백을 취소하는 당사자는 그 자백이 진실에 반한다는 것 외에 착오로 인한 것임을 아울러 증명하여야 하고, 진실에 반하는 것임이 증명되었다고 하여 착오로 인한 자백으로 추정되지는 아니한다.

[2] 재판상 자백의 취소는 반드시 명시적으로 하여야만 하는 것은 아니고 종전의 자백과 배치되는 사실을 주장함으로써 묵시적으로도 할 수 있다.

[3] 자백은 사적 자치의 원칙에 따라 당사자의 처분이 허용되는 사항에 관하여 그 효력이 발생하는 것이므로, 일단 자백이 성립되었다고 하여도 그 후 그 자백을 한 당사자가 위 자백을 취소하고 이에 대하여 상대방이 이의를 제기함이 없이 동의하면 반진실, 착오의 요건은 고려할 필요 없이 자백의

취소를 인정하여야 할 것이나, 위 자백의 취소에 대하여 상대방이 아무런 이의를 제기하고 있지 않
다는 점만으로는 그 취소에 동의하였다고 볼 수는 없다.

III. 여론 – 소취하의 효력을 부정할 경우의 구제방법

1) 소취하의 취소가 가능하다고 하거나, 재심규정을 유추하여 소취하의 효력을 부인할 경우 그
구제절차가 문제되는데, 이에 대해 민사소송규칙 제67조는 기일지정신청을 할 수 있다고 규정
하고 있다. 따라서 소취하의 효력유무에 대하여 당사자 간에 다툼이 있는 경우, 이와 관련하여
당해 소송절차에서 구제받을 방법이 예정되어 있으므로, 별소로 소취하의 무효확인을 구하는
것은 확인의 이익이 없다고 할 것이다.

2) 이 경우에 법원은 변론을 열어 신청사유에 대하여 심리하여야 하며, ① 그 결과 소의 취하가
유효한 경우에는 종국판결로써 소송종료선언을 할 것이나, ② 심리결과 소의 취하가 무효일
때에는 취하 당시의 소송정도에 따라 필요한 절차를 속행하게 될 것이다. 따라서 만일 기일지
정신청에 의해 전소가 부활된 경우에는 본래의 소제기 당시부터 소송계속이 있었던 것이 되기
때문에 나중에 동일한 별소를 제기하면 중복제소에 해당하는 문제가 생긴다.

3) 반면, 항소심에서 기망에 의해 소를 취하한 후 다시 종전 청구와 동일한 소를 제기한 경우라면
재소금지의 문제가 생기는데, 이 경우 전소의 취하가 소취하권의 남용이라고 보기 어렵고 또한
다시 소를 제기할 정당한 이익이 있다고 할 것이므로 재소금지에는 해당하지 않는다고 볼 것이다.

IV. 소송행위의 흠의 치유

흠 있는 소송행위라도 그러한 행위가 당사자의 이익에 적합하고, 절차의 안정을 위하여 다음과
같은 방법에 의해 그 흠의 치유가 인정된다.

1) 소송능력, 대리권 등에 흠이 있는 사람이 행한 소송행위에 대하여 능력을 취득한 본인 내지는
법정대리인 또는 적법하게 권한이 수여된 대리인이 추인을 한다(제60조, 제61조, 제97조).
📕 피한정후견인임에도 스스로 소장을 작성하여 소를 제기한 경우에 법정대리인이 그 소의 제
기를 추인함으로써 소급적으로 흠이 치유된다.

2) 소의 제기에 대하여는 소장에 필수적 기재사항에 흠이 있거나, 인지가 부족하여도 당사자가
그 흠을 보정하면 흠은 치유된다(제254조).

3) 소송절차에 관한 규정 가운데에서 임의규정의 위반에 따른 흠은 절차이의권의 포기·상실에
의하여 치유된다(제151조).

4) 일정한 소송행위로는 흠이 있으나 다른 유효·적법한 소송행위로서 활용하는 것이 당사자의
의사에 반하지 않은 때에 이를 그 다른 소송행위로 취급할 수 있다. 이를 소송행위의 전환이라
고 한다(민법 제138조 참조).

5) 소송절차에 있어서 흠이 있는 소송행위가 행하여져도 판결이 확정되면 그러한 흠이 재심사유
(제451조 제1항)에 해당하지 않는 한, 치유된다.

제4관 소송행위와 사법행위의 관계가 문제되는 경우

실체법상의 법률행위(사법행위)가 소송절차와 관련하여 이루어질 수 있는데, 이 경우에 그것이 실체법상의 법률행위로 볼 것인가, 아니면 소송행위로 볼 것인가 하는 점에 있어서 의문이 생길 수 있고, 또한 1개의 행위라도 실체법상의 법률행위와 소송행위 두 가지의 성질을 겸유하는 것도 있을 수 있다. 결국 실체법상의 법률행위와의 한계가 중요하게 된다.

Ⅰ. 소송상 형성권의 행사

1. 문제의 소재

변론에 있어서 공격방어방법으로 해제권, 해지권, 취소권, 상계권 등을 행사하는 모습에는 ① 소송 전이나 소송 밖에서 이를 행사한 뒤, 그 사법상의 효과를 소송상 공격방어방법의 하나로 진술하는 경우도 있으나(예 채무자가 소송 전이나 소송 밖에서 사법상의 상계의 의사표시를 하고, 이에 의하여 발생한 대립채권의 소멸이라는 법률효과를 상대방의 청구에 대한 소송상의 항변으로 제출하는 경우), ② 소송상 비로소 직접 형성권을 공격방어방법으로 행사하는 경우도 있다. 전자의 경우에는 통상의 공격방어방법과 마찬가지로 생각하면 되므로 특별한 문제는 없으나, 후자의 경우에는 소송상 형성권의 행사가 공격방어방법의 하나이므로 소송법상의 규제를 받는데, 이 경우에도 소송 전이나 소송 밖에서 형성권을 행사한 경우와 마찬가지로 사법상의 효과가 발생하는가 아니면 단순히 소송법상의 효과밖에 생기지 않는지가 문제이다. 특히 실기한 공격방어방법으로 각하된 경우이거나 또는 소 취하가 있는 경우 사법상 효력이 유지되는지 문제이고, 이는 결국 소송상 형성권 행사의 법적 성질을 어떻게 풀이하는가에 달려있다. 이와 관련하여 주로 문제가 되는 것은 소송상 상계의 항변이다.

2. 학설

(1) 병존설(사법행위설)

외관상 1개의 행위지만 법률적으로 보아 상대방에 대한 형성권 행사라는 사법상의 의사표시(사법행위)와 법원에 대한 사실상의 진술로서 소송행위의 두 가지 행위가 존재하는 것이고, 전자는 실체법에 의하여, 후자는 소송법에 의하여 각각 요건·효과가 규율된다는 견해이다.

(2) 소송행위설

소송상 공격방어방법으로 행사한 것이기 때문에 순수한 소송행위이고, 그 요건·효과는 전적으로 소송법의 규율을 받는다는 견해이다. 즉 사법상 형성권행사의 의사표시는 하지 아니한 것을 전제로 한다.

(3) 신병존설

기본적으로 병존설에 따르되, 상계권의 경우에는 당사자의 의사를 중시하여 상계권행사의 의사표시가 소송행위로서의 의미를 상실한 때에는 그 사법상의 효과도 발생하지 않는 것으로 보는 견해이다(다수설). 다만 그 이론적 근거에 관하여는 다시 견해가 대립한다. ① 상계권에 기한 항변에 포함된 의사표시는 그 항변이 공격방어방법으로서 각하되지 않고 유효하게 법원의 판단을 받게 될 때에만 그 사법상 효과를 발생케 하려는 조건부 의사표시이기 때문이라고 보는 견해(이러한 이론구성을 특히 '조건설'이라고 한다), ② 일부무효의 이론(민법 제137조)을 빌려서 소송행위가 무효인 때에는 사법행위도 무효로 되기 때문이라고 보는 견해(이러한 이론구성을 특히 '무효설'이라고 한다)의 대립이 있다.

3. 판례

① 소제기로써 계약해제권을 행사한 후 그 뒤 그 소송을 취하하였다 하여도 해제권은 형성권이므로 그 행사의 효력에는 아무런 영향을 미치지 아니한다고 하여 병존설의 입장으로 평가되었으나, ② 최근 판례는 소송상 방어방법으로서의 상계항변은 수동채권의 존재가 확정되는 것을 전제로 하여 행하여지는 일종의 예비적 항변으로서 해당 소송절차 진행 중 당사자 사이에 조정이 성립됨으로써 수동채권의 존재에 관한 법원의 실질적인 판단이 이루어지지 아니한 경우에는 그 소송절차에서 행하여진 소송상 상계항변의 사법상 효과도 발생하지 않는다고 하여 신병존설과 같은 입장을 취하였다.

★★★[대판 1982.5.11, 80다916] 소제기로써 계약해제권을 행사한 후 그 뒤 그 소송을 취하하였다 하여도 해제권은 형성권이므로 그 행사의 효력에는 아무런 영향을 미치지 아니한다.
　➲ [해설] : 병존설을 취하고 있는 것으로 평가된다.

★★★[대판 2013.3.28, 2011다3329] 소송상 방어방법으로서 상계항변이 있었으나 소송절차 진행 중 조정이 성립됨으로써 수동채권의 존재에 관한 법원의 실질적인 판단이 이루어지지 않은 경우, 상계항변의 사법상 효과가 발생하는지 여부(소극)
① 소송상 방어방법으로서의 상계항변은 수동채권의 존재가 확정되는 것을 전제로 하여 행하여지는 일종의 예비적 항변으로서 당사자가 소송상 상계항변으로 달성하려는 목적, 상호양해에 의한 자주적 분쟁해결수단인 조정의 성격 등에 비추어 볼 때, 당해 소송절차 진행 중 당사자 사이에 조정이 성립됨으로써 수동채권의 존재에 관한 법원의 실질적인 판단이 이루어지지 아니한 경우에는 그 소송절차에서 행하여진 소송상 상계항변의 사법상 효과도 발생하지 않는다고 봄이 타당하다. (한편) ② 조정조서에 인정되는 확정판결과 동일한 효력은 소송물인 권리관계의 존부에 관한 판단에만 미친다고 할 것이므로, 소송절차 진행 중에 사건이 조정에 회부되어 조정이 성립한 경우 소송물 이외의 권리관계에도 조정의 효력이 미치려면 특별한 사정이 없는 한 그 권리관계가 조정조항에 특정되거나 조정조서 중 청구의 표시 다음에 부가적으로 기재됨으로써 조정조서의 기재내용에 의하여 소송물인 권리관계가 되었다고 인정할 수 있어야 한다.
　➲ [해설] : ① 상계항변이 예비적 항변임에 비추어 조정성립으로 사건이 끝난 경우에 조정조서에 상계내용이 없으면 상계의 사법상 효과인 채권의 소멸은 인정되지 않는다고 하여 신병존설과 같은 입장으로 평가된다. ② 나아가 상계항변으로 행사된 대여금채권에 관한 권리관계가 조정조항에 특정되거나 조정조서에 기재됨으로써 소송물인 권리관계가 되었다고 인정할 수 없다면, 상계항변으로 행사된 대여금채권의 이행을 구하는 후소는 조정조서의 효력인 기판력에 저촉되지도 않는다고 본 것이다.

4. 검토

1) 병존설은 상계의 항변이 실기한 방어방법으로 각하된 경우 피고의 반대채권만이 대가 없이 소멸되는 불합리한 결과가 생겨 문제이고, 소송행위설은 상계가 실체법상 규정된 권리임에도 불구하고 그 요건·효과가 전적으로 소송법에 의해야 한다는 점에서 난점이 있으며, 양성설은 상계의 의사표시에 조건을 붙이는 것이 되어 민법의 조건금지규정(민법 제493조 제1항 후문)을 위반하게 되는 문제가 있다.

2) 따라서 사법행위설의 실제적 난점과 소송행위설의 이론적 난점을 아울러 극복할 수 있는 신병존설이 타당하다고 본다. 이렇게 보는 것이 소송상의 형성권 행사가 가지는 효과를 당사자의 의사에 부합하게 해석하는 것이고, 소송상 형성권 행사로 인한 부당한 결과를 피할 수 있기 때문이다.

3) 다만 신병존설 중 조건설은 상계의 의사표시가 그 효력을 발생하려면 법원이 소송상 이유로 상계를 각하하지 않을 것을 묵시적 조건으로 한 견해로서 이 역시 민법 제493조 제1항 후문의 조건금지규정에 반한다는 비판이 있다.[58]

5. 각 학설의 구체적 차이

(1) 상계항변이 실기한 공격방어방법으로 각하된 경우의 사법상의 효과

① 사법행위설(병존설)에 의하면 상계의 실체법상 효과가 잔존하게 된다고 본다. ② 소송행위설에 의하면 상계의 실체법상 효과는 발생하지 않는다고 본다. ③ 신병존설에 의하면 상계의 항변이 각하되어 법원의 판단을 받은바가 없으므로 실체법상의 효과는 발생하지 않는다고 보게 된다.

(2) 소가 취하된 경우의 사법상의 효과

① 사법행위설(병존설)에 의하면 상계의 실체법상 효과가 잔존하지만, ② 소송행위설에 의하면 그 효력은 발생하지 않는다고 보게 된다. ③ 신병존설에 의하면 상계의 항변이 소의 취하로 법원의 판단을 받지 못한 경우라면 실체법상의 효과는 발생하지 않는다고 보게 된다. 반면 ④ 상계항변이 실기각하된 경우에는 신병존설에 따르되, 이와 달리 소취하의 경우에는 상계의 사법상 효과를 인정하더라도 피고의 반대채권과 함께 원고의 소구채권도 소멸되므로 피고의 반대채권만이 대가 없이 소멸하지는 않는다는 점을 이유로 병존설의 입장을 따르는 견해도 있다.[59]

---

58) 이러한 비판에 대해 조건설에서는 이러한 경우에는 소송 중 행하여지는 것이므로 그 예외를 이룬다고 해석할 수 있다고 한다. 즉 민법 제493조 제1항 후문의 취지가 상대방의 불확정한 법적상태의 방지에 있음을 고려할 때, 소송 내의 조건부 행위는 이러한 취지에 반하지 않으므로 그에 대한 예외를 이룬다고 볼 수 있다는 것이다.

59) 다만 이에 대해 이시윤 교수 저서에서는 개설된 부분으로서, 이 경우에도 신병존설이 타당하다고 소개하고 있다. 즉 재판상 상계권의 행사는 수동채권의 존재확정을 전제로 하여 행해지는 예비적 항변이 되는 특수성에 비추어, 소의 취하에 의하여 상계의 효력이 없어진다고 봄이 타당하다는 것이다.

Ⅱ. 소송상의 합의(= 소송계약)

현재 또는 장래의 소송 당사자가 현재 또는 장래의 특정한 소송에 대한 일정한 효과의 발생을 목적으로 하는 합의를 소송상의 합의 또는 소송계약이라고 한다. 그런데 관할의 합의(제29조) 등과 같이 소송법이 규정하고 있는 소송상 합의는 소송행위로서, 그 요건과 효과 모두가 소송법에 의하여 결정되므로 특별히 문제는 없다. 그러나 소송법에 규정이 없지만, 그 적법성이 인정되는 부제소의 합의나 소취하의 합의 등과 같은 소송상의 합의를 소송법상 어떻게 취급할 것인지가 그 법적 성질을 둘러싸고 문제된다.

이에 대해 원고가 합의를 이행하지 않는 경우 피고가 사법계약의 존재를 항변으로 주장하고, 만약 합의의 존재가 증거에 따라 인정된다면, 법원은 원고의 권리보호의 이익이 없는 것으로 소각하의 소송판결을 하여야 한다는 사법계약설(=항변권발생설)이 현재의 통설이다.

제5절 ▶ 당사자의 결석

Ⅰ. 구술주의의 원칙과 당사자의 결석

1) 소송의 심리에 있어서 당사자의 변론과 증거조사는 말로 하여야 한다(구술주의). 말로 진술한 것만이 재판자료로 판결의 기초가 된다. 그러나 실제로 당사자가 변론기일에 결석하여 구술진술을 할 수 없는 경우가 있다. 이 경우에도 구술주의를 관철한다면 소송의 지연과 소송제도의 기능이 마비가 되기 때문에 이에 대한 대책이 필요하다.

2) 민사소송법은 이에 따라 ① 당사자 일방의 결석의 경우에는 진술간주(제148조)와 자백간주(제150조)로, ② 양쪽 모두 결석할 경우에는 소의 취하간주(제268조) 규정을 두어 당사자의 결석에 대한 대처방안을 마련하고 있다.

Ⅱ. 당사자의 결석(기일의 해태)

1. 의의

이는 "당사자가 적법한 기일통지를 받고도 필요적 변론기일에 불출석하거나 출석하였어도 변론하지 않은 경우"를 말한다. 당사자출석 여부의 증명은 오로지 변론조서의 기재에 의해서만 증명할 수 있다.

[대판 1979.9.25, 78다153 · 154] 민사소송법 제268조에 의하여 당사자의 변론기일 불출석으로 인한 불이익을 그 당사자에게 귀속시키려면, 그 당사자 본인과 소송대리인 모두가 출석하지 아니함을 요건으로 하고 그 출석 여부는 변론조서의 기재에 의하여서 증명하여야 하므로, 변론조서에서 소송대리인 불출석이라고만 기재되어 있고 당사자 본인의 출석 여부에 대하여 아무런 기재가 없으면, 이른바 당사자 쌍방의 변론기일에의 불출석은 증명되지 아니한다.

2. 요건

(1) 필요적 변론

① 임의적 변론에 있어서는 그 적용이 배제된다. 판결선고기일은 포함되지 않는다(제207조 제2항).

② 판례는 법정 외에서 한다는 특별한 사정이 없는 한 증거조사기일도 여기의 변론기일에 포함된다고 하였다(대판 1966.1.31, 65다2296). 다만 법정 외의 증거조사기일은 여기의 변론기일에 포함되지 않는다.

[대판 1966.1.31, 65다2296] 변론기일에서 당사자가 변론을 하고 증인신문신청을 하므로 법원이 그 증인을 심문하기로 하여 변론을 속행할 기일을 지정 고지하였을 경우에는 위의 증인조사를 법정 외에서 한다는 특별한 조치가 없는 한 위의 고지된 기일은 변론기일이라 할 것이므로 동 지정고지 기일에 2회에 걸쳐 출석치 않거나 출석하고서도 변론치 않은 경우에는 민사소송법 제268조 제2항에 의하여 쌍불취하간주로 될 것이다.

---

(2) 적법한 기일통지

① 적법한 기일통지를 받고 불출석한 경우이어야 하므로, 기일통지서의 송달불능·송달무효일 때에는 기일해태의 문제는 발생하지 않는다. ② 부적법한 공시송달의 경우가 문제인데, 제150조 제3항의 명문상 자백간주의 제재는 없고, 판례에 따르면 쌍방 불출석에 기한 소취하간주의 효과도 발생하지 않는다.

★[대판 1997.7.11, 96므1380]

[1] 민사소송법 제268조 소정의 '변론의 기일에 당사자 쌍방이 출석하지 아니한 때'의 의미

민사소송법 제268조 제1항, 제2항에서 '변론의 기일에 당사자 쌍방이 출석하지 아니한 때'란 당사자 쌍방이 적법한 절차에 의한 송달을 받고도 변론기일에 출석하지 않는 것을 가리키는 것이고, 변론기일의 송달절차가 적법하지 아니한 이상 비록 그 송달이 유효하고 그 변론기일에 당사자 쌍방이 출석하지 아니하였다고 하더라도 쌍방 불출석의 효과는 발생하지 않는다.

[2] 요건 불비의 공시송달에 의하여 쌍방 불출석의 효과가 발생하는지 여부(소극)

당사자의 주소, 거소 기타 송달할 장소를 알 수 없는 경우가 아님이 명백함에도 재판장이 당사자에 대한 변론기일 소환장을 공시송달에 의할 것으로 명함으로써 당사자에 대한 변론기일 소환장이 공시송달된 경우, 그 당사자는 각 변론기일에 적법한 절차에 의한 송달을 받았다고 볼 수 없으므로, 위 공시송달의 효력이 있다 하더라도 각 변론기일에 그 당사자가 출석하지 아니하였다고 하여 쌍방 불출석의 효과가 발생한다고 볼 수 없다.

---

(3) 불출석 또는 출석무변론

1) 사건의 호명을 받고 변론이 끝날 때까지 당사자가 출정하지 않거나 출석하여 변론에 들어갔으나 변론하지 아니한 경우이어야 한다. 그러나 당사자가 변론기일에 출석하였음에도 변론에 들어가지 않고 법원에서 해당 기일을 연기한 경우에는 기일의 해태가 되지 않는다.

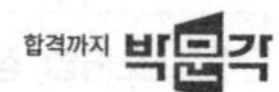

> [대판 1993.10.26, 93다19542] 당사자의 일방 또는 쌍방이 출석한 경우에 기일을 연기하는 것은 출석한 당사자에게 기일 해태의 효력이 생기는 것이 아니고, 민사소송법 제268조 제1항, 제2항에서 규정한 당사자가 변론기일에 출석하더라도 변론하지 아니한 때라는 것은 기일이 개시되어 변론에 들어갔으나 변론을 하지 아니한 경우를 말하는 것이지 변론에 들어가기도 전에 재판장이 기일을 연기하고 출석한 당사자에게 변론의 기회를 주지 아니함으로써 변론을 하지 아니한 경우에는 출석한 당사자가 변론을 하지 아니한 때에 해당하지 않는 것이다.

2) 소송대리인이 있는 경우에는 대리인과 당사자 모두가 결석한 경우이어야 한다.

3) 당사자가 출석하였으나 ① 변론무능력으로 진술금지의 재판(제144조) 또는 퇴정명령을 받았거나 임의퇴정의 경우에도 불출석으로 간주된다. 또한 ② 청구기각판결만을 구하고 사실상의 진술을 하지 아니한 경우나 ③ 단순히 기일변경만을 구하는 경우는 무변론으로 취급된다.

Ⅲ. 당사자 일방의 결석

> 제148조(한 쪽 당사자가 출석하지 아니한 경우)
> ① 원고 또는 피고가 변론기일에 출석하지 아니하거나, 출석하고서도 본안에 관하여 변론하지 아니한 때에는 그가 제출한 소장·답변서, 그 밖의 준비서면에 적혀 있는 사항을 진술한 것으로 보고 출석한 상대방에게 변론을 명할 수 있다.
> ② 제1항의 규정에 따라 당사자가 진술한 것으로 보는 답변서, 그 밖의 준비서면에 청구의 포기 또는 인낙의 의사표시가 적혀 있고 공증사무소의 인증을 받은 때에는 그 취지에 따라 청구의 포기 또는 인낙이 성립된 것으로 본다.
> ③ 제1항의 규정에 따라 당사자가 진술한 것으로 보는 답변서, 그 밖의 준비서면에 화해의 의사표시가 적혀 있고 공증사무소의 인증을 받은 경우에, 상대방 당사자가 변론기일에 출석하여 그 화해의 의사표시를 받아들인 때에는 화해가 성립된 것으로 본다.
> 제150조(자백간주)
> ① 당사자가 변론에서 상대방이 주장하는 사실을 명백히 다투지 아니한 때에는 그 사실을 자백한 것으로 본다. 다만, 변론 전체의 취지로 보아 그 사실에 대하여 다툰 것으로 인정되는 경우에는 그러하지 아니하다.
> ② 상대방이 주장한 사실에 대하여 알지 못한다고 진술한 때에는 그 사실을 다툰 것으로 추정한다.
> ③ 당사자가 변론기일에 출석하지 아니하는 경우에는 제1항의 규정을 준용한다. 다만, 공시송달의 방법으로 기일통지서를 송달받은 당사자가 출석하지 아니한 경우에는 그러하지 아니하다.

1. 개설

한쪽 당사자가 기일에 결석하는 경우 입법례에 따라서는 ① 결석자에게 패소판결을 내리고, 절차는 종결한 후에 결석자가 이의신청을 하면 다시 변론을 속행하는 결석판결주의가 있으나, 소송을 현저하게 지연시키는 폐단이 있으므로, ② 현행 민사소송법은 대석판결주의를 취하였다. 이에 따르면 한쪽 당사자가 불출석하였으나 마치 출석하여 진술한 것으로 보고 절차를 진행시킬 수 있다. 이는 쌍방심리주의나 구술심리주의에 그나마 충실한 제도라고 평가된다.

2. 진술간주

(1) 의의

원고 또는 피고의 어느 쪽이 변론기일에 결석한 경우에 결석자는 그 제출한 소장·답변서 그 밖의 준비서면에 적혀 있는 사항에 대하여 진술한 것으로 본다(제148조 제1항). 이는 소송지연을 방지하고 기일출석의 불편과 불경제를 제거하는 데 그 목적이 있다.

(2) 요건

1) 당사자 일방의 변론기일에의 결석

최초의 변론기일이든 속행기일이든 불문하고 적용되며, 항소심기일에도 적용된다. 원고 불출석의 경우에 피고는 무변론에 의한 양쪽 불출석을 유도하므로, 사실상 피고 불출석의 경우에 이 조항이 적용된다.

2) 진술한 것으로 간주되는 서면제출

소장, 답변서 기타의 준비서면으로, 명칭에 상관없이 실질적인 준비서면으로 인정되면 그 기재사항은 진술한 것으로 간주된다.

(3) 효과

1) 법원의 재량

① 진술간주의 규정을 적용하여 변론을 진행할 것인가, 아니면 기일을 연기할 것인가의 여부는 법원의 재량사항이다. 그러나 변론을 진행할 때에는 반드시 결석자가 그때까지 제출한 준비서면에 적혀 있는 사항을 진술한 것으로 보아야 한다(대판 2008.5.8, 2008다2890).[60]

② 진술간주된다는 것 이외에는 당사자 쌍방이 출석한 경우와 동일한 취급을 한다. 따라서 상대방의 주장사실에 대하여 서면에서 ⅰ) 자백한 경우에는 재판상의 자백이 성립되고, ⅱ) 명백히 다투지 않은 경우에는 자백간주가 되어 증거조사 없이 변론을 종결할 수 있다. ⅲ) 주장사실을 다투는 경우에는 증거조사를 하여야 하므로 속행기일의 지정이 필요하게 된다.

★★[대판 2015.2.12, 2014다229870] 법원에 제출되어 상대방에게 송달된 답변서나 준비서면에 자백에 해당하는 내용이 기재되어 있는 경우, 그것이 변론기일이나 변론준비기일에서 진술 또는 진술간주되어야 재판상 자백이 성립하는지 여부(적극)

민사소송법 제288조의 규정에 의하여 구속력을 갖는 자백은 재판상의 자백에 한하는 것이고, 재판상 자백이란 변론기일 또는 변론준비기일에서 당사자가 하는 상대방의 주장과 일치하는 자기에게 불리한 사실의 진술을 말하는 것으로서, 법원에 제출되어 상대방에게 송달된 답변서나 준비서면에 자백에 해당하는 내용이 기재되어 있는 경우라도 그것이 변론기일이나 변론준비기일에서 진술 또는 진술간주되어야 재판상 자백이 성립한다.

---

60) 따라서 법원은 ① 원고가 결석한 경우에는 소장 등을 진술한 것으로 간주하고 피고에게 변론을 명하되, ② 피고가 결석한 경우에는 원고에게 소장을 진술토록 하고 피고가 제출한 서면을 진술한 것으로 간주하게 된다.

> ➲ [해설] : ① 진술간주는 결석자에게 유리하게 취급해 주겠다는 것인데, 재판상 자백으로 본다면
> 철회가능성이 없으므로 철회가능성이 있는 자백간주보다 오히려 불리하게 취급된다는 점을 논거로
> 이 경우 재판상 자백이 아니라 제150조 제3항의 자백간주로 보자는 견해(자백간주설)도 있으나,
> ② 판례는 위와 같이 진술간주된 경우에도 재판상 자백이 성립한다는 입장(재판상 자백설)이다.

2) 서면제도의 도입(제148조 제2항)

개정 민사소송법 제148조 제2항은 소송수행의 의사가 없는 당사자에게 기일출석의 번거로움을
덜어주고 서면에 의한 소송종결로써 소송경제를 도모하고자 진술간주제도의 적용범위를 확대하였
다. 즉 불출석한 당사자가 진술한 것으로 보는 서면에 청구의 포기·인낙, 나아가 화해의 의사표
시가 적혀 있고 공증사무소의 인증을 받은 때에는 그 취지에 따라 청구의 포기·인낙, 화해가 성
립된 것으로 본다.

3) 진술간주의 한계

① 피고가 변론기일에 불출석하거나 출석하여도 변론하지 않은 경우로서 진술간주(제148조 제1항)
가 된 경우에도 변론관할은 발생하지 않는다(통설). 또한 ② 준비서면에 증거를 첨부하여 제출하였
을 때 그 서면이 진술간주되어도 증거신청의 효과는 생기지 않는다.

> [대결 1980.9.26. 80마403] 변론(응소)관할이 생기려면 피고의 본안에 관한 변론이나 변론준비기일
> 에서의 진술은 현실적인 것이어야 하므로, 피고의 불출석에 의하여 답변서 등이 법률상 진술간주되
> 는 경우는 이에 포함되지 아니한다.

> [대판 1991.11.8. 91다15775] 서증은 법원 외에서 조사하는 경우 이외에는 당사자가 변론기일 또는
> 준비절차기일에 출석하여 현실적으로 제출하여야 하고, 서증이 첨부된 소장 또는 준비서면 등이 진술
> 되는 경우에도 마찬가지라고 할 것이다.

3. 자백간주

(1) 의의

공시송달에 의하지 않은 방법으로 기일통지를 받은 당사자 한쪽이 답변서·준비서면 등을 제출하
지 않은 채 불출석한 경우에는 출석한 당사자의 주장사실에 대하여 결석자는 마치 출석하여 명백
히 다투지 않은 경우처럼 그 사실을 자백한 것으로 본다(제150조 제3항). 이를 당사자의 불출석으로
인한 자백간주라고 한다.

(2) 요건

자백간주가 되려면, ① 공시송달에 의하지 않은 통상의 송달에 의해 기일통지서를 받아야 하고,
② 불출석한 당사자가 ③ 상대방의 주장사실을 다투는 답변서 그 밖의 준비서면을 제출하지 않은
경우이어야 한다.

> [대판 2018.7.12, 2015다36167] 제1심에서 피고에 대하여 공시송달로 재판이 진행되어 피고에
> 대한 청구가 기각되었는데, 원고가 항소한 항소심에서 피고가 공시송달이 아닌 방법으로 송달받
> 고도 다투지 아니한 경우, 민사소송법 제150조의 자백간주가 성립하는지 여부(적극) – 제1심에
> 서 피고에 대하여 공시송달로 재판이 진행되어 피고에 대한 청구가 기각되었다고 하여도 피고가 원고
> 청구원인을 다툰 것으로 볼 수 없으므로, 원고가 항소한 항소심에서 피고가 공시송달이 아닌 방법으로
> 송달받고도 다투지 아니한 경우에는 민사소송법 제150조의 자백간주가 성립된다.

(3) 효과

자백간주는 재판상 자백과 같이 법원에 대한 구속력이 생기지만, 그와 달리 당사자에 대한 구속력
은 생기지 않는다. 따라서 법원은 자백간주된 사실을 판결의 기초로 삼아야 하지만, 결석한 당사
자가 뒤에 출석하여 이를 다툴 수 있으며, 이때에는 자백의 효과는 소멸하게 된다.

IV. 당사자 쌍방의 결석 – 소취하의 간주

> **제268조(양쪽 당사자가 출석하지 아니한 경우)**
> ① 양쪽 당사자가 변론기일에 출석하지 아니하거나 출석하였다 하더라도 변론하지 아니한 때에는 재판
> 장은 다시 변론기일을 정하여 양쪽 당사자에게 통지하여야 한다.
> ② 제1항의 새 변론기일 또는 그 뒤에 열린 변론기일에 양쪽 당사자가 출석하지 아니하거나 출석하였다
> 하더라도 변론하지 아니한 때에는 1월 이내에 기일지정신청을 하지 아니하면 소를 취하한 것으로 본다.
> ③ 제2항의 기일지정신청에 따라 정한 변론기일 또는 그 뒤의 변론기일에 양쪽 당사자가 출석하지 아니
> 하거나 출석하였다 하더라도 변론하지 아니한 때에는 소를 취하한 것으로 본다.
> ④ 상소심의 소송절차에는 제1항 내지 제3항의 규정을 준용한다. 다만, 상소심에서는 상소를 취하한 것
> 으로 본다.

1. 의의

양쪽 당사자가 2회 불출석하고도 1개월 이내에 기일지정신청이 없거나 기일지정신청에 따라 정
한 변론기일에 양쪽이 모두 불출석한 경우 소의 취하간주의 효력이 생기는 것을 말한다(제268조).

2. 소의 취하간주의 요건

(1) 당사자 쌍방의 1회 결석

양쪽 당사자가 변론기일에 1회 불출석하거나 출석·무변론이었을 것을 요한다. 첫 기일이든 속행
기일이든 가리지 않으며, 변론기일에 양쪽 당사자가 1회 불출석한 때에는 반드시 재판장은 속행
기일을 정하여 양쪽 당사자에게 통지하여야 한다(제268조 제1항).

(2) 당사자 쌍방의 2회 결석

양쪽 당사자가 1회 불출석 후의 신기일 또는 그 뒤의 기일에 불출석하거나 출석·무변론이었을
것을 요한다(제268조 제2항).

★[대판 2022.3.17, 2020다216462] 민사소송법 제268조에 의하면, 양쪽 당사자가 변론기일에 출석하지 아니하거나 출석하였다 하더라도 변론하지 아니한 때에는 재판장은 다시 변론기일을 정하여 양쪽 당사자에게 통지하여야 하고(제1항), 새 변론기일 또는 그 뒤에 열린 변론기일에 양쪽 당사자가 출석하지 아니하거나 출석하였다 하더라도 변론하지 아니한 때에는 1월 이내에 기일지정신청을 하지 아니하면 소를 취하한 것으로 보며(제2항), 위 조항은 상소심의 소송절차에도 준용되어 그 요건이 갖추어지면 상소를 취하한 것으로 본다(제4항). 위 제2항에서 정한 1월의 기일지정신청기간은 불변기간이 아니어서 추후보완이 허용되지 않는 점을 고려하면, 위 제1항, 제2항에서 규정하는 '변론기일에 양쪽 당사자가 출석하지 아니한 때'란 양쪽 당사자가 적법한 절차에 의한 송달을 받고도 변론기일에 출석하지 않는 것을 가리키므로, 변론기일의 송달절차가 적법하지 아니한 이상 비록 그 변론기일에 양쪽 당사자가 출석하지 아니하였다고 하더라도, 위 제2항 및 제4항에 따라 <u>소 또는 상소를 취하한 것으로 보는 효과는 발생하지 않는다.</u>

(3) 1개월 내에 기일지정신청이 없거나 또는 기일지정신청 후의 쌍방 3회 결석

① 양쪽 당사자의 2회 불출석 이후에 <u>1개월 내에 당사자가 기일지정신청을 하지 않으면 소의 취하가 있는 것으로 본다</u>(제268조 제2항). 이 기간은 <u>불변기간은 아니므로 기일지정신청의 추후보완은 허용될 수 없다.</u> 다만, 법원은 이 기간을 늘이거나 줄일 수 없다고 할 것이다.

② 기일지정신청을 하면 소송은 속행되나, 기일지정신청에 의해 정한 기일 또는 그 후의 기일에 양쪽 당사자가 불출석한 경우에도 소의 취하가 있는 것으로 본다(제268조 제3항). 한편 원칙적으로 당사자 쌍방이 2회에 걸쳐 변론기일에 출석하지 아니한 때에는 당사자의 기일지정신청에 의하여 기일을 지정하여야 할 것이나, 법원이 직권으로 신기일을 지정한 때에는 당사자의 기일지정신청에 의한 기일지정이 있는 경우와 마찬가지로 보아야 할 것이고, 그와 같이 <u>직권으로 정한 기일 또는 그 후의 기일에 당사자 쌍방이 출석하지 아니하거나 출석하더라도 변론하지 아니한 때에는 소의 취하가 있는 것으로 보아야 한다</u>(대판 2002.7.26, 2001다60491).

(4) 동일 심급·동종 기일·동일한 소에서의 쌍방 결석

① 양쪽 당사자의 두 차례 결석이 반드시 연속적일 필요는 없고, <u>단속적이어도 상관없으나, 동일 심급에서의 두 차례 결석</u>이어야 한다. 또한 <u>소가 유지되는</u> 상태에서 2회 내지 3회 불출석이어야 한다. 따라서 <u>소의 교환적 변경이 있고 그 전후에 걸쳐 한 차례씩 불출석한 경우에는 2회 불출석에 해당하지 않는다.</u> 왜냐하면 교환적 변경에 의하여 구 청구는 이미 취하되어 떨어져 나갔기 때문이다.

② 변론준비기일은 변론기일의 일부라고 볼 수 없고 변론준비기일과 그 이후에 진행되는 변론기일이 일체성을 갖는다고 볼 수도 없으므로 <u>변론준비기일에서 양쪽 당사자가 불출석한 효과는 변론기일에 승계되지 않는다</u>(예 변론준비기일에 1회, 변론기일에 1회 불출석하였고, 1월 내에 기일지정신청을 하지 않은 경우에 변론준비기일에서 불출석의 효과가 변론기일에 승계되지 아니하므로 소를 취하한 것으로 볼 수 없다).

★[대판 2006.10.27, 2004다69581] 변론준비절차는 원칙적으로 변론기일에 앞서 주장과 증거를 정리하기 위하여 진행되는 변론 전 절차에 불과할 뿐이어서 <u>변론준비기일을 변론기일의 일부라고 볼 수</u>

없고 변론준비기일과 그 이후에 진행되는 변론기일이 일체성을 갖는다고 볼 수도 없는 점, 변론준비기일이 수소법원 아닌 재판장 등에 의하여 진행되며 변론기일과 달리 비공개로 진행될 수 있어서 직접주의와 공개주의가 후퇴하는 점, 변론준비기일에 있어서 양쪽 당사자의 불출석이 밝혀진 경우 재판장 등은 양쪽의 불출석으로 처리하여 새로운 변론준비기일을 지정하는 외에도 당사자 불출석을 이유로 변론준비절차를 종결할 수 있는 점, 나아가 양쪽 당사자 불출석으로 인한 취하간주제도는 적극적 당사자에게 불리한 제도로서 적극적 당사자의 소송유지의사 유무와 관계없이 일률적으로 법률적 효과가 발생한다는 점까지 고려할 때 변론준비기일에서 양쪽 당사자 불출석의 효과는 변론기일에 승계되지 않는다.

③ 본소의 계속 중 양쪽 당사자가 1회 결석한 뒤에 소의 추가적 변경, 반소, 중간확인의 소 등 소송 중의 소가 제기된 뒤에 다시 1회 불출석한 경우에 2회 불출석의 효과가 미치는 것은 본래의 소에 한하며, 뒤에 제기된 소송 중의 소는 1회 불출석으로 보아야 한다(가분적 일부취하간주).

3. 효과

(1) 제1심에서의 효과 – 소의 취하간주

① 소가 취하된 것으로 간주되므로 소송계속의 소급적 소멸(제267조 제1항)의 효과가 발생한다.

② 소의 취하간주가 있었음에도 이를 간과한 채 본안판결이 있었으면 상급법원은 소송종료선언을 하여야 한다.

(2) 상소심에서의 효과 – 상소의 취하 간주

상소심에서 기일해태인 경우에는 상소의 취하로 보아 상소심절차는 종결되고 원판결이 그대로 확정되게 된다(제268조 제4항).

(3) 법률상 당연효과

소취하 또는 상소취하 간주의 효과는 법률상 당연히 발생하는 효과이며, 당사자나 법원의 의사로 그 효과를 좌우할 수 없다. 따라서 법원은 반드시 (무조건) 소 또는 항소취하로 간주하여야 하고, 법원이 그 재량에 따라 또는 사건내용에 따라 사건을 임의로 (종결)처리할 수 없다.

★[대판 2019.8.30, 2018다259541] 민사소송법 제268조 제4항에서 정한 항소취하 간주가 상고의 대상이 되는 종국판결에 해당하는지 여부(소극) 및 항소취하 간주의 효력을 다투는 방법

① 민사소송법 제268조 제4항에서 정한 항소취하 간주는 그 규정상 요건의 성취로 법률에 의하여 당연히 발생하는 효과이고 법원의 재판이 아니므로 상고의 대상이 되는 종국판결에 해당하지 아니한다.

② 항소취하 간주의 효력을 다투려면 민사소송규칙 제67조, 제68조에서 정한 절차에 따라 항소심법원에 기일지정신청을 할 수는 있으나 상고를 제기할 수는 없다.

제6절 　기일 · 기간 및 송달

제1관 기일 · 기간

Ⅰ. 기일

1. 의의

기일은 법원, 당사자 그 밖의 소송관계인이 모여서 소송에 관한 일정한 소송행위를 하기 위하여 정하여진 시간을 말한다. 그 목적으로 하는 사항에 따라 여러 명칭이 있다(예 변론기일, 증거조사기일, 판결선고기일, 변론준비기일, 화해기일 등이 있다).

2. 기일의 지정

제165조(기일의 지정과 변경)
① 기일은 직권으로 또는 당사자의 신청에 따라 재판장이 지정한다. 다만, 수명법관 또는 수탁판사가 신문하거나 심문하는 기일은 그 수명법관 또는 수탁판사가 지정한다.
② 첫 변론기일 또는 첫 변론준비기일을 바꾸는 것은 현저한 사유가 없는 경우라도 당사자들이 합의하면 이를 허가한다.
제166조(공휴일의 기일)
기일은 필요한 경우에만 공휴일로도 정할 수 있다.

◆ 민사소송규칙 ◆
제67조(소취하의 효력을 다투는 절차)
① 소의 취하가 부존재 또는 무효라는 것을 주장하는 당사자는 기일지정신청을 할 수 있다.
② 제1항의 신청이 있는 때에는 법원은 변론을 열어 신청사유에 관하여 심리하여야 한다.
③ 법원이 제2항의 규정에 따라 심리한 결과 신청이 이유 없다고 인정하는 경우에는 판결로 소송의 종료를 선언하여야 하고, 신청이 이유 있다고 인정하는 경우에는 취하 당시의 소송정도에 따라 필요한 절차를 계속하여 진행하고 중간판결 또는 종국판결에 그 판단을 표시하여야 한다.
제68조(준용규정)
법 제268조(법 제286조의 규정에 따라 준용되는 경우를 포함한다)의 규정에 따른 취하간주의 효력을 다투는 경우에는 제67조 제1항 내지 제3항의 규정을 준용한다.

(1) 직권으로 지정

① 기일은 원칙적으로 직권으로 재판장이 지정한다(제165조 제1항 본문). 수명법관이나 수탁판사가 신문하거나 심문하는 기일은 그 법관이나 판사가 지정한다(동조 동항 단서). 재판장은 사건의 변론 개정시간을 구분하여 지정하여야 한다(민사소송규칙 제39조). 기일은 필요한 경우에 한하여 공휴일로도 정할 수 있다(제166조).

② 소액사건에 있어서는 특히 직장근로자의 편의를 위하여 근무시간 외 또는 공휴일에도 개정할 수 있다(소액사건심판법 제7조의2).

(2) 기일지정신청

심리의 속행을 위하여 기일의 지정을 촉구하는 당사자의 신청을 기일지정신청이라고 한다(제165조 제1항 본문). 다음과 같은 세 가지가 있다. ① 법원이 사건을 심리하지 않은 채 방치하고 있는 경우에 당사자는 법원의 직권에 따른 기일의 지정을 촉구하는 의미에서 신청하는 것이다. ② 소취하의 효력을 다투는 경우와 같이 소송종료 뒤에 그 종료를 다투며 기일지정신청을 하는 경우이다(민사소송규칙 제67조, 제68조 참조). 이 경우 반드시 변론을 열어 심리하여야 한다. 또한 ③ 당사자 쌍방이 2회 결석한 때에 소의 취하간주를 방지하기 위하여 당사자는 1월 내에 기일지정신청을 할 수 있다(제268조 제2항).

3. 기일의 통지

① 지정된 기일을 당사자 그 밖의 소송관계인에게 통지하여 출석을 요구하는 것을 기일의 통지(소환)라고 한다. 기일통지의 방식은 기일통지서 또는 출석요구서를 송달하는 것이 원칙이나, 다만 그 사건으로 출석한 사람에게는 기일을 직접 고지하면 된다(제167조 제1항).

② 법원은 대법원규칙이 정하는 간이한 방법에 따라 기일을 통지할 수 있는데, 기일의 간이통지는 전화·팩시밀리·보통우편 또는 전자우편으로 하거나, 그 밖에 상당하다고 인정되는 방법으로 할 수 있다(민사소송규칙 제45조). 다만, 이 경우에 기일에 출석하지 아니한 당사자, 증인 또는 감정인 등에 대하여 법률상의 제재 그 밖에 기일을 게을리 함에 따른 불이익을 줄 수는 없다(제167조 제2항).

4. 기일의 실시

기일은 지정된 일시 및 장소에서 실시된다. 기일은 사건과 당사자의 이름을 부름으로써 시작된다(제169조). 적법한 기일의 통지 없이 행한 기일의 실시는 위법하다. 다만, 이의권의 포기·상실에 의하여 그 흠은 치유될 수 있다.

5. 기일의 변경

(1) 의의 및 구별개념

① 기일의 변경은 지정기일의 실시 전에 그 지정을 취소하고, 이에 대신하는 기일을 지정하는 법원의 결정을 말한다.

② 기일의 개시 뒤에 그 기일에 아무런 소송행위를 하지 아니하고 새로운 기일을 지정하는 기일의 연기와 구별되며, 기일에 소송행위를 하였지만 완결을 보지 못하여 다시 계속하기 위하여 새로운 기일을 지정하는 기일의 속행과 구별된다.

③ 기일변경의 경우에는 기일의 연기 또는 속행의 경우와 달리 조서를 작성하지 아니하며, 기일
지정권자의 기일변경명령의 형식으로 고지하게 된다. 일단 기일이 진행된 후에는 어떠한 이유
에서든지 기일변경은 불가능하다.

(2) 요건

① 첫 변론기일(첫 변론준비기일도 마찬가지)은 당사자들의 합의가 있으면 현저한 사유가 없는 경우라
도 바꾸는 것이 허용된다(제165조 제2항). 이 경우, 합의서나 상대방의 동의서를 첨부하는 등
기일변경을 필요로 하는 사유를 명시하고, 이를 소명하여 기일변경신청서를 해당 법원에 기일
전에 제출하여야 한다.

② 제2차 이후의 속행기일은 첫 변론기일과 달리 현저한 사유(예 자기 가족의 혼례·장례에 참석하는
경우, 해당 기일의 통지를 받기 전에 다른 법원으로부터 통지를 받은 경우 등)가 있는 때에 한하여 법원의
허가를 받아야만 바꿀 수 있다(제165조 제2항의 반대해석). 이 경우, 현저한 사유를 소명할 수 있
는 자료를 첨부하여 법원에 기일변경신청서를 제출하여야 한다.

③ 재판장 등은 위 제165조 제2항에 따른 경우 외에는 특별한 사정이 없으면 기일변경을 허가하
여서는 아니 된다고 하고 있다(민사소송규칙 제41조).

(3) 절차

기일변경신청을 하는 때에는 변경이 필요한 사유를 밝히고 그 사유를 소명하는 자료를 붙여야 한다
(민사소송규칙 제40조). 재판장은 신청이 이유 있다고 인정되는 때에는 기일변경의 명령을 하고, 신
청이 이유 없다고 인정될 때에는 결정으로 각하한다. 이에 대하여는 불복신청이 허용되지 않는다.

6. 기일의 해태

기일의 해태라 함은 당사자가 적법한 기일의 통지를 받고도 필요적 변론기일에 출석하지 아니하
거나 출석하였어도 변론하지 않은 경우를 말한다. 또한 변론무능력으로 진술금지(제144조)의 재판
을 받은 경우에는 당사자가 출석하였어도 불출석한 것으로 취급된다.

Ⅱ. 기간

1. 의의

기간은 일정한 시점으로부터 다른 시점까지의 시간의 경과를 말한다. 기간의 계산은 민법에 따른
다(제170조). 기간의 말일이 공휴일에 해당한 때에는 기간은 그 다음날로 만료한다(민법 제161조).
기간의 진행은 소송절차의 중단 또는 중지에 의하여 정지되며, 그 해소와 동시에 다시 전체 기간
이 새로이 진행된다(제247조 제2항).

2. 기간의 종류

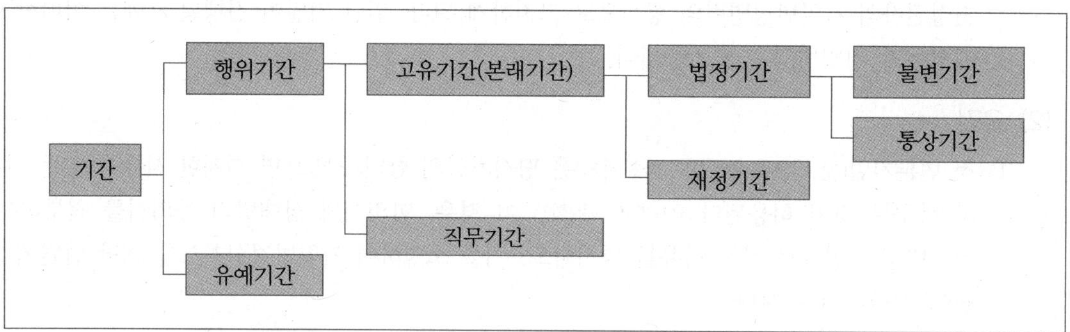

소송법상의 기간에는 크게 나누면 ① 당사자 그 밖의 소송관계인의 소송행위에 관한 고유기간(본래기간)과 ② 법원의 소송행위에 관한 직무기간이 있다. 후자의 직무기간은 그 기간을 도과하여도 별도의 위법의 효과가 생기지 않고, 그 의미에서는 훈시규정이고, 진정한 의미에서의 기간이라고 부를 수 없다(예 판결선고기간(제199조, 제207조 제1항), 판결송달기간(제210조) 등). 전자의 고유기간에는 다음의 종류가 있다.

(1) 법정기간과 재정기간

1) 기간을 정하는 근거에 의한 구별이다. ① 법정기간은 기간을 법률에 의하여 정하는 것이고, ② 재정기간은 구체적인 상황에 따라서 재판기관이 재판에 의하여 정하는 것이다. 전자의 예는 상소기간(제396조, 제425조, 제444조)을 들 수 있고, 후자의 예는 소장의 보정기간(제254조)을 들 수 있다(예 소장을 언제까지 보정하라).

2) 적시제출주의의 실효성을 확보하기 위하여 재판장은 당사자의 의견을 들어 한쪽 또는 양쪽 당사자에 대하여 특정한 사항에 관하여 주장을 제출하거나 증거를 신청할 기간을 정할 수 있는데(제147조), 이것도 재정기간의 예이다. 재정기간에 있어서 시작되는 때를 정하지 아니한 경우에 그 기간은 재판의 효력이 생긴 때부터 진행한다(제171조).

(2) 불변기간과 통상기간

법정기간 내에서의 구별이다. ① 불변기간은 법률이 불변기간이라고 명시한 것을 말한다. 대체로 상소기간 등의 재판에 대한 불복신청기간이 이에 해당된다(예 항소기간(제396조), 재심제기의 기간(제456조), 결정에 대한 이의신청기간(제226조 제2항), 지급명령에 대한 이의신청기간(제470조) 등). ② 통상기간은 불변기간 이외의 법정기간을 말한다. 이러한 구별은 후술할 기간의 신축을 허용하는가, 추후보완을 허용하는가에 따라서 의미가 있게 된다.

3. 기간의 신축

1) 불변기간을 제외하고 통상기간은 법원이, 그리고 재정기간은 이를 정한 재판기관이 늘이거나 줄일 수 있는 것이 원칙이다(제172조 제1항·제3항). 다만, 이 기간의 신축은 소송의 진행에 관한 소송지휘적 견지에서 인정된 것이므로 소송지휘의 차원에서 규율할 수 없는 중대한 효과를 가

져 오는 기간에 대하여는 신축을 인정할 수 없다. 예를 들어 소송행위의 추후보완기간 등은 명문으로 신축을 금지하는 경우이다(제173조 제2항).

2) 한편, 불변기간에 대하여는 일반의 신축은 인정하고 있지 않지만, 법원으로부터 주소 또는 거소가 멀리 떨어진 곳에 있는 사람을 위하여 부가기간을 정할 수 있다(제172조 제2항). 부가기간은 본래의 기간과 합체하여 전체 기간이 1개의 불변기간이 된다.

4. 기간의 해태(부준수)와 추후보완

(1) 의의

기간의 해태라 함은 당사자 기타 소송관계인이 일정한 행위기간 내에 소정의 행위를 하지 아니하는 경우를 말한다. 이로 말미암아 당사자 등은 보통 그 행위를 할 기회를 잃게 되는 불이익을 받게 된다. 그런데 불변기간을 지킬 수 없었던 경우(例 2주일의 상소기간 내에 상소를 하지 않은 경우)에는 재판의 확정 등의 중대하면서 종국적인 결과를 수반하는 치명적인 불이익을 받게 된다. 따라서 민사소송법은 소송의 신속, 지연방지를 위해 기간준수를 요구하면서, 귀책사유가 없는 경우 구제책으로서 추후보완제도를 두어 법적안정성과 당사자의 절차권 보장의 조화를 꾀하고 있다.

(2) 추후보완

> **제173조(소송행위의 추후보완)**
> ① 당사자가 책임질 수 없는 사유로 말미암아 불변기간을 지킬 수 없었던 경우에는 그 사유가 없어진 날부터 2주 이내에 게을리한 소송행위를 보완할 수 있다. 다만, 그 사유가 없어질 당시 외국에 있던 당사자에 대하여는 이 기간을 30일로 한다.
> ② 제1항의 기간에 대하여는 제172조의 규정을 적용하지 아니한다.

1) 의의 및 취지

당사자가 책임질 수 없는 사유로 말미암아 불변기간을 지킬 수 없었던 경우에 그 사유가 없어진 날로부터 2주일 내에 게을리 한 소송행위를 보완할 수 있다고 하여 소송행위의 추후보완을 인정하고 있다(제173조). 이 경우에 당사자를 구제하지 않는다면 너무 가혹하기 때문이다. 즉 소송행위의 추후보완은 실질상 간이한 재심기능을 수행하는바, 확정판결의 기판력을 배제하기 위한 제도이다.

2) 추후보완의 대상인 기간

① 불변기간에 한하여 추후보완이 허용되므로, 다른 기간의 부준수에서는 귀책사유가 없어도 추후보완이 인정되지 않는다.

[대결 1992.4.21, 92마175] 민사소송법 제268조 제2항 소정의 1월의 기일지정신청기간은 불변기간이 아니어서 기일지정신청의 추완이 허용되지 않는다.

② 상고이유서 제출기간에 대해서는 문제가 있는데, ⅰ) 다수설은 상고이유서 제출기간(제427조)은 그 도과에 의하여 재판의 확정이라는 중대한 효과가 생기므로 제173조 제1항의 유추적용

을 인정함이 타당하다고 본다. 그러나 ⅱ) 판례는 상고이유서제출기간은 불변기간이 아니므로 동조의 적용이 없다고 반대한다.

> **[대판 1970.1.27, 67다774]** 상고이유서제출기간은 불변기간이 아니므로 민사소송법 제173조 제1항의 적용이 없다.

3) 추후보완의 사유

가) 불귀책사유

당사자(당사자 본인뿐만 아니라 그 소송대리인 및 대리인의 보조인도 포함된다(대판 1999.6.11, 99다9622))가 책임질 수 없는 사유를 말한다. 이는 천재지변 그 밖의 불가항력에만 한정하는 것이 아니고, 당사자가 해당 소송행위를 하기 위한 일반적인 주의를 다하였어도 그 기간을 지킬 수 없었던 경우를 말한다(대판 1999.6.11, 99다9622).

> **[대판 2021.4.15, 2019다244980]** 판결의 선고 및 송달 사실을 알지 못하여 자신이 책임질 수 없는 사유로 말미암아 불변기간인 상소기간을 지키지 못하게 되었다는 사정은 상소를 추후보완하고자 하는 당사자 측에서 주장·증명하여야 한다.

나) 구체적인 판례의 예

허용되는 경우의 예	불허되는 경우의 예
① 천재지변에 의한 교통·통신의 두절 (대판 1991.12.13, 91다34509)	① 소송대리인이나 그 보조자의 고의·과실 (대판 1984.6.14, 84다카744 등)
② 법원의 잘못이 불변기간을 지키지 못한 데에 원인이 된 경우(대결 1962.7.30, 62마97)	② 상소기간만료 시에 가스중독 등으로 혼수상태 (대판 1967.8.20, 67다1285)
③ 소송서류전달의 잘못(대결 2002.12.24, 2001마1047)	③ 여행(지방출장)·질병치료를 위한 출타 (대결 1968.7.5, 68마458 등)
④ 무권대리인이 소송을 수행하고 판결정본을 송달받은 때(대판 1996.5.31, 94다55774)	④ 교도소에 수감된 경우(대판 1962.1.25, 62누2)
⑤ 당사자와 동거하는 어머니가 당사자와 갈등이 있고 이해관계가 대립되는 사안에서, 당사자의 어머니가 판결정본을 수령하였으나 당사자가 실제로 판결정본을 교부받지 못하여 항소기간을 도과한 경우(대판 1992.6.9, 92다11473)	⑤ 소송계속 중에 이사하면서 법원에 주소이전신고를 하지 아니한 경우(대결 1993.6.17, 92마1030)
⑥ 피고가 이사를 가거나 국내에 부재 중인 관계로 공시송달에 의해서 송달받았기 때문에 소제기 자체를 잘 모르는 경우(대결 1991.5.28, 90마4143) ➡ 피고가 소제기사실을 모르는 상태에서 처음부터 공시송달로 송달이 이루어진 경우(대판 1997.5.30, 95다21365)	⑥ 집행관의 말만 믿고 기록열람 등 사실확인을 하지 아니한 경우(대결 1964.4.3, 64마9)
	⑦ 피고가 주소를 잘못 적어서 공시송달을 한 경우 (대결 1994.2.25, 93마1851)
	⑧ 판결정본이 피고와 동거하는 처에게 송달된 이상, 피고가 그 때 다른 지방에 여행을 한 관계로 불변기간 내에 항소를 제기하지 못하였다고 하여도 이는 피고가 책임져야 할 사유로 인하여 불변기간을 지킬 수 없었던 경우에 해당한다(대판 1966.4.19, 66다253).

다) 공시송달과 추완항소

① 문제점

공시송달에 의하여 판결 등을 송달받은 당사자의 불이익을 구제하기 위하여 상소의 추후보완을 무제한으로 인정한다면 공시송달제도 자체가 무의미하게 되기 때문에 특히 문제가 된다. 일반론으로서는 수송달자에게 송달의 부지에 대하여 과실이 있다고 인정할 만한 특별한 사정이 없는 한, 책임질 수 없는 사유로 인하여 불변기간을 지킬 수 없었던 경우에 해당한다고 본다.

② 판례

ⅰ) 소송이 처음부터 공시송달의 방법으로 송달되었다면 특별한 사정이 없는 한 피고가 책임질 수 없는 사유로 인하여 불변기간을 준수할 수 없었던 때에 해당하고(대판 2000.9.5, 2000므87), 피고가 전출신고를 하지 아니하여 공시송달이 이루어진 경우라도 상소기간 도과에 대한 과실이 있다고 할 수는 없다(대판 1993.9.28, 93므324). 그러나 ⅱ) 처음에는 송달이 되다가 송달불능으로 공시송달에 이른 경우(대판 1998.10.2, 97다50152)에는 이에 해당하지 아니한다. 또한 당사자가 신고한 주소에 송달이 되지 않아 공시송달에 이른 경우(대결 1994.2.25, 93마1851), 당사자가 소제기사실 등을 알 수 있었던 경우(대판 1987.9.8, 87다카1013) 등도 당사자가 책임질 수 없는 사유에 해당하지 아니한다.

★[대판 1993.9.28, 93므324] 소장부본 기타 소송서류가 공시송달 방법에 의하여 송달되고 판결정본 또한 공시송달 방법으로 송달된 경우 피고가 이러한 사실을 그 후에야 알게 되었다면 특별한 사정이 없는 한 피고가 상소제기의 불변기간을 지키지 못한 것은 피고에게 책임을 돌릴 수 없는 사유로 인한 것이고, 이 경우 주민등록상 주소에서의 송달불능을 이유로 공시송달이 행하여졌다고 하여 전출신고를 하지 아니한 피고에게 판결의 공시송달 후의 상소기간 도과에 대한 과실이 있다 할 수 없다.

[대판 2001.2.23, 2000다19069] 제1심 소송절차에서 한 번도 빠짐없이 변론기일에 출석하여 소송을 수행하였는데 법원이 직권으로 선고기일을 연기하면서 당사자에게 이를 통지하는 절차를 누락하였고 판결정본에 관하여는 한여름 휴가철에 연속하여 송달하였으나 폐문부재로 송달불능되자 이를 공시송달한 사안에서, 당사자로서는 선고기일과 멀지 않은 날짜에 법원에 가서 판결정본을 직접 수령하기 전까지는 자기가 책임을 질 수 없는 사유로 판결 선고사실을 알 수 없었다고 봄이 상당하고, 정상적으로 소송을 수행하여 오던 당사자가 원래 예정된 선고기일 직후의 재판진행상황을 그 즉시 알아보지 아니함으로써 불변기간을 준수하지 못하게 되었다 할지라도 그 책임을 당사자에게 돌릴 수 없다고 보아 추완항소를 허용한 사례이다.

[대판 1966.4.19, 66다253] 판결정본이 피고와 동거하는 처에게 송달된 이상, 피고가 그때 다른 지방에 여행을 한 관계로 불변기간 내에 항소를 제기하지 못하였다고 하여도 이는 피고가 책임져야 할 사유로 인하여 불변기간을 지킬 수 없었던 경우에 해당한다.

★[대판 2013.1.10, 2010다75044; 대판 2021.3.25, 2020다46601] 공시송달과 추후보완항소

[1] 소장부본과 판결정본 등이 공시송달의 방법으로 송달되어 피고가 과실 없이 판결의 송달을 알지 못한 것으로 인정되는 경우, 추완항소가 허용되는지 여부(적극) 및 이 경우 추완항소 제기기간의 기산점인 '사유가 없어진 후'의 의미

소장부본과 판결정본 등이 공시송달의 방법에 의하여 송달되었다면 특별한 사정이 없는 한 피고는 과실 없이 판결의 송달을 알지 못한 것이고, 이러한 경우 피고는 책임을 질 수 없는 사유로 인하여 불변기간을 준수할 수 없었던 때에 해당하여 그 사유가 없어진 후 2주일(그 사유가 없어질 당시 외국에 있었던 경우에는 30일) 내에 추완항소를 할 수 있다. 여기에서 '사유가 없어진 후'라고 함은 당사자나 소송대리인이 단순히 판결이 있었던 사실을 안 때가 아니고 나아가 「그 판결이 공시송달의 방법으로 송달된 사실을 안 때」를 가리키는 것으로서, 다른 특별한 사정이 없는 한 통상의 경우에는 당사자나 소송대리인이 사건기록의 열람을 하거나 또는 새로이 판결정본을 영수한 때에 비로소 판결이 공시송달의 방법으로 송달된 사실을 알게 되었다고 보아야 한다.

➲ [보충] : 당사자가 다른 소송의 재판절차에서 송달받은 준비서면 등에 당해 사건의 제1심 판결문과 확정증명원 등이 첨부된 경우에는 그 시점에 제1심판결의 존재 및 공시송달의 방법으로 송달된 사실까지 알았다고 볼 것이지만, 다른 소송에서 선임된 소송대리인이 그 재판절차에서 위와 같은 준비서면 등을 송달받았다는 사정만으로 이를 당사자가 직접 송달받은 경우와 동일하게 볼 수는 없다(대판 2022.4.14, 2021다305796).

[2] 피고가 당해 판결이 있었던 사실을 알았고 사회통념상 그 경위에 대하여 당연히 알아볼 만한 특별한 사정이 있었다고 인정되는 경우, 그 경위에 대하여 알아보는 데 통상 소요되는 시간이 경과한 때에 책임질 수 없는 사유가 소멸하였다고 봄이 상당한지 여부(적극)

피고가 당해 판결이 있었던 사실을 알았고 사회통념상 그 경위에 대하여 당연히 알아볼 만한 특별한 사정이 있었다고 인정되는 경우에는 그 경위에 대하여 알아보는 데 통상 소요되는 시간이 경과한 때에 판결이 공시송달의 방법으로 송달된 사실을 알게 된 것으로 추인하여 책임질 수 없는 사유가 소멸하였다고 봄이 상당하다고 할 것이지만, 이 경우 '당해 판결이 있었던 사실을 알게 된 것'과 더불어 '판결의 경위에 대하여 알아볼 만한 특별한 사정'이 인정되어야 한다. 당사자가 다른 소송의 재판절차에서 송달받은 준비서면 등에 당해 사건의 제1심 판결문과 확정증명원 등이 첨부된 경우에는 위의 특별한 사정을 인정할 수 있고, 제1심판결이 있었던 사실을 알게 된 후 대처방안에 관하여 변호사와 상담을 하거나 추완항소 제기에 필요한 해외거주증명서 등을 발급받은 경우에도 마찬가지이다. 그러나 유체동산 압류집행을 당하였다는 등의 사정만으로는 위의 특별한 사정을 인정하기 어렵고, 나아가 채권추심회사 직원과의 통화 과정에서 사건번호 등을 특정하지 않고 단지 '판결문에 기하여 채권추심을 할 것이다.'라는 이야기를 들은 경우에도 당해 제1심판결이 있었던 사실을 알았다거나 위의 특별한 사정이 인정된다고 볼 수 없다.

➲ [사실관계 및 해설] : 제1심법원이 소장부본과 판결정본 등을 공시송달의 방법으로 피고 甲에게 송달하였고, 그 후 원고 乙 주식회사가 제1심판결에 기하여 甲의 예금채권 등을 압류·추심하여 甲이 제3채무자인 丙 신용협동조합으로부터 '법원의 요청으로 계좌가 압류되었습니다.'는 내용과 채권압류 및 추심명령의 사건번호와 채권자가 기재된 문자메시지를 받았는데, 그로부터 2달이 지나 甲이 제1심판결정본을 영수한 후 추완항소를 제기한 사안에서, 甲이 丙 신용협동조합으로부터 계좌가 압류되었다는 내용과 채권압류 및 추심명령의 사건번호와 채권자만 기재되어 있을 뿐 제1심판결에 관한 내용이 전혀 언급되어 있지 않은 문자메시지를 받았다는 사정만으로는 제1심판결이 있었던 사실을 알았다거나 사회통념상 그 경위를 알아볼 만한 특별한 사정이 있었다고 보기 어려우므로, 다른 특별한 사정이 없는 한 甲이 제1심판결정본을 영수한 날로부터 2주일 내에 제기된 추완항소는 적법하다고 한 사례이다.

[3] 형식적으로 확정된 제1심판결에 대한 피고의 항소추완신청이 적법하여 해당 사건이 항소심에 계속된 경우, 피고가 민사소송법 제412조 제1항에 따라 반소를 제기할 수 있는지 여부(적극) 및 위 조항에서 정한 '상대방의 심급의 이익을 해할 우려가 없는 경우'의 의미
형식적으로 확정된 제1심 판결에 대한 피고의 항소추완신청이 적법하여 해당 사건이 항소심에 계속된 경우 그 항소심은 다른 일반적인 항소심과 다를 바 없다. 따라서 원고와 피고는 형식적으로 확정된 제1심 판결에도 불구하고 실기한 공격·방어방법에 해당하지 아니하는 한 자유로이 공격 또는 방어방법을 행사할 수 있고, 나아가 피고는 상대방의 심급의 이익을 해할 우려가 없는 경우 또는 상대방의 동의를 받은 경우에는 반소를 제기할 수도 있다. 여기서 '상대방의 심급의 이익을 해할 우려가 없는 경우'라고 함은 반소청구의 기초를 이루는 실질적인 쟁점이 제1심에서 본소의 청구원인 또는 방어방법과 관련하여 충분히 심리되어 상대방에게 제1심에서의 심급의 이익을 잃게 할 염려가 없는 경우를 말한다.

★[대판 2021.8.19. 2021다228745] 소장부본과 판결정본 등이 공시송달의 방법으로 송달되어 피고가 과실 없이 판결의 송달을 알지 못한 것으로 인정되는 경우, 추후보완항소가 허용되는지 여부(적극) 및 피고에게 과실이 있다고 할 수 있는 특별한 사정이 인정되는 경우
소장부본과 판결정본 등이 공시송달의 방법에 의하여 송달되었다면 특별한 사정이 없는 한 피고는 과실 없이 판결의 송달을 알지 못한 것이고, 이러한 경우 피고는 책임질 수 없는 사유로 말미암아 불변기간을 지킬 수 없었다 하여 그 사유가 없어진 후 2주일 이내에 추후보완항소를 할 수 있다. 피고에게 과실이 있다고 할 수 있는 특별한 사정이란, 피고가 소송을 회피하거나 이를 곤란하게 할 목적으로 의도적으로 송달을 받지 아니하였다거나 피고가 소제기 사실을 알고 주소신고까지 해 두고서도 그 주소로 송달되는 소송서류가 송달불능되도록 장기간 방치하였다는 등의 사정을 말한다.

➲ [사실관계 및 해설] : 제1심법원이 소장부본과 변론기일통지서를 공시송달의 방법으로 피고에게 송달한 후 피고의 휴대전화번호로 전화하여 '소장부본을 피고의 주소지로 송달하겠다.'고 고지하고 변론기일과 장소를 알려주었는데, 이후 피고가 출석하지 않은 상태에서 소송절차를 진행하여 원고 승소판결을 선고한 다음 피고에게 판결정본을 공시송달의 방법으로 송달하였고, 그 후 피고가 판결정본을 발급받아 추후보완항소를 제기한 사안에서, 특별한 사정이 없는 한 피고는 판결정본을 '발급'받은 날에야 비로소 판결이 공시송달의 방법으로 송달된 사실을 알게 되었다고 보아야 하는데, 피고가 소송을 회피하거나 이를 곤란하게 할 목적으로 의도적으로 송달을 받지 아니하였다고 볼 만한 특별한 사정을 찾을 수 없고, 소장부본 등이 이미 공시송달의 방법으로 송달된 상태에서 제1심법원이 피고에게 전화로 연락하여 소장부본 송달에 관한 내용과 변론기일 등을 안내해 주었다는 정도의 사정만으로는 제1심판결이 공시송달의 방법으로 송달된 사실을 피고가 모른 데 대하여 피고에게 책임을 돌릴 수 있는 사유가 있다고 섣불리 단정하기 어려우므로, 피고는 책임질 수 없는 사유로 말미암아 불변기간인 항소기간을 지킬 수 없었다고 볼 여지가 큰데도, 피고의 추후보완항소를 각하한 원심판단에 법리오해 등의 잘못이 있다고 한 사례이다.

라) 무권대리인이 소송을 수행하여 판결정본을 송달받은 경우

[대판 1996.5.31. 94다55774] 무권대리인이 소송을 수행하여 판결정본을 송달받은 경우는 당사자가 과실 없이 소송계속사실 및 그 판결정본의 송달사실을 몰랐던 것이므로, 그 당사자의 추완항소는 적법하다.

⊃ [해설] : ① 무권대리인의 소송행위임을 간과한 판결은 무효의 판결이 아니고 유효인 판결이라는 점, 또한 ② 무권대리인에게 한 송달 역시 유효하다는 점, 따라서 ③ 상소기간이 진행되고 그 도과로 인하여 판결이 확정될 수 있다는 점, ④ 판결이 확정된 후라면 재심의 소제기에 의해 그 구제를 받을 수 있다는 점, 그렇더라도 ⑤ 상소기간의 도과에 당사자의 귀책사유가 없다면 추완 상소도 가능하다는 점을 순차적으로 고려할 수 있어야 한다.

4) 추후보완의 절차

가) 추후보완의 기간

① 추후보완은 당사자가 불변기간을 준수할 수 없었던 사유가 종료한 후 2주일 내(외국에 있는 당사자에 대하여는 30일)에 해야 한다.

② 추후보완기간을 법원이 재량으로 신축할 수 없고(제173조 제2항), 이는 불변기간도 아니므로 성질상 부가기간도 정할 수 없다.

③ 공시송달의 경우 '사유가 종료한 때'의 의미에 대해 판례는 당사자나 소송대리인이 단순히 판결이 있었던 사실을 안 때가 아니고 나아가 「그 판결이 공시송달의 방법으로 송달된 사실을 안 때」를 가리키는 것이라 하였다.

나) 추후보완의 신청

추후보완을 하려면 추후보완을 해야 할 자가 해태한 소송행위를 그 본래의 방식으로 하면 되고(**예** 상소기간을 도과하였으면 상소장을 제출하면 된다), 따로 추후보완의 신청과 같은 것은 필요 없다.

다) 법원의 조치

① 추후보완사유는 소송요건으로서 법원의 직권조사사항이고, 추후보완사유의 주장 및 증명책임은 보완신청을 하는 당사자가 부담한다.

② 추후보완사유의 존부와 해태된 소송행위의 당부는 하나의 심리절차에서 심리함이 원칙이므로, ⅰ) 추후보완신청이 이유 있는 경우에는 보완되는 소송행위의 당부에 대해 실질적 판단을 하고, ⅱ) 추후보완 신청이 이유 없는 경우에는 추후보완신청을 부적법 각하할 것이다.

5) 추후보완신청의 효력

가) 판결의 형식적 확정력 유지

추후보완신청이 인정되면 기간 부준수의 흠은 치유되지만, 게을리 한 소송행위를 보완하는 것만으로는 불변기간의 도과에 의한 재판의 형식적 확정은 해소되지 않으므로, 기판력·집행력에 아무런 영향이 없다.

[대판 1978.9.12, 76다2400] 확정 판결에 대한 원고의 추완항소제기가 있는 경우에도 그 추완항소에 의하여 불복항소의 대상이 된 판결이 취소될 때까지는 확정 판결로서의 효력이 배제되는 것은 아니므로 위 확정 판결에 기하여 경료된 소유권이전등기가 미확정 판결에 의하여 경료된 원인무효의 것이라고 할 수 없다.

★[대판 2023.4.27. 2021다276225 · 276232] 소송서류 등이 공시송달의 방법으로 송달되어 확정된 제1심판결문을 기초로 등기권리자가 소유권이전등기를 마쳤으나 이후 제기된 추후보완항소에서 제1심판결이 취소되고 등기권리자의 청구가 기각되었다면, 등기의무자로서는 이미 등기명의를 이전받은 등기권리자를 상대로 위 추후보완항소 절차에서 반소를 제기하거나 별도로 소를 제기하여 소유권이전등기의 말소등기절차를 구할 수 있다.

> ⊃ [해설] : 소유권이전등기를 구하는 본소청구에 대한 인용판결에 대해 항소심 법원에서 판결을 취소(기각판결)한 것만으로 부동산등기법 제23조상 피고가 본등기의 말소등기를 단독으로 신청할 수는 없으므로 피고의 반소청구는 소의 이익이 있다는 것이다. 따라서 원심이 피고가 반소로써 이 사건 본등기의 말소등기절차 이행을 구할 소의 이익이 있다고 판단한 것은 정당하고, 상고이유 주장과 같이 피고가 반드시 이 사건 본소의 확정 이후 별도의 소로 이 사건 본등기의 말소등기절차 이행을 구해야 한다고 보기 어렵다.

나) 집행정지결정

확정재판에 기한 강제집행에 대하여는 별도로 집행의 정지를 신청하여야 한다(제500조).

6) 관련문제 – 판결편취 시 상소의 추후보완 가부[61]

가) 허위주소의 송달에 의한 판결의 편취

판결정본의 송달의 하자는 이의권의 포기 · 상실의 대상이 아니므로 무효이며, 따라서 불변기간인 항소기간이 진행되지 않기 때문에 항소추완의 문제는 생기지 않고 언제든지 항소를 제기할 수 있다(항소설; 판례).

★[대판 1979.9.25. 78다2448] 불변기간인 항소 제기기간에 관한 규정은 성질상 강행규정이므로 그 기간 계산의 기산점이 되는 판결정본의 송달의 하자는 이에 대한 책문권의 포기나 상실로 인하여 치유될 수 없다.

[대판(전) 1978.5.9. 75다634(판결이유 중)] 제소자가 상대방의 주소를 허위로 다른 곳으로 표시하여 상대방에 대한 변론기일 소환장등의 소송서류를 그 허위주소로 보내고 상대방 아닌 다른 사람이 그 소송서류를 받아 의제자백의 형식으로 제소자 승소의 판결이 선고되고 그 판결정본이 위와 같은 방법으로 상대방에게 송달된 경우에 있어서 위 사위판결(판결이 형식적으로 존재하는 이상 사위판결도 당연무효의 판결이 아니다)을 형식적 확정력이 있는 확정판결로 보고 그 판결에 기판력을 인정할 것인가에 관하여는 학설이 나누어져 있는 바, 하나는 사위판결은 상대방에의 판결정본의 송달이 무효이어서 항소의 대상이 될 뿐이고 확정 판결이 아니니 기판력이 없는 것이라는 항소설이고, 다른 하나는 사위판결은 형식적으로 확정된 확정 판결이므로 기판력이 있고 따라서 사위판결은 재심의 소의 제기나 상소의 추완신청 등에 의하여서만 구제될 수 있는 것이라는 재심설이다. 그러나 사위판결의 경우에 있어서는 판결정본이 제소자가 허위로 표시한 상대방의 허위주소로 보내져서 상대방 아닌 다른 사람이 그를 수령한 것이니 상대방에 대한 판결정본의 송달은 부적법하여 무효이고 상대방은 아직도 판결정본의 송달을 받지 않은 상태에 있는 것으로서 그 판결에 대한 항소기간은 진행을 개시하지 않은 것이라고 보아야 할 것이다.

---

61) 상세한 내용은 뒤의 판결의 편취 부분을 참조하기 바란다.

나) 공시송달에 의한 판결의 편취

이 경우에 ① 제451조 제1항 제11호의 「당사자가 상대방의 주소 또는 거소를 알고 있었음에도 불구하고 있는 곳을 잘 모른다고(소재불명)…으로 하여 소를 제기한 때」에 해당하여 재심의 대상이 된다는 점에 관하여는 이론이 없다. 즉 판결정본의 송달은 법률상 적법한 송달의 방법으로 인정된 것이므로 유효하고, 따라서 위 판결에 대하여 상소제기기간 안에 상소를 하지 아니하면 판결은 형식적으로 확정된다. ② 판례도 마찬가지이다. 그리고 이 경우에 판례는 재심의 소와 함께 소송행위의 추후보완에 의하여 상소를 택일적으로 할 수 있다고 보았다. 다만 재심은 확정판결 후 5년 내에 하여야 하는 제한이 있으며, 추완항소는 기간부준수의 사유가 오래되어도 장애사유가 없어진 날로부터 2주일 내에 가능하다.

[대판 1985.8.20, 85므21] 당사자가 상대방의 주소 또는 거소를 알고 있었음에도 불구하고 소재불명 또는 허위의 주소나 거소로 하여 소를 제기한 탓으로 공시송달의 방법에 의하여 판결정본이 송달된 때에는 민사소송법 제451조 제1항 제11호에 의하여 재심을 제기할 수 있음은 물론이나 또한 동법 제173조에 의한 소송행위의 추완에 의하여도 상소를 제기할 수 있다.

★[대판 2011.12.22, 2011다73540] 민사소송법 제451조 제1항 단서에 의하면 당사자가 상소에 의하여 재심사유를 주장하였거나 이를 알고 주장하지 아니한 때에는 재심의 소를 제기할 수 없는 것으로 규정되어 있는데, 여기에서 '이를 알고도 주장하지 아니한 때'란 재심사유가 있는 것을 알았음에도 상소를 제기하고도 상소심에서 그 사유를 주장하지 아니한 경우뿐만 아니라, 상소를 제기하지 아니하여 판결이 그대로 확정된 경우까지도 포함하는 것이라고 해석하여야 할 것이다. 그런데 위 단서 조항은 재심의 보충성에 관한 규정으로서, 당사자가 상소를 제기할 수 있는 시기에 재심사유의 존재를 안 경우에는 상소에 의하여 이를 주장하게 하고 상소로 주장할 수 없었던 경우에 한하여 재심의 소에 의한 비상구제를 인정하려는 취지인 점, 추완상소와 재심의 소는 독립된 별개의 제도이므로 추완상소의 방법을 택하는 경우에는 추완상소의 기간 내에, 재심의 방법을 택하는 경우에는 재심기간 내에 이를 제기하여야 하는 것으로 보이는 점을 고려하면, 공시송달에 의하여 판결이 선고되고 판결 정본이 송달되어 확정된 이후에 추완항소의 방법이 아닌 재심의 방법을 택한 경우에는 추완상소기간이 도과하였다 하더라도 재심기간 내에 재심의 소를 제기할 수 있다고 보아야 한다.

제2관 송달

Ⅰ. 의의

1) 송달은 당사자 그 밖의 이해관계인(소송관계인)에 대하여 소송상의 서류를 법정의 방식에 의하여 통지하는 것이다. 송달은 재판권의 한 작용에 속하며, 절차의 진행을 당사자 등에게 알리기 위한 것으로 당사자의 절차보장의 기본 가운데 중요한 하나이다.

2) 송달은 특별한 규정이 없으면 법원이 직권으로 행하는 직권송달주의를 취하고 있다(제174조 이하). 다만, 공시송달은 그 예외이다.

Ⅱ. 송달기관

1. 송달담당기관

송달에 관한 사무는 법원의 법원사무관 등이 처리한다(제175조 제1항). 법원사무관 등은 송달하는 곳의 지방법원에 속한 법원사무관 등 또는 직접 그 법원 소속 집행관에게 위 사무를 촉탁할 수 있다(제175조 제2항).

2. 송달실시기관

> **제176조(송달기관)**
> ① 송달은 우편 또는 집행관에 의하거나, 그 밖에 대법원규칙이 정하는 방법에 따라서 하여야 한다.
> ② 우편에 의한 송달은 우편집배원이 한다.
> ③ 송달기관이 송달하는 데 필요한 때에는 경찰공무원에게 원조를 요청할 수 있다.

1) 실제로 송달을 행하는 송달실시기관은 원칙적으로 우편집배원 또는 집행관이다(제176조). 우편에 의할 것인가, 집행관에 의할 것인가는 법원사무관 등이 결정하는데, 현실적으로 집행관은 일몰 후·일출 전(야간), 휴일 송달(특별송달이라고 한다)에 이용되는 정도이고,[62] 우편집배원에 의하는 것이 보통이다.

2) 법원사무관 등도 예외적으로 해당 사건에 관하여 출석한 사람에게는 직접 송달할 수 있다(제177조). 송달하는 데 필요한 때에는 경찰공무원에게 원조를 요청할 수 있다(제176조 제3항).

3) 송달한 기관은 송달에 관한 사유를 서면으로 법원에 알려야 한다(제193조). 다만, 법원이 상당하다고 인정하는 때에는 전자통신매체를 이용한 통지로 서면통지에 갈음할 수 있다(민사소송규칙 제53조).

Ⅲ. 송달서류

송달서류는 원칙적으로 등본 또는 부본(예 소장부본)을 사용하지만(제178조 제1항), 판결서의 송달은 정본에 의한다(제210조 제2항). 송달을 하여야 하는 소송서류를 제출하는 때에는 특별한 규정이 없으면 송달에 필요한 수의 부본을 함께 제출하여야 한다(민사소송규칙 제48조).

---

62) 피고 측이 소장 기재의 주소지에 거주하면서도 고의로 송달받기를 회피할 경우, 원고 측은 소속 집행관으로 하여금 소장을 특별송달해 줄 것을 법원에 신청할 수 있다. 이로써도 송달이 되지 않는다면 공시송달 신청을 하면 된다.

▌ 정본 송달의 예(例)

> ① 판결과 경정결정, 화해권고결정(제210조 제2항, 제211조, 제225조 제2항)
> ② 화해조서・인낙조서・포기조서(규칙 제56조)와 조정에 갈음하는 결정(민사조정법 제33조 제2항)
> ③ 항고로만 불복할 수 있는 재판 → 예 소송비용확정결정(제110조), 담보제공결정(제120조), 대체집행
> (민집법 제260조), 간접강제(민집법 제261조)
> ④ 지급명령(제469조, 민집법 제56조 제3호)
> ※ 기일통지서 또는 출석요구서의 송달은 원본으로 한다는 점에 주의를 요한다(제167조 제1항). 또한 등
> 기촉탁서나 기록등문서송부촉탁서도 대부분 법원이 작성한 원본을 송부한다.

Ⅳ. 송달받을 사람

> 제179조(소송무능력자에게 할 송달)
> 소송무능력자에게 할 송달은 그의 법정대리인에게 한다.
> 제64조(법인 등 단체의 대표자의 지위)
> 법인의 대표자 또는 제52조의 대표자 또는 관리인에게는 이 법 가운데 법정대리와 법정대리인에 관한
> 규정을 준용한다.
> 제180조(공동대리인에게 할 송달)
> 여러 사람이 공동으로 대리권을 행사하는 경우의 송달은 그 가운데 한 사람에게 하면 된다.
> 제182조(구속된 사람 등에게 할 송달)
> 교도소・구치소 또는 국가경찰관서의 유치장에 체포・구속 또는 유치된 사람에게 할 송달은 교도소・구
> 치소 또는 국가경찰관서의 장에게 한다.

1) 송달을 받을 사람은 원칙적으로 송달할 서류의 명의인인 당사자이지만, 예외적으로 서류의 명
   의인이 소송제한능력자일 때에는 그의 법정대리인이 송달을 받을 사람이다(제179조). 법인에게
   효과가 발생할 소송행위는 그 법인을 대표하는 자연인의 행위거나 그 자연인에 대한 행위라야
   할 것이므로, 법인 그 밖의 단체에 대한 송달은 그 대표자 또는 관리인에게 한다(제64조 참조).

[대결 2024.6.7, 2024마5496]

[1] 채무자가 복수인 경우 지급명령의 송달방법(=송달받을 사람을 수령 명의인으로 하여 송달받을 사람 각자
   에게 개별적으로 송달)
   채무자가 복수인 경우 지급명령의 송달은 송달받을 사람을 수령 명의인으로 하여 송달받을 사람
   각자에게 개별적으로 하여야 한다.

[2] 지급명령이 채무자에게 송달되기 전에 한 이의신청의 효력(=부적법) 및 그 후 채무자에게 지급명령이
   적법하게 송달된 경우, 그 하자가 치유되는지 여부(적극)
   지급명령이 발령되었다고 하더라도 그것이 채무자에게 송달되기 전에 한 채무자의 이의신청은 부적
   법하지만 그 후에 채무자에게 지급명령이 적법하게 송달되면 그 하자는 치유된다.

[대판(전) 1982.12.28, 82다카349] 민사소송법 제182조는 행형법 제18조, 제62조(현행 형의 집행 및
수용자의 처우에 관한 법률 제43조)에 규정된 재감자에 대한 서신수발의 제한과 대응하는 규정으로서
양자는 교도소 등 구금장의 질서유지를 위하여 재감자를 감시하여야 할 공익상의 필요와 한편으로
는 재감자에 대하여 수감되기 전의 주소, 거소 등에 송달을 하면 송달서류가 재감자에 전달됨에는
도리어 시일을 요하게 된다는 고려에서 나온 것으로 해석되므로 교도소 등의 소장은 재감자에 대한
송달에 있어서는 일종의 법정대리인이라고 할 것이므로 재감자에 대한 송달을 교도소 등의 소장에게
하지 아니하고 수감되기 전의 종전 주·거소에다 하였다면 무효라고 하지 않을 수 없고, 수소법원이
송달을 실시함에 있어 당사자 또는 소송관계인의 수감사실을 모르고 종전의 주·거소에 하였다고 하여
도 동일하고 송달의 효력은 발생하지 않는다.

[대판 2021.8.19, 2021다53] 민사소송법 제182조는 교도소·구치소 또는 국가경찰관서의 유치장
에 체포·구속 또는 유치된 사람에게 할 송달은 교도소·구치소 또는 국가경찰관서의 장에게 하도
록 규정하고 있으므로, 수감된 당사자에 대한 송달을 교도소장 등에게 하지 않고 당사자의 종전 주소
나 거소로 한 것은 부적법한 송달로서 무효이고, 이는 법원이 서류를 송달받을 당사자가 수감된 사실
을 몰랐거나, 수감된 당사자가 송달의 대상인 서류의 내용을 알았다고 하더라도 마찬가지이다. 따라
서 수감된 당사자에 대하여 민사소송법 제185조나 제187조에 따라 종전에 송달받던 장소로 발송송달
을 하였더라도 적법한 송달의 효력을 인정할 수 없다.

❍ [사실관계 및 해설] : 항소심 소송 계속 중 원고 甲이 구속되어 구치소에 수감되었으나 법원에 그
사실을 밝히거나 수감된 장소를 신고하지 아니하였고, 이에 법원이 甲에 대하여 종전에 송달받던
장소로 등기우편에 의한 발송송달의 방법으로 변론재개기일통지서를 송달한 사안에서, 甲이 수감
된 구치소의 장에게 송달하지 않고 종전 송달장소로 한 변론재개기일통지서의 발송송달은, 甲이
원심법원에 수감사실을 신고하였는지 여부나 수감된 장소를 송달장소로 신고하였는지 여부 또는
甲이 변론재개와 함께 새로 지정된 변론기일을 알고 있었는지 여부와 무관하게 적법한 송달로서
의 효력을 가질 수 없는데도, 이와 달리 본 원심판결에 법리오해의 잘못이 있다고 한 사례이다.

[대판 2022.1.13, 2019다220618] 당사자가 소송 계속 중에 수감된 경우 법원이 판결정본을 민사소
송법 제182조에 따라 교도소장 등에게 송달하지 않고 당사자 주소 등에 공시송달 방법으로 송달하였
다면, 공시송달의 요건을 갖추지 못한 하자가 있다고 하더라도 재판장의 명령에 따라 공시송달을 한
이상 송달의 효력은 있다. 다만 수감된 당사자는 민사소송법 제185조에서 정한 송달장소 변경의 신
고의무를 부담하지 않고 요건을 갖추지 못한 공시송달로 상소기간을 지키지 못하게 되었으므로 특
별한 사정이 없는 한 과실 없이 판결의 송달을 알지 못한 것이고, 이러한 경우 책임을 질 수 없는
사유로 불변기간을 준수할 수 없었던 때에 해당하여 그 사유가 없어진 후 2주일 내에 추완 상소를 할
수 있다. 여기에서 '사유가 없어진 때'란 당사자나 소송대리인이 판결이 있었고 판결이 공시송달 방법
으로 송달된 사실을 안 때를 가리킨다. 통상의 경우에는 당사자나 소송대리인이 사건 기록을 열람하
거나 새로 판결정본을 영수한 때에 비로소 판결이 공시송달 방법으로 송달된 사실을 알게 되었다고
보아야 한다.

2) 소송대리인이 있는 경우에는 소송대리인이 송달을 받을 사람인데, 이 경우에 당사자본인에 대
한 송달은 적절하지 않지만, 적법·유효하다고 보는 것이 일반적이다.

★[대판 2024.7.25, 2024다236211] 당사자가 민사소송 등에서의 전자문서 이용 등에 관한 법률에서 정한 등록사용자가 아니거나 전산정보처리시스템을 이용한 민사소송 등의 진행에 동의하지 않은 경우, 소송대리인을 선임하였다고 하더라도 소송서류를 본인에게 우편으로 송달한 것이 위법한지 여부(소극) / 소송서류가 당사자와 소송대리인에게 모두 송달된 경우, 송달의 효력을 따지는 기준 시점(=당사자 또는 그 소송대리인 중 먼저 도달한 것)

민사소송 등에서의 전자문서 이용 등에 관한 법률 제11조 제2항에서는 당사자가 등록사용자로서 전산정보처리시스템을 이용한 민사소송 등의 진행에 동의하였더라도 소송대리인이 있는 경우에는 전자적 송달이나 통지를 소송대리인에게 하도록 규정하고 있다. 반면 당사자가 등록사용자가 아니거나 전산정보처리시스템을 이용한 민사소송 등의 진행에 동의한 바 없다면, 소송대리인을 선임하였다고 하더라도 당사자가 본인 고유의 소송수행권을 잃게 되는 것은 아니므로 소송서류를 본인에게 우편으로 송달하였다고 하더라도 위법한 것은 아니다. 그런데 이와 같이 소송서류가 당사자와 소송대리인에게 모두 송달되었다면 당사자 또는 그 소송대리인 중 먼저 도달한 것을 기준으로 송달의 효력을 따져야 한다.

3) 미성년자에 대한 송달은 그 자가 특정의 영업을 허락받은 경우와 같이 독립하여 법률행위를 할 수 있는 때에는 미성년자를 수송달자로 하여 송달한다(예외적으로 소송능력이 인정).

V. 송달의 방식

1. 교부송달

> 제178조(교부송달의 원칙)
> ① 송달은 특별한 규정이 없으면 송달받을 사람에게 서류의 등본 또는 부본을 교부하여야 한다.
> ② 송달할 서류의 제출에 갈음하여 조서, 그 밖의 서면을 작성한 때에는 그 등본이나 초본을 교부하여야 한다.

현행법상 다양한 송달실시의 방법이 마련되어 있는데, 송달받을 사람에게 서류의 등본 또는 부본을 직접 교부하는 방식의 교부송달이 송달의 원칙이다(제178조). 따라서 판결정본을 원고가 수령 → 자기 처 → 피고의 처 → 피고 순으로 교부된 경우는 송달절차가 부적법하다(대판 1979.9.25, 78다2448).

(1) 송달할 장소

> 제183조(송달장소)
> ① 송달은 받을 사람의 주소·거소·영업소 또는 사무소(이하 "주소 등"이라 한다)에서 한다. 다만, 법정대리인에게 할 송달은 본인의 영업소나 사무소에서도 할 수 있다.
> ② 제1항의 장소를 알지 못하거나 그 장소에서 송달할 수 없는 때에는 송달받을 사람이 고용·위임 그 밖에 법률상 행위로 취업하고 있는 다른 사람의 주소 등(이하 "근무장소"라 한다)에서 송달할 수 있다.
> ③ 송달받을 사람의 주소 등 또는 근무장소가 국내에 없거나 알 수 없는 때에는 그를 만나는 장소에서 송달할 수 있다.
> ④ 주소 등 또는 근무장소가 있는 사람의 경우에도 송달받기를 거부하지 아니하면 만나는 장소에서 송달할 수 있다.

① 송달받을 사람의 주소, 거소, 영업소 또는 사무소(이하 주소 등)가 송달장소이다. 여기의 영업소 또는 사무소는 그 자신 경영의 개인영업소 또는 사무소만을 뜻하지 그가 경영하는 회사의 공장은 해당되지 않는다(대판 2004.7.21, 2004마535). 다만, 법정대리인에게 할 송달은 본인의 영업소나 사무소에서도 할 수 있다(제183조 제1항). 법인 등 단체의 대표자 또는 관리인에 대한 송달도 마찬가지이다(제64조).

[대판 2014.10.30, 2014다43076] 민사소송법 제183조 제1항은 "송달은 받을 사람의 주소·거소·영업소 또는 사무소(이하 '주소 등'이라 한다)에서 한다."고 규정하고 있는바, 여기서 영업소 또는 사무소는 송달받을 사람의 영업 또는 사무가 일정 기간 지속하여 행하여지는 중심적 장소로서, 한시적 기간에만 설치되거나 운영되는 곳이라고 하더라도 그곳에서 이루어지는 영업이나 사무의 내용, 기간 등에 비추어 볼 때 어느 정도 반복해서 송달이 이루어질 것이라고 객관적으로 기대할 수 있는 곳이라면 위 조항에서 규정한 영업소 또는 사무소에 해당한다. 63)

---

② 그런데 송달받을 사람의 주소 등에서 송달하기가 어렵고, 근무장소가 아니면 만나기 힘든 실정이라면, 주소 등의 장소를 알지 못하거나 그 장소에서 송달할 수 없는 때에는 송달받을 사람이 고용, 위임 그 밖에 법률상 행위로 취업하고 있는 다른 사람의 주소 등(근무장소)에서 송달할 수 있다(제183조 제2항). 이때의 '근무장소'는 현실의 근무장소로서 고용계약 등 법률상 행위로 취업하고 있는 지속적인 근무장소이다.

★[대판 2015.12.10, 2012다16063] 민사소송법 제183조 제2항에서 정한 '근무장소'의 의미
송달받을 사람의 주소나 영업소 등을 알지 못하거나 그 장소에서 송달할 수 없는 때에는 송달받을 사람이 고용·위임 그 밖에 법률상 행위로 취업하고 있는 다른 사람의 주소 등, 즉 '근무장소'에서 송달할 수 있다(민사소송법 제183조 제2항). 이때의 '근무장소'는 현실의 근무장소로서 고용계약 등 법률상 행위로 취업하고 있는 지속적인 근무장소이다.

➲ [해설] : ① 피고 2, 피고 3, 피고 5, 피고 6, 피고 7, 피고 80은 모두 주식회사 하이스마텍(이하 '하이스마텍'이라 한다)의 비상근이사, 사외이사 또는 비상근감사인데 다른 주된 직업에 종사하고 있는 사실, ② 하이스마텍의 법인등기사항증명서에는 피고 2 등의 주소가 등재되어 있지 아니한 사실, ③ 이에 원고는 소장에 피고 2 등의 주소를 하이스마텍의 본점 소재지인 '서울 강남구 (주소 생략)00000중앙회빌딩'으로 기재한 사실, ④ 제1심은 피고 2 등에 대하여 소장부본을 위 장소로 송달하여 2010.3.11. 하이스마텍의 직원 소외 1이 이를 수령한 사실을 종합하여 살펴보면, 하이스마텍은 다른 주된 직업을 가지고 있으면서 하이스마텍의 비상근이사, 사외이사 또는 비상근감사의 직에 있는 피고 2 등에게 지속적인 근무장소라고 할 수 없으므로 민사소송법 제183조 제2항에 정한 '근무장소'에 해당한다고 볼 수 없고, 위 소외 1이 피고 2 등에 대한 소장부본을 하이스마텍의 본점 소재지에서 수령한 것을 민사소송법 제186조 제2항의 보충송달로서 효력이 있다고 볼 수도 없다고 본 사안이다.

---

63) 도의원 보궐선거에 출마한 甲의 선거사무소로 소장부본 등의 송달이 유효하게 이루어진 후 송달장소변경신고를 하지 않은 상태에서 변론기일통지서 등이 송달불능되자 위 사무소로 발송송달을 한 사안에서, 위 선거사무소가 선거운동이라는 한시적 목적을 위해 설치·운영된 장소라도 甲의 주된 사무가 행해지는 곳으로서 어느 정도 반복된 송달이 이루어질 것을 기대할 수 있는 곳이어서 민사소송법 제183조 제1항의 사무소에 해당한다고 한 사례이다.

③ 송달을 받을 사람의 주소 등 또는 근무장소가 국내에 없거나 알 수 없는 때에는 그를 만나는 장소에서 송달할 수 있다(제183조 제3항). 주소 등 또는 근무장소가 있는 사람도 송달받을 사람(송달할 서류의 명의인)이 송달받기를 거부하지 아니하면 만나는 장소에서 송달할 수 있다(제183조 제4항). 이를 실무상 조우(遭遇)송달이라고 한다.

(2) 송달받을 장소의 신고

> 제184조(송달받을 장소의 신고)
> 당사자·법정대리인 또는 소송대리인은 주소 등 외의 장소(대한민국 안의 장소로 한정한다)를 송달받을 장소로 정하여 법원에 신고할 수 있다. 이 경우에는 송달 영수인을 정하여 신고할 수 있다.
> 제185조(송달장소변경의 신고의무)
> ① 당사자·법정대리인 또는 소송대리인이 송달받을 장소를 바꿀 때에는 바로 그 취지를 법원에 신고하여야 한다.
> ② 제1항의 신고를 하지 아니한 사람에게 송달할 서류는 달리 송달할 장소를 알 수 없는 경우 종전에 송달받던 장소에 대법원규칙이 정하는 방법으로 발송할 수 있다.

당사자·법정대리인 또는 소송대리인은 주소 등 이외의 장소(대한민국 안의 장소로 한정한다)를 송달받을 장소로 정하여 법원에 신고할 수 있다(제184조). 송달받을 장소를 바꿀 때에는 바로 그 취지를 법원에 신고하여야 한다(제185조 제1항).

[대판 2001.8.24. 2001다31592] 민사소송법 제185조 제1항은 당사자, 법정대리인 또는 소송대리인이 송달장소를 변경한 때에는 지체 없이 그 취지를 법원에 신고하여야 한다고 규정하고 있고, 제2항은 제1항의 규정에 의한 신고를 하지 아니한 자에 대한 서류의 송달은 달리 송달할 장소를 알 수 없는 때에 한하여 종전에 송달을 받던 장소에 등기우편으로 송달할 수 있다고 규정하고 있으며, 위에서 말하는 '달리 송달할 장소를 알 수 없는 때에 한하여'라 함은 상대방에게 주소보정을 명하거나 직권으로 주민등록표 등을 조사할 필요까지는 없지만 적어도 기록에 현출되어 있는 자료로 송달할 장소를 알 수 없는 경우에 한하여 등기우편에 의한 발송송달을 할 수 있음을 뜻하는 것으로 풀이함이 상당하다(대판 2018.4.12. 2017다53623).

⇒ [사실관계] : 가처분신청사건의 채권자인 회사가 송달장소 변경사실을 신고하지 아니하여 종전 송달장소로의 송달이 불능된 경우, 기록에 있는 법인등기부상의 본점 소재지나 대표이사의 주소지로 송달해 보지 아니한 채 막바로 발송송달을 하는 것은 잘못이라고 한 사례이다.

[대판 2022.3.17. 2020다216462] 민사소송법 제185조 제2항에 따른 발송송달을 할 수 있는 경우는 송달받을 장소를 바꾸었으면서도 그 취지를 신고하지 아니한 경우이거나 송달받을 장소를 바꾸었다는 취지를 신고하였는데 그 바뀐 장소에서의 송달이 불능이 되는 경우이다. 민사소송법 제185조 제2항은 이 경우에 종전에 송달받던 장소에 대법원규칙이 정하는 방법으로 발송할 수 있다고 규정하고 있을 뿐이므로, 비록 당사자가 송달장소로 신고한 바 있다고 하더라도 그 송달장소에 송달된 바가 없다면 그곳을 민사소송법 제185조 제2항에서 정하는 '종전에 송달받던 장소'라고 볼 수 없다. 또한 민사소송법 제185조 제2항에서 말하는 '달리 송달할 장소를 알 수 없는 경우'라 함은 상대방에게 주소보정을 명하거나 직권으로 주민등록표 등을 조사할 필요까지는 없지만, 적어도 기록에 현출

되어 있는 자료로 송달할 장소를 알 수 없는 경우에 한하여 등기우편에 의한 발송송달을 할 수 있음을 뜻한다.

(3) 보충송달

1) 의의 및 취지

송달장소에서 송달받을 자를 만나지 못했을 때에 다른 사람에게 대리송달하는 경우로서, 이러한 보충송달을 인정하는 이유는 본인 아닌 그의 사무원, 피용자 또는 동거인, 즉 수령대행인이 서류를 수령하여도 그의 지능과 객관적인 지위, 본인과의 관계 등에 비추어 사회통념상 본인에게 그 서류를 전달할 것이라는 합리적인 기대가 있기 때문이다.

2) 주소 등에서의 보충송달

① 근무장소 외의 주소 등의 송달할 장소에서 송달받을 사람을 만나지 못한 때에는 그 사무원, 피용자 또는 동거인으로서 사리를 분별할 지능이 있는 사람에게 서류를 교부할 수 있다(제186조 제1항). 여기서 사리를 분별할 지능이 있는 사람이라 함은 송달의 취지를 이해하고 송달을 받을 사람에게 교부하는 것을 기대할 수 있을 정도의 능력을 갖춘 사람을 말한다.

[대판 1990.3.27, 89누6013] 만 9세 7개월으로서 초등학교 3학년 학생은 사리를 변식할 지능이 있는 자로 유효한 송달이다.

② 사무원, 피용자 또는 동거인으로서 사리를 분별할 지능이 있는 사람에게 서류를 교부한 때에 송달의 효력이 생기고, 송달받을 사람에게 서류가 전달되었는지 여부는 송달의 효력에 관계없다(대판 1992.2.11, 91누5877). 다만 최근 판례는 소송서류를 송달받을 본인과 소송에 관하여 상반된 이해관계가 있는 수령대행인에 대하여는 보충송달을 할 수 없다고 하였다(대판 2016. 11.10, 2014다54366).

★★[대판 2016.11.10, 2014다54366] 소송서류를 송달받을 본인과 당해 소송에 관하여 이해의 대립 내지 상반된 이해관계가 있는 수령대행인에게 보충송달을 할 수 있는지 여부(소극)
① 송달은 원칙적으로 송달받을 사람의 주소 · 거소 · 영업소 또는 사무소에서 송달받을 사람 본인에게 교부하는 교부송달이 원칙이나(제178조 제1항, 제183조 제1항), 송달기관이 위와 같은 장소

에서 송달받을 사람을 만나지 못한 때에는 그 사무원, 피용자 또는 동거인으로서 사리를 분별할 지능이 있는 사람에게 하는 보충송달에 의할 수도 있다(제186조 제1항).

② 보충송달제도는 본인 아닌 그의 사무원, 피용자 또는 동거인, 즉 수령대행인이 서류를 수령하여도 그의 지능과 객관적인 지위, 본인과의 관계 등에 비추어 사회통념상 본인에게 그 서류를 전달할 것이라는 합리적인 기대를 전제로 한다. 그런데 본인과 수령대행인 사이에 당해 소송에 관하여 이해의 대립 내지 상반된 이해관계가 있는 때에는 수령대행인이 소송서류를 본인에게 전달할 것이라고 합리적으로 기대하기 어렵고, 이해가 대립하는 수령대행인이 본인을 대신하여 소송서류를 송달받는 것은 쌍방대리금지의 원칙에도 반하므로, 본인과 사이에 당해 소송에 관하여 이해의 대립 내지 상반된 이해관계가 있는 수령대행인에 대하여는 보충송달을 할 수 없다고 보아야 한다.

➲ [해설] : 추심명령은 제3채무자와 채무자에게 송달하여야 하고, 추심명령이 제3채무자에게 송달됨으로써 그 효력이 발생하는데(민사집행법 제229조 제4항, 제227조 제2항, 제3항), 이 사건 채권압류 및 추심명령 결정정본이 피고의 사무원인 소외인에게 보충송달의 방법으로 송달된 사실은 인정할 수 있으나, 소외인은 이 사건 채권압류 및 추심명령의 채무자로서 피고와 이해관계를 달리하는 당사자이므로 소외인에게 한 보충송달은 부적법하고, 달리 이 사건 채권압류 및 추심명령 결정정본이 제3채무자인 피고에게 송달된 점을 인정할 아무런 증거가 없으므로, 이 사건 채권압류 및 추심명령은 효력이 발생하지 않았다고 판단한 사례이다.

★[대판 2021.3.11, 2020므11658] 동일한 수령대행인이 소송당사자 쌍방을 대신하여 소송서류를 동시에 송달받은 경우, 보충송달의 효력(원칙적 무효)

보충송달제도는 본인 아닌 그의 사무원, 피용자 또는 동거인, 즉 수령대행인이 소송서류를 수령하여도 그의 지능과 객관적인 지위, 본인과의 관계 등에 비추어 사회통념상 본인에게 소송서류를 전달할 것이라는 합리적인 기대를 전제로 한다. 동일한 수령대행인이 이해가 대립하는 소송당사자 쌍방을 대신하여 소송서류를 동시에 수령하는 경우가 있을 수 있다. 이런 경우 수령대행인이 원고나 피고 중 한 명과도 이해관계의 상충 없이 중립적인 지위에 있기는 쉽지 않으므로 소송당사자 쌍방 모두에게 소송서류가 제대로 전달될 것이라고 합리적으로 기대하기 어렵다. 또한 이익충돌의 위험을 회피하여 본인의 이익을 보호하려는 데 취지가 있는 민법 제124조 본문에서의 쌍방대리금지 원칙에도 반한다. 따라서 소송당사자의 허락이 있다는 등의 특별한 사정이 없는 한, 동일한 수령대행인이 소송당사자 쌍방의 소송서류를 동시에 송달받을 수 없고, 그러한 보충송달은 무효라고 봄이 타당하다.

---

③ 보충송달에서 수령대행인이 될 수 있는 사무원이란 반드시 송달받을 사람과 고용관계가 있어야 하는 것은 아니고, 평소 본인을 위하여 우편물 수령사무 등을 보조하는 자이면 충분하다(대판 2010.10.14, 2010다48455; 대결 2009.1.30, 2008마1540).

④ 여기의 동거인이라 함은 송달을 받을 사람과 동일세대에 속하여 생계를 같이하는 사람을 말하고 반드시 법률상 친족관계에 있어야 하는 것은 아니다(대결 2000.10.28, 2000마5732; 대판 2013. 4.25, 2012다98423 同旨). 따라서 동일한 송달장소에서 거주한다고 하더라도 건물주와 임차인은 세대를 달리하므로 보충송달을 받을 수 있는 동거인의 관계에 있지 않고, 그에 대한 송달은 효력이 없다(대결 1983.12.30, 83모53).

★★[대판 2013.4.25, 2012다98423; 대판 2021.4.15, 2019다244980] 민사소송법 제186조 제1항에 의하면 근무장소 외의 송달할 장소에서 송달받을 사람을 만나지 못한 때에는 그 동거인 등으로서 사리를 분별할 지능이 있는 사람에게 서류를 교부하는 방법으로 송달할 수 있고, 여기에서 말하는 동거인이란 송달을 받을 사람과 동일한 세대에 속하여 생활을 같이하는 사람이기만 하면 되고 반드시 법률상 친족관계에 있어야 하는 것은 아니므로, 이혼한 배우자라도 사정에 의하여 사실상 동일 세대에 소속되어 생활을 같이하고 있다면 여기에서 말하는 수령대행인으로서의 동거인이 될 수 있다.

⑤ 보충송달은 법률이 정한 '송달장소'에서 송달받을 사람을 만나지 못한 경우에만 허용된다. 따라서 우체국 창구에서 송달받을 자의 동거자에게 송달서류를 교부한 것은 부적법한 보충송달이다(대결 2001.8.31, 2001마3790).

3) 근무장소에서의 보충송달

근무장소에서의 송달에 있어서도 교부송달 외에 송달받을 사람의 사용자, 피용자 등에게 보충송달을 할 수 있다(제186조 제2항). 주의할 것은 제2항의 보충송달의 경우에는 위 제1항과 달리, 서류의 수령을 거부하지 않은 경우에 한한다는 점이다. 그리고 이 경우에는 유치송달은 할 수 없다.

(4) 유치송달

한편, 서류를 송달받을 사람 또는 위 제186조 제1항의 규정에 의하여 서류를 넘겨받을 사람이 정당한 사유 없이 송달받기를 거부하는 때에는 송달할 장소에 서류를 놓아둘 수 있다(제186조 제3항). 이를 유치송달이라고 한다.

2. 발송송달

> **제187조(우편송달)**
> 제186조의 규정에 따라 송달할 수 없는 때에는 법원사무관 등은 서류를 등기우편 등 대법원규칙이 정하는 방법으로 발송할 수 있다.
> **제189조(발신주의)**
> 제185조 제2항(송달장소 변경신고를 하지 아니한 경우) 또는 제187조(우편송달)의 규정에 따라 서류를 발송한 경우에는 발송한 때에 송달된 것으로 본다.

1) ① 보충송달은 물론 유치송달에 의하여 송달할 수 없는 때에는 법원사무관 등은 서류를 등기우편 등 대법원규칙이 정하는 방법으로 발송할 수 있고(제187조), ② 당사자 등이 송달받을 장소를 바꿀 때에는 바로 그 취지를 법원에 신고를 하여야 함에도 신고를 하지 아니한 사람에게 송달할 서류는 달리 송달할 장소를 알 수 없는 경우에 종전에 송달받던 장소에 대법원규칙이 정하는 방법으로 발송할 수 있다(제185조 제2항). 이 경우, 서류를 발송한 때에 송달된 것으로 보아 발신주의를 취하고(제189조), 현실적으로 서류의 도달이나 도달시기 등은 불문한다.

2) 여기서 등기우편에 의한 발송송달을 우편송달이라고 하는데, 우편송달은 법원사무관 등이 송달실시기관으로 행하는 점에서 우편집배원이 송달실시기관으로 행하는 「우편에 의한 송달」과 구별된다.

3) 주의할 것은 등기우편에 의한 발송송달 요건을 갖추어 발송송달을 한 경우라도 그 후에 그 사람에 대한 별개의 서류송달은 우선적으로 교부송달(보충송달·유치송달)을 하여야 하는 것이지, 등기우편에 의한 발송송달을 하여야 하는 것이 아니라는 점이다. 이를 「우편송달의 일회성」이라고 한다.

[대결 2009.10.29. 2009마1029; 대판 2022.3.17. 2020다216462] 민사소송법 제187조에 따른 등기우편에 의한 발송송달은 송달받을 자의 주소 등 송달하여야 할 장소는 밝혀져 있으나 송달받을 자는 물론이고 그 사무원, 고용인, 동거인 등 보충송달을 받을 사람도 없거나 부재하여서 원칙적 송달방법인 교부송달은 물론이고 민사소송법 제186조에 의한 보충송달과 유치송달도 할 수 없는 경우에 할 수 있고, 여기에서 송달하여야 할 장소란 실제 송달받을 자의 생활근거지가 되는 주소·거소·영업소 또는 사무소 등 송달받을 자가 소송서류를 받아 볼 가능성이 있는 적법한 송달장소를 말한다.

➲ [해설] : 항고장 기재 송달장소로 송달한 결정 정본이 송달불능된 후 항고인이 다시 종전과 같은 송달장소 및 송달영수인 신고를 한 사안에서, 항고인이 신고한 송달장소 또는 주소지로 다시 결정 정본을 송달해 보지 아니한 채 곧바로 등기우편에 의한 발송송달을 한 법원의 조치는 위법하다고 사례이다.

[대판 1994.11.11. 94다36278] 등기우편에 의한 발송송달은 당해 서류에 관하여 교부송달, 또는 보충·유치송달 등이 불가능한 것임을 그 요건으로 하는 것이므로 당해 서류의 송달에 한하여 할 수 있는 것이지 그에 이은 별개의 서류의 송달은 이 요건이 따로 구비되지 않는 한 당연히 이 방법에 의한 우편송달을 할 수 있는 것이 아니다.

3. 송달함 송달

> **제188조(송달함 송달)**
> ① 제183조 내지 제187조의 규정에 불구하고 법원 안에 송달할 서류를 넣을 함(이하 "**송달함**"이라 한다)을 설치하여 송달할 수 있다.
> ② 송달함을 이용하는 송달은 법원사무관 등이 한다.
> ③ 송달받을 사람이 송달함에서 서류를 수령하여 가지 아니한 경우에는 송달함에 서류를 넣은 지 3일이 지나면 송달된 것으로 본다.
> ④ 송달함의 이용절차와 수수료, 송달함을 이용하는 송달방법 및 송달함으로 송달할 서류에 관한 사항은 대법원규칙으로 정한다.

송달서류가 많은 변호사 등의 경우에는 제183조 내지 제187조의 송달방법에 불구하고 법원 안에 우편사서함과 유사한 송달할 서류를 넣을 함(송달함)을 설치하여 여기에 서류를 넣는 방법으로 서류를 송달할 수 있도록 하였다. 송달받을 사람이 송달함에서 서류를 수령하여 가지 않은 경우에는 송달함에 서류를 넣은 지 3일이 지나면 송달된 것으로 본다. 송달함의 이용절차와 수수료, 송달함을 이용하는 송달방법 및 송달함으로 송달할 서류에 관한 사항은 민사소송규칙 제52조에서 자세히 정하고 있다.

4. 공시송달

제194조(공시송달의 요건)
① 당사자의 주소 등 또는 근무장소를 알 수 없는 경우 또는 외국에서 하여야 할 송달에 관하여 제191조의 규정에 따를 수 없거나 이에 따라도 효력이 없을 것으로 인정되는 경우에는 법원사무관 등은 직권으로 또는 당사자의 신청에 따라 공시송달을 할 수 있다.
② 제1항의 신청에는 그 사유를 소명하여야 한다.
③ 재판장은 제1항의 경우에 소송의 지연을 피하기 위하여 필요하다고 인정하는 때에는 공시송달을 명할 수 있다.
④ 원고가 소권(항소권을 포함한다)을 남용하여 청구가 이유 없음이 명백한 소를 반복적으로 제기한 것에 대하여 법원이 변론 없이 판결로 소를 각하하는 경우에는 재판장은 직권으로 피고에 대하여 공시송달을 명할 수 있다.
⑤ 재판장은 직권으로 또는 신청에 따라 법원사무관 등의 공시송달처분을 취소할 수 있다.
제195조(공시송달의 방법)
공시송달은 법원사무관 등이 송달할 서류를 보관하고 그 사유를 법원게시판에 게시하거나, 그 밖에 대법원규칙이 정하는 방법에 따라서 하여야 한다.
제196조(공시송달의 효력발생)
① 첫 공시송달은 제195조의 규정에 따라 실시한 날부터 2주가 지나야 효력이 생긴다. 다만, 같은 당사자에게 하는 그 뒤의 공시송달은 실시한 다음 날부터 효력이 생긴다.
② 외국에서 할 송달에 대한 공시송달의 경우에는 제1항 본문의 기간은 2월로 한다.
③ 제1항 및 제2항의 기간은 줄일 수 없다.

(1) 의의

① 일반적인 조사를 하였어도 당사자의 주소 등 행방을 알기 어려워 송달장소의 불명으로 통상의 송달방법에 의해서는 송달을 실시할 수 없기 때문에 하는 송달이다. 실제 소송에서 공시송달이 이루어지는 것은 처음부터 살고 있는 장소를 알 수 없는 피고를 상대방으로 소를 제기하는 경우나 본래의 주소에서 피고가 이사하였기 때문에 소장부본을 송달할 수 없어 재판장의 보정명령이 내려지고(제255조 제2항), 이에 대하여 이사한 곳을 조사하여도 원고가 이를 알 수 없는 경우와 같이 송달할 장소를 알 수 없는 경우이다.

② 그 외에 원고가 소권(항소권을 포함한다)을 남용하여 청구가 이유 없음이 명백한 소를 반복적으로 제기한 것에 대하여 법원이 변론 없이 판결로 소를 각하하는 경우에 재판장은 직권으로 피고에 대하여 공시송달을 명할 수 있다(제194조 제4항). 이하에서는 위 ①의 경우를 중심으로 살펴보기로 한다.

(2) 요건

① 당사자의 주소 등(또는 근무장소)을 알 수 없는 경우와 외국에서 하여야 할 송달에 관하여 제191조의 촉탁송달을 할 수 없거나 촉탁송달을 하여도 그 효력이 없을 것으로 인정되는 경우에 공시송달을 할 수 있다(제194조 제1항). 따라서 공시송달은 당사자나 당사자에 준하는 보조참가

인에 한하여 할 수 있는 것이며, 증인·감정인에의 송달은 이에 의할 수 없다. 결국 당사자신문을 받는 경우의 당사자라면 증거조사의 객체로서 증거방법에 해당하므로 당사자본인신문을 위해서는 공시송달에 의할 수 없는 것이다.

② 공시송달의 경우에는 수송달자는 송달의 내용을 현실적으로 알기 어렵기 때문에 최후적이고 보충적인 수단으로 이용되어야 한다.

(3) 절차

① 법원사무관 등은 직권으로 또는 당사자의 신청에 따라 공시송달을 명할 수 있다(과거 재판장의 명령으로 한다는 규정이 개정되어, 2015.7.1.부터는 법원사무관 등이 하는 것으로 개정되었다). 당사자가 공시송달의 신청을 함에는 그 사유를 소명하여야 하는데(제194조 제2항), **예** 종전 주소의 통·반장의 불거주확인서 따위가 제출된다.

② 공시송달은 법원사무관 등이 송달할 서류를 보관하고 그 사유를 법원의 게시판에 게시하거나 그 밖에 대법원규칙이 정하는 방법에 따라서 한다(제195조).

(4) 효력

1) 효력발생시기

첫 공시송달은 실시한 날로부터 2주일이 지나야 효력이 생긴다(제196조 제1항 본문). 외국에서 할 송달에 대한 첫 공시송달은 그 기간이 2월이다(동조 제2항). 다만, 같은 당사자에게 하는 그 뒤의 공시송달은 실시한 다음 날부터 효력이 생긴다(동조 제1항 단서). 이러한 기간은 줄일 수 없다(동조 제3항).

2) 흠 있는 공시송달의 효력

가) 공시송달 자체의 요건불비

① 폐문부재와 같이 공시송달에 의할 수 없어서 공시송달의 요건에 흠이 있다 하여도 재판장이 공시송달을 명하여 공시송달이 이루어진 경우에는 그 뒤에 요건의 흠이 판명된다고 하더라도 그 공시송달은 유효하다고 보는 것이 판례이다. 이론적으로 공시송달명령에는 불복할 수 없는 점, 무효설을 취하면 공시송달제도의 존재의의가 저해되는 점, 재심사유(제451조 제1항 제11호)의 취지 등을 그 논거로 들 수 있다. 그러나 법원사무관 등이 한 공시송달(처분)에 대하여도 기존의 판례가 유지될 것인지는 지켜볼 일이다.64)

★★[대결(전) 1984.3.15. 84마20] 판사의 공시송달명령에 의하여 공시송달을 한 이상 공시송달의 요건을 구비하지 않은 흠결이 있다 하더라도 공시송달의 효력에는 영향이 없다.

★[대결 2024.5.9. 2024마5321] 법원이 송달장소는 알고 있으나 단순히 폐문부재로 송달되지 아니한 경우, 공시송달을 할 수 있는지 여부(소극) 및 송달받을 사람이 주소나 거소를 떠나 더 이상

---

64) 법원사무관 등의 처분은 법관의 재판이 아닌 사법기관의 처분이기 때문이다. 따라서 법원사무관 등의 공시송달에 관한 처분의 잘못, 예컨대 요건불비의 공시송달 등은 제223조(법원사무관 등의 처분에 관한 이의신청에 대하여는 그 법원사무관 등이 속한 법원이 결정으로 재판한다)에 따라 그 소속법원에 이의신청을 할 수 있다고 할 것이다.

송달장소로 인정하기 어려운 경우, 공시송달의 요건인 '송달할 장소를 알 수 없는 경우'에 해당하는지 여부(적극)

재판서류를 공시송달의 방법으로 송달하기 위해서는 당사자 주소 등 송달할 장소를 알 수 없는 경우이어야 하고, 법원이 송달장소는 알고 있으나 단순히 폐문부재로 송달되지 아니한 경우에는 공시송달을 할 수 없다. 그러나 송달받을 사람이 주소나 거소를 떠나 더 이상 송달장소로 인정하기 어렵게 되었다면 이러한 경우에도 송달할 장소를 알 수 없는 경우에 해당된다고 볼 수 있다.

➥ [사실관계 및 해설] : 채권압류 및 전부명령의 결정문을 채무자의 주소지로 송달하였으나 폐문부재로 송달되지 아니하였고, 그 후 9차례에 걸쳐 야간 및 휴일 특별송달을 시도하였으나 모두 폐문부재로 송달되지 아니하자 채권자가 채무자의 주소를 알 수 없다는 이유로 공시송달을 신청한 사안에서, 채권압류 및 전부명령 송달을 실시하기 전에 채무자의 주소지로 채권자가 주장하는 집행권원의 승계집행문이 송달된 적이 있으나, 이는 다른 사건에서 실시된 것으로 위 채권압류 및 전부명령에 관하여는 채무자의 주소지로 송달된 적이 한 번도 없으며, 위 승계집행문 송달 이후 수차례에 걸쳐 특별송달까지 실시하였으나 모두 폐문부재로 송달되지 아니하였고, 제3차 특별송달부터는 채무자가 주소지에서 실제로 거주하고 있는지도 파악하기 어려운 상황이었으며 기록상 달리 채무자의 거소 등을 파악할 수 있는 자료가 없으므로, 채무자가 등록된 주소지를 떠나 더 이상 그 주소지에서 재판서류를 송달받지 못하게 된 경우에 해당할 여지가 많고 채권자가 다른 송달장소를 알 수 없는 경우라고 볼 수 있는데도, 채권압류 및 전부명령 송달을 실시하기 전에 있었던 다른 사건의 채무자 주소지에 대한 승계집행문 송달사실만으로 채권자가 채무자의 소재를 알 수 없는 경우에 해당한다고 볼 수 없다고 한 원심결정에 법리오해 등의 잘못이 있다고 한 사례이다.

[대판 1991.10.22. 91다9985] 민사소송법 제194조 소정의 공시송달의 요건이 갖추어지지 아니하였다고 하더라도, 재판장의 명에 의하여 공시송달이 된 이상 원칙적으로 공시송달의 효력에는 영향이 없는 것이나, 법인에 대한 송달은 같은 법 제64조 및 제179조에 따라서 그 대표자에게 하여야 되는 것이므로 법인의 대표자가 사망하여 버리고 달리 법인을 대표할 자도 정하여지지 아니하였기 때문에 법인에 대하여 송달을 할 수 없는 때에는 공시송달도 할 여지가 없는 것이라고 보아야 할 것이다.

➥ [판결이유] : 법인에 대한 송달은 그 대표자에게 하여야 하고, 그 대표자가 없는 경우에는 송달 자체가 불가능하다고 할 것이므로, 위와 같이 사망한 자를 소외 회사의 대표자로 하여 한 송달은 부적법하다고 할 것인데, 다만 공시송달의 경우에는 재판장이 그 요건이 충족된다고 보아 일단 공시송달을 명한 이상 실제로는 그 요건이 구비되지 아니하여 공시송달을 명할 수 없는 경우였다고 하더라도 그 명령에 의한 공시송달의 송달로서의 효력에는 아무런 영향이 없는 것이기는 하나, 이와 같은 것은 통상의 송달은 가능하나 공시송달의 요건만이 구비되지 아니한 경우에 국한되는 것이고, 이 사건의 경우와 같이 법인의 대표자가 없어 어떠한 송달방법을 택하든 간에 송달 자체가 불가능한 경우에는 그 송달이 공시송달의 방법에 의하여 이루어졌다고 하여 송달로서의 효력을 갖게 된다고 볼 수 없으므로, 결국 위 판결은 아직 소외 회사에 송달되었다고 볼 수 없고 확정되지도 않아 기판력을 가질 수도 없으니, 소외 회사는 위 판결에도 불구하고 피고에게 직접 위 판결에 기하여 된 위 각 소유권이전등기의 말소를 청구할 수 있다고 할 것이라고 판단하였다.

➥ [해설] : 본 판결은 재판장이 법인의 대표자 사망 사실을 알지 못한 가운데 그 대표자에 대한 송달을 공시송달로 하라는 명령을 한 경우, 위 공시송달명령이 무효라는 것으로, 법인의 대표자

가 사망하거나 흠결된 경우의 송달방법에 대한 실무상 지침을 주는 판결로서 그 의의가 작지 않다고 할 것이다. 따라서 위와 같은 경우 재판장은 회사를 상대로 소를 제기하고자 하는 자로 하여금 임시대표이사의 선임을 법원에 청구하도록 하고, 위 방법에 의하면 지체로 인하여 손해를 입을 우려가 있을 때에는 특별대리인의 선임을 법원에 청구하도록 조치하여야 할 것이다.

② 다만, 공시송달의 취지에 반하여 원고가 피고의 주소를 알고 있었음에도 불구하고 고의로 주소불명으로 하여 공시송달의 신청을 하고, 이로 말미암아 소송절차가 진행되어 피고 패소의 판결이 행하여진 경우, 피고에게는 일정한 요건 하에 상소의 추후보완(제173조)이 인정되고, 확정판결에 대한 재심사유(제451조 제1항 제11호)로 삼을 수 있다.

나) 송달의 유효요건 불비

공시송달의 요건에 흠이 있다 하더라도 재판장의 명령에 의해 유효하다고 보는 것은 통상의 송달이 가능함을 전제로 공시송달의 요건만 구비되지 아니한 경우에 국한되며, 송달 일반의 무효사유가 있는 경우에는 공시송달이라도 무효이다.

◈ 망인에 대한 판결정본의 공시송달 효력의 유무 ◈

★★[대판 2007.12.14, 2007다52997] 피고가 변론종결 후에 사망한 상태에서 판결이 선고된 경우, 망인에 대한 판결정본의 공시송달은 무효이고, 상속인이 소송절차를 수계하여 판결정본을 송달받기 전까지는 그에 대한 항소제기기간이 진행될 수도 없다.

➲ [소송의 경과 및 해설] : ① 민사소송법 제396조에 의하면, 항소기간은 판결의 송달을 받은 날로부터 진행되는 것이고, 다만 판결송달 전에도 항소를 제기할 수 있을 따름이므로, 패소 당사자가 판결송달 전에 판결이 선고된 사실을 알았다고 하여 그 안 날로부터 항소기간이 진행하는 것은 아니다. 그리고 항소제기기간은 불변기간이고, 이에 관한 규정은 성질상 강행규정이므로 그 기간 계산의 기산점이 되는 위 판결정본의 부적법한 송달의 하자는 이에 대한 피고의 책문권의 포기나 상실로 인하여 치유될 수 없다. ② 피고가 변론종결 후 사망한 경우, 원고가 위 망인을 상대로 제기한 소송은 위 망인의 사망으로 중단되었고, 다만 판결의 선고는 소송절차가 중단된 중에도 할 수 있으므로 위 법원이 이 사건 재심대상판결을 선고한 것은 적법하다고 할 것이나, 그 소송절차는 그 판결선고와 동시에 중단되었으므로 위 망인에 대하여 판결정본을 공시송달한 것은 효력이 없고, 위 망인의 상속인이 그 소송절차를 수계하여 위 판결의 정본을 송달받기 전까지는 그에 대한 항소제기기간이 진행될 수도 없으며, 이는 위 망인의 상속인들인 피고들이 위 판결의 존재를 알고 있었다거나 위 소송에 대한 수계신청을 하였다는 등의 사정이 있다고 하여 달리 볼 것은 아니라고 할 것이다(필자 주 – 상속인들이 판결의 존재를 알고 있었다거나 수계신청을 하였다고 하더라도 그러한 사정만으로 처음부터 무효인 공시송달의 효력이 유효로 되는 것은 아니고 그때부터 상소기간이 진행하는 것이 아니라는 것이다. 즉 상속인들이 소송수계신청을 하여 판결문을 현실적으로 송달받았다거나 사실상 판결문을 송달받은 날로부터 상소기간이 진행한다는 의미이다). 그런데도 원심은, 이 사건 재심대상판결정본이 피고들에게 송달되었는지 여부를 따져보지도 아니한 채 피고들이 이 사건 재심대상판결의 존재를 알면서 소송수계신청을 함으로써 소송중단사유는 해소되어 그때부터 항소기간이 진행됨으로써 이 사건 재심대상판결이 확정되었고 따라서 이 사건 재심의 소가 적법하다고 판단하고 말았으니, 원심판결에

는 판결의 확정에 관한 법리를 오해하였거나 필요한 심리를 다하지 아니함으로써 판결에 영향을 미친 위법이 있다고 본 사례이다.

★★ [대판 2005.10.14, 2004다52705] 원심변론종결 전 사망한 당사자에 대하여 실시한 판결문의 송달은 위법하여 원칙적으로 무효이고, 따라서 불변기간인 상고기간이 진행될 수 없으므로 추완상고의 문제는 생기지 아니하나, 단지 상속인들이 제기한 추완상고는 상속인들이 판결문을 송달받은 날로부터 적법한 상고기간 내에 제출된 상고로서 적법하다.

> ➋ [해설] : 제1심에서 승소한 원고가 원심 계속 중인 2001.3.6. 사망하였음에도 이를 간과한 채 원고에 대한 변론기일 소환장을 발송송달의 방법으로 송달하고 변론을 진행하여, 2001.5.24. 제1심 판결을 취소하고, 원고의 피고에 대한 청구를 기각하는 판결을 선고하였고, 그 판결의 정본도 역시 원고 망인에게 공시송달의 방법으로 송달하였는데, 그 후 망인의 상속인들이 2004.8.20.경 현실적으로 위 판결문을 송달받아 2004.8.31. 이 사건 추완상고장 및 소송수계신청서를 원심법원에 제출한 사실을 알 수 있는바, 사망한 자에 대하여 실시한 송달은 위법하여 원칙적으로 무효이고, 따라서 불변기간인 상고기간이 진행될 수 없으므로 추완상고의 문제는 생기지 아니하고, 단지 이 사건 추완상고는 망인의 상속인들이 판결문을 송달받은 날로부터 적법한 상고기간 내에 제출된 상고로서 적법하다고 본 사례이다.

VI. 송달의 흠

① 송달은 명의인이나 방식이 잘못되면 무효이다. 다만, 명의인을 잘못하여도 정당한 명의인의 추인이 있으면 그 사람에 대한 송달로 유효하게 되고, 소송절차에 관한 이의권의 포기·상실에 의하여 치유될 수 있다(제151조. 예 사망자에 대하여 실시된 송달은 위법하여 원칙적으로 무효이나, 그 사망자의 상속인이 현실적으로 그 송달서류를 수령한 경우에는 흠이 치유되어 그 송달은 그때에 상속인에 대한 송달로서 효력을 발생한다). 그러나 송달의 흠 가운데 상소기간의 기산점이 되는 판결정본의 송달에 관한 흠은 소송절차에 관한 이의권의 포기·상실의 대상이 아니다.

[대판 1998.2.13, 95다15667] 사망한 자에 대하여 실시된 송달은 위법하여 원칙적으로 무효이나, 그 사망자의 상속인이 현실적으로 그 송달서류를 수령한 경우에는 하자가 치유되어 그 송달은 그때에 상속인에 대한 송달로서 효력을 발생하므로, 압류 및 전부명령 정본이나 그 경정결정 정본의 송달이 이미 사망한 제3채무자에 대하여 실시되었다고 하더라도 그 상속인이 현실적으로 그 압류 및 전부명령 정본이나 경정결정 정본을 수령하였다면, 그 송달은 그때에 상속인에 대한 송달로서 효력을 발생하고, 그때부터 각 그 즉시항고기간이 진행한다.

★ [대판 1979.9.25, 78다2448] 불변기간인 항소 제기기간에 관한 규정은 성질상 강행규정이므로 그 기간 계산의 기산점이 되는 판결정본 송달의 하자는 이에 대한 책문권의 포기나 상실로 인하여 치유될 수 없다.

② 판결정본의 송달에 관한 흠과 관련하여 자백간주(=의제자백)에 따른 판결의 편취가 문제되고 있다.

★★[대판(전) **1978.5.9, 75다634**(판결이유 중)] 제소자가 상대방의 주소를 허위로 다른 곳으로 표시하여 상대방에 대한 변론기일 소환장등의 소송서류를 그 허위주소로 보내고 상대방 아닌 다른 사람이 그 소송서류를 받아 의제자백의 형식으로 제소자 승소의 판결이 선고되고 그 판결정본이 위와 같은 방법으로 상대방에게 송달된 경우에 있어서 위 사위판결(판결이 형식적으로 존재하는 이상 사위판결도 당연무효의 판결이 아니다)을 형식적 확정력이 있는 확정판결로 보고 그 판결에 기판력을 인정할 것인가에 관하여는 학설이 나누어져 있는 바, 하나는 사위판결은 상대방에의 판결정본의 송달이 무효이어서 항소의 대상이 될 뿐이고 확정 판결이 아니니 기판력이 없는 것이라는 항소설이고, 다른 하나는 사위판결은 형식적으로 확정된 확정 판결이므로 기판력이 있고 따라서 사위판결은 재심의 소의 제기나 상소의 추완신청 등에 의하여서만 구제될 수 있는 것이라는 재심설이다. 그러나 사위판결의 경우에 있어서는 판결정본이 제소자가 허위로 표시한 상대방의 허위주소로 보내져서 상대방 아닌 다른 사람이 그를 수령한 것이니 상대방에 대한 판결정본의 송달은 부적법하여 무효이고 상대방은 아직도 판결정본의 송달을 받지 않은 상태에 있는 것으로서 그 판결에 대한 항소기간은 진행을 개시하지 않은 것이라고 보아야 할 것이다.

⇨ [해설] : 본 판례사안과 같이 의제자백에 의한 판결편취가 문제되는 경우, 판례는 항소설의 입장에 따라 해결하는 것으로 평가된다. 이와 같은 항소설은 ① 제451조 제1항 제11호의 명문을 무시한 것이고, ② 어느 때라도 항소가 가능하게 되어 오히려 법률상태가 불안정하게 되며, ③ 판결의 송달이 없는데 인지를 더 붙여 항소하도록 하는 것은 진정한 당사자에게 오히려 뜻하지 않은 부담을 주는 것이라는 비판을 받고 있다. 다만 위 ②의 비판과 관련해서는 항소권에도 소권의 실효법리가 적용됨으로써 불안정한 법률상태의 문제는 다소 해소될 수 있을 것이다.

[대판 1996.7.30, 94다51840]

[1] 실효의 원칙이라 함은 권리자가 장기간에 걸쳐 그 권리를 행사하지 아니함에 따라 그 의무자인 상대방이 더 이상 권리자가 권리를 행사하지 아니할 것으로 신뢰할 만한 정당한 기대를 가지게 된 경우에 새삼스럽게 권리자가 그 권리를 행사하는 것은 법질서 전체를 지배하는 신의성실의 원칙에 위반되어 허용되지 아니한다는 것을 의미하고, 항소권과 같은 소송법상의 권리에 대하여도 이러한 원칙은 적용될 수 있다.

[2] 그리고 실효의 원칙이 적용되기 위하여 필요한 요건으로서의 실효기간(권리를 행사하지 아니한 기간)의 길이와 의무자인 상대방이 권리가 행사되지 아니하리라고 신뢰할 만한 정당한 사유가 있었는지의 여부는 일률적으로 판단할 수 있는 것이 아니라 구체적인 경우마다 권리를 행사하지 아니한 기간의 장단과 함께 권리자 측과 상대방 측 쌍방의 사정 및 객관적으로 존재한 사정 등을 모두 고려하여 사회통념에 따라 합리적으로 판단하여야 한다(대판 1992.12.11, 92다23285; 1992.5.26, 92다3670; 1992.1.21, 91다30118 등 참조).

⇨ [해설] : 동 판결은 실효의 원칙이 항소권과 같은 소송법상의 권리에도 적용됨을 처음으로 밝힘과 동시에 그것이 적용되는 기준을 구체적으로 제시하고 있다는 점에 그 의의가 있다.

제1관 총설

Ⅰ. 증거와 증거조사의 필요성

법원은 법규를 대전제로 하고, 어느 확정된 구체적인 사실(요건사실 또는 주요사실)이 법규의 법률요 건에 포섭되는 것을 소전제로 하여(사실확정), 법규에 규정되어 있는 권리·의무의 존부(법률효과)가 인정되는지 여부를 판단하게 된다. 이 경우 해당 분쟁에 관계하는 주요사실 가운데, 다툼이 없는 것은 그대로 사실인정을 한다(자백사실). 반면 다툼이 있는 사실에 대하여는 이를 확정하여야 하는 데, 이는 법관의 우연적·주관적인 판단에 의할 것이 아니라, 소송에 현출된 객관적인 자료에 근 거할 것이 요구된다. 이에 따라 증거와 그 조사의 문제가 발생한다.

Ⅱ. 증거의 의의 – 용어 사용의 다양성

증거는 판결의 기초를 확정하기 위한 법원의 판단자료를 의미한다. 판단자료는 증거조사라는 법 원의 소송행위를 통하여 형성되는데, 심증형성의 과정에 따라서 단계적으로 다음과 같은 의미로 사용된다.

1. 증거방법 및 증거능력

(1) 의의

1) 증거조사의 대상이 되는 유형물을 '증거방법'이라고 한다. 이러한 증거방법에는 ① 증인, 감정 인, 당사자본인의 인증과 ② 문서, 검증물, 그 밖의 증거(제374조)의 물증이 있다.

2) 그리고 증거방법이 증거조사에 있어서 이용될 수 있는 법률상의 자격을 '증거능력(증거적격)'이 라고 한다.

(2) 위법수집증거의 증거능력

1) 위법수집증거의 증거능력을 인정할 것인지 여부가 문제되는데, 이에 대해 ① 실체적 진실의 발견을 위해 증거능력을 인정하는 견해(증거능력 긍정설), ② 위법수집증거는 인격권 등을 침해 하는 것으로서 증거능력을 인정할 수 없다는 견해(증거능력 부정설), ③ 원칙적으로 증거능력을 부정하되, 정당방위 기타 위법성조각사유가 있는 경우에는 예외적으로 증거능력을 인정할 수 있다는 견해(절충설)의 대립이 있다.

2) 판례는 자유심증주의를 취하고 있는 현행 민사소송에서는 형사소송에서와 달리 원칙적으로 증거능력에는 제한이 없으며, 위법수집증거의 경우라도 증거능력이 부정되는 것은 아니고, 그 채증 여부는 법원의 재량에 속한다는 입장이다(증거능력 긍정설).

> **[대판 1999.5.25, 99다1789]** 자유심증주의를 채택하고 있는 우리 민사소송법하에서 상대방 부지 중 비밀리에 상대방과의 대화를 녹음하였다는 이유만으로 그 녹음테이프가 증거능력이 없다고 단정할 수 없고, 그 채증 여부는 사실심 법원의 재량에 속하는 것이며, 녹음테이프에 대한 증거조사는 검증의 방법에 의하여야 한다(민사소송규칙 제121조).65)

> **[대판 1992.4.14, 91다24755]** 소제기 이후에 작성된 사문서라는 점만으로 당연히 증거능력이 부정되는 것은 아니다.

2. 증거자료

증거방법의 증거조사로부터 형성된 판단자료를 '증거자료'라고 한다(**예** 증언, 감정결과, 당사자신문결과, 문서의 기재내용, 검증결과 등). 그리고 증거자료가 현실적으로 요증사실의 인정에 기여하는 정도(영향력)를 '증거력(증명력 내지 증거가치)'이라고 한다. 원칙적으로 자유심증주의 하에서 증거자료의 증거력 평가는 법관의 자유로운 심증에 맡겨져 있다.

> **[대판 1964.4.14, 63아56]** 민사소송법은 증거법정주의를 채택하지 아니하고 자유심증주의를 채택하였으므로 일반적으로 서증의 비중이 인증의 비중에 비하여 중하다는 결론을 내릴 수 없다.

3. 증거원인

사실의 존부에 있어서 법관의 심증형성의 원인이 된 자료를 '증거원인'이라고 한다. 증거자료와 변론 전체의 취지, 이 두 가지가 증거원인이다(제202조).

> **[대판 1983.9.13, 83다카971]** 변론의 취지는 변론의 과정에 현출된 모든 상황과 자료를 말하여 증거원인이 되는 것이기는 하나 그것만으로는 사실인정의 자료로 할 수 없다.

> **[대판 1993.4.13, 92다12070]** 사문서는 진정성립이 증명되어야만 증거로 할 수 있지만 증명의 방법에 관하여는 특별한 제한이 없고, 부지로 다투는 서증에 관하여 거증자가 성립을 증명하지 아니한 경우라 할지라도 법원은 다른 증거에 의하지 아니하고 변론의 전취지를 참작하여 그 성립을 인정할 수도 있다.

> **[대판 1991.8.27, 91다15591 · 15607]** 재판상의 자백은 상대방의 동의가 없는 경우에는 자백을 한 당사자가 그 자백이 진실에 부합되지 않다는 사실과 자백이 착오에 기인한다는 사실을 증명한 경우에만 이를 취소할 수 있는 것이기는 하지만 증거에 의하여 자백이 진실과 부합되지 않는 사실이 증명되고 변론의 전취지에 의하여 그 자백이 착오에 기인한 것으로 인정되는 경우에는 법원은 자백의 취소를 허용하여야 할 것이다.

---

65) 통신비밀보호법 제3조 제1항이 "공개되지 아니한 타인 간의 대화를 녹음 또는 청취하지 못한다."라고 정한 것은, 대화에 원래부터 참여하지 않는 제3자가 그 대화를 하는 타인들 간의 발언을 녹음해서는 아니 된다는 취지이다. 3인 간의 대화에 있어서 그 중 한 사람이 그 대화를 녹음하는 경우에 다른 두 사람의 발언은 그 녹음자에 대한 관계에서 '타인 간의 대화'라고 할 수 없으므로, 이와 같은 녹음행위가 통신비밀보호법 제3조 제1항에 위배된다고 볼 수는 없다(대판 2006.10.12, 2006도4981).

Ⅲ. 증거의 종류

1. 직접증거와 간접증거

직접증거는 다툼이 있는 주요사실을 직접대상으로 하는 증거이다. 이에 대하여 간접증거는 간접사실이나 보조사실을 그 대상으로 하는 증거를 말한다.

2. 본증과 반증, 반대사실의 증거

1) ① 자기가 증명책임을 지는 사실을 증명하기 위하여 제출하는 증거 내지 증명활동을 본증이라 하고, ② 상대방이 증명책임을 지는 사실을 부정하기 위하여 제출되는 증거 내지 증명활동을 반증이라고 한다.

2) ① 본증은 그 사실의 존재(요증사실)에 대하여 법관의 확신을 생기게 하여야 한다. ② 이에 대하여 반증은 그 사실의 부존재에 대하여 완벽하게 증명할 필요는 없고, 그 사실의 존재에 대하여 법관에게 의심을 품게 하여 진위불명의 상태만 형성하면 그것으로 목적을 달성한다. 반증에는 직접반증과 간접반증이 있다.

3) 한편, 반증과 반대사실의 증명은 구별하여야 한다. 법률상의 추정을 뒤집기 위한 소위 반대사실의 증명은 반증이 아니라 본증이다. 반대사실의 존재는 법률상의 추정을 다투는 사람에게 증명책임이 있기 때문이다. 따라서 당사자로서는 법원이 그 추정사실의 존재에 의심을 품게 하는 정도의 증명으로 충분하지 않고, 그 추정사실을 번복할 만한 반대사실의 존재를 완벽하게 증명하여야 한다.

제2관 증명의 대상 및 불요증사실

Ⅰ. 증명의 대상

1. 사실

1) 원칙적으로 주요사실은 증명의 대상이 된다. 그리고 간접사실이나 보조사실은 주요사실의 증명에 필요한 한도에서 증명의 대상이 되는 것에 지나지 않는다.

2) 변론주의하에서 주요사실이라고 하여도 변론에서 주장되지 않았으면 증명의 대상이 되지 않는다. 또한 당사자가 자백한 사실은 증명의 대상이 되지 않는다. 이와 같은 재판상 자백에 대해서는 이미 상술한 바 있으므로 여기서는 생략하도록 한다. 그리고 현저한 사실도 증명의 대상이 되지 않는다(제288조).

2. 법규

법규에 대하여는 "법적 구성 = 법원의 책무"라는 원리상 원칙적으로 당사자에 의한 증명을 요구할 필요가 없다. 다만 특수한 외국법(외국관습법), 관습법(특히 사실인 관습은 당사자의 주장·입증이 필요하다)의 존부 및 내용과 같이 법관이 정확하게 알고 있다는 보장이 없는 경우라면 당사자에 의한 증명을 요구할 필요가 있다.

3. 경험법칙

같은 종류의 많은 사실을 경험한 결과로부터 귀납되는 사물에 관한 지식이나 법칙을 경험법칙이라고 한다(경험칙이라고도 한다). 사실의 확정에 있어서 증거로부터의 사실 인정이나 간접사실로부터 주요사실의 존재 추인 등에 경험법칙을 이용하지 않을 수 없는데, ① 일상적인 경험법칙은 당사자에 의한 증명을 요구할 필요는 없다. 그러나 ② 전문적인 경험법칙(예 과학적인 경험칙 등으로 수면제를 어느 정도 먹으면 죽는가)에 대하여는 법관에게 맡기는 것만으로 판단의 공정성·객관성이 담보될 수 없으므로 당사자에 의한 증명이 필요하다.

Ⅱ. 불요증사실

> 제288조(불요증사실)
> 법원에서 당사자가 자백한 사실과 현저한 사실은 증명을 필요로 하지 아니한다. 다만, 진실에 어긋나는 자백은 그것이 착오로 말미암은 것임을 증명한 때에는 취소할 수 있다.

1. 재판상 자백과 자백간주

변론주의 원칙상 당사자 사이에 다툼이 없이 자백한 사실은 증거조사를 하지 않고 당연히 재판의 기초로 하여야 한다(자백의 구속력). 제288조의 「당사자가 자백한 사실은 증명을 필요로 하지 아니한다」라는 것은 이러한 의미이다. 즉 법원은 자백의 구속력에 따라 자백한 사실과 다른 사실을 심리하는 것이 허용되지 않으며, 그와 배치되는 사실을 증거에 의하여 인정할 수 없다(대판 1988. 10.24, 87다카804). 자백간주에 의해 인정되는 사실의 경우도 마찬가지이다. 다만 자백·자백간주 사실과 구별되는 것으로 권리자백이 있다.

2. 권리자백

(1) 의의

① 권리자백이란 상대방 주장의 법률상의 진술 또는 의견에 대한 자기에게 불리한 진술을 말하는데, 협의로는 특히 소송물의 전제를 이루는 권리·법률관계에 대한 불리한 진술을 말한다.

② <u>소송물인 권리관계 자체에 대한 불리한 진술도 넓은 의미에서는 권리자백이라 볼 수 있으나</u> 이 경우는 청구의 인낙으로서 구속력이 생기므로(제220조), <u>일반적 권리·법률관계에 대한 불리한 진술로서의 권리자백과는 구별된다고 볼 수 있다.</u>

(2) 권리자백의 대상 및 재판상 자백으로서의 효력인정 여부

1) 법규의 존부·해석·적용에 관한 진술

법규의 존부·해석은 법원이 그 직책상 스스로 판단·해석해야 할 전권사항이므로, 당사자 사이에 일치하여도 자백의 대상이 되지 않는다.

> **[대판 1998.7.10. 98다6763]** 법정변제충당의 순서를 정함에 있어 기준이 되는 이행기나 변제이익에 관한 사항 등은 구체적 사실로서 자백의 대상이 될 수 있으나, 법정변제충당의 순서 자체는 법률규정의 적용에 의하여 정하여지는 법률상의 효과여서 그에 관한 진술이 비록 그 진술자에게 불리하더라도 이를 자백이라고 볼 수는 없다.

2) 사실에 대한 평가적 판단의 진술(법적추론)

과실, 정당한 사유, 증거의 가치평가 등의 진술이 여기에 해당되는데, 이는 권리자백의 대상일 수는 있어도 재판상 자백으로 법원을 구속하지는 못한다.

> **[대판 2001.9.14. 2000다66430]** 법률상 유언이 아닌 것을 유언이라고 시인하였다 하여 그것이 곧 유언이 될 수 없고 이와 같은 진술은 자백이 될 수가 없다.

3) 법률적 사실의 진술(압축진술)

구체적인 사실의 경과를 주장하지 않고, 매매, 소비대차와 같이 법률상 개념을 사용하여 사실진술을 한 경우로서, 이는 그 내용을 이루는 사실에 대한 압축진술로, 그 법률용어가 일상적·상식적인 법률개념이고 상대방이 이를 이해하고 자백하였다면 재판상의 자백으로 보아 구속력을 인정하여야 한다.

> ★**[대판 1984.5.29. 84다122]** 법률용어를 사용한 당사자의 진술이 동시에 <u>구체적인 사실관계의 표현으로서</u> 사실상의 진술도 포함하는 경우에는 그 범위 내에서 자백이 성립하는 것이라 할 것이다.

4) 선결적 법률관계에 대한 진술

가) 문제점

사실이 아닌 소송물의 존부판단에 대한 전제가 되는 선결적 법률관계에 관한 자백에 구속력을 인정할 것인지 여부가 문제이다. 예 소유권에 기한 토지인도청구소송에서 소유권의 존부는 토지인도청구권의 존부의 판단에 대한 관계에서 소전제의 위치에 있는 전제문제인데, 이러한 '선결적 법률관계'에 관한 자백, 즉 "원고의 소유권을 인정한다."라는 피고의 진술을 (협의)권리자백이라고 부르고, 이러한 권리자백에 대하여도 본래의 자백과 마찬가지로 취급하여 구속력을 인정할 것인지 여부가 문제이다. 이는 피고가 원고의 토지인도청구권의 존부 자체를 인정하는 청구의 인낙과는 다르다.

나) 학설

① 법률판단에 관한 자백으로서 법원의 전권에 해당한다고 보는 견해도 있으나, ② 다수설은 선결적 법률관계가 법적 삼단논법의 소전제의 위치에 있는 경우에는 사실관계와 다를 바 없으므로 선결적 법률관계의 존부에 대하여 자백이 있으면, 그 진위 여하에 불구하고 자백이 긍정되어 구속력이 있다고 본다(긍정설). 위 토지인도청구소송의 예에서 소유권의 존부는 선결적 법률관계를 이루는 것인 바, 그것이 중간확인의 소(제264조)의 대상이 되었을 때에 피고로서는 청구의 인낙도 할 수 있는 것이라면, 그보다 유리한 피고의 자백은 응당 긍정하여야 할 것이고 구속력이 있다고 보는 이유에서이다.

다) 판례

판례는 소유권의 내용을 이루는 사실에 대한 재판상 자백으로 볼 수 있다고 하였다. 즉 ① 선결적 법률관계는 그 자체로는 자백으로서 구속력이 없더라도, ② '그 내용을 이루는 (구체적) 사실'에 대하여는 자백이 성립할 수 있다는 취지이다.

★★[대판 1989.5.9, 87다카749] 소유권에 기한 이전등기말소청구소송에 있어서 피고가 원고 주장의 소유권을 인정하는 진술은 그 소전제가 되는 소유권의 내용을 이루는 사실에 대한 진술로 볼 수 있으므로 이는 재판상 자백이다.

[대판 2008.3.27, 2007다87061]

[1] 재판상의 자백은 변론기일 또는 변론준비기일에 당사자에 의하여 행하여지는 진술로서 상대방 당사자의 주장과 일치하는 자기에게 불리한 사실의 진술을 말하는 것이고, 소송물의 전제문제가 되는 권리관계나 법률효과를 인정하는 진술은 권리자백으로서 법원을 기속하는 것도 아니며, 상대방의 동의 없이 자유로이 철회할 수 있다(대판 1982.4.27, 80다851 同旨).

[2] 사립학교법인이 설치·경영하는 대학교 산하 한국어학당의 강사들이 재임용거절 무효를 주장하며 신분확인 등을 청구한 사안에서, 위 강사들이 위 법인의 근로자 지위에 있었다는 점에 관하여 위 법인의 재판상 자백이 성립하였다면, 그 후 위 강사들이 시간제 근로자라거나 교직원이 아니라는 등의 주장은 근로관계에 관한 법률적 평가를 여러 가지로 바꾸어 주장하는 것에 지나지 않아 자백의 취소로 볼 수 없다.

(3) 효과

1) 재판상 자백으로 인정되는 경우

① 불요증사실로서 상대방의 증명책임이 면제되고, ② 법원에 대한 구속력이 인정된다. 또한 ③ 당사자에 대한 구속력도 인정되므로 원칙적으로 임의철회가 제한된다.

2) 재판상 자백으로 인정되지 않는 경우

법원과 당사자를 구속하지 못하고, 다만 변론의 전체 취지로서 참작될 수 있다.

3. 현저한 사실

현저한 사실이란 법원이 소송절차에서 특별한 증거조사를 할 필요 없이 이미 소상하게 알고 있어서 의혹을 품을 여지가 없을 정도로 인식되어 있는 사실을 말하는데, 증거에 의한 증명이 필요하지 않다(제288조).

현저한 사실에는, ① 보통의 지식·경험으로 사회의 일반인이 믿어 의심하지 않을 정도로 알려진 사실로서 공지의 사실과 ② 법관이 그 직무상 경험으로 명백하게 알고 있는 사실인 법원에 현저한 (직무상 현저한) 사실이 있다.

[대판 2019.8.9, 2019다222140] 피고와 제3자 사이에 있었던 민사소송의 확정판결의 존재를 넘어서 판결의 이유를 구성하는 사실관계들까지 법원에 현저한 사실로 볼 수 있는지 여부(소극) 피고와 제3자 사이에 있었던 민사소송의 확정판결의 존재를 넘어서 그 판결의 이유를 구성하는 사실관계들까지 법원에 현저한 사실로 볼 수는 없다. 민사재판에 있어서 이미 확정된 관련 민사사건의 판결에서 인정된 사실은 특별한 사정이 없는 한 유력한 증거가 되지만, 당해 민사재판에서 제출된 다른 증거 내용에 비추어 확정된 관련 민사사건 판결의 사실인정을 그대로 채용하기 어려운 경우에는 합리적인 이유를 설시하여 이를 배척할 수 있다는 법리도 그와 같이 확정된 민사판결 이유 중의 사실관계가 현저한 사실에 해당하지 않음을 전제로 한 것이다.

➡ [사실관계 및 해설] : 원심이 다른 하급심판결의 이유 중 일부 사실관계에 관한 인정 사실을 그대로 인정하면서, 위 사정들이 '이 법원에 현저한 사실'이라고 본 사안에서, 당해 재판의 제1심 및 원심에서 다른 하급심판결의 판결문 등이 증거로 제출된 적이 없고, 당사자들도 이에 관하여 주장한 바가 없음에도 이를 '법원에 현저한 사실'로 본 원심판단에 법리오해의 잘못이 있다고 한 사례이다.

---

4. 법률상 추정되는 사실

법규화된 경험칙, 즉 추정규정에 의하여 추정되는 사실에 대하여 증명책임이 있는 당사자는 추정사실을 직접 증명할 수도 있으나 보통은 그보다 증명하기 쉬운 전제사실을 증명함으로써 이에 갈음하게 되는데, 이러한 의미에서 법률상 추정되는 사실은 증명의 필요가 없는 사실이 된다. 다만, 상대방은 이 경우에 반대사실에 대하여 주장·증명책임을 부담하기 때문에 반대사실이 증명의 대상이 된다. 그리하여 법률상의 추정이 되었을 때 이를 깨뜨리기 위하여 그 추정을 다투는 자가 반대사실에 대하여 제출하는 증거는 반증이 아니라 본증에 해당한다.

<h2 align="center">제3관 증거조사의 절차</h2>

증명의 대상	→	증거의 신청	→	증거의 채부	→	증거조사의 실시	→	심증형성·판결
↓		↓				↓		↓
증명주제(변론주의 제1,2명제)		변론주의(제3명제)				집중증거조사		자유심증주의

제3-1관 절차개요

어느 사실에 다툼이 있는 경우에는 당사자는 그 존부를 증거를 이용하여 증명하여야 한다. 이를 위한 증거방법으로서는 매매계약서 등의 문서나 매매의 목적으로 된 토지 등의 검증물, 증인, 흠의 정도를 감정하는 감정인, 그리고 당사자본인의 여러 가지가 있다. 이들 증거방법은 증거조사라는 절차에서 조사된다. ① 증인, ② 감정인, ③ 당사자본인(내지는 법정대리인), ④ 문서, ⑤ 유체물의 증거방법에 대한 각각의 증거조사절차를 ⅰ) 증인신문, ⅱ) 감정, ⅲ) 당사자신문, ⅳ) 서증, ⅴ) 검증이라고 부른다. 그리고 위와 같은 5가지 증거방법에 대한 증거조사절차 이외에 ⅵ) 「그 밖의 증거」의 조사에 관한 사항에 대하여 감정, 서증, 검증의 규정에 준하여 대법원규칙으로 정하도록 하고 있다. 증거조사의 절차는 다음과 같이 이루어진다.

Ⅰ. 증거의 신청

1. 의의

증거의 신청은 당사자가 그 주장을 증명하기 위하여 일정한 증거방법(예 증인, 당사자본인, 감정인, 문서, 검증물 등)에 대하여 법원에 조사를 구하는 소송행위이다. 통상은 증거를 신청하여 채택이 되면, 증거조사할 증거방법을 제출하나, 서증의 신청은 소지한 문서를 제출하거나 문서소지자에게 제출을 명할 것을 신청하는 방식 등으로 한다(제343조). 서증에 대해서는 별도로 검토하기로 한다.

2. 방식

1) 증거의 신청은 증명할 사실을 특정하여 증거방법을 표시하고, 증명할 사실과 증거방법의 관계를 구체적으로 밝혀야 한다(제289조 제1항, 민사소송규칙 제74조).

2) 증거조사에 비용을 필요로 하는 경우에는 그 비용을 미리 내야 한다(제116조, 민사소송규칙 제77조).

3. 시기

1) 증거의 신청도 공격방어방법의 일종으로서 소송의 정도에 따라 적절한 시기에 증거를 제출하여야 한다(제146조). 그리고 재판장은 당사자의 의견을 들어 증거를 신청할 기간을 정할 수 있으며 (=재정기간) 그 기간을 넘긴 때에는 그 증거를 신청할 수 없도록 하고 있다(제147조).

2) 소장 제출단계에서 원고는 피고가 답변 방향을 결정하는 데 중요한 기본적 서증을 제출하여야 하고(민사소송규칙 제63조 제2항), 또한 원고가 소장에서 서증을 인용한 때에는 그 서증의 등본 또는 사본을 붙여서 제출하여야 한다(제254조 제4항). 그리고 소장을 송달받은 피고는 답변서에 자기의 주장을 증명하기 위한 증거방법과 상대방의 증거방법에 관한 의견을 함께 적어야 하며, 답변사항에 관한 중요한 서증이나 답변서에서 인용한 문서의 사본 등을 붙여야 한다(제256조 제4항, 제274조 제2항, 제275조).

4. 철회

증거의 신청은 ① 그 조사에 들어가기 전에 임의로 철회할 수 있지만, ② 조사가 개시된 뒤에는 자유심증주의에 의하여 상대방에게 유리한 증거자료가 생기는 경우도 있으므로(당사자 사이의 증거 공통의 원칙), 상대방의 동의가 없다면 그 신청의 철회는 허용되지 않는다. 나아가 ③ 증거조사가 종결된 뒤에는 이미 법관의 심증형성에 영향을 주었기 때문에 상대방의 동의가 있어도 철회가 허용되지 않는다.

5. 상대방의 의견진술 기회보장과 증거항변

증거신청이 있으면 법원은 상대방 당사자에게 의견을 진술할 기회를 주어야 한다(제274조 제1항 제5호, 제283조). 상대방은 실기한 신청이라든지, 증거가치가 없다든지, 불필요한 증거라든지, 서증이 인장도용에 의한 위조문서라든지 따위의 증거항변을 할 수 있다. 상대방에게 진술의 기회를 부여하면 되지, 상대방이 실제로 증거신청에 대한 의견을 진술할 필요는 없다. 의견진술의 기회를 주었음에도 의견제출이 없으면 소송절차에 관한 이의권의 포기·상실로 절차위배의 하자는 치유된다(제151조).

Ⅱ. 증거의 채부

> **제290조(증거신청의 채택 여부)**
> 법원은 당사자가 신청한 증거를 필요하지 아니하다고 인정한 때에는 조사하지 아니할 수 있다. 다만, 그것이 당사자가 주장하는 사실에 대한 유일한 증거인 때에는 그러하지 아니하다.

1. 의의

1) 법원은 원칙적으로 신청한 증거를 조사하여야 하지만, 합리적인 이유가 있는 경우에는 신청한 증거의 조사를 거부할 수 있다. 예를 들어 시기에 뒤늦은 경우(제149조) 등 부적법한 것은 조사하지 아니하여도 무방하다. 그리고 사건의 쟁점과 직접 관련이 없거나 사건의 재판에 중요하지 않는 등 불필요한 것은 조사할 필요가 없다(제290조 본문).

2) 법원이 증명사항에 대하여 적극적으로 심증을 얻고 있는 때에는 그 이상 다른 증거를 조사하지 않을 수 있다. 이에 반하여 증명사항에 대하여 이미 반대의 심증을 얻고 있더라도 당연히 다른 증거를 조사할 필요가 없다고 할 수는 없다. 특히 당사자 일방이 신청한 증거에 의하여 심증을 얻었다 하여 상대방의 증거신청을 전혀 거부하는 것은 불공평하므로 허용되지 않는다. 다만, 본래는 조사하지 않으면 안 되는 증거라도 조사를 할 수 있을지, 언제 할 수 있을지를 알 수 없는 등의 장애가 있는 경우(예 증인의 행방불명, 증서의 분실)에는 법원은 그 증거를 조사하지 않을 수 있다(제291조).

2. 유일한 증거

(1) 의의 및 취지

유일한 증거라 함은 주요사실에 관하여 당사자로부터 증거신청이 있는 경우에 그 점에 대하여는 다른 증거방법이 없는 것으로 그 증거를 조사하지 않으면 증명의 길이 없게 되어 아무런 증명이 없게 되는 경우의 증거를 말한다. 당사자가 주장하는 사실에 대한 유일한 증거인 때에는 이를 채택하여 조사하여야 한다(제290조 단서). 유일한 증거를 조사하지 않고 주장을 배척하면 증명의 길을 막고 증거가 없음을 나무라는 결과가 되어 쌍방심리주의에 반하므로, 이 범위에서 법원의 증거채부의 재량권이 제한을 받는 셈이다.

(2) 판단기준

① 유일한지 여부는 사건 전체가 아니라 '쟁점 단위'로 판단하여야 하므로 사건 전체로 보아 여러 개의 증거가 있어도 어느 특정한 쟁점에 관한 유일한 증거를 배척하여서는 안 된다.

② 또한 유일한지 여부는 '전 심급'을 통하여 판단하여야 한다.

(3) 적용범위

① 주요사실에 대한 증거, 즉 직접증거라야 하므로 간접사실·보조사실에 대한 증거인 간접증거는 포함되지 않는다. 다만 판례는 서증이 유일한 증거이면 그 서증의 진정성립을 위하여 신청한 증인이 단 한번 출석하지 아니하였다 하여 취소한 다음 항변을 받아들이지 아니한 것은 주장사실에 대한 유일한 증거를 조사하지 아니한 채증법칙위반이라고 하였다.[66]

② 유일한 증거는 자기에게 증명책임이 있는 사항에 대한 증거이기 때문에 본증에 한하는 것이지, 반증은 해당되지 아니한다는 것이 판례이다(대판 1998.6.12, 97다38510).

(4) 효과

1) 증거조사

유일한 증거는 반드시 증거조사하여야 함이 원칙이다. 다만 유일한 증거라도 다음과 같은 경우에는 예외적으로 증거조사를 하지 아니할 수 있다. ① 증거신청이 부적법하거나, ② 시기에 뒤늦은 경우(제149조), ③ 증인의 병환이나 송달불능 등 증거조사에 장애가 있는 경우, ④ 비용의 불예납 등 거증자의 고의나 태만으로 인하여 증거조사를 합리적인 기간 내에 할 수 없는 경우 등이다.

2) 증거력 판단

유일한 증거로서 증거조사가 이뤄진 경우라도, 자유심증주의 하에 그 내용을 반드시 채택하여야 한다는 것은 아니다.

---

[66] 처분문서인 서증의 진정성립사실은 보조사실이지만, 이것이 인정되면 주요사실에 대해 강한 사실상의 추정력이 생기므로, 주요사실에 대한 증거처럼 유일한 증거의 법리를 적용해야 한다는 취지이다. 즉 유일한 서증의 진정성립을 인정하기 위한 증인은 유일한 증거에 해당된다.

3. 채부의 결정

법원이 증거의 신청을 채택하여 증거조사를 하는 데에는 하나하나의 형식적인 증거결정은 필요하지 않지만, 특히 증거조사를 위하여 새 기일을 정하거나 수명법관 또는 수탁판사에 의한 조사를 행하기 위해서는 그 취지의 결정을 할 필요가 있다. 한편, 신청을 부적법 또는 불필요하다고 배척하는 때에는 각하의 재판을 하여야 한다. 증거의 채부결정은 변론에 기한 것이므로 독립하여 항고할 수 없고, 종국판결과 함께 상급심의 판단을 받는다(제392조).

III. 직권증거조사

1) 법원은 당사자가 신청한 증거에 의하여 심증을 얻을 수 없거나 그 밖에 필요하다고 인정한 때에는 직권으로 증거조사를 할 수 있다(제292조). 반면, 소액사건에서는 필요한 때에는 언제든지 직권으로 증거조사를 할 수 있다(소액사건심판법 제10조 제1항).

2) 변론주의에 따르는 통상의 민사소송절차에서는 직권증거조사는 보충적・예외적으로만 인정되고, 법원은 처음부터 적극적으로 증거를 탐지하여서는 안 된다. 그런데 여기서 심증형성이 어렵다고 하여 반드시 직권증거조사를 하여야 하는 것은 아니다. 법원에 직권으로 증거조사를 하여야 할 의무를 부과한 것은 아니고, 법원의 재량에 따른다.

3) 한편, 행정소송과 같이 직권탐지주의에 따르는 절차에서는 직권증거조사가 원칙이다. 그 밖에 명문으로 직권증거조사가 허용되는 것으로는 공공기관 등에 대한 조사의 촉탁(제294조), 감정의 촉탁(제341조), 당사자본인신문(제367조) 등이 있다.

IV. 증거조사의 집중

제293조에서는 증인신문과 당사자신문은 당사자의 주장과 증거를 정리한 뒤 집중적으로 하여야 한다는 집중증거조사의 원칙을 규정하고 있지만, 집중증거조사라 하더라도 서증, 감정 및 검증은 이를 예정하고 있지 않으므로 집중증거조사는 증인 및 당사자신문에 한정된다(제293조). 이하에서는 증인신문에 관한 개괄적인 내용을 살펴보고, 서증에 관해서는 후술하기로 한다.

V. 자유심증주의와 증명책임

증거조사결과의 평가는 법원의 자유심증주의에 따른다(제202조). 즉 법원은 법정의 증거법칙에 구속되지 않고, 변론 전체의 취지와 증거조사의 결과(증거자료)를 참작하여 자유로운 심증으로 사실주장이 진실에 합치하는지 여부를 판단한다. 그런데 법원이 사실의 존부에 대한 심증을 얻을 수 없는 경우, 즉 이른바 '진위불명'의 경우에는 증명책임에 따른 판결이 행하여진다.

제3-2관 각종 증거방법의 증거조사절차

I. 증인신문

1. 의의

증인신문은 증인을 증거방법으로 하여 그 증언내용을 증거자료로 하기 위한 증거조사이다.

(1) 증인

증인은 사고의 목격자와 같이 과거에 스스로 경험한 사실을 법원에 진술하는 자연인인 제3자이다. 사고를 목격한 의사가 사고경위 이외에 당시 피해자의 신체의 피해 정도에 관하여 의학적 진술을 하는 경우와 같이 전문적인 학식경험으로부터 얻은 과거의 사실을 진술하는 감정증인도 증인의 하나이다(제340조).

(2) 증인능력

① 당사자 본인, 법정대리인 및 당사자인 법인 등의 대표자는 증인이 되지 않는다. 이들에 대하여는 당사자신문을 인정하고 있다(제367조, 제372조). 그러나 소송대리인이라도 증인능력이 있다.

② 미성년자 등 소송제한능력자도 신문의 취지를 이해할 수 있으면 증인으로 신문할 수 있다.

③ 통상공동소송인은 다른 공동소송인과 상대방 사이의 소송에 대하여 자기의 소송관계와 전혀 무관계한 경우에 증인능력을 가진다.

증인능력 인정	• 16세 미만자 • 증언거부권자 • 원·피고의 소송대리인 • 선정자	• 선서거부권자 • 소송제한능력자 • 원·피고의 보조참가인 • 대위소송에서의 피대위자 등
증인능력 부정	• 당사자 본인 • 당사자인 법인의 대표자 등	• 당사자의 법정대리인

2. 증인의무

제303조(증인의 의무)
법원은 특별한 규정이 없으면 누구든지 증인으로 신문할 수 있다.

제304조(대통령·국회의장·대법원장·헌법재판소장의 신문)
대통령·국회의장·대법원장·헌법재판소장 또는 그 직책에 있었던 사람을 증인으로 하여 직무상 비밀에 관한 사항을 신문할 경우에 법원은 그의 동의를 받아야 한다.

제305조(국회의원·국무총리·국무위원의 신문)
① 국회의원 또는 그 직책에 있었던 사람을 증인으로 하여 직무상 비밀에 관한 사항을 신문할 경우에 법원은 국회의 동의를 받아야 한다.
② 국무총리·국무위원 또는 그 직책에 있었던 사람을 증인으로 하여 직무상 비밀에 관한 사항을 신문할 경우에 법원은 국무회의의 동의를 받아야 한다.

> **제306조(공무원의 신문)**
> 제304조(대통령·국회의장·대법원장·헌법재판소장의 신문)와 제305조(국회의원·국무총리·국무위원의 신문)에 규정한 사람 외의 공무원 또는 공무원이었던 사람을 증인으로 하여 직무상 비밀에 관한 사항을 신문할 경우에 법원은 그 소속 관청 또는 감독 관청의 동의를 받아야 한다.

우리나라 재판권에 복종하는 자는 모두 증인의무를 부담하는데(제303조), 이는 출석의무, 선서의무, 진술의무로 이루어진다. 증인은 증인의무를 이행하는 데 있어서 여비, 일당 및 숙박료를 받을 수 있다(민사소송비용법 제4조). 공무원 등의 직무상 비밀에 대하여 신문함에는 해당 기관의 동의를 필요로 한다(제304조 내지는 제307조).

(1) 출석의무

> **제310조(증언에 갈음하는 서면의 제출)**
> ① 법원은 증인과 증명할 사항의 내용 등을 고려하여 **상당하다고 인정하는 때**에는 **출석·증언에 갈음**하여 **증언할 사항을 적은 서면을 제출**하게 할 수 있다. → 「서면에 의한 증언」으로서, 법원에 제출된 서면은 서증이 아니라 변론에 현출됨으로써 증언으로서의 효력을 가진다.
> ② 법원은 상대방의 이의가 있거나 필요하다고 인정하는 때에는 제1항의 **증인으로 하여금 출석·증언**하게 할 수 있다.
>
> **제312조(출석하지 아니한 증인의 구인)**
> ① 법원은 **정당한 사유 없이 출석하지 아니한 증인을 구인**하도록 명할 수 있다.
> ② 제1항의 구인에는 **형사소송법**의 구인에 관한 규정을 준용한다.

(2) 선서의무

① 증인은 원칙적으로 증언에 앞서 선서할 의무가 있다. 특별한 사유가 있는 때에는 재판장은 신문한 뒤에 선서를 하게 할 수 있다(제319조). 재판장은 선서에 앞서 선서의 취지를 밝히고, 위증의 벌에 대하여 경고하여야 한다(제320조). 16세 미만인 사람 등 법률상 선서의무가 없는 경우(제322조. 16세 미만의 미성년자는 선서의 취지를 이해하는 것으로 판단되는 경우라고 하더라도 선서를 시키지 못한다), 법원이 선서를 면제할 수 있는 경우(제323조) 및 증인이 선서를 거부할 수 있는 경우(제324조)가 인정되고 있다.

② 증인은 어느 사건에 관하여 한번 선서를 한 경우에는 예정된 신문을 끝내지 못하여 다음 기일에 속행하는 때는 물론이고, 일단 신문을 종료하고 새로 증인으로 채택하여 신문하는 때에도 전후의 신문사항이 전혀 무관한 경우가 아닌 한 다시 선서를 시킬 필요가 없다.

(3) 진술의무

> **제314조(증언거부권)**
> 증인은 그 증언이 자기나 다음 각 호 가운데 어느 하나에 해당하는 사람이 **공소제기되거나 유죄판결을 받을 염려가 있는 사항** 또는 자기나 그들에게 **치욕이 될 사항**에 관한 것인 때에는 이를 **거부할 수 있다.**
> 1. 증인의 **친족** 또는 이러한 관계에 있었던 사람
> 2. 증인의 **후견인** 또는 증인의 후견을 받는 사람

> 제315조(증언거부권)
> ① 증인은 다음 각 호 가운데 어느 하나에 해당하면 증언을 거부할 수 있다.
>   1. 변호사·변리사·공증인·공인회계사·세무사·의료인·약사, 그 밖에 법령에 따라 비밀을 지킬 의무가 있는 직책 또는 종교의 직책에 있거나 이러한 직책에 있었던 사람이 직무상 비밀에 속하는 사항에 대하여 신문을 받을 때
>   2. 기술 또는 직업의 비밀에 속하는 사항에 대하여 신문을 받을 때
> ② 증인이 비밀을 지킬 의무가 면제된 경우에는 제1항의 규정을 적용하지 아니한다.

1) 증인은 신문에 대하여 증언할 의무가 있다. 이에 부수하여 재판장은 필요하다고 인정한 때에는 증인에게 문자를 손수 쓰게 하거나(수기) 그 밖의 필요한 행위를 하게 할 수 있다(제330조). 정당한 이유 없이 증언을 거부하면 불출석과 마찬가지로 과태료 등의 제재가 부과된다(제318조).

2) 그런데 일정한 경우에 증언거부권을 인정하고 있다. ① 증인 및 증인과 신분적으로 가까운 관계에 있는 사람의 처벌(징계처분과 같은 것은 제외)을 초래하거나 치욕이 될 우려가 있는 경우에는 증언거부권이 있다(제314조). ② 직무상 비밀준수의무를 부담하고 있는 사항, 기술 또는 직업의 비밀에 속하는 사항에 대하여는 증언거부권이 있다(제315조). 증언을 거부하는 이유는 소명하여야 하고(제316조), 증언거부가 옳은지에 대하여 수소법원은 당사자를 심문하여 재판하고, 그 재판에 대하여 당사자 또는 증인은 즉시항고를 할 수 있다(제317조).

3. 신문절차

교호신문에 있어서 신문기술의 부족으로 기대만큼의 성과를 얻지 못하여 직권신문보다 많은 시간이 걸리며 중복신문, 유도신문이 만연하는 등의 폐단이 나타났다. 특히 변호사대리가 아닌 본인소송의 경우에 교호신문의 장점을 살리지 못하고 오히려 진실발견과 원만한 소송진행에 지장을 초래하는 것이 실무의 현실이었고 재판장의 보충신문과 개입신문만으로는 이를 보완하기에 충분하지 않았다. 그래서 교호신문제를 원칙으로 하면서 재판장이 알맞다고 인정하는 때에는 당사자의 의견을 들어 신문의 순서를 바꿀 수 있도록 하여 경우에 따라서는 당사자의 신문에 앞서서 재판장이 먼저 다툼의 전제사실과 주요쟁점 등에 관하여 신문하고, 그 답변의 바탕 위에서 양쪽 당사자가 차례로 신문하는 방식을 취할 수 있도록 하는 등의 교호신문제를 완화하였다(제327조 제4항).

(1) 증인신문의 신청

> 제293조(증거조사의 집중)
> 증인신문과 당사자신문은 당사자의 주장과 증거를 정리한 뒤 집중적으로 하여야 한다.
> 제308조(증인신문의 신청)
> 당사자가 증인신문을 신청하고자 하는 때에는 증인을 지정하여 신청하여야 한다.

당사자가 증인신문을 신청하고자 하는 때에는 증인을 지정하여 신청하여야 한다(제308조). 증인신문은 당사자의 주장과 증거를 정리한 뒤 집중적으로 실시하여야 하므로(제293조) 당사자는 부득이

한 사정이 없는 한 필요한 증인을 기일 전에 일괄하여 신청하여야 한다(민사소송규칙 제75조 제1항). 증인의 출석을 위한 당사자의 노력의무를 규정한 것(민사소송규칙 제82조)은 집중증거조사를 뒷받침하기 위한 것이다.

(2) 증인조사방식

1) 증인진술서 제출방식

> ◈ 민사소송규칙 ◈
>
> 제79조 제1항(증인진술서의 제출 등)
> 법원은 효율적인 증인신문을 위하여 필요하다고 인정하는 때에는 증인을 신청한 당사자에게 증인진술서를 제출하게 할 수 있다.

① 법원은 효율적이고 실질적인 증인신문을 위하여 필요하다고 인정하는 때에는 증인을 신청한 당사자에게 증인진술서를 제출하게 할 수 있다. 증인진술서에는 증언할 내용을 그 시간 순서에 따라 적고, 증인이 서명날인하여야 한다(민사소송규칙 제79조). 증인진술서를 제출하게 하여 상대방에게 미리 송달하고, 법정에서는 반대신문을 중심으로 효율적이고 실질적인 증인신문을 할 수 있도록 한 것이다.

② 증거방법으로는 서증으로 취급된다.

2) 증인신문사항 제출방식

증인진술서의 제출방식이 적당하지 않은 사건, 예 신청한 당사자의 지배영역 내에 있지 않은 중립적 증인인 경우나 증인이 글을 읽거나 쓰지 못하는 경우, 증언 내용을 미리 밝히는 것이 부적절한 경우 등에는 증인진술서 대신에 증인신문사항 제출방식에 의한다(민사소송규칙 제80조).

3) 서면에 의한 증언방식

구분	서면에 의한 증언방식	증인진술서 제출방식
법적성질	증언	서증
대상자(제출자)	증인	당사자
증거조사절차	서면제출과 변론에서의 현출	출석과 증언

(3) 증인의 소환

재정증인(예 법원에 의하여 소환됨이 없이 증인이 기일에 출석한 경우)의 경우를 제외하고 기일에 증인의 출석을 요구한다. 다만, 서면에 의한 증언의 경우에는 출석·증언에 갈음하여 증언할 사항을 적은 서면을 제출하면 된다(제310조, 증언에 갈음하는 서면의 제출 – 서면에 의한 증언방식).

(4) 신문의 방식

1) 구술신문

> **제331조(증인의 진술원칙)**
> 증인은 서류에 의하여 진술하지 못한다. 다만, 재판장이 허가하면 그러하지 아니하다.
> **제310조(증언에 갈음하는 서면의 제출)**
> ① 법원은 증인과 증명할 사항의 내용 등을 고려하여 상당하다고 인정하는 때에는 출석·증언에 갈음하여 증언할 사항을 적은 서면을 제출하게 할 수 있다.
> ② 법원은 상대방의 이의가 있거나 필요하다고 인정하는 때에는 제1항의 증인으로 하여금 출석·증언하게 할 수 있다.

증인의 진술은 말로 하는 것이 원칙이고, 서류에 의하여 진술할 수는 없다(제331조). 형식적으로 구술진술이더라도 서면의 기재를 낭독하는 진술은 구술진술이라고 할 수 없다. 다만, 이 원칙에 대한 예외로 ① 서면에 의한 증언(제310조)과, ② 법원이 서류에 의한 진술을 허가한 경우가 있다(제331조 단서).

2) 격리신문

> **제328조(격리신문과 그 예외)**
> ① 증인은 따로따로 신문하여야 한다.
> ② 신문하지 아니한 증인이 법정 안에 있을 때에는 법정에서 나가도록 명하여야 한다. 다만, 필요하다고 인정한 때에는 신문할 증인을 법정 안에 머무르게 할 수 있다.
> **제329조(대질신문)**
> 재판장은 필요하다고 인정한 때에는 증인 서로의 대질을 명할 수 있다.

동일 기일에 여러 증인을 신문하는 경우에는 따로 따로 신문하는 것이 원칙이고, 신문하지 아니한 증인이 법정 안에 있을 때에는 격리하여 법정에서 나가도록(=퇴정) 명하고, 다만 필요하면 뒤에 신문할 증인을 법정 안에 머무르게(=재정) 하거나(제328조) 또는 증인 서로의 대질을 명할 수 있다(제329조).

3) 교호신문

> **제327조(증인신문의 방식)**
> ① 증인신문은 증인을 신청한 당사자가 먼저 하고, 다음에 다른 당사자가 한다.
> ② 재판장은 제1항의 신문이 끝난 뒤에 신문할 수 있다.
> ③ 재판장은 제1항과 제2항의 규정에 불구하고 언제든지 신문할 수 있다.
> ④ 재판장이 알맞다고 인정하는 때에는 당사자의 의견을 들어 제1항과 제2항의 규정에 따른 신문의 순서를 바꿀 수 있다.
> ⑤ 당사자의 신문이 중복되거나 쟁점과 관계가 없는 때, 그 밖에 필요한 사정이 있는 때에 재판장은 당사자의 신문을 제한할 수 있다.
> ⑥ 합의부원은 재판장에게 알리고 신문할 수 있다.

가) 의의

교호신문제도는 영미법에 있어서 배심재판의 역사를 배경으로 증거개시제도(discovery)나 상세한 증거법칙과 밀접하게 관련하여 발전하여 온 것인데, 우리 민사소송법은 1961년 법원에 의한 직권신문제를 폐지하고, 교호신문제도를 채택하여 당사자주의를 보다 철저하게 도모하고자 하였다. 다만, 소액사건의 경우에는 교호신문의 방식에 의하지 않고, 판사가 증인을 신문한다(소액사건심판법 제10조 제2항).

나) 신문의 순서

① 증인신문은 신청을 한 당사자가 우선 신문한다. 이를 주신문이라고 한다. 주신문이 끝나면 상대방이 (반대)신문을 한다(제327조 제1항). 나아가 재주신문, 재반대신문의 순서로 행한다. 재판장은 쌍방의 신문이 끝나면 보충신문을 하는 것이 원칙인데(동조 제2항), 필요하다고 인정하면 언제라도 스스로 개입신문을 할 수 있다(동조 제3항).

② 또한 재판장은 당사자가 행하는 신문에 대하여 소송지휘상의 견지에서 신문이 중복되거나 쟁점과 관계가 없는 때와 같이 불필요, 부적당한 것, 그 밖에 필요한 사정이 있는 때에는 당사자의 신문을 제한할 수 있다(제327조 제5항). 그리고 합의부원은 재판장에 알리고 보충신문이나 개입신문을 할 수 있다(제327조 제6항).

다) 교호신문제의 완화

교호신문제를 원칙으로 하면서 재판장이 알맞다고 인정하는 때에는 당사자의 의견을 들어 신문의 순서(예 증인을 신청한 당사자가 먼저 신문을 하고, 다음에 다른 당사자가 하고, 재판장은 위 신문이 끝난 뒤에 신문할 수 있는 순서)를 바꿀 수 있도록 하고 있다(제327조 제4항). 당사자 내지는 소송대리인이 증인신문을 적절하게 할 수 없는 경우 재판장이 신문순서를 바꾸는 때에는 사전에 당사자의 의견을 들어야 한다. 이 절차를 거치지 않고 순서를 바꾸는 것은 절차규정의 위반인데, 소송절차에 관한 이의권의 포기·상실(제151조)에 의하여 흠은 치유된다고 할 것이다.

4) 비디오 등 중계장치에 의한 증인신문

제327조의2(비디오 등 중계장치에 의한 증인신문)
① 법원은 다음 각 호의 어느 하나에 해당하는 사람을 증인으로 신문하는 경우 상당하다고 인정하는 때에는 당사자의 의견을 들어 비디오 등 중계장치에 의한 중계시설을 통하거나 인터넷 화상장치를 이용하여 신문할 수 있다.
　1. 증인이 멀리 떨어진 곳 또는 교통이 불편한 곳에 살고 있거나 그 밖의 사정으로 말미암아 법정에 직접 출석하기 어려운 경우
　2. 증인이 나이, 심신상태, 당사자나 법정대리인과의 관계, 신문사항의 내용, 그 밖의 사정으로 말미암아 법정에서 당사자 등과 대면하여 진술하면 심리적인 부담으로 정신의 평온을 현저하게 잃을 우려가 있는 경우
② 제1항에 따른 증인신문은 증인이 법정에 출석하여 이루어진 증인신문으로 본다.
③ 제1항에 따른 증인신문의 절차와 방법, 그 밖에 필요한 사항은 대법원규칙으로 정한다.

개정법 제327조의2는 증인이 법정에 직접 나오기 어려운 경우 등에 있어서, 비디오 등 중계시설을 통해 신문할 수 있도록 '원격 영상 신문절차'를 도입하였다.

II. 감정

제333조(증인신문규정의 준용)

감정에는 제2절의 규정을 준용한다. 다만, 제311조 제2항 내지 제7항, 제312조, 제321조 제2항, 제327조 및 제327조의2는 그러하지 아니하다.

제335조의2(감정인의 의무)

① 감정인은 감정사항이 자신의 전문분야에 속하지 아니하는 경우 또는 그에 속하더라도 다른 감정인과 함께 감정을 하여야 하는 경우에는 곧바로 법원에 감정인의 지정 취소 또는 추가 지정을 요구하여야 한다.

② 감정인은 감정을 다른 사람에게 위임하여서는 아니 된다.

제339조(감정진술의 방식)

① 재판장은 감정인으로 하여금 서면이나 말로써 의견을 진술하게 할 수 있다.

② 재판장은 여러 감정인에게 감정을 명하는 경우에는 다 함께 또는 따로따로 의견을 진술하게 할 수 있다.

③ 법원은 제1항 및 제2항에 따른 감정진술에 관하여 당사자에게 서면이나 말로써 의견을 진술할 기회를 주어야 한다.

제339조의2(감정인신문의 방식)

① 감정인은 재판장이 신문한다.

② 합의부원은 재판장에게 알리고 신문할 수 있다.

③ 당사자는 재판장에게 알리고 신문할 수 있다. 다만, 당사자의 신문이 중복되거나 쟁점과 관계가 없는 때, 그 밖에 필요한 사정이 있는 때에는 재판장은 당사자의 신문을 제한할 수 있다.

제339조의3(비디오 등 중계장치 등에 의한 감정인신문)

① 법원은 다음 각 호의 어느 하나에 해당하는 사람을 감정인으로 신문하는 경우 상당하다고 인정하는 때에는 당사자의 의견을 들어 비디오 등 중계장치에 의한 중계시설을 통하여 신문하거나 인터넷 화상장치를 이용하여 신문할 수 있다.

  1. 감정인이 법정에 직접 출석하기 어려운 특별한 사정이 있는 경우

  2. 감정인이 외국에 거주하는 경우

② 제1항에 따른 감정인신문에 관하여는 제327조의2 제2항 및 제3항을 준용한다.

제340조(감정증인)

특별한 학식과 경험에 의하여 알게 된 사실에 관한 신문은 증인신문에 관한 규정을 따른다. 다만, 비디오 등 중계장치 등에 의한 감정증인신문에 관하여는 제339조의3을 준용한다.

---

1. 의의

1) 감정이라 함은 감정인으로 하여금 <u>특별한 학식·경험에 속하는 전문적 지식, 경험 또는 이를 이용한 의견·판단을 법원에 보고하도록 하여 법관의 판단능력을 보충하는 증거조사</u>를 말한다.

그 증거방법이 감정인이다. 다만, 전문적 학식·경험에 의하여 습득한 사실에 대하여 진술하는 감정증인(📖 사고 현장에서 피해자를 진료한 의사가 그 피해자의 증상이나 치료의 내용에 대하여 진술하는 경우)은 특별한 학식·경험 때문에 알 수 있게 된 사실을 진술하는 사람이고, 대체성이 없으므로 증인으로 보아야 하고, 그 조사는 증인신문절차를 따른다. 다만 비디오 등 중계장치 등에 의한 감정증인신문에 관하여는 제339조의3을 준용한다(제340조).

2) 감정인에 의한 감정은 증거자료가 되지만, 전문심리위원이 설명이나 의견은 증거자료가 아니다. 지정결정, 선서 등 여러 절차가 필요한 감정제도에 비하여 전문심리위원은 비교적 간이한 절차를 통하여 신속하게 도움을 받을 수 있다는 점에 서로 차이가 있을 수 있다.

2. 감정의 대상

감정의 대상이 되는 것은, 우선 재판의 대전제가 되는 법규나 경험칙(📖 외국법, 규약, 관습법이나 고도의 전문법칙 등)이 있다. 그리고 문서의 진정성의 인식을 위한 필적, 인영(印影), 지문, 부동산의 평가나 적정임대료의 액, 손해배상사건에서 상해의 원인, 증상, 노동능력의 상실 정도 등이 대표적인 감정사항이 될 것이다. 특히 의료과오소송이나 그 밖의 과학기술상 쟁점을 포함하는 소송(📖 특허사건에서 물건의 성질, 효능, 구조 등)에서는 법률전문가인 법관의 판단능력(인식능력)에 한계가 있게 된다. 그리하여 당사자는 전문가인 감정인에게 기대하는 부분이 크게 된다. 다만, 법관의 통상의 지식에 의하여 인식할 수 있는 경험칙(📖 상식적인 추정법칙)은 굳이 증명을 요하지 않으므로 감정에 의할 필요는 없다. 따라서 감정증거조사는 법원의 직권사항이다.

3. 감정의무

1) 감정인은 당사자 이외의 학식과 경험이 있는 제3자이고, 감정의무는 증인의무와 마찬가지로 재판권에 복종하는 사람에게 부과되는 일반적 의무이다(제334조). 따라서 법원에 의하여 지정된 감정인이 감정을 거절하면 정당한 사유가 없는 한, 증인의무위반과 마찬가지의 일정한 제재를 가한다(제333조). 다만, 증언거부사유, 선서거부사유에 해당하는 사유가 있는 사람 및 16세 미만인 사람 또는 선서의 취지를 이해하지 못하는 사람은 감정인이 될 수 없다(제334조 제2항).

2) 개정법 제335조의2에서는 감정 절차에 대한 공정성과 신뢰성을 보장하기 위해, ① 감정인은 감정사항이 자신의 전문분야에 속하지 아니하는 경우 또는 그에 속하더라도 다른 감정인과 함께 감정을 하여야 하는 경우에는 곧바로 법원에 감정인의 지정 취소 또는 추가 지정을 요구하도록 하였고, ② 감정인은 감정을 다른 사람에게 위임하여서는 아니 된다고 하였다.

4. 감정절차

① 감정절차는 원칙적으로 증인신문의 절차를 준용한다(제333조 본문). 📖 재판장은 감정인에게 신문에 앞서 선서를 하게 하여야 한다(제319조). 그렇지만 증인에 대한 감치는 감정에는 적용이 없다(제333조 단서). 당사자는 감정의 대상으로 할 증명사항을 명확히 하여 감정의 신청을 하여야 한다(제289조 제1항). 법원은 필요한 경우 등에는 직권으로 감정을 명할 수도 있다(제292조).

② 법원은 감정의 신청에 대하여 채부를 결정하고 감정을 채택하는 때에는 감정사항을 확정하고 또한 감정인을 지정한다(제335조). 증인신문의 신청이 증인을 지정하여 행하여지는 것(제309조)과 비교하면, 당사자에 의한 감정인의 지정은 법원의 판단자료로서의 의미밖에 없고, 법원은 그 지정에 구속되지 않는다.

③ 감정인을 정하면, 지정된 신문기일에 감정인이 출석하도록 한다.

④ 감정의견의 진술방식은 서면이나 말이다(제339조). 통상 감정서의 제출이 일반적인 실무이다. 감정은 인증의 일종이므로 감정결과를 기재한 감정서를 서증으로 취급하여서는 안 된다. 다만, 소송 밖에서 당사자의 사적인 의뢰에 의하여 작성된 감정서를 법원에 제출하였을 때에는 서증이 된다. 감정인에 대한 당사자의 기피권, 신문권의 보장을 침해하기 때문에 이를 통상의 감정으로 보아서는 안 된다. 이것이 사감정(私鑑定)이라는 것이다. 사감정을 행한 자는 감정인이라고 불리더라도 위에서 말하는 감정인은 아니다.

⑤ 개정법은 감정결과에 대한 공정성과 신뢰성을 보장하기 위해, 당사자에게 서면이나 말로써 의견을 진술할 기회를 주도록 하였다(제339조 제3항).

⑥ 개정법은 감정인 신문은 법원이 직권으로 하는 것을 원칙으로 하되, 당사자도 보충적으로 신문할 수 있도록 하였다(제339조의2).

⑦ 개정법은 감정인이 법정에 직접 나오기 어려운 경우 등에 있어서, 당사자의 의견을 들어 비디오 등 중계장치에 의한 중계시설을 통하여 신문하거나 인터넷 화상장치를 이용하여 신문할 수 있도록 하였다(제339의3).

⑧ 감정인은 감정을 위하여 필요한 경우에는 법원의 허가를 받아 남의 토지, 주거 등에 들어갈 수 있고, 이 경우에 저항을 받을 때에는 경찰공무원에게 원조를 요청할 수 있다(제342조).

5. 감정의 촉탁

제341조(감정의 촉탁)
① 법원이 필요하다고 인정하는 경우에는 공공기관·학교, 그 밖에 상당한 설비가 있는 단체 또는 외국의 공공기관에 감정을 촉탁할 수 있다. 이 경우에는 선서에 관한 규정을 적용하지 아니한다.
② 제1항의 경우에 법원은 필요하다고 인정하면 공공기관·학교, 그 밖의 단체 또는 외국 공공기관이 지정한 사람으로 하여금 감정서를 설명하게 할 수 있다.
③ 제2항의 경우에는 제339조의3을 준용한다.
제139조(수명법관의 지정 및 촉탁)
① 수명법관으로 하여금 그 직무를 수행하게 하고자 할 경우에는 **재판장이 그 판사를 지정한다.**
② 법원이 하는 **촉탁**은 특별한 규정이 없으면 **재판장**이 한다.

6. 감정결과의 채부

(1) 당사자 원용요부

감정결과를 재판의 자료로 하기 위해서는 당사자의 감정결과에 대한 원용의 진술이 필요하지만,

판례는 법정에 감정결과가 현출된 이상, 당사자의 원용이 없어도 법원은 그 결과를 증거자료로 할 수 있다고 하였다.

(2) 자유심증주의와의 관계

감정결과의 채부는 법관의 자유심증에 의한다. 다만 판례는 ① 감정인의 감정 결과는 감정방법 등이 경험칙에 반하거나 합리성이 없는 등 현저한 잘못이 없는 한 존중하여야 한다고 하였다. 나아가 ② 감정인의 감정 결과 일부에 오류가 있는 경우에도 그로 인하여 감정사항에 대한 감정 결과가 전체적으로 서로 모순되거나 매우 불명료한 것이 아닌 이상, 법원은 감정 결과 전부를 배척할 것이 아니라 해당되는 일부 부분만을 배척하고 나머지 부분에 관한 감정 결과는 증거로 채택하여 사용할 수 있다고 하였다.

> **[대판 2012.1.12. 2009다84608; 대판 2019.1.14. 2018다255648; 대판 2023.6.1. 2023다217534]**
> **감정인의 감정 결과의 증명력 및 감정 결과 중 오류가 있는 부분만을 배척하고 나머지 부분에 관한 감정 결과를 증거로 채택할 수 있는지 여부**(원칙적 적극) – 감정인의 감정 결과는 감정방법 등이 경험칙에 반하거나 합리성이 없는 등 현저한 잘못이 없는 한 존중하여야 한다. 또한 법원은 감정인의 감정 결과 일부에 오류가 있는 경우에도 그로 인하여 감정사항에 대한 감정 결과가 전체적으로 서로 모순되거나 매우 불명료한 것이 아닌 이상, 감정 결과 전부를 배척할 것이 아니라 해당되는 일부 부분만을 배척하고 나머지 부분에 관한 감정 결과는 증거로 채택하여 사용할 수 있다.
>
> **[대판 2016.12.29. 2014다67720]** 감정인의 감정 결과는 특별한 사정이 없는 한 존중되어야 하지만, 감정 과정에 중대한 오류가 있는 등 감정방법이 경험칙에 반하거나 합리성이 없는 등 현저한 잘못이 있는 경우에는 이를 배척할 수 있다.
>
> ★**[대판 2018.10.12. 2016다243115] 상이한 수 개의 감정 결과 중 어느 감정 결과를 채택할 것인지가 사실심 법원의 전권에 속하는지 여부**(원칙적 적극)
> 동일한 사항에 관하여 상이한 여러 개의 감정 결과가 있을 때 감정방법 등이 논리와 경험칙에 반하거나 합리성이 없다는 등의 잘못이 없는 한, 그중 어느 감정 결과를 채택할 것인지는 원칙적으로 사실심 법원의 전권에 속한다.
>
> **[대판 2019.5.30. 2015다8902] 감정인의 신체감정 결과의 증명력**
> 감정인의 신체감정 결과는 증거방법의 하나로서 법원이 어떤 사항을 판단할 때 특별한 지식과 경험이 필요한 경우에 판단의 보조수단으로 이용하는 데에 지나지 않는다. 법관은 모든 증거를 종합하여 자유로운 심증으로 특정 감정 결과에 따라 후유장해의 인정 여부를 판단할 수 있고, 이러한 판단은 논리와 경험의 법칙에 반하지 않는 한 적법하다.

Ⅲ. 당사자신문

> **제367조(당사자신문)**
> 법원은 직권으로 또는 당사자의 신청에 따라 당사자 본인을 신문할 수 있다. 이 경우 당사자에게 선서를 하게 하여야 한다.

> 제368조(대질)
>
> 재판장은 필요하다고 인정한 때에 당사자 서로의 대질 또는 당사자와 증인의 대질을 명할 수 있다.
>
> 제369조(출석·선서·진술의 의무)
>
> 당사자가 정당한 사유 없이 출석하지 아니하거나 선서 또는 진술을 거부한 때에는 법원은 신문사항에 관한 상대방의 주장을 진실한 것으로 인정할 수 있다.
>
> 제372조(법정대리인의 신문)
>
> 소송에서 당사자를 대표하는 법정대리인에 대하여는 제367조 내지 제371조의 규정을 준용한다. 다만, 당사자 본인도 신문할 수 있다.

1. 서설

(1) 의의

당사자 본인을 증거방법으로 하여, 마치 증인처럼 그가 경험한 사실에 대해 진술하게 하여 증거자료를 얻는 증거조사를 말한다(제367조).

(2) 법적 성질

① 당사자신문을 받는 경우의 당사자는 증거조사의 객체로서 증거방법이기 때문에, 여기에서 그의 진술은 증인의 증언과 마찬가지로 증거자료이지 소송자료가 아니다(대판 1981.8.11, 81다262·263). 따라서 당사자신문에 대한 진술에는 소송능력을 필요로 하지 않는다(제372조 단서 참조).

② 당사자신문의 과정에서 상대방의 주장사실과 일치되는 부분이 있다 하여도 그것은 자백이 될 수 없다.

(3) 당사자신문의 대상

① 당사자신문은 소송자료(사실자료)를 제공하는 것이 아니기 때문에 소송제한능력자도 당사자신문의 대상이 된다(제372조 단서).

② 소송상의 주체인 당사자 본인뿐만 아니라, 당사자의 법정대리인, 법인 등이 당사자인 경우 그 대리인·대표자도 당사자신문의 대상이 된다(제372조, 제64조).

③ 공동소송인도 자기의 소송관계와 무관한 사항에 관하여는 증인이 될 수 있으나, 다만 공동의 이해관계 있는 사항에 대하여는 다른 공동소송인에 대한 관계에서 당사자신문의 대상이 된다.

2. 보충성의 폐지

(1) 개정 전 구법의 태도와 비판

① 구법은 당사자 본인신문은 다른 증거방법에 의하여 법원이 심증을 얻지 못한 경우에 한하여 직권 또는 당사자의 신청에 의하여 허용된다(구법 제339조)고 하여 당사자 본인을 증거방법으로 인정하면서 보충성의 원리를 채택하고 있었다. 또한 구법하의 판례는 당사자 본인신문에 대해 증거방법으로서의 보충성에 그치지 않고, 나아가 증거력으로서의 보충성까지 확장시켜 해석하

여 당사자신문 결과만 가지고는 주요사실을 인정할 수 없고 다른 증거와 합해서만 비로소 주요사실을 인정할 수 있다는 입장이었다(대판 1983.6.14, 83다카95 등).

② 이에 대해 보충성을 인정하게 되면, 사건의 내용을 누구보다 잘 아는 당사자 본인을 통해 빨리 사건의 개요를 파악하기 어려워지고 재판의 신속·적정을 해친다는 비판과 함께, 증거력의 자유로운 평가를 뜻하는 자유심증주의를 합리적 이유 없이 제한한다는 비판이 있었다.

(2) 개정법의 태도 – 보충성의 폐지

이에 신법은 보충성을 폐지하기에 이르렀다. 즉 ① 신법 제367조 본문에서는 법원은 직권 또는 당사자의 신청에 따라 당사자 본인을 신문할 수 있다고 규정하여, 당사자 본인이 독립한 증거방법임을 명백히 하고, 다른 증거방법이 있는 경우에도 당사자신문이 허용됨을 밝히고 있다. 따라서 ② 증거력으로서의 보충성까지 확장시켜 해석했던 종전의 판례는 더 이상 유지될 수 없으며, 이제 당사자 본인신문은 다른 증거와 종합하지 않고 독립적인 사실인정의 자료가 될 수 있게 되었다.

구법 – 보충성 요구	신법 – 보충성 폐지
판례 ➡ ① 증거방법으로서의 보충성 요구 ② 증거력의 보충성 요구	제367조를 규정 ➡ ① 증거방법으로서의 보충성과 증거력의 보충성 폐지 ➡ ② 이제는 독립한 증거방법임을 명백히 하였으므로, 다른 증거조사에 우선하여서도 당사자 본인신문을 할 수 있게 되었고, 또한 당사자 본인신문 결과는 다른 증거와 종합하지 않고 독립적인 사실인정의 자료가 될 수 있게 되었다.

3. 시기 및 절차

(1) 시기

당사자신문은 증인신문의 경우처럼 변론준비절차가 끝난 뒤에 변론기일에서 집중적으로 행한다(제293조).

(2) 절차

1) 신청 – 증인신문절차 규정의 준용

당사자신문절차는 대체로 증인신문절차 규정이 준용된다(제373조). 다만, 당사자신문은 당사자의 신청 이외에 법원의 직권으로도 할 수 있다(제367조). 거증자인 당사자는 자기 자신의 신문을 신청할 수 있을 뿐만 아니라, 상대방의 신문도 신청할 수 있다.

2) 재판 – 증인신문과의 차이점

증인신문의 경우와 차이는 다음과 같다. ① 신문의 방법으로서 대질은 증인 서로에 대하여 인정되지만(제329조), 당사자 본인에 대하여는 당사자 본인 서로뿐만 아니라 당사자와 증인의 대질도 인정된다(제368조). ② 당사자는 출석, 선서, 진술의무를 부담하는데, 정당한 사유 없이 이에 위반하면 신문사항에 관한 상대방의 주장이 진실이라고 인정되는 불이익을 받는다(제369조). 그리고 ③ 선서한 뒤에 거짓 진술을 하면 증인의 경우에는 형법상의 범죄(위증죄)가 되지만, 당사자의 경우에는 500만원 이하의 과태료의 제재를 받는다(제370조).

3) 흠의 치유 – 이의권의 포기·상실

당사자 신문할 사람을 증인으로 신문하였다 하여도 당사자의 이의가 없으면, 소송절차에 관한 이의권의 포기·상실(제151조)로 그 흠이 치유되어 그 진술을 증거자료로 할 수 있다(대판 1977.10.11, 77다1316).

Ⅳ. 서증

1. 서증의 의의

문서를 열람하여 그에 기재된 의미·내용을 증거자료로 하기 위한 증거조사를 말한다. 문서의 의미·내용을 증거자료로 하는 증거조사라는 점에서 문서의 존재 자체나 그 외형을 증거자료로 하기 위한 증거조사인 검증과 다르다.

2. 문서의 종류

(1) 공문서와 사문서

① 공문서는 공무원이 그 권한에 의하여 직무상 작성한 문서이고(∴공무원이 작성한 것이라도 직무권한 내의 사항에 관하여 작성한 것이 아니라 개인의 자격에서 작성한 문서는 공문서가 아니다), ② 그 밖의 것은 사문서이다. 양자는 문서의 진정성립의 추정에 대한 취급을 달리한다. 그런데, ③ 사문서에 공무원이 직무상 일정한 사항을 기입해 넣는 경우가 있는데, 이는 公私併存文書(예 내용증명우편에 의한 통지서, 확정일자를 갖춘 임대차계약서 등)가 된다.

(2) 처분문서와 보고문서

구분	처분문서	보고문서
의의	증명하고자 하는 법률행위가 그 서면상 이루어진 문서	작성자가 듣고 보고 느끼고 판단한 바를 기재한 문서(작성자의 견문, 판단, 감상 등을 기재한 문서)
종류	(1) 법원의 재판서(대판(전) 1980.9.9, 79다1281) ➲ 판결이 있었던가의 사실을 증명하는 한도에서만 처분문서성 인정, 행정처분고지서 (2) 사법상 의사표시가 포함된 문서 ➲ 계약서·약정서·각서·차용증서·합의서·유언서·해약통지서 등 (3) 어음·수표 등의 유가증권, 납세고지서 등	(1) 상업장부·회계장부 (2) 소송상의 조서 (3) 가족관계증명서 (4) 진단서, 수령증, 영수증 (판례, 견해대립 존재) (5) 편지·일기 등
구별 실익	처분문서는 그 형식적 증거력이 인정되면, 원칙적으로 실질적 증거력이 당연히 인정된다.	

[대판(전) 1980.9.9, 79다1281] 처분문서인 판결서가 보고문서의 성질도 가지고 있는지 여부
서증의 실질적 증거력에 관하여는 의사표시 기타 법률행위가 기재된 처분문서와 작성자의 견문, 판
단, 감정 등을 기재 보고하는 보고문서 간의 차이가 있어 처분문서는 그 성립이 인정되면 증서기재
의 법률행위가 있었던 것으로 되나 보고문서는 그 성립이 인정되더라도 문서기재의 사실이 진실한
가의 여부는 재판관의 자유심증에 의하는 것임은 이론의 여지가 없으며, ① 판결서가 처분문서이기
는 하나 그것은 그 판결이 있었던가 또 어떠한 내용의 판결이 있었던가의 사실을 증명하기 위한 처분문
서라는 뜻일 뿐, ② 판결서 중에서 한 사실판단을 그 사실을 증명하기 위하여 이용을 불허하는 것이
아니어서 이를 이용하는 경우에는 판결서도 그 한도 내에서 보고문서라고 볼 것이고 소수설과 같이 판
결서를 자유심증주의의 대상에서 제외시킬 것이 아니다(다수의견).

(3) 원본 · 정본 · 등본 · 초본

원본은 문서 그 자체를 말하고, 정본은 특히 정본이라고 표시한 문서의 등본으로 원본과 동일한
효력이 인정되는 것이다. 등본은 원본 전부의 사본이고, 초본은 그 일부의 사본이다. 등본으로
인증기관이 원본과 다르지 않다는 취지를 부기한 것을 인증등본이라고 한다.

3. 문서의 증거능력

(1) 원칙

문서의 증거능력은 문서가 추상적으로 증거조사의 대상이 될 수 있는 자격을 말한다. 민사소송에
있어서는 형사소송과 달리 문서의 증거능력에 제한이 없음이 원칙이다. 다만, 무단 녹음된 테이
프의 녹취서 등과 같이 위법수집된 증거가 증거능력이 있는지 여부가 문제이다.

(2) 위법수집증거의 증거능력

1) 학설

① 실체진실의 발견을 중시하여 증거능력을 긍정하는 견해, ② 인격권 등의 기본권을 침해하는
불법행위라는 점을 이유로 증거능력을 부인하는 견해, ③ 원칙적으로 증거능력을 부정하되 위법
성조각사유가 있는 경우에는 예외적으로 증거능력을 인정할 수 있다고 보는 견해, ④ 원칙적으로
증거능력을 인정하되 인격권을 침해하는 경우와 그 증거방법이 형사법상 범죄행위에 의하여 수집
된 경우에는 증거능력을 부정하여야 할 것이라고 보는 견해의 대립이 있다.

2) 판례

판례는 ① 자유심증주의를 채택하고 있는 우리 민사소송법하에서 상대방 부지 중 비밀리에 상대방
과의 대화를 녹음하였다는 이유만으로 그 녹음테이프가 증거능력이 없다고 단정할 수 없고, ② 소
제기 이후에 작성된 사문서라는 점만으로 당연히 증거능력이 부정되는 것은 아니라는 입장이다.

[대판 1999.5.25, 99다1789] 자유심증주의를 채택하고 있는 우리 민사소송법하에서 상대방 부지 중
비밀리에 상대방과의 대화를 녹음하였다는 이유만으로 그 녹음테이프가 증거능력이 없다고 단정할 수
없고, 그 채증 여부는 사실심 법원의 재량에 속하는 것이며, 녹음테이프에 대한 증거조사는 검증의
방법에 의하여야 한다.

[대판 1992.4.14, 91다24755] 소제기 이후에 작성된 사문서라는 점만으로 당연히 증거능력이 부정되는 것은 아니다.

4. 문서의 증거력

(1) 개설

어느 문서가 요증사실에 관한 법원의 심증에 기여하는 정도를 문서의 증거력이라고 한다. 문서의 증거력 판단은 ① 우선 문서가 거증자가 그 문서의 작성자라고 주장하는 특정인(작성명의인)의 의사에 기하여 실제로 작성된 것인가를 확실히 하고(형식적 증거력의 인정) → ② 비로소 그 문서의 기재내용이 요증사실을 진실한 것으로 인정할 자료가 되는가(실질적 증거력)를 검토한다.

[대판 1997.4.11, 96다50520] 서증은 문서에 표현된 작성자의 의사를 증거자료로 하여 요증사실을 증명하려는 증거방법이므로 우선 그 문서가 거증자에 의하여 작성자로 주장되는 자의 의사에 의하여 작성된 것임이 밝혀져야 하고, 이러한 형식적 증거력이 인정된 다음 비로소 작성자의 의사가 요증사실의 증거로서 얼마나 유용하느냐에 관한 실질적 증명력을 판단하여야 한다.

(2) 문서의 형식적 증거력(문서의 진정성립)

1) 의의

문서의 기재내용이 거증자가 그 문서의 작성자라고 주장하는 특정인의 의사에 기하여 실제로 작성된 것을 문서의 진정성립이라고 하는데, 일반적으로 진정하게 성립된 문서를 형식적 증거력이 있다고 한다.

2) 성립의 인부(절차)

가) 조사절차

법원은 당사자가 제출한 서증이 진정하게 성립된 것인지 그 인정 여부를 물어보게 되고, 이에 당사자는 답변을 하게 된다. 이때의 상대방의 답변을 성립의 인부라 하고, 그 답변태도는 다음과 같다.

나) 상대방의 답변 태도

① 답변의 태도에는 ⅰ) 성립인정, ⅱ) 침묵, ⅲ) 부인, ⅳ) 부지의 4가지 형태가 있다. 다만 제출된 서증이 상대방 자신명의의 문서일 때에는 '부지'라는 인부를 할 수 없고, 반드시 '성립인정 또는 부인'으로 하여야 한다. 판례는 이 경우에 만약 부지라고 답변하면 석명을 하여야 한다고 하였다(대판 1990.6.12, 90누356).

② 문서의 인부는 신중하게 하여야 하며 무책임하게 함부로 부지 또는 부인의 답변을 하여서는 안 되며 이 경우에는 과태료의 제재가 따른다(제363조). 규칙에 의하면 단순부인은 허용되지 아니하며, 그 이유를 구체적으로 밝혀야 하는 이유부 부인만 할 수 있도록 하였다(규칙 제116조).

다) 성립인정이나 침묵으로 답변한 경우의 효과

판례는 ① 문서의 성립의 진정은 보조사실이지만 주요사실에 대한 경우처럼 재판상 자백·자백간주의 법리가 적용되어 법원은 그 성립의 인정에 구속되어 형식적 증거력을 인정하여야 한다고 본다(대판

2001.4.24. 2001다5654 등). 또한 ② 문서의 진정성립을 인정한 당사자는 자유롭게 이를 철회할 수 없고, 이는 문서에 찍힌 인영의 진정함을 인정하였다가 나중에 이를 철회하는 경우에도 마찬가지이다.

★★★ [대판 1991.1.11. 90다8244] 서증의 진정성립에 관한 자백은 보조사항에 관한 것이기는 하지만 그 자백의 취소에 관하여는 다른 간접사실에 관한 자백의 취소의 경우와는 달리 주요사실에 관한 자백의 취소와 마찬가지로 취급하여야 한다.

라) 부인이나 부지로 답변한 경우의 증명책임

그 문서제출자에게 진정성립에 관한 입증책임이 있다. 이 경우 성립의 진정은 결국 법관의 자유심증에 의하여 판단되는 것인데, 변론의 전체적 취지만으로 그 진정성립을 인정할 수 있다(대판 1993.4.13. 92다12070). 다만 진정성립을 증명한다는 것은 상당히 곤란하므로, 민사소송법에서는 이에 관해 법정증거법칙의 일종으로 추정규정을 두고 있다(제356조, 제358조). 이에 따라 법관의 증거력의 자유로운 평가에 대한 제한이 이루어진다.

[대판 1993.4.13. 92다12070] 사문서는 진정성립이 증명되어야만 증거로 할 수 있지만 증명의 방법에 관하여는 특별한 제한이 없고, 부지로 다투는 서증에 관하여 거증자가 성립을 증명하지 아니한 경우라 할지라도 법원은 다른 증거에 의하지 아니하고 변론의 전취지를 참작하여 그 성립을 인정할 수도 있다.

3) 성립의 진정의 추정

가) 공문서

> 제356조(공문서의 진정의 추정)
> ① 문서의 작성방식과 취지에 의하여 공무원이 직무상 작성한 것으로 인정한 때에는 이를 진정한 공문서로 추정한다.
> ② 공문서가 진정한지 의심스러운 때에는 법원은 직권으로 해당 공공기관에 조회할 수 있다.
> ③ 외국의 공공기관이 작성한 것으로 인정한 문서에는 제1항 및 제2항의 규정을 준용한다.

① 문서의 방식과 취지에 의하여 공무원이 직무상 작성한 것으로 인정한 때에는 이를 진정한 공문서로 추정한다(제356조). 즉, 공문서임이 인정되면 그 진정성립에 전면적 추정력이 미친다. 따라서 이를 다투는 상대방은 위조, 변조 등의 특별한 사정이 있다고 볼 만한 반증을 들어 위와 같은 추정을 깨뜨릴 수 있다(대판 2018.4.12. 2017다292244).

② 외국의 공공기관이 작성한 문서도 이에 준한다(제356조 제3항). 이 경우 추정되는 범위는 공문서의 진정성립에 한정되는데, 난민신청자가 제출한 외국의 공문서는 반드시 엄격한 증명방법에 의해 진정성립이 증명되어야 하는 것은 아니다.

[대판 2016.3.10. 2013두14269] 외국의 공문서라고 제출한 문서가 진정성립의 추정을 받기 위한 요건 및 난민신청자가 제출한 외국 공문서의 진정성립을 증명하는 방법 – 민사소송법 제356조 제1항에 따르면 문서의 작성 방식과 취지에 의하여 공무원이 직무상 작성한 것으로 인정한 때에는 진정한 공문서로 추정하고, 같은 조 제3항에 의하여 위 규정은 외국의 공공기관이 작성한 것으로 인정한 문서에도 준용되므로, 외국의 공문서라고 제출한 문서가 진정성립의 추정을 받기 위해서는 제출한

> 문서의 방식이 외관상 외국의 공공기관이 직무상 작성하는 방식에 합치되어야 하고, 문서의 취지로부터 외국의 공공기관이 직무상 작성한 것이라고 인정되어야 한다. 현실적으로 공문서의 진정성립을 증명할 만한 증거를 확보하기 곤란한 경우가 많은 난민신청자가 제출한 외국의 공문서의 경우, 반드시 엄격한 방법에 의하여 진정성립이 증명되어야 하는 것은 아니지만, 적어도 문서의 형식과 내용, 취득 경위 등 제반 사정에 비추어 객관적으로 외국의 공문서임을 인정할 만한 상당한 이유가 있어야 한다.

나) 사문서

> **제357조(사문서의 진정의 증명)**
> 사문서는 그것이 진정한 것임을 증명하여야 한다.
> **제358조(사문서의 진정의 추정)**
> 사문서는 본인 또는 대리인의 서명이나 날인 또는 무인이 있는 때에는 진정한 것으로 추정한다.
> **제359조(필적 또는 인영의 대조)**
> 문서가 진정하게 성립된 것인지 어떤지는 필적 또는 인영을 대조하여 증명할 수 있다.

① 증명책임의 문제

사문서의 진정에 대하여 다툼이 있는 때에는 거증자가 증명하여야 하는데(제357조), 사문서에 있어서 그 진정성립을 상대방이 다툴 경우에는 제출자가 이를 입증하여야 한다(대판 1994.11.8, 94다31549), 다만 사문서에 작성명의인인 본인 또는 대리인의 서명이나 날인 또는 무인(拇印)이 있는 때에는 진정한 것으로 추정한다(제358조). 여기서 「서명이나 날인 또는 무인이 있는 때」라 함은 문서상에 형식적인 서명이나 날인 또는 무인이 존재하는 것을 뜻하는 것이 아니고, 본인 또는 대리인의 의사에 기한 서명행위나 날인행위 또는 무인행위가 행하여진 사실이 있는 것을 뜻한다.

② 판례의 법리

ⅰ) 2단의 추정

완성문서의 경우 인영이 작성명의인의 인장에 의하여 현출된 경우에는 특단의 사정이 없는 한, 그 인영의 진정성립, 즉 날인행위가 작성명의인의 의사에 기한 것임이 사실상 추정되고, 이와 같이 일단 인영의 진정성립(날인행위)이 추정되면, 위 제358조에 의하여 그 문서 전체의 진정성립이 추정된다.[67] "인영과 인장의 일치 → 날인행위의 진정 → 본인 등의 의사에 기한 문서의 진정성립"이라는 이러한 추정의 구조를 '이단(二段)의 추정'이라고 부른다(대판 1986.2.11, 85다카1009 등).

---

67) 민사소송법 제358조 사문서의 진정 추정은 법률상의 추정과는 구별되고, 법정증거법칙의 일종이라고 보는 것이 통설이다. 이는 법관의 증거력의 자유로운 평가에 대한 제한이 된다. 이러한 추정을 복멸하기 위해서는 전제사실과 양립이 가능한 별개의 사실에 대한 증거인 간접반증의 제출로 충분하다. 판례 또한 마찬가지이다(대판 2009.5.14, 2009다7762). 그런데 이러한 추정을 법률상의 추정으로 보는 입장도 유력하다(독일에서는 이러한 입장이 다수설이고, 국내에서도 이렇게 해석하는 입장이 있다 〔정선주, 문서의 증거력, 민사소송 Ⅲ(2000), 252면 이하 참조; 오정후, 인영의 진정성립에 의하여 사문서의 진정성립이 추정되는 범위와 그 추정의 복멸 방법, 중앙법학 9집 2호(2007.9), 835면 이하; 호문혁 530면은 이러한 입장으로 변경되었다). 이 입장에서는 거증자의 상대방은 진정성립의 추정을 복멸하려면 반증으로는 부족하고, 반대사실의 증명(본증)이 필요하다고 본다.

ii) 인장도용의 항변과 입증책임

★[대판 1997.6.13. 96재다462] 날인행위가 작성 명의인의 의사에 기한 것이라는 추정은 사실상의 추정이므로 인영의 진정성립을 다투는 자가 반증을 들어 인영의 진정성립, 즉 날인행위가 작성명의인의 의사에 기한 것임에 관하여 법원으로 하여금 의심을 품게 할 수 있는 사정을 입증하면 그 추정은 깨어진다.

★★★[대판 2000.10.13. 2000다38602] 인영이 피고의 진정한 인장에 의한 것임을 인정하는 취지로 진술하고 있으므로, 반증이 없는 한, 약정서상 인영은 피고의 의사에 의하여 현출된 것으로 사실상 추정되어 제358조에 의하여 그 진정성립이 추정될 수 있고, 한편 자신의 인감증명서상의 인영과 위 약정서상 인영을 육안으로 대조하여 보아도 동일한 것으로 보이므로, 위 약정서는 어느 모로 보든 그 진정성립을 추정할 수 있을 것으로 보인다. 그러므로 약정서의 작성명의자로 되어 있는 피고가 그 성립 여부에 관하여 부지라고 답변하였다고 하여 바로 그 약정서의 형식적 증거력을 배척할 것이 아니라, 그 작성명의자에게 그 인영 부분의 진정성립 여부를 석명한 후, 그에 따라 그 서증의 진부에 대한 심리를 더하여 보고, 그 결과 그 사문서의 진정성립이 추정되면, 그 작성명의자가 자신의 인장이 도용되었거나 위조되었음을 입증하지 아니하는 한, 그 진정성립을 부정할 수 없음에도 바로 그 사문서의 형식적 증거력을 배척한 것은 법리오해가 있다.

★★★[대판 2009.9.24. 2009다37831] 문서에 날인된 작성명의인의 인영이 그의 인장에 의하여 현출된 것이라면 특별한 사정이 없는 한 그 인영의 진정성립, 즉 날인행위가 작성명의인의 의사에 기한 것임이 사실상 추정되고, 일단 인영의 진정성립이 추정되면 그 문서 전체의 진정성립이 추정되나, 위와 같은 사실상 추정은 날인행위가 작성명의인 이외의 자에 의하여 이루어진 것임이 밝혀진 경우에는 깨어지는 것이므로, 문서제출자는 그 날인행위가 작성명의인으로부터 위임받은 정당한 권원에 의한 것이라는 사실까지 증명할 책임이 있다.

[대판 2014.9.26. 2014다29667] 작성명의인의 인영에 의하여 처분문서의 진정성립을 추정할 때 요구되는 심리의 정도
처분문서는 진정성립이 인정되면 기재 내용을 부정할 만한 분명하고도 수긍할 수 있는 반증이 없는 이상 문서의 기재 내용에 따른 의사표시의 존재와 내용을 인정하여야 한다는 점을 감안하면 작성명의인의 인영에 의하여 처분문서의 진정성립을 추정함에 있어서는 신중하여야 하고, 특히 처분문서의 소지자가 업무 또는 친족관계 등에 의하여 문서명의자의 위임을 받아 그의 인장을 사용하기도 하였던 사실이 밝혀진 경우라면 더욱 그러하다.

➲ [해설] : 변호사 甲이 운영하는 법률사무소에서 사무장으로 근무하다가 해고된 乙이 임금과는 별도로 정산금을 지급하기로 기재되어 있는 근로계약서 '사본'을 서증으로 제출하면서 甲을 상대로 약정금 등의 지급을 구한 사안에서, 乙은 근로계약서 원본을 제출하지 아니하였고 원본 부제출에 대한 정당성이 되는 구체적 사유를 증명하지도 아니하였으므로 근로계약서는 그와 같은 내용의 사본이 존재한다는 것 이외에 甲의 약정사실을 증명하는 증거로서 가치가 없고, 제반 사정에 비추어 근로계약서에 나타난 甲의 인영이 甲의 의사에 따라 날인된 것인지에 관하여 의문의 여지가 있다는 등의 이유로 근로계약서가 원본이라도 진정성립이 추정된다고 단정하기 어렵다고 한 사례이다.

iii) 백지문서의 증명

백지문서의 문제는 위 2단의 추정에서 두 번째 단계의 추정이 유지되는지 아니면 복멸되는지의 문제이다. 이에 대해 판례는 ① "문서에 날인된 작성명의인의 인영이 작성명의인의 인장에 의하여 현출된 것임이 인정되는 경우에는 그 인영의 진정성립 및 그 문서 전체의 진정성립까

지 추정되는 것이기는 하나, 이는 어디까지나 먼저 내용기재가 이루어진 뒤에 인영이 압날된 경우에만 그러한 것이고 작성명의인의 날인만 되어 있고 내용이 백지로 된 문서를 교부받아 후일 그 백지 부분을 작성명의자 아닌 자가 보충한 경우, 그 문서 전체의 진정성립의 추정은 배제된다"고 하여 추정을 부정하고 있다(대판 2000.6.9, 99다37009). ② 따라서 그 문서의 교부 당시 백지상태인 공란 부분이 있었고 그것이 사후에 보충되었다는 점은 작성명의인이 증명하여야 하고, ③ 이러한 점이 인정되는 경우 문서제출자는 그 기재 내용이 작성명의인으로부터 위임받은 정당한 권원에 의한 것이라는 사실을 입증할 책임이 있다(대판 2013.8.22, 2011다100923).

[대판 2000.6.9, 99다37009] 문서에 날인된 작성명의인의 인영이 작성명의인의 인장에 의하여 현출된 것임이 인정되는 경우에는 특단의 사정이 없는 한 그 인영의 진정성립 및 그 문서 전체의 진정성립까지 추정되는 것이기는 하나, 이는 어디까지나 먼저 내용기재가 이루어진 뒤에 인영이 압날된 경우에만 그러한 것이며 작성명의인의 날인만 되어 있고 그 내용이 백지로 된 문서를 교부받아 후일 그 백지 부분을 작성명의자가 아닌 자가 보충한 문서의 경우에 있어서는 문서제출자는 그 기재 내용이 작성명의인으로부터 위임받은 정당한 권원에 의한 것이라는 사실을 입증할 책임이 있으며(진정성립의 배제), 이와 같은 법리는 그 문서가 처분문서라고 하여 달라질 것은 아니다.

★ [대판 2013.8.22, 2011다100923] **채권자가 채무자의 대리인으로서 채무 금액이나 이율, 변제기 등 일부 백지상태의 위임장을 보충하여 금전소비대차계약 공정증서의 작성을 촉탁한 경우, 위임장의 백지보충된 부분이 정당한 보충권한에 의하여 기재된 것이라는 점을 채권자가 별도로 증명하여야 하는지 여부**(적극)
① 일반적으로 문서의 일부가 미완성인 상태로 서명날인을 하여 교부한다는 것은 이례에 속하므로 그 문서의 교부 당시 백지상태인 공란 부분이 있었고 그것이 사후에 보충되었다는 점은 작성명의인이 증명하여야 한다. ② 그러나 일단 문서의 내용 중 일부가 사후 보충되었다는 사실이 증명이 된 다음에는 그 백지부분이 정당하게 위임받은 권한에 의하여 보충되었다는 사실은 그 백지부분의 기재에 따른 효과를 주장하는 당사자가 이를 증명할 책임이 있다. 이와 관련하여 타인에게 권한을 위임하거나 대리권을 수여하는 내용의 위임장 등이 작성된 경우 그에 의하여 위임한 행위의 내용 및 권한의 범위는 위임장 등 문언의 내용뿐 아니라 그 작성 목적과 작성 경위 등을 두루 살펴, 신중하게 판단하여야 한다. 특히 위임장 등에 기재된 내용 중 일부가 백지인 상태로 교부된 후 수임인이 그 위임사항의 내용을 보충하여 기재한 경우라면 그것이 정당하게 위임받은 권한에 의하여 보충된 것이라는 점 역시 수임인이 증명할 책임이 있다. 따라서 채권자가 본인 겸 채무자의 대리인으로서 금전소비대차계약 공정증서의 작성을 촉탁할 경우 채무자가 그 촉탁에 관하여 대리권을 수여하는 위임장을 교부한 사실이 있다는 것만으로, 그 위임장에 기재된 채무의 금액이나 이율, 변제기 등에 대하여 사전에 그 내용대로 합의한 사실이 있다거나 채권자가 보충할 권한을 위임받았다고 쉽게 인정할 것은 아니고, 특히 백지보충된 부분이 정당한 보충권한에 의하여 기재된 것이라는 점은 채권자가 별도로 증명하여야 한다.

다) 공사병존문서

사문서에 공무원이 직무상 일정한 사항을 기입해 넣는 경우가 있는데, 이는 공사병존문서(예 내용증명우편에 의한 통지서, 확정일자를 갖춘 임대차계약서 등)가 된다. 이 경우 공문서 부분의 진정성립으로 사문서 부분의 진정성립을 추정할 수 없다. 즉 진정성립의 추정은 공문서부분이고 그 전체가 아니다.

> **[대판 1995.6.16. 95다2654]** 겉 부분에는 우체국의 소인이 찍혀 있고 내용 부분은 사인이 작성한 회답서인 봉합엽서의 경우, 이는 공증에 관한 문서와는 달라 공문서인 소인 부분에 관하여 성립에 다툼이 없더라도 사문서인 회답서 내용 부분까지 그 진정성립이 추정되는 것은 아니다.
>
> **[대판 2018.4.12. 2017다292244]** 매도증서 등에 등기소의 등기제의 기재가 첨가됨으로써 사문서와 공문서로 구성된 문서는 공증에 관한 문서와는 달라 공문서 부분 성립이 인정된다고 하여 바로 사문서 부분인 매도증서 자체의 진정성립이 추정되거나 인정될 수는 없다.

라) 필적·인영의 대조

문서가 진정하게 성립된 것인지 어떤지는 필적 또는 인영을 대조하여 증명할 수 있다(제359조).[68] 이는 일종의 검증이다. 대조하는 데에 적당한 필적이 없는 때에는 법원은 상대방에게 그 문자를 손수 쓰도록 명할 수 있다(제361조 제1항). 정당한 이유 없이 이 명령에 따르지 않으면 당사자는 문서의 진부에 관한 거증자의 주장이 진실하다고 인정되는 불이익을 받는다(동조 제2항).

(3) 문서의 실질적 증거력(증거가치)

1) 의의

해당 문서의 기재내용이 요증사실의 증명에 기여하는 정도, 즉 증거가치를 말한다. 실질적 증거력의 판단은 형식적 증거력의 경우와 같은 추정규정은 없고 법관의 자유심증에 맡겨져 있으며, 자백의 법리가 적용되지 않는다. 다만 처분문서와 보고문서에 따라 다르다.

2) 처분문서의 실질적 증거력

① 처분문서의 경우 그 진정성립(형식적 증거력)이 인정되면 기재내용대로 법률행위가 있었음을 인정하여야 한다.[69]

② 다만, 그 추정의 범위는 문서에 기재된 법률행위를 한 사실에 한정되고, 계약서 작성의 일시, 장소 등의 기재 부분이나 그 법률행위의 해석, 행위자의 능력이나 의사의 흠 등은 의심이 있으면 다른 증거에 의한 증명이 필요하고 법관의 자유심증에 의하여 별도로 판단할 수 있다. 이에 따른 해석의 기법으로 예문해석의 방법이 있다. 또한 그 기재내용과 다른 명시적·묵시적 약정이 있는 사실이 인정될 경우에는 그 기재내용과 다른 사실을 인정할 수 있다(대판 2013. 1.16. 2011다102776). 동일사항에 내용을 달리하는 문서의 중복작성의 경우는 뒤에 작성한 후자우선의 원칙이 일반적이다.

③ 처분문서의 증거력은 상대방의 반증에 의하여 부정될 수 있는 강력한 사실상의 추정이다. 따라서 처분문서를 배척하자면 합리적인 이유를 설시하여야 한다.

> **[대판 2005.5.27. 2004다60065; 대판 2017.2.15. 2014다19776·19783]** 처분문서의 진정성립이 인정되면 법원은 그 기재 내용을 부인할 만한 분명하고도 수긍할 수 있는 반증이 없는 한 원칙적

---

68) 대판 1991.10.11. 91다12707; "법원은 반드시 감정으로써 인영의 동일 여부를 판단할 필요가 없고 육안에 의한 대조로써도 이를 판단할 수 있다."

69) 따라서 처분문서에 있어서 성립의 진정을 다툴 독립한 이익이 인정되어 사실관계에 해당함에도 예외적으로 확인의 소(증서진부확인의 소)에 의하여 다툴 수 있도록 한 것이다.

으로 그 처분문서에 기재되어 있는 문언대로의 의사표시의 존재와 내용을 인정하여야 하고, 당사자 사이에 계약의 해석을 둘러싸고 이견이 있어 처분문서에 나타난 당사자의 의사해석이 문제되는 경우에는 그 문언의 내용, 그러한 약정이 이루어진 동기와 경위, 그 약정에 의하여 달성하려는 목적, 당사자의 진정한 의사 등을 종합적으로 고찰하여 논리와 경험칙에 따라 합리적으로 해석하여야 한다.

3) 보고문서의 실질적 증거력

① 처분문서와는 달리 보고문서의 경우에는 추정력이 없고 작성자의 신분, 직업, 성격, 작성의 목적, 시기, 기재사실의 성질, 기재의 방법 등 여러 가지 사정을 참작하여 전적으로 법관의 자유심증으로 결정한다. 원칙적으로 공문서인 보고문서도 같다.

② 다만, 판례는 보고문서라도 공문서[예] 등기부·토지대장·확정된 민사 및 형사판결서, 국립과학수사연구소가 작성한 필적감정의뢰(사실조회)회보·호적부(현재 가족관계등록부) 등]인 경우 그 기재사항을 진실한 것이라고 추정하는 경우가 많으며, 이를 배척함에 있어서는 합리적인 이유설시를 요한다고 본다.

[대판(전) 1980.9.9, 79다1281] 판결서는 처분문서이기는 하지만 그것은 그 판결이 있었던가 또 어떠한 내용의 판결이 있었던가의 사실을 증명하기 위한 처분문서라는 의미일 뿐 판결서 중에서 한 사실판단을 그 사실을 증명하기 위하여 이용을 불허하는 것이 아니어서 이를 이용하는 경우에는 판결서도 그 한도 내에서는 보고문서이다(다수의견).

★★[대판 1998.2.24, 97다49053] 민사재판에 있어서 이미 확정된 관련 민사사건에서 인정된 사실은 특별한 사정이 없는 한 유력한 증거가 되므로 합리적인 이유설시 없이 이를 배척할 수 없다.

[대판 1980.5.27, 80다748] 토지대장은 비록 행정사무 집행의 편의와 사실증명의 자료로 하기 위하여 작성된 것이라 하더라도 그 기재내용의 증거가치는 특별한 사정이 없는 한 존중되어야 한다.

[대판 1995.7.5, 94스26] 호적부(현재 가족관계등록부)의 기재사항은 이를 번복할 만한 명백한 반증이 없는 한 진실에 부합되는 것으로 추정이 되며, 특히 호적부의 사망기재는 쉽게 번복할 수 있게 해서는 안 되고, 그 기재내용을 뒤집기 위해서는 사망신고 당시에 첨부된 서류들이 위조 또는 허위조작된 문서임이 증명되거나 신고인이 공정증서원본불실기재죄로 처단되었거나 또는 사망으로 기재된 본인이 현재 생존해 있다는 사실이 증명되고 있을 때 또는 이에 준하는 사유가 있을 때 등에 한해서 호적상의 사망기재의 추정력을 뒤집을 수 있을 뿐이고, 그러한 정도에 미치지 못한 경우에는 그 추정력을 깰 수 없다.

4) 변론조서의 실질적 증거력

변론의 방식에 관한 규정이 지켜졌다는 것은 조서가 없어진 경우 외에는 조서로써만 증명할 수 있는데(제158조), 이는 증거력의 자유평가에 관한 자유심증주의의 예외로서 법정증거주의의 규정이다.

5. 서증의 절차

서증신청은 ① 거증자가 스스로 문서를 소지하고 있으면 이를 직접제출하는 방식으로, ② 상대방이나 제3자가 소지하는 문서로서 제출의무가 있는 문서라면 그 소지인에게 문서의 제출을 명할 것(문서제출명령)을 신청하는 방식으로 한다. 그 밖에 ③ 문서를 가지고 있는 사람이 제출의무가 없는 때에는 문서를 보내도록(=송부) 촉탁할 것을 신청하는 방식으로(제352조), ④ 문서의 송부촉탁이 어려우면 문서소재장소에서의 서증조사를 신청하는 방법으로 한다(제297조, 제354조, 민사소송규칙 제112조 제1항).

(1) 문서의 직접 제출

> **제343조(서증신청의 방식)**
> 당사자가 서증을 신청하고자 하는 때에는 문서를 제출하는 방식 또는 문서를 가진 사람에게 그것을 제출하도록 명할 것을 신청하는 방식으로 한다.
>
> **제355조(문서제출의 방법 등)**
> ① 법원에 문서를 제출하거나 보낼 때에는 원본, 정본 또는 인증이 있는 등본으로 하여야 한다.
> ② 법원은 필요하다고 인정하는 때에는 원본을 제출하도록 명하거나 이를 보내도록 촉탁할 수 있다.
> ③ 법원은 당사자로 하여금 그 인용한 문서의 등본 또는 초본을 제출하게 할 수 있다.
> ④ 문서가 증거로 채택되지 아니한 때에는 법원은 당사자의 의견을 들어 제출된 문서의 원본·정본·등본·초본 등을 돌려주거나 폐기할 수 있다.

1) 제출의 방법

① 거증자가 스스로 가지고 있는 문서에 대한 서증신청은 이를 법원에 제출하여야 한다(제343조 전단). 실무상 일반적으로 소장·답변서 등 주장서면에 서증의 사본을 첨부한다.

② 제출의 방법은 변론기일에서 현실로 제출할 것을 요하는데, 당사자가 서증이 될 만한 문서를 준비서면 등에 첨부하여 제출하였으나, 변론기일에 불출석하였다면 그 준비서면 등이 진술간주되었더라도 서증은 제출하지 아니한 것으로 취급한다.

> **[대판 1991.11.8, 91다15775]** 서증은 법원 외에서 조사하는 경우(민사소송법 제297조) 이외에는 당사자가 변론기일 또는 준비절차기일에 출석하여 현실적으로 제출하여야 하고, 서증이 첨부된 소장 또는 준비서면 등이 진술되는 경우에도 마찬가지라고 할 것이다.

③ 서증의 부호는 **예** 갑 제1호증, 을 제1호증과 같이 원고 측이 제출하는 서증에는 '갑', 피고 측이 제출하는 서증에는 '을'로 붙이고, 제출순서에 따라 번호를 부여한다(민사소송규칙 제107조 제2항).

④ 문서는 제355조에 따라 원본, 정본 또는 인증등본(공증권한이 있는 공무원이 원본과 동일하다는 공증을 한 등본)으로 제출하여야 하는데, 문서의 제목, 작성자, 작성일자 등을 밝히고(가족관계등록부와 같이 문서의 기재상 명백한 경우에는 예외), 상대방의 수에 1을 더한 수의 사본을 함께 제출하여야 한다(민사소송규칙 제105조 제1항, 제2항). 실무에서는 원본과 사본을 함께 제출하면 원본의 존재와 사본의 정확성을 확인한 다음에, 원본은 당사자에게 돌려주고 사본을 기록에 철한다.

2) 사본의 제출

가) 문제점

실제적으로는 대부분 원본을 내지 않고 전자복사한 「사본」이 제출되고 있다. 사본만에 의한 증거의 제출은 정확성의 보증이 없으므로 원칙적으로 부적법하다. 다만 경우에 따라 ① 사본을 원본에 갈음하여(사본이 원본을 대신하는 경우) 또는 ② 사본 그 자체를 원본으로서(사본이 독립된 증거로서) 제출할 수도 있는데, 그 처리에 관하여 판례는 다음과 같이 판단하고 있다.

나) 사본을 원본에 갈음하여 제출한 경우(사본이 원본을 대신하는 경우)

원본에 갈음한 사본의 제출은, ① 당사자 사이에 <u>원본의 존재와 성립에 대하여 다툼이 없고 사본으로서 원본에 갈음하는 것에 상대방으로부터 이의가 없는 경우에 한하여 허용되며</u>, <u>원본이 제출된 것과 동일한 효과를 갖는다</u>(대판 1999.11.12, 99다38224). 이 경우 상대방으로부터 이의가 없는 경우에는 소송절차에 관한 이의권이 포기·상실됨에 따라 사본만의 증거신청도 적법하게 된다(제355조 제1항 위반의 하자 치유 – 대판 1992.4.28, 91다45608 등). ② 다만 <u>상대방이 원본의 존재 및 원본의 성립의 진정에 관하여 다투고 사본을 원본의 대용으로 하는 데 대하여 이의를 제기하는 경우에는 원본을 제출받아 증거조사를 하여야 하고</u>, 그냥 변론 전체의 취지만으로 원본의 존재와 진정성립을 인정할 수는 없다.

다) 사본을 원본으로서 제출한 경우(사본이 독립된 증거인 경우)[70]

① 사본의 증거능력

문서의 증거능력은 문서가 증거방법으로 이용될 수 있는 자격을 말한다. 민사소송에서는 형사소송의 경우와는 달리 증거능력이 없는 문서는 없으므로, 모든 문서가 서증이 될 수 있다. 따라서 소제기 후에 증명자가 다툼의 대상이 되는 사실에 관하여 작성한 문서나(대판 1992.4.14, 91다24755), 나아가 사본(대판 2002.8.23, 2000다66133)도 증거능력이 있다.

② 사본의 형식적 증거력

사본 자체를 원본으로 제출하는 경우에 증거조사의 대상인 문서는 사본 그 자체이다. 사본을 새로운 원본으로서 제출하는 것과 마찬가지이기 때문이다. 따라서 <u>사본이 적법하게 독립된 서증의 대상으로 된다</u>. 이 경우 상대방은 사본에 대해 성립의 인부를 하며, 다툼이 있으면 사본자체의 진정성립을 거증자가 증명하여야 한다.

③ 사본의 실질적 증거력

사본은 정확성의 보증이 없으므로 그 실질적 증거력도 원본에 비하여 크게 떨어지는 것이 일반적이다. 따라서 사본을 원본으로서 제출하는 경우라도 그것이 독립한 서증이 되는 것이기는 하지만, 이에 의해 <u>원본이 제출된 것과 동일한 실질적 증거력을 인정하는 것도 무리이다</u>. 다만 증거에 의해 <u>사본과 같은 원본이 존재하고</u>(원본 존재의 인정 방법은 그것이 원래 존재하였던 것이든 또는 현존하고 있다는 것이든 어느 쪽도 상관없다) 또 그 원본이 진정하게 성립하였음이 인정된다면 원본과 동일한 내용의 실질적 증거력을 인정할 수 있을 것이다(예 처분문서라면 그 기재와 같은 법률행위의 존재 및 내용이 존재한다는 추정력이 인정된다). 만약 그렇지 않다면 <u>그와 같은 내용의 사본이 존재한다는 것 이상의 증거가치는 없다고 할 것이다</u>(대판 1992.4.28, 91다45608; 대판 2002.8.23, 2000다66133; 대결 2010.1.29, 2009마2050).

---

70) 사본 그 자체가 원본으로서 독립한 서증이 되는 것이어서 제355조 위반의 문제는 없다.

라) 원본의 제출이 불가능하거나 비실제적인 경우

예컨대 서증신청자가 문서 원본을 분실하였거나 선의로 훼손한 경우, 또는 문서제출명령에 응할 의무가 없는 제3자가 해당 원본을 소지하고 있는 경우 등, 이때에는 서증신청자가 원본을 제출할 수 없는 정당한 사유를 구체적으로 주장·증명하여야 한다(대판 2002.8.23, 2000다66133).[71]

★[대판 2023.6.1, 2023다217534] 원본의 존재 및 원본 성립의 진정에 관하여 다툼이 있고 사본을 원본의 대용으로 하는 것에 대하여 상대방으로부터 이의가 있는 경우, 사본으로써 원본을 대신할 수 있는지 여부(소극) 및 서증으로서 사본 제출의 효과 / 서증 제출에 있어 원본을 제출할 필요가 없는 경우 및 그 주장·증명책임의 소재(=해당 서증의 신청당사자)

① 문서의 제출은 원본으로 하여야 하는 것이고, 원본이 아니고 단순히 사본만으로 한 증거의 제출은 정확성의 보증이 없어 원칙적으로 부적법하므로, 원본의 존재 및 원본의 성립의 진정에 관하여 다툼이 있고 사본을 원본의 대용으로 하는 것에 대하여 상대방으로부터 이의가 있는 경우에는 사본으로써 원본을 대신할 수 없다. ② 반면에 사본을 원본으로서 제출하는 경우에는 그 사본이 독립한 서증이 되는 것이나 그 대신 이로써 원본이 제출된 것으로 되지는 아니하고, 이때에는 증거에 의하여 사본과 같은 원본이 존재하고 그 원본이 진정하게 성립하였음이 인정되지 않는 한 그와 같은 내용의 사본이 존재한다는 것 이상의 증거가치는 없다. ③ 다만 서증사본의 신청 당사자가 문서 원본을 분실하였다든가, 선의로 이를 훼손한 경우, 문서제출명령에 응할 의무가 없는 제3자가 해당 문서의 원본을 소지하고 있는 경우, 원본이 방대한 양의 문서인 경우 등 원본 문서의 제출이 불가능하거나 곤란한 상황에서는 원본을 제출할 필요가 없지만, 그러한 경우라면 해당 서증의 신청당사자가 원본을 제출하지 못하는 것을 정당화할 수 있는 구체적 사유를 주장·증명하여야 한다.

(2) 문서제출명령

1) 의의 및 취지

상대방 또는 제3자가 가지고 있는 제출의무 있는 문서에 관하여 서증의 신청을 함에 있어서는 문서제출명령의 신청방식에 의한다(제343조 후단). 미국법과 같은 포괄적 증거개시제도(discovery)를 가지고 있지 않은 우리 민사소송법에서는 증거의 구조적 편재를 시정하는 수단으로서 점차 이러한 문서제출명령의 중요성이 커지고 있다.

2) 문서제출의무

> **제344조(문서의 제출의무)**
> ① 다음 각 호의 경우에 문서를 가지고 있는 사람은 그 제출을 거부하지 못한다.
>   1. 당사자가 소송에서 인용한 문서를 가지고 있는 때
>   2. 신청자가 문서를 가지고 있는 사람에게 그것을 넘겨 달라고 하거나 보겠다고 요구할 수 있는 사법상의 권리를 가지고 있는 때

---

71) 과거에 존재한 적이 있는 문서를 전자복사한 사본은 원본의 존재와 진정성립을 인정하여 서증으로 채용할 수 있다(대판 1992.12.22, 91다35540).

> 3. 문서가 신청자의 **이익**을 위하여 작성되었거나, 신청자와 문서를 가지고 있는 사람 사이의 **법률관계**에 관하여 작성된 것인 때. 다만, 다음 각 목의 사유 가운데 어느 하나에 해당하는 경우에는 그러하지 아니하다.
>   가. 제304조 내지 제306조에 규정된 사항이 적혀있는 문서로서 같은 조문들에 규정된 동의를 받지 아니한 문서
>   나. 문서를 가진 사람 또는 그와 제314조 각 호 가운데 어느 하나의 관계에 있는 사람에 관하여 같은 조에서 규정된 사항이 적혀 있는 문서
>   다. 제315조 제1항 각 호에 규정된 사항 중 어느 하나에 규정된 사항이 적혀 있고 비밀을 지킬 의무가 면제되지 아니한 문서
> ② **제1항의 경우 외에도 문서**(공무원 또는 공무원이었던 사람이 그 직무와 관련하여 보관하거나 가지고 있는 문서를 제외한다)가 다음 각 호의 어느 하나에도 해당하지 아니하는 경우에는 문서를 가지고 있는 사람은 그 제출을 거부하지 못한다.
>   1. 제1항 제3호 나목 및 다목에 규정된 문서
>   2. 오로지 문서를 가진 사람이 이용하기 위한 문서

가) 일반의무

당사자와 문서와의 사이에 특별한 관계가 있는 경우로 인용문서, 인도 · 열람문서, 이익문서, 법률관계문서는 제출의무가 있고(제344조 제1항), 그 밖에 특별한 관계가 없는 경우에도 제외사유에 해당하지 않는 경우에는 문서를 가지고 있는 사람에게 문서를 제출하도록 하여 문서제출의무를 증인의무와 마찬가지로 일반의무로 하고 있다(동조 제2항). 공해소송, 행정소송 등 현대형 소송 내지는 정보편재형 소송을 중심으로 증거의 구조적편재를 시정할 수단으로 문서제출명령이 충분하지 않았고, 특히 문서제출의무의 범위에 있어서 외연이 명확하지 않아 다툼이 생겼으므로 2002년 개정 민사소송법 제344조 제2항에서 문서와 당사자 사이에 특별한 관계가 없는 경우에도 제외사유에 해당하지 않는 경우에는 문서를 가지고 있는 사람에게 문서를 제출하도록 문서제출의무를 확대하여 일반의무화하였다.

나) 문서제출의무의 범위

① **인용문서**(제344조 제1항 제1호) : 당사자가 소송에서 인용한 문서를 가지고 있는 때, 즉 인용문서는 제출의무가 있다. 이는 당사자가 소송에서 자기가 소지한 문서를 인용하고 이것을 자기 주장의 근거로 한 이상, 상대방 당사자의 청구가 있는 때에는 그 문서를 소송에 제출시켜 상대방이 이용 · 비판하게 하는 것이 공평하기 때문이다. 여기서 말하는 당사자가 소송에서 인용한 문서라 함은 당사자가 소송에서 해당 문서 그 자체를 증거로서 인용한 경우뿐만 아니라 자기 주장을 명백히 하기 위하여 적극적으로 문서의 존재와 내용을 언급하여 자기 주장의 근거나 보조로 삼은 문서도 포함한다고 할 것이다(대결 2017.12.28, 2015무423).

[**대결 2008.6.12, 2006무82; 대결 2017.12.28, 2015무423**] ① 민사소송법 제344조 제1항 제1호에서 말하는 '당사자가 소송에서 인용한 문서'라 함은 당사자가 소송에서 당해 문서 그 자체를 증거로서 인용한 경우뿐 아니라 자기 주장을 명백히 하기 위하여 적극적으로 문서의 존재와 내용을 언급하여 자기 주장의 근거 또는 보조로 삼은 문서도 포함한다고 할 것이고, 민사소송법 제344조 제1항 제1호의 인용문서에

해당하는 이상, 같은 조 제2항에서 규정하는 바와는 달리, 그것이 '공무원이 그 직무와 관련하여 보관하거나 가지고 있는 문서'라도 특별한 사정이 없는 한 문서제출의무를 면할 수 없다. 나아가 ② 민사소송법 제344조 제1항 제1호의 문언, 내용, 체계와 입법목적 등에 비추어 볼 때, 인용문서가 공무원이 직무와 관련하여 보관하거나 가지고 있는 문서로서 공공기관의 정보공개에 관한 법률 제9조에서 정하고 있는 비공개대상정보에 해당한다고 하더라도, 특별한 사정이 없는 한 그에 관한 문서제출의무를 면할 수 없다.

> ⊃ **[사실관계]** : 제3회 변호사시험에 불합격한 원고가 불합격처분의 취소를 구하는 제1심 소송계속 중, 합격자 결정과 관련된 변호사시험 관리위원회의 회의록에 대하여 신청한 문서제출명령이 인용(이 사건 문서는 인용문서이지만 피신청인의 변호사시험과 관련한 업무의 공정한 수행에 현저한 지장을 초래한다고 인정할 만한 이유가 있는 부분에 해당하지 않는다는 전제에서 그 제출을 명하였다)되었으나, 원심이 회의록 중 피고가 인용한 일부 부분에 한하여 문서제출명령을 받아들이자 쌍방 재항고한 사안으로서, 인용문서 인정에 관한 원심의 판단을 수긍하면서 설령 인용문서가 '공공기관의 정보공개에 관한 법률' 제9조의 비공개대상정보에 해당한다고 하더라도 특별한 사정이 없는 한 피고는 문서제출의무가 있다는 기존의 법리를 재확인한 사례이다.

② **인도·열람문서**(제344조 제1항 제2호) : 신청자(거증자)가 문서를 가지고 있는 사람에게 그것을 넘겨 달라고(=인도) 하거나 보겠다고(=열람) 요구할 수 있는 사법상의 권리를 가지고 있는 때에 문서제출의무가 있다. 문서를 가지고 있는 사람은 제3자라도 관계없고, 인도·열람청구권이 계약상의 것이든 법률상의 것(**예** 민법 제475조의 변제자의 채권자에 대한 채권증서의 반환청구권)이든 관계없다. 또한 현행 의료법 제21조에서는 제한적으로 진료기록 등의 열람 또는 교부를 요구할 수 있도록 규정하고 있다.

③ **이익문서와 법률관계문서**(제344조 제1항 제3호)

ⅰ) **이익문서** : 문서가 신청자(=거증자)의 이익을 위하여 작성된 문서로서, 여기서 이익이란 이를 넓게 해석하여 실체적 이익 외에 증거확보라는 소송상의 이익도 포함된다고 할 것이다. 이러한 이익문서는 제출의무가 있다(**예** 유언서, 영수증 등).

ⅱ) **법률관계문서** : 문서가 신청자(=거증자)와 문서의 소지자 간의 법률관계에 관하여 작성된 문서로서, 그 법률관계의 생성과정에서 작성된 문서도 포함된다. 이러한 법률관계문서는 제출의무가 있다(**예** 계약서나 통장).

ⅲ) **거부사유** : 위 제3호 이익문서·법률관계문서에 있어서 공무원의 직무상 비밀과 같이 동의를 필요로 하는 경우에 동의를 받지 아니한 문서, 증인의 증언거부사유와 같은 일정한 사유(**예** 형사소추, 치욕, 직무상·직업상비밀)가 있는 문서의 경우에는 제출의무를 부담하지 않는다(제344조 제1항 제3호 단서). 그러나 인용문서와 인도·열람문서의 경우에는 제출거부의 예외를 인정하지 않는다.

[대결 2015.12.21, 2015마4174; 대결 2016.7.1, 2014마2239]

[1] 문서의 제출을 거부할 수 있는 예외사유로서 민사소송법 제344조 제2항 제1호, 제1항 제3호 (다)목, 제315조 제1항 제2호에서 정한 '직업의 비밀'의 의미 / 문서 소지자가 문서의 제출을 거부할 수 있으려면 직업의 비밀에 해당하는 정보가 보호가치 있는 비밀이어야 하는지 여부(적극) 및 보호가치 있는 비밀인지 판단하는 방법

민사소송법 제344조 제2항 제1호, 제1항 제3호 (다)목, 제315조 제1항 제2호는 문서를 가지고 있

는 사람은 제344조 제1항에 해당하지 아니하는 경우에도 원칙적으로 문서의 제출을 거부하지 못한다고 규정하면서 예외사유로서 기술 또는 직업의 비밀에 속하는 사항이 적혀 있고 비밀을 지킬 의무가 면제되지 아니한 문서를 들고 있다. 여기에서 '직업의 비밀'은 그 사항이 공개되면 직업에 심각한 영향을 미치고 이후 직업의 수행이 어려운 경우를 가리키는데, 어느 정보가 직업의 비밀에 해당하는 경우에도 문서 소지자는 비밀이 보호가치 있는 비밀일 경우에만 문서의 제출을 거부할 수 있다. 나아가 어느 정보가 보호가치 있는 비밀인지를 판단할 때에는 정보의 내용과 성격, 정보가 공개됨으로써 문서 소지자에게 미치는 불이익의 내용과 정도, 민사사건의 내용과 성격, 민사사건의 증거로 문서를 필요로 하는 정도 또는 대체할 수 있는 증거의 존부 등 제반 사정을 종합하여 비밀의 공개로 발생하는 불이익과 달성되는 실체적 진실 발견 및 재판의 공정을 비교형량하여야 한다.

[2] 어느 문서가 문서를 가진 사람이 이용할 목적으로 작성되고 외부자에게 개시하는 것이 예정되어 있지 않으며 개시할 경우 문서를 가진 사람에게 간과하기 어려운 불이익이 생길 염려가 있는 경우, 민사소송법 제344조 제2항 제2호의 자기이용문서에 해당하는지 여부(원칙적 적극)

어느 문서가 문서의 작성 목적, 기재 내용, 문서의 소지 경위나 그 밖의 사정 등을 종합적으로 고려할 때 오로지 문서를 가진 사람이 이용할 목적으로 작성되고 외부자에게 개시하는 것이 예정되어 있지 않으며 개시할 경우 문서를 가진 사람에게 간과하기 어려운 불이익이 생길 염려가 있다면, 이러한 문서는 특별한 사정이 없는 한 민사소송법 제344조 제2항 제2호의 자기이용문서에 해당한다. 여기서 어느 문서가 자기이용문서에 해당하는지는 문서의 표제나 명칭만으로 판단하여서는 아니 되고, 문서의 작성 목적, 기재 내용에 해당하는 정보, 당해 유형·종류의 문서가 일반적으로 갖는 성향, 문서의 소지 경위나 그 밖의 사정 등을 종합적으로 고려하여 객관적으로 판단하여야 하는데, 설령 주관적으로 내부 이용을 주된 목적으로 회사 내부에서 결재를 거쳐 작성된 문서일지라도, 신청자가 열람 등을 요구할 수 있는 사법상 권리를 가지는 문서와 동일한 정보 또는 직접적 기초·근거가 되는 정보가 문서의 기재 내용에 포함되어 있는 경우, 객관적으로 외부에서의 이용이 작성 목적에 전혀 포함되어 있지 않다고는 볼 수 없는 경우, 문서 자체를 외부에 개시하는 것은 예정되어 있지 않더라도 문서에 기재된 '정보'의 외부 개시가 예정되어 있거나 정보가 공익성을 가지는 경우 등에는 내부문서라는 이유로 자기이용문서라고 쉽게 단정할 것은 아니다. 한편 자기이용문서 등 문서제출 거부사유가 인정되지 아니하는 경우에도 법원은 민사소송법 제290조에 따라 제출명령신청의 대상이 된 문서가 서증으로서 필요하지 아니하다고 인정할 때에는 제출명령신청을 받아들이지 아니할 수 있고, 민사소송법 제347조 제1항에 따라 문서제출신청에 정당한 이유가 있다고 인정한 때에 결정으로 문서를 가진 사람에게 제출을 명할 수 있으므로, 문서가 쟁점 판단이나 사실의 증명에 어느 정도로 필요한지, 다른 문서로부터 자료를 얻는 것이 가능한지, 문서 제출로 얻게 될 소송상 이익과 피신청인이 문서를 제출함으로 인하여 받게 될 부담이나 재산적 피해 또는 개인의 프라이버시나 법인 내부의 자유로운 의사 형성 및 영업 비밀, 기타 권리에 대한 침해와의 비교형량 및 기타 소송에 나타난 여러 가지 사정을 고려하여 과연 문서제출이 필요한지 및 문서제출신청에 정당한 이유가 있는지를 판단하여야 한다.

[3] 임직원의 급여 및 상여금 내역 등이 개인정보 보호법상 개인정보에 해당한다는 이유로 문서소지인이 문서의 제출을 거부할 수 있는지 여부(소극)

개인정보 보호법 제18조 제2항 제2호에 따르면 개인정보처리자는 '다른 법률에 특별한 규정이 있는 경우'에는 개인정보를 목적 외의 용도로 이용하거나 이를 제3자에게 제공할 수 있고, 민사소송법 제344조 제2항은 각 호에서 규정하고 있는 문서제출거부사유에 해당하지 아니하는 경우 문서소지인

에게 문서제출의무를 부과하고 있으므로, 임직원의 급여 및 상여금 내역 등이 개인정보 보호법상 개인
정보에 해당하더라도 이를 이유로 문서소지인이 문서의 제출을 거부할 수 있는 것은 아니다.

[4] 제출명령신청의 대상이 된 문서가 서증으로서 필요하지 않거나 대상 문서로 증명하고자 하는 사항
이 청구와 직접 관련이 없는 경우, 신청을 받아들이지 않을 수 있는지 여부(적극)
문서를 가진 사람에게 그것을 제출하도록 명할 것을 신청하는 것은 서증을 신청하는 방식 중의 하나이
므로, 법원은 제출명령신청의 대상이 된 문서가 서증으로서 필요하지 아니하다고 인정할 때에는
제출명령신청을 받아들이지 아니할 수 있다. 또한 문서제출명령의 대상이 된 문서에 의하여 증명
하고자 하는 사항이 청구와 직접 관련이 없는 것이라면 받아들이지 아니할 수 있다.

다) 일반적 문서제출의무로 확대

제344조 제2항에서는 제1항에서 정한 문서에 해당하지 아니하는 문서라도 원칙적으로 문서의 소
지자는 이를 모두 제출할 의무가 있는 것으로 규정하여 문서제출의무를 일반적 의무로 확대하고
있다(제344조 제2항). 다만, 예외적으로 ① 공무상 비밀문서, ② 형사소추 등 증언거부사유가 있는
문서, ③ 문서를 가지고 있는 사람의 이익보호라는 관점에서 오로지 문서를 가진 사람이 자기가
이용하기 위한 내부적 문서(예 자기사용문서 – 일기장, 편지 등)는 문서제출의무를 부담하지 않는다.

[대결 2024.4.25, 2023마8009] 문서의 제출을 거부할 수 있는 예외사유로서 민사소송법 제344조
제2항에서 정한 '공무원 또는 공무원이었던 사람이 그 직무와 관련하여 보관하거나 가지고 있는
문서'의 의미(=국가기관이 보유·관리하는 공문서) 및 이러한 공문서의 공개는 공공기관의 정보공개
에 관한 법률에서 정한 절차와 방법으로 하여야 하는지 여부(적극) / 금융감독원 직원이 직무상
작성하여 관리하고 있는 문서가 이에 준하여 공개 여부가 결정되어야 하는지 여부(적극) 및 문서
의 소지자는 그 제출을 거부할 수 있는지 여부(적극)
① 민사소송법 제344조 제2항은 같은 조 제1항에서 정한 문서에 해당하지 아니한 문서라도 문서의
소지자는 원칙적으로 그 제출을 거부하지 못하나, 다만 '공무원 또는 공무원이었던 사람이 그 직무
와 관련하여 보관하거나 가지고 있는 문서'는 예외적으로 제출을 거부할 수 있다고 규정하고 있다.
여기서 말하는 '공무원 또는 공무원이었던 사람이 그 직무와 관련하여 보관하거나 가지고 있는 문서'
란 국가기관이 보유·관리하는 공문서를 의미하고, 이러한 공문서의 공개는 공공기관의 정보공개에
관한 법률(이하 '정보공개법'이라고 한다)에서 정한 절차와 방법으로 하여야 할 것이다. ② 한편 금
융감독원은 금융위원회나 증권선물위원회의 지도·감독을 받아 금융기관에 대한 검사·감독 업무
등을 수행하기 위하여 금융위원회의 설치 등에 관한 법률에 의하여 설립된 무자본 특수법인으로 중
앙행정기관인 금융위원회 등의 권한을 위탁받아 자본시장의 관리·감독 및 감시 등에 관한 사항에
대한 업무를 처리할 수 있다. 또한 정보공개법 제2조 제3호 (마)목, 공공기관의 정보공개에 관한
법률 시행령 제2조 제4호에 의하면, 금융감독원은 특별법에 따라 설립된 특수법인으로서 정보공개
법에서 정한 공공기관에 해당하고, 금융감독원이 직무상 작성 또는 취득하여 관리하고 있는 문서에
대하여는 정보공개법이 적용된다. ③ 따라서 금융감독원 직원이 직무상 작성하여 관리하고 있는 문
서는 민사소송법 제344조 제2항이 적용되는 문서 중 예외적으로 제출을 거부할 수 있는 '공무원 또
는 공무원이었던 사람이 그 직무와 관련하여 보관하거나 가지고 있는 문서'에 준하여 정보공개법에
서 정한 절차와 방법에 의하여 공개 여부가 결정될 필요가 있고, 문서의 소지자는 그 제출을 거부할
수 있다고 할 것이다.

3) 문서제출명령의 신청과 심판

> **제345조(문서제출신청의 방식)**
> 문서제출신청에는 다음 각 호의 사항을 밝혀야 한다.
> 1. 문서의 표시
> 2. 문서의 취지
> 3. 문서를 가진 사람
> 4. 증명할 사실
> 5. 문서를 제출하여야 하는 의무의 원인
>
> **제346조(문서목록의 제출)**
> 제345조의 신청을 위하여 필요하다고 인정하는 경우에는, 법원은 신청대상이 되는 문서의 취지나 그 문서로 증명할 사실을 개괄적으로 표시한 당사자의 신청에 따라, 상대방 당사자에게 신청내용과 관련하여 가지고 있는 문서 또는 신청내용과 관련하여 서증으로 제출할 문서에 관하여 그 표시와 취지 등을 적어 내도록 명할 수 있다.
>
> **제347조(제출신청의 허가 여부에 대한 재판)**
> ① 법원은 문서제출신청에 정당한 이유가 있다고 인정한 때에는 결정으로 문서를 가진 사람에게 그 제출을 명할 수 있다.
> ② 문서제출의 신청이 문서의 일부에 대하여만 이유 있다고 인정한 때에는 그 부분만의 제출을 명하여야 한다.
> ③ 제3자에 대하여 문서의 제출을 명하는 경우에는 제3자 또는 그가 지정하는 자를 심문하여야 한다.
> ④ 법원은 문서가 제344조에 해당하는지를 판단하기 위하여 필요하다고 인정하는 때에는 문서를 가지고 있는 사람에게 그 문서를 제시하도록 명할 수 있다. 이 경우 법원은 그 문서를 다른 사람이 보도록 하여서는 안 된다.

가) 신청

① **신청방법** : 문서제출명령을 신청한 당사자는 문서의 표시, 문서의 취지, 문서를 가진 사람, 증명할 사실 및 문서제출의무의 원인을 명시하여야 한다(제345조, 규칙 제110조).

② **문서정보공개제도** : 여기서 문서제출명령을 신청하는 데에는 문서의 표시나 취지에 의하여 문서를 특정할 필요가 있는데, 본래 문서의 소지자가 어떠한 문서를 소지하고 있는지가 명확하지 않은 상황도 있을 수 있다. 그리하여 필요하다고 인정하는 경우, 법원은 신청대상이 되는 문서의 취지나 그에 의하여 증명할 사실을 개괄적으로 표시한 당사자의 신청에 따라 상대방 당사자에게 신청내용과 관련하여 가지고 있는 문서 또는 서증으로 제출할 문서에 관하여 그 표시와 취지 등을 적어 내도록 명할 수 있다는 문서정보공개제도를 두고 있다(제346조). 이에 따라 사전증거수집수단이 미비한 우리 상황 하에서 미국의 '증거개시제도'(discovery)와 유사한 역할을 할 수 있게 되었다.

나) 심리

① **제3자에 대한 필수적 심문** : 법원은 그 문서의 소지 여부 및 제출의무의 존재를 다투는 때에는 그에 대한 존부를 심리하여야 한다. 상대방이 당사자이고, 신청이 변론에서 행하여지는

때에는 상대방에게 변론 중에 진술의 기회가 부여된다. 반면, 상대방이 제3자인 때에는 충분한 진술의 기회를 제공하기 위하여 법원은 그 제3자 또는 그가 지정하는 사람을 반드시 심문하여야 한다(제347조 제3항).

② **비밀심리절차**(In Camera절차) : 여기서 프라이버시나 영업비밀에 관한 사항이 기재된 문서에 해당한다는 이유로 문서제출의무의 존부가 다투어지는 신청에 있어서 법원이 필요하다고 인정하는 때에는 문서를 가지고 있는 사람에게 그 문서를 제시하도록 명할 수 있고, 대신 법원은 그 문서를 비공개적으로 심리하여 문서제출의무의 존재 여부를 판단하는 비밀심리절차(이른바 In Camera절차)를 마련하고 있다(제347조 제4항). 이 경우 법원만이 그 문서를 보고 제출의무의 유무를 판단하게 된다.

③ **일부제출명령제도** : 심리결과 문서의 일부에 대하여서만 이유 있다고 인정한 때에는 해당부분만의 일부제출명령을 하여야 한다(제347조 제2항).

다) 재판

문서제출신청이 있으면 법원은 그 문서의 존재와 소지사실 및 소지자에게 제출의무가 있는지 없는지를 조사하여 신청에 정당한 이유가 있다고 인정한 때에는 결정으로 그 제출을 명한다(제347조 제1항). 이 경우 ① 문서제출명령을 하려면 문서의 존재와 소지가 증명되어야 하는데, 그 증명책임은 원칙적으로 신청인에게 있다. 반면 ② 제344조 제1항 제3호 단서나 제2항의 거부사유의 존재는 소지인에게 증명책임이 있다.

★[대결 1995.5.3, 95마415] 법원이 문서제출명령을 발함에 있어서는 먼저 당해 문서의 존재와 소지가 증명되어야 하고 그 입증책임은 원칙으로 신청인에게 있다.

4) 문서의 부제출 등의 효과 및 제재

> **제349조(당사자가 문서를 제출하지 아니한 때의 효과)**
> 당사자가 제347조 제1항·제2항 및 제4항의 규정에 의한 명령에 따르지 아니한 때에는 법원은 문서의 기재에 대한 상대방의 주장을 진실한 것으로 인정할 수 있다.
> **제350조(당사자가 사용을 방해한 때의 효과)**
> 당사자가 상대방의 사용을 방해할 목적으로 제출의무가 있는 문서를 훼손하여 버리거나 이를 사용할 수 없게 한 때에는, 법원은 그 문서의 기재에 대한 상대방의 주장을 진실한 것으로 인정할 수 있다.
> **제351조(제3자가 문서를 제출하지 아니한 때의 제재)**
> 제3자가 제347조 제1항·제2항 및 제4항의 규정에 의한 명령에 따르지 아니한 때에는 제318조의 규정(과태료 등)을 준용한다.

가) 당사자에 대한 효과

① 문제점

당사자가 문서제출명령을 받고도 이에 응하지 않거나(제349조), 사용방해의 목적으로 제출의무 있는 문서에 대해 훼손 등의 행위를 한 때(제350조)에는 법원은 그 문서의 기재에 대한 상대방의 주장을 진실한 것으로 인정할 수 있다. 이는 증명방해의 하나로서 명문규정이 있는 경우이다. 여기서 문서에 관한 상대방의 주장을 진실한 것으로 인정한다는 것이 무엇을 뜻하는가에 관하여는 논의가 있다.

② 학설

ⅰ) 요증사실 자체까지도 인정할 수 있다는 법정증거설, ⅱ) 명령불응으로 인하여 입증사항인 사실이 증명되었다고 인정하여야 하느냐는 법원의 자유심증에 의할 것이라는 자유심증설, ⅲ) 증명책임이 상대방에게 전환된다고 보는 증명책임전환설, ⅳ) 의료과오소송·공해소송 등과 같이 문서의 내용이 될 것이 상대방의 지배영역에 있는 경우에 한하여 제한적으로 요증사실도 증명되었다고 보자는 절충설의 대립이 있다.

③ 판례

이에 대해 판례는 문서제출명령에 따르지 아니한 경우 ⅰ) 법원은 상대방의 그 문서에 관한 주장, 즉 원고 주장과 같은 내용의 계약서의 존재 및 그 진정성립의 인정을 진실한 것으로 인정하여야 한다는 것이지, ⅱ) 증명책임이 전환된다거나 그 문서에 의하여 증명하고자 하는 상대방의 주장사실까지 반드시 증명되었다고 인정하여야 하는 것은 아니라고 판시함으로써 자유심증설에 입각하고 있다.[72]

★★ **[대판 1993.6.25. 93다15991]** 당사자가 문서제출명령에 따르지 아니한 경우에는 법원은 상대방의 그 문서에 관한 주장 즉, 문서의 성질·내용·성립의 진정 등에 관한 주장을 진실한 것으로 인정하여야 한다는 것이지 그 문서에 의하여 입증하고자 하는 상대방의 주장사실까지 반드시 증명되었다고 인정하여야 한다는 취지는 아니다.

➥ [해설] : 문서제출명령위반의 효과와 관련해서 판례는 본 판결을 비롯하여 "그 문서들에 의하여 입증하려고 하는 원고의 주장사실이 바로 증명되었다고 볼 수는 없다(대판 1993.11.23, 93다41938)"고 판시함으로써 자유심증설에 입각하고 있다.

★ **[대판 1995.3.10. 94다39567]** 의료분쟁에 있어서 의사 측이 가지고 있는 진료기록 등의 기재가 사실인정이나 법적 판단을 함에 있어 중요한 역할을 차지하고 있는 점을 고려하여 볼 때, 의사 측이 진료기록을 변조한 행위는, 그 변조이유에 대하여 상당하고도 합리적인 이유를 제시하지 못하는 한, 당사자 간의 공평의 원칙 또는 신의칙에 어긋나는 입증방해행위에 해당한다 할 것이고, 법원으로서는 이를 하나의 자료로 하여 자유로운 심증에 따라 의사 측에게 불리한 평가를 할 수 있다.

➥ [해설] : 민사소송법은 입증방해에 대해 일반적인 규정을 두지 않고 개별적인 규정을 두고 있는 바, 제349조, 제350조, 제361조, 제366조, 제369조의 규정이 그것이다. 구체적인 예로는 ① 의료과오소송에서 의사가 환자의 진료기록을 변조·훼손하는 것, ② 공해소송에서 공해기업이 공장시설을 철거하여 자료가 남지 않도록 하는 것, ③ 상대방이 신청한 증인의 출석을 방해하는 것 등이 이에 해당한다.

---

72) 변론 전체의 취지란 증거조사의 결과를 제외한 일체의 소송자료로서, 당사자의 주장내용·태도·주장입증의 시기, 당사자의 인간관계 그 밖의 변론 과정에서 얻은 인상 등 변론에서 나타난 일체의 적극·소극의 사항을 말한다. 예컨대 일관성 없는 주장, 간단한 사실을 땀을 흘리거나 낯을 붉히면서 주장하는 태도, 증명방해, 공동피고의 자백 등이 이에 해당한다. 다시 말해 자유심증설에 의한다 하더라도 증명방해시 법원은 사실관계가 상대방에게 유리하다는 강력한 증빙으로 평가할 수 있는 것이다.

[대판 1999.4.13, 98다9915] 의료과오소송에 있어서 진료기록이 가필된 사안에서 법원으로서는 이를 하나의 자료로 삼아 자유로운 심증에 따라 방해자 측에게 불리한 평가를 할 수 있음에 그칠 뿐 증명책임이 전환되거나 곧바로 상대방의 주장사실이 증명된 것으로 보아야 하는 것은 아니다.

[대판 1996.4.23, 95다23835] 증거자료에의 접근이 훨씬 용이한 일방 당사자가 상대방의 증명활동에 협력하지 않는다고 하여 상대방의 입증을 방해하는 것이라고 단정할 수 없으며, 민사소송법 제1조에서 규정한 신의성실의 원칙을 근거로 하여 대등한 사인간의 법률적 쟁송인 민사소송절차에서 일방 당사자에게 소송의 승패와 직결되는 상대방의 증명활동에 협력하여야 할 의무가 부여되어 있다고 할 수 없으므로, 일방 당사자가 요증사실의 증거자료에 훨씬 용이하게 접근할 수 있다고 하는 사정만으로는 상대방의 증명활동에 협력하지 않는다고 하여 이를 민사소송법상의 신의성실의 원칙에 위배되는 것이라고 할 수 없다.

  ➔ [해설] : 본 판결은 입증방해가 되기 위해서는 단순한 증명활동에 협력을 거부하는 것만으로는 부족하고, 상당하고 합리적인 이유 없이 적극적으로 입증활동을 방해하는 행위가 필요하다는 입장으로 평가된다.

나) 제3자에 대한 효과

제3자가 문서제출명령에 따르지 않은 때에는 문서의 기재에 대한 상대방의 주장을 진실한 것으로 인정할 수는 없는 것이고, 다만 과태료의 제재가 따른다(제351조).

(3) 문서의 송부촉탁

1) 서증의 신청을 함에 있어서 문서를 가지고 있는 사람에게 그 문서를 보내도록 촉탁할 것을 신청하여 이를 할 수 있다(제352조). 통상 제출의무 없는 문서에 대하여 문서송부촉탁을 신청할 수 있다고 하는데, 그러나 문서의 소지자가 해당 문서에 대하여 제출의무를 부담하는지 여부와 관계없다(법원실무제요 민사(하), 440면).

2) 송부촉탁의 상대방을 공공기관이나 공무원에 한정하고 있지는 않지만, 실제로는 공공기관 등에 대하여 행하는 것이 많다. 다만, 등기부, 가족관계등록부 등과 같이 당사자에게 법령상 문서의 정본 또는 등본의 청구권이 보장되어 있는 경우에는 송부촉탁을 구할 이익이 없으므로 문서송부촉탁의 신청이 허용되지 않는다(동조 단서).

3) 촉탁을 받은 사람은 정당한 사유가 없는 한, 이에 협력하여야 하고(제352조의2 제1항), 그 문서를 보관하고 있지 아니하거나 그 밖에 송부촉탁에 따를 수 없는 사정이 있는 때에는 법원에 그 사유를 통지하여야 한다(제352조의2 제2항). 송부촉탁을 받은 사람이 촉탁에 따를 경우에는 문서원본을 보내는 것이 원칙이지만, 정본 또는 인증등본을 보낼 수도 있다(제355조 제1항). 후자의 경우에 법원이 필요하다고 인정한 때에는 원본을 보내도록 촉탁할 수 있다(동조 제2항). 문서송부촉탁은 기록의 일부에 대하여도 할 수 있다. 기록의 일부에 대하여 송부촉탁신청을 접수한 법원이 그 신청을 채택한 경우에는 기록을 보관하고 있는 검찰청 등에 대하여 그 지정한 부분의 인증등본을 송부하여 줄 것을 촉탁한다(민사소송규칙 제113조 제2항).

4) 송부된 문서가 당연히 증거가 되는 것이 아니고, 송부촉탁문서가 도착하였음을 통지받은 당사자가 그 중에서 필요한 부분을 선별하여 서증으로서 제출함으로써 비로소 증거자료가 되고,

사문서의 경우라면 실질적인 증거력을 갖게 하기 위하여 문서의 진정성립을 별도로 입증하여
야 한다.

[대판 1974.12.24. 72다1532] 송부촉탁에 의하여 송부된 문서는 자동적으로 증거로 되는 것이 아니
고, 당사자가 필요한 부분을 선별하여 서증으로 제출하여야 한다.

[대결 2020.1.9. 2019마6016] **미확정 상태의 소송기록에 적혀 있는 영업비밀의 보호 필요성**
확정 판결서에 대하여는 누구든지 열람 및 복사를 할 수 있고(민사소송법 제163조의2), 확정된 소송
기록은 학술연구 등 일정한 목적하에 열람할 수 있도록(민사소송법 제162조 제2항) 정한 반면, 미확
정 상태의 소송기록에 관하여는 당사자나 이해관계를 소명한 제3자만이 열람 등이 가능하도록(민사
소송법 제162조 제1항) 정하고 있다. 그런데 민사소송법 제352조에 따라 미확정 상태의 다른 소송
기록을 대상으로 하는 문서의 송부가 촉탁된 경우, 해당 소송기록을 보관하는 법원은 정당한 사유가
없는 한 이에 협력할 의무를 부담한다(민사소송법 제352조의2). 이에 따라 이해관계의 소명이 없는
제3자라 할지라도 다른 미확정 상태의 소송기록을 대상으로 문서송부촉탁을 신청하여 채택된다면,
대상 기록에 관해 민사소송법 제163조의 소송기록 열람 등 제한이 되어 있지 않은 경우에는, 제한
없이 미확정 상태의 소송기록을 열람할 수 있는 결과가 된다. 대상문서를 지정하지 않은 채로 법원
의 송부촉탁 결정이 이루어지고, 송부촉탁 결정 이후 신청인이 직접 대상 기록을 열람한 후에 필요
한 부분을 지정하여 문서송부촉탁이 이루어지고 있는 현실에 비추어 본다면, 미확정 상태의 소송기
록에 적혀 있는 영업비밀을 보호할 필요성이 더욱 크다.

    ➲ [사실관계 및 해설] : 다른 사건의 소송당사자로서 제3자인 甲 주식회사가 아직 미확정 상태인
사건의 소송기록을 대상으로 문서송부촉탁을 신청하여 채택되자, 미확정 사건의 소송당사자인 乙
주식회사가 위 소송기록 중 일부 문서에 영업비밀이 포함되어 있다며 그 일부 문서에 대하여 열람
제한 등을 신청한 사안에서, 乙 회사가 열람 제한 등을 신청한 대상문서 중 일부는 乙 회사가 제3자
와 체결한 계약서이고, 그 계약서의 비밀준수의무 관련 조항 등에 비추어 위 계약서에 영업비밀이
적혀 있다는 점에 대한 소명이 있다고 볼 여지가 있는데도, 이와 달리 보아 위 계약서에 관한 열람
제한 등 신청을 기각한 원심결정 부분에는 민사소송법 제163조 제1항 제2호, 부정경쟁방지 및 영
업비밀보호에 관한 법률 제2조 제2호에서 정한 영업비밀 소명 등에 관한 법리오해의 잘못이 있다
고 한 사례이다.

---

(4) 문서소재장소에서의 서증신청(법원 밖에서의 서증조사)

법원이 문서가 있는 장소에 직접 가서 서증의 신청을 받아 조사하는 방법이다(민사소송규칙 제112조).
현재는 법원 밖에서의 서증조사(제297조)의 방식으로 증거조사를 하고 있다. 문서를 가지고 있는
사람이 법원의 문서송부촉탁에 불응할 경우에는 이 방법에 의하여 증거조사를 할 수 밖에 없다.
증거조사의 대상인 문서를 가지고 있는 사람은 정당한 사유가 없는 한 증거조사에 협력하여야 한
다(제352조의2).

V. 증거보전

> 제375조(증거보전의 요건)
> 법원은 미리 증거조사를 하지 아니하면 그 증거를 사용하기 곤란할 사정이 있다고 인정한 때에는 당사자의 신청에 따라 이 장의 규정에 따라 증거조사를 할 수 있다.
> 제376조(증거보전의 관할)
> ① 증거보전의 신청은 소를 제기한 뒤에는 그 증거를 사용할 심급의 법원에 하여야 한다. 소를 제기하기 전에는 신문을 받을 사람이나 문서를 가진 사람의 거소 또는 검증하고자 하는 목적물이 있는 곳을 관할하는 지방법원에 하여야 한다.
> ② 급박한 경우에는 소를 제기한 뒤에도 제1항 후단에 규정된 지방법원에 증거보전의 신청을 할 수 있다.
> 제377조(신청의 방식)
> ① 증거보전의 신청에는 다음 각 호의 사항을 밝혀야 한다.
>   1. 상대방의 표시
>   2. 증명할 사실
>   3. 보전하고자 하는 증거
>   4. 증거보전의 사유
> ② 증거보전의 사유는 소명하여야 한다.
> 제379조(직권에 의한 증거보전)
> 법원은 필요하다고 인정한 때에는 소송이 계속된 중에 직권으로 증거보전을 결정할 수 있다.
> 제380조(불복금지)
> 증거보전의 결정에 대하여는 불복할 수 없다.

1. 의의 및 취지

① 증거보전이라 함은 본래의 증거조사의 기일까지 기다려서는 그 조사가 불가능 또는 곤란하게 될 우려(보전의 필요성 → 예 증인이 될 사람의 사망이 예상될 때, 문서가 변개, 멸실될 염려가 있는 때)가 있는 특정한 증거에 대하여 이를 보전하기 위해 미리 조사를 하여 그 결과를 확보하여 두기 위한 소송절차이다(제375조 이하). 이로써 현대형 소송에서 증거의 구조적 편재를 시정할 수 있을 것이다.

② 증거보전절차는 본안의 소송절차와 구별되어 별개로 행하여진다. 따라서 증거보전절차는 본래의 소송절차에 부수되어 행하여지지만(판결의 부수절차), 별개의 독립된 소송절차이다.

2. 요건

① 당사자는 미리 증거조사를 하지 아니하면 그 증거를 사용하기 곤란한 사정이 있다고 인정되는 때에 증거보전을 신청할 수 있다(제375조). 신청은 서면으로 하여야 한다(민사소송규칙 제124조 제1항). 당사자는 보전의 필요성(보전의 사유)에 대하여 소명하여야 한다(제377조 제2항). 현대형 소송에서의 증거의 구조적 편재를 시정하기 위한 방편으로 소명의 정도를 완화하여 탄력적으로 확대운용 하는 것이 필요하다고 할 것이다.

② 소송계속 전후를 불문하고, 소송계속 중이라도 필요하면 증거보전에 따른 증거조사를 할 수 있다. 나아가 증거보전의 대상이 되는 것은 모든 종류의 증거방법을 포함한다.

3. 절차

(1) 신청

증거보전은 원칙적으로 당사자의 신청에 의한다. 소송계속 중에는 법원의 직권으로도 명하여 질 수 있다(제379조). 관할법원은 소제기 뒤에는 원칙적으로 그 증거를 사용할 심급의 법원이지만, 소제기 전이나 급박한 경우에는 신문을 받을 증인, 감정인, 당사자의 거소 또는 증거로 할 문서를 가진 사람의 거소, 검증물이 있는 곳을 관할하는 지방법원이다(제376조). 증거조사에는 신청인, 상대방에게 통지하여 관여시키는 것이 원칙이다(제381조). 참여권을 보장하는 취지이다. 다만, 긴급한 경우에는 예외이다.

(2) 결정

증거보전의 신청에 대하여 법원은 증거보전결정 또는 신청의 각하결정의 어느 쪽의 재판을 한다. 각하결정에 대하여는 항고할 수 있지만(제439조), 반면 증거보전결정에 대하여는 불복신청을 하지 못한다(제380조).

(3) 증거조사의 실시

증거보전의 결정이 있으면, 본안소송에서와 동일한 방법으로 증거방법의 종류에 따라 증거조사가 실시된다. 이론적으로는 증거보전의 결정과 그에 기한 별개의 증거조사의 결정을 하여야 하겠으나, 실무상으로는 하나의 결정서에 의하여 증거보전을 허용하면서 증거조사의 실시방법에 관한 결정을 한다.

4. 효력

증거보전에 관한 기록은 증거보전을 마치기 전에 본안소송이 제기된 경우에는 증거보전을 마친 뒤 2주 안에 본안소송의 기록이 있는 법원에 보내야 한다(제382조, 민사소송규칙 제125조 제1항). 증거보전에 따른 증거조사를 마친 뒤에 본안소송이 제기된 때에는 본안소송이 계속된 법원의 송부요청을 받은 날로부터 1주 안에 증거보전에 관한 기록을 보내야 한다(민사소송규칙 제125조 제2항). 송부된 기록은 변론에 제출되어 증거자료가 된다. 즉 증거보전절차에서의 증거조사의 결과가 변론에 상정되면 그것이 그 자체로 본안소송의 증거가 된다(예 증인신문조서가 서증으로 되는 것은 아니다). 다만, 증거보전절차에서 신문한 증인이더라도 당사자가 변론에서 다시 신문을 신청한 때에는 수소법원은 그 증인을 신문하여야 한다(제384조). 증인신문에 대하여 직접주의를 철저하게 관철하려는 취지이다.

제4관 자유심증주의

증명이 불필요한 사실인 자백한 사실이나 현저한 사실을 제외하고 법원은 기일에 현출된 자료에 기하여 판결의 기초되는 사실을 인정하여야 하는데, 그 인정에 관한 기본원칙으로는 ① 자유심증주의와 ② 증명책임이 있다. 전자는 증거자료(내지는 증거원인)에 기한 사실인정에 있어서 법원이 취하여야 할 규범을 정한 것이고, 후자는 증거자료를 가지고도 증명주제인 사실에 대하여 법원이 확신을 형성할 수 없는 때에 그 사실의 존부를 어떻게 취급할 것인가에 관한 원칙이다. 여기서는 자유심증주의에 대하여 살펴본다.

Ⅰ. 서설

1. 의의

> **제202조(자유심증주의)**
> 법원은 **변론 전체의 취지와 증거조사의 결과**를 참작하여 **자유로운 심증**으로 사회정의와 형평의 이념에 입각하여 논리와 경험의 법칙에 따라 사실주장이 진실한지 아닌지를 판단한다.
>
> **제202조의2(손해배상액수의 산정)**
> 손해가 발생한 사실은 인정되나 구체적인 손해의 액수를 증명하는 것이 사안의 성질상 매우 어려운 경우에 법원은 **변론 전체의 취지와 증거조사의 결과**에 의하여 인정되는 모든 사정을 종합하여 **상당하다고 인정되는 금액을 손해배상 액수로 정할 수 있다.**

자유심증주의란 법관이 법률상의 제약을 받지 않고 변론 전체의 취지와 증거자료를 통하여 형성된 자유로운 심증으로 사실주장의 진부판단을 할 수 있다는 원칙을 말한다(제202조).

> **[대판 2019.11.14, 2016다227694]** 법원은 변론 전체의 취지와 증거조사의 결과를 참작하여 자유로운 심증으로 논리와 경험의 법칙에 따라 사실주장이 진실한지 아닌지를 판단한다(민사소송법 제202조). 사실의 인정, 증거의 취사선택과 평가는 자유심증주의의 한계를 벗어나지 않는 한 사실심 법원의 전권사항이다.

> **[대판 2021.6.30, 2017다249219]** 손해가 발생한 사실이 인정되나 구체적인 손해의 액수를 증명하는 것이 매우 어려운 경우에 법원은 손해배상청구를 쉽사리 배척해서는 안 되고, 적극적으로 석명권을 행사하여 증명을 촉구하는 등으로 구체적인 손해액에 관하여 심리하여야 한다. 그 후에도 구체적인 손해액을 알 수 없다면 민사소송법 제202조의2에 따라 법원은 변론 전체의 취지와 증거조사의 결과에 의하여 인정되는 모든 사정을 종합하여 상당하다고 인정되는 금액을 손해배상 액수로 정할 수 있다. 이때 고려할 사정에는 당사자들 사이의 관계, 불법행위로 인한 손해가 발생하게 된 경위, 손해의 성격, 손해가 발생한 이후의 정황 등이 포함된다.

2. 법정증거주의와의 구별

법정증거주의는 증거능력이나 증거력을 법률로 정해놓아 법관이 사실을 인정할 때 반드시 이에 구속되어 기계적으로 해야 하는 원칙이라는 점에서 자유심증주의와 구별된다.

3. 제도적 취지

법정증거주의는 법관의 자의에 의한 사실인정을 막을 수 있는 장점이 있으나, 사회가 복잡해지고 다양해짐에 따라 더 이상 단조로운 증거법칙만을 가지고는 사건의 진상을 파악할 수 없게 되었으며, 그것은 오히려 사실의 진실 여부의 판단을 그르칠 위험이 있게 되었다. 그리하여 법관의 양식을 전폭적으로 신뢰하고 그의 자유로운 판단에 맡기기에 이르렀다.

II. 증거원인

1. 변론 전체의 취지

(1) 의의

증거조사의 결과를 제외한 일체의 소송자료로서 당사자의 주장내용, 태도 기타 변론의 취지에서 얻은 인상 등 변론과정에서 나타난 일체의 적극·소극의 사항을 말한다. 변론 전체의 취지는 민사소송에서 심증형성의 자료로서 증거자료와 함께 증거원인이 된다.

> **[대판 2013.8.22, 2012다94728] 변론 전체의 취지 범위**
> 법원은 변론 전체의 취지와 증거조사의 결과를 참작하여 자유로운 심증으로 사회정의와 형평의 이념에 입각하여 논리와 경험의 법칙에 따라 사실주장이 진실한지 아닌지를 판단하여야 하는데(민사소송법 제202조), 여기서 변론 전체의 취지는 변론의 과정에 현출된 모든 상황과 소송자료로서 증거조사의 결과를 제외한 것이고, 변론종결 후에 제출된 자료는 여기에 포함되지 아니한다.

(2) 독립적 증거원인의 인정 여부

1) 문제점

변론 전체의 취지만으로 다툼 있는 사실을 인정할 수 있느냐, 아니면 이는 증거자료에 보태어 사실인정의 자료로 쓰이는 보충적인 증거원인이 되는 것에 그치느냐에 대하여는 다툼이 있다.

2) 판례

판례는 ① 원칙적으로 변론 전체의 취지에 대하여 증거원인으로서의 독립성을 부정하여 그것만으로 주요사실을 인정할 자료로는 할 수 없다고 하였다. ② 다만 문서의 진정성립과 자백의 철회요건으로서의 착오는 변론 전체의 취지만으로 그 사실을 인정하고 있다.

가) 주요사실의 경우

> **[대판 1983.9.13, 83다카971]** 변론의 취지는 변론의 과정에 현출된 모든 상황과 자료를 말하여 증거원인이 되는 것이기는 하나 그것만으로는 사실인정의 자료로 할 수 없다.

나) 보조사실의 경우

> **[대판 1993.4.13, 92다12070]** 사문서는 진정성립이 증명되어야만 증거로 할 수 있지만 증명의 방법에 관하여는 특별한 제한이 없고, 부지로 다투는 서증에 관하여 거증자가 성립을 증명하지 아니한 경우라 할지라도 법원은 다른 증거에 의하지 아니하고 변론의 전취지를 참작하여 그 성립을 인정할 수도 있다.

> **[대판 1991.8.27, 91다15591 · 15607]** 재판상의 자백은 상대방의 동의가 없는 경우에는 자백을 한 당사자가 그 자백이 진실에 부합되지 않다는 사실과 자백이 착오에 기인한다는 사실을 증명한 경우에만 이를 취소할 수 있는 것이기는 하지만 증거에 의하여 자백이 진실과 부합되지 않는 사실이 증명되고 변론의 전취지에 의하여 그 자백이 착오에 기인한 것으로 인정되는 경우에는 법원은 자백의 취소를 허용하여야 할 것이다.

2. 증거조사의 결과(증거자료)

(1) 의의

법원이 적법한 증거조사에 의하여 얻은 증거자료를 말한다. 자유심증주의는 이것만을 토대로 하면 되는 것이고 증거법칙으로부터는 해방됨을 의미한다.

(2) 증거방법 및 증거능력의 무제한

① 민사소송에서는 일반적으로 증거방법 및 증거능력의 제한은 없으며, 법관의 자유심증에 의한 증거력의 평가의 문제로 남겨두고 있다. 판례는 소제기 후 계쟁사실을 증명하기 위하여 작성한 문서나 위법수집증거, 사본, 전문증언도 증거능력이 있다고 하였다.

② 특정한 사실의 인정을 위하여 증거방법이 한정되지 않으므로, 예컨대 부동산매매계약과 같은 중요한 사실이라도 이를 증인의 증언만에 의하여 인정하는 것도 허용된다.

(3) 증거력의 자유평가

① 증거의 증거력의 평가(예 증거를 어느 정도로 고려하여 요증사실을 인정할 것인가)는 법관의 자유로운 판단에 맡겨져 있다. 따라서 ⅰ) 직접증거와 간접증거 사이에 증거력에 있어서 차이가 없고, ⅱ) 민사재판에 있어서 형사사건의 확정판결에서 인정된 사실에 구속력을 받지 않는다. 또한 ⅲ) 원칙적으로 서증과 인증 사이에 증거력의 우열은 없다.

② 다만 판례는 ⅰ) 처분문서의 경우 그 진정성립이 인정되는 이상 반증이 있거나 이를 믿을 수 없는 합리적인 이유가 없는 한 법원은 문서에 적힌 내용대로 법률행위의 존재를 인정하여야 하고, ⅱ) 확정된 형사판결의 인정사실은 특별한 사정이 없는 한 유력한 증거자료가 될 수 있다고 하였다.

> **[대판 1964.4.14, 63아56]** 민사소송법은 증거법정주의를 채택하지 아니하고 자유심증주의를 채택하였으므로 일반적으로 서증의 비중이 인증의 비중에 비하여 중하다는 결론을 내릴 수 없다.

[대판 2005.5.13, 2004다67264 · 67271] 처분문서의 진정성립이 인정되면 법원은 그 기재 내용을 부인할 만한 분명하고도 수긍할 수 있는 반증이 없는 한 그 처분문서에 기재되어 있는 문언대로의 의사표시의 존재와 내용을 인정하여야 하고, 당사자 사이에 계약의 해석을 둘러싸고 이견이 있어 처분문서에 나타난 당사자의 의사해석이 문제되는 경우에는 문언의 내용, 그와 같은 약정이 이루어진 동기와 경위, 약정에 의하여 달성하려는 목적, 당사자의 진정한 의사 등을 종합적으로 고찰하여 논리와 경험칙에 따라 합리적으로 해석하여야 한다.

(4) 증거공통의 원칙

1) 의의 및 근거

소송상 다투어지는 사실은 단 하나밖에 없는 역사적 사실이므로 인정사실의 당부는 양자에게 공통되며, 제출된 증거를 어떻게 법관이 평가하는가는 증거력의 자유평가의 문제이다. 그렇기 때문에 증거조사의 결과는 제출한 당사자에게 유리하게 판단될 수 있을 뿐만 아니라, 상대방의 원용이 없어도 상대방에게 유리하게 사용되고 오히려 제출자에게 불리하게 판단될 수도 있는 증거공통의 원칙이 도출된다.

2) 변론주의와의 관계

증거공통의 원칙은 변론주의와 저촉하는 것이 아니다. 변론주의는 증거의 제출책임을 법원과의 관계에서 당사자에 일임한다는 것이지, 일단 제출한 증거를 놓고 어떻게 평가하느냐는 변론주의 범위 밖의 문제이며 법원의 직권이기 때문이다.

3) 소송상 취급

가) 증거신청의 철회 가부

① 증거조사 개시 전에는 어느 때나 철회할 수 있으나, ② 증거조사 개시 후에는 증거조사의 결과가 상대방에게도 유리하게 참작될 수 있으므로 상대방의 동의가 있는 때에 한하여 철회할 수 있다. 또한 ③ 증거조사 종결 후에는 이미 법관의 심증형성에 영향을 주고 증거신청의 목적이 달성되었기 때문에 상대방의 동의가 있어도 철회는 허용되지 않는다.

나) 상대방 원용의 요부

증거공통의 원칙은 상대방의 원용과 관계없다. 따라서 실무상 행하는 제출자의 상대방의 원용은 법원의 증거판단에 주의를 환기시키는 이상의 의미가 없다. 다만 판례는 원용이 없는 이상 상대방 제출의 증거에 대해 채택 여부 판단을 하지 아니하여도 증거공통의 원칙에 저촉되지 않는다고 하여 원용에 의미를 부여하고 있다.

다) 공동소송과 증거공통의 원칙

통상 공동소송의 경우 통설적 견해는 제한적으로 증거공통의 원칙을 인정하나, 판례는 "필수적 공동소송이 아닌 경우 공동피고가 한 자백은 다른 피고의 소송관계에 직접적으로 무슨 효력을 발생할 수 없고 다만 변론전체의 취지로서의 증거자료가 된다."고 하여 부정하는 듯한 태도를 보이고 있다(대판 1976.8.24, 75다2152).

III. 자유심증의 내용 및 정도

1. 사실인정에 필요한 확신의 정도(증명도·심증도)

(1) 의의

재판에서 법관이 어느 사실을 「증명되었다」고 하여, 이를 인정하기 위해서는 그 사실의 존부에 대한 심증이 일정한 정도에 달할 것이 필요하고, 이 요구되는 심증의 정도를 「증명도」라고 부른다. 이 증명도는 사회의 통상인이 합리적 의심을 품지 않을 정도의 십중팔구(80% ~ 90%)라는 고도의 개연성의 확신에 이르는 것이 필요하다. 결국 ① 객관적으로는 「고도의 개연성」, ② 주관적으로는 법관의 「확신」이 필요하다. 법관의 현실의 심증이 위와 같은 증명도에 달하지 못한 경우에는 사실의 존부는 불명이 된다. 이 경우에 법관은 증명책임의 분배에 따라서 재판을 할 수밖에 없다.

(2) 손해배상소송에 있어서의 증명도의 경감 – 상당한 개연성 있는 증명

1) 판례는 과거 공해소송 등 현대형 소송에 있어서의 인과관계에 관하여 해당 행위가 없었더라면 결과가 발생하지 아니하였으리라는 정도의 개연성, 즉 침해행위와 손해와의 사이에 인과관계가 존재하는 상당정도의 가능성이 있다는 입증을 함으로써 족하다고 하였다. 이후 이러한 공해소송에서 증명책임을 완화시키려고 하는 노력은 간접반증이론으로 발전하였다.

2) 판례는 손해배상소송에 있어서 손해의 발생사실은 인정되나 구체적인 손해액을 증명하기 곤란한 경우에 증거조사의 결과와 변론 전체의 취지라는 관련된 모든 간접사실들을 종합하여 손해의 액수를 판단할 수 있다고 하였다(대판 2006.9.8, 2006다21880 등).[73] 현행법상으로는 불법행위로 인한 손해배상청구소송 등에 있어 피해자인 원고가 손해발생 사실과 구체적인 손해액을 입증해야 한다. 이 때문에 손해발생 사실은 인정되지만 손해액수를 증명하기 어려워 피해자가 소송을 포기하거나 법원이 피해자에게 패소판결을 내리는 사례도 적지 않았다. 이에 개정법률 제202조의2에서는 손해가 발생한 사실은 인정되나 구체적인 손해의 액수를 증명하는 것이 사안의 성질상 매우 어려운 경우에 법원은 변론 전체의 취지와 증거조사의 결과에 의하여 인정되는 모든 사정을 종합하여 상당하다고 인정되는 금액을 손해배상 액수로 정할 수 있도록 하였다.

[대판 2020.3.26, 2018다301336] 채무불이행이나 불법행위로 인한 손해배상청구소송에서 재산적 손해의 발생사실이 인정되나 구체적인 손해의 액수를 증명하는 것이 사안의 성질상 곤란한 경우, 법원은 증거조사의 결과와 변론 전체의 취지에 의하여 밝혀진 당사자들 사이의 관계, 채무불이행이나 불법행위와 그로 인한 재산적 손해가 발생하게 된 경위, 손해의 성격, 손해가 발생한 이후의 제반 정황 등 관련된 모든 간접사실들을 종합하여 적당하다고 인정되는 금액을 손해의 액수로 정할 수 있다. 민사소송법 제202조의2는 종래의 판례를 반영하여 '손해배상 액수의 산정'이라는 제목으로

---

73) 채무불이행에 의한 손해배상청구소송에 관하여는 대판 2004.6.24, 2002다6951·6968, 나아가 대판 2007.11.29, 2006다3561은 이러한 법리는 자유심증주의하에서 손해의 발생사실은 입증되었으나 사안의 성질상 손해액에 대한 입증이 곤란한 경우 증명도를 경감함으로써 손해의 공평·타당한 분담을 지도원리로 하는 손해배상제도의 이상과 기능을 실현하고자 함에 그 취지가 있는 것이지, 법관에게 손해액의 산정에 관한 자유재량을 부여한 것은 아니라고 하였다.

"손해가 발생한 사실은 인정되나 구체적인 손해의 액수를 증명하는 것이 사안의 성질상 매우 어려운 경우에 법원은 변론 전체의 취지와 증거조사의 결과에 의하여 인정되는 모든 사정을 종합하여 상당하다고 인정되는 금액을 손해배상 액수로 정할 수 있다."라고 정하고 있다. 이 규정은 특별한 정함이 없는 한 채무불이행이나 불법행위로 인한 손해배상뿐만 아니라 특별법에 따른 손해배상에도 적용되는 일반적 성격의 규정이다. 손해가 발생한 사실이 인정되나 구체적인 손해의 액수를 증명하는 것이 매우 어려운 경우에는 법원은 손해배상청구를 쉽사리 배척해서는 안 되고, 적극적으로 석명권을 행사하여 증명을 촉구하는 등으로 구체적인 손해액에 관하여 심리하여야 한다. 그 후에도 구체적인 손해액을 알 수 없다면 손해액 산정의 근거가 되는 간접사실을 종합하여 손해액을 인정할 수 있다.

2. 자의금지

자유심증주의는 형식적인 증거법칙으로부터의 자유를 의미하는 것으로 법관의 자의적 판단을 허용하는 것은 아니다. 따라서 사실판단은 논리법칙과 경험칙에 따라야 한다.

> [대판 2020.8.27, 2017다211481] 민사소송법 제202조가 선언하고 있는 자유심증주의는 형식적, 법률적인 증거규칙으로부터의 해방을 뜻할 뿐 법관의 자의적인 판단을 용인한다는 것이 아니다. 법관은 적법한 증거조사절차를 거쳐 증거능력 있는 증거에 의하여 사회정의와 형평의 이념에 입각하여 논리와 경험의 법칙에 따라 사실 주장의 진실 여부를 판단하여야 하고, 비록 사실의 인정이 사실심의 전권에 속한다고 하더라도 이와 같은 제약에서 벗어날 수 없다.

> [대판 2024.10.25, 2023다280358] 당사자 사이에 의사표시의 해석이 문제 되는 경우에는 그 의사표시의 내용, 그러한 의사표시가 이루어진 동기와 경위, 그 의사표시에 의하여 달성하려는 목적, 당사자의 진정한 의사 등을 종합적으로 고찰하여 논리와 경험칙에 따라 합리적으로 해석하여야 한다. 그리고 민사소송법 제202조가 선언하고 있는 자유심증주의는 형식적·법률적 증거규칙에 얽매일 필요가 없다는 것을 뜻할 뿐 법관의 자의적 판단을 허용하는 것은 아니므로, 사실의 인정은 적법한 증거조사절차를 거친 증거능력 있는 증거에 의하여 정의와 형평의 이념에 입각하여 논리와 경험의 법칙에 따라 하여야 하고, 사실인정이 사실심의 재량에 속한다고 하더라도 그 한도를 벗어나서는 안 된다.

3. 심증형성 경로의 명시요부

판례는 어떠한 증거를 갖고 어떠한 사실을 인정했는지 증거설명은 필요하나, 채부에 관한 이유를 설시할 필요는 없다고 하였다. 다만, ① 진정성립이 인정되는 처분문서의 증거력 배척, ② 공문서의 진정성립의 부정, ③ 확정된 관련 민사사건에서 인정한 사실과 다른 사실의 인정 등에는 합리적인 이유설시를 필요로 한다고 하였다.

IV. 자유심증주의의 예외

1. 증거방법, 증거능력, 증거력의 제한(법정증거주의)

① 대리권의 존재에 대한 서면증명(제58조 제1항, 제89조 제1항), 소명방법에 대해 즉시 조사할 수 있는 것에 한정(제299조 제1항)하는 증거방법의 제한, ② 당사자와 법정대리인에 증인능력을 부정

(제367조, 제372조)하는 증거능력의 제한, ③ 변론의 방식에 관한 변론조서의 법정증거력(제158조), ④ 공문서·사문서의 증거력에 관한 추정규정(제356조, 제358조) 등 증거력의 자유평가의 제한이 있다.

2. 증명방해의 문제

(1) 의의

증명책임을 지지 않는 당사자가 고의·과실 등에 의하여 증명책임을 지는 당사자의 증명활동을 실패시키거나 곤란에 빠뜨리는 것을 증명방해라고 한다(예 상대방이 신청한 증인의 출석방해행위, 문서의 내용의 변조(의료과오소송에서 의사 측이 진료기록부를 변조), X-Ray 사진의 변조, 건물명도청구소송에서 건물문을 잠그고 잠적하여 현장검증을 하지 못하게 되는 경우 등이 있다). 실정법 규정으로는 제349조, 제350조 등을 들 수 있다.

(2) 증명방해의 소송상 효과(제재)

1) 학설

① 증명방해가 있을 경우 이를 하나의 자료로 삼아 자유심증에 따라 방해자에게 불리한 평가를 하면 된다는 자유심증설, ② 증명방해가 있을 경우에는 증명책임이 상대방에게 전환되어 증명책임자가 그 증거에 관하여 주장하는 사실의 반대사실을 상대방이 증명하여야 한다고 보는 증명책임전환설 및 ③ 방해받은 상대방의 주장사실이 바로 증명된 것으로 보아야 한다는 법정증거설, ④ 원칙적으로 자유심증설에 의하지만 증거가 구조적으로 편재되어 있는 현대형 소송에서 고의적일 때에는 증명책임전환을 인정하는 견해의 대립이 있다.

2) 판례

판례는 의료과오소송에 있어서 진료기록이 가필된 사안에서 법원으로서는 이를 하나의 자료로 삼아 자유로운 심증에 따라 방해자 측에게 불리한 평가를 할 수 있음에 그칠 뿐 증명책임이 전환되거나 곧바로 상대방의 주장사실이 증명된 것으로 보아야 하는 것은 아니라고 하였다(대판 1999.4. 13, 98다9915).

★ [대판 2024.5.17, 2018다262103]

[1] 상고이유서에 원심판결의 법령 위반에 관한 구체적이고 명시적인 이유를 기재하지 않은 경우, 상고이유서를 제출하지 않은 것으로 취급되는지 여부(적극)

상고법원은 상고이유에 따라 불복신청의 한도 안에서 심리한다(민사소송법 제431조). 따라서 상고이유서에는 상고이유를 특정하여 원심판결의 어떤 점이 법령에 어떻게 위반되었는지를 구체적이고도 명시적인 이유로 기재하여야 하고, 상고인이 제출한 상고이유서에 위와 같은 구체적이고도 명시적인 이유를 기재하지 않은 때에는 상고이유서를 제출하지 않은 것으로 취급할 수밖에 없다.

[2] 당사자 일방이 증명을 방해하는 행위를 한 경우, 증명책임이 전환되거나 상대방의 주장 사실이 증명된 것으로 보아야 하는지 여부(소극)

당사자 일방이 증명을 방해하는 행위를 하였더라도 법원으로서는 이를 하나의 자료로 삼아 자유로운 심증에 따라 방해자 측에게 불리한 평가를 할 수 있음에 그칠 뿐 증명책임이 전환되거나 곧바로 상대방의 주장 사실이 증명된 것으로 보아야 하는 것은 아니다.

[3] 개인정보 보호법 제39조 제1항에 따라 정보주체가 개인정보처리자의 개인정보 보호법 위반행위로 입은 손해의 배상을 청구하는 경우, 개인정보처리자가 개인정보 보호법을 위반한 행위를 하였다는 사실 자체는 정보주체가 주장·증명하여야 하는지 여부(적극)

개인정보 보호법 제39조 제1항은 "정보주체는 개인정보처리자가 이 법을 위반한 행위로 손해를 입으면 개인정보처리자에게 손해배상을 청구할 수 있다. 이 경우 그 개인정보처리자는 고의 또는 과실이 없음을 입증하지 아니하면 책임을 면할 수 없다."라고 규정하고 있다. 이 규정은 정보주체 가 개인정보처리자의 개인정보 보호법 위반행위로 입은 손해의 배상을 청구하는 경우에 개인정보 처리자의 고의나 과실을 증명하는 것이 곤란한 점을 감안하여 그 증명책임을 개인정보처리자에게 전환하는 것일 뿐이고, 개인정보처리자가 개인정보 보호법을 위반한 행위를 하였다는 사실 자체는 정보주체가 주장·증명하여야 한다.

[대판 1999.4.13. 98다9915] 의료과오소송에 있어서 진료기록이 가필된 사안에서 법원으로서는 이를 하나의 자료로 삼아 자유로운 심증에 따라 방해자 측에게 불리한 평가를 할 수 있음에 그칠 뿐 증명책 임이 전환되거나 곧바로 상대방의 주장사실이 증명된 것으로 보아야 하는 것은 아니라고 판시하였다.

[대판 1995.3.10. 94다39567] 그 변조 이유에 대하여 상당하고도 합리적인 이유를 제시하지 못하는 한, 당사자 간의 공평의 원칙 또는 신의칙에 어긋나는 증명방해행위에 해당하고, 법원으로서는 이를 하나의 자료로 하여 자유로운 심증에 따라 의사 측에게 불리한 평가를 할 수 있다고 판시하였다.

[대판 1996.4.23. 95다23835] 증거자료에의 접근이 훨씬 용이한 일방 당사자가 상대방의 증명활동에 협력하지 않는다고 하여 상대방의 입증을 방해하는 것이라고 단정할 수 없으며, 민사소송법 제1조에 서 규정한 신의성실의 원칙을 근거로 하여 대등한 사인간의 법률적 쟁송인 민사소송절차에서 일방 당사자에게 소송의 승패와 직결되는 상대방의 증명활동에 협력하여야 할 의무가 부여되어 있다고 할 수 없으므로, 일방 당사자가 요증사실의 증거자료에 훨씬 용이하게 접근할 수 있다고 하는 사정 만으로는 상대방의 증명활동에 협력하지 않는다고 하여 이를 민사소송법상의 신의성실의 원칙에 위 배되는 것이라고 할 수 없다.

➲ [해설] : 본 판결은 입증방해가 되기 위해서는 단순한 증명활동에 협력을 거부하는 것만으로는 부족하고, 상당하고 합리적인 이유 없이 적극적으로 입증활동을 방해하는 행위가 필요하다는 입 장으로 평가된다.

3. 증거계약

(1) 의의

사실인정에 관한 당사자 사이의 소송상 합의를 말한다. 이는 자유심증주의를 제약하는 요인이 된다.

(2) 종류

1) 자백계약

변론주의의 적용을 받는 민사소송에 있어서는 자백이 허용되므로 원칙적으로 자백계약 역시 유효한 것으로 인정된다. 다만 권리자백계약, 간접사실에 대한 자백계약은 그 효력이 없다.

2) 증거제한계약

증거제한계약이란 증거제출은 특정한 증거방법에 의하여만 하기로 하는 소송계약이다. 이는 변론주의의 적용사항에 대해서만 허용되며, 보충적 직권증거조사의 한도에서는 이를 막을 수 없는 것이므로 이러한 범위 내에서 그 효력이 제한된다.

3) 중재감정계약

처분할 수 있는 법률관계에 관하여서는 주요사실의 인정을 제3자에게 맡길 수 있는 것이므로, 중재감정계약은 유효하다.

4) 증거력계약

증거조사결과의 증거력을 당사자 합의로 정하는 약정을 증거력계약이라고 하는데, 이는 증거조사결과에 대한 법관의 자유로운 심증을 직접적으로 침해하고 제한하므로 무효이다.

5) 증명책임계약

이는 사실확정의 방법에 관한 것이 아니고 사실확정이 되지 않은 경우 누구에게 불이익을 돌릴 것이냐 하는 문제이기 때문에, 엄밀한 의미에서 증거계약은 아니다. 다만 처분할 수 있는 권리관계에 관한 것이면 계약으로 바꿀 수 있다.

Ⅴ. 사실인정의 위법과 상고이유(자유심증주의의 한계)

원칙적으로 사실인정의 부당은 상고이유가 되지 못하나, ① 위법한 변론·증거조사에 의한 사실인정, ② 적법한 증거조사결과를 간과한 사실인정, ③ 논리칙·경험칙에 현저히 위배된 사실인정 등은 예외적으로 상고이유가 된다.

제5관 증명책임

Ⅰ. 서설

1. 의의

증명책임에는 객관적 증명책임과 주관적 증명책임이 있으며, ① 소송에 있어서 요증사실의 존부가 확정되지 않아 그 진위가 불명한 경우에 해당 사실이 없는 것으로 취급됨으로써 불이익을 받게 될 당사자 일방의 위험부담을 객관적 증명책임이라 하고, ② 그 불이익 내지 패소위험을 면하기 위하여 증거를 제출하여야 할 당사자의 행위책임을 주관적 증명책임(증거제출책임)이라 한다.

2. 기능

① 요증사실의 진위불명의 상태에 대처하여 당사자 일방에게 불이익을 부담시킴으로써 판결을 가능하게 하며, ② 청구원인과 항변의 구별, ③ 항변과 부인의 구별, ④ 본증과 반증의 구별, ⑤ 자백의 성립 여부74) 등에 있어서 증명책임의 제도적 가치가 있다.

3. 증명책임 규정의 성질

재판규범으로서 본안판결 시의 불이익을 정하는 것이므로 실체법에 속하는 것으로 봄이 타당하다.

4. 적용범위

① 진위불명은 직권탐지주의 하에서도 문제될 수 있기 때문에 증명책임은 변론주의뿐만 아니라 직권탐지주의에 따른 절차에서도 문제된다. 또한 ② 직권조사사항인 소송요건에 대하여도 그 사실의 존부가 불명한 경우에는 증명책임의 원칙이 적용된다고 할 것이다(대판 1997.7.25, 96다39301).

> **[대판 1997.7.25, 96다39301]** 직권조사사항에 관하여도 그 사실의 존부가 불명한 경우에는 입증책임의 원칙이 적용되어야 할 것인바, 본안판결을 받는다는 것 자체가 원고에게 유리하다는 점에 비추어 직권조사사항인 소송요건에 대한 입증책임은 원고에게 있다.

Ⅱ. 증명책임의 분배

1. 의의

어떠한 요건사실에 대하여 어느 쪽 당사자가 증명책임을 부담하는가의 문제를 「증명책임의 분배」라고 한다. 명문규정이 있는 경우(민법 제135조 제1항 등)는 규정에 따르지만, 명문규정이 없는 경우에는 그 기준이 문제인데, 통설·판례는 법률요건분류설에 따르고 있다. 다만 최근 새로운 분배이론이 등장하고 있다.

2. 법률요건분류설에 기한 분배

(1) 법률요건분류설의 일반적 기준

법률요건분류설은 증명책임의 분배를 법규의 형식과 구조에서 찾아 각 당사자는 자기에게 유리한 법규의 요건사실의 존부에 대해 증명책임을 지는 것으로 분배시키자는 견해로서, 법규를 그 기준으로 함으로써 쉽게 설명될 수 있고 당사자에게도 공평하다는 장점이 있어 현재의 통설·판례이다(규범설이라고도 함).

(2) 구체적 내용

1) 소송요건의 존부

직권조사사항에 관하여도 그 사실의 존부가 불명한 경우에는 입증책임의 원칙이 적용되어야 할

---

74) 자백의 내용(– 불리의 판단)에 대한 「증명책임설」에 입각할 때, 증명책임의 기능적 측면으로 언급될 수 있는 것이다.

것인바, 본안판결을 받는다는 것 자체가 원고에게 유리하다는 점에 비추어 직권조사사항인 소송
요건에 대한 입증책임은 원고에게 있다(대판 1997.7.25, 96다39301).

2) 본안문제

가) 권리근거규정의 요건사실

일정한 법률효과를 주장하는 당사자(이행의 소에서 원고)는 그 법률효과의 발생을 규정하는 권리근거
규정의 요건사실에 있어서 증명책임을 진다.

나) 반대규정의 요건사실

권리를 다투는 상대방(이행의 소에서 피고)은 반대규정의 요건사실, 즉 ① 권리장애규정의 요건사실,
② 권리소멸(멸각)규정의 요건사실, ③ 권리행사저지규정의 요건사실에 대하여 증명책임을 진다.

다) 본문(원칙)과 단서(예외) 규정

본문과 단서로 되어 있는 조문에서는 단서는 본문의 법률효과를 방해하는 요건이므로 반대규정에
해당하는 것이 원칙이다. 따라서 원칙적으로 본문에서 인정된 법률효과를 다투는 자는 단서에서
규정되어 있는 사실에 대하여 증명책임이 있다.

라) 소극적 확인소송

소극적 확인소송에서는 통상의 경우와 달리 증명책임이 그 역으로 바뀌게 되어 채무자인 원고가
권리의 장애·멸각·저지사실 즉 항변사실에 대해, 피고가 권리근거규정의 요건사실에 대하여
증명책임을 지게 된다. 구체적으로 소극적 확인의 소에서 원고가 채권자라고 주장하는 피고에 대
하여 ① 금전을 차용한 사실이 없다는 이유로 원고는 피고에 대하여 채무가 존재하지 않는다고
주장하는 경우에는 채권자인 피고가 원고에게 금전을 대여하였다는 사실에 대해서 주장·증명책임
을 부담한다. 반면에 ② 원고가 피고로부터 금전을 차용하였지만 변제 등으로 자신의 채무가 소멸
하였다고 주장하는 경우에는 원고 자신이 변제사실 등 채무소멸사실을 주장·증명하여야 한다. ③
유치권부존재확인의 소에서도 마찬가지이다. 즉 유치권의 요건사실인 유치권의 목적물과 견련관계
있는 채권의 존재에 대해서는 피고가 주장·증명하여야 한다(대판 2016.3.10, 2013다99409).

★[대판 1998.3.13, 97다45259] 채무부존재확인소송에 있어서 주장·입증책임의 분배
　금전채무부존재확인소송에 있어서는 채무자인 원고가 먼저 청구를 특정하여 채무발생원인사실을 부
정하는 주장을 하면, 채권자인 피고는 권리관계의 요건사실에 관하여 주장·입증책임을 부담한다.

3. 법률요건분류설에 대한 비판과 새로운 분배이론

(1) 새로운 분배이론의 등장배경

전통적인 법률요건분류설에 따르면 특히 공해소송, 의료소송 등 현대형 소송에서 증거의 구조적
편재로 인해 당사자의 실질적 불평등이 나타난다. 이를 해결하기 위해 새로운 분배이론이 등장하
고 있다.

(2) 수정법률요건분류설

입법자가 법규의 구성배열을 할 때에 공평의 원칙 등을 고려하여 근거규정·장애규정·멸각규정 등으로 분류해 놓은 것도 사실이므로 원칙적으로 법률요건분류설을 기준으로 하되, 그 타당성이 현저히 결여되었다고 보일 때, 예 현대형 소송의 분야에서는 피해자의 증명곤란을 완화하기 위해 이를 보충·수정하는 입장이다.

4. 법률요건분류설의 한계극복 – 증거의 구조적 편재의 시정방안

① 문서제출의무의 일반의무화, ② 당사자신문의 보충성 폐지, ③ 증인신문방식에 있어서 법관의 역할 강화, ④ 입증방해시의 제재, ⑤ 모색적 증명(증거낚기)의 제한적 활용, ⑥ 일응의 추정과 간접반증이론, ⑦ 문서정보공개제도의 도입 등이 그 방안이다.

Ⅲ. 증명책임의 전환

1. 입법에 의한 전환

특별한 경우 법률에 의하여 증명책임에 관한 일반원칙에 대한 예외를 인정하여 반대사실에 관하여 상대방에게 입증책임을 지우는 경우이다. 민법 제759조와 자동차손해배상보장법 제3조에서는 가해자에게 자신의 무과실에 대한 증명책임을 지우고 있다.

2. 해석에 의한 전환

최근에는 증명책임분배의 일반원칙이 부당한 결과를 가져오는 의료과오소송, 환경소송 등의 현대형 소송에서 해석론으로서 증명책임의 전환을 인정하려는 시도가 활발히 논의되고 있다. 그러나 판례는 증명책임의 전환에까지 이르지는 않고(대판 2006.9.28, 2004다61402), 증명책임의 완화에 의해서 해결하려는 경향이다. 다만 최근판례는 의사가 설명의무를 이행하였다는 증명책임을 의사에게(대판 2013.4.26, 2011다29666), 유족의 반대로 시체의 부검이 이루어지지 아니한 경우 증명책임상의 불이익을 유족들에게 돌린 것은 주목할 만하다(대판 2010.9.30, 2010다12241·12258).

Ⅳ. 증명책임의 완화

1. 의의

당사자의 증명이 곤란할 경우에 형평의 차원에서 증명책임의 일반원칙을 완화하여 증명을 용이하게 하려는 입법 또는 해석을 말한다.

2. 법률상 추정

(1) 의의

1) 추정이라 함은 일반적으로 어느 사실로부터 다른 사실을 추인하는 것을 말하는데, 추정에는 ① 법관의 자유심증주의의 일작용으로서 경험칙에 터 잡아 간접사실로부터 주요사실을 추인하

는 사실상의 추정과, ② 법규화된 경험칙, 즉 추정규정을 적용하여 행하는 법률상의 추정이 있다.

2) 사실상의 추정은 일반 경험칙을 적용하여 행하는 추정인데 사실상의 추정에 대하여 복멸하는 방법으로는 반증이면 족하지만, 법률상의 추정에 대하여 복멸하려면 반대사실의 증거(본증)를 제출해야 한다는 점에 차이가 있다.

(2) 종류

법률상의 추정에는 ① 甲사실의 증명으로부터 乙사실을 추정하는 법률상의 사실추정과 ② 甲사실이 있을 때 乙권리가 있는 것으로 추정하는 법률상의 권리추정이 있다.

구분	법률상의 사실추정	법률상의 권리추정
종류	① 점유계속의 추정(민법 제198조) ② 동시사망의 추정(민법 제30조) ③ 부의 친생자의 추정(민법 제844조 제1항)	① 점유의 적법추정(민법 제200조) ② 수인이 한 채의 건물을 구분하여 각각 그 일부분을 소유할 때에 공용에 공하는 부분은 공유로 추정(민법 제215조 제1항) ③ 귀속불명재산을 부부공유로 추정(민법 제830조 제2항)

(3) 효과

1) 증명책임의 완화 – 증명책임자에 대한 효과

추정규정이 있는 경우에도 증명책임이 있는 사람은 추정되는 사실 또는 권리를 증명할 수도 있으나, 보통은 그보다도 증명이 쉬운 전제사실을 증명함으로써 이에 갈음하게 된다(증명주제의 선택). 따라서 추정규정에 의하여 혜택을 입게 되는 당사자는 전제사실에 대해서만 증명책임을 지게 되는 것이지 추정사실에 대해서까지는 증명할 필요가 없게 된다. 이러한 의미에서 추정규정은 증명책임을 완화시키는 것이며 추정되는 것은 증명하지 아니하여도 되는 불요증사실이 된다.

2) 증명책임의 전환 – 상대방에 대한 효과

이에 대해 상대방으로서는 추정사실이 부존재한다는 것을 증명함으로써 추정을 번복할 수 있는데, 상대방이 추정사실의 부존재에 대하여 증명책임을 진다는 의미에서는 증명책임이 전환된다. 추정을 번복하기 위해 세우는 증거는 본증(반대사실의 증거)이고 반증이 아니다.

3) 복멸방법

① 전제사실의 증명단계에서 반증을 제출하여 추정규정의 적용을 배제하거나, ② 추정규정의 적용단계에서 반대사실의 존재에 대한 확신을 일으키는 본증을 제출하여 추정을 복멸시킬 수 있다.

(4) 등기의 추정력 문제

1) 법적 성질

등기의 추정력에 대해서는 ① 명문의 규정도 없고 등기의 공신력도 없는 법제에서 사실상 추정에 불과하다고 하는 견해(사실상 추정설)도 있으나, ② 통설은 등기는 국가기관이 엄격한 절차에 따라

행해지기 때문에 실체관계에 부합할 개연성이 크다는 점을 이유로 법률상 추정이라고 본다(법률상 추정설). ③ 판례도 부동산에 관한 소유권이전등기는 권리의 추정력이 있으므로, 이를 다투는 측에서 그 무효사유를 주장·입증하여야 한다고 함으로써 법률상 추정으로 보아 증명책임을 전환시켰다.

> [대판 1979.6.26, 79다741] 부동산에 관한 소유권이전등기는 권리의 추정력이 있으므로, 이를 다투는 측에서 그 무효사유를 주장·입증하지 아니하는 한, 등기원인 사실에 관한 입증이 부족하다는 이유로 그 등기를 무효라고 단정할 수 없다.
> ★★[대판 1992.10.27, 92다30047] 지분이전등기가 경료된 경우 그 등기는 적법하게 된 것으로서 진실한 권리상태를 공시하는 것이라고 추정되므로, 그 등기가 위법하게 된 것이라고 주장하는 상대방에게 그 추정력을 번복할 만한 반대사실을 입증할 책임이 있다.

2) 추정력의 범위

가) 추정력의 인적 범위

추정의 효과는 물권변동의 당사자뿐만 아니라 제3자도 원용할 수 있고, 등기명의인의 이익을 위해서뿐만 아니라 불이익을 위해서도 인정된다. 판례도 등기의 추정력은 권리변동의 당사자 사이에도 미친다고 보아, 소유권이전등기의 경우에 현등기명의인은 전소유자(전등기명의인)에 대하여서도 적법한 등기원인에 의하여 소유권을 취득한 것으로 추정된다고 하였다(대판 1977.6.7, 76다3010).

나) 추정력의 물적 범위

통설·판례에 의하면 등기의 추정력은 ① 등기된 권리의 존재 및 귀속, ② 등기원인의 존재 및 적법·유효성, ③ 등기절차의 적법성에 미친다고 본다. 결국 매매계약 및 등기가 대리인에 의해 행해지는 경우 대리인이 대리권을 수여받아 유효한 대리행위를 하였다는 점도 추정된다고 본다.

> ★★[대판 1997.4.8, 97다416] 소유권이전등기가 전 등기명의인의 직접적인 처분행위에 의한 것이 아니라 제3자가 그 처분행위에 개입된 경우 현 등기명의인이 그 제3자가 전 등기명의인의 대리인이라고 주장하더라도 현 소유명의인의 등기가 적법히 이루어진 것으로 추정되므로, 그 등기가 원인무효임을 이유로 그 말소를 청구하는 전 소유명의인으로서는 그 반대사실 즉, 그 제3자에게 전 소유명의인을 대리할 권한이 없었다던가, 또는 제3자가 전 소유명의인의 등기서류를 위조하였다는 등의 무효사실에 대한 입증책임을 진다(대판 2009.9.24, 2009다37831 同旨).

3) 추정력의 효과

가) 기본적 효과

등기명의인은 적법한 권리자로 추정되므로 증명책임은 이를 다투는 자가 부담한다. 즉 등기의 추정력의 본질은 법률상 추정이므로 증명책임이 전환되는 효과가 있다(판례). 이에 따르면 추정을 깨뜨리려면 반증으로서는 부족하고 본증으로 그 추정권리의 부존재나 소멸을 입증하지 않으면 안 된다.

나) 부수적 효과

① 등기에 추정력이 인정되는 결과 그 등기의 내용을 신뢰하고 거래한 자의 <u>선의·무과실</u>이 <u>추정</u>된다(대판 1982.5.11, 80다2881).

② 또한 등기의 추정력은 예컨대 등기명의자가 소유자로서 조세납부의무를 부담하는 경우이거나 또는 공작물(부동산)의 하자로 인한 소유자로서의 책임 등과 같이 등기명의자에게 불이익한 경우에도 인정된다.

(5) 유사적 추정

1) 의의

법조문에 「추정」이라는 표현을 사용하였지만, 엄격한 의미에서 법률상의 추정이 아닌 것을 말한다.

2) 잠정적 진실(무전제의 사실추정)

전제사실이 없는 <u>무전제의 추정</u>(무조건의 추정)을 말한다. 요건사실이 별개의 전제사실로부터 추정되는 진정한 법률상의 추정과 다르고, 어느 규정의 요건사실의 부존재의 증명책임을 상대방에게 지우기 위한 입법기술로서 본문에 대한 단서로 규정하는 것과 같다. 결국, <u>증명책임의 전환</u>이 이뤄진다. 그 예로 민법 제197조 제1항의 『점유자는 소유의 의사로 선의, 평온 및 공연하게 점유한 것으로 추정한다』를 들 수 있다. 따라서 시효취득을 주장하는 자는 제245조 제1항의 요건사실, 즉 20년간의 점유사실만 주장·입증하면 되고, 오히려 상대방이 타주, 강폭 또는 은비점유에 대한 주장·입증책임을 부담한다.[75]

★★[대판 2007.4.13, 2006다22944] <u>민법 제197조 제1항에 의하면 물건의 점유자는 소유의 의사로 점유한 것으로 추정되므로 점유자가 취득시효를 주장하는 경우에 있어서 스스로 소유의 의사를 입증할 책임은 없고, 오히려 그 점유자의 점유가 소유의 의사가 없는 점유임을 주장하여 점유자의 취득시효의 성립을 부정하는 자에게 그 입증책임이 있는 것이고, 부동산 점유취득시효에 있어서 점유자의 점유가 소유의 의사 있는 자주점유인지 아니면 소유의 의사 없는 타주점유인지 여부는 점유자의 내심의 의사에 의하여 결정되는 것이 아니라 점유 취득의 원인이 된 권원의 성질이나 점유와 관계가 있는 모든 사정에 의하여 외형적·객관적으로 결정되어야 하는 것이기 때문에 점유자가 성질상 소유의 의사가 없는 것으로 보이는 권원에 바탕을 두고 점유를 취득한 사실이 증명되었거나, 점유자가 타인의 소유권을 배제하여 자기의 소유물처럼 배타적 지배를 행사하는 의사를 가지고 점유하는 것으로 볼 수 없는 객관적 사정, 즉 점유자가 진정한 소유자라면 통상 취하지 아니할 태도를 나타내거나 소유자라면 당연히 취했을 것으로 보이는 행동을 취하지 아니한 경우 등 외형적·객관적으로 보아 점유자가 타인의 소유권을 배척하고 점유할 의사를 갖고 있지 아니하였던 것이라고 볼 만한 사정이 증명된 경우에도 그 추정은 깨어지는 것이다</u>(대판(전) 1997.8.21, 95다28625; 대판(전) 2000.3.16, 97다37661 등 참조).

---

[75] 그러나 실무상으로는 타주점유를 항변사항으로 다루면서도, 시효취득을 주장하는 자에게 자주점유와 평온·공연한 점유 사실까지 주장하도록 하는 예도 있다.

3) 의사추정(해석규정)

구체적인 사실로부터 사람의 내심의 의사를 추정하는 것이 아니고 법규가 의사표시의 내용·효과를 추정한 것으로서 민법 제153조 제1항의 『기한은 채무자의 이익을 위한 것으로 추정한다』는 규정이 그 예이다. 이러한 의사추정규정은 법률행위를 해석하는 규정이다.

4) 증거법칙적 추정(법정증거법칙)

실체법의 요건사실이나 법률효과와는 무관한 추정으로서 증거법상으로 일정한 사실을 추정하는 것인데, 문서의 진정성립의 추정이 이에 해당한다(제356조, 제358조). 추정되는 사실이 실체법의 요건사실이 아니라는 점과 추정사실에 대해 증명책임의 전환이 없으므로 상대방은 추정을 뒤집기 위한 본증의 필요는 없고 반증으로 충분하다는 점에서 법률상 추정과 다르다.

3. 일응의 추정 내지는 표현증명

(1) 의의

일응의 추정이란 고도의 개연성이 있는 경험칙을 이용하여 간접사실로부터 주요사실을 추정하는 경우를 말하며, 추정된 사실은 거의 증명된 것이나 마찬가지로 보기 때문에 표현증명이라 한다.

(2) 기능

의료과오소송, 공해소송 등의 소위 현대형 소송에 있어서 중요한 증거의 구조적 편재에 따른 과실 또는 인과관계의 증명곤란의 구제책으로 활용된다.

(3) 적용범위

일응의 추정은 ① 주로 불법행위에 있어서 인과관계와 과실의 인정의 경우에 적용되고, ② 흔히 되풀이될 수 있는 통례적인 사건이 벌어진 경우 이른바 정형적 사상경과(전형적 사태진행)가 문제된 경우에만 적용될 수 있다.

(4) 효과

일응의 추정은 일반적 생활경험상 보통의 경우와 같이 상세한 해명을 하지 않아도 그 존재가 인정된다는 점에서 입증의 정도를 완화시킨다. 이는 간접반증이론의 전제로서 그 의미가 있다.

4. 간접반증 – 일응의 추정의 번복

(1) 의의

간접반증은 일응의 추정이 인정되는 경우 상대방이 추정의 전제되는 간접사실과 양립할 수 있는 별개의 간접사실을 증명하여 위 간접사실에 의한 주요사실의 추정을 방해하는 증거 내지는 증명활동을 말한다(일응의 추정의 복멸).

(2) 성질

해당 간접사실에 대하여는 그 증명책임이 상대방에게 있고, 상대방은 간접사실에 대하여 본증이 요구된다. 다만, 주요사실에 대한 관계에서는 간접반증은 반증이다. 즉 주요사실의 증명책임을 전환시키는 것은 아니다.

(3) 기능

간접반증이론은 주요사실의 증명책임을 변경하지 않으므로 법률요건분류설을 전제로 하면서 증명이 곤란한 주요사실을 둘러싼 간접사실에 있어서의 증명부담을 양당사자에게 분배하여 증명책임의 공평한 운영을 도모하는 기능을 가지며, 구체적으로 타당한 결과를 얻어지도록 하는 것이다.

(4) 구체적으로 문제되는 판례

★★[대판 1984.6.12, 81다558; 대판 2009.10.29, 2009다42666 등 다수]

[1] 일반적으로 불법행위로 인한 손해배상청구사건에 있어서 가해행위와 손해발생 간의 인과관계의 입증책임은 청구자인 피해자가 부담하나, 수질오탁으로 인한 이 사건과 같은 공해로 인한 손해배상청구 소송에 있어서는 기업이 배출한 원인물질이 물을 매체로 간접적으로 손해를 끼치는 수가 많고 공해문제에 관하여는 현재의 과학수준으로 해명할 수 없는 분야가 있기 때문에 가해행위와 손해발생 간의 인과관계의 고리를 모두 자연과학적으로 증명하는 것은 곤란 내지 불가능한 경우가 대부분이므로 피해자에게 사실적 인과관계의 존재에 관한 엄밀한 과학적 증명을 요구함은 공해의 사법적 구제의 사실상 거부가 될 우려가 있는 반면에 가해기업은 기술적 경제적으로 피해자보다 원인조사가 훨씬 용이할 뿐 아니라 그 원인을 은폐할 염려가 있어, 가해기업이 배출한 어떤 유해한 원인물질이 피해물건에 도달하여 손해가 발생하였다면 가해자 측에서 그 무해함을 입증하지 못하는 한 책임을 면할 수 없다고 봄이 사회형평의 관념에 적합하다.

[2] 수질오탁으로 인한 공해소송인 이 사건에서 (1) ① 피고공장에서 김의 생육에 악영향을 줄 수 있는 폐수가 배출되고 ② 그 폐수 중 일부가 유류를 통하여 이사건 김양식장에 도달하였으며 ③ 그 후 김에 피해가 있었다는 사실이 각 모순 없이 증명된 이상 피고공장의 폐수배출과 양식 김에 병해가 발생함으로 말미암은 손해간의 인과관계가 일응 증명되었다고 할 것이므로, (2) 피고가 ① 피고공장폐수 중에는 김의 생육에 악영향을 끼칠 수 있는 원인물질이 들어 있지 않으며 ② 원인물질이 들어 있다 하더라도 그 해수혼합율이 안전농도 범위 내에 속한다는 사실을 반증을 들어 인과관계를 부정하지 못하는 한 그 불이익은 피고에게 돌려야 마땅할 것이다.

➡ [해설] : 본 판결에 대해서는 그 평가가 갈리지만, 간접반증이론을 정면으로 수용한 판결이라고 보는 견해(다수설)는 본 사안과 같은 공장폐수에 의한 피해에 관하여 피해자가 인과관계를 입증하려면, ① 피해발생의 원인물질이 있다는 것, ② 그 물질이 피해자에게 도달한 경로 및 ③ 공장에서 그 물질을 생성하고 배출한 사실을 모두 입증해야 하는 것이지만, 이를 경감시켜 주기 위하여 이 세 가지 중에서 ①과 ②를 입증하면 나머지 ③은 입증된 것으로 보고, 이를 뒤집으려면 공장 측에서 그 사실과 양립할 수 있는 별개의 사실을 입증하여(간접반증) 인과관계가 진위불명이 되도록 해야 한다고 본다. 그리하여 본 판결을 간접반증이론에 입각하여 피해자와 가해자 간에 입증책임을 분담시킨 것으로 평가한다.

[대판 2013.7.25, 2012다34757; 대판 2016.12.29, 2014다67720]

[1] 공해소송에서 피해자에게 사실적인 인과관계의 존재에 관하여 과학적으로 엄밀한 증명을 요구한다는 것은 공해로 인한 사법적 구제를 사실상 거부하는 결과가 될 수 있는 반면에, 가해기업은

기술적·경제적으로 피해자보다 훨씬 원인조사가 용이한 경우가 많을 뿐만 아니라 원인을 은폐할 염려가 있기 때문에, 가해기업이 어떠한 유해한 원인물질을 배출하고 그것이 피해물건에 도달하여 손해가 발생하였다면 가해자 측에서 그것이 무해하다는 것을 증명하지 못하는 한 책임을 면할 수 없다고 보는 것이 사회형평의 관념에 적합하다(대판 2012.1.12. 2009다84608 등 참조). 그러나 이러한 법리는 피해자가 적어도 가해기업이 유해한 원인물질을 배출한 사실, 그것이 피해 물건에 도달한 사실, 그 후 피해가 발생한 사실을 모순 없이 증명한 경우에 적용되는 것이지, 피해자가 이러한 사항을 입증하지 못한 경우에도 그렇다는 것은 아니다.

[2] 가해자가 어떤 유해한 원인물질을 배출한 사실, 그 유해의 정도가 사회통념상 일반적으로 참아내야 할 정도(이하 '참을 한도'라고 한다)를 넘는다는 사실, 그것이 피해물건에 도달한 사실, 그 후 피해자에게 손해가 발생한 사실에 관한 증명책임은 피해자가 여전히 부담한다(대판 2013.10.11. 2012다111661 참조). 그리고 유해의 정도가 참을 한도를 넘는지는 피해의 성질과 정도, 피해이익의 공공성, 가해행위의 태양, 가해행위의 공공성, 가해자의 방지조치 또는 손해 회피의 가능성, 공법상 규제기준의 위반 여부, 지역성 등 모든 사정을 종합적으로 고려하여 판단하여야 한다(대판 2015.9.24. 2011다91784 참조).[76]

[대판 2019.11.28. 2016다233538] 공해소송에서 인과관계에 관한 증명책임의 분배

일반적으로 불법행위로 인한 손해배상청구사건에서 가해자의 가해행위, 피해자의 손해발생, 가해행위와 피해자의 손해발생 사이의 인과관계에 관한 증명책임은 청구자인 피해자가 부담한다. 다만 대기오염이나 수질오염 등에 의한 공해로 인한 손해배상을 청구하는 소송에서 피해자에게 사실적인 인과관계의 존재에 관하여 과학적으로 엄밀한 증명을 요구하는 것은 공해로 인한 사법적 구제를 사실상 거부하는 결과가 될 수 있는 반면에, 기술적·경제적으로 피해자보다는 가해자에 의한 원인조사가 훨씬 용이한 경우가 많을 뿐만 아니라 가해자는 손해발생의 원인을 은폐할 염려가 있기 때문에, 가해자가 어떤 유해한 원인물질을 배출하고 그것이 피해물건에 도달하여 손해가 발생하였다면 가해자 측에서 그것이 무해하다는 것을 증명하지 못하는 한 가해행위와 피해자의 손해발생 사이의 인과관계를 인정할 수 있다. 그러나 이 경우에 있어서도 적어도 가해자가 어떤 유해한 원인물질을 배출한 사실, 그 유해의 정도가 사회통념상 일반적으로 참아내야 할 정도를 넘는다는 사실, 그것이 피해물건에 도달한 사실, 그 후 피해자에게 손해가 발생한 사실에 관한 증명책임은 피해자가 여전히 부담한다.

[대판 2020.6.25. 2019다292026]

[1] 환경오염 또는 환경훼손으로 피해가 발생한 경우, 원인자가 환경정책기본법 제44조 제1항에 따라 귀책사유가 없더라도 피해를 배상하여야 하는지 여부(적극) 및 공해로 손해배상을 청구하는 소송에서 인과관계에 관한 증명책임의 분배

① 환경정책기본법 제44조 제1항은 '환경오염의 피해에 대한 무과실책임'이라는 제목으로 "환경오염 또는 환경훼손으로 피해가 발생한 경우에는 해당 환경오염 또는 환경훼손의 원인자가 그 피해를 배상하여야 한다."라고 정하고 있다. 이는 민법의 불법행위 규정에 대한 특별 규정으로서, 환경

---

76) 甲 어촌계 등이 관광단지 조성사업의 공사 현장에서 유출된 부유물질과 농약으로 인한 어업피해를 주장하며 시행사인 乙 공사 등을 상대로 손해배상을 구한 사안에서, '관광단지 건설로 인한 어업피해 감정서'의 기재, 제1심 감정인의 감정 결과 및 감정인에 대한 각 사실조회 결과 등 甲 어촌계 등이 제출한 증거만으로는 공사 현장으로부터 참을 한도를 넘는 부유물질의 유출이 있었다거나, 농약이 유출되었다는 사실이 인정되지 않는다고 본 원심판단이 정당하다고 한 사례이다.

오염 또는 환경훼손의 피해자가 원인자에게 손해배상을 청구할 수 있는 근거규정이다. 따라서 환경오염 또는 환경훼손으로 피해가 발생한 때에는 원인자는 환경정책기본법 제44조 제1항에 따라 귀책사유가 없더라도 피해를 배상하여야 한다. ② 일반적으로 불법행위로 인한 손해배상청구 사건에서 가해자의 가해행위, 피해자의 손해발생, 가해행위와 피해자의 손해발생 사이의 인과관계에 관한 증명책임은 청구자인 피해자가 부담한다. 다만 대기오염이나 수질오염 등에 의한 공해로 손해배상을 청구하는 소송에서 피해자에게 사실적인 인과관계의 존재에 관하여 과학적으로 엄밀한 증명을 요구하는 것은 공해로 인한 사법적 구제를 사실상 거부하는 결과가 될 수 있다. 반면에 기술적·경제적으로 피해자보다 가해자에 의한 원인조사가 훨씬 용이한 경우가 많을 뿐만 아니라 가해자는 손해발생의 원인을 은폐할 염려가 있기 때문에, 가해자가 어떤 유해한 원인물질을 배출하고 그것이 피해물건에 도달하여 손해가 발생하였다면 가해자 측에서 그것이 무해하다는 것을 증명하지 못하는 한 가해행위와 피해자의 손해발생 사이의 인과관계를 인정할 수 있다. 그러나 이 경우에 적어도 가해자가 어떤 유해한 원인물질을 배출한 사실, 유해의 정도가 사회통념상 참을 한도를 넘는다는 사실, 그것이 피해물건에 도달한 사실, 그 후 피해자에게 손해가 발생한 사실에 관한 증명책임은 피해자가 여전히 부담한다.

[2] 감정인의 감정 결과의 증명력 및 불법행위로 인한 손해배상청구 사건에서 책임감경사유에 관한 사실인정이나 비율을 정하는 것이 사실심의 전권사항인지 여부(원칙적 적극)

감정인의 감정 결과는 감정 방법 등이 경험칙에 반하거나 합리성이 없는 등 현저한 잘못이 없는 한 이를 존중하여야 한다. 가해행위와 피해자 측의 요인이 경합하여 손해가 발생하거나 확대된 경우 피해자 측의 귀책사유와 무관한 것이라고 할지라도 가해자에게 손해의 전부를 배상시키는 것이 공평의 이념에 반하는 경우에는 법원은 배상액을 정하면서 과실상계의 법리를 유추적용하여 손해의 발생이나 확대에 기여한 피해자 측의 요인을 참작할 수 있다. 불법행위로 인한 손해배상청구 사건에서 책임감경사유에 관한 사실인정이나 비율을 정하는 것은 그것이 형평의 원칙에 비추어 현저히 불합리하다고 인정되지 않는 한 사실심의 전권사항에 속한다.

[3] 소송대리인이 상소 제기에 관한 특별한 권한을 따로 받은 경우, 소송대리인이 상소장에 인지를 붙이지 않은 흠을 보정할 수 있는지 여부(원칙적 적극) 및 이때 원심 재판장이 소송대리인에게 인지의 보정을 명할 수 있는지 여부(원칙적 적극)

소송대리권의 범위는 원칙적으로 해당 심급에 한정되지만, 소송대리인이 상소 제기에 관한 특별한 권한을 따로 받았다면 특별한 사정이 없는 한 상소장을 제출할 권한과 의무가 있으므로, 상소장에 인지를 붙이지 않은 흠이 있다면 소송대리인은 이를 보정할 수 있고 원심 재판장도 소송대리인에게 인지의 보정을 명할 수 있다.

➲ [사실관계 및 해설] : 경마공원 인근에서 화훼농원을 운영하는 甲 등이 한국마사회가 경마공원을 운영하면서 경주로 모래의 결빙을 방지하기 위하여 살포한 소금이 지하수를 통해 농원으로 유입되어 甲 등이 재배하던 분재와 화훼 등이 고사하였다고 주장하며 한국마사회를 상대로 손해배상을 구한 사안에서, 한국마사회가 겨울철마다 경주로 모래의 결빙을 방지하기 위하여 뿌린 소금이 땅속으로 스며들어 지하수로 유입되었고 甲 등이 사용한 지하수의 염소이온농도는 농업용수 수질기준을 초과하거나 이에 근접한 수치로서 경마공원 부근의 지하수는 농원이 위치한 곳을 지나 주변 하천으로 흐르고 있으므로 다량의 소금 유입이 甲 등이 사용하는 지하수 염소이온농도의 상승에 영향을 미쳤다고 보이는 점, 환경관리공단의 조사에 따르면 한국마사회가 경주로에서 사용한 염분에 의한 오염물질이 지하수로 흘러 들어가 인근 지역으로 이동하였을 가능성이

추정되는 점 등에 비추어, 환경정책기본법 제44조 제1항에 따라 한국마사회의 손해배상책임이 인정된다고 한 사례이다.

★★[대판 1995.2.10. 93다52402; 대판 1995.3.10. 94다39567; 대판 1995.12.5. 94다57701; 대판 1999.2.12. 98다10472] 손해발생의 직접적인 원인이 의료상의 과실로 말미암은 것인지 여부는 전문가인 의사가 아닌 보통인으로서는 도저히 밝혀낼 수 없는 특수성이 있어서 환자 측이 의사의 의료행위상의 주의의무위반과 손해의 발생과 사이의 인과관계를 의학적으로 완벽하게 증명한다는 것은 극히 어려우므로, 환자가 손바닥과 발바닥에 땀이 많이 나는 증상의 치료 도중에 사망한 경우에 피해자 측에서 일반 상식적인 의료과실행위를 증명하고, 그 결과와 사이에 일련의 의료행위 외에 다른 원인이 개재될 수 없다는 점, 이를테면 환자에게 의료행위 이전에 그러한 결과에 원인이 될 만한 건강상의 결함이 없었다는 사정을 증명한 경우에 있어서는 의료행위를 한 측이 그 결과가 의료상의 과실과 전혀 다른 원인에 기한 것을 증명하지 않는 이상, 의료상 과실과 결과 사이의 인과관계를 추정하여 손해배상책임을 지울 수 있도록 증명책임을 완화하는 것이 손해의 공평·타당한 부담을 그 지도원리로 하는 손해배상제도의 이상에 맞는다.

[대판 2015.2.26. 2013다27442; 대판 2018.11.15. 2016다244491; 대판 2019.2.14. 2017다203763; 대판 2022.12.29. 2022다264434]

[1] 수술 도중이나 수술 후 환자에게 중한 결과의 원인이 된 증상이 발생한 경우, 증상 발생에 관하여 의료상 과실 이외의 다른 원인이 있다고 보기 어려운 간접사실들을 증명함으로써 그 증상이 의료상 과실에 기한 것으로 추정하는 것이 가능한지 여부(적극) 및 그 경우 개연성이 담보되지 않는 사정들을 가지고 막연하게 인과관계를 추정함으로써 결과적으로 의사에게 무과실의 증명책임을 지우는 것이 허용되는지 여부(소극)

① 의료행위는 고도의 전문적 지식을 필요로 하는 분야로서 전문가가 아닌 일반인으로서는 의사의 의료행위의 과정에 주의의무 위반이 있는지의 여부나 그 주의의무 위반과 손해 발생 사이에 인과관계가 있는지 여부를 밝혀내기가 매우 어려운 특수성이 있으므로 수술 도중 환자에게 중한 결과의 원인이 된 증상이 발생한 경우 그 증상 발생에 관하여 의료상의 과실 이외의 다른 원인이 있다고 보기 어려운 간접사실들을 입증함으로써 그와 같은 증상이 의료상의 과실에 기한 것이라고 추정하는 것도 가능하다고 하겠으나, 그 경우에도 의사의 과실로 인한 결과 발생을 추정할 수 있을 정도의 개연성이 담보되지 않는 사정들을 가지고 막연하게 중한 결과에서 의사의 과실과 인과관계를 추정함으로써 결과적으로 의사에게 무과실의 입증책임을 지우는 것까지 허용되는 것은 아니다.

② 의료과오로 인한 손해배상청구 사건에서 일반인의 상식에 비추어 의료행위 과정에서 저질러진 과실 있는 행위를 증명하고 그 행위와 결과 사이에 의료행위 외에 다른 원인이 개재될 수 없다는 점을 증명한 경우에는 의료상 과실과 결과 사이의 인과관계를 추정하여 손해배상책임을 지울 수 있도록 증명책임이 완화된다. 그러나 이 경우에도 의료상 과실의 존재는 피해자가 증명하여야 하므로 의료과정에서 주의의무 위반이 있었다는 점이 부정된다면 그 청구는 배척될 수밖에 없다.

[2] 당해 의료행위 과정의 합병증으로 나타날 수 있는 후유장해가 의료행위 후 발생하였다는 사실만으로 의료행위 과정에 과실이 있었다고 추정하는 것이 허용되는지 여부(소극)

의료행위에 의하여 후유장해가 발생한 경우, 그 후유장해가 당시 의료수준에서 최선의 조치를 다하는 때에도 해당 의료행위 과정의 합병증으로 나타날 수 있는 것이거나 또는 그 합병증으로 인하여 2차적으로 발생될 수 있는 것이라면 의료행위의 내용이나 시술 과정, 합병증의 발생 부위, 정도 및 당시의 의료수준과 담당 의료진의 숙련도 등을 종합하여 볼 때에 그 증상이 일반적으로 인정되는 합병증의 범위를 벗어났다고 볼 수 있는 사정이 없는 한, 그 후유장해가 발생되었다는 사실만으로 의료행위 과정에 과실이 있었다고 추정할 수 없다.

[3] 의사가 의료행위를 할 때 요구되는 주의의무의 내용 및 진단상의 과실 유무의 판단 기준

① 의사는 진찰·치료 등의 의료행위를 할 때 사람의 생명·신체·건강을 관리하는 업무의 성질에 비추어 환자의 구체적인 증상이나 상황에 따라 위험을 방지하기 위하여 요구되는 최선의 조치를 할 주의의무가 있다. 의사의 주의의무는 의료행위를 할 당시 의료기관 등 임상의학 분야에서 실천되고 있는 의료행위 수준을 기준으로 판단하여야 한다. 특히 진단은 문진·시진·촉진·청진과 각종 임상검사 등의 결과를 토대로 질병 여부를 감별하고 그 종류, 성질과 진행 정도 등을 밝혀내는 임상의학의 출발점으로서 이에 따라 치료법이 선택되는 중요한 의료행위이다. 진단상의 과실 유무를 판단할 때 그 과정에서 비록 완전무결한 임상진단의 실시는 불가능하다고 할지라도 적어도 임상의학 분야에서 실천되고 있는 진단 수준의 범위에서 의사가 전문 직업인으로서 요구되는 의료 윤리, 의학지식과 경험을 토대로 신중히 환자를 진찰하고 정확히 진단함으로써 위험한 결과 발생을 예견하고 결과 발생을 회피하는 데에 필요한 최선의 주의의무를 다하였는지를 따져 보아야 한다.

② 의사는 진료를 하면서 환자의 상황, 당시의 의료 수준과 자신의 전문적 지식·경험에 따라 적절하다고 판단되는 진료방법을 선택할 수 있다. 그것이 합리적 재량의 범위를 벗어난 것이 아닌 한 진료 결과를 놓고 그중 어느 하나만이 정당하고 이와 다른 조치를 취한 것에 과실이 있다고 할 수는 없다.

5. 특수소송에서의 증명책임

(1) 공해소송에 있어서 개연성설

판례는 공해소송 등 현대형 소송에 있어서의 인과관계에 관하여 해당 행위가 없었더라면 결과가 발생하지 아니하였으리라는 정도의 개연성, 즉 침해행위와 손해와의 사이에 인과관계가 존재하는 상당정도의 가능성이 있다는 입증을 함으로써 족하다고 하였다(대판 1974.12.10, 72다1774). 다만 최근에는 이러한 공해소송에서 증명책임을 완화시키려고 하는 노력은 간접반증이론으로 발전하였다.

(2) 의료과오소송에 있어서 증명책임

판례는 의료과오소송에서도 과실 및 인과관계에 관하여 일응의 추정과 간접반증이론에 의한 증명책임의 완화를 꾀하고 있다(대판 1995.2.10, 93다52402 등). 특히 최근의 판례는 의사가 설명의무를 이행하였다는 증명책임을 의사에게 돌렸다.

[대판 2007.5.31, 2005다5867] 의사의 설명의무는 침습적인 의료행위로 나아가는 과정에서 의사에게 필수적으로 요구되는 절차상의 조치로서, 그 의무의 중대성에 비추어 의사로서는 적어도 환자에게 설명한 내용을 문서화하여 이를 보존할 직무수행상의 필요가 있다고 보일 뿐 아니라, 응급의료에 관한 법률 제9조, 같은 법 시행규칙 제3조 및 [서식] 1에 의하면, 통상적인 의료행위에 비해 오히려

긴급을 요하는 응급의료의 경우에도 의료행위의 필요성, 의료행위의 내용, 의료행위의 위험성 등을 설명하고 이를 문서화한 서면에 동의를 받을 법적 의무가 의료종사자에게 부과되어 있는 점, 의사가 그러한 문서에 의해 설명의무의 이행을 입증하기는 매우 용이한 반면 환자 측에서 설명의무가 이행되지 않았음을 입증하기는 성질상 극히 어려운 점 등에 비추어, 특별한 사정이 없는 한 의사 측에 설명의무를 이행한 데 대한 증명책임이 있다고 해석하는 것이 손해의 공평·타당한 부담을 그 지도원리로 하는 손해배상제도의 이상 및 법체계의 통일적 해석의 요구에 부합한다(대판 2013.4.26, 2011다29666 동지).

V. 증명책임과 주장책임

1. 의의

당사자가 주요사실을 주장하지 않으면 유리한 법률효과의 발생이 인정되지 않을 위험 또는 불이익을 부담하게 되는데, 이와 같은 당사자 일방의 위험 내지 불이익을 주장책임이라고 한다.

2. 주장책임과 증명책임의 관계

(1) 원칙

1) 주장책임 분배와 증명책임 분배의 기준 일치의 원칙

어느 당사자가 주장책임을 지는가를 정하는 것을 주장책임의 분배라고 한다. 주장책임은 증명책임이 변론주의라는 필터를 통하여 주장의 국면에 투영된 것으로서 주장책임의 분배는 원칙적으로 증명책임의 분배와 일치한다.

2) 분배의 기준

주장책임에 관하여도 증명책임과 같이 통설인 법률요건분류설에 의한다. 따라서 ① 권리를 주장하는 자는 권리근거규정의 요건사실에 대하여, ② 상대방은 권리장애·권리멸각·권리행사저지 규정의 요건사실에 대하여 주장책임을 진다.

3) 소극적 확인소송

소극적 확인소송에서는 통상의 경우와 달리 증명책임이 그 역으로 바뀌게 되어 채무자인 원고가 권리의 장애·멸각·저지사실 즉 항변사실에 대해, 피고가 권리근거규정의 요건사실에 대하여 증명책임을 지게 된다.[77] 유치권부존재확인의 소에서도 마찬가지이다. 즉 유치권의 요건사실인 유치권의 목적물과 견련관계 있는 채권의 존재에 대해서는 피고가 주장·증명하여야 한다.[78]

---

77) 구체적으로 소극적 확인의 소에서 원고가 채권자라고 주장하는 피고에 대하여 ① 금전을 차용한 사실이 없다는 이유로 원고는 피고에 대하여 채무가 존재하지 않는다고 주장하는 경우에는 채권자인 피고가 원고에게 금전을 대여하였다는 사실에 대해서 주장·증명책임을 부담한다. 반면에 ② 원고가 피고로부터 금전을 차용하였지만 변제 등으로 자신의 채무가 소멸하였다고 주장하는 경우에는 원고 자신이 변제사실 등 채무소멸사실을 주장·증명하여야 한다.

78) 대판 2016.3.10, 2013다99409

(2) 주장책임과 증명책임 분배의 일치에 대한 예외

1) 무권대리인의 책임

타인의 대리인으로 계약을 한 자가 그 대리권을 증명하지 못하고 본인의 추인도 얻지 못한 때에는 계약의 이행 또는 손해배상의 책임이 있다(민법 제135조 제1항). 이때 대리권의 부존재에 관하여는 원고가 주장책임을 부담하나, 증명책임은 무권대리인이 부담한다(통설).

2) 금전채무불이행으로 인한 손해배상

채권자인 원고는 손해의 발생 및 손해액에 관하여 주장책임을 부담하나 증명책임은 부담하지 않는다(민법 제397조 제2항). 법률의 규정에 의하여 증명책임을 면제받고 있기 때문이다.

제8절 ▮ 심리의 정지

Ⅰ. 서설

1. 의의

소송절차의 정지라 함은 소송이 계속된 뒤 아직 절차가 종료되기 전에 소송절차가 법률상 진행되지 않는 상태를 말한다. 소송절차의 정지는 일정한 사유에 기한 법률효과인 점에서 법원이 기일의 지정을 하지 않았기 때문에 사실상 절차가 정지된 경우(예 기일의 연기나 실무상 기일을 추후지정하는 형식으로 사실상 절차의 진행이 정지된 경우)와 구별된다.

2. 제도적 취지

당사자의 소송행위가 불가능 또는 현저히 곤란하게 할 사정이 있는 경우임에도 불구하고 소송절차를 그대로 진행시킨다면 쌍방심리주의의 관점에서 소송에 관여할 수 없는 당사자 측의 절차관여의 기회가 침해되기 때문이다.

3. 적용범위

1) 쌍방심리주의를 관철시키기 위한 것이므로 원칙적으로 판결절차에 적용된다. 또한 당사자의 절차관여를 필요로 하는 판결절차에 준하는 독촉절차, 제소 전 화해절차, 소송비용확정절차 등에도 적용된다.

2) 그러나 재판의 적정보다는 절차의 신속을 우선하는 강제집행절차, 가압류·가처분절차, 증거보전절차, 경매절차 등에는 그 적용이 없다.

4. 종류

(1) 소송절차의 중단

당사자나 소송수행자에게 소송수행이 불가능한 사유가 발생하였을 경우에 새로운 소송수행자에 의해 해당 소송수행이 가능할 때까지 법률상 당연히 절차의 진행이 정지되는 것을 말한다.

(2) 소송절차의 중지

1) 법원의 직무집행의 불가능(예 천재지변 등의 사유) 또는 당사자에게 소송을 진행할 수 없는 장애가 생긴 경우와 그 밖의 다른 절차와의 관계에서 소송절차의 진행이 부적당하다고 인정되는 경우에 소송절차가 정지되는 경우를 말한다.

2) 중단과 중지의 차이로, ① 중단은 새로운 소송수행자로의 교체가 필요하고 당사자에 의한 소송절차의 수계 또는 법원의 속행명령에 의하여 중단이 해소되나, 중지는 새로운 소송수행자로의 교체가 없고 수계가 없다는 점에서 중단과 다르다. 또한 ② 판결의 선고는 소송절차가 중단된 중에도 할 수 있다는 점(제247조 제1항)에서 다르다.

(3) 그 밖의 특별한 정지

① 제척·기피신청이 있는 경우(제48조), ② 관할지정신청이 있는 경우(민사소송규칙 제9조)가 있다.

II. 소송절차의 중단

1. 중단사유(중단의 발생원인)

(1) 당사자의 사망

> **제233조(당사자의 사망으로 말미암은 중단)**
> ① 당사자가 죽은 때에 소송절차는 중단된다. 이 경우 상속인·상속재산관리인, 그 밖에 법률에 의하여 소송을 계속하여 수행할 사람이 소송절차를 수계하여야 한다.
> ② 상속인은 상속포기를 할 수 있는 동안 소송절차를 수계하지 못한다.
> **제238조(소송대리인이 있는 경우의 제외)**
> 소송대리인이 있는 경우에는 제233조 제1항, 제234조 내지 제237조의 규정을 적용하지 아니한다.

1) 중단의 요건

```
┌ 소송대리인○ ➡ 중단✗ ➡ 소송대리인은 당연히 상속인의 소송대리인(판례)
└ 소송대리인✗ ┌ 상속인✗ ➡ 소송종료선언
            └ 상속인○ ┌ 일신전속적 권리 ➡ 소송종료선언
                     └ 비일신전속적 권리(상속대상○) ➡ 중단○ ➡ 수계신청 要
```

① ⅰ) 소송계속 후 변론종결 전 당사자의 사망일 것, ⅱ) 상속인이 있을 것, ⅲ) 소송물인 권리
　　의무가 일신전속적이지 않고 상속의 대상이 될 것(예 이혼소송에 있어서 당사자 일방이 사망한 경우
　　에는 절차는 중단되지 않고 소송은 종료된다), ⅳ) 소송대리인이 없을 것(제238조)을 요한다.

② 당사자 사망에는 실종선고에 의한 사망간주도 포함된다. 다만 그 중단시기는 실종선고가 확정
　　된 때이지 실종기간이 만료된 때로 소급하는 것이 아니다(대판 1983.2.22, 82사18). 한편 보조
　　참가인은 피참가인의 승소를 보조하는 자이므로 소송계속 중에 보조참가인이 사망하더라도
　　소송절차는 중단되지 않는다.

[대판 1985.9.10, 85므27] 재판상의 이혼청구권은 부부의 일신전속의 권리이므로 이혼소송계속 중
　부부의 일방이 사망한 경우에는 상속인이 그 소송절차를 수계할 수 없음은 물론이며, 그런 경우에
　검사가 이를 수계할 수 있는 특별한 규정도 없으므로 당연히 소송이 종료된다. 이 경우에 소송은
　바로 종료되나 당사자 사이에 다툼이 있어 기일지정신청한 경우에는 이를 명백히 하는 의미에서 소
　송종료선언을 한다.

★[대판 2019.2.14, 2015다255258] 이사가 주주총회결의 취소의 소를 제기하였다가 소송 계속 중
　이나 사실심 변론종결 후에 사망한 경우, 소송이 중단되지 않고 그대로 종료하는지 여부(적극)
　이사가 그 지위에 기하여 주주총회결의 취소의 소를 제기하였다가 소송 계속 중에 사망하였거나 사실
　심 변론종결 후에 사망하였다면, 그 소송은 이사의 사망으로 중단되지 않고 그대로 종료된다. 이사는
　주식회사의 의사결정기관인 이사회의 구성원이고, 의사결정기관 구성원으로서의 지위는 일신전속
　적인 것이어서 상속의 대상이 되지 않기 때문이다.

★[대판 1995.8.25, 94다27373] 보조참가인은 피참가인인 당사자의 승소를 위한 보조자일 뿐 자신이
　당사자가 되는 것이 아니므로 소송계속 중 보조참가인이 사망하더라도 본소의 소송절차는 중단되지
　아니한다.

③ 그러나 소제기 전에 이미 사망한 사람이 당사자가 된 경우에는 중단사유가 아니며 상속인에
　　의한 소송수계신청은 허용될 수 없다(대판 1979.7.24, 79마173). 다만 원고가 사망 전에 소송대
　　리인을 선임하고 사망하였는데, 그 소송대리인이 원고가 사망한 사실을 알지 못하고 그 사망
　　자 명의로 소를 제기한 경우는 다르다.

★★★[대판 2016.4.29, 2014다210449]
　[1] 당사자의 소송대리인에 대한 소송위임 후 소제기 전 사망 시 소의 적법 여부 － 당사자가 사망하더라
　　　도 소송대리인의 소송대리권은 소멸하지 아니하므로(민사소송법 제95조 제1호), 당사자가 소송대리인
　　　에게 소송위임을 한 다음 소제기 전에 사망하였는데 소송대리인이 당사자가 사망한 것을 모르고 그
　　　당사자를 원고로 표시하여 소를 제기하였다면 이러한 소의 제기는 적법하고, 시효중단 등 소제기의
　　　효력은 상속인들에게 귀속된다. 이 경우 민사소송법 제233조 제1항이 유추적용되어 사망한 사람
　　　의 상속인들은 그 소송절차를 수계하여야 한다.
　[2] 상속인 등이 취하여야 할 조치 － 한편 당사자가 사망하였으나 소송대리인이 있는 경우에는 소송절
　　　차가 중단되지 아니하고(민사소송법 제238조, 제233조 제1항), 그 소송대리인은 상속인들 전원을 위하
　　　여 소송을 수행하게 되며, 판결은 상속인들 전원에 대하여 효력이 있다(대판 1995.9.26, 94다54160

등 참조). 이 경우 심급대리의 원칙상 판결정본이 소송대리인에게 송달되면 소송절차가 중단되므로 항소는 소송수계절차를 밟은 다음에 제기하는 것이 원칙이다. 다만 제1심 소송대리인이 상소제기에 관한 특별수권이 있어 상소를 제기하였다면 그 상소제기 시부터 소송절차가 중단되므로 항소심에서 소송수계절차를 거치면 된다. 그리고 소송절차 중단 중에 제기된 상소는 부적법하지만 상소심법원에 수계신청을 하여 그 하자를 치유시킬 수 있으므로(대판 1980.10.14, 80다623 판결), 상속인들로부터 항소심 소송을 위임받은 소송대리인이 소송수계절차를 취하지 아니한 채 사망한 당사자 명의로 항소장 및 항소이유서를 제출하였더라도, 상속인들이 항소심에서 수계신청을 하고 소송대리인의 소송행위를 적법한 것으로 추인하면 그 하자는 치유된다 할 것이고, 추인은 묵시적으로도 가능하다.

➲ [해설] : 甲이 법무법인 丁(이하 '丁'이라 함)에 소송위임을 한 다음 사망하였고, 丁은 그러한 사실을 모른 상태에서 甲을 원고로 표시하여 이 사건 소를 제기하였다고 볼 여지가 충분히 있고, 그 경우 丁이 甲을 대리하여 소를 제기한 것은 甲의 소송위임에 의한 것으로서 적법하며 [필자 ㊤ 민사소송법 제95조 제1호는 소송대리권이 소멸하지 아니하는 경우로 '당사자의 사망 또는 소송능력의 상실'을 규정하고 있고, 소송대리권은 당사자가 소송대리인에게 소송위임을 함으로써 발생하는 것이므로(당사자의 소송위임에 따라 소송대리인이 소장을 제출하여야만 소송대리권이 발생한다고 볼 수는 없다), 당사자가 소송대리인에게 소송위임을 하여 소송대리권이 발생한 이상 그 이후 당사자가 소제기 전에 사망한 경우에도 소송대리인의 소송대리권은 소멸하지 않는다.] 제1심 소송절차가 중단되지 아니한 채 甲의 소송대리인 丁이 상속인들 전원을 위하여 소송을 수행하여 선고된 제1심 판결은 상속인들 전원에 대하여 효력이 있다고 할 것이고, 또한 제1심 판결 선고 후 甲의 상속인인 乙, 丙이 법무법인 戊(이하 '戊'라 함)를 소송대리인으로 선임하여 戊가 甲 패소 부분에 대하여 甲 명의로 항소를 제기하였더라도 그 후 소송수계신청을 함으로써 乙, 丙이 원고 甲에 대한 소송절차를 적법하게 수계한다 할 것이고, 수계신청 전 戊가 甲 명의로 한 소송행위를 추인함으로써 戊의 종전 소송행위의 하자도 치유된다 할 것이므로, 원심으로서는 소송위임장의 작성일과 작성 주체, 소송에 필요한 서류의 발급일과 발급 주체, 소송대리인에 대한 수임료 지급관계 등을 조사하여 과연 甲이 사망 전에 丁에게 이 사건 소송을 위임한 사실이 있는지 심리·판단하였어야 하고, 만약 甲이 사망 전에 丁에게 소송위임을 한 것으로 인정된다면, 乙, 丙의 소송수계신청을 받아들여 乙, 丙이 상속한 망 甲의 위자료 유무에 관하여 본안으로 나아가 판단했어야 마땅함에도 이러한 점을 심리하지 아니한 채 원고 甲의 소가 부적법하다고 각하한 원심판결을 파기한 사례이다.

◈ 논증구도 ◈

1. 소의 적법 여부

당사자가 사망하더라도 소송대리인의 소송대리권은 소멸하지 아니하므로(제95조 제1호), 당사자가 소송대리인에게 소송위임을 한 다음 소제기 전에 사망하였는데 소송대리인이 당사자가 사망한 것을 모르고 그 당사자를 원고로 표시하여 소를 제기하였다면 이러한 소의 제기는 적법하다.

2. 법적 구성

판례는 민사소송법 제233조 제1항이 유추적용되어 사망한 사람의 상속인들은 그 소송절차를 수계하여야 한다고 하였는바, 소송절차의 중단에 관한 법적 구성의 문제로 취급할 것이다.

3. 소송절차의 중단 여부 및 시기

당사자가 사망하였으나 소송대리인이 있는 경우에는 소송절차가 중단되지 아니하고(제238조, 제233조

제1항), 그 소송대리인은 상속인들 전원을 위하여 소송을 수행하게 되며, 판결은 상속인들 전원에 대하여 효력이 있다. 이 경우 소송대리인에게 상소제기에 관한 특별수권이 없다면 심급대리의 원칙상 판결정본이 소송대리인에게 송달되면 소송절차가 중단된다.

4. 소송절차 중단 중의 항소의 적법 여부 및 하자치유

소송절차 중단 중에 제기된 상소는 부적법하지만 상소심법원에 수계신청을 하여 그 하자를 치유시킬 수 있으므로, 상속인들로부터 항소심 소송을 위임받은 소송대리인이 소송수계절차를 취하지 아니한 채 사망한 당사자 명의로 항소장 및 항소이유서를 제출하였더라도, 상속인들이 항소심에서 수계신청을 하고 소송대리인의 소송행위를 적법한 것으로 추인하면 그 하자는 치유된다 할 것이고, 추인은 묵시적으로도 가능하다.

2) 중단의 범위

법원이나 당사자가 이를 알았는지 여부와는 관계없이 법률상 당연히 중단된다. ① 통상공동소송인 경우에는 사망한 당사자와 상대방 간에서만 중단되며, ② 필수적 공동소송에서는 당사자 전원과의 관계가 중단된다.

(2) 법인의 합병

> **제234조(법인의 합병으로 말미암은 중단)**
> 당사자인 법인이 합병에 의하여 소멸된 때에 소송절차는 중단된다. 이 경우 합병에 의하여 설립된 법인 또는 합병한 뒤의 존속법인이 소송절차를 수계하여야 한다.

당사자인 법인이 합병에 의하여 소멸된 때에 소송절차는 중단된다(제234조). 그러나 합병 이외의 해산사유의 경우에는 법인은 청산절차의 범위 내에서 존속하므로 절차가 당연히 중단되는 것은 아니다. 그리고 청산이 종료되어 법인격이 소멸한 때에는 절차의 중단이 아닌 소송종료의 효과가 생긴다.

★[대판 2022.1.27, 2020다39719] 법률에 법인의 지위를 승계하거나 법인의 권리의무가 새로 설립된 법인에 포괄적으로 승계된다는 명문의 규정이 없는 경우, 새로 설립된 법인이 계속 중인 소송절차를 수계할 수 있는지 여부(소극) 및 이와 같은 법리는 당사자가 법인격 없는 단체인 경우에도 마찬가지인지 여부(적극)

민사소송법 제233조부터 제237조, 제239조에서 정하고 있는 사유가 발생하면 소송절차가 중단되고, 위 각 조에서 규정하고 있는 수계신청인에 의한 적법한 소송수계절차가 있어야 소송중단이 해소된다. 다만 위에서 정하고 있는 사유가 발생하더라도 소송대리인이 있는 경우에는 소송이 중단되지 않는다(민사소송법 제238조). 그중 민사소송법 제234조에 따르면, 소송계속 중 당사자인 법인이 합병에 의하여 소멸된 때에는 소송절차가 중단되고 이 경우 합병에 의하여 설립된 법인 또는 합병한 뒤의 존속법인이 소송절차를 수계하여야 한다. 또한 ① 법인의 권리의무가 법률의 규정에 의하여 새로 설립된 법인에 승계되는 경우에는 특별한 사유가 없는 한 계속 중인 소송에서 그 법인의 법률상 지위도 새로 설립된 법인에 승계되므로 새로 설립된 법인이 소송절차를 수계하여야 하나, ② 법률에 법인의 지위를 승계하거나 법인의 권리의무가 새로 설립된 법인에 포괄적으로 승계된다는 명문의 규정이 없는 이상 새로 설립된 법인이 소송절차를 수계할 근거는 없다고 보아야 한다. ③ 이와 같은 법리는 당사자가 법인격 없는 단체인 경우에도 마찬가지이다.

(3) 당사자의 소송능력 상실, 법정대리인의 사망·법정대리권의 소멸

> **제235조(소송능력의 상실, 법정대리권의 소멸로 말미암은 중단)**
> 당사자가 소송능력을 잃은 때 또는 법정대리인이 죽거나 대리권을 잃은 때에 소송절차는 중단된다. 이 경우 소송능력을 회복한 당사자 또는 법정대리인이 된 사람이 소송절차를 수계하여야 한다.

① 당사자 자체는 변경되지 않지만, 소송수행자가 교체되기 때문에 중단되는 경우이다(제235조).

★★[대판 2017.6.19, 2017다212569] 소제기 이후 성년후견이 개시되어 피성년후견인이 소송능력을 상실한 경우, 소송절차에서 당사자는 여전히 피성년후견인인지 여부(적극) 및 성년후견인은 피성년후견인의 법정대리인으로서 소송절차를 수계하는 것인지 여부(적극)

성년후견이 개시되면 후견인은 피후견인의 법정대리인이 되고(민법 제938조 제1항), 그 재산에 관한 법률행위에 대하여 피후견인을 대리하며(민법 제949조 제1항), 피성년후견인은 법정대리인에 의하여서만 소송행위를 할 수 있다(민사소송법 제55조 제1항 본문). 한편 소제기 이후 성년후견이 개시되어 피성년후견인이 소송능력을 상실한 경우 소송절차는 중단되나, 성년후견인이 법정대리인으로 소송절차를 수계하게 된다(민사소송법 제235조). 이러한 경우 소송절차에서 당사자는 여전히 피성년후견인이고, 성년후견인은 피성년후견인의 법정대리인으로서 소송절차를 수계하는 것이지 당사자적격을 가지게 되는 것은 아니다.

➲ [사실관계 및 해설] : 이 사건 소송절차에서 원고 당사자는 여전히 ○○○이고, ○○○의 성년후견인은 '법정대리인으로서' 소송절차를 수계하는 등의 방식으로 이 사건 소송절차에 관여하게 될 뿐 원고적격을 가지게 되는 것은 아니다. 그럼에도 원심은, ○○○에 대한 성년후견이 개시됨으로써 성년후견인이 원고적격을 가지게 됨을 전제로 원고를 '○○○의 소송수계인 성년후견인 △△△'이라고 판단하였으니, 이러한 원심 판단에는 성년후견이 개시된 경우 피성년후견인의 소송능력과 당사자적격, 성년후견인의 법정대리인으로서의 지위 등에 관한 법리를 오해한 잘못이 있다고 본 사례이다.

② 다만, 법정대리권의 소멸(법정대리인의 사망 및 성년후견개시의 심판에 의한 소멸의 경우를 제외)은 본인 또는 법정대리인으로부터 상대방에게 통지하지 않으면 그 효과가 생기지 않으므로(제63조), 통지하지 않는 동안에는 소송절차의 중단도 생기지 않는다.

③ 한편, 법정대리인과 달리 소송대리인의 사망이나 소송대리권의 소멸의 경우에는 본인 스스로 즉시 소송을 수행하는 데 장애가 없으므로 중단사유로는 되지 않는다.

④ 법인 그 밖의 단체의 대표자 내지는 관리인의 사망 또는 대표권의 소멸도 위와 같은 법리에 의하여 마찬가지로 중단된다(제64조). 가처분에 의하여 직무집행이 정지된 경우도 이에 해당된다.

(4) 신탁재산에 관한 소송의 당사자인 수탁자의 임무종료

> **제236조(수탁자의 임무가 끝남으로 말미암은 중단)**
> 신탁으로 말미암은 수탁자의 위탁임무가 끝난 때에 소송절차는 중단된다. 이 경우 새로운 수탁자가 소송절차를 수계하여야 한다.

신탁재산에 관한 당사자인 수탁자의 임무가 끝난 때로 새로운 수탁자에 의한 수계가 이루어지기까지 절차가 중단된다(제236조).

★[대판 2014.12.24, 2012다74304] 전수탁자가 파산선고를 받아 임무가 종료되었으나 소송대리인이 있어 소송절차가 중단되지 아니하는 경우, 전수탁자를 그대로 당사자로 표시하거나 신탁재산에 대한 관리처분권이 없는 자를 신당사자로 잘못 표시하더라도 판결의 효력이 신수탁자 또는 정당한 관리처분권을 가진 신수탁자에게 미치는지 여부(적극)

신탁으로 말미암은 수탁자의 위탁임무가 끝난 때에 소송절차는 중단되고, 이 경우 새로운 수탁자가 소송절차를 수계하여야 하지만(민사소송법 제236조), 소송대리인이 있는 경우에는 소송절차가 중단되지 아니하고(민사소송법 제238조), 소송대리권도 소멸하지 아니한다(민사소송법 제95조 제3호). 따라서 전수탁자가 파산의 선고를 받아 임무가 종료되었으나 소송대리인이 있어서 소송절차가 중단되지 아니하는 경우에는 원칙적으로 소송수계의 문제가 발생하지 아니하고, 소송대리인은 당사자 지위를 당연승계하는 신수탁자를 위하여 소송을 수행하게 되는 것이며, 그 사건의 판결은 신수탁자에 대하여 효력이 있다. 이때 신수탁자로 당사자의 표시를 정정하지 아니한 채 전수탁자를 그대로 당사자로 표시하여도 무방하며, 신탁재산에 대한 관리처분권이 없는 자를 신당사자로 잘못 표시하였다고 하더라도 그 표시가 전수탁자의 소송수계인 등 신탁재산에 대한 관리처분권을 승계한 자임을 나타내는 문구로 되어 있으면 잘못 표시된 당사자에 대하여는 판결의 효력이 미치지 아니하고 여전히 정당한 관리처분권을 가진 신수탁자에 대하여 판결의 효력이 미친다.

➲ [해설] : 甲 주식회사가 토지신탁계약의 수탁자인 乙 주식회사를 상대로 용역비지급청구소송을 제기하였다가 항소심 계속 중 乙 회사가 파산선고를 받자 파산채권확정청구를 선택적으로 추가하였고, 乙 회사의 파산관재인을 소송수계인으로 표시하여 파산채권확정청구를 인용하고 용역비지급청구를 배척하는 판결(이하 '전소 원심판결'이라 한다)이 선고되자 쌍방이 상고하지 않았는데, 그 후 甲 회사가 토지신탁계약의 새로운 수탁자인 丙 주식회사를 상대로 용역비지급을 구하는 지급명령을 신청한 사안에서, 甲 회사의 용역비지급청구를 배척한 전소 원심판결의 효력은 그 판결에 신탁재산에 대한 관리처분권이 없는 파산관재인이 소송수계인으로 표시되어 있더라도 신수탁자인 丙 회사에 미치므로, 소송대리인에게 상소제기에 관한 특별수권이 부여되어 있는지를 심리하여 전소 원심판결이 상고기간 도과로 이미 확정되어 지급명령신청이 전소 판결의 기판력에 저촉되는지, 아니면 전소 원심판결 정본 송달 시 용역비지급청구 부분의 소송절차가 중단됨으로써 지급명령신청이 중복제소에 해당하는지 판단하여야 하는데도, 이러한 심리를 다하지 않은 원심판결에 법리오해의 위법이 있다고 한 사례이다.

(5) 소송담당자의 자격상실 및 선정당사자 전원의 자격상실

제237조(자격상실로 말미암은 중단)
① 일정한 자격에 의하여 자기 이름으로 남을 위하여 소송당사자가 된 사람이 그 자격을 잃거나 죽은 때에 소송절차는 중단된다. 이 경우 같은 자격을 가진 사람이 소송절차를 수계하여야 한다.
② 제53조(선정당사자)의 규정에 따라 당사자가 될 사람을 선정한 소송에서 선정된 당사자 모두가 자격을 잃거나 죽은 때에 소송절차는 중단된다. 이 경우 당사자를 선정한 사람 모두 또는 새로 당사자로 선정된 사람이 소송절차를 수계하여야 한다.

① 일정한 자격에 기하여 당사자가 된 사람이 그 자격을 잃은 때에 중단된다(제237조 제1항. **예** 파산관재인이 자격을 상실한 경우). 다만, 채권자대위소송의 채권자와 같이 권리주체와 병행하여 소송담당자가 된 경우에는 피담당자를 위한 것이 아니라, 자기의 권리실현을 위한 소송담당이므로 여기에는 해당되지 않는다. 이 경우에 그 적격이 없게 되면 소는 각하될 뿐이다.

② 선정당사자 모두가 자격을 잃거나 죽은 때에 중단된다(제237조 제2항 전문). 따라서 일부의 사람이 그 자격을 상실한 경우라면 나머지 다른 사람이 소송수행을 할 수 있으므로(제54조), 이는 중단사유가 되지 않는다. 중단된 소송은 선정자 모두 또는 새로운 선정당사자가 수계한다(제237조 제2항 후문).

[대판 2008.4.24. 2006다14363] 파산관재인이 여럿인 경우에는 필수적 공동소송에 해당하나, 선정당사자에 관한 민사소송법 제54조에 비추어 볼 때, 공동파산관재인 중 일부가 파산관재인의 자격을 상실한 때에는 남아 있는 파산관재인에게 관리처분권이 귀속되고 소송절차는 중단되지 아니한다.

[대판 2022.5.13. 2019다229516] 관리비징수 업무를 위탁받은 위탁관리업자는 민사소송법 제237조 제1항에서 정한 '일정한 자격에 의하여 자기의 이름으로 남을 위하여 소송당사자가 된 사람'에 해당한다(주 – 임의적 소송신탁에 해당하고 당사자적격이 인정). 따라서 위탁관리업자가 구분소유자 등을 상대로 관리비청구 소송을 수행하던 중 관리위탁계약이 종료되어 그 자격을 잃게 되면 소송절차는 중단되고, 같은 자격을 가진 새로운 위탁관리업자가 소송절차를 수계하거나 새로운 위탁관리업자가 없으면 관리단이나 관리인이 직접 소송절차를 수계하여야 한다(제237조 제1항). 다만 소송대리인이 있는 경우에는 관리위탁계약이 종료하더라도 소송절차가 중단되지 않는다(제238조).

(6) 파산재단에 관한 소송 중의 파산선고 및 파산해지

> **제239조(당사자의 파산으로 말미암은 중단)**
> 당사자가 파산선고를 받은 때에 파산재단에 관한 소송절차는 중단된다. 이 경우 「채무자 회생 및 파산에 관한 법률」에 따른 수계가 이루어지기 전에 파산절차가 해지되면 파산선고를 받은 자가 당연히 소송절차를 수계한다.
>
> **제240조(파산절차의 해지로 말미암은 중단)**
> 『채무자 회생 및 파산에 관한 법률』에 따라 파산재단에 관한 소송의 수계가 이루어진 뒤 파산절차가 해지된 때에 소송절차는 중단된다. 이 경우 파산선고를 받은 자가 소송절차를 수계하여야 한다.

당사자가 파산선고를 받은 때(제239조 전문) 및 파산절차가 해지된 때(제240조)에 중단된다. 파산재단에 관한 소송계속 중에 당사자가 파산선고를 받으면 파산재단의 관리처분권은 파산자로부터 파산관재인에게 이전한다(파산법 제7조). 그에 따라 소송이 중단된다. 중단된 소송은 파산관재인이 수계하는 등의 조치가 취하여진다(파산법 제60조 참조). 다만, 그 수계가 이루어지기 전에 파산절차가 해지되면 파산자의 관리처분권이 회복되므로 파산자가 당연히 이를 수계하게 된다(제239조 전문). 또 일단 파산법의 규정에 따른 수계가 이루어진 뒤에도 파산절차가 해지되면 다시 소송이 중단되고 파산자가 이를 수계한다(제240조).

[1] 파산채권에 관한 소송 계속 중 채무자에 대한 파산선고로 소송절차가 중단된 경우, 파산채권의 확정 절차

당사자가 파산선고를 받은 때에 파산재단에 관한 소송절차는 중단되고(민사소송법 제239조), 채무자에 대하여 파산선고 전의 원인으로 생긴 재산상의 청구권인 파산채권은 파산절차에 의하지 아니하고는 행사할 수 없다[채무자 회생 및 파산에 관한 법률(이하 '채무자회생법'이라고 한다) 제423조, 제424조]. 따라서 파산채권에 관한 소송이 계속하는 도중에 채무자에 대한 파산선고가 있게 되면 소송절차는 중단되고, 파산채권자는 파산사건의 관할법원에 채무자회생법이 정한 바에 따라 채권신고를 하여야 한다. 채권조사절차에서 파산채권에 대한 이의가 없어 채권이 신고한 내용대로 확정되면 계속 중이던 소송은 부적법하게 되고, 채권조사절차에서 파산채권에 대한 이의가 있어 파산채권자가 권리의 확정을 구하고자 하는 때에는 이의자 전원을 소송의 상대방으로 하여 계속 중이던 소송을 수계하고 청구취지 등을 채권확정소송으로 변경하여야 한다.

[2] 법원이 소송 계속 중 일방 당사자에 대한 파산선고 사실을 알지 못한 채 파산관재인이나 상대방의 소송수계가 이루어지지 아니한 상태 그대로 소송절차를 진행하여 선고한 판결의 효력

소송 계속 중 일방 당사자에 대하여 파산선고가 있었는데, 법원이 파산선고 사실을 알지 못한 채 파산관재인이나 상대방의 소송수계가 이루어지지 아니한 상태 그대로 소송절차를 진행하여 판결을 선고하였다면, 그 판결은 소송에 관여할 수 있는 적법한 소송수계인이 법률상 소송행위를 할 수 없는 상태에서 심리되어 선고된 것이어서, 마치 대리인에 의하여 적법하게 대리되지 아니하였던 경우와 마찬가지로 위법하다.

[3] 파산선고 당시 파산채권에 관한 소송이 계속 중인 경우, 당사자가 파산채권이 이의채권이 되지 아니한 상태에서 미리 소송수계신청을 할 수 있는지 여부(소극)

파산선고 당시 파산채권에 관한 소송이 계속 중인 경우 파산채권자는 파산사건의 관할법원에 채권신고를 하여야 하고, 채권조사절차에서 이의가 없어 파산채권이 신고한 내용대로 확정되면 계속 중이던 소송은 부적법하게 된다. 만일 채권조사절차에서 이의가 제기되면 파산채권자가 이의자 전원을 소송 상대방으로 하여 소송절차를 수계하여야 하나[채무자 회생 및 파산에 관한 법률(이하 '채무자회생법'이라고 한다) 제464조], 집행권원이 있는 이의채권의 경우에는 이의자가 파산채권자를 상대방으로 하여 소송절차를 수계하여야 한다(채무자회생법 제466조). 이처럼 파산선고 당시 계속 중이던 파산채권에 관한 소송은 파산관재인이 당연히 수계하는 것이 아니라 파산채권자의 채권신고와 그에 대한 채권조사의 결과에 따라 처리되므로, 당사자는 파산채권이 이의채권이 되지 아니한 상태에서 미리 소송수계신청을 할 수 없고, 이와 같은 소송수계신청은 부적법하다.

★[대판 2020.6.25. 2019다246399] 파산재단에 관한 소송과 절차의 중단

[1] 채무의 존재를 다투는 소송계속 중 채무자에 대한 파산선고가 있는 때에는 그 소송절차가 중단되는지 여부(적극) / 이러한 소송절차의 중단사유를 간과하고 변론이 종결되어 판결이 선고된 경우, 판결이 당연무효인지 여부(소극) 및 이 경우 상소 또는 재심을 통해 판결의 취소를 구할 수 있는지 여부(적극) / 상소심에서 수계절차를 밟은 경우, 위와 같은 절차상 하자가 치유되는지 여부(적극)

파산선고를 받은 자가 채권자를 상대로 채무의 존재를 다투는 소송은 파산재단에 속하는 재산에 관한 소송에 해당하므로 파산채무자에 대한 파산선고가 있는 때에는 채무자 회생 및 파산에 관한 법률 제347조에 따라 파산관재인 또는 상대방이 수계할 때까지 이에 관한 소송절차는 당연히 중단된다. 한편 이와 같은 소송절차의 중단사유를 간과하고 변론이 종결되어 판결이 선고된 경우 그 판

결은 소송에 관여할 수 있는 적법한 수계인의 권한을 배제한 결과가 되어 절차상 위법하나 이를 당연무효라고 할 수는 없고, 대리인에 의하여 적법하게 대리되지 않았던 경우와 마찬가지로 대리권 흠결을 이유로 한 상소 또는 재심에 의하여 그 취소를 구할 수 있으며, 상소심에서 수계절차를 밟은 경우에는 위와 같은 절차상의 하자는 치유되고 그 수계와 상소는 적법한 것으로 된다.

[2] 항소제기에 필요한 수권이 흠결된 소송대리인이 항소장을 제출하였으나 당사자 또는 적법한 소송대리인이 항소심에서 본안에 관하여 변론한 경우, 위 항소제기 행위를 추인한 것인지 여부(적극)
항소의 제기에 관하여 필요한 수권이 흠결된 소송대리인의 항소장 제출이 있었다고 하더라도 당사자 또는 적법한 소송대리인이 항소심에서 본안에 관하여 변론하였다면 이로써 그 항소제기 행위를 추인하였다고 할 것이어서, 그 항소는 당사자가 적법하게 제기한 것으로 된다.

2. 중단의 예외

(1) 소송대리인이 있는 경우

① 위 중단사유 중에 「당사자의 파산 및 파산절차의 해지(이는 파산관재인과 파산자 사이에 이해관계의 대립이 존재하기 때문이다)」 이외의 중단사유에 대하여는 중단이 발생한 당사자 측(예 사망한 당사자)에게 소송대리인이 있는 때에는 소송절차는 중단되지 않는다(제238조). 소송대리인이 있으면 그 대리권은 소멸되지 않으므로(제95조, 제96조) 당사자가 무방어상태가 되는 것은 아니기 때문이다.

② 이 경우 소송대리인은 새로운 위임행위나 수계절차를 밟지 않아도 당연히 상속인의 소송대리인이 되며, 법원이 당사자의 승계를 간과하여 구 당사자를 그대로 표시하여 판결을 선고한 때에는 그 흠은 판결의 경정으로 처리하면 된다. 또한 상속인이 누구인지 몰라 판결의 당사자표시가 사망자 명의로 되어 있다 하더라도 그 판결은 상속인 모두에 대하여 효력이 있다.

(2) 심급대리 원칙과의 관계

1) 상소제기에 관한 특별수권이 없는 경우

심급대리의 원칙상 그 심급의 판결의 정본이 당사자 또는 소송대리인에게 송달되면 소송절차는 중단된다(대판 1996.2.9, 94다61649). 중단된 상태에서 수계절차를 거치지 않고 상소제기의 특별한 권한이 없는 소송대리인에 의하여 제기된 상소는 부적법하다. 다만 상속인들이 항소심에서 수계신청을 하고 소송대리인의 소송행위를 적법한 것으로 추인하면 그 하자는 치유된다 할 것이고, 추인은 묵시적으로도 가능하다.

2) 상소제기에 관한 특별수권이 있는 경우

가) 중단의 시기와 판결의 확정 여부

① 소송대리인이 상소제기의 특별한 권한을 따로 받았다면 그 소송대리인은 상소를 제기할 권한이 있으므로 소송절차는 중단되지 않고 상소제기기간은 진행된다. 따라서 쌍방이 상소를 제기하지 않고 상소제기기간이 도과하면 그 판결은 확정되게 된다.

② 그리고 소송대리인이 상소한 경우에는 상소에 따른 이심의 효력에 의하여 소송대리권이 소멸되고, 상소제기 시부터 소송절차가 중단되는데, 이때에는 상소심에서 적법한 소송수계절차를 거쳐야 소송중단이 해소된다.

★★[대판 2016.9.8, 2015다39357] 소송계속 중 법인 아닌 사단 대표자의 대표권이 소멸하였으나 소송대리인이 선임되어 있는 경우, 소송절차가 중단되는 시점(그 심급의 판결정본이 소송대리인에게 송달된 때) 및 이 경우 상소는 소송수계절차를 밟은 다음에 제기하여야 하는지 여부(원칙적 적극) / 소송대리인이 상소제기에 관한 특별수권이 있어 상소를 제기한 경우, 소송절차가 중단되는 시점(상소제기 시) 및 이때 상소심에서 적법한 소송수계절차를 거쳐야 소송중단이 해소되는지 여부(적극)

소송계속 중 법인 아닌 사단 대표자의 대표권이 소멸한 경우 이는 소송절차 중단사유에 해당하지만(민사소송법 제64조, 제235조), 소송대리인이 선임되어 있으면 소송절차가 곧바로 중단되지 아니하고(민사소송법 제238조), 심급대리의 원칙상 그 심급의 판결정본이 소송대리인에게 송달됨으로써 소송절차가 중단된다. 이 경우 상소는 소송수계절차를 밟은 다음에 제기하는 것이 원칙이나, 소송대리인이 상소제기에 관한 특별수권이 있어 상소를 제기하였다면 상소제기 시부터 소송절차가 중단되므로 이때는 상소심에서 적법한 소송수계절차를 거쳐야 소송중단이 해소된다.

★★[대결 1992.11.5, 91마342] 당사자가 사망하였으나 소송대리인이 있어 소송절차가 중단되지 아니한 경우 원칙적으로 소송수계라는 문제가 발생하지 아니하고 소송대리인은 상속인들 전원을 위하여 소송을 수행하게 되는 것이며 그 사건의 판결은 상속인들 전원에 대하여 효력이 있다 할 것이고, 이때 상속인이 밝혀진 경우에는 상속인을 소송승계인으로 하여 신당사자로 표시할 것이지만 상속인이 누구인지 모를 때에는 망인을 그대로 당사자로 표시하여도 무방하며, 가령 신당사자를 잘못 표시하였다 하더라도 그 표시가 망인의 상속인, 상속승계인, 소송수계인 등 망인의 상속인임을 나타내는 문구로 되어 있으면 잘못 표시된 당사자에 대하여는 판결의 효력이 미치지 아니하고 여전히 정당한 상속인에 대하여 판결의 효력이 미친다.

➲ [판결이유 중 발췌] : 따라서 이 사건 제1심 판결의 효력은 당사자표시에서 누락되었음에도 불구하고 위 망인의 정당한 상속인인 D, E에게도 그들의 상속지분만큼 미치는 것이고 통상의 경우라면 심급대리의 원칙상 이 판결의 정본이 소송대리인에게 송달된 때에 소송절차는 중단되는 것이며, 소송수계를 하지 아니한 D와 E에 관하여는 현재까지도 중단상태에 있다고 할 것이나, 기록에 의하면 이 사건의 경우 망인의 소송대리인이었던 A변호사는 상소제기의 특별수권을 부여받고 있었으므로(소송대리위임장에 부동문자로 특별수권이 부여되어 있다) 항소제기기간은 진행된다고 하지 않을 수 없어 제1심 판결 중 위 D와 E의 상속지분에 해당하는 부분은 그들이나 소송대리인이 항소를 제기하지 아니한 채 항소제기기간이 도과하여 이미 그 판결이 확정되었다고 하지 않을 수 없다.

◈ 논증구도 ◈

1. 문제점

본 판례는 세 가지 측면에서 검토가 필요한 사안이다. ① 상속인 D, E가 수계절차 없이도 당사자가 되는지, 즉 당연승계이론을 인정할 것인지가 문제된다. ② 누락된 상속인들에 대한 판결의 효력 및 확정 여부, 즉 D, E의 소송상태는 어떠한지가 문제되고, ③ 누락된 상속인들에 대해 판결이 확정되어 이들에 대한 수계신청이 허용되지 않는다고 본다면, 누락된 상속인의 재판청구권(절차적 기본권)을 침해하는 것이어서 매우 부당하므로 이들을 어떤 방법으로 구제할 것인지가 문제된다.

2. D, E가 수계절차 없이도 당사자가 되는지 여부 − 당연승계이론의 인정 여부

소송계속 중 당사자의 사망이라는 포괄적 승계원인의 발생으로 상속인은 당연히 사망자에 갈음하여 새로운 당사자가 되며, 수계절차는 단지 확인적 의미만 있을 뿐이라고 하여 당연승계이론을 인정하는 것이 통설이고, 본 판결도 이 점을 확인하고 있다.

3. 누락된 상속인들에 대한 판결의 효력 및 확정 여부

소송대리인이 있는 경우 소송절차는 중단되지 않고, 소송대리인은 신당사자의 소송대리인이 되므로 비록 일부상속인을 누락시켰다고 하더라도 상속인 전원에게 판결의 효력이 미치고, 일부상속인만을 대리하여 항소를 한 경우에 나머지 상속인에 대해서는 고유필수적 공동소송이라는 등의 특별한 사정이 없는 한, 항소기간의 도과로 패소판결은 확정된다는 것이 다수설의 설명이고, 본 판결도 이러한 입장에 서 있다(확정설).

4. 누락된 상속인들의 구제방법

위와 같이 해석한다면 누락된 상속인들은 패소판결의 확정으로 자신의 절차적 기본권을 침해받게 되는 부당한 경우가 발생한다. 이 경우 구제방법으로는 다양한 견해가 제시되고 있는데, D와 E의 대리인에게 과실이 없다면 D, E를 위한 <u>추후 보완상소로 침해된 절차권을 보호할 것이고, 그렇지 않다면 손해배상 등의 실체법적 문제로 해결할 수밖에 없을 것</u>이라는 견해가 타당하다고 본다.

◆ 비교판례 ◆

[대판 2010.12.23, 2007다22859] 망인의 소송대리인에게 상소제기에 관한 특별수권이 부여되어 있는 경우에는, 그에게 판결이 송달되더라도 소송절차가 중단되지 아니하고 상소기간은 진행하는 것이므로 상소제기 없이 상소기간이 지나가면 그 판결은 확정되는 것이지만, 한편 망인의 소송대리인이나 상속인 또는 상대방 당사자에 의하여 적법하게 상소가 제기되면 그 판결이 확정되지 않는 것 또한 당연하다. 그런데 <u>당사자 표시가 잘못되었음에도 망인의 소송상 지위를 당연승계한 정당한 상속인들 모두에게 효력이 미치는 판결에 대하여 그 잘못된 당사자 표시를 신뢰한 망인의 소송대리인이나 상대방 당사자가 그 잘못 기재된 당사자 모두를 상소인 또는 피상소인으로 표시하여 상소를 제기한 경우에는, 상소를 제기한 자의 합리적 의사에 비추어 특별한 사정이 없는 한 정당한 상속인들 모두에게 효력이 미치는 위 판결 전부에 대하여 상소가 제기된 것으로 보는 것이 타당하다.</u>

➡ [사실관계 및 해설] : 甲은 변호사 丙을 소송대리인으로 선임하여 乙을 상대로 소송계속 중 사망하였다. 甲의 상속인으로는 A, B, C가 있었는데, A만이 수계절차를 밟았을 뿐 나머지 공동상속인들은 수계신청을 하지 아니하여 A만을 망인의 소송수계인으로 표시하여 원고 패소의 제1심 판결이 선고되었고, 상소제기의 특별수권을 부여받은 소송대리인 丙이 제1심 판결의 당사자 표시를 신뢰하여 A만을 항소인으로 기재하여 항소를 제기하였다. 그런데 항소심 계속 중 B와 C가 공동상속인임을 이유로 소송수계신청을 하였고, 항소심 법원은 위 91마342 결정을 인용하여 B, C의 소송수계신청을 기각하였다. 이에 대해 대법원은 "위 91마342 결정은 제1심에서 사망한 당사자의 지위를 당연승계한 상속인들 가운데 실제로 수계절차를 밟은 일부 상속인들이 제1심 판결에 불복하여 스스로 항소를 제기하였으나 이들이 수계인으로 표시되지 아니한 나머지 상속인들의 소송을 대리할 아무런 권한도 갖고 있지 아니하였던 사안에 관한 것으로서, 망인의 소송상 지위를 당연승계한 상속인들 전원을 위하여 소송대리권을 가지는 망인의 소송대리인이 상소를 제기한 이 사건과는 그 사안을 달리한다."고 하면서 B, C의 소송수계신청을 적법하다고 보아 이를 허용하였다.

★★★[대결 2023.8.18, 2022그779] 당사자가 사망하였으나 그를 위한 소송대리인이 있어 소송절차가 중단되지 않는 경우, 망인의 공동상속인 중 소송수계절차를 밟은 일부만을 당사자로 표시한 판결의 효력이 나머지 공동상속인들에게도 미치는지 여부(적극) 및 당사자 표시가 잘못되었음에도

망인의 소송상 지위를 당연승계한 정당한 상속인들 모두에게 효력이 미치는 판결에 대하여 잘못
된 당사자 표시를 신뢰한 망인의 소송대리인이나 상대방 당사자가 잘못 기재된 당사자 모두를
상소인 또는 피상소인으로 표시하여 상소를 제기한 경우, 정당한 상속인들 모두에게 효력이 미
치는 위 판결 전부에 대하여 상소가 제기된 것으로 보아야 하는지 여부(원칙적 적극) / 상소제기
에 관한 특별수권이 부여되어 있는 망인의 소송대리인이 상소를 제기한 경우, 망인의 공동상속
인 중 수계절차를 밟은 일부 상속인 외에 나머지 상속인 또는 상대방이 소송절차가 중단된 상태
에 있는 상소심법원에 소송절차의 수계신청을 할 수 있는지 여부(적극)

① 민사소송법 제95조 제1호, 제238조에 따라 소송대리인이 있는 경우에는 당사자가 사망하더라도
소송절차가 중단되지 않고 소송대리인의 소송대리권도 소멸하지 아니하는바, 이때 망인의 소송대리
인은 당사자 지위의 당연승계로 인하여 상속인으로부터 새로이 수권을 받을 필요 없이 법률상 당연히
상속인의 소송대리인으로 취급되어 상속인들 모두를 위하여 소송을 수행하게 되는 것이고, ② 당사자
가 사망하였으나 그를 위한 소송대리인이 있어 소송절차가 중단되지 않는 경우에 비록 상속인으로
당사자의 표시를 정정하지 아니한 채 망인을 그대로 당사자로 표시하여 판결하였다고 하더라도 그 판
결의 효력은 망인의 소송상 지위를 당연승계한 상속인들 모두에게 미치는 것이므로, 망인의 공동상속
인 중 소송수계절차를 밟은 일부만을 당사자로 표시한 판결 역시 수계하지 아니한 나머지 공동상속인
들에게도 그 효력이 미친다. ③ 심급대리의 원칙상 그 판결이 망인의 소송대리인에게 송달될 때 소송
절차가 중단되나, 망인의 소송대리인에게 상소제기에 관한 특별수권이 부여되어 있는 경우에는, 그에
게 판결이 송달되더라도 소송절차가 중단되지 아니한 채 상소기간은 진행하므로 상소제기 없이 상소기
간이 지나가면 그 판결은 확정되고, 한편 망인의 소송대리인이나 상속인 또는 상대방 당사자에 의하여
적법하게 상소가 제기되면 그 판결이 확정되지 않는다. ④ 그런데 당사자 표시가 잘못되었음에도 망인
의 소송상 지위를 당연승계한 정당한 상속인들 모두에게 효력이 미치는 판결에 대하여 잘못된 당사자
표시를 신뢰한 망인의 소송대리인이나 상대방 당사자가 잘못 기재된 당사자 모두를 상소인 또는 피상소
인으로 표시하여 상소를 제기한 경우에는, 상소를 제기한 자의 합리적 의사에 비추어 특별한 사정이 없
는 한 정당한 상속인들 모두에게 효력이 미치는 위 판결 전부에 대하여 상소가 제기된 것으로 보는
것이 타당하다. ⑤ 상소제기에 관한 특별수권이 부여되어 있는 망인의 소송대리인이 상소를 제기한 이
후부터는 그 소송대리권이 소멸함에 따라 망인의 공동상속인 중 수계절차를 밟은 일부 상속인 외에 나
머지 상속인에 대한 소송절차는 중단된 상태에 있으므로(민사소송법 제233조 제1항 참조), 위 나머지 상
속인 또는 상대방이 소송절차가 중단된 상태에 있는 상소심법원에 소송절차의 수계신청을 할 수 있다.

나) 누락된 상속인 보호를 위한 법리구성

① 문제점

소송대리인에게 상소제기의 특별수권이 있는 경우 소송대리인이 상소제기 시 상속인 중 일부를
누락하였다면 누락된 상속인에 대해서는 판결이 확정된다는 문제점이 있다. 이 경우 누락된 상속
인의 보호를 위한 법적 구성에 대해서 논의가 있다.

② 학설

ⅰ) 당연승계를 긍정하는 입장에서는 그 보호방안으로, (ㄱ) 특별수권의 부동문자(의사표시)를 예문
으로 해석하는 견해, (ㄴ) 누락된 상속인들에 대해서는 사실상 중단된다고 보는 견해, (ㄷ) 소송대리
권의 존속기한을 판결선고 시까지로 제한하자는 견해, (ㄹ) 누락상속인에 대한 판결의 확정을 인정

하는 전제에서 추후보완상소 내지 손해배상 등 실체법의 문제로 해결할 수밖에 없다는 견해의 대립이 있다. 반면, ⅱ) 당연승계를 부정하는 입장에서는 수계절차를 밟지 않았다면 당사자는 여전히 사망자이므로 이를 간과한 판결은 무효이고, 누락된 상속인에 대해서는 당사자가 사망한 시점에 절차가 중단되었다고 본다(중단설). 이에 따르면 누락된 상속인은 법원에 수계신청을 하여 판결을 구할 수 있게 된다.

3. 중단의 해소

중단사유에 따른 정지의 효과는 당사자 측의 수계신청 또는 법원의 속행명령에 의하여 해소되고, 이 경우 소송절차의 진행이 재개된다.

(1) 당사자의 수계신청

제241조(상대방의 수계신청권)
소송절차의 수계신청은 상대방도 할 수 있다.
제242조(수계신청의 통지)
소송절차의 수계신청이 있는 때에는 법원은 상대방에게 이를 통지하여야 한다.
제243조(수계신청에 대한 재판)
① 소송절차의 수계신청은 법원이 직권으로 조사하여 이유가 없다고 인정한 때에는 결정으로 기각하여야 한다.
② 재판이 송달된 뒤에 중단된 소송절차의 수계에 대하여는 그 재판을 한 법원이 결정하여야 한다.

1) 의의

수계신청이라 함은 당사자 측에서 중단된 절차의 속행을 구하는 신청이다.

2) 수계신청권자

① 수계하여야 할 사람은 중단사유마다 법정되어 있다. 예 당사자의 사망의 경우에는 상속인, 상속재산관리인 그 밖의 법률에 의하여 소송을 계속하여 수행할 사람이 수계신청권자이다(제233조 제1항).

② 중단사유가 생긴 당사자 측의 새로운 수행자(수계하여야 할 사람)가 수계할 수 있는 상태에 있으면서도 수계신청을 하지 않을 경우에 그 상대방도 수계신청을 하여 소송의 속행을 구할 수 있다(제241조).

③ 공동상속재산은 상속인들의 공유이므로 필수적 공동소송관계라고 인정되지 아니하는 이상, 반드시 공동상속인 전원이 공동으로 수계하여야 하는 것은 아니며, 수계되지 아니한 상속인들에 대한 소송은 중단된 상태로 그대로 피상속인이 사망한 당시의 심급법원에 계속되어 있다고 할 것이다.

[대판 1993.2.12. 92다29801; 대판 1994.11.4. 93다31993] 제1심 원고이던 甲이 소송계속 중 사망하였고 그의 소송대리인도 없었는데 그 공동상속인들 중 1인인 乙만이 甲을 수계하여 심리가 진행된 끝에 제1심 법원은 乙만을 甲의 소송수계인으로 하여 판결을 선고한 경우, 만일 甲을 수계할 다른 사람이 있음에도 수계절차를 밟지 않았다면 그에 대한 관계에서는 그 소송은 중단된 채로 제1심 법원에 계속되어 있다고 보아야 한다.

◈ 논증구도 ◈

1. 문제점

① 수계절차를 밟지 않은 상속인이 당사자의 지위를 당연승계하는지의 여부와 ② 수계신청에 의해 소송절차의 중단은 해소되는데, 사안의 경우 절차의 중단이 있는 경우인지와 중단이 되는 경우라도 일부 상속인에 의한 수계신청으로 절차중단의 해소가 수계신청을 하지 않은 상속인에게도 미치는지 여부, 즉 중단해소의 범위가 문제된다. ③ 또한 제1심 판결이 수계신청인의 명의로 선고된 경우 수계절차를 밟지 않은 상속인에게도 판결의 효력이 미치는지가 문제된다.

2. 당사자지위의 당연승계 여부

소송계속 중 당사자의 사망이라는 포괄적 승계원인의 발생으로 상속인은 당연히 사망자에 갈음하여 새로운 당사자가 되며, 수계절차는 단지 확인적 의미만 있을 뿐이라고 하여 당연승계이론을 인정하는 것이 통설이고, 판례의 태도이다.

3. 소송절차의 중단 여부 및 중단해소의 범위

(1) 소송절차의 중단 여부

사안의 경우 ① 당사자 일방이 소송계속 중 사망하였고, ② 소송대리인이 없었으며, ③ 상속인들이 있고, ④ 특별히 상속의 대상이 부정될 만한 이유가 없었으므로, 소송절차는 중단되었다고 본다.

(2) 중단의 해소와 범위

소송절차의 중단은 수계신청에 의해 해소되는데, 사안에서는 그 해소의 범위가 문제된다. 이와 관련해서는 공동상속인의 소송수행형태와 그 심리방식의 면에서 검토되어야 한다. ① 공동상속인의 소송수행 형태는 상속재산의 소유관계가 공유관계로서, 사안의 경우에는 통상공동소송이 된다. ② 통상공동소송의 심리방식은 공동소송인 독립의 원칙(제66조)상 상속인 중 한 사람만이 수계절차를 밟아 재판을 받았으면 수계절차를 밟지 않은 다른 상속인의 소송관계는 중단의 해소가 이루어지지 않은 채, 즉 중단된 채 원심에 그대로 계속된다.

4. 제1심 판결의 효력이 미치는 자

판결문에는 피상속인의 명의로 판결이 선고된 것이 아니라 수계신청인의 명의로 판결이 선고된 경우이므로 이러한 판결은 수계신청인에 대해서 유효한 판결이 된다. 반면 수계절차를 밟지 않아서 소송절차가 중단된 상태로 제1심에 계속 중인 자에 대해서는 그 판결의 효력이 미칠 수 없다.

3) 수계신청을 해야 할 법원

가) 원칙

중단 당시 소송이 계속된 법원에 대하여 하여야 한다(제243조 제2항 참조). 수계신청이 있으면 법원은 상대방에게 이를 통지하여야 하며(제242조), 상대방에 대한 관계에서는 이 통지에 의하여 중단이 해소된다(제247조 제2항 참조).

나) 종국판결이 송달된 뒤 수계신청

종국판결이 송달된 뒤에 소송절차가 중단된 경우 등에서 어느 법원에 수계신청을 해야 할 것인지가 문제인데, 이에 대해서 ① 통설은 그 판결을 행한 법원에 대하여 신청을 하여야 하고, 상소심법원에 할 것은 아니라고 보는 것이 제243조 제2항의 명문에 부합하고 상소장을 원심법원에 제출하도록 한 현행법하의 원심제출주의(제397조 제1항)에 비추어 타당하다는 입장이다(원심법원설). 그러나 ② 판례는 상소심법원에 신청하는 것도 허용할 것이라고 하고(선택설), 또한 소송절차가 중단된 상태에서 제기된 상소는 부적법한 것이지만, 상소심 법원에 수계신청을 하여 그 흠을 치유시킬 수 있다고 하였다.

> **[대판 1963.5.30. 63다123]** 소송진행 중 당사자가 사망하더라도 소송대리인이 있는 경우에는 종국판결이 소송대리인에게 송달되면서 중단되므로 이러한 경우에 있어서는 상급심법원에 수계신청을 할 수 있다.

> **[대판 1996.2.9. 94다61649]** 소송절차가 중단된 상태에서 제기된 상소는 부적법한 것이지만, 상소심 법원에 수계신청을 하여 그 하자를 치유시킬 수 있다.

4) 수계신청의 방식

수계신청은 새로운 수행자가 수계의 의사를 표시하여 서면 또는 말(구술)로 할 수 있다(제161조). 묵시의 수계도 긍정되며, 기일지정신청 또는 당사자표시정정신청 등 그 명칭에 구애받지 않고 실질적으로 판단한다(대판 1980.10.14. 80다623).

5) 수계신청에 관한 재판

수계신청이 있으면 법원은 신청인의 적격 등 수계의 적부를 직권으로 조사하여 하고(예 절차의 중단이 없어 수계신청이 부적법하다면 신청각하), ① 수계신청이 이유가 없다고 인정한 때에는 결정으로 수계신청을 기각한다(제243조 제1항). ② 수계신청이 이유 있는 때에는 기일을 지정하여 심리를 속행하면 충분하고, 별도의 독립한 재판이 필요하지 않다.

(2) 법원의 속행명령

당사자 측으로부터 수계신청이 없는 경우에도 법원이 직권으로 속행명령을 할 수 있다(제244조). 속행명령도 중단 당시 소송이 계속된 법원이 한다.

Ⅲ. 소송절차의 중지

1. 당연중지 – 법원의 직무집행의 불가능

> **제245조(법원의 직무집행 불가능으로 말미암은 중지)**
> 천재지변, 그 밖의 사고로 법원이 직무를 수행할 수 없을 경우에 소송절차는 그 사고가 소멸될 때까지 중지된다.

2. 재판중지 – 당사자의 장애

> **제246조(당사자의 장애로 말미암은 중지)**
> ① 당사자가 일정하지 아니한 기간 동안 소송행위를 할 수 없는 장애사유가 생긴 경우에는 법원은 결정으로 소송절차를 중지하도록 명할 수 있다.
> ② 법원은 제1항의 결정을 취소할 수 있다.

3. 다른 절차와의 관계상 소송진행이 부적당하다고 인정되는 경우

다른 법령상 소송의 속행을 부적당하다고 하여 법원이 중지할 수 있는 경우가 있다. 예를 들어 사건에 대하여 위헌 여부 제청을 한 경우(헌법재판소법 제42조 제1항), 소송사건이 조정에 회부된 경우(민사조정규칙 제4조 제2항) 등이다.

IV. 소송절차 정지의 효과

> **제247조(소송절차 정지의 효과)**
> ① 판결의 선고는 소송절차가 중단된 중에도 할 수 있다.
> ② 소송절차의 중단 또는 중지는 기간의 진행을 정지시키며, 소송절차의 수계사실을 통지한 때 또는 소송절차를 다시 진행한 때부터 전체기간이 새로이 진행된다.

1. 당사자 및 법원의 소송행위

① 당사자 및 법원이 소송행위를 하더라도 그 효력은 생기지 않는다. 다만 그 예외로서 변론종결 뒤에 중단이 생긴 경우에는 절차가 중단된 중에도 법원은 판결의 선고를 할 수 있다(제247조 제1항). 그러나 상소기간과의 관계에서 절차보장이 문제가 되므로 판결의 송달은 중단해소 뒤에 하여야 한다.

② 중단 중의 당사자의 행위나 법원의 행위는 이의권의 포기·상실의 대상이 되므로, 그 하자가 치유될 수 있다.

[대판 1980.10.14, 80다623·624]

[1] 법인의 대표자가 법원의 결정에 의하여 그 직무집행이 정지된 경우에도 소송대리인이 있는 경우에는 소송절차는 중단되지 아니하지만 종국판결이 소송대리인에게 송달됨으로써 그 소송절차는 중단된다.

[2] 소송절차 중단 중에 제기된 상소는 부적법한 것이지만 상소심법원에 수계신청을 하여 그 하자를 치유시킬 수 있다.

2. 기간의 진행

소송절차의 중단 중에는 기간도 진행하지 않는다. 다만 중단의 해소 뒤에는 기간이 진행하게 되는데, 이 경우 중단된 기간이 다시 진행을 개시하는 것이 아니고, 전체기간이 새로이 진행을 시작한다(제247조 제2항).

3. 정지를 간과한 판결의 효력과 구제방법

(1) 문제점

법원이 소송계속 중 당사자의 사망으로 인하여 소송절차가 중단되었음을 간과하고 한 판결은 제소 전 사망을 간과한 판결과 같이 <u>무효인 판결</u>인지 아니면 <u>유효한 판결이지만 상소나 재심으로 취소</u>할 수 있을 뿐인지 문제된다. 이는 당사자 일방이 사망함으로써 그 상속인이 피상속인의 당사자 지위를 당연승계하는지의 문제와 관련되어 있다.

(2) 당사자지위의 당연승계 인정 여부

1) 학설

① 포괄적 승계가 있으면 당사자의 지위가 법률상 당연히 승계인에게 이전하여 승계인이 새로운 당사자가 된다는 견해로 수계신청은 당사자가 중단된 절차의 속행을 구하는 신청으로서 수계신청이 있어야 비로소 당사자로 되는 것은 아니며, 단순히 확인적 의미가 있을 뿐이라는 <u>당연승계긍정설(다수설)</u>과 ② 당연승계긍정설은 실체법상의 권리·의무가 포괄적으로 이전하면 당사자가 될 실체법상의 지위 즉 본안적격이 이전하는 것이며 이때 소송상 당사자가 당연히 변경된다는 것은 당사자의 개념을 실체법적으로 파악할 때에만 가능하고 오늘날 형식적 당사자 개념과는 맞지 않는다고 비판하면서 소송에서 <u>상속인 등 수계인이 수계절차를 밟아서 당사자로 표시되어야</u> 당사자가 변경된다고 보는 견해(당연승계부정설)로 수계절차를 밟도록 하기 위하여 절차가 중단되는 것이라고 한다.

2) 판례

판례는 <u>소송계속 중 어느 일방의 당사자가 사망한 경우, 그때부터 그 소송은 그의 지위를 당연히 이어 받게 되는 상속인들과의 관계에서 대립당사자 구조를 형성하여 존재하게 되는 것</u>이라고 함으로써 당연승계를 긍정하는 입장이다.

★★★[대판(전) 1995.5.23. 94다28444] 당사자가 사망하여 실재하지 아니한 자를 당사자로 하여 소가 제기된 경우는 당초부터 원고와 피고의 대립당사자 구조를 요구하는 민사소송법상의 기본원칙이 무시된 것이므로, 그와 같은 상태하에서의 판결은 당연무효라고 할 것이지만, 일응 대립당사자 구조를 갖추고 적법히 소가 제기되었다가 소송도중 어느 일방의 당사자가 사망함으로 인해서 그 당사자로서의 자격을 <u>상실하게 될 때에는 그 대립당사자 구조가 없어져 버린 것이 아니고, 그때부터 그 소송은 그의 지위를 당연히 이어 받게 되는 상속인들과의 관계에서 대립당사자 구조를 형성하여 존재하게 되는 것이다.</u>

---

(3) 절차중단을 간과한 판결의 효력 및 구제수단

1) 학설

가) 위법설(다수설)

당사자의 사망으로 인한 소송절차의 중단을 간과하고 수계절차 없이 종국판결을 선고한 경우 그러한 종국판결은 위법하기는 하나 대립당사자 구조 흠결의 문제는 없으므로 당연무효는 아니며, 대리권흠결의 경우에 준해 확정 전이면 상소(제424조 제1항 제4호), 확정 후이면 재심(제451조 제1항 제3호)에 의한 취소사유가 될 뿐이라고 한다(제60조).[79]

나) 무효설

상속인의 재판청구권을 침해할 가능성이 있고, 특히 당사자가 죽은 경우에 상속인이 당연히 당사자가 된다고 보는 것은 타당하지 않고 대립당사자 구조가 파괴된 점은 제소전 사망과 차이가 없으므로, 이러한 판결은 무효라는 견해이다.

2) 판례

판례는 ① 절차중단을 간과한 판결은 대립당사자 구조의 흠결은 없으므로 당연무효인 판결이라 할 수 없고, 다만 대리권 흠결을 이유로 상소(제424조 제1항 제4호) 또는 재심(제451조 제1항 제3호)에 의해 그 취소를 구할 수 있다는 입장이다. 나아가 ② 소송절차의 정지를 간과한 판결이 반드시 수계인에게 불리한 것이 아니므로 수계인은 이를 추인할 수 있고, 수계인의 추인은 반드시 명시적이어야 할 필요는 없고, 묵시적으로도 할 수 있다고 본다.

★★★[대판(전) 1995.5.23, 94다28444]

[1] 소송계속 중 어느 일방 당사자의 사망에 의한 소송절차 중단을 간과하고 변론이 종결되어 판결이 선고된 경우에는 그 판결은 소송에 관여할 수 있는 적법한 수계인의 권한을 배제한 결과가 되는 절차상 위법은 있지만 그 판결이 당연무효라 할 수는 없고, 다만 그 판결은 대리인에 의하여 적법하게 대리되지 않았던 경우와 마찬가지로 보아 대리권 흠결을 이유로 상소 또는 재심에 의하여 그 취소를 구할 수 있을 뿐이므로, 판결이 선고된 후 적법한 상속인들이 수계신청을 하여 판결을 송달받아 상고하거나 또는 사실상 송달을 받아 상고장을 제출하고 상고심에서 수계절차를 밟은 경우에도 그 수계와 상고는 적법한 것이라고 보아야 하고, 그 상고를 판결이 없는 상태에서 이루어진 상고로 보아 부적법한 것이라고 각하해야 할 것은 아니다.

[2] 민사소송법 제424조 제2항을 유추하여 볼 때 당사자가 판결 후 명시적 또는 묵시적으로 원심의 절차를 적법한 것으로 추인하면 그 상소사유 또는 재심사유는 소멸한다고 보아야 한다.

◈ **논증구도** ◈

1. 소송법상 당사자 지위의 당연승계 인정 여부

소송계속 중 당사자의 사망이라는 포괄적 승계원인의 발생으로 상속인은 당연히 사망자에 갈음하여 새로운 당사자가 되며, 수계절차는 단지 확인적 의미만 있을 뿐이라고 하여 당연승계이론을 인정하

---

79) 이에 따르면, 결국 소송절차의 중단을 간과한 경우 제247조 자체의 위반은 이의권의 포기·상실로 그 흠이 치유되었고 이당사자대립구조의 흠도 없지만, 무권대리에 준하는 위법은 존재한다고 보게 된다.

는 것이 통설이고, 판례의 태도이다. 즉 본 판례에서는 그 판결이유에서 "일응 대립당사자 구조를 갖추고 적법히 소가 제기되었다가 소송도중 어느 일방의 당사자가 사망함으로 인해서 그 당사자로서의 자격을 상실하게 된 때에는 그 대립당사자 구조가 없어져 버린 것이 아니고, 그때부터 그 소송은 그의 지위를 당연히 이어 받게 되는 상속인들과의 관계에서 대립당사자 구조를 형성하여 존재하게 되는 것이다."라고 판시하여 당연승계긍정설을 따르고 있다.

2. 소송절차가 중단되는지 여부

소송절차가 중단되기 위해서는 ① 소송계속 중에 사망하였을 것, ② 소송대리인이 선임되어 있지 않을 것, ③ 상속인이 있을 것, ④ 소송물인 권리의무가 상속의 대상이 될 것을 요구한다. 본 판례사안의 경우에는 소송절차가 중단된 경우에 해당하였다.

3. 소송절차 중단 중에 선고한 판결의 효력 – 간과판결의 효력

이에 대해서는 ① 당연승계에 의해 상속인이 당사자가 되므로 간과판결이라도 위법하기는 하나 당연무효는 아니며, 대리권흠결의 경우에 준하여 취급하자는 위법설과 ② 실체법상 권리의무관계, 즉 상속에 의한 당연승계(포괄승계)를 소송법상 그대로 반영하고자 하는 당연승계이론은 형식적 당사자 개념과 부합하지 않는다고 비판하면서 이러한 간과판결은 당사자능력이 소멸된 뒤의 판결이어서 무효라고 보는 무효설의 대립이 있다. ③ 본 판결은 위법설의 입장에 따르고 있음을 보여주고 있다.

4. 수계신청법원

위 간과판결의 효력이 위법하지만 유효라고 본다면 당사자의 구제방법과 관련하여 수계신청법원이 원심인지 상고심인지가 문제된다. 이와 관련하여 ① 원심법원설과 ② 선택설의 대립이 있으나, ③ 본 판결은 수계신청을 하여야 할 법원에 관해서 종국판결이 선고된 경우에는 원심법원 또는 상소심법원에 선택적으로 할 수 있다고 판시함으로써 선택설의 입장에 따르고 있다. 이와 같은 입장은 본 판결을 전후하여 일관된 판례의 태도이다.

5. 소송절차 중단 중의 소송행위에 대한 추인

상고심에 이르러 수계인이 그 절차상의 하자를 추인하는 경우 그 하자가 치유되는지가 문제되는데, 소송절차의 중단 중에는 변론종결된 경우의 판결의 선고를 제외하고, 소송절차상의 일체의 소송행위를 할 수 없으며 기간의 진행이 정지되므로, 중단 중의 당사자의 행위는 원칙적으로 무효이다. 그러나 소송중단은 공익적 제도가 아니라 당사자보호를 위한 제도이기 때문에 추인하면 유효하게 된다. 여기서 추인의 방법으로는 반드시 명시적일 필요는 없고 묵시적으로도 가능하다. 본 판례는 이점을 확인하고 있고, 이에 대해 학계에서도 대법원처럼 묵시적 추인이 있었다고 보거나, 이의권(책문권)의 상실로 유효하다고 본다.

[대판 2002.9.24, 2000다49374] 소송계속 중 회사인 일방 당사자의 합병에 의한 소멸로 인하여 소송절차 중단 사유가 발생하였음에도 이를 간과하고 변론이 종결되어 판결이 선고된 경우에는 그 판결은 소송에 관여할 수 있는 적법한 수계인의 권한을 배제한 결과가 되는 절차상 위법은 있지만 그 판결이 당연무효라 할 수는 없고, 다만 그 판결은 대리인에 의하여 적법하게 대리되지 않았던 경우와 마찬가지로 보아 대리권흠결을 이유로 상소 또는 재심에 의하여 그 취소를 구할 수 있을 뿐이다.

[**대결** 1998.5.30, 98그7] 소송계속 중 어느 일방 당사자의 사망에 의한 소송절차 중단을 간과하고 변론이 종결되어 판결이 선고된 경우에는 그 판결은 소송에 관여할 수 있는 적법한 수계인의 권한을 배제한 결과가 되는 절차상 위법은 있지만 그 판결이 당연 무효라 할 수는 없고, 다만 그 판결은 대리 인에 의하여 적법하게 대리되지 않았던 경우와 마찬가지로 보아 대리권 흠결을 이유로 상소 또는 재심 에 의하여 그 취소를 구할 수 있을 뿐이므로, 이와 같이 사망한 자가 당사자로 표시된 판결에 기하여 사망자의 승계인을 위한 또는 사망자의 승계인에 대한 강제집행을 실시하기 위하여는 민사소송법 제481조를 준용하여 승계집행문을 부여함이 상당하다.

★★[**대판** 2007.12.14, 2007다52997] 피고가 변론종결 후에 사망한 상태에서 판결이 선고된 경우, 망 인에 대한 판결정본의 공시송달은 무효이고, 상속인이 소송절차를 수계하여 판결정본을 송달받기 전 까지는 그에 대한 항소제기기간이 진행될 수도 없다.

　➔ [해설] : 원고가 위 망인을 상대로 제기한 소송은 위 망인의 사망으로 중단되었고, 다만 판결의 선고는 소송절차가 중단된 중에도 할 수 있으므로 위 법원이 이 사건 재심대상판결을 선고한 것은 적법하다고 할 것이나, 그 소송절차는 그 판결선고와 동시에 중단되었으므로 위 망인에 대하여 판결정본을 공시송달한 것은 효력이 없고, 위 망인의 상속인이 그 소송절차를 수계하여 위 판결 의 정본을 송달받기 전까지는 그에 대한 항소제기기간이 진행될 수도 없으며, 이는 위 망인의 상속인들인 피고들이 위 판결의 존재를 알고 있었다거나 위 소송에 대한 수계신청을 하였다는 등의 사정이 있다고 하여 달리 볼 것은 아니라고 본 사례이다.

★★[**대판** 2005.10.14, 2004다52705] 원심변론종결 전 사망한 당사자에 대하여 실시한 판결문의 송달은 위법하여 원칙적으로 무효이고, 따라서 불변기간인 상고기간이 진행될 수 없으므로 추완상고의 문제 는 생기지 아니하나, 단지 상속인들이 제기한 추완상고는 상속인들이 판결문을 송달받은 날로부터 적법한 상고기간 내에 제출된 상고로서 적법하다.

04 | 소송의 종료

제1절 ▶ 소송종료사유 및 종료선언

Ⅰ. 종국판결에 의한 종료

1) 소송은 통상 법원이 소에 대하여 종국적인 응답으로서 행하는 종국판결(법원의 소송행위)에 의하여 종료되는 것이 정상적인 경과이다.

2) 충분한 심리를 거쳐 판단이 무르익으면 법원은 종국판결을 한다(제198조). 다만 제1심의 종국판결에 대하여 당사자가 상소를 제기한다면, 소송은 상급심에 이심(移審)하여 다시 상급심절차가 행하여지므로 소송의 종료를 가져오는 것은 종국판결이 확정된 때이다.

Ⅱ. 당사자의 행위에 의한 종료

처분권주의 하에서는 종국판결에 의하지 않고 당사자가 임의로 소송을 종료시킬 수 있다. 즉 당사자는 소의 취하, 청구의 포기·인낙 또는 재판상 화해를 하여 소송을 종료시킬 수 있다. 또한 조정도 생각할 수 있다.

Ⅲ. 그 밖의 소송종료사유

다음과 같이 2당사자대립구조의 소멸에 의하여 소송이 종료되는 경우가 있다.

1) 당사자의 지위의 혼동에 의하여, 즉 소송계속 중에 당사자 일방이 사망하고, 상대방이 유일한 상속인으로서 소송의 목적이 상속재산에 관한 것이라면 소송상의 상대방이 그 지위를 승계하므로 대립당사자의 지위가 1인에게 귀속하여 소송은 종료된다. 소송계속 중에 대립 당사자인 법인이 합병한 경우도 마찬가지이다.

2) 승계할 사람의 부존재에 의하여, 즉 당사자가 사망하거나 소송물에 관한 적격을 잃어 탈퇴하였음에도 그 권리관계의 성질상 그 지위를 승계할 사람이 존재하지 않는 경우에 소송은 종료된다. 이혼소송의 당사자인 부부의 일방이 사망한 경우가 그 예이다.

3) 이처럼 일신전속적인 법률관계에서 당사자의 사망으로 소송을 종료해야 하는 경우에는 소송이 종료되었는지에 대한 다툼이 있더라도 소송종료선언을 하여야 한다.

IV. 소송종료선언

1. 의의

소송종료선언은 계속 중이던 본안의 소송이 유효하게 종료되었다는 취지의 선언을 하는 종국판결
로서 확인판결의 성질을 가진 소송판결에 해당한다(청구인용·기각과 같은 본안판결이 아니다). 이에
대하여는 상소가 허용된다.

2. 소의 취하(취하간주 포함)·상소취하

> ◈ 민사소송규칙 ◈
>
> **제67조(소취하의 효력을 다투는 절차)**
> ① 소의 취하가 부존재 또는 무효라는 것을 주장하는 당사자는 기일지정신청을 할 수 있다.
> ② 제1항의 신청이 있는 때에는 법원은 변론을 열어 신청사유에 관하여 심리하여야 한다.
> ③ 법원이 제2항의 규정에 따라 심리한 결과 신청이 이유 없다고 인정하는 경우에는 판결로 소송의 종료
> 를 선언하여야 하고, 신청이 이유 있다고 인정하는 경우에는 취하 당시의 소송정도에 따라 필요한 절
> 차를 계속하여 진행하고 중간판결 또는 종국판결에 그 판단을 표시하여야 한다.

소의 취하(취하간주 포함)·상소취하의 효력을 다투어 기일지정신청을 하는 경우와 같이 확정판결
에 의하지 않고 소송이 종료된 것으로 처리된 뒤, 그 소송종료의 효과를 다투어 기일지정신청을
하는 경우에 법원은 변론기일을 열어(재판장 단독으로 신청에 대하여 기각명령 등의 재판을 할 것이 아니다)
취하의 유효·무효(신청사유)를 심리하고, ① 신청이 이유 없다고(즉 취하가 유효하다고) 인정되는 경
우에는 종국판결로 소송종료선언을 하여야 한다(민사소송규칙 제67조, 제68조). 반면 ② 신청이 이유
가 있다고 받아들이는 경우에는 소송종료의 처리가 잘못되었다는 것이 되므로 변론을 속행(기일을
그대로 진행)하여 본안심리를 하되, 소송종료의 효과에 대한 다툼을 중간판결로 미리 판단하거나
종국판결의 이유 중에서 판단하면 된다(민사소송규칙 제67조 제3항).

3. 확정판결, 청구의 포기·인낙, 재판상 화해 및 소의 취하(취하간주 포함)

확정판결, 청구의 포기·인낙, 재판상 화해 및 소의 취하(취하간주 포함)에 의하여 소송이 종료되었
음에도 불구하고 이를 간과하고 소송심리를 진행하여 온 사실이 뒤에 발견된 경우에 법원은 직권
으로 소송종료선언을 하여야 한다.

4. 이혼소송에서의 당사자 일방의 사망

이혼소송에 있어서 당사자 일방의 사망과 같이 일신전속적인 법률관계로 승계가 허용되지 않는
경우에 소송종료선언을 하여야 한다.

[대판 1985.9.10, 85므27] 재판상의 이혼청구권은 부부의 일신전속의 권리이므로 이혼소송계속 중
부부의 일방이 사망한 경우에는 상속인이 그 소송절차를 수계할 수 없음은 물론이며, 그런 경우에
검사가 이를 수계할 수 있는 특별한 규정도 없으므로 당연히 소송이 종료된다. 이 경우에 소송은
바로 종료되나 당사자 사이에 다툼이 있어 기일지정신청한 경우에는 이를 명백히 하는 의미에서 소
송종료선언을 한다.

제2절 당사자의 행위에 의한 소송의 종료

제1관 소의 취하

> **제266조(소의 취하)**
> ① 소는 판결이 확정될 때까지 그 전부나 일부를 취하할 수 있다.
> ② 소의 취하는 상대방이 본안에 관하여 준비서면을 제출하거나 변론준비기일에서 진술하거나 변론을 한 뒤에는 상대방의 동의를 받아야 효력을 가진다.
> ③ 소의 취하는 서면으로 하여야 한다. 다만, 변론 또는 변론준비기일에서 말로 할 수 있다.
> ④ 소장을 송달한 뒤에는 취하의 서면을 상대방에게 송달하여야 한다.
> ⑤ 제3항 단서의 경우에 상대방이 변론 또는 변론준비기일에 출석하지 아니한 때에는 그 기일의 조서등본을 송달하여야 한다.
> ⑥ 소취하의 서면이 송달된 날부터 2주 이내에 상대방이 이의를 제기하지 아니한 경우에는 소취하에 동의한 것으로 본다. 제3항 단서의 경우에 있어서, 상대방이 기일에 출석한 경우에는 소를 취하한 날부터, 상대방이 기일에 출석하지 아니한 경우에는 제5항의 등본이 송달된 날부터 2주 이내에 상대방이 이의를 제기하지 아니하는 때에도 또한 같다.
>
> **제267조(소취하의 효과)**
> ① 취하된 부분에 대하여는 <u>소가 처음부터 계속되지 아니한 것으로 본다.</u>
> ② 본안에 대한 **종국판결**이 있은 뒤에 소를 취하한 사람은 같은 소를 제기하지 못한다.

Ⅰ. 서설

1. 의의 및 제도적 취지

소의 취하라 함은 원고가 자신이 제기한 소의 전부 또는 일부를 철회하는 법원에 대한 단독적 소송행위로서, 소송계속의 소급적 소멸(제267조 제1항)을 가져오는 당사자의 행위에 의한 소송종료사유이다. 이는 처분권주의의 발현으로서 소송종결의 권한을 당사자에게 맡긴 것이다.

2. 구별개념

(1) 청구의 포기와 구별

양자는 원고의 일방적 행위에 의한 소송종료사유가 됨에는 공통적이다. 그러나 ① 「청구의 포기」는 청구가 존재하지 않는다는 취지(청구가 이유 없다는 취지)를 법원에 진술하는 의사표시이고 조서에 적은 때에는 확정판결(확정된 청구기각판결)과 같은 효력을 가지는데, 반면 ② 「소의 취하」는 이미 제기된 소 그 자체를 소급적으로 철회하는 진술에 해당한다(확정된 소각하판결에 해당한다).

(2) 상소의 취하와 구별

구분		상소의 취하	소의 취하
차이점	시기	항소심의 종국판결선고 전까지만 가능	판결확정 전까지 언제라도 가능
	일부취하	일부취하 불허(전부에 대해서만 가능)	전부 또는 일부에 대해서도 가능
	상대방의 동의 요부	동의 不要	동의 必要
	효과	원판결에 영향을 미치지 않으므로 원판결은 확정된다. ➌ 재소는 기판력 때문에 不可	원판결을 소급적으로 소멸시킴 ➌ 재소금지의 효과 발생
공통점		양자 모두 심판청구의 철회라는 점에서는 공통된다.	

(3) 공격방법의 일부철회와 구별

소의 일부취하는 심판신청 자체(소송물)를 일부철회하는 것임에 대하여, 공격방법의 일부철회는 소송자료의 일부철회라는 점에서 양자는 차이가 있고, 후자는 어느 때나 피고의 동의가 필요 없다.

(4) 청구의 감축과 구별

청구의 감축이 소의 일부취하인지 청구의 일부포기인지는 원고의 의사에 따라 정할 것이나, 그것이 불분명한 경우에는 원고에게 이익이 되는 소의 일부취하로 해석함이 일반적이다. 판례도 마찬가지이다.

> [대판 1993.9.14, 93누9460] 소송상 청구금액을 감축한다는 것은 소의 일부취하를 뜻한다. 소취하에 대한 피고의 동의 및 동의의 거절은 반드시 명시적으로 하여야 하는 것은 아니며 묵시적으로 하여도 무방하다.

II. 요건

1. 소송행위로서 유효한 요건을 갖출 것

(1) 당사자

① 소를 제기한 당사자 본인 또는 그 포괄승계인뿐만 아니라 대리인도 할 수 있는데, 소위 취하는 소송행위이므로 소송행위로서 유효요건을 갖추어야 한다. 따라서 당사자는 당사자능력·소송능력이 있어야 하고, 소송대리인이 소를 취하하는 경우에는 특별한 권한을 따로 받아야 한다(제90조 제2항). 다만 소송제한능력자도 스스로 제기한 부적법한 소를 취하할 수 있다.

② 공동소송에 있어서 공동소송인 가운데 원고 1인의 소의 취하는 소의 일부취하에 해당된다. 한편, 고유필수적 공동소송의 경우에 원고 1인의 소의 취하는 제67조 제1항의 '모두의 이익'이 되는 행위라고는 할 수 없으므로, 모두가 소를 취하하지 않는 이상, 그 효과는 생기지 않는다고 보는 입장이 일반적이다.

[대판 2007.8.24, 2006다40980] 공동상속인이 다른 공동상속인을 상대로 어떤 재산이 상속재산임의 확인을 구하는 소는 이른바 고유필수적 공동소송이라고 할 것이고, 고유필수적 공동소송에서는 원고들 일부의 소취하 또는 피고들 일부에 대한 소취하는 특별한 사정이 없는 한 그 효력이 생기지 않는다.

(2) 소취하의 의사표시에 흠이 있는 경우의 취급

소의 취하에 있어서 민법상의 의사표시의 흠에 대한 규정의 적용이 있는지 여부에 대하여 판례는 민법의 적용을 배제하는 입장이다(하자불고려설). 또한 소의 취하가 피고의 동의에 의하여 그 효력이 발생한 뒤에는 원칙적으로 철회가 허용되지 않는다. 다만 판례는 소송행위가 사기, 강박 등 형사상 처벌을 받을 타인의 행위로 인하여 이루어졌을 경우 그 타인의 행위에 대하여 유죄판결이 확정되고 또 그 소송행위가 그에 부합되는 의사 없이 외형적으로만 존재할 때에 한하여 민사소송법 제451조 제1항 제5호, 제2항의 규정을 유추적용하여 그 효력을 부인할 수 있다고 본다(확정판결 필요설). 그러나 판례 중에는 유죄의 확정을 요건으로 하지 않은 것도 있다.

[대판 1979.12.11, 76다1829] 소를 취하하는 소송행위는 정당한 당사자에 의하여 이루어진 것이라면 그 취하가 타인의 기망에 인한 것이라 하더라도 이를 취소할 수 없다.

[대판 1997.10.10, 96다35484(판결이유 중)] 민법상의 법률행위에 관한 규정은 민사소송법상의 소송행위에는 특별한 규정 기타 특별한 사정이 없는 한 적용이 없는 것이므로 소송행위가 강박에 의하여 이루어진 것임을 이유로 취소할 수는 없다 할 것이고(당원 1964.9.15, 64다92; 1979.5.15, 78다1094; 1980.8.26, 80다76; 1984.5.29, 82다카963 등 참조), 소송위임행위도 소송대리권의 발생을 목적으로 하는 소송행위이므로 달리 볼 것이 아니다. 따라서 이 사건 제소 전 화해 사건에서 준재심원고가 변호사에게 소송대리를 위임한 것이 합동수사본부 수사관들의 강박에 의한 것이라고 할지라도 위임인인 준재심원고가 이를 이유로 소송행위를 취소할 수는 없다고 보아야 할 것이다.

[대판 1997.6.27, 97다6124] 소의 취하는 원고가 제기한 소를 철회하여 소송계속을 소멸시키는 원고의 법원에 대한 소송행위이고 소송행위는 일반 사법상의 행위와는 달리 내심의 의사보다 그 표시를 기준으로 하여 그 효력 유무를 판정할 수밖에 없는 것인바, 원고들 소송대리인으로부터 원고 중 1인에 대한 소취하를 지시받은 사무원은 원고들 소송대리인의 표시기관에 해당되어 그의 착오는 원고들 소송대리인의 착오로 보아야 하므로, 그 사무원의 착오로 원고들 소송대리인의 의사에 반하여 원고들 전원의 소를 취하하였다 하더라도 이를 무효라 볼 수는 없고, 적법한 소취하의 서면이 제출된 이상 그 서면이 상대방에게 송달되기 전·후를 묻지 않고 원고는 이를 임의로 철회할 수 없다.

➡ [해설] : 본 사안에서 판례는 원고 소송대리인의 지시를 받은 사무원의 착오로 소가 취하되었어도 이를 일반 사법상의 행위와 달리 보아, 착오로 인한 취소에 관한 민법상의 규정을 유추적용하지 않았다는 점에서 통설(하자불고려설)과 같은 입장에서 판단하고 있는 것으로 평가된다.

[대판 1984.5.29, 82다카963] ① 소송행위가 사기, 강박 등 형사상 처벌을 받을 타인의 행위로 인하여 이루어졌다고 하여도 그 타인의 행위에 대하여 유죄판결이 확정되고 또 그 소송행위가 그에 부합되는 의사 없이 외형적으로만 존재할 때에 한하여 민사소송법 제451조 제1항 제5호, 제2항의 규정을 유추해석하여 그 효력을 부인할 수 있다고 해석함이 상당하므로, ② 타인의 범죄행위가 소송행위를

하는데 <u>착오</u>를 일으키게 한 정도에 불과할 뿐 소송행위에 부합되는 의사가 존재할 때에는 그 소송행위의 효력을 다툴 수 없다(대판 2001.1.30, 2000다42939·42946 同旨).

[**대판 2004.4.27, 2003다31619**] 소의 제기를 당한 피고 측 당사자나 그의 대리인이 제1심에서 패소하자 항소한 후, 재소가 금지된 그 시점에 이르러 소송진행 과정을 모르고 있던 상대방인 원고 중의 일부를 기망하여 소를 취하하게 하는 것은 형사상 처벌받을 사기행위로서 그 원고는 그 소취하의 의사표시를 취소하여 그의 효력을 부인할 수 있다 함이 상당하다.

2. 소송물

① 원칙적으로 제한이 없다. 따라서 원고는 모든 소송물에 대하여 자유롭게 취하할 수 있으며, 가사·행정소송 등 직권탐지주의 하에서도 가능하다(청구의 포기·인낙, 소송상 화해와 다름에 주의를 요한다). 또한 ② 소송물의 일부에 대한 취하도 가능하고, ③ 소송요건의 흠으로 부적법한 소라고 하더라도 가능하다.

Ⅲ. 절차

1. 시기

소취하는 소제기 후 판결이 확정되기까지 어느 때라도 가능하다(제266조 제1항). 상소의 취하는 종국판결선고 시까지만 가능하다는 점에서 차이가 있다. 따라서 항소심은 물론 상고심에서도 가능하다(다만, 재소금지의 제재를 받음). 또한 소송요건의 흠결 등으로 적법한 소가 아니더라도 이를 취하할 수 있다.

2. 방식

① 소의 취하는 소송계속을 소멸시키는 중요한 효과를 수반하므로 원고의 의사를 명확하게 할 필요에서 서면(취하서의 제출)으로 하는 것이 원칙이고, 소장을 송달한 뒤에는 취하의 서면을 상대방에게 송달하여야 한다(제266조 제4항). 다만 변론기일(또는 변론준비기일)에서는 원고의 의사가 직접적으로 법원 등에 대하여 표시되어 그 의사를 확인할 수 있으므로 말(구술)로도 할 수 있다(제266조 제3항).

② 취하권자에 의해 작성된 소취하서는 상대방 당사자나 제3자에 의해 제출된 경우에도 그 소의 취하는 무효가 아니다.

[**대판 2001.10.26, 2001다37514**]

[1] 민사소송법 제266조 제3항은 "소의 취하는 서면으로 하여야 한다"고 규정하고 있을 뿐, 그 제출인이나 제출방법에 관하여는 따로 규정하는 바가 없고, 상대방이나 제3자에 의한 제출을 불허하는 규정도 찾아볼 수 없으므로, 당사자가 소취하서를 작성하여 제출할 경우 반드시 취하권자나 그 포괄승계인만이 이를 제출하여야 한다고 볼 수는 없고, 제3자에 의한 제출도 허용되며, 나아가 상대방에게 소취하서를 교부하여 그로 하여금 제출하게 하는 것도 상관없다고 할 것이다.

[2] 소취하서상 원고의 표시가 정확한 명칭 그대로 기재되어 있지는 않지만, 그 외 소취하서에 기재된 사건번호, 원고의 대표자 이름, 피고의 표시 등이 모두 정확한 것에 비추어 보면, 소취하서에 원고로 표시된 '백운조합'은 원고의 정확한 명칭인 '광주직할시 무주택백운조합'의 약칭이라고 봄이 상당하다.

③ 소의 취하는 소송행위이므로 조건(예 피고가 소송비용을 부담하는 조건에서의 소의 취하)을 붙여서는 안 된다.

3. 피고의 동의

(1) 피고의 동의를 요하는 경우

① 소취하를 함에 있어서 피고가 본안에 관하여 준비서면을 제출하거나 변론준비절차에서 진술하거나 변론을 한 뒤에는 피고의 청구기각판결을 얻을 이익을 고려하여야 하므로 피고의 동의를 요한다(제266조 제2항).

② 피고의 동의도 서면 또는 말로 법원에 대하여 한다. 그러나 피고가 원고의 소취하에 대하여 이의도 하지 않고 방치한 경우에는 취하가 있는 것을 안 날로부터 2주일이 경과하면 동의한 것으로 본다(제266조 제6항).

★[대판 2005.7.14. 2005다19477] 소의 일부취하의 경우, 상대방의 동의 여부가 결정되지 아니한 상태에서 종전의 청구에 대하여 재판을 할 수 있는지 여부(소극)
① 수량적으로 가분인 동일 청구권에 기한 청구금액의 감축은 소의 일부취하로 해석되는바, ② 소취하서 또는 소 일부취하서가 상대방이 본안에 관한 준비서면을 제출하거나 변론준비기일에서 진술하거나 변론을 한 뒤에 법원에 제출된 경우에는 민사소송법 제266조 제2항에 의하여 상대방의 동의를 받아야 효력을 가지는 것이지만, 이 경우에 원심은 제266조 제4항에 따라 그 취하서 등본을 상대방에게 송달한 다음 상대방의 동의 여부에 따라 심판범위를 확정하여 재판을 하여야 하고, 상대방의 동의 여부가 결정되지 아니한 상태에서 종전의 청구에 대하여 재판을 하여서는 아니 된다고 할 것이다. 그럼에도 불구하고, 원심은 소 일부취하에 대한 상대방의 동의 여부를 기다리지 아니한 채 종전 청구 전체에 대하여 재판을 하면서 원고가 일부 취하한 부분까지 인용하는 판결을 선고하였으니, 원심판결에는 소 일부취하서 제출 시 법원이 취하여야 할 절차를 위반한 위법이 있다.

(2) 피고의 동의를 요하지 않는 경우

피고의 동의를 요하는 경우는 피고가 본안에 관해 응소, 즉 청구가 이유 있는지 여부에 대해 응소한 경우이어야 한다. 따라서 ① 기일변경·이송신청만을 한 경우나, ② 피고가 1차적으로 소각하판결만을 구하고 예비적으로 청구기각판결을 구한 경우에는 동의를 요하지 않는다. ③ 한편, 본소가 취하된 때에 피고가 반소를 취하하는 경우에는 항상 원고의 동의가 필요하지 않다(제271조). 원고가 반소의 제기를 유발한 본소를 스스로 취하하고 그로 인하여 유발된 반소의 유지를 상대방에게 강요하는 것은 공평하지 않기 때문이다.

> [대판 2010.7.22. 2009므1861 · 1878] 가사소송 절차에서 피고가 본안 전 항변으로 소 각하만을
> 구하거나, 본안 전 항변으로 소 각하를 구함과 동시에 본안에 관하여 청구기각을 구한 경우 원
> 고는 피고의 동의 없이 소를 취하할 수 있는지 여부(적극)
> 가사소송법 제12조에 의하여 가사소송 절차에 적용되는 민사소송법 제266조 제2항은 "소의 취하는
> 상대방이 본안에 관하여 준비서면을 제출하거나 변론준비기일에서 진술하거나 변론을 한 뒤에는 상
> 대방의 동의를 받아야 효력을 가진다"고 규정하고 있는바, 피고가 단지 본안 전 항변을 제출하면서
> 소 각하의 판결을 구한 데 그친 경우에는 본안에 관하여 응소한 것으로 볼 수 없어 원고는 피고의 동의
> 없이 소를 취하할 수 있고, 피고가 본안 전 항변으로 소 각하를, 본안에 관하여 청구기각을 각 구한 경
> 우에도 본안에 관하여 청구기각을 구하는 것은 본안 전 항변이 이유 없을 때를 대비하여 예비적으로 구
> 하는 것이므로 원고는 피고의 동의 없이 소를 취하할 수 있다고 보아야 한다.

(3) 효과

① 원고의 소취하는 피고의 동의에 의해 비로소 확정적으로 그 효과가 생긴다. 한편, 소의 취하에
대하여 피고가 동의를 거절하면 소취하의 효력이 발생할 수 없고, 뒤에 동의하더라도 소취하
의 효력은 생기지 않는다(대판 1969.5.27. 69다130).

② 피고의 동의에 의하여 소의 취하의 효력이 발생한 뒤에는 원칙적으로 그 철회가 허용되지 않는다.

IV. 효과

1. 소송계속의 소급적 소멸

(1) 소송행위의 소급적 실효

소의 취하에 의하여 소송은 처음부터 계속되지 않았던 것으로 본다(제267조 제1항). 그 결과 그 소
송에서의 당사자의 소송행위뿐만 아니라, 법원의 소송행위도 모두 효력이 없게 된다. 따라서 종국
판결선고 뒤의 소의 취하라면 이미 행한 판결도 실효된다.

(2) 소제기에 따른 사법상의 효과

1) 학설

시효중단 등 소제기의 사법상 효과도 소급적으로 소멸함이 원칙이지만(민법 제170조), 소송상 비로
소 행사한 형성권의 사법상 효과가 소멸하는지 여부는 문제이다. 이에 대해서는 ① 소취하에 불구
하고 사법행위의 효과가 유지되며, 아무 영향이 없다는 병존설, ② 사법행위도 소취하와 함께 전
부 소멸된다는 소송행위설, ③ 기본적으로 병존설에 따르되, 상계권의 경우에는 상계권행사가 소
송행위로서의 의미를 상실한 때에는 그 사법상의 효과도 발생하지 않는 것으로 보는 신병존설의
대립이 있다.

2) 판례

① 소제기로써 계약해제권을 행사한 후 그 뒤 그 소송을 취하하였다 하여도 해제권은 형성권이므로 그 행사의 효력에는 아무런 영향을 미치지 아니한다고 하여 병존설의 입장으로 평가되었으나, ② 최근 판례는 소송상 방어방법으로서의 상계항변은 수동채권의 존재가 확정되는 것을 전제로 하여 행하여지는 일종의 예비적 항변으로서 해당 소송절차 진행 중 당사자 사이에 조정이 성립됨으로써 수동채권의 존재에 관한 법원의 실질적인 판단이 이루어지지 아니한 경우에는 그 소송절차에서 행하여진 소송상 상계항변의 사법상 효과도 발생하지 않는다고 하였다.

> [대판 1982.5.11, 80다916] 소제기로써 계약해제권을 행사한 후 그 뒤 그 소송을 취하하였다 하여도 해제권은 형성권이므로 그 행사의 효력에는 아무런 영향을 미치지 아니한다.

> [대판 2013.3.28, 2011다3329] 소송상 방어방법으로서 상계항변이 있었으나 소송절차 진행 중 조정이 성립됨으로써 수동채권의 존재에 관한 법원의 실질적인 판단이 이루어지지 않은 경우, 상계항변의 사법상 효과가 발생하는지 여부(소극) − 소송상 방어방법으로서의 상계항변은 수동채권의 존재가 확정되는 것을 전제로 하여 행하여지는 일종의 예비적 항변으로서 당사자가 소송상 상계항변으로 달성하려는 목적, 상호양해에 의한 자주적 분쟁해결수단인 조정의 성격 등에 비추어 볼 때, 당해 소송절차 진행 중 당사자 사이에 조정이 성립됨으로써 수동채권의 존재에 관한 법원의 실질적인 판단이 이루어지지 아니한 경우에는 그 소송절차에서 행하여진 소송상 상계항변의 사법상 효과도 발생하지 않는다고 봄이 타당하다.

2. 재소금지

종국판결 후에 소를 취하한 경우에는 재소금지의 효과가 발생하게 된다. 이에 대해서는 앞서 살펴본 바가 있으므로, 논의를 생략한다.

V. 소취하의 효력을 다투는 절차

1. 기일지정신청

소취하의 존재 여부 또는 유·무효에 대하여 당사자 간에 다툼이 있는 경우에는 별소로써 소취하의 무효확인청구는 할 수 없고, 해당 소송절차 내에서 기일지정신청을 하여야 한다(규칙 제67조).

2. 법원의 조치

기일지정신청에 의해 지정된 기일에 변론을 열어 그 효력유무를 심리하고, ① 심리결과 하자가 없어 소취하가 유효하다고 인정되면 소송종료선언을 하여야 하며, ② 심리결과 하자가 있는 것으로 판명되어 소취하가 무효인 것으로 인정되면 본안에 관한 원래의 절차를 속행하여야 하고 이를 중간판결이나 종국판결의 이유 속에서 판단해 준다.

Ⅵ. 관련문제

1. 소취하계약

통설·판례에 따르면 소취하계약이 있음에도 이에 위반하여 원고가 소를 유지하면 피고는 계약의 존재를 항변으로 주장할 수 있고, 법원은 소취하계약이 있음이 증명되면 권리보호의 이익이 없다는 이유로 소를 각하하게 된다.

2. 소취하간주

① 기일에 당사자 쌍방이 2회 결석하고 1월 이내에 기일지정신청을 하지 않은 때 또는 기일지정신청에 의하여 정한 기일 또는 그 뒤의 기일에 당사자 쌍방이 다시 결석한 때에는 소가 취하된 것으로 본다(제268조).

② 피고의 경정의 경우에는 종전 피고에 대한 소는 취하된 것으로 본다(제261조 제4항).

제2관 청구의 포기·인낙

Ⅰ. 서설

1. 의의 및 제도적 취지

청구의 포기라 함은 원고가 변론 또는 변론준비절차에서 자기의 소송상 청구가 이유 없음을 스스로 자인하는 법원에 대한 일방적 의사표시를 말하며, 청구의 인낙이란 피고가 자기에 대한 원고의 소송상 청구가 이유 있다고 자인하는 법원에 대한 일방적 의사표시를 말한다. 이 또한 소의 취하와 마찬가지로 처분권주의의 발현이다.

2. 구별개념

(1) 자백과의 구별

청구의 포기·인낙의 대상은 소송상의 청구(소송물)이다. 따라서 개개의 사실상의 주장이나 선결적 권리관계를 그 대상으로 하는 자백이나 권리자백과는 다르다. 또한 자백의 경우에는 법원의 사실판단권만을 배제할 뿐 법률판단권까지는 배제하지 못하나, 인낙의 경우에는 법원의 사실판단권·법률판단권 모두를 배제한다.

(2) 소송상 화해와의 구별

청구의 포기·인낙은 당사자 일방이 전면적으로 양보를 하는 단독행위임에 반하여, 소송상 화해는 양쪽 당사자가 상호 양보한 끝에 소송을 종료시키기로 하는 합의에 해당한다.

(3) 소취하와의 구별

청구의 포기는 소송상 청구에 대한 불이익한 진술이며 원고패소의 확정판결과 동일한 효력을 가지는 점에서 청구기각판결에 대응하는데 반하여, 소의 취하는 단순한 심판신청의 철회로서 소송계속이 소급적으로 소멸되는 소송판결인 소 각하판결과 같은 것이라는 점에서 차이가 있다. 아울러 상대방의 동의 여부, 재소금지 여부, 직권탐지주의 절차에 적용되는지 여부 등에서 차이가 있다.

II. 법적 성질

청구의 포기·인낙의 법적 성질에 대하여는, ① 실체법상의 권리포기 등으로 보는 사법행위설과, ② 소송행위와 사법행위의 성질을 함께 가지는 것으로 보는 양성설도 있으나, ③ 통설 및 판례 (대판 1957.3.14, 4289민상439)는 법원에 대한 일방적 소송행위라고 보고 있다(소송행위설).

★★[대판 2022.3.31, 2020다271919] 청구의 인낙은 피고가 원고의 주장을 승인하는 소위 관념의 표시에 불과한 소송상 행위로서 이를 조서에 기재한 때에는 확정판결과 동일한 효력이 발생되어 그로써 소송을 종료시키는 효력이 있을 뿐이고, 실체법상 채권·채무의 발생 또는 소멸의 원인이 되는 법률행위라 볼 수 없다.

➲ [사실관계 및 해설] : 주채무자 A의 차용금 채무를 연대보증한 甲은 채권자인 乙로부터 연대보증금 지급을 구하는 소송을 제기당하여 패소한 후, A와 함께 乙을 상대로 채무부존재확인 소송을 제기하였는데, 乙이 제1심에서 주채무자 A에 대하여만 청구인낙을 하고 甲에 대하여는 다투어 甲만 패소하자 甲이 항소한 사건(그 후 甲은 소를 청구이의의 소로 변경하였음)에서, 乙이 주채무자 A의 채무부존재확인 청구를 인낙한 이상 A의 주채무가 소멸되어 甲의 연대보증채무도 함께 소멸하였다고 본 원심은 청구인낙의 효력에 관하여 법리를 오해하였다고 보아 원심판단을 파기환송한 사례이다. 즉 乙이 2019.2.21. 소외인 A의 청구를 인낙하였다고 하여 이로써 A의 乙에 대한 주채무가 소멸되었다고 볼 수 없다는 것이다.

➲ [보충 – 원심판단] : ① [교환적 변경의 적법 여부] : 청구기초의 동일성 – 각 청구가 동일한 생활사실 또는 경제적 이익에 관한 분쟁에 있어서 그 해결방법에 차이가 있음에 불과하다면 청구기초의 동일성은 인정된다. 사안의 경우 보증계약상 보증채무의 부존재 확인을 구하다가 보증채무의 지급을 명하는 내용의 판결에 기한 집행력의 배제를 구하는 청구이의의 소로 교환적 변경을 하였으므로, 그 기초에 변경이 있다고 할 수 없으므로 교환적 변경은 적법하다. ② [보증채무의 부존재확인의 소의 적법 여부] : 보증인은 채권자를 상대로 전소 제1심 판결에 관한 청구이의의 소를 제기하는 것이 자신의 법적 지위의 불안·위험을 제거하는 가장 유효·적절한 수단이라고 할 것이고, 이러한 경우에 그 채무부존재확인도 함께 구하는 것은 분쟁의 종국적인 해결방법이 아니므로 확인의 이익이 없어 부적법하다. ③ [기판력 저촉 여부] : 확정판결의 기판력은 전소의 변론종결 전에 당사자가 주장하였거나 주장할 수 있었던 모든 공격방어방법에 미치고, 다만 변론종결 후에 새로 발생한 사유가 있어 전소판결과 모순되는 사정 변경이 있는 경우에는 기판력의 효력이 차단된다. 또한 확정판결 등에 기초한 강제집행의 배제를 구하는 청구이의의 소에서 청구이의의 사유는 변론종결 후에 생긴 것이어야 한다(민사집행법 제44조 제2항). 사안의 경우 피고인 乙이 제1심 제2회 변론기일인 2019.2.21. A의 위 청구를 인낙한 사실, 乙의 청구 인낙일이 전소 제1심 판결의 변론종결일인 2014.

9.2. 이후인 사실은 기록상 또는 역수상 명백한바, 乙이 제1심에서 주채무자인 A의 주채무가 존재하지 않음을 인낙하여 주채무가 소멸한 이상 보증채무도 소멸하였다는 점은 전소 제1심 판결 변론종결 이후의 사정이므로 기판력에 반하지 않는다. 이에 원심은 피고가 이 사건 제1심에서 주채무자 소외인의 채무부존재확인 청구를 인낙한 이상 소외인의 주채무가 소멸되었고 그에 따라 원고의 연대보증채무도 함께 소멸되었다는 이유로 원고의 청구를 인용하였다.

III. 요건

1. 당사자

① 청구의 포기·인낙은 소송행위이므로 당사자능력·소송능력 등을 요하며, 대리인의 경우에는 특별수권이 필요하다(제56조 제2항, 제90조 제2항). 또한 필수적 공동소송의 경우에는 전원이 공동으로 하여야 하므로, 그중 1인의 청구의 포기·인낙은 무효로 된다. 이 점에서 통상공동소송에서와는 다르다.

② 소송행위이기 때문에 단순히 사기·강박, 착오 등을 이유로 민법의 의사표시의 법리에 따라 취소할 수 없다.

③ 개정법 제62조의2에서는 의사무능력자를 위한 특별대리인제도를 신설하면서, 특별대리인의 소취하, 청구의 포기·인낙, 화해나 소송탈퇴가 본인의 이익을 명백히 침해한다고 인정할 때에는 법원은 결정으로 불허할 수 있도록 하였다.

2. 소송물

(1) 청구의 포기·인낙의 대상

청구의 포기·인낙의 대상은 당사자가 자유로이 처분할 수 있는 성질의 것이어야 한다. 따라서 소취하와는 달리 가사·행정소송 등 직권탐지주의에 의하는 절차에서는 허용되지 않는다.

(2) 청구의 적법 여부

1) 문제점

인낙의 대상으로서의 법률효과는 사회질서에 반하는 것(예 사람의 근육 1kg의 청구)이 아니어야 한다. 다만, 청구취지는 적법하나 청구원인이 주장 자체로 보아 이유 없는 경우(예 도박채권)에도 청구인낙의 효과가 발생하는가에 대해서는 다툼이 있다.

2) 학설

① 청구인낙의 경우에는 법원의 법률판단권이 배제됨을 이유로 청구인낙은 유효하다고 보는 견해(유효설·긍정설), ② 불법한 원인이나 강행법규위반의 원인에 기한 청구에 대한 청구인낙을 유효하다고 보아 법원이 이를 인정하여 소송을 종료시키고 그 실현에 협력하는 것은 법원의 역할을 포기하는 것으로서 이러한 청구인낙은 무효로 보아야 한다는 견해(무효설·부정설)의 대립이 있다.

3) 판례

판례는 소재지 관서의 증명이 없더라도 농지이전등기청구의 인낙조서는 무효가 아니라고 판시하여 긍정설의 입장이다.

> [대판 1969.3.25. 68다2024] 소재지 관서의 증명이 없더라도 농지이전등기청구의 인낙조서는 무효가 아니다.

(3) 소송요건 구비 여부

청구의 포기·인낙은 본안판결과 동일한 효력을 가지므로 소송요건을 구비해야 한다(통설). 따라서 당사자의 실재, 당사자적격 등에 흠이 있는 때에는 청구의 포기·인낙은 인정되지 않고, 법원은 소 각하의 소송판결을 하여야 한다고 본다.

Ⅳ. 절차

1. 시기

① 소송계속 중이면 어느 때나 가능하다. 따라서 판결이 확정되기까지는 항소심뿐만 아니라 상고심에서도 할 수 있다. 다만, ② 청구의 포기는 피고가 청구기각신청을 한 뒤에 할 수 있으며, 청구의 인낙은 원고의 본안신청이 있은 뒤에 할 수 있다.

2. 방식

(1) 원칙

청구의 포기·인낙은 기일(변론기일 또는 변론준비기일)에 출석하여 말로 하는 것이 원칙이며, 법원에 대한 일방적 진술이기 때문에 상대방이 출석하지 아니하여도 할 수 있고, 상대방의 승낙을 요하지 않는다. 또한 자백간주와 같은 인낙간주는 있을 수 없다.

(2) 서면 포기·인낙제도

개정 전의 판례는 준비서면이 진술간주되어도 인낙의 효과는 발생하지 않는다는 입장이었으나, 신법은 통설의 견해를 입법화하여 불출석한 당사자가 준비서면에 청구의 포기·인낙의 의사표시를 기재하고 공증사무소의 인증까지 받은 경우에는 청구의 포기·인낙이 성립된 것으로 보도록 하였다(제148조 제2항).

Ⅴ. 효과

1. 소송종료효

청구의 포기·인낙이 있으면 그 한도에서 판결 없이 소송은 당연히 종료된다. 이를 간과한 채 본안심리가 속행된 경우에는 소송종료선언을 하게 된다. 상소심에서 포기·인낙이 행하여진 때에는 상소의 대상이 되고 있는 하급심 판결은 그 범위에서 당연히 그 효력을 잃는다.

2. 기판력, 집행력, 형성력

> 제220조(화해, 청구의 포기·인낙조서의 효력)
> 화해, 청구의 포기·인낙을 변론조서·변론준비기일조서에 적은 때에는 그 조서는 확정판결과 같은 효력을 가진다.
> 제461조(준재심)
> 제220조의 조서 또는 즉시항고로 불복할 수 있는 결정이나 명령이 확정된 경우에 제451조 제1항에 규정된 사유가 있는 때에는 확정판결에 대한 제451조 내지 제460조의 규정에 준하여 재심을 제기할 수 있다.

1) 청구의 포기조서나 인낙조서는 확정판결과 같은 효력이 있으므로(제220조), 이행소송에 있어서 인낙조서에는 집행력이 생기고, 형성소송에 있어서 인낙조서에는 형성력이 생긴다.
2) 다만, 기판력의 유무에 대하여는 긍정설과 부정설의 논의가 있는데, 제220조와 제461조(준재심)를 근거로 판결에 있어서와 같은 당연무효의 사유가 없는 한 기판력이 생긴다는 것이 판례이다.

VI. 하자를 다투는 방법

1. 조서작성 전

자백의 철회에 준하여 상대방의 동의를 얻거나 착오를 이유로 철회할 수 있다.

2. 조서작성 후

무효확인소송이나 기일지정신청은 허용되지 않으며, 준재심의 소(제461조)에 의해 다투어야 한다(하자불고려설의 입장). 따라서 하자가 있더라도 재심사유에 해당하는 하자가 있을 경우에만 그 효력을 다툴 수 있다.

3. 청구의 인낙과 해제

청구 인낙의 법적성질에 관해 소송행위설을 따른다면, 청구의 인낙 자체에 계약해제의 법리가 적용될 수 없다. 따라서 인낙조서상의 의무불이행을 원인으로 하여 인낙 자체를 실효시켜 구소를 다시 부활시킬 수는 없다. 나아가 인낙은 소송행위이므로 그 불이행 또는 이행불능을 이유로 손해배상청구도 할 수 없다고 할 것이다(대판 1957.3.14, 4289민상439).

제3관 재판상 화해

화해에는 사법상 화해(재판외 화해)와 재판상 화해가 있다. 재판상 화해에는 제소 전 화해와 소송상 화해가 있다. 사법상 화해는 당사자가 서로 양보하여 당사자 사이의 분쟁을 종료할 것을 약정하는 사법상의 계약으로서 아무런 소송법상의 효과가 생기지 않는다(민법 제731조 이하). 제소 전 화해는 소송계속 전에 당사자가 법원에 출석하여 화해를 하는 것이고(제385조 이하), 소송상 화해는 일단 소송이 개시된 뒤(즉 소송계속 중)에 당사자가 서로 양보하여 합의한 내용을 법원에 진술하여 재판에 의하지 않고 소송을 종료시키는 것이다(제220조). 다툼이 있는 당사자가 법원의 면전에서 서로 그 주장을 양보하여 분쟁을 종료시킨다는 점에서 제소 전 화해는 소송상 화해와 함께 재판상 화해에 속한다.

제3-1관 소송상 화해

I. 서설

1. 의의

재판상 화해에는 소송상 화해와 제소 전 화해(제385조)가 있는데 ① 소송상 화해라 함은 소송계속 중 당사자 쌍방이 소송물인 권리관계에 관한 주장을 서로 양보하여 소송을 종료시키기로 하는 기일에 있어서의 합의를 말하며, ② 제소 전 화해라 함은 소제기 전 지방법원 단독판사 앞에서 화해신청을 하여 분쟁을 해결하는 절차를 말한다.

2. 제도적 취지

1) 소송상 화해는 소송지연의 해소, 비용절감, 간이·신속한 분쟁해결이라는 데 그 취지가 있으며, 특히 제소 전 화해는 일반분쟁의 소송으로서의 발전을 예방하기 위한 취지가 있다.
2) 소송상 화해는 당사자 아닌 보조참가인이나 제3자가 참가할 수도 있어서 포괄적인 분쟁해결을 도모할 수 있다(제3자 참가의 화해·조정). 이 경우 화해조서의 내용에 따라 제3자에게도 효력이 미친다.

II. 법적 성질

1. 학설

소송상 화해의 법적 성질에 대하여는 ① 민법상의 화해계약과 동일한 것으로 보는 사법행위설, ② 순연한 소송행위로서 소송법의 원칙에 따라 규율된다는 소송행위설, ③ 하나의 행위로서 당사자 간의 관계에서는 민법상의 화해계약으로 민법의 적용을 받으며 법원에 대한 관계에서는 소송종료효과를 가져오는 소송행위로 소송법의 적용을 받는다는 양행위경합설(양성설;통설) 등이 있다.

2. 판례

판례는 ① 소송상 화해는 소송물인 법률관계를 확정하는 효력이 있으므로 순연한 소송행위로 볼 것이라고 판시하여 소송행위설의 입장이나, ② 제3자의 이의가 있을 때에 화해의 효력을 실효시키기로 하는 약정이 가능하고 그 실효조건의 성취로 화해의 효력은 당연히 소멸된다고 하여 실효조건부 화해를 긍정하는 등 소송행위설을 일관하지 못하는 판시를 하기도 하였다. 나아가 ③ 최근 판례는 공유물분할조정사안에서 공유물분할조정은 협의에 의한 공유물분할과 다를 바 없어, 민법 제186조에 따라 등기를 마쳐야 단독소유로 하기로 한 부분에 대한 소유권을 취득한다고 하였는데, 이는 공유물분할조정이 공유자 사이의 합의에 불과하고 그 합의는 사법상 법률행위에 해당함을 전제로 한 것이라고 평가된다.

★[대판 1962.5.31, 4293민재6] 소송상 화해는 재판의 대용으로서 소송물인 법률관계를 확정하는 효력이 있으므로 순연한 소송행위로 볼 것이고, 소송상 화해에 의하여 확정된 법률관계에 상반되는 주장을 하려면 준재심의 소에 의하여야 한다.

  ➲ [해설] : 판례의 주류는 위 판결과 같이 소송행위설을 취하고 있다고 판단된다. 그러나 법정화해는 민사소송법 제220조의 규정에 의하여 확정판결과 동일한 효력이 있을 뿐이고 그 내용은 당사자 간에 사법상의 화해계약을 이루는 것(대판 1971.1.26, 70다2535)이라거나, 재판상 화해에서도 제3자의 이의가 있을 때에 화해의 효력을 실효시키기로 하는 약정이 가능하고 그 실효조건의 성취로 화해의 효력은 당연히 소멸된다(대판 1993.6.29, 92다56056)는 등과 같은 판결들은 소송행위설을 취한다고 보기 어려운 문제가 있다. 이러한 이유로 판례는 소송행위설로 일관하지 못하고 동요를 보인다는 평가를 받고 있다.

★★[대판(전) 2013.11.21, 2011두1917] [다수의견] 공유물분할의 소송절차 또는 조정절차에서 공유자 사이에 공유토지에 관한 현물분할의 협의가 성립하여 그 합의사항을 조서에 기재함으로써 조정이 성립하였다고 하더라도, 그와 같은 사정만으로 재판에 의한 공유물분할의 경우와 마찬가지로 그 즉시 공유관계가 소멸하고 각 공유자에게 그 협의에 따른 새로운 법률관계가 창설되는 것은 아니라고 할 것이고, 공유자들이 협의한 바에 따라 토지의 분필절차를 마친 후 각 단독소유로 하기로 한 부분에 관하여 다른 공유자의 공유지분을 이전받아 등기를 마침으로써 비로소 그 부분에 대한 대세적 권리로서의 소유권을 취득하게 된다.

  ➲ [해설] : 다수의견에 대하여, 공유물분할의 소에서 공유부동산의 특정한 일부씩을 각각의 공유자에게 귀속시키는 것으로 현물분할하는 내용의 조정이 성립하였다면, 그 조정조서는 공유물분할판결과 동일한 효력을 가지는 것으로서 민법 제187조 소정의 '판결'에 해당하는 것으로 조정이 성립한 때 물권변동의 효력이 발생한다고 보아야 한다는 대법관 민일영의 반대의견이 있다. 반대의견의 취지는 다음과 같다.

    ① 민사조정법 제28조는 "조정은 당사자 사이에 합의된 사항을 조서에 기재함으로써 성립한다."고 규정하고, 같은 법 제29조는 "조정은 재판상의 화해와 동일한 효력이 있다."고 규정하고 있는 바, 민사조정법 제28조, 제29조, 민사소송법 제220조 등의 규정을 종합하여 볼 때, 재판상 화해와 조정은 그 법적 효과가 다르지 않다.

② 다수의견에 따르면 공유물분할에 관한 조정은 공유자 사이의 합의에 불과하고, 그 합의는 결국 민법 제186조 소정의 '법률행위'에 해당한다는 것인데, 형식적 형성의 소인 공유물분할의 소에서의 현물분할을 명한 형성판결은 이와 달리 민법 제187조 소정의 '판결'에 해당하는바, 그와 동일한 내용으로 현물분할하는 조정이 성립한 경우에는 그 조정은 공유자 사이의 사법상의 법률행위가 아닌 소송행위일 뿐이다. 판례도 조정은 재판상 화해와 같은 이유로 그 법적 성질이 소송행위임을 밝히고 있다(대판 2005.2.17, 2004다55087 등 참조). 따라서 그 소송행위를 민법 제186조 소정의 '법률행위'라고 해석할 수는 없는 것이다.

Ⅲ. 요건

1. 당사자

① 소송상 화해가 소송행위로서의 성질을 갖는다면 당사자에게 당사자능력·소송능력이 있어야 하고, 소송대리인은 화해를 위한 특별수권이 있어야 한다(제90조 제2항). 또한 필수적 공동소송의 경우에는 전원이 공동으로 하여야 한다.

② 개정법 제62조의2에서는 의사무능력자를 위한 특별대리인제도를 신설하면서, 특별대리인의 소취하, 청구의 포기·인낙, 화해나 소송탈퇴가 본인의 이익을 명백히 침해한다고 인정할 때에는 법원은 결정으로 불허할 수 있도록 하였다.

2. 소송물

(1) 화해의 대상으로서 처분할 수 있는 권리관계일 것

대상이 되는 권리 또는 법률관계는 당사자가 자유롭게 처분할 수 있는 경우이어야 하고, 소취하와는 달리 직권탐지주의에 의하는 절차에서는 허용되지 않는다.

[대판 2012.9.13, 2010다97846] 조정이나 재판상 화해의 대상인 권리관계는 사적 이익에 관한 것으로서, 당사자가 자유롭게 처분할 수 있는 것이어야 하므로, 성질상 당사자가 임의로 처분할 수 없는 사항을 대상으로 한 조정이나 재판상 화해는 허용될 수 없고, 설령 그에 관하여 조정이나 재판상 화해가 성립하였더라도 효력이 없어 당연무효이다.

(2) 화해내용의 적법성

① 통설인 양행위경합설에 의하면 화해의 내용이 사회질서에 반하여서는 안 된다고 하지만, ② 소송행위설에 의하는 판례에 따르면, ⅰ) 화해의 내용이 강행법규에 반하거나 화해에 이른 동기나 경위에 반사회적 요소가 내재되어 있다 하여도 화해가 무효로 되지는 않는 것으로 보고 있다(대판 1975.3.11, 74다2030; 대판 2002.12.6, 2002다44014 등). 나아가 ⅱ) 소송상의 화해는 소송행위로서 사법상의 화해와는 달리 사기나 착오를 이유로 취소할 수는 없고(대판 1979.5.15, 78다1094), ⅲ) 제소 전 화해가 통정한 허위표시로서 무효라는 취지의 주장도 할 수 없다(대판 1992.10.27, 92다19033). 또한 ⅳ) 제소 전 화해가 배임행위에 적극 가담하여 이루어진 반사회질서의 행위로서 무효라는 주장은 받아들일 수 없다고 하였다(대판 2002.12.6, 2002다44014).

(3) 소송요건의 흠

화해를 함에 있어서 제소 전 화해가 인정되기 때문에 소송요건의 흠이 있는 소송물이라도 원칙적
으로 화해가 허용된다. 이 점에서 청구의 포기·인낙과는 차이가 있다.

(4) 조건부 화해의 허용 여부

1) 문제점

소송상 화해에서 약정한 의무의 이행에 조건을 붙이는 것은 일반적으로 허용된다(예 피고가 일정한
시기까지 약정금을 지급하지 아니하면 피고는 원고에게 건물을 인도한다는 등). 그러나 소송상 화해 자체의
성립이나 효력발생에 조건을 붙일 수 있는가에 관하여는 다툼이 있다.

2) 학설 및 판례

① 사법행위설 및 양성설은 사적 자치의 원칙에 따라 이를 긍정함에 반하여, ② 소송행위설은 절
차의 명확성·안정성을 근거로 하여 이를 불허한다. ③ 그러나 판례는 소송행위설을 취하면서도
실효조건부 화해의 효력을 인정하고 있다(대판 1993.6.29, 92다56056).

IV. 절차

1. 시기

소송계속 중이면 어느 때나 가능하며 항소심·상고심에서도 가능하다. 또한 법원은 소송 정도와
관계없이 화해를 권고할 수 있다(제145조).

2. 방식

(1) 원칙

소송상 화해는 변론기일이나 변론준비기일에 양쪽 당사자가 출석하여 말로 하는 것이 원칙이다.
이 경우 법원은 당사자의 합의를 확인하고 이것을 조서에 적게 된다.

(2) 서면 화해제도의 도입

개정법은 불출석한 당사자가 진술간주되는 서면에 화해의 의사표시를 기재하고 공증사무소의 인
증까지 받은 경우에, 상대방 당사자가 출석하여 그 화해의 의사를 받아들였을 때에는 화해가 성립
된 것으로 보도록 하였다(제148조 제3항).

V. 효과

1. 소송종료효

화해조서가 작성되면 확정판결과 동일한 효력이 있기 때문에 그 범위에서 소송은 당연히 종료된
다. 상급심에서 화해가 이루어진 경우에는 하급심의 판결은 당연히 그 효력이 소멸된다.

2. 집행력·형성력

① 화해조서의 기재가 화해 당사자의 일정한 구체적인 이행의무를 내용으로 하고 있는 때에는 집행력이 인정되어 화해조서가 집행권원이 된다(민사집행법 제56조). 판례는 소송상 화해에 의하여 소유권이전등기를 말소할 물권적 의무를 부담하는 자부터 그 화해성립 후에 근저당권설정등기를 받은 자는 제218조 제1항에서 말하는 변론종결한 뒤의 승계인에 해당한다고 하였다(대판 1977.3. 22, 76다2778). 또한 ② 화해조서가 일정한 법률관계의 발생·소멸을 내용으로 할 때에는 형성력이 인정된다. 판례도 화해권고결정 사안에서 재판상의 화해는 확정판결과 동일한 효력이 있고 창설적 효력을 가지는 것이어서 화해가 이루어지면 종전의 법률관계를 바탕으로 한 권리·의무관계는 소멸함과 동시에 그 재판상 화해에 따른 새로운 법률관계가 유효하게 형성된다고 하였다(대판 2012.5.10, 2010다2558 등).

[대결 2022.6.7, 2022그534] 법률관계의 변경·형성을 목적으로 하는 형성의 소는 법률에 명문의 규정이 있어야 제기할 수 있고 그 판결이 확정됨에 따라 효력이 생긴다. 이러한 형성판결의 효력을 개인 사이의 합의로 창설할 수는 없으므로, 형성소송의 판결과 같은 내용으로 재판상 화해를 하더라도 판결을 받은 것과 같은 효력은 생기지 않는다.

➲ [사실관계 및 해설] : 채권자 甲이 신청한 부동산 강제경매절차에서 乙이 최고가 매수신고를 하여 매각허가결정을 받았는데, 그 후 채무자 丙이 채권자 甲을 상대로 제기한 집행권원인 확정판결에 대한 청구이의의 소에서 법원이 강제집행정지결정을 한 다음 '집행권원에 기한 강제집행을 불허한다.'는 화해권고결정을 하여 그 결정이 확정되자, 사법보좌관이 위 화해권고결정 정본이 민사집행법 제49조 제1호, 제50조 제1항에서 정한 집행취소서류라는 이유로 乙에 대한 매각허가결정을 취소하고 강제경매신청을 기각한다는 결정을 한 사안에서, 위 화해권고결정의 '집행권원에 기한 강제집행을 불허한다.'는 내용은 형성소송인 청구이의의 소의 재판 대상으로 당사자가 자유롭게 처분할 수 있는 사항이 아니어서, 그 문구 그대로 확정되더라도 집행권원에 기한 강제집행을 허가하지 않는 효력은 생기지 않고, 집행권원이 확정판결로서 갖는 집행력은 여전히 남아 있게 되므로, 위 화해권고결정 정본은 민사집행법 제49조 제1호에서 정한 '강제집행을 허가하지 아니하는 취지를 적은 집행력 있는 재판의 정본'에 해당하지 않고, 다만 화해권고결정의 문구를 부집행 합의가 이루어졌다는 뜻으로 새길 여지가 있고, 당사자 사이에 강제집행을 하지 않기로 하는 합의를 담은 화해조서 정본도 집행취소서류가 되나, 그 서류를 매각허가결정이 있은 뒤에 제출한 경우에는 매수인의 동의를 받아야 집행취소의 효력이 생기는 것인데도, 위 화해권고결정 정본이 민사집행법 제49조 제1호에서 정한 집행취소서류임을 전제로 한 사법보좌관의 처분이 정당하다고 본 원심결정은 수긍하기 어렵다고 한 사례이다(주 – 동 판례사안은 실체법상 형성소송(판결)이 아닌 소송법상 형성소송(판결)과 관련하여 문제된 사안이다).

[대판 2023.11.9, 2023다256577]

[1] 형성소송의 판결과 같은 내용으로 재판상 화해와 동일한 효력이 있는 조정을 갈음하는 결정이 확정된 경우, 판결을 받은 것과 같은 효력이 생기는지 여부(소극)

법률관계의 변경·형성을 목적으로 하는 형성소송인 청구이의의 소는 집행권원이 가지는 집행력의 배제를 목적으로 하는 것으로서 그 판결이 확정되더라도 당해 집행권원의 원인이 된 실체법상 권리관계에 기판력이 미치지 않고, 형성판결의 효력을 개인 사이의 합의로 창설할 수는 없으므로, 형성소송의 판결과 같은 내용으로 재판상 화해와 동일한 효력이 있는 조정을 갈음하는 결정이 확정되더라도 판결을 받은 것과 같은 효력은 생기지 않는다.

[2] 재판상 화해의 기판력이 화해의 당사자가 아닌 제3자에게 미치는지 여부(소극)

재판상 화해는 확정판결과 같은 효력이 있어 기판력이 생기지만, 그 기판력은 재판상 화해의 당사자가 아닌 제3자에 대하여까지 미친다고 할 수 없다.

3. 기판력 및 그 효력을 다투는 방법

> 제220조(화해, 청구의 포기 · 인낙조서의 효력)
>
> 화해, 청구의 포기 · 인낙을 변론조서 · 변론준비기일조서에 적은 때에는 그 조서는 확정판결과 같은 효력을 가진다.
>
> 제461조(준재심)
>
> 제220조의 조서 또는 즉시항고로 불복할 수 있는 결정이나 명령이 확정된 경우에 제451조 제1항에 규정된 사유가 있는 때에는 확정판결에 대한 제451조 내지 제460조의 규정에 준하여 재심을 제기할 수 있다.

(1) 문제점

소송상 화해의 진술을 조서에 적은 때에는 그 조서는 확정판결과 같은 효력이 있는데(제220조), 확정판결의 효력으로서 기판력이 인정되는지가 문제된다. 이는 제220조 및 구제수단으로서의 제461조 준재심을 둘러싼 해석의 문제라고 할 것이다.[80]

(2) 학설

1) 무제한 기판력설(기판력 긍정설)

화해조서에는 확정판결과 같이 어떠한 경우에나 기판력을 인정할 것이며, 화해의 성립과정의 하자는 그것이 재심사유에 해당되어 재심절차에 의한 구제를 받는 이외에는 그 무효를 주장할 수 없다는 견해로, 주로 소송행위설에서 주장된다. 이 견해는 ① 제220조와 제461조 등 현행법에 충실한 해석이며, ② 화해의 무효나 취소를 쉽게 인정하면 법적 안정성에 반한다는 점을 논거로 한다.

2) 기판력 부정설

제220조에서의 확정판결과 동일한 효력은 소송종료효와 집행력을 의미하는 것으로 기판력은 이에 포함되지 않는다는 견해이다. 이에 의하면 화해에 무효 · 취소원인이 있을 경우 당사자는 기일지정신청이나 화해무효확인의 소 가운데 어느 것을 선택하여도 좋다고 한다(경합설).

3) 제한적 기판력설

소송상 화해에 실체법상 아무런 하자가 없는 경우에만 제한적으로 기판력이 생기며, 실체법상 하자가 있는 한 기판력은 인정될 수 없다는 견해로서, 주로 양성설에서 주장된다. 이 견해에 의하

---

80) 종래에는 화해의 법적 성질론과 화해의 기판력을 논리적으로 연결되는 문제로 보았으나, 최근에는 법적 성질론과 기판력에 대한 학설이 논리필연적인 관계에 있지는 않다고 본다. 또한 이러한 문제는 소송상 화해로 발생한 채무의 불이행을 이유로 소송상 화해 자체를 해제할 수 있는지의 문제이기도 하다.

면 ① 화해의 내용에 실체법상 무효·취소원인이 있으면 해당 절차에서의 기일지정신청 내지 별소인 화해무효확인의 소를 제기하는 방법으로 그 하자를 다툴 수 있고(선택가능설·경합설), ② 실체법상의 무효·취소원인이 없고 재심사유가 있는 경우에는 민소법 제461조 소정의 준재심의 소로 다툴 수 있다고 한다.

(3) 판례

판례는 ① "재판상 화해조서는 확정판결과 같은 효력이 있어 기판력이 생기는 것이므로 그 내용이 강행법규에 위반된다 할지라도, 화해조서가 준재심절차에 의하여 취소되지 아니하는 한, 그 당사자 사이에서는 그 화해가 무효라는 주장을 할 수 없다."고 하였다. ② 이처럼 재판상의 화해를 조서에 기재한 때에는 당사자 간에 기판력이 생김을 전제로, 소송상 화해를 한 당사자는 준재심의 소에 의하지 않고서는 화해를 사법상 화해계약임을 전제로 화해 해제를 주장하는 것과 같은 화해조서의 취지에 반하는 주장을 할 수 없다고 하였고, ③ 소송상 화해에 확정판결의 당연무효 사유와 같은 사유가 있을 때에는 기일지정신청에 의하여 그 효력을 다툴 수 있고, 그렇지 않다면 재심사유에 해당될 때에 한하여 준재심의 소에 의해서만 다툴 수 있다고 하였다. 다만 ④ 기판력은 재판상 화해의 당사자가 아닌 제3자에 대해서까지 미친다고 할 수 없다고 하였다(대판 1999.10.8, 98다38760).

★★[대판 1999.10.8, 98다38760] 재판상 화해조서는 확정판결과 같은 효력이 있어 기판력이 생기는 것이므로 그 내용이 강행법규에 위반된다 할지라도, 화해조서가 준재심절차에 의하여 취소되지 아니하는 한, 그 당사자 사이에서는 그 화해가 무효라는 주장을 할 수 없으나, 기판력은 재판상 화해의 당사자가 아닌 제3자에 대하여까지 미친다고 할 수 없다.

★★[대판 2000.3.10, 99다67703] 재판상의 화해를 조서에 기재한 때에는 그 조서는 확정판결과 동일한 효력이 있고 당사자 간에 기판력이 생기는 것이므로 확정판결의 당연무효 사유와 같은 사유가 없는 한 재심의 소에 의하여만 효력을 다툴 수 있는 것이나, 당사자 일방이 화해조서의 당연무효 사유를 주장하며 기일지정신청을 한 때에는 법원으로서는 그 무효사유의 존재 여부를 가리기 위하여 기일을 지정하여 심리를 한 다음 무효사유가 존재한다고 인정되지 아니한 때에는 판결로써 소송종료선언을 하여야 한다.

> ➡ [해설] : 화해조서의 당연무효의 주장은 기일지정신청에 의하고, 그 무효사유가 없다면 소송종료선언으로 처리해야 한다는 최초의 판례이며, 소의 취하에 관한 민사소송규칙 제67조를 참고로 한 해석으로 판단된다. 따라서 화해조서에 대한 무효사유의 주장은 준재심의 소나 기일지정신청에 의한다는 것이 판례의 입장이 되었다. 다만 주의할 것은 이러한 판례의 법리는 어디까지나 당연무효사유가 존재하는 경우에 한한다는 점이다. 예컨대, 사망자를 상대로 한 화해와 같이 화해가 당연무효일 경우이다. 또한 위와 같은 법리는 재판상 화해와 동일한 효력이 있는 조정조서에 대하여도 마찬가지라고 하였다(대판 2001.3.9, 2000다58668).

[대판(전) 2013.11.21, 2011두1917] 공유물분할의 소송절차 또는 조정절차에서 공유자 사이에 공유토지에 관한 현물분할의 협의가 성립하여 그 합의사항을 조서에 기재함으로써 조정이 성립하였다고 하더라도, 그와 같은 사정만으로 재판에 의한 공유물분할의 경우와 마찬가지로 그 즉시 공유관계가 소멸하고 각 공유자에게 그 협의에 따른 새로운 법률관계가 창설되는 것은 아니라고 할 것이고, 공유자들이 협의한 바에 따라 토지의 분필절차를 마친 후 각 단독소유로 하기로 한 부분에 관하여 다른

공유자의 공유지분을 이전받아 등기를 마침으로써 비로소 그 부분에 대한 대세적 권리로서의 소유권을 취득하게 된다.81)

[대판(전) 2015.1.22. 2012다204365] [다수의견] 신청인이 민주화운동과 관련하여 수사기관에 불법체포·구금된 후 고문 등에 의한 자백으로 유죄판결을 받고 복역함으로써 입은 피해에 대하여 '민주화운동관련자 명예회복 및 보상심의위원회'의 보상금 등 지급결정에 동의한 경우, 재판상 화해와 동일한 효력이 발생하는지 여부(적극) 및 나중에 재심절차에서 무죄판결이 확정된 경우, 그 부분 피해를 재판상 화해의 효력이 미치는 범위에서 제외할 수 있는지 여부(소극)

[1] '민주화운동관련자 명예회복 및 보상 등에 관한 법률'(이하 '민주화보상법'이라 한다)의 입법 취지, 같은 법 제2조 제1호, 제2호 (라)목, 제10조 제1항, 제14조 제1항, 제18조 제2항, 민주화운동관련자 명예회복 및 보상 등에 관한 법률 시행령 제20조 제3호 [별지 제10호 서식] 규정의 내용, 신청인이 작성·제출하는 동의 및 청구서의 기재 내용에 더하여 민주화보상법 제18조 제2항의 입법 목적이 신청인이 보상금·의료지원금·생활지원금(이하 '보상금 등'이라 한다) 지급결정에 동의한 때에는 재판상 화해와 같은 효력, 특히 기판력을 부여함으로써 소송에 앞서 '민주화운동관련자 명예회복 및 보상심의위원회'(이하 '위원회'라 한다)의 보상금 등 지급결정절차를 통하여 이를 신속히 종결·이행시키고 보상금 등 지급결정에 안정성을 부여하는 데 있는 점 등을 종합하여 볼 때, 신청인이 위원회의 보상금 등 지급결정에 동의한 때에는 민주화보상법 제18조 제2항에 따라 위자료를 포함하여 그가 보상금 등을 지급받은 민주화운동과 관련하여 입은 피해 일체에 대하여 민사소송법의 규정에 의한 재판상 화해와 동일한 효력이 발생한다.

[2] 따라서 신청인이 민주화운동과 관련하여 수사기관에 의하여 불법체포·구금된 후 고문 등 가혹행위를 당하여 범죄사실을 자백하고 그에 기하여 유죄판결을 받고 복역함으로써 입은 피해 역시 민주화운동과 관련하여 입은 피해에 해당하므로, 이에 대하여도 신청인이 위원회의 보상금 등 지급결정에 동의한 때에는 민주화보상법 제18조 제2항에 따라 재판상 화해와 동일한 효력이 발생하고, 비록 위와 같은 사유를 이유로 나중에 형사 재심절차에서 무죄판결이 확정되었다고 하여 그 부분 피해를 재판상 화해의 효력이 미치는 범위에서 제외할 수는 없다.

[대판 2017.4.26. 2017다200771]

[1] 확정된 '조정을 갈음하는 결정'의 효력
조정을 갈음하는 결정에 대하여 이의신청기간 내에 이의신청이 없으면 그 결정은 재판상의 화해와 같이 확정판결과 동일한 효력이 있고(민사조정법 제30조, 제34조 참조) 이는 창설적 효력을 가지므로, 당사자 사이에 종전의 다툼 있는 법률관계를 바탕으로 한 권리의무관계는 소멸하고 결정된 내용에 따른 새로운 권리의무관계가 성립한다.82)

[2] 확정된 '조정을 갈음하는 결정'에 인정되는 확정판결과 동일한 효력이 미치는 범위 및 소송절차 진행 중에 조정을 갈음하는 결정이 확정된 경우, 소송물 외의 권리관계에도 효력이 미치기 위한 요건

---

81) 다수의견에 대하여, 공유물분할의 소에서 공유부동산의 특정한 일부씩을 각각의 공유자에게 귀속시키는 것으로 현물분할하는 내용의 조정이 성립하였다면, 그 조정조서는 공유물분할판결과 동일한 효력을 가지는 것으로서 민법 제187조 소정의 '판결'에 해당하는 것으로 조정이 성립한 때 물권변동의 효력이 발생한다고 보아야 한다는 대법관 민일영의 반대의견이 있다.

82) 조정을 갈음하는 결정이란 예컨대, 조정장이 "사건을 서로 양보하여 이렇게 해결하면 어떻겠소?"라는 취지로 하는 결정을 말한다.

확정된 조정을 갈음하는 결정에 인정되는 확정판결과 동일한 효력은 소송물인 권리관계의 존부에 관한 판단에만 미치므로, 소송절차 진행 중에 조정을 갈음하는 결정이 확정된 경우에 소송물 외의 권리관계에도 효력이 미치려면 특별한 사정이 없는 한 권리관계가 결정사항에 특정되거나 결정 중 청구의 표시 다음에 부가적으로 기재됨으로써 결정의 기재 내용에 의하여 소송물인 권리관계가 되었다고 인정할 수 있어야 한다. 특히 조정을 갈음하는 결정은 당사자 사이에 합의가 성립되지 아니한 경우에 조정담당판사나 수소법원이 직권으로 당사자의 이익이나 그 밖의 모든 사정을 고려하여 신청취지 내지 청구취지에 반하지 않는 한도에서 사건의 공평한 해결을 위하여 하는 결정이므로(민사조정법 제30조 참조), 그 효력이 소송물 외의 권리관계에 미치는지는 더욱 엄격하게 보아야 한다.

[대판 2019.4.25. 2017다21176]

[1] 재판상 화해의 창설적 효력이 미치는 범위 및 이러한 법률관계는 민사조정법상 조정의 경우에도 마찬가지로 적용되는지 여부(적극)

재판상의 화해는 확정판결과 같은 효력이 있고(민사소송법 제220조), 사법상의 화해계약은 창설적 효력을 가져(민법 제732조) 화해가 이루어지면 종전의 법률관계를 바탕으로 한 권리의무관계는 소멸한다. 그렇지만 화해의 창설적 효력이 미치는 범위는 당사자가 서로 양보를 하여 확정하기로 합의한 사항에 한하며, 당사자가 다툰 사실이 없거나 화해의 전제로서 서로 양해하고 있는 데 지나지 아니한 사항에 관하여는 그러한 효력이 생기지 아니한다. 그리고 이러한 법률관계는 민사조정법 제29조에 의하여 재판상의 화해와 동일한 효력이 인정되는 민사조정법상의 조정의 경우에도 마찬가지로 적용된다.

[2] 당사자가 표시한 문언에 의하여 객관적인 의미가 명확하게 드러나지 않는 경우, 법률행위의 해석 방법 및 이러한 법리는 소송당사자 사이에 조정이 성립한 후 조정조항의 해석에 관하여 다툼이 있는 경우에도 마찬가지로 적용되는지 여부(적극)

① 법률행위의 해석은 당사자가 그 표시행위에 부여한 객관적 의미를 명백하게 확정하는 것으로서, 당사자가 표시한 문언에 의하여 그 객관적인 의미가 명확하게 드러나지 아니하는 경우에는 문언의 내용과 법률행위가 이루어진 동기 및 경위, 당사자가 법률행위에 의하여 달성하려는 목적과 진정한 의사, 거래의 관행 등을 종합적으로 고려하여 정의와 형평의 이념에 맞도록 논리와 경험의 법칙, 그리고 사회 일반의 상식과 거래의 통념에 따라 합리적으로 해석하여야 하고, 이러한 법리는 소송의 당사자 사이에 조정이 성립한 후 조정조항의 해석에 관하여 다툼이 있는 경우에도 마찬가지로 적용된다. 한편 ② 주권발행 전 주식의 양도가 회사 성립 후 6월이 경과한 후에 이루어진 때에는 당사자의 의사표시만으로 회사에 대하여 효력이 있으므로, 주식양수인은 특별한 사정이 없는 한 양도인의 협력을 받을 필요 없이 단독으로 자신이 주식을 양수한 사실을 증명함으로써 회사에 대하여 명의개서를 청구할 수 있다.

➲ [사실관계 및 해설] : 甲 주식회사의 대표이사 乙과 丙 사이에 乙이 보유하고 있던 주권발행 전 주식인 甲 회사 발행 주식을 丙에게 양도하는 내용의 약정(이하 '양도약정'이라 한다)이 체결되었는데도 그 후 위 주식이 丁에게 양도된 것처럼 주주명부에 등재되자, 丙이 甲 회사와 乙, 丁 등을 상대로 丙이 위 주식의 주주라는 확인 등을 구하는 소를 제기하여 '丙은 양도약정에 기한 청구 이외의 부분을 전부 취하한다', '丙이 위 주식의 주주임을 확인한다'는 내용 등으로 조정이 성립되었고, 그 후 戊가 丙으로부터 위 주식을 양수하는 계약을 체결하여 양도 사실이 甲 회사에 통지되었는데, 조정 성립 전 위 주식에 대하여 乙의 신청에 의한 가압류결정이 내려져 그 결정이 제3채무자인 甲 회사에 송달되고, 조정 성립 후 위 가압류를 본압류로 이전하는 결정이 내려지자, 戊가 甲 회사를 상대로 주주권 확인 및 명의개서절차 이행을 구한 사안에서, ① 조정조항 중 '丙이 위 주식의 주주임을

확인한다'는 부분은 조정이 성립한 때 비로소 丙이 위 주식을 취득한다는 내용이 아니라 丙이 위 주식을 주식가압류결정 전인 양도약정 효력발생일에 취득하였음을 전제로 丙이 주주임을 확인한다는 내용이라고 해석함이 타당하다고 판단한 다음, ② 乙의 신청에 의한 주식가압류결정이 있을 당시 丙은 이미 위 주식을 보유하고 있어 주식가압류의 효력이 위 주식에 미치므로, 주식가압류결정 이후에 丙으로부터 위 주식을 취득한 戊는 가압류채권자인 乙에게 대항할 수 없고, 다만 이후에 가압류 및 본압류의 대상이 된 위 주식 중 일부 주식에 대한 현금화절차가 완료됨으로써 그 일부 주식을 제외한 나머지 주식에 대한 가압류 및 본압류는 효력이 소멸하므로, 나머지 주식에 관하여만 가압류에 의한 처분금지의 효력이 소멸하였다고 보아야 한다. ③ 그럼에도 불구하고 丙이 조정을 통해 비로소 위 주식을 취득하였다고 보아 조정 전에 내려진 주식가압류결정의 효력을 부인하고, 戊가 丙으로부터 주식가압류결정 등의 효력이 미치지 않는 위 주식을 적법하게 양수받았다는 이유로 위 주식 중 현금화절차가 완료된 일부 주식에 대하여도 명의개서절차 이행 청구를 인용한 원심판결에는 조정의 창설적 효력의 범위 등에 관한 법리오해의 잘못이 있다고 한 사례이다.

[대판 2023.7.13, 2023다225146] 대리권의 흠결이 있는 자가 조정을 갈음하는 결정에 관한 이의신청을 한 후 당사자 본인이나 보정된 대리인이 이의신청 행위를 추인한 경우, 이의신청이 행위 시에 소급하여 효력을 갖게 되는지 여부(적극)

민사조정법 제34조 제4항에 의하면, 같은 법 제30조, 제32조에 따른 조정을 갈음하는 결정은 같은 법 제34조 제1항의 이의신청기간 내에 이의신청이 없는 경우(제1호), 이의신청이 취하된 경우(제2호), 이의신청이 적법하지 아니하여 대법원규칙으로 정하는 바에 따라 각하결정이 확정된 경우(제3호) 재판상의 화해와 동일한 효력이 있다. 한편 민사소송법 제97조에 의하여 소송대리인에게 준용되는 같은 법 제60조에 의하면 소송대리권의 흠결이 있는 자의 소송행위는 후에 당사자 본인이나 보정된 소송대리인이 그 소송행위를 추인하면 행위 시에 소급하여 효력을 갖게 되고, 이는 대리권의 흠결이 있는 자가 조정을 갈음하는 결정에 관한 이의신청을 한 후 당사자 본인이나 보정된 대리인이 이의신청 행위를 추인한 경우에도 마찬가지이다.

★★[대판 2020.10.29, 2016다35390] 추심금소송과 재판상 화해 및 화해권고결정의 효력 범위

① 금전채권에 대해 압류·추심명령이 이루어지면 채권자는 민사집행법 제229조 제2항에 따라 대위절차 없이 압류채권을 직접 추심할 수 있는 권능을 취득한다. 추심채권자는 추심권을 포기할 수 있으나(민사집행법 제240조 제1항), 그 경우 집행채권이나 피압류채권에는 아무런 영향이 없다. 한편 추심채권자는 추심 목적을 넘는 행위, 예를 들어 피압류채권의 면제, 포기, 기한 유예, 채권양도 등의 행위는 할 수 없다. ② 추심금소송에서 추심채권자가 제3채무자와 '피압류채권 중 일부 금액을 지급하고 나머지 청구를 포기한다.'는 내용의 재판상 화해를 한 경우 '나머지 청구 포기 부분'은 추심채권자가 적법하게 포기할 수 있는 자신의 '추심권'에 관한 것으로서 제3채무자에게 더 이상 추심권을 행사하지 않고 소송을 종료하겠다는 의미로 보아야 한다. 이와 달리 추심채권자가 나머지 청구를 포기한다는 표현을 사용하였다고 하더라도 이를 애초에 자신에게 처분 권한이 없는 '피압류채권' 자체를 포기한 것으로 볼 수는 없다. 따라서 위와 같은 재판상 화해의 효력은 별도의 추심명령을 기초로 추심권을 행사하는 다른 채권자에게 미치지 않는다. ③ 확정된 화해권고결정에는 재판상 화해와 같은 효력이 있다(민사소송법 제231조). 위에서 본 추심금소송의 확정판결에 관한 법리는 추심채권자가 제3채무자를 상대로 제기한 추심금소송에서 화해권고결정이 확정된 경우에도 마찬가지로 적용된다. 따라서 어느 한 채권자가 제기한 추심금소송에서 화해권고결정이 확정되었더라도 화해권고결정의 기판력은 화해권고결정 확정일 전에 압류·추심명령을 받았던 다른 추심채권자에게 미치지 않는다.

4. 화해의 「해제」 문제

(1) 소송상 화해 자체의 해제 가부

1) 문제의 소재

소송상의 화해에 따른 채무불이행을 이유로 화해 자체를 해제할 수 있는가와 만일 해제할 수 있다면 그 방법은 무엇인지가 문제된다.

2) 학설

① 기판력 긍정설에 의하면, 소송상 화해는 확정판결과 동일한 효력을 갖고 무제한 기판력을 갖는다고 보기 때문에 실체법상의 채무불이행을 이유로 소송상 화해를 해제할 수 없다고 본다. 그 근거로 화해의 무효나 취소, 해제를 쉽게 인정하면 법적 안정성에 반한다는 점을 든다.

② 기판력 부정설 내지 제한적 기판력설에서는 소송상 화해는 실체법상의 효력도 있으므로 실체법상 채무불이행사유가 발생하였을 경우에는 해제할 수 있다고 본다. 또한 해제로 인해 화해가 무효로 되면 기일지정신청 또는 화해무효확인청구가 가능하다고 본다.

3) 판례

판례는 ① 재판상의 화해를 조서에 기재한 때에는 그 조서는 확정판결과 동일한 효력이 있고 당사자 간에 기판력이 생김을 전제로, 당사자는 그 화해의 취지에 반하는 주장을 할 수 없다. 즉 재판상 화해를 한 당사자는 준재심의 소에 의하여 화해의 효력이 취소되지 않고서는 화해를 사법상 화해계약임을 전제로 하여 화해 자체의 해제(무효, 취소)를 주장할 수 없다고 하였다(대판(전) 1962.2.15, 4294민상914). 다만, ② 당연무효사유와 같은 사유가 있을 때에는 기일지정신청에 의하여 그 효력을 다툴 수 있고, 소송상 화해가 해제조건부로 성립한 때에는 해제조건의 성취에 의한 실효조건부 화해의 효력을 인정하고 있다(대판 1993.6.29, 92다56056).

(2) 소송상 화해 내용인 법률관계의 해제 가부

1) 문제점

판례에 따르면 재판상 화해는 확정판결과 동일한 효력이 있고 창설적 효력을 가지는 것이어서 화해가 이루어지면 종전의 법률관계를 바탕으로 한 권리·의무관계는 소멸함과 동시에 재판상 화해에 따른 새로운 법률관계가 유효하게 형성된다(대판 2014.4.10, 2012다29557). 즉 소송상 화해에 따라 조서에 기재된 내용인 새로운 법률관계에 기판력이 발생한다. 그럼에도 소송상 화해로 생긴 법률관계에 기해 발생된 채무를 불이행한 경우, 당사자는 화해에 따른 새로운 법률관계를 해제하고 원상회복을 청구할 수 있는지가 기판력 저촉 여부와 관련하여 문제된다.

2) 기판력 발생 여부

제220조는 "화해를 변론조서·변론준비기일조서에 적은 때에는 그 조서는 확정판결과 같은 효력을 가진다."고 규정하고 있다. 이에 대해 판례는 "재판상 화해조서는 확정판결과 같은 효력이 있어 기판력이 생기는 것이므로 그 내용이 강행법규에 위반된다 할지라도, 화해조서가 준재심절차

에 의하여 취소되지 아니하는 한, 그 당사자 사이에서는 그 화해가 무효라는 주장을 할 수 없다."
고 하였다.

3) 기판력 저촉 여부

① 소송상 화해의 경우에도 기본적으로 확정판결의 경우와 동일하다(조정조서의 경우에도 마찬가지이다). 즉 기판력의 작용국면, 기판력의 주관적 범위와 객관적 범위, 기판력의 효과는 확정판결과 동일하고, 다만 기판력의 시적 범위는 소송상 화해의 성립시를 표준시로 보아야 할 것이다(대판 1994.12.9, 94다17680 등).[83]

★[대판 1976.6.8, 72다1842] 재판상 화해에 의하여 소유권이전등기를 말소할 물권적 의무를 부담하는 자로부터 동 '화해성립 후'에 그 부동산에 관한 담보권인 근저당권설정을 받은 자는 변론종결후의 승계인에 해당하고 그 화해조서의 효력은 그 화해조서의 존재를 알건 모르건 간에 승계인에게 미친다.

② 판례는 부동산에 관한 소유권이전등기가 제소 전 화해조서의 집행으로 이루어진 것이라면 제소 전 화해가 이루어지기 전에 제출할 수 있었던 사유에 기한 주장이나 항변은 그 기판력에 의하여 차단되므로 그와 같은 사유를 원인으로 제소 전 화해의 내용에 반하는 주장을 하는 것은 허용되지 않는다 할 것이나, 제소 전 화해가 이루어진 이후에 새로 발생한 사실을 주장하여 제소 전 화해에 반하는 청구를 하여도 이는 제소 전 화해의 기판력에 저촉되는 것은 아니라고 하였다(대판 1994.12.9, 94다17680).

[대판 1994.12.9, 94다17680] 甲과 乙 사이에 甲이 丙으로부터 부동산을 매수하였으나 소유권이전등기를 마치지 않는 상태에서 부동산을 乙에게 매도하기로 하되 등기명의를 丙에서 직접 乙 앞으로 제소 전 화해절차를 통하여 소유권이전등기를 마침과 동시에 乙이 甲에게 잔대금을 지급하기로 약정하였는데, 乙이 당초의 약정과 달리 잔대금을 지급하지 아니한 상태에서 丙을 상대로 제소 전 화해신청을 하여 그 화해조서에 기하여 소유권이전등기를 마친 경우, 乙 명의의 소유권이전등기가 丙과 乙 사이에 제소 전 화해에 의하여 이루어진 것이라 할지라도 이는 甲과 乙 사이에 체결된 매매계약과 당사자들 사이에 이루어진 중간등기생략에 관한 합의에 의한 것이라면 그 매매계약상의 甲의 채무는 乙이 그 부동산에 관하여 소유권이전등기를 마침으로써 전부 이행되었다고 할 것이니 乙이 당초의 약정과는 달리 소유권이전등기를 마친 후에도 甲에게 잔대금을 지급하지 아니한 경우에는 甲은 적법한 최고절차를 거쳐 매매계약을 해제하고 계약 당사자로서 乙에게 직접 매매계약 해제를 원인으로 한 원상회복으로서 소유권이전등기의 말소등기절차의 이행을 구할 수 있고, 이는 위 제소 전 화해의 기판력에 저촉되는 것이 아니라고 할 것이다.

➡ [해설] : 원심인 항소심법원은 丙과 乙 사이의 제소 전 화해가 당연무효이거나 준재심에 의하여 취소되지 않은 이상 위 제소 전 화해의 기판력으로 인하여 甲이 丙을 대위하여 제기한 위 말소등기청구는 이유 없다고만 하였다. 이에 대법원은 甲은 丙을 대위하지 않고 계약의 당사자로서 乙과의 매매계약을 해제하고 원상회복을 위한 소유권이전등기의 말소등기청구를 할 수 있다고 하면서, 이 경우 甲의 매매계약 해제권은 제소 전 화해가 성립한 후에 발생한 것으로 변론종결 뒤

---

83) 제소 전 화해의 경우에도 그 성립 시(제소 전 화해가 성립한 심문기일이 변론종결일이다)를 표준시로 본다. 단 화해권고결정은 당사자 사이에서 그 확정시를 기준으로 하여 기판력이 발생한다(대판 2012.5.10, 2010다2558).

의 새로운 사유가 있는 경우에 해당하므로 해제는 기판력의 시적범위에서 차단되지 않는다고 하였다.

5. 제1화해 성립 후 제2화해가 성립된 경우 선행 화해의 효력

제1화해가 성립된 후에 그와 모순되는 제2화해가 성립되어도 그에 의하여 선행 화해인 제1화해가 당연 실효되거나 변경될 수 없다. 판례도 제1화해가 조서에 기재되어 확정판결과 동일하게 기판력이 발생한 이상 제2화해에 의하여 제1화해가 당연히 실효되거나 변경되고 나아가 제1화해조서의 집행으로 마쳐진 소유권이전등기 및 이에 기한 피고들 명의의 각 소유권이전등기가 무효로 된다고 볼 수는 없고, 또한 중복제소금지의 원칙에 위배되어 제기된 소에 대한 판결이나 그 소송절차에서 이루어진 화해라도 확정된 경우에는 당연무효라고 할 수는 없다고 하였다(대판 1995.12.5, 94다59028). 다만 제2화해가 준재심사유가 될 수 있을 것이다(제451조 제1항 10호).84)

VI. 화해권고결정

> **제225조(결정에 의한 화해권고)**
> ① 법원·수명법관 또는 수탁판사는 소송에 계속 중인 사건에 대하여 직권으로 당사자의 이익, 그 밖의 모든 사정을 참작하여 청구의 취지에 어긋나지 아니하는 범위 안에서 사건의 공평한 해결을 위한 화해권고결정을 할 수 있다.
> ② 법원사무관 등은 제1항의 결정내용을 적은 조서 또는 결정서의 정본을 당사자에게 송달하여야 한다. 다만, 그 송달은 제185조 제2항·제187조 또는 제194조에 규정한 방법으로는 할 수 없다.
> **제226조(결정에 대한 이의신청)**
> ① 당사자는 제225조의 결정에 대하여 그 조서 또는 결정서의 정본을 송달받은 날부터 2주 이내에 이의를 신청할 수 있다. 다만, 그 정본이 송달되기 전에도 이의를 신청할 수 있다.
> ② 제1항의 기간은 불변기간으로 한다.
> **제231조(화해권고결정의 효력)**
> 화해권고결정은 다음 각 호 가운데 어느 하나에 해당하면 재판상 화해와 같은 효력을 가진다.
>   1. 제226조 제1항의 기간 이내에 이의신청이 없는 때
>   2. 이의신청에 대한 각하결정이 확정된 때
>   3. 당사자가 이의신청을 취하하거나 이의신청권을 포기한 때
> **제232조(이의신청에 의한 소송복귀 등)**
> ① 이의신청이 적법한 때에는 소송은 화해권고결정 이전의 상태로 돌아간다. 이 경우 그 이전에 행한 소송행위는 그대로 효력을 가진다.
> ② 화해권고결정은 그 심급에서 판결이 선고된 때에는 그 효력을 잃는다.

---

84) 예컨대, 甲, 乙 및 丙 사이에 제1화해가 성립한 후에 甲과 乙 사이에 다시 제1화해와 모순 저촉되는 제2화해가 성립하였다 하여도, 제1화해가 조서에 기재되어 확정판결과 동일하게 기판력이 발생한 이상 제2화해에 의하여 제1화해가 당연히 실효되거나 변경되고 나아가 제1화해조서의 집행으로 마쳐진 乙 명의의 소유권이전등기 및 이에 기한 제3자 명의의 각 소유권이전등기가 무효로 된다고 볼 수는 없다는 것이다.

구법은 소송계속 중 수소법원·수명법관 또는 수탁판사가 제145조에 의한 화해권고를 할 수 있도록 한 데에 그쳤지만, 신법은 여기서 나아가 직권으로 화해권고결정을 하고 당사자가 이의 없이 받아들이면 재판상 화해가 성립되는 제도를 채택하였다.

1. 의의

수소법원·수명법관 또는 수탁판사는 소송계속 중인 사건에 대해 직권으로 당사자의 이익 등을 참작하여 청구취지에 어긋나지 않는 범위 내에서 사건의 공평한 해결을 위한 화해권고결정을 할 수 있다(제225조 제1항). 소송계속 중이면 할 수 있기 때문에 변론준비절차이든 변론절차이든 상관없이 할 수 있다. 이 경우 법원사무관 등은 그 결정내용을 적은 조서 또는 결정서의 정본을 당사자에게 송달하여야 한다(제225조 제1항, 제2항).

2. 당사자의 이의신청

당사자는 화해권고결정에 대하여 결정서 등의 정본을 송달받은 날로부터 2주 이내에 이의신청을 할 수 있으며, 정본을 송달받기 전에도 할 수 있다. 2주의 기간은 불변기간이다.

3. 효력

① 당사자가 적법한 이의신청을 하였을 때에는 소송은 화해권고결정 이전의 상태로 돌아가며, 소송절차를 속행할 것이다. 이전까지의 소송행위는 그대로 효력을 가진다(제232조 제1항).

② 당사자가 이의기간 내에 이의신청이 없는 때, 이의신청에 대한 각하결정이 확정된 때, 이의신청을 취하한 때에는 화해권고결정은 재판상 화해와 같은 효력을 가진다(제231조). 따라서 소송상 화해와 마찬가지로 기판력·집행력·형성력이 생긴다. 판례에 의하면 창설적 효력도 인정된다. 기판력의 기준 시는 화해권고 확정 시가 된다.

★[대판 2012.5.10, 2010다2558] 화해권고결정의 기판력 유무 및 그 기준시

[1] 민사소송법 제231조는 "화해권고결정은 결정에 대한 이의신청 기간 이내에 이의신청이 없는 때, 이의신청에 대한 각하결정이 확정된 때, 당사자가 이의신청을 취하하거나 이의신청권을 포기한 때에 재판상 화해와 같은 효력을 가진다."라고 정하고 있으므로, 확정된 화해권고결정은 당사자 사이에 기판력을 가진다. 그리고 화해권고결정에 대한 이의신청이 적법한 때에는 소송은 화해권고결정 이전의 상태로 돌아가므로(민사소송법 제232조 제1항), 당사자는 화해권고결정이 송달된 후에 생긴 사유에 대하여도 이의신청을 하여 새로운 주장을 할 수 있고, 화해권고결정이 송달된 후의 승계인도 이의신청과 동시에 승계참가신청을 할 수 있다고 할 것이다. 이러한 점 등에 비추어 보면, 화해권고결정의 기판력은 그 확정 시를 기준으로 하여 발생한다고 해석함이 상당하다.

[2] 전소의 소송물이 채권적 청구권의 성질을 가지는 소유권이전등기청구권인 경우에는 전소의 변론종결 후에 그 목적물에 관하여 소유권등기를 이전받은 사람은 전소의 기판력이 미치는 '변론종결 후의 승계인'에 해당하지 아니한다. 이러한 법리는 화해권고결정이 확정된 후 그 목적물에 관하여 소유권등기를 이전받은 사람에 관하여도 다를 바 없다고 할 것이다.

[3] 소유권에 기한 물권적 방해배제청구로서 소유권등기의 말소를 구하는 소송이나 진정명의 회복을
원인으로 한 소유권이전등기절차의 이행을 구하는 소송 중에 그 소송물에 대하여 화해권고결정이
확정되면 상대방은 여전히 물권적인 방해배제의무를 지는 것이고, 화해권고결정에 창설적 효력이
있다고 하여 그 청구권의 법적 성질이 채권적 청구권으로 바뀌지 아니한다.

[대판 2014.4.10, 2012다29557] 화해권고결정의 효력 및 그 기판력의 범위

화해권고결정에 대하여 소정의 기간 내에 이의신청이 없으면 화해권고결정은 재판상 화해와 같은
효력을 가지며(민사소송법 제231조), 한편 재판상 화해는 확정판결과 동일한 효력이 있고 창설적 효력을
가지는 것이어서 화해가 이루어지면 종전의 법률관계를 바탕으로 한 권리·의무관계는 소멸함과 동시
에 재판상 화해에 따른 새로운 법률관계가 유효하게 형성된다. 그리고 소송에서 다투어지고 있는 권
리 또는 법률관계의 존부에 관하여 동일한 당사자 사이의 전소에서 확정된 화해권고결정이 있는 경
우 당사자는 이에 반하는 주장을 할 수 없고 법원도 이에 저촉되는 판단을 할 수 없다.

➲ [소송과정 및 해설] : 甲이 乙을 상대로 제기한 상속회복청구소송 계속 중 상속재산인 부동산이
수용되어 乙이 수용보상금을 수령하자 甲이 수용에 따른 대상청구로서 금전지급을 구하는 것으로
청구를 변경하였고 그 후 甲과 乙 사이에 소송상 법률관계를 모두 종국시키는 화해권고결정이 확
정되었는데, 甲이 乙이 수령한 보상금 중 甲의 상속분 해당 금원에서 甲이 화해권고결정에 따라
받은 금원 등을 공제한 나머지 미수령 금원의 지급 등을 구한 사안에서, 甲이 전소에서 청구를
변경하여 구한 금전 청구와 후소에서 구하는 수용보상금 관련 각 청구는 소송물이 동일하고, 위
화해권고결정의 창설적 효력에 의하여 상속재산인 부동산의 수용보상금 중 甲의 상속분에 해당하
는 부분에 관한 종전 권리관계는 소멸하고 화해권고결정에 따른 새로운 법률관계가 형성되었으므
로, 화해권고결정의 '청구의 표시'란에 가분채권인 甲의 금전 청구 중 일부를 유보하는 취지를 명시
하였다는 등의 특별한 사정이 없는 한 위 수용보상금 중 甲의 상속분에 해당하는 부분에 관한 법률
관계에 대하여 甲은 확정된 화해권고결정에 반하는 주장을 할 수 없으므로, 甲의 수용보상금 관련
각 청구는 확정된 화해권고결정의 기판력에 저촉된다는 이유로 甲의 청구를 기각한 사례이다.

★[대판 2017.4.7, 2016다204783] 화해권고결정과 채권자취소소송

[1] 무자력상태의 채무자가 소송절차를 통해 수익자에게 자신의 책임재산을 이전하기로 하여, 수익자가 제
기한 소송에서 자백하는 등의 방법으로 패소판결 또는 그와 같은 취지의 화해권고결정 등을 받아 확정
시키고, 이에 따라 수익자 앞으로 책임재산에 대한 소유권이전등기 등이 마쳐진 경우, 채무자와 수익자
사이의 이전합의가 사해행위가 되는지 여부(적극)

무자력 상태의 채무자가 소송절차를 통해 수익자에게 자신의 책임재산을 이전하기로 하여, 수익자
가 제기한 소송에서 자백하는 등의 방법으로 패소판결 또는 그와 같은 취지의 화해권고결정 등을 받
아 확정시키고, 이에 따라 수익자 앞으로 책임재산에 대한 소유권이전등기 등이 마쳐졌다면, 이러한
일련의 행위의 실질적인 원인이 되는 채무자와 수익자 사이의 이전합의는 다른 일반채권자의 이익
을 해하는 사해행위가 될 수 있다.

➲ [소송과정] : 원심은 우선 그 판시와 같은 사정을 종합하여, 피고의 아버지가 이 사건 각 부동산을
매수하였다거나 소유의 의사로 점유하여 왔다고 볼 수 없으므로, 피고의 이 사건 각 부동산에
관한 '2012.3.31.자 점유취득시효 완성' 사실은 인정되지 않는다고 판단하였다. 나아가 원심은,
피고가 채무초과상태인 소외인을 상대로 이 사건 각 부동산에 관하여 '2012.3.31.자 점유취득시
효 완성'을 원인으로 한 소유권이전등기절차의 이행을 구하는 소를 제기하였고, 소외인은 피고의

주장을 모두 인정하는 취지의 답변서를 제출하여 2014.2.7. 피고에게 위 답변서 부본이 송달되었으며, 피고와 소외인이 위 청구 내용과 같은 취지의 화해권고결정을 받아 이를 확정시키고 이에 따라 피고 앞으로 이 사건 소유권이전등기가 마쳐졌다면, 위와 같은 답변서 부본이 피고에게 송달된 2014.2.7. 소외인과 피고 사이에 이 사건 각 부동산을 양도·양수하기로 하는 합의가 있었다고 추인할 수 있고, 이러한 합의는 소외인의 채권자인 원고에 대한 사해행위에 해당한다고 판단하였다. 이에 대법원은 앞서 본 법리와 기록에 비추어 살펴보면, 원심의 위와 같은 판단은 정당하고, 거기에 상고이유 주장과 같은 법리오해 등의 잘못이 없다고 하였다.

[2] 채무자와 수익자 사이의 소송절차에서 확정판결 등을 통해 마쳐진 소유권이전등기가 사해행위취소로 인한 원상회복으로써 말소되는 경우, 그것이 확정판결 등의 효력에 반하거나 모순되는 것인지 여부(소극)
채권자가 사해행위의 취소와 함께 수익자 또는 전득자로부터 책임재산의 회복을 명하는 사해행위취소의 판결을 받은 경우 수익자 또는 전득자가 채권자에 대하여 사해행위의 취소로 인한 원상회복의무를 부담하게 될 뿐, 채권자와 채무자 사이에서 취소로 인한 법률관계가 형성되는 것은 아니다. 따라서 위와 같이 채무자와 수익자 사이의 소송절차에서 확정판결 등을 통해 마쳐진 소유권이전등기가 사해행위취소로 인한 원상회복으로써 말소된다고 하더라도, 그것이 확정판결 등의 효력에 반하거나 모순되는 것이라고는 할 수 없다.

제3-2관 제소 전 화해

제385조(화해신청의 방식)
① 민사상 다툼에 관하여 당사자는 청구의 취지·원인과 다투는 사정을 밝혀 상대방의 보통재판적이 있는 곳의 지방법원에 화해를 신청할 수 있다.
② 당사자는 제1항의 화해를 위하여 대리인을 선임하는 권리를 상대방에게 위임할 수 없다.
③ 법원은 필요한 경우 대리권의 유무를 조사하기 위하여 당사자본인 또는 법정대리인의 출석을 명할 수 있다.
④ 화해신청에는 그 성질에 어긋나지 아니하면 소에 관한 규정을 준용한다.
제386조(화해가 성립된 경우)
화해가 성립된 때에는 법원사무관 등은 조서에 당사자, 법정대리인, 청구의 취지와 원인, 화해조항, 날짜와 법원을 표시하고 판사와 법원사무관 등이 기명날인한다.
제387조(화해가 성립되지 아니한 경우)
① 화해가 성립되지 아니한 때에는 법원사무관 등은 그 사유를 조서에 적어야 한다.
② 신청인 또는 상대방이 기일에 출석하지 아니한 때에는 법원은 이들의 화해가 성립되지 아니한 것으로 볼 수 있다.
③ 법원사무관 등은 제1항의 조서등본을 당사자에게 송달하여야 한다.
제388조(소제기 신청)
① 제387조의 경우에 당사자는 소제기 신청을 할 수 있다.
② 적법한 소제기 신청이 있으면 화해신청을 한 때에 소가 제기된 것으로 본다. 이 경우 법원사무관 등은 바로 소송기록을 관할법원에 보내야 한다.

> ③ 제1항의 신청은 제387조 제3항의 조서등본이 송달된 날부터 2주 이내에 하여야 한다. 다만, 조서등본이 송달되기 전에도 신청할 수 있다.
>
> ④ 제3항의 기간은 불변기간으로 한다.
>
> **제389조(화해비용)**
>
> 화해비용은 화해가 성립된 경우에는 특별한 합의가 없으면 당사자들이 각자 부담하고, 화해가 성립되지 아니한 경우에는 신청인이 부담한다. 다만, 소제기 신청이 있는 경우에는 화해비용을 소송비용의 일부로 한다.

1. 의의

1) 제소 전 화해라 함은 민사상 다툼이 소송으로 발전하는 것을 방지하기 위하여 소제기 전에 지방법원(또는 시군법원) 단독판사 면전에서 화해신청을 하여 분쟁을 해결하는 절차로서(제385조 제1항) 소송계속 뒤에 소송을 종료시키기 위한 화해인 소송상 화해와는 다르다.

2) 그러나 다툼이 있는 당사자가 법원의 면전에서 서로 그 주장을 양보하여 분쟁을 종료시킨다는 점에서 소송상 화해와 함께 재판상 화해에 속한다. 제소 전 화해의 법적 성질·요건 및 효력은 대체로 위 소송상 화해와 마찬가지이다. 다만 제소 전 화해의 경우에는 ① 당사자로부터 화해의 신청이 있어야 한다는 점(소송상 화해의 경우에는 이미 소송이 계속 중이므로 당사자가 화해의 진술을 하면 된다)과 ② 화해에 흠이 있는 경우 기일지정의 신청을 할 수는 없다(기일을 다시 열만한 본래의 소송계속이 없기 때문이다)는 점에서 차이가 생길 뿐이다.

2. 법적 성질

소송상 화해에서와 동일하다. 판례는 ① 기본적으로 재판상 화해는 소송물인 법률관계를 확정하는 효력이 있으므로 순연한 소송행위로 볼 것이라고 판시하여 소송행위설의 입장이나, ② 제소 전 화해는 확정판결과 동일한 효력이 있고 창설적 효력을 가지는 것이어서 화해가 이루어지면 종전의 법률관계를 바탕으로 한 권리·의무관계는 소멸한다고 하거나 실효조건부 화해를 긍정하는 등 소송행위설을 일관하지 못하는 판시를 하기도 하였다.

3. 요건

1) 화해의 요건으로는 ① 소송상 화해와 마찬가지로 대상인 권리관계는 당사자가 임의로 처분할 수 있는 것이어야 한다. 다만 ② 그 권리관계에 관하여 다툼이 있어야 한다.

2) 여기서 다툼의 의미가 무엇인지 문제되는데, ① 현실의 분쟁이 있을 것을 뜻한다는 견해(현실분쟁설)와 ② 장래의 분쟁가능성이 있으면 족하다는 견해(장래분쟁설)의 대립이 있다. ③ 하급심 판례로는 화해절차 이전에 현실의 다툼이 있어야 함을 전제로 이러한 다툼이 없이 이미 성립된 토지거래계약에 기하여 오로지 거래허가제의 적용을 면탈하기 위한 화해신청은 부적법하다고 한 것이 있다.

4. 효과

(1) 기판력과 집행력

제소 전 화해도 확정판결과 동일한 효력이 있으므로(제220조) 집행력과 형성력을 가진다. 기판력에 관하여는 소송상 화해에서와 마찬가지로 다툼이 있는데, 판례는 제소 전 화해에 관하여도 무제한 적으로 기판력을 인정하고 있다.

(2) 창설적 효력

판례는 재판상 화해는 확정판결과 동일한 효력이 있고 창설적 효력을 가지는 것이어서 화해가 이루어지면 종전의 법률관계를 바탕으로 한 권리·의무관계는 소멸한다고 하였다. 다만 창설적 효력은 계쟁권리관계에만 미치고 당사자 간에 다툼이 없었던 사항에 관해서는 미치지 않는다. 따라서 화해의 대상이 되지 않았던 종전의 다른 법률관계는 재판상 화해에도 불구하고 소멸되지 않고 그대로 존속한다. 예컨대 제소 전 화해에 명의신탁관계가 포함되어 있지 않았다면 제소 전 화해에도 불구하고 명의신탁 여부를 판단할 수 있는 것이다.

[대판 2013.2.28, 2012다98225] 재판상 화해의 창설적 효력이 미치는 범위 – 재판상 화해는 확정판결과 동일한 효력이 있고 창설적 효력을 가지는 것이어서 화해가 이루어지면 종전의 법률관계를 바탕으로 한 권리·의무관계는 소멸하나, 재판상 화해 등의 창설적 효력이 미치는 범위는 당사자가 서로 양보를 하여 확정하기로 합의한 사항에 한하며, 당사자가 다툰 사실이 없었던 사항은 물론 화해의 전제로서 서로 양해하고 있는 데 지나지 않은 사항에 관하여는 그러한 효력이 생기지 아니한다 (대판 2011.7.28, 2009다90856 등 참조).

[대판 2022.1.27, 2019다299058] 제소 전 화해의 창설적 효력이 미치는 범위 – ① 제소 전 화해는 확정판결과 동일한 효력이 있고 당사자 사이의 사법상 화해계약이 그 내용을 이루는 것이면 화해는 창설적 효력을 가져 화해가 이루어지면 종전의 법률관계를 바탕으로 한 권리의무관계는 소멸한다. 그러나 제소 전 화해의 창설적 효력은 당사자 간에 다투어졌던 권리관계에만 미치는 것이지 당사자가 다툰 사실이 없었던 사항은 물론 화해의 전제로서 서로 양해하고 있는 사항에 관하여는 미치지 않는다. 따라서 제소 전 화해가 있다고 하더라도 화해의 대상이 되지 않은 종전의 다른 법률관계까지 소멸하는 것은 아니다. ② 제소 전 화해가 성립한 후 화해조항의 해석에 관하여 다툼이 있는 경우에도 법률행위의 해석 방법에 관한 법리는 마찬가지로 적용된다.

(3) 제소 전 화해조서에 대한 불복

소송상 화해에서와 동일하다. 판례는 재심사유가 있는 경우에 한하여 준재심의 소에 의해서만 제소 전 화해의 효력을 다툴 수 있고, 제소 전 화해에 민법상의 무효·취소사유가 있더라도 제소 전 화해의 효력을 부인할 수 없다고 하였다. 다만 계속 중이던 소송이 없으므로 당연무효사유가 있더라도 기일지정신청을 할 수는 없다.

▎ 소의 취하와 청구의 포기·인낙과 소송상 화해

구분	소의 취하	청구의 포기·인낙	소송상 화해

서설	1. 의의
	2. 제도적 취지
	3. 구별개념
	  (1) 청구포기
	  (2) 상소취하
	  (3) 공격방법의 일부철회
	  (4) 청구의 감축
		1. 의의
		2. 제도적 취지
		3. 구별개념
		  (1) 자백
		  (2) 소의 취하
			1. 의의
			2. 제도적 취지
			3. 구별개념

법적 성질	소송행위
	(☞ 소취하 계약의 성질에 대해서는 논의가 있다는 것과 혼동하지 말아야 함)
		① 사법행위설
		② 양성설
		③ 소송행위설(통설·판례)
			① 사법행위설
			② 소송행위설(판례 주류)
			③ 절충설 ┬ 양행위병존설
			     └ 양행위경합설
			      (양성설:多)

당사자	① 당사자능력, 소송능력 ② 대리권(특별수권) 要 ③ 필수적 공동소송 – 전원이 공동 ④ 소취하의 의사표시에 흠이 있는 경우 ➡ 판례 : 하자불고려·확정판결필요(제451조 제1항 5호와 제2항 유추적용)	①,②,③ 좌동	좌동

소송물	① 변론주의 + 직권탐지주의
	② 소송요건 흠결 시에도 가능
		① 변론주의만
		② 소송요건 흠결 시 불가
		  ➡ 각하(통설)
		③ 청구 인낙의 대상 ┬ 청구취지가 이유✗ – 불가
		         └ 청구원인이 이유✗ ➡ 긍정/부정/판례
			① 변론주의만
			② 소송요건 흠결 시에도 가능 (제소 전 화해 가능)
			③ 강행법규 등 위반 ┬ 양성설(양행위경합설) : 무효
			       └ 소송행위설: 유효 (판례)
			④ 조건부 화해 ┬ 사법행위설·절충설: 가능
			      ├ 소송행위설: 불가
			      └ 판례: 실효조건부화해의 효력 긍정

시기	① 종국판결 확정 전이면 가능 ② But 종국판결 후 소취하 후라면 재소금지	① 소송계속 중이면 가능(상고심에서도 가능) ② 종국판결 후라도 확정 전이면 가능	좌동

PART 02

방식	① 서면(취하서), 다만 기일에서는 구술로 가능 ② 소취하서는 제3자 또는 상대방으로 하여금 제출하게 하는 것도 가능	① 기일에 출석하여 구술 ② 서면포기·인낙 가능(제148조 제2항)	좌동
상대방의 동의	본안에 관한 응소 후 필요 ➡ ① 원고의 소취하에 대하여 이의도 하지 않고 방치한 경우 동의간주 인정, ② 상대방의 동의 여부가 결정되지 아니한 상태에서는 종전 청구에 대하여 재판을 하여서는 안 된다. ③ 동의를 거절하면 소취하의 효력이 발생할 수 없고, 뒤에 동의하더라도 소취하의 효력은 생기지 않는다.	불요	좌동
효과	1. 소송계속의 소급적 소멸 (소송종료의 소급효, But 기판력✗) 2. 사법상 효과 　① 시효중단효 소멸 　② 소송상 형성권 행사(정리부분 참조) 3. 재소금지(정리부분 참조) 4. 하자를 다투는 방법 　(1) 학설 　┌민법유추적용부정설 　　➡재심사유 해당시 기일지정신청 　└민법유추적용긍정설 　　➡실체법상 무효·취소사유 시 기일지정신청 　(2) 판례 ➡하자불고려·확정판결 필요 : 제451조 제1항 제5호와 제2항 유추적용 - 기일지정신청으로 가능(규칙 제67조)	1. 확정판결과 동일한 효력 　(1) 소송종료효 　(2) 기판력(기판력긍정설:通·判) 　(3) 집행력·형성력 2. 하자를 다투는 방법 　(1) 학설 　┌민법유추적용부정설 　　➡재심사유 해당시 준재심의 소 　└민법유추적용긍정설 　　➡실체법상 무효·취소사유가 있을 때에도 기일지정신청 내지 무효확인의 소(경합설) 　(2) 판례 ➡ 준재심의 소로만 하자주장 가능 3. 청구의 인낙과 해제 - 불가 (∵ 소송행위·기판력긍정설)	1. 소송종료효 2. 기판력 　(1) 학설 　1) 기판력 부정설 　2) 무제한 기판력설(기판력 긍정설) 　3) 제한적 기판력설 　(2) 판례 - 무제한 기판력설 3. 집행력·형성력 4. 하자를 다투는 방법 　(1) 학설 　1) 기판력 부정설 ➡ 기일지정신청 내지 무효확인의 소(경합설) 　2) 무제한 기판력설 ➡ 재심사유 해당 시 준재심의 소 　3) 제한적 기판력설 　(2) 판례 ➡ 준재심의 소/기일지정신청 5. 화해의 해제 ➡ 판례:의무불이행을 이유로 한 해제 불가(∵ 소송행위), 다만 실효조건부(해제조건부) 화해 인정

제3절 ▌ 종국판결에 의한 소송의 종료

제1관 재판 일반

Ⅰ. 서설

1. 재판의 의의

재판이라 함은 소송사건에 관하여 법령을 적용하여 행하는 재판기관의 판단 내지는 의사표시로서, 이에 의하여 소송법상 일정한 효과가 발생되는 성질을 가지는 소송행위를 말한다.

2. 재판의 종류 – 판결·결정·명령

구분	판결	결정	명령
주체	법원		재판장이나 수명법관 또는 수탁판사
심리	필요적 변론(신중)	임의적 변론(신속)	
대상	중간적·종국적 판단	부수적·파생적 사항, 소송지휘에 관한 사항, 강제집행, 비송사건 등	
비용 부담자	결정 필요	결정 불요(∵대립구조가 아니기 때문)	
이유기재	생략 불가	생략 가능	
고지	제208조 → 판결서(작성) + 선고(서명날인)	제224조 → 상당한 방법으로 고지 + 기명날인으로 족하다.	
불복	항소·상고	이의·항고·재항고	
기속력	인정(엄격)	원칙적으로 기속되지 않는다 ➡ 제446조(재도의 고안)에 의하여 항고가 제기되면 원재판에 대한 기속력이 배제되므로 원심법원은 스스로 항고의 당부를 심사할 수 있으며, 항고가 이유 있다고 인정되면 그 재판을 경정하여야 한다. 다만 예외적으로 소장각하명령에 대해서는 기속력이 인정된다.	

3. 판결의 종류

재판의 종류는 재판의 주체 및 형식에 따라 판결, 결정, 명령으로 나누어지는데, ① 여기서 판결은 다시 그 심급의 완결이 이루어지는가에 따라 종국판결과 중간판결로 나누어진다. 또한 ② 종국판결은 사건을 완결시키는 범위에 따라 전부판결과 일부판결로, 소의 적법 여부에 대한 판단인가 아니면 청구의 당부에 대한 판단인가에 따라 소송판결과 본안판결로 구별된다. 나아가 ③ 본안판결은 청구인용판결·청구기각판결로 분류할 수 있고, 청구인용판결은 소의 종류에 따라 이행판결·확인판결·형성판결로 분류할 수 있다. 다만 청구기각판결은 소의 유형과 관계없이 확인판결로 본다.

Ⅱ. 중간판결

> 제201조(중간판결)
> ① 법원은 독립된 공격 또는 방어의 방법, 그 밖의 중간의 다툼에 대하여 필요한 때에는 중간판결을 할 수 있다.
> ② 청구의 원인과 액수에 대하여 다툼이 있는 경우에 그 원인에 대하여도 중간판결을 할 수 있다.

중간판결이란 종국판결 전에 독립한 공격 또는 방어방법 기타 중간의 다툼에 대하여 심리를 완료하거나 청구의 원인과 액수에 대하여 다툼이 있는 경우에 그 쟁점을 정리하기 위하여 하는 재판으로서 종국판결의 전제로 되는 확인적 판결을 말한다(제201조). 독립한 상소가 불가능하며, 종국판결에 대하여 상소를 하게 되면 중간판결에 관한 판단까지 상소심에서 하게 된다.

Ⅲ. 종국판결

1. 의의

종국판결은 그 심급에서의 심리를 마치는 판결을 말한다(제198조). 본안판결·소 각하판결·소송종료선언·상급심의 환송판결이나 이송판결 등이 이에 속한다(통설·판례). 또한 종국판결은 심리를 마치는 범위에 따라서 다시 청구의 전부에 대한 전부판결과 일부에 대한 일부판결로 나눌 수 있다.

> [대판(전) 1995.2.14. 93재다27·34] 대법원의 환송판결도 당해 사건에 대하여 재판을 마치고 그 심급을 이탈시키는 판결인 점에서 당연히 종국판결로 보아야 할 것이나, 다만 중간판결의 특성을 갖는다.

2. 전부판결

① 전부판결이란 동일소송절차에서 심판되는 사건의 전부를 동시에 완결시키는 종국판결을 말한다. 소의 객관적 병합, 반소, 변론의 병합 등의 경우에 그 수개의 청구에 대해 동시에 1개의 판결을 행한 경우에도 그 판결은 1개의 전부판결이 된다(통설·판례).

② 전부판결은 1개의 판결이므로 그 일부에 대한 상소가 있더라도 사건 전부에 대해 이심 및 확정차단의 효과가 생긴다(상소불가분의 원칙). 다만, 통상공동소송의 경우는 예외이다(∵ 공동소송인 독립의 원칙 − 제66조).

3. 일부판결

(1) 의의

> **제200조(일부판결)**
> ① 법원은 소송의 일부에 대한 심리를 마친 경우 그 일부에 대한 종국판결을 할 수 있다.
> ② 변론을 병합한 여러 개의 소송 가운데 한 개의 심리를 마친 경우와, 본소나 반소의 심리를 마친 경우에는 제1항의 규정을 준용한다.

일부판결이라 함은 동일한 소송절차에서 심리되고 있는 사건의 일부를 다른 부분으로부터 분리하여 먼저 심리를 마치는 종국판결을 말한다(제200조 제1항).

(2) 일부판결의 허용 여부

1) 일반론

제200조 제1항에서는 법원은 소송의 일부에 대한 심리를 마친 경우 그 일부에 대한 종국판결을 할 수 있다고 규정하고 있다. 이때 일부판결을 할 것인가의 여부는 원칙적으로 법원의 재량에 속한다. 소송의 일부, 즉 1개의 가분적 청구의 일부(예 1,000만원 대여금청구 중 피고가 차용하였음을 인정하는 300만원 부분, 토지인도청구소송의 특정한 일부)나 변론이 병합된 여러 개의 청구 가운에 1개의 심리를 마친 경우에는 일부판결을 할 수 있다. 그러나 ① 일부판결을 한 뒤 잔부판결이 법률상 허용될 수 없는 경우나 ② 일부판결과 잔부판결 간에 내용상 모순이 생길 염려가 있을 때에는 일부판결이 허용될 수 없다.

2) 구체적으로 문제되는 경우

가) 소의 객관적 병합

① 단순병합의 경우에는, ⅰ) 병합된 청구 간에 관련성이 없으므로 일부 청구에 관하여 심리가 완료되었을 때에는 일부판결을 할 수 있다. 그러나 ⅱ) 단순병합 중 관련적 병합[85]의 경우에는 청구 간에 공통된 사실이 주요쟁점이 되므로 일부판결을 할 수 있는지 여부가 문제되는데, 이에 대해 판례는 "원금청구부분만 판단하고 확장된 지연손해금 청구부분에 대하여 원심법원이 판결 주문이나 이유에서 아무런 판단을 하지 아니한 경우, 이는 재판의 누락이 발생한 경우에 해당한다."는 입장으로서, 일부판결을 허용하고 있다.

> **[대판 1996.2.9, 94다50274]** 확장된 지연손해금 청구부분에 대하여 원심법원이 판결 주문이나 이유에서 아무런 판단을 하지 아니한 재판의 탈루가 발생한 경우에, 이 부분 소송은 아직 원심에 계속 중이라고 보아야 할 것이어서 적법한 상고의 대상이 되지 아니하므로, 이 부분에 대한 상고는 부적법하다.

---

[85] 어느 하나의 청구가 다른 청구의 선결관계에 있거나(예컨대, 소유권확인과 소유권에 기한 건물인도청구, 원금청구와 이자채권청구 등), 각 청구가 기본적 법률관계를 공통으로 하고 있는 경우(예컨대, 토지소유권에 기한 건물철거청구와 토지인도청구)를 '관련적 병합'이라고 한다.

② 선택적 병합과 예비적 병합에 대해서, ⅰ) 통설 및 판례는 병합된 청구 간에 불가분적 결합관계에 있으므로 성질상 일부판결이 허용되지 않는다고 본다. 그러나 ⅱ) 선택적 병합의 경우에 병합된 청구가 논리적으로 양립이 가능하므로 일부판결이 허용된다는 견해도 있다.

> [대판 1998.7.24, 96다99] 청구의 선택적 병합이란 양립할 수 있는 수개의 경합적 청구권에 기하여 동일 취지의 급부를 구하거나 양립할 수 있는 수개의 형성권에 기하여 동일한 형성적 효과를 구하는 경우에 그 어느 한 청구가 인용될 것을 해제조건으로 하여 수개의 청구에 관한 심판을 구하는 병합 형태로서, 이와 같은 선택적 병합의 경우에는 수개의 청구가 하나의 소송절차에 불가분적으로 결합되어 있기 때문에 선택적 청구 중 하나만을 기각하는 일부판결은 선택적 병합의 성질에 반하는 것으로서 법률상 허용되지 않는다.

나) 소의 주관적 병합

① 통상 공동소송의 경우에는 공동소송인 독립의 원칙(제66조)이 적용되므로 공동소송인 중의 1인의 또는 1인에 대한 청구에 관하여 미리 종국판결인 일부판결을 할 수 있다.

② 필수적 공동소송의 경우에는 공동소송인 간의 합일확정의 필요(제67조)에 의해 일부판결이 허용될 수 없다.

③ 독립당사자참가의 경우에도 필수적 공동소송의 특칙을 준용하므로 역시 합일확정의 필요성이 있으며 따라서 일부판결이 허용되지 않는다.

④ 마찬가지로 예비적·선택적 공동소송의 경우에도 일부판결은 불가능하다고 본다.

다) 본소와 반소의 특수한 경우

① 반소가 제기된 경우 본소와 반소 중 어느 하나가 먼저 심리가 완료되었을 때에는 일부판결을 할 수 있다.

② 본소와 반소가 동일 목적의 형성청구인 때(예 동일 혼인의 이혼을 구하는 본소청구와 반소청구)와 그 소송물이 동일한 법률관계일 때는(예 동일 부동산에 대하여 원고의 소유권확인의 본소와 피고의 소유권확인의 반소) 모순·저촉의 우려가 있으므로 일부판결을 할 수 없다.

(3) 일부판결의 효력

1) 일부판결이 허용되는 경우의 소송상 취급

> **제212조 제1항(재판의 누락)**
> 법원이 청구의 일부에 대하여 재판을 누락한 경우에 그 청구부분에 대하여는 그 법원이 계속하여 재판한다.

가) 종국판결

이 경우의 일부판결은 종국판결로서, 특히 단순병합이나 통상공동소송의 경우 일부판결한 부분은 나머지 부분에 대한 판결과 독립하여 상소의 대상이 되고, 상소에 의한 이심의 효력도 그 일부에만 미치므로 독립하여 확정된다.

나) 나머지 청구에 대한 판결

① 청구의 일부에 대하여 의도적으로 일부판결을 한 경우에 나머지 청구에 대하여는 잔부판결로서 완결하여야 하지만, ② 법원이 청구의 전부에 대하여 재판할 의사로 재판을 하였지만, 무의식적(모르고)으로 잘못하여 종국판결의 주문에서 판단하여야 할 사항의 일부를 빠뜨렸을 때(이를 '재판의 누락'이라 한다. 제212조)에 그 나머지 부분은 추가판결로서 완결하여야 한다. 즉 재판의 누락의 경우에 누락된 부분은 아직 계속하여 그 법원에 계속하고 있는 것이므로(제212조 제1항), 나중에라도 그 부분에 대하여 추가판결로서 완결하여야 하고, 그렇지 않는 한 소송계속은 종료되지 않는다. 따라서 누락된 부분은 상소의 대상이 될 수 없으므로 누락된 부분의 상소는 불복의 대상이 부존재하여 부적법하다(대판 2005.5.27, 2004다43824). ③ 판결에는 법원의 판단을 분명하게 하기 위하여 결론을 주문에 기재하도록 되어 있어 재판의 누락이 있는지 여부는 주문의 기재에 의하여 판정하여야 하므로, 판결이유에 청구가 이유 없다고 설시되어 있더라도 주문에 그 설시가 없으면 특별한 사정이 없는 한 재판의 누락이 있다고 보아야 한다(대판 2017.12.5, 2017다237339).

2) 일부판결이 허용되지 않는 경우의 소송상 취급

가) 문제점

단순병합에서는 일부판결이 허용되고 적법하다는 데 이견이 없다. 그러나 선택적 병합이나 예비적 병합의 경우에 일부판결이 있는 경우, 그 법적 취급을 어떻게 할 것인지에 대해서는 다툼이 있다.

나) 학설

① 위법한 전부판결로 보고 판결하지 않은 부분은 판단누락에 준하여 취급해야 하므로, 그 구제는 상소 또는 재심에 의해야 한다는 판단누락설, ② 재판의 누락이 되어 그 부분은 원심에 계속 중이고 추가판결의 대상이 된다고 하는 재판누락설, ③ 재판누락으로 볼 것이지만, 선택적 병합이나 예비적 병합의 특성상 그 자체가 심리의 불가분성에 위반된 위법한 판결이어서 제1심에서 추가판결을 할 수 없고 상소의 대상이 된다는 절충설의 대립이 있다.

다) 판례

판례는 ① 선택적 병합과 예비적 병합의 경우 일부판결은 그 병합의 성질에 반하는 것으로서 법률상 허용되지 않음을 전제로, 이와 같이 일부판결이 허용되지 않는 소송에서는 재판의 누락이 있을 수 없으므로 추가판결로 시정할 것이 아니고, 그러한 일부판결을 위법한 전부판결로 보아 판결하지 않은 부분은 판단누락에 준하여 취급해야 하므로, 그 구제는 상소 또는 재심(제451조 제1항 제9호)에 의해야 한다고 본다(판단누락설 내지 상소·재심설). 그리고 ② 위법한 판결에 대한 상소가 제기되면 판단누락된 부분도 모두 상소심으로 이심이 되어, 원심에 계속 중이라고 볼 것은 아니라고 한다.

★★★[대판 1998.7.24, 96다99]

[1] 청구의 선택적 병합이란 양립할 수 있는 수개의 경합적 청구권에 기하여 동일 취지의 급부를 구하거나 양립할 수 있는 수개의 형성권에 기하여 동일한 형성적 효과를 구하는 경우에 그 어느 한 청구가 인용될 것을 해제조건으로 하여 수개의 청구에 관한 심판을 구하는 병합 형태로서,

이와 같은 선택적 병합의 경우에는 수개의 청구가 하나의 소송절차에 불가분적으로 결합되어 있기 때문에 선택적 청구 중 하나만을 기각하는 일부판결은 선택적 병합의 성질에 반하는 것으로서 법률상 허용되지 않는다.

[2] 제1심 법원이 원고의 선택적 청구 중 하나만을 판단하여 기각하고 나머지 청구에 대하여는 아무런 판단을 하지 아니한 조치는 위법한 것이고, 원고가 이와 같이 위법한 제1심 판결에 대하여 항소한 이상 원고의 선택적 청구 전부가 항소심으로 이심되었다고 할 것이므로, 선택적 청구 중 판단되지 않은 청구 부분이 재판의 탈루로서 제1심 법원에 그대로 계속되어 있다고 볼 것은 아니다.

★★★ [대판(전) 2000.11.16. 98다22253]

[1] 청구의 예비적 병합이란 병합된 수개의 청구 중 주위적 청구(제1차 청구)가 인용되지 않을 것에 대비하여 그 인용을 해제조건으로 예비적 청구(제2차 청구)에 관하여 심판을 구하는 병합형태로서, 이와 같은 예비적 병합의 경우에는 원고가 붙인 순위에 따라 심판하여야 하며 주위적 청구를 배척할 때에는 예비적 청구에 대하여 심판하여야 하나 주위적 청구를 인용할 때에는 다음 순위인 예비적 청구에 대하여 심판할 필요가 없는 것이므로, 주위적 청구를 인용하는 판결은 전부판결로서 이러한 판결에 대하여 피고가 항소하면 제1심에서 심판을 받지 않은 다음 순위의 예비적 청구도 모두 이심되고 항소심이 제1심에서 인용되었던 주위적 청구를 배척할 때에는 다음 순위의 예비적 청구에 관하여 심판을 하여야 하는 것이다.

[2] 예비적 병합의 경우에는 수개의 청구가 하나의 소송절차에 불가분적으로 결합되어 있기 때문에 '① 주위적 청구를 먼저 판단하지 않고 예비적 청구만을 인용하거나, ② 주위적 청구만을 배척하고 예비적 청구에 대하여 판단하지 않는 등'의 일부판결은 예비적 병합의 성질에 반하는 것으로서 법률상 허용되지 아니하며, 그럼에도 불구하고 주위적 청구를 배척하면서 예비적 청구에 대하여 판단하지 아니하는 판결을 한 경우에는 그 판결에 대한 상소가 제기되면 판단이 누락된 예비적 청구 부분도 상소심으로 이심이 되고 그 부분이 재판의 탈루에 해당하여 원심에 계속 중이라고 볼 것은 아니다.

4. 소송판결과 본안판결

(1) 의의

종국판결은 그 판단의 대상·내용에 따라서 본안판결과 소송판결로 나눌 수 있다. 본안판결은 청구의 이유 유무에 대한 판결이다. 여기에는 청구인용판결과 청구기각판결이 있다. 청구를 인용하는 경우에 소의 종류에 대응하여 이행판결, 확인판결, 형성판결이라고 한다. 이에 대하여 소송요건을 충족하지 못하는 경우에 본안의 심리에 들어가지 않고 소를 부적법하다고 각하하는 판결이 소송판결이다(제219조).

(2) 양자의 차이

본안판결과 소송판결은 판결의 성립방법이나 상소에 관하여 차이는 없지만, ① 기판력의 범위가 다르다. 소송판결의 주문은 "이 사건 소를 각하한다."라고 간략하게 표현되므로 기판력이 미치는 사항, 즉 어느 소송요건에 흠이 있는가를 파악하기 위하여서는 판결이유를 참작하여야 하고, 이에 의하여 정해지는 소송요건의 흠에 대한 판단만 기판력이 생긴다. 예를 들어 소송능력에 흠이 있는 것을 이유로 소송판결이 행하여진 경우에 법정대리인이 다시 소를 제기한다면 부적법 각하의 소송판결의 기판력을 받지 않는다. 이에 반하여 본안판결은 청구의 당부에 대하여 기판력이 생긴다. 또한 ② 소송판결의 경우에는 소취하 후의 재소금지원칙(제267조 제2항)이 적용되지 않는 점에서 본안판결과 차이가 있다.

IV. 판결의 성립과 선고

판결의 성립절차는 몇 개의 단계를 거친다. 「변론종결 후 판결내용의 확정 → 판결서의 작성 → 판결의 선고 → 법원사무관에게 교부 → 당사자에게 판결정본의 송달 → 판결의 확정」의 단계이다.

1. 판결내용의 확정

법원은 판결하기에 심리가 성숙한 때에는 변론을 종결하고 판결내용의 확정에 들어가게 되는데, 직접심리주의의 요청상 변론에 관여한 법관이 판결내용을 확정한다(제204조). 만약 변론종결 뒤 판결내용이 확정되지 않는 동안에 법관이 바뀌면 변론을 재개(제142조)하여, 당사자에게 종전의 변론결과를 진술(변론갱신)시키고 판결하여야 한다(제204조 제2항).

2. 판결서의 작성

① 판결서에는 당사자와 법정대리인, 청구취지, 주문과 이유, 변론을 종결한 날짜 등의 사항을 적고 판결한 법관이 서명날인한다(제208조 제1항).

[대판 2025.6.5, 2024다296763] 판결주문의 특정 정도

판결의 주문은 명확해야 하고 그 자체로 내용이 특정될 수 있어야 하므로, 어떠한 범위에서 당사자의 청구를 인용하고 배척한 것인가를 그 이유와 대조하여 짐작할 수 있을 정도로 표시하고 집행에 의문이 없을 정도로 명확히 특정해야 한다.

　➲ [사실관계 및 해설] : 상호 명의신탁등기에 의해 이른바 구분소유적 공유관계에 있는 토지에 관하여 공유자인 甲이 다른 공유자인 국가를 상대로 명의신탁을 해지한다며 위 토지 중 甲이 배타적으로 점유·사용하고 있는 부분에 관한 지분이전등기절차의 이행을 구하는 소를 제기하자, 제1심판결이 국가는 甲에게 명의신탁 해지를 원인으로 한 지분이전등기절차를 이행할 의무가 있다고 판단하면서 주문에 '국가는 甲에게 甲이 구분·특정하여 소유하는 부분에 관하여 국가 지분 전부를 이전할 것'을 명시함과 아울러 이전을 명하는 국가 지분 기재 옆의 괄호 안에 '위 토지에 대한 국가 지분 중 甲이 구분·특정하여 소유하는 부분의 면적에 상응하는 환산 지분'을 병기한 사안에서, 위 주문은 어떠한 범위에서 당사자의 청구를 인용하고 배척한 것인지를 그 이유와 대조하여 짐작할 수 있을 정도로 표시하지 않은 것이어서 당사자들 사이에 분쟁의 여지를 남길 수 있고 그 주문에 따른 등기의 실행 가능성에도 의문이 있어 판결주문으로서의 명확성을 갖추었다고 볼 수 없다고 한 사례이다.

---

② 판결서의 이유에는 주문이 정당하다는 것을 인정할 수 있을 정도로 당사자의 주장, 그 밖의 공격·방어방법에 관한 판단을 표시한다(제208조 제2항). 다만 제1심 판결 중 무변론판결, 자백간주·공시송달에 기한 판결의 경우에는 청구를 특정함에 필요한 사항과 제216조 제2항(상계항변에 관한 기판력의 객관적 범위)의 판단에 관한 사항만을 간략하게 표시할 수 있다(제208조 제3항).

3. 판결의 선고 및 송달

① 판결은 재판장이 판결원본에 따라 주문을 읽어 선고하며, 필요한 때에는 이유를 간략히 설명할 수 있다(제206조). 판결은 선고로 효력이 생긴다(제205조).

② 판결의 선고는 이미 확정된 판결을 고지하는 것이므로, 그 기본인 변론에 관여하지 않은 법관이 하여도 무방하다. 또 선고만의 관여는 이전심급의 재판관여(제척사유 제41조 제5호)가 아니다.

③ 판결은 변론이 종결된 날부터 2주 이내에 선고하여야 하며, 당사자가 출석하지 아니하여도 선고할 수 있다(제207조).

④ 판결서는 선고한 뒤에 바로 법원사무관 등에게 교부하여야 하고, 법원사무관 등은 판결서를 받은 날부터 2주 이내에 당사자에게 송달하여야 한다. 이 경우 정본으로 송달한다(제210조).

V. 판결의 효력

판결이 선고되면 일정한 효력을 가진다. 즉 ① 판결의 선고와 동시에 판결법원 자신에 대한 관계에서 생기는 기속력(=자기구속력), ② 판결의 확정에 따라 당사자에 대한 관계에서 생기는 형식적 확정력, ③ 해당 소송보다도 그 뒤의 다른 소송에서 법원 및 당사자에 대한 관계에서 생기는 기판력(=실질적 확정력)과 ④ 그밖에 집행력, 형성력 등의 효력이 따른다. 이 중 기판력은 별도로 살펴본다.

1. 기속력(자기구속력)

(1) 의의

① 판결이 일단 선고되면(선고에 의해 성립되고 일정한 효력이 발생하는데), 형식적 확정을 기다릴 필요 없이 선고와 동시에 판결법원 자신도 이제는 더 이상 판결을 철회·변경할 수가 없다. 이를 판결의 기속력(=자기구속력)이라고 한다. 반면 기판력은 해당 사건 뒤의 다른 사건에 있어서 후소법원 및 당사자에 대한 구속력이다.

② 기속력은 동일 사건의 절차 내에서 다른 법원에 대한 절차적 구속력을 뜻하는 때도 있다 (예) 상고법원이 법률심이기 때문에 원심판결의 사실판단에 구속되거나(제432조), 상급법원의 재판에 있어서의 판단이 하급심을 기속하거나(제436조 제2항), 이송재판은 수이송법원을 기속하는(제38조) 것).

(2) 판결의 경정

> **제211조(판결의 경정)**
> ① 판결에 잘못된 계산이나 기재, 그 밖에 이와 비슷한 잘못이 있음이 분명한 때에 법원은 직권으로 또는 당사자의 신청에 따라 경정결정을 할 수 있다.
> ② 경정결정은 판결의 원본과 정본에 덧붙여 적어야 한다. 다만, 정본에 덧붙여 적을 수 없을 때에는 결정의 정본을 작성하여 당사자에게 송달하여야 한다.
> ③ 경정결정에 대하여는 즉시항고를 할 수 있다. 다만, 판결에 대하여 적법한 항소가 있는 때에는 그러하지 아니하다.

1) 의의 및 취지

판결의 경정은 일단 선고된 판결의 내용을 실질적으로 변경하지 않는 범위 내에서, 판결에 잘못된 계산(=위산)이나 오기, 그 밖에 이와 비슷한 잘못(=오류)이 있음이 분명한 때에 판결법원이 스스로 이를 고치는 것을 말한다(제211조). 넓은 의미의 집행에 지장이 없도록 해주자는 취지이다.

2) 요건

① 판결에 잘못이 존재하여야 하고(표현상의 오류), 그 잘못이 분명하여야 한다(오류의 명백성).

② 여기서「잘못(오류)」이란 법원의 의사표시과정에 있어서의 표현상의 형식적 잘못을 말한다. 사실인정이나 법의 해석·적용에 관한 법원의 의사형성 내지는 의사 자체에 잘못이 있어서 그 결과 결론이 잘못된 경우는 이에 해당하지 않는다. 잘못이 법원의 과실에 의한 것이든, 당사자의 청구의 잘못으로 인한 것이든 상관없다(예 당사자가 소제기의 당초부터 소송목적물의 지번, 지적 등의 표시를 잘못하여서 판결에도 그대로 기재된 경우). 잘못이 분명한지 여부는 판결서의 기재 자체뿐만 아니라 소송의 전 과정에 나타난 자료에 따라서 판단하여야 할 것이다.

③ 또한 잘못(오류)은 판결법원의 표시, 당사자, 주문, 이유 등 판결의 어느 부분에 존재하여도 된다. 판례는 (i) 당사자의 표시에 주소를 누락한 경우(대결 1995.6.19, 95그26)이거나 목적물의 표시에 있어서 번지의 호수를 누락한 경우(대결 1964.4.13, 63마40), (ii) 건물의 건평·토지의 면적을 잘못 표시한 경우(대결 1985.7.15, 85그66 등), (iii) 판결주문 중 등기원인일자의 잘못이 있는 경우(대판 1970.3.31, 70다104) 등에서 판결의 경정사유에 해당함을 인정하였다.

[대결 2000.5.24, 99그82; 대결 2020.3.16, 2020그507]

[1] 판결의 위산, 오기 기타 이에 유사한 오류가 있는 것이 명백한 때 행하는 판결의 경정은, 일단 선고된 판결에 대하여 그 내용을 실질적으로 변경하지 않는 범위 내에서 그 표현상의 기재 잘못이나 계산의 착오 또는 이와 유사한 오류를 법원 스스로가 결정으로써 정정 또는 보충하여 강제집행이나 호적의 정정 또는 등기의 기재 등 이른바 광의의 집행에 지장이 없도록 하자는 데 그 취지가 있다.

[2] 판결경정이 가능한 오류에는 그것이 법원의 과실로 인하여 생긴 경우뿐만 아니라 당사자의 청구에 잘못이 있어 생긴 경우도 포함된다고 할 것이며, 경정결정을 함에 있어서는 그 소송 전 과정에 나타난 자료는 물론 경정대상인 판결 선고 후에 제출된 자료도 다른 당사자에게 아무런 불이익이 없는 경우나 이를 다툴 수 있는 기회가 있었던 경우에는 소송경제상 이를 참작하여 그 오류가 명백한지 여부를 판단할 수 있다.86)

[3] 취득시효 완성을 원인으로 한 소유권이전등기를 명하는 판결의 주문 및 그에 첨부된 감정도면상의 면적이 실제로는 13㎡임에도 감정상의 착오로 16㎡로 잘못 표시되었음이 강제집행 실시과정에서 혀진 경우라면, 판결경정을 허용하여야 한다.

➡ [해설] : 판결의 경정이 가능하기 위해서는 오류가 명백해야 하는데, 그 명백의 여부와 관련해서

---

86) 대결 2020.3.16, 2020그507은 "토지에 관한 소유권이전등기절차의 이행을 구하는 소송 중 사실심 변론종결 전에 토지가 분할되었는데도 그 내용이 변론에 드러나지 않은 채 토지에 관한 원고 청구가 인용된 경우에 판결에 표시된 토지에 관한 표시를 분할된 토지에 관한 표시로 경정해 달라는 신청은 특별한 사정이 없는 한 받아들여야 한다."고 하였다.

본 판결은 경정제도를 인정한 취지에서 이를 원활하게 운용하기 위해서 판결서의 기재 자체뿐만 아니라 그보다 범위를 넓혀서 소송의 전 과정에 나타난 자료도 참작할 수 있다고 한 점에 의의가 있고, 또한 오류발생의 원인이 법원 측에 있는 경우뿐만 아니라 당사자 측에 있는 경우도 포함한다고 본 점에 의의가 있다.

[대결 2023.8.18, 2022그779] 판결에 대한 경정결정 제도의 취지 / 경정이 가능한 오류에는 당사자의 청구에 잘못이 있어 생긴 경우도 포함되는지 여부(적극) 및 위 오류가 명백한지 판단할 때 참작할 수 있는 자료의 범위

판결에 잘못된 계산이나 기재, 그 밖에 이와 비슷한 오류가 있음이 분명한 때에 하는 경정결정은, 일단 선고된 판결에 대하여 그 내용을 실질적으로 변경하지 않는 범위 내에서 표현상의 기재 잘못이나 계산 착오 또는 이와 유사한 오류를 법원 스스로가 결정으로 정정 또는 보충하여 강제집행이나 가족관계등록부의 정정 또는 등기의 기재 등 이른바 광의의 집행에 지장이 없도록 하자는 데 그 취지가 있고, 경정이 가능한 오류에는 그것이 법원의 과실로 인하여 생긴 경우뿐만 아니라 당사자의 청구에 잘못이 있어 생긴 경우도 포함되며, 경정결정을 함에 있어서는 그 소송 전 과정에 나타난 자료는 물론 경정대상인 판결 이후에 제출되어진 자료도 다른 당사자에게 아무런 불이익이 없는 경우나 이를 다툴 수 있는 기회가 있었던 경우에는 소송경제상 이를 참작하여 그 오류가 명백한지 여부를 판단할 수 있다.

3) 절차

① 경정결정은 그 시기에 제한이 없으므로 상소제기 뒤에는 물론 판결확정 뒤라도 할 수 있고, 사건이 상소심에 계속 중에는 그 상소법원도 할 수 있다(대결 1984.9.17, 84마522 등). 상소법원은 원판결의 취소·변경을 할 권한을 가지기 때문이다. 다만 판례는 하급심에서 확정된 부분은 그 기록이 상급심에 있다고 하여도 심판권이 없기 때문에 상급법원이 이를 경정할 수 없다고 한다.

[대결 1992.1.29, 91마748] 판결경정결정은 원칙적으로 당해 판결을 한 법원이 하는 것이고, 상소의 제기로 본안사건이 상소심에 계속된 경우에는 당해 판결의 원본이 상소기록에 편철되어 상소심법원으로 송부되므로, 판결원본과 소송기록이 있는 상소심법원도 경정결정을 할 수 있는 것이기는 하지만, 당해 판결에 대하여 상소를 하지 아니하여 사건이 상소심에 계속되지 아니한 부분은 상소심의 심판대상이 되지 않는 것이므로, 통상의 공동소송이었던 다른 당사자 간의 소송사건이 상소의 제기로 상소심에 계속된 결과, 상소를 하지 아니한 당사자 간의 원심판결의 원본과 소송기록이 우연히 상소심 법원에 있다고 하더라도, 상소심 법원이 심판의 대상이 되지도 않은 부분에 관한 판결을 경정할 권한을 가지는 것은 아니다.

② 경정결정은 판결의 원본과 정본에 덧붙여 적어야(부기) 한다. 다만 정본이 이미 당사자에게 송달된 경우 등 정본에 덧붙여 적을 수 없을 때에는 따로 결정의 정본을 작성하여 당사자에게 송달하여야 한다(제211조 제2항).

③ 경정결정에 대하여는 즉시항고를 할 수 있다(제211조 제3항). 다만 판결에 대하여 적법한 항소가 있는 때에는 항소법원이 경정결정을 심사하면 충분하므로 즉시 항고는 허용되지 않는다

(동조 제3항). 또한 제211조 제3항 본문의 반대해석상 판결경정신청의 기각결정에 대해서는 즉시항고를 할 수 없고, 특별항고만이 허용된다고 할 것이다(통설).

[**대결 1995.7.12. 95마531**] 판결경정신청을 이유 없다 하여 기각한 결정에 대하여는 민사소송법 제211조 제3항 본문의 반대해석상 항고제기의 방법으로 불복을 신청할 수는 없고 같은 법 제449조 소정의 특별항고가 허용될 뿐이라 해석되며, 이러한 결정에 대한 불복은 당사자가 특별항고라는 표시와 항고법원을 대법원이라고 표시하지 아니하였다 하더라도 그 항고장을 접수한 법원으로서는 이를 특별항고로 취급하여 소송기록을 대법원에 송부함이 마땅하다.

[**대결 2020.3.16. 2020그507**] ① 민사소송법 제449조 제1항은 불복할 수 없는 결정이나 명령에 대하여는 재판에 영향을 미친 헌법 위반이 있거나, 재판의 전제가 된 명령·규칙·처분의 헌법 또는 법률의 위반 여부에 대한 판단이 부당하다는 것을 이유로 하는 때에만 대법원에 특별항고를 할 수 있도록 하고 있다. 여기서 결정이나 명령에 대하여 재판에 영향을 미친 헌법 위반이 있다고 함은 결정이나 명령의 절차에서 헌법 제27조 등이 정하고 있는 적법한 절차에 따라 공정한 재판을 받을 권리가 침해된 경우를 포함한다. 판결경정신청을 기각한 결정에 이러한 헌법 위반이 있다고 하려면 신청인이 그 재판에 필요한 자료를 제출할 기회를 전혀 부여받지 못한 상태에서 그러한 결정이 있었다든지, 판결과 그 소송의 모든 과정에 나타난 자료와 판결 선고 후에 제출된 자료에 의하여 판결에 잘못이 있음이 분명하여 판결을 경정해야 하는 사안임이 명백한데도 법원이 이를 간과함으로써 기각결정을 하였다는 등의 사정이 있어야 한다. ② 판결에 잘못된 계산이나 기재 그 밖에 이와 비슷한 잘못이 있는 것이 명백한 때 하는 경정결정은, 일단 선고된 판결에 대하여 그 내용을 실질적으로 변경하지 않는 범위에서 표현상의 기재 잘못이나 계산의 착오 또는 이와 유사한 잘못을 법원 스스로 결정으로써 정정 또는 보충하여 강제집행이나 등기의 기재 등 이른바 광의의 집행에 지장이 없도록 하자는 데 그 취지가 있다. 경정이 가능한 잘못에는 그것이 법원의 과실로 생긴 경우뿐만 아니라 당사자의 청구에 잘못이 있어 생긴 경우도 포함된다. 경정결정을 할 때에는 소송의 모든 과정에 나타난 자료는 물론 경정대상인 판결 이후에 제출된 자료도 다른 당사자에게 아무런 불이익이 없는 경우나 이를 다툴 수 있는 기회가 있었던 경우에는 소송경제상 이를 참작하여 그 잘못이 명백한지 여부를 판단할 수 있다. ③ 토지에 관한 소유권이전등기절차의 이행을 구하는 소송 중 사실심 변론 종결 전에 토지가 분할되었는데도 그 내용이 변론에 드러나지 않은 채 토지에 관한 원고 청구가 인용된 경우에 판결에 표시된 토지에 관한 표시를 분할된 토지에 관한 표시로 경정해 달라는 신청은 특별한 사정이 없는 한 받아들여야 한다.

---

4) 효력

경정결정은 원판결과 일체가 되어 판결을 선고한 때에 소급하여 그 효력이 발생한다(대판 1999.12. 10. 99다42346). 또한 판결에 대한 상소기간은 경정결정으로 영향을 받지 않고 판결이 송달된 날로부터 진행한다. 다만 그 경정결정의 결과 상소이유가 발생한 경우에는 상소의 추후보완(제173조)을 할 수 있다.

[**대판 1997.1.24. 95므1413·1420**] 원심판결정본이 1995.10.20. 피고의 소송대리인에게 송달된 때로부터 2주일의 상고기간 내에 피고가 상고를 제기하는 데 장애가 될 만한 사유가 있었다고 인정할 수는 없고, 피고나 그 소송대리인인 담당변호사로서는 송달된 원심판결에 대하여 상당한 주의를

기울였더라면 당초부터 그 판결상의 기재만으로도 위와 같은 계산착오로 인한 오류가 있었음을 발견할 수 있었다고 보이는 한편, 피고가 내세우고 있는 추완상고이유는 원심이 원고와 피고 쌍방의 분할대상재산에 대한 기여비율의 판단이나, 원심판결의 별지목록 기재 부동산 등의 시가의 산정을 제대로 하지 못하였다거나 원고가 수령해 온 임차보증금을 분할대상재산에서 누락하였다는 것으로서 이 사건 경정사유와는 아무런 직접적인 관련이 없는 것임을 알 수 있는바, 이에 비추어 보면 피고가 이 사건 상고기간을 도과한 데에 대하여 아무런 과실이 없다고 단정할 수 없고, 단순히 상소기간 경과 후에 이루어진 판결경정 내용이 경정 이전에 비하여 피고에게 불리하다는 사정만으로는 이 사건 추완상고가 적법한 것으로 볼 수는 없다.

➲ [해설] : 경정의 효력은 경정결정 자체의 효력과는 달리 판결선고 당시에 소급하여 효력이 생기므로 판결에 대한 상소기간은 경정결정에 의하여 영향을 받지 않고 판결이 송달된 때로부터 진행된다. 그런데 경정결정이 상소기간이 경과한 이후 이루어진 경우 경정의 내용에 따라 불이익을 받을 것이 명백한 당사자가 추완상소를 할 수 있는지의 여부가 문제되는데, 국내의 학설은 일반적으로 상소의 추완이 허용된다고 한다. 본 판결은 명시적으로는 추완상고가 허용되지 않는다고 판시하여 일반적으로 추완상소를 허용하지 않는다고 볼 수도 있겠으나, 본 판례가 반드시 그러한 입장이라고 보기는 곤란하다고 하겠다. 즉 본 판결이유를 면밀히 보면 다른 구체적인 사정의 검토를 통해 추완상고가 허용될 수도 있다는 일말의 여지를 남기고 있는 것이고, 결국 판례에 따르더라도 사안의 개별적 검토를 통해 추완상소가 가능하다는 입장으로 평가된다.

2. 형식적 확정력

(1) 의의

① 판결이 그 소송절차 내에서 인정되는 통상의 불복신청에 따라 취소되지 않을 상태에 도달한 것을 확정이라고 부르고, 판결의 이러한 취소불가능성을 형식적 확정력이라고 한다. 판결이 형식적으로 확정되면 소송은 종료된다.

② 판결의 형식적 확정은 판결정본이 적법하게 송달되었을 것을 전제로 한다. 또한 기판력(=실질적 확정력), 집행력 및 형성력도 형식적 확정력을 전제로 하여 생기는 것이 원칙이다.

(2) 판결의 확정시기

언제 형식적 확정력이 생기는가는 판결이 상소할 수 있는지 여부에 따라 다르게 된다.

1) 상소를 할 수 없는 판결 – 판결선고와 동시에 확정

① 상고심의 종국판결과 같이 더 이상 상소를 할 수 없는 판결[예 상고심판결, 제권판결(제490조 제1항)]은 그 선고와 동시에 확정된다.

② 불상소의 합의가 있는 때에도 판결선고와 동시에 판결이 확정된다.

2) 상소가 허용되는 판결

가) 상소기간 만료 시 확정

① 상소가 허용되는 판결에 대하여는 상소하지 않고 상소기간이 도과하면 그 기간만료 시에 판결이 확정된다.

② 일단 상소를 하였다가 상소기간경과 뒤에 상소를 취하한 때 또는 상소각하의 판결, 상소장각하명령을 받아 이것이 확정된 때에는 원판결은 소급하여 상소가 없었던 것으로 되므로 상소기간만료 시에 판결은 확정된다.

★[대판 2016.1.14, 2015므3455] 항소기간 경과 후에 항소취하가 있는 경우, 제1심 판결이 확정되는 시기(항소기간 만료 시) 및 항소기간 경과 전에 항소취하가 있는 경우, 항소기간 내에 다시 항소제기가 가능한지 여부(적극)

항소의 취하가 있으면 소송은 처음부터 항소심에 계속되지 아니한 것으로 보게 되나(민사소송법 제393조 제2항, 제267조 제1항), 항소취하는 소의 취하나 항소권의 포기와 달리 제1심 종국판결이 유효하게 존재하므로, ① 항소기간 경과 후에 항소취하가 있는 경우에는 항소기간 만료 시로 소급하여 제1심 판결이 확정되나, ② 항소기간 경과 전에 항소취하가 있는 경우에는 판결은 확정되지 아니하고 항소기간 내라면 항소인은 다시 항소의 제기가 가능하다.

[대판 1991.4.23, 90다14997] 판결정본 송달 전에 제기한 상소의 취하와 판결의 확정 여부(소극)

판결선고 후 그 판결정본이 당사자에게 송달되지 않았다면 불변기간인 상소제기기간은 적법하게 진행될 수 없으므로, 당사자가 그 판결정본을 송달받기 전에 상소를 제기하였다가 그 후 취하하였다고 하여도 그 판결이 확정되지 않는다.

나) 상소기각판결의 확정시 확정

상소기간 이내에 상소가 제기되면, 판결의 확정은 차단되고(제498조), 상소기각의 판결이 확정되어야 그 시점에서 원판결도 비로소 확정된다.

다) 상소권자의 상소권 포기 시 확정

상소기간만료 전이라도 당사자가 상소권을 포기하면(제394조, 제425조), 그 포기한 때에 판결이 확정된다(대결 2006.5.2, 2005마933).

3) 일부상소의 경우 확정범위 및 시기 – 일부확정의 문제[87]

가) 문제점

전부판결 시 일부상소의 경우 불복신청이 없는 부분의 판결확정시기가 언제인지 문제되는데, 특히 소의 객관적·주관적 병합의 경우 불복하지 않은 부분의 판결확정시기가 문제이다. 이는 상소불가분의 원칙의 적용과 그 구체적인 내용의 문제이기도 하다.

나) 상소불가분 원칙의 의의

상소의 제기에 의한 확정차단의 효력 및 이심의 효력은 상소인의 불복신청의 범위에도 불구하고 원판결의 전부에 대하여 불가분적으로 발생한다. 이를 상소불가분의 원칙이라고 한다.

---

87) 이와 같은 논의는 1개의 전부판결이 난 경우와 상소불가분의 원칙이 적용되는 경우임을 최소한의 전제조건으로 한다. 일부판결이 난 경우는 그 허용 여부의 문제부터 살펴 각별로 검토되어야 하고, 상소불가분의 원칙이 적용되지 않는다면 일반론으로 살펴보면 족하기 때문이다. 따라서 위 논의를 분명히 정리하기 위해서는 후술하는 항소편의 「상소불가분의 원칙」 부분을 반드시 참고하기 바란다.

다) 상소불가분 원칙의 적용 및 구체적 내용

① 1개의 가분적 청구

일부상소의 경우 불복신청이 없는 부분의 판결확정시기가 언제인지 문제되는데, (ㄱ) 통설은 1개의 판결의 일부에 대하여 상소하더라도 상소불가분의 원칙으로 인해 판결전부에 대하여 형식적 확정력은 차단되지만, 불복신청이 없는 부분은 상소심의 심판대상에서 제외되므로, 상대방의 부대항소가 허용될 수 없는 시기(제403조 참조)에 이르면 확정된다고 한다. 따라서 판결확정시기는 ⅰ) 항소심에서는 항소심의 변론종결 시(항소심변론종결시설), ⅱ) 상고심에서는 상고이유서제출기간 경과 시(상고이유서제출기간만료시설)라고 본다. 그러나 (ㄴ) 판례의 주류는 변론재개가 있을 수 있으므로, 항소심의 경우 항소심 판결선고 시에, 상고심은 상고심 판결선고 시를 확정시로 보고 있다(항소심·상고심 판결선고시설).

★★[대판 2020.3.26. 2018다221867]

[1] 1개의 청구 일부를 기각하는 제1심판결에 대하여 일방 당사자만이 항소한 경우, 항소심의 심판범위 및 이때 항소심의 심판대상이 되지 아니한 부분은 항소심판결 선고와 동시에 확정되어 소송이 종료되는지 여부(적극)

1개의 청구 일부를 기각하는 제1심판결에 대하여 일방 당사자만이 항소한 경우 제1심판결의 심판대상이었던 청구 전부가 불가분적으로 항소심에 이심되나, 항소심의 심판범위는 이심된 부분 가운데 항소인이 불복한 한도로 제한되고, 항소심의 심판대상이 되지 아니한 부분은 항소심판결 선고와 동시에 확정되어 소송이 종료된다.

[2] 원고의 청구가 일부 인용된 환송 전 원심판결에 대하여 피고만이 상고하여 상고심에서 피고 패소 부분을 파기·환송한 경우, 환송 후 원심의 심판범위 및 환송 전 원심판결 중 원고 패소 부분에 대하여 환송 후 원심이 심리할 수 있는지 여부(소극)

원고의 청구가 일부 인용된 환송 전 원심판결에 대하여 피고만이 상고하고 상고심이 상고를 받아들여 원심판결 중 피고 패소 부분을 파기·환송하였다면 피고 패소 부분만이 상고되었으므로 위의 상고심에서의 심리대상은 이 부분에 국한되었으며, 환송되는 사건의 범위, 다시 말하자면 환송 후 원심의 심판범위도 환송 전 원심에서 피고가 패소한 부분에 한정되는 것이 원칙이고, 환송 전 원심판결 중 원고 패소 부분은 확정되었다 할 것이므로 환송 후 원심으로서는 이에 대하여 심리할 수 없다.

② 청구의 병합

단순병합이나 선택적·예비적 병합에 대해 하나의 전부판결을 한 경우에 그중 한 청구에 대해 불복항소를 하여도 다른 청구에 대해 항소의 효력이 미친다. 다만 일부상소의 경우 불복신청이 없는 부분의 판결확정시기가 언제인지 문제되는데, 이에 대해 ⅰ) 통설은 항소심에서는 항소심의 변론종결 시(항소심변론종결시설)를, 상고심에서는 상고이유서제출기간 경과 시(상고이유서제출기간만료시설)라고 한다. ⅱ) 반면 판례는 변론재개가 있을 수 있으므로, 항소심의 경우 항소심 판결선고 시에, 상고심은 상고심 판결선고 시를 확정시로 보고 있다(항소심·상고심 판결선고시설).

[대판 1994.12.23. 94다44644]

[1] 수개의 청구를 모두 기각한 제1심 판결에 대하여 원고가 그중 일부의 청구에 대하여만 항소를 제기한 경우, 항소되지 않았던 나머지 부분도 항소로 인하여 확정이 차단되고 항소심에 이심은 되나

원고가 그 변론종결 시까지 항소취지를 확장하지 아니하는 한 나머지 부분에 관하여는 원고가 불복한 바가 없어 항소심의 심판대상이 되지 아니하므로 항소심으로서는 원고의 수개의 청구 중 항소하지 아니한 부분을 다시 인용할 수는 없다.

[2] 이전등기말소청구와 금원청구를 모두 기각한 제1심 판결에 대하여 원고가 말소청구 부분에 관하여만 항소하였을 뿐 그 변론종결 시까지 항소취지를 확장한 바 없어 항소심의 심판범위는 말소청구 부분에 한하고 나머지 부분에 관하여는 환송 전 원심판결의 선고와 동시에 확정되어 소송이 종료되었다 할 것임에도 환송 후 원심이 금원청구 부분까지 심리판단한 것은 잘못이라고 할 것이다.

[대판 2008.3.14. 2006다2940] 원고의 청구를 일부 인용한 제1심 판결에 대하여 원고만이 그 패소 부분에 대한 항소를 제기하고 피고는 항소나 부대항소를 제기하지 않은 경우, 제1심 판결 중 원고 승소 부분은 항소심의 심판대상에서 제외됨으로써 항소심판결의 선고와 동시에 확정되는 것이고, 원고가 위와 같이 승소 확정된 부분에 대하여 상고를 제기하였다면 상고의 이익이 없어 부적법하다.

[대판 2001.12.24. 2001다62213] 원고의 주위적 청구를 기각하면서 예비적 청구를 일부 인용한 환송 전 항소심판결에 대하여 피고만이 상고하고 원고는 상고도 부대상고도 하지 않은 경우에, 주위적 청구에 대한 항소심판단의 적부는 상고심의 조사대상으로 되지 아니하고 환송 전 항소심판결의 예비적 청구 중 피고 패소 부분만이 상고심의 심판대상이 되는 것이므로, 피고의 상고에 이유가 있는 때에는 상고심은 환송 전 항소심판결 중 예비적 청구에 관한 피고 패소 부분만 파기하여야 하고, 파기환송의 대상이 되지 아니한 주위적 청구부분은 예비적 청구에 관한 파기환송판결의 선고와 동시에 확정되며 그 결과 환송 후 원심에서의 심판범위는 예비적 청구 중 피고 패소 부분에 한정된다.

[대판 2014.12.24. 2012다116864] 수개의 청구를 기각 또는 각하한 제1심 판결 중 일부의 청구에 대하여만 항소가 제기된 경우, 항소하지 않은 나머지 부분이 항소심의 심판대상이 되는지 여부(원칙적 소극) 및 항소심의 심판대상이 되지 않은 나머지 부분의 확정 시점(=항소심판결 선고 시) 직위해제처분과 2010.7.20.자 해임 처분(이하 '이 사건 해고처분'이라 한다)에 대한 무효확인 및 직위해제 기간 동안의 감경된 임금과 관련하여 그 차액 상당 임금(지연손해금 포함, 이하 같다)과 이 사건 해고처분 이후의 임금(지연손해금 포함, 이하 같다)의 지급을 구하는 원고의 청구에 대하여, 제1심은 이 사건 직위해제처분에 대한 무효확인청구는 각하하고, 직위해제 기간 동안 차액 상당 임금의 지급을 구하는 부분을 제외한 나머지 부분은 전부 기각한 사실, 이에 대하여 원고는 이 사건 직위해제처분에 대한 무효확인청구를 각하한 부분에 대하여는 항소를 하지 아니하고 이 사건 해고처분의 무효확인청구 및 이 사건 해고처분 이후의 임금 청구를 기각한 부분에 대하여만 항소를 하였고 원심 변론종결 시까지 항소취지를 확장하지도 아니한 사실, 피고 또한 위 직위해제기간 동안의 감경된 임금과 관련하여 자신이 패소한 부분에 대하여만 항소를 하여 다툰 사실, 그런데 원심은 이 사건 직위해제처분에 대한 무효확인청구 부분까지 심리하여 판단한 사실을 알 수 있다. 수개의 청구를 기각 또는 각하한 제1심 판결 중 일부의 청구에 대하여만 항소가 제기된 경우, 항소되지 아니한 나머지 부분도 확정이 차단되고 항소심에 이심은 되나, 항소심 변론종결 시까지 항소취지가 확장되지 않은 이상 그 나머지 부분은 항소심의 심판대상이 되지 않고 항소심의 판결선고와 동시에 확정되어 소송이 종료된다. 따라서 항소심의 심판대상이 되지 아니한 이 사건 직위해제처분에 대한 무효확인청구 부분에 대하여도 원심이 심리하여 판단한 것은 항소심의 심판범위에 관한 법리를 오해하여 판단을 그르친 것이고, 이 부분은 원심판결의 선고와 동시에 확정되어 소송이 종료되었다고 할 것이다.

③ 공동소송

 ⅰ) 통상 공동소송의 경우에는 공동소송인 독립의 원칙(제66조)이 적용되므로 상소불가분의 원칙이 적용되지 않는다. 따라서 공동소송인 중 1인의 상소 또는 공동소송인 중 1인에 대한 상소는 다른 공동소송인에게 영향을 미치지 않고, 불복신청의 대상이 된 당사자 사이의 청구에 대하여만 확정차단의 효력 및 이심의 효력이 생기고, 나머지 공동소송인에 대한 부분은 상소하지 않고 상소기간이 도과하면 그 기간만료 시에 그대로 확정된다. 그러나 ⅱ) 필수적 공동소송의 경우에는 합일확정의 요청상 1인의 상소로 전원에 대해 확정이 차단되어 상소심에 이심된다(제67조). 제67조가 준용되는 예비적·선택적 공동소송의 경우에도 마찬가지이다.

(3) 판결의 확정증명

판결이 확정되면, 소송당사자는 그 판결에 기하여 기판력을 주장하거나 등기신청 등을 하기 위하여 판결이 확정되었음을 증명할 필요가 있게 된다. 상급심에서 소송이 완결된 경우라도 소송기록은 제1심 법원에서 보존하게 되므로(제421조, 제425조) 당사자는 판결확정증명서를 제1심 법원의 법원사무관 등에게 신청하고(제499조 제1항). 다만 소송기록이 상급심에 있는 때에는 상급법원의 법원사무관 등이 그 확정 부분에 대하여만 증명서를 내어 준다(동조 제2항).

3. 집행력

이행판결에서 선고된 이행의무를 강제집행으로 실현할 수 있는 효력을 집행력이라고 하는데, 집행력을 가지는 것은 확정된 이행판결이 원칙이나, 가집행의 선고가 붙으면 확정 전이라도 집행력이 부여된다. 이행판결과 같이 이행의무를 명기(明記)한 증서로 그 의무에 대하여 강제집행을 할 수 있는 것으로 되는 것을 집행권원(종전의 용어는 채무명의)이라고 한다. 집행력의 객관적 범위는 판결의 주문에 나타난 이행의무에 있어서 생기고, 그 주관적 범위도 기판력에 준한다.

[대결 2025.6.12, 2025그523]

★[1] 토지의 인도를 명하는 집행권원만으로 지상에 건물이 건축되어 있는 토지 전체에 대한 인도집행을 실시할 수 있는지 여부(소극) 및 토지 지상에 구조물이 있으나 토지로부터 쉽게 분리할 수 있거나 기둥과 지붕 및 주벽이 없어 법률상 독립된 건물이라고 할 수 없는 경우, 집행관이 구조물이 있다는 이유로 토지에 대한 인도집행을 거절할 수 있는지 여부(소극) / 목적물 중 일부에 대하여만 집행이 가능한 경우, 채권자가 일부 목적물에 대하여만 집행하기를 원하지 않는다는 등의 특별한 사정이 없다면 집행이 가능한 목적물에 대하여 집행하여야 하는지 여부(적극)

① 토지의 인도를 명한 집행권원의 효력은 그 지상에 건립된 건물에까지 미치는 것이 아니고 건물을 그대로 둔 채 토지에 대한 점유만을 풀어 채권자에게 인도할 수도 없는 것이므로, 집행관으로서는 지상에 건물이 건축되어 있는 토지에 대하여는 그 지상물의 인도나 철거 등을 명하는 집행권원이 따로 없는 이상 토지를 인도하라는 집행권원만으로는 인도집행을 실시할 수 없다. ② 그런데 그 토지 지상에 구조물이 있다고 하여도 토지로부터 쉽게 분리할 수 있거나 기둥과 지붕 및 주벽이 없어 법률상 독립된 건물이라고 할 수 없다면, 그 구조물은 토지의 정착물인 건물이 아니라 강제집행의 목적물이 아닌 동산에 불과하므로 집행관으로서는 구조물을 제거하여 채무자에게 인도하여야 하고(민사집행법 제258조 제3항), 위 구조물이 있다는 이유로 토지에 대한 인도집행을 거절할 수는 없다. 이와 같이 목적물 중

일부에 대하여만 집행이 가능한 경우, 채권자가 그 일부 목적물에 대하여만 집행하기를 원하지 않는다는 등의 특별한 사정이 없는 한 집행이 가능한 목적물에 대하여 집행하여야 한다. 따라서 토지의 인도를 명한 집행권원으로 집행행위를 할 때 토지 지상에 구조물이 있다면 토지의 정착물인 건물에 해당하는지 아닌지를 먼저 살펴, 건물에 해당한다면 그 건물에 대하여는 인도집행을 할 수 없고, 그렇지 않다면 강제집행을 실시하여 이를 제거한 후 채무자에게 인도하면 된다. 이때에도 채권자가 집행이 불가능한 건물을 제외한 일부 목적물에 대하여만 집행을 원하는지 확인하여야 한다.

[2] 토지 인도집행 장소에 집행권원에 표시되지 않은 제시 외 건물이 있는 경우, 그것이 토지의 정착물이 아니라 동산에 불과하다면 이를 포함한 토지 전체를 인도집행의 대상으로 삼아야 하는지 여부(적극) 및 토지상 건물에 대한 집행이 불가능하여 토지인도만 집행하는 경우, 건물뿐만 아니라 건물의 용도에 따라 현상유지에 일반적으로 필요하다고 인정되는 범위 내의 토지도 강제집행의 범위에서 제외되어야 하는지 여부(적극)

토지 인도집행 장소에 집행권원에 표시되지 않은 제시 외 건물이 있는 경우 집행관으로서는, ① 토지의 정착물인 건물이 아니라 강제집행의 목적물이 아닌 동산에 불과하다면 이를 포함하여 토지 전체를 인도집행의 대상으로 삼아야 하고, ② 토지상 건물에 대한 집행이 불가능하여 토지인도만을 집행할 때에는, 건물뿐만 아니라 그 건물의 용도에 따라 현상유지에 일반적으로 필요하다고 인정되는 범위 내의 토지도 강제집행의 범위에서 제외되어야 한다.

[대판 2024.1.4, 2022다291313] 확정판결에 기한 강제집행절차가 적법하게 진행되어 종료된 후에 그 강제집행이 권리남용에 해당하여 허용될 수 없다는 등의 사유를 들어 강제집행에 따른 효력 자체를 다투는 것이 허용되는지 여부(소극)

확정판결에 의한 권리라 하더라도 신의에 좇아 성실히 행사되어야 하고 판결에 기한 집행이 권리남용이 되는 경우에는 허용되지 않으므로, 집행채무자는 청구이의의 소에 의하여 집행의 배제를 구할 수 있으나, 확정판결은 소송당사자를 기속하는 것이므로 재심의 소에 의하여 취소되거나 청구이의의 소에 의하여 집행력이 배제되지 아니한 채 확정판결에 기한 강제집행절차가 적법하게 진행되어 종료되었다면 강제집행에 따른 효력 자체를 부정할 수는 없고, '강제집행이 이미 종료된 후' 다시 확정판결에 기한 강제집행이 권리남용에 해당하여 허용될 수 없다는 등의 사유를 들어 강제집행에 따른 효력 자체를 다투는 것은 확정판결의 기판력에 저촉되어 허용될 수 없다.

⇨ [사실관계 및 해설] : 甲 은행이 임차인인 乙과의 대출약정에 근거하여 임대인인 丙을 대위하여 乙을 상대로 건물의 인도를 청구하였고, 이에 따라 乙로 하여금 丙에게 건물의 인도를 명하는 종전 판결이 내려져 확정되었는데, 甲 은행의 신청에 따라 종전 확정판결을 집행권원으로 하여 건물에 대한 부동산인도집행이 종료되었음에도 乙이 이를 무단으로 점유하자 丙이 소유권에 기한 방해배제청구권의 행사로서 乙에게 건물의 인도를 청구한 사안에서, 종전 확정판결 및 그에 기한 적법한 인도집행이 종료되어 乙의 임차인으로서의 점유가 상실되었으므로 乙에게 임차권에 기초한 적법한 점유권원이 인정되지 않는다고 본 사례이다(적법한 인도집행이 종료된 시점에 임대차계약관계는 종료).

4. 형성력

형성력은 형성판결에서 선언된 대로 법률상태의 변동을 일으키는 효력이다. 형성력은 청구인용판결에만 생기고, 판결의 확정에 따라 발생한다. 형성력에 의한 법률상태의 변동효과는 누구나 인정하여야 하기 때문에 당사자에 한하지 않고 제3자에게도 미치는 것이 보통이다(대세효 인정).

5. 반사적 효력(반사효)

전소에서의 당사자와 실체법상 특수한 의존관계에 있는 제3자에게 전소판결의 효력이 이익 또는 불이익한 영향을 미치는 경우, 그 영향력을 기판력의 확장과 별개의 판결의 효력으로서 반사적 효력이라 부르는 견해가 주장되고 있다. 실체법상 의존관계에 있을 때에 제3자에게 반사적 효력을 인정함으로써 분쟁을 통일적으로 해결할 실천적 필요성에 의하여 주창된 효력이다. 예 채권자와 주채무자 사이의 소송에서 주채무자승소확정의 판결이 있으면 보증채무의 부종성 때문에 보증인도 주채무자승소의 판결을 원용하여 자기의 보증채무의 이행을 거절할 수 있으며, 채무자와 제3자 사이에 채무자의 재산에 관한 소송에서 받은 판결은 그 채무자를 대위하여 제3자를 상대로 소제기하는 채권자에게도 미치는 따위 등을 들고 있다.

제2관 기판력

※ 기판력 사례의 논증구도

Ⅰ. 논의전개의 순서

전소 확정판결의 기판력이 후소에 미치는 경우라면, 후소법원은 일반적으로 후소에 대해서 부적법 각하 또는 청구기각판결을 선고하게 된다. 따라서 기판력 문제는 ① 전소판결에 기판력이 발생하였는지 여부(기판력 발생 여부) → ② 전소판결의 기판력이 후소에 작용하는지 여부 → ③ 기판력이 작용하는 경우일 때 후소 법원의 조치가 무엇인지 순으로 논의한다.

Ⅱ. 기판력 발생 여부

1. 전소에서의 기판력 발생요건

1) 전소판결에 기판력이 발생하기 위해서는 「확정 + 종국 + 유효판결」이어야 한다. 왜냐하면 무효인 판결에는 판결의 내용적 효력인 기판력이 발생하지 않기 때문이다. 따라서 문제의 사실관계를 보아 다음과 같은 무효판결의 사유가 있는지를 주의 깊게 살펴야 한다. 물론 무효사유가 존재하지 않는 것으로 판단되면 기판력 발생 여부는 간략히 줄 처리 하면 족하고(예 '전소에서 기판력이 발생하였는바'라는 식으로), 다음에서 살필 기판력의 작용 여부의 논의를 중심으로 전개해 나가면 된다.

2) 판결에 따른 기판력 발생의 문제 이외에, 사안에 따라서는 제220조를 전제로 하여 기판력문제를 다루기도 한다. 특히 이와 관련하여 소송상 화해나 제소 전 화해, 화해권고결정, 조정이 출제가능한 주제이다. 따라서 이에 따른 기판력 발생 여부의 논의를 누락하는 일이 없도록 하여야 한다.

2. 무효인 판결로서 기판력이 발생하지 않는 경우의 예

1) 예 ① 재판권 흠결을 간과한 판결이나, ② 제소 전 이미 사망한 자를 당사자로 한 판결, ③ 소송

계속이 소멸하였음에도 이를 간과한 판결, ④ 당사자적격의 흠을 간과한 판결 등에서는 기판력이 발생하지 않는다.

2) 위와 같은 무효인 판결을 제외하고, 비록 하자가 있는 판결이라도 대부분 위법하지만 유효한 판결이므로 기판력은 발생한다고 본다.

III. 기판력의 작용 여부

1. 답안의 논의구성

1) 전소 확정판결의 기판력이 후소에 작용하기 위해서는 「주관적 → 객관적 → 시적」 범위에서 그 작용이 있어야 한다. 사안에 따라 어느 국면에서의 문제인지 논의비중이 다를 수 있으므로, 논의의 경중을 고려하여 시간안배에 신경을 써야 하며, 전소 기판력이 후소에 미치는지 여부는 위와 같은 순서대로 답안을 구성하면 된다.

2) 여기서 주관적·시적 문제에서의 작용은 범위와 일치하게 된다. 즉 주관적 범위에서의 작용이, 시적 범위에서의 작용이 동일하게 다루어진다. 다만 객관적 문제에서는 그 범위와 작용국면을 나누어서 다룬다.

2. 기판력의 주관적 범위(작용)

1) 기판력의 상대성의 원칙

기판력은 당사자에게만 미치고 제3자에게는 미치지 않는 것이 원칙이다(제218조 제1항). 이를 기판력의 상대성 원칙이라고 한다. 따라서 전소의 당사자가 후소의 당사자로 등장한다면 기판력의 주관적 범위의 문제는 장황하게 언급할 필요 없이, 근거조문의 적시와 함께 상대성 원칙의 내용을 언급하고 사안을 포섭하면 족하다.

2) 예외

다만 예외적으로 법률에 특별한 규정이 있는 경우 기판력이 당사자 이외에 제3자에게 미치는 경우가 있다(제218조, 제80조 등). 또한 해석상 문제되는 경우(예 법인격 부인론의 문제)도 있다. 이와 관련하여 특히 중요한 것은 ① 변론종결 후의 승계인과 ② 제3자 소송담당의 경우이다. 따라서 문제 사안이 이에 해당하는 경우라면, 관련논의를 충분히 하여야 하고, 누락하는 일이 없도록 주의해야 한다.

3. 기판력의 객관적 범위

(1) 기판력의 발생범위

① 전소 확정판결은 주문에 포함된 것에 한하여 기판력을 가진다(제216조 제1항). 이는 주문 판단만이 당사자의 소송목적에 대한 해결이고 당사자의 주된 관심사이므로, 주문에 포함된 판단에 기판력을 인정하는 것이 당사자의 의사에 부합하기 때문이다. 따라서 ② 판결이유 중 판단, 즉 공격방어방법에 대해서는 기판력이 생기지 않는다. 다만 상계항변은 판결이유 중에서 판단하게 되지만 기판력이 생긴다는 점에 주의해야 한다(제216조 제2항).

(2) 기판력의 작용국면

1) 전소 확정판결에서 생긴 기판력은, ① 후소의 소송물이 전소의 소송물과 동일하거나(동일관계),

② 전소의 소송물을 후소의 <u>선결문제</u>로 하거나(전소 소송물이 후소의 선결관계, 이 점에서 전소 선결적 법률관계가 후소의 소송물이 되는 경우와 다르다는 점에 주의를 요한다), ③ 전소의 소송물과 <u>모순관계</u>에 있는 경우에 작용한다. 이는 위와 같은 후소 제기는 전소의 기판력 있는 판결과 모순·저촉될 우려가 있기 때문이다.

2) 작용국면을 파악함은 어려운 문제이다. 동일·선결·모순관계에 있는지는 우선 소송물이 무엇인지를 제대로 파악할 수 있어야 하고, 특히 판례상 모순관계로 인정된 예와 부정된 예가 어떠한 이유에서 그러한지를 파악하기 어렵기 때문이다.

3) 한 가지 수험기술적인 사항을 덧붙이자면, 기판력의 작용국면은 「① 동일관계 여부 → ② 선결관계 여부 → ③ 모순관계 여부」의 순서로 판단하되, 「동일관계는 소송물이론으로」, 「선결관계는 전소에서의 소송물이 후소 소송물의 존부판단을 위한 청구원인으로 되는지」를 살펴본다. 또한 「모순관계는 후소가 전소에서의 소송물을 부인하는 관계에 있는 것이고, 이는 전소의 주문판단과 이유판단 모두와 후소의 청구취지와 청구원인 사실 모두를 비교하여 파악하게 된다」는 점을 갖고 정확히 파악하도록 한다.

4. 기판력의 시적 범위(작용)

1) 사실심의 <u>변론종결 전에 당사자가 이미 제출하였던 또는 제출할 수 있었던 공격방어방법은 기판력의 실권효에 의해서 차단되어 후소에서 이를 주장할 수 없다</u>. 이 경우 변론종결 전에 제출할 수 있었던 사실을 제출하지 못한 데 대하여는 <u>知·不知, 고의·과실을 묻지 않고 일률적으로 후소에서의 주장은 차단</u>된다.

2) 주의할 것은 기판력의 시적 범위는 기판력의 객관적 범위가 작용하는 것을 전제로 한다는 점이다. 다시 말해 처음부터 기판력의 객관적 범위의 작용국면으로서, 동일·선결·모순관계에 있지 않은 때에는 시적 범위는 애초에 문제되지 않는다. 따라서 기판력의 객관적 작용국면에 포섭되지 않는다면 시적 범위의 논의를 장황하게 구성할 필요는 없다.

3) 결국, ① 전소 변론 종결 후에 새로이 발생한 사실의 주장은 후소에서 실권효의 제재를 받지 않으며, ② 전소 변론종결 전의 사유라도 동일·선결·모순관계에 있지 않은 때에는 후소에서 차단되지 않는다.88) ③ 시적 범위와 관련하여 가장 문제되는 것은 변론종결 후의 형성권 행사이므로, 사실관계를 파악할 때 형성권의 모습이 드러나는지를 분명히 간파하여 누락이 없도록 특히 신경 써야 한다.

Ⅳ. 법원의 조치(기판력의 본질)

1) 후소 제기가 전소 확정판결의 기판력에 저촉되는 경우 기판력의 본질에 따른 후소법원의 조치(소각하, 청구기각판결)에 대해 견해대립이 있다. 다만 기판력의 본질론은 동일관계와 모순관계에 국한된 논의이고, <u>선결관계에 해당하는 경우와 판결이유 중 판단에 예외적으로 기판력이 발생되는 상계항변의 경우에는 기판력의 본질론과 관계가 없다는 점에 주의를 요한다.</u> 따라서 이 경우 기판력의 본질론에 따른 법원의 조치로 결론 내린다면 치명적인 실수가 될 수 있다.

2) 동일관계와 모순관계일 때 법원의 조치에 대해서, 판례는 ① <u>전소에서 승소판결을 받은 경우</u>에 원고가 같은 신소를 제기하는 것은 이미 권리보호를 받았음에도 불구하고 이를 다시 구하는 것으

로 권리보호이익에 흠이 있는 것이며 이 때문에 소 각하 하여야 하나, ② 패소판결을 받은 때에
원고가 신소를 제기하면 전의 판결내용과 모순되는 판단을 하여서는 아니 되는 구속력 때문에 청
구기각판결을 하여야 한다는 입장이다.

3) 그러나 선결관계일 때에는 선결문제 한도 내에서 전소의 기판력 있는 판단에 구속되어 이를 전제
하여 본안판결을 하여야 할 뿐, 소 각하 판결을 하여서는 안 된다.

Ⅰ. 기판력 일반

1. 기판력의 의의

(1) 개념

① 기판력은 청구에 대한 확정된 종국판결의 판결내용에 부여된 후소에 관한 당사자와 법원을
규율하는 구속력을 말한다(실질적·내용적 확정력). 따라서 뒤에 동일사항 등이 문제되면 당사자
는 그에 반하여 되풀이하여 다투는 것이 허용되지 아니하며(불가쟁), 어느 법원도 다시 재심사
하여 그와 모순·저촉되는 판단을 해서는 안 된다(불가반).

② 통상 기판력의 문제는 후소가 제기된 경우 그 후소 자체에 대한 문제가 중심이지만, 예컨대
전소에서 패소한 원고가, 피고가 제기한 후소에서 다시 전소와 모순되는 주장으로 항변하는
경우에서도 기판력은 문제가 된다. 즉 甲이 乙을 상대로 건물에 대한 공사대금청구소송을 제
기하였으나 패소 확정되었고, 그 후 乙이 甲을 상대로 건물 소유권에 기한 인도청구소송을 제
기하자 甲이 공사대금을 반환받을 때까지는 인도청구에 응할 수 없다고 유치권 항변을 한 경
우 甲의 항변은 기판력에 저촉되어 허용될 수 없다.[89]

(2) 구별개념

판결의 효력 중 기속력과 형식적 확정력은 소송절차상의 효력으로서, 전자는 법원에 대하여, 후자
는 당사자에 대한 구속력으로서 작용함에 반해, 기판력은 소송물에 대해 행한 판단의 내용상 효력
으로서 해당 소송보다 뒤의 별도소송에서 법원 및 당사자에 대한 구속력으로서 작용한다.

2. 기판력의 근거

이는 법적 안정성·소송경제의 요청과 함께 절차보장을 받은 당사자의 자기책임에서 그 근거를
찾을 수 있다(이원설).

---

88) 객관적 범위가 작용하는 것을 전제로 시적 범위가 작용하기 때문에 전소와 청구가 다르고, 선결관계나 모순관계에
해당하지 않는 경우에는 객관적 범위가 작용하지 않으므로 시적 범위에서 차단되지 않는다. 따라서 교과서에서 전소
변론 종결 전의 사유라도 소송물이 다르면 후소에서 차단되지 않는다는 의미는 소송물이 다른 경우뿐만 아니라 선결
관계나 모순관계에 해당하지 않는 경우까지 시적 범위에서 차단되지 않는다는 의미이다.

89) 반대의 경우 즉, 甲이 乙을 상대로 건물인도청구 시 乙이 유치권의 항변을 하였으나 항변이 배척되고 甲 승소판결이
확정된 후 乙이 甲을 상대로 공사대금청구소송을 제기하는 경우에는 기판력 저촉의 문제는 발생하지 않는다.

3. 기판력 있는 재판 – 기판력의 발생

(1) 전소에서의 기판력 발생(요건)

① 전소판결에 기판력이 발생하기 위해서는 「확정 + 종국 + 유효한 판결」이어야 한다. 왜냐하면 무효인 판결에는 판결의 내용적 효력인 기판력이 발생하지 않기 때문이다. 본안판결의 경우 청구인용판결이든 청구기각판결이든 모두 기판력이 발생하고, 이행·확인·형성판결을 불문하고 기판력이 발생한다. 다만 공시송달에 의한 판결에는 기판력이 발생하지만 허위주소로 송달한 편취판결에는 기판력이 발생하지 않는다.

② 소송판결에는 해당 소송요건의 존부에 관하여 기판력이 생기고 본안에 관하여는 기판력이 생기지 않는다. 즉 어떠한 소송요건의 흠이 있는지에 대해서는 판결이유 중 판단을 참작하여야 할 것이며, 이에 의하여 정해지는 소송요건의 흠에 대해서만 기판력이 발생한다.

★[대판 2023.2.2, 2020다270633] 소송판결의 기판력이 미치는 범위

소송판결의 기판력은 그 판결에서 확정한 소송요건의 흠결에 관하여 미치는 것이지만, 당사자가 그러한 소송요건의 흠결이 보완된 상태에서 다시 소를 제기한 경우에는 그 기판력의 제한을 받지 않는다.

③ 청구의 포기·인낙, 재판상 화해, 화해권고결정에는 기판력이 있다(제220조, 제231조). 나아가 조정의 경우에도 마찬가지이다(민사조정법 제29조). 그러나 확정된 지급명령(제474조)과 공정증서는 집행력은 있으나 기판력은 없다.

★[대판 2014.3.27, 2009다104960·104977] 조정조서의 효력(기판력)

조정은 당사자 사이에 합의된 사항을 조서에 기재함으로써 성립하고 조정조서는 재판상의 화해조서와 같이 확정판결과 동일한 효력이 있다. 따라서 당사자 사이에 기판력이 생기는 것이므로, 거기에 확정판결의 당연무효 등의 사유가 없는 한 설령 그 내용이 강행법규에 위반된다 할지라도 그것은 단지 조정에 하자가 있음에 지나지 아니하여 준재심절차에 의하여 구제받는 것은 별문제로 하고 조정조서를 무효라고 주장할 수 없다. 그리고 조정조서가 조정참가인이 당사자가 된 법률관계도 내용으로 하는 경우에는 위와 같은 조정조서의 효력은 조정참가인의 법률관계에 관하여도 다를 바 없다. 그러나 기판력은 조정의 당사자나 조정참가인 등이 아닌 제3자에게까지 미친다고 할 수 없다(대판 1999.10.8, 98다38760 등 참조 – 기판력은 재판상화해의 당사자가 아닌 제3자에 대하여까지 미친다고 할 수 없다는 판례).

★[대판 2012.5.10, 2010다2558] 화해권고결정의 기판력 유무 및 그 기준시

[1] 민사소송법 제231조는 "화해권고결정은 결정에 대한 이의신청 기간 이내에 이의신청이 없는 때, 이의신청에 대한 각하결정이 확정된 때, 당사자가 이의신청을 취하하거나 이의신청권을 포기한 때에 재판상 화해와 같은 효력을 가진다."라고 정하고 있으므로, 확정된 화해권고결정은 당사자 사이에 기판력을 가진다. 그리고 화해권고결정에 대한 이의신청이 적법한 때에는 소송은 화해권고결정 이전의 상태로 돌아가므로(민사소송법 제232조 제1항), 당사자는 화해권고결정이 송달된 후에 생긴 사유에 대하여도 이의신청을 하여 새로운 주장을 할 수 있고, 화해권고결정이 송달된 후의 승계인도 이의신청과 동시에 승계참가신청을 할 수 있다고 할 것이다. 이러한 점 등에 비추어 보면, 화해권고결정의 기판력은 그 확정시를 기준으로 하여 발생한다고 해석함이 상당하다.

[2] 전소의 소송물이 채권적 청구권의 성질을 가지는 소유권이전등기청구권인 경우에는 전소의 변론

종결 후에 그 목적물에 관하여 소유권등기를 이전받은 사람은 전소의 기판력이 미치는 '변론종결 후의 승계인'에 해당하지 아니한다. 이러한 법리는 화해권고결정이 확정된 후 그 목적물에 관하여 소유권등기를 이전받은 사람에 관하여도 다를 바 없다고 할 것이다.

[3] 소유권에 기한 물권적 방해배제청구로서 소유권등기의 말소를 구하는 소송이나 진정명의 회복을 원인으로 한 소유권이전등기절차의 이행을 구하는 소송 중에 그 소송물에 대하여 화해권고결정이 확정되면 상대방은 여전히 물권적인 방해배제의무를 지는 것이고, 화해권고결정에 창설적 효력이 있다고 하여 그 청구권의 법적 성질이 채권적 청구권으로 바뀌지 아니한다.

[대판 2014.4.10, 2012다29557] 화해권고결정의 효력 및 그 기판력의 범위

화해권고결정에 대하여 소정의 기간 내에 이의신청이 없으면 화해권고결정은 재판상 화해와 같은 효력을 가지며(민사소송법 제231조), 한편 재판상 화해는 확정판결과 동일한 효력이 있고 창설적 효력을 가지는 것이어서 화해가 이루어지면 종전의 법률관계를 바탕으로 한 권리·의무관계는 소멸함과 동시에 재판상 화해에 따른 새로운 법률관계가 유효하게 형성된다. 그리고 소송에서 다투어지고 있는 권리 또는 법률관계의 존부에 관하여 동일한 당사자 사이의 전소에서 확정된 화해권고결정이 있는 경우 당사자는 이에 반하는 주장을 할 수 없고 법원도 이에 저촉되는 판단을 할 수 없다.

➲ [해설] : 甲이 乙을 상대로 제기한 상속회복청구소송 계속 중 상속재산인 부동산이 수용되어 乙이 수용보상금을 수령하자 甲이 수용에 따른 대상청구로서 금전지급을 구하는 것으로 청구를 변경하였고 그 후 甲과 乙 사이에 소송상 법률관계를 모두 종국시키는 화해권고결정이 확정되었는데, 甲이 乙이 수령한 보상금 중 甲의 상속분 해당 금원에서 甲이 화해권고결정에 따라 받은 금원 등을 공제한 나머지 미수령 금원의 지급 등을 구한 사안에서, 甲이 전소에서 청구를 변경하여 구한 금전 청구와 후소에서 구하는 수용보상금 관련 각 청구는 소송물이 동일하고, 위 화해권고결정의 창설적 효력에 의하여 상속재산인 부동산의 수용보상금 중 甲의 상속분에 해당하는 부분에 관한 종전 권리관계는 소멸하고 화해권고결정에 따른 새로운 법률관계가 형성되었으므로, 화해권고결정의 '청구의 표시'란에 가분채권인 甲의 금전 청구 중 일부를 유보하는 취지를 명시하였다는 등의 특별한 사정이 없는 한 위 수용보상금 중 甲의 상속분에 해당하는 부분에 관한 법률관계에 대하여 甲은 확정된 화해권고결정에 반하는 주장을 할 수 없으므로, 甲의 수용보상금 관련 각 청구는 확정된 화해권고결정의 기판력에 저촉된다는 이유로 甲의 청구를 기각한 사례이다.

(2) 기판력이 발생하지 않는 경우의 예

무효인 판결(예 ① 재판권 흠결을 간과한 판결이나, ② 제소 전 이미 사망한 자를 당사자로 한 판결, ③ 소송계속이 소멸하였음에도 이를 간과한 판결, ④ 당사자적격의 흠을 간과한 판결)이거나, 미확정판결(예 허위주소지 송달에 의한 판결의 편취)로서 판결정본의 송달이 무효인 경우 또는 송달은 유효하나 아직 상소기간이 도과하지 않은 경우에는 기판력이 발생하지 않는다.

(3) 외국법원의 확정재판

제217조(외국재판의 승인)
① 외국법원의 확정판결 또는 이와 동일한 효력이 인정되는 재판(이하 "확정재판 등"이라 한다)은 다음 각 호의 요건을 모두 갖추어야 승인된다.
1. 대한민국의 법령 또는 조약에 따른 국제재판관할의 원칙상 그 외국법원의 국제재판관할권이 인정될 것
2. 패소한 피고가 소장 또는 이에 준하는 서면 및 기일통지서나 명령을 적법한 방식에 따라 방어에 필요한 시간여유를 두고 송달받았거나(공시송달이나 이와 비슷한 송달에 의한 경우를 제외한다) 송달받지 아니하였더라도 소송에 응하였을 것
3. 그 확정재판 등의 내용 및 소송절차에 비추어 그 확정재판 등의 승인이 대한민국의 선량한 풍속이나 그 밖의 사회질서에 어긋나지 아니할 것[90][91]
4. 상호보증이 있거나 대한민국과 그 외국법원이 속하는 국가에 있어 확정재판 등의 승인요건이 현저히 균형을 상실하지 아니하고 중요한 점에서 실질적으로 차이가 없을 것
② 법원은 제1항의 요건이 충족되었는지에 관하여 직권으로 조사하여야 한다.
제217조의2(손해배상에 관한 확정재판 등의 승인)
① 법원은 손해배상에 관한 확정재판 등이 대한민국의 법률 또는 대한민국이 체결한 국제조약의 기본질서에 현저히 반하는 결과를 초래할 경우에는 해당 확정재판 등의 전부 또는 일부를 승인할 수 없다.
② 법원은 제1항의 요건을 심리할 때에는 외국법원이 인정한 손해배상의 범위에 변호사보수를 비롯한 소송과 관련된 비용과 경비가 포함되는지와 그 범위를 고려하여야 한다.

[대판 2016.1.28, 2015다207747]
[1] 민사소송법 제217조 제1항 제2호의 규정 목적 및 법정지인 재판국에서 피고에게 방어할 기회를 부여하기 위하여 규정한 송달에 관한 방식과 절차를 따르지 아니하였으나 패소한 피고가 외국법원의 소송절차에서 실제로 자신의 이익을 방어할 기회를 가졌다고 볼 수 있는 경우, 민사소송법 제217조 제1항 제2호에서 말하는 '피고의 응소'가 있는 것으로 볼 수 있는지 여부(적극)
민사소송법 제217조 제1항 제2호는 외국법원의 확정판결 또는 이와 동일한 효력이 인정되는 재판의 승인요건으로 '패소한 피고가 소장 또는 이에 준하는 서면 및 기일통지서나 명령을 적법한 방식에 따라 방어에 필요한 시간여유를 두고 송달받았거나(공시송달이나 이와 비슷한 송달에 의한 경우를 제외한다) 송달받지 아니하였더라도 소송에 응하였을 것'을 규정하고 있다. 여기서 패소한 피고가 소장 등을 적법한 방식에 따라 송달받았을 것 또는 적법한 방식에 따라 송달받지 아니하였더라도 소송에 응하였을 것을 요구하는 것은 소송에서 방어의 기회를 얻지 못하고 패소한 피고를 보호하

---

90) 판례는 대한민국 판결의 기판력에 저촉되는 외국판결과 피고의 방어권을 현저히 침해하여 성립한 외국판결에 대하여 절차에 관한 선량한 풍속 그 밖의 사회질서를 위반한 것이라고 하였다(대판 1994.5.10, 93므1051 – 우리나라 법원에서 이혼청구기각판결이 확정된 후 외국법원에서 받은 이혼청구인용판결; 대판 1997.9.9, 96다47517).
91) 대한민국의 헌법적 가치와 정면으로 충돌하는 외국판결도 마찬가지로 그 효력이 승인될 수 없다는 것이 판례이다(대판 2012.5.24, 2009다22549 – 일제 강제징용피해자들의 미쓰비시중공업과 신일본제철 상대의 소송에서 일본의 최고재판소 등 법원의 패소판결의 판결이유에는 식민지배가 합법적이라는 인식을 전제로 한 부분이 포함되어 있으므로, 이는 대한민국 헌법의 핵심적 가치와 정면으로 충돌하는 것이어서 이러한 일본 판결의 승인은 대한민국의 공서양속에 어긋나는 것이라고 본 사례이다).

려는 데 목적이 있다. 따라서 법정지인 재판국에서 피고에게 방어할 기회를 부여하기 위하여 규정한 송달에 관한 방식과 절차를 따르지 아니한 경우에도, 패소한 피고가 외국법원의 소송절차에서 실제로 자신의 이익을 방어할 기회를 가졌다고 볼 수 있는 때는 민사소송법 제217조 제1항 제2호에서 말하는 피고의 응소가 있는 것으로 봄이 타당하다.

[2] 외국법원의 확정재판 등을 승인한 결과가 대한민국의 선량한 풍속이나 그 밖의 사회질서에 어긋나는지 판단하는 방법 및 외국법원의 확정재판 등이 당사자가 실제로 입은 손해를 전보하는 손해배상을 명하는 경우, 민사소송법 제217조의2 제1항을 근거로 승인을 제한할 수 있는지 여부(소극)

민사소송법 제217조 제1항 제3호는 외국법원의 확정판결 또는 이와 동일한 효력이 인정되는 재판(이하 '확정재판 등'이라 한다)의 승인이 대한민국의 선량한 풍속이나 그 밖의 사회질서에 어긋나지 아니할 것을 외국재판 승인요건의 하나로 규정하고 있다. 여기서 확정재판 등을 승인한 결과가 대한민국의 선량한 풍속이나 그 밖의 사회질서에 어긋나는지는 승인 여부를 판단하는 시점에서 확정재판 등의 승인이 우리나라의 국내법 질서가 보호하려는 기본적인 도덕적 신념과 사회질서에 미치는 영향을 확정재판 등이 다룬 사안과 우리나라와의 관련성의 정도에 비추어 판단하여야 한다. 그리고 민사소송법 제217조의2 제1항은 "법원은 손해배상에 관한 확정재판 등이 대한민국의 법률 또는 대한민국이 체결한 국제조약의 기본질서에 현저히 반하는 결과를 초래할 경우에는 해당 확정재판 등의 전부 또는 일부를 승인할 수 없다."라고 규정하고 있는데, 이는 징벌적 손해배상과 같이 손해전보의 범위를 초과하는 배상액의 지급을 명한 외국법원의 확정재판 등의 승인을 적정범위로 제한하기 위하여 마련된 규정이다. 따라서 외국법원의 확정재판 등이 당사자가 실제로 입은 손해를 전보하는 손해배상을 명하는 경우에는 민사소송법 제217조의2 제1항을 근거로 승인을 제한할 수 없다.

[3] 민사소송법 제217조 제1항 제4호에서 정한 상호보증의 요건을 갖추었는지 판단하는 기준

민사소송법 제217조 제1항 제4호는 외국법원의 확정판결 또는 이와 동일한 효력이 인정되는 재판(이하 '확정재판 등'이라 한다)의 승인요건으로 "상호보증이 있거나 대한민국과 그 외국법원이 속하는 국가에 있어 확정재판 등의 승인요건이 현저히 균형을 상실하지 아니하고 중요한 점에서 실질적으로 차이가 없을 것"을 규정하고 있다. 우리나라와 외국 사이에 같은 종류의 판결의 승인요건이 현저히 균형을 상실하지 아니하고 외국에서 정한 요건이 우리나라에서 정한 그것보다 전체로서 과중하지 아니하며 중요한 점에서 실질적으로 거의 차이가 없는 정도라면 민사소송법 제217조 제1항 제4호에서 정하는 상호보증의 요건을 갖춘 것이다. 이러한 상호보증은 외국의 법령, 판례 및 관례 등에 따라 승인요건을 비교하여 인정되면 충분하고 반드시 당사국과의 조약이 체결되어 있을 필요는 없으며, 외국에서 구체적으로 우리나라의 같은 종류의 판결을 승인한 사례가 없더라도 실제로 승인할 것이라고 기대할 수 있는 정도이면 충분하다.

[대판(전) 2021.12.23. 2017다257746] 민사소송법 제186조 제1항, 제2항의 보충송달 방식이 제217조 제1항 제2호에서 정한 '적법한 송달'에 포함되는지 여부(적극)

[다수의견] 민사소송법 제186조 제1항과 제2항에서 규정하는 보충송달도 교부송달과 마찬가지로 외국법원의 확정재판 등을 국내에서 승인·집행하기 위한 요건을 규정한 민사소송법 제217조 제1항 제2호의 '적법한 송달'에 해당한다고 해석하는 것이 타당하다. 보충송달은 민사소송법 제217조 제1항 제2호에서 외국법원의 확정재판 등을 승인·집행하기 위한 송달 요건에서 제외하고 있는 공시송달과 비슷한 송달에 의한 경우로 볼 수 없고, 외국재판 과정에서 보충송달 방식으로 송달이 이루어졌더라도 그 송달이 방어에 필요한 시간 여유를 두고 적법하게 이루어졌다면 위 규정에 따른 적법한

송달로 보아야 한다. 이와 달리 보충송달이 민사소송법 제217조 제1항 제2호에서 요구하는 통상의 송달방법에 의한 송달이 아니라고 본 대법원 1992.7.14. 선고 92다2585 판결, 대법원 2009.1.30. 선고 2008다65815 판결을 비롯하여 그와 같은 취지의 판결들은 이 판결의 견해에 배치되는 범위에서 이를 모두 변경하기로 한다.

[대판 2025.6.12. 2024다315527]

[1] 승소 확정판결을 받은 당사자가 전소의 상대방을 상대로 다시 동일한 청구의 소를 제기하는 경우, 후소에 권리보호의 이익이 있는지 여부(소극) / 이는 외국법원에서 민사소송법 제217조의 승인요건을 갖춘 승소 확정판결을 받은 당사자가 전소의 상대방을 상대로 다시 우리나라 법원에 동일한 청구의 소를 제기한 경우에도 마찬가지인지 여부(적극)

승소 확정판결을 받은 당사자가 전소의 상대방을 상대로 다시 승소 확정판결의 전소와 동일한 청구의 소를 제기하는 경우 후소는 권리보호의 이익이 없어 부적법하고, 이는 외국법원에서 민사소송법 제217조의 승인요건을 갖춘 승소 확정판결을 받은 당사자가 전소의 상대방을 상대로 다시 우리나라 법원에 동일한 청구의 소를 제기한 경우에도 같다.

[2] 민사소송법 제217조 제1항 제4호에서 정한 '상호보증'의 요건을 갖추었는지 판단하는 기준 및 외국재판의 승인요건이 충족되었는지는 법원의 직권조사사항인지 여부(적극)

민사소송법 제217조 제1항 제4호는 외국법원의 확정재판 등의 승인요건으로 '상호보증이 있거나 대한민국과 그 외국법원이 속하는 국가에 있어 확정재판 등의 승인요건이 현저히 균형을 상실하지 아니하고 중요한 점에서 실질적으로 차이가 없을 것'을 규정하고 있다. 이에 의하면 우리나라와 외국 사이에 동종 판결의 승인요건이 현저히 균형을 상실하지 아니하고 외국에서 정한 요건이 우리나라에서 정한 그것보다 전체로서 과중하지 아니하며 중요한 점에서 실질적으로 거의 차이가 없는 정도라면 민사소송법 제217조 제1항 제4호에서 정하는 상호보증의 요건을 갖춘 것으로 보아야 한다. 이러한 상호보증은 외국의 법령, 판례 및 관례 등에 의하여 승인요건을 비교하여 인정되면 충분하고 반드시 당사국과 조약이 체결되어 있을 필요는 없으며, 해당 외국에서 구체적으로 우리나라의 같은 종류의 판결을 승인한 사례가 없다고 하더라도 실제로 승인할 것이라고 기대할 수 있을 정도이면 충분하다. 법원은 외국재판의 승인요건이 충족되었는지에 관하여 직권으로 조사하여야 한다(민사소송법 제217조 제2항).

Ⅱ. 주관적 범위

> **제218조(기판력의 주관적 범위)**
> ① 확정판결은 당사자, **변론을 종결한 뒤의 승계인**(변론 없이 한 판결의 경우에는 판결을 선고한 뒤의 승계인) 또는 그를 위하여 **청구의 목적물을 소지한 사람**에 대하여 효력이 미친다.
> ② 제1항의 경우에 당사자가 변론을 종결할 때(변론 없이 한 판결의 경우에는 판결을 선고할 때)까지 **승계사실을 진술하지 아니한 때**에는 변론을 종결한 뒤(변론 없이 한 판결의 경우에는 판결을 선고한 뒤)에 승계한 것으로 **추정**한다.
> ③ 다른 사람을 위하여 원고나 피고가 된 사람에 대한 확정판결은 그 다른 사람에 대하여도 효력이 미친다.
> ④ 가집행의 선고에는 제1항 내지 제3항의 규정을 준용한다.

> **제80조(독립당사자 참가소송에서의 탈퇴)**
> 제79조(독립당사자 참가)의 규정에 따라 자기의 권리를 주장하기 위하여 소송에 참가한 사람이 있는 경우 그가 참가하기 전의 원고나 피고는 상대방의 승낙을 받아 소송에서 탈퇴할 수 있다. 다만, **판결은 탈퇴한 당사자에 대하여도 그 효력이 미친다.**

1. 의의

기판력이 누구와 누구 사이에서 작용하는가 하는 문제를 기판력의 주관적 범위(인적 범위·한계)라고 한다. 즉 소송과 어느 정도의 관련이 있는 사람에게 기판력이 미치는가의 문제이다.

2. 상대성의 원칙

기판력은 소송의 대립 당사자 사이에만 생기는 것을 원칙(=상대성의 원칙)으로 한다(제218조 제1항). 처분권주의, 변론주의를 소송구조로 예정하고 있는 당사자주의 하에서는 자기책임원리에 기하여, 절차보장이 주어져서 이익주장의 지위와 기회가 부여된 자에게 소송수행결과의 귀속을 정당화할 수 있기 때문이다(절차보장의 입장). 따라서 소송 외의 제3자뿐만 아니라 보조참가인·법정대리인·소송대리인·공동소송인에게도 미치지 않는다. 또한 단체 자체가 당사자로서 받은 판결의 효력은 그 대표자나 구성원에게 미치지 않는다(대판 1978.11.1, 78다1206).

★★★[대판 1988.2.23, 87다카1989] 사해행위취소판결의 기판력은 그 취소권을 행사한 채권자와 그 상대방인 수익자 또는 전득자와의 상대적인 관계에서만 미칠 뿐 그 소송에 참가하지 아니한 채무자 또는 채무자와 수익자 사이의 법률관계에는 미치지 아니한다.

★[대판 2010.12.23, 2010다58889] 확정판결의 기판력은 그 판결의 주문에 포함된 것, 즉 소송물로 주장된 법률관계의 존부에 관한 판단의 결론 그 자체에만 생기는 것이고, 판결이유에 설시된 그 전제가 되는 법률관계의 존부에까지 미치는 것은 아니고, 건물철거 및 토지인도청구권을 소송물로 하는 소송은 소유권 자체의 확정이 아니라 건물철거청구권 및 토지인도청구권의 존부만을 목적으로 할 따름이므로 그 소송에서 부동산의 권리귀속에 관한 판단이 있었다고 하더라도 그 기판력은 판결주문에 표시된 건물철거청구권 및 토지인도청구권에 국한되고 판결이유 중의 부동산 권리귀속에 관한 판단 부분에까지 미치지는 아니한다. 또한 기판력이 미치는 주관적 범위는 신분관계소송이나 회사관계소송 등에서 제3자에게도 그 효력이 미치는 것으로 규정되어 있는 경우를 제외하고는 원칙적으로 당사자, 변론을 종결한 뒤의 승계인 또는 그를 위하여 청구의 목적물을 소지한 사람과 다른 사람을 위하여 원고나 피고가 된 사람이 확정판결을 받은 경우의 그 다른 사람에 국한되고, 그 외의 제3자나 변론을 종결하기 전의 승계인에게는 미치지 않는 것이며(민사소송법 제218조 제1항, 제3항), 한편 민사소송법 제52조에 의하여 대표자가 있는 법인 아닌 사단이 소송의 당사자가 되는 경우에도 그 법인 아닌 사단은 대표자나 구성원과는 별개의 주체이므로, 그 대표자나 구성원을 당사자로 한 판결의 기판력이 법인 아닌 사단에 미치지 아니함은 물론 그 법인 아닌 사단을 당사자로 한 판결의 기판력 또한 그 대표자나 구성원에게 미치지 아니하는 것이 당연하다.

➥ [해설] : 甲이 乙 종중을 상대로 부동산의 소유권에 기하여 제기한 분묘굴이 및 토지인도 등 청구가 인용되고 그 판결이 그대로 확정되었다고 하더라도, 그 기판력은 소송물인 분묘굴이 및 토지인

도 등 청구권에 한하여 생기고 판결이유 중에서 판단되었을 뿐인 소유권에 관하여 생기는 것은 아니고, 나아가 그 효력 또한 甲과 乙 종중 사이에만 미칠 뿐 乙 종중의 종중원으로서 단순한 공동 소송인의 관계에 있을 뿐인 丙(위 부동산에는 丙이 별도로 설치하여 관리하는 분묘들도 설치되어 있었다)에게는 미치지 아니하므로, 甲의 乙 종중에 대한 제1심판결이 확정되었다는 이유만으로 甲이 부동산의 소유권을 적법하게 취득하였음을 丙에게도 주장할 수 있다고 한 원심판단에는 기판력의 범위에 관한 법리를 오해한 위법이 있다고 한 사례이다.

★[대판 2018.9.13. 2018다231031] 지부·분회·지회 등 어떤 법인의 하부조직을 상대로 일정한 의무의 이행을 구하는 소를 제기하여 승소 확정판결을 받은 경우, 그 판결을 집행권원으로 하여 법인의 재산에 대해 강제집행을 할 수 있는지 여부(소극)
① 확정판결의 기판력은 변론을 종결한 뒤의 승계인(변론 없이 한 판결의 경우에는 판결을 선고한 뒤의 승계인) 또는 그를 위하여 청구의 목적물을 소지한 사람 등 법률에 따로 규정되어 있는 경우 외에는 특별한 사정이 없는 한 당해 판결에 표시된 당사자 사이에만 미치고(민사소송법 제218조 참조), 집행력의 범위도 원칙적으로 기판력의 범위에 준한다. 따라서 ② 지부·분회·지회 등 어떤 법인의 하부조직을 상대로 일정한 의무의 이행을 구하는 소를 제기하여 승소 확정판결을 받은 경우 판결의 집행력이 해당 지부·분회·지회 등을 넘어서 소송의 당사자도 아닌 법인에까지 미친다고 볼 수는 없으므로 그 판결을 집행권원으로 하여 법인의 재산에 대해 강제집행을 할 수는 없고, 법인의 재산에 대한 강제집행을 위해서는 법인 자체에 대한 별도의 집행권원이 필요하다.

3. 기판력의 일반 제3자에게의 확장

(1) 개설

그러나 일정한 자에게 기판력의 확장이 인정된다. 즉 민사소송법은 ① 변론종결 뒤의 승계인(변론 없이 한 판결의 경우에는 판결을 선고한 뒤의 승계인)(제218조 제1항), ② 청구의 목적물의 소지인(동조 동항), ③ 소송담당에 있어서 권리귀속주체(동조 제3항), ④ 소송탈퇴자(제80조)에게 기판력이 미치는 것으로 규정하고 있다. 그 밖에도 ⑤ 특히 가사소송관계(가사소송법 제21조 제1항)나 상법상의 단체적인 법률관계(예 회사의 설립무효, 결의취소 등의 회사관계소송)에 대하여는 획일적 처리 및 법률관계의 안정의 요청에 기하여 넓게 일반 제3자에게 기판력이 미칠 필요성이 있는 경우가 많다. ⑥ 나아가 학설은 법인격이 남용되거나 형해화되어 법인격부인의 법리가 적용된 사안에서, 당사자와 제3자를 동일 인격으로 보아 제3자에게도 판결의 효력을 확장하려고 한다. 그러나 판례는 절차의 명확·안정을 중시하는 소송절차 및 강제집행절차에 있어서는 그 절차의 성격상 판결의 기판력 및 집행력의 범위를 확장하는 것은 허용되지 아니한다고 본다.

[대판 1995.5.12. 93다44531] 甲 회사와 乙 회사가 기업의 형태·내용이 실질적으로 동일하고, 甲 회사는 乙 회사의 채무를 면탈할 목적으로 설립된 것으로서 甲 회사가 乙 회사의 채권자에 대하여 乙 회사와는 별개의 법인격을 가지는 회사라는 주장을 하는 것이 신의성실의 원칙에 반하거나 법인격을 남용하는 것으로 인정되는 경우에도, 권리관계의 공권적인 확정 및 그 신속·확실한 실현을 도모하기 위하여 '절차의 명확·안정을 중시하는 소송절차 및 강제집행절차'에 있어서는 그 절차의 성격상 乙 회사에 대한 판결의 기판력 및 집행력의 범위를 甲 회사에까지 확장하는 것은 허용되지 아니한다.

(2) 변론종결 뒤의 승계인

1) 의의 및 취지

변론종결 뒤(변론 없이 한 판결의 경우에는 판결을 선고한 뒤 – 이하 같다)에 소송물인 권리관계에 대한 지위를 당사자(=전주)로부터 승계한 제3자는 전주와 상대방 당사자 사이에 내려진 판결의 기판력을 받는다(제218조 제1항). 이 규정은 패소 당사자가 그 소송물인 권리관계를 제3자에게 처분함으로써 기판력 있는 판결을 무력화시키고, 승소당사자의 지위를 붕괴시키는 것을 방지하기 위함이다. 따라서 소송계속의 사실이나 전소판결의 존재에 대하여 승계인이 된 제3자의 知·不知는 문제되지 않는다.

2) 변론종결 뒤 승계인에게 기판력이 미치는 근거

승계의 개념을 소송물인 권리의무 자체뿐만 아니라 소송물을 다툴 수 있는 지위인 당사자적격(분쟁주체로서의 지위)의 승계로 보아, 피승계인의 당사자적격이 승계인에게로 이전되었기 때문에 기판력이 확장된다고 보는 적격승계설이 타당하다.

3) 변론종결 뒤 승계인의 범위

가) 소송물인 권리의무 자체를 승계한 자

승계의 모습이 포괄승계이든 특정승계이든 또 특정승계의 경우에 이전적 승계이든 설정적 승계이든 가리지 않으며, 승계의 원인이 법률행위에 의한 임의처분이든 국가의 강제처분이든 묻지 않는다. 따라서 <예> 소유권확인판결이 내려진 뒤에 원고로부터 소유권을 양수한 자, 이행판결이 있은 뒤 원고로부터의 채권 양수인, 이행판결의 피고로부터 채무를 면책적으로 인수한 자 등이 이에 해당한다.[92]

★★[대판 2016.9.28, 2016다13482] 전소 변론종결 또는 판결선고 후 면책적 채무인수를 한 자에게 전소 확정판결의 기판력이 미치는지 여부(적극) 및 원고가 채무인수인을 상대로 다시 본소를 제기할 이익이 있는지 여부(원칙적 소극)
확정된 승소판결에는 기판력이 있으므로, 승소 확정판결을 받은 당사자가 전소의 상대방을 상대로 다시 승소 확정판결의 전소와 동일한 청구의 소를 제기하는 경우 후소는 권리보호의 이익이 없어 부적법하다고 할 것인데, 전소 변론종결 또는 판결선고 후에 채무자의 채무를 소멸시켜 당사자인 채무자의 지위를 승계하는 이른바 면책적 채무인수를 한 자는 변론종결 후의 승계인으로서 전소 확정판결의 기판력이 미치게 되므로 원고는 특별한 사정이 없는 한 다시 본소를 제기할 이익이 없다.

---

92) ※ [참고] – 대판 2016.5.27, 2015다21967 사안에서는 "민사집행법 제31조 제1항에서 집행문은 판결에 표시된 채권자의 승계인을 위하여 내어 주거나 판결에 표시된 채무자의 승계인에 대한 집행을 위하여 내어 줄 수 있다라고 규정하고 있는데, 중첩적 채무인수는 당사자의 채무는 그대로 존속하며 이와 별개의 채무를 부담하는 것에 불과하므로 새로 채무의 이행을 소구하는 것은 별론으로 하고 판결에 표시된 채무자에 대한 판결의 기판력 및 집행력의 범위를 채무자 이외의 자에게 확장하여 승계집행문을 부여할 수는 없으나, 채무자의 채무를 소멸시켜 당사자인 채무자의 지위를 승계하는 이른바 면책적 채무인수는 위 조항에서 말하는 승계인에 해당한다."고 하였다.

★★★[대판 2022.3.17. 2021다210720]

[1] 매도인이 악의인 계약명의신탁의 명의수탁자로부터 명의신탁의 목적물인 주택을 임차하여 주택임대차 보호법 제3조 제1항의 대항요건을 갖춘 임차인이, 명의수탁자의 소유권이전등기가 말소됨으로써 등기 명의를 회복한 매도인과 그로부터 다시 소유권이전등기를 마친 명의신탁자에 대하여 자신의 임차권을 대항할 수 있는지 여부(적극) 및 이 경우 소유권이전등기를 마친 명의신탁자가 주택임대차보호법 제3조 제4항에 따라 임대인의 지위를 승계하는지 여부(적극)

매도인이 악의인 계약명의신탁에서 명의수탁자로부터 명의신탁의 목적물인 주택을 임차하여 주택 인도와 주민등록을 마침으로써 주택임대차보호법 제3조 제1항에 의한 대항요건을 갖춘 임차인은 '부동산 실권리자명의 등기에 관한 법률' 제4조 제3항의 규정에 따라 명의신탁약정 및 그에 따른 물권변동의 무효를 대항할 수 없는 제3자에 해당하므로, 명의수탁자의 소유권이전등기가 말소됨으로써 등기명의를 회복하게 된 매도인 및 매도인으로부터 다시 소유권이전등기를 마친 명의신탁자에 대해 자신의 임차권을 대항할 수 있고, 이 경우 임차인 보호를 위한 주택임대차보호법의 입법 목적 및 임차인이 보증금반환청구권을 행사하는 때의 임차주택 소유자로 하여금 임차보증금반환채무를 부담하게 함으로써 임차인을 두텁게 보호하고자 하는 주택임대차보호법 제3조 제4항의 개정 취지 등을 종합하면 위의 방법으로 소유권이전등기를 마친 명의신탁자는 주택임대차보호법 제3조 제4항에 따라 임대인의 지위를 승계한다.

➲ [해설] : 이는 소유권을 취득하였다가 계약해제로 인하여 소유권을 상실하게 된 임대인으로부터 그 계약이 해제되기 전에 주택을 임차하여 주택임대차보호법 제3조 제1항에 의한 대항요건을 갖춘 임차인은, 민법 제548조 제1항 단서의 규정에 따라 계약해제로 인하여 권리를 침해받지 않는 제3자에 해당하므로 임대인의 임대권원의 바탕이 되는 계약의 해제에도 불구하고 자신의 임차권을 새로운 소유자에게 대항할 수 있고, 이 경우 계약해제로 소유권을 회복한 제3자는 주택 임대차보호법 제3조 제4항에 따라 임대인의 지위를 승계하는 것과 마찬가지이다.

[2] 임차인이 임대인을 상대로 제기한 보증금반환소송의 변론종결 후 임대부동산을 양수한 자가 민사소송법 제218조 제1항에서 정한 변론종결 후의 승계인에 해당하는지 여부(적극) / 임대인을 상대로 보증금 반환의 승소확정판결을 받은 임차인이 주택 양수인을 상대로 보증금을 반환받고자 하는 경우, 승계가 명확하지 않거나 승계를 증명할 수 없는 때에는 양수인을 상대로 승계집행문부여의 소를 제기하여 승계 집행문을 부여받아야 하는지 여부(원칙적 적극) 및 위 임차인이 양수인을 상대로 임대차보증금의 반환을 구하는 소를 제기하여 임대인 지위의 승계 여부에 대해 상당한 정도의 공격방어와 심리가 진행됨으로써 사실상 승계집행문 부여의 소가 제기되었을 때와 큰 차이가 없는 경우, 소의 이익이 없다고 단정할 수 있는지 여부(소극)

주택임대차보호법 제3조 제4항에 따라 임차주택의 양수인은 임대인의 지위를 승계한 것으로 보므로 임대차보증금 반환채무도 부동산의 소유권과 결합하여 일체로서 임대인의 지위를 승계한 양수인에게 이전되고 양도인의 보증금반환채무는 소멸하는 것으로 해석되므로, 변론종결 후 임대부동산을 양수한 자는 민사소송법 제218조 제1항의 변론종결 후의 승계인에 해당한다. 승계집행문은 그 승계가 법원에 명백한 사실이거나 증명서로 승계를 증명한 때에 한하여 내어 줄 수 있고(민사집행법 제31조 제1항), 승계를 증명할 수 없는 때에는 채권자가 승계집행문 부여의 소를 제기할 수 있다 (제33조). 따라서 ① 임차인이 임대인을 상대로 보증금반환의 승소확정판결을 받았으나 이후 주택 양수인을 상대로 이를 반환받고자 할 경우 승계가 명확하지 않거나 임대인 지위의 승계를 증명할 수 없는 때에는 임차인이 양수인을 상대로 승계집행문 부여의 소를 제기하여 승계집행문을 부여받음이 원칙이나, ② 이미 임차인이 양수인을 상대로 임대차보증금의 반환을 구하는 소를 제기하여 양수인과 사이에 임대인 지위의 승계 여부에 대해 상당한 정도의 공격방어 및 법원의 심리가 진행됨으로써 사실상 승계집행문 부여의 소가 제기되었을 때와 큰 차이가 없다면, 그럼에도 법원이 소의 이익이 없다는 이유로 후소를 각하하고 임차인으로 하여금 다시 승계집행문 부여의 소를 제기하도록 하는 것은 당사자들로 하여금 그동안의 노력과 시간을 무위로 돌리고 사실상 동일한 소송행위를 반복하도록 하는 것이어서 당사자들에게 가혹할 뿐만 아니라 신속한 분쟁해결이나 소송경제의 측면에서 타당하다고 보기 어려우므로 이와 같은 경우 소의 이익이 없다고 섣불리 단정하여서는 안 된다.

➡ [사실관계 및 해설] : 명의수탁자로부터 주택을 임차하고 주임법상 대항요건을 갖춘 원고(임차인)가 명의신탁이 무효임을 이유로 명의수탁자로부터 매도인을 거쳐 대물변제를 원인으로 소유권이전등기를 회복한 명의신탁자인 피고를 상대로 임대차보증금반환을 청구한 사안에서, 원심은 설령 피고(명의신탁자)가 임대인의 지위를 승계한다고 보더라도, 원고가 이미 2017.6.경 소외인(명의수탁자)을 상대로 한 임대차보증금반환청구소송에서 승소확정판결을 받은 이상, 그 후 피고(명의신탁자)가 소유권이전등기를 마침으로써 임대인의 지위를 승계하였다면 민사소송법 제218조 제1항의 '변론종결 후의 승계인'에 해당하여 위 확정판결의 기판력이 미치므로 이 사건 소는 권리보호의 이익이 없다고 판단하였다. 이에 대해 대법원은 원고가 이미 소외인(명의수탁자)을 상대로 임대차보증금반환청구의 소를 제기하여 그 승소판결이 확정된 후 피고(명의신탁자)가 소외인(명의수탁자)의 임대인 지위를 승계하였으나, 원고의 이 사건 소에 대해 피고(명의신탁자)가 계속하여 임대인 지위 승계를 부정하면서 다투어 왔고 이에 대해 상당한 정도의 공격방어와 법원의 심리가 이루어진 점, 이제 와서 굳이 이 부분 소의 이익을 부정하고 원고로 하여금 승계집행문 부여의 소를 제기하여 다시 피고와 다투도록 하는 것이 당사자들 모두에게 가혹할 뿐만 아니라 소송경제 등의 측면에서도 타당하다고 보기 어려운 점 등을 종합하여 보면, 원고가 피고(명의신탁자)를 상대로 임대인 지위의 승계를 주장하면서 임대차보증금의 반환을 구할 권리보호의 이익이 없다고 단정하기 어렵다고 본 사례이다.

[대판 2017.12.22, 2015다73753] 승소 확정판결을 받은 당사자가 별도의 절차를 거치는 대신 피고의 주소가 등기기록상 주소로 기재된 판결을 받기 위하여 전소의 상대방이나 그 포괄승계인을 상대로 동일한 소유권이전등기청구의 소를 다시 제기하는 경우 소의 적법 여부(소극)

확정된 승소판결에는 기판력이 있으므로, 승소 확정판결을 받은 당사자가 별도의 절차93)를 거치는 대신 피고의 주소가 등기기록상 주소로 기재된 판결을 받기 위하여 전소의 상대방이나 그 포괄승계인을 상대로 동일한 소유권이전등기청구의 소를 다시 제기하는 경우 그 소는 권리보호의 이익이 없어 부적법하다(대판 2006.4.14, 2005다74764 등 참조).

---

93) 판결에 기재된 피고가 등기의무자와 동일인이라면 등기권리자는 등기절차에서 등기의무자의 주소에 관한 자료를 첨부정보로 제공하여 등기신청을 할 수 있고, 등기관이 등기신청을 각하하면 등기관의 처분에 대한 이의신청의 방법으로 불복할 수 있다. 등기신청에 대한 각하결정이나 이의신청에 대한 기각결정에는 기판력이 발생하지 않으므로 각하결정 등을 받더라도 추가 자료를 확보하여 다시 등기신청을 할 수 있다(부동산등기규칙 제46조 제1항).

나) 계쟁물에 관한 당사자적격(분쟁주체인 지위)의 승계인

① 의의 및 내용

ⅰ) 소송물인 권리의무관계 자체를 승계한 것은 아니지만, 계쟁물에 관한 당사자적격(분쟁주체인 지위)을 승계한 자도 승계인이 된다. 다만 당사자적격은 소송법적으로 추상화된 개념이므로 승계인의 범위(기판력의 범위)가 지나치게 확대될 가능성이 있다. 따라서 그 범위의 합리적 조절이 문제된다.

ⅱ) 다만 판례는 기판력은 전후소를 통한 소송물의 동일, 선결문제 또는 모순관계에 있을 때에 전소판결의 판단과 다른 주장을 허용하지 않는 작용을 하는 것이므로, 이와 같이 소송물의 동일, 선결문제 또는 모순관계에 의하여 기판력이 미치는 객관적 범위에 해당하지 아니하는 경우는 전소판결의 변론종결 후에 당사자로부터 계쟁물 등을 승계한 자가 후소를 제기하더라도 그 후소에 전소판결의 기판력이 미치지 않는다고 하였다.

★★★ **[대판 2014.10.30, 2013다53939]** 소송물이 동일하거나 선결문제 또는 모순관계에 의하여 기판력이 미치는 객관적 범위에 해당하지 아니하는 경우에는 전소 판결의 변론종결 후에 당사자로부터 계쟁물 등을 승계한 자가 후소를 제기하더라도 후소에 전소 판결의 기판력이 미치지 아니한다.

➥ [해설] : 甲 등이 乙을 상대로 건물 등에 관한 소유권이전등기의 말소등기절차 이행을 구하는 소를 제기하여 승소확정판결을 받았는데, 위 판결의 변론종결 후에 乙로부터 건물 등의 소유권을 이전받은 丙이 甲 등을 상대로 위 건물의 인도 및 차임 상당 부당이득의 반환을 구하는 소를 제기한 사안에서, 전소 판결에서 소송물로 주장된 법률관계는 건물 등에 관한 말소등기청구권의 존부이고 건물 등의 소유권의 존부는 전제가 되는 법률관계에 불과하여 전소 판결의 기판력이 미치지 아니하고, 전소인 말소등기청구권에 대한 판단이 건물인도 등 청구의 소의 선결문제가 되거나 건물인도청구권 등의 존부가 전소의 소송물인 말소등기청구권의 존부와 모순관계에 있다고 볼 수 없어 전소의 기판력이 건물인도 등 청구의 소에 미친다고 할 수 없으며, 이는 丙이 전소 판결의 변론종결 후에 乙로부터 건물을 매수하여 소유권이전등기를 마쳤더라도 마찬가지이므로, 丙이 변론종결 후의 승계인이어서 전소 확정판결의 기판력이 미쳐 건물 등의 소유권을 취득할 수 없다고 본 원심판결에 법리오해 등의 위법이 있다고 한 사례이다.

★★★ **[대판 2020.5.14, 2019다261381]** 소유권에 기한 말소등기청구 소송에서 패소한 원고 측으로부터 변론종결 후 소유권 등을 이전받은 제3자가 민사소송법 제218조 제1항에서 정한 확정판결의 기판력이 미치는 '변론을 종결한 뒤의 승계인'에 해당하는지 여부(소극)

① 확정판결의 기판력은 확정판결의 주문에 포함된 법률적 판단과 동일한 사항이 소송상 문제가 되었을 때 당사자는 이에 저촉되는 주장을 할 수 없고 법원도 이에 저촉되는 판단을 할 수 없는 기속력을 의미하고, 확정판결의 내용대로 실체적 권리관계를 변경하는 실체법적 효력을 갖는 것은 아니다.

② 토지 소유권에 기한 물권적 청구권을 원인으로 하는 가등기말소청구소송의 소송물은 가등기말소청구권이므로 그 소송에서 청구기각된 확정판결의 기판력은 가등기말소청구권의 부존재 그 자체에만 미치고, 소송물이 되지 않은 토지 소유권의 존부에 관하여는 미치지 않는다. 나아가 위 청구기각된 확정판결로 인하여 토지 소유자가 갖는 토지 소유권의 내용이나 토지 소유권에 기초한 물권적 청구권의 실체적인 내용이 변경, 소멸되는 것은 아니다.

③ 위 가등기말소청구소송의 사실심 변론종결 후에 토지 소유자로부터 근저당권을 취득한 제3자는 적법하게 취득한 근저당권의 일반적 효력으로서 물권적 청구권을 갖게 되고, 위 가등기말소청구소송의 소송물인 패소자의 가등기말소청구권을 승계하여 갖는 것이 아니며, 자신이 적법하게 취득한 근저당권에 기한 물권적 청구권을 원인으로 소송상 청구를 하는 것이므로, 위 제3자는 민사소송법 제218조 제1항에서 정한 확정판결의 기판력이 미치는 '변론을 종결한 뒤의 승계인'에 해당하지 않는다. 따라서 토지 소유권에 기한 가등기말소청구소송에서 청구기각된 확정판결의 기판력은 위 소송의 변론종결 후 토지 소유자로부터 근저당권을 취득한 제3자가 근저당권에 기하여 같은 가등기에 대한 말소청구를 하는 경우에는 미치지 않는다.

➡ [사실관계 및 해설] : 토지 소유자가 피고를 상대로 소유권에 기한 방해배제청구로서 매매예약에 기해 경료된 가등기의 말소청구소송을 제기하였으나 패소·확정되었고(이 사건 전소), 원고가 위 소송의 사실심 변론종결 후 위 토지 소유자로부터 근저당권을 취득한 다음 피고를 상대로 근저당권에 기한 방해배제청구로서 동일한 가등기의 말소를 구한 사건에서, 원고는 이 사건 전소 판결의 기판력이 미치는 변론종결 후의 승계인에 해당하지 않으므로 기판력 저촉에 관한 피고의 본안 전 항변을 배척한 사례이다.

② 소송물이론과 승계인의 범위

이에 대해 (ㄱ) 판례는 소송물인 청구권의 성질을 승계인의 범위 문제에 반영하여, i) 소송물인 원고의 청구가 대세적 효력을 갖는 물권적 청구권일 때에는 제218조 제1항의 승계인으로 되지만, ii) 대인적 효력밖에 없는 채권적 청구권일 때에는 승계인이 아니라고 한다. 이에 반해 (ㄴ) 신소송물이론은 실체법상 권리와 무관하게 소송물을 구성한다고 보아 원고의 청구가 물권적이냐 채권적이냐를 불문하고 승계인에 해당한다고 본다.[94]

★★★[대판 1993.2.12. 92다25151] 전소의 소송물이 채권적 청구권인 소유권이전등기청구권일 때에는 전소의 변론종결 후에 전소의 피고인 채무자로부터 소유권이전등기를 경료받은 자는 전소의 기판력이 미치는 변론종결 후의 제3자에 해당한다고 할 수 없다.

★★★[대판 2023.6.29. 2021다206349] 변론종결 후 승계인 − 전 소유자가 신 소유자에게 부동산 소유권을 이전함과 동시에 그 부동산의 무단점유자에 대한 장래의 부당이득반환채권(판결금채권)을 양도할 수 있는지 여부(소극)
① 전소판결의 소송물은 채권적 청구권인 부당이득반환청구권이므로 원고가 전소판결소송 변론종결 뒤에 이 사건 토지의 소유권을 취득하였다는 사정만으로는 전소판결의 기판력이 미치는 변론을 종결한 뒤의 승계인에 해당할 수 없다. ② 나아가 전소판결의 소송물인 부당이득반환청구권은 甲의 이 사건 토지 소유를 요건으로 하므로 이 사건 토지 소유권이 甲에서 다른 사람으로 이전된 이후에는 더 이상 발생하지 않고, 그에 대한 양도도 있을 수 없다. 따라서 이 사건 소에서 자신이 이 사건 토지의 소유권을 취득한 이후의 부당이득반환을 구하는 원고 A로서는 전소판결 소송의 소송물을 양수한 변론을 종결한 뒤의 승계인에도 해당하지 않는다.

---

94) 민법 제187조 소정의 물권변동을 일으키는 판결에는 이행판결이 포함되지 않기 때문에 소송물이 채권적 청구권인 이행소송의 확정판결이 있는 것만으로는 물권변동의 효력이 생기지 않으므로, 그 제3자를 변론종결 뒤의 승계인으로 보아 그에 대하여 기판력이 미친다고 한다면 물권변동에 관한 실체법의 원칙에 어긋나므로 판례의 입장이 타당하다고 본다.

➡ [사실관계 및 해설] : 이 사건 토지의 전 소유자(甲)가 그 상공에 송전선을 설치하여 소유하는 피고(한국전력공사)를 상대로 부당이득반환을 구하는 소를 제기하여 송전선 철거완료일까지 정기금의 지급을 명하는 전소판결을 받은 후 원고(A)에게 위 토지의 소유권을 이전하였고, 이후 원고가 피고를 상대로 토지의 소유권취득일 이후의 기간에 대한 부당이득반환을 구한 사안에서, 대법원은 전 소유자(甲)는 신 소유자(A)에게 그 토지의 무단점유자에 대한 장래의 부당이득반환채권을 양도할 수 없다고 판단하여, 그와 같은 장래의 부당이득반환채권의 양도가 가능하다고 판단한 원심을 파기·환송하였다.

★★★[대판 1974.12.10, 74다1046] 소유권이전등기 및 근저당권설정등기가 당초부터 원인무효임을 이유로 각 그 말소를 명하는 판결이 확정되었다면 그 판결의 변론종결후의 승계인인 임의경매실행으로 인한 소유권취득자에 대하여는 경매절차의 진행을 저지하는 절차나 등기부상의 조처를 취한 여부에 불구하고 기판력이 미친다.

★★[대판 1972.7.25, 72다935] 소유권이전등기말소를 명하는 확정판결의 변론종결 후에 이로부터 다시 소유권이전등기를 경료한 자는 변론종결 후의 승계인으로서 위 확정판결의 기판력을 받으므로, 특별한 사정이 없는 한 이 자를 상대로 한 말소등기청구의 소는 소의 이익이 없는 부적법한 소이다.

★[대판 1991.1.15, 90다9964]

[1] 채권적 청구권에 기한 건물명도소송의 변론종결 후에 피고로부터 건물의 점유를 취득한 자에게 판결의 기판력이나 집행력이 미치는지 여부(소극)

건물명도소송에서의 소송물인 청구가 ① 물권적 청구 등과 같이 대세적인 효력을 가진 경우에는 그 판결의 기판력이나 집행력이 변론종결 후에 그 재판의 피고로부터 그 건물의 점유를 취득한 자에게도 미치나, ② 그 청구가 대인적인 효력밖에 없는 채권적 청구만에 그친 때에는 위와 같은 점유승계인에게 위의 효력이 미치지 아니한다.

[2] 전차권을 양수하여 다시 전대차계약을 체결한 자가 그 양도인을 대위하여 점포의 점유자를 상대로 한 점포 명도청구소송에서 승소판결을 받았으나 그 소송의 변론종결 후 그가 점포를 양도한 경우 점포를 양수한 자에 대한 점포명도를 구할 소송상의 이익 유무(적극)

A가 甲으로부터 乙에 대한 점포의 전차권을 양도받고 다시 乙과 전대차계약을 맺은 다음, 그 점포를 점유하고 있는 丙을 상대로 甲으로부터 양수한 전차권을 보전하기 위하여 '甲을 대위'하여 점포의 명도청구소송을 제기하여 승소판결을 받았으나 丙이 그 사건의 변론종결 후에 마음대로 B에게 위 점포를 양도함으로써 B가 이를 점유하고 있는 경우 A의 위 소송에서의 청구는 채권적 청구이므로 B에 대하여는 그 판결의 기판력과 집행력이 미치지 아니하고, 따라서 그 승소판결만으로 B에 대하여 명도집행을 할 수 없게 된 A로서는 B를 상대로 다시 위 점포의 명도를 구할 소송상의 이익이 있다.

4) 승계의 시기

승계의 시기는 변론종결 후(무변론판결의 경우는 판결선고 후)일 것을 요하며, 계쟁물이 부동산인 경우에 판례는 물권변동의 효력이 생긴 때, 즉 등기 시를 기준으로 판단하는 입장이다. 따라서 ① 매매 등 원인행위가 변론종결 이전에 이루어졌더라도 등기를 뒤에 갖추었으면 등기를 기준으로 변론종결 후의 승계인에 해당한다고 보며(대판 2005.11.10, 2005다34667), ② 가등기는 변론종결 전에, 이에 기한 본등기는 변론종결 후에 마친 때에도 변론종결 후의 승계인에 해당한다고 본다

(대판 1992.10.27, 92다10883). 그러나 ③ 확정판결의 피고 측의 제1차 승계가 이미 그 변론종결 이전에 있었다면 비록 그 제2차 승계가 그 변론종결 이후에 있었다 할지라도 이 제2차 승계인은 이른바 변론종결 후의 승계인으로 볼 수 없다(대결 1967.2.23, 67마55). 제1차 승계인에게 판결의 집행력이 미치지 않는 이상 제2차 승계인에게도 미칠 이유가 없기 때문이다. 따라서 이러한 제2차 승계인에 대하여서도 승계집행문이 부여될 수 없다.

★★[대판 2021.3.11, 2020다253836] 대금분할을 명한 공유물분할 확정판결의 당사자인 공유자가 신청하여 진행된 공유물분할을 위한 경매절차에서 매수인이 매각대금을 완납한 경우, 위 판결의 변론이 종결된 뒤(또는 변론 없이 한 판결의 경우에는 판결을 선고한 뒤) 해당 공유자의 공유지분에 마쳐진 소유권이전청구권의 순위보전을 위한 가등기상 권리가 소멸하는지 여부(원칙적 적극) 대금분할을 명한 공유물분할 확정판결의 당사자인 공유자가 공유물분할을 위한 경매를 신청하여 진행된 경매절차에서 공유물 전부에 관하여 매수인에 대한 매각허가결정이 확정되고 매각대금이 완납된 경우, 매수인은 공유물 전부에 대한 소유권을 취득하게 되고, 이에 따라 각 공유지분을 가지고 있던 공유자들은 지분소유권을 상실하게 된다. 그리고 대금분할을 명한 공유물분할판결의 변론이 종결된 뒤(변론 없이 한 판결의 경우에는 판결을 선고한 뒤) 해당 공유자의 공유지분에 관하여 소유권이전청구권의 순위보전을 위한 가등기가 마쳐진 경우, 대금분할을 명한 공유물분할 확정판결의 효력은 민사소송법 제218조 제1항이 정한 변론종결 후의 승계인에 해당하는 가등기권자에게 미치므로, 특별한 사정이 없는 한 위 가등기상의 권리는 매수인이 매각대금을 완납함으로써 소멸한다.

★★★[대판 2020.9.3, 2020다210747 등] 채권양수인이 민사소송법 제218조 제1항에 따라 확정판결의 효력이 미치는 변론종결 후의 승계인에 해당하는지 판단하는 기준 시기(=채권양도의 대항요건이 갖추어진 때)

① 채권을 양수하기는 하였으나 아직 양도인에 의한 통지 또는 채무자의 승낙이라는 대항요건을 갖추지 못하였다면 채권양수인은 채무자와 사이에 아무런 법률관계가 없어 채무자에 대하여 아무런 권리주장을 할 수 없고, 양도인이 채무자에게 채권양도통지를 하거나 채무자가 이를 승낙하여야 채무자에게 채권양수를 주장할 수 있다(대판 1990.11.27, 90다카27662).

② 이에 따라 채권양수인이 소송계속 중의 승계인이라고 주장하며 참가신청을 한 경우에, 채권자로서의 지위의 승계가 소송계속 중에 이루어진 것인지 여부는 채권양도의 합의가 이루어진 때가 아니라 대항요건이 갖추어진 때를 기준으로 판단하여야 한다(대판 2019.5.16, 2016다8589).

③ 이와 마찬가지로, 채권양수인이 민사소송법 제218조 제1항에 따라 확정판결의 효력이 미치는 변론종결 후의 승계인에 해당하는지 여부 역시 채권양도의 합의가 이루어진 때가 아니라 대항요건이 갖추어진 때를 기준으로 판단하여야 한다.

---

5) 승계인에게 고유한 방어방법이 있는 경우 – 승계인에 대한 기판력의 작용

가) 문제점

승계인으로 평가될 수 있더라도 그 제3자에게 실체법상 고유의 방어방법이 성립하는 경우 제3자의 절차권보장과 관련하여 그 제3자를 승계인으로 볼 것인지가 문제된다.

나) 학설

이에 대해 ① 제3자가 변론종결한 뒤에 소송당사자로부터 점유나 등기를 취득하였다는 형식에 치중하여 제218조 제1항 소정의 변론종결한 뒤의 승계인에 해당한다고 보아 판결의 효력을 받는다는 형식설, ② 실체법상 고유의 방어방법이 가지는 제3자는 제218조 제1항의 변론종결한 뒤의 승계인에 해당하지 않는다는 실질설의 대립이 있다.

다) 판례

판례는 원고가 명의신탁해지를 원인으로 이전등기를 청구하여 수탁자에게 승소판결을 받았으나 수탁자가 처분한 사례에서 "소유권이전등기를 명하는 확정판결이 변론종결한 뒤에 그 청구목적물을 매수하여 등기를 한 제3자는 변론종결한 뒤의 승계인에 해당되지 아니한다"(대판 1980.11.25, 80다2217)고 하였는바, 이 판결을 근거로 판례의 입장을 실질설로 평가하는 것이 일반적이다.[95][96]

(3) 추정승계인

1) 의의 및 취지

① 원칙적으로 변론종결 전의 승계인에 대하여는 기판력이 미치지 않으나(소송상태의 승인의무만 있다), 당사자가 변론종결 전에 소송물을 승계하였어도 그 승계사실을 진술하지 않은 경우에는 변론종결 후에 승계가 있는 것으로 추정이 되어 반증이 없는 한 기판력이 미치게 되는데(제218조 제2항), 이를 추정승계인제도라 한다.

② 추정승계인제도는 소송계속 중 피고의 지위가 승계되었는데도 불구하고 그 사실을 원고에게 알리지 않아, 원고로 하여금 피고를 바꿀 기회를 제공하지 않았다면 변론종결 후의 승계인으로 추정하여 기판력을 미치게 함으로써 원고를 보호하기 위함에 그 취지가 있다.

③ 다만 민사소송법 제218조 제2항의 취지는, 변론종결 전의 승계를 주장하는 자에게 그 입증책임이 있다는 뜻을 규정하여 변론종결 전의 승계사실이 입증되면 확정판결의 기판력이 그 승계인에게 미치지 아니한다는 것으로 해석되므로, 종전의 확정판결의 기판력의 배제를 원하는 당사자 일방이 변론종결 전에 당사자 지위의 승계가 이루어진 사실을 입증한다면, 종전소송

---

95) 이러한 판례의 태도에 대해서는 일반적으로 실질설에 입각하고 있다고 평가하고 있는데, 동 판례에서는 소송물이 채권적 청구권이므로 구이론에 따르는 판례에 의하면 승계인에 해당하지 않는다고 볼 수밖에 없고, 따라서 판례가 실질설에 입각하고 있다고 단정할 수 없다고 보는 견해도 유력하다. 결국 판례의 입장을 소개할 때에는 단언하지 말고 판시사항 그대로를 기술하거나 일반적 평석 입장이 어떠한지를 보여주는 것이 보다 위험부담을 줄이는 적절한 방법이라고 하겠다.

96) 어느 설에 의하든 기판력의 확장과 관련하여 제3자의 고유한 이익은 보호되지만, 그 설명방법이 다르다. ① 형식설에 따르면 원고는 승계집행문을 부여받아 승계인에게 집행을 착수할 수 있지만 승계인은 고유의 항변을 가지고 집행에 대항할 수 있는 집행문부여에 대한 이의의 소를 제기하여 자신의 권리를 보호받을 수 있다고 한다. ② 반면에 실질설에 따르면 이러한 고유의 항변은 승계집행문부여신청절차에서 판단되므로 항변이 이유 있다고 인정될 때는 승계인이 아니라고 보게 되므로 집행문부여신청이 받아들여지지 않게 되며, 원고가 집행문부여의 소(민사집행법 제33조)를 제기해야 한다고 본다. 이 견해는 형식설에 의할 경우 승계집행문부여단계에서 고려할 수 있는 사항을 후소에 미루어 제3자의 비용으로 집행문부여에 대한 이의의 소를 제기하도록 강요하는 결과가 되어 제3자에게 가혹하며, 제3자의 절차보장을 위하여 판결의 효력확장을 제한적으로 해석하여야 한다는 점을 그 근거로 들고 있다.

에서 당사자가 그 승계에 관한 진술을 하였는지 여부와 상관없이, 그 승계인이 종전의 확정판결의 기판력이 미치는 변론종결 후의 승계인이라는 민사소송법 제218조 제2항의 추정은 깨어진다고 보아야 한다(대판 2005.11.10, 2005다34667).[97]

2) 승계사실을 진술할 자

여기서 승계를 진술할 자에 대해서 승계인이라는 견해도 있으나, 동 조항의 문리해석상, 즉 동 조항에서 승계를 진술할 자를 「당사자」라고 하고 있으므로 피승계인이라고 보아야 한다.

3) 증명과 집행의 문제

동 조항에 의하여 원고는 승계사실만 증명하면 되고, 승계인이 변론종결 전에 승계되었음을 주장·증명하지 않는 한, 피승계인 상대의 승소판결로써도 승계인에 대한 승계집행문을 얻을 수 있다.

(4) 청구의 목적물 소지자

1) 의의 및 취지

① 소송물이 특정물의 인도를 구하는 청구권의 경우에 그 특정물의 소지에 대하여 고유한 이익을 가지지 않고 오히려 당사자(또는 변론종결 뒤의 승계인)를 위하여 소지한 사람에 대하여도 기판력이 확장된다(제218조 제1항).

② 패소 확정판결을 받은 자가 물건을 타인에게 소지시켜 집행을 방해할 염려가 있기 때문에 이를 방지하기 위한 것이다.

2) 해당 여부

① 청구는 물권적이든 채권적이든 불문하며, 목적물은 특정물로서 동산이든 부동산이든 불문한다.

② 소지(점유)에 이른 시기는 상관이 없으므로, 변론종결 전부터 소지하고 있는 사람이라도 무방하다. 이러한 소지자에는 수치인, 창고업자, 관리인, 운송인 등이 있다.

③ 한편, 자기의 고유이익을 위한 목적물의 소지자(예 임차인, 질권자, 전세권자, 지상권자 등)는 이에 해당되지 않는다. 또한 당사자 본인의 소지기관이 소지하는 경우(예 법인의 대표기관의 소지)는 본인 자신이 직접 소지하는 것과 같으므로 이에 해당되지 않는다.

(5) 제3자의 소송담당에 있어서 권리귀속주체

1) 의의

다른 사람을 위하여 원고나 피고가 된 사람에 대한 확정판결의 효력, 즉 기판력은 그 권리의무의 귀속주체인 다른 사람에게 미친다(제218조 제3항). 제3자의 소송담당의 경우에 제3자(=담당자)가 받은

---

97) 예컨대, 甲이 乙을 상대로 제기한 토지에 대한 소유권이전등기말소 청구소송은 1998.6.11. 변론이 종결된 후 패소판결이 선고되어 확정되었고, A는 위 소송 계속 중 乙로부터 이 사건 토지를 증여받고 그 변론종결 이전인 1997.12. 11. A 명의로 소유권이전등기를 마친 사실이 인정된 경우, 이로써 민사소송법 제218조 제2항의 추정은 깨어졌다 할 것이어서 위 확정판결의 기판력은 A에게 미치지 아니한다고 보았다. 사견으로 부동산의 경우에는 등기에 의해 승계시기를 분명히 알 수 있으므로, 추정승계인 제도가 활용될 여지는 거의 없다고 본다.

판결은 본인(=피담당자)에게도 미친다는 것이다. 이는 갈음형 소송담당, 직무상의 당사자, 임의적 소송담당의 경우에 적용됨은 의문이 없으나, 병행형 소송담당, 특히 채권자대위소송의 경우에도 제218조 제3항이 적용되어 제3자가 받은 판결의 기판력이 권리주체인 자에게 미치는지가 문제된다.

2) 채권자대위소송과 기판력

가) 채권자대위소송의 판결의 효력이 채무자에게 미치는지 여부

① 학설

ⅰ) 채권자대위소송의 성질을 채권자 자신의 고유한 대위권을 행사하는 것으로 보거나, 기판력의 주관적 범위는 판결의 당사자 사이에 한정된다는 기판력의 상대성의 원칙에 비추어볼 때 소송당사자가 아닌 채무자에게는 미치지 않는다는 소극설(기판력 부정설; 과거 판례[대판 1970.7.21, 70다866]의 입장이었다), ⅱ) 채권자대위소송을 법정소송담당으로 보는 한 민사소송법 제218조 제3항의 규정에 따라 당연히 채무자 본인에게 미친다는 적극설(기판력 긍정설), ⅲ) 대위소송의 법적성질을 법정소송담당으로 보면서도 채무자에게 절차보장의 기회를 준 경우에만 기판력이 채무자에게 확장된다고 보는 절충설(절차보장설)의 대립이 있다.

② 판례

판례는 채무자가 소송고지 등 어떠한 사유로 채권자대위소송이 제기된 사실을 알았을 때에 한하여 채무자에게 판결의 효력이 미친다는 입장이다.

[대판(전) 1975.5.13, 74다1664] 채권자가 채권자대위권을 행사하는 방법으로 제3채무자를 상대로 소송을 제기하고 판결을 받은 경우에는 어떠한 사유로 인하였던 적어도 채무자가 채권자 대위권에 의한 소송이 제기된 사실을 알았을 경우에는 그 판결의 효력은 채무자에게 미친다.

★★★[대판 2014.1.23, 2011다108095] 채권자가 채권자대위권을 행사하는 방법으로 제3채무자를 상대로 소송을 제기하였다가 피보전채권이 인정되지 않는다는 이유로 소 각하 판결을 받아 확정된 경우, 판결의 기판력이 채권자가 채무자를 상대로 피보전채권의 이행을 구하는 소송에 미치는지 여부(소극) 민사소송법 제218조 제3항은 '다른 사람을 위하여 원고나 피고가 된 사람에 대한 확정판결은 그 다른 사람에 대하여도 효력이 미친다.'고 규정하고 있으므로, 채권자가 채권자대위권을 행사하는 방법으로 제3채무자를 상대로 소송을 제기하고 판결을 받은 경우 채권자가 채무자에 대하여 민법 제405조 제1항에 의한 보존행위 이외의 권리행사의 통지, 또는 민사소송법 제84조에 의한 소송고지 혹은 비송사건절차법 제49조 제1항에 의한 법원에 의한 재판상 대위의 허가를 고지하는 방법 등 어떠한 사유로 인하였든 적어도 채권자대위권에 의한 소송이 제기된 사실을 채무자가 알았을 때에는 그 판결의 효력이 채무자에게 미친다고 보아야 한다. ① 이때 채무자에게도 기판력이 미친다는 의미는 채권자대위소송의 소송물인 피대위채권의 존부에 관하여 채무자에게도 기판력이 인정된다는 것이고, ② 채권자대위소송의 소송요건인 피보전채권의 존부에 관하여 당해 소송의 당사자가 아닌 채무자에게 기판력이 인정된다는 것은 아니다. 따라서 채권자가 채권자대위권을 행사하는 방법으로 제3채무자를 상대로 소송을 제기하였다가 채무자를 대위할 피보전채권이 인정되지 않는다는 이유로 소 각하 판결을 받아 확정된 경우 그 판결의 기판력이 채권자가 채무자를 상대로 피보전채권의 이행을 구하는 소송에 미치는 것은 아니다.

★[대결 1979.8.10. 79마232] 판결의 집행력의 주관적 범위

채권자 대위권에 기한 확정판결의 기판력이 소외인인 채무자에게도 미치는 경우가 있다 하더라도,
위 확정판결의 집행력만은 원고(채권자)·피고(제3채무자) 간에 생기는 것이고 원고(채권자)와 소외인
(채무자) 사이에는 생기지 아니한다.

➲ [해설] : 채권자대위소송 판결의 효력은 채무자가 고지 등을 받아 대위소송을 제기한 사실을 알았
을 때에는 채무자에게 미친다는 것이 대법원의 입장인데, 위 판례의 판결요지상 기판력만 채무자
에게 확장되고 집행력은 확장되지 않는다고 해석할 소지가 있었다. 그러나 위 판례는 채무자와
제3채무자 사이의 집행력까지 부인하는 취지는 아니라고 할 것이다. 집행력의 범위도 원칙적으
로 기판력의 범위에 준하기 때문이다.

나) 채무자의 제3채무자에 대한 소송의 판결의 효력이 채권자에게 미치는지 여부

① 학설

ⅰ) 채권자대위소송의 성질을 채권자 자신의 고유한 대위권이라는 입장에서 기판력이 미치지 않
고, 채무자가 이미 권리를 행사하였으므로 채권자대위권의 법률요건이 불비된 경우에 해당하므로
청구를 기각해야 한다는 견해(법률요건적 효력설), ⅱ) 법정소송담당의 입장에서 대위소송은 소송담
당으로서 채권자는 채무자의 지위에 서기 때문에 당연히 기판력이 확장된다는 견해(기판력 확장설),
ⅲ) 법정소송담당의 입장에서 기판력의 상대성 원칙에 비추어 기판력이라기보다 채권자와 채무자
간의 실체법상 의존관계에 의한 반사효가 미친다고 보는 견해(반사효설)의 대립이 있다.

② 판례

판례는 채무자와 그 제3자 간의 기존 소송이 당사자만 다를 뿐 실질적으로 동일 내용의 소송이라
면, 위 확정판결의 효력이 채권자 대위권 행사에 의한 소송에 미친다고 하였다. 다만 근자에는
이와 같이 기판력이 작용하는 것은 옳으나 다른 한편 채권자는 채무자를 대위할 당사자적격이
없다는 이유로 소 각하 판결로 나아가는 경향이다(소송요건 심리의 선순위성과 결부된 문제이기도 하다).

★★★[대판 1979.3.13. 76다688] 채권자가 채무자를 대위하여 제3자를 상대로 제기한 소송과 이미 판결
확정이 되어 있는 채무자와 그 제3자 간의 기존 소송이 당사자만 다를 뿐 실질적으로 동일 내용의
소송이라면, 위 확정판결의 효력이 채권자 대위권 행사에 의한 소송에 미친다.

★★★[대판 1993.3.26. 92다32876] 채권자대위권은 채무자가 제3채무자에 대한 권리를 행사하지 아니하
는 경우에 한하여 채권자가 자기의 채권을 보전하기 위하여 행사할 수 있는 것이기 때문에 채권자
가 대위권을 행사할 당시 이미 채무자가 그 권리를 재판상 행사하였을 때에는 설사 패소의 확정판결을
받았더라도 채권자는 채무자를 대위하여 채무자의 권리를 행사할 당사자적격이 없다(대판 2009.3.12.
2008다65839 동지).

➲ [해설] : 이에 따르면, 丙에 대하여 채권자 乙이 丙을 상대로 소를 제기하여 확정판결이 있은 후
乙의 채권자 甲이 乙을 대위하여 丙에 대하여 전소와 같은 내용의 소를 제기한 경우, 기판력의
문제로만 취급한다면 후소 법원은 甲의 청구를 기각하는 판결을 하여야 한다. 그러나 다른 한편
위 사례의 경우는 이미 채무자가 권리를 행사한 경우로서 채권자는 채무자를 대위할 당사자적격이
없는 경우에 해당하므로 후소 법원은 소 각하 판결을 하여야 한다는 것이다.

★★[대판 1999.2.24, 97다46955] 부동산의 소유자에 대하여 소유권이전등기를 청구할 지위에 있기는 하지만 아직 그 소유권이전등기를 경료하지 않은 상태에서, 제3자가 부동산의 소유자를 상대로 그 부동산에 관한 소유권이전등기절차 이행의 확정판결을 받아 소유권이전등기를 경료한 경우, 그 확정판결이 당연무효이거나 재심의 소에 의하여 취소되지 않는 한, 종전의 소유권이전등기청구권을 가지는 자가 부동산의 소유자에 대한 소유권이전등기청구권을 보전하기 위하여 부동산의 소유자를 대위하여 제3자 명의의 소유권이전등기가 원인무효임을 내세워 그 등기의 말소를 구하는 것은 확정판결의 기판력에 저촉되므로 허용될 수 없다.

다) 채권자대위소송의 판결의 효력이 다른 채권자에게 미치는지 여부

① 학설

ⅰ) 채권자대위소송의 성질을 채권자 자신의 고유한 대위권이라는 입장에서 판결의 효력이 미치지 않는다는 견해(소극설), ⅱ) 법정소송담당의 입장에서 채무자가 대위소송이 제기된 사실을 알았을 때 채무자는 대위소송의 기판력을 받으므로, 이러한 채무자를 통해 동일 소송물에 대한 다른 채권자의 대위소송에 기판력이 미친다는 견해(기판력 확장설), ⅲ) 법정소송담당의 입장에서 채무자가 대위소송이 제기된 사실을 알았을 때 채무자와 실체법상 의존관계에 있는 다른 채권자는 반사효를 받게 된다고 보는 견해(반사효설)의 대립이 있다.

② 판례

판례는 어떠한 사유로든 채무자가 채권자대위소송이 제기된 사실을 알았을 경우에 한하여 그 판결의 효력이 채무자에게 미치므로, 이러한 경우에는 그 후 다른 채권자가 동일한 소송물에 대하여 채권자대위권에 기한 소를 제기하면 전소의 기판력을 받게 된다고 하였다.

★★★[대판 1994.8.12, 93다52808] 채권자대위소송의 판결의 효력이 다른 채권자에게 미치는지 여부 (제한적 적극)

어느 채권자가 채권자대위권을 행사하는 방법으로 제3채무자를 상대로 소송을 제기하여 판결을 받은 경우, 어떠한 사유로든 채무자가 채권자대위소송이 제기된 사실을 알았을 경우에 한하여 그 판결의 효력이 채무자에게 미치므로, 이러한 경우에는 그 후 다른 채권자가 동일한 소송물에 대하여 채권자대위권에 기한 소를 제기하면 전소의 기판력을 받게 된다고 할 것이지만, 채무자가 전소인 채권자대위소송이 제기된 사실을 알지 못하였을 경우에는 전소의 기판력이 다른 채권자가 제기한 후소인 채권자대위소송에 미치지 않는다.

◈ 비교판례 ◈

★★★[대판 2020.10.29, 2016다35390] 채권자가 제기한 추심금소송에서 확정된 판결의 기판력이 변론종결일 이전에 압류·추심명령을 받았던 다른 추심채권자에게 미치는지 여부(소극)

동일한 채권에 대해 복수의 채권자들이 압류·추심명령을 받은 경우 어느 한 채권자가 제기한 추심금소송에서 확정된 판결의 기판력은 그 소송의 변론종결일 이전에 압류·추심명령을 받았던 다른 추심채권자에게 미치지 않는다. 그 이유는 다음과 같다. ① 확정판결의 기판력이 미치는 주관적 범위는 신분관계소송이나 회사관계소송과 같이 법률에 특별한 규정이 있는 경우를 제외하고는 원칙적으로 당사자, 변론을 종결한 뒤의 승계인 또는 그를 위하여 청구의 목적물을 소지한 사람과 다른 사람을 위하여 원고나 피고가 된 사람이 확정판결을 받은 경우의 그 다른 사람에 국한되고(민사소송법 제218조 제1항, 제3항) 그 밖의 제3자에게는 미치지 않는다. 따라서 추심채권자들이 제기하는 추심금소송의 소송물이 채무자의 제3채무자에 대한 피압류채권의 존부로서 서로 같더라도 소송당사자가 다른 이상 그 확정판결의 기판력이 서로에게 미친다고 할 수 없다. ② 민사집행법 제249조 제3항, 제4항은 추심의 소에서 소를 제기당한 제3채무자는 집행력 있는 정본을 가진 채권자를 공동소송인으로 원고 쪽에 참가하도록 명할 것을 첫 변론기일까지 신청할 수 있고, 그러한 참가명령을 받은 채권자가 소송에 참가하지 않더라도 그 소에 대한 재판의 효력이 미친다고 정한다. 위 규정 역시 참가명령을 받지 않은 채권자에게는 추심금소송의 확정판결의 효력이 미치지 않음을 전제로 참가명령을 통해 판결의 효력이 미치는 범위를 확장할 수 있도록 한 것이다. ③ 제3채무자는 추심의 소에서 다른 압류채권자에게 위와 같이 참가명령신청을 하거나 패소한 부분에 대해 변제 또는 집행공탁을 함으로써, 다른 채권자가 계속 자신을 상대로 소를 제기하는 것을 피할 수 있다. 따라서 어느 한 채권자가 제기한 추심금소송에서 확정된 판결의 효력이 다른 채권자에게 미치지 않는다고 해도 제3채무자에게 부당하지 않다. ④ 확정된 화해권고결정에는 재판상 화해와 같은 효력이 있다(민사소송법 제231조). 위에서 본 추심금소송의 확정판결에 관한 법리는 추심채권자가 제3채무자를 상대로 제기한 추심금소송에서 화해권고결정이 확정된 경우에도 마찬가지로 적용된다. 따라서 어느 한 채권자가 제기한 추심금소송에서 화해권고결정이 확정되었더라도 화해권고결정의 기판력은 화해권고결정 확정일 전에 압류·추심명령을 받았던 다른 추심채권자에게 미치지 않는다.

- ➲ [보충] : 원심은 채권자대위소송 판결의 기판력에 관한 대판 1994.8.12, 93다52808의 법리(채무자가 어떠한 사유로든 채권자대위소송이 제기된 사실을 알았을 경우에는 그 판결의 효력이 채무자에게 미친다는 취지)는 추심금소송에서 청구 일부를 포기하는 내용의 화해권고결정이 확정된 이 사건에도 그대로 적용된다는 이유로, 채무자가 선행 추심금소송이 제기된 사실을 안 이상 다른 추심채권자에게 이 사건 화해권고결정의 기판력이 미치고, 다른 추심채권자의 후행 추심금소송은 화해권고결정의 기판력에 반한다는 이유로 청구기각 판결을 선고하였다. 이에 대해 대법원은 "원심이 원용한 대법원 93다52808 판결은 채권자대위소송에서 채권자 패소 판결이 확정되었던 사안에 관한 것으로서, 추심금소송에서 청구 일부를 포기하는 내용의 화해권고결정이 확정된 경우 그 포기의 의미가 문제된 이 사건과는 사안이 다르고, 나아가 채권자대위소송과 추심금소송은 소송물이 채무자의 제3채무자에 대한 채권의 존부로서 같다고 볼 수 있지만 그 근거 규정과 당사자적격의 요건이 달라 채권자대위소송의 기판력과 추심금소송의 기판력을 반드시 같이 보아야 하는 것은 아니어서 위 판결을 이 사건에 적용하는 것은 적절하지 않다."고 보아, 원심판결을 파기환송하였다.

(6) 소송탈퇴자

독립당사자참가(제79조)·참가승계(제81조)·인수승계(제82조)의 경우에 종전당사자는 그 소송에서 탈퇴할 수 있는데, 이 경우 참가인과 상대방 당사자 간의 판결의 기판력은 탈퇴자에게도 미친다.

Ⅲ. 객관적 범위

> **제216조(기판력의 객관적 범위)**
> ① 확정판결은 <u>주문에 포함된 것에 한하여</u> 기판력을 가진다.
> ② 상계를 주장한 청구가 성립되는지 아닌지의 판단은 상계하자고 대항한 액수에 한하여 기판력을 가진다.

1. 의의

확정판결에서 판단된 사항 중 기판력이 어떤 사항(부분)에서 어느 범위까지 미치는가 하는 문제를 통상 기판력의 객관적 범위라고 한다(제216조).

2. 판결주문의 판단

(1) 기판력의 발생범위

1) 기판력은 <u>상계의 경우를 제외하고</u>(제216조 제2항), <u>판결주문에 포함된 판단에만 생긴다</u>(동조 제1항). 따라서 ① 소송판결은 소송요건의 흠결에 관한 판단에, ② 본안판결은 소송물인 권리관계의 존부에 대한 판단에 미친다.

2) 본안판결인 경우에는 판결주문은 소송물에 관한 법원의 판단의 결론 부분이므로 기판력의 객관적 범위는 원칙적으로 소송물을 기준으로 한다(판결주문 ≒ 기판력의 객관적 범위 ≒ 소송물). 결국 소송물을 어떻게 포착하는가에 의하여 기판력의 객관적 범위도 다르게 되고, 또한 기판력의 저촉 여부를 판단하기 위해서도 전소와 후소가 동일 소송물인지, 선결관계에 있는지, 모순관계에 있는지가 문제된다.

[대판 1999.10.12, 98다32441] 소유권이전등기 청구사건의 <u>소송물이</u> 계쟁 부동산에 대한 특정 일자 <u>명의신탁 해지를 원인으로 한 소유권이전등기청구권인 경우</u>, 그 소송에서의 판결의 기판력이 미치는 객관적 범위는 판결의 주문에 포함된 등기청구권의 존부에만 미치고 그 목적 부동산의 명의신탁 사실 또는 소유권 자체의 존부에는 미치지 아니한다.

➥ [해설] : 甲이 乙을 상대로 명의신탁 해지를 원인으로 한 소유권이전등기 청구소송을 제기하여 승소 확정판결을 선고받아 이에 기하여 소유권이전등기를 마쳤는데, 그 후 乙이 甲을 상대로 甲 명의의 위 소유권이전등기는 乙이 甲의 전소 제소에 대하여 응소하지 아니함으로써 甲으로 하여금 전소 확정판결을 받아 甲 명의로 소유권이전등기를 경료하도록 하는 방법으로 명의신탁하기로 하는 약정에 의한 것이라고 주장하면서 명의신탁 해지를 원인으로 한 소유권이전등기 청구소송을 제기한 경우, 전소 확정판결의 기판력은 그 주문에 포함된 소유권이전등기청구권의 존부에만 미칠 뿐 甲이 전소에서 주장한 부동산에 대한 명의신탁 사실이나 甲의 소유권 자체의 존부에는 미치지 아니하므로 乙의 후소 청구에 관하여 전소 확정판결의 기판력은 미치지 아니한다고 본 사례이다.

[대판 2016.1.28, 2015다9769] 환자가 의료인과 사이에 의료계약을 체결하고 진료를 받다가 미리 의료인에게 자신의 연명치료 거부 내지 중단에 관한 의사를 밝히지 아니한 상태에서 회복불가능한 사망의 단계에 진입을 하였고, 환자 측이 직접 법원에 연명치료 중단을 구하는 소를 제기한 경우에

는, 특별한 사정이 없는 한, 연명치료 중단을 명하는 판결이 확정됨으로써 그 판결 주문에서 중단을 명한 연명치료는 더 이상 허용되지 아니하지만, 환자와 의료인 사이의 기존 의료계약은 판결 주문에서 중단을 명한 연명치료를 제외한 나머지 범위 내에서는 유효하게 존속한다.

⇨ [해설] : 망인이 원고와 의료계약을 체결하고 기관지 내시경을 이용한 폐종양 조직 검사를 받던 중 과다 출혈 등으로 심정지가 발생하여 지속적 식물인간상태에 빠졌고, 이에 망인과 그 자식들인 피고들이 원고를 상대로 연명치료중단 소송을 제기하여 승소확정판결을 받았으며, 원고 병원이 위 판결에 따라 망인에게 부착된 인공호흡기를 제거하였으나 그 후에도 망인이 상당기간 생존하여 자발호흡으로 연명하다가 사망한 사안에서, 환자와 의료인 사이의 기존 의료계약은 판결 주문에서 중단을 명한 연명치료를 제외한 나머지 범위 내에서는 유효하게 존속한다는 이유로 원고(병원 측)의 피고들에 대한 진료계약상 진료비(입원비 등)를 청구할 수 있다고 본 사례이다.

★★[대판 2019.10.17, 2014다46778] 물건 점유자를 상대로 한 물건의 인도판결이 확정된 경우, 점유자가 그 판결의 효력으로 판결의 상대방에게 물건을 인도하여야 할 실체적 의무가 생기거나 정당한 점유권원이 소멸하여 그때부터 물건의 점유가 위법하게 되는지 여부(소극) 및 위 인도판결의 기판력이 물건에 대한 불법점유를 원인으로 하는 손해배상청구 소송에 미치는지 여부(소극)

① 물건 점유자를 상대로 한 물건의 인도판결이 확정되면 점유자는 인도판결 상대방에 대하여 소송에서 더 이상 물건에 대한 인도청구권의 존부를 다툴 수 없고 인도소송의 사실심 변론종결 시까지 주장할 수 있었던 정당한 점유권원을 내세워 물건의 인도를 거절할 수 없다. 그러나 ② 의무 이행을 명하는 판결의 효력이 실체적 법률관계에 영향을 미치는 것은 아니므로, 점유자가 그 인도판결의 효력으로 판결 상대방에게 물건을 인도해야 할 실체적 의무가 생긴다거나 정당한 점유권원이 소멸하여 그때부터 그 물건에 대한 점유가 위법하게 되는 것은 아니다(주 – 결론적으로 점유할 정당한 권원이 있다면 물건의 인도판결이 확정되더라도 이것만으로 당연 인도의무가 있다거나 그 물건의 점유가 불법점유에 해당한다고 볼 수는 없다는 취지로 보인다). 나아가 ③ 물건을 점유하는 자를 상대로 하여 물건의 인도를 명하는 판결이 확정되더라도 그 판결의 효력은 이들 물건에 대한 인도청구권의 존부에만 미치고, 인도판결의 기판력이 이들 물건에 대한 불법점유를 원인으로 한 손해배상청구 소송에 미치지 않는다.

⇨ [사실관계 및 해설] : 甲 주식회사가 乙 주식회사와 체결한 하도급계약에 따라 공사현장에 흙막이 가시설물을 설치하였다가 乙 회사의 회생절차개시를 이유로 하도급계약의 해지를 통보하고 공사를 중단하자, 乙 회사가 법원으로부터 회생절차종결결정(이에 따라 채무자는 업무수행권과 재산의 관리처분권을 회복하게 된다)과 함께 공사재개허가를 받아 공사를 진행하면서 甲 회사에 위 시설물의 해체를 요청한 다음 甲 회사가 이를 거부하고 위 시설물을 수거하지 않자 공사 진행을 위해 이를 다른 곳으로 옮겨 보관하고 있었는데, 甲 회사가 乙 회사의 관리인을 상대로 위 시설물의 인도를 구하는 소를 제기하여 승소 확정판결을 받은 다음, 乙 회사가 인도판결에도 불구하고 위 시설물의 인도를 거부하고 이를 불법점유하고 있다며 乙 회사의 관리인을 상대로 손해배상 등을 구한 사안에서, ① 인도판결로 위 시설물에 관한 실체적 법률관계에 어떠한 변동이 생기는 것이 아니어서 인도판결이 확정되었다는 사정만으로 곧바로 인도판결 확정 다음 날부터 위 시설물에 대한 乙 회사의 점유가 위법하게 되어 甲 회사에 손해가 발생하였다고 볼 수 없고, 乙 회사가 인도판결이 확정된 다음 위 시설물에 대한 인도를 적극적으로 이행하지 않았다고 해서 이를 곧바로 불법행위로 단정할 수 없어 이로 인해 甲 회사가 위 시설물을 사용·수익하지 못하는 손해를 입었다고 볼 수도 없으며, ② 甲 회사가 乙 회사를 상대로 위 시설물의 인도를 명하는 인도

판결을 받아 판결이 확정되었더라도 판결의 효력이 위 시설물에 대한 인도청구권의 존부에만 미칠 뿐 위 시설물의 불법점유로 인한 손해배상청구 소송에는 미치지 않는데도, 불법행위의 성립요건에 관하여 별다른 심리를 하지 않은 채 인도판결이 확정된 사정만을 들어 인도판결 확정 다음 날부터 乙 회사의 위 시설물에 대한 점유가 위법하다고 보아 甲 회사에 대한 점유반환 시까지 기간에 대하여 乙 회사의 손해배상책임을 인정한 원심판단에는 이행판결의 효력, 불법점유로 인한 손해배상책임 등에 관한 법리오해 등의 잘못이 있다고 한 사례이다.

(2) 기판력의 작용(국면)

1) 개설

① 전소의 소송물과 후소의 소송물이 동일하면 전소의 소송물은 기판력에 의하여 후소에 미치고 소송물이 다르면 기판력은 미치지 않는다(**예** 기차사고로 부상을 당한 승객 甲이 기차회사 乙을 상대로 금 1천만원의 배상청구를 불법행위에 기해 구했다가 패소판결을 받고 확정된 뒤에 같은 금액의 배상을 채무불이행을 원인으로 청구하는 소를 제기하는 경우, (ⅰ) 구소송물이론에 따르면 소송물이 다르므로 전소의 기판력이 후소에 미치지 않는다. 그러나 (ⅱ) 신소송물이론에 의하면 소송물이 동일하므로 전소의 기판력은 후소에 미친다고 할 것이다).

② 다만 소송물이 다르더라도 전소의 소송물에 관한 판단이 후소의 소송물에 관한 판단에 선결문제인 경우(전소의 판결이유에서 판단된 선결관계는 후소에 미치지 아니하는 것과 다른 것이므로 혼동해서는 안 된다) 및 양자가 모순관계에 있는 경우에도 기판력은 작용한다(후소와 전소의 소송물이 동일하지는 않으나, 전소의 확정판결의 효과가 침해되어 유지하기 어려워질 염려가 있기 때문이다).

★★★[대판 2014.10.30, 2013다53939] 소송물이 동일하거나 선결문제 또는 모순관계에 의하여 기판력이 미치는 객관적 범위에 해당하지 아니하는 경우, 전소 판결의 변론종결 후에 당사자로부터 계쟁물 등을 승계한 자가 제기한 후소에 전소 판결의 기판력이 미치는지 여부(소극)

소송물이 동일하거나 선결문제 또는 모순관계에 의하여 기판력이 미치는 객관적 범위에 해당하지 아니하는 경우에는 전소 판결의 변론종결 후에 당사자로부터 계쟁물 등을 승계한 자가 후소를 제기하더라도 후소에 전소 판결의 기판력이 미치지 아니한다.

➥ [해설] : 甲 등이 乙을 상대로 건물 등에 관한 소유권이전등기의 말소등기절차 이행을 구하는 소를 제기하여 승소확정판결을 받았는데, 위 판결의 변론종결 후에 乙로부터 건물 등의 소유권을 이전받은 丙이 甲 등을 상대로 위 건물의 인도 및 차임 상당 부당이득의 반환을 구하는 소를 제기한 사안에서, 전소 판결에서 소송물로 주장된 법률관계는 건물 등에 관한 말소등기청구권의 존부이고 건물 등의 소유권의 존부는 전제가 되는 법률관계에 불과하여 전소 판결의 기판력이 미치지 아니하고, 전소인 말소등기청구권에 대한 판단이 건물인도 등 청구의 소의 선결문제가 되거나 건물인도청구권 등의 존부가 전소의 소송물인 말소등기청구권의 존부와 모순관계에 있다고 볼 수 없어 전소의 기판력이 건물인도 등 청구의 소에 미친다고 할 수 없으며, 이는 丙이 전소 판결의 변론종결 후에 乙로부터 건물을 매수하여 소유권이전등기를 마쳤더라도 마찬가지이므로, 丙이 변론종결 후의 승계인이어서 전소 확정판결의 기판력이 미쳐 건물 등의 소유권을 취득할 수 없다고 본 원심판결에 법리오해 등의 위법이 있다고 한 사례이다.

2) 동일 소송물(동일관계)

전소에서 승소한 원고이든 패소한 원고이든 같은 소송물에 대하여 다시 소를 제기하면 기판력에 저촉된다. 다만 ① 시효중단의 필요, ② 판결내용의 불특정(집행불능), ③ 판결원본의 멸실 등 특별한 사정이 있는 경우에는 예외적으로 허용된다.

★★[대판 2014.3.27. 2011다49981] 동일한 당사자 사이에서 전소의 소송물과 동일한 소송물에 대한 후소를 제기하는 것이 허용되는지 여부(소극) 및 전소 변론종결 이전에 존재하고 있던 공격방어방법을 동일한 소송물에 대한 후소에서 주장하여 전소 확정판결에서 판단된 법률관계의 존부와 모순되는 판단을 구하는 것이 전소 확정판결의 기판력에 반하는 것인지 여부(적극)

확정판결의 기판력은 소송물로 주장된 법률관계의 존부에 관한 판단에 미치는 것이므로 동일한 당사자 사이에서 전소의 소송물과 동일한 소송물에 대한 후소를 제기하는 것은 전소 확정판결의 기판력에 저촉되어 허용될 수 없다. 또한 동일한 소송물에 대한 후소에서 전소 변론종결 이전에 존재하고 있던 공격방어방법을 주장하여 전소 확정판결에서 판단된 법률관계의 존부와 모순되는 판단을 구하는 것은 전소 확정판결의 기판력에 반하는 것이고, 전소에서 당사자가 그 공격방어방법을 알지 못하여 주장하지 못하였는지 나아가 그와 같이 알지 못한 데 과실이 있는지는 묻지 아니한다.

➲ [해설] : 甲이 乙 종친회와 토지거래허가구역 내 토지를 매수하는 내용의 매매계약을 체결한 후 乙 종친회를 상대로 소유권이전등기청구 등의 소를 제기하여 소유권이전등기절차의 이행을 구하는 청구는 기각되고 토지거래허가신청절차의 이행을 구하는 청구는 인용한 판결이 선고되어 확정되었는데, 변론종결 전에 이미 위 토지가 토지거래허가구역에서 해제되었음에도 甲은 전소에서 그러한 사실을 주장하지 아니하였고 전소 법원은 위 토지가 토지거래허가구역 내에 위치하고 있음을 전제로 판결을 선고하였으며, 그 후 甲이 다시 乙 종친회를 상대로 소유권이전등기절차의 이행을 구하는 소를 제기한 사안에서, 전소와 후소의 소송물이 모두 매매계약을 원인으로 하는 소유권이전등기청구권으로서 동일하므로 후소는 전소 확정판결의 기판력에 저촉되어 허용될 수 없고, 甲이 위 토지가 토지거래허가구역에서 해제되어 매매계약이 확정적으로 유효하게 되었다는 사정을 알지 못하여 전소에서 주장하지 못하였다고 하더라도 후소에서 이를 주장하여 전소 법률관계의 존부와 모순되는 판단을 구하는 것은 전소 확정판결의 기판력에 반한다고 한 사례이다.

[대판 2013.4.11. 2012다111340] 시효중단 등 특별한 사정이 있어 예외적으로 확정된 승소판결과 동일한 소송물에 기한 신소가 허용되는 경우, 피고가 후소에서 전소의 확정된 권리관계를 다투려면 먼저 적법한 추완항소를 제기하여 전소 확정판결의 기판력을 소멸시켜야 하는지 여부(적극)

시효중단 등 특별한 사정이 있어 예외적으로 확정된 승소판결과 동일한 소송물에 기한 신소가 허용되는 경우라 하더라도 신소의 판결이 전소의 승소 확정판결의 내용에 저촉되어서는 아니 되므로, 후소 법원으로서는 그 확정된 권리를 주장할 수 있는 요건이 구비되어 있는지에 관하여 다시 심리할 수 없다. 따라서 피고가 후소에서 전소의 확정된 권리관계를 다투기 위하여는 먼저 전소의 승소 확정판결에 대하여 적법한 추완항소를 제기함으로써 그 기판력을 소멸시켜야 할 것인데, 이는 전소의 소장부본과 판결정본 등이 공시송달의 방법에 의하여 송달되어 피고가 그 책임질 수 없는 사유로 전소에 응소할 수 없었던 경우라고 하여 달리 볼 것이 아니다.

★★★[대판(전) 2018.7.19, 2018다22008; 대판(전) 2018.10.18, 2015다232316] 승소 확정판결 후 시효중단을 위한 재소의 이익 유무와 그 방식

[1] 확정판결에 의한 채권의 소멸시효기간인 10년의 경과가 임박한 경우, 시효중단을 위한 재소에 소의 이익이 있는지 여부(적극) 및 이때 후소 법원이 그 확정된 권리를 주장할 수 있는 모든 요건이 구비되어 있는지에 관하여 다시 심리할 수 있는지 여부(소극)

[다수의견] ① 확정된 승소판결에는 기판력이 있으므로, 승소 확정판결을 받은 당사자가 그 상대방을 상대로 다시 승소 확정판결의 전소와 동일한 청구의 소를 제기하는 경우 그 후소는 권리보호의 이익이 없어 부적법하다. 하지만 예외적으로 확정판결에 의한 채권의 소멸시효기간인 10년의 경과가 임박한 경우에는 그 시효중단을 위한 소는 소의 이익이 있다. 나아가 ② 이러한 경우에 후소의 판결이 전소의 승소 확정판결의 내용에 저촉되어서는 아니 되므로, 후소 법원으로서는 그 확정된 권리를 주장할 수 있는 모든 요건이 구비되어 있는지 여부에 관하여 다시 심리할 수 없다. 대법원은 종래 확정판결에 의한 채권의 소멸시효기간인 10년의 경과가 임박한 경우에는 그 시효중단을 위한 재소는 소의 이익이 있다는 법리를 유지하여 왔다. 이러한 법리는 현재에도 여전히 타당하다. 다른 시효중단사유인 압류·가압류나 승인 등의 경우 이를 1회로 제한하고 있지 않음에도 유독 재판상 청구의 경우만 1회로 제한되어야 한다고 보아야 할 합리적인 근거가 없다. 또한 확정판결에 의한 채무라 하더라도 채무자가 파산이나 회생제도를 통해 이로부터 전부 또는 일부 벗어날 수 있는 이상, 채권자에게는 시효중단을 위한 재소를 허용하는 것이 균형에 맞다(대판(전) 2018.7.19, 2018다22008).

[2] 시효중단을 위한 후소로서 이행소송 외에 전소 판결로 확정된 채권의 시효를 중단시키기 위한 재판상의 청구가 있다는 점에 대하여만 확인을 구하는 형태의 '새로운 방식의 확인소송'이 허용되는지 여부(적극)

[다수의견] ① 종래 대법원은 시효중단사유로서 재판상의 청구에 관하여 반드시 권리 자체의 이행청구나 확인청구로 제한하지 않을 뿐만 아니라, 권리자가 재판상 그 권리를 주장하여 권리 위에 잠자는 것이 아님을 표명한 것으로 볼 수 있는 때에는 널리 시효중단사유로서 재판상의 청구에 해당하는 것으로 해석하여 왔다. 이와 같은 법리는 이미 승소 확정판결을 받은 채권자가 그 판결상 채권의 시효중단을 위해 후소를 제기하는 경우에도 동일하게 적용되므로, 채권자가 전소로 이행청구를 하여 승소 확정판결을 받은 후 그 채권의 시효중단을 위한 후소를 제기하는 경우, 후소의 형태로서 항상 전소와 동일한 이행청구만이 시효중단사유인 '재판상의 청구'에 해당한다고 볼 수는 없다. ② 시효중단을 위한 이행소송은 다양한 문제를 야기한다. 그와 같은 문제들의 근본적인 원인은 시효중단을 위한 후소의 형태로 전소와 소송물이 동일한 이행소송이 제기되면서 채권자가 실제로 의도하지도 않은 청구권의 존부에 관한 실체 심리를 진행하는 데에 있다. 채무자는 그와 같은 후소에서 전소 판결에 대한 청구이의사유를 조기에 제출하도록 강요되고 법원은 불필요한 심리를 해야 한다. 채무자는 이중집행의 위험에 노출되고, 실질적인 채권의 관리·보전비용을 추가로 부담하게 되며 그 금액도 매우 많은 편이다. 채권자 또한 자신이 제기한 후소의 적법성이 10년의 경과가 임박하였는지 여부라는 불명확한 기준에 의해 좌우되는 불안정한 지위에 놓이게 된다. 위와 같은 종래 실무의 문제점을 해결하기 위해서, 시효중단을 위한 후소로서 이행소송 외에 전소 판결로 확정된 채권의 시효를 중단시키기 위한 조치, 즉 '재판상의 청구가 있다'는 점에 대하여만 확인을 구하는 형태의 '새로운 방식의 확인소송'이 허용되고, 채권자는 두 가지 형태의 소송 중 자신의 상황과 필요에 보다 적합한 것을 선택하여 제기할 수 있다고 보아야 한다(대판(전) 2018.10.18, 2015다232316).

★★★[대판 2019.1.17. 2018다24349] 시효중단을 위한 후소 절차에서 채무자인 피고가 전소의 변론 종결 후에 발생한 변제, 상계, 면제 등과 같은 채권소멸사유를 들어 항변할 수 있는지 여부(적극) 및 이는 소멸시효 완성의 경우에도 마찬가지인지 여부(적극) / 후소가 전소 판결이 확정된 후 10년이 지나 제기되었더라도 법원은 채무자인 피고의 항변에 따라 원고의 채권이 소멸시효 완성으로 소멸하였는지에 관한 본안판단을 하여야 하는지 여부(원칙적 적극)

① 확정된 승소판결에는 기판력이 있으므로 승소 확정판결을 받은 당사자가 전소의 상대방을 상대로 다시 승소 확정판결의 전소와 동일한 청구의 소를 제기하는 경우, 특별한 사정이 없는 한 후소는 권리보호의 이익이 없어 부적법하다. 하지만 예외적으로 확정판결에 의한 채권의 소멸시효기간인 10년의 경과가 임박한 경우에는 그 시효중단을 위한 소는 소의 이익이 있다.

② 이는 승소판결이 확정된 후 그 채권의 소멸시효기간인 10년의 경과가 임박하지 않은 상태에서 굳이 다시 동일한 소를 제기하는 것은 확정판결의 기판력에 비추어 권리보호의 이익을 인정할 수 없으나, 그 기간의 경과가 임박한 경우에는 시효중단을 위한 필요성이 있으므로 후소를 제기할 소의 이익을 인정하는 것이다.

③ 한편 시효중단을 위한 후소의 판결은 전소의 승소 확정판결의 내용에 저촉되어서는 아니 되므로, 후소 법원으로서는 그 확정된 권리를 주장할 수 있는 모든 요건이 구비되어 있는지에 관하여 다시 심리할 수 없으나, 위 후소 판결의 기판력은 후소의 변론종결 시를 기준으로 발생하므로, 전소의 변론종결 후에 발생한 변제, 상계, 면제 등과 같은 채권소멸사유는 후소의 심리대상이 된다. 따라서 채무자인 피고는 후소 절차에서 위와 같은 사유를 들어 항변할 수 있고 심리 결과 그 주장이 인정되면 법원은 원고의 청구를 기각하여야 한다. 이는 채권의 소멸사유 중 하나인 소멸시효 완성의 경우에도 마찬가지이다.

④ 이처럼 판결이 확정된 채권의 소멸시효기간의 경과가 임박하였는지 여부에 따라 시효중단을 위한 후소의 권리보호이익을 달리 보는 취지와 채권의 소멸시효 완성이 갖는 효과 등을 고려해 보면, 시효중단을 위한 후소를 심리하는 법원으로서는 전소 판결이 확정된 후 소멸시효가 중단된 적이 있어 그 중단사유가 종료한 때로부터 새로이 진행된 소멸시효기간의 경과가 임박하지 않아 시효중단을 위한 재소의 이익을 인정할 수 없다는 등의 특별한 사정이 없는 한, 후소가 전소 판결이 확정된 후 10년이 지나 제기되었다 하더라도 곧바로 소의 이익이 없다고 하여 소를 각하해서는 아니 되고, 채무자인 피고의 항변에 따라 원고의 채권이 소멸시효 완성으로 소멸하였는지에 관한 본안판단을 하여야 한다.

⊃ [사실관계 및 해설] :

  ① 원고 A는 피고 B를 상대로 손해배상금 7,000만원의 지급을 구하는 소를 제기하였고, 위 법원은 2005.12.22. 피고가 원고에게 2006.3.10.까지 2,500만원을 지급하고, 이를 지체하는 경우 지연손해금을 가산하여 지급하는 내용의 조정에 갈음하는 결정(이하 '이 사건 강제조정결정'이라고 한다)을 하였으며 위 강제조정결정은 2006.1.24. 확정되었다.

  ② 또한 원고 A는 피고 B를 상대로 매매계약의 해제에 따른 매매대금 반환청구의 소를 제기하였고, 위 법원은 2006.9.21. 피고가 원고에게 2,500만원 및 지연손해금을 지급하라는 내용의 판결(이하 '이 사건 전소 판결'이라고 한다)을 선고하였으며, 위 판결은 2006.10.11. 확정되었다.

  ③ 원고 A는 2017.4.28. 이 사건 강제조정결정과 이 사건 전소 판결(이하 '이 사건 전소 판결 등'이라고 한다)에 의해 확정된 채권에 기한 금원의 지급을 구하는 이 사건 소를 제기하였고,

제1심법원에 제출한 2017.10.19.자 청구취지 및 청구원인 변경신청서를 통해 위 각 채권의 시효중단을 위해 다시 소를 제기한 것임을 밝혔다.

④ 원심은, 이 사건 소는 승소확정판결을 받았거나 그와 효력이 같은 강제조정결정이 확정된 전소와 동일한 권리 및 법률관계를 소송물로 하는 소로서, 이 사건 전소 판결 등이 확정된 후 권리를 행사할 수 있는 때로부터 10년이 지나 제기되어 시효중단을 구할 이익이 없으므로 부적법하다는 이유로, 직권으로 소를 각하하였는데, 위와 같은 사실을 앞서 본 법리에 비추어 살펴보면, 이 사건 소가 이미 확정된 이 사건 전소 판결 등에 의한 채권의 각 시효중단을 위한 소로서 이 사건 전소 판결 등이 확정된 후 10년이 지나 제기되었더라도 그것만으로 곧바로 소의 이익이 없어 부적법하다고 볼 수는 없으므로, 원심의 위와 같은 판단은 잘못이다.

가) 청구취지가 다른 경우

청구취지가 다르면 신·구이론에 차이가 없이 원칙적으로 소송물이 같다고 할 수 없다.

[대판(전) 1995.4.25. 94다17956] 甲이 乙로부터 1필의 토지의 일부를 특정하여 매수하였다고 주장하면서 乙을 상대로 그 부분에 대한 소유권이전등기청구소송을 제기하였으나, 목적물이 甲의 주장과 같은 부분으로 특정되었다고 볼 증거가 없다는 이유로 청구가 기각되었고, 이에 대한 甲의 항소·상고가 모두 기각됨으로써 판결이 확정되자, 다시 乙을 상대로 그 전체 토지 중 일정 지분을 매수하였다고 주장하면서 그 지분에 대한 소유권이전등기를 구하는 소를 제기한 경우, 전소와 후소는 그 각 청구취지를 달리하여 소송물이 동일하다고 볼 수 없으므로, 전소의 기판력은 후소에 미칠 수 없다.

➲ [해설] : 본 판례에 대해서는 ① 전소와 후소는 각 청구취지를 달리하여 소송물이 동일하다고 볼 수 없다는 견해(이러한 전제라면 논리적으로는 어떠한 소송물이론에 의하여도 소송물은 다르다고 할 것이다), ② 어느 토지의 특정부분 전부에 대한 지분권이전등기는 특정 부분에 관한 소유권이전등기청구의 분량적 일부임이 분명하므로 소송물이 동일하다는 견해의 대립이 있다(본 판례의 소수의견). ③ 본 판례의 다수의견은 사안의 경우 청구취지를 달리하므로 소송물 자체가 다르다고 보는 입장이다. 따라서 후소가 기판력에 저촉되는 문제는 발생하지 않는다고 할 것이다.

나) 전소의 불법행위에 기한 손해배상청구와 후소의 채무불이행에 기한 손해배상청구

① 구소송물이론에 따르면 실체법상 청구권마다 소송물이 특정되므로 실체법상 권리가 다르면 기판력은 미치지 않는다. 결국 전소의 기판력은 후소에 미치지 않는다. 반면 ② 신소송물이론에서는 실체법상 권리는 공격방어방법에 지나지 않고 소송물이 같으므로 기판력이 미친다고 보게 된다.

다) 소유권이전등기가 원인무효라는 이유로 그 등기의 말소를 구하는 말소등기청구사건

★★★**[대판 1993.6.29. 93다11050]** 말소등기청구사건의 소송물은 당해 등기의 말소등기청구권이고 그 동일성 식별의 표준이 되는 청구원인(즉 말소등기청구권의 발생원인)은 당해 등기원인의 무효라 할 것으로서 등기원인의 무효를 뒷받침하는 개개의 사유는 독립된 공격방어방법에 불과하여 별개의 청구원인을 구성하는 것이 아니라 할 것이므로 전소에서 원고가 주장한 사유나 후소에서 주장하는 사유들은 모두 등기의 원인무효를 뒷받침하는 공격방법에 불과할 것일 뿐 그 주장들이 자체로서 별개의 청구원인을 구성한다고 볼 수 없고 모두 전소의 변론종결 전에 발생한 사유라면 전소와 후소는 그 소송물이 동일하여 후소에서의 주장사유들은 전소의 확정판결의 기판력에 저촉되어 허용될 수 없는 것이다.

라) 전소인 소유권이전등기말소청구소송의 확정판결의 기판력이 후소인 진정명의회복을 원인으로 한 소유권이전등기청구소송에 미치는지 여부[98]

★★★[대판(전) 2001.9.20, 99다37894] 진정한 등기명의의 회복을 위한 소유권이전등기청구는 이미 자기 앞으로 소유권을 표상하는 등기가 되어 있었거나 법률에 의하여 소유권을 취득한 자가 진정한 등기명의를 회복하기 위한 방법으로 현재의 등기명의인을 상대로 그 등기의 말소를 구하는 것에 갈음하여 허용되는 것인데, 말소등기에 갈음하여 허용되는 진정명의회복을 원인으로 한 소유권이전등기청구권과 무효등기의 말소청구권은 어느 것이나 진정한 소유자의 등기명의를 회복하기 위한 것으로서 실질적으로 그 목적이 동일하고, 두 청구권 모두 소유권에 기한 방해배제청구권으로서 그 법적 근거와 성질이 동일하므로, 비록 전자는 이전등기, 후자는 말소등기의 형식을 취하고 있다고 하더라도 그 소송물은 실질상 동일한 것으로 보아야 하고, 따라서 소유권이전등기말소청구소송에서 패소확정판결을 받았다면 그 기판력은 그 후 제기된 진정명의회복을 원인으로 한 소유권이전등기청구소송에도 미친다.

➲ [해설] :

(1) 본 판결은 진정명의회복을 위한 소유권이전등기청구에 관한 전반적인 문제를 다루지는 않았다. 다만 90년 전원합의체 판결과 그 이후에 나온 동일한 판례사안(소유권이전등기말소청구소송에서 패소판결이 확정된 후 진정한 소유자 명의의 회복을 위한 소유권이전등기를 청구한 경우로서, 본 판결에 의해 폐기된 판결들은 모두 이 유형에 해당한다)과 관련하여 기판력의 저촉여부에 대한 입장에 한정하여 이를 변경·정리한 것이다. 그러므로 이러한 유형이 아닌 일반적인 경우의 진정명의회복을 위한 소유권이전등기청구라는 방법은 여전히 허용된다는 점에 주의를 요한다. 예컨대, "확정판결의 기판력은 그 판결의 주문에 포함된 것 즉 소송물로 주장된 법률관계의 존부에 관한 판단의 결론 그 자체에만 생기는 것으로 부동산소유권 이전등기절차의 이행청구에 관한 확정판결의 기판력은 그 소송물이었던 이전등기청구권의 존부에만 미치고 그 목적 부동산의 소유권 자체의 존부에까지 미치는 것은 아니므로, 소유권이전등기청구소송에서 패소한 당사자도 그 후 소유권확인을 구하거나 진정한 소유자 명의의 회복을 위한 소유권이전등기를 청구할 수 있다(대판 1997.5.16, 96다43799)"는 판례 등은 폐기되지 않았다.

(2) 본 판결에 대해서는 찬성하는 견해도 있으나, 전·후 양소는 엄연히 청구취지가 다르기 때문에 소송물이 동일하다고 볼 수 없다는 점을 이유로 반대하는 견해도 유력하다는 것을 첨언한다(이러한 견해에서는 말소등기청구권을 부정한 확정판결의 증명력을 이유로 특단의 사정이 없는 한 원고가 진정명의인이 아니라고 보아 청구를 기각하는 것이 타당한 방법이라고 한다).

---

98) 진정명의회복을 원인으로 한 소유권이전등기청구가 문제되는 경우에는, 「① 인정 여부(종전 판례는 대체로 부정적이었으나, 90년 대법원 전원합의체 판결로 견해를 변경하여 "이미 자기 앞으로 소유권을 표상하는 등기가 되어 있었거나 법률에 의하여 소유권을 취득한 자가 진정한 등기명의를 회복하기 위한 방법으로는 현재의 등기명의인을 상대로 그 등기의 말소를 구하는 외에 진정한 등기명의의 회복을 원인으로 한 소유권이전등기절차의 이행을 직접 구하는 것도 허용된다"고 하였다(대판(전) 1990.11.27, 89다카12398). → ② 인정요건 (ⅰ) 이미 자기 앞으로 소유권을 표상하는 등기가 되어 있었거나 법률에 의하여 소유권을 취득한 자가 진정한 등기 명의를 회복하기 위하여, ⅱ) 현재의 등기 명의인을 상대로 청구를 하는 것) → ③ 기판력 저촉 여부」의 논의순서로 답안을 구성하면 된다.

I. 문제의 소재

① 진정명의회복을 원인으로 한 소유권이전등기소송이 허용되는지 여부, ② 소유권이전등기의 말소등기를 청구하여 패소확정판결을 받은 자가 후소로 진정명의회복을 위한 소유권이전등기청구의 소를 제기한 경우 전소의 기판력에 저촉되는지 여부와 ③ 기판력에 저촉된다고 할 때 법원의 조치가 어떠한지 문제된다.

II. 진정명의회복을 원인으로 한 소유권이전등기청구의 인정 여부

1. 학설

① 과거 등기의 권리변동과정의 공시적 기능을 중시하여 부정하는 견해가 있었으나, ② 부동산 등기제도는 궁극적으로 현재의 권리상태를 정당한 것으로 공시하여 부동산거래의 안전을 도모하려는 데 있는 것이고, 최종등기명의인을 상대로 직접 이전등기를 구하는 것이 순차로 등기의 말소를 구하는 것보다 소송절차나 소송경제상 도움이 된다는 점을 근거로 긍정하는 견해가 일반적이다.

2. 판례

종전 판례는 부정적이었으나, 전원합의체 판결로 견해를 변경하여 이미 자기 앞으로 소유권을 표상하는 등기가 되어 있었거나 법률에 의하여 소유권을 취득한 자가 진정한 등기명의를 회복하기 위한 방법으로는 현재의 등기명의인을 상대로 그 등기의 말소를 구하는 외에 진정한 등기명의의 회복을 원인으로 한 소유권이전등기절차의 이행을 직접 구하는 것도 허용된다고 하였다.

III. 인정요건

① 이미 자기 앞으로 소유권을 표상하는 등기가 되어 있었거나 법률에 의하여 소유권을 취득한 자이어야 하고, ② 현재의 등기 명의인을 상대로 하여야 한다.

IV. 전소의 기판력이 후소에 미치는지 여부

1. 기판력의 의의 및 근거

2. 기판력의 주관적 범위

3. 기판력의 객관적 범위와 작용

(1) 문제점

전소인 소유권이전등기말소청구소송에서 패소확정판결을 받은 자가 다시 진정명의회복을 원인으로 한 소유권이전등기청구소송을 제기한 경우, 전소의 확정판결의 기판력이 후소에 미치는지 여부가 문제된다.

(2) 학설

① 말소등기청구와 소유권이전등기청구는 그 청구취지를 달리하므로 소송물이 다르다고 보는 견해와 ② 양자는 소유권회복이라는 목적이 동일하고, 소유권에 기한 방해배제청구권으로서의 법적 성질이 동일하므로 소송물은 동일하다고 보는 견해의 대립이 있다.

(3) 판례

① 종래 판례는 청구취지가 다르므로, 소송물이 다르다고 하여 전소의 기판력이 후소에 미치지 않는다고 하였으나, ② 변경된 판례는 어느 것이나 진정한 소유자의 등기명의를 회복하기 위한 것으로서 실질적으로 그 목적이 동일하고, 두 청구권 모두 소유권에 기한 방해배제청구권으로서 그 법적 근거와 성질이 동일하므로, 그 소송물은 실질상 동일한 것으로 보아야 하고, 따라서 소유권이전등기말소청구소송에서 패소확정판결을 받았다면 그 기판력은 그 후 제기된 진정명의회복을 원인으로 한 소유권이전등기청구소송에도 미친다고 하였다.

4. 기판력의 시적 범위

5. 법원의 조치

마) 통상의 소유권이전등기청구사건

★★★[대판 1996.8.23. 94다49922] 소유권이전등기청구사건에 있어서 등기원인을 달리하는 경우에는 그것이 단순히 공격·방어방법의 차이에 불과한 것이 아니고 등기원인별로 별개의 소송물로 인정된다.

바) 부당이득반환청구와 계약해제에 기한 원상회복청구

★★[대판 2000.5.12. 2000다5978] 기망을 이유로 계약취소 및 대금반환을 구하는 전소의 기판력이 이행불능을 이유로 계약해제 및 원상회복을 구하는 후소에 미치는지 여부(적극)

계약해제의 효과로서의 원상회복은 부당이득에 관한 특별규정의 성격을 가지는 것이고, 부당이득반환청구에서 법률상의 원인 없는 사유를 계약의 불성립, 취소, 무효, 해제 등으로 주장하는 것은 공격방법에 지나지 아니하므로 그 중 어느 사유를 주장하여 패소한 경우에 다른 사유를 주장하여 청구하는 것은 기판력에 저촉되어 허용될 수 없다 할 것인바, 패소판결이 확정된 전소에서 주장하였던 기망에 의한 의사표시의 취소의 효과로서 구하였던 매매대금반환의 성질은 부당이득반환이라고 할 것이고, 후소에서 계약해제의 효과인 원상회복으로서 구하는 것도 같은 성질의 것이라 할 것이므로, 전소의 소송물인 부당이득반환청구권의 존부에 관한 공격방법을 후소에 다시 제출하여 전소와 다른 판단을 구하는 것은 전소의 확정판결의 기판력에 저촉되어 허용될 수 없으며, 이는 전소에서 이행불능사실을 몰랐다고 하더라도 마찬가지이다.

➲ [소송과정 및 해설] : ① X는 Y와 특정 토지의 매매계약을 체결하고 일정한 매매대금을 지급하였다. 그러나 Y의 기망으로 인해 매매계약의 목적을 달성할 수 없는 사유를 간과하고 체결하였다고 하여, X는 Y를 상대로 당해 계약을 취소하고, 원상회복으로 기지급한 매매대금의 반환을 요구하는 소를 제기하였다(전소). 이에 대해서는 Y의 기망행위는 인정되지 않고 당해 매매계약이 유효하다는 이유에서 X의 청구를 기각하는 판결이 내려지고 확정되었다. 그러자 X는 또다시 당해 계약이 유효함을 전제로 Y의 후발적인 이행불능을 원인으로 하여 매매계약을 해제하고, 그 원상회복으로서 기지급한 매매대금의 반환을 청구하는 소를 제기하였다(후소). 이러한 후소는 전소 확정판결의 기판력에 저촉되는 가가 문제되었는데, 원심은 전소와 후소의 소송물이 서로 다르다는 이유에서 전소판결의 기판력이 후소에는 미치지 않는다고 판단하였다. 이에 대해 대법원은 X가 전소에서 주장하였던 무효 또는 기망에 의한 의사표시의 취소의 효과로서 구하였던 매매대

금반환의 성질은 부당이득반환이라고 할 것이고, 후소에서 계약해제의 효과인 원상회복으로서 구하는 것도 같은 성질의 것이라 할 것이므로, 이는 결국 전소의 소송물인 부당이득반환 청구권의 존부에 관한 공격방법을 후소에 다시 제출하여 전소와 다른 판단을 구하는 것이어서 전소의 확정판결의 기판력에 저촉되어 허용될 수 없다고 하였다. ② 한편 본판결의 방론에서, 원심은 부가적으로, X가 매매계약이 확정적으로 이행불능이 되었음을 전소의 변론종결일 전에 이미 알고 있었다고 인정하기에 부족하다고 설시하였는데, 대법원은 판결의 기판력은 그 소송의 변론종결 전에 있어서 주장할 수 있었던 모든 공격 및 방어방법에 미치므로 전소의 변론종결일 전의 이행불능을 내세워 해제권을 행사하는 것은 기판력에 의해 차단된다고 하였다.

사) 일부청구

① 문제점

일부청구에 관한 본안판결이 확정된 뒤에 잔부청구를 한 경우 전소의 기판력이 후소의 잔부청구에 미치는지 문제된다.

② 학설

ⅰ) 소송물을 일부로 보아 후소의 잔부청구와는 그 소송물이 다르므로 전소의 기판력이 후소에 미치지 않는다고 보는 견해(일부청구 긍정설), ⅱ) 소송물을 청구 전부로 보아 후소의 잔부청구와 그 소송물이 같으므로 전소의 기판력이 후소에 미친다고 보는 견해(일부청구 부정설), ⅲ) 전소에서 원고가 해당 청구가 일부임을 명시한 때에는 그 소송물은 청구된 일부에 한정되고 따라서 확정된 판결의 기판력도 그 일부에만 미치나, 묵시적인 경우에는 전부청구로 보아 기판력에 의해 차단된다고 보는 견해(명시설)의 대립이 있다.

③ 판례

판례는 ⅰ) 전소에서 일부청구인 것이 명시되었다면 소송물은 그 일부에 한정되고, 전소판결의 기판력은 잔부청구인 후소에 미치지 않아 허용지만, ⅱ) 묵시적 일부청구의 경우에는 전부청구로 보아 후소의 잔부청구와 그 소송물이 같으므로, 후소는 기판력에 저촉되어 허용되지 않는다는 입장이다.

[대판 2000.2.11. 99다10424] 불법행위의 피해자가 일부청구임을 명시하여 그 손해의 일부만을 청구한 경우 그 일부청구에 대한 판결의 기판력은 청구의 인용 여부에 관계없이 청구의 범위에 한하여 미치는 것이고, 잔액 부분 청구에는 미치지 아니한다.

[대판 1982.11.23. 82다카845] 원고가 전 소송과 동일한 불법행위로 인하여 입은 적극적 재산상 손해로서 그 치료비의 청구를 하려면 전 소송에서 원고가 적극적 재산상 손해 중 일부의 청구를 유보하고 그 이외의 일부만을 청구한다는 취지를 명시한 때에 한하여 그 청구권이 있다 할 것이고, 전 소송에서 일부 청구라는 취지를 명시하지 아니하고 적극적 재산상 손해의 일부만을 청구하였다면 전소에 대한 판결의 기판력은 청구하지 아니한 부분에까지 미치게 되어 나머지 부분에 대하여는 이를 청구할 수 없으므로, 일부 청구 유보의 취지가 내심의 의사만으로 유보된 것인 때에는 전 소송의 확정판결의 기판력이 후소에 미친다.

[대판 1989.6.27, 87다카2478; 대판 2016.6.10, 2016다203025]

[1] 불법행위의 피해자가 일부청구임을 명시하여 손해의 일부만을 청구하는 경우 그 명시방법으로는 반드시 전체 손해액을 특정하여 그 중 일부만을 청구하고 나머지 손해액에 대한 청구를 유보하는 취지임을 밝혀야 할 필요는 없고 일부청구하는 손해의 범위를 잔부청구와 구별하여 그 심리의 범위를 특정할 수 있는 정도의 표시를 하여 전체 손해의 일부로서 우선 청구하고 있는 것임을 밝히는 것으로 족하다.

[2] 불법행위의 피해자가 일부청구임을 명시하여 그 손해의 일부만을 청구한 경우 그에 대한 판결의 기판력은 청구의 인용 여부에 관계없이 청구의 범위에 한하여 미치고 잔부청구에는 미치지 않는다.

★★★**[대판 2016.7.27, 2013다96165]** 가분채권의 일부에 대한 이행청구의 소를 제기하면서 일부청구임을 명시하지 아니한 경우, 확정판결의 기판력이 잔부청구에 미치는지 여부(적극) 및 일부청구임을 명시하는 방법 및 일부청구임을 명시하였는지 판단할 때 소장 등의 기재 외에 소송의 경과 등을 함께 살펴보아야 하는지 여부(적극)

① 가분채권의 일부에 대한 이행청구의 소를 제기하면서 나머지를 유보하고 일부만을 청구한다는 취지를 명시하지 아니한 이상 확정판결의 기판력은 청구하고 남은 잔부청구에까지 미치는 것이므로, 나머지 부분을 별도로 다시 청구할 수는 없다. 그러나 ② 일부청구임을 명시한 경우에는 일부청구에 대한 확정판결의 기판력은 잔부청구에 미치지 아니하고, ③ 이 경우 일부청구임을 명시하는 방법으로는 반드시 전체 채권액을 특정하여 그중 일부만을 청구하고 나머지에 대한 청구를 유보하는 취지임을 밝혀야 할 필요는 없으며, 일부청구하는 채권의 범위를 잔부청구와 구별하여 심리의 범위를 특정할 수 있는 정도의 표시를 하여 전체 채권의 일부로서 우선 청구하고 있는 것임을 밝히는 것으로 충분하다. 그리고 일부청구임을 명시하였는지 판단할 때에는 소장, 준비서면 등의 기재뿐만 아니라 소송의 경과 등도 함께 살펴보아야 한다.

➲ [소송과정 및 해설] : 甲 등이 乙 학교법인을 상대로 의료사고에 따른 손해배상을 구하는 조정신청을 하면서 적극적 손해 중 기왕치료비 금액을 특정하여 청구하고, 비뇨기과 향후치료비 등의 금액을 특정하여 청구하면서 향후치료비는 향후 소송 시 신체감정 결과에 따라 확정하여 청구한다는 취지를 밝히고, 위자료 금액을 특정하여 청구하였는데, 조정이 성립되지 않아 소송으로 이행되어 甲에 대한 신체감정 등이 이루어지지 않은 상태에서 자백간주에 의한 甲 등 전부승소판결이 선고되어 확정되었고, 그 후 甲 등이 선행 소송과 마찬가지로 乙 법인을 상대로 의료사고에 따른 손해배상을 구한 사안에서, ① 위자료 청구 부분에 대하여는 甲 등이 선행 소송에서 일부청구임을 명시하였다고 볼 수 없으므로 선행 소송 확정판결의 기판력이 위자료 채권 전부에 미치지만, ② 甲이 선행 소송에서 적극적 손해의 개별 항목과 금액을 특정하면서 적극적 손해 중 다른 손해에 대하여는 신체감정 결과에 따라 청구할 것임을 밝힌 점 등을 종합하면, 선행 소송 중 적극적 손해에 대한 배상청구 부분은 일부청구하는 채권의 범위를 잔부청구와 구별하여 심리의 범위를 특정할 수 있는 정도로 표시하고 전체 채권의 일부로서 우선 청구하고 있는 것임을 밝힌 경우로서 명시적 일부청구에 해당하므로 선행 소송 확정판결의 기판력이 이 부분 청구에는 미치지 않는다고 한 사례이다.

아) 후유증에 의한 확대손해

전소 당시 예견할 수 없었던 후유증에 따른 손해배상청구의 후소를 제기할 수 있다는 점에 대하여는 다툼이 없다. 다만 어떤 근거로 후유증에 따른 확대손해를 청구할 수 있는가에 대하여는 견해의 대립이 있는데, 후유증에 따른 손해는 표준시 뒤에 발생한 새로운 사유로 인한 손해로서 그 소송물은 전소와는 별개의 소송물이라고 보는 입장이 일반적이다(별개소송물설).

★★[대판 2007.4.13. 2006다78640] **적극적 손해의 배상을 명한 전소송의 변론종결 후에 발생한 새로운 적극적 손해와 전소송의 기판력** – 불법행위로 인한 적극적 손해의 배상을 명한 전소송의 변론종결 후에 새로운 적극적 손해가 발생한 경우에 그 소송의 변론종결 당시 그 손해의 발생을 예견할 수 없었고 또 그 부분 청구를 포기하였다고 볼 수 없는 등 특별한 사정이 있다면 전소송에서 그 부분에 관한 청구가 유보되어 있지 않다고 하더라도 이는 전소송의 소송물과는 별개의 소송물이므로 전소송의 기판력에 저촉되는 것이 아니다(대판 1980.11.25. 80다1671).

➡ [해설] : 원고가 식물인간 상태로 지속하다가 2004.4.23.경 사망할 것으로 예측된 전소의 감정결과와는 달리 원고의 여명이 종전의 예측에 비하여 최대 약 9년이나 더 연장되어 그에 상응한 향후 치료, 보조구 및 개호 등이 추가적으로 필요하게 된 중대한 손해가 새로이 발생하리라고는 전소의 소송과정에서 예상할 수 없었다 할 것이고, 따라서 원고의 연장된 여명에 따른 손해는 전소의 변론종결 당시에는 예견할 수 없었던 새로운 중한 손해라고 할 것이므로 이 사건 소는 전소와는 별개의 소송물로서 전소의 기판력에 저촉되지 않는다고 한 사례이다.

◈ **비교판례** ◈

★★[대판 2009.11.12. 2009다56665] **불법행위로 인한 손해배상청구소송의 판결이 확정된 후 피해자가 그 판결에서 손해배상액 산정의 기초로 인정된 기대여명보다 일찍 사망한 경우, 기지급된 손해배상금 일부를 부당이득으로 반환을 구할 수 있는지 여부**(원칙적 소극) – 확정판결이 실체적 권리관계와 다르다 하더라도 그 판결이 재심의 소 등으로 취소되지 않는 한 그 판결의 기판력에 저촉되는 주장을 할 수 없어 그 판결의 집행으로 교부받은 금원을 법률상 원인 없는 이득이라 할 수 없는 것이므로, 불법행위로 인한 인신손해에 대한 손해배상청구소송에서 판결이 확정된 후 피해자가 그 판결에서 손해배상액 산정의 기초로 인정된 기대여명보다 일찍 사망한 경우라도 그 판결이 재심의 소 등으로 취소되지 않는 한 그 판결에 기하여 지급받은 손해배상금 중 일부를 법률상 원인 없는 이득이라 하여 반환을 구하는 것은 그 판결의 기판력에 저촉되어 허용될 수 없다.

➡ [해설] : 인신사고에 따른 손해배상청구사건의 판결 등이 확정된 후 피해자가 그 확정판결 등에서 인정된 기대여명보다 일찍 사망하게 되었다 하여 그 확정판결 등의 기판력이 배제된다고 볼 수 없고, 따라서 당초 확정된 판결에 따라 지급한 손해배상금 중 실제 사망시점 이후의 치료비 및 개호비 등은 법률상 원인 없는 이득에 해당한다고 주장하면서 위 치료비 및 개호비 상당액을 부당이득으로 반환하라는 청구를 한 경우, 이는 그 판결이 재심의 소 등으로 취소되지 않는 한 전소 판결의 기판력에 저촉(모순관계에 해당)되어 허용될 수 없고 또한 법률상 원인 없는 이득이라고 할 수 없으므로, 원고의 이 사건 청구는 부당이득의 액수 등에 관하여 살펴볼 필요 없이 이유 없다고 하여 원심판단을 인정한 사례이다.[99]

---

99) 참고로 원심은 ① 당사자의 법적 안정성을 위해 확정판결에 기판력을 인정한 취지나 확정판결의 효력을 배제하기 위하여는 그 확정판결에 재심사유가 존재하는 경우에 재심의 소에 의하여 그 취소를 구하는 것이 원칙적인 방법인 점에 비추어 볼 때, 확정판결의 기판력의 배제는 이를 쉽사리 인정하여서는 아니 되고, 당사자의 절차적 기본권이 근본적으로 침해된 상태에서 판결이 선고되었거나 확정판결에 재심사유가 존재하는 등 확정판결의 효력을 존중하는 것이 정의에 반함이 명백하여 이를 묵과할 수 없는 경우로 한정되어야 하고, ② 인신사고의 경우 손해배상의무 발생의 근거사실인 손해는 사고 당시에 이미 발생하여 그 배상청구권이 존재하게 되고, 다만 법원으로서는 당사자가 변론종결 시까지 제출한 자료에 의해서 장래 현재화할 손해를 예상하고 그 금전적 평가에 기해 배상을 명하는 것뿐이므로, 예상된 사실과 현실화된 사실이 상위함이 변론종결 후에 밝혀지더라도 일반적으로는 이를 변론종결

[대판 2018.4.26, 2017다288115] 의사가 선량한 관리자의 주의의무를 다하지 아니하여 환자의 신체기능이 회복불가능하게 손상되고 그 후 후유증세의 치유 또는 악화를 방지하는 정도의 치료만이 계속되어 온 경우, 병원 측이 환자에 대하여 수술비와 치료비의 지급을 청구할 수 있는지 여부(소극) 및 이러한 법리는 환자가 종전 소송에서 특정 시점 이후에 지출될 것으로 예상되는 향후치료비 청구를 누락한 결과, 환자가 이를 별도의 소송에서 청구하는 것이 종전 소송 확정판결의 기판력에 저촉되어 소송법상 허용되지 않는 경우에도 마찬가지로 적용되는지 여부(원칙적 적극) ① 의사가 선량한 관리자의 주의의무를 다하지 아니한 탓으로 오히려 환자의 신체기능이 회복불가능하게 손상되었고, 또 손상 이후에는 후유증세의 치유 또는 더 이상의 악화를 방지하는 정도의 치료만이 계속되어 온 것뿐이라면 의사의 치료행위는 진료채무의 본지에 따른 것이 되지 못하거나 손해전보의 일환으로 행하여진 것에 불과하여 병원 측으로서는 환자에 대하여 수술비와 치료비의 지급을 청구할 수 없다. ② 이러한 법리는 환자가 특정 시점 이후에 지출될 것으로 예상되는 향후치료비를 종전 소송에서 충분히 청구할 수 있었고 실제로 이를 청구하였더라면 적극적 손해의 일부로서 당연히 받아들여졌을 것임에도 환자가 종전 소송에서 해당 향후치료비 청구를 누락한 결과, 환자가 이를 별도의 소송에서 청구하는 것이 종전 소송 확정판결의 기판력에 저촉되어 소송법상 허용되지 않는 경우에도 환자가 종전 소송에서 해당 청구를 누락한 것이 청구권을 포기한 것이라고 평가할 수 있는 등의 특별한 사정이 없는 한 마찬가지로 적용된다.

➲ [사실관계 및 판단] :

1. 사실관계

  (1) 1차 의료소송

   ① 피고 1이 1998.5.경 원고 소속 의료진으로부터 수술 및 치료를 받은 후 위 의료진의 과실로 식물인간 상태가 되자 피고들 및 피고들의 자녀 소외 1, 소외 2(이하 '피고 1 등'이라 한다)는 원고를 상대로 손해배상청구소송을 제기하였다.

   ② 항소심(대전고등법원 2000나6368호)은 2003.1.17. 원고 소속 의료진의 과실을 인정한 다음, 피고 1의 여명이 2004.4.23.(기대여명기간 4.43년)로 추정된다는 전제에서 일실수입, 여명기간 동안의 향후치료비, 개호비(흔히 간병비라고 함), 위자료 등을 산정하여 원고의 손해배상책임을 인정하는 판결을 선고하였다. 위 항소심판결은 2003.7.25. 대법원 2003다10261호로 확정되었다.

  (2) 2차 의료소송

   ① 피고 1이 1차 의료소송이 예상한 여명기간 이후로도 생존함에 따라 피고 1 등은 2004.4.27. 원고를 상대로 피고 1이 당초 예측된 여명기간을 넘어 생존함으로써 추가로 발생되는 손해에 관한 배상을 청구하였다.

   ② 항소심(대전고등법원 2005나2972호)은 2006.10.18. 피고 1의 여명을 2012.6.14.(기대여명기간 최대 8.4년)까지로 인정하여, 피고 1의 생존을 조건으로 2012.6.14.

후에 생긴 사유라고 볼 수 없다고 하였다[토지 소유자가 임료 상당 부당이득의 반환을 구하는 장래이행의 소를 제기하여 승소판결이 확정된 후 임료가 상당하지 아니하게 되는 등 사정이 있는 경우(대판 1993.12.21, 92다46226 전원합의체 판결의 사안)는 손해가 변론종결 당시 이미 발생한 것이 아니라 그 후 장래에 계속 발생하는 것이라는 점에서 인신사고로 인한 손해배상청구의 경우와 달리 보아야 할 점이 있다].

까지의 향후치료비, 2037.9.28.까지의 개호비 등의 손해를 추가로 인정하였다. 위 항소심판결은 2007.4.13. 대법원 2006다78640호로 확정되었다.

③ 위 소송에서 피고 1 등은 향후개호비의 경우 우리나라 평균 여성의 평균여명 종료일을 고려하여 2037.9.28.까지 발생할 것으로 예상되는 비용을 청구한 반면, 향후치료비의 경우 감정 결과 인정된 피고 1의 기대여명 상한선이 8.4년임을 고려하여 2012.12.31.까지 발생할 것으로 예상되는 비용만을 청구하였다.

(3) 3차 의료소송

① 피고 1은 2차 의료소송이 예상한 여명기간 이후로도 생존하였고, 이에 피고 1은 2014.2.11. 원고를 상대로 피고 1이 당초 예측된 여명기간을 넘어 생존함으로써 추가로 발생되는 손해에 관한 배상을 청구하였다.

② 항소심(대전고등법원 2014나12506호)은 2015.3.20. 피고 1의 소극적 손해배상청구(생계비)는 일부 인용하였으나, 피고 1의 2014.7.10. 이후의 향후치료비 청구 등 적극적 손해배상청구 부분은 2차 의료소송의 기판력에 저촉된다고 보아 이를 각하하였다. 위 항소심판결은 대법원 2015다212008호로 확정되었다.

(4) 이 사건 청구원인

원고는 피고 1이 계속 입원치료를 받고 있음에도 피고들이 2015.1.1.부터 2015.12.31.까지 발생한 진료비 9,806,120원을 지급하지 않고 있다는 이유로 이 사건 청구를 하였다.

2. 법원의 판단

피고 1이 2차 의료소송에서 2013년 이후에 발생할 것으로 예상되는 치료비 등을 청구할 수 있었고, 실제로 이를 청구하였더라면 피고 1의 생존을 조건으로 인용되었을 것임이 명백하다. 그럼에도 피고 1이 2차 의료소송에서 2013년 이후에 발생할 것으로 예상되는 치료비 등을 청구하지 않아 피고 1이 이를 별도의 소송에서 청구하는 것이 2차 의료소송 확정판결의 기판력에 저촉되어 소송법상 허용되지 않는다고 하더라도, 해당 청구권 등이 실체법상 소멸하는 것은 아니다. 피고 1이 2013년 이후에 발생한 치료비를 원고로부터 실제로 변제받았다거나 피고 1이 해당 청구권을 포기하였다는 등의 사정이 없는 이 사건에서, 원고가 피고 1을 치료하는 것은 여전히 원고 소속 의료진의 과실로 피고 1에게 발생한 손해를 전보하는 것에 불과하다고 봄이 타당하므로, 원고는 피고들에 대하여 2013년 이후 발생한 진료비 등의 지급을 청구할 수 없다. 그런데도 원심은 이와 달리 원고가 피고 1에 대하여 배상하여야 할 적극적인 손해는 2차 의료소송에서 2012.6.14.까지 계산된 향후치료비 등과 2037.9.28.까지 정기적으로 지급될 개호비 등이 확정됨으로써 모두 전보되었다고 보아야 한다는 이유로, 원고가 이 사건에서 구하고 있는 진료비는 원고의 피고 1에 대한 불법행위로 인한 손해의 전보에 해당하지 않는다고 판단하였으니, 이러한 원심판결에는 소액사건심판법 제3조 제2호에서 정한 '대법원의 판례에 상반되는 판단'을 한 잘못이 있다. 이를 지적하는 취지의 상고이유 주장은 이유 있다.

자) 확인판결의 기판력 범위

[대판 1987.3.10, 84다카2132] 특정토지에 대한 <u>소유권확인의 본안판결이 확정되면 그에 대한 권리 또는 법률관계가 그대로 확정되는 것이므로 변론종결 전에 그 확인원인이 되는 다른 사실이 있었다 하더라도 그 확정판결의 기판력은 거기까지도 미치는 것이다.</u>

➡ [해설] : 확인의 소의 경우에는 대체로 소송물이론과 상관없이 일정한 권리 또는 법률관계의 주장이 소송물이며, 소송물의 동일성은 청구취지만으로 결정된다고 본다. 따라서 기판력의 범위도 당사자가 변론에서 주장하지 아니한 사실에 기한 권리의 주장에도 미치는 것으로 보는 것이 통설의 입장이다. 본 판례도 이에 따르고 있다. 다만 소송물이론 중 일관설에서는 이에 반대한다.

3) 선결관계

전소의 소송물이 후소의 소송물 자체가 되지 아니하여도 후소의 선결문제(선결적 법률관계)가 되는 때에는 전소 소송물과 후소의 소송물은 선결관계로 기판력이 작용하고, 이 경우 법원은 전소와 다른 판단을 하여서는 안 된다.

★★★[대판 2000.6.9. 98다18155] 확정된 전소의 기판력 있는 법률관계가 후소의 소송물 자체가 되지 아니하여도 후소의 선결문제가 되는 때에는 전소의 확정판결의 판단은 후소의 선결문제로서 기판력이 작용한다고 할 것이므로, 소유권확인청구에 대한 판결이 확정된 후 다시 동일 피고를 상대로 소유권에 기한 물권적 청구권을 청구원인으로 하는 소송을 제기한 경우에는 전소의 확정판결에서의 소유권의 존부에 관한 판단에 구속되어 당사자로서는 이와 다른 주장을 할 수 없을 뿐만 아니라 법원으로서도 이와 다른 판단은 할 수 없다.

[대판 1980.9.9. 80다1020] 채권채무의 존부에 관한 청구와 그 채권, 채무관계를 원인으로 한 등기의 말소청구권의 존부는 별개의 소송물이므로 채무부존재확인의 확정판결의 기판력은 그 채무부존재를 원인으로 하는 등기말소청구 소송에 미칠 수 없다.

➡ [해설] : 본 판례는 전소의 소송물이 후소의 선결문제로서 전소의 기판력은 후소에 미친다고 하여야 함에도 불구하고, 별개의 소송물이라는 점만을 이유로 전소의 기판력이 후소에 작용하지 못한다고 하였는바, 잘못이라고 평가되는 판례이다.

★★★[대판 2003.3.28. 2000다24856] 소유권이전등기말소소송의 승소 확정판결에 기하여 소유권이전등기가 말소된 후 순차 제3자 명의로 소유권이전등기 및 근저당권설정등기 등이 마쳐졌는데 위 말소된 등기의 명의자가 현재의 등기명의인을 상대로 진정한 등기명의의 회복을 위한 소유권이전등기청구와 근저당권자 등을 상대로 그 근저당권설정등기 등의 말소등기청구 등을 하는 경우 현재의 등기명의인 및 근저당권자 등은 모두 위 확정된 전 소송의 사실심 변론종결 후의 승계인으로서 위 확정판결의 기판력은 그와 실질적으로 동일한 소송물인 진정한 등기명의의 회복을 위한 소유권이전등기청구 및 위 확정된 전소의 말소등기청구권의 존재 여부를 선결문제로 하는 근저당권설정등기 등의 말소등기청구에 모두 미친다.

➡ [해설] : 甲·乙 간의 소유권이전등기말소소송에서 乙이 패소 → 乙 명의의 등기말소 → 甲·乙 간의 전소 변론종결 후에 등기명의를 회복한 甲이 丙에게 소유권이전등기를 넘겨주고 순차 丁에게도 저당권설정등기가 넘어간 사안에서, 乙이 ① 丙에게는 진정한 등기명의회복의 이전등기청구, ② 丁에게는 저당권설정등기말소청구를 한 경우에, 丙과 丁은 모두 전소의 변론종결 후의 승계인으로서 ① 丙 상대의 이전등기청구는 전소와 소송물이 같다는 이유에서, ② 丁 상대의 저당권설정등기말소청구는 전소의 말소등기청구권의 존부를 선결문제로 한다는 이유에서 전소의 기판력이 모두 미친다고 한 사례이다.

4) 모순관계

후소가 전소의 소송물(실체법상 청구권)에 대한 판단을 배척 또는 부인하는 것인 때에는 후소는 전소의 기판력에 저촉된다. 그러나 후소가 전소의 소송물에 대한 판단을 부정하지 않고 위 판단과 양립가능한 다른 원인을 들고 있다면 전소의 기판력에 저촉되지 않는다.

★★★ [대판 1996.2.9, 94다61649] 전소 확정판결에 의하여 소유권이전등기가 마쳐진 경우, 원인무효를 이유로 그 말소등기절차의 이행을 구하는 것이 확정판결의 기판력에 저촉되는지 여부(적극)
판결이 형식적으로 확정되면 그 내용에 따른 기판력이 생기므로, 소유권이전등기절차를 명하는 확정판결에 의하여 소유권이전등기가 마쳐진 경우에, 다시 원인무효임을 내세워 그 말소등기절차의 이행을 청구함은 확정된 이전등기청구권을 부인하는 것이어서 기판력에 저촉된다(대판 1987.3.24, 86다카1958 등).

> ➲ [해설] : ① 전소의 주문판단은 소유권이전등기청구권이 존재한다는 것인데, 후소의 청구취지는 전소에서 인정된 소유권이전등기청구권 자체를 부인하는 것이고, 청구원인 역시 전소에서 인정된 매매사실을 부인하는 것이어서 모순관계에 해당한다고 할 것이다. ② 또한 본 판결이 위에서 살펴 본 판결, 즉 소유권이전등기말소청구의 패소판결이 확정된 후 진정명의회복을 위한 소유권이전등기를 구하는 것이 기판력에 저촉된다고 본 판결(대판 2001.9.20, 99다37894)의 법리에 반하는 것이 아니냐는 의문이 생길 수 있으나, 본 판결은 2001년 전원합의체 판결에 의해 폐기되지 않았으므로 혼동하지 말아야 할 것이다.

★★★ [대판 1995.6.13, 93다43491] 소유권이전등기말소 청구소송에서 패소한 당사자가 그 후 상대방에 대하여 전소송의 변론종결 전에 동일 토지를 매수하였음을 원인으로 한 소유권이전등기 청구소송을 제기하는 것이 전소판결의 기판력에 저촉되는지 여부(소극)
확정판결의 기판력은 소송물로 주장된 법률관계의 존부에 관한 판단 그 자체에만 미치는 것이고 전소와 후소가 그 소송물이 동일한 경우에 작용하는 것이므로, 부동산에 관한 소유권이전등기가 원인무효라는 이유로 그 등기의 말소를 명하는 판결이 확정되었다고 하더라도 그 확정판결의 기판력은 그 소송물이었던 말소등기청구권의 존부에만 미치는 것이므로, 그 소송에서 패소한 당사자도 전소에서 문제된 것과는 전혀 다른 청구원인에 기하여 상대방에 대하여 소유권이전등기청구를 할 수 있다.

> ➲ [해설] : ① 전소의 주문판단은 소유권이전등기말소청구권이 존재한다는 것인데, 후소의 청구취지는 전소에서 인정된 소유권이전등기말소청구권 자체를 부인하는 것으로 일응 모순관계로 보이기는 하지만, 청구원인에서 전소에서 인정된 등기서류 위조사실과 전혀 무관한 매매사실을 주장하는 것이므로 모순관계에 해당하지 않는다고 할 것이다. ② 본 판결사안은 기판력의 시적범위와도 문제된다. 이에 대해서는 해당부분의 논의를 중심으로 이해하면 될 것이다.

◈ 관련판례 ◈

★★★ [대판 1994.11.11, 94다30430] 중복등기 말소를 구하는 소송에서 취득시효완성으로 실체관계에 부합한다는 항변을 하였으나 뒤에 경료된 등기라는 이유로 그 말소를 명하는 판결이 선고된 후, 같은 부동산에 관하여 시효취득을 원인으로 한 소유권이전등기를 구하는 소송을 제기한 경우, 전소판결의 기판력이 후소에 미치는지 여부(소극)
전소의 소송물은 중복소유권보존등기 및 이에 바탕을 둔 소유권이전등기의 말소청구권의 존부이고, 후소에서 쟁점이 된 소송물은 같은 부동산에 관한 청구이기는 하지만 취득시효완성을 원인으로 한 소유권이전등기청구권의 존부로서, 전소와 후소는 청구취지와 청구원인을 전혀 달리하는 소송으로서 그 소송물이 다르고 특별히 서로 모순관계에 있거나 전소의 소송물이 후소의 선결문제에 해당하는 것도 아니므로 전소판결의 기판력이 후소에 미친다고 볼 수 없다.

   ➲ [사실관계 및 해설] : 甲 명의의 소유권보존등기가 乙 명의의 보존등기와 중복등기라는 이유로 乙의 상속인들이 甲 명의의 보존등기 및 이를 바탕으로 경료된 이전등기 등의 말소를 청구한 소송에서, 甲이 그 명의의 보존등기가 중복등기이기는 하지만 취득시효가 완성되었으므로 그 보존등기 및 이전등기는 모두 실체관계에 부합하는 유효한 등기이므로 그 말소를 구할 수 없다고 주장하였으나, 1부동산 1등기부주의를 채택하고 있는 부동산등기법 아래서는 실체관계에 부합하는지의 여부와 상관없이 선등기 명의자가 뒤에 경료된 보존등기의 말소를 청구할 수 있다는 이유로 甲에 대한 패소판결이 선고된 후, 같은 부동산에 관하여 甲이 乙의 상속인들을 상대로 취득시효 완성을 원인으로 소유권이전등기청구소송을 제기한 경우, 전소의 소송물은 甲의 명의로 경료된 소유권보존등기가 중복등기라는 이유로 원래의 소유권보존등기 명의자의 상속인들이 행사하는 중복소유권보존등기 및 이에 바탕을 둔 소유권이전등기의 말소청구권의 존부이고, 후소에서 쟁점이 된 소송물은 같은 부동산에 관한 청구이기는 하지만 취득시효완성을 원인으로 한 소유권이전등기청구권의 존부로서, 전소와 후소는 청구취지와 청구원인을 전혀 달리하는 소송으로서 그 소송물이 다르고 특별히 서로 모순관계에 있거나 전소의 소송물이 후소의 선결문제에 해당하는 것도 아니므로 전소판결의 기판력이 후소에 미친다고 볼 수 없다고 본 사례이다.

3. 판결이유 중의 판단

(1) 원칙 및 근거

기판력은 상계의 경우를 제외하고(제216조 제2항), 판결주문에 포함된 것에 한하므로 판결이유 중에 판단된 사실, 선결적 법률관계, 항변의 존부에 관한 판단에 대하여는 기판력이 발생하지 않는다. 이는 ① 당사자의 직접적인 관심사는 주문에서 판단되는 결론이고 판결이유가 아닌데, 여기에 기판력이 인정되면 당사자에게 예기치 못한 불이익을 입히는 것이고, ② 그만큼 오판시정의 기회가 적어지기 때문이다.

(2) 사실

판결이유에서 판단한 사실인정에 대하여는 기판력이 생기지 않는다. 판례도 ① 등기말소판결을 하면서 그 전제로 피고가 무권대리인으로부터 매수했다는 사실인정, ② 손해배상판결의 이유에서 판단된 고의·과실 및 인과관계의 사실판단에는 기판력이 미치지 않는다고 판시하였다.

(3) 선결적 법률관계

1) 문제점

소송물인 권리관계의 존부를 판단함에 있어서 그 전제가 되는 선결적 법률관계에 대한 판단은 판결이유 속에서 행하여지므로 기판력이 미치지 않는다. 이러한 선결적 법률관계에 기판력을 받기 위하여는 중간확인의 소(제264조)를 제기하여야 한다. 그러나 판결이유에 포함된 판단에도 분쟁의 모순 없는 해결을 위해 일정한 요건 아래 구속력 내지 기판력을 확장하려는 논의가 있다.

2) 학설

이에 대해, ① 판결이유 중의 판단이라 하여도 그것이 소송에 있어서 중요한 쟁점이 되어 당사자가 주장·증명하고 법원도 그에 관하여 실질적 심리를 한 경우에는 법원의 판단에 구속력을 인정하여야 한다는 쟁점효이론 등이 있으나, ② 통설은 제264조에서 선결적 법률관계에 대해 기판력을 얻기 위해 따로 중간확인의 소를 인정하고 있다는 점을 들어 판결이유 중 판단에 구속력을 인정할 수는 없다는 입장이다. 이러한 통설의 입장에서는 판결의 모순·저촉의 방지를 위한 방안으로, ⅰ) 판결의 증명력, ⅱ) 신의칙(선행행위와 모순되는 후행행위의 금지원칙 내지 권리실효의 원칙)에 따를 것을 주장한다.

3) 판례

판례는 ① 판결이유 중 판단에는 기판력이 발생하지 않음을 전제로 하면서, ② 판결이유에 포함된 판단에 구속력을 인정하자는 쟁점효이론을 부정하고 있다. ③ 나아가 판결의 모순·저촉의 방지는 신의칙 내지 증명력이론에 따라 해결하고 있다. 즉 민사재판에 있어서는 다른 민사사건 등의 판결에서 인정된 사실에 구속받는 것이 아니라 할지라도 이미 확정된 관련 민사사건에서 인정된 사실은 특별한 사정이 없는 한 유력한 증거가 되므로, 합리적인 이유설시 없이 이를 배척할 수 없다고 하였다(대판 2007.11.30, 2007다30393 등).

[대판 2000.2.25, 99다55472]

[1] 전소와 후소의 소송물이 동일하지 아니하여도 전소의 기판력 있는 법률관계가 후소의 선결적 법률관계가 되는 때에는 전소의 판결의 기판력이 후소에 미쳐 후소의 법원은 전에 한 판단과 모순되는 판단을 할 수 없다.

[2] 확정판결의 기판력은 그 판결의 주문에 포함된 것, 즉 소송물로 주장된 법률관계의 존부에 관한 판단의 결론 그 자체에만 미치는 것이고 판결이유에서 설시된 그 전제가 되는 법률관계의 존부에까지 미치는 것은 아니다.

[3] 민사재판에 있어서 이와 관련된 다른 민·형사사건 등의 확정판결에서 인정된 사실은 특별한 사정이 없는 한 유력한 증거자료가 되는 것이나, 당해 민사재판에서 제출된 다른 증거내용에 비추어 관련 민·형사사건의 확정판결에서의 사실판단을 그대로 채용하기 어렵다고 인정될 경우에는 이를 배척할 수 있고, 이 경우에 그 배척하는 구체적인 이유를 일일이 설시할 필요는 없다.

[대판 2021.10.14, 2021다243430] 원래 민사재판에 있어서는 형사재판의 사실인정에 구속을 받는 것이 아니라고 하더라도 동일한 사실관계에 관하여 이미 확정된 형사판결이 유죄로 인정한 사실은 유력한 증거자료가 된다고 할 것이므로 민사재판에서 제출된 다른 증거들에 비추어 형사재판의 사실판단을 채용하기 어렵다고 인정되는 특별한 사정이 없는 한 이와 반대되는 사실을 인정할 수 없다.

★★**[대판 1995.6.29, 94다47292; 대판 2007.11.30, 2007다30393; 대판 2020.7.9, 2020다208195]**
민사재판에 있어서는 다른 민사사건 등의 판결에서 인정된 사실에 구속받는 것이 아니라 할지라도 이미 확정된 관련 민사사건에서 인정된 사실은 특별한 사정이 없는 한 유력한 증거가 되므로, 합리적인 이유설시 없이 이를 배척할 수 없고, 특히 전후 두 개의 민사소송이 당사자가 같고 분쟁의 기초가 된 사실도 같으나 다만 소송물이 달라 기판력에 저촉되지 아니한 결과 새로운 청구를 할 수 있는 경우에 있어서는 더욱 그러하다.

➲ [해설] : 위 두 판례는 판결이유 중의 판단에 기판력이 발생하지 않는다는 점을 밝히고, 판결의 모순·저촉의 방지에 대해서는 증명력설에 입각한 것으로 이해되는 판례이다.

★★[대판 1997.6.27, 97다9529] 확정판결의 기판력은 주문에 포함된 소송물인 법률관계의 존부에 관한 판단의 결론에 대하여서만 생기는 것이어서, 소유권이전등기절차의 이행을 명한 확정판결의 기판력은 소송물인 그 이전등기청구권의 존부에만 미치고 소송물이 되어 있지 않은 소유권의 귀속 자체에까지 미치는 것은 아니므로, 소유권이전등기청구 소송을 제기당하여 패소한 당사자도 그 이후 소유권이전등기를 경료한 등기 명의자를 상대로 다시 소유권확인을 구하거나 진정한 소유자 명의의 회복을 위한 소유권이전등기를 구하는 소송을 제기할 수 있다.

[대판 2002.9.24, 2002다11847] 확정판결의 기판력은 소송물로 주장된 법률관계의 존부에 관한 판단의 결론에만 미치고 그 전제가 되는 법률관계의 존부에까지 미치는 것은 아니므로, 계쟁 부동산에 관한 피고 명의의 소유권이전등기가 원인무효라는 이유로 원고가 피고를 상대로 그 등기의 말소를 구하는 소송을 제기하였다가 청구기각의 판결을 선고받아 확정되었다고 하더라도, 그 확정판결의 기판력은 소송물로 주장된 말소등기청구권이나 이전등기청구권의 존부에만 미치는 것이지 그 기본이 된 소유권 자체의 존부에는 미치지 아니하고, 따라서 원고가 비록 위 확정판결의 기판력으로 인하여 계쟁 부동산에 관한 등기부상의 소유 명의를 회복할 방법은 없게 되었다고 하더라도 그 소유권이 원고에게 없음이 확정된 것은 아닐 뿐만 아니라, 등기부상 소유자로 등기되어 있지 않다고 하여 소유권을 행사하는 것이 전혀 불가능한 것도 아닌 이상, 원고로서는 그의 소유권을 부인하는 피고에 대하여 계쟁 부동산이 원고의 소유라는 확인을 구할 법률상 이익이 있으며, 이러한 법률상의 이익이 있는 이상에는 특별한 사정이 없는 한 소유권확인 청구의 소제기 자체가 신의칙에 반하는 것이라고 단정할 수 없는 것이다.

➲ [해설] : 본 판결은 판결이유 중의 판단에 기판력이 발생하지 않는다는 점을 밝힌 것이고, 특히 신의칙설에 입각한 것으로 이해되는 판례이기도 하다.

[대판 2005.12.23, 2004다55698] 매매계약의 무효 또는 해제를 원인으로 한 매매대금반환청구에 대한 인낙조서의 기판력은 그 매매대금반환청구권의 존부에 관하여만 발생할 뿐, 그 전제가 되는 선결적 법률관계인 매매계약의 무효 또는 해제에까지 발생하는 것은 아니므로 소유권이전등기청구권의 존부를 소송물로 하는 후소는 전소에서 확정된 법률관계와 정반대의 모순되는 사항을 소송물로 하는 것이라 할 수 없으며, 기판력이 발생하지 않는 전소와 후소의 소송물의 각 전제가 되는 법률관계가 매매계약의 유효 또는 무효로 서로 모순된다고 하여 전소에서의 인낙조서의 기판력이 후소에 미친다고 할 수 없다.

[대판 2021.4.8, 2020다219690] 확정판결의 기판력은 소송물로 주장된 법률관계의 존부에 관한 판단의 결론에만 미치고 그 전제가 되는 법률관계의 존부에까지 미치는 것이 아니다. 위 확정판결의 기판력이 미치는 법률관계는 망인들의 피고에 대한 소유권이전등기청구권의 존부에 한정되고 이 사건에서 문제 되는 농지분배처분 무효 내지 망인들의 이 사건 각 분배토지에 관한 수분배권 존부는 그 전제가 되는 법률관계에 불과하여 위 확정판결의 기판력이 미치지 아니한다.

➲ [사실관계 및 해설] : 甲이 국가를 상대로 농지분배처분을 원인으로 하는 소유권이전등기청구소송을 제기하였다가 패소판결이 선고되어 확정되었는데, 그 후 甲의 상속인인 乙이 국가가 행한 일련의 불법행위 때문에 분배농지에 관한 수분배권을 상실하였다며 국가를 상대로 손해배상을 구한 사안에서, 위 확정판결의 기판력이 미치는 법률관계는 甲의 국가에 대한 소유권이전등기청구권의 존부에 한정되고, 乙이 제기한 손해배상청구소송에서 문제가 되는 농지분배처분의 무효 내지 甲

의 분배토지에 관한 수분배권의 존부는 그 전제가 되는 법률관계에 불과하여 위 확정판결의 기판
력이 미치지 않는다고 한 사례이다.

(4) 항변

1) 원칙

가) 기판력 발생 부정

판결이유 속에서 판단되는 피고의 항변에 대해서는 그것이 판결의 기초가 되었다고 하여도 기판력
이 생기지 않는다. 따라서 건물철거·토지인도청구가 피고의 지상권이 있다는 항변에 따라 기각된
경우에도 지상권의 판단에는 기판력이 생기지 않는다. 그러나 상계항변은 예외이다.

나) 상환이행판결의 경우 기판력 발생 여부 및 범위

판례는 ① 상환이행을 명하는 확정판결의 경우 상환이행을 명한 반대채권의 존부나 그 수액에
기판력이 미치는 것은 아니고, ② 단지 소송물 내지 청구권에 동시이행조건이 붙어 있다는 점에
기판력이 발생한다고 본다. ③ 따라서 그 확정판결 후 반대의무의 이행을 하지 않더라도 소유권이
전등기를 이행할 의무가 있다는 주장, 즉 무조건 이행의무가 있다는 주장은 확정판결의 기판력에
저촉된다고 하였다.

★[대판 1996.7.12. 96다19017] 상환이행을 명한 반대채권의 존부나 그 수액에 대하여 기판력이
미치는지 여부(소극)

제소 전 화해의 내용이 채권자 등은 대여금 채권의 원본 및 이자의 지급과 상환으로 채무자에게 부동산
에 관한 가등기의 말소등기절차를 이행할 것을 명하고, 채무자는 가등기담보 등에 관한 법률 소정의
청산금 지급과 상환으로 채권자 등에게 가등기에 기한 소유권이전의 본등기절차를 이행할 것과 그 부동
산의 인도를 명하고 있는 경우, 그 제소 전 화해는 가등기말소절차 이행이나 소유권이전의 본등기절차
이행을 대여금 또는 청산금의 지급을 그 조건으로 하고 있는 데 불과하여 그 기판력은 가등기말소나 소
유권이전의 본등기절차 이행을 명한 화해내용이 대여금 또는 청산금 지급의 상환이 조건으로 붙어 있다는
점에 미치는 데 불과하고, 상환이행을 명한 반대채권의 존부나 그 수액에 기판력이 미치는 것이 아니다.

---

2) 예외 - 상계의 항변

가) 의의 및 인정취지

판결이유 속에서 판단되는 피고의 항변에 대해서는 기판력이 생기지 않는 것이 원칙이다. 다만 상계항
변만은 이중분쟁의 방지를 위해서 그 대항한 액수의 한도에서 기판력이 생기는 것으로 하고 있다(제
216조 제2항). 즉 만일 기판력을 인정하지 않는다면, 원고의 청구권의 존부에 대한 분쟁이 나중에 다른
소송으로 제기되는 반대채권(또는 자동채권)의 존부에 대한 분쟁으로 변형됨으로써 상계 주장의 상대
방은 상계를 주장한 자가 반대채권을 이중으로 행사하는 것에 의하여 불이익을 입을 수 있게 될 뿐
만 아니라, 상계 주장에 대한 판단을 전제로 이루어진 원고의 청구권의 존부에 대한 전소의 판결이
결과적으로 무의미하게 될 우려가 있게 되므로, 이를 막기 위함이다(대판 2018.8.30. 2016다46338).[100]

---

100) 다시 말해 상계항변에 대한 판단에 기판력이 있다고 보는 것은, 상계의 효과로 직접적인 영향을 받는 「수동채권의

나) 기판력 발생요건

① 자동채권에 관한 요건

상계항변에 대한 기판력이 발생하기 위하여는, 자동채권의 존부에 대하여 실질적으로 판단을 한 경우에 한하므로, ⅰ) 상계항변이 실기한 공격방어방법으로 각하된 경우나, ⅱ) 상계가 허용되지 않거나(상계불허), ⅲ) 부적상을 이유로 배척된 경우에는 기판력이 발생하지 않는다. ⅳ) 상계항변을 철회하여 법원이 상계항변에 대하여 판단하지 않은 경우도 마찬가지이다(대판 2022.2.17, 2021다275741).

② 수동채권에 관한 요건

상계주장에 관한 판단에 기판력이 생기는 것은 수동채권이 소송물로서 심판되는 소구채권이거나 그와 실질적으로 동일한 경우(원고가 상계를 주장하면서 청구이의의 소를 제기하는 경우)에 한한다. 따라서 수동채권이 동시이행항변으로 주장된 채권일 경우에는 그러한 상계주장에 대한 판단에 기판력이 생기지 않는다. 만일 이와 같이 해석하지 않고 기판력의 발생을 인정한다면 동시이행항변이 상대방의 상계의 재항변에 의하여 배척된 경우에 그 동시이행항변에 행사된 채권을 나중에 소송상 행사할 수 없게 되어 민사소송법 제216조가 예정하고 있는 것과 달리 동시이행항변에 행사된 채권의 존부나 범위에 관한 판결 이유 중의 판단에 기판력이 미치는 결과에 이르기 때문이다(대판 2005.7.22, 2004다17207).

★★[대판 2005.7.22, 2004다17207]

[1] 민사소송법 제216조 제2항에서 판결이유 중의 판단임에도 불구하고 상계 주장에 관한 법원의 판단에 기판력을 인정한 취지는, 만일 이에 대하여 기판력을 인정하지 않는다면, 원고의 청구권의 존부에 대한 분쟁이 나중에 다른 소송으로 제기되는 반대채권의 존부에 대한 분쟁으로 변형됨으로써 상계 주장의 상대방은 상계를 주장한 자가 그 반대채권을 이중으로 행사하는 것에 의하여 불이익을 입을 수 있게 될 뿐만 아니라 상계 주장에 대한 판단을 전제로 이루어진 원고의 청구권의 존부에 대한 전소의 판결이 결과적으로 무의미하게 될 우려가 있게 되므로, 이를 막기 위함이라고 보인다.

[2] 상계 주장에 관한 판단에 기판력이 인정되는 경우는, 상계 주장의 대상이 된 수동채권이 소송물로서 심판되는 소구채권이거나 그와 실질적으로 동일하다고 보이는 경우(가령 원고가 상계를 주장하면서 청구이의의 소송을 제기하는 경우 등)로서 상계를 주장한 반대채권과 그 수동채권을 기판력의 관점에서 동일하게 취급하여야 할 필요성이 인정되는 경우를 말한다고 봄이 상당하므로 만일 상계 주장의 대상이 된 수동채권이 동시이행항변에 행사된 채권일 경우에는 그러한 상계 주장에 대한 판단에는 기판력이 발생하지 않는다고 보아야 할 것인바, 위와 같이 해석하지 않을 경우 동시이행항변이 상대방의 상계의 재항변에 의하여 배척된 경우에 그 동시이행항변에 행사된 채권을 나중에 소송상 행사할 수 없게 되어 민사소송법 제216조가 예정하고 있는 것과 달리 동시이행항변에 행사된 채권의 존부나 범위에 관한 판결이유 중의 판단에 기판력이 미치는 결과에 이르기 때문이다.

존부 및 범위가 주문에 드러남」으로써 기판력을 받는 것과 형평상 상계 후의 자동채권의 부존재에 대하여도 기판력을 주어 자동채권을 주장한 자가 다시 소송을 제기하지 못하도록 할 필요성이 있기 때문이다.

다) 기판력의 발생범위

① 반대채권(자동채권)의 존부에 대해서는 상계로써 대항한 액수의 한도에서 기판력이 생기며 (예 1,000만원의 소구채권에 대해 1,500만원의 반대채권으로 상계항변을 한 경우, 1,000만원의 한도에서 기판력이 생기고, 잔액 500만원은 전소의 기판력에 저촉되지 않으므로 별도의 소로써 청구할 수 있다), ② 상계항변을 배척하는 경우에는 수동채권이 존재한다는 점 및 대등액에서 반대채권(자동채권)이 부존재한다는 점에 대하여 기판력이 생긴다. 또한 ③ 상계항변을 채택하여 원고의 청구를 기각하는 경우에는 반대채권(자동채권) 및 수동채권(소구채권)이 모두 존재한다는 점 및 그 대등액에서 상계로 소멸하였다는 점에 기판력이 생긴다.

> ◈ 상계항변에 관하여는 위 상계항변과 기판력의 객관적 범위의 문제 이외에, ① 소송상 비로소 상계권을 행사한 경우의 문제, ② 상계항변이 피고에 있어서는 반대채권의 실권이라는 불이익을 수반하므로 법원의 심리·판단의 순서가 강제되어 당사자가 예비적으로 상계의 항변을 제출한 경우는 물론, 그렇지 않더라도 우선 증거조사에 의하여 소구채권의 존재를 확정한 후 상계항변에 대한 심리·판단이 내려져야 하는지의 문제, ③ 상계항변과 중복제소금지의 문제, ④ 일부청구와 상계항변의 문제, ⑤ 표준시 뒤의 상계권 행사의 문제, ⑥ 상소의 이익에 있어서 상계항변의 문제, ⑦ 판결이유 중 판단에 기판력이 생기기 때문에 불이익변경금지의 원칙에 있어서 상계항변의 문제 등이 있다.

★★★[대판 2018.8.30, 2016다46338] 상계항변과 민사소송법의 제 문제

[1] 민사소송법 제216조 제2항에서 판결이유 중의 판단인데도 상계 주장에 관한 법원의 판단에 기판력을 인정한 취지

민사소송법 제216조는, 제1항에서 확정판결은 주문에 포함된 것에 한하여 기판력을 가진다고 규정함으로써 판결이유 중의 판단에는 원칙적으로 기판력이 미치지 않는다고 하는 한편, 그 유일한 예외로서 제2항에서 상계를 주장한 청구가 성립되는지 아닌지의 판단은 상계하고자 대항한 액수에 한하여 기판력을 가진다고 규정하고 있다. 위와 같이 판결이유 중의 판단임에도 불구하고 상계 주장에 관한 법원의 판단에 기판력을 인정한 취지는, 만일 이에 대하여 기판력을 인정하지 않는다면, 원고의 청구권의 존부에 대한 분쟁이 나중에 다른 소송으로 제기되는 반대채권(또는 자동채권, 이하 '반대채권'이라고만 한다)의 존부에 대한 분쟁으로 변형됨으로써 상계 주장의 상대방은 상계를 주장한 자가 반대채권을 이중으로 행사하는 것에 의하여 불이익을 입을 수 있게 될 뿐만 아니라, 상계 주장에 대한 판단을 전제로 이루어진 원고의 청구권의 존부에 대한 전소의 판결이 결과적으로 무의미하게 될 우려가 있게 되므로, 이를 막기 위함이다.

[2] 상계 주장에 관한 법원의 판단에 기판력이 인정되려면 반대채권과 수동채권을 기판력의 관점에서 동일하게 취급하여야 할 필요성이 인정되어야 하는지 여부(적극)

상계 주장에 관한 판단에 기판력이 인정되는 경우는, 상계 주장의 대상이 된 수동채권이 소송물로서 심판되는 소구채권이거나 그와 실질적으로 동일하다고 보이는 경우(가령 원고가 상계를 주장하면서 청구이의의 소를 제기하는 경우 등)로서 상계를 주장한 반대채권(자동채권)과 그 수동채권을 기판력의 관점에서 동일하게 취급하여야 할 필요성이 인정되는 경우를 말한다.

[3] 소송상 상계항변은 상계에 관한 법원의 실질적 판단이 이루어지는 경우에야 비로소 실체법상 상계의 효과가 발생하는지 여부(적극) / '소구채권 자체를 부정하여 원고의 청구를 배척한 판결'과 '소구채권의

존재를 인정하면서도 상계항변을 받아들인 결과 원고의 청구를 기각한 판결'은 기판력의 범위가 서로 다른지 여부(적극) 및 후자의 경우 피고에게 상소의 이익이 있는지 여부(적극)

소송상 방어방법으로서의 상계항변은 통상 수동채권의 존재가 확정되는 것을 전제로 하여 행하여지는 일종의 예비적 항변으로서, 소송상 상계의 의사표시에 의해 확정적으로 그 효과가 발생하는 것이 아니라 당해 소송에서 수동채권의 존재 등 상계에 관한 법원의 실질적 판단이 이루어지는 경우에 비로소 실체법상 상계의 효과가 발생한다. 따라서 원고의 소구채권 자체가 인정되지 않는 경우 더 나아가 피고의 상계항변의 당부를 따져볼 필요도 없이 원고 청구가 배척될 것이므로, '원고의 소구채권 그 자체를 부정하여 원고의 청구를 기각한 판결'과 '소구채권의 존재를 인정하면서도 상계항변을 받아들인 결과 원고의 청구를 기각한 판결'은 민사소송법 제216조에 따라 기판력의 범위를 서로 달리하고, 후자의 판결에 대하여 피고는 상소의 이익이 있다.

[4] 법원이 수동채권의 전부 또는 일부의 존재를 인정하는 판단을 한 다음 상계항변에 대한 판단으로 나아가 반대채권의 존재를 인정하지 않고 상계항변을 배척하는 판단을 한 경우, 반대채권이 부존재한다는 판결이유 중의 판단에 관하여 기판력이 발생하는 범위 및 이러한 법리는 반대채권의 액수가 소구채권의 액수보다 더 큰 경우에도 마찬가지로 적용되는지 여부(적극)

확정된 판결의 이유 부분의 논리구조상 법원이 당해 소송의 소송물인 수동채권의 전부 또는 일부의 존재를 인정하는 판단을 한 다음 피고의 상계항변에 대한 판단으로 나아가 피고가 주장한 반대채권(또는 자동채권, 이하 '반대채권'이라고만 한다)의 존재를 인정하지 않고 상계항변을 배척하는 판단을 한 경우에, 그와 같이 반대채권이 부존재한다는 판결이유 중의 판단의 기판력은 특별한 사정이 없는 한 '법원이 반대채권의 존재를 인정하였더라면 상계에 관한 실질적 판단으로 나아가 수동채권의 상계적상일까지의 원리금과 대등액에서 소멸하는 것으로 판단할 수 있었던 반대채권의 원리금 액수'의 범위에서 발생한다고 보아야 한다. 그리고 이러한 법리는 피고가 상계항변으로 주장하는 반대채권의 액수가 소송물로서 심판되는 소구채권의 액수보다 더 큰 경우에도 마찬가지로 적용된다.

[5] 피고가 상계항변으로 2개 이상의 반대채권을 주장하였는데 법원이 그중 어느 하나의 반대채권의 존재를 인정하여 수동채권의 일부와 대등액에서 상계하는 판단을 하고 나머지 반대채권들은 모두 부존재한다고 판단하여 그 부분 상계항변을 배척한 경우, 나머지 반대채권들이 부존재한다는 판단에 관하여 기판력이 발생하는 전체 범위가 '상계를 마친 후의 수동채권의 잔액'을 초과할 수 있는지 여부(소극) 및 이러한 법리는 피고가 주장하는 2개 이상의 반대채권의 원리금 액수 합계가 법원이 인정하는 수동채권의 원리금 액수를 초과하는 경우에도 마찬가지로 적용되는지 여부(적극) / 이때 '상계를 마친 후의 수동채권의 잔액'은 수동채권 '원금'의 잔액만을 의미하는지 여부(원칙적 적극)

피고가 상계항변으로 2개 이상의 반대채권(또는 자동채권, 이하 '반대채권'이라고만 한다)을 주장하였는데 법원이 그중 어느 하나의 반대채권의 존재를 인정하여 수동채권의 일부와 대등액에서 상계하는 판단을 하고, 나머지 반대채권들은 모두 부존재한다고 판단하여 그 부분 상계항변은 배척한 경우에, 수동채권 중 위와 같이 상계로 소멸하는 것으로 판단된 부분은 피고가 주장하는 반대채권들 중 그 존재가 인정되지 않은 채권들에 관한 분쟁이나 그에 관한 법원의 판단과는 관련이 없어 기판력의 관점에서 동일하게 취급할 수 없으므로, 그와 같이 반대채권들이 부존재한다는 판단에 대하여 기판력이 발생하는 전체 범위는 위와 같이 상계를 마친 후의 수동채권의 잔액을 초과할 수 없다고 보아야 한다. 그리고 이러한 법리는 피고가 주장하는 2개 이상의 반대채권의 원리금 액수의 합계가 법원이 인정하는 수동채권의 원리금 액수를 초과하는 경우에도 마찬가지로 적용된다. 이때 '부존재한다고 판단된 반대채권'에 관하여 법원이 그 존재를 인정하여 수동채권 중 일부와 상계하는 것으로 판단하였을 경우를 가정하더라도, 그러한 상계에 의한 수동채권과 당해 반대채권의 차액 계산 또는 상계충당은 수동채권과 당해 반대채권의 상계적상의 시점을 기준으로 하였을 것이고, 그 이후에 발생하는 이자, 지연손해금 채권은 어차피 그 상계의 대상이 되지 않았을 것이므로, 위와 같은 가정적인 상계적상 시점이 '실제 법원이 상계항변을 받아들인 반대채권'에 관한 상계적상 시점보다 더 뒤라는 등의 특별한 사정이 없는 한, 앞에서 본 기판력의 범위의 상한이 되는 '상계를 마친 후의 수동채권의 잔액'은 수동채권의 '원금'의 잔액만을 의미한다고 보아야 한다.

⊃ [해설] : 원고가 피고를 상대로 제기한 전소에서 피고가 상계항변을 하면서 5개의 자동채권(그 합계는 원고 주장의 소구채권의 액수를 초과함)을 주장하였고, 전소 법원은 그중 A채권이 존재한다고 보아 원고의 수동채권과 대등액에서 상계하는 판단을 하고 나머지 4개의 자동채권들은 모두 부존재한다고 판단하였는데, 원고가 제기한 후소에서 피고가 위 4개의 자동채권들 중 B채권으로 다시 상계항변을 한 사안에서, 피고가 주장하는 위 B채권 중 전소 확정판결의 기판력에 의해 차단되는 범위는 전소의 소구채권(수동채권) 중 위와 같이 실제 상계를 한 후의 원금 잔액을 초과할 수 없고, 2인으로 구성된 조합의 조합원 중 1인인 원고는 다른 조합원인 피고에 대하여 '동업관계상의 주의의무 위반'으로 인한 손해배상책임을 부담하며, 그와 같이 보더라도 전소 확정판결의 증명력을 배척할 만한 합리적인 이유 설시가 있다고 볼 수 있으므로(민사재판에서 다른 민사사건 등의 판결에서 인정된 사실에 구속받는 것은 아니라 할지라도 이미 확정된 관련 민사사건에서 인정된 사실은 특별한 사정이 없는 한 유력한 증거가 되고, 특히 전후 두 개의 민사소송이 당사자가 같고 분쟁의 기초가 된 사실도 같으나 다만 소송물이 달라 기판력에 저촉되지 않는 결과 새로운 청구를 할 수 있는 경우에는 더욱 그러하다. 그러나 그러한 경우에도 당해 민사소송에서 제출된 다른 증거 내용에 비추어 확정된 관련 민사사건 판결의 사실인정을 그대로 채용하기 어려운 경우에는 합리적인 이유를 설시하여 이를 배척할 수 있다. 그리고 이와 같은 법리는, '주의의무 위반'과 같은 불확정개념이 당사자가 주장하는 법률효과 발생에 관한 요건사실에 해당할 때, 관련 민사사건의 확정판결에서 이를 인정할 증거가 없거나 부족하다는 이유로 당사자의 주장을 받아들이지 않았음에도 이와 달리 후소 법원에서 위와 같은 요건사실을 인정하는 경우에도 마찬가지로 적용된다), 같은 취지에서 B채권을 자동채권으로 하는 피고의 상계항변을 일부 받아들인 원심판결을 수긍한 사례이다.

라) 상계계약에서의 적용 여부

원칙적으로 확정판결의 기판력은 주문에 포함된 것에 한하여 인정되지만, 이유에 포함된 것이라도 상계항변으로 주장된 자동채권에 관해서는 상계로써 대항한 액수에 한하여 기판력이 미친다. 그러나 여기서 말하는 상계는 민법 제492조 이하에 규정된 단독행위로서의 상계를 의미하는 것으로서, 원피고 사이의 채권을 상계하여 정산키로 하는 합의를 하는 것은 포함하지 않는다. 따라서 피고가 상계항변을 한 것이 아니라 원고와 채권 상호간에 상계하여 정산하기로 하는 내용의 합의를 하였다는 취지의 항변을 한 것에 지나지 않는 경우라면, 위 피고의 항변은 본래 의미의 상계를 주장하는 것이 아니므로 원심의 이 부분 판단에 관하여는 기판력이 미치지 않는다(대판 2014.4.10, 2013다54390).

(5) 법률판단

판결이유 속에서 표시된 법률판단에는 기판력이 생기지 않는다. 판결이유 속의 법률판단은 환송판결을 한 경우에 하급심을 기속하지만(제436조 제2항), 이것은 기판력의 문제는 아니다.

Ⅳ. 시적 범위

1. 의의

확정판결에 따라 소송물인 권리관계의 존부가 확정된다고 하여도 기판력이 생기는 판단이 어느 시점에 있는 권리관계의 존부에 관한 것인지가 기판력의 시적 범위의 문제이다.

2. 기판력의 시적 범위와 객관적 범위와의 관계

기판력의 시적 범위에서 차단효도 기판력의 일부이기 때문에 표준시 이후의 후소가 전소와 동일한 소송물이거나 선결관계인 경우 또는 모순관계에 있는 경우에 한하여 생긴다. 결국 기판력의 시적 범위는 기판력의 객관적 범위 내에서 문제되는 것이므로 양자는 불가분의 관계에 있게 된다. 이러한 관계로 기판력에 관한 판례를 보면 시적 범위문제와 모순관계 등이 혼합되어 논하여지는 것을 알 수 있다.

[대판 1995.3.24, 94다46114]

[1] 기판력이라 함은 기판력 있는 전소판결의 소송물과 동일한 후소를 허용하지 않는 것임은 물론, 후소의 소송물이 전소의 소송물과 동일하지 않다고 하더라도 전소의 소송물에 관한 판단이 후소의 선결문제가 되거나 모순관계에 있을 때에는 후소에서 전소판결의 판단과 다른 주장을 하는 것을 허용하지 않는 작용을 하는 것이다.

[2] 甲이 乙에 대하여 전소에서 토지를 대물변제 받아 점유하기 시작하여 취득시효가 완성되었다는 사실을 그 이유로 하여 소유권이전등기절차이행을 구하였다가 배척되었음에도 불구하고 후소에서는 이를 증여받아 점유하기 시작하여 취득시효가 완성되었다고 주장하는 것은 전소의 소송물인 취득시효완성을 원인으로 한 소유권이전등기청구권의 존부에 관한 공격방법의 하나에 불과한 사실을 후소에서 다시 주장하는 것으로 이는 전소의 사실심 변론종결 전에 주장할 수 있었던 사유임이 명백할 뿐만 아니라, 후소에서 甲이 이러한 주장을 하는 것을 허용한다면 위 토지에 관한 취득시효완성을 이유로 하여 乙의 위 토지상의 건물철거청구를 거부할 수 있게 된다는 결론에 도달하게 되는 것이니, 甲의 위와 같은 주장은 전소판결의 소송물과 서로 모순관계에 있다고 하지 않을 수 없고, 따라서 전소판결의 기판력에 저촉되어 허용될 수 없다.

➡ [해설] : 본 판결은 ① 기판력의 작용면에서는 사안을 모순관계로 파악하고 있고, ② 시적 범위에서는 공격방어방법에 차단효가 있다고 판시하고 있다. 특히 후자와 관련해서는 실권효의 범위가 문제되는데, 이에 대해서는 다음의 실권효의 부분을 참고하기 바란다.

---

3. 기판력의 표준시

(1) 일반론

민사소송에 있어서 당사자는 사실심의 변론종결 시까지 소송자료를 제출할 수 있고 법원은 그때까지 제출된 소송자료를 기초로 하여 종국판결을 하기 때문에, 사실심의 변론종결 시(무변론판결의 경우는 판결선고 시)가 기판력이 발생하는 표준시가 된다(제218조, 민집법 제44조 제2항). 따라서 판결은 표준시 전에 그 권리가 있었는지 아닌지, 또 표준시 이후에도 존재하는지 아닌지를 확정하는 것이 아니다.

(2) 표준시 전 · 후의 권리관계

기판력은 표준시의 권리관계의 존부판단에만 생기고 이에 반하는 주장은 금지된다. 그러나 표준시 이전은 물론 표준시 이후의 권리관계에는 미치지 않는다. 따라서 전소에서 권리관계가 부존재한다는 기판력 있는 판단이 난 경우라도, ① 표준시 전에 그와 같은 권리가 존재하였음을 주장할 수 있으며, 이러한 주장이 기판력에 저촉되지 아니한다. 나아가 ② 표준시 후에 권리가 존재함을 주장할 수도 있다(예 표준시 후에나 비로소 이행기가 도래한 경우). 다만 ③ 표준시 후의 권리가 표준시의 권리를 전제로 하는 경우에는 기판력이 미친다.

★★★ [대판 1976.12.14, 76다1488] 확정판결의 기판력은 사실심의 최종변론종결 당시의 권리관계를 확정하는 것이므로, 원고의 청구 중 확정판결의 사실심 변론종결 시 후의 이행지연으로 인한 손해배상(이자)청구부분은 그 선결문제로서 확정판결에 저촉되는 금원에 대한 피고의 지급의무의 존재를 주장하게 되어 논리상 확정판결의 기판력의 효과를 받게 되는 것이라고 할 것이나, 그 외의 부분(변론종결 당시까지의 분)의 청구는 확정판결의 기판력의 효과를 받지 않는다.

[대판 1988.9.27, 88다3116]

[1] 확정된 종국판결이 있으면 그 판결의 사실심 변론종결 이전에 발생하고 제출할 수 있었던 사유에 기인한 주장이나 항변은 확정판결의 기판력에 의하여 차단되므로 당사자가 그와 같은 사유를 원인으로 확정판결의 내용에 반하는 주장을 새로이 하는 것은 허용되지 아니하나 사실심 변론종결 이후에 새로 발생한 사실을 주장하여 전판결내용과 반대되는 청구를 하는 것은 기판력에 저촉되지 아니하므로 허용된다.

[2] 甲이 이 사건과 동일한 청구원인으로 乙을 상대로 소유권이전등기말소등 청구의 소를 제기하였다가 위 등기에 앞서 경료된 丙 명의의 소유권이전등기의 원인이 된 제소 전 화해가 유효하게 존속 중이라는 이유로 패소판결을 선고받고 동 판결이 그대로 확정되자, 위 제소 전 화해에 대한 준재심의 소를 제기하여 위 제소 전 화해를 취소시킨 후 이 사건 소송을 제기하였다면 위 제소 전 화해가 취소되었다는 사유는 전소의 사실심 변론종결 이후에 새로이 발생한 사실이라 할 것이므로 甲이나 그의 변론종결 후 승계인은 위와 같은 사유를 들어 재차 동일한 소를 제기할 수 있다.

4. 표준시의 작용

(1) 표준시 전에 존재한 사유 – 실권효(차단효)

1) 의의 및 근거

① 기판력은 표준시의 권리관계의 존부판단에 관하여 발생하므로, 이에 반하는 주장은 금지된다. 따라서 당사자는 표준시 권리관계의 존부판단을 다투기 위하여 표준시 전에 존재하였으나 표준시까지 제출하지 않은 사유에 기한 공격방어방법은 기판력에 의해 실권효가 적용되고 후소에 다시 제출하지 못한다. 이러한 기판력의 작용을 실권효(차단효)라고 한다.

② 통설·판례는 실권효의 근거를 표준시에서 신청사항에 관하여 이루어진 주문에 관한 판단에 부여된 통용력·구속력으로 보아 그 효과로서 후소에서의 청구나 주장이 차단된다는 입장이다 (판단효설). 따라서 이에 따르면 당사자가 표준시 이전에 존재하였던 사실을 제출하지 못한 데 대하여 知·不知, 고의·과실을 묻지 않고 일률적으로 후소에서 제출이 차단된다고 본다.

[대판 1980.5.13, 80다473; 대판 2022.7.28, 2020다231928] 기판력은 그 소송의 변론종결 전에 있어서 주장할 수 있었던 모든 공격 및 방어방법에 미치는 것이며, 그 당시 알 수 있었거나 또는 알고서 이를 주장하지 않았던 사항에 한하여 미친다고는 볼 수 없다.

2) 실권효의 범위

① 판례는 구소송물이론의 입장을 견지하면서 전소에서 제출하지 않은 사실 중에서 공격방어방법인 사실은 차단되지만, 청구원인을 구성하는 사실관계(확인의 소는 예외)는 변론종결 전에 발생한 사실이라도 청구원인이 다르면 소송물이 다르므로 기판력에 저촉되지 않는다고 한다. ② 신소송물이론 중 일지설에서는 청구취지의 근거가 되는 모든 공격방어방법은 실권효의 제재를 받되, 전소의 사실관계와 무관하고 모순되지 않으면 시적 범위에서 차단되지 않는다고 본다.

◈ **공격방어방법에 해당하는 사실과 관련된 판례** ◈

[대판 1993.6.29, 93다11050] 말소등기청구사건의 소송물은 당해 등기의 말소등기청구권이고 그 동일성 식별의 표준이 되는 청구원인, 즉 말소등기청구권의 발생원인은 당해 등기원인의 무효라 할 것으로서 등기원인의 무효를 뒷받침하는 개개의 사유는 독립된 공격방어방법에 불과하여 별개의 청구원인을 구성하는 것이 아니라 할 것이므로 전소에서 원고가 주장한 사유나 후소에서 주장하는 사유들은 모두 등기의 원인무효를 뒷받침하는 공격방법에 불과할 것일 뿐 그 주장들이 자체로서 별개의 청구원인을 구성한다고 볼 수 없고 모두 전소의 변론종결 전에 발생한 사유라면 전소와 후소는 그 소송물이 동일하여 후소에서의 주장사유들은 전소의 확정판결의 기판력에 저촉되어 허용될 수 없는 것이다.

➡ [해설] : 말소등기청구의 소송물에 대해서 판례는 구소송물이론의 견지에서 실체법상 권리 또는 법률관계의 주장을 소송물로 보고, 소유권이전등기말소청구의 소송물은 소유권에 기한 방해배제청구권(민법 제214조)이므로, 등기무효의 원인으로서 무엇을 주장하든 소송물은 동일하고, 개개의 무효원인은 공격방법의 복수에 불과하다고 본다. 결국 표준시 전에 존재하는 사실로서 당사자가 제출하지 않은 사실 전부가 모두 실권효의 제재를 받아 차단된다고 본다.

◈ 청구원인을 구성하는 사실과 관련된 판례 ◈

[대판 1995.6.13, 93다43491] 확정판결의 기판력은 소송물로 주장된 법률관계의 존부에 관한 판단 그 자체에만 미치는 것이고 전소와 후소가 그 소송물이 동일한 경우에 작용하는 것이므로, 부동산에 관한 소유권이전등기가 원인무효라는 이유로 그 등기의 말소를 명하는 판결이 확정되었다고 하더라도 그 확정판결의 기판력은 그 소송물이었던 말소등기청구권의 존부에만 미치는 것이므로, 그 소송에서 패소한 당사자도 전소에서 문제된 것과는 전혀 다른 청구원인에 기하여 상대방에 대하여 소유권이전등기청구를 할 수 있다.

➡ [해설] : 본 판결은 위 판결사안과는 달리 청구원인이 별개인 경우로서 소송물의 동일성이 부정된다. 또한 더 나아가 선결관계도 모순관계도 아니다. 따라서 기판력의 객관적 범위와 작용국면에서 문제될 수 있는 기판력의 시적 범위는 애초에 문제되지도 않는다고 볼 수 있겠다. 즉 실권효의 제재를 받지 않는다고 할 것이다.

(2) 표준시 후에 발생한 새로운 사유 – 사정변경

1) 내용

① 변론종결 이후의 사정변경에 의해 새로이 발생한 사유는 실권효의 제재를 받지 않는다. 예컨대 전소에서 정지조건 미성취를 이유로 청구가 기각되었다 하더라도 변론종결 후에 그 조건이 성취되었다면 동일한 청구에 대하여 다시 소를 제기할 수 있다(대판 2002.5.10, 2000다50909).

② 변론종결 후에 발생한 새로운 사유, 예컨대 변제나 소멸시효 완성 등의 주장은 가능하고, 이에 의해 새로운 소의 제기나 청구이의의 소(민사집행법 제44조)를 제기할 수 있다.

2) 한계

변론종결 후에 새로이 발생한 사유라 함은 표준시 후에 발생한 새로운 사실관계에 한정되며, ① 법률이나 판례의 변경, ② 법률의 위헌결정, ③ 판결의 기초가 되었던 행정처분의 변경, ④ 기존의 사실관계에 대한 새로운 증거자료가 있다거나 다른 법적 평가 또는 그와 같은 법적 평가가 담긴 다른 판결의 존재 등은 여기의 사유에 포함되지 않는다.

[대판 2002.5.10, 2000다50909] 일반적으로 판결이 확정되면 법원이나 당사자는 확정판결에 반하는 판단이나 주장을 할 수 없는 것이나, 이러한 확정판결의 효력은 그 표준시인 사실심 변론종결 시를 기준으로 하여 발생하는 것이므로, 그 이후에 새로운 사유가 발생한 경우까지 전소의 확정판결의 기판력이 미치는 것은 아니므로, 전소에서 정지조건 미성취를 이유로 청구가 기각되었다 하더라도 변론종결 후에 그 조건이 성취되었다면, 이는 변론종결 후의 취소권이나 해제권과 같은 형성권 행사의 경우와는 달리 동일한 청구에 대하여 다시 소를 제기할 수 있다.

★★★[대판 2016.8.30, 2016다222149] 전소의 변론종결 후에 새로 발생한 사유가 있어 전소 판결과 모순되는 사정 변경이 있는 경우, 전소 확정판결의 기판력의 효력이 차단되는지 여부(적극) 및 여기서 '변론종결 후에 발생한 새로운 사유'에 기존의 사실관계에 대한 새로운 증거자료가 있다거나 새로운 법적 평가 또는 그와 같은 법적 평가가 담긴 다른 판결이 존재한다는 등의 사정이 포함되는지 여부(소극)

확정판결의 기판력은 전소의 변론종결 전에 당사자가 주장하였거나 주장할 수 있었던 모든 공격방어방법에 미치고, 다만 변론종결 후에 새로 발생한 사유가 있어 전소 판결과 모순되는 사정 변경이 있는 경우에는 기판력의 효력이 차단된다. 그리고 여기에서 변론종결 후에 발생한 새로운 사유란 새로운 사실관계를 말하는 것일 뿐 기존의 사실관계에 대한 새로운 증거자료가 있다거나 새로운 법적 평가 또는 그와 같은 법적 평가가 담긴 다른 판결이 존재한다는 등의 사정은 포함되지 아니한다.

➡ [소송과정 및 해설] : 甲 등이 乙 주식회사와 甲 등 소유의 토지 위에 아파트를 신축하되 일부 세대를 공사대금 명목으로 乙 회사에 대물변제하기로 약정하고, 아파트 개별 세대에 관하여 甲 등 각자를 1/5 지분의 소유권자로 하여 소유권보존등기를 마친 상태에서, 乙 회사로부터 아파트 503호를 분양받아 점유하고 있는 丙을 상대로 소유권에 기한 방해배제청구로서 건물인도를 구하는 소(제1차 인도소송)를 제기하였으나, 丙이 분양에 관한 처분권한을 가진 乙 회사와 매매계약을 체결하여 아파트를 매수하였으므로 이를 점유할 정당한 권원이 있다는 이유로 패소판결이 선고되어 확정되었는데, 그 후 乙 회사가 丙을 상대로 매매계약의 무효 확인을 구하는 소를 제기하여 매매계약이 乙 회사를 대리할 정당한 권한이 있는 사람에 의하여 체결되었다는 증거가 없어 무효라는 취지의 판결이 선고되어 확정되자, 다시 甲 등이 丙을 상대로 공유물에 대한 보존행위로서 건물인도를 구하는 소(제2차 인도소송)를 제기한 사안에서, 제1차 인도소송과 제2차 인도소송의 소송물은 모두 소유권에 기한 방해배제를 구하는 건물인도 청구권으로 동일하고, 매매계약이 정당한 권한이 있는 사람에 의하여 체결되어 丙이 아파트를 점유할 정당한 권원이 있는지는 제1차 인도소송의 변론종결 전에 존재하던 사유로 甲 등이 제1차 인도소송에서 공격방어방법으로 주장할 수 있었던 사유에 불과하고 그에 대한 법적 평가가 담긴 무효확인소송의 확정판결이 제1차 인도소송의 변론종결 후에 있었더라도 이를 변론종결 후에 발생한 새로운 사유로 볼 수도 없으므로, 제2차 인도소송은 제1차 인도소송의 확정판결의 기판력에 저촉되어 허용될 수 없다고 한 사례이다.[101] → 만약 甲의 제1차 인도소송 이후에 새로운 계약무효 확인사실이 표준시 이후에 발생되어 이를 기초로 계약무효 확인판결이 확정되었더라면 이는 표준시 이후의 새로운 법률관계로서 甲은 제2차 인도소송에서 승소하였을 것이다. 그렇지 않더라도 만약 '매매계약 무효판결'이 乙과 丙 사이에서가 아니라 甲과 丙 사이에서 이루어졌다면 이 판결은 '제2차 인도소송'의 선결적 법률관계에 관한 판결로서 구속력이 있다. 그런데 '매매계약 무효판결'이 제2차 인도소송의 당사자가 아닌 乙과 丙 사이에서 이루어졌기 때문에 甲과 丙사이의 제2차 인도소송에서는 단순히 법적 평가에 불과하게 되어 패소한 것이다. 따라서 만약 甲이 乙에게 어떤 청구권이 존재하여 이를 보전하기 위한 채권자대위권의 행사로서 乙을 대위하여 丙을 상대로 2차 인도소송을 제기하였더라면, 2차 인도소송의 선결적 법률관계가 바로 '乙과 丙 사이의 매매계약의 무효'이었고 이 부분이 乙과 丙 사이의 소송에서 乙이 승소확정됨으로써 甲은 기판력의 '선결적 법률관계의 구속력'에 의해서 丙에 대하여 승소하였을 것이다.

★★★[대판 2019.8.29, 2019다215272]

[1] 이행판결의 주문에서 변론종결 이후 기간까지의 급부의무의 이행을 명한 경우, 그 확정판결의 기판력이 주문에 포함된 기간까지의 청구권의 존부에 대하여 미치는지 여부(적극)

확정판결은 주문에 포함한 것에 대하여 기판력이 있고, 변론종결 시를 기준으로 이행기가 장래에 도래하는 청구권이더라도 미리 청구할 필요가 있는 경우에는 장래이행의 소를 제기할 수 있다. 따

---

[101] 원심은 피고들이 점유권원이라고 주장한 제2소송의 분양계약이 무효라는 점이 무효확인소송을 통해 확인되었고, 이는 제1소송의 사실심 변론종결 이후에 발생한 사유로서, 제1소송의 기판력은 이 사건에 미치지 않는다고 보았다.

라서 이행판결의 주문에서 변론종결 이후 기간까지의 급부의무의 이행을 명한 이상 그 확정판결의 기판력은 주문에 포함된 기간까지의 청구권의 존부에 대하여 미친다.

[2] 시효중단 등 특별한 사정이 있어 당사자가 확정된 승소판결과 동일한 소송물에 기하여 신소를 제기하는 것이 허용되는 경우, 후소 법원이 그 확정된 권리를 주장할 수 있는 모든 요건이 구비되어 있는지에 관하여 다시 심리할 수 있는지 여부(소극) / 전소의 변론종결 후에 새로 발생한 변제, 상계, 면제 등과 같은 채권소멸사유가 후소의 심리대상이 되는지 여부(적극) 및 법률이나 판례의 변경이 전소 변론종결 후에 발생한 새로운 사유에 해당하는지 여부(소극)

① 확정판결의 기판력에 의하여 당사자는 확정판결과 동일한 소송물에 기하여 신소를 제기할 수 없는 것이 원칙이나, 시효중단 등 특별한 사정이 있는 경우에는 예외적으로 신소가 허용된다. 그러나 이러한 경우에도 신소의 판결이 전소의 승소확정판결의 내용에 저촉되어서는 안 되므로, 후소 법원으로서는 그 확정된 권리를 주장할 수 있는 모든 요건이 구비되어 있는지에 관하여 다시 심리할 수 없다.

② 다만 ⅰ) 전소의 변론종결 후에 새로 발생한 변제, 상계, 면제 등과 같은 채권소멸사유는 후소의 심리대상이 되어 채무자인 피고는 후소 절차에서 위와 같은 사유를 들어 항변할 수 있으나, ⅱ) 법률이나 판례의 변경은 전소 변론종결 후에 발생한 새로운 사유에 해당한다고 할 수 없다.

[3] 승소판결이 확정된 후 소송촉진 등에 관한 특례법의 변경으로 같은 법에서 정한 지연손해금 이율이 달라지는 경우, 선행 승소확정판결의 효력이 달라지는지 여부(소극) 및 확정된 선행판결과 달리 변경된 소송촉진 등에 관한 특례법상 이율을 적용하여 선행판결과 다른 금액을 원고의 채권액으로 인정할 수 있는지 여부(소극)

① 승소판결이 확정된 후 소송촉진 등에 관한 특례법(이하 '소송촉진법'이라고 한다)의 변경으로 소송촉진법에서 정한 지연손해금 이율이 달라졌다고 하더라도 그로 인하여 선행 승소확정판결의 효력이 달라지는 것은 아니고, ② 확정된 선행판결과 달리 변경된 소송촉진법상의 이율을 적용하여 선행판결과 다른 금액을 원고의 채권액으로 인정할 수 있는 것도 아니다.

◈ 한정승인과 상속포기의 문제 ◈

★[대판 2006.10.13, 2006다23138] 한정승인 사실이 적법한 청구이의 사유인지 여부(적극)

한정승인에 의한 책임의 제한은 상속채무의 존재 및 범위의 확정과는 관계가 없고 다만 판결의 집행대상을 상속재산의 한도로 한정함으로써 판결의 집행력을 제한할 뿐이다. 특히 채권자가 피상속인의 금전채무를 상속한 상속인을 상대로 그 상속채무의 이행을 구하여 제기한 소송에서 채무자가 한정승인 사실을 주장하지 않으면, 책임의 범위는 현실적인 심판대상으로 등장하지 아니하여 주문에서는 물론 이유에서도 판단되지 않는 것이므로 그에 관하여는 기판력이 미치지 않는다. 그러므로 채무자가 한정승인을 하고도 채권자가 제기한 소송의 사실심 변론종결 시까지 그 사실을 주장하지 아니하는 바람에 책임의 범위에 관하여 아무런 유보가 없는 판결이 선고되어 확정되었다고 하더라도, 채무자는 그 후 위 한정승인 사실을 내세워 청구에 관한 이의의 소를 제기할 수 있다.

➥ [해설] :

(1) 한정승인 사실이 적법한 청구이의 사유인지의 여부는 결국, 책임(재산)의 범위에 관하여 기판력이 인정될 수 있는가(상속재산뿐만 아니라 고유재산에 대해서도 기판력이 인정되는가)와 관련하여 문제가 된다.

(2) 이에 대해 ① 기판력긍정설에 따르면 상속채무의 이행소송에서 상속인이 한정승인의 항변을 하지 않으면 책임의 범위가 현실적으로 심판되지 않고 주문에서도 채무의 범위만 명시할 뿐 책임의 범위에 대해서는 아무런 기재도 하지 않지만, 그 판결에 기하여 채무자의 상속재산뿐만 아니라 고유재산에 대해서도 강제집행이 실시된다고 본다. 따라서 상속인이 변론종결 전의 한정승인을 강제집행 단계에서 뒤늦게 주장하여 고유재산에 대한 강제집행을 거부할 수 없다고 본다. 그러나 ② 기판력부정설에 의하면 상속인에 대한 채무이행소송에서 상속인이 한정승인의 항변을 하지 않으면 책임의 범위는 현실적인 심판대상으로 등장하지 않고 주문에서는 물론 이유에서도 판단되지 않으므로 책임의 범위에 관하여 기판력을 인정할 수 없다고 본다. 즉 한정승인에 의한 책임제한은 집행대상을 제한하는 것으로서 채무의 존재범위의 확정에는 관계가 없고 집행단계에서 비로소 문제가 되는 것이므로, 이를 판결절차에서 항변으로 주장하지 않고 사후에 강제집행의 단계에서 주장하여도 좋다고 본다. 이 견해에 의하면 강제집행의 단계에서 한정승인을 주장하여 고유재산에 대한 강제집행을 배제시킬 수 있다고 본다. 결국 한정승인의 항변도 상계의 항변과 마찬가지로 자유로운 항변권으로 취급받게 되는 셈이다.

(3) 본 판결은 기판력부정설의 입장에 따르는 것으로 평가받는다.

[대판 2009.5.28, 2008다79876] 채무자가 상속포기를 하였으나 채권자가 제기한 소송에서 사실심 변론종결 시까지 이를 주장하지 않은 경우, 채권자의 승소 판결확정 후 청구 이의의 소를 제기할 수 있는지 여부(소극)

채무자가 한정승인을 하였으나 채권자가 제기한 소송의 사실심 변론종결 시까지 이를 주장하지 아니하는 바람에 책임의 범위에 관하여 아무런 유보 없는 판결이 선고·확정된 경우라 하더라도 채무자가 그 후 위 한정승인 사실을 내세워 청구에 관한 이의의 소를 제기하는 것이 허용되는 것은, 한정승인에 의한 책임의 제한은 상속채무의 존재 및 범위의 확정과는 관계없이 다만 판결의 집행 대상을 상속재산의 한도로 한정함으로써 판결의 집행력을 제한할 뿐으로, 채권자가 피상속인의 금전채무를 상속한 상속인을 상대로 그 상속채무의 이행을 구하여 제기한 소송에서 채무자가 한정승인 사실을 주장하지 않으면 책임의 범위는 현실적인 심판대상으로 등장하지 아니하여 주문에서는 물론 이유에서도 판단되지 않는 관계로 그에 관하여는 기판력이 미치지 않기 때문이다(대판 2006.10.13, 2006다23138). 위와 같은 기판력에 의한 실권효 제한의 법리는 채무의 상속에 따른 책임의 제한 여부만이 문제되는 한정승인과 달리 상속에 의한 채무의 존재 자체가 문제되어 그에 관한 확정판결의 주문에 당연히 기판력이 미치게 되는 상속포기의 경우에는 적용될 수 없다.

➡ [해설] : 상속인이 상속포기를 하였으나 상속채권자가 상속인을 상대로 제기한 소송에서 사실심 변론종결 시까지 상속인이 상속포기하였음을 주장하지 않은 경우, 상속채권자의 승소판결 확정 후에는 상속채무에 관하여 기판력이 발생하고, 청구이의의 소는 그 이의사유가 변론종결 이후에 생긴 것이어야 하는데, 위 상속포기의 사유는 확정판결의 변론종결 이전에 생긴 것이어서 적법한 청구이의의 사유가 되지 못하므로 상속인은 청구이의의 소를 제기할 수 없고, 이는 한정승인을 하고도 그 항변을 하지 않은 경우와는 다르다고 본 사례이다.

5. 표준시 뒤의 형성권 행사

(1) 문제점

변론종결 이전에 발생한 해제, 취소, 상계 등의 사법상 형성권을 행사하지 않고 있다가 판결이 확정된 후에 비로소 행사하여 확정판결의 효력을 다툴 수 있을 것인지가 문제된다. 이는 제척기간 도과 전 형성권 행사의 자유라는 사법상 효과와 소송법상 기판력 법리의 충돌(한계)이 문제되는 사안이다.

(2) 학설

① 상계권은 물론 취소권·해제권 등 모든 형성권은 변론종결한 뒤에도 실권되지 않는다고 보는 견해(비실권설)와 ② 이와 반대로 모든 형성권은 실권된다는 견해(실권설), ③ 취소권, 해제권 등의 다른 형성권에 대하여는 실권효를 긍정하지만, 상계권(지상물매수청구권 포함)은 그 예외로서 변론종결 전에 존재하고 있다 하여도 변론종결 후에 행사하였다면 그 존부를 알았든 몰랐든 변론종결 후의 사유로 보아 실권하지 않는다는 입장(상계권비실권설)과 ④ 다른 형성권과는 달리 상계권(지상물매수청구권 포함)의 경우에는 그러한 권리가 있음을 알고 이를 행사하지 않은 경우에는 실권되지만, 몰랐을 경우에는 달리 보아야 한다는 견해의 대립이 있다.

(3) 판례

① 확정판결의 변론종결 전에 이미 발생하였던 취소권·해제권을 확정 후에 행사하는 경우 실권효를 적용하고, ② 변론종결 후에 이르러 비로소 상계의 의사표시를 한 때에는 당사자가 채무명의인 확정판결의 변론종결 전에 자동채권의 존재를 알았는가 몰랐는가에 관계없이 적법한 청구이의 사유로 된다고 하였다. 나아가 ③ 토지의 임대인이 임차인에 대하여 제기한 토지인도 및 건물철거 청구소송에서 패소하여 그 패소판결이 확정되었다고 하더라도, 그 확정판결에 의하여 건물철거가 집행되지 아니한 이상, 토지의 임차인으로서는 건물매수청구권을 행사하여 별소로써 임대인에 대하여 건물 매매대금의 지급을 구할 수 있다고 하였다.

★★★ [대판 1979.8.14, 79다1105] 확정된 법률관계에 있어 동 확정판결의 변론종결 전에 이미 발생하였던 취소권을 그 당시에 행사하지 않음으로 인하여 취소권자에게 불리하게 확정된 경우 그 확정 후 취소권을 뒤늦게 행사함으로써 동 확정의 효력을 부인할 수 없다.

★★★ [대판 1998.11.24, 98다25344; 대판 1966.6.28, 66다780] 당사자 쌍방의 채무가 서로 상계적상에 있다 하더라도 그 자체만으로 상계로 인한 채무소멸의 효력이 생기는 것은 아니고, 상계의 의사표시를 기다려 비로소 상계로 인한 채무소멸의 효력이 생기는 것이므로, 채무자가 채무명의인 확정판결의 변론종결 전에 상대방에 대하여 상계적상에 있는 채권을 가지고 있었다 하더라도 채무명의인 확정판결의 변론종결 후에 이르러 비로소 상계의 의사표시를 한 때에는 민사소송법 제505조 제2항(현재 민사집행법 제44조 제2항)이 규정하는 '이의원인이 변론종결 후에 생긴 때'에 해당하는 것으로서, 당사자가 채무명의인 확정판결의 변론종결 전에 자동채권의 존재를 알았는가 몰랐는가에 관계없이 적법한 청구이의 사유로 된다.

★★★[대판 1995.12.26, 95다42195]

[1] 건물의 소유를 목적으로 하는 토지 임대차에 있어서, 임대차가 종료함에 따라 토지의 임차인이 임대인에 대하여 건물매수청구권을 행사할 수 있음에도 불구하고 이를 행사하지 아니한 채, 토지의 임대인이 임차인에 대하여 제기한 토지인도 및 건물철거 청구소송에서 패소하여 그 패소판결이 확정되었다고 하더라도, 그 확정판결에 의하여 건물철거가 집행되지 아니한 이상, 토지의 임차인으로서는 건물매수청구권을 행사하여 별소로써 임대인에 대하여 건물 매매대금의 지급을 구할 수 있다고 할 것이다.

[2] 전소인 토지인도 및 건물철거 청구소송과 후소인 매매대금 청구소송은 서로 그 소송물을 달리하는 것이므로, 종전 소송의 확정판결의 기판력에 의하여 건물매수청구권의 행사가 차단된다고 할 수도 없다.

[3] 뒤늦게 건물매수청구권을 행사하는 것이 권리남용이거나 신의칙에 위배되지 않는다.

◈ 논증구도 ◈

1. 문제점

실체법상의 형성권은 실체법에 터 잡은 것으로서 제척기간의 제한 이외에는 아무런 제약이 없는 것인데, 소송법의 원리에 의해서 그 권한의 행사에 영향을 가하는 것은 의문의 여지가 있는 것이다. 이는 결국 표준시 후의 형성권의 행사를 허용한다면 기판력에 의한 법적 안정성이 허물어지게 되고, 이를 부정한다면 자유의사에 맡겨진 형성권의 행사시기를 제한하게 되는 문제가 발생하기 때문에, 양자의 갈등관계의 선상에서 문제가 되는 것이다.

2. 변론종결 후의 형성권 행사에 관한 태도

이에 대해서는 ① 비실권설, ② 실권설, ③ 상계권비실권설, ④ 제한적 상계권실권설(다른 형성권은 당연히 실권되지만, 상계권의 경우에는 상계권이 있음을 알고 이를 행사하지 않은 경우에 실권된다는 견해)의 대립이 있는데, 판례는 위 판례에서 보는 바와 같이 상계권비실권설의 입장으로 평가된다. 문제는 건물매수청구권의 경우에는 어떻게 처리함이 타당할 것이냐이다.

3. 건물매수청구권의 실권 여부

이에 대해서는 특히, 건물매수청구권도 상계할 수 있었던 자동채권의 행사와 마찬가지로 변론종결 후에 행사되면 변론종결 이후에 발생한 새로운 소송물을 구성하게 된다는 점, 건물매수청구권은 차지권자에게 주어진 유력한 방어수단이라는 점(출혈적 항변), 건물 자체의 효용을 유지하여야 함이 사회경제적 이익의 관점에서 합당하다는 점 등을 이유로 실권되지 않는다고 봄이 일반적 견해이고, 본 판례도 마찬가지라고 할 것이다.

4. 신의칙과의 관계

위와 같은 건물매수청구권이 갖는 성질과 통상 건물매수청구권을 전소에서 주장하였더라면 매매대금을 보다 일찍 받을 수 있고, 소송의 제기라는 번거로움을 피할 수 있는 지위에 있던 자였으므로, 그러한 자가 매수청구권의 존재를 알면서도 행사하지 않는 경우란 거의 없을 것이고, 따라서 별소로 매매대금을 구하는 것은 특별한 사정이 없는 한 신의칙에 반한다고 보기는 어려울 것이다.

5. 본 판결의 위상

사실 본 판결에서 전소인 토지인도 및 건물철거청구소송과 후소인 매매대금청구소송은 서로 그 소송물을 달리하는 것이므로 기판력의 객관적 범위가 다르다(편저자 ⊗ 양자는 모순관계에 있지도 않다. 전소에서 말소등기청구에 패소확정된 후 새로운 원인에 기한 이전등기청구가 모순관계에 해당하지 않는 것과 마찬가지이다). 그리고 기판력의 시적 범위는 객관적 범위가 작용하는 것을 전제로 한다. 따라서 본 사안은 기판력의 객관적 범위가 문제되지 않으므로 시적 범위도 문제되지 않는 경우라고 할 수 있다. 그러나 학자들은 대부분 교과서에 시적 범위의 문제에서 본 판결을 인용하고 있음을 주의하여야 한다. 아마도 그것은 상계권과 유사한 건물매수청구권의 독특한 성격에 기인한 것으로 보인다(편저자).

V. 법원의 조치 – 기판력의 본질

1. 학설

이에 대해서는 모순금지설(후소법원은 확정판결의 내용과 모순되는 재판을 할 수 없다는 견해), 반복금지설(기판력을 일사부재리의 원칙을 실현하는 것이라고 보아 소송의 반복 자체를 금지하는 것이라고 보는 견해) 등의 대립이 있다.

2. 판례

판례는 ① 전소에서 승소판결을 받은 경우에 원고가 같은 신소를 제기하는 것은 이미 권리보호를 받았음에도 불구하고 이를 다시 구하는 것으로 권리보호이익에 흠이 있는 것이며 따라서 소 각하하여야 하나, ② 패소판결을 받은 때에 원고가 신소를 제기하면 전의 판결내용과 모순되는 판단을 하여서는 아니 되는 구속력 때문에 청구기각판결을 하여야 한다는 입장이다(대판 1979.9.11, 79다1275).

기판력의 본질		내용	법원의 조치
모순 금지설		형식적으로 확정된 판결은 후소법원의 판단을 내용적으로 구속하여 후소법원은 확정판결의 내용과 모순되는 재판을 할 수 없다.	다시 소송하는 것은 소의이익 ✗ ➡ 후소 소 각하
반복 금지설		기판력은 소송의 반복 자체를 금지하는 것. 결국 기판력 자체는 독립된 소극적 소송요건이 된다.	전소와 소송물이 같은 후소는 승소·패소에 관계없이 ➡ 소 각하
판례	전소 승소	전소 승소확정 ➡ 권리보호이익에 흠	소 각하
	전소 패소	전소 패소확정 ➡ 전소와 모순되는 판단을 하여서는 아니 되는 구속력	청구기각
주의할 점		전소의 소송물이 후소의 선결문제로 되는 경우라면 기판력의 본질에 관하여 모순금지설을 취하건 반복금지설을 취하건 관계없이 전소의 기판력 있는 판단에 구속되어 이를 전제하여 후소를 판단하여야 할 뿐 소 각하 판결을 할 수는 없다는 점을 주의해야 할 것이다.	

제3관 확정판결의 효력배제

I. 상소의 추후보완과 재심의 소

1. 상소의 추후보완

불복신청기간의 도과에 의하여 일단 형식적으로 확정되었다고 인정되는 판결이 적합한 상소의 추후보완에 의하여(제173조) 확정 전의 원상으로 부활하고, 다시 상소심에서 취소의 가능상태에 놓이게 되어 형식적 확정력이 없어지는 경우가 있다.

2. 재심의 소

제451조(재심사유)

① 다음 각 호 가운데 어느 하나에 해당하면 확정된 종국판결에 대하여 재심의 소를 제기할 수 있다. 다만, 당사자가 상소에 의하여 그 사유를 주장하였거나, 이를 알고도 주장하지 아니한 때에는 그러하지 아니하다.
1. 법률에 따라 판결법원을 구성하지 아니한 때
2. 법률상 그 재판에 관여할 수 없는 법관이 관여한 때
3. 법정대리권·소송대리권 또는 대리인이 소송행위를 하는 데에 필요한 권한의 수여에 흠이 있는 때. 다만, 제60조 또는 제97조의 규정에 따라 추인한 때에는 그러하지 아니하다.
4. 재판에 관여한 법관이 그 사건에 관하여 직무에 관한 죄를 범한 때
5. 형사상 처벌을 받을 다른 사람의 행위로 말미암아 자백을 하였거나 판결에 영향을 미칠 공격 또는 방어방법의 제출에 방해를 받은 때
6. 판결의 증거가 된 문서, 그 밖의 물건이 위조되거나 변조된 것인 때
7. 증인·감정인·통역인의 거짓 진술 또는 당사자신문에 따른 당사자나 법정대리인의 거짓 진술이 판결의 증거가 된 때
8. 판결의 기초가 된 민사나 형사의 판결, 그 밖의 재판 또는 행정처분이 다른 재판이나 행정처분에 따라 바뀐 때
9. 판결에 영향을 미칠 중요한 사항에 관하여 판단을 누락한 때
10. 재심을 제기할 판결이 전에 선고한 확정판결에 어긋나는 때
11. 당사자가 상대방의 주소 또는 거소를 알고 있었음에도 있는 곳을 잘 모른다고 하거나 주소나 거소를 거짓으로 하여 소를 제기한 때

② 제1항 제4호 내지 제7호의 경우에는 처벌받을 행위에 대하여 유죄의 판결이나 과태료부과의 재판이 확정된 때 또는 증거부족 외의 이유로 유죄의 확정판결이나 과태료부과의 확정재판을 할 수 없을 때에만 재심의 소를 제기할 수 있다.

③ 항소심에서 사건에 대하여 본안판결을 하였을 때에는 제1심 판결에 대하여 재심의 소를 제기하지 못한다.

> **제453조(재심관할법원)**
> ① 재심은 재심을 제기할 판결을 한 법원의 전속관할로 한다.
> ② 심급을 달리하는 법원이 같은 사건에 대하여 내린 판결에 대한 재심의 소는 상급법원이 관할한다. 다만, 항소심판결과 상고심판결에 각각 독립된 재심사유가 있는 때에는 그러하지 아니하다.
>
> **제456조(재심제기의 기간)**
> ① 재심의 소는 당사자가 판결이 확정된 뒤 재심의 사유를 안 날부터 30일 이내에 제기하여야 한다.
> ② 제1항의 기간은 불변기간으로 한다.
> ③ 판결이 확정된 뒤 5년이 지난 때에는 재심의 소를 제기하지 못한다.
> ④ 재심의 사유가 판결이 확정된 뒤에 생긴 때에는 제3항의 기간은 그 사유가 발생한 날부터 계산한다.
>
> **제457조(재심제기의 기간)**
> 대리권의 흠 또는 제451조 제1항 제10호에 규정한 사항을 이유로 들어 제기하는 재심의 소에는 제456조의 규정을 적용하지 아니한다. ➡ 재심제기기간의 규정을 적용 안함(∵언제든지 재심제기 가능)
>
> **제461조(준재심)**
> 제220조의 조서 또는 즉시항고로 불복할 수 있는 결정이나 명령이 확정된 경우에 제451조 제1항에 규정된 사유가 있는 때에는 확정판결에 대한 제451조 내지 제460조의 규정에 준하여 재심을 제기할 수 있다.

1) 재심의 소는 확정된 종국판결에 대하여 확정에 이르기까지 절차의 중대한 흠이나 판결의 기초가 되는 자료에 묵과할 수 없는 흠이 있는 때에 당사자가 그 판결의 취소와 사건의 재심판을 구하는 비상의 불복신청방법이다. 일단 종결했던 사건을 다시 심리하기 때문에 재심사유가 법정되어 있고(제451조 제1항), 재심의 제기기간도 제한되어 있다(제456조, 예외는 제457조).

2) 재심의 소는 소송목적의 값(=소가)이나 심급에 관계없이 취소대상인 판결을 한 법원의 전속관할에 속한다(제453조 제1항). 취소대상의 판결이 상고심판결이면 상고법원이 관할이 된다.

[**대판**(전) **1984.2.28, 83다카1981**] 민사소송법 제451조 제3항의 규정에 의하면 항소심에서 사건에 대하여 본안판결을 한 때에는 제1심 판결에 대하여 재심의 소를 제기하지 못한다고 되어 있으므로, <u>항소심판결이 아닌 제1심 판결에 대하여 제1심 법원에 제기된 재심의 소는 재심대상이 아닌 판결을 대상으로 한 것으로서 재심의 소송요건을 결여한 부적법한 소송이며 단순히 재심의 관할을 위반한 소송이라고 볼 수는 없다.</u>

그러나 항소심에서 본안판결을 한 사건에 관하여 제기된 재심의 소가 과연 제1심 판결을 대상으로 한 것인가 또는 항소심판결을 대상으로 한 것인가의 여부는 재심소장에 기재된 재심을 할 판결의 표시만 가지고 판단할 것이 아니라 재심의 이유에 기재된 주장내용을 살펴보고 재심을 제기한 당사자의 의사를 참작하여 판단하여야 할 것인바, <u>재심소장에 재심을 할 판결로 제1심 판결을 표시하고 있다고 하더라도 재심의 이유에서 주장하고 있는 재심사유가 항소심판결에 관한 것이라고 인정되는 경우</u>(항소심판결과 제1심 판결에 공통되는 재심사유인 경우도 같다)에는 <u>그 재심의 소는 항소심판결을 대상으로 한 것으로서 재심을 할 판결의 표시는 잘못 기재된 것으로 보는 것이 타당하므로, 재심소장을 접수한 제1심 법원은 그 재심의 소를 부적법하다 하여 각하할 것이 아니라 재심 관할법원인 항소심법원에 이송하여야 할 것이다.</u>

3) 항소심에서 사건에 대하여 본안판결을 하였을 때에는 제1심 판결에 대하여 재심의 소를 제기하지 못한다(제451조 제3항).

4) 재심의 소도 소장을 제출하여 제기한다. 재심의 소송절차에는 그 성질에 반하지 않는 한, 각 심급의 소송절차에 관한 규정을 준용한다(제455조).

5) 법원은 ① 우선 재심의 소의 적법요건을 조사하고, 이를 갖추지 못한 때에는 소를 부적법 각하한다. 다음으로 ② 재심의 소를 적법하다고 인정하면, 재심사유의 존부를 판단한다. 재심사유를 부정하는 때에는 종국판결로 재심청구를 기각한다. 그리고 재심사유가 존재하면, 본안, 즉 원판결에서 완결된 소송(소 또는 상소)에 대하여 재심청구이유의 범위 안에서 다시 심판한다(제459조 제1항). ③ 본안의 변론은 종전 소송의 부활·속행으로서 행한다. 심리의 결과 원판결을 부당하다고 인정하면 불복의 한도에서 이를 취소하고, 이에 갈음하는 판결을 한다.

6) 확정판결과 동일한 효력을 가지는 제220조의 화해조서(제소 전 화해조서, 조정조서 포함), 청구의 포기·인낙조서와 즉시항고로 불복을 신청할 수 있는 결정이나, 명령이 확정된 경우에 그 결정이나 명령에 대하여 제451조 제1항의 재심사유가 있을 때에는 재심의 소에 준하여 재심을 제기할 수 있다. 이를 준재심이라고 한다(제461조).

Ⅱ. 정기금판결에 대한 변경의 소

> 제252조(정기금판결과 변경의 소)
> ① 정기금의 지급을 명한 판결이 확정된 뒤에 그 액수산정의 기초가 된 사정이 현저하게 바뀜으로써 당사자 사이의 형평을 크게 침해할 특별한 사정이 생긴 때에는 그 판결의 당사자는 장차 지급할 정기금 액수를 바꾸어 달라는 소를 제기할 수 있다.
> ② 제1항의 소는 제1심 판결법원의 전속관할로 한다.

1. 서설

(1) 의의

정기금판결에 대한 변경의 소란 정기금의 지급을 명한 판결이 확정된 뒤에 그 액수산정의 기초가 된 사정이 현저하게 바뀐 경우에 장차 지급할 정기금 액수를 바꾸어 달라는 소를 말한다(제252조). 변경의 소는 독일 민사소송법을 모델로 신법이 도입하였다.

(2) 입법취지

2002년 개정 민사소송법에서 위 변경의 소가 신설되기 이전에, 판례는 토지인도시에 이르기까지 임대료 상당의 부당이득금의 지급을 명한 판결이 확정된 뒤, 사정변경에 따라 그 임대료가 9배 가까이 상승하여 판결이 상당하지 않다고 이른 경우에 그 차액을 추가청구할 수 있다고 판시한 바 있는데(대판(전) 1993.12.21, 92다46226), 그 논거는 일부청구임을 명시하지는 아니하였지만, 전소의 청구를 명시적 일부청구로 보아 전소판결의 기판력이 그 차액 부분에는 미치지 않는다는 것이었다. 그러나 이러한 법리구성은 원고가 전소에서 일부청구임을 명시한 일이 없음에도 불구하고 이를 명시적 일부청구로 의제하는 것이므로, 해석론의 한계를 벗어난 판결이라는 비판이 있었다. 이에 결국 독일의 민사소송법 규정을 받아들임으로써 변경의 소를 신설하기에 이르렀다.

[대판(전) 1993.12.21. 92다46226]
① [다수의견] 토지의 소유자가 법률상 원인 없이 토지를 점유하고 있는 자를 상대로 장래의 이행을 청구하는 소로서, 그 점유자가 토지를 인도할 때까지 토지를 사용·수익함으로 인하여 얻을 토지의 임료에 상당하는 부당이득금의 반환을 청구하여, 그 청구의 전부나 일부를 인용하는 판결이 확정된 경우에, 그 소송의 사실심 변론종결 후에 토지의 가격이 현저하게 앙등하고 조세 등의 공적인 부담이 증대되었을 뿐더러 그 인근 토지의 임료와 비교하더라도 그 소송의 판결에서 인용된 임료액이 상당하지 아니하게 되는 등 경제적 사정의 변경으로 당사자 간의 형평을 심하게 해할 특별한 사정이 생긴 때에는, 토지의 소유자는 점유자를 상대로 새로 소를 제기하여 전소 판결에서 인용된 임료액과 적정한 임료액의 차액에 상당하는 부당이득금의 반환을 청구할 수 있다고 봄이 상당하다(➔ 유보된 일부청구의제이론이라 한다).
② [별개의견] 토지의 소유자가 법률상 원인 없이 점유하고 있는 자를 상대로 장래이행의 소로서 임료 상당의 부당이득금반환을 청구하는 사건에 있어서는 당사자는 장래 발생할 임료 상당 부당이득금의 액수에 관하여 구체적으로 주장·입증하기가 현실적으로 불가능하기 때문에 그 변동가능성을 어느 정도 예상하면서도 장래 발생할 임료 상당 부당이득금의 액수는 변론종결 당시의 그것과 별 차이가 없으리라는 전제하에서 공격과 방어를 하게 되고, 법원 또한 이러한 전제하에서 그 임료 상당액을 판단하게 되는 것이므로 그 후 경제사정의 변동 등으로 그 액수가 변론종결 당시 예상할 수 없을 정도로 증감되어 전소의 인용액이 도저히 상당하다고 할 수 없을 정도가 되었다면 이러한 사정의 변경은 전소의 변론종결 시까지 주장할 수 없었던 사유가 그 후 새로 발생한 것으로 보아야 할 것이어서, 소유자는 증액된 부분을 부당이득반환으로서 구할 수 있고 그 반면에 점유자는 청구이의의 소로서 감액된 부분에 대한 집행력의 배제를 주장할 수 있다(➔ 기판력의 시적 범위이론이라 한다).

2. 법적 성질 및 소송물

(1) 변경의 소의 법적 성질

정기금의 지급을 명한 확정판결의 변경을 구하는 소로서 기판력의 변경을 목적으로 하는 소송법상의 형성의 소에 속한다. 또한 그 변경된 내용에 따라 이행판결이나 확인판결을 구하는 것이므로 이행의 소 또는 확인의 소의 성격도 동시에 가질 수 있다.

(2) 변경의 소의 소송물

변경의 소의 소송물이 전소판결의 소송물과 동일한지 여부에 대해서는 견해가 대립하고 있다. 이에 대해서 ① 변경의 소는 전소 기판력의 표준시 이후의 새로운 청구취지와 사실관계를 주장하는 것이므로 전소의 소송물과 같을 수가 없다고 보는 소송물별개설(변경설)이 있으나, ② 변경의 소는 형평의 관념에서 전소판결의 기판력을 배제하는 것이므로 전소의 소송물과 동일하다고 보는 소송물동일설(형평설)이 타당하다.

3. 변경의 소의 요건

(1) 변경의 소의 소송요건

① 전소 「제1심 판결법원」에 제소할 것(전속관할), ② 전소 확정판결의 기판력을 받는 「당사자」 또는 제218조 제1항에 의하여 확정판결의 기판력을 받는 제3자일 것, ③ 「정기금의 지급」을 명하는 판결이 있을 것, ④ 정기금채권에 대한 「기판력 있는 확정판결」이 있을 것(정기금의 지급을 내용으로 하는 재판상 화해조서 등에 대해서도 기판력을 긍정하는 바에 따르면 그 대상이 될 수 있다고 본다), ⑤ 기타 일반적인 소송요건을 갖출 것이 필요하다.

★★★[대판 2016.6.28, 2014다31721] 토지의 전 소유자가 무단 점유자를 상대로 제기한 부당이득반환청구소송의 변론종결 후에 토지의 소유권을 취득한 사람이 위 소송에서 확정된 정기금판결에 대하여 변경의 소를 제기하는 것이 적법한지 여부(소극)

민사소송법 제252조 제1항은 "정기금의 지급을 명한 판결이 확정된 뒤에 그 액수 산정의 기초가 된 사정이 현저하게 바뀜으로써 당사자 사이의 형평을 크게 침해할 특별한 사정이 생긴 때에는 그 판결의 당사자는 장차 지급할 정기금 액수를 바꾸어 달라는 소를 제기할 수 있다."라고 규정하고 있다. 이러한 정기금판결에 대한 변경의 소는 정기금판결의 확정 뒤에 발생한 현저한 사정변경을 이유로 확정된 정기금판결의 기판력을 예외적으로 배제하는 것을 목적으로 하므로, 확정된 정기금판결의 당사자 또는 민사소송법 제218조 제1항에 의하여 확정판결의 기판력이 미치는 제3자만 정기금판결에 대한 변경의 소를 제기할 수 있다. 한편 토지의 소유자가 소유권에 기하여 토지의 무단 점유자를 상대로 차임 상당의 부당이득반환을 구하는 소송을 제기하여 무단 점유자가 점유 토지의 인도 시까지 매월 일정 금액의 차임 상당 부당이득을 반환하라는 판결이 확정된 경우, 이러한 소송의 소송물은 채권적 청구권인 부당이득반환청구권이므로, 소송의 변론종결 후에 토지의 소유권을 취득한 사람은 민사소송법 제218조 제1항에 의하여 확정판결의 기판력이 미치는 변론을 종결한 뒤의 승계인에 해당한다고 볼 수 없다. 따라서 토지의 전 소유자가 제기한 부당이득반환청구소송의 변론종결 후에 토지의 소유권을 취득한 사람에 대해서는 소송에서 내려진 정기금 지급을 명하는 확정판결의 기판력이 미치지 아니하므로, 토지의 새로운 소유자가 토지의 무단 점유자를 상대로 다시 부당이득반환청구의 소를 제기하지 아니하고, 토지의 전 소유자가 앞서 제기한 부당이득반환청구소송에서 내려진 정기금판결에 대하여 변경의 소를 제기하는 것은 부적법하다.

◈ 논증구도 ◈

1. 정기금판결에 대한 변경의 소
 (1) 의의 및 입법취지
 (2) 법적 성질 및 소송물
2. 변경의 소의 요건
3. 변론종결 뒤의 승계인에 해당하는지 여부

판례는 "토지의 소유자가 소유권에 기하여 토지의 무단 점유자를 상대로 차임 상당의 부당이득반환을 구하는 소송을 제기하여 무단 점유자가 점유 토지의 인도 시까지 매월 일정 금액의 차임 상당 부당이득을 반환하라는 판결이 확정된 경우, 이러한 소송의 소송물은 채권적 청구권인 부당이득반환청구권이므로, 소송의 변론종결 후에 토지의 소유권을 취득한 사람은 민사소송법 제218조 제1항에 의하여 확정판결의 기판력이 미치는 변론을 종결한 뒤의 승계인에 해당한다고 볼 수 없다."고 하였다.

---

(2) 변경의 소의 본안요건

1) 변경청구권

변경의 소에서 변경청구권이 인정되어야 원고의 청구를 인용하여 전소확정판결을 변경하게 된다. 변경청구권이 인정되기 위해서는 현저한 사정변경이 인정되어야 한다.

2) 현저한 사정변경

정기금판결의 변론종결 이후 정기금 액수산정의 기초가 된 사정이 현저하게 바뀜으로써 당사자 사이의 형평을 침해할 특별한 사정이 생겼어야 한다. ① 사정변경은 전소의 사실심 변론종결 이후에 발생한 것이어야 하고(차단효 고려), ② 전소판결 시 예상할 수 없었던 것이어야 한다. 단순히 종전 확정판결의 결론이 위법·부당하다는 등의 사정을 이유로 본조에 따라 정기금의 액수를 바꾸어 달라고 하는 것은 허용될 수 없다. ③ 증명책임은 사정변경을 주장하는 원고에게 있다.

> [대판 2016.3.10, 2015다243996] 정기금판결에 대한 변경의 소에서 종전 확정판결의 결론이 위법·부당하다는 등의 사정을 이유로 정기금의 액수를 바꾸어 달라고 하는 것이 허용되는지 여부(소극)
>
> 민사소송법 제252조 제1항은 "정기금의 지급을 명한 판결이 확정된 뒤에 그 액수산정의 기초가 된 사정이 현저하게 바뀜으로써 당사자 사이의 형평을 크게 침해할 특별한 사정이 생긴 때에는 그 판결의 당사자는 장차 지급할 정기금 액수를 바꾸어 달라는 소를 제기할 수 있다."라고 규정하고 있다. 이러한 정기금판결에 대한 변경의 소는 판결 확정 뒤에 발생한 사정변경을 요건으로 하므로, 단순히 종전 확정판결의 결론이 위법·부당하다는 등의 사정을 이유로 본조에 따라 정기금의 액수를 바꾸어 달라고 하는 것은 허용될 수 없다.

4. 심판절차

(1) 심판의 범위

정기금청구권의 존재사실은 이미 전소의 기판력 있는 판결에 의하여 확정되었으므로 변경의 소에서는 변경된 사정만 심리하여야 한다. 따라서 법원은 전소의 사실관계를 근본적으로 달리 판단하거나 정기금을 다시 새로 산정하여야 하는 것은 아니며, 변경된 새로운 사정과 무관한 전소의 사실확정에 대하여는 구속된다고 본다.[102]

(2) 판결

① 법원이 청구를 인용하는 경우에는 원판결을 감액 또는 증액으로 변경하는 판결주문을 내면 된다.[103] 변경의 소제기를 기점으로 하여 장차 지급할 정기금액수만이 변경판결의 대상이 된다. 또한 원판결은 소제기 이전의 이행의무에 관하여 집행권원이 되고, 소제기 이후의 이행의무에 대해서도 변경되지 아니한 한도 내에서는 집행권원이 된다.

---

102) 정기금 산정을 제외한 부분, 예컨대 손해배상소송에서 불법행위의 존재, 인과관계의 존재, 과실상계 등에 대하여는 전소 확정판결과 다른 판단을 할 수 없다고 보는 것이 타당하다고 한다. 왜냐하면 이 제도의 목적이 전소 확정판결의 잘못을 고치려는 것이 아니고 사정의 변경으로 부당하게 된 정기금을 조정하려는 것이기 때문이라고 한다.
103) 다만 소송물별개설에 의한다면 전의 판결은 놓아둘 것이지 이를 늘리거나 줄이는 변경주문은 있을 수 없다.

② 그러나 당사자적격이 없는 자가 원고가 되어 현저한 사정변경에 기해 당사자 사이의 형평을 침해할 만한 특별한 사정이 있다는 점에 대해 증명을 못한 경우라면, 법원은 부적법 소각하판결을 하여야 한다(소송요건 심리의 선순위성).

(3) 집행정지

변경의 소를 제기한다고 하여 반드시 정기금판결의 집행력에 기한 강제집행이 정지되지 않으며, 별도로 집행정지신청을 하여 정지결정을 받아야 한다.

5. 다른 절차와의 관계

(1) 장래이행의 추가청구와의 관계

정기금 인상분의 청구를 반드시 변경의 소에 의하여야 하는지 아니면 장래이행의 소에 의해서도 청구할 수 있는지 여부가 문제된다.

① 묵시적 일부청구를 한 경우에 추가소송은 소송물이 동일하므로 전소의 기판력에 저촉되어 새로운 소를 제기해서는 안 되고 반드시 변경의 소에 의해야 한다.

② 명시적 일부청구의 경우에는 ⅰ) 추가청구하는 후소는 소송물을 달리하므로 기판력을 배제하는 것을 본질로 하는 변경의 소에 의할 필요가 없다는 견해와 ⅱ) 기판력이 배제되는 경우가 아닌 때에도 장래이행의 소가 아니라 변경의 소를 제기하여야 한다는 견해의 대립이 있다.

생각건대 장래이행의 소를 제기할 수 있게 한다면 제252조에서 특별히 규정한 제도의 취지에 반하고, 변경의 소가 사정변경의 원칙을 고려하는 특별규정인 점에 비추어 정기금판결은 기판력 배제의 여부와 관계없이 변경의 소를 제기해야 한다는 견해가 타당하다고 본다.

(2) 청구이의의 소와의 관계

① 변경의 소는 권리발생원인사실에 사정변경이 생겨 판결을 바꾸려는 것이고(증액추가청구),

② 청구이의의 소는 사후에 권리멸각·저지사실의 발생 등 사정변경을 이유로 판결의 효력을 배제시키려는 점에서 차이가 있다(감액청구).

(3) 후유증에 의한 확대손해

1) 문제의 소재

불법행위에 의한 신체의 침해를 이유로 하는 손해배상청구소송에서 판결이 확정된 후에 후유증이 발생하여 후발손해가 발생한 경우 다시 소를 제기하여 손해배상청구를 할 수 있다는 데에 학설과 판례가 일치한다. 이때 개정법이 신설한 변경의 소를 이용할 수 있는지 여부가 문제된다.

2) 학설

가) 긍정설

개정법에 의해 신설된 변경의 소의 소송물이 전소의 소송물과 다르다는 전제에서 후유증에 의한 확대손해의 청구와 변경의 소를 구별할 실익이 없으므로 후유증에 의한 확대손해의 청구도 변경의 소를 이용하여 해결하는 것이 타당하다는 견해이다.

나) 부정설

변경의 소의 소송물과 전소의 소송물이 동일하다는 전제에서 변경의 소는 기존의 소송물에 대한 판결에서 정기금 산정의 기초가 된 사정이 현저히 바뀌는 것을 반영시키는 것이므로, 전소의 재판 시점에서 예상치 못한 후유증에 의한 확대손해의 청구는 전소의 소송물과는 별개의 소송물이 되므로 새 청구를 하여야 하고 변경의 소의 대상으로 할 수 없다는 견해이다.

3) 검토

위에서 본 바와 같이 전소와 변경의 소의 소송물은 같다고 보아야 하고, 손해배상청구의 전소 당시에 전혀 예상하지 못했던 후유증으로 인한 추가손해에 대한 배상청구의 후소는 소송물을 달리하므로 변경의 소를 제기할 수는 없고 별개의 소로 청구하는 것이 타당하다고 본다. 즉 변경의 소는 전소의 기판력이 미치는 범위 내에 한하여 허용되고, 전소의 기판력이 미치지 아니하는 손해가 사후적으로 발생한 경우에는 별소를 제기할 수 있을 뿐이다.

Ⅲ. 판결의 편취

1. 서설

(1) 의의

당사자가 상대방이나 법원을 악의로 기망하여 부당한 내용의 판결을 받은 경우를 판결의 편취(사위판결 내지 부당취득)라고 한다.

(2) 유형

판결의 편취 유형에는 ① 타인의 성명모용소송, ② 소취하의 합의로 피고 불출석의 원인을 스스로 조성한 뒤 소취하를 하지 않고 승소판결을 받은 경우, ③ 피고의 주소를 알고 있음에도 불구하고 소재불명으로 공시송달명령을 받아 피고가 모르는 사이에 승소판결을 받은 경우, ④ 피고의 주소를 허위주소로 하여 그 주소에 소장을 송달하게 하고 공모자가 송달받고도 피고 자신이 송달받은 것처럼 하고, 답변서를 제출하지 않거나 불출석한 것으로 법원을 속여 자백간주(= 의제자백)로 승소판결을 받은 경우 등이 있다. 이 중 특히 문제가 되는 것은 공시송달에 의한 판결의 편취와 자백간주에 의한 판결의 편취이다.

2. 편취판결의 효력

(1) 학설 및 판례

① 판결이 편취되었을 때에 피고의 재판을 받을 권리가 실질적으로 보장된 것이 아니기 때문에 당연무효로 보아야 한다는 무효설과 ② 판결을 편취한 경우에도 판결 자체는 유효하다는 유효설(위법설)이 대립하고 있다. ③ 판례는 판결이 형식적으로 존재하는 이상 편취판결도 당연무효의 판결이 아님을 전제로 한다(대판(전) 1978.5.9, 75다634).[104]

(2) 검토

생각건대, ① 판결이 무효라면 기판력제도를 동요시켜서 법적 안정성을 해할 우려가 있으며, 더구나 ② 판결편취의 경우에 제451조 제1항 제11호에서는 당연무효의 판결이 아님을 전제로 하여 재심사유로 규정하고 있으므로 우리 실정법에는 맞지 않는 해석이다. 따라서 유효한 판결로 보는 것이 타당하다고 본다.

3. 소송법상 구제수단[105]

(1) 문제점

편취판결에 대한 소송법상 구제방법으로는 상소추후보완 또는 재심에 의할 것인가 아니면 항소제기에 의할 것인가 논의되고 있다. 위 유형 중 ①, ②의 경우에는 대리권에 흠이 있는 경우에 준하여 재심의 소로(제451조 제1항 제3호) 판결을 취소할 수 있는데(물론 판결이 확정 전이면 상소를 제기(제424조 제1항 제4호)할 수 있다), 특히 문제가 되는 것은 ③ 공시송달에 의한 판결의 편취, ④ 자백간주에 의한 판결의 편취의 경우이다.

(2) 공시송달에 의한 판결의 편취

이 경우에 ① 제451조 제1항 제11호의 "당사자가 상대방의 주소 또는 거소를 알고 있었음에도 불구하고 있는 곳을 잘 모른다고(소재불명)… 하여 소를 제기한 때"에 해당하여 재심의 대상이 된다는 점에 관하여는 이론이 없다. 즉 판결정본의 송달은 법률상 적법한 송달의 방법으로 인정된 것이므로 유효하고, 따라서 위 판결에 대하여 상소제기기간 안에 상소를 하지 아니하면 판결은 형식적으로 확정된다. 판례도 마찬가지이다. 그리고 ② 이 경우에 판례는 재심의 소와 함께 소송행위의 추후보완에 의하여 상소를 택일적으로 할 수 있다고 보았다. 다만 ③ 재심은 확정판결

---

104) 동 판결은 편취판결(사위판결)에 대한 학설 대립 등에 관해서 교과서적인 설시를 하고 있음도 주목할 사항이다. 즉 "제소자가 상대방의 주소를 허위로 다른 곳으로 표시하여 상대방에 대한 변론기일 소환장 등의 소송서류를 그 허위주소로 보내고 상대방 아닌 다른 사람이 그 소송서류를 받아 의제자백의 형식으로 제소자 승소의 판결이 선고되고 그 판결정본이 위와 같은 방법으로 상대방에게 송달된 경우에 있어서 위 사위 판결(판결이 형식적으로 존재하는 이상 사위 판결도 당연무효의 판결이 아니다)을 형식적 확정력이 있는 확정판결로 보고 그 판결에 기판력을 인정할 것인가에 관하여는 학설이 나누어져 있는 바, 하나는 사위판결은 상대방에의 판결정본의 송달이 무효이어서 항소의 대상이 될 뿐이고 확정판결이 아니니 기판력이 없는 것이라는 항소설이고, 다른 하나는 사위판결은 형식적으로 확정된 확정판결이므로 기판력이 있고 따라서 사위판결은 재심의 소의 제기나 상소의 추완신청 등에 의하여서만 구제될 수 있는 것이라는 재심설이다. 그러나 본건 사위판결의 경우에 있어서는 판결정본이 제소자가 허위로 표시한 상대방의 허위주소로 보내져서 상대방 아닌 다른 사람이 그를 수령한 것이니 상대방에 대한 판결정본의 송달은 부적법하여 무효이고 상대방은 아직도 판결정본의 송달을 받지 않은 상태에 있는 것으로서 그 판결에 대한 항소기간은 진행을 개시하지 않은 것이라고 보아야 할 것이다."라고 하였다.

105) 무효설의 입장에서는 이하의 논의에 대해서 논리적 일관성이 유지하면서 전개하고 있다(예 ① 항소설, ② 재심불요설). 그러나 유효설의 입장에서는 논리적 필연성이 없다. 왜냐하면 판결편취의 경우 그 구제책의 논의는 결국 기판력상의 법적안정성과 구체적 정의관념이라는 양자의 이해충돌의 문제와 이에 따른 조화로운 해석문제의 국면에 놓이게 되기 때문이다. 따라서 수험생들은 유효설의 입장이면서도 ① 판결이 아직 확정되지 아니하였음을 전제로 할 때라면 항소가 가능하다는 견해, ② 재심은 불요하다고 보는 견해 등이 나타나게 된다는 점을 주의하여야 할 것이다(이와 같은 점은 청구이의의 소의 문제에서도 동일하게 작용).

후 5년 내에 하여야 하는 제한이 있으며, 추완항소는 기간부준수의 사유가 오래되어도 장애사유가 없어진 날로부터 2주일 내에 가능하다.

> **[대판 1985.7.9, 85므12]** 청구인이 피청구인의 주거지를 알면서도 청구인의 본적지를 피청구인의 주소로 표시하여 이혼심판청구의 소를 제기하고 송달불능되자 공시송달의 방법으로 심판절차가 진행되어 그 판결이 선고되었다면 이는 민사소송법 제451조 제1항 제11호 소정의 재심사유에 해당한다.
>
> **[대판 1985.8.20, 85므21]** 당사자가 상대방의 주소 또는 거소를 알고 있었음에도 불구하고 소재불명 또는 허위의 주소나 거소로 하여 소를 제기한 탓으로 공시송달의 방법에 의하여 판결정본이 송달된 때에는 민사소송법 제451조 제1항 제11호에 의하여 재심을 제기할 수 있음은 물론이나 또한 동법 제173조에 의한 소송행위의 추완에 의하여도 상소를 제기할 수 있다.
>
> ★★**[대판 2011.12.22, 2011다73540]** 민사소송법 제451조 제1항 단서에 의하면 당사자가 상소에 의하여 재심사유를 주장하였거나 이를 알고 주장하지 아니한 때에는 재심의 소를 제기할 수 없는 것으로 규정되어 있는데, 여기에서 '이를 알고도 주장하지 아니한 때'란 재심사유가 있는 것을 알았음에도 상소를 제기하고도 상소심에서 그 사유를 주장하지 아니한 경우뿐만 아니라, 상소를 제기하지 아니하여 판결이 그대로 확정된 경우까지도 포함하는 것이라고 해석하여야 할 것이다. 그런데 위 단서 조항은 재심의 보충성에 관한 규정으로서, 당사자가 상소를 제기할 수 있는 시기에 재심사유의 존재를 안 경우에는 상소에 의하여 이를 주장하게 하고 상소로 주장할 수 없었던 경우에 한하여 재심의 소에 의한 비상구제를 인정하려는 취지인 점, 추완상소와 재심의 소는 독립된 별개의 제도이므로 추완상소의 방법을 택하는 경우에는 추완상소의 기간 내에, 재심의 방법을 택하는 경우에는 재심기간 내에 이를 제기하여야 하는 것으로 보이는 점을 고려하면, 공시송달에 의하여 판결이 선고되고 판결정본이 송달되어 확정된 이후에 추완항소의 방법이 아닌 재심의 방법을 택한 경우에는 추완상소기간이 도과하였다 하더라도 재심기간 내에 재심의 소를 제기할 수 있다고 보아야 한다.

(3) 자백간주에 의한 판결의 편취

1) 학설

① 허위주소에의 판결정본의 송달은 무효이어서 항소기간도 진행되지 아니하여 어느 때나 항소를 제기할 수 있게 된다는 항소설과 ② 편취판결은 형식적으로 확정된 확정판결이므로 기판력이 있고, 따라서 편취판결은 상소의 추후보완신청(제173조)이나 재심의 소의 제기에 의하여서만 구제될 수 있다는 추완상소·재심설의 대립이 있다.

2) 판례

① 판결정본이 제소자가 허위로 표시한 상대방의 허위주소로 보내져서 상대방 아닌 다른 사람이 그를 수령한 것이니 상대방에 대한 판결정본의 송달은 부적법하여 무효이고 상대방은 아직도 판결정본의 송달을 받지 않은 상태에 있는 것으로서 그 판결에 대한 항소기간은 진행을 개시하지 않은 것이라고 보아야 할 것이므로, 이에 대하여 어느 때나 상소를 제기할 수 있다고 하였다.

② 나아가 판례는 상소를 제기할 수 있을 뿐만 아니라, 위 사위판결에 기하여 부동산에 관한 소유권이전등기가 경료된 경우에는 항소를 제기하지 않고 별소로서 그 등기의 말소를 구할 수도 있다고 하였다.

> [대판(전) 1978.5.9. 75다634] 본건 사위 판결의 경우에 있어서는 판결정본이 제소자가 허위로 표시한 상대방의 허위주소로 보내져서 상대방 아닌 다른 사람이 그를 수령한 것이니 상대방에 대한 판결정본의 송달은 부적법하여 무효이고 상대방은 아직도 판결정본의 송달을 받지 않은 상태에 있는 것으로서 그 판결에 대한 항소기간은 진행을 개시하지 않은 것이라고 보아야 할 것이다. 그렇다면 본건 사위 판결은 형식적으로 확정된 확정 판결이 아니여서 기판력이 없는 것이라고 할 것이고 민사소송법 제451조 제1항 제11호에 "당사자가 상대방의 주소 또는 거소를 알고 있었음에도 불구하고……허위의 주소나 거소로 하여 소를 제기한 때"를 재심사유로 규정하고 있으나 이는 공시송달의 방법에 의하여 상대방에게 판결정본을 송달한 경우를 말하는 것이고(공시송달의 방법에 의하여 상대방의 허위주소에다가 판결정본을 송달하였다고 하여도 공시송달의 방법을 취하였기 때문에 그 송달은 유효한 것으로 보아야 하기 때문이다), 본건 사위 판결에 있어서와 같이 공시송달의 방법에 의하여 송달된 것이 아닌 경우까지 재심사유가 되는 것으로 규정한 취지는 아니라고 할 것이며 따라서 항소설에 따른 본원판결 즉 본건과 같은 사위 판결은 확정판결이 아니여서 기판력이 없다.

> ★★[대판 1981.8.25. 80다2831] 상대방의 주소를 허위로 기재하여 얻은 승소판결에 기한 소유권이전등기가 경료된 경우에 그 상대방의 상소 또는 등기말소청구의 가부(적극)
> 상대방의 주소를 허위로 기재하여 얻은 승소판결에 기한 소유권이전등기가 경료된 경우에는 동 등기는 실체적 권리관계에 부합될 수있는 다른 사정이 없는 한 말소될 처지에 있는 것이므로 그 상대방이 기판력이 없는 위 판결에 대하여 항소를 제기하지 않고 별소로 그 등기의 말소를 구할 수도 있다.

4. 실체법상 구제수단

(1) 문제점

편취판결이 확정되어 집행된 경우 재심과 같은 소송법적 구제조치를 취하지 않고서도 실체법적 정의에 입각하여 직접적으로 손해배상청구나 부당이득반환청구를 허용할 것인지가 문제된다. 불법행위를 이유로 한 손해배상청구 또는 부당이득반환청구(말소등기청구)의 경우에는 모순관계로서 기판력에 저촉될 소지가 있기 때문이다(➍ 이러한 논의는 편취판결의 기판력을 전제로 하는 상소추후보완·재심설을 취하는 경우에 문제되는 것이고, 편취판결이 확정되지 않는다고 보는 항소설이나 편취판결의 효력 자체를 부정하는 무효설을 취하는 경우에는 재심의 소를 거칠 필요가 있는지 여부는 문제되지 아니한다).

(2) 학설

① 재심에 의한 취소 없이 직접 별소를 제기할 수 있다는 재심불요설, ② 당연무효의 판결이 아니라는 점을 근거로 재심에 의한 취소가 있어야 한다는 재심필요설, ③ 원칙적으로 재심이 필요하나 절차적 기본권의 침해인 경우에는 재심이 필요 없다고 보는 제한적 불요설의 대립이 있다.

(3) 판례

1) 부당이득반환청구

판례는 ① 자백간주에 의한 판결의 편취의 경우 상소를 제기할 수 있을 뿐만 아니라, 위 사위판결에 기하여 부동산에 관한 소유권이전등기가 경료된 경우에는 항소를 제기하지 않고 별소로서 그 등기의 말소를 구할 수도 있다고 하였다. 그러나 ② 자백간주에 의한 판결의 편취의 경우를 제외하고(이 경우에는 판결이 확정되지 않기 때문이다), 편취된 판결에 의한 강제집행의 경우 그 판결이 재심의 소 등으로 취소되지 않는 한 부당이득이 안 된다는 것으로 재심필요설의 입장이다.

2) 불법행위에 의한 손해배상청구

불법행위에 의한 손해배상청구의 경우 원칙적으로 재심의 소에 의해 판결이 취소되어야 하나, 절차적 기본권이 침해된 경우나 내용이 현저히 부당해 재심사유가 있는 경우에 한정하여 바로 불법행위로 인한 손해배상을 청구할 수 있다는 입장으로 제한적 불요설에 가깝다.

★★[대판 1995.5.9, 94다41010] 제소자가 상대방의 주소를 허위로 기재함으로써 그 허위주소로 소송서류가 송달되어 그로 인하여 상대방 아닌 다른 사람이 그 서류를 받아 의제자백의 형식으로 제소자 승소의 판결이 선고되고 그 판결정본 역시 허위의 주소로 보내어져 송달된 것으로 처리된 경우에는 상대방에 대한 판결의 송달은 부적법하여 무효이므로 상대방은 아직도 판결정본의 송달을 받지 않은 상태에 있어 이에 대하여 상소를 제기할 수 있을 뿐만 아니라, 위 사위판결에 기하여 부동산에 관한 소유권이전등기나 말소등기가 경료된 경우에는 별소로서 그 등기의 말소를 구할 수도 있다.

[대판 1995.6.29, 94다4143] 확정판결이 재심의 소 등으로 취소되지 아니하는 한, 그 판결의 강제집행으로 교부받은 금원을 법률상 원인 없는 이득이라 하여 부당이득반환청구를 하는 것은 위 판결의 기판력에 저촉되어 허용될 수 없다.

[대판 2001.11.13, 99다32899] 판결이 확정되면 기판력에 의하여 대상이 된 청구권의 존재가 확정되고 그 내용에 따라 집행력이 발생하는 것이므로, 그에 따른 집행이 불법행위를 구성하기 위하여는 소송당사자가 상대방의 권리를 해할 의사로 상대방의 소송 관여를 방해하거나 허위의 주장으로 법원을 기망하는 등 부정한 방법으로 실체의 권리관계와 다른 내용의 확정판결을 취득하여 집행을 하는 것과 같은 특별한 사정이 있어야 하고, 그와 같은 사정이 없이 확정판결의 내용이 단순히 실체적 권리관계에 배치되어 부당하고 또한 확정판결에 기한 집행 채권자가 이를 알고 있었다는 것만으로는 그 집행행위가 불법행위를 구성한다고 할 수 없는바, 편취된 판결에 기한 강제집행이 불법행위로 되는 경우가 있다고 하더라도 당사자의 법적 안정성을 위해 확정판결에 기판력을 인정한 취지나 확정판결의 효력을 배제하기 위하여는 그 확정판결에 재심사유가 존재하는 경우에 재심의 소에 의하여 그 취소를 구하는 것이 원칙적인 방법인 점에 비추어 볼 때 불법행위의 성립을 쉽게 인정하여서는 아니 되고, 확정판결에 기한 강제집행이 불법행위로 되는 것은 당사자의 절차적 기본권이 근본적으로 침해된 상태에서 판결이 선고되었거나 확정판결에 재심사유가 존재하는 등 확정판결의 효력을 존중하는 것이 정의에 반함이 명백하여 이를 묵과할 수 없는 경우로 한정하여야 한다(대판 1995.12.5, 95다21808 同旨).

[대판 2013.4.25, 2012다110286] 민사소송에서 판결이 확정되면 그 대상이 된 청구권의 존재 혹은 부존재를 더 이상 다툴 수 없게 되는 기판력이 발생하여 당사자의 법적 안정을 도모하고 있고, 때문에 위 확정판결의 효력을 배제하기 위해서는 재심 사유가 존재하는 경우에 한하여 재심의 소에 의하여 그

취소를 구하는 것이 원칙적인 방법이다. 따라서 확정판결의 취득 또는 그에 기한 집행을 불법행위라고 하기 위해서는, 소송당사자가 상대방의 권리를 해할 의사로 상대방의 소송관여를 방해하거나 허위의 주장으로 법원을 기망하는 등 부정한 방법으로 실제의 권리관계와 다른 내용의 확정판결을 취득하고, 그로 인하여 상대방의 절차적 기본권을 근본적으로 침해함으로써 확정판결의 효력을 존중하는 것이 정의관념에 반하여 이를 도저히 묵과할 수 없는 사정이 있어야 한다. 그렇지 않고 당사자가 단순히 실체적 권리관계에 반하는 허위주장을 하거나, 자신에게 유리한 증거를 제출하고 불리한 증거는 제출하지 아니하거나, 제출된 증거의 내용을 자기에게 유리하게 해석하는 등의 행위만으로는 확정판결의 위법한 편취에 해당하는 불법행위가 성립한다고 단정할 수 없다(대판 2010. 2. 11, 2009다82046·82053 참조).

5. 부당집행에 대한 구제수단 – 청구이의의 소

(1) 문제점

앞의 4.(실체법상의 구제수단)는 편취판결을 집행권원으로 한 강제집행이 종료된 후의 구제책임에 비해, 강제집행을 실행하는 단계에서 청구이의의 소로 구제될 수 있는지도 검토해 볼 필요가 있다. 왜냐하면 청구이의의 소는 원칙적으로 변론종결 이후에 발생한 사유에 대해서만 그 청구가 가능하기 때문이다(민집법 제44조 제2항).

(2) 학설

① 청구이의의 소는 변론종결 후의 사유에 대해서만 청구가 가능하며, 판결편취는 변론종결 전의 사유에 해당하므로 인정될 수 없다는 견해, ② 편취판결에 의한 집행 자체가 부당집행이므로 이를 문제삼는 청구이의의 소는 인정된다는 견해의 대립이 있다.

(3) 판례

판례는 청구이의의 소는 부당한 강제집행을 배제하려는 데에 그 목적이 있으므로, 편취판결에 의해 집행하는 것 자체가 변론종결 이후에 새로이 발생한 권리남용에 해당하는 경우로 보아 청구이의의 소를 인정한다.

[대판 1984. 7. 24, 84다카572] 민사집행법 제44조(구민사소송법 제505조)에서 청구에 관한 이의의 소를 규정한 것은 부당한 강제집행이 행하여지지 않도록 하려는데 있다 할 것으로 판결에 의하여 확정된 청구가 그 판결의 변론종결 뒤에 변경 소멸된 경우뿐만 아니라 판결을 집행하는 자체가 불법한 경우에는 그 불법은 당해 판결에 의하여 강제집행에 착수함으로써 외부에 나타나 비로소 이의의 원인이 된다고 보아야 하기 때문에 이 경우에도 이의의 소를 허용함이 상당하다 할 것이다.

[대판 2017. 9. 21, 2017다232105] 확정판결에 따른 강제집행이 권리남용에 해당하기 위한 요건 및 이때 확정판결의 내용이 실체적 권리관계에 배치된다는 점에 관한 주장·증명책임의 소재(권리남용을 주장하며 강제집행의 불허를 구하는 자)
판결이 확정되면 기판력에 의하여 대상이 된 청구권의 존재가 확정되고 그 내용에 따라 집행력이 발생한다. 확정판결에 의한 권리라 하더라도 신의에 좇아 성실히 행사되어야 하고 판결에 기한 집행이 권리남용이 되는 경우에는 허용되지 않으므로 집행채무자는 청구 이의의 소에 의하여 집행의 배제를 구할 수 있다. 그러나 법적안정성을 위하여 확정판결에 기판력을 인정한 취지 및 확정판결의 효력을

배제하려면 재심의 소에 의하여 취소를 구하는 것이 원칙적인 방법인 점 등에 비추어 볼 때, 확정판결에 따른 강제집행이 권리남용에 해당한다고 쉽게 인정하여서는 안 되고, 이를 인정하기 위해서는 확정판결의 내용이 실체적 권리관계에 배치되는 경우로서 그에 기한 집행이 현저히 부당하고 상대방으로 하여금 집행을 수인하도록 하는 것이 정의에 반함이 명백하여 사회생활상 용인할 수 없다고 인정되는 것과 같은 특별한 사정이 있어야 한다. 그리고 이때 확정판결의 내용이 실체적 권리관계에 배치된다는 점은 확정판결에 기한 강제집행이 권리남용이라고 주장하며 집행 불허를 구하는 자가 주장·증명하여야 한다.

제4관 종국판결의 부수적 재판

Ⅰ. 가집행선고(판결)

1. 가집행선고의 의의 및 취지

> **제213조(가집행의 선고)**
> ① 재산권의 청구에 관한 판결은 가집행의 선고를 붙이지 아니할 상당한 이유가 없는 한 직권으로 담보를 제공하거나, 제공하지 아니하고 가집행을 할 수 있다는 것을 선고하여야 한다. 다만, 어음금·수표금 청구에 관한 판결에는 담보를 제공하게 하지 아니하고 가집행의 선고를 하여야 한다.
> ② 법원은 직권으로 또는 당사자의 신청에 따라 채권전액을 담보로 제공하고 가집행을 면제받을 수 있다는 것을 선고할 수 있다.
> ③ 제1항 및 제2항의 선고는 판결주문에 적어야 한다.
>
> **제215조(가집행선고의 실효, 가집행의 원상회복과 손해배상)**
> ① 가집행의 선고는 그 선고 또는 본안판결을 바꾸는 판결의 선고로 바뀌는 한도에서 그 효력을 잃는다.
> ② 본안판결을 바꾸는 경우에는 법원은 피고의 신청에 따라 그 판결에서 가집행의 선고에 따라 지급한 물건을 돌려 줄 것과, 가집행으로 말미암은 손해 또는 그 면제를 받기 위하여 입은 손해를 배상할 것을 원고에게 명하여야 한다.
> ③ 가집행의 선고를 바꾼 뒤 본안판결을 바꾸는 경우에는 제2항의 규정을 준용한다.

가집행선고라 함은 아직 확정되지 않은 종국판결에 대하여 확정된 경우와 마찬가지로 미리 집행력을 주는 형성적 재판으로서, 승소자의 신속한 권리실현을 도모하고 강제집행의 지연을 목적으로 한 상소를 억제하는 역할을 한다(제213조).

2. 가집행선고의 요건

(1) 가집행선고의 대상

① 가집행선고는 재산권의 청구에 관한 판결로서 원칙적으로 협의의 집행력을 낳는 이행판결에 한하여 이를 붙인다. 따라서 등기절차의 이행을 명하는 판결과 같이 의사의 진술을 명하는 판

결에는 가집행선고를 붙이지 못한다. 의사의 진술을 명하는 판결은 확정되어야만 집행력이 생기기 때문이다(민집법 제263조).

② 명문이 있는 경우를 제외하고 확인판결이나 형성판결에는 가집행선고를 할 수 없다. 판례도 마찬가지이다(대판 1966.1.25, 65다2374).

(2) 가집행선고를 붙이지 아니할 상당한 이유가 없을 것

재산권의 청구에 관한 판결에는 원칙적으로 가집행선고를 붙여야 한다. 다만 예외적으로 가집행선고를 붙일 수 없는 상당한 이유가 있다면 안 붙일 수 있는데, 여기서 상당한 이유란 가집행이 패소한 피고에게 회복할 수 없는 손해를 줄 염려가 있을 때를 말한다. **예** 건물철거청구나 휴업을 하게 되면 영업의 막대한 손실의 염려가 있는 점포인도청구와 같은 경우이다.

3. 가집행선고의 효력

(1) 집행권원

① 가집행선고가 있는 판결은 선고에 의하여 즉시 집행력이 발생한다. 따라서 가집행선고가 붙은 이행판결은 바로 집행권원이 된다. 즉 가압류·가처분과 같은 집행보전에 그치는 것이 아니라 확정판결에 기한 본집행과 다를 바 없다.

② 다만 가집행은 보전처분이 아닌 종국적 집행이지만, 본집행과 달리 가집행은 확정적 집행이 아니다. 즉 상급심에서 가집행선고 있는 본안판결이 취소되면 효력이 없어지는 해제조건부 집행이다.

(2) 집행정지

집행정지를 위해서는 상소로는 안 되고, 집행정지신청을 통해 강제집행정지의 결정(제500조, 제501조)을 받아야 한다.

4. 가집행선고의 실효와 원상회복 및 그 방법

(1) 가집행선고의 실효

① 가집행선고는 상소심에서 그 가집행선고 또는 본안판결을 취소·변경하는 판결이 선고되면 그 취소·변경되는 한도 내에서 효력을 잃는다(제215조 제1항). 즉 가집행선고에 의한 가집행은 확정적 집행이 아니므로 가집행선고 있는 본안판결이 상급심에서 취소·변경되는 것을 해제조건으로 할 뿐이다.

② 다만 상급심 판결의 확정을 기다리지 않고 선고와 동시에 그 범위에서 바로 효력이 상실된다.

(2) 원상회복과 그 방법 및 손해배상의무

① 가집행선고부 본안판결이 상소심에서 취소·변경된 경우 원고는 가집행에 따라 피고가 지급한 물건을 반환하여야 하고 가집행에 의하여 피고에게 발생한 손해를 배상하여야 한다(제215조 제2항).

② 원상회복의무는 성질상 부당이득반환의무이다. 이러한 원상회복의 방법에는 2가지가 있다.
　i) 첫째는 피고가 원고를 상대로 별소를 제기하는 것이고,[106] ii) 둘째는 문제된 소송의 상

소심 절차에서 피고가 본안판결의 변경을 구하면서 원상회복을 함께 구하는 것이다(제215조 제2항). 후자를 실무상 가지급물반환신청이라 하고, 가지급물반환신청은 일종의 소송 중의 소로서 그 성질은 본안판결의 취소·변경을 조건으로 하는 예비적 반소이다.[107]

(3) 가지급물반환신청의 인용 여부

① 피고가 가집행선고부 판결에 따라 판결인용금액을 변제공탁하였으나 원고가 이를 수령하지 않고, 이후 항소심에서 가집행선고부 판결이 일부 취소·청구가 기각된 경우, 법원은 그 차액이 가집행선고의 실효에 따른 반환대상으로서 가지급물반환신청을 인용하여야 하는지 여부가 문제된다.

② 판례는 "민사소송법 제215조 제2항은 가집행선고 있는 본안판결을 변경하는 경우에는 법원은 피고의 신청에 의하여 그 판결에서 가집행선고로 인한 지급물의 반환을 원고에게 명하도록 규정하고 있는데, 여기에서 반환의 대상이 되는 가집행선고로 인한 지급물이라 함은 가집행의 결과 원고가 피고에게 이행한 물건 또는 그와 동일시 할 수 있는 것을 의미하는 것으로 볼 수 있다. 그런데 가집행선고부 판결에 기한 공탁은 채무를 확정적으로 소멸시키는 원래의 변제공탁이 아니고 상소심에서 그 가집행의 선고 또는 본안판결이 취소되는 것을 해제조건으로 하는 것이므로 가집행선고부 판결이 선고된 후 피고가 판결인용금액을 변제공탁하였다 하더라도 원고가 이를 수령하지 아니한 이상, 그와 같이 공탁된 금원 자체를 가집행선고로 인한 지급물이라고 할 수 없다. 따라서 피고가 가집행선고부 제1심 판결에 기한 판결인용금액을 변제공탁한 후 항소심에서 제1심판결의 채무액이 일부 취소되었다 하더라도 그 차액이 가집행선고의 실효에 따른 반환대상이 되는 가지급물이라고 할 수 없다. 다만 그 차액에 대해서는 공탁원인이 소멸된 것이므로 공탁자인 피고로서는 공탁원인의 소멸을 이유로 그 차액에 해당하는 공탁금을 회수할 수 있다."고 하였다.[108]

II. 소송비용의 재판과 소송구조

1. 의의

① 당사자가 소송을 수행하려면 여러 가지의 비용을 지출해야 하는데, 이처럼 소송수행을 위해 당사자가 실제로 지출하는 비용을 광의의 소송비용이라 하고, 그중 법령에서 정한 범위 내의 비용을 협의의 소송비용이라 한다.

② 법정의 소송비용은 소송수행을 위해 법원에 납부하는 비용인 재판비용(예 인지대, 송달료, 증거조사비용 등)과 제3자에게 납부하는 비용인 당사자비용(예 변호사비용)이 있다.[109]

---

106) 대판 1976.3.23, 75다2209
107) 대판 1996.5.10, 96다5001 등
108) 대판 2011.9.29, 2011다17847. 차액은 공탁원인의 소멸을 이유로 한 공탁물 회수의 대상일 뿐 가지급물 반환의 대상이 아니므로, 가지급물반환신청을 기각한 원심판단을 정당하다고 한 사례이다.
109) 변호사비용은 대법원규칙인 변호사보수의 소송비용산입에 관한 규칙이 정하는 범위에 한정하여 상환대상이 된다.

③ 소송비용을 너무 높게 정하면 재판을 받을 권리에 위해가 되고, 이를 너무 낮게 정하면 법원의 부담이 가중되기 쉽다. 그리고 이와 관련하여 소송비용을 사전에 지출할 능력이 없는 국민을 위해 소송구조제도를 확립하는 것이 중요하다.

2. 소송비용

제98조(소송비용부담의 원칙)

소송비용은 패소한 당사자가 부담한다.

제99조(원칙에 대한 예외)

법원은 사정에 따라 승소한 당사자로 하여금 그 권리를 늘리거나 지키는 데 필요하지 아니한 행위로 말미암은 소송비용 또는 상대방의 권리를 늘리거나 지키는 데 필요한 행위로 말미암은 소송비용의 전부나 일부를 부담하게 할 수 있다.

제100조(원칙에 대한 예외)

당사자가 적당한 시기에 공격이나 방어의 방법을 제출하지 아니하였거나, 기일이나 기간의 준수를 게을리 하였거나, 그 밖에 당사자가 책임져야 할 사유로 소송이 지연된 때에는 법원은 지연됨으로 말미암은 소송비용의 전부나 일부를 승소한 당사자에게 부담하게 할 수 있다.

제101조(일부패소의 경우)

일부패소의 경우에 당사자들이 부담할 소송비용은 법원이 정한다. 다만, 사정에 따라 한 쪽 당사자에게 소송비용의 전부를 부담하게 할 수 있다.

제102조(공동소송의 경우)

① 공동소송인은 소송비용을 균등하게 부담한다. 다만, 법원은 사정에 따라 공동소송인에게 소송비용을 연대하여 부담하게 하거나 다른 방법으로 부담하게 할 수 있다.

② 제1항의 규정에 불구하고 법원은 권리를 늘리거나 지키는 데 필요하지 아니한 행위로 생긴 소송비용은 그 행위를 한 당사자에게 부담하게 할 수 있다.

제103조(참가소송의 경우)

참가소송비용에 대한 참가인과 상대방 사이의 부담과, 참가이의신청의 소송비용에 대한 참가인과 이의신청 당사자 사이의 부담에 대하여는 제98조 내지 제102조의 규정을 준용한다.

제104조(각 심급의 소송비용의 재판)

법원은 사건을 완결하는 재판에서 직권으로 그 심급의 소송비용 전부에 대하여 재판하여야 한다. 다만, 사정에 따라 사건의 일부나 중간의 다툼에 관한 재판에서 그 비용에 대한 재판을 할 수 있다.

제105조(소송의 총비용에 대한 재판)

상급법원이 본안의 재판을 바꾸는 경우 또는 사건을 환송받거나 이송받은 법원이 그 사건을 완결하는 재판을 하는 경우에는 소송의 총비용에 대하여 재판하여야 한다.

제106조(화해한 경우의 비용부담)

당사자가 법원에서 화해한 경우(제231조의 경우를 포함한다) 화해비용과 소송비용의 부담에 대하여 특별히 정한 바가 없으면 그 비용은 당사자들이 각자 부담한다.

제107조(제3자의 비용상환)

① 법정대리인·소송대리인·법원사무관 등이나 집행관이 고의 또는 중대한 과실로 쓸데없는 비용을 지급하게 한 경우에는 수소법원은 직권으로 또는 당사자의 신청에 따라 그에게 비용을 갚도록 명할 수 있다.

② 법정대리인 또는 소송대리인으로서 소송행위를 한 사람이 그 대리권 또는 소송행위에 필요한 권한을

받았음을 증명하지 못하거나, 추인을 받지 못한 경우에 그 소송행위로 말미암아 발생한 소송비용에 대하여는 제1항의 규정을 준용한다.

③ 제1항 및 제2항의 결정에 대하여는 즉시항고를 할 수 있다.

제108조(무권대리인의 비용부담)

제107조 제2항의 경우에 소가 각하된 경우에는 소송비용은 그 소송행위를 한 대리인이 부담한다.

제109조(변호사의 보수와 소송비용)

① 소송을 대리한 변호사에게 당사자가 지급하였거나 지급할 보수는 대법원규칙이 정하는 금액의 범위 안에서 소송비용으로 인정한다.

② 제1항의 소송비용을 계산할 때에는 여러 변호사가 소송을 대리하였더라도 한 변호사가 대리한 것으로 본다.

제110조(소송비용액의 확정결정)

① 소송비용의 부담을 정하는 재판에서 그 액수가 정하여지지 아니한 경우에 제1심 법원은 그 재판이 확정되거나, 소송비용부담의 재판이 집행력을 갖게 된 후에 당사자의 신청을 받아 결정으로 그 소송비용액을 확정한다.

② 제1항의 확정결정을 신청할 때에는 비용계산서, 그 등본과 비용액을 소명하는 데 필요한 서면을 제출하여야 한다.

③ 제1항의 결정에 대하여는 즉시항고를 할 수 있다.

제111조(상대방에 대한 최고)

① 법원은 소송비용액을 결정하기 전에 상대방에게 비용계산서의 등본을 교부하고, 이에 대한 진술을 할 것과 일정한 기간 이내에 비용계산서와 비용액을 소명하는 데 필요한 서면을 제출할 것을 최고하여야 한다.

② 상대방이 제1항의 서면을 기간 이내에 제출하지 아니한 때에는 법원은 신청인의 비용에 대하여서만 결정할 수 있다. 다만, 상대방도 제110조 제1항의 확정결정을 신청할 수 있다.

제112조(부담비용의 상계)

법원이 소송비용을 결정하는 경우에 당사자들이 부담할 비용은 대등한 금액에서 상계된 것으로 본다. 다만, 제111조 제2항의 경우에는 그러하지 아니하다.

제113조(화해한 경우의 비용액 확정)

① 제106조의 경우에 당사자가 소송비용부담의 원칙만을 정하고 그 액수를 정하지 아니한 때에는 법원은 당사자의 신청에 따라 결정으로 그 액수를 정하여야 한다.

② 제1항의 경우에는 제110조 제2항·제3항, 제111조 및 제112조의 규정을 준용한다.

제114조(소송이 재판에 의하지 아니하고 끝난 경우)

① 제113조의 경우 외에 소송이 재판에 의하지 아니하고 끝나거나 참가 또는 이에 대한 이의신청이 취하된 경우에는 법원은 당사자의 신청에 따라 결정으로 소송비용의 액수를 정하고, 이를 부담하도록 명하여야 한다.

② 제1항의 경우에는 제98조 내지 제103조, 제110조 제2항·제3항, 제111조 및 제112조의 규정을 준용한다.

제115조(법원사무관 등에 의한 계산)

제110조 제1항의 신청이 있는 때에는 법원은 법원사무관 등에게 소송비용액을 계산하게 하여야 한다.

제116조(비용의 예납)

① 비용을 필요로 하는 소송행위에 대하여 법원은 당사자에게 그 비용을 미리 내게 할 수 있다.

② 비용을 미리 내지 아니하는 때에는 법원은 그 소송행위를 하지 아니할 수 있다.

제117조(담보제공의무)

① 원고가 대한민국에 주소·사무소와 영업소를 두지 아니한 때 또는 소장·준비서면, 그 밖의 소송기록에 의하여 청구가 이유 없음이 명백한 때 등 소송비용에 대한 담보제공이 필요하다고 판단되는 경우에 피고의 신청이 있으면 법원은 원고에게 소송비용에 대한 담보를 제공하도록 명하여야 한다. 담보가 부족한 경우에도 또한 같다.

② 제1항의 경우에 법원은 직권으로 원고에게 소송비용에 대한 담보를 제공하도록 명할 수 있다.

③ 청구의 일부에 대하여 다툼이 없는 경우에는 그 액수가 담보로 충분하면 제1항의 규정을 적용하지 아니한다.

제118조(소송에 응함으로 말미암은 신청권의 상실)

담보를 제공할 사유가 있다는 것을 알고도 피고가 본안에 관하여 변론하거나 변론준비기일에서 진술한 경우에는 담보제공을 신청하지 못한다.

제119조(피고의 거부권)

담보제공을 신청한 피고는 원고가 담보를 제공할 때까지 소송에 응하지 아니할 수 있다.

제120조(담보제공결정)

① 법원은 담보를 제공하도록 명하는 결정에서 담보액과 담보제공의 기간을 정하여야 한다.

② 담보액은 피고가 각 심급에서 지출할 비용의 총액을 표준으로 하여 정하여야 한다.

제121조(불복신청)

담보제공신청에 관한 결정에 대하여는 즉시항고를 할 수 있다.

제122조(담보제공방식)

담보의 제공은 금전 또는 법원이 인정하는 유가증권을 공탁하거나, 대법원규칙이 정하는 바에 따라 지급을 보증하겠다는 위탁계약을 맺은 문서를 제출하는 방법으로 한다. 다만, 당사자들 사이에 특별한 약정이 있으면 그에 따른다.

제123조(담보물에 대한 피고의 권리)

피고는 소송비용에 관하여 제122조의 규정에 따른 담보물에 대하여 질권자와 동일한 권리를 가진다.

제124조(담보를 제공하지 아니한 효과)

담보를 제공하여야 할 기간 이내에 원고가 이를 제공하지 아니하는 때에는 법원은 변론 없이 판결로 소를 각하할 수 있다. 다만, 판결하기 전에 담보를 제공한 때에는 그러하지 아니하다.

제125조(담보의 취소)

① 담보제공자가 담보하여야 할 사유가 소멸되었음을 증명하면서 취소신청을 하면, 법원은 담보취소결정을 하여야 한다.

② 담보제공자가 담보취소에 대한 담보권리자의 동의를 받았음을 증명한 때에도 제1항과 같다.

③ 소송이 완결된 뒤 담보제공자가 신청하면, 법원은 담보권리자에게 일정한 기간 이내에 그 권리를 행사하도록 최고하고, 담보권리자가 그 행사를 하지 아니하는 때에는 담보취소에 대하여 동의한 것으로 본다.

④ 제1항과 제2항의 규정에 따른 결정에 대하여는 즉시항고를 할 수 있다.

제126조(담보물변경)

법원은 담보제공자의 신청에 따라 결정으로 공탁한 담보물을 바꾸도록 명할 수 있다. 다만, 당사자가 계약에 의하여 공탁한 담보물을 다른 담보로 바꾸겠다고 신청한 때에는 그에 따른다.

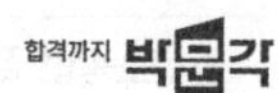

> **제127조(준용규정)**
> 다른 법률에 따른 소제기에 관하여 제공되는 담보에는 제119조, 제120조 제1항, 제121조 내지 제126조의 규정을 준용한다.

[대결 2020.7.17, 2020카확522]

[1] 소취하로 소송이 끝난 경우, 소를 취하한 원고가 소송비용의 부담자가 되는지 여부(원칙적 적극)

소취하로 인하여 소송이 끝난 경우 당사자의 신청이 있으면 법원은 민사소송법 제114조 제1항에 의하여 결정으로 소송비용의 액수를 정하고 이를 부담하도록 명해야 하는데, 이때 법원은 민사소송법 제114조 제2항에 의하여 같은 법 제98조 내지 제103조의 규정을 준용하여 소취하의 경위, 각 당사자의 소송행위의 내용 등 여러 사정을 종합하여 재량에 의하여 소송비용을 부담할 자와 그 부담액을 정할 수 있으나, 소의 취하는 처음부터 소송계속이 없었던 것으로 간주되는 것이므로 그 소는 원칙적으로 원고에게 무익한 것, 즉 권리의 신장 또는 방어에 필요한 행위가 아니었던 셈이 되어 피고가 채무를 이행하였기 때문에 소를 취하한 것이라는 등의 특별한 사정이 없는 한 패소한 당사자에 준하여 소를 취하한 원고가 소송비용의 부담자가 되는 것이 원칙이다.

[2] 소송비용부담 및 확정절차에서 소송비용부담에 관한 실체상의 권리가 소멸하였다거나 이전되었다는 등의 사정을 주장·증명하여 심판의 대상으로 삼을 수 있는지 여부(소극)

소송비용부담의 재판은 본안사건 소송절차에 대한 부수적 재판으로서, 본안사건 청구의 당부와 그 밖에 소송행위의 필요성, 소송지연 등 본안사건 소송절차 내의 사정만을 고려하여 부담의무 주체 및 부담부분을 판단하여야 하고, 소송비용부담에 관한 실체상의 권리가 소멸하였다거나 이전되었다는 등의 사정은, 소송비용부담 및 확정결정의 집행단계에서 청구에 관한 이의의 소 등으로 다툴 수 있음은 별론으로 하고, 소송비용부담 및 확정절차에서 이를 주장·증명하여 심판의 대상으로 삼을 수는 없다.

3. 소송구조

> **제128조(구조의 요건)**
> ① 법원은 소송비용을 지출할 자금능력이 부족한 사람의 신청에 따라 또는 직권으로 소송구조(訴訟救助)를 할 수 있다. 다만, 패소할 것이 분명한 경우에는 그러하지 아니하다.
> ② 제1항 단서에 해당하는 경우 같은 항 본문에 따른 소송구조 신청에 필요한 소송비용과 제133조에 따른 불복신청에 필요한 소송비용에 대하여도 소송구조를 하지 아니한다.
> ③ 제1항의 신청인은 구조의 사유를 소명하여야 한다.
> ④ 소송구조에 대한 재판은 소송기록을 보관하고 있는 법원이 한다.
> ⑤ 제1항에서 정한 소송구조요건의 구체적인 내용과 소송구조절차에 관하여 상세한 사항은 대법원규칙으로 정한다.

제129조(구조의 객관적 범위)

① 소송과 강제집행에 대한 소송구조의 범위는 다음 각 호와 같다. 다만, 법원은 상당한 이유가 있는 때에는 다음 각 호 가운데 일부에 대한 소송구조를 할 수 있다.

　1. 재판비용의 납입유예

　2. 변호사 및 집행관의 보수와 체당금(替當金)의 지급유예

　3. 소송비용의 담보면제

　4. 대법원규칙이 정하는 그 밖의 비용의 유예나 면제

② 제1항 제2호의 경우에는 변호사나 집행관이 보수를 받지 못하면 국고에서 상당한 금액을 지급한다.

제130조(구조효력의 주관적 범위)

① 소송구조는 이를 받은 사람에게만 효력이 미친다.

② 법원은 소송승계인에게 미루어 둔 비용의 납입을 명할 수 있다.

제131조(구조의 취소)

소송구조를 받은 사람이 소송비용을 납입할 자금능력이 있다는 것이 판명되거나, 자금능력이 있게 된 때에는 소송기록을 보관하고 있는 법원은 직권으로 또는 이해관계인의 신청에 따라 언제든지 구조를 취소하고, 납입을 미루어 둔 소송비용을 지급하도록 명할 수 있다.

제132조(납입유예비용의 추심)

① 소송구조를 받은 사람에게 납입을 미루어 둔 비용은 그 부담의 재판을 받은 상대방으로부터 직접 지급받을 수 있다.

② 제1항의 경우에 변호사 또는 집행관은 소송구조를 받은 사람의 집행권원으로 보수와 체당금에 관한 비용액의 확정결정신청과 강제집행을 할 수 있다.

③ 변호사 또는 집행관은 보수와 체당금에 대하여 당사자를 대위하여 제113조 또는 제114조의 결정신청을 할 수 있다.

제133조(불복신청)

이 절에 규정한 재판에 대하여는 즉시항고를 할 수 있다. 다만, 상대방은 제129조 제1항 제3호의 소송구조결정을 제외하고는 불복할 수 없다.

PART

03

상소 · 재심

상소

원고가 5천만원의 손해배상청구의 소를 제기하였는데, 3천만원의 지급을 명하는 판결을 받았다고 하자. 이러한 판결은 5천만원 전액이 인정되리라고 생각하고 있던 원고에게 불만일 것이고, 반대로 청구기각을 기대하고 있던 피고에게도 마찬가지로 불만일 것이다. 따라서 일단 재판이 행하여지더라도 당사자가 그 재판에 대하여 불만이 있는 경우에는 해당 재판의 내용을 확인하여 거기에 내용적·수단적인 잘못이 있으면 그것을 시정하여 당사자의 이익을 보호하는 것과 동시에 재판에 대한 국민의 신뢰를 확보하기 위한 제도가 필요하게 된다. 그러한 제도를 「상소」라고 한다. 즉 부당 또는 위법한 재판에 의하여 직접적인 불이익을 받은 소송 당사자에게 법은 상소의 수단을 부여하여 재판을 시정할 기회를 보장하고 있다. 이러한 상소로서 현행법은 항소·상고·항고의 3가지를 인정하고 있다.

이하에서는 항소를 중심으로 그 절차적 순서에 따라 살펴보기로 하고, 상고와 항고는 개괄적으로 보기로 한다. 이를 위해 먼저 상소 일반을 살펴본다.

제1절 상소 일반

Ⅰ. 상소의 의의

1. 의의

(1) 개념

일반적으로 상소는 재판이 확정되지 않은 동안에 상급법원에 그 취소·변경을 구하는 불복신청방법을 말한다. 현행법은 상소로서 항소·상고·항고의 3가지를 인정하고 있다. 항소, 상고는 종국판결에 대하여, 항고는 결정 또는 명령에 대하여 인정된다(다만, 항고는 법이 명문으로 인정한 경우에 한하여 허용된다). 그리고 항소는 제1심 판결에 대한 상소이고, 상고는 원칙적으로 항소심 판결에 대한 상소이다.

(2) 구별개념

① 상소는 재판의 확정에 의하여 그 소송절차가 완결되기 이전의 불복신청이며 그 재판의 확정을 차단하면서 사건의 재심판을 구하는 점에서, 재심과 같은 확정판결에 대한 비상적 불복신청과 구별된다.

② 상소는 상급법원에 대한 불복신청이므로 수명법관이나 수탁판사의 재판에 대한 이의(제441조), 지급명령에 대한 이의(제469조 제2항), 보전명령에 대한 이의(민사집행법 제283조, 제301조) 등과 같이 동일한 심급 내(즉, 이심의 효력이 없다)에서 재판의 취소를 구하는 이의와는 구별된다.

2. 상소제도의 목적

부당 또는 위법한 재판으로부터의 당사자의 구제와 법령의 해석·적용의 통일과 법률생활의 안정을 도모하기 위함이다.

Ⅱ. 상소의 일반요건 – 적법요건

1) 남상소를 방지하기 위해 상급심에서 본안의 심리·판단을 받기 위한 요건으로서「상소요건」이 요구된다. 상소법원은 상소요건의 구비 여부를 직권으로 조사하여 부적법하다고 판단되면 상소를 각하하게 된다.

2) 상소가 적법하기 위해서는,「① 방식에 맞는 상소제기 및 상소기간의 준수와 ② 상소권 포기나 불상소의 합의가 없을 것, 또한 ③ 당사자자격(당사자능력, 당사자적격, 소송능력)이 있고, ④ 상소의 대상적격이 있을 것과 ⑤ 상소인에게 상소의 이익이 있을 것」이 요구된다.

Ⅲ. 상소제기의 효력

상소가 제기되면, 상소의 효력으로 원재판에 대한 확정차단의 효력과 사건에 대한 이심의 효력이 발생한다. 이러한 효력은 원칙적으로 상소인의 불복신청의 범위에 관계없이 원재판의 전부에 대하여 불가분적으로 발생하는 상소불가분의 원칙이 적용된다.

제2절 항소

제1관 총설

Ⅰ. 항소의 의의

1) 항소라 함은 지방법원이나 시·군법원의 단독판사 또는 지방법원 합의부가 내린 제1심의 종국
판결에 대하여 다시 유리한 판결을 구하기 위하여 그 바로 위의 상급법원에 하는 불복신청이다
(제390조 제1항).

2) 항소를 제기한 자를 항소인이라고 부르고 제기된 자를 피항소인이라고 부르는데, 원고가 반드시
항소인이 되는 것은 아니다. 원고·피고, 항소인·피항소인, 상고인·피상고인은 각각 별개의
명칭으로 예를 들어 동일한 인물이 원고·피항소인·상고인이 되는 경우도 있을 수 있다.

3) 항소의 이유는 사실인정의 부당 및 법령위반을 포함한다. 상고이유가 법령위반에 한정되는 상고
심은 법률심이라고 불리는 데 대하여, 항소심은 관행상 사실심이라고 부른다.

Ⅱ. 항소심의 구조

우리 민사소송법은 항소심의 구조에 대하여 제1심의 소송자료를 기초로 하되(사후심적), 항소심 변
론종결 시까지는 제1심에서 제출하지 않은 새로운 자료를 제출할 수 있는 변론의 갱신권이 인정되
어(복심적), 그 당사자가 항소심에서 제출한 신소송자료까지도 종합하여 제1심 판결의 당부를 재심
사하는 「속심제(속심주의)」를 취하고 있다.

제2관 항소의 제기 – 항소장 적식심사

Ⅰ. 항소제기의 방식

1. 항소장의 제출

> **제396조(항소기간)**
> ① 항소는 판결서가 송달된 날부터 2주 이내에 하여야 한다. 다만, 판결서 송달 전에도 할 수 있다.
> ② 제1항의 기간은 불변기간으로 한다.
> **제397조(항소의 방식, 항소장의 기재사항)**
> ① 항소는 항소장을 제1심 법원에 제출함으로써 한다.
> ② 항소장에는 다음 각 호의 사항을 적어야 한다.

   1. 당사자와 법정대리인

   2. 제1심 판결의 표시와 그 판결에 대한 항소의 취지

제398조(준비서면규정의 준용)

항소장에는 준비서면에 관한 규정을 준용한다.

제400조(항소기록의 송부)

① 항소장이 각하되지 아니한 때에 원심법원의 법원사무관 등은 항소장이 제출된 날부터 2주 이내에 항소기록에 항소장을 붙여 항소법원으로 보내야 한다.

② 제399조 제1항의 규정에 의하여 원심재판장이 흠을 보정하도록 명한 때에는 그 흠이 보정된 날부터 1주 이내에 항소기록을 보내야 한다.

③ 제1항 또는 제2항에 따라 항소기록을 송부받은 항소법원의 법원사무관등은 바로 그 사유를 당사자에게 통지하여야 한다. [신설 2024.1.16. / 시행일 2025.3.1.]

제401조(항소장부본의 송달)

항소장의 부본은 피항소인에게 송달하여야 한다.

2. 항소장의 기재사항

1) 항소장에는 필수적 기재사항으로서 ① 당사자와 법정대리인, ② 제1심 판결의 표시와 그 판결에 대한 항소취지를 기재하여야 한다(제397조 제2항).

2) 제1심 판결의 취지란 어떤 판결에 대하여 항소를 하는가를 명백히 하기 위한 것이므로 다른 판결과 구별할 수 있는 정도이면 족하고, 보통 제1심 법원명, 사건번호, 사건명, 선고일자, 주문 등을 기재한다.

3) 항소취지는 항소심의 변론종결에 이르기까지 불복신청의 범위를 명확히 하면 되므로, 항소장 자체에 불복의 내용과 범위까지 기재할 필요는 없고 대체로 어떠한 항소취지인가를 인식할 수 있는 정도이면 충분하다.

4) 개정 전에는 항소이유서의 제출을 강제하고 있지 않았으나, 최근 개정법에서는 항소이유서 제출의 강제와 위반 시 그에 따른 제재를 마련함으로써 현행 제도의 운영상 나타난 일부 미비점을 개선·보완하였다.

[대판 1994.11.25, 93다47400]

[1] 항소장에는 당사자와 법정대리인 및 제1심 판결을 표시하고, 그 판결에 대하여 항소하는 취지를 기재하면 족하고, 항소심에서의 심판의 범위를 정하게 될 불복의 정도는 항소심의 변론종결 시까지 서면 또는 구두진술에 의하여 제1심 판결의 변경을 구하는 한도를 명확히 하면 되는 것이며, 굳이 이를 항소장에 미리 특정하여 기재할 필요는 없는 것이다.

[2] 원고가 제1심에서 피고에게 부동산에 관하여 매매를 원인으로 한 소유권이전등기절차의 이행과 함께 그 매매계약에 대한 토지거래허가신청절차에의 협력의무의 이행을 병합하여 청구하고, 이에 제1심 법원이 1개의 판결로 원고의 양 청구를 모두 기각한다는 판결을 선고한 데 대하여, 원고가 불복하여 제출한 항소장의 항소취지란에 비록 위 토지거래허가신청절차에의 협력의무 이행청구부분이 누락되었다 하더라도, 원고가 항소장에서 제1심 판결에 대하여 전부 불복한다는 뜻을 명백히

하고, 또 항소심 변론기일에서 토지거래허가신청절차에의 협력의무 이행을 예비적으로 청구한다고 진술하고 있다면, 그 예비적 청구부분은 당연히 항소심의 심판범위에 속하는 것이므로 소유권이전 등기청구부분을 기각하는 경우에는 마땅히 이를 판단하여야 한다.

Ⅱ. 재판장의 항소장심사권

제399조(원심재판장의 항소장심사권)

① 항소장이 제397조 제2항(항소장의 기재사항)의 규정에 어긋난 경우와 항소장에 법률의 규정에 따른 인지를 붙이지 아니한 경우에는 원심재판장은 항소인에게 상당한 기간을 정하여 그 기간 이내에 흠을 보정하도록 명하여야 한다. 원심재판장은 법원사무관 등으로 하여금 위 보정명령을 하게 할 수 있다.

② 항소인이 제1항의 기간 이내에 흠을 보정하지 아니한 때와, 항소기간을 넘긴 것이 분명한 때에는 원심재판장은 명령으로 항소장을 각하하여야 한다.

③ 제2항의 명령에 대하여는 즉시항고를 할 수 있다.

제402조(항소심재판장의 항소장심사권)

① 항소장이 제397조 제2항의 규정에 어긋나거나 항소장에 법률의 규정에 따른 인지를 붙이지 아니하였음에도 원심재판장 등이 제399조 제1항의 규정에 의한 명령을 하지 아니한 경우, 또는 항소장의 부본을 송달할 수 없는 경우에는 항소심재판장은 항소인에게 상당한 기간을 정하여 그 기간 이내에 흠을 보정하도록 명하여야 한다. 항소심재판장은 법원사무관 등으로 하여금 위 보정명령을 하게 할 수 있다.

② 항소인이 제1항의 기간 이내에 흠을 보정하지 아니한 때, 또는 제399조 제2항의 규정에 따라 원심재판장이 항소장을 각하하지 아니한 때에는 항소심재판장은 명령으로 항소장을 각하하여야 한다.

③ 제2항의 명령에 대하여는 즉시항고를 할 수 있다.

제402조의2(항소이유서의 제출)

① 항소장에 항소이유를 적지 아니한 항소인은 제400조 제3항의 통지를 받은 날부터 40일 이내에 항소이유서를 항소법원에 제출하여야 한다. [신설 2024.1.16. / 시행일 2025.3.1.]

② 항소법원은 항소인의 신청에 따른 결정으로 제1항에 따른 제출기간을 1회에 한하여 1개월 연장할 수 있다. [신설 2024.1.16. / 시행일 2025.3.1.]

제402조의3(항소이유서 미제출에 따른 항소각하 결정)

① 항소인이 제402조의2 제1항에 따른 제출기간(같은 조 제2항에 따라 제출기간이 연장된 경우에는 그 연장된 기간을 말한다) 내에 항소이유서를 제출하지 아니한 때에는 항소법원은 결정으로 항소를 각하하여야 한다. 다만, 직권으로 조사하여야 할 사유가 있거나 항소장에 항소이유가 기재되어 있는 때에는 그러하지 아니하다. [신설 2024.1.16. / 시행일 2025.3.1.]

② 제1항 본문의 결정에 대하여는 즉시항고를 할 수 있다. [신설 2024.1.16. / 시행일 2025.3.1.]

1. 원심재판장의 항소장심사

항소장이 원심법원에 제출되면 원심재판장은 항소장을 심사하여야 한다. 즉 항소장에 필수적 기재사항(제397조 제2항)을 적지 않은 경우와 항소장에 인지(1.5배)를 붙이지 않은 경우 원심재판장은 항소인에게 상당한 기간을 정하여 보정을 명하여야 한다(「보정명령」, 제399조 제1항). 항소인이 위 기간 내에 보정을 하지 않은 때와 항소기간을 넘긴 것이 분명한 때에는 원심재판장은 명령으로 항소장을 각하하여야 한다(「항소장 각하명령」, 제399조 제2항).

[대결 2024.1.11. 2023마7122] 소송대리인이 상소 제기에 관한 특별한 권한을 따로 받은 경우, 원심재판장이 소송대리인에게 인지의 보정을 명할 수 있는지 여부(원칙적 적극) 및 소송대리인이 상소 제기에 관하여 특별한 권한을 따로 받았으나 실제로 소송대리인이 아닌 당사자 본인이 상고장을 작성하여 제출한 경우에도 원심재판장이 소송대리인에게 보정명령을 송달하면 송달의 효력이 발생하는지 여부(소극)
① 소송대리권의 범위는 원칙적으로 당해 심급에 한정되지만, 소송대리인이 상소 제기에 관한 특별한 권한을 따로 받았다면 특별한 사정이 없는 한 상소장을 제출할 권한과 의무가 있으므로, 상소장에 인지를 붙이지 아니한 흠이 있다면 소송대리인은 이를 보정할 수 있고 원심재판장도 소송대리인에게 인지의 보정을 명할 수 있다. ② 그러나 소송대리인이 상소 제기에 관하여 특별한 권한을 따로 받았다고 하더라도, 실제로 소송대리인이 아닌 당사자 본인이 상고장을 작성하여 제출한 경우에는 소송대리인에게 상소장과 관련한 보정명령을 수령할 권능이 없으므로, 원심재판장이 소송대리인에게 보정명령을 송달한 것은 부적법한 송달이어서 그 송달의 효력이 발생하지 아니한다.

2. 항소심재판장의 항소장심사

항소장과 함께 소송기록이 항소심에 송부되면 항소심재판장도 항소장을 심사한다. 즉 항소장에 필수적 기재사항을 적지 않은 경우와 항소장에 인지를 붙이지 않은 경우, 또는 항소장의 부본을 송달할 수 없는 경우 항소심재판장은 항소인에게 상당한 기간을 정하여 보정을 명하여야 한다(「보정명령」, 제402조 제1항). 항소인이 위 기간 이내에 흠을 보정하지 아니한 때, 또는 항소기간을 넘긴 것이 분명함에도 원심재판장이 항소장을 각하하지 아니한 때에는 항소심재판장은 명령으로 항소장을 각하하여야 한다(「항소장 각하명령」, 제402조 제2항).

[대결 2024.11.14. 2024마7117] 항소심에서 항소장 부본을 송달할 수 없는 경우, 항소심재판장은 민사소송법 제402조 제1항, 제2항에 따라 항소인에게 상당한 기간을 정하여 그 기간 이내에 피항소인의 주소를 보정하도록 명하여야 하는지 여부(적극) 및 항소인이 위 기간 이내에 피항소인의 주소를 보정하지 아니한 때에는 명령으로 항소장을 각하하여야 하는지 여부(적극) / 주소보정명령의 보정기간이 경과하였는데도 항소심재판장이 항소장 각하명령을 하지 아니하고 다시 보정기간을 정하여 주소보정명령을 한 경우, 다시 한 주소보정명령의 보정기간이 경과하기 전에 종전 주소보정명령의 보정기간 내에 보정의무를 이행하지 않았음을 이유로 항소장 각하명령을 할 수 있는지 여부(소극)
항소심에서 항소장 부본을 송달할 수 없는 경우 항소심재판장은 민사소송법 제402조 제1항, 제2항에 따라 항소인에게 상당한 기간을 정하여 그 기간 이내에 피항소인의 주소를 보정하도록 명하여야 하고, 항소인이 그 기간 이내에 피항소인의 주소를 보정하지 아니한 때에는 명령으로 항소장을 각하하여야 한다. 한편 주소보정명령의 보정기간이 경과하여 항소장 각하명령을 할 수 있음에도 항소심재판장이 항소장 각하명령을 하지 아니하고 다시 보정기간을 정하여 주소보정명령을 하였다면, 다시 한 주소보정명령의 보정기간이 경과하기 전에는 종전 주소보정명령의 보정기간 내에 보정의무를 이행하지 않았음을 이유로 항소장 각하명령을 할 수 없다고 보아야 한다.

3. 항소이유서 제출과 미제출에 따른 제재

과거 항소이유서의 제출을 강제하고 있지 않았으나, 최근 개정법 제402조의2, 제402조의3에서는 항소법원이 원심법원으로부터 항소기록을 송부 받으면 바로 그 사유를 당사자에게 통지하도록 하고, 항소장에 항소이유를 적지 아니한 항소인은 항소기록 접수의 통지를 받은 날부터 40일 이내에 항소이유서를 제출하도록 하되, 항소인의 신청이 있는 경우 항소법원은 결정으로 1회에 한하여 위 기간을 1개월 연장할 수 있도록 하는 한편, 항소인이 법정기간 내에 항소이유서를 제출하지 아니하면 직권조사사항이 있거나 항소장에 항소이유가 기재된 경우를 제외하고는 항소법원으로 하여금 결정으로 항소를 각하하도록 하는 등 현행 제도의 운영상 나타난 일부 미비점을 개선·보완하였다.

[대결(전) 2021.4.22, 2017마6438] [다수의견] 대법원은 항소심에서 항소장 부본을 송달할 수 없는 경우 항소심재판장은 민사소송법 제402조 제1항, 제2항에 따라 항소인에게 상당한 기간을 정하여 그 기간 이내에 피항소인의 주소를 보정하도록 명하여야 하고, 항소인이 그 기간 이내에 피항소인의 주소를 보정하지 아니한 때에는 명령으로 항소장을 각하(항소장각하명령)하여야 한다는 법리를 선언하여 왔고, 항소장의 송달불능과 관련한 법원의 실무도 이러한 법리를 기초로 운용되어 왔다. 위와 같은 대법원 판례는 타당하므로 그대로 유지되어야 한다.

[대결 1981.11.26, 81마275] 항소장 각하명령은 항소장이 송달불능되고 그 보정명령에 응하지 아니한 경우에 한하고 항소심의 변론이 개시된 후에는 각하할 수 없다.

★[대결 2020.1.30, 2019마5599]

[1] 항소장에 항소의 범위나 이유를 기재하여야 하는지 여부(소극) 및 항소의 객관적, 주관적 범위를 판단하는 기준

민사소송법 제397조 제2항은 항소장에 당사자와 법정대리인, 제1심판결의 표시와 그 판결에 대한 항소의 취지를 적도록 하고 있을 뿐이므로, 항소장에는 제1심판결의 변경을 구한다는 항소인의 의사가 나타나면 충분하고 항소의 범위나 이유까지 기재되어야 하는 것은 아니다. 따라서 항소의 객관적, 주관적 범위는 항소장에 기재된 항소취지만을 기준으로 판단할 것은 아니고, 항소취지와 함께 항소장에 기재된 사건명이나 사건번호, 당사자의 표시, 항소인이 취소를 구하는 제1심판결의 주문 내용 등을 종합적으로 고려해서 판단해야 한다.

[2] 항소심재판장이 항소장 각하명령을 할 수 있는 시기(=항소장 송달 전까지) 및 독립당사자참가소송의 제1심 본안판결에 대해 일방이 항소하고 피항소인 중 1명에게 항소장이 적법하게 송달되어 항소심법원과 당사자들 사이의 소송관계가 일부라도 성립한 것으로 볼 수 있는 경우, 항소심재판장이 단독으로 항소장 각하명령을 할 수 있는지 여부(소극)

① 항소심재판장은 항소장 부본을 송달할 수 없는 경우 항소인에게 상당한 기간을 정하여 그 기간 이내에 흠을 보정하도록 명해야 하고, 항소인이 이를 보정하지 않으면 항소장 각하명령을 해야 한다(민사소송법 제402조 제1항, 제2항 참조). 이러한 항소심재판장의 항소장 각하명령은 항소장 송달 전까지만 가능하다. 따라서 항소장이 피항소인에게 송달되어 항소심법원과 당사자들 사이의 소송관계가 성립하면 항소심재판장은 더 이상 단독으로 항소장 각하명령을 할 수 없다. 나아가 ② 민사소송법 제79조에 의한 독립당사자참가소송은 동일한 권리관계에 관하여 원고, 피고, 참가인 사이의 다툼을 하나의 소송절차로 한꺼번에 모순 없이 해결하는 소송형태이므로, 위 세 당사자들에 대해서는

하나의 종국판결을 선고하여 합일적으로 확정될 결론을 내려야 하고, 이러한 본안판결에 대해 일방이 항소한 경우 제1심판결 전체의 확정이 차단되고 사건 전부에 관하여 이심의 효력이 생긴다. 이처럼 항소심재판장이 단독으로 하는 항소장 각하명령에는 시기적 한계가 있고 독립당사자참가소송의 세 당사자들에 대하여는 합일적으로 확정될 결론을 내려야 하므로, 독립당사자참가소송의 제1심 본안판결에 대해 일방이 항소하고 피항소인 중 1명에게 항소장이 적법하게 송달되어 항소심법원과 당사자들 사이의 소송관계가 일부라도 성립한 것으로 볼 수 있다면, 항소심재판장은 더 이상 단독으로 항소장 각하명령을 할 수 없다.

➲ [사실관계 및 해설] : 甲이 乙을 상대로 제기한 제1심 소송계속 중 丙 학교법인이 독립당사자참가를 하여 甲의 본소청구를 기각하고 丙 법인의 청구를 인용하는 판결이 선고되자 甲이 항소하면서 항소장의 항소취지에 '원심판결을 취소한다'는 기재와 함께 본소의 청구취지를 기재하였으나 참가사건의 청구취지는 별도로 기재하지 않았는데, 甲이 제출한 항소장 부본이 丙 법인에 송달되었으나 乙에게는 폐문부재로 송달되지 않았고, 이에 원심재판장이 甲에게 乙에 대한 주소를 보정하도록 하였으나, 甲이 보정기간 내에 이를 이행하지 않자 주소보정명령 불이행을 이유로 甲이 제출한 항소장 전부에 대해 항소장 각하명령을 한 사안에서, ① 甲이 제출한 항소장에는 본소와 참가사건의 사건명, 사건번호는 물론 丙 법인도 당사자로 표시되어 있고, 제1심판결의 본소 및 참가사건에 대한 주문 내용이 전부 기재되어 제1심판결의 취소를 구하는 취지가 담겨 있으므로, 甲은 본소와 참가사건 모두에 대해 항소한 것으로 보이고, 항소장의 항소취지에 본소에 대한 부분만 기재하고 참가사건에 대한 부분을 누락하였다는 사정만으로 甲의 항소범위가 본소에 한정된다고 볼 수는 없으며, 나아가 ② 제1심에서 이루어진 丙 법인의 독립당사자참가로 인하여 합일적으로 확정될 결론을 내려야 하는 甲과 乙 및 丙 법인에 대하여 하나의 종국판결이 선고되었고, 甲이 제출한 항소장 부본이 丙 법인에 적법하게 송달되어 항소심법원과 항소인인 甲, 피항소인 중 일부인 丙 법인 사이에 소송관계가 성립한 이상, 항소심재판장은 더 이상 단독으로 항소장 각하명령을 할 수 없고, 다른 피항소인인 乙에게 항소장 부본이 송달되지 않았고 甲이 주소보정명령을 이행하지 않았더라도 달리 볼 수 없으므로, 원심재판장의 명령에 법리오해의 잘못이 있다고 한 사례이다.

Ⅲ. 항소제기의 효력

항소가 제기되면 항소장부본은 피항소인에게 송달하여야 한다(제401조). 항소제기로 인하여 제1심판결은 확정되지 않고(확정차단의 효력), 사건의 계속이 제1심에서 항소심으로 이전된다(이심의 효력).

1. 확정차단의 효력

판결은 항소기간의 경과와 함께 확정되는데, 항소기간 내에 항소가 제기되면 확정이 차단되어(제498조), 확정판결에 따른 기판력, 집행력 등의 효력 발생이 방해된다. 이를 확정차단의 효력이라 한다. 다만 판결에 가집행선고가 있으면 그에 따른 집행력은 확정차단효에 의하여 영향을 받지 않는다.

2. 이심의 효력

이심의 효력은 원심법원의 소송계속이 소멸되고, 이에 대신하여 항소심법원에 있어서 소송계속이 발생하는 것을 말한다. 즉 항소가 제기되면 그 소송사건 전체가 원심법원을 떠나 항소심법원에 계속되게 된다.

3. 상소불가분의 원칙

(1) 의의 및 취지

① 상소의 제기에 의한 확정차단의 효력 및 이심의 효력은 상소인의 불복신청의 범위에도 불구하고 원판결의 전부에 대하여 불가분적으로 발생한다. 이를 상소불가분의 원칙이라고 한다.

② 이는 항소심의 변론종결 시까지 항소인으로 하여금 불복신청의 범위를 확장할 수 있게 하고, 피항소인도 부대항소를 할 수 있게 되어 항소의 범위가 되지 않았던 부분도 새로이 항소심의 심판대상으로 삼을 수 있도록 하기 위함이다.

(2) 항소심의 심판대상·범위와의 관계

상소불가분의 원칙에 의하여 원재판의 전부에 대하여 확정차단의 효력 및 이심의 효력이 생기지만, 상소심의 현실적 심판의 대상은 불복신청의 범위에 한정된다. 따라서 상소심에서의 심판대상은 확정차단 및 이심의 효력범위와 일치하지 않을 수 있다. 여기서 항소하지 않은 나머지 부분은 항소심 판결의 선고와 동시에 확정되어 소송이 종료된다는 것이 판례이다. 예 원고에게 금 5,000만원을 지급할 것의 판결이 났는데, 피고가 그중에 3,000만원의 패소부분에 대해서만 불복한 경우에 피고가 불복하지 아니한 나머지 패소부분인 2,000만원도 분리확정되지 않고 전부 항소심에 이심된다. 다만 불복하지 아니한 부분은 항소심의 심판대상이 될 수 없을 뿐이다(대판 2002.4.23, 2000다9048).

(3) 구체적 내용

1) 청구병합의 경우(소의 객관적 병합)

가) 단순병합

① 여러 개의 청구에 대해 하나의 「전부판결」을 한 경우에 그중 한 청구에 대해 불복항소를 하여도 다른 청구에 대해 항소의 효력이 미친다.[1] 예 가옥인도청구와 손해배상청구를 병합하여 제기하였는데, 가옥인도청구는 인용되고 손해배상청구는 기각되어 원고가 손해배상청구에 관하여 항소한 경우 가옥인도청구 부분도 항소심으로 이심이 되나 심판대상은 손해배상청구에 한정된다. 이 경우 피고는 가옥인도청구 부분에 대하여 부대항소를 할 수 있고(대판 1971. 12.28, 71다1499), 원고는 가옥인도청구에 대하여 청구변경을 할 수도 있다(대판 1966.6.28, 66다711).

② 다만 예외적으로 청구의 일부에 대하여만 불복신청을 함에 있어서 나머지 부분에 대하여 불상소의 합의나 항소권·부대항소권의 포기가 있는 경우에는 불복신청이 없는 부분의 판결은 가분적으로 그대로 확정된다.

---

[1] 상소불가분의 원칙상 확정차단과 이심의 효력이 전부에 미친다는 점은 청구병합의 유형 중 단순병합과 예비적 병합 및 선택적 병합 모두에 공통된다. 다만 이러한 공통점은 전부판결이 난 경우임을 전제로 한다는 점에 주의를 하여야 한다. 즉 일부판결이 난 경우는 개별적으로 고찰되어야 한다. 이에 대해서는 청구의 병합편에서 살펴보기로 한다.

나) 예비적 병합

① 청구의 예비적 병합이란 병합된 수개의 청구 중 주위적 청구(제1차 청구)가 인용되지 않을 것에 대비하여 그 인용을 해제조건으로 예비적 청구(제2차 청구)에 관하여 심판을 구하는 병합형태를 말한다. 📕 주위적 청구로 매매계약이 유효함을 전제로 소유권이전등기청구를 구하고, 이것이 인용되지 않을 것에 대비하여 예비적 청구로 매매계약이 무효임을 전제로 부당이득반환청구에 관하여 심판을 구하는 경우가 이에 해당한다.

② 이와 같은 예비적 병합의 경우에는 원고가 붙인 순위에 따라 심판하여야 하며 주위적 청구를 배척할 때에는 예비적 청구에 대하여 심판하여야 하나 주위적 청구를 인용할 때에는 다음 순위인 예비적 청구에 대하여 심판할 필요가 없는 것이므로, 주위적 청구를 인용하는 판결은 전부판결로서 이러한 판결에 대하여 피고가 항소하면 제1심에서 심판을 받지 않은 다음 순위의 예비적 청구도 모두 이심되고 항소심이 제1심에서 인용되었던 주위적 청구를 배척할 때에는 다음 순위의 예비적 청구에 관하여 심판을 하여야 하는 것이다(대판(전) 2000.11.16, 98다22253).[2]

다) 선택적 병합

① 여러 개의 청구 가운데 하나가 택일적으로 인용되는 것을 해제조건으로 다른 청구에 대하여 심판을 신청하는 병합형태를 말한다. 📕 손해배상금청구를 불법행위와 채무불이행으로 구하는 경우가 이에 해당한다.

② 제1심 판결이 선택적으로 병합된 수개의 청구 중 하나를 인용하고 나머지 하나에 관하여 판단하지 않은 경우, 피고가 항소하면 제1심에서 판단하지 않은 청구도 항소심으로 이심된다. 이 경우 항소심 법원은 제1심 판결이 인용한 청구를 먼저 심리하여 판단할 필요 없이 선택적으로 병합된 수개의 청구 중 제1심 판결이 판단하지 않은 청구를 임의로 선택하여 판단할 수 있다(대판 2006.4.27, 2006다7587·7594). 다만, 원고의 청구를 모두 기각할 때에는 원고의 선택적 청구 전부에 대하여 판단하여야 한다(대판 2010.5.27, 2009다12580).

2) 공동소송의 경우(소의 주관적 병합)

① 공동소송(소의 주관적 병합) 가운데 통상공동소송의 경우에는 공동소송인 독립의 원칙(제66조)이 적용되므로 상소불가분의 원칙이 작용하지 않는다. 따라서 공동소송인 중 1인의 상소 또는 공동소송인 중 1인에 대한 상소는 다른 공동소송인에게 영향을 미치지 않고, 불복신청의 대상이 된 당사자 사이의 청구에 대하여만 확정차단의 효력 및 이심의 효력이 생기고, 나머지 공동소송인에 대한 부분은 그대로 확정된다.

② 그러나 다수당사자소송 가운데, ⅰ) 필수적 공동소송, ⅱ) 예비적·선택적 공동소송, ⅲ) 독립당사자참가에 있어서는 합일확정의 요청상 패소한 당사자 가운데 그중 1인의 상소는 다른 당사자에 대하여도 확정차단 및 이심의 효력이 생긴다. 이 경우 합일확정이 필요한 범위 내에서 상소하지 않은 당사자의 청구도 심판의 범위가 된다(대판 2010.4.29, 2008다50691; 대판 2011.2.24, 2009다43355).

---

2) 항소심의 심판대상·범위는 상소불가분의 원칙에 기한 확정차단 및 이심의 효력범위와 일치하지 않을 수 있으나, 전부판결이 난 경우에 일부항소라도 예비적 병합과 선택적 병합의 경우에는 일치하는 경우가 나타날 수 있다는 점을 항상 염두에 두어야 한다.

제3관 항소의 적법성 심사 – 항소요건

당사자가 한 항소를 적법한 것으로 보아 법원이 이를 수리하여 본안심리를 하는 데 필요한 조건을 항소요건이라 한다. 항소요건 가운데 어느 하나가 흠이 있을 때에는 항소를 부적법 각하하여야 하며, 본안심리를 받을 자격을 잃어 본안판결을 받을 수 없게 된다.

항소의 요건으로, 「① 항소제기의 방식이 맞고 항소기간이 준수되었을 것, ② 항소인이 항소권을 포기하지 않았고 당사자 간에 불항소의 합의가 없을 것, ③ 항소의 당사자자격(=당사자능력, 당사자적격, 소송능력, 대리권의 존재)이 있을 것, ④ 불복하는 판결이 항소할 수 있는 판결일 것(=대상적격), ⑤ 항소의 이익이 있을 것」을 들 수 있다. 나아가 소송절차 중단 중의 항소가 아닐 것이 요구된다. 항소요건은 직권조사사항이다. 항소요건을 언제까지 구비하여야 할 시기에 관하여는 위 ①, ④의 요건은 항소의 제기당시를, 위 ②, ③, ⑤의 요건은 심리종결시를 기준으로 하여야 한다.

Ⅰ. 적식의 항소제기 및 항소기간의 준수

1. 적식의 항소제기

항소의 제기는 항소장이라는 서면을 원심법원에 제출함으로써 한다(제397조 제1항). 따라서 서면으로 하지 않은 항소나 원심법원에 제출하지 않은 항소는 부적법하다. 또한 항소장에는 ① 당사자와 법정대리인, ② 제1심 판결의 표시와 그 판결에 대한 항소의 취지를 적어야 한다(제397조 제2항).

2. 항소기간의 준수

1) 항소와 상고는 판결정본이 송달된 날로부터 2주 이내에 제기하여야 한다(제396조, 제425조). 따라서 이를 도과한 항소는 부적법하다. 항소장이 항소심법원에 접수되었다가 제1심 법원으로 송부된 경우에 항소기간의 준수 여부는 항소심법원의 접수 시를 기준으로 기간의 준수 여부를 가리는 것이 아니라, 항소장이 제1심 법원에 접수된 때를 기준으로 한다.

[대결 1992.4.15, 92마146] 항소제기기간의 준수 여부는 항소장이 제1심 법원에 접수된 때를 기준으로 하여 판단하여야 하며 비록 항소장이 항소제기기간 내에 제1심 법원 이외의 법원에 제출되었다 하더라도 항소제기의 효력이 있는 것은 아니다.

2) 항소제기의 기간은 불변기간이고, 성질상 강행규정이므로 판결정본의 송달에 관한 하자는 이의권의 상실로 인하여 치유된다고 할 수 없다(대판 1972.5.9, 72다379).

★★[대판 2016.1.14, 2015므3455] 항소기간 경과 후에 항소취하가 있는 경우, 제1심 판결이 확정되는 시기(= 항소기간 만료 시) / 항소기간 경과 전에 항소취하가 있는 경우, 항소기간 내에 다시 항소 제기가 가능한지 여부(적극)

항소의 취하가 있으면 소송은 처음부터 항소심에 계속되지 아니한 것으로 보게 되나(민사소송법 제393조

제2항, 제267조 제1항), 항소취하는 소의 취하나 항소권의 포기와 달리 제1심 종국판결이 유효하게 존재하므로, ① 항소기간 경과 후에 항소취하가 있는 경우에는 항소기간 만료 시로 소급하여 제1심 판결이 확정되나, ② 항소기간 경과 전에 항소취하가 있는 경우에는 판결은 확정되지 아니하고 항소기간 내라면 항소인은 다시 항소의 제기가 가능하다.

➡ [사실관계] :

① 원고가 피고를 상대로 제기한 이 사건 소송에서, 제1심 법원은 2015.2.13. 원고 승소판결을 선고하였다.

② 제1심은 2015.2.16. 및 2015.3.2. 각각 피고의 주소지로 제1심 판결 정본의 송달을 시도하였으나 모두 폐문부재로 송달이 불능되었다.

③ 그런데 피고는 제1심 판결 정본을 적법하게 송달받지 아니한 상태에서 2015.3.6. 제1심 법원에 항소장(이하 '1차 항소장'이라고 한다)을 제출하였다가 2015.3.11. 제1심 법원에 항소취하서를 제출하였다.

④ 피고는 2015.3.13. 제1심 판결 정본을 적법하게 송달받은 후 같은 날 제1심 법원에 다시 항소장(이하 '2차 항소장'이라고 한다)을 제출하였다.

⑤ 원심은 2015.8.28. 본안에 관한 판단을 생략한 채 피고의 2015.3.11. 항소취하로 이 사건 소송이 종료되었다는 내용의 소송종료선언을 하였다.

⑥ 위와 같은 사실관계를 앞서 본 법리에 비추어 살펴보면, 비록 피고가 제1심 판결 정본을 적법하게 송달을 받지 아니한 상태에서 1차 항소장을 제출하였다가 2015.3.11. 항소취하서를 제출한 사정은 있으나, 피고에 대한 제1심 판결 정본은 2015.3.13.에야 적법하게 송달이 이루어졌으므로 피고는 그로부터 2주 내에 다시 적법하게 항소를 제기할 수 있다 할 것이므로, 같은 날 제출된 2차 항소장도 적법한 항소의 제기라고 할 것이다. 그럼에도 원심이 피고의 2015.3.11. 항소취하로 이 사건 소송이 종료되었다고 한 것은 항소취하에 관한 법리를 오해하여 판결에 영향을 미친 잘못이 있다. 그러므로 상고이유에 관한 판단을 생략한 채 원심판결을 파기하고, 사건을 다시 심리·판단하게 하기 위하여 원심법원에 환송하기로 하여, 관여 대법관의 일치된 의견으로 주문과 같이 판결한다.

Ⅱ. 항소권의 포기나 불항소의 합의가 없을 것

1. 항소권의 포기

당사자는 상대방의 동의 없이 항소권을 포기(단독적 소송행위)할 수 있다(제394조). 항소권의 포기에 의하여 항소권은 상실되며, 이 경우 제기된 항소는 부적법하게 된다(대결 1964.4.10, 64마110). 항소권의 포기는 항소를 하기 이전에는 제1심 법원에, 항소를 한 뒤에는 소송기록이 있는 법원에 서면으로 하여야 한다(제395조 제1항). 따라서 소송기록이 제1심 법원에 있는 동안 제1심 법원에 항소권포기서를 제출한 경우에는 제1심 법원에 항소권포기서를 제출한 즉시 항소권 포기의 효력이 발생한다고 봄이 상당하다(대결 2006.5.2, 2005마933).

[대결 2006.5.2, 2005마933] 민사소송법 제399조 제2항에 의하면, '항소기간을 넘긴 것이 분명한 때'에는 원심 재판장이 명령으로 항소장을 각하하도록 규정하고 있는바, 그 규정의 취지에 비추어

볼 때 항소권의 포기 등으로 제1심 판결이 확정된 후에 항소장이 제출되었음이 분명한 경우도 이와
달리 볼 이유가 없으므로, 이 경우에도 원심 재판장이 항소장 각하명령을 할 수 있는 것으로 봄이
상당하다.

2. 불항소의 합의

또한 불항소의 합의(소송상 계약)가 있는 경우에는 항소할 수 없다. 즉 일정요건을 구비하여 유효한
불항소 합의가 있는 경우(당사자의 일방만이 항소를 하지 않기로 약정하는 합의는 공평에 어긋나는 경우로 불
항소합의로서의 효력이 없다 – 대판 1987.6.23, 86다카2728), 항소는 부적법한 것이므로 각하하여야 한
다. 다만 주의할 것은 불항소 합의의 유무에 관해 판례는 항소의 적법요건이므로 법원의 직권조사
사항이지 항변사항이 아니라고 한다(대판 1980.1.29, 79다2066).

III. 항소의 당사자자격이 있을 것

① 항소인은 불이익한 재판의 효력을 받는 당사자이거나 또는 당사자로 참가할 수 있는 제3자(제79
조, 제83조)로서 항소의 당사자적격이 인정되어야 한다. ⅰ) 제소 전 사망자를 상대로 한 제1심
판결은 당연무효이므로, 사망자 명의의 항소는 부적법하고 상속인도 수계신청을 할 수 없어
상속인이 수계신청과 동시에 한 항소도 부적법하다는 것이 판례이다(대판 1970.3.24, 69다929;
대판 1971.2.9, 69다1741). ⅱ) 보조참가인은 피참가인이 항소권을 포기하지 않는 한 항소할 수
있지만, 당사자는 아니므로 항소인은 될 수 없다.

② 기타 소송행위의 유효요건으로서 소송능력 또는 대리권의 존재 등이 인정되어야 한다.

IV. 항소의 대상적격 – 원판결이 불복신청을 할 수 있는 재판일 것

선고된 종국판결로서 아직 확정되지 않은 유효한 판결이어야 한다.

1. 종국판결

① 항소의 대상이 되는 것은 종국판결에 한정되므로, 선고 전의 판결에 대하여는 항소할 수 없
고, 또한 중간판결이나 소변경의 불허결정 등의 중간적 재판은 종국판결과 함께 항소심에서
심리되므로(제392조 참조) 독립한 항소의 대상이 되지 않는다.

[대판(전) 1981.9.8, 80다3271] 항소심의 환송판결은 종국판결이므로 고등 법원의 환송판결에 대하
여는 대법원에 상고할 수 있다(환송판결은 중간판결로서 상고의 대상이 되지 않는다고 한 종전의 판결은 이
를 변경한다).
　➡ [해설] : 항소심과 대법원의 환송판결에 대하여는 중간판결설과 종국판결설의 대립이 있었는데,
　　판례는 종래 중간판결설을 취하여 오다가 항소심의 중간판결에 대하여 먼저 종국판결설로 입장
　　을 바꾸고, 이어 대법원의 환송판결에 대하여도 종국판결설을 취하게 되었다(대판(전) 1995.2.14,
　　93재다27·34).

② 소송비용재판이나 가집행선고도 본안의 재판에 대한 항소와 같이 하지 않는 한 독립하여 항소할 수 없다(제391조).

2. 유효한 판결

① 항소의 대상이 되는 것은 확정되지 않은 유효한 판결이어야 한다. 판례도 사망한 자를 당사자로 한 무효인 판결에 대한 상소는 허용될 수 없다는 입장이다(대판 2000.10.27, 2000다33775). 다만 무효인 판결이라도 무효인 외관을 제거하기 위해 항소의 대상이 된다고 봄이 통설이다.

② 허위주소에 의한 피고의 자백간주로 편취된 판결은 아직 피고에게 유효하게 판결정본이 송달되지 아니한 미확정판결이라고 보고, 형식상 항소기간이 지나도 어느 때나 항소의 대상으로 할 수 있다는 것이 일관된 판례이다(대판 1994.12.22, 94다45449 등).

3. 다른 불복방법이 있는 경우

다른 불복방법이 있는 때에는 항소의 대상이 되지 않는다. 판결경정의 대상인 경우(제211조), 추가판결의 대상이 되는 재판의 누락이 있는 경우(제212조) 등에 대하여는 항소가 허용되지 않는다.

V. 항소의 이익이 있을 것

1. 의의

제1심 법원의 종국재판에 대하여 불복신청함으로써 그 취소를 구하는 것이 가능한 당사자의 법적 지위를 「항소의 이익」이라고 한다. 이는 무익한 항소권행사를 견제하자는 취지이다.

2. 항소이익 유무의 판단기준

(1) 학설

항소이익의 판단기준에 대하여는, ① 원고가 구한 판결의 신청내용과 그 신청에 대해 법원이 내린 판결내용(판결주문)을 형식적으로 비교하여 그 전부 또는 일부가 인정되지 않은 경우(양적으로나 질적으로 불리한 경우)에 항소의 이익을 인정하자는 형식적 불복설(통설), ② 당사자가 상급심에서 원판결보다 실체법상 유리한 판결을 받을 가능성이 있으면 불복의 이익을 인정하자는 실질적 불복설, ③ 원고에 대하여는 형식적 불복설에 따르고 피고에 대하여는 실질적 불복설에 따르자는 절충설, ④ 원판결이 그대로 확정되는 기판력 기타 판결의 효력에 있어서 불이익을 입게 되면 상소의 이익을 인정하자는 신실질적 불복설이 대립한다.

(2) 판례

판례는, "상소는 자기에게 불이익한 재판에 대하여 유리하게 취소변경을 구하기 위한 것이므로 승소판결에 대한 불복상소는 허용할 수 없고, 재판이 상소인에게 불이익한 것인지 여부는 원칙적으로 재판의 주문을 표준으로 하여야 한다."고 함으로써 형식적 불복설의 입장이다.

[대판 1997.10.24. 96다12276] 상소는 자기에게 불이익한 재판에 대하여 유리하게 취소 변경을 구하는 것이므로 전부 승소한 판결에 대하여는 항소를 허용하지 아니하는 것이 원칙이고 재판이 항소인에게 불이익한 것인지 여부는 원칙적으로 재판의 주문을 표준으로 하여 판단한다.

3. 구체적 검토

(1) 전부승소한 당사자

1) 원칙적 불허

전부승소한 당사자는 원칙적으로 상소의 이익은 없으며, 판결이유 중의 판단에 불만이 있더라도 승소하였다면 상소의 이익은 없다.

★★★[대판 1992.3.27. 91다40696] 처분권주의 및 상소의 이익 유무

[1] 청구인용의 승소판결에 대하여 판결이유에 불만이 있다 하여 제기한 상소의 이익 유무(소극)

상소는 자기에게 불이익한 재판에 대하여 유리하게 취소변경을 구하기 위하여 하는 것이므로 승소판결에 대한 불복상소는 허용할 수 없고, 재판이 상소인에게 불이익한 것인지의 여부는 원칙적으로 재판의 주문을 표준으로 하여 판단하여야 하는 것이어서, 청구가 인용된 바 있다면 비록 그 판결이유에 불만이 있더라도 그에 대하여는 상소의 이익이 없다.

[2] 원고 A가 甲에 대하여 乙을 대위하여 소유권이전등기의 말소청구를 하면서 대위소송의 피보전권리의 발생원인을 원고 A와 乙 사이의 매매계약으로 주장하였으나, 원심이 이를 양도담보약정으로 인정하여 원고 A 승소판결을 선고한 경우, 원고 A의 상소이익의 유무(소극)

원고 A가 甲에 대하여 乙을 대위하여 소유권이전등기의 말소청구를 하면서 대위소송의 피보전권리의 발생원인을 원고 A와 乙 사이의 매매계약으로 주장하였으나 원심이 이를 양도담보약정으로 인정하여 원고 승소판결을 선고한 경우, 위 청구에 관한 소송에 있어서 직접 심판대상이 되고 판결의 기판력이 미치는 것은 어디까지나 乙의 甲에 대한 소유권이전등기말소등기청구권의 존부라 할 것이고, 이에 관한 원고 A의 청구가 인용되어 승소한 이상, 원심이 판결이유에서 乙에 대한 원고 A의 피보전권리의 발생원인을 잘못 인정하였다 하더라도 그 사유만으로는 상소의 이익이 있다고 할 수 없다.

[3] 원고 A가 乙을 상대로 매매를 원인으로 한 소유권이전등기를 청구한 데 대하여 원심이 양도담보약정을 원인으로 한 소유권이전등기를 명한 경우, 원심판결에 처분권주의를 위반한 위법이 있고 그에 대한 원고 A의 상소이익의 유무(적극)

원고 A가 乙을 상대로 매매를 원인으로 한 소유권이전등기를 청구한 데 대하여 원심이 양도담보약정을 원인으로 한 소유권이전등기를 명하였다면 판결주문상으로는 원고 A가 전부 승소한 것으로 보이기는 하나, 매매를 원인으로 한 소유권이전등기청구와 양도담보약정을 원인으로 한 소유권이전등기청구와는 청구원인사실이 달라 동일한 청구라 할 수 없음에 비추어, 원심은 원고 A가 주장하지도 아니한 양도담보약정을 원인으로 한 소유권이전등기청구에 관하여 심판하였을 뿐, 정작 원고 A가 주장한 매매를 원인으로 한 소유권이전등기청구에 관하여는 심판을 한 것으로 볼 수 없어, 결국 원고 A의 청구는 실질적으로 인용한 것이 아니어서 판결의 결과가 불이익하게 되었으므로, 원심판결에 처분권주의를 위반한 위법이 있고 따라서 그에 대한 원고 A의 상소이익이 인정된다.

2) 예외적 허용 – 청구취지의 확장(청구변경)

가) 일부청구의 경우

① 학설

ⅰ) 일부청구 긍정설에 따르면 잔부부분은 기판력이 미치지 않으므로 이를 별소로 제기할 수 있고, 잔부청구를 위한 항소에 대해서는 항소의 이익을 인정할 필요가 없다고 할 것이다. ⅱ) 일부청구 부정설에 따르면 잔부청구를 별소로 제기하는 것이 허용되지 않으므로 잔부청구를 하기 위한 항소의 이익은 인정된다. 반면 ⅲ) 명시설에서는 원칙적으로 항소심에서 소의 변경 내지는 청구취지의 확장을 하게 되면 제1심보다도 유리한 판결을 받을 수 있다는 것만으로는 항소의 이익은 없지만, 예외적으로 명시하지 않은 일부청구와 같이 별소에서의 청구가 불가능한 경우(예 잔액청구가 기판력으로 차단되는 경우 등)에는 소의 변경 내지 청구취지의 확장을 위한 항소의 이익을 인정한다.

② 판례

★★★ **[대판 1997.10.24. 96다12276]** 가분채권에 대한 이행청구의 소를 제기하면서 그것이 나머지 부분을 유보하고 일부만 청구하는 것이라는 취지를 명시하지 아니한 경우에는 그 확정판결의 기판력은 나머지 부분에까지 미치는 것이어서 별소로써 나머지 부분에 관하여 다시 청구할 수는 없으므로, 일부청구에 관하여 전부 승소한 채권자는 나머지 부분에 관하여 청구를 확장하기 위한 항소가 허용되지 아니한다면 나머지 부분을 소구할 기회를 상실하는 불이익을 입게 되고, 따라서 이러한 경우에는 예외적으로 전부 승소한 판결에 대해서도 나머지 부분에 관하여 청구를 확장하기 위한 항소의 이익을 인정함이 상당하다.

➥ **[해설]** : 일부청구의 경우에서 청구확장을 위한 항소이익의 유무는 일부청구의 기판력의 문제와 관련하여 해결할 필요가 있는 것이다. 그러므로 일부청구의 허용 여부에 대한 명시설에 따라 판단하면, ① 일부청구임을 명시한 경우 잔부부분은 기판력이 미치지 않으므로 이를 별소로 제기할 수 있다. 따라서 이러한 경우라면 잔부청구를 위한 항소에 대해서는 항소의 이익을 인정할 필요가 없다. 그러나 ② 묵시적 일부청구의 경우라면 잔부청구를 하기 위한 항소의 이익이 인정된다고 보는 것이 논리적이다. 과거 판례는 이러한 해결구도를 취하지 않고 결론적으로만 상소의 이익을 긍정하고 있었으나, 동 판례에서는 이러한 논리를 보다 분명하게 밝히고 있다는 점에 의의가 있다.

나) 손해배상청구의 경우

원고가 재산상 손해로 4,000만원과 위자료로 500만원을 청구하여 재산상 손해는 전부승소하고 위자료는 일부패소하였다. 이에 위자료부분만 항소한 다음 재산상 손해에 대해서도 1,500만원을 추가로 지급해 달라는 취지로 청구를 확장하였다. 항소심은 전부 승소한 재산상 손해의 배상을 구하는 부분에 대하여 항소할 이익이 없으므로 청구취지의 확장도 허용되지 않는다는 이유로 이를 각하하였다. 그러나 대법원은 손해배상의 소송물의 특수성 때문에 전부승소한 재산상 손해에 대해 청구의 확장을 허용할 것이라 하였다.

[대판 1994.6.28. 94다3063] 상소는 자기에게 불이익한 재판에 대하여 유리하게 취소변경을 구하기 위하여 하는 것이므로 전부 승소한 판결에 대하여는 항소가 허용되지 않는 것이 원칙이나, 하나의

소송물에 관하여 형식상 전부 승소한 당사자의 상소이익의 부정은 절대적인 것이라고 할 수도 없는 바, 원고가 재산상 손해(소극적 손해)에 대하여는 형식상 전부 승소하였으나 위자료에 대하여는 일부 패소하였고, 이에 대하여 원고가 원고 패소부분에 불복하는 형식으로 항소를 제기하여 사건 전부가 확정이 차단되고 소송물 전부가 항소심에 계속되게 된 경우에는, 더욱이 불법행위로 인한 손해배상에 있어 재산상 손해나 위자료는 단일한 원인에 근거한 것인데 편의상 이를 별개의 소송물로 분류하고 있는 것에 지나지 아니한 것이므로 이를 실질적으로 파악하여, 항소심에서 위자료는 물론이고 재산상 손해(소극적 손해)에 관하여도 청구의 확장을 허용하는 것이 상당하다. 그러하지 아니하고 원심과 같이 재산상 손해(소극적 손해)에 대한 항소의 이익을 부정하고 청구취지의 확장을 허용하지 아니하면 원고는 판결이 확정되기도 전에 나머지 부분을 청구할 기회를 절대적으로 박탈당하게 되어 부당하다고 아니할 수 없다.

➲ [해설] : 동 판례는 손해3분설을 완화시킨 사례라거나 세 가지 손해항목의 통합가능성을 시사하고 있다고 평가받는다. 즉 손해1개설에 따르면 위 사안은 단일한 청구에 해당하고 이에 대해 법원은 일부승소·일부패소한 경우이므로 원고는 항소의 이익이 있으며 항소심에서 청구취지를 확장할 수 있다는 점에 문제가 없다는 것이다. 그러나 손해3분설의 입장에서도 다음과 같은 논의에 따라 판례의 입장을 설명할 수 있다(물론 손해1개설에서는 이와 같은 논의는 불필요해진다). ① 소송물 : 손해3분설 → ② 청구병합의 형태 : 본 사안은 모든 청구에 대하여 법원이 판단을 하여야 하는 단순병합에 해당하는데, 구체적으로 각 청구는 쟁점을 같이하고 있는 관련적 병합이다. 관련적 병합에서는 변론의 분리와 일부판결이 허용되지 않는데, 본 사안은 전부판결이 난 경우이므로 문제없다. → ③ 상소의 효력 : 전부판결의 일부에 대해 상소하면 상소불가분의 원칙상 상소인의 불복신청의 범위와 관계없이 불복하지 않은 나머지 부분도 함께 확정이 차단되고 이심되므로 상소심에서도 청구취지의 확장이 가능하게 된다. → ④ 청구취지 확장(추가적 변경)의 적법성 : 사안의 경우에는 동일한 교통사고로 인한 재산상 손해배상청구와 위자료청구는 청구의 기초가 동일한 경우로서 소송절차를 현저히 지연시키는 등의 소변경(추가적 변경) 요건은 문제되지 않으므로 사실심인 항소심에서 청구취지의 확장은 가능하다. 다만 이와 같은 항소심에서의 청구취지의 확장은 항소의 이익이 인정되어야 허용되므로(항소심에서의 청구취지의 확장이 가능한가의 문제는 그와 같은 청구취지의 확장을 위한 항소의 이익을 인정할 것인가의 문제와 표리일체의 관계에 있는 것으로 보아야 한다), 사안의 경우 전부승소한 부분에 대한 청구취지 확장을 위한 항소의 이익이 있는지 여부가 문제된다. → ⑤ 전부승소한 부분의 청구취지 확장의 가부 : 본 사안은 일부청구의 경우의 청구확장을 위한 항소에 해당하고 따라서 일부청구의 기판력 문제와 관련하여 해결할 필요가 있으며, 이와 관련하여 사안의 경우는 묵시적 일부청구가 있는 것으로 해석한다면 잔부청구를 하기 위한 항소의 이익이 있다고 보게 된다. 따라서 청구취지의 확장은 가능하다. 다만 동 판례가 묵시적 일부청구의 논리로 해결하였다고 단정할 수는 없다.

(2) 판결이유 중 판단에 대한 불복

1) 원칙적 불허

상소는 자기에게 불이익한 재판에 대하여 유리하게 취소변경을 구하기 위하여 하는 것이므로, 승소판결에 대한 불복상소는 허용될 수 없고 재판이 상소인에게 불이익한 것인지 여부는 원칙적으로 재판의 주문을 표준으로 하여야 하는 것이어서, 승소한 당사자는 비록 그 판결이유에 불만이 있더라도 그에 대하여는 상소의 이익이 없다(대판 1992.3.27, 91다40696). 판결이유 중의 판단에
대하여는 기판력이 생기지 않기 때문이다.

2) 예외적 허용 – 상계의 항변

그러나 상계의 항변의 경우에는 법원의 판단이 내려지면 자동채권의 존부에 대하여도 기판력이
생기고(제216조 제2항), 상계의 항변의 경우에는 자기의 출연이 따르는 것이므로 이것이 인정된 경
우에는 형식적으로는 승소하였더라도 실질적으로는 패소한 것과 마찬가지이다. 즉, 피고로서는
원고의 소구채권의 부존재를 판결이유로 승소한 것보다도 결과적으로 (반대채권의 상실이라는)
불이익이 되기 때문에, 상계의 항변을 인용한 판단을 불복하는 항소는 예외적으로 항소의 이익을
인정할 수 있다.

> [대판 1993.12.28, 93다47189] 원고의 청구를 전부 기각한 판결에 대하여는 피고가 판결이유 중의
> 판단에 불복이 있더라도, 상계를 주장한 청구가 성립되어 원고의 청구가 기각된 때와 같이 예외적으로
> 기판력이 있는 경우를 제외하고는, 상소를 할 이익이 없다.

> [대판 2002.9.6, 2002다34666] 피고의 상계항변을 인용하여 원고 청구를 기각한 항소심 판결부
> 분에 대하여도 피고는 상고를 제기할 수 있는지 여부(적극)
> 원심은 원고의 청구원인사실을 모두 인정한 다음 피고의 상계항변을 받아들여 상계 후 잔존하는 원고
> 의 나머지 청구부분만을 일부 인용하였는데, 이 경우 피고들로서는 원심판결 이유 중 원고의 소구채권
> 을 인정하는 전제에서 피고의 상계항변이 받아들여진 부분에 관하여도 상고를 제기할 수 있고, 상고심
> 에서 원고의 소구채권 자체가 인정되지 아니하는 경우 더 나아가 피고의 상계항변의 당부를 따져볼
> 필요도 없이 원고 청구가 배척될 것이므로, 결국 원심판결은 그 전부에 대하여 파기를 면치 못한다.

> ★★★[대판 2018.8.30, 2016다46338] 피고의 상계항변을 인용하여 원고 청구를 기각한 판결에 대한
> 피고의 상소이익 인정 여부(적극)
> 소송상 방어방법으로서의 상계항변은 통상 수동채권의 존재가 확정되는 것을 전제로 하여 행하여지
> 는 일종의 예비적 항변으로서, 소송상 상계의 의사표시에 의해 확정적으로 그 효과가 발생하는 것이
> 아니라 당해 소송에서 수동채권의 존재 등 상계에 관한 법원의 실질적 판단이 이루어지는 경우에
> 비로소 실체법상 상계의 효과가 발생한다. 따라서 원고의 소구채권 자체가 인정되지 않는 경우 더
> 나아가 피고의 상계항변의 당부를 따져볼 필요도 없이 원고 청구가 배척될 것이므로, '원고의 소구채
> 권 그 자체를 부정하여 원고의 청구를 기각한 판결'과 '소구채권의 존재를 인정하면서도 상계항변을 받
> 아들인 결과 원고의 청구를 기각한 판결'은 민사소송법 제216조에 따라 기판력의 범위를 서로 달리하
> 고, 후자의 판결에 대하여 피고는 상소의 이익이 있다.

(3) 일부승소판결

이 경우에는 원·피고 모두 상소할 수 있다. ① 선택적 병합에서는 하나가 인용된 경우에 원고는
항소할 수 없으나, ② 예비적 병합에서 주위적 청구기각·예비적 청구인용의 경우에는 원고는 주위
적 청구가 기각된 데 대해, 피고는 예비적 청구가 인용된 데 대해 항소의 이익이 있다(대판 1985.4.23,
84후19).

(4) 소각하판결

소각하판결은 원고에게 불이익일 뿐만 아니라, 피고가 청구기각의 신청을 구한 때에는 본안판결을 받지 못한 점에 피고에게도 불이익이 있으므로, 원·피고 모두 항소할 수 있다.

제4관 항소심법원의 본안심리

Ⅰ. 제1심의 속행으로서의 변론

1. 항소장 진술

변론이 개시되면 먼저 항소인이 항소장에 기하여 불복신청을 진술하여 원판결의 취소·변경을 구하는 본안의 신청을 한다. 다음에 피항소인은 항소가 부적법하다고 주장하면서 항소각하의 판결을 구하거나, 항소가 이유 없다고 주장하면서 항소기각의 판결을 구하는 신청을 한다.

2. 변론의 범위

> 제407조(변론의 범위)
> ① 변론은 당사자가 제1심 판결의 변경을 청구하는 한도 안에서 한다.
> ② 당사자는 제1심 변론의 결과를 진술하여야 한다.
> 제408조(제1심 소송절차의 준용)
> 항소심의 소송절차에는 특별한 규정이 없으면 제2편 제1장 내지 제3장의 규정을 준용한다.
> 제409조(제1심 소송행위의 효력)
> 제1심의 소송행위는 항소심에서도 그 효력을 가진다.
> 제411조(관할위반 주장의 금지)
> 당사자는 항소심에서 제1심 법원의 관할위반을 주장하지 못한다. 다만, 전속관할에 대하여는 그러하지 아니하다.

① 항소심은 속심의 구조를 가지므로 항소심에서의 변론은 실질적으로 제1심 변론의 속행으로 볼 수 있다. 따라서 변론은 당사자가 제1심 판결의 변경을 청구하는 한도 내에서 실시하되(제407조 제1항), 제1심의 소송자료를 항소심에 상정할 필요가 있으므로 당사자는 항소심에서 제1심 소송결과를 진술하여야 한다(제407조 제2항, 「변론의 갱신」).

② 항소심절차에 관하여는 특별한 규정이 없으면 제1심의 규정을 준용한다(제408조). 제1심에서 한 변론, 증거조사 등의 소송행위와 제1심의 변론준비절차는 항소심에서도 그 효력을 가진다(제409조, 제410조). 당사자는 항소심에서 전속관할의 위반을 제외하고는 제1심 법원의 관할위반을 주장하지 못한다(제411조).

③ 당사자는 항소심의 변론종결 시까지 종전의 주장을 보충·정정하거나 제1심에서 제출하지 않은 새로운 공격방어방법도 제출할 수 있는데(제408조), 이를 「변론의 갱신권」이라 한다. 다

만, 새로운 공격방어방법이더라도 시기에 늦은 것이면 각하된다(제408조, 제149조). 이 경우 시기에 늦었는지 여부는 속심이기 때문에 1심과 2심을 통틀어 판단하게 된다.

II. 불이익변경금지의 원칙

1. 의의 및 근거 · 기능

> **제415조(항소를 받아들이는 범위)**
> 제1심 판결은 그 불복의 한도 안에서 바꿀 수 있다. 다만, 상계에 관한 주장을 인정한 때에는 그러하지 아니하다.

① 제1심에서 심판된 사건은 항소의 제기에 의하여 사건은 원칙적으로 전부 이심되지만, 항소법원의 심판범위는 당사자의 불복신청의 범위에 한하며(제415조), 그 한도를 넘어서 제1심 판결을 불이익 또는 이익으로 변경할 수 없는 원칙을 불이익변경금지의 원칙이라고 한다. 항소심에 있어서 처분권주의의 발현이라고 설명된다.

② 이 원칙에 의하여 항소인은 항소심에서 전면적으로 패배한다고 하여도 항소기각의 판결이 내려질 뿐이고, 원판결 이상으로 불리한 판결을 당하지 않는다. 이러한 보장이 있으므로 안심하고 패소자는 항소가 가능하고(항소권의 보장), 그 결과로서 잘못된 판결이 시정될 수 있는 기회가 증가하게 된다.

[대판 1983.12.27, 83다카1503] 항소심은 당사자의 불복신청범위 내에서 제1심 판결의 당부를 판단할 수 있을 뿐이므로, 설사 제1심 판결이 부당하다고 인정되는 경우라 하더라도 그 판결을 불복당사자의 불이익으로 변경하는 것은 당사자가 신청한 불복의 한도를 넘어 제1심 판결의 당부를 판단하는 것이 되어 허용될 수 없다.

2. 내용

① 항소심은 당사자의 불복신청의 한도 내에서 할 수 있다(제415조). 그 결과 불복을 신청하고 있는 범위를 넘어서 항소인에게 제1심보다 유리한 재판을 할 수 없다(=이익변경금지). 판례도 원고가 이전등기말소청구와 금전지급청구를 병합하여 제기하였고 두 가지 모두 패소한 제1심 판결에 대하여 말소등기청구부분만 항소하였을 뿐 변론종결 시까지 항소취지를 확장하지 않았다면, 항소심 법원은 불복항소하지도 아니한 금전지급부분까지 심판대상으로 하여 그것도 이유 있다고 원고에게 유리하게 판단할 수 없다고 하였다(대판 1994.12.23, 94다44644).

② 상대방이 불복하지도 않았는데 항소인에게 제1심보다 불리한 판결을 할 수도 없다(=불이익변경금지). 판례도 청구를 일부기각한 제1심판결에 대하여 원고만이 항소한 경우, 항소법원이 청구 전부가 이유 없는 것으로 판단되어도 항소를 기각할 수 있을 뿐, 기왕의 원고승소부분까지 취소하여 청구를 기각할 수 없다고 하였다(대판 1983.12.27, 83다카1503).

③ 다만 원재판의 전체에 대하여 확정차단 및 이심의 효력이 생기므로 항소심에서 항소인은 불복신청의 범위를 확장하고, 반대로 피항소인은 부대상소를 하는 것에 의하여 항소심에 그 심판을 구할 수 있다(제403조, 제425조). 피항소인으로부터 부대항소가 제기되면 원판결 가운데 항소인의 승소 부분도 불복신청의 범위에 포함되므로, 불이익변경금지의 원칙은 적용되지 않는다(부대항소가 이를 깨뜨린다).

3. 불이익변경금지의 원칙 위반 여부의 판단 기준

(1) 유리·불리의 구별기준

불이익변경의 금지에서 유리·불리의 구별은 기판력의 범위를 기준으로 한다. 따라서 기판력이 미치는 판결의 주문에 영향을 미치는 경우에만 위 원칙이 적용되고 기판력이 생기지 않는 판결이유 등의 판단에는 불이익변경금지의 원칙이 적용되지 않는다. **예** 매매대금청구에서 매매계약무효를 이유로 기각된 제1심 판결을 항소심이 변제의 항변을 받아들여 항소를 기각하더라도 위 원칙에 위반되지 아니한다. 다만 상계항변은 예외적으로 기판력이 생기기 때문에 불이익변경의 문제가 있다.

★[대판 2022.8.25. 2022다211928] 일방 당사자의 금전채권에 기한 동시이행 주장을 받아들인 판결에 대하여 동시이행 주장을 한 당사자만 항소한 경우, 항소심이 제1심판결에서 인정된 금전채권에 기한 동시이행 주장을 공제 또는 상계 주장으로 바꾸어 인정하면서 그 금전채권의 내용을 항소인에게 불리하게 변경하는 것이 불이익변경금지 원칙에 반하는지 여부(원칙적 적극)
① 항소심은 당사자의 불복신청 범위 내에서 제1심판결의 당부를 판단할 수 있을 뿐이므로, 설령 제1심판결이 부당하다고 인정되는 경우라 하더라도 그 판결을 불복당사자의 불이익으로 변경하는 것은 당사자가 신청한 불복의 한도를 넘어 제1심판결의 당부를 판단하는 것이 되어 허용될 수 없고, 당사자 일방만이 항소한 경우에 항소심으로서는 제1심보다 항소인에게 불리한 판결을 할 수는 없다. ② 불이익하게 변경된 것인지는 기판력의 범위를 기준으로 하나, 일방 당사자의 금전채권에 기한 동시이행 주장을 받아들인 판결의 경우 반대 당사자는 그 금전채권에 관한 이행을 제공하지 아니하고는 자신의 채권을 집행할 수 없으므로, 동시이행 주장을 한 당사자만 항소하였음에도 항소심이 제1심판결에서 인정된 금전채권에 기한 동시이행 주장을 공제 또는 상계 주장으로 바꾸어 인정하면서 그 금전채권의 내용을 항소인에게 불리하게 변경하는 것은 특별한 사정이 없는 한 불이익변경금지 원칙에 반한다.

(2) 소송물이론과의 관계

이익변경금지·불이익변경금지에 위배되는지 여부는 각 소송물별로 판단하여야 한다. **예** 甲이 乙을 상대로 신체상해에 따른 손해배상으로 재산상 손해 1,500만원, 위자료 500만원의 지급을 구하였고, 제1심 법원은 재산상 손해 1,000만원, 위자료 100만원의 지급을 명하여, 甲이 재산상 손해에 대해 항소하였는데, 항소심 법원이 재산상 손해를 1,200만원으로 인정하고 위자료를 300만원으로 인정하였다면, 항소심 법원이 항소심의 심판대상이 아닌 위자료청구 부분에 대하여 제1심보다 많은 금액의 지급을 명한 것은 위법하다.

[대판 1980.7.8, 80다1192] 재산상 손해배상청구와 위자료청구는 소송물이 동일하지 아니한 별개의 청구이므로 원심이 1심 판결에 대하여 항소하지 아니한 원고에 대하여 1심 판결보다 더 많은 위자료의 지급을 명하였음은 위법하다.

[대판 2005.4.29, 2004다40160] 금전채무불이행의 경우에 발생하는 법정 지연손해금채권은 그 원본채권의 일부가 아니라 전혀 별개의 채권으로 원본채권과는 별개의 소송물이고, 불이익변경에 해당하는지 여부는 각 소송물별로 원금과 지연손해금 부분을 각각 따로 비교하여 판단하여야 할 것이다(대판 2009.6.11, 2009다12399 동).

➲ [해설] : 제1심은 피고에게 4,000만원 및 이에 대한 2000.9.8.부터 완제일까지 연 2할 5푼(연 25%)의 비율로 계산한 돈의 지급을 명하였고 이에 대하여 피고만이 원본채권에 대하여 항소하였는데, 제1심 선고 후 지연손해금의 법정이율에 대한 소송촉진 등에 관한 특례법의 규정에 대한 위헌결정과 그 개정으로 피고가 원고에게 지급하여야 할 지연손해금이 제1심에서 인용한 액수보다 적어졌다면(연 15%로 하향조정, 현행은 12%로 다시 개정), 심리결과 별개의 소송물인 원본채권이 4,700만원으로 인정된다고 하더라도 원심으로서는 원본채권 부분에 대한 항소만을 불이익변경금지 원칙에 따라 기각하고 지연손해금채권에 대한 부분은 파기하여 바로잡았어야 할 것이므로, 원본채권에 대한 인용액이 늘었음을 이유로 지연손해금 부분을 포함하여 피고의 항소를 모두 기각한 원심에는, 소송물에 대한 법리 및 불이익변경금지원칙에 대한 법리를 각 오해한 위법이 있다고 할 것이다.

4. 구체적으로 문제가 되는 경우

(1) 일부기각판결에 대한 항소와 불이익변경금지의 원칙

1) 청구를 일부기각한 제1심 판결에 대하여 원고만이 항소한 경우, 항소법원이 청구전부가 이유 없는 것으로 판단되어도 항소를 기각할 수 있을 뿐, 기왕의 원고승소부분까지 취소하여 청구를 기각할 수 없다(대판 1983.12.27, 83다카1503). **예** 甲이 乙에 대하여 대여금 1억원의 반환을 구하는 소를 제기하였고, 제1심 법원이 乙의 변제항변을 일부 받아들여 6,000만원의 지급을 명하는 판결을 선고하였는데, 甲만이 그 패소부분(4,000만원 부분)의 취소를 구하고 그 지급을 구하는 취지로 항소하였다면, 항소심 법원이 乙의 변제항변 전부를 받아들여 제1심 판결을 취소하고 甲의 청구를 기각하는 판결을 선고할 수 없다.

2) 반대로 일부기각의 판결에 대하여 피고만이 항소한 경우에 항소법원이 피고의 패소부분을 넘어서 피고에게 불리한 판결을 할 수도 없는 것이다. 위 예에서 乙만이 6,000만원의 패소부분에 대하여 항소하였을 때, 승소한 4,000만원마저 취소하여 피고에게 1억원 모두의 지급을 명하는 판결을 할 수 없다(대판 1967.2.28, 66다2633).

★[대판 2013.7.11, 2011다18864] 1개의 청구의 일부를 기각하는 제1심 판결에 대하여 일방의 당사자만이 항소를 제기한 경우, 항소심의 심판 범위와 불이익변경 여부의 판단 기준(=판결 주문) 및 항소심의 심판대상이 되지 않은 부분의 소송 확정 시점(=항소심판결 선고 시)

1개의 청구의 일부를 기각하는 제1심 판결에 대하여 일방의 당사자만이 항소를 한 경우 제1심 판결의 심판대상이었던 청구 전부가 불가분적으로 항소심에 이심되나, 항소심의 심판 범위는 이심된 부분 가운데 항소인이 불복신청한 한도로 제한되고(대판 1998.4.10, 97다58200; 대판 2003.4.11, 2002다67321 등 참조), 또한 항소심은 당사자가 신청한 불복의 한도를 넘어서 제1심 판결을 불이익하게 변경할 수는 없고, 이 경우 변경이 금지되는지 여부는 원칙적으로 기판력이 생기는 판결의 주문을 표준으로 판단하여야 하고, 기판력이 생기지 아니하는 판결이유 중의 판단의 변경은 유리・불리하고는 관계가 없는 것이다(대판 1998.4.10, 97다58200 참조). 한편 항소심의 심판대상이 되지 아니한 부분에 관하여는 항소심판결 선고와 동시에 확정되어 소송이 종료된다고 할 것이다.

(2) 상계의 항변과 불이익변경금지의 원칙

1) 제1심에서 상계항변이 인용된 경우

가) 문제점

상계항변을 받아들여 청구를 기각한 제1심 판결에 대하여 원고나 피고가 각 항소한 경우 항소심 법원은 어떠한 판단을 할 것인지가 문제되는데, 이는 상계항변은 판결이유 중의 판단이지만 예외적으로 제216조 제2항에 의해 기판력이 생기기 때문에 불이익변경금지의 원칙과 관련하여 문제된다.

나) 원고만의 항소

① 피고의 반대채권이 부존재한다고 판단되는 경우라면 항소심 법원은 제1심 판결을 취소하고 청구인용의 자판을 해야 한다.

② 그러나 항소심이 심리결과 소구채권이 부존재한다고 판단한 경우에 문제되는데, 이 경우 항소심 법원은 제1심판결을 취소하여 청구기각판결을 할 수 없고, 제1심판결과 똑같은 이유로 항소기각판결을 하여야 한다. 소구채권의 부존재를 이유로 청구기각판결을 하면 원고로서는 상계에 제공된 반대채권 소멸의 이익을 잃게 되어 제1심 판결보다 불리해지기 때문이다.

★★[대판 2010.12.23, 2010다67258; 대판 2011.10.13, 2011다51205] 원고가 청구한 채권의 발생을 인정한 후 피고가 한 상계항변을 받아들여 원고의 청구를 기각한 제1심 판결에 대하여 원고만이 항소한 경우, 항소심이 원고가 청구한 채권의 발생이 인정되지 않는다는 이유로 원고의 청구를 기각하는 것이 불이익변경금지의 원칙에 반하는지 여부(적극)

항소심은 당사자의 불복신청범위 내에서 제1심 판결의 당부를 판단할 수 있을 뿐이므로, 설사 제1심 판결이 부당하다고 인정되는 경우라 하더라도 그 판결을 불복당사자의 불이익으로 변경하는 것은 당사자가 신청한 불복의 한도를 넘어 제1심 판결의 당부를 판단하는 것이 되어 허용될 수 없는바, 제1심 판결이 원고가 청구한 채권의 발생을 인정한 후 피고가 한 상계항변을 받아들여 원고의 청구를 기각하고 이에 대하여 원고만이 항소한 경우에 항소심이 제1심과는 다르게 원고가 청구한 채권의 발생이 인정되지 않는다는 이유로 원고의 청구를 기각하는 것은 항소인인 원고에게 불이익하게 제1심 판결을 변경하는 것이 되어 허용되지 아니한다.

다) 피고만의 항소

① 항소의 이익

피고의 상계항변을 인용한 제1심 판결에 대하여 피고만이 항소하고 원고는 항소를 제기하지 아니한 경우, 전부승소한 피고라도 소구채권의 부존재를 판단받기 위한 항소의 이익은 인정된다. 왜냐하면 상계의 항변의 경우에는 기판력이 생기고(제216조 제2항), 그것이 인정된 경우에는 형식적으로는 승소하였더라도 실질적으로는 패소한 것과 마찬가지이므로, 피고로서는 원고의 소구채권의 부존재를 판결이유로 승소한 것보다도 결과적으로 (반대채권의 상실이라는) 불이익이 되기 때문이다.

[대판 1993.12.28, 93다47189] 원고의 청구를 전부 기각한 판결에 대하여는 피고가 판결이유 중의 판단에 불복이 있더라도, 상계를 주장한 청구가 성립되어 원고의 청구가 기각된 때와 같이 예외적으로 기판력이 있는 경우를 제외하고는, 상소를 할 이익이 없다.

★★[대판 2018.8.30, 2016다46338] 피고의 상계항변을 인용하여 원고 청구를 기각한 판결에 대한 피고의 상소이익 인정 여부(적극)

소송상 방어방법으로서의 상계항변은 통상 수동채권의 존재가 확정되는 것을 전제로 하여 행하여지는 일종의 예비적 항변으로서, 소송상 상계의 의사표시에 의해 확정적으로 그 효과가 발생하는 것이 아니라 당해 소송에서 수동채권의 존재 등 상계에 관한 법원의 실질적 판단이 이루어지는 경우에 비로소 실체법상 상계의 효과가 발생한다. 따라서 원고의 소구채권 자체가 인정되지 않는 경우 더 나아가 피고의 상계항변의 당부를 따져볼 필요도 없이 원고 청구가 배척될 것이므로, '원고의 소구채권 그 자체를 부정하여 원고의 청구를 기각한 판결'과 '소구채권의 존재를 인정하면서도 상계항변을 받아들인 결과 원고의 청구를 기각한 판결'은 민사소송법 제216조에 따라 기판력의 범위를 서로 달리하고, 후자의 판결에 대하여 피고는 상소의 이익이 있다.

② 불이익변경금지의 원칙

항소심의 심리결과 반대채권이 부존재한다고 판단한 경우, 제1심이 자동채권으로 인정하였던 부분을 항소심이 오히려 인정하지 아니하고 그 부분에 관하여 피고의 상계항변 마저 배척한다면, 그것은 항소인인 피고에게 불이익하게 제1심 판결을 변경한 것에 해당한다. 따라서 항소심 법원은 제1심 판결을 취소하여 청구인용판결을 할 수 없고, 반대채권의 부존재를 이유로 항소기각판결도 할 수 없으며, 제1심 판결과 같은 이유로 항소기각판결을 해야 한다. 즉 상계에 의한 청구기각의 원판결을 유지해야 한다(실무상으로는 1심 판결의 이유를 그대로 원용하는 식으로 처리한다).

★★★[대판 1995.9.29, 94다18911] 피고의 상계항변을 인용한 제1심 판결에 대하여 피고만이 항소하고 원고는 항소를 제기하지 아니하였는데, 항소심이 피고의 상계항변을 판단함에 있어 제1심이 자동채권으로 인정하였던 부분을 인정하지 아니하고 그 부분에 관하여 피고의 상계항변을 배척하였다면, 그와 같이 항소심이 제1심과는 다르게 그 자동채권에 관하여 피고의 상계항변을 배척한 것은 항소인인 피고에게 불이익하게 제1심 판결을 변경한 것에 해당한다.

2) 피고의 항소심에서의 상계항변

항소심에서 피고 측의 상계주장이 이유 있다고 인정되는 때에는 불이익변경금지의 원칙은 적용되지 않는다(제415조 단서). 예 원고의 금 1,000만원의 대여금청구에서 피고가 전부 변제의 항변을 하였는데, 제1심은 변제항변을 일부 인정하여 금 400만원만 인용(600만원 패소)하였고 이에 대해 원고만이 항소한 경우, 항소심이 변제항변이 전부 이유 없지만 항소심에서 피고가 제출한 상계항변이 오히려 전부(1,000만원) 이유 있는 것으로 인정하였다면, 항소심으로서는 항소한 원고에게 오히려 더 불리하게 제1심의 원고승소부분인 400만원 부분마저 취소하여 원고의 청구를 모두 기각할 수 있다.

(3) 소각하한 제1심 판결과 불이익변경금지의 원칙

1) 문제점

소각하한 제1심 판결에 대하여 원고가 항소한 경우 항소심 법원이 소 자체는 적법하지만 청구기각될 사안이라고 판단한 경우, 항소심 법원은 환송하지 않고 자판하여 청구기각을 할 수 있는지가 문제이다. 소각하판결보다 청구기각판결이 더 불리한 판결이라고 볼 여지가 있기 때문이다.

2) 학설

① 소각하판결보다 청구기각 판결이 원고에게 더 불리하기 때문에 불이익변경금지의 원칙상 청구기각판결은 허용되지 않고 항소기각의 판결을 하여야 한다는 견해(항소기각설), ② 소각하판결은 확정되어도 소송요건을 보정하여 다시 제소할 수 있어 소각하판결로써는 원고에게 어떠한 이익이 생긴 것이 아니므로 청구기각을 하여도 불이익변경금지 원칙에 반하지 않고, 청구기각의 판결을 하는 것이 실제적인 결론에 도달하며 소송경제에도 합치한다고 보아, 항소심 법원은 제1심 판결을 취소하고 청구기각의 판결을 하여야 한다는 견해(청구기각설), ③ 원고의 심급의 이익을 고려하여 제418조에 충실하게 제1심 법원으로 환송하여야 한다는 견해(필수적 환송설), ④ 제1심에서 본안심리가 이루어졌거나 당사자의 동의가 있으면 제418조 단서(상고심에서는 제437조 1호)에 따라 제1심 판결을 취소하고 청구기각을 할 수 있으나 그렇지 않으면 동조 본문에 따라 환송하는 것이 타당하다는 견해(절충설)가 있다.

3) 판례

판례는 원고만이 항소한 사건에서, 소각하의 판결보다도 청구기각의 판결이 원고에게 보다 불리하기 때문에 불이익변경금지의 원칙상 청구기각의 판결이 허용되지 않고 항소기각의 판결을 하여야 한다는 입장이다(대판 2001.9.7, 99다50392 등).

★★[대판 1987.7.7, 86다카2675; 대판 2001.9.7, 99다50392] 소각하판결에 대하여 원고만이 불복상소하였으나 청구가 이유 없다고 인정되는 경우, 항소심의 조치
소를 각하한 제1심 판결에 대하여 원고만이 불복상소하였으나 심리한 결과 원고의 청구가 이유가 없다고 인정되는 경우, 그 제1심 판결을 취소하여 원고의 청구를 기각한다면 오히려 항소인인 원고에게 불이익한 결과로 되어 부당하므로 항소심은 원고의 항소를 기각하여야 한다.

(4) 직권조사사항 등과 불이익변경금지의 원칙

① 불이익변경금지의 원칙은 처분권주의에 근거를 두고 있으므로, 처분권주의가 통하지 아니하는 직권탐지주의에 의하는 절차에는 적용되지 아니한다. 또한 직권조사사항인 소송요건의 흠이나 가집행선고(대판 1998.11.10, 98다42141)에도 적용되지 아니한다.

② 따라서 일부기각의 제1심 판결에 대하여 원고가 항소한 경우, 항소심 법원은 소송요건의 흠이 인정된다면 제1심 판결을 취소하고 소각하의 자판을 할 수 있다. 즉 소송요건의 공익성으로부터 일부인용된 부분까지도 취소하고 소각하판결을 하더라도 불이익변경금지의 원칙에 반하지 않는다(대판 1995.7.25, 95다14817).

(5) 형식적 형성의 소와 불이익변경금지의 원칙

경계확정의 소, 공유물분할청구의 소 등 형식적 형성의 소는 성질상 비송사건이기 때문에 불이익변경금지의 원칙이 적용되지 않는다. 예 경계확정소송에서 항소법원은 제1심 판결이 정한 경계선이 정당치 않다고 인정할 때에는 정당하다고 판단되는 경계를 정할 수 있으며, 그 결과 항소인에게 불리하게 되어도 무방하다.

(6) 합일확정의 필요가 있는 경우

1) 필수적 공동소송

필수적 공동소송에 있어서는 합일확정의 요청상 제67조에 기해 불이익변경금지의 원칙은 적용되지 않는다. 따라서 일부항소의 경우에도 공동소송인 전원에 대한 관계에서 판결의 확정이 차단되고 그 소송은 전체로서 항소심에 이심되며, 항소심으로서는 공동소송인 전원에 대하여 심리·판단하여야 한다(대판 2003.12.12, 2003다44615·44622 등).

2) 예비적·선택적 공동소송

판결에 대한 합일확정이 요청되는 예비적·선택적 공동소송에서는 불이익변경금지의 원칙이 배제된다. 따라서 항소하지 않은 청구에 대하여도 항소심에서 심판대상이 되는 것으로 보아야 한다. 예 원고 甲이 乙을 주위적 피고, 丙을 예비적 피고로 하여 제기한 예비적 공동소송에서 丙은 패소, 乙은 승소의 제1심 판결이 났을 때 丙만이 불복항소하였다 하여도, 乙에 대하여 패소한 甲에게도 항소의 효력이 미치며, 항소심에서 항소도 하지 아니한 甲에게 제1심 판결보다 유리하게 甲의 乙에 대한 주위적 청구부분이 오히려 승소가 되는 판결이 날 수 있다.

3) 독립당사자참가소송

독립당사자참가소송에서 패소하였으나 항소나 부대항소를 하지 아니한 당사자의 판결부분에 대하여도 불이익변경금지의 원칙은 배제되며, 항소하지 않은 패소자의 판결 부분도 합일확정이 필요한 한도에서는 더 유리하게 변경할 수 있다. 예 원고 甲, 피고 乙, 참가인 丙 3자간에 누가 소유권자인가를 가리는 3면소송에서 甲의 소유라고 하여 甲 승소, 乙·丙 패소의 제1심 판결이 났을 때에, 乙만이 불복항소하였다 하여도 항소심이 丙의 소유라고 판단하면 불복항소하지도 아니한 丙에게 유리하게 丙의 소유라는 판결을 할 수 있다.

[대판 2007.10.26, 2006다86573·86580] 민사소송법 제79조에 의한 독립당사자참가소송은 동일한 권리관계에 관하여 원고, 피고, 참가인이 서로간의 다툼을 하나의 소송절차로 한꺼번에 모순 없이 해결하는 소송형태로서, 독립당사자참가가 적법하다고 인정되어 원고, 피고, 참가인간의 소송에

대하여 본안판결을 할 때에는 위 세 당사자를 판결의 명의인으로 하는 하나의 종국판결을 선고함으로써 위 세 당사자들 사이에서 합일확정적인 결론을 내려야 하고, 이러한 본안판결에 대하여 일방이 항소한 경우에는 제1심 판결 전체의 확정이 차단되고 사건 전부에 관하여 이심의 효력이 생긴다. 그리고 이러한 경우 항소심의 심판대상은 실제 항소를 제기한 자의 항소 취지에 나타난 불복범위에 한정하되 위 세 당사자 사이의 결론의 합일확정의 필요성을 고려하여 그 심판의 범위를 판단하여야 하고, 이에 따라 항소심에서 심리·판단을 거쳐 결론을 내림에 있어 위 세 당사자 사이의 결론의 합일확정을 위하여 필요한 경우에는 그 한도 내에서 항소 또는 부대항소를 제기한 바 없는 당사자에게 결과적으로 제1심 판결보다 유리한 내용으로 판결이 변경되는 것도 배제할 수는 없다.

★★[대판 2007.12.14, 2007다37776·37783] 원고승소의 판결에 대하여 참가인만이 상소를 했음에도 상소심에서 원고의 피고에 대한 청구인용 부분을 원고에게 불리하게 변경할 수 있는 것은 참가인의 참가신청이 적법하고 나아가 합일확정의 요청상 필요한 경우에 한한다. 그리하여 참가인의 참가신청을 각하한 제1심 판결에 대하여 참가인만이 항소하였는데, 참가인의 항소를 기각하면서 제1심 판결 중 피고가 항소하지도 않은 원고의 피고에 대한 청구인용의 본소 부분을 취소하고 원고에게 불리하게 변경한 것은 부적법하다.

5. 불이익변경금지원칙의 위반

처분권주의(제203조)의 위반으로서, 법령위반으로 인한 일반적 상고이유(제423조)가 된다.

제5관 항소심 소송의 종료

Ⅰ. 항소의 취하

제393조(항소의 취하)
① 항소는 항소심의 종국판결이 있기 전에 취하할 수 있다.
② 항소의 취하에는 제266조 제3항 내지 제5항 및 제267조 제1항의 규정을 준용한다.

1. 의의

항소의 취하라 함은 항소인 자신의 항소법원에 제기한 원판결에 대한 불복신청(항소의 신청)을 철회하는 것을 말하며, 항소심의 종국판결이 선고되기 전까지는 언제든지 취하할 수 있다(제393조 제1항).

▌소취하와의 구별

구분	소의 취하	항소의 취하
시기	종국판결의 확정 전	항소심 종국판결 선고 전
대상(범위)	전부 또는 일부 可	전부만(일부취하 ✗)
상대방 동의	동의 必要	동의 不要
효과	소송의 소급소멸	원판결의 확정

2. 항소취하의 요건

(1) 항소취하의 당사자

1) 항소인과 소송대리인

항소의 취하는 항소인과 소송대리인이 할 수 있다. 다만, 소송대리인은 특별수권을 받아야 한다 (제56조 제2항, 제90조 제2항). 또한 항소취하는 소송행위이기 때문에 항소인은 소송능력이 있어야 한다.

2) 다수당사자소송의 경우

① 통상공동소송의 경우에는 공동소송인 1인의 또는 1인에 대한 항소를 취하할 수 있지만, 필수적 공동소송의 경우에는 그 전원이 또는 그 전원에 대하여 항소취하를 해야만 그 효력이 있다 (제67조). 다만 유사필수적 공동소송에서는 1인의 항소취하도 효력이 있다.

② 보조참가의 경우, ⅰ) 피참가인이 제기한 항소에 대해서 보조참가인은 이를 취하할 수 없지만, ⅱ) 보조참가인이 제기한 항소에 대해서 피참가인은 이를 취하할 수 있고(대판 2010.10.14, 2010다38168), 보조참가인도 피참가인의 동의가 있으면 취하할 수 있다(대판 1984.12.1, 84다카695).

(2) 항소취하의 시기

① 항소의 취하는 항소제기 후 항소심의 종국판결 선고 전까지 할 수 있다(제393조 제1항).

② 항소심의 종국판결이 선고된 뒤라도 그 판결이 상고심에서 파기환송된 경우는 새로운 종국판결이 있기까지 항소인은 항소를 취하할 수 있다(대판 1995.3.10, 94다51543). 이 점에서 종국판결의 확정시까지 가능한 소의 취하와 다르다.

> [대판 1995.3.10, 94다51543] 항소는 항소심의 종국판결이 있기 전에 취하할 수 있는 것으로서, 일단 항소심의 종국판결이 있은 후라도 그 종국판결이 상고심에서 파기되어 사건이 다시 항소심에 환송된 경우에는 먼저 있은 종국판결은 그 효력을 잃고 그 종국판결이 없었던 것과 같은 상태로 돌아가게 되므로 새로운 종국판결이 있기까지는 항소인은 피항소인이 부대항소를 제기하였는지 여부에 관계없이 항소를 취하할 수 있고, 그 때문에 피항소인이 부대항소의 이익을 잃게 되어도 이는 그 이익이 본래 상대방의 항소에 의존한 은혜적인 것으로 주된 항소의 취하에 따라 소멸되는 것이어서 어쩔 수 없다 할 것이므로, 이미 부대항소가 제기되어 있다 하더라도 주된 항소의 취하는 그대로 유효하다.

(3) 항소의 일부취하

항소의 제기는 항소불가분의 원칙으로 인해 청구 전부에 미치기 때문에 항소의 일부취하는 허용되지 않는다. 이 점에서도 소의 취하와 다르다.

★★[대판 2017.1.12. 2016다241249] 여러 개의 청구 중 일부 청구에 대하여 항소취지를 감축한 것이 항소 취하의 효력을 발생시키는지 여부(소극)

항소의 취하는 항소의 전부에 대하여 하여야 하고 항소의 일부 취하는 효력이 없으므로 병합된 수개의 청구 전부에 대하여 불복한 항소에서 그 중 일부 청구에 대한 불복신청을 철회하였다 하더라도 그것은 단지 불복의 범위를 감축하여 심판의 대상을 변경하는 효과를 가져오는 것에 지나지 아니하고, 항소인이 항소심의 변론종결 시까지 언제든지 서면 또는 구두진술에 의하여 불복의 범위를 다시 확장할 수 있는 이상 항소 그 자체의 효력에 아무런 영향이 없다.

➲ [해설] : 원고가 1심에서 3개의 청구에 대하여 청구 기각 판결을 선고받고 전부 항소하였다가 그중 2개의 청구에 대하여 항소취지를 감축하는 항소취지변경신청서를 제출한 후 이를 번복하여 위 2개의 청구를 다시 항소취지에 포함시키는 항소취지변경신청서를 제출한 사안에서, 원심은 위 2개의 청구에 대하여 이미 항소가 취하된 것이고 항소기간 경과 후에 다시 항소를 제기하는 것은 부적법하다는 이유로 이 부분 항소를 각하하였으나, 항소의 일부가 취하되는 효력이 발생하는 것이 아니라 단지 불복의 범위가 감축되었다가 항소심 변론종결 전에 다시 불복의 범위가 확장된 것에 불과한 것이므로 심리에 나아갔어야 한다고 판단한 사례이다.[3]

---

3) 대법원 민사1부(주심 김소영 대법관)는 A씨가 여객자동차운수회사인 B사와 주주 6명을 상대로 낸 주주권 확인소송(대판 2017.1.12. 2016다241249)에서 원고패소 판결한 원심을 깨고 최근 사건을 서울고법으로 돌려보냈다.
B사 대표이사는 1966년 회사를 설립하면서 A씨의 남편에게 주식 1548주를 양도했는데, A씨는 남편의 사망으로 이 주식을 상속받았다. B사는 이후 증자를 단행했고, 이 과정에서 A씨에게 신주를 발행하지 않았다. 이에 A씨는 "증자하기 전 지분 비율이 13.3448%였으므로 이 비율에 따라 주주권에 대해 확인을 해주고(청구1) 주주들에게 그 주식에 대한 주권을 인도하는 한편(청구2) B사는 명의개서 절차를 이행하라(청구3)"고 소송을 냈다.
1심은 "A씨의 남편이 주식을 양도받은 후 계속해 B사의 주주명부에 주주로 기재돼 있지는 않았고 B사가 1987년 6월 주식병합을 할 당시에도 A씨의 남편이 주권을 회사에 제출하는 등으로 그 존재를 알리지 않았다"며 "B사의 주식병합으로 새로운 주식이 발행됨으로써 구주식이 된 A씨의 주식은 특별한 사정이 없는 한 실효됐다고 할 것이어서 주주권 확인청구는 이유 없다"며 A씨의 청구를 모두 기각했다.
A씨는 1심 판결 전부에 대해 항소했다가 2015년 10월 30일 주권 인도(청구2)와 명의개서 이행(청구3) 청구에 대해서는 항소를 취하하는 내용의 신청서를 제출했다. 그러다 같은 해 11월 11일 앞서 취하한 두 가지의 청구 일부를 항소 취지에 다시 포함시키는 변경신청서를 제출했다. 그러나 2심은 "2개의 청구에 대해서는 이미 항소가 취하됐다"며 "1심 판결 정본을 받은 9월 30일을 기준으로 2주가 지나 항소기간이 지났으므로 다시 항소를 제기하는 것은 부적법하다"면서 주권 인도와 명의개서 이행청구에 대한 항소를 각하하고, 주주권 확인청구는 기각했다.
그러나 대법원의 판단은 달랐다. 원심이 각하한 2개의 청구에 대해서도 심리했어야 했다고 지적했다.
대법원은 "항소의 취하는 항소의 전부에 대해 해야 하고 항소의 일부 취하는 효력이 없으므로 병합된 수개의 청구 중 일부 청구에 대한 불복신청을 철회했다 하더라도 그것은 단지 불복의 범위를 감축해심판의 대상을 변경하는 효과를 가져오는 것에 지나지 않는다"며 "항소인이 항소심의 변론종결 시까지 언제든지 서면 또는 구두진술에 의해 불복의 범위를 다시 확장할 수 있는 이상, 항소 그 자체의 효력에는 아무런 영향이 없다"고 밝혔다.
이어 "항소 취지 변경에 의해 항소의 일부가 취하되는 효력이 발생한 것이 아니라, 단지 1심 판결의 변경을 구하는 불복의 범위가 항소장보다 좁게 변경된 것에 불과하다"며 "항소심 변론종결 전에 불복 범위에서 제외됐던 일부 청구 부분이 다시 불복의 범위에 포함됐다고 봐야 할 뿐 취하됐던 항소를 다시 제기한 것으로 볼 수는 없다"고 설명했다.

(4) 상대방 동의

소의 취하와 달리 어느 때나 상대방의 동의 없이 일방적으로 할 수 있다. 이는 제393조 제2항에서
제266조 제2항(소취하의 경우 상대방의 동의를 요구하는 규정)을 준용하고 있지 않은 점에서 분명하다.
따라서 항소인은 피고의 동의를 요하는 소의 취하와는 달리 항소심의 종국판결선고 시까지 피항
소인의 동의 없이 항소의 취하가 가능하고, 피항소인이 부대항소를 제기한 경우에도 피항소인의
동의 없이 항소를 취하할 수 있다.

(5) 소송행위 일반의 유효요건

① 항소의 취하도 소송행위이므로 소송능력 등 소송행위 일반의 유효요건을 갖추어야 한다. 따라서
　의사무능력자의 항소취하는 무효이고, 절차안정을 위하여 피항소인이 소송비용을 부담하는 것
　을 조건으로 항소를 취하한다는 것과 같은 조건은 붙일 수 없다.

② 행위자의 의사에 착오·사기·강박 등과 같은 흠을 이유로 민법규정을 유추적용하여 항소취
　하의 무효·취소를 주장할 수는 없다. 그러나 형사상 처벌을 받을 다른 사람의 행위에 의해
　항소가 취하되었을 때에는 제451조 제1항 제5호의 재심사유에 관한 규정을 유추하여 항소취
　하의 취소가 허용된다 할 것이다.

3. 항소취하의 방식

① 항소취하는 서면으로 하고, 다만 변론이나 변론준비기일에서는 말로도 할 수 있으며 이는 조
　서에 기재하여야 한다(제393조 제2항, 제266조 제3항).

② 상대방이 출석한 변론이나 변론준비기일에 항소취하가 된 경우를 제외하고는 항소취하서부본
　이나 조서등본을 상대방에게 송달하여야 하는데(제393조 제2항, 제266조 제4항), 이는 상대방에게
　항소취하의 사실을 알려 불필요한 소송준비를 하지 않도록 하기 위함이다. 따라서 항소취하서
　가 항소심법원에 제출되면 그 때에 취하의 효력이 발생하여 항소의 효과는 소급적으로 소멸하는
　것이고, 상대방에게 송달된 때에 취하의 효력이 발생하는 것은 아니다(대판 1980.8.26, 80다76).

4. 항소취하의 효과

(1) 항소의 소급소멸·원판결 확정효

항소취하가 된 경우 항소는 소급적으로 그 효력을 잃게 되고, 항소심절차는 종료된다(제393조 제2
항, 제267조 제1항). 즉, 항소의 취하에 따라 항소심의 소송절차가 종료하고 항소기간 경과 후에 항
소취하가 된 경우라면 항소기간 만료 시에 소급하여 원심판결이 그대로 확정된다. 다만, 항소취하
후이더라도 항소기간이 만료되지 않았다면 상대방은 물론 항소인도 다시 항소를 제기할 수 있다.
따라서 제1심 판결을 포함하여 전체의 소송 계속을 소멸하게 하는 소의 취하와 구별되며, 확정적
으로 다시 항소를 제기할 수 없게 하는 항소권의 포기와 다르다. 부대항소가 있는 후에 항소를
취하하면 그 부대항소도 역시 효력을 잃지만 독립부대항소의 경우에는 그러하지 아니하다(제404조
단서).

★★[대판 2016.1.14. 2015므3455] 항소기간 경과 후에 항소취하가 있는 경우, 제1심 판결이 확정되는 시기(항소기간 만료 시) 및 항소기간 경과 전에 항소취하가 있는 경우, 항소기간 내에 다시 항소제기가 가능한지 여부(적극)
　항소의 취하가 있으면 소송은 처음부터 항소심에 계속되지 아니한 것으로 보게 되나(민사소송법 제393조 제2항, 제267조 제1항), 항소취하는 소의 취하나 항소권의 포기와 달리 제1심 종국판결이 유효하게 존재하므로, ① 항소기간 경과 후에 항소취하가 있는 경우에는 항소기간 만료 시로 소급하여 제1심 판결이 확정되나, ② 항소기간 경과 전에 항소취하가 있는 경우에는 판결은 확정되지 아니하고 항소기간 내라면 항소인은 다시 항소의 제기가 가능하다.

[대판 1991.4.23. 90다14997] 판결정본 송달 전에 제기한 상소의 취하와 판결의 확정 여부(소극)
　판결선고 후 그 판결정본이 당사자에게 송달되지 않았다면 불변기간인 상소제기기간은 적법하게 진행될 수 없으므로, 당사자가 그 판결정본을 송달받기 전에 상소를 제기하였다가 그 후 취하하였다고 하여도 그 판결이 확정되지 않는다.

(2) 항소심에서의 교환적 변경과 항소취하

　항소심에서 소의 교환적 변경이 이루어진 뒤에 한 항소취하는 소취하에 따라 이미 실효된 제1심 판결을 대상으로 한 항소를 취하한다는 것으로서 효력이 없다. 즉 이 경우의 항소취하는 항소한 대상이 없어져 아무런 효력이 발생할 수 없다는 것이다.

★★[대판 1995.1.24. 93다25875] 피고의 항소로 인한 항소심에서 소의 교환적 변경이 적법하게 이루어졌다면 제1심 판결은 소의 교환적 변경에 의한 소취하로 실효되고, 항소심의 심판대상은 새로운 소송으로 바뀌어지고 항소심이 사실상 제1심으로 재판하는 것이 되므로, 그 뒤에 피고가 항소를 취하한다 하더라도 항소취하는 그 대상이 없어 아무런 효력을 발생할 수 없다.

5. 여론

(1) 항소취하의 간주

　2회에 걸쳐 항소심의 변론기일에 양쪽 당사자가 출석하지 아니한 때에 1월 내에 기일지정신청이 없거나 그 신청에 의하여 정한 기일에 또다시 출석하지 아니한 때에는 항소취하가 있는 것으로 본다(제268조 제4항).

★[대판 2019.8.30. 2018다259541] 민사소송법 제268조 제4항에서 정한 항소취하 간주가 상고의 대상이 되는 종국판결에 해당하는지 여부(소극) 및 항소취하 간주의 효력을 다투는 방법
　① 민사소송법 제268조 제4항에서 정한 항소취하 간주는 그 규정상 요건의 성취로 법률에 의하여 당연히 발생하는 효과이고 법원의 재판이 아니므로 상고의 대상이 되는 종국판결에 해당하지 아니한다.
　② 항소취하 간주의 효력을 다투려면 민사소송규칙 제67조, 제68조에서 정한 절차에 따라 항소심 법원에 기일지정신청을 할 수는 있으나 상고를 제기할 수는 없다.

(2) 항소취하의 합의

① 항소취하의 합의(항소취하계약)는 소취하의 합의와 마찬가지로 그 법적 성질 및 효과에 관하여 견해의 대립이 있다.

② 사법계약설 중 항변권발생설에 의하면 피항소인이 항소취하계약을 주장·입증한 경우 항소법원은 항소의 이익 흠결을 이유로 항소를 각하할 것이다.

> ★[대판 2018.5.30. 2017다21411] 당사자 사이에 항소취하의 합의가 있는데도 항소취하서가 제출되지 않는 경우, 상대방이 이를 항변으로 주장할 수 있는지 여부(적극) 및 이때 법원이 취하여야 할 조치
> 당사자 사이에 항소취하의 합의가 있는데도 항소취하서가 제출되지 않는 경우 상대방은 이를 항변으로 주장할 수 있고, 이 경우 항소심법원은 항소의 이익이 없다고 보아 그 항소를 각하함이 원칙이다.

Ⅱ. 항소심법원의 종국적 재판

1. 항소장각하명령

항소장방식의 위배, 항소기간의 도과, 항소장 송달불능의 경우에 재판장의 명령으로 하는 재판을 말한다.

2. 항소각하판결

항소요건에 흠이 있어 항소가 부적법할 때 판결로써 하는 재판을 말한다. 부적법한 항소로서 흠을 보정할 수 없으면 변론 없이 판결로 항소를 각하할 수 있다(제413조).

3. 항소기각판결

> **제414조(항소기각)**
> ① 항소법원은 제1심 판결을 정당하다고 인정한 때에는 항소를 기각하여야 한다.
> ② 제1심 판결의 이유가 정당하지 아니한 경우에도 다른 이유에 따라 그 판결이 정당하다고 인정되는 때에는 항소를 기각하여야 한다.

제1심 판결이 정당하고 항소가 이유 없어 제1심 판결을 유지하는 경우 항소를 기각하여야 한다. 다만 제1심 판결의 이유가 정당하지 아니한 경우에도 다른 이유에 따라 그 판결이 정당하다고 인정되는 때에는 항소를 기각하여야 한다. 즉 원판결의 주문과 일치한다고 판단되는 경우이다.

예 「원고(또는 피고)의 항소를 기각한다. 항소비용은 원고(또는 피고)가 부담한다」라고 표시한다.

4. 항소인용판결

(1) 원판결의 취소

> 제416조(제1심 판결의 취소)
> 항소법원은 제1심 판결을 정당하지 아니하다고 인정한 때에는 취소하여야 한다.
> 제417조(판결절차의 위법으로 말미암은 취소)
> 제1심 판결의 절차가 법률에 어긋날 때에 항소법원은 제1심 판결을 취소하여야 한다.

1) 자판

1) 제1심 판결을 취소하는 경우 항소심 법원은 스스로 제1심 판결에 갈음하는 판결(자판)을 할 수 있다. 항소심은 속심이어서 사실판단을 할 수 있으므로 스스로 판단(자판)함이 원칙이고 환송과 이송은 법이 정한 예외적인 경우에 한한다.

[대판 2020.12.10, 2020다255085] 제1심법원이 피고의 답변서 제출을 간과한 채 민사소송법 제257조 제1항에 따라 무변론판결을 선고한 경우, 항소법원이 제1심판결을 취소하여야 하는지 여부(적극) 및 이때 사건을 환송하지 않고 직접 다시 판결할 수 있는지 여부(적극)

① 제1심법원이 피고에게 소장의 부본을 송달하였을 때 피고가 원고의 청구를 다투는 경우에는 소장의 부본을 송달받은 날부터 30일 이내에 답변서를 제출하여야 하고(제256조 제1항), 법원은 피고가 답변서를 제출하지 아니한 때에는 청구의 원인이 된 사실을 자백한 것으로 보고 변론 없이 판결할 수 있으나(이하 '무변론판결'이라 한다), 판결이 선고되기까지 피고가 원고의 청구를 다투는 취지의 답변서를 제출한 경우에는 무변론판결을 할 수 없다(제257조 제1항). 따라서 제1심법원이 피고의 답변서 제출을 간과한 채 민사소송법 제257조 제1항에 따라 무변론판결을 선고하였다면, 이러한 제1심판결의 절차는 법률에 어긋난 경우에 해당한다. ② 항소법원은 제1심판결의 절차가 법률에 어긋날 때에 제1심판결을 취소하여야 한다(제417조). 따라서 제1심법원이 피고의 답변서 제출을 간과한 채 민사소송법 제257조 제1항에 따라 무변론판결을 선고함으로써 제1심판결 절차가 법률에 어긋난 경우 항소법원은 민사소송법 제417조에 의하여 제1심판결을 취소하여야 한다. 다만 항소법원이 제1심판결을 취소하는 경우 반드시 사건을 제1심법원에 환송하여야 하는 것은 아니므로, 사건을 환송하지 않고 직접 다시 판결할 수 있다.

---

2) 항소인의 항소가 전부 이유 있는 경우에, ① 제1심에서 원고 청구가 전부인용된 때에는 「원판결을 취소한다. 원고의 청구를 기각한다」, 제1심에서 원고 청구가 전부기각된 때에는 「원판결을 취소한다. 피고는 원고에게 금 1억원을 지급하라」, ② 제1심에서 청구일부가 인용된 경우에는 「원판결 중 피고패소부분을 취소한다. 위 취소부분에 해당하는 원고의 청구를 기각한다」, 제1심에서 일부가 기각된 경우에는 「원판결 중 원고패소부분을 취소한다. 피고는 원고에게 금 5,000만원을 지급하라」라고 표시한다.

2) 환송

> **제418조(필수적 환송)**
> 소가 부적법하다고 각하한 제1심 판결을 취소하는 경우에는 항소법원은 사건을 제1심 법원에 환송하여야 한다. 다만, 제1심에서 본안판결을 할 수 있을 정도로 심리가 된 경우, 또는 당사자의 동의가 있는 경우에는 항소법원은 스스로 본안판결을 할 수 있다.

3) 이송

> **제419조(관할위반으로 말미암은 이송)**
> 관할위반을 이유로 제1심 판결을 취소한 때에는 항소법원은 판결로 사건을 관할법원에 이송하여야 한다.

(2) 불이익변경금지의 원칙

이미 상술하였는바, 앞에서 살펴본 부분을 참조하면 족하다.

제6관 부대항소

Ⅰ. 서설

1. 의의

> **제403조(부대항소)**
> 피항소인은 항소권이 소멸된 뒤에도 변론이 종결될 때까지 부대항소를 할 수 있다.

부대항소란 피항소인이 항소인의 항소에 의하여 개시된 항소심 절차에 편승하여 항소심의 심판범위를 자기에게 유리하게 확장시키는 신청을 말한다(제403조).

2. 제도적 취지

① 부대항소는 항소인은 항소심에서 심판범위를 확장할 수 있기 때문에 이에 대응하여 피항소인에게도 부대항소로 심판범위를 확장할 수 있도록 하여 공평한 취급을 하려는 것이고(무기평등의 원칙), 피항소인이 부대항소에 의해 항소인이 불복하지 않은 부분뿐만 아니라 제1심 판결사항이 아니었던 것까지도 그 심판범위에 포함하게 하여 소송경제를 도모하려는 것이다.

② 항소기간의 도과나 항소권포기 뒤의 항소제기라는 점, 항소의 이익을 필요로 하지 아니한다는 점이 그 특징이다.

II. 법적 성질

1. 비항소성

① 부대항소의 법적 성질에 관하여는, ⅰ) 항소라고 보는 항소설이 있으나, ⅱ) 본안에 관한 공격적 신청 내지는 특수한 구제방법일 뿐 항소가 아니라고 보는 비항소설이 통설·판례의 태도이다.

[대판 1980.7.22. 80다982] ① 원고가 전부승소하였기 때문에 피고만이 항소한 경우에도 상대방이 항소심에서 청구취지의 확장을 한 경우에는 부대항소가 있는 것으로 의제된다. ② 항소심에서 제1심 사실인정에 따르면서도 원고의 과실상계 정도를 제1심과 달리 새로이 정할 수 있다.

② 항소설에 의하면 부대항소를 하는 경우에도 항소의 이익이 있어야 한다. 그러나 비항소설인 통설과 판례에 의하면 항소의 이익을 요하지 않으므로, 전부승소한 피항소인도 상대방의 항소를 이용하여 심판범위를 자기에게 유리하게 확장하는 것이 가능하다.

2. 종속성

제404조(부대항소의 종속성)
부대항소는 항소가 취하되거나 부적법하여 각하된 때에는 그 효력을 잃는다. 다만, 항소기간 이내에 한 부대항소는 독립된 항소로 본다.

III. 요건

1. 주된 항소가 적법하게 제기되었을 것

상대방과의 사이에 주된 항소가 적법하게 계속하고 있어야 한다. 따라서 항소가 취하되거나 부적법 각하된 때에는 그 효력을 잃는다(제404조).

2. 당사자 – 피항소인이 항소인을 상대로 제기한 것일 것

① 당사자 쌍방이 모두 주된 항소를 제기한 경우에는 그 일방은 상대방의 항소에 대하여 부대항소를 제기할 수 없다.

② 전부 승소한 피항소인도 부대항소를 할 수 있다. 즉, 제1심에서 원고가 전부 승소하여 피고만이 항소한 경우에 원고는 항소심에서도 청구취지를 확장·변경할 수 있고, 그것이 피고에게 불리하게 하는 한도 내에서는 부대항소를 한 것으로 의제된다.

★★[대판 1995.6.30, 94다58261] 제1심에서 전부 승소한 원고도 항소심 계속 중 그 청구취지를 확장·변
경할 수 있고, 그것이 피고에게 불리하게 하는 한도 내에서는 부대항소를 한 취지로도 볼 수 있다.

[대판 1979.8.31, 79다892] 원고가 제1심에서 금원의 수령과 동시에 소유권이전등기의 말소를 구하
여 승소판결을 받았는데 이에 대하여 피고만이 항소를 제기한 경우, 항소심에서 원고가 금원 수령과
의 동시이행부분을 철회한 것을 부대항소로 보아, 등기말소청구만을 인용하는 변경판결을 한 것은
불이익변경금지의 원칙에 위배되지 아니한다.
   ➡ [해설] : 부대항소로서의 청구취지확장에는 양적 확장은 물론 상환이행청구를 단순이행청구로 바
    구는 질적 확장도 포함한다.

③ 한편, 통상공동소송에서 항소인이 공동소송인의 1인에 대하여 항소한 경우에는 다른 공동소송
인에 대하여는 공동소송인 독립의 원칙에 의해 이미 분리·확정되었으므로, 피항소인이 아닌
다른 공동소송인은 부대항소를 할 수 없다는 점을 주의해야 한다.

3. 시기 – 항소심의 변론종결 전일 것

① 부대항소는 항소심의 변론종결 전에 하여야 하며(제403조), 항소장이 피항소인에게 송달되기
전에도 부대항소를 할 수 있다.

② 부대항소는 항소기간 도과 또는 항소권의 포기에 의하여 자기의 항소권이 소멸된 후에도 항소
심의 변론종결 전까지는 할 수 있다(제403조).

4. 범위

부대항소의 대상은 상대방이 주된 항소에 대하여 불복을 신청한 종국판결에 한한다. 따라서 제1심
판결이 당사자 일방에 대하여 일부패소의 판결을 선고할 때에 그 부분에 대한 주된 항소가 있으면
사건 전부에 대하여 이심의 효력이 발생하므로 그 항소인의 승소부분에 대하여 부대항소를 할 수
도 있다.

IV. 방식

1. 항소에 관한 규정 적용 – 부대항소장의 제출

① 부대항소에는 항소에 관한 규정을 준용한다(제405조). 부대항소장은 항소기록이 항소법원에 송
부되기 전에는 제1심 법원에, 그 후에는 항소법원에 제출한다. 부대항소장에도 항소장에 준하
는 인지를 붙여야 한다. 다만 부대항소신청을 변론에서 말로 한 경우라도 상대방의 이의권의
포기로 적법해질 수 있다.

② 부대항소장을 제출하지 않고 대신에 청구취지확장서나 반소장을 제출해도 된다. 이 경우에도
실질적으로 판단하여 상대방에게 불리하게 되는 한도에서 부대항소를 한 것으로 본다(대판 2008.
7.24, 2008다18376 등).

> [대판 2022.10.14. 2022다252387] ① 부대항소란 피항소인이 제기한 불복신청으로 항소심의 심판 범위가 항소인의 불복 범위에 한정되지 않도록 함으로써 자기에게 유리하게 제1심판결을 변경하기 위한 것이므로, 피항소인은 항소권이 소멸된 뒤에도 변론이 종결될 때까지 부대항소를 제기할 수 있으나(민사소송법 제403조), 항소에 관한 규정이 준용됨에 따라 민사소송법 제397조 제2항에서 정한대로 부대항소 취지가 기재된 '부대항소장'을 제출하는 방식으로 하여야 함이 원칙이다(민사소송법 제405조). 그러나 피항소인이 항소기간이 지난 뒤에 단순히 항소기각을 구하는 방어적 신청에 그치지 아니하고 제1심판결보다 자신에게 유리한 판결을 구하는 적극적·공격적 신청의 의미가 객관적으로 명백히 기재된 서면을 제출하고, 이에 대하여 상대방인 항소인에게 공격방어의 기회 등 절차적 권리가 보장된 경우에는 비록 그 서면에 '부대항소장'이나 '부대항소취지'라는 표현이 사용되지 않았더라도 이를 부대항소로 볼 수 있다. ② 이는 피항소인이 항소기간이 지난 뒤에 실질적으로 제1심판결 중 자신이 패소한 부분에 대하여 불복하는 취지의 내용이 담긴 항소장을 제출한 경우라고 하여 달리 볼 것은 아니다.

2. 부대항소의 취하

부대항소도 취하할 수 있으나, 상대방의 동의를 얻을 필요는 없다.

V. 효력

1. 항소심의 심판범위의 확장 – 불이익변경금지원칙의 배제

적법한 부대항소를 하면 항소심 심판범위가 항소인의 불복신청범위보다 확장되므로 불이익변경금지의 원칙의 적용이 배제되어, 결국 항소인에게 원심판결 이상의 불이익한 판결이 날 수도 있다.

> ★★[대판 2003.9.26. 2001다68914]
> [1] 부대항소란 피항소인의 항소권이 소멸하여 독립하여 항소를 할 수 없게 된 후에도 상대방이 제기한 항소의 존재를 전제로 이에 부대하여 원판결을 자기에게 유리하게 변경을 구하는 제도로서, 피항소인이 부대항소를 할 수 있는 범위는 항소인이 주된 항소에 의하여 불복을 제기한 범위에 의하여 제한을 받지 아니한다.
> [2] 원고의 청구가 모두 인용된 제1심 판결에 대하여 피고가 지연손해금 부분에 대하여만 항소를 제기하고, 원금 부분에 대하여는 항소를 제기하지 아니하였다고 하더라도 제1심에서 전부 승소한 원고가 항소심 계속 중 부대항소로서 청구취지를 확장할 수 있는 것이므로, 항소심이 원고의 부대항소를 받아들여 제1심 판결의 인용금액을 초과하여 원고 청구를 인용하였더라도 거기에 불이익변경금지의 원칙이나 항소심의 심판범위에 관한 법리오해의 위법이 없다.

2. 부대항소의 종속성

부대항소는 상대방의 항소에 편승하여 자기에게 유리한 청구를 확장하는 것이므로 주된 항소의 취하 또는 각하에 의하여 그 효력을 잃는다(제404조). 다만, 항소기간 내에 제기한 부대항소는 독립된 항소로 보므로(제404조 단서) 항소의 취하나 각하에 의하여 영향을 받지 않는데, 이를 독립부대항소라고 한다.

제3절　상고

Ⅰ. 상고의 의의

> **제421조(소송기록의 반송)**
> 소송이 완결된 뒤 상고가 제기되지 아니하고 상고기간이 끝난 때에는 법원사무관등은 판결서, 제402조에 따른 명령 또는 제402조의3에 따른 결정의 정본을 소송기록에 붙여 제1심 법원에 보내야 한다. [개정 2024.1.16. / 시행일 2025.3.1.]
>
> **제422조(상고의 대상)**
> ① 상고는 고등법원이 선고한 종국판결과 지방법원 합의부가 제2심으로서 선고한 종국판결에 대하여 할 수 있다.
> ② 제390조 제1항 단서(비약상고의 합의)의 경우에는 제1심의 종국판결에 대하여 상고할 수 있다.

① 상고는 종국판결에 대한 법률심에의 상소로, 원판결의 당부를 오로지 법령의 준수·적용의 측면에서만 심사할 것을 구하는 불복신청이다. 상고는 원칙적으로 항소심의 종국판결에 대한 상소로 인정된다. 고등법원이 제2심으로서 내린 판결과 지방법원 합의부가 제2심으로 내린 판결이 상고의 대상이다(제422조 제1항).

② 상고는 항소와 달리 법률심에의 상소이므로 상고심에서는 스스로 사건의 사실인정을 다시 행하지 않는다. 원판결의 사실인정의 당부를 심사하지 않은 채, 오히려 이에 기속된다(제432조). 그 위에 법률적인 측면에서 판단을 하여야 하는 사후심이다.

Ⅱ. 상고심의 절차

상고심은 「① 상고장의 제출 → ② 재판장(원심·항소심 재판장)의 상고장 심사 → ③ 소송기록송부와 접수통지(상고심 법원) → ④ 상고이유서 제출(상고인) → ⑤ 상고이유서 송달(상고심 법원) → ⑥ 답변서 제출(피상고인) → ⑦ 상고요건 및 심리불속행사유의 조사(상고심 법원) → ⑧ 상고이유의 심리 → ⑨ 상고심의 종국판결」의 순으로 진행된다.

1. 상고의 제기

(1) 상고장의 제출

상고는 상고기간 내에 상고장을 원심법원에 제출함으로써 제기한다(제425조, 제397조). 상고기간의 준수 여부는 원심법원에 상고장을 접수한 때를 기준으로 한다(대판 1981.10.13, 81누230).

(2) 재판장의 상고장 심사

상고장이 원심법원에 제출되면 먼저 원심재판장은 필요적 기재사항의 기재유무, 소정 인지의 첨부 여부, 상고기간 경과유무 등의 형식상 불비가 있는지 여부를 심사하고, 그 흠결이 발견되면 상고인에게 보정을 명하고 이에 불응하거나 보정이 불가능한 경우에는 명령으로 상고장을 각하한다(제425조, 제399조).

(3) 소송기록송부와 접수통지

항소장이 각하되지 아니한 때에 원심법원의 법원사무관 등은 상고장이 제출된 날부터 2주 이내에 소송기록을 상고법원으로 보내야 한다(제425조, 제400조). 상고법원의 법원사무관 등은 원심법원의 법원사무관 등으로부터 소송기록을 받은 때에는 바로 그 사유를 당사자에게 통지하여야 한다(제426조).

2. 상고이유서의 제출

(1) 내용 및 효과

> **제427조(상고이유서 제출)**
> 상고장에 상고이유를 적지 아니한 때에 상고인은 제426조의 통지(소송기록 접수의 통지)를 받은 날부터 20일 이내에 상고이유서를 제출하여야 한다.
> **제429조(상고이유서를 제출하지 아니함으로 말미암은 상고기각)**
> 상고인이 제427조의 규정을 어기어 상고이유서를 제출하지 아니한 때에는 상고법원은 변론 없이 판결로 상고를 기각하여야 한다. 다만, 직권으로 조사하여야 할 사유가 있는 때에는 그러하지 아니하다.

① 상고장에 상고이유를 적지 아니한 때에 상고인은 소송기록접수의 통지를 받은 날부터 20일 이내에 상고이유서를 제출하여야 한다(제427조). 상고인이 위 기간 내에 상고이유서를 제출하지 않으면 상고법원은 변론 없이 판결로 상고를 기각하여야 한다(제429조 본문). 이 경우에는 판결에 이유를 기재하지 않아도 되고 선고 없이 상고인에게 송달됨으로써 효력이 발생한다(상고심절차에 관한 특례법 제5조). 다만, 직권으로 조사하여야 할 사유에 관하여 원심판결에 위법이 있는 때에는 상고를 기각할 수 없으며 원심판결을 파기하여야 한다(제429조 단서).

② 상고이유서 제출기간은 불변기간이 아니므로, 추완신청의 대상이 될 수 없다(대결 1981.1.28, 81사2).

③ 상고이유는 상고장에 기재하거나 상고이유서라는 독립된 서면으로 하여야 하는데, 상고법원은 상고이유에 의하여 불복신청한 한도 내에서만 조사 · 판단할 수 있으므로(제431조), 상고이유서에는 상고이유를 특정하여 원심판결의 어떤 점이 법령에 어떻게 위반되었는지에 관하여 구체적이고도 명시적인 이유의 설시가 있어야 한다(대판 1998.3.27, 97다55126). 구체적이고도 명시적인 이유의 설시가 없는 때에는 상고이유서를 제출하지 않은 것으로 취급할 수밖에 없다(대판 2001.3.23, 2000다29356, 대판 2017.5.31, 2017다216981). 상고이유는 다음과 같다.

(2) 상고이유

제423조에 규정한 상고이유를 일반적 상고이유라 하고, 제424조에 규정한 상고이유를 절대적 상고이유라 한다.

1) 일반적 상고이유

> **제423조(상고이유)**
> 상고는 판결에 영향을 미친 헌법·법률·명령 또는 규칙의 위반이 있다는 것을 이유로 드는 때에만 할 수 있다.

가) 법령 위반

① 상고에 있어서 상고인의 원판결에 대한 불복의 주장은 법령(헌법·법률·명령 또는 규칙 등)의 위반이 있음을 이유로 하여야 한다(제423조). 따라서 새로운 사실이나 증거의 제출에 의하여 원판결의 사실인정을 다툴 여지는 없다. 제423조는 법령에 헌법·법률·명령 또는 규칙만을 정하고 있으나, 이는 예시규정으로서 그 밖에 관습법·경험법칙 등이 포함된다고 보는 것이 통설이다. 판례도 경험칙위반을 제423조 소정의 법령위반과 동일시하고 있다.

[대판 1998.7.10, 98다4774] 특별한 기능이 없이 농촌일용노동에 종사하는 자의 일실수입 산정의 기초가 되는 월 가동일수는 경험칙상 25일로 추정되므로 매월 22일씩 가동할 수 있음을 경험칙에 의하여 인정한 원심은 월 가동일수에 관한 법리를 오해한 위법이 있고, 이는 판결에 영향을 미쳤음이 명백하다.

② 그러나 모든 법령위반이 곧바로 상고이유가 되는 것이 아니라, 그 법령위반이 판결의 결론인 주문의 판단에 영향을 미친 인과관계가 있는 경우에 한한다.

나) 위반의 모습

① 판결이 법령에 위반한다고 하는 것에는 판결 중의 법률판단이 잘못된 경우와 심리과정인 절차에 과오가 있는 경우가 있다. 특히 사실상 추정의 법리(일응의 추정 포함), 논리적·경험법칙의 위반을 채증법칙 위반이라 하고, 절차상 과오로서 석명의무 내지 지적의무의 위반, 변론절차 등 절차법규의 위반을 심리미진이라 한다.

② 판례는 종종 원심이 법령의 해석을 잘못한 결과, 필요한 사실의 해명이 충분하게 행하여지지 못한 것과 같은 경우에 이유불비 등과 중첩적 또는 선택적으로 심리미진이라는 이유로 원판결을 파기하고 있다. 그러나 상고심의 법률심으로서의 성격상 심리미진이라는 이름으로 사실심의 사실인정에 간섭하는 것은 문제가 있다고 하겠다.

2) 절대적 상고이유

> **제424조(절대적 상고이유)**
> ① 판결에 다음 각 호 가운데 어느 하나의 사유가 있는 때에는 상고에 정당한 이유가 있는 것으로 한다.
>   1. 법률에 따라 판결법원을 구성하지 아니한 때
>   2. 법률에 따라 판결에 관여할 수 없는 판사가 판결에 관여한 때
>   3. 전속관할에 관한 규정에 어긋난 때
>   4. 법정대리권·소송대리권 또는 대리인의 소송행위에 대한 특별한 권한의 수여에 흠이 있는 때
>   5. 변론을 공개하는 규정에 어긋난 때
>   6. 판결의 이유를 밝히지 아니하거나 이유에 모순이 있는 때
> ② 제60조 또는 제97조의 규정에 따라 추인한 때에는 제1항 제4호의 규정을 적용하지 아니한다.

① 일반적 상고이유와 달리 법은 특히 중대한 절차위반을 열거하여 그러한 절차위반이 있으면 원판결에의 영향 유무에 관계없이 당연히 상고이유가 있는 것으로서 규정하여 구체적으로 판결의 결론에 대한 영향을 불문하고 있다. 이를 「절대적 상고이유」라고 한다(제424조).

② 절대적 상고이유는 법률에 따라 판결법원을 구성하지 아니한 때(제1호), 법률에 따라 판결에 관여할 수 없는 판사가 판결에 관여한 때(제2호), 전속관할에 관한 규정에 어긋난 때(제3호), 법정대리권, 소송대리권 또는 대리인이 소송행위에 대한 특별한 권한의 수여에 흠이 있는 때(제4호), 변론을 공개하는 규정에 어긋난 때(제5호), 판결의 이유를 밝히지 아니하거나 이유에 모순이 있는 때(제6호)이다.

③ 그런데 그 취지로부터 위 사유는 한정열거라고 풀이할 것은 아니므로 필요에 따라서 유추적용이 허용되며, 또한 재심사유도 상소로 주장할 수 있으므로(제451조 제1항 단서) 절대적 상고이유에 포함되지 않은 재심사유(동조 동항 제4호 이하)도 중대한 절차위반으로서 실질상으로 상고이유가 된다고 풀이할 것이다.

④ 그리고 원판결의 판결성립절차에 법령위반이 있는 경우도 파기이유로 되어 있으므로(제425조, 제417조) 상고이유가 된다.

⑤ 다만, 소액사건에서는 법률·명령·규칙 또는 처분의 헌법 위반 여부와 명령·규칙 또는 처분의 법률위반 여부에 대한 판단이 부당한 때나 대법원의 판례에 상반되는 판단을 한 때에만 상고를 할 수 있다고 하여 상고이유를 제한하는 특례가 마련되어 있다(소액사건심판법 제3조).

[대판 2023.10.18. 2019다266386] 소액사건에 관한 상고이유 중 '대법원 판례에 상반되는 판단을 한 때'의 요건을 갖추지 않았지만 대법원이 실체법의 해석과 적용에 관하여 판단할 수 있는지 여부

소액사건에 적용되는 법령의 해석에 관한 대법원 판례가 명확하지 않고, 그 법령이 적용되는 다수 사건이 하급심에 계속되는 등 특별한 사정이 있는 경우에는 소액사건에 관한 상고이유 중 '대법원 판례에 상반되는 판단을 한 때'의 요건을 갖추지 아니하였더라도 법령해석의 통일이라는 대법원의 본질적 기능에 비추어 실체법의 해석과 적용에 관하여 판단할 수 있다.

[대판 2025.5.29, 2023다240466] 소액사건에 관하여 상고이유로 할 수 있는 '대법원의 판례에 상반되는 판단을 한 때'라는 요건을 갖추지 아니하였더라도 대법원이 실체법 해석·적용의 잘못에 관하여 판단할 수 있는 경우

소액사건에서 구체적 사건에 적용할 법령의 해석에 관한 대법원판례가 아직 없는 상황인데 같은 법령의 해석이 쟁점으로 되어 있는 다수의 소액사건이 하급심에 계속되어 있을 뿐 아니라 재판부에 따라 엇갈리는 판단을 하는 사례가 나타나고 있는 경우에는, 소액사건이라는 이유로 대법원이 그 법령의 해석에 관하여 판단을 하지 아니한 채 사건을 종결한다면 국민생활의 법적 안전성을 해칠 것이 우려된다. 따라서 이와 같은 특별한 사정이 있는 경우에는 소액사건에 관하여 상고이유로 할 수 있는 '대법원의 판례에 상반되는 판단을 한 때'라는 요건을 갖추지 아니하였더라도 법령해석의 통일이라는 대법원의 본질적 기능을 수행하는 차원에서 실체법 해석·적용의 잘못에 관하여 판단할 수 있다고 보아야 한다.

3. 상고이유서 송달과 답변서 제출

> **제428조(상고이유서, 답변서의 송달 등)**
> ① 상고이유서를 제출받은 상고법원은 바로 그 부본이나 등본을 상대방에게 송달하여야 한다.
> ② 상대방은 제1항의 서면을 송달받은 날부터 10일 이내에 답변서를 제출할 수 있다.
> ③ 상고법원은 제2항의 답변서의 부본이나 등본을 상고인에게 송달하여야 한다.

4. 상고요건 및 심리불속행사유의 조사 - 심리불속행제도

> ◈ 상고심절차에 관한 특례법 ◈
>
> **제4조(심리의 불속행)**
> ① 대법원은 상고이유에 관한 주장이 다음 각 호의 어느 하나의 사유를 포함하지 아니한다고 인정하면 더 나아가 심리를 하지 아니하고 판결로 상고를 기각한다.
>   1. 원심판결이 헌법에 위반되거나, 헌법을 부당하게 해석한 경우
>   2. 원심판결이 명령·규칙 또는 처분의 법률위반 여부에 대하여 부당하게 판단한 경우
>   3. 원심판결이 법률·명령·규칙 또는 처분에 대하여 대법원 판례와 상반되게 해석한 경우
>   4. 법률·명령·규칙 또는 처분에 대한 해석에 관하여 대법원 판례가 없거나 대법원 판례를 변경할 필요가 있는 경우
>   5. 제1호부터 제4호까지의 규정 외에 중대한 법령위반에 관한 사항이 있는 경우
>   6. 「민사소송법」 제424조(절대적 상고이유) 제1항 제1호부터 제5호까지에 규정된 사유가 있는 경우
> ② 가압류 및 가처분에 관한 판결에 대하여는 상고이유에 관한 주장이 제1항 제1호부터 제3호까지에 규정된 사유를 포함하지 아니한다고 인정되는 경우 제1항의 예에 따른다.
> ③ 상고이유에 관한 주장이 제1항 각 호의 사유(가압류 및 가처분에 관한 판결의 경우에는 제1항 제1호부터 제3호까지에 규정된 사유)를 포함하는 경우에도 다음 각 호의 어느 하나에 해당할 때에는 제1항의 예에 따른다.
>   1. 그 주장 자체로 보아 이유가 없는 때
>   2. 원심판결과 관계가 없거나 원심판결에 영향을 미치지 아니하는 때

① 무익한 상고·남상소를 본안심리에 앞서서 사전에 체크하여 대법원의 법률심으로의 기능을 효율적으로 수행하게 하고 법률관계를 신속하게 확정하기 위하여 1994년 「상고심절차에 관한 특례법」에 따라 상고심리불속행제도가 채택되었다. 그리하여 당사자에 의하여 주장된 상고이유가 중대한 법령위반과 같은 상고심절차에 관한 특례법상의 일정한 사유에 해당되지 아니한다고 판단될 때에는 상고법원은 더 나아가 심리를 진행하지 아니하고 상고기각판결을 한다(상고심절차에 관한 특례법 제4조 제1항).

② 심리속행사유는 상고이유에 관한 본안심리의 속행을 위해 갖추어야 할 요건이므로 상고요건과 마찬가지로 직권조사사항이다.

5. 상고심의 본안심리

(1) 심리의 범위 – 상고이유의 심리

상고법원은 상고이유에 따라 불복신청의 한도 안에서 심리한다(제431조). 다만 법원이 직권으로 조사하여야 할 사항에 대하여는 그러하지 아니하다(제434조).

(2) 심리의 방법

① 상고심은 원심법원이 적법하게 행한 사실인정에 기속되고(제432조), 직권조사사항을 제외하고는 새로운 소송자료의 수집과 사실확정을 할 수 없다. 원판결의 당부를 법률적인 측면에서만 심사하기 때문에 법률심이라고 부른다.

② 본안심리에 있어서 제1심 및 제2심과 다르게, 서면심리를 하여 상고장, 상고이유서, 답변서 그 밖의 소송기록에 의하여 상고를 이유 없다고 인정하면 변론을 거치지 않고 종국판결로 상고를 기각할 수 있다. 상고를 인용하여 원판결을 파기하는 경우에도 변론을 열지 않아도 무방하다(제430조). 즉 임의적 변론이다.

③ 그런데 소송관계를 명료하게 하기 위하여 필요한 경우에는 특정한 사항에 관하여 변론을 열어 참고인의 진술을 들을 수 있다(제430조 제2항). 상고심의 심리에서 치열한 공방이 이루어지거나 특히 이해관계가 첨예하게 대립하고 국가 전체에 큰 영향을 미치는 중요한 사건에 관하여 변론을 열어 전문가의 진술을 청취할 수 있도록 한 것이다.

6. 상고심의 종료

(1) 총설

① 상고심에서도 소의 취하, 청구의 포기·인낙, 소송상의 화해 그리고 상고의 취하가 허용된다.

② 상고심은 ⅰ) 상고요건에 흠이 있는 때에는 판결로써 상고를 각하한다(제425조, 제413조). ⅱ) 상고가 이유 없다고 인정할 때에는 상고기각의 본안판결을 하여야 하고(제425조, 제414조 제1항), 상고이유대로 원판결이 부당하다고 하더라도 다른 이유에 의하여 결과적으로 정당하다고 인정되면 상고기각을 하여야 한다(제425조, 제414조 제2항). 상고인이 기간 내에 상고이유서를 제출하지 아니한 때나 상고이유에 관한 주장이 심리속행사유를 포함하고 있지 아니한 때에도 판결로 상고를 기각한다. 그러나 ⅲ) 상고가 이유 있다고 인정할 때에는 원판결을 파기하여야 한다. 파기 후에는 사건을 원심법원에 환송하거나 동등한 다른 법원에 이송함이 원칙이다(제436조). 다만 일정한 경우에는 스스로 종국판결을 하여야 한다(제437조).

(2) 상고인용판결

1) 원판결의 파기환송(이송)

> **제436조(파기환송, 이송)**
> ① 상고법원은 상고에 정당한 이유가 있다고 인정할 때에는 원심판결을 파기하고 사건을 원심법원에 환송하거나, 동등한 다른 법원에 이송하여야 한다.
> ② 사건을 환송받거나 이송받은 법원은 다시 변론을 거쳐 재판하여야 한다. 이 경우에는 상고법원이 파기의 이유로 삼은 사실상 및 법률상 판단에 기속된다.
> ③ 원심판결에 관여한 판사는 제2항의 재판에 관여하지 못한다.
> **제438조(소송기록의 송부)**
> 사건을 환송하거나 이송하는 판결이 내려졌을 때에는 법원사무관 등은 2주 이내에 그 판결의 정본을 소송기록에 붙여 사건을 환송받거나 이송받을 법원에 보내야 한다.

가) 의의

상고심에 의한 원판결의 취소를 특히 파기라고 부른다. 상고심은 상고가 이유 있다고 인정할 때에는 원판결을 파기하여야 한다. 직권조사사항에 관하여 조사한 결과, 원판결이 부당한 때에도 파기이유가 된다. 상고심에서는 사건에 대한 사실인정을 다시 행하지 않으므로 원판결을 파기하는 때에는 항소심에서의 취소·자판의 경우와는 반대로 사건을 사실심으로 환송하거나 동등한 다른 법원에 이송함이 원칙이다(제436조 제1항).

나) 환송판결의 기속력

① 의의

환송받은 법원이 다시 심판을 하는 경우에는 상고법원이 파기의 이유로 한 사실상 및 법률상의 판단에 기속된다(제436조 제2항 후문). 이를 환송판결의 기속력이라고 한다.

② 성질

기속력의 성질에 관하여 ⅰ) 중간판결에 인정되는 기속력으로 보는 견해(중간판결설), ⅱ) 확정판결의 기판력으로 보는 견해도 있으나(기판력설), ⅲ) 통설은 심급제도의 보장을 위해 상급심의 판결이 하급심을 구속하는 특수한 효력으로 보고 있다(특수효력설). ⅳ) 판례도 환송판결은 형식적으로 보면 확정된 종국판결에 해당하여 제436조 제2항 후문의 규정에 의하여 하급심에 대한 특수한 효력이 인정된다고 하였다(특수효력설).

③ 기속력의 내용

환송받은 법원이 기속되는 것은 대법원이 한 사실상 판단과 법률상 판단이다.

ⅰ) **사실상의 판단** : 민사소송법 제436조 제2항 후문의 규정에 의하여 환송받은 법원을 기속하는 "상고법원의 파기이유로 한 사실상의 판단"이라 함은 상고법원이 절차상의 직권조사사항에 관하여 한 사실상의 판단이나 절차위배를 판단함에 있어 인정한 사실을 말하고, 본안에 관한 사실판단을 말하는 것이 아니다(대판 1996.9.20, 96다6936; 대판 1963.6.20, 63다262).

따라서 파기이유로 삼지 않은 본안에 관한 사실인정은 환송받은 법원이 새로운 주장과 제출된 증거에 의하여 새롭게 할 수 있다(대판 2000.4.25, 2000다6858).

ⅱ) **법률상의 판단** : (ㄱ) 민사소송법 제436조 제2항의 환송받은 법원이 기속되는 "상고법원이 파기이유로 한 법률상의 판단"에는 상고법원이 명시적으로 설시한 법률상의 판단뿐 아니라 명시적으로 설시하지 아니하였다 하더라도 파기이유로 한 부분과 논리적·필연적 관계가 있어서 상고법원이 파기이유의 전제로서 당연히 판단하였다고 볼 수 있는 법률상의 판단도 포함되는 것으로 보아야 할 것이다(대판 1991.10.25, 90누7890). **예** 소송요건의 흠도 상고이유로 한 경우에 소송요건을 긍정하면서 본안판단의 위법을 들어 파기한 때에는 소송요건의 존재를 긍정한 판단에도 구속력이 생긴다. (ㄴ) 원판결을 파기하면서 파기이유로 하지 않은 부분에서 부수적으로 지적한 사항에는 기속력이 없다(대판 1997.4.25, 97다904).

[대판 1991.10.25, 90누7890] 민사소송법 제406조 제2항에 의하여 환송받은 법원이 기속되는 "상고법원이 파기이유로 한 법률상의 판단"에는 상고법원이 명시적으로 설시한 법률상의 판단뿐 아니라 명시적으로 설시하지 아니하였다 하더라도 파기이유로 한 부분과 논리적·필연적 관계가 있어서 상고법원이 파기이유의 전제로서 당연히 판단하였다고 볼 수 있는 법률상의 판단도 포함되는 것으로 보아야 할 것이다.

[대판 2012.3.29, 2011다106136]

[1] 민사소송법 제436조 제2항에 의하여 환송받은 법원이 기속되는 '상고법원이 파기이유로 한 법률상 판단'에는 상고법원이 명시적으로 설시한 법률상 판단뿐 아니라 명시적으로 설시하지 아니하였더라도 파기이유로 한 부분과 논리적·필연적 관계가 있어서 상고법원이 파기이유의 전제로서 당연히 판단하였다고 볼 수 있는 법률상 판단도 포함되는 것으로 보아야 한다.

[2] 환송 전 원심이 甲이 乙 등에게 부동산을 명의신탁하였고, 그 후 丙이 위 부동산을 증여받았음을 원인으로 하여 구 임야소유권 이전등기에 관한 특별조치법(이하 '구 특조법'이라 한다)에 따라 소유권이전등기를 마친 사실 등을 인정한 다음, 위 증여에 대하여는 구 특조법이 적용되지 않음을 전제로 丙 명의 등기의 추정력이 깨어졌으므로 甲은 乙 등에 대한 명의신탁을 해지하고 乙 등 또는 상속인을 대위하여 위 부동산에 경료된 등기의 말소를 청구할 수 있다는 취지로 판단하였고, 이에 대하여 환송판결이 丙이 등기원인으로 내세웠던 사실에 대하여도 구 특조법이 적용된다는 이유로 환송 전 원심판결을 파기환송하였는데, 환송 후 원심이 甲이 부동산을 乙 등에게 명의신탁하였음을 인정할 증거가 없다는 이유로 甲의 소를 각하한 사안에서, 채권자대위소송에서 대위에 의하여 보전될 채권자의 채무자에 대한 권리(피보전채권)가 존재하는지는 소송요건으로서 법원의 직권조사사항이므로, 환송판결이 구 특조법에 의하여 경료된 등기의 추정력이 번복되는 경우인지에 관해서만 판단하였더라도, 그 판단은 甲이 乙 등 또는 상속인에 대하여 명의신탁 해지에 따른 이전등기청구권을 가지고 이를 피보전채권으로 하여 乙 등 또는 상속인을 대위할 수 있어 소송요건을 구비하였다는 판단을 당연한 논리적 전제로 하고 있으므로, 환송판결의 기속력은 甲의 청구가 소송요건을 구비한 적법한 것이라는 판단에 대하여도 미침에도, 환송 후 원심이 甲의 청구가 소송요건을 구비하지 못한 부적법한 소라고 본 것은 환송판결의 기속력에 반하여 위법하다.

[**대판 1997.4.25. 97다904**] 상고법원으로부터 사건을 환송받은 법원은 그 사건을 다시 재판함에 있어서 상고법원이 파기이유로 한 사실상 및 법률상의 판단에 기속을 받는 것이나, 환송판결의 기속력은 파기이유와 논리적·필연적 관계가 없는 부분에 대하여도 미치는 것은 아니라 할 것이므로, 환송 후 원심이 환송판결에서 파기이유로 하지 않은 부분에서 부수적으로 지적한 시효이익의 포기의 점에 대하여 더 심리를 하지 않고, 환송 전 원심판결과 같은 판단을 하였다고 하더라도 위법하다고 할 수는 없다.

④ **기속력의 작용범위**

ⅰ) **객관적 범위** : 기속력은 객관적으로는, 판결이유 속의 판단에도 미치나 해당 사건에 한하여 작용하고, 다른 사건에는 미치지 아니한다. 그러므로 다른 사건에서는 이와 달리 판단하여도 상관이 없다.

ⅱ) **주관적 범위** : 해당 사건에 관한 한 주관적으로는 환송을 받은 법원 및 그 하급심 법원에 미친다. 또한 그 사건이 재상고된 때에는 상고법원(대법원의 부)도 기속함이 원칙이다(자기기속력). 그러나 판례는 재상고사건을 심판하여 종전의 법률상 판단을 변경하려는 재상고심의 전원합의체는 기속되지 않는다고 하여, 종래 재상고심의 전원합의체까지 기속된다고 보았던 입장을 변경하였다(대판(전) 2001.3.15. 98두15597).

[**대판(전) 2001.3.15. 98두15597**] 상고심으로부터 사건을 환송받은 법원은 그 사건을 재판함에 있어서 상고법원이 파기이유로 한 사실상 및 법률상의 판단에 대하여, 환송 후의 심리과정에서 새로운 주장이나 입증이 제출되어 기속적 판단의 기초가 된 사실관계에 변동이 생기지 아니하는 한 이에 기속을 받는다고 할 것이다. 따라서 환송 후 원심판결이 환송 전후를 통하여 사실관계에 아무런 변동이 없음에도 불구하고 환송판결이 파기이유로 한 법률상의 판단에 반하는 판단을 한 것은 일응 환송판결의 기속력에 관한 법리를 오해한 위법을 저지른 것이라고 아니할 수 없다. 그런데 행정소송법 제8조 제2항에 의하여 행정소송에 준용되는 민사소송법 제406조 제2항이, 사건을 환송받은 법원은 상고법원이 파기이유로 한 법률상의 판단 등에 기속을 받는다고 규정하고 있는 취지는, 사건을 환송받은 법원이 자신의 견해가 상고법원의 그것과 다르다는 이유로 이에 따르지 아니하고 다른 견해를 취하는 것을 허용한다면 법령의 해석적용의 통일이라는 상고법원의 임무가 유명무실하게 되고, 사건이 하급심법원과 상고법원 사이를 여러 차례 왕복할 수밖에 없게 되어 분쟁의 종국적 해결이 지연되거나 불가능하게 되며, 나아가 심급제도 자체가 무의미하게 되는 결과를 초래하게 될 것이므로, 이를 방지함으로써 법령의 해석적용의 통일을 기하고 심급제도를 유지하며 당사자의 법률관계의 안정과 소송경제를 도모하고자 하는 데 있다고 할 수 있다. 따라서 위와 같은 환송판결의 하급심법원에 대한 기속력을 절차적으로 담보하고 그 취지를 관철하기 위하여서는 원칙적으로 하급심법원뿐만 아니라 상고법원 자신도 동일 사건의 재상고심에서 환송판결의 법률상 판단에 기속된다고 할 것이다. 그러나 한편, 대법원은 법령의 정당한 해석적용과 그 통일을 주된 임무로 하는 최고법원이고, 대법원의 전원합의체는 종전에 대법원에서 판시한 법령의 해석적용에 관한 의견을 스스로 변경할 수 있는 것인바(법원조직법 제7조 제1항 제3호), 환송판결이 파기이유로 한 법률상 판단도 여기에서 말하는 '대법원에서 판시한 법령의 해석적용에 관한 의견'에 포함되는 것이므로 대법원의 전원합의체가 종전의 환송판결의 법률상 판단을 변경할 필요가 있다고 인정하는 경우에는, 그에 기속되지

아니하고 통상적인 법령의 해석적용에 관한 의견의 변경절차에 따라 이를 변경할 수 있다고 보아야 할 것이다. 환송판결이 한 법률상의 판단을 변경할 필요가 있음에도 불구하고 대법원의 전원합의체까지 이에 기속되어야 한다면, 그것은 전원합의체의 권능 행사를 통하여 법령의 올바른 해석적용과 그 통일을 기하고 무엇이 정당한 법인가를 선언함으로써 사법적 정의를 실현하여야 할 임무가 있는 대법원이 자신의 책무를 스스로 포기하는 셈이 될 것이고, 그로 인하여 하급심법원을 비롯한 사법전체가 심각한 혼란과 불안정에 빠질 수도 있을 것이며 소송경제에도 반하게 될 것임이 분명하다. 그리고 이와 같은 환송판결의 자기기속력의 부정은 법령의 해석적용에 관한 의견변경의 권능을 가진 대법원의 전원합의체에게만 그 권한이 주어지는 것이므로 그로 인하여 사건이 대판과 원심법원을 여러 차례 왕복함으로써 사건의 종국적 해결이 지연될 위험도 없다고 할 것이다.

⑤ 기속력의 소멸

환송판결에 나타난 법률상의 견해가 후에 판례변경으로 바뀌었을 때(견해 대립 존재), 새로운 주장·증명이나 주장·증명의 보강으로 전제된 사실관계의 변동이 생긴 때, 법령의 변경이 생겼을 때는 기속력이 소멸한다.

⑥ 기속력 위반의 효과

하급심 법원이 환송판결의 기속력을 무시하고 판결을 한 경우 그 판결은 법령위반으로 항소·상고이유가 된다.

다) 환송 후의 심리절차

① 상고심에 의하여 원판결이 파기되어 환송받은 법원은 그 심급의 소송절차에 따라 새로 변론을 열어 심리하지 않으면 안 된다(제436조 제2항). 환송 후의 항소심은 환송 전의 변론을 재개하여 속행하는 것에 지나지 않는다(대판 1982.9.28, 81다카934). 다만 환송 뒤에는 새로 재판부를 구성하여야 하는 관계로(원심판결에 관여한 판사는 이에 관여할 수 없다. 동조 제3항) 반드시 변론의 갱신 절차를 밟아야 하고, 당사자는 종전의 변론결과를 진술하여야 한다(제407조 제2항의 유추). 이에 의하여 환송 전 원심의 소송자료와 증거자료가 원용되어 새로운 판결의 인정자료로 사용될 수 있다. 그리고 시기에 뒤늦지 않는 한, 새로운 공격방어방법도 제출할 수 있다(대판 1984.3.27, 83다카1135).

★[대판 1982.9.28, 81다카934] 파기환송 받은 항소심 법원에서의 소변경의 가부

파기환송 받은 항소심이 다시 여는 변론은 실질적으로는 종전 변론의 재개, 속행에 지나지 아니하니 당사자는 변론종결에 이르기까지 항소범위의 변경, 소의 변경이나 새로운 공격방어의 방법을 제출할 수 있는 것이므로 이로 인한 판결이 환송 전의 판결보다도 불리한 결과가 생기게도 되는 것이며 항소법원이 환송 전 판결에 대하여 불복한 범위 내에서만 심리 재판하는 것은 아니다.

② 판례는 사건이 상고심에서 항소심으로 파기환송된 경우, 환송 전의 항소심에서 소송대리권을 가졌던 소송대리인의 대리권은 부활한다고 보아, 환송 받은 항소심에서 환송 전의 항소심의 소송대리인에게 한 송달은 당사자에게 한 송달과 마찬가지의 효력이 있다고 한다(대판 1984.6.14, 84다카744; 대판 1963.1.31, 62다792).

③ 환송 뒤 항소심의 심판대상은 원심 판결 가운데 파기되어 환송된 부분만이다(대판 1998.4.14, 96다2187). 결국 상고로 불복신청이 없었던 부분은 환송 후 항소심의 심판대상에서 제외된다.

★[대판 1991.5.24. 90다18036] 원고의 청구가 일부 인용된 환송 전 원심판결에 대하여 원고만이 상고하고 상고심이 이 상고를 받아들여 원심판결 중 원고 패소부분을 파기 환송한 경우, 환송 전 원심판결 중 원고의 승소부분이 환송 후 원심의 심리대상이 되는지 여부(소극)

원고의 청구가 일부 인용된 환송 전 원심판결에 대하여 원고만이 상고하고 상고심은 이 상고를 받아들여 원심판결 중 원고 패소부분을 파기 환송하였다면, 원고 패소부분만이 상고되었으므로 위의 상고심에서의 심리대상은 이 부분에 국한되었으며, 환송되는 사건의 범위, 다시 말하자면 환송 후 원심의 심판범위도 환송 전 원심에서 원고가 패소한 부분과 환송 후 원심에서 확장된 청구부분에 한정되고, 환송 전 원심판결 중 원고의 승소부분은 확정되었다 할 것이므로 환송 후 원심으로서는 이에 대하여 심리할 수 없다.

★[대판 2013.2.28. 2011다31706] 원고의 청구가 일부 인용된 환송 전 원심판결에 대하여 피고만이 상고하여 상고심에서 피고 패소부분을 파기환송한 경우, 환송 전 원심판결 중 원고 패소부분에 대하여 환송 후 원심이 심리할 수 있는지 여부(소극) 및 원고가 환송 후 원심에서 소를 교환적으로 변경한 경우, 항소심의 심판대상

원고의 청구가 일부 인용된 환송 전 원심판결에 대하여 피고만이 상고하고 상고심은 이 상고를 받아들여 원심판결 중 피고 패소부분을 파기환송하였다면, ① 피고 패소부분만이 상고되었으므로 위의 상고심에서의 심리대상은 이 부분에 국한되었으며, 환송되는 사건의 범위, 다시 말하자면 환송 후 원심의 심판 범위도 환송 전 원심에서 피고가 패소한 부분에 한정되는 것이 원칙이고, 환송 전 원심판결 중 원고 패소부분은 확정되었다 할 것이므로 환송 후 원심으로서는 이에 대하여 심리할 수 없다. ② 그러나 환송 후 원심의 소송절차는 환송 전 항소심의 속행이므로 당사자는 원칙적으로 새로운 사실과 증거를 제출할 수 있음은 물론, 소의 변경, 부대항소의 제기뿐만 아니라 청구의 확장 등 그 심급에서 허용되는 모든 소송행위를 할 수 있고, 이때 소를 교환적으로 변경하면, 제1심판결은 소취하로 실효되고 항소심의 심판대상은 교환된 청구에 대한 새로운 소송으로 바뀌어 항소심은 사실상 제1심으로 재판하는 것이 된다.

➲ [사실관계 및 해설] : ① 환송 전 원심이 원고의 예비적 청구인 부당이득반환청구를 일부 인용하였고 피고만이 상고하여 환송판결이 피고 패소부분을 파기환송하였는데, 원고가 원심에서 예비적 청구의 청구원인과 청구금액을 같이하는 파산채권확정의 소로 청구를 교환적으로 변경한 사안에서, 환송 전 원심판결의 예비적 청구 중 일부 인용한 금액을 초과하는 부분은 원고 패소로 확정되었지만, 원심에서 교환적으로 변경된 예비적 청구는 전체가 원심의 심판대상이 되는데, 환송 전 원심판결의 예비적 청구 중 일부 인용한 금액을 초과하는 부분은 원고 패소로 확정되었으므로 이와 실질적으로 동일한 소송물인 파산채권확정청구에 대하여도 다른 판단을 할 수 없다는 이유로, 이와 달리 보아 교환적으로 변경된 예비적 청구 중 환송 전 원심판결에서 인용한 금액을 초과하는 부분을 인용한 원심판결을 파기하고 자판한 사례이다. ② 대법원은 "교환적으로 변경된 파산채권확정청구는 어느 것이나 파산채권자가 자신이 보유하는 동일한 채권을 회수하기 위한 것으로서 실질적으로 그 목적이 동일하고, 부당이득반환청구라는 그 실체법상 법적 근거와 성질이 동일하며, 다만 파산절차의 개시라는 특수한 상황에 처하여 그 청구취지만을 이행소송에서 확인소송으로 변경한 것에 불과하여 양자의 소송물은 실질적으로 동일한 것으로 봄이 상당하다."

라고 하여 교환적으로 변경된 파산채권확정청구에서 환송 후 원심이 환송 전 원심보다 더 다액을 인용한 부분을 파기하였다.

★[대판(전) 1981.2.24, 80다2029] 파기환송판결에서 한 법률상의 판단에 대법원도 기속되는지 여부(적극)

① 상고법원이 파기이유로 한 법률상의 판단은 항소심뿐만 아니라 상고법원도 기속하는 것이므로 당해사건에 관하여 상고법원도 그와 다른 견해를 취할 수 없다. ② 종전의 대법원판례를 변경하는 내용의 파기환송판결이 전원합의체가 아닌 소부에서 행해졌다고 하더라도 파기이유로 한 법률상의 판단은 하급심 및 상고심을 모두 기속한다.

2) 파기자판

> 제437조(파기자판)
> 다음 각 호 가운데 어느 하나에 해당하면 상고법원은 사건에 대하여 종국판결을 하여야 한다.
> 1. 확정된 사실에 대하여 법령적용이 어긋난다 하여 판결을 파기하는 경우에 사건이 그 사실을 바탕으로 재판하기 충분한 때
> 2. 사건이 법원의 권한에 속하지 아니한다 하여 판결을 파기하는 때

다만 실무상 대법원이 파기자판하는 경우는 거의 없는데, 최근 들어 본안판결의 파기자판을 한 예가 나타나고 있다.

Ⅲ. 부대상고

피상고인은 10일 이내에 답변서를 제출하는 이외에 부대상고에 의하여 원판결을 자기에게 유리하게 변경할 것을 신청할 수 있다. 이 부대상고도 부대항소에 준하여 인정되는 것이다. 다만 법률심인 상고심에서는 소변경이나 반소가 허용되지 않으므로 부대항소와 달리 전부 승소한 자는 부대상고를 할 수 없고, 일부승소자는 가능하다.

제4절 │ 항고

제439조(항고의 대상)
소송절차에 관한 신청을 기각한 결정이나 명령에 대하여 불복하면 항고할 수 있다.

제440조(형식에 어긋나는 결정·명령에 대한 항고)
결정이나 명령으로 재판할 수 없는 사항에 대하여 결정 또는 명령을 한 때에는 항고할 수 있다.

제441조(준항고)
① 수명법관이나 수탁판사의 재판에 대하여 불복하는 당사자는 수소법원에 이의를 신청할 수 있다. 다만, 그 재판이 수소법원의 재판인 경우로서 항고할 수 있는 것인 때에 한한다.
② 제1항의 이의신청에 대한 재판에 대하여는 항고할 수 있다.
③ 상고심이나 제2심에 계속된 사건에 대한 수명법관이나 수탁판사의 재판에는 제1항의 규정을 준용한다.

제442조(재항고)
항고법원·고등법원 또는 항소법원의 결정 및 명령에 대하여는 재판에 영향을 미친 헌법·법률·명령 또는 규칙의 위반을 이유로 드는 때에만 재항고할 수 있다.

제443조(항소 및 상고의 절차규정준용)
① 항고법원의 소송절차에는 제1장의 규정을 준용한다.
② 재항고와 이에 관한 소송절차에는 제2장의 규정을 준용한다.

제444조(즉시항고)
① 즉시항고는 재판이 고지된 날부터 1주 이내에 하여야 한다.
② 제1항의 기간은 불변기간으로 한다.

제445조(항고제기의 방식)
항고는 항고장을 원심법원에 제출함으로써 한다.

제446조(항고의 처리)
원심법원이 항고에 정당한 이유가 있다고 인정하는 때에는 그 재판을 경정하여야 한다. ➔ 재도의 고안
(∴기속력의 배제)

제447조(즉시항고의 효력)
즉시항고는 집행을 정지시키는 효력을 가진다.

제448조(원심재판의 집행정지)
항고법원 또는 원심법원이나 판사는 항고에 대한 결정이 있을 때까지 원심재판의 집행을 정지하거나 그 밖에 필요한 처분을 명할 수 있다.

제449조(특별항고)
① 불복할 수 없는 결정이나 명령에 대하여는 재판에 영향을 미친 헌법위반이 있거나, 재판의 전제가 된 명령·규칙·처분의 헌법 또는 법률의 위반 여부에 대한 판단이 부당하다는 것을 이유로 하는 때에만 대법원에 특별항고를 할 수 있다.
② 제1항의 항고는 재판이 고지된 날부터 1주 이내에 하여야 한다.
③ 제2항의 기간은 불변기간으로 한다.

제450조(준용규정)
특별항고와 그 소송절차에는 제448조와 상고에 관한 규정을 준용한다.

Ⅰ. 의의

항고는 결정이나 명령에 대한 독립한 상소인데, 판결에 대한 상소인 항소·상고와 비교하여 간이·신속한 불복신청으로 부수적·파생적 사항에 관하여 인정되고 있다. 그러나 결정·명령의 모든 경우에 허용되는 것은 아니고, 법률이 특별히 인정하는 경우에 한한다.

Ⅱ. 종류

1. 통상항고와 즉시항고

1) ① 통상항고는 불복신청의 기간을 따로 정함이 없이 원재판의 취소를 구할 이익이 있는 한 언제든지 제기할 수 있는 항고를 말한다. 이를 보통항고라고도 한다. 이에 반하여 ② 즉시항고는 신속하게 확정할 필요가 있어 불변기간으로서 원심재판이 고지된 날부터 1주일 이내에 제기해야 하며(제444조), 그 제기에 의하여 집행정지의 효력이 인정되는 항고를 말한다(제447조).

[대결(전) 2014.10.8, 2014마667] 결정·명령의 원본이 법원사무관 등에게 교부되어 성립한 경우, 결정·명령이 당사자에게 고지되어 효력이 발생하기 전에 결정·명령에 불복하여 항고할 수 있는지 여부(적극)

[다수의견] 판결과 달리 선고가 필요하지 않은 결정이나 명령(이하 '결정'이라고만 한다)과 같은 재판은 원본이 법원사무관 등에게 교부되었을 때 성립한 것으로 보아야 하고, 일단 성립한 결정은 취소 또는 변경을 허용하는 별도의 규정이 있는 등의 특별한 사정이 없는 한 결정법원이라도 이를 취소·변경할 수 없다. 또한 결정법원은 즉시항고가 제기되었는지 여부와 관계없이 일단 성립한 결정을 당사자에게 고지하여야 하고 고지는 상당한 방법으로 가능하며(민사소송법 제221조 제1항), 재판기록이 항고심으로 송부된 이후에는 항고심에서의 고지도 가능하므로 결정의 고지에 의한 효력 발생이 당연히 예정되어 있다. 일단 결정이 성립하면 당사자가 법원으로부터 결정서를 송달받는 등의 방법으로 결정을 직접 고지받지 못한 경우라도 결정을 고지받은 다른 당사자로부터 전해 듣거나 기타 방법에 의하여 결론을 아는 것이 가능하여 본인에 대해 결정이 고지되기 전에 불복 여부를 결정할 수 있다. 그럼에도 이미 성립한 결정에 불복하여 제기한 즉시항고가 항고인에 대한 결정의 고지 전에 이루어졌다는 이유만으로 부적법하다고 한다면, 항고인에게 결정의 고지 후에 동일한 즉시항고를 다시 제기하도록 하는 부담을 지우는 것이 될 뿐만 아니라 이미 즉시항고를 한 당사자는 그 후 법원으로부터 결정서를 송달받아도 다시 항고할 필요가 없다고 생각하는 것이 통상의 경우이므로 다시 즉시항고를 제기하여야 한다는 것을 알게 되는 시점에서는 이미 즉시항고기간이 경과하여 회복할 수 없는 불이익을 입게 된다. 이와 같은 사정을 종합적으로 고려하면, 이미 성립한 결정에 대하여는 결정이 고지되어 효력을 발생하기 전에도 결정에 불복하여 항고할 수 있다.

[반대의견] 판결의 경우와는 달리 즉시항고에 관하여는 재판 고지 전의 즉시항고를 허용하는 규정이 없을 뿐만 아니라, 결정과 명령은 원칙적으로 고지되어야 효력이 발생하므로 민사소송법 제226조 제1항 단서와 같은 특별한 규정이 없는 한 아직 고지되기 전이어서 효력이 발생하지도 않은 결정과 명령을 다투어 즉시항고를 제기할 수 있다고 해석할 여지 자체가 없다고 보아야 하는 이상, 민사소송법 제444조 제1항과 민사집행법 제15조 제2항은 즉시항고기간에 관하여 종기(終期)뿐만 아니라 시기(始期)도 규정한 것으로 새겨야 마땅하다. 효력이 없는 재판에 대하여 불복을 허용해야 할 논리적 근거는 있을 수 없고, 곧 재판이 고지되어 효력이 발생할 것이라는 점은 그야말로 비법률적인 사실 추측에 불과

한 것으로서, 법적 안정성을 위하여 획일성이 요구되는 민사소송법 규정의 해석에서 그와 같은 사정이 고려되어야 하는 성질의 것이라고 보아서는 안 된다. 상소기간 등 민사소송상의 여러 제도는 당사자의 이익뿐만 아니라 획일적 운용이 가져올 공익적 장점에 기초하여 마련된 것이므로, 단순히 규정에 따를 때 초래되는 다소의 불합리가 있다 하여 함부로 문언과 다른 해석을 하는 것은 허용될 수 없다. 따라서 아직 효력이 발생하지 않은 결정에 대하여는 항고권이 발생하지 않고 항고권 발생 전에 한 항고는 부적법한 것으로 각하하여야 한다.

2) 항고는 통상항고가 원칙이며, 즉시항고는 『즉시항고 할 수 있다』는 명문규정이 있는 경우에만 예외적으로 허용된다.

2. 재항고와 특별항고

1) ① 원심법원이 제1심으로서 한 결정·명령에 대한 항고를 최초의 항고라고 하고, ② 그 항고법원의 결정에 대한 항고 및 고등법원 또는 항소법원의 결정·명령에 대한 항고를 재항고라고 한다(제442조).

2) 이에 반하여 불복을 신청할 수 없는 결정이나 명령에 대하여 재판에 영향을 미친 헌법 또는 법률의 위반이 있음을 이유로 대법원에 제기하는 항고를 특별항고라 한다(제449조). 그 밖의 항고를 일반항고라 한다.

III. 적용범위

1. 항고가 허용되는 결정·명령

① 본안내용과 직접 관계없는 사항으로서 소송절차의 개시·진행 등의 소송절차에 관한 신청을 기각한 결정·명령(예 기일지정신청, 수계신청, 피고경정신청, 공시송달신청 등), ② 결정·명령으로 재판할 수 없는 사항에 대하여 한 결정·명령에 대하여는 항고할 수 있다(제439조, 제440조).

[대결 1997.3.3. 97으1]
[1] 민사소송법 제260조 소정의 피고경정신청을 기각하는 결정에 불복이 있는 원고는 민사소송법 제439조의 통상항고를 제기할 수 있으므로 그 결정에 대하여 특별항고를 제기할 수는 없다.
[2] 항고인이 통상항고로 불복할 수 있는 사건인 원심법원의 피고경정신청 기각결정에 대하여 불복하면서 제출한 서면에 '특별항고장', '대판 귀중'이라고 기재하였더라도 이는 통상항고로 보아야 한다는 이유로, 대법원에 기록 송부된 사건을 그 관할법원인 항고법원으로 이송하여야 한다.

2. 항고가 허용되지 않는 결정·명령

1) 증거신청의 각하결정이나 실기한 공격방어방법의 각하결정과 같이 필요적 변론을 거친 재판은 종국판결과 함께 불복할 수 있으므로 독립하여 항고할 수 없다(대결 1989.9.7. 89마694). 소송인수를 명하는 결정과 같은 중간적 재판도 마찬가지이다(대결 1981.10.29. 81마357).

2) 대법원의 결정이나 명령에 대하여는 다시 대법원에 항고나 재항고 또는 특별항고를 제기할 수 없다(대결 1971.4.9. 71그1).

IV. 절차

1) 항고할 수 있는 결정·명령에 대하여 불복이 있는 사람은 항고장을 원심법원에 제출하여 항고를 제기할 수 있다(제445조). 항고장이라는 서면의 제출을 하여야 하고, 말로는 항고의 제기를 할 수 없다. 항고심절차에는 항소심절차가 준용되고(제443조 제1항), 재항고에는 상고의 규정이 준용된다(동조 제2항).

2) 항고는 원칙적으로 두 당사자의 대립을 예상하지 않는 편면적인 불복절차로서 항고인과 이해가 상반되는 자가 있는 경우라도 판결절차에 있어서와 같이 엄격한 의미의 대립을 인정할 수 있는 것이 아니므로 항고장에 반드시 상대방의 표시가 있어야 하는 것도 아니고, 항고장을 상대방에게 송달하여야하는 것도 아니다(대판 1997.11.27, 97스4). 그리고 항고심은 결정절차이므로 변론을 열 것인지 여부는 항고법원의 재량에 의한다(제134조 제1항 단서). 변론을 열지 않은 때에는 항고인, 상대방, 이해관계인 그 밖의 참고인을 심문할 수 있다(동조 제2항).

V. 항고제기의 효력

1. 재도의 고안

1) 항고가 제기되면 판결의 경우와 달리 원심재판에 대한 기속력이 배제되어 원심법원은 반성의 의미에서 스스로 항고의 당부를 심사할 수 있으며, 만일 항고에 정당한 이유가 있다고 인정하는 때에는 그 재판을 경정하여야 한다(제446조). 이를 다시 한 번의 고려라는 재도(再度)의 고안이라 한다. 이는 상급심의 절차를 생략하고 간이·신속하게 사건을 처리하여 당사자의 이익을 보호하려는 데에 있다.

2) 불복할 수 없는 결정·명령에 대해서 대법원에 특별히 심사권을 부여한 특별항고의 경우에는 그 대상이 아니다.

> [대결 2001.2.28, 2001그4] 일반적으로 원심법원이 항고를 이유 있다고 인정하는 때에는 그 재판을 경정할 수 있으나 통상의 절차에 의하여 불복을 신청할 수 없는 결정이나 명령에 대하여 특별히 대법원에 위헌이나 위법의 심사권을 부여하고 있는 <u>특별항고의 경우에 원심법원에 반성의 기회를 부여하는 재도의 고안을 허용하는 것은 특별항고를 인정한 취지에 맞지 않으므로 특별항고가 있는 경우 원심법원은 경정결정을 할 수 없고 기록을 그대로 대법원에 송부하여야 한다.</u>

2. 이심의 효력과 집행정지의 효력

항고제기에 의하여 사건은 항고법원에 이심된다. 결정·명령은 바로 집행할 수 있는 것이 원칙이지만 즉시항고가 제기되면 집행력이 정지된다(제447조). 그러나 통상항고가 제기된 경우에는 당연히 집행정지의 효력이 발생하지 않으므로 항고법원 또는 원심법원이 항고에 대한 결정이 있을 때까지 원심재판의 집행을 정지하거나 필요한 처분을 명할 수 있다(제448조).

Ⅰ. 의의

1. 재심의 개념

재심이라 함은 확정된 종국판결에 중대한 흠이 있는 때에 당사자가 그 판결의 취소와 사건의 재심판을 구하는 비상의 불복신청방법이다. 일단 종결했던 사건을 다시 심리하기 때문에 재심사유가 법정되어 있고(제451조 제1항), 재심의 제기기간도 제한되어 있다(제456조, 예외는 제457조).

2. 재심의 소송물

1) 이에 대하여 ① 재심의 소는 상소의 경우와 마찬가지로 구소송의 소송물(본안의 소송물) 하나로 구성된다고 보는 일원론이 있으나, ② 통설·판례는 재심의 소의 소송물은 원판결의 취소요구라는 소송물과 구소송의 소송물 두 가지로 구성된다고 보는 이원론의 입장이다.4)

2) 그리고 이러한 이원론을 전제로 하여 다시 원판결의 취소요구를 둘러싸고 이를 통틀어 하나의 소송물로 볼 것이냐, 재심사유마다 별개의 소송물로 볼 것이냐에 관하여 상이한 소송물이론이 전개되어 왔는데, 판례는 구소송물론의 입장에서 각 재심사유마다 소송물이 별개라고 한다(대판 1982.12.28, 82무2). 따라서 재심기간의 준수 여부도 각 재심사유별로 가려보아야 한다(대판 1993. 9.28, 92다33930).

Ⅱ. 적법요건

재심의 소가 적법하기 위하여는 ① 재심당사자적격, ② 재심대상적격, ③ 재심기간준수, ④ 재심이익, ⑤ 재심사유, ⑥ 상소에 대한 보충성의 요건을 갖추어야 한다. 재심이익은 상소이익과 같으므로, 이하에서는 ①, ②, ③, ⑤에 관하여 본다.

1. 재심당사자

재심의 소는 확정판결의 취소와 그 기판력의 배제를 구하는 것이므로 확정판결의 기판력에 의하여 불이익을 받는 사람이 재심원고가 되고, 이익을 받는 사람이 재심피고가 된다. 따라서 재심대상판결의 당사자가 아니더라도 그 판결의 기판력을 받는 사람이면 재심소송의 당사자가 될 수 있

---

4) 판례는 확정된 판결에 대한 재심의 소는 확정된 판결의 취소와 본안사건에 관하여 확정된 판결에 갈음한 판결을 구하는 복합적 목적을 가진 것으로서 이론상으로는 재심의 허부와 재심이 허용됨을 전제로 한 본안심판의 두 단계로 구성되는 것이라 할 수 있고, 따라서 재심소송은 위와 같은 복합적, 단계적 성질을 갖는다고 판시하였다(대판 1994.12.27, 92다22473·22480).

다. 즉 재심의 소는 소송당사자는 물론 변론종결 후의 승계인, 선정자 등도 이를 제기할 수 있다 (대판 1974.5.28, 73다1842).

2. 재심의 대상적격

(1) 확정된 종국판결

재심의 소는 확정된 종국판결에 대해서만 허용된다. 따라서 미확정판결은 재심대상적격이 없다. 즉 ① 확정되기 전에 제기한 재심의 소가 각하되지 않고 있는 동안에 판결이 확정되었더라도 그 재심이 소가 적법하게 되지는 않는다(대판 1980.7.8, 80다1132). ② 적법한 송달이 없는 판결은 확정된 것이 아니므로 재심의 대상이 되지 않는다. 판례도 자백간주에 의한 판결의 편취사안에서, 이러한 사위판결은 확정판결이 아니므로 재심의 대상이 될 수 없다고 하였다(대판(전) 1978.5.9, 75다634).

[대판 2015.12.23, 2013다17124]

[1] 확정된 재심판결에 대하여 재심의 소를 제기할 수 있는지 여부(적극)

민사소송법 제451조 제1항은 '확정된 종국판결'에 대하여 재심의 소를 제기할 수 있다고 규정하고 있는데, 재심의 소에서 확정된 종국판결도 위 조항에서 말하는 '확정된 종국판결'에 해당하므로 확정된 재심판결에 위 조항에서 정한 재심사유가 있을 때에는 확정된 재심판결에 대하여 재심의 소를 제기할 수 있다.

[2] 원래의 확정판결을 취소한 재심판결에 대한 재심의 소에서 원래의 확정판결에 대하여 재심사유를 인정한 종전 재심법원의 판단에 재심사유가 있어 종전 재심청구에 관하여 다시 심리한 결과 원래의 확정판결에 재심사유가 인정되지 않을 경우, 법원이 취할 조치 및 그 경우 재심사유가 없는 원래의 확정판결 사건의 본안에 관하여 다시 심리와 재판을 할 수 있는지 여부(소극)

민사소송법 제454조 제1항은 "재심의 소가 적법한지 여부와 재심사유가 있는지 여부에 관한 심리 및 재판을 본안에 관한 심리 및 재판과 분리하여 먼저 시행할 수 있다."고 규정하고, 민사소송법 제459조 제1항은 "본안의 변론과 재판은 재심청구이유의 범위 안에서 하여야 한다."고 규정하고 있는데, 확정된 재심판결에 대한 재심의 소에서 재심판결에 재심사유가 있다고 인정하여 본안에 관하여 심리한다는 것은 재심판결 이전의 상태로 돌아가 전 소송인「종전 재심청구에 관한 변론을 재개하여 속행」하는 것을 말한다. 따라서 원래의 확정판결을 취소한 재심판결에 대한 재심의 소에서 원래의 확정판결에 대하여 재심사유를 인정한 종전 재심법원의 판단에 재심사유가 있어 종전 재심청구에 관하여 다시 심리한 결과 원래의 확정판결에 재심사유가 인정되지 않을 경우에는 재심판결을 취소하고 종전 재심청구를 기각하여야 하며, 그 경우「재심사유가 없는 원래의 확정판결 사건의 본안」에 관하여 다시 심리와 재판을 할 수는 없다.

[대판 2016.12.27, 2016다35123] 확정되지 아니한 판결에 대한 재심의 소가 적법한지 여부(소극) 및 판결 확정 전에 제기한 재심의 소가 각하되지 아니하고 있는 동안 판결이 확정된 경우, 재심의 소가 적법한 것으로 되는지 여부(소극)

재심은 확정된 종국판결에 대하여 제기할 수 있는 것이므로, 확정되지 아니한 판결에 대한 재심의 소는 부적법하고, 판결 확정 전에 제기한 재심의 소가 부적법하다는 이유로 각하되지 아니하고 있는 동안에 판결이 확정되었다고 하더라도, 그 재심의 소는 적법한 것으로 되는 것이 아니다.

(2) 대법원의 파기·환송판결

1) 학설

① 신속한 하자의 시정을 위하여 재심의 소를 제기할 수 있다고 보는 긍정설과 ② 재심을 허용하면 환송 이후에 진행된 절차나 재상고심 절차가 무용하게 되므로 재심제도의 보충성에 비추어 재심의 소를 제기할 수 없다고 보는 부정설의 대립이 있다.

2) 판례

판례는 대법원의 파기·환송판결은 해당 사건에 대하여 재판을 마치고 그 심급을 이탈시키는 판결인 점에서 형식적으로는 종국판결에 해당하지만, 실제로는 환송받은 하급심에서 다시 심리를 계속하게 되므로 소송절차를 최종적으로 종료시키는 판결은 아니며, 소송물에 관하여 직접적으로 재판하지 아니하고 원심의 재판을 파기하여 다시 심리판단하여 보라는 종국적 판단을 유보한 재판의 성질상 중간판결의 특성을 갖는 판결로서「실질적으로 확정된 종국판결」이라 할 수 없으므로, 환송판결을 대상으로 재심의 소를 제기하는 것은 부적법하다고 하였다(대판(전) 1995.2.14, 93재다27·34).

(3) 무효인 판결

판례는 제소 전에 사망한 사람을 상대로 한 판결은 당연무효로서 확정력이 없어, 이에 대한 재심의 소는 부적법하다고 하였다(대판 1994.12.9, 94다16564).

3. 재심기간

> **제456조(재심제기의 기간)**
> ① 재심의 소는 당사자가 판결이 확정된 뒤 재심의 사유를 안 날부터 30일 이내에 제기하여야 한다.
> ② 제1항의 기간은 불변기간으로 한다.
> ③ 판결이 확정된 뒤 5년이 지난 때에는 재심의 소를 제기하지 못한다.
> ④ 재심의 사유가 판결이 확정된 뒤에 생긴 때에는 제3항의 기간은 그 사유가 발생한 날부터 계산한다.
> **제457조(재심제기의 기간)**
> 대리권의 흠 또는 제451조 제1항 제10호에 규정한 사항을 이유로 들어 제기하는 재심의 소에는 제456조의 규정을 적용하지 아니한다.

(1) 원칙

1) 재심의 소는 원칙적으로 당사자가 판결이 확정된 뒤 재심사유를 안 날로부터 30일 이내에 제기하여야 한다(제456조 제1항). 이 기간은 불변기간이다(동조 제2항).

2) 그리고 당사자가 재심사유의 존재를 알지 못하였더라도 판결이 확정된 뒤 5년이 지난 때에는 재심의 소를 제기하지 못한다(동조 제3항). 다만, 재심사유가 판결이 확정된 뒤에 생긴 때에는 위 5년의 기간은 그 사유가 발생한 날부터 계산한다(동조 제4항).

(2) 예외

1) 대리권의 흠 또는 기판력의 저촉을 재심사유로 하는 때에는 위 기간의 제한을 받지 아니한다 (제457조). 즉 언제든지 재심의 소제기가 가능하다. 여기서 전자가 제외된 것은 절차권의 보장을 위한 것이고, 후자가 제외된 것은 재판의 통일을 도모하기 위한 것이다.

2) 여기서 「대리권의 흠」이라 함은 대리권이 전혀 없는 경우를 의미하는 것이고, 대리권은 있지만 특별수권의 흠결이 있는 경우는 포함되지 않는다. ❸ 비법인사단의 대표자가 사원총회의 결의 없이 총유물의 처분에 관한 소송행위를 한 경우는 특별수권의 흠결이 있는 경우로서 제457조가 적용되지 않으나(대판 1999.10.22, 98다46600), 종중의 대표자가 적법한 절차에 의하여 선임된 대표자가 아닌 경우에는 대표권의 흠결로 제457조가 적용된다(대판 1990.4.24, 89다카29891).

4. 재심사유

> **제451조(재심사유)**
>
> ① 다음 각 호 가운데 어느 하나에 해당하면 확정된 종국판결에 대하여 재심의 소를 제기할 수 있다. 다만, 당사자가 상소에 의하여 그 사유를 주장하였거나, 이를 알고도 주장하지 아니한 때에는 그러하지 아니하다.
>   1. 법률에 따라 판결법원을 구성하지 아니한 때
>   2. 법률상 그 재판에 관여할 수 없는 법관이 관여한 때
>   3. 법정대리권·소송대리권 또는 대리인이 소송행위를 하는 데에 필요한 권한의 수여에 흠이 있는 때. 다만, 제60조 또는 제97조의 규정에 따라 추인한 때에는 그러하지 아니하다.
>   4. 재판에 관여한 법관이 그 사건에 관하여 직무에 관한 죄를 범한 때
>   5. 형사상 처벌을 받을 다른 사람의 행위로 말미암아 자백을 하였거나 판결에 영향을 미칠 공격 또는 방어방법의 제출에 방해를 받은 때
>   6. 판결의 증거가 된 문서, 그 밖의 물건이 위조되거나 변조된 것인 때
>   7. 증인·감정인·통역인의 거짓 진술 또는 당사자신문에 따른 당사자나 법정대리인의 거짓 진술이 판결의 증거가 된 때
>   8. 판결의 기초가 된 민사나 형사의 판결, 그 밖의 재판 또는 행정처분이 다른 재판이나 행정처분에 따라 바뀐 때
>   9. 판결에 영향을 미칠 중요한 사항에 관하여 판단을 누락한 때
>   10. 재심을 제기할 판결이 전에 선고한 확정판결에 어긋나는 때
>   11. 당사자가 상대방의 주소 또는 거소를 알고 있었음에도 있는 곳을 잘 모른다고 하거나 주소나 거소를 거짓으로 하여 소를 제기한 때
> ② 제1항 제4호 내지 제7호의 경우에는 처벌받을 행위에 대하여 유죄의 판결이나 과태료부과의 재판이 확정된 때 또는 증거부족 외의 이유로 유죄의 확정판결이나 과태료부과의 확정재판을 할 수 없을 때에만 재심의 소를 제기할 수 있다.
> ③ 항소심에서 사건에 대하여 본안판결을 하였을 때에는 제1심 판결에 대하여 재심의 소를 제기하지 못한다.

(1) 재심사유의 의의

재심의 소는 제451조에 한정적으로 열거된 재심사유가 있는 경우에 한하여 허용된다. 재심의 소가 적법한 법정의 재심사유에 해당하지 않는 사유를 재심사유로 주장하여 제기된 경우 그 재심의 소는 부적법하므로 각하되어야 한다(대판 1996.10.25, 96다31307).

(2) 보충성

① 당사자가 상소에 의하여 재심사유를 주장하였다가 기각된 경우이거나 재심사유를 알고도 주장하지 아니한 때에는 재심사유가 있더라도 재심의 소를 제기하지 못한다(제451조 제1항 단서). 따라서 재심의 소는 전 소송에서 재심사유를 상소로써 주장할 수 없었던 경우에 한하여 허용되는데, 이를 재심의 보충성이라고 한다.

② 다만 공시송달에 의한 판결의 편취 사안에서, 판례는 재심의 소와 함께 소송행위의 추후보완에 의하여 상소를 택일적으로 할 수 있다고 보았다. 다만 재심은 확정판결 후 5년 내에 하여야 하는 제한이 있으며, 추완항소는 기간부준수의 사유가 오래되어도 장애사유가 없어진 날로부터 2주일 내에 가능하다.

[대판 2011.12.22, 2011다73540] 민사소송법 제451조 제1항 단서에 의하면 당사자가 상소에 의하여 재심사유를 주장하였거나 이를 알고 주장하지 아니한 때에는 재심의 소를 제기할 수 없는 것으로 규정되어 있는데, 여기에서 '이를 알고도 주장하지 아니한 때'란 재심사유가 있는 것을 알았음에도 상소를 제기하고도 상소심에서 그 사유를 주장하지 아니한 경우뿐만 아니라, 상소를 제기하지 아니하여 판결이 그대로 확정된 경우까지도 포함하는 것이라고 해석하여야 할 것이다. 그런데 위 단서 조항은 재심의 보충성에 관한 규정으로서, 당사자가 상소를 제기할 수 있는 시기에 재심사유의 존재를 안 경우에는 상소에 의하여 이를 주장하게 하고 상소로 주장할 수 없었던 경우에 한하여 재심의 소에 의한 비상구제를 인정하려는 취지인 점, 추완상소와 재심의 소는 독립된 별개의 제도이므로 추완상소의 방법을 택하는 경우에는 추완상소의 기간 내에, 재심의 방법을 택하는 경우에는 재심기간 내에 이를 제기하여야 하는 것으로 보이는 점을 고려하면, 공시송달에 의하여 판결이 선고되고 판결 정본이 송달되어 확정된 이후에 추완항소의 방법이 아닌 재심의 방법을 택한 경우에는 추완상소기간이 도과하였다 하더라도 재심기간 내에 재심의 소를 제기할 수 있다고 보아야 한다.

(3) 각개의 재심사유

1) 법률에 따라 판결법원을 구성하지 아니한 때(제1호)

대법원에서 종전의 판례변경을 하면서 전원합의체에서 하지 않고 대법관 3인 이상으로 구성되는 소부(小部)에서 재판하는 경우가 이에 해당된다. 한편, 하급심 법원이 유사 사건의 대법원 판례와 다른 견해를 취하여 재판한 경우는 이에 해당되지 않는다.

★[대판(전) 2000.5.18, 95재다199] 재심대상인 대법원 판결에서 판시한 법률 등의 해석적용에 관한 의견이 그 전에 선고된 대법원 판결에서 판시한 의견을 변경하는 것임에도 대법관 전원의 3분의 2에 미달하는 대법관만으로 구성된 부에서 심판한 경우, 민사소송법 제451조 제1항 제1호 소정의 재심사유에 해당하는지 여부(적극)

법원조직법 제7조 제1항에 의하면 대법원의 심판권은 대법관 전원의 3분의 2 이상의 합의체에서 이를 행하되, 다만 같은 항 각 호의 경우에 해당하는 경우가 아니면 대법관 3인 이상으로 구성된 부에서 사건을 먼저 심리하여 의견이 일치된 경우에 한하여 그 부에서 심판할 수 있도록 하고 있으며, 같은 항 제3호는 '종전에 대법원에서 판시한 헌법·법률·명령 또는 규칙의 해석적용에 관한 의견을 변경할 필요가 있음을 인정하는 경우'를 규정하고 있으므로, 재심대상판결에서 판시한 법률 등의 해석적용에 관한 의견이 그 전에 선고된 대법원 판결에서 판시한 의견을 변경하는 것임에도 대법관 전원의 3분의 2에 미달하는 대법관만으로 구성된 부에서 그 재심대상판결을 심판하였다면 이는 민사소송법 제451조 제1항 제1호의 '법률에 따라 판결법원을 구성하지 아니한 때'의 재심사유에 해당된다.

2) 법률상 그 재판에 관여할 수 없는 법관이 관여한 때(제2호)

당연히 직무집행에서 배제되어야 하는 제척원인(제41조)이 있는 법관이 재판에 관여한 경우가 그 예이다.

3) 법정대리권, 소송대리권 또는 대리인이 소송행위를 하는 데에 필요한 권한의 수여에 흠이 있는 때(제3호)

① 본호의 재심사유는 대리권 자체가 없는 경우뿐만 아니라 대리권이 있으나 특정한 소송행위에는 특별수권이 필요한 경우임에도 이를 갖추지 않은 경우를 포함한다.

② 또한 널리 당사자 본인이나 그 대리인의 실질적인 소송행위를 할 수 없었던 경우도 이에 해당한다. 성명모용소송이나 소송절차중단을 간과한 판결 등이 그 예이다. 나아가 예 집배원의 배달착오로 상고인인 원고(재심원고)가 소송기록접수통지서를 송달받지 못하여 상고이유서 제출기간 이내에 상고이유서를 제출하지 않았다는 이유로 원고의 상고가 기각되어 적법하게 소송에 관여할 수 있는 기회를 부여받지 못하였다면, 이러한 경우도 필요한 수권의 흠결이 있는 때에 준하여 재심사유에 해당한다.

③ 다만, 제60조 또는 제97조의 추인이 있는 경우에는 그러하지 아니하다(동호 단서).

4) 재판에 관여한 법관이 그 사건에 관하여 직무에 관한 죄를 범한 때(제4호)

법관이 그 담당사건에 대하여 수뢰죄나 공문서위조죄 등을 범한 경우이다.

5) 형사상 처벌을 받을 다른 사람의 행위로 말미암아 자백을 하였거나 판결에 영향을 미칠 공격 또는 방어방법의 제출에 방해를 받은 때(제5호)

범죄행위로 인하여 변론권을 침해당한 당사자의 보호를 위한 것이다. 경범죄처벌법위반행위나 행정질서벌은 여기의 형사상 처벌을 받을 행위에 포함되지 않는다. 그리고 여기서 타인이라 함은 상대방 또는 제3자를 말하며, 상대방의 법정대리인·소송대리인도 포함된다.

6) 판결의 증거가 된 문서, 그 밖의 물건이 위조되거나 변조된 것인 때(제6호)

위조문서가 판결주문을 유지하는 근거가 된 사실을 인정하는 자료로서 증거로 채택되어 판결서에 구체적으로 기재되어 있는 경우를 말하고, 가사 법관의 심증에 영향을 주었을 것이라고 추측되는 자료가 된다 하여도 그것이 증거로 채택되어 사실인정의 직접적 또는 간접적인 자료가 된 바 없는 것이라면 이에 해당되지 않는다.

7) 증인, 감정인, 통역인의 거짓 진술 또는 당사자신문에 따른 당사자나 법정대리인의 거짓 진술
   이 판결의 증거가 된 때(제7호)

① 증인이 직접 재심의 대상이 된 소송사건을 심리하는 법정에서 허위로 진술하고 그 허위진술이
  판결주문의 이유가 된 사실인정의 자료가 된 경우를 가리키는 것이지, 증인이 재심의 대상이
  된 소송사건 이외의 다른 민·형사 관련사건에서 증인으로서 허위진술을 하고 이것이 채용된
  경우는 여기에 포함될 수 없다.

② 판결주문에 영향을 미친다는 것은 만약 그 허위진술이 없었더라면 판결주문이 달라질 수도 있
  었을 것이라는 개연성이 있는 경우를 말하고 변경의 확실성을 요구하는 것은 아니다.

③ 사실인정의 자료로 제공되었다 함은 그 허위진술이 직접적인 증거가 된 때뿐만 아니라 대비(對
  比)증거로 사용되어 간접적으로 영향을 준 경우도 포함되지만, 허위진술을 제외한 나머지 증거
  만에 의하여도 판결주문에 아무런 영향도 미치지 아니하는 경우에는 비록 그 허위진술이 위증
  으로 유죄의 확정판결을 받았다고 하더라도 이에 해당되지 않는다.

8) 판결의 기초가 된 민사나 형사의 판결, 그 밖의 재판 또는 행정처분이 다른 재판이나 행정처분
   에 따라 변경된 때(제8호)

① 그 확정판결에 법률적으로 구속력을 미치거나 또는 그 확정판결에서 사실인정의 자료가 된 재
  판이나 행정처분이 그 뒤 다른 재판이나 행정처분에 의하여 확정적이고 또한 소급적으로 변경
  된 경우를 말하는 것이다.

② 사실인정의 자료가 되었다고 하는 것은 그 재판 등이 확정판결의 사실인정에 있어서 증거자료로 채
  택되었고 그 재판 등의 변경이 확정판결의 사실인정에 영향을 미칠 가능성이 있는 경우를 말한다.

[대판 2019.10.17, 2018다300470] 민사소송법 제451조 제1항 제8호 재심사유의 의미 / 여러
개의 유죄판결이 재심대상판결의 기초가 되었는데 이후 각 유죄판결이 재심을 통하여 효력을
잃고 무죄판결이 확정된 경우, 어느 한 유죄판결이 효력을 잃고 무죄판결이 확정되었다는 사정
이 별개의 독립된 재심사유가 되는지 여부(원칙적 적극) 및 각 유죄판결에 대하여 형사재심에서
인정된 재심사유가 공통된다거나 무죄판결의 이유가 동일하더라도 마찬가지인지 여부(적극)
① 재심은 확정된 종국판결에 대하여 판결의 효력을 인정할 수 없는 중대한 하자가 있는 경우 예외
적으로 판결의 확정에 따른 법적 안정성을 후퇴시켜 그 하자를 시정함으로써 구체적 정의를 실현하
고자 마련된 것이다. ② 민사소송법 제451조 제1항 제8호는 "판결의 기초가 된 민사나 형사의 판결,
그 밖의 재판 또는 행정처분이 다른 재판이나 행정처분에 따라 바뀐 때"를 재심사유로 정하고 있다.
이는 판결의 기초가 된 재판이나 행정처분이 그 후의 다른 재판이나 행정처분에 따라 확정적이고
또한 소급적으로 변경된 경우를 말한다. 여기에서 재판이 판결의 기초가 되었다고 함은 재판이 확정
판결에 법률적으로 구속력을 미치는 경우 또는 재판내용이 확정판결에서 사실인정의 자료가 되었고
그 재판의 변경이 확정판결의 사실인정에 영향을 미칠 가능성이 있는 경우를 말한다. ③ 재심사유는
그 하나하나의 사유가 별개의 청구원인을 이루는 것이므로, 여러 개의 유죄판결이 재심대상판결의 기
초가 되었는데 이후 각 유죄판결이 재심을 통하여 효력을 잃고 무죄판결이 확정된 경우, 어느 한
유죄판결이 효력을 잃고 무죄판결이 확정되었다는 사정은 특별한 사정이 없는 한 별개의 독립된 재심

사유라고 보아야 한다. 재심대상판결의 기초가 된 각 유죄판결에 대하여 형사재심에서 인정된 재심사유가 공통된다거나 무죄판결의 이유가 동일하다고 하더라도 달리 볼 수 없다.

➡ [사실관계 및 해설] : ① 1961년 박정희 정권 당시 정부가 구로공단을 조성한다며 농민들의 땅을 강제수용한 이른바 '구로동 분배농지 사건(구로동 분배농지 소송사기 조작의혹으로 명명된 사건)'에서 수분배자들의 분배농지에 관한 소유권이전등기청구를 기각한 재심대상판결에 대하여, 재심대상판결의 기초가 된 복수의 유죄판결들 중 일부가 형사재심을 통해 변경되자 이를 민사소송법 제451조 제1항 제8호의 재심사유("판결의 기초가 된 민사나 형사의 판결, 그 밖의 재판 또는 행정처분이 다른 재판이나 행정처분에 따라 바뀐 때")로 주장했던 원고들의 1차 재심청구가 재심제기기간 도과(제456조)로 각하되었으나, 그 후 진실·화해를 위한 과거사정리위원회의 '구로동 분배농지 사건은 국가가 행정목적을 달성하기 위하여 민사소송에 개입하여 공권력을 부당하게 남용한 사건으로서 당시 민사소송을 제기한 농민들에게 소송사기의 책임을 묻기 어렵고, 농민들을 집단적으로 불법 연행하여 가혹행위를 가하고 위법하게 권리포기와 위증을 강요한 것으로서 형사소송법상의 재심사유에 해당한다.'는 내용의 진실규명결정에 따라 나머지 유죄판결들 역시 형사재심을 통해 변경되자, 원고들이 이를 다시 민사소송법 제451조 제1항 제8호의 재심사유로 주장하며 2차 재심을 청구한 사건에서, 위 유죄판결들 중 어느 한 유죄판결이 변경된 사정은 다른 유죄판결이 변경된 사정과 별개로 독립하여 민사소송법 제451조 제1항 제8호의 재심사유가 된다고 보아, 원고들의 2차 재심청구를 받아들여 재심대상판결이 부당하다고 판단한 원심에 대한 피고 대한민국의 상고를 모두 기각한 사례이다.

[대판 2024.10.8, 2022다217056] 민사소송법 제451조 제1항 제8호의 재심사유인 "판결의 기초가 된 민사나 형사의 판결, 그 밖의 재판 또는 행정처분이 다른 재판이나 행정처분에 따라 바뀐 때"의 의미 및 변경 전 재판내용 등을 제외한 나머지 증거들에 의하여도 판결 주문에 아무런 영향을 미치지 않는 경우가 이에 해당되는지 여부(소극)

① 재심은 확정된 종국판결에 대하여 판결의 효력을 인정할 수 없는 중대한 하자가 있는 경우 예외적으로 판결의 확정에 따른 법적 안정성을 후퇴시켜 그 하자를 시정함으로써 구체적 정의를 실현하고자 마련된 것이다. ② 민사소송법 제451조 제1항 제8호의 재심사유인 "판결의 기초가 된 민사나 형사의 판결, 그 밖의 재판 또는 행정처분이 다른 재판이나 행정처분에 따라 바뀐 때"라 함은 확정판결에 법률적으로 구속력을 미치거나 또는 확정판결에서 사실인정의 자료가 된 재판 등이 그 후 다른 재판 등에 의하여 변경된 경우를 말한다. 여기서 사실인정의 자료가 되었다고 하는 것은 변경 전 재판내용 등이 확정판결 주문에 영향을 미치는 사실인정의 자료가 된 경우를 의미하므로, 변경 전 재판내용 등을 제외한 나머지 증거들에 의하여도 판결 주문에 아무런 영향도 미치지 않는 경우에는 위 재심사유에 해당되지 않는다.

---

9) 판결에 영향을 미칠 중요한 사항에 관하여 판단을 누락한 때(제9호)

당사자가 소송상 제출한 공격방어방법으로서 판결에 영향이 있는 것에 대하여 판결이유 중에서 판단을 명시하지 아니한 경우를 말하며, 판단이 있는 이상 그 판단내용에 잘못이 있고 그 판단에 이르는 이유가 소상하게 설시되어 있지 않거나 당사자의 주장을 배척하는 근거를 일일이 개별적으로 설명하지 아니하더라도, 이를 판단누락이라고 할 수 없다.

10) 재심을 제기할 판결이 전에 선고한 확정판결에 어긋나는 때(제10호)

재심대상판결의 기판력과 전에 선고한 확정판결의 기판력과의 충돌을 조정하기 위하여 마련된 것이므로 전에 선고한 확정판결의 효력이 재심대상판결의 당사자에게 미치는 경우로서 양 판결이 어긋나는 때를 말하고 전에 선고한 확정판결이 재심대상판결과 그 내용이 유사한 사건에 관한 것이라고 하더라도 그 판결의 기판력이 당사자에게 미치지 아니하는 때에는 이에 해당되지 않는다.

11) 당사자가 상대방의 주소 또는 거소를 알고 있었음에도 있는 곳을 잘 모른다고 하거나(소재불명) 주소나 거소를 거짓으로(허위) 하여 소를 제기한 때(제11호)

판결의 편취에 있어서 사위판결에 대한 구제책이다. 다만 판례는 ① 공시송달에 의한 판결편취의 경우에 적용을 긍정하고, ② 허위주소지 송달에 의한 판결편취의 경우에는 항소기간의 진행이 개시되지 않으므로 판결이 확정되지 않고 따라서 항소의 대상이 됨은 별론으로 하고 재심의 대상이 될 수 없다고 하여 본 호의 적용을 부정한다.

Ⅲ. 재심절차

1. 관할법원

> 제453조(재심관할법원)
> ① 재심은 재심을 제기할 판결을 한 법원의 전속관할로 한다.
> ② 심급을 달리하는 법원이 같은 사건에 대하여 내린 판결에 대한 재심의 소는 상급법원이 관할한다. 다만, 항소심판결과 상고심판결에 각각 독립된 재심사유가 있는 때에는 그러하지 아니하다.
> 제451조(재심사유) 제3항
> 항소심에서 사건에 대하여 본안판결을 하였을 때에는 제1심 판결에 대하여 재심의 소를 제기하지 못한다.

1) 재심의 소는 소송목적의 값이나 심급에 관계없이 취소대상인 판결을 한 법원의 전속관할에 속한다(제453조 제1항). 취소대상의 판결이 상고심판결이면 상고법원이 관할이 된다.

[대판(전) 1984.2.28. 83다카1981] 민사소송법 제451조 제3항의 규정에 의하면 항소심에서 사건에 대하여 본안판결을 한 때에는 제1심 판결에 대하여 재심의 소를 제기하지 못한다고 되어 있으므로, 항소심판결이 아닌 제1심 판결에 대하여 제1심 법원에 제기된 재심의 소는 재심대상이 아닌 판결을 대상으로 한 것으로서 재심의 소송요건을 결여한 부적법한 소송이며 단순히 재심의 관할을 위반한 소송이라고 볼 수는 없다. 그러나 항소심에서 본안판결을 한 사건에 관하여 제기된 재심의 소가 과연 제1심 판결을 대상으로 한 것인가 또는 항소심판결을 대상으로 한 것인가의 여부는 재심소장에 기재된 재심을 할 판결의 표시만 가지고 판단할 것이 아니라 재심의 이유에 기재된 주장내용을 살펴보고 재심을 제기한 당사자의 의사를 참작하여 판단하여야 할 것인바, 재심소장에 재심을 할 판결로 제1심 판결을 표시하고 있다고 하더라도 재심의 이유에서 주장하고 있는 재심사유가 항소심판결에 관한 것이라고 인정되는 경우(항소심판결과 제1심 판결에 공통되는 재심사유인 경우도 같다)에는 그 재심의 소는 항소심판결을 대상으로 한 것으로서 재심을 할 판결의 표시는 잘못 기재된 것으로 보는 것이

<u>타당</u>하므로, <u>재심소장을 접수한 제1심 법원은 그 재심의 소를 부적법하다 하여 각하할 것이 아니라 재심 관할법원인 항소심법원에 이송하여야 할 것이다.</u>

2) 항소심에서 사건에 대하여 본안판결을 하였을 때에는 제1심 판결에 대하여 재심의 소를 제기하지 못하고, 항소심판결만이 그 대상이 된다(제451조 제3항). 따라서 이 경우에는 항소심법원만이 관할권을 갖게 된다.

3) 취소대상의 판결이 상고심판결이면 상고심법원이 관할이 되지만, 서증의 위조, 변조, 증인 등의 허위진술 등 <u>사실인정에 관한 것을 재심사유로 하는 경우에는 비록 상고법원이 채증법칙 위배가 없다고 하여 상고를 기각하였더라도 상고심법원의 판결이 아니라, 사실심인 항소심법원의 판결에 대하여 재심의 소를 제기하여야 한다</u>(대판 1983.4.26, 83사2 참조). 판례도 "상고심의 판결에 대하여 재심의 소를 제기하려면, 상고심의 소송절차 또는 판결에 민사소송법 제451조 소정의 사유가 있는 경우에 한하는 것인바, 상고심에는 직권조사 사항이 아닌 이상 사실인정의 직책은 없고, 다만 사실심인 제2심 법원이 한 증거의 판단과 사실인정의 적법 여부를 판단할 뿐이고, 사실심에서 적법하게 확정한 사실은 상고심을 기속하는 바이므로, 재심사유 가운데 사실인정 자체에 관한 것, 예컨대 민사소송법 제451조 제1항 제6호의 서증의 위조·변조에 관한 것이나 제7호의 허위진술에 관한 것 등에 대하여는 사실심의 판결에 대한 재심사유는 될지언정 상고심 판결에 대하여서는 재심사유로 삼을 수 없다."고 하였다.[5] 따라서 이에 따르면 항소심법원이 전속관할법원이 된다.

4) 심급을 달리하는 법원이 같은 사건에 대하여 내린 판결에 대하여 병합하여 재심의 소를 제기하는 경우에는 상급법원이 관할한다(제453조 제2항 본문). 다만, 항소심 판결과 상고심 판결에 각각 독립된 재심사유가 있는 때에는 그러하지 아니하다(동조 제2항 단서).

2. 소송절차의 준용

재심의 소도 소장을 제출하여 제기한다. 재심의 소송절차에는 그 성질에 반하지 않는 한, 각 심급의 소송절차에 관한 규정을 준용한다(제455조).

3. 심리·판결

> 제454조(재심사유에 관한 중간판결)
> ① 법원은 재심의 소가 적법한지 여부와 재심사유가 있는지 여부에 관한 심리 및 재판을 본안에 관한 심리 및 재판과 분리하여 먼저 시행할 수 있다.
> ② 제1항의 경우에 법원은 재심사유가 있다고 인정한 때에는 그 취지의 중간판결을 한 뒤 본안에 관하여 심리·재판한다.

---

5) 대판 2000.4.11, 99재다746 → ※ [참고] 재심사유가 항소심판결에 관한 것인데, 상고심판결을 대상으로 기재하여 재심의 소를 제기한 경우 항소심법원으로 이송하여야 한다(대판 1984.4.16, 84사4, 대판 2004.6.7, 2004재다85).

> **제459조(변론과 재판의 범위)**
> ① 본안의 변론과 재판은 재심청구이유의 범위 안에서 하여야 한다.
> ② 재심의 이유는 바꿀 수 있다.
> **제460조(결과가 정당한 경우의 재심기각)**
> 재심의 사유가 있는 경우라도 판결이 정당하다고 인정한 때에는 법원은 재심의 청구를 기각하여야 한다.

1) 재심청구의 적법요건, 재심사유, 재심이 허용됨을 전제로 한 본안심판의 단계로 이루어진다. 법원은 재심의 소가 적법한지 여부와 재심사유의 존부에 관한 심리·재판을 본안에 관한 심리·재판과 분리하여 먼저 시행할 수 있도록 하고 있다(제454조 제1항). 이 경우에 법원은 재심사유가 있다고 인정한 때에는 그 취지의 중간판결을 한 뒤, 본안에 관하여 심리·재판한다(동조 제2항).

2) 법원은 ① 우선 재심의 소의 적법요건을 조사하고, 이를 갖추지 못한 때에는 소를 부적법 각하한다. 다음으로 ② 재심의 소를 적법하다고 인정하면, 재심사유의 존부를 판단한다. 재심사유를 부정하는 때에는 종국판결로 재심청구를 기각한다. 그리고 재심사유가 존재하면, 본안, 즉 원판결에서 완결된 소송(소 또는 상소)에 대하여 재심청구이유의 범위 안에서 다시 심판한다(제459조 제1항). ③ 본안의 변론은 종전 소송의 부활·속행으로서 행한다. 심리의 결과 원판결을 부당하다고 인정하면 불복의 한도에서 이를 취소하고, 이에 갈음하는 판결을 한다. 재심사유가 존재하는 경우라도 원판결을 정당하다고 인정하면 재심청구를 기각한다(제460조).

IV. 준재심

> **제461조(준재심)**
> 제220조의 조서 또는 즉시항고로 불복할 수 있는 결정이나 명령이 확정된 경우에 제451조 제1항에 규정된 사유가 있는 때에는 확정판결에 대한 제451조 내지 제460조의 규정에 준하여 재심을 제기할 수 있다.

확정판결과 동일한 효력을 가지는 제220조의 화해조서(제소 전 화해조서, 조정조서 포함), 청구의 포기·인낙조서와 즉시항고로 불복을 신청할 수 있는 결정이나 명령이 확정된 경우에 그 결정이나 명령에 대하여 제451조 제1항의 재심사유가 있을 때에는 재심의 소에 준하여 재심을 제기할 수 있다. 이를 준재심이라고 한다(제461조).

[대판 2016.10.13. 2014다12348] 소송절차 내에서 법인 또는 법인이 아닌 사단의 대표자가 청구의 포기·인낙 또는 화해를 하는 데 필요한 권한을 수여받지 아니한 것에서 더 나아가 자기 또는 제3자의 이익을 도모할 목적으로 권한을 남용하여 법인 등의 이익에 배치되는 청구의 포기·인낙 또는 화해를 하였고, 상대방 당사자가 대표자의 진의를 알았거나 알 수 있었을 경우, 준재심 제기 기간의 기산일인 '법인 등이 준재심의 사유를 안 날'의 의미(=법인 등의 이익을 정당하게 보전할 권한을 가진 다른 임원 등이 준재심의 사유를 안 때)
소송절차 내에서 법인 또는 법인이 아닌 사단(이하 '법인 등'이라고 한다)이 당사자로서 청구의 포기·인낙 또는 화해를 하여 이를 변론조서나 변론준비기일조서에 적은 경우에, 법인 등의 대표자가 청구의 포기·인낙 또는 화해를 하는 데에 필요한 권한의 수여에 흠이 있는 때에는 법인 등은 변론조서나

변론준비기일조서에 대하여 준재심의 소를 제기할 수 있고, 준재심의 소는 법인 등이 청구를 포기·인낙 또는 화해를 한 뒤 준재심의 사유를 안 날부터 30일 이내에 제기하여야 한다(민사소송법 제461조, 제220조, 제451조 제1항 제3호, 제456조, 제64조, 제52조). 이때 '법인 등이 준재심의 사유를 안 날'은 특별한 사정이 없는 한 법인 등의 대표자가 준재심의 사유를 안 날로서 그때부터 준재심 제기 기간이 진행되는 것이 원칙이다. 그렇지만 법인 등의 대표자가 준재심의 사유인 청구의 포기·인낙 또는 화해를 하는 데에 필요한 권한을 수여받지 아니한 것에서 더 나아가 자기 또는 제3자의 이익을 도모할 목적으로 권한을 남용하여 법인 등의 이익에 배치되는 청구의 포기·인낙 또는 화해를 하였고 또한 상대방 당사자가 대표자의 진의를 알았거나 알 수 있었을 경우에는, 일반적으로 법인 등에 대하여 대표권의 효력이 부인될 수 있는 사유에 해당할 뿐 아니라 준재심의 사유가 된 대표권 행사에 관하여 법인 등과 대표자의 이익이 상반되어 법인 등의 대표자가 준재심 제기 권한을 행사하리라고 기대하기 어려움에 비추어 보면, 단지 대표자가 준재심의 사유를 아는 것만으로는 부족하고 적어도 법인 등의 이익을 정당하게 보전할 권한을 가진 다른 임원 등이 준재심의 사유를 안 때에 비로소 준재심 제기 기간이 진행된다.

복잡한
소송형태

제1절 총설

Ⅰ. 의의

청구의 병합이란 원고가 하나의 소로 여러 개의 청구에 대한 심판을 구하는 경우를 말한다(제253조). 당사자가 복수인 경우의 심판형식인 소의 주관적 병합(공동소송)과 구별하는 의미에서 소의 객관적 병합이라고 한다.

Ⅱ. 취지

하나의 소송절차에서 여러 개의 청구를 심판하는 것은 당사자의 소송수행상의 부담을 경감하고, 서로 관련 있는 사건끼리 분쟁의 1회적 해결을 도모하고 판결의 모순·저촉을 피하자는 데 있다.

Ⅲ. 발생원인

1. 원시적 병합과 후발적 병합

① 복수의 청구가 소의 제기 시부터 존재하고 있는 경우가 원시적 병합으로서 협의의 청구의 복수이고, 이를 고유의 소의 객관적 병합이라고 한다. 또한 ② 소의 제기 뒤에 비로소 청구의 복수가 되는 경우를 후발적 병합이라고 한다. 소의 변경(청구의 변경), 반소, 중간확인의 소 등이 이에 해당한다.

2. 단순병합·선택적 병합·예비적 병합

고유의 소의 객관적 병합에는 ① 단순히 청구를 병합한 것의 단순병합, ② 양립할 수 없는 복수의 청구에 순위를 붙여 주위적 청구가 인정되는 것을 해제조건으로 하는 예비적 병합, 그리고 ③ 구소송물이론에서 인정하는 선택적 병합으로 분류할 수 있다.

Ⅳ. 공격방법의 복수와 구별

1. 차이

청구의 복수는 소송물의 복수를 의미한다. 따라서 소송물이론에 따라서 단지 하나의 청구(소송물)를 떠받치는 공격방법의 복수와는 다르다.

2. 구체적 검토

1) 청구권 경합의 경우에 ① 구소송물이론에서는 소의 객관적 병합에 해당되지만, ② 신소송물이론에서는 공격방법이 복수인 경우에 불과하다.

2) 소유권확인의 소에서 권리의 발생원인을 수 개 주장하는 경우, 통설과 판례는 공격방법의 복수로 본다.

3) 부당이득반환청구의 소에서 법률상 원인 없는 사유로 계약의 불성립·무효·취소 등의 주장은 공격방법의 복수에 해당한다.

4) 소유권이전등기의 말소등기청구에서 등기의 원인무효사유로 계약의 불성립·무효·취소 등의 주장은 공격방법의 복수에 해당한다.

그 밖에 소송물이론 하에 소송물의 복수인지 아니면 공격방법의 복수인지 구별할 수 있도록 정리해 두어야 한다(소송물이론 참조).

제2절 소의 객관적 병합

I. 의의 및 취지

동일한 원고가 동일한 피고에 대하여 하나의 소로 여러 개의 청구에 대한 심판을 구하는 행위를 (고유의) 소의 객관적 병합이라고 한다(청구의 병합이라고도 한다). 청구의 복수는 이론적으로는 소송물의 복수를 의미한다.

소송경제를 도모하고 서로 관련 있는 사건끼리 판결의 모순·저촉을 피하자는 데에 취지가 있다.

II. 병합의 형태

1. 단순병합

(1) 의의

매매대금지급청구와 대여금반환청구처럼 원고가 그 목적상 아무런 관계가 없는 청구를 병합하여 각 청구에 있어서 다른 청구의 당부와 관계없이 심판을 구하는 경우이고, 법원은 반드시 모든 청구에 대하여 판결하지 않으면 안 된다.

(2) 관련적 병합

① 단순병합 중 어느 하나의 청구가 다른 청구의 선결관계에 있거나, 각 청구가 기본적 법률관계를 공통으로 하고 있는 경우를 '관련적 병합'이라고 한다.

② 예컨대, 소유권 확인과 소유권에 기한 건물인도청구, 원금청구와 이자채권청구, 토지소유권에 기한 건물철거청구와 토지인도청구, 불법행위에 의한 손해배상청구에서 적극 손해, 소극 손해, 정신적 손해를 함께 청구하는 경우가 이에 해당한다.

③ 관련적 병합의 경우에는 청구 간에 공통된 사실이 주요쟁점이 되므로 일부판결을 할 수 있는지 여부가 문제되는데, 이에 대해 판례는 "원금청구부분만 판단하고 확장된 지연손해금 청구 부분에 대하여 원심법원이 판결 주문이나 이유에서 아무런 판단을 하지 아니한 경우, 이는 재판의 누락이 발생한 경우에 해당한다."는 입장으로서, 일부판결을 허용하고 있다.

★[대판 1996.2.9, 94다50274]

[1] 재판의 누락이 있었던 청구 부분에 대한 상소의 적법 여부(소극)

확장된 지연손해금 청구 부분에 대하여 원심법원이 판결 주문이나 이유에서 아무런 판단을 하지 아니한 재판의 누락이 발생한 경우에, 이 부분 소송은 아직 원심에 계속 중이라고 보아야 할 것이어서 적법한 상소의 대상이 되지 아니하므로, 이 부분에 대한 상소는 부적법하다.

[2] 주위적 청구의 일부에 대한 예비적 청구의 허부(적극)

주위적 청구와 예비적 청구가 분할 가능한 것이고 주위적 청구가 일부만 인용되는 경우에 나아가서 예비적 청구를 심리할 것인지의 여부는 소송에서의 당사자 의사 해석에 달린 문제라고 할 것이므로, 주위적 청구의 일부를 특정하여 그 부분이 인용될 것을 해제조건으로 하여 그 부분에 대해서만 하는 예비적 청구도 특별히 소송절차의 안정을 해친다거나 예비적 청구의 성질에 반하는 것이 아닌 한 이를 허용하지 아니할 이유가 없다(주 ─ 따라서 예비적 청구는 적법하므로 법원은 본안 판단을 하여야 한다는 것이다).

---

(3) 대상청구

1) 의의

원고가 어떤 물건의 인도를 구하면서 그 물건의 인도이행불능 또는 집행불능에 대비하여 그 물건의 가액에 상당하는 금액(특히 전보배상)을 청구하는 것을 대상청구라고 한다.

2) 병합청구의 성질 및 심판방법

가) 종류물의 인도청구

종류물의 인도청구와 대상청구를 하는 경우에는 종류물의 인도이행불능은 있을 수 없으므로 대상청구는 변론종결한 뒤에 집행불능의 사태를 대비한 것으로, 현재이행의 소와 장래이행의 소의 병합이다. 그리고 양 청구는 서로 양립가능하므로 단순병합이 된다. 다만 대상청구를 예비적으로 신청한 경우로서 부진정 예비적 병합에 해당한다.

나) 특정물의 인도청구

특정물의 경우 이행불능이 있을 수 있으므로 이에 대비하여 전보배상을 청구할 수 있고, 또 집행불능사태에 대비하여 대상청구도 할 수 있다. 이 경우 ① '변론종결 전' 피고가 그 물건을 매도하거나 훼손·멸실시켜 이행불능이 되는 경우를 대비한 전보배상청구의 경우라면 양 청구는 서로 양립할 수 없는 관계에 있기 때문에 그 병합형태는 진정 예비적 병합으로 본다. 이 경우는 모두 현재이행의 소에 해당한다. 그러나 ② '변론종결 후' 강제집행의 불능사태에 대비하여 대상청구를 병합하였다면 이는 부진정 예비적 병합으로서 현재이행의 소와 장래이행의 소의 단순병합에 해당한다고 할 것이다.

★[대판 1975.7.22, 75다450] 채권자가 본래적 급부청구에다가 이에 대신할 전보배상을 부가하여 대상청구를 병합하여 소구한 경우의 대상청구는 본래적 급부청구의 현존함을 전제로 하여 이것이 판결확정 후에 이행불능 또는 집행불능이 된 경우에 대비하여 전보배상을 미리 청구하는 경우로서 양자의 경합은 현재의 급부청구와 장래의 급부청구와의 단순병합에 속한다 할 것이다.

  ➡ [해설] : 이 경우 대상청구의 기초관계가 존재하고, 이를 불허한다면 본래적 급부청구에 대한 판결이 난 경우라도 집행불능 시에는 새로 대상청구를 할 수 밖에 없으므로 소송경제에 반하고 분쟁의 일회적 해결의 필요상 일반적으로 청구적격을 인정한다. 또한 의무자의 태도에 비춰 임의이행의 기대곤란이 있으므로 미리 청구할 필요도 인정된다.

[대판 2011.8.18, 2011다30666] 본래적 급부청구에 이를 대신할 전보배상을 부가하여 대상청구를 병합하는 것이 허용되는지 여부(적극) 및 대상청구를 본래의 급부청구에 예비적으로 병합한 경우, 본래의 급부청구가 인용되면 예비적 청구에 대한 판단을 생략할 수 있는지 여부(소극)
채권자가 본래적 급부청구에 이를 대신할 전보배상을 부가하여 대상청구를 병합하여 소구한 경우 대상청구는 본래적 급부청구권이 현존함을 전제로 하여 이것이 (변론종결 후) 판결확정 전에 이행불능되거나 또는 판결확정 후에 집행불능이 되는 경우에 대비하여 전보배상을 미리 청구하는 경우로서 양자의 병합은 현재 급부청구와 장래 급부청구의 단순병합에 속하는 것으로 허용된다. 이러한 대상청구를 본래의 급부청구에 예비적으로 병합한 경우에도 본래의 급부청구가 인용된다는 이유만으로 예비적 청구에 대한 판단을 생략할 수는 없다.

  ➡ [해설] : 甲이 乙을 상대로 주위적으로 근저당권설정등기의 회복등기절차 이행을 구하면서, 예비적으로 乙이 丙과 공모하여 등기를 불법말소한 데 대한 손해배상금과 지연손해금 지급을 구하였는데, 제1심 법원이 주위적 청구를 인용하면서 예비적 청구를 기각하였고, 甲이 기각된 부분에 대하여 항소를 제기하자, 원심법원이 주위적 청구가 인용되어 전부 승소한 甲에게는 항소를 제기할 이익이 없다는 이유로 이 부분 항소를 각하한 사안에서, 위 예비적 청구는 주위적 청구인 근저당권설정등기 회복의무가 이행불능 또는 집행불능이 될 경우를 대비한 전보배상으로서 대상청구라고 보아야 하고, 이러한 주위적·예비적 병합은 현재 급부청구와 장래 급부청구의 단순병합에 속하므로, 甲이 항소한 부분인 예비적 청구의 당부를 판단하여야 함에도 주위적 청구가 인용된 이상 예비적 청구는 판단할 필요가 없다고 보아 이 부분 항소를 각하한 원심판결에는 법리오해 등의 위법이 있다고 한 사례이다.

★[대판 2024.7.25, 2021다239905] 채권적 청구권에 기해 물건의 인도를 구함과 동시에 집행불능에 대비하여 손해배상을 구하는 경우, 그 손해배상청구의 법적 성질(=이행불능 또는 이행지체로 인한 전보배상의 청구) 및 이러한 청구의 병합은 현재의 급부청구인 본래적 급부청구와 장래의 급부청구인 대상적 급부청구의 단순병합에 해당하는지 여부(적극) / 본래적 급부의 이행과 함께 대상적 급부의 이행을 명한 판결이 선고되고 이에 기초하여 본래적 급부에 대한 강제집행에 착수하였으나 집행불능이 되어 대상적 급부청구권이 발생한 경우, 채무자가 임의로 본래적 급부를 제공하면 본래적 급부에 관한 의무 이행의 효력이 발생하는지 여부(원칙적 소극) / 본래적 급부의

이행과 함께 대상적 급부의 이행을 명한 판결이 확정되기 전에 가집행선고부 판결에 기하여 한 본래적 급부에 대한 강제집행이 집행불능에 이른 경우, 그 집행불능 시점에 대상적 급부청구권이 발생하는지 여부(원칙적 적극)

① 채권적 청구권에 기하여 물건의 인도를 구함과 동시에 그 집행불능에 대비하여 손해배상을 구하는 경우, 그중 대상적 급부인 손해배상청구는 민법 제390조의 이행불능으로 인한 전보배상 또는 민법 제395조의 이행지체로 인한 전보배상을 구하는 것으로서, 이러한 청구의 병합은 현재의 급부청구인 본래적 급부청구와 사실심 변론종결 후에 발생하는 장래의 급부청구인 대상적 급부청구의 단순병합에 해당한다. 대상적 급부로서 이행지체로 인한 전보배상을 구하여 본래적 급부의 이행과 함께 대상적 급부의 이행을 명한 판결이 선고되고, 그에 기초하여 본래적 급부에 대한 강제집행에 착수하였으나 그것이 집행불능이 되어 대상적 급부청구권이 발생하면, 채권자는 본래적 급부에 대한 수령을 거절할 수 있게 된다(민법 제395조 참조). 따라서 그 후 채무자가 임의로 본래적 급부를 제공하더라도 채권자가 이를 수령하는 등의 특별한 사정이 없는 한 그로써 바로 본래적 급부에 관한 의무 이행의 효력이 발생한다고 볼 수 없다. ② 나아가 가집행선고부 판결의 집행력은 후일 본안판결 또는 가집행선고가 취소·변경될 것을 해제조건으로 그 선고 즉시 발생하므로, 본래적 급부의 이행과 함께 대상적 급부의 이행을 명한 판결이 확정되기 전에 그 가집행선고부 판결에 기하여 한 본래적 급부에 대한 강제집행이 집행불능에 이른 경우에도 이후 위 판결 또는 가집행선고가 취소·변경되지 않는 한 그 집행불능의 시점에 대상적 급부청구권이 발생한다.

★[대판 1962.6.14. 62다172] 특정물의 인도청구를 하면서 변론종결 시 현재에 이행불능이 될 것을 염려하여 대상청구를 하는 경우에는 단순병합이 아니라 예비적 병합이다.

다) 말소등기청구와 그 이행불능으로 인한 전보배상청구의 가부

판례는 선행소송으로 소유권보존등기의 말소등기청구가 확정되었다 하여도 소유자가 그 후 소유권을 상실하였다면, 그 청구권의 법적 성질이 채권적 청구권으로 바뀌지 아니하므로 그 권리의 이행불능을 이유로 하는 민법 제390조의 손해배상청구권을 가진다고 할 수 없다고 하여, 대상청구를 병합하여 청구할 수 없다고 하였다(대판(전) 2012.5.17. 2010다28604).

[대판 2012.5.17. 2010다28604]

[1] 소유자가 자신의 소유권에 기하여 실체관계에 부합하지 아니하는 등기의 명의인을 상대로 그 등기말소나 진정명의회복 등을 청구하는 경우에, 그 권리는 물권적 청구권으로서의 방해배제청구권(민법 제214조)의 성질을 가진다. 그러므로 소유자가 그 후에 소유권을 상실함으로써 이제 등기말소 등을 청구할 수 없게 되었다면, 이를 위와 같은 청구권의 실현이 객관적으로 불능이 되었다고 파악하여 등기말소 등 의무자에 대하여 그 권리의 이행불능을 이유로 민법 제390조상의 손해배상청구권을 가진다고 말할 수 없다. 위 법규정에서 정하는 채무불이행을 이유로 하는 손해배상청구권은 계약 또는 법률에 기하여 이미 성립하여 있는 채권관계에서 본래의 채권이 동일성을 유지하면서 그 내용이 확장되거나 변경된 것으로서 발생한다. 그러나 위와 같은 등기말소청구권 등의 물권적 청구권은 그 권리자인 소유자가 소유권을 상실하면 이제 그 발생의 기반이 아예 없게 되어 더 이상 그 존재 자체가 인정되지 아니하는 것이다.

[2] 그렇게 보면, 비록 이 사건 선행소송에서 법원이 피고가 원고에 대하여 그 소유권보존등기를 말소할 의무를 부담한다고 판단하고 원고의 등기말소청구를 인용한 것이 변론주의 원칙에 비추어

부득이한 일이라고 하더라도, 원고가 이미 소외 1 등의 등기부 취득시효 완성으로 이 사건 토지에 관한 소유권을 상실한 사실에는 변함이 없으므로, 원고가 불법행위를 이유로 소유권 상실로 인한 손해배상을 청구할 수 있음은 별론으로 하고, 애초 피고의 등기말소의무의 이행불능으로 인한 채무불이행책임을 논할 여지는 없다고 할 것이다.

[3] 국가 명의로 소유권보존등기가 경료된 토지의 일부 지분에 관하여 甲 등 명의의 소유권이전등기가 경료되었는데, 乙이 등기말소를 구하는 소를 제기하여 국가는 乙에게 원인무효인 등기의 말소등기절차를 이행할 의무가 있고, 甲 등 명의의 소유권이전등기는 등기부취득시효 완성을 이유로 유효하다는 취지의 판결이 확정되자, 乙이 국가를 상대로 손해배상을 구한 사안에서, 甲 등의 등기부취득시효 완성으로 토지에 관한 소유권을 상실한 乙이 불법행위를 이유로 소유권 상실로 인한 손해배상을 청구할 수 있음은 별론으로 하고, 애초 국가의 등기말소의무 이행불능으로 인한 채무불이행책임을 논할 여지는 없고, 또한 토지의 소유권 상실로 인한 손해배상을 구하는 乙의 청구에 대하여 당사자가 주장하지 아니한 소유권보존등기 말소등기절차 이행의무의 이행불능으로 인한 손해배상책임을 인정할 수 없음에도, 이와 달리 손해배상책임을 인정한 원심판결에 법리오해와 처분권주의 위반의 위법이 있다.

➔ [해설] : 소유권이 상실되면, 그 수단적 권리인 물권적 청구권은 이제 그 발생의 기반이 없게 되어 더 이상 그 존재 자체가 인정되지 아니하고, 그에 대한 이행불능은 없다는 취지로 보인다. 이에 따르면 물권적 청구권의 이행불능으로 인한 전보배상은 전혀 불가능하고 소유권 상실이라는 불법행위로 인한 손해배상 청구만이 가능하게 된다.

2. 선택적 병합

(1) 의의

여러 개의 청구 가운데 하나가 택일적으로 인용되는 것을 해제조건으로 다른 청구에 대하여 심판을 신청하는 병합의 경우이다. 예 ① 동일물의 인도를 소유권 및 점유권에 기하여 청구하는 경우, ② 손해배상금청구를 불법행위와 계약불이행으로 구하는 경우, ③ 이혼소송에 있어서 부정행위와 악의의 유기를 주장하는 경우 등이 이에 해당한다. 이 경우 법원은 어느 하나를 선택하여 인용하거나 청구 전부에 대해 기각하여야 한다.

(2) 소송물이론과의 관계

이는 법률상 양립할 수 있지만, 2중의 이행판결(또는 형성판결)을 피하기 위하여 구소송물이론에서 인정되는 것이다. 신소송물이론에서는 공격방법 내지 법률적 관점이 여러 개 경합된 것으로 보아 일반적으로 선택적 병합을 부인한다. 다만 신소송물이론에서도 이분지설(=이원설)에서는 선택적 병합을 인정할 수 있다.

3. 예비적 병합

(1) 의의

각 청구가 법률상 양립하지 않고, 오히려 서로 배척되는 관계에 있는 경우에 제1차(주위적) 청구가 인용되지 않을 것(기각·각하)을 염려하여, 심판의 순위를 붙여 제1차 청구의 인용을 해제조건으로 제2차(예비적) 청구에 대하여도 미리 심판을 신청하는 경우의 병합이다. 법원은 주위적 청구가 인용될 때에는 예비적 청구에 대해 심판할 필요가 없지만, 주위적 청구가 기각되는 경우라면 예비적 청구에 대해 심판하여야 한다.

(2) 부진정 예비적 병합[1]

1) 문제점

예비적 병합은 수개의 청구가 양립불가능한 경우로서 법원은 심판순서에 구속되어 판단하여야 하는데, 이와 관련하여 양립가능한 수개의 청구를 예비적 병합의 형태로 청구할 수 있는지, 이러한 경우에도 법원은 그 순서에 구속되어 심판해야 하는지가 문제이다.

2) 인정 여부

가) 학설

① 양립불가능은 예비적 병합의 요건이 되지 않으며 원고의 의사를 존중하여야 하므로 이를 긍정하는 견해와 ② 예비적 병합은 양립불가능한 관계이어야 하고 예비적 병합인지는 원고의 의사가 아닌 병합청구의 성질에 의해 판단해야 하므로 이를 부정하는 견해의 대립이 있다.

나) 판례

판례는 논리적으로 양립할 수 있는 수개의 청구라 하더라도 심판의 순위를 붙여 청구를 할 합리적 필요성이 있는 경우에는 주위적 청구가 인용·배척될 경우를 대비하여 예비적 청구에 대한 심판을 구할 수 있다고 하며, 이를 부진정 예비적 병합이라고 한다.

★★**[대판 2002.9.4. 98다17145]** 성질상 선택적 관계에 있는 양 청구를 당사자가 주위적, 예비적 청구 병합의 형태로 제소함에 의하여 그 소송심판의 순위와 범위를 한정하여 청구하는 이른바, 부진정 예비적 병합 청구의 소도 허용되는 것이다.

3) 성질 – 법원의 심판방법

부진정 예비적 병합을 긍정하는 입장에서, 법원은 ① 부진정 예비적 병합이 단순병합의 성질을 갖는 경우 순서에 구속되어 재판하되 단순병합의 본질에 의해 병합된 모든 청구에 대해서 판결을 해야 한다. ② 다만 부진정 예비적 병합이 선택적 병합의 성질을 갖고 있는 경우에는 순서에 구속되어 재판하되, 선택적 병합의 본질에 의해 제1차 청구가 인용되면 제2차 청구를 심판할 필요가 없으며, 제1차 청구가 기각되면 제2차 청구를 심판하게 될 것이다.

---

[1] 부진정 예비적 병합의 개념을 만든 일본과 독일에 있어 그 내용상 차이가 있다. 즉 ① 일본의 경우에는 부진정 예비적 병합을 양립할 수 있는 청구를 대상으로 하는 청구권경합의 경우로서 보통 선택적 병합으로 해석한다. 예 상계가 불가능한 불법행위에 기한 청구를 제1순위로, 상계가 가능한 채무불이행에 기한 청구를 제2순위로 하여 병합하였을 때가 이에 해당한다. 한편 ② 독일의 경우에는 주위적 청구를 기각하는 경우에는 예비적 청구를 심판할 필요가 없고, 예비적 청구를 심판할 수 있는 것은 주위적 청구가 인용되는 경우에 한한다는 2개의 청구의 병합이라고 해석한다. 예 선결적 법률관계의 확인의 요구와 이를 전제로 하는 급부청구와의 병합의 경우가 그 예이다.

Ⅲ. 병합의 요건

1. 청구병합의 일반적 요건

> **제253조(소의 객관적 병합)**
> 여러 개의 청구는 같은 종류의 소송절차에 따르는 경우에만 하나의 소로 제기할 수 있다.
> **제25조(관련재판적)**
> ① 하나의 소로 여러 개의 청구를 하는 경우에는 제2조 내지 제24조의 규정에 따라 그 여러 개 가운데 하나의 청구에 대한 관할권이 있는 법원에 소를 제기할 수 있다.
> ② 소송목적이 되는 권리나 의무가 여러 사람에게 공통되거나 사실상 또는 법률상 같은 원인으로 말미암 아 그 여러 사람이 공동소송인으로서 당사자가 되는 경우에는 제1항의 규정을 준용한다.

1) 청구병합의 일반적 요건으로서, ① 소송절차의 동종(제253조)과 ② 관할의 공통(각 청구에 있어서 수소법원이 관할권을 가질 것)이 요구된다. 따라서 통상의 민사사건이라면 병합될 수 있고, 또한 전속관할에 속하는 청구가 없는 한 병합청구의 관련재판적(제25조)에 의하여 법원은 하나의 청구에 대하여 관할을 가지면 다른 청구에도 관할을 갖게 된다.

2) ① 통상의 민사소송절차와 가압류·가처분사건 등의 절차는 서로 다른 절차이기 때문에, 이들 사이에는 병합을 인정하지 아니함이 원칙이고, ② 비송사건과 소송사건(민사사건)도 마찬가지이다. 또한 ③ 재심의 소에서 신청구를 병합할 수 없다는 것이 판례이다.

[대판 2003.8.22. 2001다23225 · 23232] 통상의 민사사건과 가처분에 대한 이의사건은 다른 종류의 소송절차에 따르는 것이므로 변론을 병합할 수 없다.

[대판 1997.5.28. 96다41649] 피고들이 재심대상판결의 취소와 그 본소청구의 기각을 구하는 외에, 원고와 승계인을 상대로 재심대상판결에 의하여 경료된 원고 명의의 소유권이전등기와 그 후 승계인의 명의로 경료된 소유권이전등기의 각 말소를 구하는 청구를 병합하여 제기하고 있으나, 그와 같은 청구들은 별소로 제기하여야 할 것이고 재심의 소에 병합하여 제기할 수 없다.

[대판 2006.1.13. 2004므1378] 가사소송법 제2조 제1항 소정의 나류 가사소송사건과 마류 가사비송사건은 통상의 민사사건과는 다른 종류의 소송절차에 따르는 것이므로, 원칙적으로 위와 같은 가사사건에 관한 소송에서 통상의 민사사건에 속하는 청구를 병합할 수는 없다.

2. 각 청구 사이의 관련성

단순병합의 경우에는 원칙적으로 각 청구 사이에 관련성이 필요 없다. 단, 선택적·예비적 병합의 경우는 병합된 청구 사이에 관련성이 있을 것을 요한다.

(1) 선택적 병합

1) 논리적 양립가능성이 인정될 것

논리적으로 양립할 수 없는 청구를 선택적으로 병합할 수 있는지 문제된다. 이에 대해서는 ① 처분권주의상 인정해야 한다는 견해(긍정설)가 있으나, ② 그 병합은 예비적 병합이어야 하고, 선택적 병합은 허용될 수 없다는 입장이 일반적이다(부정설). ③ 판례도 <u>논리적으로 양립할 수 없는</u> <u>수개의 청구는 성질상 선택적 병합으로 동일 소송절차 내에서 동시에 심판될 수 없는 것이고 이</u> <u>러한 수개의 청구가 동일 소송절차 내에서 모순 없이 심리되기 위하여는 그 청구 간에 주위적ㆍ</u> <u>예비적인 관계가 있을 것을 요한다</u>라고 하여 부정설과 같은 태도이다(대판 1982.7.13, 81다카1120).

2) 동일목적을 위해 수개의 청구권이 경합하는 경우일 것

① 선택적 병합은 경합하는 여러 개의 권리에 기하여 청구하는 때에 인정된다. 즉 청구취지는 하나이고 청구원인만이 여러 개인 경우이다.

② <u>법조경합관계에 있는 여러 개의 법규에 기한 청구나 선택채권에 기한 청구는 여러 개가 아닌</u> <u>한 개의 실체법상의 권리를 바탕으로 한 청구이기 때문에 선택적 병합으로 되지 아니한다.</u>[2]

(2) 예비적 병합

1) 양립불가능성

가) 주위적 청구가 예비적 청구를 흡수ㆍ포함하는 관계일 경우

① 주위적 청구와 예비적 청구 간에 양립될 수 없는 관계이어야 한다. 따라서 <u>전자가 후자를</u> <u>흡수ㆍ포함하는 관계일 때에는 예비적 병합이라 할 수 없다.</u> 즉 예비적 청구가 주위적 청구를 질적으로 일부 감축한 청구에 지나지 아니할 뿐, 그 목적물과 청구원인이 주위적 청구와 완전히 동일한 경우(**예** 주위적으로 무조건적인 소유권이전등기절차의 이행을 구하고, 예비적으로 금전지급과 상환으로 소유권이전등기절차의 이행을 구하는 경우)에는 <u>예비적 병합이라고는 볼 수 없다.</u>

② 판례도 같은 청구원인을 내용으로 하면서 주위적 청구의 수량만을 감축하여 하는 예비적 청구는 소송상 예비적 청구라고 할 수 없고, 또한 <u>주위적으로 무조건적인 소유권이전등기절차의 이행을</u> <u>구하고, 예비적으로 금전지급과 상환으로 소유권이전등기절차의 이행을 구하는 경우, 후자가 전</u> <u>자를 질적으로 일부 감축청구한 것에 불과하다</u> 하여 예비적 청구라고 할 수 없다고 하였다.[3]

[대판 1999.4.23, 98다61463] 주위적으로 무조건적인 소유권이전등기절차의 이행을 구하고, 예비적으로 금전 지급과 상환으로 소유권이전등기절차의 이행을 구하는 경우, 위 예비적 청구는 주위적 청구를 질적으로 일부 감축하여 하는 청구에 지나지 아니할 뿐, 그 목적물과 청구원인은 주위적 청구와 완전히 동일하므로 소송상의 예비적 청구라고는 볼 수 없다.

나) 같은 목적의 청구를 양립될 수 없는 수개의 청구권에 기하여 구하는 경우

예컨대 같은 금전을 주위적으로 소비대차상의 대여금채권에 기하여 구하고, 소비대차가 무효일 때를 대비하여 예비적으로 부당이득반환청구권에 기하여 청구하는 경우에, ① 신이론(이분지설 제외)은 이러한 같은 목적의 소송에 있어서는 소송물을 1개로 보고 단지 공격방법의 예비적 주장으로 해석한다. 그러나 ② 구이론은 청구의 예비적 병합으로 본다.

---

2) 결국 소송물은 1개로서 동일하다는 것이다.
3) 대판 2017.2.21, 2016다225353에서도 예비적 청구는 주위적 청구와 서로 양립할 수 없는 관계에 있어야 하므로, 주위적 청구와 동일한 목적물에 관하여 동일한 청구원인을 내용으로 하면서 주위적 청구를 양적이나 질적으로 일부 감축하여 하는 청구는 주위적 청구에 흡수되는 것일 뿐 소송상의 예비적 청구라고 할 수 없다고 하였다.

2) 관련성

병합된 청구 사이에 기초되는 사실관계가 전혀 관련성이 없는 경우(예 주위적으로 가옥명도를 구하고, 예비적으로 그것과 전혀 관계가 없는 대여금을 구하는 경우)라면 예비적 병합은 원칙적으로 부적법하여 인정될 수 없다. 즉 법률적·경제적으로 동일목적의 추구일 것이 필요하다.

> [대판 2008.12.11, 2005다51495] 논리적으로 전혀 관계가 없어 순수하게 단순병합으로 구하여야 할 수개의 청구를 선택적 또는 예비적 청구로 병합하여 청구하는 것은 부적법하여 허용되지 않는다. 따라서 원고가 그와 같은 형태로 소를 제기한 경우 제1심 법원이 본안에 관하여 심리·판단하기 위해서는 소송지휘권을 적절히 행사하여 이를 단순병합 청구로 보정하게 하는 등의 조치를 취하여야 하는바, 법원이 이러한 조치를 취함이 없이 본안판결을 하면서 그 중 하나의 청구에 대하여만 심리·판단하여 이를 인용하고 나머지 청구에 대한 심리·판단을 모두 생략하는 내용의 판결을 하였다 하더라도 그로 인하여 청구의 병합 형태가 선택적 또는 예비적 병합 관계로 바뀔 수는 없으므로, 이러한 판결에 대하여 피고만이 항소한 경우 제1심 법원이 심리·판단하여 인용한 청구만이 항소심으로 이심될 뿐, 나머지 심리·판단하지 않은 청구는 여전히 제1심에 남아 있게 된다.

> ★★[대판 2015.12.10, 2015다207679·207686·207693] **단순병합으로 구하여야 할 수개의 청구를 주위적·예비적 청구로 병합하여 청구하는 것이 허용되는지 여부**(소극) **및 법원이 그중 하나의 청구만을 인용하고 나머지 청구를 기각하는 내용의 판결을 하고 피고만이 상고한 경우, 상고심의 심판 범위**(=피고가 불복한 청구)
> 논리적으로 전혀 관계가 없어 순수하게 단순병합으로 구하여야 할 수개의 청구를 주위적·예비적 청구로 병합하여 청구하는 것은 부적법하여 허용되지 않는바, 원고가 그와 같은 형태로 소를 제기한 경우 원심법원이 그 모든 청구의 본안에 대하여 심리를 한 다음 그중 하나의 청구만을 인용하고 나머지 청구를 기각하는 내용의 판결을 하였다면, 이는 법원이 위 청구의 병합관계를 본래의 성질에 맞게 단순병합으로서 판단한 것이라고 보아야 할 것이고, 따라서 피고만이 위 인용된 청구 부분에 대하여 상고를 제기한 때에는 일단 단순병합관계에 있는 모든 청구가 전체적으로 상고심으로 이심되기는 하나 상고심의 심판 범위는 이심된 청구 중 피고가 불복한 청구에 한정된다.

IV. 병합청구의 절차와 심판

1. 소가의 산정과 병합요건 등의 조사

(1) 소가산정

단순병합의 경우(부진정 예비적 병합 제외)에는 합산의 원칙(제27조 제1항)에 따르며 선택적·예비적 병합의 경우에는 중복청구의 흡수의 법리를 따른다.

(2) 병합요건의 조사

병합요건은 청구의 병합에 특수한 소송요건이므로 법원의 직권조사사항이다. 병합요건의 흠결 시에는 변론을 분리하여 별도의 소로 분리심판하는 것이 원칙이다. 다만 병합된 청구 중 어느 하나가 다른 법원의 전속관할에 속하는 때에는 결정으로 이송하여야 한다(제34조).

(3) 소송요건의 조사

병합요건이 갖추어졌으면 각 청구에 대한 소송요건을 조사하고, 그 흠이 있으면 해당 청구에 대하여 소를 판결로써 각하하여야 한다.

2. 심리의 공통(본안의 심리)

(1) 소송자료의 공통

통상 병합된 여러 개의 청구는 동일 절차에서 심리된다(심리의 공통). 따라서 변론이나 증거조사도 동일 기일에 여러 개의 청구에 대하여 공통으로 행한다(소송자료 및 증거자료의 공통). 여기에서 나타난 소송자료와 증거자료는 모든 청구에 대한 판단의 자료가 된다. 다만 단순병합의 경우에는 개별자료가 된다.

(2) 소송진행의 공통

법원은 소송의 심리를 정리하기 위하여 어느 청구에 대하여 변론을 일시 제한할 수 있으나, 변론의 분리는 단순병합에 한한다는 것이 통설이다.

3. 종국판결

(1) 단순병합

법원은 병합된 청구 전부에 대하여 판결을 하여야 한다. 그 가운데 일부의 청구에 대하여 (무의식적으로) 재판을 누락하면 추가판결을 한다(제212조).

(2) 선택적 병합

법원은 이유 있는 하나의 청구를 선택하여 청구를 인용하면 잔여의 청구에 대하여는 심판하지 않고 소송을 완결할 수 있지만, 원고를 패소시키려면 병합된 청구 전부를 기각하지 않으면 안 된다(대판 2010.5.27, 2009다12580).

(3) 예비적 병합

예비적 청구는 주위적 청구가 인용되는 것을 해제조건으로 하는 것이므로 법원의 심판순서는 당사자가 청구한 심판의 순서에 구속을 받게 되고, 주위적 청구가 인용될 때에는 예비적 청구에 대하여 심판할 필요가 없지만, 그것이 기각되는 때에는 예비적 청구에 대하여 심판하여야 한다.

(4) 일부판결

1) 허용 여부

변론의 분리(제141조)나 일부판결(제200조)을 할 수 있는지 여부가 문제된다. 대체로 ① 단순병합의 경우에는 변론의 분리나 일부판결을 할 수 있지만, ② 예비적 병합과 선택적 병합의 경우에는 여러 개의 청구가 하나의 소송절차에 불가분적으로 결합되기 때문에 그 성질상 변론의 분리와 일부판결이 허용되지 않는다는 것이 통설·판례의 입장이다.

2) 일부판결이 허용되지 않는 경우 소송상 취급

가) 문제점

일부판결을 할 수 없는 경우임에도 일부판결을 한 경우 이러한 일부판결은 위법한 판결이 된다. 이때 그 취급을 어떻게 법적 구성할 것인지에 대해서 문제된다.

나) 학설

① 위법한 전부판결로 보고 판결하지 않은 부분은 판단누락에 준하여 취급해야 하므로, 그 구제는 상소 또는 재심에 의해야 한다는 판단누락설, ② 재판의 누락이 되어 그 부분은 원심에 계속 중이고 추가판결의 대상이 된다고 하는 재판누락설, ③ 재판누락으로 볼 것이지만, 선택적 병합이나 예비적 병합의 특성상 그 자체가 심리의 불가분성에 위반된 위법한 판결이어서 제1심에서 추가판결을 할 수 없고 상소의 대상이 된다는 절충설의 대립이 있다.

다) 판례

판례는 ① 선택적 병합과 예비적 병합의 경우 일부판결은 그 병합의 성질에 반하는 것으로서 법률상 허용되지 않음을 전제로, 이와 같이 일부판결이 허용되지 않는 소송에서는 재판의 누락이 있을 수 없으므로 추가판결로 시정할 것이 아니고, 그러한 일부판결을 위법한 전부판결로 보아 판결하지 않은 부분은 판단누락에 준하여 취급해야 하므로, 그 구제는 상소 또는 재심(제451조 제1항 제9호)에 의해야 한다고 본다(판단누락설 내지 상소·재심설). 그리고 ② 위법한 판결에 대한 상소가 제기되면 판단누락된 부분도 모두 상소심으로 이심이 되어, 원심에 계속 중이라고 볼 것은 아니라고 하였다. ③ 이 경우 위법한 판결로 인하여 불이익을 받게 된 당사자는 별소를 제기할 필요가 없이 보다 더 간편한 상소절차를 이용할 수 있었음에도 그를 이용하지 아니하고 그 분쟁을 별소로 다시 제기하는 것은 권리보호를 위한 적법요건을 갖추지 못한 것이므로 허용될 수 없다고 하였다(대판 2002.9.4. 98다17145).

◆ 선택적 병합과 관련된 판례 ◆

★★★[대판 1998.7.24. 96다99; 대판 2018.6.15. 2016다229478]

[1] 청구의 선택적 병합이란 양립할 수 있는 수개의 경합적 청구권에 기하여 동일 취지의 급부를 구하거나 양립할 수 있는 수개의 형성권에 기하여 동일한 형성적 효과를 구하는 경우에 그 어느 한 청구가 인용될 것을 해제조건으로 하여 수개의 청구에 관한 심판을 구하는 병합 형태로서, 이와 같은 선택적 병합의 경우에는 수개의 청구가 하나의 소송절차에 불가분적으로 결합되어 있기 때문에 선택적 청구 중 하나만을 기각하는 일부판결은 선택적 병합의 성질에 반하는 것으로서 법률상 허용되지 않는다.

[2] 제1심 법원이 원고의 선택적 청구 중 하나만을 판단하여 기각하고 나머지 청구에 대하여는 아무런 판단을 하지 아니한 조치는 위법한 것이고, 원고가 이와 같이 위법한 제1심 판결에 대하여 항소한 이상 원고의 선택적 청구 전부가 항소심으로 이심되었다고 할 것이므로, 선택적 청구 중 판단되지 않은 청구 부분이 재판의 탈루로서 제1심 법원에 그대로 계속되어 있다고 볼 것은 아니다.

➡ [해설] : 선택적 병합은 본래 구소송물이론에서 2중의 판결을 피하고 하나의 판결을 할 수밖에 없는 문제점을 설명하기 위해서 만들어진 것이다. 그러므로 이론적으로는 구소송물이론을 취할 때 선택적으로 병합된 각 청구는 각각 별소로써 제기될 수도 있는 것이지만, 일단 당사자의 의

사에 의하여 하나의 절차에서 병합된 청구로 제소된 이상, 그 절차 내에서는 각각의 청구가 하나의 목적을 향하야 불가분적으로 결합되어 있는 것이므로 변론의 분리나 일부판결은 허용되지 않는다고 봄이 타당하다. 나아가 선택적 청구 중 일부에 대한 판단을 빠뜨린 경우의 구제방법에 대해서는 일부판결이 불가능한 경우이므로 하나의 전부판결에 대한 판단누락으로 보아 상소에 의해 그 하자를 시정해야 할 것으로 보는 것이 통설의 입장이다.

[대판 2010.5.13, 2010다8365] 명예훼손행위를 원인으로 한 손해배상청구소송에서 패소한 원고가 항소심에서 청구취지를 변경하지 아니한 채 피고가 제1심 판결 선고 후 행한 새로운 명예훼손행위를 청구원인으로 추가한 경우, 이를 선택적 병합청구로 볼 수 있는지 여부(적극) **및 항소심이 위 추가된 선택적 병합청구에 관하여 아무런 판단도 하지 아니한 것이 판단누락에 해당하는지 여부**(적극)

제1심 판결 선고 전의 명예훼손행위에 관하여 손해배상청구를 하였으나 피고가 그 내용이 진실이라고 믿을 만한 상당한 이유가 있다는 이유로 청구를 기각당한 원고가 그 항소심에서 청구취지를 변경하지 아니한 채 피고가 제1심 판결 선고 후 행한 새로운 명예훼손행위를 청구원인으로 추가하였다면 이는 다른 특별한 사정이 없는 한 피고의 새로운 명예훼손행위를 원인으로 하는 손해배상청구를 선택적으로 병합하는 취지라고 볼 것이다. 그러므로 그 항소심이 새로운 명예훼손행위를 원인으로 한 선택적 병합청구에 관하여 아무런 판단도 하지 아니한 채 원고의 청구를 기각하는 것은 판단누락에 해당한다.

★★★[대판(전) 2016.5.19, 2009다66549]

청구의 선택적 병합은, 양립할 수 있는 여러 개의 청구권에 의하여 동일한 취지의 급부를 구하거나 양립할 수 있는 여러 개의 형성권에 기하여 동일한 형성적 효과를 구하는 경우에, 그 어느 한 청구가 인용될 것을 해제조건으로 하여 여러 개의 청구에 관한 심판을 구하는 병합 형태이다. 이와 같은 선택적 병합의 경우에는 여러 개의 청구가 하나의 소송절차에 불가분적으로 결합되어 있기 때문에, 선택적 청구 중 하나에 대하여 일부만 인용하고 다른 선택적 청구에 대하여 아무런 판단을 하지 아니한 것은 위법하다(대판 1982.7.13, 81다카1120 판결, 대판 1998.7.24, 96다99 판결 등 참조).4)

➡ [해설] : 원고 A는 피고 S를 상대로 불법행위를 원인으로 한 손해배상청구를, 피고 K를 상대로 채무불이행을 원인으로 한 손해배상청구를 하면서, '피고들이 이 사건 부지에 있는 이 사건 오염토양 등을 처리하여야 할 책임이 있음에도 원고로 하여금 이 사건 오염토양 등을 처리하게 함으로써 법률상 원인 없이 그 정화비용 및 처리비용 상당의 이득을 얻고 원고로 하여금 그 금액 상당의 손해를 입게 하였으므로, 피고들은 원고에게 그 금액 상당을 부당이득으로 반환할 의무가 있다'는 취지의 부당이득반환청구를 피고들에 대한 위에서 본 청구들과 선택적으로 청구하였다. 원고 A의 피고 S에 대한 불법행위로 인한 손해배상청구 중 일부, 피고 K에 대한 채무불이행으로 인한 손해배상청구 중 일부가 각 인용되는 경우에 원고가 선택적으로 병합한 피고들에 대한 부당이득반환청구는 어떻게 처리할 것인지가 문제되었는데, 원심은 피고 S에 대하여는 불법행위에 의한 손해배상청구 중 일부만을 인용하고, 피고 K에 대하여는 채무불이행에 의한 손해배상청구 중 일부만을 인용하면서도, 피고들에 대한 위 부당이득반환청구에 대하여는 아무런 판단을 하지 아니한 채, 원고의 피고들에 대한 나머지 청구를 모두 기각하였다. 이에 대해 대법원은 원심판결에는 선택적 병합에 관한 법리를 오해하여 원고의 피고들에 대한 위 부당이득반환청구에 관하여 판단을 누락한 위법이 있다고 본 사례이다.

---

4) 판결이유 중 판단 부분에서 발췌하였다.

◈ 예비적 병합과 관련된 판례 ◈

[대판 1995.7.25. 94다62017] 원심에서 추가된 청구가 종전의 주위적 청구가 인용될 것을 해제조건으로 하여 청구된 것임이 분명하다면, 원심으로서는 종전의 주위적 청구의 당부를 먼저 판단하여 그 이유가 없을 때에만 원심에서 추가된 예비적 청구에 관하여 심리판단할 수 있고, 위 추가된 예비적 청구만을 분리하여 심리하거나 일부 판결을 할 수 없으며, 피고로서도 위 추가된 예비적 청구에 관하여만 인낙을 할 수도 없고, 가사 인낙을 한 취지가 조서에 기재되었다 하더라도 그 인낙의 효력이 발생하지 아니한다.

★★★[대판(전) 2000.11.16. 98다22253]

[1] 청구의 예비적 병합이란 병합된 수개의 청구 중 주위적 청구(제1차 청구)가 인용되지 않을 것에 대비하여 그 인용을 해제조건으로 예비적 청구(제2차 청구)에 관하여 심판을 구하는 병합형태로서, 이와 같은 예비적 병합의 경우에는 원고가 붙인 순위에 따라 심판하여야 하며 주위적 청구를 배척할 때에는 예비적 청구에 대하여 심판하여야 하나 주위적 청구를 인용할 때에는 다음 순위인 예비적 청구에 대하여 심판할 필요가 없는 것이므로, 주위적 청구를 인용하는 판결은 전부판결로서 이러한 판결에 대하여 피고가 항소하면 제1심에서 심판을 받지 않은 다음 순위의 예비적 청구도 모두 이심되고 항소심이 제1심에서 인용되었던 주위적 청구를 배척할 때에는 다음 순위의 예비적 청구에 관하여 심판을 하여야 하는 것이다.

[2] 예비적 병합의 경우에는 수개의 청구가 하나의 소송절차에 불가분적으로 결합되어 있기 때문에 '① 주위적 청구를 먼저 판단하지 않고 예비적 청구만을 인용하거나 ② 주위적 청구만을 배척하고 예비적 청구에 대하여 판단하지 않는 등'의 일부판결은 예비적 병합의 성질에 반하는 것으로서 법률상 허용되지 아니하며, 그럼에도 불구하고 주위적 청구를 배척하면서 예비적 청구에 대하여 판단하지 아니하는 판결을 한 경우에는 그 판결에 대한 상소가 제기되면 판단이 누락된 예비적 청구 부분도 상소심으로 이심이 되고 그 부분이 재판의 탈루에 해당하여 원심에 계속 중이라고 볼 것은 아니다.

◈ 논증구도 ◈

1. 문제점

본 판결과 관련해서는 특히, ① 예비적 병합에서 일부판결이 가능한가, ② 만약 불가능하다면 이를 어떠한 방법으로 구제할 것인가, ③ 구제방법으로 상소한 경우 이심의 범위와 심판의 대상이 되는 범위는 어떠한가가 순차적으로 문제된다. 아래에서는 이 중 ①, ②에 대해서만 집중조명하도록 하고, ③의 부분은 이하 상소심 부분에서 다루고 있는 내용을 토대로 익혀두길 바란다.

2. 일부판결의 가부

이에 대해서는 이미 설명한 바와 같다. 즉 일부판결은 소송물의 가분성이 인정될 경우 법원의 재량에 의해 가능함이 원칙인데, 일부판결 후 잔부판결을 한 경우 일부판결과 잔부판결 사이에 내용상 모순이 생길 염려가 있는 경우에는 일부판결은 허용되지 않는다고 본다. 따라서 예비적 병합의 경우에는 수개의 청구가 하나의 소송절차에 불가분적으로 결합되어 있기 때문에 변론의 분리나 일부판결은 불가능하다고 보는 것이 통설·판례의 입장이다.

3. 일부판결을 한 경우의 구제방법

판례의 태도를 정리하면 다음과 같다. ① 과거 판례를 종합해 보면, 예비적 병합에서 변론의 분리와 일부판결은 허용되지 않는다고 하면서도, 다른 한편으로는 이 경우 판단누락(유탈)이 아니라 재판의 탈루(누락)에 해당하고, 따라서 이 부분은 아직 소송이 계속 중이라고 볼 것이어서 원고의 예비적 청구에 대한 상소는 상소의 대상이 없어 부적법하다(대판 2000.1.21, 99다50422 등)고 하여 재판의 탈루(누락)로 해결해야 한다는 입장이 주류를 이루었다. 그러나 이러한 논리는 일관성을 결하는 문제가 있었다. ② 그리하여 본 판결에 의해 일부판결이 불가능함에도 일부판결을 한 경우에는 재판의 누락에 해당하여 추가판결로 해결할 것이 아니라 판단누락의 일종으로 보아 상소나 재심으로 구제해야 한다는 것이 판례의 명확한 입장으로 정리되었다. 결국 위법한 일부판결은 실질적으로는 하자 있는 전부판결이므로 판결 자체가 위법인 이상, 이 점을 직접 다투어야 하고, 이미 한 판결을 적법한 판결로 보고 누락된 부분을 재판하는 추가판결로 처리하는 것은 타당하지 않게 된다.

4. 상소심의 처리

주위적 청구인용판결에 대하여 피고가 항소한 경우, 이심의 범위와 심판의 대상이 되는 범위가 문제되는데, 이에 대해서는 아래의 해당부분을 참고하기 바란다.

★★★[대판 2002.9.4, 98다17145] 예비적 병합의 제 문제

[1] 전 소송의 판결의 주문기재에서나 이유기재에서 예비적 청구 기각의 판단이 명시되지 않은 경우, 그 예비적 청구와 소송물을 같이 하는 후 소송에 전 소송의 판결의 기판력이 미치는지 여부(소극)

구체적 사건의 어느 청구에 대하여 법원이 전혀 판단을 하지 않았다면 그 부분에 한하여서는 기판력이 생길 수 없는 것이므로, 전 소송의 환송 후 항소심판결의 주문기재에서나 이유기재에서나 예비적 청구 기각의 판단이 명시되지 아니하였음에도 후 소송의 원심이 그 판결에 그 예비적 청구를 기각한 판단이 있었다고 보아 전 소송의 환송 후 항소심판결이 확정되어 그 청구에 관한 판단의 기판력이 생겼다고 전제한 다음, 그 판결의 기판력이 소송물을 같이 하는 후 소송에도 미치게 된다고 판단한 데에는 필요한 심리를 다하지 않았거나 기판력에 관한 위에서 본 법리를 오해한 잘못이 있다.

[2] 어느 분쟁해결을 위하여 적정한 판단을 받을 수 있도록 마련된 보다 더 간편한 절차를 이용할 수 있었음에도 그 절차를 이용하지 않았다는 사정은 소송제기에 있어 소극적 권리보호요건인 직권조사 사항인지 여부(적극)

어느 분쟁해결을 위하여 적정한 판단을 받을 수 있도록 마련된 보다 더 간편한 절차를 이용할 수 있었음에도 그 절차를 이용하지 않았다는 사정은 소송제기에 있어 소극적 권리보호요건인 직권조사 사항이라 할 것이다.

[3] 하급심의 판결에 위법한 오류가 있음을 알게 된 당사자가 그를 시정하기 위한 상소절차를 이용할 수 있었음에도 그를 이용하지 아니하고 당연무효가 아닌 그 판결을 확정시킨 다음, 그 후 상소로 다투었어야 할 그 분쟁을 별소로 다시 제기하는 것이 허용되는지 여부(소극)

위법한 판결로 인하여 불이익을 받게 된 당사자는 별소를 제기할 필요가 없이 간편하게 그 소송절차 내에서 상소를 통하여 그 분쟁해결을 위한 적정한 판단을 구할 길이 열려 있으며 또한 소송경제에 맞는 그 방법을 통하여서만 사실심인 하급심판결에 대하여 새로 올바른 판단을 받도록 마련되어 있는 것이기에, 하급심의 판결에 위법한 오류가 있음을 알게 된 당사자가 그를 시정하기 위한 상소절차를 이용할 수 있었음에도 그를 이용하지 아니하고 당연무효가 아닌 그 판결을 확정시켰다면 그 판결은 위법한 오류가 있는 그대로 확정됨과 동시에 당사자로서는 그 단계에서 주어진 보다 더 간편한 분쟁해결수단인 상소절차 이용권을 스스로 포기한 것이 되어, 그 후에는 상소로 다투었어야 할 그 분쟁을 별소로 다시 제기하는 것은 특별한 사정이 없는 한, 그의 권리보호를 위한 적법요건을 갖추지 못한 때문에 허용될 수 없다.

[4] 항소심판결이 주위적 청구를 배척하면서 예비적 청구에 대하여 판단하지 아니한 경우, 상고에 의하여 주위적 청구와 예비적 청구가 함께 이심되는지 여부(적극)

주위적 청구를 배척하면서 예비적 청구에 대하여 판단하지 아니한 판결은 예비적 병합의 제도취지에 반하여 위법하게 되고 상고에 의하여 주위적 청구와 예비적 청구가 함께 상고심에 이심되는 것이며 예비적 청구부분의 소송의 재판 탈루가 되는 것은 아니다.

[5] 항소심판결이 주위적 청구를 배척하면서 예비적 청구 부분에 관하여 전혀 판단하지 않은 데 대하여 당사자가 상고하여 그 예비적 청구에 대한 항소심의 판단이 누락되었다는 위법사유를 지적하였음에도 상고심에서도 법률관계상의 그 쟁점에 관한 판단을 빠뜨림으로써 그 오류가 시정되지 않은 채 상고심 판결이 확정되는 경우의 구제방법(=재심)

항소심판결이 예비적 청구 부분에 관하여 전혀 판단하지 아니하였다면 당사자는 그 판결에 대하여 불복상고하여 그 위법 부분의 시정을 받아야 하며, 당사자가 상고하여 그 예비적 청구에 대한 항소심의 판단이 누락되었다는 위법사유를 지적하였음에도 법률심인 상고심에서도 법률관계상의 그 쟁점에 관한 판단을 빠뜨림으로써 그 오류가 시정되지 않은 채 상고심판결이 확정되면 당사자는 재심사유를 주장·입증하여 그 상고심판결에 대한 재심을 구하는 길만이 남게된다.

[6] 성질상 선택적 관계에 있는 양 청구를 당사자가 주위적, 예비적 청구 병합의 형태로 제소함에 의하여 그 소송심판의 순위와 범위를 한정하여 청구하는 이른바, 부진정 예비적 병합 청구의 소가 허용되는지 여부(적극)

성질상 선택적 관계에 있는 양 청구를 당사자가 주위적, 예비적 청구 병합의 형태로 제소함에 의하여 그 소송심판의 순위와 범위를 한정하여 청구하는 이른바, 부진정 예비적 병합 청구의 소도 허용되는 것이다.

[7] 주위적 청구가 전부 인용되지 않을 경우에는 주위적 청구에서 인용되지 아니한 수액 범위 내에서의 예비적 청구에 대해서도 판단하여 주기를 바라는 취지로 불가분적으로 결합시켜 제소하는 것이 가능한지 여부(적극)

주위적 청구가 전부 인용되지 않을 경우에는 주위적 청구에서 인용되지 아니한 수액 범위 내에서의 예비적 청구에 대해서도 판단하여 주기를 바라는 취지로 불가분적으로 결합시켜 제소할 수도 있는 것이다.

[8] 항소심판결상 예비적 청구에 관하여 이루어져야 할 판단이 누락되었음을 알게 된 당사자가 상고를 통하여 그 오류의 시정을 구하였어야 함에도 상고로 다툴 수 없는 특별한 사정이 없었음에도 상고로 다투지 아니하여 그 항소심판결을 확정시킨 후 그 예비적 청구의 전부나 일부를 소송물로 하는 별도의 소송을 새로 제기하는 것이 권리보호 요건을 갖추지 못한 부적법한 소제기인지 여부(적극)

항소심판결상 예비적 청구에 관하여 이루어져야 할 판단이 누락되었음을 알게 된 당사자로서는 상고를 통하여 그 오류의 시정을 구하였어야 함에도 상고로 다툴 수 없는 특별한 사정이 없었음에도 상고로 다투지 아니하여 그 항소심판결을 확정시켰다면, 그 후에는 그 예비적 청구의 전부나 일부를 소송물로 하는 별도의 소송을 새로 제기함은 부적법한 소제기이어서 허용되지 않는다.

★★★[대판 2021.5.7. 2020다292411]

[1] 항소심에 이르러 새로운 청구가 추가된 경우, 항소심이 기존의 청구와 추가된 청구를 모두 배척할 때의 주문 표시 방법

항소심에 이르러 새로운 청구가 추가된 경우 항소심은 추가된 청구에 대해서는 실질상 제1심으로서 재판하여야 한다. 제1심이 기존의 청구를 기각한 데 대하여 원고가 항소하였고 항소심이 기존의 청

구와 항소심에서 추가된 청구를 모두 배척할 경우 단순히 "원고의 항소를 기각한다."라는 주문 표시만 해서는 안 되고, 이와 함께 항소심에서 추가된 청구에 대하여 "원고의 청구를 기각한다."라는 주문 표시를 해야 한다.

[2] 논리적으로 양립할 수 있는 수 개의 청구라고 하더라도 수 개의 청구 사이에 논리적 관계가 밀접하고, 심판의 순위를 붙여 청구를 할 합리적 필요성이 있다고 인정되는 경우, 이른바 부진정 예비적 병합 청구의 소가 허용되는지 여부(적극)

청구의 예비적 병합은 논리적으로 양립할 수 없는 수 개의 청구에 관하여 주위적 청구의 인용을 해제조건으로 예비적 청구에 대하여 심판을 구하는 형태의 병합이다. 그러나 논리적으로 양립할 수 있는 수 개의 청구라고 하더라도, 주위적으로 재산상 손해배상을 청구하면서 그 손해가 인정되지 않을 경우에 예비적으로 같은 액수의 정신적 손해배상을 청구하는 것과 같이 수 개의 청구 사이에 논리적 관계가 밀접하고, 심판의 순위를 붙여 청구를 할 합리적 필요성이 있다고 인정되는 경우에는, 당사자가 붙인 순위에 따라서 당사자가 먼저 구하는 청구를 심리하여 이유가 없으면 다음 청구를 심리하는 이른바 부진정 예비적 병합 청구의 소도 허용된다.

[3] 청구의 예비적 병합에서 주위적 청구를 먼저 판단하지 않고 예비적 청구만을 인용하거나 주위적 청구만을 배척하고 예비적 청구에 대하여 판단하지 않는 등의 일부판결이 법률상 허용되는지 여부(소극) 및 주위적 청구를 배척하면서 예비적 청구에 대하여 판단하지 않은 경우, 상소가 제기되면 판단이 누락된 예비적 청구 부분도 상소심으로 이심이 되는지 여부(적극) / 이러한 법리는 부진정 예비적 병합의 경우에도 마찬가지인지 여부(적극)

예비적 병합의 경우에는 수 개의 청구가 하나의 소송절차에 불가분적으로 결합되어 있기 때문에 주위적 청구를 먼저 판단하지 않고 예비적 청구만을 인용하거나 주위적 청구만을 배척하고 예비적 청구에 대하여 판단하지 않는 등의 일부판결은 예비적 병합의 성질에 반하는 것으로서 법률상 허용되지 않는다. 그런데도 주위적 청구를 배척하면서 예비적 청구에 대하여 판단하지 않은 판결을 한 경우에는 그 판결에 대한 상소가 제기되면 판단이 누락된 예비적 청구 부분도 상소심으로 이심이 되고 그 부분이 재판의 누락에 해당하여 원심에 계속 중이라고 볼 것은 아니다. 이러한 법리는 부진정 예비적 병합의 경우에도 달리 볼 이유가 없다.

[4] 판결서의 이유에 당사자의 모든 주장이나 공격방어방법에 관한 판단이 표시되어야 하는지 여부(소극) 및 당사자가 주장한 사항에 대한 구체적·직접적인 판단이 표시되어 있지 않지만 판결 이유의 전반적인 취지로 그 주장의 인용 또는 배척 여부를 알 수 있는 경우, 판단누락이라고 할 수 있는지 여부(소극)

판결서의 이유에는 주문이 정당하다는 것을 인정할 수 있을 정도로 당사자의 주장, 그 밖의 공격방어방법에 관한 판단을 표시하면 되고 당사자의 모든 주장이나 공격방어방법에 관하여 판단할 필요가 없다(민사소송법 제208조 제2항 참조). 판결에 당사자가 주장한 사항에 대한 구체적·직접적인 판단이 표시되어 있지 않더라도 판결 이유의 전반적인 취지에 비추어 그 주장을 인용하거나 배척하였음을 알 수 있는 정도라면 판단누락이라고 할 수 없다. 설령 실제로 판단을 하지 않았다고 하더라도 그 주장이 배척될 경우임이 분명한 때에는 판결 결과에 영향을 미치는 잘못이라고 할 수 없다.

V. 상소심

1. 확정차단 및 이심의 범위와 심판대상 · 범위

상소가 제기되면, 확정의 차단 및 이심의 효력은 원심에서 판단된 '전부의 사항'에 대하여 발생한다(상소불가분의 원칙). 그러나 불복신청하고 있지 않은 부분에 대하여 당사자는 변론을 할 필요는 없고(제407조 제1항), 처분권주의의 항소심에서의 현출에 의하여 항소심 법원도 불복신청이 없는 부분에 대하여 원판결의 판단을 변경할 수가 없으며, 원판결의 변경을 청구하는 부분에 대하여만 심판을 할 수 있는 것(불이익변경금지의 원칙)이 원칙이다. 다만 구체적으로는 병합의 형태에 따라 살펴 볼 필요가 있다.

2. 단순병합

① 일부판결에 대하여 상소한 때에는 나머지 부분(청구)과 별도로 이심의 효력이 생기고 항소심의 심판대상이 된다. 나머지 부분(청구)은 제1심에 계속 중에 있기 때문이다. 그러나 ② 전부판결의 일부에 대하여 상소하면 모든 청구에 대해서 이심과 확정차단의 효력이 생긴다. 다만 이 경우라도 불이익변경금지의 원칙상 당사자의 불복부분에 한하여 심판대상이 된다.

> **[대판 1966.6.28. 66다711]** 가옥명도와 손해배상을 청구하여 손해배상청구만 기각이 된 경우 그 패소부분만 항소하였다면 승소한 가옥명도청구 부분은 불복항소의 대상이 되어 있지 아니하므로 항소심의 심판범위는 될 수 없으나 승소부분도 패소부분과 함께 항소심에 이심되고 그 확정이 차단되므로 일정한 제한하에서라면 항소심에서 그 청구부분에 대하여도 변경할 수 있는 것이다.

> ★★★**[대판 1994.12.23. 94다44644]** 청구가 단순병합된 경우에 수개의 청구를 모두 기각한 제1심 판결에 대하여 원고가 그 중 일부의 청구에 대하여만 항소를 제기한 경우, 항소되지 않았던 나머지 부분도 항소로 인하여 확정이 차단되고 항소심에 이심은 되나, 원고가 그 변론종결 시까지 항소취지를 확장하지 아니하는 한 나머지 부분에 관하여는 원고가 불복한 바가 없어 항소심의 심판대상이 되지 아니하므로 항소심으로서는 원고의 수개의 청구 중 항소하지 아니한 부분을 다시 인용할 수는 없다.
> ➲ **[해설]** : 위 두 판례는 단순병합된 여러 청구에 대하여 하나의 전부판결이 선고되고 그중 일부에 대하여만 항소한 경우 모든 청구가 항소심으로 이심된다고 본 사례에 해당한다.

3. 선택적 병합

(1) 이심의 범위와 심판대상

① 병합된 청구 모두를 기각한 전부판결에 대하여, ⅰ) 전부상소한 경우에는 전부 이심되며 전부 심판의 대상이 되고, ⅱ) 일부상소한 경우에는 상소불가분의 원칙이 적용되어 전부가 이심은 되지만, 불이익변경금지의 원칙이 적용되어 상소한 청구일부만 심판의 대상이 된다.

> ★**[대판 2022.3.31. 2017다247145; 대판 2024.7.25. 2022다233874; 대판 2025.5.15. 2023다306014]** 선택적으로 병합된 청구를 모두 기각한 항소심판결에 대하여 상고심법원이 선택적 청구 중 어느 하나의 청구에 관한 상고가 이유 있다고 인정하는 경우, 원심판결을 전부 파기하여

야 하는지 여부(적극) 및 이러한 법리는 성질상 선택적 관계에 있는 청구를 당사자가 심판의 순위를 붙여 청구한다는 취지에서 예비적으로 병합한 경우에도 마찬가지로 적용되는지 여부(적극) 선택적으로 병합된 청구를 모두 기각한 항소심판결에 대하여 상고심법원이 선택적 청구 중 어느 하나의 청구에 관한 상고가 이유 있다고 인정할 때에는 원심판결을 전부 파기하여야 한다. 그리고 이러한 법리는 성질상 선택적 관계에 있는 청구를 당사자가 심판의 순위를 붙여 청구한다는 취지에서 예비적으로 병합한 경우에도 마찬가지로 적용된다.

➲ [사실관계 및 해설] : 원고가 주위적으로 불법행위에 기한 손해배상청구와 예비적으로 부당이득반환청구를 하였지만 이는 성질상 선택적 관계에 있는 청구를 심판의 순위를 붙여 청구한다는 취지에서 예비적 병합(주 – 부진정 예비적 병합)이라 할 것이다. 따라서 불법행위에 따른 손해배상청구 부분을 파기하는 이상, 이 부분과 성질상 선택적 관계에 있는 나머지 청구 부분도 함께 파기되어야 한다.

★★[대판 2024.12.12, 2021다300173] 수 개의 청구가 선택적으로 병합된 사건에서 법원이 원고의 청구를 인용할 경우, 선택적으로 병합된 수 개의 청구 중 어느 하나를 임의로 선택하여 심판할 수 있는지 여부(적극) 및 원심이 수 개의 선택적 청구 중 하나의 청구에 대하여 일부만 인용하고 나머지 청구는 기각하여 원고와 피고가 모두 상고 또는 부대상고를 하였고 그중 피고의 상고가 이유 있어 원심판결을 파기할 경우, 파기의 범위 / 이러한 법리는 성질상 선택적 관계에 있는 청구를 당사자가 심판의 순위를 붙여 청구한다는 취지에서 예비적으로 병합한 경우에도 마찬가지로 적용되는지 여부(적극)

① 수 개의 청구가 선택적으로 병합된 사건에서 법원이 원고의 청구를 인용할 경우에는 선택적으로 병합된 수 개의 청구 중 어느 하나를 임의로 선택하여 심판할 수 있다. ② 원심이 수 개의 선택적 청구 중 하나의 청구에 대하여 일부만 인용하고 나머지 청구는 기각하여 원고와 피고가 모두 상고 또는 는 부대상고를 하였고, 그중 피고의 상고가 이유 있어 원심판결을 파기할 경우, 상고심은 원심판결 중 피고 패소 부분 외에 나머지 청구 중 피고 패소 부분에 대응하는 부분까지 함께 파기하여야 한다. ③ 이러한 법리는 성질상 선택적 관계에 있는 청구를 당사자가 심판의 순위를 붙여 청구한다는 취지에서 예비적으로 병합한 경우에도 마찬가지로 적용된다.

② 병합된 청구 중 하나만을 받아들여 청구를 인용하는 판결(예 제390조에 기한 손해배상청구에 대해 인용하고, 제750조에 기한 손해배상청구에 대해서는 판단하지 않은 경우)도 전부판결에 해당하고 이에 대하여 피고가 항소하면, 판단하지 않은 나머지 청구도 항소심으로 이심이 되며, 항소심의 심판의 대상이 된다. 그 이유는 각 청구는 1개의 청구판결을 기초지우는 점에서 상호 밀접한 관계에 있기 때문이다.5)

---

5) 선택적 병합은 어느 청구가 택일적으로 인용될 것을 해제조건으로 병합청구하는 것으로서, 어느 청구에 대한 인용판결은 전부판결에 해당한다. 또한 예컨대 제390조와 제750조에 기한 손해배상청구와 같은 선택적 병합의 경우라면 판결주문은 1개만 나오게 되는 특성이 있다. 따라서 이에 대한 피고의 항소는 전부항소로 취급되어 전부이심·전부심판의 대상이 된다.

(2) 항소심 판결

1) 문제점

항소심의 심리결과 제1심에서 인용된 청구가 오히려 이유 없고 다른 청구가 이유 있다고 판단한 경우 항소심은 어떠한 판결을 하여야 하는지 문제된다.

2) 학설

① 소송목적이 동일하게 달성된다는 점에서 항소심은 항소를 기각하고 제1심 판결을 유지하여야 한다는 항소기각설과 ② 제1심 판결을 취소하고 청구인용의 자판을 하여야 한다는 취소자판설이 대립한다.

3) 판례

판례는 항소심에서 심리한 결과 제1심에서 심판하지 아니한 다른 청구가 이유 있다고 인정되고 그 결론이 제1심 판결의 주문과 동일한 경우에도 피고의 항소를 기각하여서는 안 되며 제1심판결을 취소한 다음 새로이 청구를 인용하는 주문을 선고하여야 한다고 하였다(항소인용 – 취소자판).

★★★ **[대판 2006.4.27, 2006다7587·7594]** 수개의 청구가 선택적으로 병합된 경우, 항소심법원이 그 청구들 중 제1심에서 심판되지 아니한 청구를 임의로 선택하여 심판할 수 있는지 여부(적극) 및 심리 결과 그 청구가 이유 있다고 인정되고 결론이 제1심판결의 주문과 동일한 경우에 항소심법원의 처리 방법
수개의 청구가 제1심에서 처음부터 선택적으로 병합되고 그 중 어느 한 개의 청구에 대한 인용판결이 선고되어 피고가 항소를 제기한 경우는 물론, 원고의 청구를 인용한 판결에 대하여 피고가 항소를 제기하여 항소심에 이심된 후 청구가 선택적으로 병합된 경우에 있어서도 항소심은 제1심에서 인용된 청구를 먼저 심리하여 판단할 필요는 없고, 원심이 한 것처럼 선택적으로 병합된 수개의 청구 중 제1심에서 심판되지 아니한 청구를 임의로 선택하여 심판할 수 있다고 할 것이나, 심리한 결과 그 청구가 이유 있다고 인정되고 그 결론이 제1심 판결의 주문과 동일한 경우에도 피고의 항소를 기각하여서는 안 되며 제1심 판결을 취소한 다음 새로이 청구를 인용하는 주문을 선고하여야 한다.

★★★ **[대판 2020.10.15, 2018다229625]** 원고가 제1심에서 선택적으로 구한 두 개의 청구 중 1개의 청구가 인용되었는데, 원고가 항소심에서 병합의 형태를 변경하여 제1심에서 심판되지 않은 청구 부분을 주위적 청구로, 제1심에서 인용된 위 청구 부분을 예비적 청구로 구하였고 항소심이 주위적 청구가 이유 있다고 인정하는 경우, 결론이 제1심판결의 주문과 동일하더라도 새로이 청구를 인용하는 주문을 선고하여야 하는지 여부(적극)
원고가 제1심에서 선택적으로 구한 두 개의 청구 중 1개의 청구가 인용되고 피고가 항소한 후, 원고가 항소심에서 병합의 형태를 변경하여 제1심에서 심판되지 않은 청구 부분을 주위적 청구로, 제1심에서 인용된 위 청구 부분을 예비적 청구로 구함에 따라 항소심이 주위적 청구 부분을 먼저 심리하여 그 청구가 이유 있다고 인정하는 경우에는, 비록 결론이 제1심판결의 주문과 동일하더라도 피고의 항소를 기각하여서는 아니 되고 새로이 청구를 인용하는 주문을 선고하여야 한다.

4. 예비적 병합

(1) 주위적 청구 인용판결에 대하여 피고가 항소한 경우

1) 이심의 범위와 심판대상

이 경우 사건의 전부가 항소심으로 이심되고 심판의 대상이 된다는 것이 통설·판례의 입장이다. 예비적 병합은 양 청구가 밀접하게 관련되어 있고, 항소심에서 주위적 청구의 인용판결이 이유 없다고 인정된다면 예비적 청구가 항소심의 현실적인 심판의 대상이 될 수 있다고 봄이 원고의 의사에 부합하고, 주위적 청구의 심리의 중요부분은 예비적 청구에도 실질적으로 공통적이어서 제1심에서도 예비적 청구의 중요부분은 충분히 심리되었다고 볼 수 있으므로 예비적 청구에 관해서 제1심의 심리를 받을 심급의 이익을 해치는 것은 아니라는 점을 논거로 한다.

2) 항소심 판결

항소심이 주위적 청구가 이유 없고 오히려 예비적 청구가 이유 있다고 판단하여 주위적 청구를 배척할 때에는 제1심 판결을 취소자판하여 예비적 청구를 인용하는 판결을 할 수 있다.

★★★ **[대판(전) 2000.11.16, 98다22253]** 청구의 예비적 병합이란 병합된 수개의 청구 중 주위적 청구(제1차 청구)가 인용되지 않을 것에 대비하여 그 인용을 해제조건으로 예비적 청구(제2차 청구)에 관하여 심판을 구하는 병합형태로서, 이와 같은 예비적 병합의 경우에는 원고가 붙인 순위에 따라 심판하여야 하며 주위적 청구를 배척할 때에는 예비적 청구에 대하여 심판하여야 하나 주위적 청구를 인용할 때에는 다음 순위인 예비적 청구에 대하여 심판할 필요가 없는 것이므로, 주위적 청구를 인용하는 판결은 전부판결로서 이러한 판결에 대하여 피고가 항소하면 제1심에서 심판을 받지 않은 다음 순위의 예비적 청구도 모두 이심되고 항소심이 제1심에서 인용되었던 주위적 청구를 배척할 때에는 다음 순위의 예비적 청구에 관하여 심판을 하여야 하는 것이다.

★★ **[대판 2023.12.7, 2023다273206]** 주위적 청구를 인용한 제1심판결에 대하여 피고가 항소한 경우, 예비적 청구도 모두 이심되는지 여부(적극) 및 항소심이 제1심에서 인용되었던 주위적 청구를 배척할 때에는 다음 순위의 예비적 청구에 관하여 심판하여야 하는지 여부(적극) / 청구의 예비적 병합에서 주위적 청구만을 배척하고 예비적 청구에 대하여 판단하지 않는 등의 일부판결이 법률상 허용되는지 여부(소극) 및 주위적 청구를 배척하면서 예비적 청구에 대하여 판단하지 않은 경우, 상소가 제기되면 판단이 누락된 예비적 청구 부분도 상소심으로 이심되는지 여부(적극) ① 청구의 예비적 병합이란 병합된 수 개의 청구 중 주위적 청구가 인용되지 않을 것에 대비하여 그 인용을 해제조건으로 예비적 청구에 관하여 심판을 구하는 병합 형태로서, 예비적 병합의 경우에는 원고가 붙인 순위에 따라 심판하여야 하며 주위적 청구를 배척할 때에는 예비적 청구에 대하여 심판하여야 하나, 주위적 청구를 인용할 때에는 다음 순위인 예비적 청구에 대하여 심판할 필요가 없으므로, 주위적 청구를 인용하는 판결은 전부판결로서 이러한 판결에 대하여 피고가 항소하면 제1심에서 심판을 받지 않은 다음 순위의 예비적 청구도 모두 이심되고 항소심이 제1심에서 인용되었던 주위적 청구를 배척할 때에는 다음 순위의 예비적 청구에 관하여 심판을 하여야 한다. ② 그리고 예비적 병합의 경우에는 수 개의 청구가 하나의 소송절차에 불가분적으로 결합되어 있기 때문에 주위적 청구만을 배척하고 예비적 청구에 대하여 판단하지 않는 등의 일부판결은 예비적 병합의 성질에 반하는

것으로서 법률상 허용되지 아니하며, 그럼에도 불구하고 주위적 청구를 배척하면서 예비적 청구에 대하여 판단하지 아니하는 판결을 한 경우에는 그 판결에 대한 상소가 제기되면 판단이 누락된 예비적 청구 부분도 상소심으로 이심이 되고 그 부분이 재판의 탈루에 해당하여 원심에 계속 중이라고 볼 것은 아니다.

(2) 주위적 청구 기각·예비적 청구 인용판결에 대하여 피고만이 항소한 경우

1) 주위적 청구의 항소심으로의 이심 여부

상소불가분의 원칙이 적용되어 항소의 제기에 의한 효력은 사건 전부에 미쳐 주위적 청구에 관한 부분도 확정이 차단되고 항소심에 이심된다.

2) 주위적 청구도 항소심의 심판대상·범위에 해당하는지 여부

가) 문제점

불이익변경금지의 원칙상 피고만 예비적 청구에 대해 불복하고 원고의 부대항소 등이 없는 경우 항소심 법원은 주위적 청구를 심판대상으로 삼아 이를 심리할 수 있는지 여부가 문제이다.

나) 학설

① 항소심에서 주위적 청구도 심사의 대상으로 삼을 수 있으므로 원고의 항소 내지 부대항소 없이 주위적 청구를 인용하더라도 불이익변경금지의 원칙에 어긋나지 않는다는 견해도 있으나, ② 불복하지 않은 주위적 청구에 관한 부분도 이심은 되지만, 항소심의 심판대상은 불복신청의 범위에 한하므로 항소심은 원고의 항소 또는 부대항소가 없는 한 주위적 청구를 심사의 대상으로 삼을 수 없다는 견해(소극설)가 통설이다.

다) 판례

판례는 항소제기에 의한 이심의 효력은 당연히 사건 전체에 미쳐 주위적 청구에 관한 부분도 항소심에 이심되는 것이지만, 항소심의 심판범위는 이에 관계없이 피고의 불복신청의 범위에 한하는 것으로서 예비적 청구를 인용한 제1심 판결의 당부에 그치고 원고의 부대항소가 없는 한 주위적 청구는 심판대상이 될 수 없다고 하였다.

★★★ [대판 1995.2.10, 94다31624] 제1심 법원이 원고들의 주위적 청구와 예비적 청구를 병합 심리한 끝에 주위적 청구는 기각하고 예비적 청구만을 인용하는 판결을 선고한 데 대하여 피고만이 항소한 경우, 항소제기에 의한 이심의 효력은 당연히 사건 전체에 미쳐 주위적 청구에 관한 부분도 항소심에 이심되는 것이지만, 항소심의 심판범위는 이에 관계없이 피고의 불복신청의 범위에 한하는 것으로서 예비적 청구를 인용한 제1심 판결의 당부에 그치고 원고들의 부대항소가 없는 한 주위적 청구는 심판대상이 될 수 없다.

◈ 비교판례 ◈

[대판 1992.6.9, 92다12032] 원고의 주위적 청구를 기각하고 예비적 청구만을 인용하는 판결을 선고한 데 대하여 피고만 항소를 제기한 뒤 피고가 항소심 변론에서 주위적 청구를 인낙한 경우 그 조서의 효력 및 이 경우 예비적 청구에 관한 심판의 필요성 유무(소극)

제1심 법원이 원고의 주위적 청구와 예비적 청구를 병합심리한 끝에 주위적 청구는 기각하고 예비적 청구만을 인용하는 판결을 선고한 데 대하여 피고만 항소를 하더라도, 항소의 제기에 의한 이심의 효력은 피고의 불복신청의 범위와는 관계없이 사건 전부에 미쳐 주위적 청구에 관한 부분도 항소심에 이심되는 것이므로, 피고가 항소심의 변론에서 원고의 주위적 청구를 인낙하여 그 인낙이 조서에 기재되면 그 조서는 확정판결과 동일한 효력이 있는 것이고, 따라서 그 인낙으로 인하여 주위적 청구의 인용을 해제조건으로 병합심판을 구한 예비적 청구에 관하여는 심판할 필요가 없어 사건이 그대로 종결되는 것이다.

3) 항소심 판결

소극설에 따르면 항소심법원이 예비적 청구가 이유 없고 오히려 주위적 청구가 이유 있다고 판단한 경우라도 불이익변경금지의 원칙상 항소심법원은 피고가 항소한 예비적 청구에 대해서 항소를 인용하여 예비적 청구를 인용한 제1심 법원의 판결을 취소하고 예비적 청구기각판결을 선고하여야 한다.

다만 이렇게 되면 예비적 병합의 경우임에도 주위적 청구·예비적 청구 모두 기각판결을 받게 되는바, 판결의 모순이 발생한다. 주위적 청구가 정당한 경우라면 이러한 점을 해결하기 위한 구체적 방법으로 상소심 법원이 석명권을 적절하게 행사하여 원고에게 부대항소를 촉구하는 방법에 의할 것이고, 원고도 그와 같은 위험을 피하기 위하여 항소하거나 또는 피고의 항소에 편승하여 부대항소를 제기하여야 할 것이다.

5. 부진정 예비적 병합

판례는 실질적으로 선택적 병합 관계에 있는 두 청구에 관하여 당사자가 주위적·예비적으로 순위를 붙여 청구하였고, 그에 대하여 제1심 법원이 주위적 청구를 기각하고 예비적 청구만을 인용하는 판결을 선고하여 피고만이 항소를 제기한 경우에도, 항소심으로서는 두 청구 모두를 심판의 대상으로 삼아 판단하여야 한다고 하였다.

★★★[대판 2014.5.29. 2013다96868] 실질적으로 선택적 병합 관계에 있는 두 청구를 당사자가 주위적·예비적으로 순위를 붙여 청구하였고, 제1심 법원이 주위적 청구를 기각하고 예비적 청구만을 인용하는 판결을 선고하였는데 피고만이 항소한 경우, 항소심의 심판 범위

병합의 형태가 선택적 병합인지 예비적 병합인지는 당사자의 의사가 아닌 병합청구의 성질을 기준으로 판단하여야 하고, 항소심에서의 심판 범위도 그러한 병합청구의 성질을 기준으로 결정하여야 한다. 따라서 실질적으로 선택적 병합 관계에 있는 두 청구에 관하여 당사자가 주위적·예비적으로 순위를 붙여 청구하였고, 그에 대하여 제1심 법원이 주위적 청구를 기각하고 예비적 청구만을 인용하는 판결을 선고하여 피고만이 항소를 제기한 경우에도, 항소심으로서는 두 청구 모두를 심판의 대상으로 삼아 판단하여야 한다.

➡ [사실관계 및 소송과정] : B는 A에게 '가죽 옷 구입에 돈이 모자라니 1억원을 주면 1주일 후에 2,000만원을 더해서 1억 2,000만원을 주겠다'고 하였다. A는 B에게 수차례에 걸쳐 1억원을 주었다. B는 위 1억원으로 가죽 옷을 구매하여 의류 생산·납품·판매업체를 운영하는 C에게 납품하였다. C는 원래 피고가 납품한 가죽의류제품을 일본의 거래처에 납품하려고 하였으나, 제품에 하자가 있어 납품하지 못하고 국내에서 위탁판매, 직영점 판매의 방법으로 처분하기로 하였다. 그런데 위 가죽의류제품 판매가 잘 이루어지지 않아 C가 B에게 물품대금을 지급하지 못하였

고, B도 A에게 돈을 돌려주지 못하였다. 이에 A는 B를 상대로 1억원의 대여금청구소송을 제기하였는데, 불법행위에 기한 손해배상청구를 예비적 청구로 추가하면서 대여금청구를 주위적 청구로 변경하였다. 제1심 법원은 'A는 1억원을 C에게 전달해 달라는 취지로 B에게 준 것에 불과하다'는 이유로 A의 주위적 청구를 기각하고, 'B가 자신이 가죽 제품을 구입하여 C에게 공급한다는 사실을 숨기고 C가 직접 가죽의류제품을 구입하여 판매하는 것처럼 가장하여 1억원을 받은 것이 불법행위'라는 이유로 예비적 청구를 인용하였다. 위 판결에 B만이 항소하였다.

◈ 논증구도 ◈

1. 문제점

2. 병합 형태(성질)

판례는 "병합의 형태가 선택적 병합인지 예비적 병합인지는 당사자의 의사가 아닌 병합청구의 성질을 기준으로 판단하여야 하고, 항소심에서의 심판 범위도 그러한 병합청구의 성질을 기준으로 결정하여야 한다"고 하여, 실질적으로 선택적 병합관계에 있다고 하였다.[6][7]

---

6) 원심은 원고의 의사에 따라 사안을 예비적 병합으로 취급하여 예비적 청구가 인용된 것에 피고만이 항소한 경우 불이익변경금지의 원칙상 주위적 청구부분은 심판대상이 되지 않는다고 판단하였다.

7) 이에 대한 학설의 입장은 다음과 같이 정리할 수 있다. 참고하기 바란다.

① 예비적 병합설 – 선택적 병합이란 하나의 동일한 목적을 달성하기 위하여 복수의 청구권이 성립하는 경우, 즉 청구권 경합의 경우에 성립하고, 당연한 귀결로 그 청구들은 양립가능하고 청구취지는 하나이다. 따라서 선택적 병합에서는 하나의 청구권이 목적을 달성함으로써 소멸하게 되면 나머지 청구권 역시 그와 동시에 목적달성을 이유로 함께 소멸한다. 양립하는 복수의 청구권 중 하나의 청구권이 변제됨으로써 다른 청구권도 소멸한다면 그 양 청구는 선택적 병합이고, 그렇지 않다면 선택적 병합이 될 수 없다. 또한 예비적 병합이란 양립할 수 없는 복수의 청구를 심판의 순서를 붙여 병합하여 청구하는 것을 말하며, 각 청구 사이에 논리적 관련성이 있어야 한다. 사안의 경우에는 계약상 의무의 이행으로 이루어진, 법률상 정당한 급부의 원인이 존재하는 금원의 교부가, 동시에 그 금원의 급부자에게 위법하게 손해를 발생시키는 불법행위를 구성한다고 보기는 어렵다. 전자는 그 행위를 법이 요구하는 적법한 것이고, 후자는 그 행위를 법이 허용하지 않는 위법한 것으로서 서로 양립할 수 없다고 보아야 한다. 즉 청구 병합의 형태는 소송법이 아니라 실체법이 결정하는 것이다. 따라서 사안의 경우는 선택적 병합이 아니라 원심의 판단과 같이 예비적 병합이라고 보는 것이 타당하다. 다만 판결문상으로 추단되는 사안의 내용 및 직권으로 원심판결을 파기한 사정 등으로 미루어 볼 때 이 사안에서 대법원은 구체적 타당성을 감안하여 원심파기가 불가피하다는 결론에 이른 것으로 보인다. 또한 청구 병합 중 모순저촉 회피라고 하는 병합 제도의 취지는 선택적 병합보다도 예비적 병합에 있어서 그 의미가 가장 크다는 점 등을 고려할 때, 선택적 병합뿐만 아니라 예비적 병합의 경우에도 함께 이심된 모든 청구가 항소심의 심판범위에 포함된다고 봄이 상당하다는 생각에 이른다(이기택 서울서부지법원장).

② 부진정 예비적 병합설 – 대상판결은 논리적으로 양립하여 본래 선택적 병합 관계에 있는 양 청구에 관하여 당사자가 주위적·예비적으로 순위를 붙여 청구한 경우, 이른바 부진정 예비적 병합이라고 본다. 양 청구가 서로 '양립한다' 또는 '양립하지 않는다'는 논리 관계 내지는 병합청구의 성질에 의해 병합 형태가 자동적으로 결정되는 것은 아니고, 처분권주의 하에서는 기본적으로 원고의 의사가 병합 형태를 결정한다고 생각한다. 다만, 처분권주의의 기초가 되는 당사자의 자치(自治)도 무제한인 것은 아니므로 원고가 예비적 병합으로 하고자 하는 목적에 어느 정도의 필요성과 합리성이 인정되어야 한다. 이러한 필요성과 합리성은 양 청구가 법률적 또는 경제적으로 동일한 또는 같은 종류의 목적에 향하고 있는 경우가 하나의 기준이 되고, 불법행위채권만이 상계 제한에 걸린다든지, 과실상계의 문제 등이 그 기준이 된다. 대상판결의 사안은, 원고가 주위적 청구로 대여를 주장하며 그 지급을 청구하고, 예비적으로 기망 당하였다고 주장하며 불법행위(사기)를 원인으로 손해배상 청구하는 것으로, 기본적으로 피고에 대하여 1억원(및 이에 대한 지연손해금)의 지급을 청구하는 경우로 양 청구가 법률적 또는 경제적으로 동일한 또는 같은 종류의 목적에 향하고 있어 위 기준에 해당한다고 본다. 따라서 대상판결의 판시와 같이 병합청구의 성질에 의해 엄격하게 예비적 병합은 서로 양립할 수 없는 청구의 경우에 한정된다는 입장은 타당하지 않다고 생각한다. 다만, 대상판결의

3. 예비적 청구인용판결에 대해 피고만 항소한 경우 주위적 청구인용의 가부

판례는 "실질적으로 선택적 병합 관계에 있는 두 청구에 관하여 당사자가 주위적 · 예비적으로 순위를 붙여 청구하였고, 그에 대하여 제1심 법원이 주위적 청구를 기각하고 예비적 청구만을 인용하는 판결을 선고하여 피고만이 항소를 제기한 경우에도, 항소심으로서는 두 청구 모두를 심판의 대상으로 삼아 판단하여야 한다."고 하였다.[8]

사안은 특이하게 주위적 청구기각, 예비적 청구인용 판결의 제1심 판결에 대하여 피고만이 항소한 경우로, 항소심이 제1심 판결과 달리 예비적 청구가 이유 없다는 결론에 도달한 경우이다. 이 경우에 항소심의 심판범위가 예비적 청구를 인용한 제1심 판결의 당부에 그치고, 원고의 부대항소(민사소송법 제403조)가 없는 한, (가령 원고의 주위적 청구를 인용할 수 있는 경우라도) 주위적 청구가 심판대상이 될 수 없고(대판 1995.2.10, 94다31624 판결), 그리하여 원고의 주위적 청구, 예비적 청구 모두 기각되게 되는 상황에 이르게 된다. 그렇다면 원고가 동일 목적으로 결합한 위 권리를 모두 실현 받지 못하게 되는 문제가 생긴다. 따라서 사안에서는 원고의 부대항소마저도 없기 때문에 청구를 병합청구의 성질에 따라 선택적 병합으로 보아 두 청구 모두를 항소심의 심판 대상으로 삼아야 하는 것으로 하여 구체적 타당성을 기하고자 한 판단으로 보인다. 그렇지만 원고가 스스로 항소도 부대항소도 하지 않았는데, 항소심에서 주위적 청구에 대한 판결(가령 인용판결)을 하여야 한다고 하면, 피고만의 항소에 있어서 제1심 판결을 피고의 불이익으로 변경하는 것이 되어 불이익변경금지의 원칙에 어긋나게 되고, 또한 불복 신청을 하지 않은 주위적 청구 부분에 대하여 피고의 방어권을 침해하는 것이 되는 것이다. 그러므로 위와 같이 특별한 경우에 생기는 구체적 문제는 결국 항소심이 석명권(민사소송법 제136조)을 적절하게 행사하여 원고에게 부대항소를 촉구하는 것에 의하여 시정할 것이다 (전병서).

③ **선택적 병합설** – 청구의 예비적 병합이 인정되는 것은 병합청구의 성질에 의해 엄격하게 양 청구가 서로 양립할 수 없는 경우에 한정된다고 보아 선택적 병합으로 보는 견해가 있을 수 있다.

8) ① 판례에 따르면 항소심에서 불법행위에 기한 손해배상청구만을 기각한 것은 허용되지 않는 일부판결을 한 경우로서, 위법한 전부판결로 판단누락의 위법이 있어 상고이유가 있고, 상고심에서는 원심을 파기하고 환송하여 대여금청구에 대해 심리할 수 있도록 하여야 하는 것이다. 다만 ② 예비적 병합으로 볼 경우라면 대여금청구는 항소심에서 판결선고 시에 확정되어 이에 대해 상고를 제기하면 각하되고, 예비적 청구가 기각된 것에 대해 적법하게 상고할 수 있으며, 이에 따라 상고심은 본안판단을 하면 된다.

제3절 ┃ 소의 변경

> **제262조(청구의 변경)**
> ① 원고는 청구의 기초가 바뀌지 아니하는 한도 안에서 변론을 종결할 때(변론 없이 한 판결의 경우에는
>   판결을 선고할 때)까지 청구의 취지 또는 원인을 바꿀 수 있다. 다만, 소송절차를 현저히 지연시키는
>   경우에는 그러하지 아니하다.
> ② 청구취지의 변경은 서면으로 신청하여야 한다.
> ③ 제2항의 서면은 상대방에게 송달하여야 한다.
> **제263조(청구의 변경의 불허가)**
> 법원이 청구의 취지 또는 원인의 변경이 옳지 아니하다고 인정한 때에는 직권으로 또는 상대방의 신청에
> 따라 변경을 허가하지 아니하는 결정을 하여야 한다.
> **제265조(소제기에 따른 시효중단의 시기)**
> 시효의 중단 또는 법률상 기간을 지킴에 필요한 재판상 청구는 소를 제기한 때 또는 제260조 제2항 · 제
> 262조 제2항 또는 제264조 제2항의 규정에 따라 서면을 법원에 제출한 때에 그 효력이 생긴다.

Ⅰ. 서설

1. 의의

> 1) 소의 변경이란 넓은 의미에서는 법원, 당사자, 청구(소송물) 중 어느 하나라도 변경하면 소의
>   변경이 되지만, 제262조의 소의 변경은 법원과 당사자의 동일성을 전제로 심판의 대상인 청구
>   (소송물)를 변경하는 것을 말한다.
> 2) 구소송물이론에서는 청구원인이 소송물의 특정에 중요한 역할을 한다고 보기 때문에 소의 변
>   경은 주로 청구원인의 변경이 중심 문제로 되지만, 신소송물이론에서는 주로 청구취지의 변경
>   을 문제로 삼는다.

2. 제도적 취지

원고로서는 당사자 사이의 분쟁을 종국적으로 해결할 수 있고, 청구기초의 동일성이 인정되는 경
우에 한하여 소의 변경을 허용함으로써 피고의 방어권을 보장할 수 있다.

Ⅱ. 소변경의 범위

1. 청구취지의 변경

(1) 원칙

청구취지의 변경은 원칙적으로 청구의 변경에 해당한다. 그러므로 청구원인은 그대로 둔 채 소의
종류를 달리하는 경우나 심판의 대상 · 내용을 바꾸는 경우는 청구의 변경에 해당한다. 그러나

소장 기재의 오기나 누락을 정정하거나 보충하는 것은 소의 변경이 아니다. **예** 단순히 청구취지에 기재되어 있는 건물의 구조나 평수 등을 변경하는 것은 소의 변경에 해당하지 않는다.

(2) 청구의 확장

① 청구의 양적 확장이든 질적 확장이든 소의 변경에 해당하고, 그 변경의 형태는 소의 추가적 변경으로 보는 것이 다수설·판례이다. 따라서 ⅰ) 가옥의 일부의 인도를 전부의 인도로 변경하는 경우(양적 확장), ⅱ) 상환이행청구로부터 단순이행청구로 변경하는 경우(질적 확장)는 소의 변경에 해당한다.

② 다만, 1,000만원의 금전채권 가운데 일부(700만원)를 청구하다가 (1,000만원으로) 잔부까지 청구를 확장하는 경우와 같은 일부청구의 경우, ⅰ) 명시적 일부청구라면 소의 변경으로서 추가적 변경에 해당하지만, ⅱ) 묵시적 일부청구에는 소송물의 변동이 없으므로 소의 변경에 해당하지 않는다.

(3) 청구의 감축

① 금전청구의 금액을 감액하는 양적 감축이나 단순이행청구를 상환이행청구로 바꾸는 질적 감축(단순이행청구의 취지 속에 상환이행청구가 포함된 경우를 전제)과 같은 청구의 감축은 청구의 변경에 해당하지 않는다고 본다.

② 다만, 청구금액의 감축을 소의 일부취하로 볼 것인가 청구의 일부포기로 볼 것인가가 문제되는데, 원고의 의사에 따르되 그 의사가 불분명한 경우에는 원고에게 유리한 소의 일부취하로 보고, 본래 의미의 소의 변경에는 해당하지 않는다고 보는 입장이 일반적이다. 판례도 마찬가지이다.

[대판 1993.9.14, 93누9460] 소송상 청구금액을 감축한다는 것은 소의 일부취하를 뜻한다.

2. 청구원인의 변경(소송물이론)

① 불법행위청구를 채무불이행청구로 바꾸는 경우에 구소송물이론에서는 소의 변경이 되지만, 신소송물이론에서는 단지 공격방법의 변경으로 보게 된다.

② 손해배상소송에서 재산상 손해액의 일부를 위자료로 바꾸는 경우에 판례의 입장인 손해3분설에 의하면 소의 변경이 되지만, 손해1개설에 의하면 단순한 손해항목의 변경으로 된다.

③ 청구원인을 이루는 사실관계의 변경은 구소송물이론의 입장에서는 소의 변경이 되지만, 신소송물이론에서는 공격방법의 변경에 불과하고 소변경이 아니라고 한다. 다만 금전지급이나 대체물인도청구의 경우에는 신·구이론 모두 소의 변경으로 봄에 결론상 일치한다.

④ 법조경합의 다른 실체법상 권리의 법규로 변경하는 경우, 소유권확인의 소에서 취득원인을 달리하는 경우, 말소등기청구에서 말소원인의 변경 등은 공격방법의 변경에 불과하다.

★[대판 1997.4.11, 96다50520]

[1] 서증은 문서에 표현된 작성자의 의사를 증거자료로 하여 요증사실을 증명하려는 증거방법이므로 우선 그 문서가 거증자에 의하여 작성자로 주장되는 자의 의사에 의하여 작성된 것임이 밝혀져야 하고, 이러한 형식적 증거력이 인정된 다음 비로소 작성자의 의사가 요증사실의 증거로서 얼마나 유용하느냐에 관한 실질적 증명력을 판단하여야 한다.

[2] 일반적으로 상대방이 문서의 진정성립을 적극적으로 다투거나 서증의 진정성립에 석연치 않은 점이 있거나 서증의 진정성립 여부가 쟁점이 된 때 또는 서증이 당해 사건의 쟁점이 되는 주요사실을 인정하는 자료로 쓰여질 때에는 문서가 어떠한 이유로 증거능력이 있는지 여부를 설시하여야 한다.

[3] 처분문서인 매매계약서의 진정성립이 인정되는 경우에는 특별한 사정이 없는 한 그 내용이 되는 매매계약의 존재를 인정하여야 하고, 그 매매목적물로 표시된 토지의 지번이 계약서에 기재된 매매일자에 존재하지 않은 지번으로 밝혀졌다면, 처분문서상의 일시·장소의 기재는 보고문서의 성질을 갖는 것에 불과하므로 당사자의 주장에 따라 그 매매일자가 진실한 것인지 여부를 심리하거나 당사자가 목적물의 지번에 관하여 착오를 일으켜 계약서상 목적물을 잘못 표시하였는지 여부 등을 심리하여야 한다.

[4] 자주점유의 요건인 소유의 의사라고 함은 타인의 소유권을 배제하여 자기의 소유물처럼 배타적 지배를 행사하는 의사를 말하므로 지상권·전세권·임차권등과 같은 전형적인 타주점유의 권원에 의하여 점유함이 증명된 경우는 물론이거니와 이러한 전형적인 타주점유의 권원에 의한 점유가 아니라도 타인의 소유권을 배제하여 자기의 소유물처럼 배타적 지배를 행사하는 의사를 가지고 점유하는 것으로 볼 수 없는 객관적 사정이 인정되는 때에도 자주점유의 추정은 번복된다.

[5] 점유자가 취득시효기간이 경과한 후에 상대방에게 토지의 매수를 제의한 일이 있다고 하여도 일반적으로 점유자는 취득시효가 완성된 후에도 소유권자와의 분쟁을 간편히 해결하기 위하여 매수를 시도하는 사례가 허다함에 비추어 이와 같은 매수 제의를 하였다는 사실을 가지고는 위 점유자의 점유를 타주점유라고 볼 수 없다.

[6] 매매 또는 취득시효 완성을 원인으로 하는 소유권이전등기청구소송에서 그 대상을 1필지 토지의 일부에서 전부로 확장하는 것은 청구의 양적 확장으로서 소의 추가적 변경에 해당하고, 동일 부동산에 대하여 이전등기를 구하면서 그 등기청구권의 발생원인을 처음에는 매매로 하였다가 후에 취득시효의 완성을 선택적으로 추가하는 것도 단순한 공격방법의 차이가 아니라 별개의 청구를 추가시킨 것이므로 역시 소의 추가적 변경에 해당한다.

Ⅲ. 태양

1. 교환적 변경

(1) 의의 및 법적 성질

종래의 구청구에 갈음하여 신청구에 대하여 심판을 구하는 경우가 교환적 변경이다. 교환적 변경의 법적 성질에 관하여는 ① 제262조의 고유의 소변경이지 신소 제기·구소 취하의 결합이 아니라고 하는 견해(고유의 소변경설)도 있으나, ② 통설·판례는 신소 제기와 구소 취하의 결합형태로 보고 있다(결합설).

★★[대판 1987.11.10, 87다카1405] 소의 교환적 변경은 신청구의 추가적 병합과 구청구의 취하의 결합 형태로 볼 것이므로 본안에 대한 종국판결이 있은 후 구청구를 신청구로 교환적 변경을 한 다음 다시 본래의 구청구로 교환적 변경을 한 경우에는 종국판결이 있은 후 소를 취하하였다가 동일한 소를 다시 제기한 경우에 해당하여 부적법하다.

(2) 피고의 동의 요부

1) 구소 취하에 대한 피고의 동의(제266조 제2항)

가) 학설

① 고유의 소변경설에 의하면 구소취하의 성질이 없으므로 피고의 동의는 필요 없다고 본다. 반면 ② 결합설에 의하면 구청구가 취하되므로 피고의 동의가 필요한 것이 아닌지 문제되는데, 이에 대해서는 ⅰ) 피고가 본안에 관하여 응소한 때에는 피고의 동의를 얻어야 구청구의 취하의 효력이 생기며, 동의를 얻지 못하면 교환적 변경의 효력이 생기지 않고 추가적 변경으로 된다는 동의필요 설과 ⅱ) 교환적 변경 전후의 청구기초가 동일하여 피고의 이익이 보장되므로 구청구의 취하에 대해서 피고의 동의를 얻지 않더라도 취하의 효력이 발생하여 교환적 변경이 된다는 동의불요설 의 대립이 있다.9)

나) 판례

판례는 교환적 변경에 있어서는 변경 전후의 청구의 기초사실의 동일성에 영향이 없으므로 구청구에 대하여 취하에 준하는 피고의 동의를 필요로 하지 않는다고 하였다.

[대판 1962.1.31, 4294민상310] 교환적인 청구의 변경에 있어서도 변경 전후의 청구의 기초사실의 동일성에 영향이 없으므로 구청구에 대하여 취하에 준하는 피고의 동의를 필요로 하지 않는다고 봄 이 상당하다.

2) 피고의 심급이익의 보장

항소심에서 교환적 변경의 경우 결합설에 의하면 구청구가 취하되고 새로운 소가 제기된 것으로 취급되므로 피고는 새로운 소에 대해서는 제1심 심판을 받지 못하였고 이는 피고의 심급의 이익을 침해하는 것이므로 피고의 동의가 있어야 하는 것이 아닌지 여부가 문제된다. 그러나 소변경은 청구기초의 동일성이 있는 경우에만 허용되므로 항소심에서 교환적 변경을 하여도 청구기초가 동일하다면 구청구에 대한 사실심리와 신청구에 대한 사실심리가 대체로 동일하여 실질적으로 제1심에서 심리를 받은 것과 다르지 않으므로 피고의 심급의 이익이 실질적으로 보장되어 피고의 동의가 필요 없다고 보는 것이 통설적인 견해이다.

---

9) 피고의 동의가 없는 경우 소변경의 형태에 대해서 ① 결합설은 견해가 나누어지고 있는데, ⅰ) 동의필요설에 의하면 피고의 동의가 없는 경우 추가적 변경이 된다고 보게 되며, ⅱ) 동의불요설에 의하면 피고의 동의가 없더라도 취하의 효력이 생기므로 교환적 변경에 해당한다고 보게 된다. 반면 ② 고유의 소변경설에 의하면 교환적 변경은 구청구 취하의 효력은 없고 피고의 동의도 필요 없다고 보게 되므로 이 경우 당연히 교환적 변경에 해당된다고 보게 된다.

2. 추가적 변경

(1) 의의 및 법적 성질

구청구를 유지하면서 신청구에 대하여도 심판을 구하는 경우가 추가적 병합이다. 즉 구소 유지와 신소 제기의 결합형태에 해당한다. 따라서 이 경우에는 청구의 후발적 병합이 생기게 된다.

(2) 후발적 병합의 유형

추가적 병합 시 심판순서를 붙였는지 여부와 각 청구 사이의 양립불가능성·관련성의 유무에 따라 단순병합, 선택적 병합 또는 예비적 병합의 형태가 이루어진다.

3. 변경형태가 불분명한 경우의 취급

판례는 ① 청구의 변경이 교환적인지 추가적인지는 원칙적으로 당사자의 의사해석의 문제이지만, 당사자의 의사가 불분명한 경우 법원은 이에 관하여 석명으로 밝혀 볼 의무가 있다고 하였다. 다만 ② 신청구가 부적법한 경우까지 구청구가 취하되는 교환적 변경이라고 할 수는 없다고 하였다 (대판 1975.5.13, 73다1449).

[대판 2003.1.10, 2002다41435]

　　[1] 구 민사소송법(2002.1.26, 법률 제6626호로 전문 개정되기 전의 것) 제126조 제1항은, 재판장은 소송관계를 명료하게 하기 위하여 당사자에게 사실상과 법률상의 사항에 관하여 질문하거나 입증을 촉구할 수 있다고 규정하고 있는바, 당사자가 구 청구를 취하한다는 명백한 의사표시 없이 새로운 청구로 변경하는 등으로 그 변경형태가 불명할 경우에는 사실심 법원으로서는 과연 청구변경의 취지가 무엇인가 즉 교환적인가 또는 추가적인가의 점에 대하여 석명으로 이를 밝혀볼 의무가 있다.

　　[2] 구 민사소송법(2002.1.26, 법률 제6626호로 전문 개정되기 전의 것) 제126조 제4항은, 법원은 당사자가 명백히 간과한 것으로 인정되는 법률상의 사항에 관하여 당사자에게 의견진술의 기회를 주어야 한다고 규정하고 있으므로, 당사자가 부주의 또는 오해로 인하여 명백히 간과한 법률상의 사항이 있거나 당사자의 주장이 법률상의 관점에서 보아 모순이나 불명료한 점이 있는 경우 법원은 적극적으로 석명권을 행사하여 당사자에게 의견진술의 기회를 주어야 하고 만일 이를 게을리 한 경우에는 석명 또는 지적의무를 다하지 아니한 것으로서 위법하다.

　　[3] 진정한 등기명의의 회복을 위한 소유권이전등기청구는 이미 자기 앞으로 소유권을 표상하는 등기가 되어 있었거나 법률에 의하여 소유권을 취득한 자가 진정한 등기명의를 회복하기 위한 방법으로 현재의 등기명의인을 상대로 그 등기의 말소를 구하는 것에 갈음하여 허용되는 것이므로, 자기 앞으로 소유권을 표상하는 등기가 되어 있지 않았고 법률에 의하여 소유권을 취득하지도 않은 자가 소유권자를 대위하여 현재의 등기명의인을 상대로 그 등기의 말소를 청구할 수 있을 뿐인 경우에는 현재의 등기명의인을 상대로 진정한 등기명의의 회복을 위한 소유권이전등기청구를 할 수 없다.

　　➲ [해설] : 소유권보존등기의 말소등기청구소송의 제1심에서 승소한 원고가 원심인 항소심에서 자기 앞으로 소유권을 표상하는 등기가 되어 있지 않았고 법률에 의하여 소유권을 취득하지도 않았다는 종전의 주장을 그대로 유지한 채 진정명의회복을 위한 소유권이전등기절차의 이행을 청구하는 새로운 청구를 제기한 경우, 원심으로서는 원고의 소변경신청에 법률적 모순이 있음을 지적하고 원고에게 의견을 진술할 기회를 부여함으로써 원고로 하여금 청구와 주장을 법률

적으로 합당하게 정정할 수 있는 기회를 부여하여야 함에도 이러한 조치를 취하지 아니한 위법이 있다는 이유로 원심판결을 파기한 사례이다.

IV. 요건

1. 청구기초의 동일성(= 청구의 기초에 변경이 없을 것)

(1) 의의

1) 청구의 기초는 신·구 청구 사이의 관련성을 뜻한다. 다만 그 구체적 의미가 무엇인가에 관해서는 ① 이익설, ② 기본적 사실설, ③ 사실자료공통설, ④ 병용설의 대립이 있다. 판례는 이익설에 접근한 예, 사실자료동일설에 접근한 예, 병용설의 입장으로 평가되는 예도 있다. 다만 판례는 주류적으로 각 청구가 동일한 생활사실 또는 경제적 이익에 관한 분쟁에 있어서 그 해결방법에 차이가 있음에 불과하다면 청구기초의 동일성이 있다고 본다(➲ 이에 대한 어느 학설에 의하든 구체적인 적용의 결과에는 별 차이가 없으므로 중요한 논의는 아니라고 하겠다).

2) 구체적으로 판례는 ① 이전등기청구에서 토지거래허가절차의 이행청구로 교환하는 경우, ② 건물명도청구를 이행불능으로 인한 전보배상청구로 바꾸는 경우에 있어서 청구기초의 동일성이 인정된다고 보았다.

★[대판 1997.4.25, 96다32133]

[1] 채권자의 각 청구가 동일한 생활사실 또는 경제적 이익에 관한 분쟁에 있어서 그 해결방법에 차이가 있음에 불과하고 그 청구의 기초에 변경이 있는 것이 아닌 경우에는 각 청구취지 및 청구원인의 변경을 인정할 수 있다.

[2] 대물변제예약에 기한 소유권이전등기청구권과 매매계약에 기한 소유권이전등기청구권은 그 소송물이 서로 다르므로 동일한 계약관계에 대하여 그 계약의 법적 성질을 대물변제의 예약이라고 하면서도 새로운 매매계약이 성립되었음을 인정하여 매매를 원인으로 한 소유권이전등기 절차를 이행할 의무가 있다고 하는 것은 위법하다.

➲ [해설] : ① 본 판결은 청구기초의 동일성에 관한 판단기준에 있어서 병용설에 입각한 표현을 사용하고 있다고 평가되기도 한다. ② 또한 본 판결의 두 번째 판시사항과 관련해서, 대법원은 소송물이론에 관하여 구소송물이론을 따르고 있는바, 이러한 입장에 따르면 원심이 매매사실이 아니라 대물변제의 예약으로 보면서도 이전등기의무가 있다고 한 것은 판결이유에 위법이 있으며 이 점을 인정한 대법원판결은 타당하다고 본다. 다만 소송물이론에 관하여 신소송물이론의 입장에서는 당사자가 주장한 청구원인이 매매이든, 대물변제의 예약이든 공격방법의 하나가 이유 있으면 인용할 수 있기 때문에 위법하지 않다는 결론에 도달할 수 있다. 그리고 신소송물이론의 입장에서는 청구의 변경 자체가 없으며, 따라서 청구기초의 동일성이 애초에 문제되지 않고, 어떠한 이유로도 판결을 할 수 있다고 본다. 다만 이 경우에도 원심이 매매사실이 없음에도 불구하고 이것을 이유로 판시한다면 그때에는 위법을 면하기는 어렵다고 볼 것이다.

[대판 1987.10.13, 87다카1093] 원고가 토지에 대한 피고명의의 소유권이전등기가 명의신탁에 의한 것임을 전제로 명의신탁해지를 원인으로 한 소유권이전등기절차의 이행을 구하는 청구를 하였다가 같은 토지에 대한 피고명의의 소유권이전등기가 원인무효의 등기임을 전제로 그 말소를 구하는 청구

로 교환적인 변경을 하는 것은 위 양 청구가 동일한 생활사실 또는 경제적 이익에 관한 분쟁에 있어서 그 해결을 위한 법률적 구성만을 달리하고 있음에 불과하여 청구의 기초에 변경이 있다고 할 수 없다 (대판 1988.8.23, 87다카546; 대판 1988.4.24, 97다44416 등).

[대판 1969.7.22, 69다413] 원래의 청구는 명의신탁해지를 원인으로 한 소유권이전등기청구이고 변경 후의 청구는 피고의 소유권이전등기의무의 이행불능임을 전제로 한 손해배상청구라 하더라도 청구의 기초에 변경이 없다.

(2) 성질

청구기초의 동일성은 피고의 방어목표가 예상 밖으로 변경됨으로써 입게 될 피고의 불이익을 배제하기 위한 것이므로, 이 요건은 오로지 피고의 이익을 보호하기 위한 요건이다(사익적 요건설). 따라서 피고가 소의 변경에 동의하거나 이의 없이 응소한 때에는 이의권을 상실하여 동 요건을 갖추지 않더라도 소의 변경을 허용할 수 있다는 것이 통설 및 판례의 태도이다.

[대판 1992.12.22, 92다33831] 청구의 기초가 변경되었지만 피고가 이의를 제기한 바 없이 청구의 변경이 그대로 받아들여져 제1심 및 제2심 판결이 선고된 이상 피고는 책문권을 상실하여 더 이상 이를 다툴 수 없다.

2. 소송절차를 현저히 지연시키지 않을 것

① 소의 변경에 의하여 종전 소송자료를 대부분 이용할 수 없고 새롭게 증명의 필요가 생기는 등 현저하게 절차의 지연을 발생시킨다면 소의 변경은 허용되지 않는다(제262조 제1항).

[대판 2017.5.30, 2017다211146] 민사소송법 제1조 제1항은 "법원은 소송절차가 공정하고 신속하며 경제적으로 진행되도록 노력하여야 한다."라고 하여 민사소송의 이상을 공정·신속·경제에 두고 있고, 그중에서도 신속·경제의 이념을 실현하기 위해서는 당사자에 의한 소송지연을 막을 필요가 있다. 이에 따라 원고는 청구의 기초가 바뀌지 않는 한도에서 변론을 종결할 때까지 청구의 취지 또는 원인을 바꿀 수 있지만, 소송절차를 현저히 지연시키는 경우에는 허용되지 않는다(제262조 제1항). 청구의 변경이 있는 경우에 법원은 새로운 청구를 심리하기 위하여 종전의 소송자료를 대부분 이용할 수 없고 별도의 증거제출과 심리로 소송절차를 현저히 지연시키는 경우에는 이를 허용하지 않는 결정을 할 수 있다.

② 이 요건은 청구기초가 동일성과는 달리 공익적 요건이므로 피고가 이의하지 않는다고 하여 청구변경이 허용되는 것은 아니며, 직권조사를 요한다(직권조사사항).

3. 사실심에 계속되고 변론종결 전일 것

(1) 시기상 제한

① 소장부본의 송달 전은 소송계속 전이고 피고에게 아무런 이해관계가 없으므로 소장의 보충·정정으로서 임의로 소를 변경할 수 있다. 그러나 이것은 제262에서 말하는 청구의 변경은 아니다.

② 변론종결 뒤 판결선고 전에는 소의 변경을 할 수 없으나(변론 없이 한 판결의 경우에는 판결을 선고할 때까지 소의 변경을 할 수 있다), 변론이 재개되면 별개이다. 다만 법원이 반드시 변론을 재개할 의무가 있는 것은 아니다.

③ 법률심인 상고심에서는 변론이 열려도 소의 변경은 할 수 없다.

> **[대판 1997.12.12. 97누12235]** 상고심에서는 사실에 관한 주장을 전제로 하는 청구취지 및 청구원인의 정정이나 변경은 허용되지 아니한다.

(2) 항소심에서의 소변경

1) 피고의 심급이익의 보장

앞서 살펴 본 바와 같이, 항소심에서 교환적 변경을 하여도 청구기초가 동일하다면 구청구에 대한 사실심리와 신청구에 대한 사실심리가 대체로 동일하여 실질적으로 제1심에서 심리를 받은 것과 다르지 않으므로 피고의 심급의 이익이 실질적으로 보장되어 피고의 동의가 필요 없다고 보는 것이 통설적인 견해이다.

> **[대판 2018.5.30. 2017다21411]** 항소심에서 청구의 교환적 변경을 할 수 있는지 여부(적극) – 청구의 교환적 변경은 기존 청구의 소송계속을 소멸시키고 새로운 청구에 대하여 법원의 판단을 받고자 하는 소송법상 행위이다. 민사소송법 제408조에 의해 항소심의 소송절차에는 특별한 규정이 없으면 제1심의 소송절차에 관한 규정이 준용되므로, 항소심에서도 청구의 교환적 변경을 할 수 있다.

2) 전부승소한 원고의 항소심에서 소변경의 허용 여부

소의 변경은 항소심에서도 가능한데, 다만 제1심에서 전부 승소한 원고가 항소심에서 청구를 변경한 것이 적법한지 문제된다. 이에 대해 판례는 일관되게 "원고가 전부 승소하였기 때문에 원고는 항소하지 아니하고 피고만 항소한 사건에서 청구취지를 확장 변경함으로써 그것이 피고에게 불리하게 된 경우에는 그 한도에서 부대항소를 한 취지로 볼 것이다."라고 판시하고 있다.[10]

> **[대판 1984.2.14. 83다카514]** 청구변경에 관하여 항소심에 특별한 규정이 없으므로 민사소송법 제408조에 따라 동법 제262조의 요건을 갖추면 항소심에서도 청구의 변경을 할 수 있다고 할 것이다.

> ★**[대판 1995.6.30. 94다58261]** 제1심에서 전부 승소한 원고도 항소심 계속 중 그 청구취지를 확장·변경할 수 있고, 그것이 피고에게 불리하게 하는 한도 내에서는 부대항소를 한 취지로도 볼 수 있다.

3) 항소심에서의 교환적 변경과 재소금지

항소심에서 교환적 변경을 하고 다시 소의 변경으로 구청구를 부활시키면 재소금지에 저촉된다(결합설).

---

10) 이에 따르면 후행 논의로, ① 부대항소의 법적 성질, ② 부대항소의 적법 여부, ③ 부대항소와 불이익변경금지 원칙과의 관계가 순차로 문제된다.

(3) 교환적 변경과 항소취하

① 항소심에서 소의 교환적 변경이 적법하게 이루어진 경우, 통설·판례인 결합설에 따르면 항소심에서는 구청구에 대한 제1심 판결을 취소할 필요 없이 신청구에 대하여서만 제1심으로 판결하게 된다.

② 원고가 항소심에서 교환적 변경을 한 경우 피고가 자신의 항소를 취하할 수 있을 것인지가 문제되는데, 항소심에서 교환적 변경이 적법하게 이루어진 경우 결합설에 따르면 구청구는 취하되고 항소심의 심판대상은 신청구만이 되므로 피고가 항소를 취하한다고 하더라도 항소취하는 그 대상이 없어 아무런 효력을 발생할 수 없다고 보게 된다.[11]

[대판 1989.3.28, 87다카2372] 우리나라 민사항소심은 속심제로서 항소심에서도 소의 교환적 변경이 가능하며 이 경우에는 구 청구의 취하의 효력이 발생할 때에 그 소송계속은 소멸되는 것이므로 항소심에서는 구 청구에 대한 제1심 판결을 취소할 필요 없이 신청구에 대하여만 제1심으로서 판결을 하게 된다(대판 2003.1.24, 2002다56987 同旨).

★**[대판 1995.1.24, 93다25875]** 피고의 항소로 인한 항소심에서 소의 교환적 변경이 적법하게 이루어졌다면 제1심 판결은 소의 교환적 변경에 의한 소취하로 실효되고, 항소심의 심판대상은 새로운 소송으로 바뀌어지고 항소심이 사실상 제1심으로 재판하는 것이 되므로, 그 뒤에 피고가 항소를 취하한다 하더라도 항소취하는 그 대상이 없어 아무런 효력을 발생할 수 없다.

> **[해설]** : 항소심에 이르러 소가 교환적으로 적법하게 변경된 경우에는 구청구는 취하되어 그에 해당하는 제1심 판결은 실효되고 신청구만이 항소심의 심판대상이 된다. 따라서 제1심이 원고의 청구를 일부인용한 데 대하여 피고만이 항소하였고, 항소심에서 소의 교환적 변경이 있는 경우에는 구청구에 대한 재판에 해당되는 피고 패소부분에 대한 피고의 항소취하는 아무런 효력을 발생할 수 없고, 이미 실효된 제1심 판결이 항소취하로 확정되는 경우는 발생하지 않는다. 더욱이 이 경우 구청구에 대한 재판에 해당되는 피고 패소부분을 취소한다는 주문표시도 하여서는 안 된다(대판 1980.7.22, 80다127; 대판 2009.2.26, 2007다83908 등).

★★**[대판 2018.5.30, 2017다21411]**

[1] 항소심에서 청구의 교환적 변경 신청이 있었으나, 그 시점에 항소취하서가 법원에 제출되지 않은 경우, 법원이 취하여야 할 조치

① 청구의 변경 신청이나 항소취하는 법원에 대한 소송행위로서, 청구취지의 변경은 서면으로 신청하여야 하고(민사소송법 제262조 제2항), 항소취하는 서면으로 하는 것이 원칙이나 변론 또는 변론준비기일에서 말로 할 수도 있다(민사소송법 제393조 제2항, 제266조 제3항).

---

11) (1) 항소심에서 교환적 변경 시 피고가 동의를 한 경우라면, ① 결합설에서는 동의요부에 불문하고 구소취하의 효력이 생기고 따라서 제1심 판결은 소의 취하로 실효되므로 그 뒤에 항소를 취하한다고 하더라도 항소취하는 그 대상이 없어 아무런 효력을 발생할 수 없다고 한다. ② 그러나 고유의 소변경설에 의하면 교환적 변경에 구소취하의 효력이 없고 다만 항소심의 심판의 대상만 변경된 것으로 보게 되므로 항소취하는 그 효력이 있다고 한다. (2) 그러나 항소심에서 교환적 변경 시 피고가 동의를 하지 않은 경우라면, ① 결합설 중에서도 ⅰ) 동의불요설에 의할 때 위와 같은 결론에 도달할 것이나, ⅱ) 동의필요설에 의하면 동의를 얻지 못한 경우 교환적 변경으로서의 효력이 발생하지 않고 추가적 변경으로서 취급되므로 구소취하의 효력이 발생하지 않고 따라서 항소를 취하하는 경우 취하의 대상이 있기 때문에 그 효력이 있다고 한다. ② 이에 반해 고유의 소변경설에서는 피고의 동의를 불문하고 교환적 변경이 가능하고 또한 언제나 구소취하의 효력은 없다고 보게 되므로 항소취하의 효력은 이 경우에도 마찬가지로 인정된다고 보게 된다.

② 항소심에서 청구의 교환적 변경 신청이 있는 경우 그 시점에 항소취하서가 법원에 제출되지 않은 이상 법원은 특별한 사정이 없는 한 민사소송법 제262조에서 정한 청구변경의 요건을 갖추었는지에 따라 허가 여부를 결정하면 된다.

[2] 항소심에서 청구의 교환적 변경이 적법하게 이루어진 경우, 항소심의 심판대상 및 이때 항소심이 제1심 판결이 있음을 전제로 항소각하 판결을 할 수 있는지 여부(소극)

항소심에서 청구의 교환적 변경이 적법하게 이루어지면, 청구의 교환적 변경에 따라 항소심의 심판대상이었던 제1심 판결이 실효되고 항소심의 심판대상은 새로운 청구로 바뀐다. 이러한 경우 항소심은 제1심 판결이 있음을 전제로 한 항소각하 판결을 할 수 없고, 사실상 제1심으로서 새로운 청구의 당부를 판단하여야 한다.

4. 청구병합의 일반적 요건을 갖출 것

신·구청구가 같은 종류의 소송절차에 따라 심리될 수 있어야 한다(제253조). 그리고 신청구는 다른 법원의 전속관할에 속하지 아니하여야 한다. 전속관할의 정함이 없는 경우에는 신청구에 대하여도 관련재판적에 의하여 관할이 생긴다(제25조).

V. 절차

1. 원고의 신청

소의 변경은 원고의 신청에 의하여야 한다. 소의 변경에 대하여 법원이 강제할 수 없고 원고의 자유이다. 다만, 법원의 적극적 석명이 요구되는 경우가 있을 수 있다.

★★[대판(전) 1995.7.11. 94다34265] 토지임대차종료 시 임대인의 건물철거와 그 부지인도청구에 대하여 임차인이 건물매수청구권을 행사한 경우에 건물철거·부지인도청구에는 건물매수대금지급과 동시에 건물명도를 구하는 청구가 포함되어 있다고 할 수 없으므로 이 경우에 법원으로서는 임대인이 종전의 청구를 계속 유지할 것인지, 아니면 대금지급과 상환으로 지상물의 명도를 청구할 의사가 있는지 (예비적으로라도)를 석명하고 임대인이 그 석명에 응하여 소를 변경한 때에는 지상물명도의 판결을 함으로써 분쟁의 1회적 해결을 꾀하여야 한다고 봄이 상당하다.

2. 서면의 제출

① 소의 변경은 소송 중의 소이고, 또한 피고의 방어에 큰 영향을 미치므로 서면으로 하여야 함이 원칙이다(제262조 제2항).

② 반면에 제262조 제2항의 반대해석상 청구원인의 변경은 반드시 서면에 의할 필요가 없이 말로도 변경할 수 있다고 봄이 판례이다.

[대판 1961.10.19. 4293민상531] 예비적 청구에 있어서 그 청구취지는 종전의 그것과 같고 다만 청구의 원인만을 종전의 그것이 이유 없는 것을 정지조건으로 하여 첨가하는 경우에 있어서는 이는 변론에서 구술진술만으로서 넉넉히 할 수 있는 것이고 반드시 서면에 의하여 이를 하여야 되는 것이 아니다.

③ 서면에 의하지 아니한 소의 변경에 대하여 상대방이 지체 없이 이의하지 아니한 경우에는 소송
절차에 관한 이의권이 상실된다.

[대판 1993.3.23, 92다51204] 서면에 의하지 아니한 청구취지의 변경은 잘못이지만 이에 대하여 상
대방이 지체 없이 이의를 하지 않았다면 책문권의 상실로 그 잘못은 치유된다.

3. 송달

소변경의 서면은 신청구의 소장에 해당하는 것이므로 상대방에게 송달하여야 한다(제262조 제3항).
그 서면이 송달된 때에 신청구에 대하여 소송계속의 효력이 발생한다. 다만, 시효중단 등의 효과
는 서면제출 시에 생긴다(제265조).

VI. 심판

1. 소변경의 불허

소의 변경이 있지만, 그 요건에 흠이 있는 때에는 법원은 직권으로 또는 상대방의 신청에 따라
그 변경을 허가하지 아니하는 결정을 하여야 한다(제263조). 이에 대해서는 독립하여 항고할 수
없고, 종국판결에 대한 상소가 있는 경우에 상급심이 판단한다.

2. 소변경의 허가

소의 변경을 적법하다고 인정하면 명시적으로 허가한다는 결정을 할 필요는 없고, 바로 신청구에
대하여 심판하게 되는데, 다툼이 있다면 결정으로 소의 변경이 적법함을 중간적 재판으로 판단하
거나, 종국판결의 이유 중에서 판단한다(제263조의 유추적용).

3. 소송자료의 이용

적법한 소의 변경으로 인정되면, 구청구의 소송자료는 당연히 변경 뒤의 신청구의 자료가 된다.

4. 신청구의 심판

① 추가적 변경에서는 구청구와 병합하여 신청구에 대하여도 심판하는데, ② 교환적 변경에서는
구청구의 소송계속이 소멸되므로 신청구에 대하여만 심판한다.

[대판 2024.9.13, 2024다234239] 항소심에 이르러 새로운 청구가 추가된 경우, 기존의 청구와
항소심에서 추가된 청구를 모두 배척할 때의 주문 표시 방법
항소심에 이르러 새로운 청구가 추가된 경우 항소심은 추가된 청구에 대해서는 실질상 제1심으로서
재판하여야 한다. 제1심이 기존의 청구를 기각한 데 대하여 원고가 항소하였고 항소심이 기존의 청
구와 항소심에서 추가된 청구를 모두 배척할 경우 단순히 "원고의 항소를 기각한다."라는 주문 표시
만 해서는 안 되고, 이와 함께 항소심에서 추가된 청구에 대하여 "원고의 청구를 기각한다."라는 주
문 표시를 해야 한다.

5. 소변경을 간과한 경우의 조치

(1) 교환적 변경의 경우

법원이 청구의 교환적 변경을 간과하여 신청구는 심판함이 없이 <u>구청구를 심판한 경우</u>, ① 구청구에 대한 판결은 처분권주의에 위배된 것이므로 이에 대해 상소할 수 있고, 이 경우 상소심은 원심판결을 취소 또는 파기한 후에 소송종료선언을 하여야 하며, 신청구는 원심에 계속 중이므로 원심법원이 추가판결(제212조)을 하여야 한다. ② 만일 구청구에 대한 판결에 대하여 상소가 없다면 원심이 추가판결을 하면서 구청구에 대하여 소송종료선언을 하여야 한다.12)

[**대판 2003.1.24. 2002다56987**] 항소심에서 청구가 교환적으로 변경된 경우에는 구청구는 취하되고 신청구가 심판의 대상이 되는 것이다.

➡ [사실관계 및 해설] : 항소심에서 소의 교환적 변경으로 구청구인 손해배상청구는 취하되고 회사정리절차에 따른 신청구인 정리채권확정청구가 심판의 대상이 되었음에도 신청구에 대하여는 아무런 판단도 하지 아니한 채 구청구에 대하여 심리·판단한 원심판결을 파기하고 구청구에 대하여 소송종료선언을 한 사례이다.

(2) 추가적 변경의 경우

법원이 청구의 추가적 변경을 간과하여 신청구는 남기고 <u>구청구만 심판한 경우</u>, ① 단순병합의 형태로 추가된 경우에는 원심이 누락된 신청구에 대해 추가판결로써 정리하여야 하고, ② 선택적·예비적 병합의 형태로 추가된 경우에는 신청구에 대한 추가판결이 허용되지 않으므로 상소하여 판단누락에 준하여 구제받을 수 있다.

[**대판 1989.9.12. 88다카16270**] **추가적 변경**(선택적 병합)**을 간과한 경우의 위법**

① 민사재판에 있어서 형사재판에서 인정된 사실에 구속을 받는 것은 아니라도 이미 유죄로 확정된 관련 형사사건의 판결에서 인정된 사실은 유력한 증거자료가 되므로, 민사재판에서 제출된 다른 증거에 비추어 형사판결의 사실판단을 채용하기 어렵다고 인정되는 특별한 사정이 없는 한 이를 배척할 수 없다.

② <u>불법행위로 인한 손해배상청구소송사건의 변론기일에서 원고가 피고의 채무를 모두 대위변제하였으니 그 변제금원에 대하여 피고에게 구상한다고 기재된 준비서면을 진술한 경우에는 원고가 청구원인을 변경하여, 불법행위로 인한 손해배상청구와 대위변제로 인한 구상금청구를 선택적으로 병합한 취지로 보여지므로 청구의 변경에 대하여 불허재판을 함이 없이 대위변제로 인한 구상금청구에 대하여 아무런 판단도 하지 않고 원고의 청구를 모두 기각한 것은 잘못이다.</u>

---

12) 다만 교환적 변경을 단순한 청구변경으로 보는 고유한 소변경설에 의하면 항소심법원이 구청구에 대한 원심판결을 취소하고 변경된 신청구에 대해 심판하면 된다고 한다.

제4절 중간확인의 소

> **제264조(중간확인의 소)**
> ① 재판이 소송의 진행 중에 쟁점이 된 법률관계의 성립 여부에 매인 때에 당사자는 따로 그 법률관계의 확인을 구하는 소를 제기할 수 있다. 다만, 이는 그 확인청구가 다른 법원의 관할에 전속되지 아니하는 때에 한한다.
> ② 제1항의 청구는 서면으로 하여야 한다.
> ③ 제2항의 서면은 상대방에게 송달하여야 한다.

I. 서설

1. 의의 및 취지

① 중간확인의 소는 소송계속 중 본소 청구의 판단에 대하여 선결관계에 있는 법률관계의 존부에 관한 기판력 있는 판단을 받기 위하여 당사자 간에 다툼이 있는 때 그 소송절차에 병합하여 그 법률관계의 확인을 구하는 소를 말한다(제264조).

② 본소의 소송절차를 이용하여 선결적 법률관계에 대해 기판력 있는 판단을 받는 것이 소송경제와 재판의 모순·저촉을 방지함에 바람직하기 때문이다. 나아가 이로써 쟁점효이론에 제동을 가하게 된다.

2. 법적 성질

원고가 제기하는 중간확인의 소는 청구의 추가적 병합에 해당하고, 피고가 제기하는 중간확인의 소는 일종의 반소에 해당한다.

II. 요건

1. 다툼이 있는 선결적 법률관계의 확인을 구할 것

(1) 선결적 법률관계

① 본소 청구의 전부 또는 일부와 선결적 관계에 있어야 한다(선결성). 선결성의 의미에 대해서는 이론상 선결관계에 있으면 족하다는 견해가 있으나, 현실적으로 그 판단이 본소 소송을 좌우할 것으로서 중간확인의 판결선고 시까지 현실적으로 존재하여야 한다고 보는 견해(현실설)가 통설이다. 이에 따르면 본소 청구가 취하·각하될 경우나 확인의 대상으로 한 법률관계에 대한 판단까지 가지 않고도 기각될 경우이면 현실적으로 선결적 관계에 서지 않아 중간확인의 소는 부적법하게 된다는 것이다.

② 법률관계에 관한 확인을 구하는 경우여야 한다(법률관계). 따라서 사실관계는 확인청구의 목적이 될 수 없다.

(2) 다툼이 있는 법률관계와 확인의 이익

당사자 간에 다툼이 있는 법률관계여야 한다(계쟁성). 중간확인의 소도 확인의 소이므로 확인의 이익이 있어야 하지만 소송상 다툼이 있고 선결관계인 것으로 확인의 이익은 당연히 충족되며 그밖에 별도의 확인의 이익은 필요 없다.

2. 사실심 계속 중 변론종결 전일 것

항소심에서도 당사자는 상대방의 동의 없이 중간확인의 소를 제기할 수 있다. 심급의 이익을 해할 염려가 없기 때문이다.

3. 청구의 일반적 병합요건을 구비할 것

Ⅲ. 절차와 심판

1. 절차

① 중간확인의 소는 서면으로 해야 하며(제264조 제2항), 그 서면은 상대방에게 송달하여야 한다(제264조 제3항). 서면의 송달 시에 소송계속이 생기며, 시효중단의 효력이 생긴다.

② 피고가 중간확인의 소를 제기하는 경우에는 반소의 제기에 준하므로 소송대리인에게 특별수권이 있어야 한다. 다만 원고가 제기하는 경우에는 소의 추가적 변경에 준하므로 본소청구의 대리권에 당연히 포함되어 있다고 할 것이다.

2. 심판

① 선결관계가 없는 경우 등 병합요건을 구비하지 못한 경우라면 독립한 소로서 취급될 수 없는 한 소각하판결을 하여야 하고, 공격방어방법이 아닌 별개의 소이므로 주문에서 각하판결을 하여야 한다.

② 만일 법원이 중간확인의 소에 관하여 아무런 판단을 하지 않았다면, 이는 재판의 누락에 해당하므로 누락된 부분은 여전히 원심법원에 계속되어 추가판결을 기다리게 된다. 본래의 청구와 중간확인의 소는 단순병합 관계에 있기 때문이다. 이에 대해 일부판결이 불가능하다는 견해도 있지만,13) 이론상 불가능이라기보다는 부적당하다고 보는 것이 옳을 것이다. 따라서 이 경우 중간확인의 소에 대한 상소는 대상적격이 없어 부적법하다.

---

13) 통상의 단순병합과는 달리 본소 청구와 선결적 법률관계에 있다는 점이 근거가 된다.

제5절 반소

> 제269조(반소)
> ① 피고는 소송절차를 현저히 지연시키지 아니하는 경우에만 변론을 종결할 때까지 본소가 계속된 법원에 반소를 제기할 수 있다. 다만, 소송의 목적이 된 청구가 다른 법원의 관할에 전속되지 아니하고 **본소의 청구 또는 방어의 방법과 서로 관련**이 있어야 한다.
> ② 본소가 단독사건인 경우에 피고가 반소로 합의사건에 속하는 청구를 한 때에는 법원은 직권 또는 당사자의 신청에 따른 결정으로 **본소와 반소를 합의부에 이송하여야 한다**. 다만, 반소에 관하여 제30조(변론관할)의 규정에 따른 관할권이 있는 경우에는 그러하지 아니하다.
> 제270조(반소의 절차)
> 반소는 본소에 관한 규정을 따른다.
> 제271조(반소의 취하)
> 본소가 취하된 때에는 피고는 원고의 동의 없이 반소를 취하할 수 있다.

Ⅰ. 서설

1. 의의

반소라 함은 피고가 소송계속 중에 그 소송절차를 이용하여 원고에 대하여 제기하는 소를 말한다(제269조). 피고에 의한 청구의 추가적 병합이다.

2. 취지

① 원·피고 사이에 서로 관련된 분쟁을 같은 절차 내에서 심판하는 것이 소송경제에 부합하고 재판의 모순저촉을 피할 수 있고, ② 피고에게도 원고에 대한 청구의 심판을 위하여 본소절차를 이용케 하는 것이 공평한 취급이므로 인정된다(무기평등의 원칙).

Ⅱ. 반소의 법적 성질

1. 반소는 독립한 소이고 방어방법이 아니다.

① 반소는 피고가 자기의 신청에 대하여 판결을 구하는 정식의 독립적인 소이고, 단순히 본소를 기각시키기 위한 방어방법과 다르다(예 상계 또는 동시이행의 항변은 단순한 방어방법에 불과하며 반소로 볼 것은 아니다). 또한 ② 반소는 방어방법이 아니므로 주문에서 이에 대하여 응답하여야 하고(예 1개의 전부판결을 하더라도 본소와 반소에 대하여 각각 판결주문을 내야 한다), ③ 반소를 시기에 늦어서 제기하였거나 또는 변론준비절차 중에서 제기하지 아니하였더라도 이를 이유로 각하되지 않는다(제149조, 제285조 참조). 즉, 실권제재규정이 적용되지 않는다.

2. 반소의 대상은 본소청구와는 다른 청구이어야 한다.

1) 반소는 독립한 소이므로 본소에 대한 방어방법 이상의 적극적 내용이 포함되어야 하고 <u>본소청구 기각을 구하는 정도라면 반소의 이익이 없으므로 반소청구로서 인정되지 않는다.</u> 따라서 상계항변의 경우, ① 수동채권과 대등한 액수의 범위에서 제기한 반소는 본소청구의 기각을 구하는 것에 불과하여 반소의 이익이 없는 반면, ② 수동채권과 대등한 액수의 초과채권의 이행을 구하는 반소는 반소의 이익이 있다.

2) 동일한 권리관계에 기한 소유권의 확인을 구하는 적극적 확인의 본소청구에 대하여 그 부존재의 확인의 소극적 확인의 반소청구는 허용되지 않는다.

3) 동일한 권리관계에 기한 이행의 소에 대하여 채무부존재확인의 반소청구는 허용되지 않는다.

★★[대판 2007.4.13. 2005다40709·40716] 반소청구에 본소청구의 기각을 구하는 것 이상의 적극적 내용이 포함되어 있지 않다면 <u>반소청구로서의 이익이 없고</u>, 어떤 채권에 기한 이행의 소에 대하여 동일 채권에 관한 채무부존재확인의 반소를 제기하는 것은 그 청구의 내용이 <u>실질적으로 본소청구의 기각을 구하는 데 그치는 것이므로 부적법하다.</u>

4) 손해배상채무의 부존재확인의 본소청구에 대해 반소로 손해배상채무의 이행청구를 하는 것은 적법하다(즉 판례는 이 경우 반소가 중복제소에 해당하지 않음을 전제로 본안판단을 하였다).

★★[대판 1999.6.8. 99다17401·17418] 원고가 피고에 대하여 손해배상채무의 부존재확인을 구할 이익이 있어 본소로 그 확인을 구하였다면, 피고가 그 후에 그 손해배상채무의 이행을 구하는 반소를 제기하였다 하더라도 그러한 사정만으로 본소에 대한 확인의 이익이 소멸하여 본소가 부적법하게 된다고 볼 수는 없다.

5) 소유권이전등기를 구하는 본소청구에 대한 인용판결에 대해 항소심 법원에서 피고가 반소로 <u>본등기의 말소등기를 구하는 경우 반소청구는 소의 이익이 있다.</u> 왜냐하면 <u>피고는 제1심 판결의 취소(기각판결)를 받은 것만으로 부동산등기법 제23조상 본등기의 말소등기를 단독으로 신청할 수는 없으므로 본소청구의 기각을 구하는 이상의 의미가 있기 때문이다.</u>

★★[대판 2023.4.27. 2021다276225·276232] <u>소송서류 등이 공시송달의 방법으로 송달되어 확정된 제1심판결문을 기초로 등기권리자가 소유권이전등기를 마쳤으나 이후 제기된 추후보완항소에서 제1심판결이 취소되고 등기권리자의 청구가 기각되었다면</u>, 등기의무자로서는 이미 등기명의를 이전받은 등기권리자를 상대로 위 추후보완항소 절차에서 반소를 제기하거나 별도로 소를 제기하여 소유권이전등기의 말소등기절차를 구할 수 있다.

3. 반소의 제기 여부는 피고의 자유이다.

피고가 반소에 의할 것인가, 별소에 의할 것인가는 원칙적으로 피고의 자유이다. 반소에 의할 수 있는 청구를 별소로 제기하였더라도 중복제소로 보아 그 별소를 금지할 방법은 없다.

4. 반소는 피고가 원고를 상대로 한 소이다(반소의 당사자).

(1) 원칙

본소의 당사자가 아닌 자 사이의 반소, 예컨대 보조참가인의 반소제기는 부적법하다.

(2) 제3자 반소

1) 문제점

제3자 반소는 피고 이외의 제3자가 원고에 대하여 또는 피고가 원고 이외의 제3자에 대하여 제기하는 반소를 말한다. 즉 제3자가 피고와 더불어 반소원고가 되어 원고를 상대로 또는 피고가 원고뿐만 아니라 제3자를 상대로 제기하는 반소(추가의 모습)14)를 말하는데, 그 허용 여부가 문제된다.

2) 학설

① 분쟁의 일회적 해결을 위해 해석론상 제3자 반소의 인정에 인색할 필요가 없다는 긍정설, ② 우리 법제에서는 허용되지 않는다는 부정설, ③ 반소는 원고가 본소에 의하여 피고를 공격한 기회에 공격을 받은 피고로 하여금 그로 인한 불이익을 덜 수 있는 기회를 보장하려는 것이므로, 널리 제3자 반소를 인정하는 것은 적당하지 않으며 별소를 이용하는 것이 바람직하나, 다만 제한적으로 피고가 제68조의 필수적 공동소송인의 추가의 요건을 갖추면 원고와 필수적 공동소송관계에 있는 제3자를 반소피고로 추가하는 것은 가능하다는 제한적 긍정설의 대립이 있다.

3) 판례

판례는 피고가 원고 이외의 제3자도 추가하여 반소피고로 하는 반소는, ① 원칙적으로 허용되지 아니하고, 다만 ② 피고가 제기하려는 반소가 필수적 공동소송이 될 때에는 민사소송법 제68조의 필수적 공동소송인 추가의 요건을 갖추면 허용될 수 있다고 하였다.

★★★[대판 2015.5.29, 2014다235042] 피고가 원고 이외의 제3자를 추가하여 반소피고로 하는 반소의 허용 여부(원칙적 소극) 및 위와 같은 반소가 허용되는 경우

피고가 원고 이외의 제3자를 추가하여 반소피고로 하는 반소는 원칙적으로 허용되지 아니하고, 다만 피고가 제기하려는 반소가 필수적 공동소송이 될 때에는 민사소송법 제68조의 필수적 공동소송인 추가의 요건을 갖추면 허용될 수 있다.

---

14) 예를 들어, ① 매매대금청구를 받은 매수인인 피고가 매도인인 원고만이 아니라 소개인인 제3자도 상대방으로 하여 사기를 원인으로 한 손해배상의 반소를 제기하는 경우, ② 甲과 乙이 동업을 하기로 계약을 맺은 후, 동업자금의 조달을 위하여 丙에게 "동업을 위한 자금이 필요하다."고 말하면서 丙으로부터 1억원을 차용하였는데, 丙이 甲에게 위 차용금 전액의 변제를 요구하자 甲은 丙을 상대로 차용금반환 채무의 시효소멸을 이유로 채무부존재확인을 구하는 소를 제기하였고, 제1심에서 丙이 甲, 乙을 공동 반소피고로 삼아 조합재산의 공동책임을 물으면서 위 1억원의 대여금 반환을 구하는 반소를 제기한 경우가 이에 해당한다.

◈ 소송과정 ◈

1. 원고(반소피고)의 상고이유에 관하여

　가. 계약해제에 따른 원상회복의무에 관한 법리오해 주장에 관하여

　　원심판결 이유에 의하면 B(반소원고, 피고)의 반소에 대하여 원심은, 그 판시와 같은 이유를 들어 이 사건 매매계약은 甲(반소피고)이 B에게 A 회사(원고 회사)를 양도하되,[15] 그 약정 매매대금 중 일부를 B가 미리 A 회사의 운영권 일부를 넘겨받아 이 사건 각 토지에서 토석을 채취한 후 이를 甲 운영 공장과 A 회사의 거래처에 납품하는 방법으로 지급하기로 한 것이고, B는 이 사건 매매계약 체결 직후 甲으로부터 A 회사의 일부 운영권을 넘겨받아 2012.7.경까지 A 회사를 운영하면서 생산한 토석을 甲 운영 공장과 A 회사의 거래처에 납품하다가 2012.7. 말경 토석 생산을 중단한 채 매매잔대금도 지급하지 않았고, 오히려 甲에게 기망을 이유로 이 사건 매매계약의 취소를 통보하여 이 사건 매매계약을 이행할 의사가 없음을 밝혔으며, 위와 같은 B의 채무불이행을 이유로 한 甲의 계약해제 의사표시가 담긴 이 사건 소장부본의 송달에 의하여 이 사건 매매계약이 적법하게 해제되었다고 판단하였다. 나아가 계약해제에 따른 원상회복의무에 관하여 원심은, 그 판시와 같은 이유를 들어 甲의 연대보증인인 A 회사는 B에게 이 사건 매매계약에 따라 계약금 및 중도금으로 수령한 6억원 및 그 지연손해금을 반환할 의무가 있다고 판단하는 한편, B가 A 회사를 운영하면서 생긴 경제적 효과가 甲이나 A 회사에 귀속되었고 그 과정에서 B가 어떠한 법률상 원인 없는 이득을 얻었다고 할 수 없다는 취지로 판단하고 A 회사의 B에 대한 부당이득반환채권 및 민법 제434조에 의하여 甲이 B에 대하여 가지는 부당이득반환채권으로 상계한다는 A 회사의 주장을 모두 배척하였다. 관련 법리에 비추어 기록을 살펴보면, 원심의 위와 같은 판단은 정당하고, 거기에 상고이유 주장과 같이 계약해제에 따른 원상회복의무에 관한 법리를 오해하여 필요한 심리를 다하지 아니한 잘못이 있다고 볼 수 없다.

　　한편 B와 甲 사이의 이 사건 매매계약은 B가 이 사건 각 토지에서 토석을 채취하여 A 회사 명의로 甲 운영의 공장과 삼화건설환경 주식회사(이하 '삼화환경'이라고 한다), 화일산업 주식회사(이하 '화일산업'이라고 한다)에 채취한 토석을 납품하기로 한 것으로서 제3자를 위한 계약관계에 있어서 이른바 기본관계에 해당하므로 이 사건 매매계약이 해제된 경우 계약 당사자인 B와 甲 사이에서만 원상회복의무가 인정된다는 주장은 A 회사가 상고심에서 처음으로 하는 것이므로 적법한 상고이유가 되지 못한다. 뿐만 아니라 기록에 비추어 살펴보면, B가 A 회사를 운영하여 생산한 토석을 A 회사 명의로 거래처에 납품하기로 약정한 것은 이 사건 매매계약에 기한 매매대금 중 중도금 및 잔금의 지급방법을 정한 것일 뿐 甲 운영의 공장과 삼화환경, 화일산업으로 하여금 B에 대한 직접적인 토석납품청구권을 취득하게 하려는 것으로 볼 수 없어 이 사건 매매계약을 제3자를 위한 계약의 낙약자와 요약자 사이의 이른바 기본관계를 이루는 계약에 해당한다고 할 수 없으므로, A 회사의 위 상고이유 주장은 받아들일 수 없다.

　나. 불법행위 성립에 관한 법리오해 주장에 관하여

　　관련 법리에 비추어 기록을 살펴보면, 원심이 그 판시와 같은 이유를 들어 B가 A 회사를 운영하는 기간 동안 A 회사 명의로 건설기계를 구입하면서 그 계약금 명목으로 A 회사 소유의 다른 건설기계를 매도인에게 양도한 것이 A 회사에 대한 불법행위를 구성한다고 볼 수 없다고 판단하여 B의 불법행위로 인한 손해배상채권으로 B의 A 회사에 대한 부당이득반환채권과 상계한다는 A 회사의

---

15) 회사양도란 회사 지분의 100%를 이전 권리자가 새로운 권리자에게 양도한다는 내용의 계약을 말한다.

주장을 배척한 조치는 정당하고, 거기에 상고이유 주장과 같이 불법행위 성립에 관한 법리를 오해한 잘못이 없다.

2. 피고의 상고이유에 관하여

가. 반소에 관한 법리오해 주장에 관하여

피고가 원고 이외의 제3자도 추가하여 반소피고로 하는 반소는 원칙적으로 허용되지 아니하고, 다만 피고가 제기하려는 반소가 필수적 공동소송이 될 때에는 민사소송법 제68조의 필수적 공동소송인 추가의 요건을 갖추면 허용될 수 있다. 위 법리에 비추어 기록을 살펴보면, 원심이 B가 A 회사 및 甲을 상대로 제기한 반소는 필수적 공동소송이 아니어서 B의 甲에 대한 반소가 부적법하다고 판단한 것은 정당하고, 거기에 반소에 관한 법리를 오해한 잘못이 없다.

나. 계약해제에 따른 원상회복의무의 범위에 관한 법리오해 주장에 관하여

관련 법리에 비추어 기록을 살펴보면, B가 이 사건 매매계약에 따라 A 회사의 일부 운영권을 넘겨받아 이 사건 각 토지에서 토석을 채취하여 甲 운영 회사나 A 회사의 거래처에 납품함으로써 매매대금의 지급에 갈음하기로 한 약정은 이 사건 매매계약이 해제된 이상 효력이 없어 B가 생산하여 위와 같이 납품한 토석은 A 회사에 반환하여야 할 대상이 될 뿐 그 토석의 가액 상당을 B에게 원상회복하여야 할 대상으로 볼 수 없다고 할 것인바(대신 甲이나 A 회사도 위 토석 가액 상당의 매매대금을 B에게 반환할 의무가 없다), 이러한 취지에서 원심이 B가 이 사건 매매계약에 따라 A 회사를 운영하면서 이 사건 각 토지에서 토석을 채취하고 이를 甲 운영의 공장이나 A 회사의 거래처에 납품한 주체는 B가 아니라 A 회사이므로 위 토석 채취 및 납품으로 인하여 B가 그 토석대금 상당의 손해를 입었다고 볼 수 없다고 판단한 것은 정당하고, 거기에 변론주의 위배나 계약해제에 따른 원상회복의무의 범위에 관한 법리를 오해한 잘못이 없다.

Ⅲ. 태양

1. 단순반소와 예비적 반소

(1) 단순반소

본소청구의 인용 여부와 관계없이 반소청구에 대해 심판을 구하는 경우이다(예 원고가 소유권을 바탕으로 한 가옥명도의 본소청구를 하였는데 피고가 그 가옥에 대한 원고의 소유권이 없다고 주장하면서 소유권이전등기말소의 반소청구를 하는 경우).

(2) 예비적 반소

1) 의의

본소의 인용에 대비하는 일종의 조건부 반소를 말한다(예 원고가 매매대금지급을 청구하고 있는 경우에 피고가 본소가 인용될 때를 대비하여 매매목적물의 인도를 청구하는 경우). 다만, 본소의 기각을 조건으로 하는 예비적 반소청구는 실무상 그 예가 드물다.

2) 예비적 반소의 취급

본소청구의 판단을 전제로 하므로 ① 본소청구가 취하·각하되는 경우에는 반소청구도 소멸하며, ② 본소인용의 예비적 반소에서 본소청구가 기각되면 반소청구의 판단을 요하지 않는다.

> [대판 1991.6.25, 91다1615(본소)·91다1622(반소)] 피고가 원고의 본소청구가 인용될 경우를 대비하여 조건부로 반소를 제기한 경우 원심이 원고의 본소청구를 기각한 이상 반소청구에 관하여 판단하지 아니한 것은 정당하다.

> ★★★[대판 2006.6.29, 2006다19061·19078] 피고의 예비적 반소는 본소청구가 인용될 것을 조건으로 심판을 구하는 것으로서 제1심이 원고의 본소청구를 배척한 이상 피고의 예비적 반소는 제1심의 심판대상이 될 수 없는 것이고, 이와 같이 심판대상이 될 수 없는 소에 대하여 제1심이 판단하였다고 하더라도 그 효력이 없다고 할 것이므로, 피고가 제1심에서 각하된 반소에 대하여 항소를 하지 아니하였다는 사유만으로 이 사건 예비적 반소가 원심의 심판대상으로 될 수 없는 것은 아니라고 할 것이고, 따라서 원심으로서는 원고의 항소를 받아들여 원고의 본소청구를 인용한 이상 피고의 예비적 반소청구를 심판대상으로 삼아 이를 판단하였어야 한다.
>
> ➲ [첨언] : 동 판례에 대한 해설은 뒤의 「Ⅶ. 예비적 반소와 항소」에서 다루도록 하므로, 해당부분을 참조하여 반드시 정리하기 바란다.

2. 재반소

반소에 대한 재반소를 허용할 것인가에 관하여는 소송절차를 복잡하게 한다하여 반대견해가 있으나, 현행법에서 이를 금지하는 규정을 둔 바도 없고 상호 관련성이 있는 소송을 한꺼번에 해결하려는 것이 반소제도의 취지라면, 재반소가 반소로서의 요건을 충족한 경우라면 이를 허용할 것이다(통설).

> [대판 2001.6.15, 2001므626·633] 본소 이혼청구를 기각하고 반소 이혼청구를 인용하는 경우, 본소 이혼청구에 병합된 재산분할청구에 대하여 심리·판단하여야 하는지 여부(한정 적극)
> 원고가 본소의 이혼청구에 병합하여 재산분할청구를 제기한 후 피고가 반소로서 이혼청구를 한 경우, 원고가 반대의 의사를 표시하였다는 등의 특별한 사정이 없는 한, 원고의 재산분할청구 중에는 본소의 이혼청구가 받아들여지지 않고 피고의 반소청구에 의하여 이혼이 명하여지는 경우에도 재산을 분할해 달라는 취지의 청구가 포함된 것으로 봄이 상당하다고 할 것(☎ 이때 원고의 재산분할청구는 피고의 반소청구에 대한 재반소로서의 실질을 가지게 된다)이므로, 이러한 경우 사실심으로서는 원고의 본소 이혼청구를 기각하고 피고의 반소청구를 받아들여 원·피고의 이혼을 명하게 되었다고 하더라도, 마땅히 원고의 재산분할청구에 대한 심리에 들어가 원·피고가 협력하여 이룩한 재산의 액수와 당사자 쌍방이 그 재산의 형성에 기여한 정도 등 일체의 사정을 참작하여 원고에게 재산분할을 할 액수와 방법을 정하여야 한다.

IV. 요건

1. 상호관련성 – 본소의 청구 또는 본소의 방어방법과 서로 관련이 있을 것

(1) 의의 및 성질

1) 반소의 관련성이란 반소청구가 본소의 청구 또는 본소의 방어방법과 서로 관련이 있어야 한다는 의미이다.

2) 상호관련성은 다른 반소요건과 달리 직권조사사항이라 할 수 없고 원고가 동의하거나 이의 없이 응소한 경우에는 상호관련성이 없어도 이의권의 상실에 해당하여 반소는 적법한 것으로 보아야 할 것이다(사익적 요건).

> **[대판 1968.11.26, 68다1886 · 1887(이유 중)]** 피고의 반소청구에 대하여 원고는 1심 변론에서 이에 대한 이의를 제기함이 없이 변론을 하였음이 분명하므로 원고는 반소청구의 적법 여부에 대한 책문권을 포기한 것으로 보아야 할 것이다.

(2) 본소의 청구와 상호관련성

본소청구와 반소청구의 상호관련성이란 양자가 소송물 또는 그 권리의 대상이나 발생원인에 있어 법률상 또는 사실상으로 공통성이 있다는 것이다.

1) **반소청구가 본소청구와 동일한 법률관계의 형성을 목적으로 하는 경우**

   예 원고가 이혼소송을 제기함에 대하여, 피고도 반소로써 이혼을 구하는 경우이다.

2) **청구원인이 동일한 경우**

   예 원고가 매매를 원인으로 한 소유권이전등기를 구하는 본소에 대하여, 피고가 잔대금의 지급을 구하는 반소를 제기하는 경우이다.

3) **소송물인 권리관계의 대상이나 발생원인에 있어서 주된 부분이 공통한 경우**

   예 원고가 본소로써 가옥소유권의 확인을 구하는 데 대하여, 피고가 반소로써 동일한 가옥에 대한 임차권의 확인을 구하는 경우이다(대상에 있어서 공통성). 또는 원고가 본소로써 교통사고를 원인으로 한 손해배상청구를 구하는 데 대하여, 피고가 동일한 사고를 원인으로 한 손해배상의 반소를 제기하는 경우이다(발생원인의 공통성).

(3) 본소의 방어방법과 상호관련성

1) 본소의 방어방법과 상호관련성이란 반소청구가 본소청구에 대한 항변사유와 그 내용 또는 발생원인에 있어서 법률상 또는 사실상 공통성을 가지는 때이다. 예 ① 소유권에 기한 인도청구의 본소에 대하여 방어방법으로서 유치권의 항변을 하면서 그 피담보채권을 반소로 청구한다든지, ② 대여금반환청구에 대하여 상계항변을 하면서 수동채권과 대등한 액수의 초과채권(상계로 대항하고 남은 잔액)을 반소로 청구하는 것과 같이 피고의 항변사유와 반소청구가 그 내용 또는 발생원인에 있어서 공통점이 있는 경우이다.

2) 본소의 방어방법이 반소제기 당시에 현실적으로 제출되어야 하며 또한 적법(법률상 허용)하여야 한다. 위 ①의 예에서 유치권의 항변이 실기한 공격방어방법으로 각하된 경우(제149조)에 이에 바탕을 둔 반소나 위 ②의 예에서 상계금지채권과 같이 실체법상 상계가 허용되지 않는 경우에 이에 바탕을 둔 반소는 부적법하다.

3) 민법 제208조 제2항은 점유권에 기한 소는 본권에 관한 이유로 재판하지 못한다고 규정하고 있어, 동 조항에 의해 피고의 본권에 기한 반소도 금지되는지가 문제되는데, 통설·판례는 민법 제208조 제2항의 의미는 점유권에 기한 본소에서 피고는 본권에 기한 방어방법의 제출을 할 수 없다는 것이지 반소제기를 금하는 것은 아니라고 본다(대판 1957.11.14, 4290민상454). 최근 판례도 반소의 적법성을 전제로 본안판단을 하였다(대판 2021.2.4, 2019다202795). 이 경우 본권에 기한 반소는 본소청구와 상호관련성(대상의 공통성)을 가지는 것으로 해석할 수도 있다는 점을 고려하면 적법한 것으로 인정하여야 할 것이다.

2. 본소절차를 현저히 지연시키지 않을 것(제269조 제1항)

반소청구의 관련성이 인정되는 경우에도 반소청구의 심리로 본소절차가 현저히 지연된다면 반소는 허용되지 않는다(제269조 제1항). 이는 공익적 요건이므로 소송절차에 관한 이의권의 포기·상실의 대상이 되지 않는다.

3. 본소가 사실심 계속 중 변론종결 전일 것

(1) 본소의 소송계속 – 본소의 각하·취하

① 본소의 소송계속은 반소제기의 요건이고 그 존속요건은 아니므로, 반소가 제기된 뒤에 본소가 각하 또는 취하되어 그 소송계속을 이탈하여도 반소가 예비적 반소(예비적 반소는 본소의 청구가 인용되거나 기각됨에 의하여 영향을 받는 것을 내용으로 하기 때문)가 아닌 이상 영향이 없다(대판 1970.9.22, 69다446).

② 다만 예비적 반소의 경우에는 본소가 취하되면 반소도 조건의 불성취로 인하여 소멸한다고 볼 것이다.

(2) 항소심에서의 반소

제412조(반소의 제기)
① 반소는 상대방의 심급의 이익을 해할 우려가 없는 경우 또는 상대방의 동의를 받은 경우에 제기할 수 있다.
② 상대방이 이의를 제기하지 아니하고 반소의 본안에 관하여 변론을 한 때에는 반소제기에 동의한 것으로 본다.

1) 법률심인 상고심에서는 신소의 제기가 인정되지 아니하므로 반소도 제기할 수 없지만, 항소심에서는 상대방의 심급의 이익을 해할 우려가 없는 경우 또는 상대방의 동의를 받은 경우에 제기할 수 있다(제412조 제1항).

2) 여기서 <u>원고의 심급의 이익을 해할 우려가 없는 경우</u>란 ① 중간확인의 반소, ② <u>본소와 청구원인을 같이 하는 반소</u>, ③ 제1심에서 충분히 심리한 쟁점과 관련된 반소, ④ 항소심에서 추가된 예비적 반소의 경우가 이에 해당될 것이고, 이때는 원고의 동의 없이 제기할 수 있다.

★★[대판 2005.11.24, 2005다20064·20071; 대판 2024.12.12, 2022다200317] 민사소송법 제412조 제1항은 상대방의 심급의 이익을 해할 우려가 없는 경우 또는 상대방의 동의를 받은 경우 항소심에서 반소를 제기할 수 있다고 규정하고 있고, 여기서 '상대방의 심급의 이익을 해할 우려가 없는 경우'라 함은 반소청구의 기초를 이루는 실질적인 쟁점이 제1심에서 본소의 청구원인 또는 방어방법과 관련하여 충분히 심리되어 상대방에게 제1심에서의 심급의 이익을 잃게 할 염려가 없는 경우를 말한다.

3) 상대방이 이의를 제기하지 아니하고 반소의 본안에 관하여 변론을 한 때에는 반소제기에 동의한 것으로 본다(동조 제2항). 이와 관련하여 항소심에서 피고의 반소제기에 대하여 원고가 반소기각의 답변만을 한 경우 반소에 동의한 것으로 볼 수 있는지 문제되는데, 판례는 <u>원고가 반소기각의 답변을 한 것만으로는 이의 없이 반소의 본안에 관하여 변론을 한 때에 해당한다고 볼 수 없다고 하였다. 즉 원고의 별도의 동의가 필요하다고 본다</u>(대판 1991.3.27. 91다1783).

4. 동종의 소송절차 · 공통의 관할권

① 반소는 계속 중인 본소와 병합심리되어야 하므로(소의 객관적 병합이 발생), 본소와 동종의 소송절차일 것이 요구된다. 소송절차의 동종 여부는 직권조사사항이므로 소송절차에 관한 이의권의 대상이 아니다.

② 반소는 다른 법원의 전속관할(전속적 합의관할은 포함되지 않는다)에 속하지 않는 한 원래의 관할과 관계없이 본소계속법원에 제기할 수 있다.

5. 일반적 소송요건을 갖추었을 것

V. 절차

반소에는 본소에 관한 규정을 따른다(제270조). 따라서 반소장의 제출, 반소장의 기재사항, 반소제기의 효력발생시기, 송달, 기간준수의 효력 등에 관하여는 본소에 관한 규정이 준용된다. 또한 소장에 붙이는 것과 같은 액의 인지를 내야 하는데, 다만 본소와 그 목적이 동일한 반소의 경우에는 반소의 인지액에서 본소의 인지액을 공제한 차액의 인지액만 내면 된다.

VI. 심판

1. 반소요건과 일반적 소송요건의 조사

반소가 제기되면, ① 우선 반소의 요건을 조사하고, 그 요건에 흠이 있는 반소는 판결로 부적법 각하하여야 한다는 것이 판례의 입장이다(각하설).[16] 이에 대해 통설은 독립한 소로서의 요건을

---

16) 대판 1965.12.7, 65다2034; 대판 1968.11.26, 68다1886·1887

갖추고 있는 한 본소와 분리하여 별개의 독립한 소로 취급하여야 한다는 입장이다(분리심판설). 다만 ② 반소요건을 갖추었어도 일반적 소송요건(소의 이익, 대리권 등)의 흠이 있는 경우에는 판결로써 반소를 각하하여야 한다. 판례도 마찬가지이다(대판 2010.8.26, 2010다30966).

2. 이송

지방법원 단독판사가 본소를 심리 중에 피고가 합의사건에 속하는 청구에 관한 반소를 제기한 경우에 법원은 직권 또는 당사자의 신청에 따른 결정으로 본소와 반소를 합의부로 이송하여야 한다. 다만, 반소에 관하여 변론관할(제30조)의 요건을 갖춘 때에는 그대로 단독판사가 심판하고, 관할위반의 항변을 한 때에만 합의부로 이송한다(제269조 제2항).

3. 본안의 심판

(1) 변론의 분리·일부판결의 문제

반소가 적법하면 심리의 중복과 재판의 불통일을 피하기 위하여 반소는 본소와 병합하여 심판한다. 따라서 원칙적으로 변론의 분리나 일부판결은 허용되지 않고 1개의 전부판결을 하여야 한다. 다만, 원고가 동의하는 등 특별한 사정이 있는 경우에 예외적으로 변론의 분리나 일부판결을 할 수 있다.

(2) 재판방법

1개의 전부판결을 하는 경우에도 본소와 반소에 대하여 각각 판결주문을 따로 내야 하나, 소송비용의 부담에 관하여는 소송비용 불가분의 원칙상 본소비용과 반소비용을 나누어 판단할 것이 아니다.

★★★[대판 2019.3.14, 2018다277785] 원고의 본소 청구에 대하여 피고가 본소 청구를 다투면서 사해행위의 취소 및 원상회복을 구하는 반소를 적법하게 제기하였는데, 법원이 반소 청구가 이유 있다고 판단하여 사해행위의 취소 및 원상회복을 명하는 판결을 선고하는 경우, 반소 청구에 대한 판결이 확정되지 않았더라도 사해행위인 법률행위가 취소되었음을 전제로 원고의 본소 청구를 심리하여 판단할 수 있는지 여부(적극) 및 이때 반소 사해행위취소 판결을 이유로 원고의 본소 청구를 기각할 수 있는지 여부(적극)

① 사해행위취소소송은 형성의 소로서 그 판결이 확정됨으로써 비로소 권리변동의 효력이 발생하나, 민법 제406조 제1항은 채권자가 사해행위의 취소와 원상회복을 법원에 청구할 수 있다고 규정함으로써 사해행위취소청구에는 그 취소판결이 미확정인 상태에서도 그 취소의 효력을 전제로 하는 원상회복청구를 병합하여 제기할 수 있도록 허용하고 있다.

② 또한 원고가 매매계약 등 법률행위에 기하여 소유권을 취득하였음을 전제로 피고를 상대로 일정한 청구를 할 때, 피고는 원고의 소유권 취득의 원인이 된 법률행위가 사해행위로서 취소되어야 한다고 다투면서, 동시에 반소로써 그 소유권 취득의 원인이 된 법률행위가 사해행위임을 이유로 법률행위의 취소와 원상회복으로 원고의 소유권이전등기의 말소절차 등의 이행을 구하는 것도 가능하다.

③ 위와 같이 원고의 본소 청구에 대하여 피고가 본소 청구를 다투면서 사해행위의 취소 및 원상회복을 구하는 반소를 적법하게 제기한 경우, 사해행위의 취소 여부는 반소의 청구원인임과 동시에 본

소 청구에 대한 방어방법이자, 본소 청구 인용 여부의 선결문제가 될 수 있다. 그 경우 법원이 반소 청구가 이유 있다고 판단하여, 사해행위의 취소 및 원상회복을 명하는 판결을 선고하는 경우, 비록 반소 청구에 대한 판결이 확정되지 않았다고 하더라도, 원고의 소유권 취득의 원인이 된 법률행위가 취소되었음을 전제로 원고의 본소 청구를 심리하여 판단할 수 있다고 봄이 타당하다. 그때에는 반소 사해행위취소 판결의 확정을 기다리지 않고, 반소 사해행위취소 판결을 이유로 원고의 본소 청구를 기각할 수 있다. 본소와 반소가 같은 소송절차 내에서 함께 심리 판단되는 이상, 반소 사해행위취소 판결의 확정 여부가 본소 청구 판단 시 불확실한 상황이라고 보기 어렵고, 그로 인해 원고에게 소송상 지나친 부담을 지운다거나, 원고의 소송상 지위가 불안정해진다고 볼 수도 없다. 오히려 이로써 반소 사해행위취소소송의 심리를 무위로 만들지 않고, 소송경제를 도모하며, 본소 청구에 대한 판결과 반소 청구에 대한 판결의 모순 저촉을 피할 수 있다.

➲ [사실관계] : 차량 소유자가 본소로 저당권의 말소를 청구하자 저당권자가 차량 소유권 취득의 원인이 된 매매계약이 사해행위라고 주장하면서 반소로 그 취소를 청구한 사건에서, 사해행위의 취소를 명하는 한편 이를 이유로 본소 청구를 기각한 원심의 판단을 수긍한 사안이다.

★★★[대판 2021.2.4. 2019다202795] 점유권에 기한 소와 본권에 기한 예비적 반소의 관계

[1] 점유회수의 청구 요건 및 여기서 '점유'의 의미와 판단 기준 / 점유권에 기한 본소에 대하여 본권자가 본소청구 인용에 대비하여 본권에 기한 예비적 반소를 제기하고 양 청구가 모두 이유 있는 경우, 법원은 위 본소와 반소를 모두 인용하여야 하는지 여부(적극) 및 점유권에 기한 본소를 본권에 관한 이유로 배척할 수 있는지 여부(소극)

① 점유자가 점유의 침탈을 당한 때에는 그 물건의 반환 등을 청구할 수 있고 이러한 점유회수의 청구에 있어서는 점유를 침탈당하였다고 주장하는 당시에 점유하고 있었는지의 여부만을 살피면 된다(민법 제204조 제1항). 여기서 점유란 물건이 사회통념상 그 사람의 사실적 지배에 속한다고 보여지는 객관적 관계에 있는 것을 말하고 사실상의 지배가 있다고 하기 위하여는 반드시 물건을 물리적, 현실적으로 지배하는 것만을 의미하는 것이 아니고 물건과 사람과의 시간적, 공간적 관계와 본권 관계, 타인지배의 배제가능성 등을 고려하여 사회관념에 따라 합목적적으로 판단하여야 한다.

② 점유권에 기인한 소와 본권에 기인한 소는 서로 영향을 미치지 아니하고, 점유권에 기인한 소는 본권에 관한 이유로 재판하지 못하므로 점유회수의 청구에 대하여 점유침탈자가 점유물에 대한 본권이 있다는 주장으로 점유회수를 배척할 수 없다(민법 제208조). 그러므로 점유권에 기한 본소에 대하여 본권자가 본소청구 인용에 대비하여 본권에 기한 예비적 반소를 제기하고 양 청구가 모두 이유 있는 경우, 법원은 점유권에 기한 본소와 본권에 기한 예비적 반소를 모두 인용해야 하고 점유권에 기한 본소를 본권에 관한 이유로 배척할 수 없다.

[2] 점유회수의 본소에 대하여 본권자가 소유권에 기한 인도를 구하는 반소를 제기하여 본소청구와 예비적 반소청구가 모두 인용되어 확정된 경우, 점유자는 본소 확정판결에 의하여 집행문을 부여받아 강제집행으로 물건의 점유를 회복할 수 있는지 여부(적극) / 이때 본권자는 위 본소 집행 후 집행문을 부여받아 비로소 반소 확정판결에 따른 강제집행으로 물건의 점유를 회복할 수 있는지 여부(적극) 및 점유자가 제기하여 승소한 본소 확정판결에 대한 청구이의의 소를 통해서 점유권에 기한 강제집행을 저지할 수 있는 경우

① 점유회수의 본소에 대하여 본권자가 소유권에 기한 인도를 구하는 반소를 제기하여 본소청구와 예비적 반소청구가 모두 인용되어 확정되면, 점유자가 본소 확정판결에 의하여 집행문을 부여받아

강제집행으로 물건의 점유를 회복할 수 있다. ② 본권자의 소유권에 기한 반소청구는 본소의 의무실현을 정지조건으로 하므로, 본권자는 위 본소 집행 후 집행문을 부여받아 비로소 반소 확정판결에 따른 강제집행으로 물건의 점유를 회복할 수 있다. ③ 이러한 과정은 애당초 본권자가 허용되지 않는 자력구제로 점유를 회복한 데 따른 것으로 그 과정에서 본권자가 점유 침탈 중 설치한 장애물 등이 제거될 수 있다. 다만 점유자의 점유회수의 집행이 무의미한 점유상태의 변경을 반복하는 것에 불과할 뿐 아무런 실익이 없거나 본권자로 하여금 점유회수의 집행을 수인하도록 하는 것이 명백히 정의에 반하여 사회생활상 용인할 수 없다고 인정되는 경우, 또는 점유자가 점유권에 기한 본소 승소 확정판결을 장기간 강제집행하지 않음으로써 본권자의 예비적 반소 승소 확정판결까지 조건불성취로 강제집행에 나아갈 수 없게 되는 등 특별한 사정이 있다면 본권자는 점유자가 제기하여 승소한 본소 확정판결에 대한 청구이의의 소를 통해서 점유권에 기한 강제집행을 저지할 수 있다.

★★★[대판 2021.3.25, 2019다208441] 점유를 침탈당한 자가 점유권에 기한 점유회수의 소를 제기하고, 본권자가 그 점유회수의 소가 인용될 것에 대비하여 본권에 기초한 장래이행의 소로서 별소를 제기한 경우에 법원의 판단

점유권을 기초로 한 본소에 대하여 본권자가 본소청구의 인용에 대비하여 본권에 기초한 장래이행의 소로서 예비적 반소를 제기하고 양 청구가 모두 이유 있는 경우, 법원은 점유권에 기초한 본소와 본권에 기초한 예비적 반소를 모두 인용해야 하고 점유권에 기초한 본소를 본권에 관한 이유로 배척할 수 없다. 이러한 법리는 점유를 침탈당한 자가 점유권에 기한 점유회수의 소를 제기하고, 본권자가 그 점유회수의 소가 인용될 것에 대비하여 본권에 기초한 장래이행의 소로서 별소를 제기한 경우에도 마찬가지로 적용된다.

4. 반소의 취하

(1) 본소가 취하된 경우

원고가 본소를 취하한 때에는 피고는 원고의 동의 없이 반소를 취하할 수 있다(제271조).

(2) 본소가 각하된 경우

1) 본소가 각하된 경우에도 원고의 동의 없이 피고는 반소를 취하할 수 있는지 여부가 문제된다. 이에 대해 ① 본소가 각하된 경우도 본안판단이 이루어진 것이 아니므로 본소가 취하된 경우와 동일하게 보아 동의가 필요 없다는 견해(동의 불요설)와 ② 명문의 규정에 비추어 원고의 동의가 필요하다는 견해(동의 필요설)의 대립이 있다.

2) 판례는 본소가 원고의 의사와 관계없이 부적법하다고 하여 각하됨으로써 종료된 경우에는 본소가 취하된 경우와는 달리 원고의 동의가 있어야만 반소취하의 효력이 발생한다고 하였다.

[대판 1984.7.10, 84다카298] 민사소송법 제271조의 규정은 원고가 반소의 제기를 유발한 본소는 스스로 취하해 놓고 그로 인하여 유발된 반소만의 유지를 상대방에게 강요한다는 것은 공평치 못하다는 이유에서 원고가 본소를 취하한 때에는 피고도 원고의 동의 없이 반소를 취하할 수 있도록 한 규정이므로 본소가 원고의 의사와 관계없이 부적법하다 하여 각하됨으로써 종료된 경우에까지 유추적용 할 수 없고, 원고의 동의가 있어야만 반소취하의 효력이 발생한다 할 것이다.

VII. 예비적 반소와 항소

1. 문제점

제1심에서 원고의 본소와 피고의 예비적 반소를 모두 각하한 경우 또는 본소청구를 기각하고 예비적 반소를 각하한 경우에, 예비적 반소를 각하한 것이 효력이 있는지 여부와 제1심판결에 대해 원고만이 항소한 경우 항소심은 예비적 반소를 심판의 대상으로 삼아야 하는지 여부가 문제된다.

2. 예비적 반소에 대한 각하의 효력

예비적 반소는 본소청구가 인용될 것을 조건으로 그 심판을 구하는 것이다. 따라서 본소청구가 취하, 각하, 기각된 경우 예비적 반소는 제1심의 심판대상이 될 수 없는 것이고, 이와 같이 심판대상이 될 수 없는 소에 대하여 제1심이 판단하였다고 하더라도 그 효력이 없다.

3. 원고의 항소로 인한 이심 및 심판의 범위·대상

(1) 이심의 범위

상소불가분의 원칙에 의해 원고의 항소제기로 제1심에서 판결한 모든 청구가 이심되므로, 원고의 본소에 대한 항소에 따라 예비적 반소도 모두 확정이 차단되고 항소심으로 이심된다.[17)

(2) 항소심의 심판범위·대상

1) 문제점

불이익변경금지의 원칙에 의해 상소심의 심판범위는 상소에 의해 불복된 신청부분에 한정되는 것이므로(제415조), 원고만이 본소각하에 대해 항소하고 피고는 예비적 반소의 각하에 대해 항소하지 않은 경우라면 항소심이 예비적 반소를 심판의 대상으로 삼을 수 없는 것인지 여부가 문제된다.

2) 판례

판례는 피고가 제1심에서 각하된 반소에 대하여 항소를 하지 아니하였다는 사유만으로 예비적 반소가 원심의 심판대상으로 될 수 없는 것은 아니고, 따라서 원심으로서는 원고의 항소를 받아들여 원고의 본소청구를 인용한 이상 피고의 예비적 반소청구를 심판대상으로 삼아 이를 판단해야 한다고 하였다.[18) 이에 따르면 항소심이 피고의 항소가 없었다는 이유로 피고의 예비적 반소에 대해 전혀 판단을 하지 아니한 것은 위법이 있으므로, 상고심은 원심판결 중 예비적 반소에 관한 부분을 파기하고 원심법원에 환송하여야 한다.

★★★[대판 2006.6.29. 2006다19061·19078] 피고의 예비적 반소는 본소청구가 인용될 것을 조건으로 심판을 구하는 것으로서 제1심이 원고의 본소청구를 배척한 이상 피고의 예비적 반소는 제1심의 심판대상이 될 수 없는 것이고, 이와 같이 심판대상이 될 수 없는 소에 대하여 제1심이 판단하였다고 하더라도 그 효력이 없다고 할 것이므로, 피고가 제1심에서 각하된 반소에 대하여 항소를 하지 아니하였

---

17) 근거에 대해서는 견해대립이 존재하지만, 상소불가분의 원칙이 적용됨을 긍정함이 통설이다.
18) 이에 대해 처분권주의·불이익변경금지의 원칙에 반한다고 하는 견해(이시윤 교수)가 있다.

다는 사유만으로 이 사건 예비적 반소가 원심의 심판대상으로 될 수 없는 것은 아니라고 할 것이고, 따라서 원심으로서는 원고의 항소를 받아들여 원고의 본소청구를 인용한 이상 피고의 예비적 반소청구를 심판대상으로 삼아 이를 판단하였어야 한다.

▌종합적 개관·비교

구분		소의 변경(원고)	중간확인의 소(원고+피고)	반소(피고)
서설		1. 의의 및 취지 2. 소송물 이론	1. 의의 및 취지 2. 법적 성질	1. 의의 및 취지 2. 법적 성질 3. 태양
객관적 병합의 공통 요건	동종 절차	要	要	要
	공통 관할	要	要	要
후발적 병합의 공통 요건	사실 심의 변론 종결前 (사실심 계속중)	① 항소심까지 가능(상고심에서는 불가) ② 교환적 변경 시 피고의 동의 필요 여부 논의 ③ 항소심에서 교환적 변경 시 재소금지 ④ 전부 승소한 자의 청구취지 확장을 위한 항소이익	① 항소심까지 가능 ② 항소심에서 중간확인의 소 제기 시 상대방의 동의 불요 ③ 본소의 계속은 중간확인의 소의 제기요건 + 존속요건 (본소가 취하·각하되면 중간확인의 소는 각하)	① 항소심까지 가능 ② 항소심에서 반소제기 시 원고의 동의나 이의 없는 응소 필요 ➡ 개정법 : 원고의 심급 이익보장이 불필요하면 원고의 동의 불요 ③ 본소의 계속은 반소의 제기요건 ○, 존속요건 ✗ (본소 취하·각하시 반소유지) ④ But 예비적 반소의 경우는 제기요건 + 존속요건!
	청구의 관련성 (항변 사항)	① 청구기초의 동일성 ➡ ⅰ) 이익설, ⅱ) 사실설, ⅲ) 병용설 ② 사익적 요건설 (통설 : 동일성이 없어도 피고가 동의하거나, 이의 없이 응소하면 하자 치유)	① 선결적 법률관계 ［ 선결성 법률관계 ② 계쟁성(확인의 이익)	① 상호관련성 ➡ ⅰ) 본소청구와 관련성, ⅱ) 본소의 방어방법과 관련성 ② 사익적 요건설
후발적 병합의 특유 요건	소송 절차를 현저히 지연 시키지 않을 것	必要 ➡ 공익적 요건 ➡ 직권조사사항으로 피고가 동의·응소하여도 하자치유 ✗, 이의권의 포기·상실의 대상 ✗	不要	必要
절차와 심판		① 원고의 신청과 서면 및 송달 ② 직권조사사항 ③ 소변경의 허가와 신청구의 심판 ④ 소변경의 간과	① 원·피고의 서면제출과 송달 ② 병합요건 흠 ○ ➡ 독립한 소로서 취급될 수 없는 한 각하 ③ 일부판결 ➡ 이론상 불가능 ✗, 제도의 취지상 부적당	① 피고의 서면(반소장)제출과 송달 ② 직권조사사항 ③ 반소요건 흠 ○ ➡ 각하설 (판례), 분리심판설(多) ④ 일부판결 예외적 가능

다수당사자소송

제1절 총설

널리 다수당사자소송은 1개의 소송절차에 3인 이상의 자가 동시 또는 이시에 절차에 관여하는 소송형태를 말한다. 당사자의 편의, 판결의 모순저촉의 회피와 분쟁의 1회적 해결을 위해 인정된다.

여기에는 ① 원고 또는 피고 측에 2인 이상의 당사자가 공동으로 관여하는 '공동소송', ② 다른 사람 사이에서 행하여지고 있는 소송에 제3자가 관여하는 '제3자의 소송참가' 그리고 ③ 소송계속 중에 당사자가 교체되는 '당사자의 변경'이 있다.

공동 소송	요건	주관적 요건(제65조 전문과 후문) ➲ 항변사항 객관적 요건(제253조 : ① 동종절차, ② 공통관할) ➲ 직권조사사항
	유형	합일확정의 필요 ┌ x : 통상공동소송 ➲ 독립의 원칙(제66조) ➲ 수정의 원리(주장·증거공통의 문제) └ o : 필수적 공동소송(제67조) ┌ 고유필수적 공동소송 └ 유사필수적 공동소송
	특수 공동 소송	① 예비적·선택적 공동소송(제70조), ② 선정당사자(제53조), ③ 주관적·추가적 병합
소송 참가	유형	당사자적격 ┌ x : 보조참가–판결효(기판력) 영향 ┌ x : 보조참가(제71조) │ └ o : 공동소송적보조참가(제78조) ➲ 소송고지 └ o : 당사자참가 ┌ 판결의 효력 o, 연합관계 – 공동소송참가(제83조) └ 판결의 효력 x, 대립관계 – 독립당사자참가(제79조) ➲ 소송탈퇴
	공통 요건	① 타인간 소송계속 중, ② 참가신청(참가취지, 참가이유)
당사자 변경	당사자 적격 승계 x	임의적 당사자 변경 (1) 명문규정 o ┌ 혼동 : 교환 – 피고경정(제260조) └ 누락 : 추가 ┌ ① 고유필수적 공동소송인 추가(제68조) └ ② 주관적 예비적·선택적 공동소송인 추가(제70조) (2) 명문규정 x : (예 원고경정, 통상공동소송인 추가) ➲ 판례 : 불허(통설·허용)
	당사자 적격 승계 o	(1) 당연승계(제233조 이하) ➲ 실체법상 포괄승계 원인 발생(예 사망, 합병) (2) 특정승계(소송물의 양도) ┌ 자발 : 참가승계(제81조) └ 강제 : 인수승계(제82조) ┌ 교환적 인수 └ 추가적 인수

제2절   공동소송

공동소송은 하나의 소송절차에서 당사자의 일방 또는 쌍방 측에 여러 사람의 당사자가 있는 소송형태를 말한다. 소의 주관적 병합이라고도 부른다. 이 경우에 원고 또는 피고 측의 여러 사람을 공동소송인이라고 한다.

제1관 공동소송의 형성

Ⅰ. 형성원인에 따른 공동소송의 분류

형성원인에 따라 공동소송을 분류하면 시기의 점에서 ① 소의 제기 시부터 공동소송이 되는 경우(원시적 공동소송 – 고유의 소의 주관적 병합)와 ② 소송계속 중에 공동소송이 되는 경우(후발적 공동소송 – 소의 주관적·추가적 병합)가 있다. ③ 그 밖에 별소의 제기가 있은 뒤에 법원의 재량에 따른 변론의 병합(제141조) 및 ④ 당사자의 지위를 여러 사람이 승계하는 경우가 있다.

1. 원시적 공동소송

처음부터 공동으로 소를 제기하거나 제기당하는 경우를 말한다. 공동소송의 원칙적인 발생원인으로서 소의 고유의 주관적 병합이라고도 한다.

2. 후발적 공동소송

소송계속 중에 제3자 스스로 당사자로 가입하거나, 종전의 원고 또는 피고가 제3자에 대한 소를 추가적으로 병합·제기하는 것에 의한 공동소송형태를 말한다. ① 고유필수적 공동소송인의 추가나 예비적·선택적 공동소송인의 추가(제70조, 제68조), ② 공동소송참가(제83조), ③ 참가승계(제81조)나 인수승계(제82조) 등이 이에 해당한다. 또한 ④ 다른 당사자 사이의 소에 있어서 법원이 그 변론을 병합(제141조)한 경우에 소의 후발적 병합이 생기게 된다. 이 결과 여러 개의 소송은 소의 객관적 병합이나 공동소송이 된다.

Ⅱ. 공동소송의 일반적 요건

다양한 형태의 공동소송에 공통하는 일반적 요건은 다음과 같다. 각 형태에 고유한 요건의 문제는 해당 부분에서 살펴보기로 한다.

1. 주관적 병합의 요건 – 청구의 관련성·공통성

> **제65조(공동소송의 요건)**
> 소송목적이 되는 **권리나 의무**가 여러 사람에게 **공통**되거나 사실상 또는 법률상 같은 **원인**으로 말미암아 생긴 경우에는 그 여러 사람이 공동소송인으로서 당사자가 될 수 있다. 소송목적이 되는 권리나 의무가 **같은 종류의 것**이고, 사실상 또는 법률상 같은 종류의 **원인**으로 말미암은 것인 경우에도 또한 같다.

여러 당사자의 각 청구 사이에 이것을 공통으로 심판하는 것을 정당화할 만한 관련성 또는 공통성이 있지 않으면 안 된다. 이것을 제65조에서 열거하고 있다. 공동소송에 특수한 주관적 요건이다. 이 요건은 직권조사사항은 아니고, 항변사항으로서 피고의 이의가 있을 때에 고려하면 된다.

(1) 권리의무의 공통(제65조 전문)

합유자·공유자들의 소송, 여러 연대채무자에 대한 소송, 불가분채무자들의 소송과 같이 소송목적이 되는(소송물인) 권리나 의무가 여러 사람에게 공통된 경우이다.

(2) 권리의무의 발생원인의 공통(제65조 전문)

동일한 사고에 기한 여러 피해자의 손해배상청구, 주채무자와 보증인을 공동피고로 하는 청구와 같이 소송목적이 되는(소송물인) 권리나 의무가 사실상 또는 법률상 같은 원인으로 말미암아 생긴 경우이다.

(3) 권리의무와 발생원인의 동종(제65조 후문)

여러 임차인에 대한 건물주의 각 임대료청구와 여러 임차인의 건물주에 대한 보증금반환청구, 수통의 어음의 각 소지인이 각 어음발행인에 대한 어음청구, 수인의 피고에 대한 대여금반환청구와 같이 소송목적이 되는(소송물인) 권리나 의무가 같은 종류의 것이고, 사실상 또는 법률상 같은 종류의 원인으로 말미암은 경우이다. 일반적으로 이러한 경우에는 ① 관련재판적(제25조)의 적용이 없고, ② 선정당사자제도(제53조)를 이용할 수 없다고 본다. ③ 또한 공동소송인 독립의 원칙(제66조)에 수정이 필요한 것이 아니라고 한다.

▍제65조 전문과 후문의 법리상 차이

구분	관련재판적	선정당사자	공동소송인 독립의 원칙 수정
제65조 전문의 유형	준용 인정	선정당사자 가능	수정 요청 ○
제65조 후문의 유형	준용 부정	선정당사자 불가능	수정 요청 ✗

2. 소의 객관적 병합의 요건

1) 공동소송은 청구의 병합이 따르게 되므로 객관적 병합의 요건을 갖추어야 한다. 즉 ① 각자의 청구가 같은 종류의 소송절차에서 처리되어야 하고(제253조), ② 각자의 청구에 대하여 수소법원이 관할권을 가져야 한다. 다만, 관련재판적(제25조 제2항)의 적용이 있을 수 있다. 공동소송에 있어서 관련재판적의 적용에 대하여 제25조 제2항에서는 소송목적이 되는 권리나 의무가 여러 사람에게 공통되거나 사실상 또는 법률상 같은 원인으로 말미암아 그 여러 사람이 공동소송인으로서 당사자가 되는 경우, 즉 제65조 전문의 공동소송의 경우에만 관련재판적의 적용을 인정하고 있다.

2) 이는 직권조사사항이다. 다만, 고유필수적 공동소송의 경우에는 이러한 객관적 요건을 갖출 필요가 없다.

Ⅲ. 공동소송의 소멸

1) 공동소송에 있어서 일부판결에 의하여 공동소송인 일부의 소송관계가 종결되거나 일부 당사자에 있어서 화해, 청구의 포기·인낙, 일부취하에 따라 또는 변론의 분리(제141조)에 따라 공동소송은 해소된다.

2) 다만, 필수적 공동소송의 경우에는 통상공동소송과 달리, ① 원고들 일부의 소의 취하 또는 피고들 일부에 대한 소의 취하, ② 일부판결은 허용되지 않는다.

[대판 2007.8.24, 2006다40980]

[1] 공동상속인 사이에 어떤 재산이 피상속인의 상속재산에 속하는지 여부에 관하여 다툼이 있어 일부 공동상속인이 다른 공동상속인을 상대로 그 재산이 상속재산임의 확인을 구하는 소를 제기한 경우, 이는 그 재산이 현재 공동상속인들의 상속재산분할 전 공유관계에 있음의 확인을 구하는 소송으로서, 그 승소확정판결에 의하여 그 재산이 상속재산분할의 대상이라는 점이 확정되어 상속재산분할 심판 절차 또는 분할심판이 확정된 후에 다시 그 재산이 상속재산분할의 대상이라는 점에 대하여 다툴 수 없게 되고, 그 결과 공동상속인 간의 상속재산분할의 대상인지 여부에 관한 분쟁을 종국적으로 해결할 수 있으므로 확인의 이익이 있다.

[2] 공동상속인이 다른 공동상속인을 상대로 어떤 재산이 상속재산임의 확인을 구하는 소는 이른바 고유필수적 공동소송이라고 할 것이고, 고유필수적 공동소송에서는 원고들 일부의 소취하 또는 피고들 일부에 대한 소취하는 특별한 사정이 없는 한 그 효력이 생기지 않는다.

제2관 공동소송의 종류(강제)

Ⅰ. 공동소송의 강제 여부에 따른 공동소송의 종류

다수당사자의 분쟁을 소송절차가 어떻게 받아들이는가(강제 여부)에 따라 다음과 같은 종류로 나눌 수 있다. ① 개별적으로 소송을 하여도 무방하나, 공동으로 소송을 하는 경우에는 제66조가 그 절차를 규율하는 통상공동소송, ② 공동소송형태가 강제되어 공동으로 소송을 할 수밖에 없으며 (모든 사람이 공동으로 원고 또는 피고가 되어야 비로소 당사자적격이 인정된다), 제67조가 그 절차를 규율하는 고유필수적 공동소송, ③ 공동소송이 강제되지는 않으므로 개별적으로 소송을 하여도 무방하지만, 다만 공동으로 소송을 하는 경우에는 합일확정의 요청상 제67조가 그 절차를 규율하는 유사필수적 공동소송으로 나뉜다.

Ⅱ. 통상공동소송

> **제66조(통상공동소송인의 지위)**
> 공동소송인 가운데 한 사람의 소송행위 또는 이에 대한 상대방의 소송행위와 공동소송인 가운데 한 사람에 관한 사항은 다른 공동소송인에게 영향을 미치지 아니한다.

1. 의의

1) 개별적으로 소송을 하여도 무방하나, 청구 사이에 일정한 관련성·공통성이 있기 때문에 하나의 소송절차에서 공동으로 소송을 하여도 무방한 경우의 공동소송이다(**예** ① 채권자가 주채무자와 보증인을 상대로 하는 대여금청구, ② 피해자가 사용자와 피용자를 상대로 한 손해배상청구, ③ 수인의 피해자가 동일한 가해자를 상대로 한 손해배상청구 등).

★[대판 1998.9.22. 98다23393] 순차 경료된 소유권이전등기의 각 말소청구소송은 보통 공동소송이므로 그중의 어느 한 등기명의자만을 상대로 말소를 구할 수 있고, 최종 등기명의자에 대하여 등기말소를 구할 수 있는지에 관계없이 중간의 등기명의자에 대하여 등기말소를 구할 소의 이익이 있다.

★★[대판 2021.7.8. 2017다204247] 집합건물 대지의 소유자가 대지사용권 없이 전유부분을 소유하는 구분소유자에 대하여 전유부분의 철거를 구할 수 있는지 여부(적극) / 일부 전유부분만을 철거하는 것이 사실상 불가능하다는 사정이 철거 청구를 기각할 사유에 해당하는지 여부(소극)

① 1동의 집합건물의 구분소유자들은 그 전유부분을 구분소유하면서 건물의 대지 전체를 공동으로 점유·사용하는 것이므로, 대지 소유자는 대지사용권 없이 전유부분을 소유하면서 대지를 무단 점유하는 구분소유자에 대하여 그 전유부분의 철거를 구할 수 있다.

② 집합건물은 건물 내부를 (구조상·이용상 독립성을 갖춘) 여러 개의 부분으로 구분하여 독립된 소유권의 객체로 하는 것일 뿐 1동의 건물 자체는 일체로서 건축되어 전체 건물이 존립과 유지에 있어 불가분의 일체를 이루는 것이므로, 1동의 집합건물 중 일부 전유부분만을 떼어내거나 철거

하는 것은 사실상 불가능하다. 그러나 <u>구분소유자 전체를 상대로 각 전유부분과 공용부분의 철거</u> <u>판결을 받거나 동의를 얻는 등으로 집합건물 전체를 철거하는 것은 가능하고</u> 이와 같은 철거 청구 가 구분소유자 전원을 공동피고로 해야 하는 필수적 공동소송이라고 할 수 없으므로, <u>일부 전유부</u> <u>분만을 철거하는 것이 사실상 불가능하다는 사정은 집행개시의 장애요건에 불과할 뿐 철거 청구를</u> <u>기각할 사유에 해당하지 않는다</u>(🔒 소의 이익도 부정할 수 없다(대판 2011.9.8, 2011다23125 참조)).

③ 집합건물 대지의 소유자는 대지사용권을 갖지 아니한 구분소유자에 대하여 전유부분의 철거를 구할 수 있고, <u>일부 전유부분만의 철거가 사실상 불가능하다고 하더라도 이는 집행개시의 장애요</u> <u>건에 불과할 뿐이어서 대지 소유자의 건물 철거청구가 권리남용에 해당한다고도 볼 수 없다.</u>

● [사실관계 및 해설] : 집합건물 대지의 일부 지분(다른 대지지분은 모두 집합건물 구분소유자들이 대지권으로 보유하고 있음)을 경락받은 원고가 위 대지사용권 없이 전유부분을 소유한 피고에게 구분건물 철거 및 토지 인도를 구한 사건에서 1동의 집합건물 전체가 아닌 일부 전유부분의 철거 를 청구할 수 있는지 문제가 되었고, 피고 측은 이 사건 구분건물이 3층 집합건물 중 2층에 있어 그 부분 철거가 물리적으로 불가능하므로 청구를 기각하여야 한다고 주장하였다. 대법원은 위와 같은 이유로 청구를 기각할 사유에 해당하지 않는다고 하였다. 동 판례는 <u>철거를 구하는 권한의</u> <u>존부를 판단하는 과정에서 그 집행이 물리적으로 가능한지 여부는 고려되지 않는다고 본 사안이다.</u>

2) 통상공동소송은 판결의 합일확정이 필요 없다. 즉 공동소송인 사이에서 승패가 일률적으로 될 필요가 없고, 공동으로 소송을 하는 경우에는 공동소송인 독립의 원칙(제66조)이 그 절차를 규율한다.

2. 공동소송인 독립의 원칙

1) 공동소송인 독립의 원칙이란 통상공동소송에 있어서 각 공동소송인은 다른 공동소송인에 의한 제한이나 간섭을 받지 않고 각자가 독립하여 소송수행을 할 수 있는 것을 말한다. 이에 대해 개괄적인 내용을 살펴보면 다음과 같다. 상세한 설명은 후술하기로 한다.

2) 그 내용으로는 ① <u>당사자 지위의 독립성</u>(각 공동소송인은 자신의 소송에 있어서만 당사자이고 다른 공 동소송인에 대해서는 제3자이다. 또한 다른 공동소송인의 대리인·보조참가인·소송고지의 상대방이 될 수 있 고, 증인능력이 있다), ② <u>소송요건의 개별적 조사</u>(소송요건의 존부는 각 공동소송인별로 심사하여야 한 다. 소송요건 흠결이 있는 공동소송인에 한하여 일부 각하 또는 일부 이송해야 한다), ③ <u>소송자료의 독립</u> (공동소송인 중 1인의 소송행위는 유리·불리를 막론하고 원칙적으로 다른 공동소송인에 영향을 미치지 않으 며, 각 공동소송인은 공격방어방법을 개별적으로 제출할 수도 있다), ④ <u>소송진행의 독립</u>(공동소송인의 1인 에 대한 사항은 다른 공동소송인에게 영향이 없다. 📧 1인에 대한 중단·중지의 사유는 1인에게만 효과가 있 고, 기일 해태의 효과인 의제자백·쌍불취하·상소기간의 진행 등도 독립적이다. 또한 공동소송인 한 사람에 대해 판결하기 성숙한 때에는 변론의 분리·일부판결을 할 수 있다), ⑤ <u>심판의 독립</u>(공동소송인 간에 재판 통일이 필요 없다)을 들 수 있다.

3) 공동소송인 독립의 원칙을 일관하면 제65조 전문에 해당하는 공동소송의 경우 재판의 모순· 저촉이 발생할 우려가 있으므로, 공동소송인 독립의 원칙의 수정이 문제되는데, 특히 ① <u>주장</u> <u>공통의 원칙</u>(어느 당사자이든 변론에서 주장하였으면 되고 반드시 주장책임을 지는 당사자가 진술하여야 하

는 것은 아니라는 원칙)과 ② 증거공통의 원칙(당사자의 일방이 제출한 증거가 상대방의 원용 없이도 상대방에게 유리한 사실인정의 자료로 사용될 수 있는 것)이 그러하다.

4) 이에 대해서는 학설상 다툼이 있으나, 공동소송인 독립의 원칙에 대한 예외로서 증거공통의 원칙을 긍정하는 것이 통설이다. 판례는 주장공통의 원칙에 대해서는 부정하는 입장이다. 또한 증거공통의 원칙에 대해서는 명확한 판례는 없고, 다만 대결 1959.2.19, 4291민항231은 공동소송에 있어서 증명 기타 행위가 행위자를 구속할 뿐 다른 당사자에게는 영향을 주지 않는 것이 원칙이라고 하여 증거공통의 원칙을 부정하는 듯한 결정을 하였다.

★★[대판 1994.5.10, 93다47196] 민사소송법 제66조의 명문의 규정과 우리 민사소송법이 취하고 있는 변론주의 소송구조 등에 비추어 볼 때, 통상의 공동소송에 있어서 이른바 주장공통의 원칙은 적용되지 아니한다.

Ⅲ. 필수적 공동소송

1. 의의

필수적 공동소송은 공동소송인 사이에서 판결의 합일확정이 필요한 공동소송이다. 즉 승패를 일률적으로 할 필요가 있는 공동소송이다. 합일확정의 필요가 있어서 각 공동소송인은 소송수행상 다른 공동소송인으로부터 제약을 받게 된다(제67조). 필수적 공동소송은 다시 공동소송이 강제되는지 여부에 따라 ① 고유필수적 공동소송과 ② 유사필수적 공동소송으로 나눌 수 있다. 다만 양자 모두 제67조가 그 절차를 규율한다.

2. 고유필수적 공동소송

(1) 의의

고유필수적 공동소송은 관계인 모두가 당사자가 되지 않으면 소송이 부적법하게 되는, 즉 공동소송이 법률상 강제되고 또한 승패를 일률적으로 할 필요가 있는 공동소송이다. 주의할 점은 이러한 고유필수적 공동소송이라도 각 공동소송인과 상대방 사이에 독자적인 청구가 수개 있다는 것이다.

(2) 판단기준

어떤 분쟁을 고유필수적 공동소송으로 할 것인가에 관해서 견해의 대립이 있으나, 실체법상 관리처분권의 공동귀속 유무를 기준으로 판단하여야 한다는 관리처분권설이 통설·판례의 입장이다.

(3) 구체적인 예

1) 타인 사이의 권리관계에 변동을 목적으로 하는 형성소송(형성권의 공동귀속)

다른 사람 사이의 권리관계에 변동을 줄 목적으로 하는 형성의 소 또는 이와 동일시할 수 있는 확인의 소가 이에 해당한다. 형성권이 여러 사람에게 공동으로 귀속된 경우이다. 가족법상으로는 ① 제3자가 제기하는 친자관계부존재확인소송(父母 또는 子를 공동피고로 하여야 한다), ② 제3자가 제기하는 혼인무효·취소의 소(夫婦를 공동피고로 하여야 한다) 등이 있다. 또한 ③ 공유물분할청구소송과 경계확정의 소도 모든 공유자를 공동피고로 하여야 한다.

[대판 1983.9.15, 83즈2] 이해관계 있는 제3자가 친생자관계부존재확인을 구하는 심판청구에 있어서는 친·자 쌍방이 피심판청구인의 적격이 있다 할 것이므로 친·자 쌍방이 다 생존하고 있는 경우에는 필요적 공동소송의 경우에 해당된다.

[대판 1965.10.26, 65므46] 제3자가 제기하는 혼인무효·취소의 소는 부부를 공동피고로 하여야 한다.

★★★[대판 2003.12.12, 2003다44615·44622] 공유물분할청구의 소는 분할을 청구하는 공유자가 원고가 되어 다른 공유자 전부를 공동피고로 하여야 하는 고유필수적 공동소송이고, 공동소송인과 상대방 사이에 판결의 합일확정을 필요로 하는 고유필수적 공동소송에 있어서는 공동소송인 중 일부가 제기한 상소는 다른 공동소송인에게도 그 효력이 미치는 것이므로 공동소송인 전원에 대한 관계에서 판결의 확정이 차단되고 그 소송은 전체로서 상소심에 이심되며, 상소심판결의 효력은 상소를 하지 아니한 공동소송인에게 미치므로 상소심으로서는 공동소송인 전원에 대하여 심리·판단하여야 한다.

2) 재산권 또는 재산의 관리처분권이 합유적·총유적으로 공동귀속된 경우(관리처분권의 공동귀속)

가) 합유관계인 경우

① 민법상 합유물의 관리처분권은 합유자 전원에 귀속되므로(민법 제272조, 제273조) 이에 관한 소송수행권도 모두가 공동으로 행사하여야 한다. 예컨대 ⅰ) 합유인 조합재산, ⅱ) 여러 사람의 수탁자에 의한 신탁재산(신탁법 제45조), ⅲ) 여러 사람의 파산관재인이 이에 해당한다.

② 다만, 예외적으로 합유물에 관한 것이라도 원인무효의 소유권이전등기의 말소를 구하는 소송과 같은 보존행위(예 방해제거청구)에 관한 소송과 각 조합원의 개인적 책임에 기하여 조합채무의 이행을 구하는 소송(수동소송)은 필수적 공동소송이 아니고 합유자 각자가 할 수 있다.

★[대판 1994.10.25, 93다54064] 동업약정에 따라 동업자 공동으로 토지를 매수하였다면 그 토지는 동업자들을 조합원으로 하는 동업체에서 토지를 매수한 것이므로 그 동업자들은 토지에 대한 소유권이전등기청구권을 준합유하는 관계에 있고, 합유재산에 관한 소는 이른바 고유필요적 공동소송이라

할 것이므로 그 매매계약에 기하여 소유권이전등기의 이행을 구하는 소를 제기하려면 동업자들이
공동으로 하지 않으면 안 된다.

➡ [해설] : 2인이 동업약정에 따라 공동으로 토지를 매수하였는지, 아니면 동업관계에 있지 않은
2인이 단순히 공동으로 토지를 매수하였는지에 따라 소송의 형태가 달라진다. ① 동업약정에 따라
토지를 매수하였다면 매수인들의 소유권이전등기청구소송은 필수적 공동소송이 되지만, ② 단순히
공동으로 토지를 매수하였을 뿐이라면 매도인은 2인 각자에게 1/2의 지분에 대한 이전등기의무
를 지게 되고 매수인들이 공동으로 제기하는 소유권이전등기청구의 소는 통상공동소송이 된다.

★★[대판 2022.12.29, 2022다263448] 조합원의 조합재산 횡령행위로 조합이 손해를 입은 경우, 다
른 조합원이 조합관계를 벗어난 개인의 지위에서 손해배상을 구할 수 있는지 여부(소극) 및 이때
손해배상은 전 조합원이 고유필수적 공동소송에 의하여만 구할 수 있는지 여부(원칙적 적극)
조합원이 조합재산을 횡령하는 행위로 인하여 손해를 입은 주체는 조합재산을 상실한 조합이므로,
이로 인하여 조합원이 조합재산에 대한 합유지분을 상실하였다고 하더라도 이는 조합원의 지위에서
입은 손해에 지나지 않는다. 따라서 조합원으로서는 조합관계를 벗어난 개인의 지위에서 손해배상을
구할 수는 없고, 그 손해배상채권은 조합원 전원의 준합유에 속하므로 원칙적으로 전 조합원이 고유필
수적 공동소송에 의하여만 구할 수 있다.

[대판 1997.9.9, 96다16896]

[1] 원호대상자 정착직업재활조합 서울목공분조합은 그 설립에 있어서 구 원호대상자직업재활법 제
17조와 그 시행령 제19조 등의 공법상의 근거에 기초하고 있고 공법적으로 국립직업재활원장의
후견적 감독을 받는다는 점에서는 전형적인 민법상 조합이라기보다 오히려 비법인 사단에 가까운
요소들을 일부 구비하고 있으나, 그 분조합의 목적, 분조합 재산에 대한 합유 규정, 분조합 채무에
대한 분조합원들의 무한책임, 분조합원 자격의 제한, 가입과 탈퇴에 대한 제약 등에 비추어 볼
때에 그 실질은 민법상 조합에 다름 아닌 것으로서, 분조합원의 탈퇴와 분조합 재산의 처분과 귀속,
그에 대한 보존행위의 방법 등에 관하여는 우선 원호대상자직업재활법과 그 시행령, 분조합 운영
규약이 정하는 바에 따르고, 민법의 합유재산에 관한 규정 및 조합에 관한 규정을 적용하여야 한다.

[2] 합유물에 관하여 경료된 원인무효의 소유권이전등기의 말소를 구하는 소송은 합유물에 관한 보존행
위로서 합유자 각자가 할 수 있다.

[대판 1993.7.13, 93다12060] 주류공동제조면허의 경우 공동면허명의자의 상호관계는 민법상의 조
합으로서 합유적 관계에 있고, 합유재산에 관한 소송은 고유필요적 공동소송에 해당하는 것이므로 주
류제조면허의 공동면허명의자 중의 1인으로부터 면허를 양수한 자는 공동면허명의자 전원을 상대로
하여야만 면허취소신청과 보충면허신청절차의 이행을 소구할 수 있지, 양도인만을 상대로 하여서는
그 이행을 소구할 수 없다.

[대판 2008.4.24, 2006다14363] 구 파산법(2005.3.31. 법률 제7428호 채무자 회생 및 파산에 관한 법률
부칙 제2조로 폐지) 제7조에 의하면 파산재단에 속하는 재산의 관리처분권은 파산자로부터 이탈하여 파
산관재인에게 전속하게 되고, 같은 법 제152조에 의하면 파산재단에 관한 소송에 있어서는 파산관
재인이 원고 또는 피고가 되므로, 파산관재인이 여럿인 경우에는 법원의 허가를 얻어 직무를 분장하
였다는 등의 특별한 사정이 없는 한 그 여럿의 파산관재인 전원이 파산재단의 관리처분권을 갖고 있
기 때문에 파산관재인 전원이 소송당사자가 되어야 하므로 그 소송은 필수적 공동소송에 해당한다. 다

만, 민사소송법 제54조가 여러 선정당사자 가운데 죽거나 그 자격을 잃은 사람이 있는 경우에는 다른 당사자가 모두를 위하여 소송행위를 한다고 규정하고 있음에 비추어 볼 때, 공동파산관재인 중 일부가 파산관재인의 자격을 상실한 때에는 남아 있는 파산관재인에게 관리처분권이 귀속되고 소송절차는 중단되지 아니하므로, 남아 있는 파산관재인은 자격을 상실한 파산관재인을 수계하기 위한 절차를 따로 거칠 필요가 없이 혼자서 소송행위를 할 수 있다.

[**대판 2009.5.28, 2008다79876**] **수인의 유언집행자에게 유증의무 이행을 구하는 소송이 유언집행자 전원을 피고로 하는 고유필수적 공동소송인지 여부**(적극)

상속인이 유언집행자가 되는 경우를 포함하여 유언집행자가 수인인 경우에는, 유언집행자를 지정하거나 지정위탁한 유언자나 유언집행자를 선임한 법원에 의한 임무의 분장이 있었다는 등의 특별한 사정이 없는 한, 유증 목적물에 대한 관리처분권은 유언의 본지에 따른 유언의 집행이라는 공동의 임무를 가진 수인의 유언집행자에게 합유적으로 귀속되고, 그 관리처분권 행사는 과반수의 찬성으로써 합일하여 결정하여야 하므로, 유언집행자가 수인인 경우 유언집행자에게 유증의무의 이행을 구하는 소송은 유언집행자 전원을 피고로 하는 고유필수적 공동소송으로 봄이 상당하다.

➲ [해설] : 수인의 유언집행자 중 1인만을 피고로 하여 유증의무 이행을 구하는 소송을 제기한 사안에서, 유언집행자 지정 또는 제3자의 지정 위탁이 없는 한 상속인 전원이 유언집행자가 되고, 유언집행자에 대하여 민법 제1087조 제1항 단서에 따라 유증의무의 이행을 구하는 것은 유언집행자인 상속인 전원을 피고로 삼아야 하는 고유필수적 공동소송이라고 한 사례이다.

나) 총유관계인 경우

총유물의 관리처분권도 구성원 전원에 귀속되므로(민법 제276조) 그 구성원 모두가 당사자로 나서는 경우에는 필수적 공동소송이 된다. 설령 총유재산의 보존행위로서 소를 제기하는 경우에도 그 구성원은 그자가 대표자라거나 사원총회의 결의를 거쳤다 하더라도 단독으로 그 소송의 당사자가 될 수 없다.

★★★[**대판(전) 2005.9.15, 2004다44971**] 민법 제276조 제1항은 "총유물의 관리 및 처분은 사원총회의 결의에 의한다", 같은 조 제2항은 "각 사원은 정관 기타의 규약에 좇아 총유물을 사용·수익할 수 있다"라고 규정하고 있을 뿐 공유나 합유의 경우처럼 보존행위는 그 구성원 각자가 할 수 있다는 민법 제265조 단서 또는 제272조 단서와 같은 규정을 두고 있지 아니한바, 이는 법인 아닌 사단의 소유형태인 총유가 공유나 합유에 비하여 단체성이 강하고 구성원 개인들의 총유재산에 대한 지분권이 인정되지 아니하는 데에서 나온 당연한 귀결이라고 할 것이므로 ① 총유재산에 관한 소송은 법인 아닌 사단이 그 명의로 사원총회의 결의를 거쳐 하거나 또는 ② 그 구성원 전원이 당사자가 되어 필수적 공동소송의 형태로 할 수 있을 뿐, ③ 그 사단의 구성원은 설령 그가 사단의 대표자라거나 사원총회의 결의를 거쳤다 하더라도 그 소송의 당사자가 될 수 없고, 이러한 법리는 총유재산의 보존행위로서 소를 제기하는 경우에도 마찬가지라 할 것이다.

3) 공유관계와 필수적 공동소송

① 공유권자는 그 지분에 관하여 개별적으로 관리처분권을 행사할 수 있으므로(민법 제263조), 지분권을 바탕으로 공유자가 원고가 되는 능동소송은 고유필수적 공동소송이 아니고(예 공유물의 불법점거로 인한 손해배상청구의 소), 또한 ② 공유재산의 보존행위에 관한 소송도 공유자 각자가 단독

으로 할 수 있으므로(민법 제265조), 고유필수적 공동소송이 아니다(예 공유물의 방해배제청구). 다만
③ ⅰ) 공유물 전체에 관한 소유권 확인청구, ⅱ) 공유물 전체에 관한 이전등기청구 및 인도청
구, ⅲ) 공유물분할청구의 소나 공유자 쪽이 또는 공유자 쪽을 상대로 제기하는 토지경계확정소
송 등은 고유필수적 공동소송이라고 할 것이다. ④ 복수의 가등기채권자가 매매예약완결권 행사
로서 하는 본등기청구가 고유필수적 공동소송인지 통상공동소송인지에 대해서는 문제가 있으며,
이에 대해서 종래 판례는 혼동된 입장이었으나, 최근 대법원 전원합의체 판결에서는 그 입장을
정리하였다. 이하에서는 판례의 태도를 중심으로 구체적으로 살펴보기로 한다.

논점정리 공유관계소송 – 판례를 중심으로

Ⅰ. 판례의 기본적 태도

판례는 (1) 능동소송의 경우 ① '지분권에 기초한 경우이거나 보존행위에 해당하는 경우'에는 단독소
송을 인정한다. 즉 ⅰ) 공유물의 불법점거로 인한 손해배상청구의 소, ⅱ) 공유물에 대한 방해배제
청구, ⅲ) 공유물의 반환청구는 필수적 공동소송이 아니라고 하였다. 다만 ② '공유관계에 기초한 청구
인 경우'에 ⅰ) 공유물 전부에 대한 소유권이전등기청구, ⅱ) 공유물 전부에 대한 소유권확인청구 등의
경우에는 필수적 공동소송이라고 한다. 한편 (2) 수동소송의 경우 ① 공유물분할청구, ② 공유토지
경계확정청구 이외에는 고유필수적 공동소송을 부인한다.
이하에서는 판례의 태도에 대해 구체적으로 정리해 보기로 한다.

Ⅱ. 능동소송의 경우

1. 지분권확인청구

[대판 1970.7.28, 70다853 · 854] 공유자가 공동으로 그 표면상의 소유자를 상대로 지분권
확인청구의 소를 제기한 것은 필요적 공동소송이 아니므로 각 공유자는 자유로이 자기의 소
를 취하할 수 있다.

2. 공유관계의 확인청구

판례는 공동상속재산에 대한 공유관계의 확인을 구하는 소송은 통상공동소송이라고 판시하
였으나(대판 1993.2.12, 92다29801), 공유물 전체에 대한 소유관계 확인도 공유자 전원이 하
여야 한다고 봄으로써 필수적 공동소송으로 보는 판례들이 계속적으로 나타나고 있다.

[대판 1994.11.11, 94다35008] 공유자의 지분은 다른 공유자의 지분에 의하여 일정한 비율
로 제한을 받는 것을 제외하고는 독립한 소유권과 같은 것으로 공유자는 그 지분을 부인하
는 제3자에 대하여 각자 그 지분권을 주장하여 지분의 확인을 소구하여야 하는 것이고, 공
유자 일부가 제3자를 상대로 다른 공유자의 지분의 확인을 구하는 것은 타인의 권리관계의
확인을 구하는 소에 해당한다고 보아야 할 것이므로 그 타인 간의 권리관계가 자기의 권리
관계에 영향을 미치는 경우에 한하여 확인의 이익이 있다고 할 것이며, 공유물 전체에 대한
소유관계 확인도 이를 다투는 제3자를 상대로 공유자 전원이 하여야 하는 것이지 공유자 일부
만이 그 관계를 대외적으로 주장할 수 있는 것이 아니므로, 아무런 특별한 사정이 없이 다른
공유자의 지분의 확인을 구하는 것은 확인의 이익이 없다.

⊃ [해설] : 공유물 전체에 대한 소유권확인은 공유자 일부가 타인의 지분을 대외적으로 주장하여 새로운 법률관계를 형성하거나 그 물건을 처분하려는 것이 아니라 단지 공유물의 소유권에 대한 법적 불안을 제거하려는 것일 뿐이므로 이러한 청구는 보존행위에 해당되어 각 공유자가 단독으로 할 수 있다는 비판이 있다.

[대판 2007.8.24. 2006다40980] 공동상속인이 다른 공동상속인을 상대로 어떤 재산이 상속재산임의 확인을 구하는 소는 이른바 고유필수적 공동소송이라고 할 것이고, 고유필수적 공동소송에서는 원고들 일부의 소취하 또는 피고들 일부에 대한 소취하는 특별한 사정이 없는 한 그 효력이 생기지 않는다.

3. 공유물의 방해배제청구

① 판례는 공유자가 지분권에 기하여 방해배제를 청구하는 경우 각자 할 수 있으나, 공유관계 자체에 기하여 방해배제를 청구하는 경우에는 지분 전부에 대해 원만한 상태를 회복하기 위해 하는 것이므로 모든 공유자에게 합일확정이 필요하다는 점을 논거로 공유자 전원의 공동청구가 필요하다고 한다(대판 1961.12.7. 4293민상306·307).

② 이에 대해 방해배제청구의 경우, 청구취지는 동일하고 사실관계도 다를 것이 없으므로 소송물이 같은데 단지 법적 구성을 지분관계에 기한 청구로 하는가, 공유관계 자체에 기한 청구로 하는가에 따라 당사자가 달라져야 하는 것은 납득하기 어렵다고 하면서, 방해배제청구는 어디까지나 보존행위이므로 그 법적 근거가 무엇이든지 각 공유자가 단독으로 제소할 수 있으며, 2인 이상의 공유자가 공동소송을 하더라도 이는 통상공동소송이 된다는 비판이 있다.

4. 공유물의 반환청구

공유물의 반환청구에 관하여 판례는 보존행위에 해당한다는 점을 논거로 대체로 단독청구가 가능하다고 본다. 이에 대해 학설은 대체로 불가분채권의 규정을 유추하여 공유자 각자가 단독으로 전체 공유자를 위하여 청구할 수 있다고 본다.

[대판 1969.3.4. 69다21] 토지의 공유자는 단독으로 그 토지의 불법점유자에 대하여 명도를 구할 수 있다. ⊃ [해설] : 민법 제265조(보존행위)에 근거한 판례이다.

5. 공유물에 대한 소유권이전등기청구

[대판 1979.8.31. 79다13(판결이유 중)] 2인이 부동산을 공유관계로서 공동매수한 경우라면 매도인은 매수인 양인에게 1/2씩의 지분에 대한 소유권이전 의무가 있다.

[대판 1994.12.27. 93다32880·93다32897] 토지를 수인이 공유하는 경우에 공유자들의 소유권이 지분의 형식으로 공존하는 것뿐이고, 그 처분권이 공동에 속하는 것은 아니므로 공유토지의 일부에 대하여 취득시효완성을 원인으로 공유자들을 상대로 그 시효취득부분에 대한 소유권이전등기절차의 이행을 청구하는 소송은 필요적 공동소송이라고 할 수 없다.

6. 복수채권자의 가등기에 기한 본등기청구 등

(1) 판례의 태도

1) 종래 판례의 태도

[대판 2003.1.10, 2000다26425] 복수의 권리자가 소유권이전청구권을 보존하기 위하여 가등기를 마쳐 둔 경우 특별한 사정이 없는 한 그 가등기의 말소청구소송은 권리관계의 합일적인 확정을 필요로 하는 필수적 공동소송이 아니라 통상의 공동소송이다

[대판 2002.7.9, 2001다43922 · 43939] 공유자가 다른 공유자의 동의 없이 공유물을 처분할 수는 없으나 그 지분은 단독으로 처분할 수 있으므로, 복수의 권리자가 소유권이전청구권을 보존하기 위하여 가등기를 마쳐 둔 경우 특별한 사정이 없는 한 그 권리자 중 한 사람은 자신의 지분에 관하여 단독으로 그 가등기에 기한 본등기를 청구할 수 있고, 이는 명의신탁해지에 따라 발생한 소유권이전청구권을 보존하기 위하여 복수의 권리자 명의로 가등기를 마쳐 둔 경우에도 마찬가지이며, 이때 그 가등기 원인을 매매예약으로 하였다는 이유만으로 가등기 권리자 전원이 동시에 본등기절차의 이행을 청구하여야 한다고 볼 수 없다.

[대판 1984.6.12, 83다카2282] 1인 채무자에 대한 복수채권자의 채권을 담보하기 위하여 그 복수채권자와 채무자가 채무자 소유의 부동산에 관하여 복수채권자를 공동권리자로 하는 매매예약을 체결하고 그에 따른 소유권이전등기청구권보전의 가등기를 한 경우 복수채권자는 매매예약 완결권을 준공유하는 관계에 있다. 수인의 가등기채권자가 1인 채무자에 대한 매매예약 완결권을 행사하는 경우 즉 채무자에 대한 매매예약 완결의 의사표시 및 이에 따른 목적물의 소유권이전의 본등기를 구하는 소의 제기는 매매예약 완결권의 처분행위라 할 것이고 복수채권자의 전부 아닌 일부로써도 할 수 있는 보존행위가 아니므로, 매매예약 완결의 의사표시 자체는 채무자에 대하여 복수채권자 전원이 행사하여야 하며 채권자가 채무자에 대하여 예약이 완결된 매매목적물의 소유권이전의 본등기를 구하는 소는 필요적 공동소송으로서 매매예약완결권을 준공유하고 있던 복수채권자 전원이 제기하여야 할 것이다. (따라서) 가등기에 기한 본등기명의인은 가등기명의인과 일치하여야 하므로 수인의 가등기권리자 중 그 일부 사람이 일부 지분만에 대하여 본등기할 수 없다고 할 것이므로 가등기권리자 중 그 지분 내지 예약완결권의 포기를 하는 등 특별한 사정이 없는 한 가등기권리자 중 일부 사람이 일부 지분만에 관하여는 본등기할 수 없다고 해석된다(대판 1985.10.8, 85다카604 同旨).

2) 변경판례 – 대판(전) 2012.2.16, 2010다82530 ★★★

[1] 수인의 채권자가 각기 그 채권을 담보하기 위하여 채무자와 채무자 소유의 부동산에 관하여 수인의 채권자를 공동매수인으로 하는 1개의 매매예약을 체결하고 그에 따라 수인의 채권자 공동명의로 그 부동산에 가등기를 마친 경우, 수인의 채권자가 공동으로 매매예약완결권을 가지는 관계인지 아니면 채권자 각자의 지분별로 별개의 독립적인 매매예약완결권을 가지는 관계인지는 매매예약의 내용에 따라야 하고, 매매예약에서 그러한 내용을 명시적으로 정하지 않은 경우에는 수인의 채권자가 공동으로 매매예약을 체결하게 된 동기 및 경위, 그 매매예약에 의하여 달성하려는 담보의 목적, 담보 관련 권리를 공동 행사하려는 의사의 유무, 채권자별 구체적인 지분권의 표시 여부 및 그 지분권 비율과 피담보채권 비율의 일치 여부, 가등기담보권 설정의 관행 등을 종합적으로 고려하여 판단하여야 한다.

[2] 이와 달리 1인의 채무자에 대한 수인의 채권자의 채권을 담보하기 위하여 그 수인의 채권자와 채무자가 채무자 소유의 부동산에 관하여 수인의 채권자를 권리자로 하는 1개의 매매예약을 체결하고 그에 따른 가등기를 마친 경우에, 매매예약의 내용이나 매매예약완결권 행사와 관련한 당사자의 의사와 관계없이 언제나 수인의 채권자가 공동으로 매매예약완결권을 가진다고 보고, 매매예약완결의 의사표시도 수인의 채권자 전원이 공동으로 행사하여야 한다는 취지의 대판 1984.6.12. 선고 83다카2282 판결, 대판 1985.5.28. 선고 84다카2188 판결, 대판 1985.10.8. 선고 85다카604 판결, 대판 1987.5.26. 선고 85다카2203 판결 등은 이 판결의 견해와 저촉되는 한도에서 변경하기로 한다.

[3] 원심은, 원고가 2005.3.11. 피고에게 1억원을 대여하면서 이를 담보하기 위하여 피고에 대한 다른 채권자들인 소외 1, 소외 2, 소외 3, 소외 4, 소외 5와 공동명의로 피고와 이 사건 부동산 중 피고 소유의 1,617분의 1,607 지분(이하 '이 사건 담보목적물'이라고 한다)에 관하여 매매예약을 체결한 사실, 이에 따라 이 사건 담보목적물에 관하여 원고는 2,498,265분의 241,050 지분(이하 '이 사건 지분'이라 한다), 소외 1은 2,498,265분의 1,205,250 지분, 소외 2는 2,498,265분의 795,465 지분, 소외 3은 2,498,265분의 120,525 지분, 소외 4는 2,498,265분의 72,315 지분, 소외 5는 2,498,265분의 48,210 지분(위 각 지분은 원고 등 6인 각자의 채권액의 비율에 따라 산정되었다)으로 특정하여 이 사건 가등기를 마친 사실을 인정한 다음, 원고를 포함한 6인의 채권자가 각자의 지분별로 별개의 독립적인 매매예약완결권을 갖는 것으로 보아, 채권자 중 1인인 원고는 단독으로 이 사건 담보목적물 중 이 사건 지분에 관하여 매매예약완결권을 행사할 수 있고, 이에 따라 단독으로 이 사건 지분에 관하여 가등기에 기한 본등기절차의 이행을 구할 수 있다고 판단하였다.
앞서 본 법리에 비추어 보면 원심의 이러한 판단은 정당하고, 거기에 상고이유에서 주장하는 바와 같이 매매예약완결권의 행사와 필수적 공동소송에 관한 법리를 오해한 위법은 없다.

(2) 구체적인 판단기준

최근 변경판례에 따르면, 매매예약에서 그러한 내용을 명시적으로 정하지 않은 경우에는 수인의 채권자가 공동으로 매매예약을 체결하게 된 동기 및 경위, 그 매매예약에 의하여 달성하려는 담보의 목적, 담보 관련 권리를 공동 행사하려는 의사의 유무, 채권자별 구체적인 지분권의 표시 여부 및 그 지분권 비율과 피담보채권 비율의 일치 여부, 가등기담보권 설정의 관행 등을 종합적으로 고려하여 판단하여야 한다고 하였고, 이 경우 채권자 중 1인은 단독으로 이 사건 담보목적물 중 이 사건 지분에 관하여 매매예약완결권을 행사할 수 있고, 이에 따라 단독으로 이 사건 지분에 관하여 가등기에 기한 본등기절차의 이행을 구할 수 있다고 판단하였다.

III. 수동소송의 경우

1) 수동소송을 통상공동소송으로 보는 근거는 첫째, 공유의 실체법적 성격상 공유의 개인주의적 성격이 소송상 발현된다는 점과 둘째, 다투지 않는 공유자를 피고로 할 필요가 없으며 한 사람이라도 빠지면 소송절차 전체가 부적법하게 되는 어려움을 피할 수 있다는 점 등을 들고 있다.

2) 판례도 ① 공유자를 상대로 한 인도·철거·등기말소청구의 경우 통상공동소송으로 보았고, ② 공유자들을 상대로 한 소유권이전등기청구의 소송형태에 대해서도 "토지를 수인이 공유하는 경우에 공유자들의 소유권이 지분의 형식으로 공존하는 것뿐이고, 그 처분권이 공동에 속하는

것은 아니므로 공유토지에 대한 소유권이전등기절차의 이행을 청구하는 소송은 필수적 공동소송이라고 할 수 없다"고 하여 통상공동소송이라는 입장이다. ③ 나아가 공동점유물의 인도를 청구하는 경우에도 상반된 판결이 나는 때에는 사실상 인도청구의 목적을 달성할 수 없을 때가 있을 수 있으나 그와 같은 사실상 필요가 있다는 것만으로 그것을 필수적 공동소송이라고 할 수는 없다고 하였다(대판 1966.3.15, 65다2455).

★★[대판 1993.2.23, 92다49218] 타인 소유의 토지 위에 설치되어 있는 공작물을 철거할 의무가 있는 수인을 상대로 그 공작물의 철거를 청구하는 소송은 필요적 공동소송이 아니다.

➲ [해설] : 판례는 공동점유자나 공유자 전원을 공동피고로 해야 하는 필수적 공동소송이라고 할 수 없고 각자에 대하여 그 지분권의 한도 내에서 인도 또는 철거를 구하는 것으로 보고 있다. 이를 필수적 공동소송으로 보지 않으면 서로 상반된 판결이 나올 수 있게 되어 사실상 소송목적을 달성할 수 없게 되지만 이러한 사실상의 필요성 때문에 필수적 공동소송이라고 볼 수는 없다는 것이다. 그러나 이러한 이론구성은 민법 제263조에 귀착시켜서 해결하려고 함으로써 민법 제264조를 무의미하게 만드는 해석이므로, 이 경우 민법 제264조의 규정에 비추어 공유물 자체의 처분·변경에 해당하는 공유자에 대한 공유건물의 철거소송 등은 필수적 공동소송으로 보는 것이 옳다는 비판이 있다.

[대판 2001.6.26, 2000다24207] 토지의 경계는 토지소유권의 범위와 한계를 정하는 중요한 사항으로서, 그 경계와 관련되는 인접 토지의 소유자 전원 사이에서 합일적으로 확정될 필요가 있으므로, 인접하는 토지의 한편 또는 양편이 여러 사람의 공유에 속하는 경우에, 그 경계의 확정을 구하는 소송은, 관련된 공유자 전원이 공동하여서만 제소하고 상대방도 관련된 공유자 전원이 공동으로서만 제소될 것을 요건으로 하는 고유필요적 공동소송이라고 해석함이 상당하다.

3. 유사필수적 공동소송

(1) 의의

각 공동소송인은 개별적으로 소송을 하여도 무방하나, 일단 공동소송인으로 된 이상 그들 사이에 합일확정의 필요는 있어 승패를 일률적으로 하여야 할 공동소송이다. 소송공동이 법률상 강제되지 않는 공동소송으로서 소송법상 판결의 효력(기판력 또는 반사적 효력)이 제3자에게 확장되는 경우에 인정되는 점에서 소송법상 이유에 의한 필수적 공동소송이라 하고, 고유필수적 공동소송과 구별된다.

(2) 구체적인 예

1) 판결의 효력이 직접 제3자에게 확장되는 경우

수인이 제기하는 ① 회사설립 무효·취소의 소(상법 제184조), ② 회사합병무효의 소(상법 제236조), ③ 주주총회결의 취소·부존재확인의 소(상법 제376조, 제380조), ④ 여러 사람이 제기하는 혼인무효·취소의 소(가소 제24조) 등이 유사필수적 공동소송에 해당한다.

★★★[대판(전) 2021. 7. 22. 2020다284977] 주주총회결의의 부존재 또는 무효 확인을 구하는 소를 여러 사람이 공동으로 제기한 경우, 민사소송법 제67조가 적용되는 필수적 공동소송에 해당하는지 여부(적극)

[다수의견] 주주총회결의의 부존재 또는 무효 확인을 구하는 소의 경우, 상법 제380조에 의해 준용되는 상법 제190조 본문에 따라 청구를 인용하는 판결은 제3자에 대하여도 효력이 있다(주 - 편면적 대세효). 이러한 소를 여러 사람이 공동으로 제기한 경우 당사자 1인이 받은 승소판결의 효력이 다른 공동소송인에게 미치므로 공동소송인 사이에 소송법상 합일확정의 필요성이 인정되고, 상법상 회사관계소송에 관한 전속관할이나 병합심리 규정(상법 제186조, 제188조)도 당사자 간 합일확정을 전제로 하는 점 및 당사자의 의사와 소송경제 등을 함께 고려하면, 이는 민사소송법 제67조가 적용되는 필수적 공동소송에 해당한다(주 - 유사필수적 공동소송).

➲ [보충] : 위와 같은 사안의 경우 유사필수적 공동소송으로 보는 것이 종래 실무의 운영방식이었는데, 대법원에서 이를 확인한 것이라고 평가할 수 있다. 다만 이와 관련하여 다음과 같은 반대의견이 있었다. 즉 청구를 기각하는 판결은 제3자에 대해 효력이 없지만 청구를 인용하는 판결은 제3자에 대해 효력이 있는 상법상 회사관계소송에 관하여 여러 사람이 공동으로 소를 제기한 경우, 이러한 소송은 공동소송의 원칙적 형태인 통상공동소송이라고 보아야 한다. 필수적 공동소송의 요건인 합일확정의 필요성을 인정할 수 없어, 민사소송법 제67조를 적용하여 소송자료와 소송 진행을 엄격히 통일시키고 당사자의 처분권이나 소송절차에 관한 권리를 제약할 이유나 필요성이 있다고 할 수 없다는 것이다.

2) 판결의 반사효가 제3자에게 미치는 경우

판결의 반사적 효력이 제3자에게 미치는 경우도 포함하여 유사필수적 공동소송을 인정할 것인가에 대해서는 다툼이 있으나, 다수설은 이 경우도 포함한다고 해석한다. 이와 관련하여 특히 수인의 채권자 대위소송의 형태가 문제이다.

3) 수인의 채권자 대위소송의 공동소송 형태

가) 학설

① 채권자 대위소송의 성질을 독립한 대위권설로 보는 입장에서 수인의 채권자는 판결의 효력이 미치는 자가 아니므로 통상공동소송의 관계에 있다고 보는 견해(통상공동소송설), ② 법정소송담당설의 입장에서 채무자가 대위소송의 소제기 사실을 안 경우에 한해 판결의 효력이 채무자에게 미치고, 결국 이 경우 다른 채권자는 기판력 내지는 반사효를 받는다고 보아 수인의 채권자는 유사필수적 공동소송의 관계에 있다고 보는 견해(유사필수적 공동소송설)의 대립이 있다.

나) 판례

판례는 ① 채권자가 제3채무자에게 채권자대위소송을 제기하였을 때, 채권자가 받은 판결의 효력은 채무자가 어떠한 경로로든 소제기 사실을 안 경우 채무자에게 미치고, 다른 채권자는 이 채무자를 통하여 판결의 효력이 미치기 때문에, 결국 복수의 채권자에 의한 채권자대위소송은 유사필수적 공동소송이 된다고 보는 입장이다.[19] ② 이 외에 여러 사람의 주주에 의한 회사대표소송(상법 제403조)도 마찬가지로 들 수 있다.

★★★[대판 1991.12.27. 91다23486]

[1] 채무자가 채권자대위권에 의한 소송이 제기된 것을 알았을 경우에는 그 확정판결의 효력은 채무자에 게도 미친다.

[2] 위 [1]항의 경우 각 채권자대위권에 기하여 공동하여 채무자의 권리를 행사하는 다수의 채권자들은 유사필요적 공동소송관계에 있다 할 것이다.

[3] 제1심에서 유사필요적 공동소송관계에 있는 다수의 채권자들의 청구가 모두 기각되고, 그중 1인만 이 항소한 경우 민사소송법 제67조 제1항은 필요적 공동소송에 있어서 공동소송인 중 1인의 소송 행위는 공동소송인 전원의 이익을 위하여서만 효력이 있다고 규정하고 있으므로 공동소송인 중 일 부의 상소제기는 전원의 이익에 해당된다고 할 것이어서 다른 공동소송인에 대하여도 그 효력이 미칠 것이며, 사건은 필요적 공동소송인 전원에 대하여 확정이 차단되고 상소심에 이심된다고 할 것이다.

➡ [해설] :

(1) 수인의 채권자의 대위소송이 유사필수적 공동소송인지에 대해서는 견해의 대립(통상공동소송 설, 유사필수적 공동소송설)이 있으나, 다수설은 유사필수적 공동소송임을 인정하고 있다. 다 만 그 논거에 대해서는 다시 견해대립이 존재한다. ① 유사필수적 공동소송에서의 '합일확정의 필요'는 판결의 효력이 미치는지 여부가 기준이 되는데, 이때의 '판결의 효력'에는 반사효과 포함되며, 수인의 채권자가 제기한 채권자대위소송은 이러한 반사효가 미치는 경우에 해당된 다는 이유로 이를 긍정하는 견해가 있다. 결국 동 견해에서는 본 판결을 반사효의 이론구성을 통해 유사필수적 공동소송임을 인정한 예라고 한다. ② 그러나 본 판결에서는 '확정판결의 효 력'이라고 했지, 반사효가 미치기 때문이라고 언급하고 있는 것은 아니며, 일반적으로 대법원 이 반사효를 인정한다는 예시로써 인용되는 판례들은 반사효를 긍정한 것이 아니라 채권자가 당사자의 지위에 선다는 채권자대위제도의 당연한 결론이며, 기판력이 확장되는 경우로서 유 사필수적 공동소송에 해당한다고 보는 견해가 있다. ③ 여하튼 위 대법원판결은 수인의 채권 자들이 채권자대위권을 행사하는 경우에 그 수인의 채권자들 상호간의 소송관계에 관하여 채 무자가 그 소송이 제기된 사실을 알고 있어 판결의 효력이 미치게 될 경우에는 유사필수적 공동소송관계로 된다고 판시한 최초의 판결이라는 데에 그 의의가 있다.

(2) 유사필수적 공동소송관계로 본다면 합일확정의 판결을 위하여 소송수행상 소송진행과 소송자 료의 통일이 도모되어야 한다. 따라서 항소기간은 각 공동소송인에게 판결정본이 송달된 때 로부터 개별적으로 진행되지만, 공동소송인 전원에 대하여 항소기간이 만료되기까지는 판결 은 확정되지 않는 것이 되고, 결국 일인의 항소제기로 전원에 대하여 판결의 확정이 차단되 고 전소송이 이심되게 되어 항소심에서 항소를 제기한 자에 대하여만 절차를 진행하고 판결 을 선고하는 것은 필수적 공동소송에 관한 특칙인 제67조 제1항의 법리를 그르치게 된다. 이것이 공동소송의 형태를 통상공동소송으로 볼 것인지 아니면 유사필수적 공동소송으로 볼 것인지의 논의 실익이 되는 것이다.

---

19) 즉 판례에 따르면 채무자가 채권자대위소송이 제기된 사실을 알았다면 유사필수적 공동소송이 되고, 만약 채무자가 몰랐다면 통상공동소송이 된다는 것이다.

제3관 공동소송의 절차·심판

공동소송에 있어서 각 청구의 관련성의 정도에 따라 두 종류의 심판절차를 규정하고 있는데, ① 통상공동소송의 경우 공동소송인 독립의 원칙(제66조)과 ② 필수적 공동소송의 경우 그 특별규정인 제67조가 이에 해당한다.

Ⅰ. 통상공동소송의 심판 – 공동소송인 독립의 원칙

1. 의의

1) 통상공동소송에서는 공동소송인 독립의 원칙이 작용한다. 공동소송인 독립의 원칙은 각 공동소송인이 다른 공동소송인이 제출한 소송자료에 영향을 받지 않고 독자적으로 소송수행을 하여 그 결과를 받는 것을 말한다.

2) 처분권주의나 변론주의에 나타나고 있는 민사소송법상의 자기책임의 원칙으로부터 공동소송인 독립의 원칙은 당연하다. 따라서 통상공동소송의 경우에는 공동소송이라고 하더라도 분쟁의 통일적 해결이 도모된다는 법적 보장은 없다.

2. 내용

(1) 당사자지위의 독립

① 각 공동소송인은 자신의 소송에 있어서만 당사자이고 다른 공동소송인에 대해서는 제3자이다.

② 다른 공동소송인의 대리인·보조참가인·소송고지의 상대방이 될 수 있고, 증인능력이 있다.

(2) 소송요건의 개별처리

소송요건, 소송계속은 각 공동소송인마다 개별적으로 심리된다. 따라서 소송요건 흠결이 있는 공동소송인에 한하여 일부 각하 또는 일부 이송해야 한다.

(3) 소송자료의 독립(불통일)

① 각 공동소송인의 소송행위는 유리·불리를 묻지 않고 원칙적으로 다른 공동소송인에게 영향을 미치지 않는다. 각자 독립적으로 자백, 청구의 포기·인낙, 화해, 소의 취하, 상소 등을 할 수 있고, 그 효력도 그 행위자와 상대방의 사이에만 미친다.

② 또한 공동소송인은 공격방어방법을 각자 제출할 수 있고, 그 주장을 달리하더라도 관계없다.

(4) 소송진행의 독립(불통일)

1) 소송절차의 정지 및 기일·기간의 해태

① 공동소송인 가운데 한 사람에게 중단·중지의 사유가 생겨도 다른 공동소송인에게 영향을 미치지 않는다. ② 기일이나 기간의 해태도 다른 공동소송인에게 그 효과가 미치지 않는다. 예 기일 해태한 공동소송인만이 자백간주(제150조 제3항, 제1항)의 불이익을 입게 된다.

2) 상소

가) 상소기간의 개별진행

공동소송인에 대한 상소기간의 진행도 독립적으로 진행된다.

나) 이심의 범위

제66조의 공동소송인 독립의 원칙상 상소불가분의 원칙은 적용되지 않는다. 따라서 공동소송인 중 1인의 상소 또는 공동소송인 중 1인에 대한 상소는 다른 공동소송인에게 영향을 미치지 않고 불복신청의 당사자 사이의 청구에 대하여만 확정차단의 효력 및 이심의 효력이 생긴다. 결국 나머지 공동소송인에 대한 부분은 그대로 분리확정된다.

다) 심판의 범위

불이익변경금지의 원칙이 적용되므로, 항소심의 심판범위는 불복신청의 당사자 사이의 청구에 한한다.

(5) 재판의 독립(불통일)

법원은 어떤 공동소송인의 소송만의 변론을 분리할 수 있고, 또 일부의 공동소송인에 대하여 일부판결을 할 수도 있다. 따라서 공동소송인 독립의 원칙으로는 공동소송인 사이의 재판의 통일은 보장되지 못하고, 동일한 사건에 있어서 다른 판단이 내려질 수도 있다.

3. 공동소송인 독립의 원칙의 수정

(1) 문제점

공동소송인 독립의 원칙이 기계적·형식적으로 관철되면 통상공동소송에 있어서 재판의 통일이 보장되기 어렵다. 그리하여 특히 제65조 전문의 공동소송의 경우 공동소송인 독립의 원칙을 수정하려는 논의가 있다.

(2) 주장공통의 원칙

1) 의의

주장공통의 원칙이란 어느 당사자이든 변론에서 주장하였으면 되고 반드시 주장책임을 지는 당사자가 진술하여야 하는 것은 아니라는 원칙으로 대립당사자 사이에는 인정되지만, 공동소송인 사이에서도 공동소송인 중의 1인이 상대방의 주장사실을 다투며 항변하는 등 다른 공동소송인에게 유리한 주장을 할 때 다른 공동소송인의 원용이 없어도 그에 대하여 효력이 미치는지가 문제된다.

2) 인정 여부

가) 학설

① 공동소송인 독립의 원칙과 변론주의의 주장책임을 근거로 주장공통의 원칙을 부정하여야 한다는 견해(부정설), ② 통상공동소송의 경우 전면적으로 주장공통의 원칙을 인정할 수는 없지만 공동소송인의 1인이 어떠한 주장을 하고 다른 공동소송인이 이와 저촉되는 행위를 적극적으로

하지 않는 경우에는 그 주장이 다른 공동소송인에게 이익이 되는 한도 내에서 그 자에게도 효력이 미친다고 보는 견해(제한적 긍정설)의 대립이 있다.

나) 판례

이에 대해 판례는 공동소송인 독립의 원칙에 대한 제66조의 명문의 규정과 변론주의 소송구조 등에 비추어 볼 때, 통상의 공동소송에 있어서 이른바 주장공통의 원칙은 적용되지 아니한다고 하였다.

★★[대판 1994.5.10, 93다47196] 민사소송법 제66조의 명문의 규정과 우리 민사소송법이 취하고 있는 변론주의 소송구조 등에 비추어 볼 때, 통상의 공동소송에 있어서 이른바 주장공통의 원칙은 적용되지 아니한다.

[대판 1991.4.12, 90다9872] 순차경료된 등기 또는 수인 앞으로 경료된 공유등기의 말소청구소송은 권리관계의 합일적인 확정을 필요로 하는 필요적 공동소송이 아니라 보통공동소송이며, 이와 같은 보통공동소송에서는 공동당사자들 상호간의 공격 방어 방법의 차이에 따라 모순되는 결론이 발생할 수 있고, 이는 변론주의를 원칙으로 하는 소송제도 아래서는 부득이한 일로서 판결의 이유모순이나 이유 불비가 된다고 할 수 없다.

(3) 증거공통의 원칙

1) 의의

증거공통의 원칙이란 당사자의 일방이 제출한 증거가 상대방의 원용 없이도 상대방에게 유리한 사실인정의 자료로 사용될 수 있는 것을 말한다. 이는 원·피고 대립당사자 사이에서 인정되는 것인데, 통상의 공동소송의 경우 공동소송인 중 1인의 소송행위 또는 상대방의 소송행위는 행위자와 상대방 사이 외에는 아무런 효력을 발생하지 않기 때문에 공동소송인 사이에서도 증거공통의 원칙을 인정할 것인지가 문제된다.

2) 인정 여부

가) 학설

① 증거공통의 원칙은 변론주의 원칙상 대립당사자 사이에서만 적용되므로 통상의 공동소송의 경우에는 공동소송인 독립의 원칙상 다른 공동소송인 또는 상대방이 원용하지 않으면 적용될 수 없다는 견해(부정설)와 ② 재판의 모순·저촉을 방지하기 위해 증거공통의 원칙을 인정하되, 다만 공동소송인간에 이해가 상반되는 경우에까지 확장되는 것은 아니고 공동소송인의 1인이 자백한 경우에는 자백대로 사실확정을 하고 1인의 자백은 다른 공동소송인에 대해 변론 전체의 취지로 평가될 수 있을 뿐이라고 하는 견해(제한적 긍정설)의 대립이 있다.

나) 판례

이에 대해 판례는 명시적인 입장을 밝히지 않고 있다. 다만 공동소송에 있어서 증명 기타 행위는 행위자를 구속할 뿐 다른 당사자에게는 영향을 주지 않는 것이 원칙이라고 하여 증거공통의 원칙을 부정하는 듯한 판시를 한 바 있다.

★★[대판 1976.8.24. 75다2152] 필수적 공동소송이 아닌 경우 공동피고가 한 자백은 다른 피고의 소송
관계에 직접적으로 무슨 효력을 발생할 수 없고 다만 변론전체의 취지로서의 증거자료가 된다고 할
것이다.

Ⅱ. 필수적 공동소송에 대한 특별규정

필수적 공동소송(고유필수적 공동소송 및 유사필수적 공동소송)에 있어서는 합일확정의 요청상 공동소송
인 사이에 연합관계로 소송자료 및 소송진행의 통일을 도모하여야 한다. 그러나 각 공동소송인은
독립하여 소송행위를 할 수 있으므로(소송대리인도 각자 선임한다) 이에 대처하여 제67조에 특별규정
을 두고 있다.

1. 소송요건의 개별조사

(1) 소송요건의 존부 및 조사

필수적 공동소송이라도 소송관계는 복수이므로 소송요건은 각 공동소송인별로 개별적으로 조사하
여야 한다. 다만 공동소송인 중 1인에 소송요건의 흠결이 있으면 ① 고유필수적 공동소송의 경우
에는 전부각하, ② 유사필수적 공동소송의 경우에는 그 공동소송인만을 일부각하하면 된다.

> **[대판 2012.6.14. 2010다105310] 필수적 공동소송인 공유물분할청구소송에서, 공동소송인 중
> 1인에 소송요건의 흠이 있으면 전체 소송이 부적법하게 되는지 여부**(적극)
> 공유물분할청구의 소는 분할을 청구하는 공유자가 원고가 되어 다른 공유자 전부를 공동피고로 하여야
> 하는 필수적 공동소송으로서(대판 2001.7.10. 99다31124 등 참조) 공유자 전원에 대하여 판결이 합일
> 적으로 확정되어야 하므로, 공동소송인 중 1인에 소송요건의 흠이 있으면 전 소송이 부적법하게 된다.

(2) 당사자적격의 문제

1) 부적법 소각하

당사자적격도 소송요건 중 하나이지만, 보통 따로 설명한다. ① 고유필수적 공동소송에서 공동소
송인이 될 사람을 한 사람이라도 누락하였을 때에는 당사자적격의 흠결로 전 소송은 부적법하게
된다. ② 반면, 유사필수적 공동소송에서는 일부가 누락되었어도 전 소송이 부적법하여 각하될
것은 아니다.

2) 누락된 고유필수적 공동소송인의 보정방법

가) 해당 소송상 당사자의 보정방법

① 소취하 후 재소와 별소 제기 후 변론병합의 신청

소취하 후 공동소송인을 보정한 신소제기나 누락된 사람에 대한 별소 제기와 변론 병합의 신청
을 고려할 수 있다. 그러나 이러한 방법은 지나치게 우회적인 방법으로서 소송경제에 반하고,
변론병합은 법원의 재량인 점에서 부적절한 면이 있다.

② 필수적 공동소송인의 추가

필수적 공동소송인 가운데 일부가 누락된 경우에는 원고의 신청에 따라 누락된 사람을 추가하는 것이다(제68조). 이것이 인정되기 위해서는 ⅰ) 필수적 공동소송인 중 일부가 누락된 경우이어야 하고, ⅱ) 공동소송의 요건을 갖추어야 하며, ⅲ) 시기적으로 제1심 변론종결 전이어야 한다. 또한 ⅳ) 원고 측 추가의 경우에는 추가될 당사자의 동의를 요한다.

나) 누락자 스스로의 보정방법

누락된 자는 공동소송참가를 할 수 있다. 공동소송참가란 소송계속 중 당사자 사이의 판결의 효력을 받는 제3자가 원고 또는 피고의 공동소송인으로 소송에 참가하는 것을 말한다(제83조). 이것이 인정되기 위해서는 ⅰ) 타인 간의 소송계속 중에, ⅱ) 당사자적격이 있는 자로서, ⅲ) 소송목적이 한쪽 당사자와 제3자에게 합일적으로 확정되어야 할 경우이어야 하고, ⅳ) 일반적 소송요건을 구비하여야 한다.

2. 소송자료의 통일

(1) 공동소송인의 소송행위(능동적 소송행위)

한 사람의 당사자가 행한 소송행위는 모두의 이익을 위하여서만(다른 당사자에 대하여 유리한 이상) 다른 당사자에 대하여도 효력을 발생한다(제67조 제1항). 따라서 유리한 소송행위는 공동소송인 가운데 한 사람이 행하면 모두를 위하여 효력이 생기고, 불리한 소송행위는 모두가 하지 않는 한, 그 소송행위를 행한 공동소송인과의 관계에서도 효력이 생기지 않는다.

1) 유리한 소송행위

① 공동소송인 가운데 한 사람이 상대방의 주장사실을 다투면 모두가 다툰 것이 되고(例 부인, 항변 등), ② 피고 측 한 사람이라도 본안에 관하여 응소하였으면 소의 취하에 피고 측 모두의 동의가 필요하고, ③ 공동소송인 가운데 한 사람이 기일에 출석하여 변론하였으면 다른 공동소송인이 결석하여도 기일해태의 효과가 발생하지 않는다.

2) 불리한 소송행위

① 반면 불리한 소송행위는 공동소송인 모두가 함께 하여야 하고, 공동소송인 가운데 한 사람이 한 것은 그 효력이 없다. 例 재판상 자백, 청구의 포기·인낙, 소송상 화해는 불리한 소송행위이므로 공동소송인 모두가 함께 하여야 한다. 공동소송인 가운데 한 사람의 소의 취하 또는 한 사람에 대한 소의 취하도 불가능하다. ② 다만, 유사필수적 공동소송의 경우에는 개별적으로 제소할 수 있으므로 한 사람의 소의 취하도 가능하다.

(2) 상대방의 소송행위(수동적 소송행위)

한 사람에 대하여 행한 상대방의 소송행위는 공동소송인 모두에 대하여 효력이 발생한다(제67조 제2항). 이는 상대방의 소송행위의 편의나 소송절차의 신속한 진행을 도모하고 소송자료의 통일을 확보하기 위한 것이므로, 그 행위가 공동소송인에게 유리한 행위인가 아니면 불리한 행위인가와는 관계가 없다. 예 공동소송인 가운데 한 사람이라도 기일에 출석하였으면 상대방은 그 사람에 대하여 준비서면으로 예고하지 않은 사실이라도 주장할 수 있고(제276조 참조), 그 효력은 결석한 모두에 대하여도 미친다. 공동소송인 가운데 일부가 결석하더라도 상대방이 소송행위를 하는 데 지장이 없다.

3. 소송진행의 통일과 재판의 통일

(1) 공동소송인 가운데 한 사람에게 생긴 중단·중지사유

한 사람에 대하여 중단·중지의 사유가 발생하면 공동소송인 모두의 절차도 정지한다(제67조 제3항). 통상공동소송의 경우에는 다른 공동소송인에게 영향을 미치지 않는 것과 다르다.

> [대판 2008.4.24, 2006다14363] 여럿의 파산관재인이 선임되어 있는 경우에 필수적 공동소송에 해당하나, 민사소송법 제54조가 여러 선정당사자 가운데 죽거나 그 자격을 잃은 사람이 있는 경우에는 다른 당사자가 모두를 위하여 소송행위를 한다고 규정하고 있음에 비추어 볼 때, 공동파산관재인 중 일부가 파산관재인의 자격을 상실한 때에는 남아 있는 파산관재인에게 관리처분권이 귀속되고 소송절차는 중단되지 아니하므로, 남아 있는 파산관재인은 자격을 상실한 파산관재인을 수계하기 위한 절차를 따로 거칠 필요가 없이 혼자서 소송행위를 할 수 있다.

(2) 변론의 분리·일부판결

변론, 증거조사, 판결을 같은 기일에 함께 행하여야 하므로 변론의 분리(제141조)나 일부판결(제200조)을 할 수 없다. 법원이 잘못하여 일부판결을 한 때에는 위법한 전부판결로 취급한다. 따라서 판결의 명의인이 되지 않은 공동소송인도 상소를 제기할 수 있다.

4. 상소 - 공동소송인 중 1인의 상소

(1) 상소기간의 개별진행

상소기간은 각 공동소송인에게 판결정본이 송달된 때로부터 개별적으로 진행하지만(개별진행설), 공동소송인 모두에 대하여 상소기간이 만료되기까지는 판결은 확정되지 않는다.

> [대판 2017.9.21, 2017다233931] 공유물분할청구의 소는 분할을 청구하는 공유자가 원고가 되어 다른 공유자 전부를 공동피고로 하여야 하는 고유필수적 공동소송이고, 공동소송인과 상대방 사이에 판결의 합일확정을 필요로 하는 고유필수적 공동소송에서는 공동소송인 중 일부가 제기한 상소는 다른 공동소송인에게도 효력이 미치므로 공동소송인 전원에 대한 관계에서 판결의 확정이 차단되고 소송은 전체로서 상소심에 이심된다. 따라서 공유물분할 판결은 공유자 전원에 대하여 상소기간이 만료되기 전에는 확정되지 않고, 일부 공유자에 대하여 상소기간이 만료되었다고 하더라도 그 공유자에 대한 판결 부분이 분리·확정되는 것은 아니다.

(2) 이심의 범위

상소불가분의 원칙이 적용되므로, 공동소송인 중 한 사람이 상소를 제기하면 전원에 대하여 판결의 확정이 차단되고, 상급심에 전소송이 이심된다.

(3) 상소하지 않은 당사자의 지위

공동소송인 중 한 사람이 상소를 제기한 경우 전원이 모두 상소심에 이심된다면 상소하지 않은 다른 공동소송인의 상소심에서의 지위가 문제되는데, 통설 및 판례는 '단순한 상소심 당사자'로 보아 단순히 원고 또는 피고로 표시되고 상소인으로 표시되지 않으며, 상소인지를 붙이지 않아도 된다. 또한 상소비용도 부담하지 않고, 상소취하권이 없으며, 상소심에서의 소송행위에 법정대리인인 경우 특별수권을 요하지 않는다(제69조).

(4) 심판의 범위

합일확정의 필요상 제67조에 기해 불이익변경금지의 원칙은 적용되지 않는다. 따라서 공동소송인 전부가 항소심의 심판대상이 된다.

★★[대판 2003.12.12, 2003다44615 · 44622] 공유물분할청구의 소는 분할을 청구하는 공유자가 원고가 되어 다른 공유자 전부를 공동피고로 하여야 하는 고유필수적 공동소송이고, 일부가 제기한 상소는 다른 공동소송인에게도 그 효력이 미치는 것이므로 공동소송인 전원에 대한 관계에서 판결의 확정이 차단되고 그 소송은 전체로서 상소심에 이심되며, 상소심 판결의 효력은 상소를 하지 아니한 공동소송인에게 미치므로 상소심으로서는 공동소송인 전원에 대하여 심리 · 판단하여야 한다.[20]

■ **통상공동소송과 필수적 공동소송의 비교(개관)**

구분	통상공동소송	필수적 공동소송
의의 등	▸ 합일확정 불요 ▸ 공동소송인 독립의 원칙 ▸ 불통일 여지 有	▸ 합일확정 필요 ▸ 법률상 강제 ┌ ○ – 고필공 └ ✗ – 유필공(판결의 효력이 미치는 자) ▸ 통일
소송 요건	각 공동소송인 개별조사 일부 흠결 → 일부 각하	각 공동소송인 개별조사(∵ 소송관계의 복수) 일부 흠결 ┌ 고필공 – 전부 각하 └ 유필공 – 일부 각하
소송 자료	① 1인의 소송행위 ➮ 다른 공동소송인에 영향 ✗ ② 기일 · 기간의 해태 ➮ 다른 공동소송인에 영향 ✗ (그 자에 대해서만 효과 ○)	(1) 1인의 소송행위 - 능동적 소송행위 ┌ 유리한 소송행위(예 부인 · 항변, 응소, 기일, 기간) │ ➮ 전원에 대하여 효력 ○ └ 불리한 소송행위(예 자백, 청구의 포기 인낙, 재판상 화해) ➮ 전원이 함께 해야 효력 ○ (2) 1인에 대한 소송행위 - 수동적 소송행위 ➮ 유리 · 불리를 불문하고 전원에 대해 효력 ○

---

[20] 토지수용법 제75조의2 제2항에 따른 필요적 공동소송에 있어서 상고하지 아니한 피고를 단순히 '피고'라고만 표시하고 상고비용을 상고한 피고에게만 부담시킨 사례로는 대판 1993.4.23, 92누17297.

| 소송
진행 | (1) 같은 기일에 심판할 필요 ✗
    ➲ ∴ 변론의 분리 ○, 일부판결 ○
(2) 공동소송인 1인에 대한 중단·중지
    ➲ 그 자에 대해서만 효과 ○

(3) 상소기간 ┬ ① 각별진행
          ├ ② 각별종료
          └ ③ 분리확정 | (1) 같은 기일에 심판 필요(변론, 증거조사, 판결)
    ➲ ∴ 변론의 분리 ✗, 일부판결 ✗
(2) 공동소송인 1인에 대한 중단·중지
    ➲ 전원에 대해서 효과 ○

(3) 상소기간 ┬ ① 각별진행 ➲ 전원에 대한 기간 만료시 확정
          ├ ② 전원종료
          └ ③ 1인 상소 ➲ 확정차단·전부이심
(4) 1인 상소 시 다른 공동소송인에게 상소의 효력 ○
    ➲ 지위 : 단순한 상소심 당사자설
        (多·判, ∵ 합일확정상 이심되는 특수지위) |
| 재판 | 불통일 ➲ 수정원리 필요! | 통일(합일확정) |

제4관 공동소송의 특수형태

Ⅰ. 예비적·선택적 공동소송

> 제70조(예비적·선택적 공동소송에 대한 특별규정)
> ① 공동소송인 가운데 일부의 청구가 다른 공동소송인의 청구와 법률상 양립할 수 없거나 공동소송인 가운데 일부에 대한 청구가 다른 공동소송인에 대한 청구와 법률상 양립할 수 없는 경우에는 제67조 내지 제69조를 준용한다. 다만, 청구의 포기·인낙, 화해 및 소의 취하의 경우에는 그러하지 아니하다.
> ② 제1항의 소송에서는 모든 공동소송인에 관한 청구에 대하여 판결을 하여야 한다.

1. 서설

(1) 의의

공동소송인 가운데 일부의 청구가 다른 공동소송인의 청구(원고 측 공동소송)와 법률상 양립할 수 없거나 또는 공동소송인 가운데 일부에 대한 청구가 다른 공동소송인에 대한 청구(피고 측 공동소송)와 법률상 양립할 수 없는 경우에 심판에 순서를 붙여서 예비적 공동소송의 형태로 또는 청구에 순위를 붙이지 않고 선택적 공동소송의 형태로 병합하여 소를 제기할 수 있다(제70조).

(2) 제도적 취지

관련분쟁의 1회적 해결과 재판의 통일을 기하고, 원고의 이익 보호와 편의를 도모하려는 데에 있다. 이를 위하여 필수적 공동소송에 관한 규정(제67조 내지 제69조)을 준용하고(동조 제1항), 다른 한편 이 유형의 소송에 대해서는 법원이 모든 피고에 대한 청구에 관하여 판결케 함으로써(동조 제2항) 예비적 피고의 법적 지위를 보호하고자 한다.

2. 허용 여부에 대한 개정 전 논의와 입법적 해결

(1) 개정 전 학설 및 판례

종래 통설은 ① 이를 인정하는 명문의 규정이 없고, ② 예비적 피고는 자기에 대한 청구에는 아무런 판단도 받지 못한 채 소송이 종료될 불안정·불이익한 지위에 놓이고, ③ 이러한 병합은 재판의 통일이 보장될 수 없다는 이유로 부정하였고, 판례 또한 부정하는 입장이었다(대판 1972.11.28, 72다829; 대판 1997.8.26, 96다31079).

(2) 개정법에서의 도입과 부정설의 우려 해소

2002년 개정 민사소송법은 제70조에서 예비적 공동소송의 소송형태를 인정하여 ① 입법으로 긍정설을 택하였으며, ② 예비적 피고의 지위불안은 제70조 제2항에서 해결하였고, ③ 재판의 불통일 위험은 필수적 공동소송의 특칙인 제67조를 준용하여 이를 해결하였다.

3. 형태

(1) 당사자를 기준으로 한 형태

1) 원고 측이 능동적으로 공동소송인이 되는 경우

1차적으로 채권양수인이 원고가 되어 채무자에게 청구하고, 채권양도가 무효가 될 때를 대비하여 2차적으로 양도인이 원고가 되어 청구하는 경우가 이에 속한다.

2) 피고 측이 수동적으로 공동소송인이 되는 경우

① 공작물의 하자로 인한 손해배상에 관하여 1차적으로 점유자, 2차적으로 소유자에 대하여 청구하는 경우(민법 제758조), ② 유권대리를 이유로 1차적으로 본인을 피고로, 무권대리를 이유로 2차적으로 대리인에게 민법 제135조 책임을 묻는 경우가 이에 해당한다.

(2) 심판순서를 기준으로 한 형태

1) 예비적 공동소송

각 청구 사이에 심판의 순서를 붙이는 경우로서, 제1차적 피고에 대한 청구를 인용해 줄 것을 먼저 구하고, 그것이 이유가 없으면 예비적 피고에 대한 청구를 인용해 달라는 청구를 하는 경우이다.

2) 선택적 공동소송

각 청구 사이에 심판의 순서를 붙이지 않고, 어느 한 사람에 대한 청구가 택일적으로 인용될 것을 해제조건으로 다른 사람에 대한 심판을 구하는 선택적 공동소송까지 허용된다. 양립할 수 없는 관계에 있는 경우야말로 객관적·선택적 병합과 달리 선택적 공동소송의 주요한 적용영역이라고 할 수 있다.

(3) 시기를 기준으로 한 형태

① 소제기 당시부터 예비적·선택적 공동소송을 제기하는 경우(원시형)이거나, ② 원·피고 사이에 소송계속 중 제1심 변론종결 시까지 당사자를 추가하여(제68조 준용) 후발적으로 예비적·선택적 공동소송으로 할 수 있도록 하였다(제70조 제1항에서 제68조를 준용; 후발형).

4. 요건

(1) 청구의 법률상 양립 불가능

1) 공동소송인 중 일부의 청구가 다른 공동소송인의 청구와 법률상 양립할 수 없거나 공동소송인 중 일부에 대한 청구가 다른 공동소송인에 대한 청구와 법률상 양립할 수 없는 경우이어야 한다(제70조 제1항). 즉, 어느 하나가 인용되면 법률상 다른 청구는 기각될 관계에 있어야 한다. 양쪽 청구가 모두 인용될 수 있는 경우이면 허용되지 않는다.

2) 양립하지 않는 관계이면 족하고 소송물이 동일하지 않더라도 무방하다. 또한 판례는 실체법적으로 양립 불가능한 경우뿐만 아니라 소송법상으로 양립 불가능한 경우도 포함된다고 하였다.

3) 반면, 사실상 양립할 수 없는 경우, **예** 계약체결의 당사자가 A, B 둘 중의 하나라는 사실을 내세우는 경우는 투망식 소송의 폐단의 우려로 부정하는 것이 다수의 입장이다. 이에 반하여 사실상 양립할 수 없는 경우도 포함된다고 보는 반대견해도 존재한다. 판례는 후자의 입장이라고 할 수 있다.

★★★[대결 2007.6.26, 2007마515]

[1] 민사소송법 제70조 제1항에 있어서 '법률상 양립할 수 없다'는 것은, 동일한 사실관계에 대한 법률적인 평가를 달리하여 두 청구 중 어느 한 쪽에 대한 법률효과가 인정되면 다른 쪽에 대한 법률효과가 부정됨으로써 두 청구가 모두 인용될 수는 없는 관계에 있는 경우나, 당사자들 사이의 사실관계 여하에 의하여 또는 청구원인을 구성하는 택일적 사실인정에 의하여 어느 일방의 법률효과를 긍정하거나 부정하고 이로써 다른 일방의 법률효과를 부정하거나 긍정하는 반대의 결과가 되는 경우로서, 두 청구들 사이에서 한 쪽 청구에 대한 판단 이유가 다른 쪽 청구에 대한 판단 이유에 영향을 주어 각 청구에 대한 판단 과정이 필연적으로 상호 결합되어 있는 관계를 의미하며, 실체법적으로 서로 양립할 수 없는 경우뿐 아니라 소송법상으로 서로 양립할 수 없는 경우를 포함하는 것으로 봄이 상당하다.

[2] 법인 또는 비법인 등 당사자능력이 있는 단체의 대표자 또는 구성원의 지위에 관한 확인소송에서 그 대표자 또는 구성원 개인뿐 아니라 그가 소속된 단체를 공동피고로 하여 소가 제기된 경우에 있어서는, 누가 피고적격을 가지는지에 관한 법률적 평가에 따라 어느 한 쪽에 대한 청구는 부적법하고 다른 쪽의 청구만이 적법하게 될 수 있으므로 이는 민사소송법 제70조 제1항 소정의 예비적·선택적 공동소송의 요건인 각 청구가 서로 법률상 양립할 수 없는 관계에 해당한다.

➲ [해설] : 아파트 입주자대표회의 구성원 개인을 피고로 삼아 제기한 동대표지위 부존재확인의 소의 계속 중에 아파트 입주자대표회의를 피고로 추가하는 주관적·예비적 추가도 허용된다고 본 사례이다.

★★★[대판 2009.3.26, 2006다47677]

[1] 부진정연대채무 관계는 서로 별개의 원인으로 발생한 독립된 채무라 하더라도 동일한 경제적 목적을 가지고 있고 서로 중첩되는 부분에 관하여 일방의 채무가 변제 등으로 소멸할 경우 타방의 채무도 소멸하는 관계에 있으면 성립할 수 있고, 반드시 양 채무의 발생원인, 채무의 액수 등이 서로 동일할 것을 요한다고 할 수는 없다. 그리고 부진정연대채무의 관계에 있는 채무자들을 공동피고로 하여 이행의 소가 제기된 경우 그 공동피고에 대한 각 청구가 서로 법률상 양립할 수 없는 것이 아니므로 그 소송을 민사소송법 제70조 제1항 소정의 예비적·선택적 공동소송이라고 할 수 없다.

[2] 민사소송법 제70조 제1항 본문이 규정하는 '공동소송인 가운데 일부에 대한 청구'를 반드시 '공동소송인 가운데 일부에 대한 모든 청구'라고 해석할 근거는 없으므로, 주위적 피고에 대한 주위적·예비적 청구 중 주위적 청구 부분이 인용되지 아니할 경우 그와 법률상 양립할 수 없는 관계에 있는 예비적 피고에 대한 청구를 인용하여 달라는 취지로 결합하여 소를 제기하는 것도 가능하고, 이 경우 주위적 피고에 대한 예비적 청구와 예비적 피고에 대한 청구가 서로 법률상 양립할 수 있는 관계에 있으면 양 청구를 병합하여 통상의 공동소송으로 보아 심리·판단할 수 있다.

➡ [해설] : 부진정연대채무의 관계에 있는 채무자들을 공동피고로 하여 이행의 소가 제기된 경우, 그 공동피고에 대한 각 청구가 서로 법률상 양립할 수 없는 것이 아니므로 예비적·선택적 공동소송이 아니며, 주위적 피고에 대한 주위적 청구와 법률상 양립 불가능한 관계에 있는 예비적 피고에 대한 청구를 결합하여 소를 제기하는 것도 가능하지만, 주위적 피고에 대한 주위적 청구를 기각한 경우 주위적 피고에 대한 예비적 청구와 예비적 피고에 대한 청구가 서로 법률상 양립할 수 있는 관계에 있으면 이들 양 청구를 통상의 공동소송으로 보아 심리·판단할 수 있다고 본 판례이다.

★★★[대판 2014.3.27, 2009다104960·104977] 민사소송법 제70조 제1항 본문이 규정하는 '공동소송인 가운데 일부에 대한 청구'를 반드시 '공동소송인 가운데 일부에 대한 모든 청구'라고 해석할 근거는 없으므로, 주위적 피고에 대한 주위적·예비적 청구 중 주위적 청구 부분이 인용되지 아니할 경우 그와 법률상 양립할 수 없는 관계에 있는 예비적 피고에 대한 청구를 인용하여 달라는 취지로 결합하여 소를 제기하는 것도 가능하다. 또한 주관적·예비적 공동소송은 동일한 법률관계에 관하여 모든 공동소송인이 서로 간의 다툼을 하나의 소송절차로 한꺼번에 모순 없이 해결하는 소송형태로서 모든 공동소송인에 대한 청구에 관하여 판결을 하여야 하고(민사소송법 제70조 제2항), 그 중 일부 공동소송인에 대하여만 판결을 하거나 남겨진 자를 위하여 추가판결을 하는 것은 허용되지 아니한다. 그리고 주관적·예비적 공동소송에서 주위적 공동소송인과 예비적 공동소송인 중 어느 한 사람이 상소를 제기하면 다른 공동소송인에 관한 청구 부분도 확정이 차단되고 상소심에 이심되어 심판대상이 된다.

➡ [해설] : 중간생략등기형 명의신탁(3자간 등기명의신탁)의 사안에서, 명의신탁자 甲이 명의수탁자 乙에 대하여 주위적으로 명의신탁약정이 유효함을 전제로 이 사건 토지에 관하여 명의신탁해지를 원인으로 하는 소유권이전등기절차의 이행을 구하고, 만약 명의신탁약정이 무효로 인정되어 주위적 청구가 인용되지 아니할 경우에는 예비적으로 乙에 대하여 매도인 丙에게 이 사건 소유권이전등기의 말소등기절차를 이행할 것을 구하고, 동시에 丙에 대하여 이 사건 토지에 관하여 매매를 원인으로 하는 소유권이전등기절차의 이행을 구하였다. 이에 대법원은 甲의 청구는 乙에 대한 주위적 청구(소유권이전등기) 및 예비적 청구(제1심피고 2에게 소유권이전등기의 말소) 중 주위적 청구 부분이 인용되지 아니할 경우 丙에 대한 청구(소유권이전등기)를 인용하여 달라는 취지로 제기된 것으로서, 乙에 대한 주위적 청구와 丙에 대한 예비적 청구는 주관적·예비적 공동소송관계에 있다고 보았다.

[대판 2015.6.11, 2014다232913] 민사소송법 제70조 제1항 본문이 규정하는 '공동소송인 가운데 일부에 대한 청구'를 반드시 '공동소송인 가운데 일부에 대한 모든 청구'라고 해석할 근거는 없으므로, 주위적 피고에 대한 주위적·예비적 청구 중 주위적 청구 부분이 받아들여지지 아니할 경우 그와 법률상 양립할 수 없는 관계에 있는 예비적 피고에 대한 청구를 받아들여 달라는 취지로 주위적 피고에 대한 주위적·예비적 청구와 예비적 피고에 대한 청구를 결합하여 소를 제기하는 것도 가능하고, 처음에는 주위적 피고에 대한 주위적·예비적 청구만을 하였다가 청구 중 주위적 청구 부분이 받아들여지지 아니할 경우 그와 법률상 양립할 수 없는 관계에 있는 예비적 피고에 대한 청구를 받아들여 달라는

취지로 예비적 피고에 대한 청구를 결합하기 위하여 예비적 피고를 추가하는 것도 민사소송법 제70조 제1항 본문에 의하여 준용되는 민사소송법 제68조 제1항에 의하여 가능하다. 이 경우 주위적 피고에 대한 예비적 청구와 예비적 피고에 대한 청구가 서로 법률상 양립할 수 있는 관계에 있으면 양 청구를 병합하여 통상의 공동소송으로 보아 심리·판단할 수 있다. 그리고 이러한 법리는 원고가 주위적 피고에 대하여 실질적으로 선택적 병합 관계에 있는 두 청구를 주위적·예비적으로 순위를 붙여 청구한 경우에도 그대로 적용된다.

➲ [소송과정 및 해설]

① 원고는 소장에서 피고 경기도의료원을 상대로 수원병원이 응급구조사 등의 탑승 없이 망인을 이송한 이 사건 구급차의 운용자라고 주장하며 응급의료법 제48조 위반의 불법행위에 기한 손해배상청구(이하 '주위적 청구'라고 한다)만을 하였다가, 2013.2.12.자 준비서면을 통하여 수원병원이 이 사건 구급차의 운용자가 아니라고 하더라도 수원병원 의료진에게는 응급구조사의 탑승 여부 등을 확인하지 아니한 채 이 사건 구급차로 망인을 이송시킨 잘못이 있다고 주장하며 예비적으로 응급의료법 제11조 제2항 위반의 불법행위에 기한 손해배상청구(이하 '예비적 청구'라고 한다)를 추가하였다.

② 이어 원고는 수원병원이 이 사건 구급차의 운용자가 아니라면 피고 구급센터가 이 사건 구급차의 운용자에 해당한다고 주장하며 피고 경기도의료원에 대한 주위적 청구가 받아들여지지 아니할 경우 피고 구급센터에 대한 응급의료법 제48조 위반의 불법행위에 기한 손해배상청구를 받아들여 달라는 취지로 피고 구급센터에 대한 청구를 결합하기 위하여 예비적 피고 추가 신청을 하였고, 제1심은 2013.6.26. 피고 구급센터를 이 사건의 예비적 피고로 추가하는 것을 허가하는 결정을 하였다.

③ 이러한 원고의 청구 내용을 앞서 본 법리에 따라 살펴보면, 피고 경기도의료원에 대한 각 청구는 실질적으로 선택적 병합 관계에 있는 것을 주위적·예비적으로 순위를 붙여 청구한 경우에 해당하고, 피고 경기도의료원에 대한 주위적 청구와 피고 구급센터에 대한 청구는 서로 법률상 양립할 수 없는 관계에 있으며, 한편 피고 경기도의료원에 대한 예비적 청구와 피고 구급센터에 대한 청구는 서로 법률상 양립할 수 있는 관계에 있으므로, 제1심이 피고 구급센터를 예비적 피고로 추가한 것은 적법하고, 피고 경기도의료원에 대한 주위적 청구가 받아들여지지 아니할 경우 피고 경기도의료원에 대한 예비적 청구와 피고 구급센터에 대한 청구를 병합하여 통상의 공동소송으로 보아 심리·판단할 수 있다고 할 것이다.

(2) 공동소송의 일반요건

예비적·선택적 공동소송도 공동소송의 일종이므로 공동소송의 일반요건인 주관적 요건과 객관적 요건(동종절차와 공통관할)을 갖추어야 한다(제65조, 제253조 등).

5. 심판방법

(1) 필수적 공동소송 규정의 준용

예비적 공동소송은 본래 통상공동소송에 속한다. 그러나 법률상 양립 불가능이라는 특성을 고려하여 제70조 제1항은 필수적 공동소송에 관한 규정을 준용하도록 하였다. 그 결과 소송자료의 통일과 소송진행의 통일을 도모하고 있다.

(2) 소송자료의 통일

1) 원칙

예비적 공동소송에는 제70조 제1항에서 제67조를 준용하여 필수적 공동소송의 심판절차에 의한다고 규정하고 있다. 따라서 공동소송인 한사람의 소송행위는 전원의 이익을 위해서만 효력이 있다(제67조, 제70조 제1항).

2) 예외

가) 불리한 소송행위의 각자 가능

다만 개정법 제70조 제1항 단서에서는 불리한 행위이지만 소의 취하, 청구의 포기·인낙, 재판상 화해를 각자 할 수 있도록 하였다. 이는 예비적 공동소송의 청구가 원래 각 별소로 제기하는 것이 가능한 경우로서 각 공동소송인의 처분의 자유를 인정하기 위함이다.[21]

★★[대판 2018.2.13. 2015다242429] 주관적·예비적 공동소송에서 공동소송인 중 일부가 소를 취하하거나 일부 공동소송인에 대한 소를 취하할 수 있는지 여부(적극) 및 이 경우 소를 취하하지 않은 나머지 공동소송인에 관한 청구 부분이 여전히 법원의 심판대상이 되는지 여부(적극)

민사소송법은 주관적·예비적 공동소송에 대하여 필수적 공동소송에 관한 규정인 제67조 내지 제69조를 준용하도록 하면서도 소의 취하의 경우에는 예외를 인정하고 있다(제70조 제1항 단서). 따라서 공동소송인 중 일부가 소를 취하하거나 일부 공동소송인에 대한 소를 취하할 수 있고, 이 경우 소를 취하하지 않은 나머지 공동소송인에 관한 청구부분은 여전히 심판의 대상이 된다.

나) 예비적 피고의 청구인낙의 효력

① 문제점

예비적 피고가 청구를 인낙한 경우 당연 유효한지, 아니면 이 경우에도 주위적 피고에 대한 청구를 먼저 심리하여야 하는지 여부가 문제이다. 왜냐하면 예비적 피고의 청구인낙을 유효로 보아 주위적 피고에 대한 청구를 기각하여야 한다면 주위적 피고에 대해 우선적으로 승소판결을 받고자 하는 원고의 의사를 무시하는 것이 되기 때문이다.

② 학설

이에 대해 ⅰ) 제70조 제1항 단서의 명문상 제한 없이 허용된다는 견해(긍정설), ⅱ) 예비적 피고의 청구인낙은 무효라는 견해(인낙불허설이나 인낙무효설)가 있으나, ⅲ) 원고의 주위적 피고에 대해 승소하려는 의사를 존중하여 예비적 피고의 인낙은 주위적 피고에 대한 원고의 청구가 기각되는 경우에만 효력이 있다고 보는 견해(제한설)가 타당하다.

다) 1인의 자백의 효력

① 문제점

자백도 불리한 소송행위이지만 명문의 규정이 없어 각자 할 수 있는지 여부가 해석상 문제된다.

---

[21] 다만 소의 취하는 별문제이나 나머지의 행위까지 처분의 자유를 인정함이 입법목적에 합치하느냐의 문제가 있다.

② 학설

ⅰ) 제70조 제1항 단서의 취지를 고려하여 1인의 자백도 제한 없이 인정된다는 견해, ⅱ) 제70조 제1항이 제67조 제1항을 준용하므로 불리한 소송행위인 자백은 공동소송인 전원이 함께 하지 아니하면 안 되고, 따라서 주위적 피고, 예비적 피고 중 한 사람이 자백하여도 효력이 없다고 보는 견해가 있으나, ⅲ) 자백사실이 다른 당사자에게 유리한 소송상태가 되면 자백의 효력을 인정하지만 다른 당사자에게 불리한 경우라면 그 불이익을 받을 당사자가 자백사실을 다투는 한 효력이 없다는 견해가 타당하다.

(3) 소송진행의 통일

① 제67조 제3항의 준용으로 변론, 증거조사, 판결은 같은 기일에 함께 하여야 하며, 변론의 분리나 일부판결은 할 수 없다. 또한 ② 주위적 피고와 예비적 피고 중 한 사람에 대하여 중단·중지의 원인이 발생하면 다른 사람에게도 영향을 미쳐 전체 소송절차의 진행이 정지된다. 다만 ③ 제70조 제1항 단서에 의하여 일부 공동소송인만이 청구의 포기·인낙, 화해를 한 경우에는 그 공동소송인에 대한 관계에서는 소송종결의 효력이 생겨 분리 확정된다고 할 것이나, 이 경우에도 그 내용이 공동소송인들에 공통되는 법률관계의 형성을 전제로 이해관계를 조절하는 등 소송진행의 통일을 목적으로 하는 제70조 제1항 본문의 입법취지에 반하는 결과가 될 때에는 분리 확정은 허용되지 않는다는 것이 판례이다.

[대판 2008.7.10. 2006다57872; 대판 2015.3.20. 2014다75202] 민사소송법 제70조에서 정한 주관적·예비적 공동소송에는 민사소송법 제67조 내지 제69조가 준용되어 소송자료 및 소송진행의 통일이 요구되지만, 청구의 포기·인낙, 화해 및 소의 취하는 공동소송인 각자가 할 수 있는데, 이에 비추어 보면, 조정을 갈음하는 결정이 확정될 경우에는 재판상 화해와 동일한 효력이 있으므로 그 결정에 대하여 일부 공동소송인이 이의하지 않았다면 원칙적으로 그 공동소송인에 대한 관계에서는 조정을 갈음하는 결정이 확정될 수 있다. 다만, 조정을 갈음하는 결정에서 분리 확정을 불허하고 있거나, 그렇지 않더라도 그 결정에서 정한 사항이 공동소송인들에게 공통되는 법률관계를 형성함을 전제로 하여 이해관계를 조절하는 경우 등과 같이 결정 사항의 취지에 비추어 볼 때 분리 확정을 허용할 경우 형평에 반하고 또한 이해관계가 상반된 공동소송인들 사이에서의 소송진행 통일을 목적으로 하는 민사소송법 제70조 제1항 본문의 입법 취지에 반하는 결과가 초래되는 경우에는 분리 확정이 허용되지 않는다. 이러한 법리는 이의신청 기간 내에 이의신청이 없으면 재판상 화해와 동일한 효력을 가지는 화해권고결정의 경우에도 마찬가지로 적용된다.

(4) 판결

1) 본안재판의 통일

① 제1차적 청구를 인용하면 제2차적 청구에 대하여는 제2차적 피고의 승소가 되는 결과가 된다. 그러나 실제로는 이러한 취지의 기각판결이 행해지지 않으므로 제2차적 피고로서는 소송수행에 대한 노력이 사장될 수 있는 등 지위가 불안하다. 그리하여 개정법은 모든 공동소송인에 대한 청구에 관하여 빠짐없이 판결을 하도록 규정하고 있다(제70조 제2항). 따라서 예비적 공동

소송에서 주위적 청구를 인용하고자 하는 때에는 반드시 예비적 청구를 기각하는 판결을 아울러 하여야 하고, 반대로 예비적 청구를 인용하고자 하는 때에는 반드시 주위적 청구를 기각한 뒤에야 가능하다. 법률상 양립할 수 없는 관계에 있는 경우이어야 하므로 양쪽 청구 모두를 인용하는 판결은 허용되지 않는다.

② 선택적 공동소송의 경우에도 마찬가지로 한쪽의 청구를 인용하는 때에는 다른 쪽의 청구를 기각하는 판결을 반드시 함께 하여야 한다. 다만, 여기서 어느 한쪽 당사자에 대한 청구를 기각한다고 하여 다른 쪽 당사자의 청구를 반드시 인용하여야 하는 것은 아니다. 증명책임과 관련하여 모든 당사자에 대한 청구가 배척되는 경우도 충분히 있을 수 있다.

③ 결국 예비적·선택적 공동소송의 경우에는 항상 양 피고에 대한 판결이 존재하게 되어 각 피고에 대한 두 개의 소의 병합으로 두 개의 주문을 내야 한다.

2) 일부판결의 허용 여부

주위적 청구를 인용하는 판결을 하면서 아울러 예비적 청구를 기각하는 판결을 하지 않은 경우의 취급이 문제이다. 이 경우에 형태로서는 주위적 청구를 인용하는 것만의 일부판결과 같이 보이지만, 주위적·예비적 2개의 청구는 표리일체의 관계에 있어서 원래 일부판결이 허용되지 않는 경우에 행하여진 위법한 흠이 있는 전부판결이다. 따라서 이미 예비적 청구에 대한 추가판결의 여지는 없고 상소로써 이를 다투어야 한다.

★★★ [대판 2008.3.27, 2005다49430]

[1] 민사소송법 제70조 제1항 소정의 예비적·선택적 공동소송에 있어서 '법률상 양립할 수 없다'는 것은, 동일한 사실관계에 대한 법률적인 평가를 달리하여 두 청구 중 어느 한쪽에 대한 법률효과가 인정되면 다른 쪽에 대한 법률효과가 부정됨으로써 두 청구가 모두 인용될 수는 없는 관계에 있는 경우나, 당사자들 사이의 사실관계 여하에 의하여 또는 청구원인을 구성하는 택일적 사실인정에 의하여 어느 일방의 법률효과를 긍정하거나 부정하고 이로써 다른 일방의 법률효과를 부정하거나 긍정하는 반대의 결과가 되는 경우로서, 두 청구들 사이에서 한쪽 청구에 대한 판단 이유가 다른 쪽 청구에 대한 판단 이유에 영향을 주어 각 청구에 대한 판단 과정이 필연적으로 상호 결합되어 있는 관계를 의미하며, 실체법적으로 서로 양립할 수 없는 경우뿐 아니라 소송법상으로 서로 양립할 수 없는 경우를 포함하는 것으로 봄이 상당하다(대결 2007.6.26, 2007마515 참조).

[2] 한편, 민사소송법 제70조 제2항은 같은 조 제1항의 예비적·선택적 공동소송에서는 모든 공동소송인에 관한 청구에 대하여 판결을 하도록 규정하고 있으므로, 이러한 공동소송에서 일부 공동소송인에 관한 청구에 대하여만 판결을 하는 경우 이는 일부판결이 아닌 흠이 있는 전부판결에 해당하여 상소로써 이를 다투어야 하고, 그 판결에서 누락된 공동소송인은 이러한 판단유탈을 시정하기 위하여 상소를 제기할 이익이 있다.

➲ [해설] : 주위적 피고에 대하여는 통정허위표시 또는 반사회질서의 법률행위임을 이유로 예비적 피고를 대위하여 소유권이전등기말소청구를, 예비적 피고에 대하여는 주위적 청구의 통정허위표시와 반사회질서의 법률행위에 관한 주장이 배척된다면 이행불능을 이유로 전보배상을 구하는 경우, 주위적 청구의 통정허위표시 또는 반사회질서의 법률행위 주장에 대한 판단 이유가 예비적 청구의 이행불능 주장에 대한 판단 이유에 영향을 줌으로써 위 각 청구에 대한 판단 과정이 필연적

으로 상호 결합되어 있는 관계에 있어 위 두 청구는 법률상 양립할 수 없고, 또한 주위적 청구는 전체적으로 예비적 청구와 그 상대방을 달리하고 있어, 이 사건 소송은 민사소송법 제70조 제1항 소정의 예비적 공동소송에 해당한다는 사례이다.

(5) 상소

① 공동소송인의 일부가 상소하면 모든 공동소송인에 대한 판결이 확정되지 않고 상소심으로 이심된다. ② 이때 항소심법원의 심판범위는 판결에 대한 합일확정의 요청을 확보하기 위하여 제70조의 해석상 주위적 청구와 예비적 청구 전부가 심판의 대상으로 볼 수밖에 없을 것이다(불이익변경금지 원칙의 적용배제).

★★★ **[대판 2014.3.27, 2009다104960·104977; 대판 2018.2.13, 2015다242429] 주관적·예비적 공동소송에서 일부 공동소송인에 대하여만 판결을 하거나 남겨진 자를 위하여 추가판결을 하는 것이 허용되는지 여부(소극) 및 주위적 공동소송인과 예비적 공동소송인 중 어느 한 사람이 상소를 제기한 경우, 상소심의 심판대상**

주관적·예비적 공동소송은 동일한 법률관계에 관하여 모든 공동소송인이 서로간의 다툼을 하나의 소송절차로 한꺼번에 모순 없이 해결하는 소송형태로서 모든 공동소송인에 대한 청구에 관하여 판결을 하여야 하고(민사소송법 제70조 제2항), 그중 일부 공동소송인에 대하여만 판결을 하거나 남겨진 자를 위하여 추가판결을 하는 것은 허용되지 아니한다. 그리고 주관적·예비적 공동소송에서 주위적 공동소송인과 예비적 공동소송인 중 어느 한 사람이 상소를 제기하면 다른 공동소송인에 관한 청구 부분도 확정이 차단되고 상소심에 이심되어 심판대상이 된다.

★★★ **[대판 2022.4.14, 2020다224975] 예비적 공동소송 관련쟁점 종합**

[1] 주관적·예비적 공동소송에서 화해권고결정에 대하여 일부 공동소송인이 이의하지 않은 경우, 공동소송인에 대한 관계에서 위 결정이 확정될 수 있는지 여부(원칙적 적극) / 화해권고결정에서 분리 확정을 불허하고 있거나, 분리 확정을 허용하는 것이 형평과 민사소송법 제70조 제1항 본문의 입법 취지에 반하는 결과가 초래되는 경우, 분리 확정이 허용되는지 여부(소극) 및 이는 공동소송인 전원이 분리 확정에 대하여 이의가 없다는 취지로 진술하였더라도 마찬가지인지 여부(적극)

민사소송법 제70조에서 정한 주관적·예비적 공동소송에서 화해권고결정에 대하여 일부 공동소송인이 이의하지 않았다면, ① 원칙적으로 그 공동소송인에 대한 관계에서는 위 결정이 확정될 수 있다. ② 다만 화해권고결정에서 분리 확정을 불허하고 있거나, 그렇지 않더라도 그 결정에서 정한 사항이 공동소송인들에게 공통되는 법률관계를 형성함을 전제로 하여 이해관계를 조절하는 경우 등과 같이 결정 사항의 취지에 비추어 볼 때 분리 확정을 허용할 경우 형평에 반하고 또한 이해관계가 상반된 공동소송인들 사이에서의 소송 진행 통일을 목적으로 하는 민사소송법 제70조 제1항 본문의 입법 취지에 반하는 결과가 초래되는 경우에는 분리 확정이 허용되지 않는다. 이는 주관적·예비적 공동소송에서 화해권고결정에 대하여 일부 공동소송인만이 이의신청을 한 후 그 공동소송인 전원이 분리 확정에 대하여는 이의가 없다는 취지로 진술하였더라도 마찬가지이다.

[2] 주관적·예비적 공동소송에서 일부 공동소송인에 대하여만 판결을 하거나, 남겨진 자를 위한 추가판결을 하는 것이 허용되는지 여부(소극) 및 일부 공동소송인에 대하여만 판결을 한 경우의 위법이 직권조사 사항인지 여부(적극)

주관적·예비적 공동소송에서는 모든 공동소송인에 관한 청구에 관하여 판결을 하여야 하고, 그중 일부 공동소송인에 대하여만 판결을 하거나, 남겨진 자를 위한 추가판결을 하는 것은 허용되지 않으며, 일부 공동소송인에 대하여만 판결을 한 경우의 위법은 소송요건에 준하여 직권으로 조사하여야 할 사항에 해당한다.

[3] 주관적·예비적 공동소송에서 공동소송인 중 어느 한 사람이 상소를 제기한 경우, 상소심의 심판대상

주관적·예비적 공동소송에서 그 <u>공동소송인 중 어느 한 사람이 상소를 제기하면</u> 다른 공동소송인에 관한 청구 부분도 확정이 차단되고, 상소심에 이심되어 심판대상이 되며, 이러한 경우 <u>상소심의 심판대상은 주위적·예비적 공동소송인 및 그 상대방 당사자 사이의 결론의 <u>합일확정의 필요성을</u> 고려하여 그 심판의 범위를 <u>판단하여야</u> 한다.

Ⅱ. 주관적·추가적 병합(추가적 공동소송)

제68조(필수적 공동소송인의 추가)

① 법원은 제67조 제1항의 규정에 따른 공동소송인 가운데 일부가 누락된 경우에는 제1심의 변론을 종결할 때까지 원고의 신청에 따라 결정으로 원고 또는 피고를 추가하도록 허가할 수 있다. 다만, 원고의 추가는 추가될 사람의 동의를 받은 경우에만 허가할 수 있다.

② 제1항의 허가결정을 한 때에는 허가결정의 정본을 당사자 모두에게 송달하여야 하며, 추가될 당사자에게는 소장부본도 송달하여야 한다.

③ 제1항의 규정에 따라 공동소송인이 추가된 경우에는 처음의 소가 제기된 때에 추가된 당사자와의 사이에 소가 제기된 것으로 본다.

④ 제1항의 허가결정에 대하여 이해관계인은 추가될 원고의 동의가 없었다는 것을 사유로 하는 경우에만 즉시항고를 할 수 있다.

⑤ 제4항의 즉시항고는 집행정지의 효력을 가지지 아니한다.

⑥ 제1항의 신청을 기각한 결정에 대하여는 즉시항고를 할 수 있다.

제70조(예비적·선택적 공동소송에 대한 특별규정)

① 공동소송인 가운데 일부의 청구가 다른 공동소송인의 청구와 법률상 양립할 수 없거나 공동소송인 가운데 일부에 대한 청구가 다른 공동소송인에 대한 청구와 법률상 양립할 수 없는 경우에는 제67조 내지 제69조를 준용한다. 다만, 청구의 포기·인낙, 화해 및 소의 취하의 경우에는 그러하지 아니하다.

② 제1항의 소송에서는 모든 공동소송인에 관한 청구에 대하여 판결을 하여야 한다.

제81조(승계인의 소송참가)

소송이 법원에 계속되어 있는 동안에 제3자가 소송목적인 권리 또는 의무의 전부나 일부를 승계하였다고 주장하며 제79조의 규정에 따라 소송에 참가한 경우 그 참가는 소송이 법원에 처음 계속된 때에 소급하여 시효의 중단 또는 법률상 기간준수의 효력이 생긴다.

제82조(승계인의 소송인수)

① 소송이 법원에 계속되어 있는 동안에 제3자가 소송목적인 권리 또는 의무의 전부나 일부를 승계한 때에는 법원은 당사자의 신청에 따라 그 제3자로 하여금 소송을 인수하게 할 수 있다.

② 법원은 제1항의 규정에 따른 결정을 할 때에는 당사자와 제3자를 심문하여야 한다.

③ 제1항의 소송인수의 경우에는 제80조의 규정 가운데 탈퇴 및 판결의 효력에 관한 것과, 제81조의 규정 가운데 참가의 효력에 관한 것을 준용한다.

> **제83조(공동소송참가)**
> ① 소송목적이 한 쪽 당사자와 제3자에게 합일적으로 확정되어야 할 경우 그 제3자는 공동소송인으로 소송에 참가할 수 있다.
> ② 제1항의 경우에는 제72조(참가신청의 방식)의 규정을 준용한다.

1. 의의

애초부터 주관적 병합의 형태로 소를 제기하거나 또는 제기당하지 않았다 하더라도 소송계속 중에 제3자가 스스로 당사자로서 소송에 가입하거나, 종전의 원고나 피고가 제3자에 대한 소를 추가적으로 병합제기하는 것에 따라 공동소송형태가 되는 경우이다. 명문의 규정이 있는 경우에 허용됨에는 문제가 없으나, 명문의 규정이 없는 경우에 허용되는지 여부가 문제이다.

2. 명문의 규정이 있는 경우

(1) 종래 당사자에 의한 가입

① 누락된 필수적 공동소송인의 추가(제68조), ② 당사자의 추가에 따른 예비적·선택적 공동소송(제70조), ③ 인수승계(제82조), ④ 추심의 소에 있어서 피고(제3채무자)에 의한 다른 채권자의 인입(민사집행법 제249조 제3항) 등이 있다.

(2) 제3자 스스로 가입

① 공동소송참가(제83조), ② 독립당사자참가(제79조), ③ 참가승계(제81조) 등이 있다.

3. 명문의 규정이 없는 경우

(1) 문제점

통상공동소송인의 추가와 같이 명문의 규정이 없는 경우에도 분쟁의 일회적 해결과 판결의 모순·저촉을 방지하기 위해 소의 주관적·추가적 병합을 인정할 것인지가 문제된다.

(2) 학설

① 이를 허용한다면 소송이 복잡화되거나 소송지연의 우려가 있으므로 인정될 수 없다는 견해(부정설)가 있으나, ② 다수설은 별소의 제기와 변론의 병합이라는 구차하고 간접적인 방법보다는 소의 주관적·추가적 병합을 허용하여 소송경제와 분쟁의 일회적 해결을 도모함이 바람직하다는 입장(긍정설)이다.

(3) 판례

판례는 일관하여 법에 명문이 있는 경우를 제외하고는 어떠한 형태의 소의 주관적·추가적 병합이든 부정하는 입장이다. 즉 그 경위가 어떻든 간에 허용될 수 없다고 하였다.

★[대판 1993.9.28, 93다32095] 필수적 공동소송이 아닌 사건에 있어서 소송 도중에 당사자를 추가하는 것은 그 경위가 어떻든 간에 허용될 수 없다.

제3절 ▎ 선정당사자

> **제53조(선정당사자)**
> ① 공동의 이해관계를 가진 여러 사람이 제52조의 규정에 해당되지 아니하는 경우에는, 이들은 그 가운데에서 모두를 위하여 당사자가 될 한 사람 또는 여러 사람을 선정하거나 이를 바꿀 수 있다.
> ② 소송이 법원에 계속된 뒤 제1항의 규정에 따라 당사자를 바꾼 때에는 그 전의 당사자는 당연히 소송에서 탈퇴한 것으로 본다.
> **제54조(선정당사자 일부의 자격상실)**
> 제53조의 규정에 따라 선정된 여러 당사자 가운데 죽거나 그 자격을 잃은 사람이 있는 경우에는 다른 당사자가 모두를 위하여 소송행위를 한다.
> **제58조(법정대리권 등의 증명)**
> ① 법정대리권이 있는 사실 또는 소송행위를 위한 권한을 받은 사실은 서면으로 증명하여야 한다. 제53조의 규정에 따라서 당사자를 선정하고 바꾸는 경우에도 또한 같다.
> ② 제1항의 서면은 소송기록에 붙여야 한다.
> **제61조(선정당사자에 대한 준용)**
> 제53조의 규정에 따른 당사자가 소송행위를 하는 경우에는 제59조(소송능력 등의 흠에 대한 조치) 및 제60조(소송능력 등의 흠과 추인)의 규정을 준용한다.

I. 서설

1. 의의 및 취지

공동의 이해관계를 가진 다수자가 공동소송인이 되어 소송을 하여야 할 경우에 그 가운데서 모두를 위하여 소송을 수행할 당사자로 선출된 자를 선정당사자라고 하고(제53조), 이 경우 선정당사자를 선출한 자를 선정자라고 한다. 이는 다수당사자소송을 단순화하고 신속한 권리구제를 위한 제도로서 고안된 것이다(소송수행의 간편화 도모).

2. 법적 성질

선정당사자는 엄연히 당사자적격을 가진 당사자로서 대리와는 구별되며, 소송수행권을 신탁시킨 신탁관계로 볼 수 있다. 즉 임의적 소송담당의 일종이고, 선정당사자와 선정자는 대리관계가 아니다.

II. 요건

1. 공동소송을 할 여러 사람이 있을 것

① 여러 사람은 실제로는 상당수를 예정하고 있지만, 이론상으로는 2인 이상이면 된다.
② 원고 측이 선정하는 경우가 많겠지만, 피고 측에서 선정이 행하여지는 것도 무방하다.

③ 다수자가 사단을 구성하고 공동의 이해관계가 사단의 목적으로 된다고 인정되는 경우에는 사단이 당사자가 되므로(제52조), 이론상으로는 선정의 여지는 없게 된다. 다만, 민법상 조합과 같은 경우에는 조합재산에 관한 소송을 조합원 모두가 수행하여야 하므로 선정당사자제도를 이용할 실익이 있게 된다.

2. 공동의 이해관계(= 공동의 이익)가 있을 것

(1) 문제점

공동의 이해관계의 의미에 대해서 문제가 있다. 즉 제65조 전문 이외에 후문의 공동소송인 사이에서도 공동의 이해관계가 있다고 하여야 할지가 문제이다.

(2) 학설

① 제65조 후문의 경우에도 주요한 공격방어방법의 공통이 예상된다면 공동의 이해관계가 인정되는 것으로 보는 견해도 있으나, ② 통설은 공동의 이해관계란 다수자가 공동소송인이 될 관계에 있고 주요한 공격방어방법을 공통으로 하는 경우를 가리킨다고 하고 있다.[22] 이에 따라 공동소송인 사이에 제65조 전문의 관계가 인정될 때에 공동의 이해관계가 인정되고, 제65조 후문의 관계인 때에는 공격방어방법의 공통을 기대하기 어려울 것이므로 공동의 이해관계를 인정할 수 없다고 한다.

(3) 판례

판례는 제65조 후문의 관계에 있는 것만으로는 공동의 이해관계가 있는 경우라고 할 수 없으나, 그 경우에도 구체적으로 주요한 공격방어방법을 공통으로 하는 경우에는 선정당사자제도를 이용할 수 있는 것으로 보는 입장이라 할 수 있다.

> [대판 1997.7.25, 97다362] 공동의 이해관계가 있는 다수자는 선정당사자를 선정할 수 있는 것인 바, 이 경우 공동의 이해관계란 다수자 상호간에 공동소송인이 될 관계에 있고, 또 주요한 공격방어방법을 공통으로 하는 것을 의미한다고 할 것이므로 다수자의 권리·의무가 동종이며 그 발생원인이 동종인 관계에 있는 것만으로는 공동의 이해관계가 있는 경우라고 할 수 없을 것이어서 선정당사자의 선정을 허용할 것은 아니다(대판 2007.7.12, 2005다10470 同旨).
>
> ➥ [해설] : 본 판결은 선정당사자의 선정요건에 있어서 '공동의 이해관계'가 인정되는 경우에 관해서 최초로 밝힌 대법원판결이라는 점에 그 의의가 있고, 대체로 위 통설과 마찬가지의 입장을 밝히고 있다.

★[대판 1999.8.24, 99다15474]
[1] 공동의 이해관계가 있는 다수자는 선정당사자를 선정할 수 있는 것인데, 이 경우 공동의 이해관계란 다수자 상호간에 공동소송인이 될 관계에 있고, 또 주요한 공격방어 방법을 공통으로 하는 것을 의미하므로, 다수자의 권리·의무가 동종이며 그 발생 원인이 동종인 관계에 있는 것만으로는 공동의 이해관계가 있는 경우라고 할 수 없어, 선정당사자의 선정을 허용할 것이 아니다.

---

22) 다수자가 필수적 공동소송의 형태로만 소송수행이 가능한 경우도 당연 포함하는 것이다.

[2] 임차인들이 甲을 임대차계약상의 임대인이라고 주장하면서 甲에게 그 각 보증금의 전부 내지 일부의 반환을 청구하는 경우, 그 사건의 쟁점은 甲이 임대차계약상의 임대인으로서 계약당사자인지 여부에 있으므로, 그 임차인들은 상호간에 공동소송인이 될 관계가 있을 뿐 아니라 주요한 공격방어방법을 공통으로 하는 경우에 해당함이 분명하다고 할 것이어서, 민사소송법 제49조 소정의 공동의 이해관계가 있어 선정당사자를 선정할 수 있다.

      ⊃ [해설] : 본 판례는 쟁점공통의 경우도 공동의 이해관계가 있는 경우로 본 것이다. 본 판례에 찬성하는 견해가 다수설이나 본 판례는 제65조 후문에 해당하는 경우로서 선정을 허용해서는 안 된다는 입장도 있다. 그러나 판례는 제65조 후문의 경우라도 구체적으로 주요한 공격방어방법을 공통으로 하는 경우에는 선정당사자제도를 이용할 수 있는 것으로 보는 입장이라고 할 수 있다. 그리고 본 판례사안에서 주요한 공격방어방법의 공통, 즉 쟁점공통에 해당하는 것은 "계약당사자가 누구인지라는 계약당사자 확정의 문제"라고 할 것이다. 결국 이러한 판례의 입장은 예외적이지만 제65조 후문의 경우에도 선정당사자제도를 이용할 수 있는 여지를 남기는 태도로서 엄밀히 말하면 통설과는 반드시 일치한다고 할 수 없다. 그러나 학계에서는 보통 판례의 기본적 태도는 통설과 마찬가지라고 소개하고 있다(본 판례에 대해 찬성하는 견해가 다수설이라는 점을 함께 고려한다면 이와 같은 소개방식도 부적절하지는 않다고 볼 수 있겠다).

3. 공동의 이해관계가 있는 자 중에서 선정할 것

만약 이해관계 없는 제3자를 선정할 수 있다면 변호사대리의 원칙을 잠탈할 우려가 있기 때문이다.

Ⅲ. 선정의 방법

1. 선정의 성질

(1) 단독소송행위

선정당사자의 선정행위는 선정자가 소송수행권을 선정당사자에게 부여하는 행위로서 대리권수여에 유사한 단독적 소송행위이다. 따라서 소송능력을 요하며 조건을 붙여서는 안 된다(例 화해를 제한하는 취지의 선정을 하여도 그 제한 부분은 무효이고 무제한의 선정으로서 효력이 발생한다 ⊃ 소송행위 조건불허의 원칙). 여기서 심급을 한정하여 선정하는 것이 과연 허용되는가에 관하여는 다툼이 있다.

(2) 심급한정의 선정 허용 여부

1) 학설

① 절차의 단순화와 간소화라는 제도의 취지상 선정서에 제1심 소송절차만을 수행케 하는 내용의 조건이 있어도 그 조건부 선정의 효력은 무효이고 선정의 효력은 소송의 종료 시까지 계속된다는 견해(소송종료시설)와 ② 선정자는 어느 때라도 선정을 취소·변경할 수 있다는 점을 고려하면 심급을 제한하는 것도 허용된다는 견해(심급한정 긍정설)의 대립이 있다.

2) 판례

판례는 ① 원칙적으로 심급의 제한 없이 소송종료 시까지 선정의 효력이 지속되나, 선정행위 시 심급을 제한하였다면 이러한 제한은 유효하다고 하였다. 한편 ② 판례는 제1심에서 제출된 선정서에 사건명을 기재한 다음에 '제1심 소송절차에 관하여' 또는 '제1심 소송절차를 수행하게 한다'라는 문언이 기재되어 있는 사안에서, 특단의 사정이 없는 한, 그 기재는 사건명 등과 더불어 선정당사자를 선정하는 사건을 특정하기 위한 것으로 보아야 하고, 따라서 그 선정의 효력은 제1심의 소송에 한정하는 것이 아니라 소송의 종료에 이르기까지 계속하는 것으로 해석함이 상당하다고 하여 심급제한을 엄격한 기준에 의해 인정하고 있다.

[대결 1995.10.5. 94마2452]

[1] 공동의 이해관계가 있는 다수자가 당사자를 선정한 경우에는 선정된 당사자는 당해 소송의 종결에 이르기까지 총원을 위하여 소송을 수행할 수 있고, 상소와 같은 것도 역시 이러한 당사자로부터 제기되어야 하는 것이지만, 당사자 선정은 총원의 합의로써 장래를 향하여 이를 취소, 변경할 수 있는 만큼 당초부터 특히 어떠한 심급을 한정하여 당사자인 자격을 보유하게끔 할 목적으로 선정을 하는 것도 역시 허용된다.

[2] 선정당사자의 제도가 당사자 다수의 소송에 있어서 소송절차를 간소화, 단순화하여 소송의 효율적인 진행을 도모하는 것을 목적으로 하고, 선정된 자가 당사자로서 소송의 종료에 이르기까지 소송을 수행하는 것이 그 본래의 취지임에 비추어 보면, 제1심에서 제출된 선정서에 사건명을 기재한 다음에 '제1심 소송절차에 관하여' 또는 '제1심 소송절차를 수행하게 한다'라는 문언이 기재되어 있는 경우라 하더라도, 특단의 사정이 없는 한, 그 기재는 사건명 등과 더불어 선정당사자를 선정하는 사건을 특정하기 위한 것으로 보아야 하고, 따라서 그 선정의 효력은 제1심의 소송에 한정하는 것이 아니라 소송의 종료에 이르기까지 계속하는 것으로 해석함이 상당하다.

➡ [해설] : 심급을 한정한 선정당사자 선임행위가 유효한 것인지의 문제는 특히 실무상 다음과 같은 이유에서이다. 즉 이를 유효로 본다면 제1심이 종료됨으로써 선정당사자는 당사자로서의 지위가 종료되므로 항소심법원이 항소장을 각하하기 위하여는 제1심에서 선정당사자로 선정된 자에게만 송달료 납부명령 및 보정명령을 송달할 것이 아니라 항소장에 기재된 선정자들에게도 송달료 납부명령 및 보정명령을 송달해야 하기 때문이다. 본 판결사안에 있어서는 ① 심급한정의 선정당사자 선임행위의 가능성 여부와 ② "제1심 소송절차에 관하여 선정당사자로 선임하여 제1심 소송절차를 수행하게 한다"라는 기재문구가 심급을 한정한 것으로 해석될 수 있는지가 순차로 문제된다.

이에 대해 본 판례는 ① 심급을 한정하여 선정당사자를 선임할 수 있다고 함으로써 긍정설(심급한정설)에 입각하고 있다. 다만 ② 이를 긍정하면서도 선정서 기재문구를 선임의 효력을 제1심에 한정하는 취지로 볼 수 없다고 하여 그 문언을 지나치게 엄격하게 해석하는 취지로 보인다. 그러나 이러한 해석은 심급을 한정하는 선정행위를 인정하는 태도와는 부합되지 않는 것으로 보인다. 따라서 본 사안의 선정서 기재문구는 바로 선정의 효력을 제1심에 한정하는 취지라고 해석하는 것이 타당하다고 본다. 다만 판례는 심급을 한정하는 선정행위를 유효하다고 보고, 이를 넓게 인정한다면 오히려 소송의 단순화·간편화라는 선정당사자제도의 입법목적을 관철시키기 곤란하다는 점을 고려한 것이라고 선해(善解)할 수 있겠다. 이러한 판례의 취지를 고려하여 판례는 실질상 소송종료설을 취하고 있다고 보기도 한다.

[대판 2003.11.14. 2003다34038] 공동의 이해관계가 있는 다수자가 당사자를 선정한 경우에는 선정된 당사자는 당해 소송의 종결에 이르기까지 총원을 위하여 소송을 수행할 수 있고, 상소와 같은 것도 역시 이러한 당사자로부터 제기되어야 하는 것이지만, 당사자 선정은 총원의 합의로써 장래를 향하여 이를 취소, 변경할 수 있는 만큼 당초부터 특히 어떠한 심급을 한정하여 당사자인 자격을 보유하게끔 할 목적으로 선정을 하는 것도 역시 허용된다고 할 것이나, 선정당사자의 선정행위 시 심급의 제한에 관한 약정 등이 없는 한 선정의 효력은 소송이 종료에 이르기까지 계속되는 것이다.

2. 선정의 시기

소송계속의 전후를 불문한다. 다만, 소송계속 후에 선정한 때에는 선정자는 당연히 소송에서 탈퇴한 것으로 보고(제53조 제2항), 선정당사자가 그 지위를 승계한다.

3. 선정의 방법

① 선정은 각자가 개별적으로 하여야 하고, 다수결로 결정할 수 없다.

② 따라서 모두가 공동하여 같은 사람을 선정할 필요는 없고, 이에 찬성하지 않는 사람은 스스로 소송을 하는 것도 또는 다른 사람을 선정하는 것도 가능하다.

③ 한편, 선정은 공동의 이해관계가 있는 쪽에서 하는 것이므로 상대방 쪽에서는 다수자 가운데 특정한 사람을 선정할 수는 없다.

4. 서면의 증명

선정당사자의 자격은 서면증명을 요한다(제58조).

IV. 선정의 효과

1. 선정당사자의 지위

(1) 당사자 본인으로서의 지위

선정당사자는 소송당사자로서 소송수행의 자격을 가진다. 즉 선정당사자는 선정자의 대리인이 아니고 당사자 본인이므로 소송수행에 있어서 소송대리인에 관한 특별수권사항(제90조 제2항)과 같은 제한을 받지 않는다. 따라서 선정당사자는 당사자로서의 모든 소송행위(예 소의 취하, 화해, 청구의 포기·인낙, 상소의 제기 등)는 물론 소송수행에 필요한 사법상의 행위도 할 수 있고, 개개의 소송행위를 함에 있어서 선정자의 개별적인 동의가 필요한 것은 아니다.

[대판 2003.5.30. 2001다10748] 선정당사자는 선정자들로부터 소송수행을 위한 포괄적인 수권을 받은 것으로서 일체의 소송행위는 물론 소송수행에 필요한 사법상의 행위도 할 수 있는 것이고 개개의 소송행위를 함에 있어서 선정자의 개별적인 동의가 필요한 것은 아니다.

(2) 복수의 선정당사자의 지위

1) 동일 선정자단에서 수인의 선정당사자가 선정되었을 경우

그 수인의 선정당사자는 소송수행을 임의적 소송신탁에 의하여 합유하는 관계이기 때문에 고유 필수적 공동소송으로 된다. 이 경우 합일확정의 요청에 의해 제67조의 적용을 받게 된다.

2) 별개의 선정자단에서 각각 수인의 선정당사자가 선정되었을 경우

본래의 소송의 성질에 따라 정해진다. 따라서 본래의 소송이 필수적 공동소송의 형태가 아니면 통상공동소송관계라고 할 것이다.

3) 일부의 선정자들에 의해 선출된 선정당사자와 스스로 당사자가 된 자의 소송관계

이 경우에도 본래의 소송의 성질에 따라 정해진다. 따라서 본래의 소송이 필수적 공동소송의 형태가 아니면 통상공동소송관계라고 할 것이다.

2. 선정당사자의 자격상실

① 선정당사자는 사망 또는 선정의 취소에 의하여 그 자격을 상실한다. 또한 선정자는 언제든지 선정의 취소를 할 수 있다. 취소와 동시에 다른 사람을 선정하면 선정당사자의 변경이 된다. 다만 선정의 취소 또는 변경은 대리권소멸의 경우처럼 상대방에게 통지하지 않으면 효력이 생기지 않는다(제63조 제2항).

② 나아가 선정당사자는 공동의 이해관계를 가진 자 가운데서 선정되어야 하는 것이므로, 선정당사자 본인에 대한 소가 취하되는 등으로 공동의 이해관계가 소멸하는 경우라면 선정당사자는 그 자격을 당연히 상실하게 된다고 본다.

> [대판 2006.9.28, 2006다28775] 민사소송법 제53조의 선정당사자는 공동의 이해관계를 가진 여러 사람 중에서 선정되어야 하므로, 선정당사자 본인에 대한 부분의 소가 취하되거나 판결이 확정되는 등으로 공동의 이해관계가 소멸하는 경우에는 선정당사자는 선정당사자의 자격을 당연히 상실한다.

③ 여러 선정당사자 가운데 일부가 사망하거나 그 밖의 사유로 자격을 상실한 경우에는 남은 다른 당사자가 모두를 위하여 소송을 속행한다(제54조). 따라서 이 경우 소송절차는 중단되지 않는다.

④ 선정당사자 모두가 자격을 상실한 때에는 선정자 모두 또는 새로운 선정당사자가 소송을 수계하고 이들이 수계할 때까지 소송절차는 중단된다(제237조 제2항). 그러나 소송대리인이 있는 경우에는 중단되지 않는다(제238조).

3. 선정자의 지위

(1) 소송탈퇴와 당사자적격 유지 여부

1) 문제점

소송이 법원에 계속된 뒤 선정에 의하여 당사자를 바꾼 때에는 선정자는 당연히 소송에서 탈퇴한 것으로 본다(제53조 제2항). 다만 선정자는 소송수행권을 상실하는지가 문제이다.23)

2) 학설

① 선정자는 선정당사자의 독주를 막을 필요가 있기 때문에 소송수행권을 상실하지 않는다는 적격유지설도 있지만, ② 선정자는 선정당사자의 독주를 막기 위해 언제든지 선정을 취소할 수 있는 것이므로 선정자는 소송수행권을 상실한다고 보는 적격상실설이 타당하다. 이렇게 해석함이 선정당사자를 소송담당으로서 인정하는 취지와 제53조 제2항의 취지에 부합하는 해석이라고 본다.

3) 판례

[대결 2013.1.18. 2010그133] 선정자의 당사자적격 상실 여부

공동의 이해관계가 있는 여러 사람은 민사소송법 제53조에서 정한 바에 따라 그 가운데에서 모두를 위하여 당사자가 될 선정당사자를 선정할 수 있고, 이와 같이 선정된 선정당사자는 선정자들로부터 소송수행을 위한 포괄적인 수권을 받은 당사자로서 선정자들 모두를 위한 일체의 소송행위를 할 수 있으며, 선정자들은 소송수행권을 상실하고 소송관계에서 탈퇴하게 된다.

(2) 선정당사자의 소송계속 중 선정자가 제기한 후소의 적법 여부

① 선정자의 당사자적격 유지에 관하여, ⅰ) 적격유지설은 선정자가 후소를 제기하면 당사자적격은 있지만 후소는 중복제소에 해당하여 부적법하다고 하며, 나아가 공동소송참가는 불가하므로 공동소송적 보조참가만이 가능하다고 본다. 반면 ⅱ) 적격상실설에서도 선정자가 후소를 제기하면 중복제소에 해당하여 부적법하다고 하며, 당사자적격의 흠결로 공동소송참가는 불가하며 공동소송적 보조참가가 가능하다고 본다.

② 적격상실설의 입장에서 후소가 중복제소라고 하는 것은 모순이라는 비판이 있으나, 당사자적격의 상실 여부와 후소가 중복제소가 되는 것은 별개의 문제라고 봐야 한다.

(3) 판결의 효력

선정당사자가 받은 판결은 선정자에게 효력이 미친다(제218조 제3항). 따라서 선정당사자가 이행판결을 받았을 때에는 선정자를 위해 또는 선정자에 대하여 강제집행을 할 수 있다. 이 경우에 선정자와의 관계에서는 승계집행문이 필요하다(민사집행법 제31조).

Ⅴ. 선정당사자의 자격흠결의 효과

1. 소송요건 · 직권조사사항

선정당사자의 자격은 소송요건의 하나인 당사자적격의 문제로서 직권조사사항이다.

2. 흠결 시 조치

① 선정행위의 하자 또는 서면에 의한 자격증명이 없는 때에는 보정을 명할 수 있고(제61조, 제59조), 보정이나 추인이 없는 한 판결로써 소를 각하하여야 한다.

---

23) 선정자의 소송수행권 상실 여부는 소송이 법원에 계속되기 전에 선정을 한 경우뿐만 아니라, 소송계속 중 선정한 경우에도 마찬가지의 논의 사항이다.

② 다만 선정당사자의 자격이 없는 자의 소송행위일지라도 뒤에 선정자가 그를 선정당사자로 선정하여 이를 추인하면 유효하게 된다(제61조, 제60조).

3. 간과판결

① 적법하게 선정되지 아니한 선정당사자나 자격증명이 없는 선정당사자의 소송행위가 보정이나 추인을 얻지 못하면 판결로써 소를 각하하여야 하는데, 만일 선정당사자의 자격의 흠을 간과하고 본안판결을 하였다면, 이러한 판결은 선정자에게 효력이 미치지 않는다는 의미에서 무효이다. 따라서 당사자적격의 흠을 간과한 경우와 같이 확정 전에는 상소로 취소할 수 있지만, 확정 후에는 재심의 소를 제기할 수 없다.

② 공동의 이해관계가 없는 무자격의 선정당사자의 소송수행의 경우에 대해 판례는 그러한 선정당사자라도 선정자 자신이 선정하였다면 그에 의한 청구인낙은 재심사유가 아니라고 하였다.

[대판 2007.7.12, 2005다10470] 다수자 사이에 공동소송인이 될 관계에 있기는 하지만 주요한 공격방어방법을 공통으로 하는 것이 아니어서 공동의 이해관계가 없는 자가 선정당사자로 선정되었음에도 법원이 그러한 선정당사자 자격의 흠을 간과하여 그를 당사자로 한 판결이 확정된 경우, 선정자가 스스로 당해 소송의 공동소송인 중 1인인 선정당사자에게 소송수행권을 수여하는 선정행위를 하였다면 그 선정자로서는 실질적인 소송행위를 할 기회 또는 적법하게 당해 소송에 관여할 기회를 박탈당한 것이 아니므로, 비록 그 선정당사자와의 사이에 공동의 이해관계가 없었다고 하더라도 그러한 사정은 민사소송법 제451조 제1항 제3호가 정하는 재심사유에 해당하지 않는 것으로 봄이 상당하고, 이러한 법리는 그 선정당사자에 대한 판결이 확정된 경우뿐만 아니라 그 선정당사자가 청구를 인낙하여 인낙조서가 확정된 경우에도 마찬가지라 할 것이다.

제4절 **제3자의 소송참가**

제3자의 소송참가는 소송 밖의 제3자가 현재 계속 중인 다른 사람 사이의 소송에 가입하는 것을 말한다. 계속 중의 소송의 결과에 일정한 이해관계가 있는 제3자를 위하여 소송에 참가하는 길을 열어 두는 것은 분쟁의 일회적·통일적 해결을 위하여 의미가 있다. 그리하여 민사소송법상 명문으로 인정되고 있는 것으로 ① 통상의 보조참가(제71조), ② 공동소송적 보조참가(제78조), ③ 독립당사자참가(제79조), ④ 공동소송참가(제83조)가 있다. 이 중 ⅰ) 독립당사자참가, 공동소송참가는 청구를 내세우면서 당사자로서 참가하는 당사자참가이고, ⅱ) 통상의 보조참가와 공동소송적 보조참가는 청구를 내세우지 않고 또한 당사자로서는 참가하지 않는 비당사자참가(= 종참가)이다.

제1관 보조참가

> **제71조(보조참가)**
> 소송결과에 이해관계가 있는 제3자는 한 쪽 당사자를 돕기 위하여 법원에 계속 중인 소송에 참가할 수 있다. 다만, 소송절차를 현저하게 지연시키는 경우에는 그러하지 아니하다.

Ⅰ. 서설

1. 의의 및 취지

① 보조참가는 다른 사람 사이의 소송계속 중에 소송의 결과에 이해관계가 있는 제3자가 당사자의 한 쪽의 승소를 보조하기 위하여 소송에 관여하는 것(**예** 채권자가 보증인을 상대로 보증채무의 이행을 구하고 있는 소송에서 보증인이 패소하고 나면 주채무자에게 구상권을 행사할 것이므로 주채무자가 보증인의 승소를 보조하기 위해 참가하는 경우)을 말한다(제71조 이하). 즉 보조참가인은 자기의 이름으로 판결을 구하는 것이 아니라, 당사자의 한 쪽의 승소를 위하여 소송에 관여하는 것이다. 이때 보조참가하는 제3자를 보조참가인이라고 하며, 보조받는 당사자를 피참가인이라고 한다.

② 보조참가제도는 계속 중인 소송의 결과에 이해관계가 있는 제3자에게 자기의 이익을 보호할 기회를 마련하여 주는 한편, 합리적인 분쟁해결을 꾀하기 위하여 인정된다.

2. 보조참가인의 법적 성질

① 보조참가인은 자기 이름과 계산으로 자기의 이익을 보호하기 위하여 피참가인의 소송에 관여하여 소송행위를 하고, 자기를 위하여 대리인을 선임할 수도 있는 당사자에 준하는 자(준당사자)이다(보조참가인의 독립성). 이 점에서 대리인과 다르다. 그러나 ② 피참가인의 상대방에 대하여 자기의 청구, 즉 소를 제기하는 것이 아니고 단지 피참가인의 승소를 위하여 보조함에 불과하므로 진정한 의미의 당사자가 아니다(보조참가인의 종속성). 이 점에서 당사자와 다르다.

Ⅱ. 요건

보조참가가 가능한 것은 ① 다른 사람 사이의 소송계속 중에 ② 소송결과에 이해관계가 있는 경우로, ③ 소송절차를 현저하게 지연시키지 않아야 한다(제71조). 또한 ④ 소송행위의 유효요건을 구비하여야 한다.

1. 타인 간의 소송계속 중일 것

(1) 타인 간의 소송

① '타인 간의 소송'이어야 하므로 참가하고자 하는 소송의 당사자 이외의 자만이 참가할 수 있고, 따라서 소송당사자는 자기 또는 상대방의 보조참가인이 될 수 없다.

② 법정대리인은 당사자에 준하기 때문에 본인의 소송에 보조참가를 할 수 없다.

③ 그러나 자기의 공동소송인 또는 공동소송인의 상대방을 위하여 참가할 수 있다. 공동소송인 가운데 한 사람은 다른 공동소송인과의 관계에서 제3자로 볼 수 있기 때문이다. 다만 필수적 공동소송의 경우에는 보조참가를 인정할 필요는 없다.

(2) 소송계속 중

① '소송계속 중'이어야 한다. 이는 피참가인에 대한 판결절차가 진행 중이라는 뜻이므로 진행 중인 한 제1심·항소심·상고심을 불문하며, 재심의 소에 의하여 판결절차를 재개할 경우에도 보조참가가 가능하다. 또한 보조참가는 소송계속이 된 후, 즉 소장이 피고에게 송달된 후부터 가능하며, 소송종료 시까지 어느 단계에서나 참가할 수 있다.

② 한편 여기에서 소송이란 보통 판결절차를 말하지만 독촉절차와 가압류·가처분절차의 경우에도 지급명령에 대한 이의신청(제472조) 또는 이의나 취소신청에 의하여 판결절차로 이행하게 되어 잠정적인 판결절차로 볼 수 있으므로 보조참가가 허용된다. 그러나 대립당사자구조를 가지지 못하는 결정절차에 있어서는 보조참가가 허용되지 않으며, 강제집행절차에 대해서도 보조참가는 허용되지 않는다.

> [대결 1994.1.20. 93마1701] 대립하는 당사자구조를 갖지 못한 결정절차에 있어서는 보조참가를 할 수 없다.

2. 참가이유 – 소송결과에 대하여 이해관계가 있을 것(보조참가의 이익)

(1) 소송결과에 대한 이해관계

1) 의미

소송결과에 이해관계가 있는 경우로는, ① 판결의 효력이 직접 제3자(참가인)에게 미치는 경우와 ② 판결내용(결과)이 참가인의 법적 지위에 영향을 미치는 경우가 있는데, 제3자에게 직접 판결의 효력이 미치는 경우에는 공동소송적 보조참가를 할 수 있다. 반면 판결결과가 참가인의 법적 지위에 영향을 미치는 경우에는 통상 보조참가를 할 수 있다. 이 경우 판결내용(결과)에는 판결주문 이외에 판결이유 중 판단도 포함되는지에 관해서 문제가 있다.

> [대결 2021.12.10. 2021마6702] 소송사건에서 제3자가 한쪽 당사자를 돕기 위하여 보조참가를 하려면 소송결과에 이해관계가 있어야 한다(민사소송법 제71조 참조). 해당 소송에서 판결의 효력이 직접 미치지 않는다고 하더라도 그 판결을 전제로 보조참가를 하려는 자의 법률상 지위가 결정되는 관계에 있으면 이러한 이해관계가 인정된다.

2) 학설

① 참가인의 법적 지위가 본소송의 승패, 즉 판결주문 중의 소송물인 권리관계의 존부에 논리적으로 의존관계에 있을 때에 보조참가의 이익이 있다는 것이 통설이다(제한설). 피참가인이 패소하면 그로부터 구상·손해배상청구를 당하게 되는 등 실체법상의 권리의무에 불리한 영향을 받을

경우가 이에 해당한다. 반면 ② 보조참가인의 법률상의 지위가 판결주문에서 판단되는 소송물인 권리관계의 존부에 직접 영향을 받는 관계에 있는 경우뿐만 아니라 판결이유 중의 판단에 영향을 받는 경우도 포함된다고 보는 견해도 있다(확대설).

> **예** [수인의 피해자 사례] : 교통사고에 기한 손해배상청구소송에서 피해자 여럿 가운데 어느 피해자 A만이 가해자를 상대로 손해배상청구의 소를 제기하였을 때에 통설에 따르면 피해자 A의 소송결과는 다른 공동피해자의 법률상의 지위의 논리적 전제(선결적 법률관계)가 아니므로 다른 피해자는 A에게 보조참가를 할 수 없다. 그러나 반대입장에 따르면, 다른 피해자는 A에게 보조참가를 할 수 있다.

3) 판례

판례는 ① 판결주문 중의 소송물인 권리관계의 존부판단에 영향을 받는 경우로서 피참가인이 패소하면 그로부터 구상·손해배상청구를 당하게 되는 등 실체법상의 권리의무에 불리한 영향을 받을 경우에만 보조참가를 할 수 있고, 판결이유 중에서 판단되는 쟁점에 의하여 영향을 받는 것만으로는 보조참가를 할 수 없다는 입장이다. 다만 ② 공동불법행위자 중 1인은 피해자인 원고가 다른 공동불법행위자를 상대로 제기한 손해배상청구소송의 결과에 법률상 이해관계를 갖는다고 하여 원고를 위한 보조참가를 허용한 바 있다.

★★[대판 1999.7.9, 99다12796] 수인의 가해자 사례

[1] 보조참가의 요건

특정 소송사건에서 당사자의 일방을 보조하기 위하여 보조참가를 하려면 당해 소송의 결과에 대하여 이해관계가 있어야 하고, 여기에서 말하는 이해관계라 함은 사실상, 경제상 또는 감정상의 이해관계가 아니라 법률상의 이해관계를 가리킨다.

[2] 불법행위로 인한 손해배상책임을 지는 자는 피해자가 다른 공동불법행위자들을 상대로 제기한 손해배상 청구소송에 피해자를 위하여 보조참가를 할 수 있는지 여부(적극) 및 피해자가 패소판결에 대하여 상소하지 않은 경우에도 그 상소기간 내에 보조참가와 동시에 상소를 제기할 수 있는지 여부(적극)
① 불법행위로 인한 손해배상책임을 지는 자는 피해자인 원고가 다른 공동불법행위자를 상대로 제기한 손해배상청구소송의 결과에 대하여 법률상의 이해관계를 갖는다고 할 것이므로, 위 소송에 원고를 위하여 보조참가를 할 수 있다. ② 피해자인 원고가 패소판결에 대하여 상소를 하지 않더라도 원고의 상소기간 내라면 보조참가신청과 동시에 상소를 제기할 수도 있다.

➥ [해설] : 통설의 입장을 엄격히 따른다면 구상권의 문제는 공동불법행위자 사이에서 별도로 해결할 문제라고 할 수 있으므로 소송결과에 법률상의 이해관계가 없고, 따라서 보조참가의 이익이 없다고 할 것이다. 따라서 이에 따른다면 동 판례는 보조참가의 이익을 유연하게 해석하여 보조참가의 허용요건을 확대하는 방향에 가깝다고 평가한다. 또한 손해배상청구의 전제가 되는 불법행위에 관한 판결이유 중 판단에 이해관계를 갖는 경우에도 보조참가를 인정한 사례라는 평가도 있다.

★★[대판 2001.1.19, 2000다59333] 피고로부터 부동산을 매수한 참가인이 소유권이전등기를 미루고 있는 사이에 원고가 피고에 대한 채권이 있다 하여 당시 피고의 소유명의로 남아 있던 위 부동산에 대하여 가압류를 하고 본안소송을 제기하자 참가인이 피고보조참가를 한 사안에서, 원고가 승소하

면 위 가압류에 기하여 위 부동산에 대한 강제집행에 나설 것이고 그렇게 되면 참가인은 그 후 소유권이
전등기를 마친 위 부동산의 소유권을 상실하게 되는 손해를 입게 되며, 원고가 피고에게 구하는 채권이
허위채권으로 보여지는데도 피고가 원고의 주장사실을 자백하여 원고를 승소시키려 한다는 사유만으
로는 참가인의 참가가 이른바 공동소송적 보조참가에 해당하여 참가인이 피참가인인 피고와 저촉되는
소송행위를 할 수 있는 지위에 있다고 할 수 없다.

➩ [해설] : 사안의 경우, 참가인이 피참가인의 행위와 저촉되는 소송행위를 할 수 있는 지위에
있는 이른바 공동소송적 보조참가에 해당하지 않고, 통상 보조참가에 해당한다고 본 사례이다.

(2) 법률상 이해관계

이해관계란 '법률상의 이해관계'이어야 한다. 예 피참가인이 패소하면 자기가 친족으로서 부양의
무를 부담하게 될 우려(경제적 불이익)가 있다든지, 피참가인과 친구관계에 있다든지(동정심), 당사자
인 회사가 패소하여 재산이 감소하면 주주인 자기의 이익배당이 적어진다는 등의 '사실상·경제상
또는 감정상의 이해관계'는 여기에 속하지 않는다.

[대판 1997.12.26, 96다51714; 대판(전) 2017.6.22, 2014다225809] 소송사건에서 당사자의 일
방을 보조하기 위하여 보조참가를 하려면 당해 소송의 결과에 대하여 이해관계가 있어야 할 것인바,
여기에서 말하는 이해관계라 함은 사실상, 경제상 또는 감정상의 이해관계가 아니라 법률상의 이해관
계를 가리킨다.24)

3. 소송절차의 현저한 지연이 없을 것

참가인의 제도남용에 의한 소송지연을 방지하기 위한 것으로서, 공익적 요건으로 직권조사사항
이다.

4. 소송행위로서의 유효요건을 갖출 것

참가신청도 소송행위이므로 소송행위의 유효요건을 갖추어야 하며, 참가인의 당사자능력·소송
능력, 대리인에 의한 참가의 경우 대리권이 존재하여야 한다. 이는 직권조사사항이다.

Ⅲ. 참가절차

제72조(참가신청의 방식)
① 참가신청은 참가의 취지와 이유를 밝혀 참가하고자 하는 소송이 계속된 법원에 제기하여야 한다.
② 서면으로 참가를 신청한 경우에는 법원은 그 서면을 양쪽 당사자에게 송달하여야 한다.
③ 참가신청은 참가인으로서 할 수 있는 소송행위와 동시에 할 수 있다.

---

24) 대학입시 합격자가 A사립대학을 경영하는 학교법인을 상대로 제기한 등록금환불청구소송에서 그 청구가 인용되면
그 간접적 영향으로 다른 B사립대학을 경영하는 학교법인에게도 파급효가 미치게 되어 교육재정의 대부분을 차지하
는 등록금제도 운영에 차질이 생긴다는 사정만으로는 B사립대학은 위 등록금환불청구소송의 결과에 대한 법률상의
이해관계가 있다고 할 수 없다고 본 사례이다.

> **제73조(참가허가 여부에 대한 재판)**
> ① 당사자가 참가에 대하여 이의를 신청한 때에는 참가인은 참가의 이유를 소명하여야 하며, 법원은 참가를 허가할 것인지 아닌지를 결정하여야 한다.
> ② 법원은 직권으로 참가인에게 참가의 이유를 소명하도록 명할 수 있으며, 참가의 이유가 있다고 인정되지 아니하는 때에는 참가를 허가하지 아니하는 결정을 하여야 한다.
> ③ 제1항 및 제2항의 결정에 대하여는 즉시항고를 할 수 있다.
> **제74조(이의신청권의 상실)**
> 당사자가 참가에 대하여 이의를 신청하지 아니한 채 변론하거나 변론준비기일에서 진술을 한 경우에는 이의를 신청할 권리를 잃는다.
> **제75조(참가인의 소송관여)**
> ① 참가인은 그의 참가에 대한 이의신청이 있는 경우라도 참가를 허가하지 아니하는 결정이 확정될 때까지 소송행위를 할 수 있다.
> ② 당사자가 참가인의 소송행위를 원용한 경우에는 참가를 허가하지 아니하는 결정이 확정되어도 그 소송행위는 효력을 가진다.

1. 참가신청

참가신청은 참가의 취지와 이유를 밝혀 서면 또는 말(구술)로 참가하고자 하는 소송이 계속된 법원에 제기한다(제72조 제1항, 제161조).[25] 서면으로 신청한 경우에는 그 서면을 당사자 쌍방에게 송달하여야 한다(제72조 제2항). 참가신청은 참가인으로 할 수 있는 소송행위(예 상소의 제기, 지급명령에 대한 이의, 재심의 소의 제기)와 동시에 할 수 있다(동조 제3항).

2. 참가의 허부

① 피참가인 또는 그 상대방이 이의가 있을 때에는 참가인은 참가의 이유를 소명하여야 하며, 법원은 그 허부를 결정으로 재판한다(제73조 제1항).

[대판 2007.11.16, 2005두15700] 보조참가에 대하여 당사자가 이의를 신청한 경우 법원이 이에 대하여 결정이 아닌 종국판결로써 심판하는 것이 위법한지 여부(소극)
당사자가 보조참가에 대하여 이의를 신청한 때에는, 법원은 참가를 허가할 것인지 아닌지를 결정하여야 하고, 다만 이를 결정이 아닌 종국판결로써 심판하였더라도 위법한 것은 아니다.

---

② 다만, 당사자의 이의가 없는 경우에도 법원은 직권으로 참가인에게 참가이유를 소명하도록 명할 수 있으며, 참가이유가 있다고 인정되지 아니하는 때에는 참가를 허가하지 아니하는 결정을 하도록 하였다(제73조 제2항). 즉 법원이 당사자의 이의를 기다리지 않고 직권으로도 참가이유를 심사할 수 있다.

③ 위 법원의 결정에 대하여는 즉시항고를 할 수 있다(제73조 제3항).

---

25) 참가취지란 누구를 위하여 보조참가하는지 여부를 말하며, 참가이유란 소송의 결과에 대한 이해관계의 내용을 말한다.

④ 당사자가 참가에 대하여 이의 없이 변론(또는 변론준비기일에서 진술)한 경우에는 이의를 신청할 권리를 잃는다(제74조). 이의신청이 있더라도 참가를 허가하지 않는 결정이 확정될 때까지 참가신청인은 참가인으로서 할 수 있는 일체의 소송행위를 할 수 있다. 이 사이에 행한 참가신청인의 소송행위는 참가불허결정이 확정되면 효력을 잃으나, 당사자가 원용하면 효력이 생겨 유효한 것으로 취급된다(제75조).

3. 참가의 종료

참가인은 어느 때나 참가신청을 취하할 수 있다. 그러나 신청이 취하되더라도 제77조의 참가적 효력을 받는다. 또한 참가인이 한 소송행위는 취하에도 불구하고 그 효력을 상실하지 않는다.

IV. 참가인의 소송상 지위

1. 이중적 지위

(1) 의의

보조참가인은 당사자가 아니지만, 당사자의 한쪽을 승소시키는 것에 의하여, 결과적으로는 자기의 법적 이익을 지키기 위하여 어느 정도 피참가인으로부터 독립한 절차상의 지위가 주어져야 한다. 따라서 참가인은 ① 당사자로부터 '독립'한 성격과 ② 당사자에게 '종속'하는 성격을 겸유한다.

(2) 독립적 지위

① 보조참가인은 대리인이 아니고 독자적인 소송관여권이 있으므로 당사자와 별도로 절차관여권이 인정되어야 한다. 따라서 보조참가인은 피참가인과 별도로 기일의 통지, 소송서류의 송달 등을 받아야 하므로, 보조참가인에게 기일통지를 하지 않았다면 기일을 적법하게 열었다고 할 수 없다.

[대판 2007.2.22. 2006다75641]
[1] 보조참가인의 소송수행권능은 피참가인으로부터 유래된 것이 아니라 독립의 권능이라고 할 것이므로 피참가인과는 별도로 보조참가인에 대하여도 기일의 통지, 소송서류의 송달 등을 행하여야 하고, 보조참가인에게 기일통지서 또는 출석요구서를 송달하지 아니함으로써 변론의 기회를 부여하지 아니한 채 행하여진 기일의 진행은 적법한 것으로 볼 수 없다.
[2] 기일통지서를 송달받지 못한 보조참가인이 변론기일에 직접 출석하여 변론할 기회를 가졌고, 위 변론 당시 기일통지서를 송달받지 못한 점에 관하여 이의를 하지 아니하였다면, 기일통지를 하지 않은 절차진행상의 흠이 치유된다.

② 참가인은 피참가인의 동의 없이 참가신청을 어느 때나 취하할 수 있고, 피참가인을 승소시키는 데에 필요한 일체의 소송행위를 할 수 있음이 원칙이다.

(3) 종속적 지위

① 참가인은 자기 명의로 판결을 받는 당사자가 아니므로 판결의 명의인이 되지 않는다.

② 참가인은 당사자가 아니라 보조자이므로 증인이나 감정인이 될 능력이 있다.

③ 보조참가인은 피참가인인 당사자의 승소를 위한 보조자일 뿐 자신이 당사자가 되는 것이 아니므로, 소송계속 중 보조참가인이 사망하더라도 소송절차는 중단되지 아니한다(대판 1995.8.25, 94다27373).

④ 참가인에 의한 상소는 피참가인의 상소기간 내에 한한다. 따라서 피참가인인 피고에 대한 관계에 있어서 상고기간이 경과한 것이라면 피고 보조참가인의 상고 역시 상고기간 경과 후의 것이 되어 피고 보조참가인의 상고는 부적법하다(대판 2007.9.6, 2007다41966). 즉 상소기간은 피참가인에 대한 판결정본이 송달된 때로부터 진행하고, 참가인에 대한 판결정본이 송달된 때로부터 진행하는 것은 아니며, 상소기간의 준수 여부는 피참가인을 기준으로 한다.

★[대판 1995.8.25, 94다27373]

[1] 보조참가인은 피참가인인 당사자의 승소를 위한 보조자일 뿐 자신이 당사자가 되는 것이 아니므로 소송계속 중 보조참가인이 사망하더라도 본소의 소송절차는 중단되지 아니한다.

[2] 재심 소송계속 중에 보조참가인이 사망한 경우, 승계인에 의한 수계절차가 이루어지지 아니한 이상 보조참가인을 판결문의 당사자 표시에 보조참가인으로 기재하지 아니하였다 하여 거기에 어떤 위법이 있다고 할 수 없다.

➡ [해설] :

① 보조참가인이 사망한 경우에도 소송절차가 중단되는지에 대해 살펴보면, 보조참가인은 피참가인과의 관계에서 종속적 지위를 가질 뿐 소송당사자가 아니고, 또한 법정대리인이나 대표자에도 속하지 아니하므로 그가 사망하더라도 소송절차의 중단사유에는 해당하지 아니한다(제233조 내지 제240조). 그러나 상속인은 보조참가인의 지위를 스스로 수계할 수 있고, 수계가 있으면 상속인이 보조참가인이 되어 소송절차를 계속 진행하면 된다.

② 소송절차가 중단되지 않는다고 하더라도 판결문에 기재 없이 판결을 선고하여도 위법이 아닌지가 문제된다. 판결문의 필요적 기재사항은 당사자와 법정대리인, 주문, 청구의 취지와 상소의 취지, 이유, 변론종결의 연월일, 법원, 법관의 서명과 날인이다(제208조). 보조참가인도 특정할 수 있는 한도에서는 당사자에 준하여 표시할 것이 요청되나, 수계가 이루어지지 않은 이상 변론종결 당시에는 보조참가인이 없어진 상태라는 점에 비추어 위법이 아니라는 판례의 견해는 타당하다고 보여진다.

---

2. 참가인이 할 수 있는 소송행위와 그 제한

> **제76조(참가인의 소송행위)**
> ① 참가인은 소송에 관하여 공격·방어·이의·상소, 그 밖의 모든 소송행위를 할 수 있다. 다만, 참가할 때의 소송의 진행정도에 따라 할 수 없는 소송행위는 그러하지 아니하다.
> ② 참가인의 소송행위가 피참가인의 소송행위에 어긋나는 경우에는 그 참가인의 소송행위는 효력을 가지지 아니한다.

(1) 원칙

참가인은 소송에 관하여 주장·항변·증거신청·상소의 제기, 그 밖의 모든 소송행위를 자기의 명의로 할 수 있고(제76조 제1항), 그 행위는 피참가인이 한 것과 동일한 효과가 발생한다. 제76조의 규정은 예시적 규정으로 참가인은 피참가인을 승소시키는 데 필요한 일체의 소송행위를 할 수 있음이 원칙이다.

(2) 제한

다만 다음과 같은 제한에 위반된 참가인의 행위는 무효로 된다.

1) 참가 당시 소송정도로 보아 피참가인도 할 수 없는 행위

참가할 때의 소송의 진행정도에 따라 피참가인이 할 수 없는 소송행위는 참가인도 할 수 없다(제76조 제1항 단서). 예 피참가인이 시기에 늦어 제출할 수 없게 된 공격방어방법은 참가인이 제출할 수가 없고, 피참가인인 피고에 대한 관계에 있어서 상고기간이 경과한 것이라면 피고 보조참가인의 상고 역시 상고기간 경과 후의 것이 되어 피고 보조참가인의 상고는 부적법하다.

> [대판 2007.9.6, 2007다41966] 피참가인인 피고에 대한 관계에 있어서 상고기간이 경과한 것이라면 피고 보조참가인의 상고 역시 상고기간 경과 후의 것이 되어 피고 보조참가인의 상고는 부적법하다.

2) 피참가인의 소송행위에 어긋나는 행위

① 참가인의 소송행위가 피참가인이 이미 행한 소송행위와 어긋나는 경우에는 효력이 생기지 않는다(제76조 제2항). 예 피참가인이 원고의 주장사실에 대하여 이미 자백을 한 이상 참가인이 그것을 다투어도 부인의 효력은 생기지 않고, 피참가인이 상소를 포기한 뒤에는 참가인은 상소를 제기할 수 없다.

★★[대판 1981.6.23, 80다1761] 보조참가인의 주장이 피참가인의 자백과 저촉하는 때의 효력 유무
피참가인이 상대방의 주장사실을 자백한 이상 보조참가인이 이를 다투었다고 하여도 민사소송법 제76조 제2항에 의하여 참가인의 주장은 그 효력이 없다.

★★[대판 2007.11.29, 2007다53310] 민사소송법 제76조 제2항이 규정하는 '참가인의 소송행위가 피참가인의 소송행위에 어긋나는 경우'의 의미 및 피참가인인 피고가 원고가 주장하는 사실을 명백히 다투지 아니하였으나 참가인이 보조참가를 신청하면서 그 사실에 대하여 다투는 경우, 그 소송행위의 효력(유효)
민사소송법 제76조 제2항이 규정하는 참가인의 소송행위가 피참가인의 소송행위에 어긋나는 경우라 함은 참가인의 소송행위가 피참가인의 행위와 명백히 적극적으로 배치되는 경우를 말하고 소극적으로만 피참가인의 행위와 불일치하는 때에는 이에 해당하지 않는 것인바, 피참가인인 피고가 원고가 주장하는 사실을 명백히 다투지 아니하여 민사소송법 제150조에 의하여 그 사실을 자백한 것으로 보게 될 경우라도 참가인이 보조참가를 신청하면서 그 사실에 대하여 다투는 것은 피참가인의 행위와 명백히 적극적으로 배치되는 경우라 할 수 없어 그 소송행위의 효력이 없다고 할 수 없다.

➲ [해설] : 원심이, 피고 A를 제외한 나머지 피고 B가 변론기일에 출석하지 아니하고 변론에서 원고가 주장하는 사실을 명백히 다투지 아니하였으나 위 피고 B를 위하여 피고 A가 보조참가신청을 하면서 원고 주장사실을 다투는 것은 피참가인의 행위와 명백히 적극적으로 배치되지 않는다는 전제하에, 보조참가인인 피고 A의 소송행위에 의하여 원고의 피고 A를 제외한 나머지 피고 B에 대한 청구를 배척한 것은 정당하고, 원심판결에는 상고이유에서 주장하는 바와 같은 변론주의에 관한 법리오해 등으로 판결에 영향을 미친 위법이 없다고 본 사안이다.

★[대판 1994.4.29. 94다3629] 보조참가인이 신청한 증거에 터 잡아 피참가인에게 불이익한 사실을 인정할 수 있는지 여부
보조참가인의 증거신청행위가 피참가인의 소송행위와 저촉되지 아니하고(즉, 피참가인이 증거신청행위와 저촉되는 소송행위를 한 바 없고), 그 증거들이 적법한 증거조사절차를 거쳐 법원에 현출되었다면 법원이 이들 증거에 터 잡아 피참가인에게 불이익한 사실을 인정하였다 하여 그것이 민사소송법 제76조 제2항에 위배된다고 할 수 없다.

---

② 동 규정의 취지상 참가인의 행위와 어긋나는 행위를 피참가인이 뒤에 한 경우에도 참가인의 행위는 무효로 된다. 따라서 보조참가인이 제기한 항소를 피참가인은 포기·취하할 수 있다. 즉 보조참가인은 피참가인이 제기한 항소를 취하할 수 없지만, 피참가인은 보조참가인이 제기한 항소를 취하할 수 있다(대판 2010.10.14. 2010다38168). 그러나 참가인이 재심의 소를 제기한 경우에 피참가인의 재심의 소취하로 재심의 소제기가 무효로 되거나 부적법하게 된다고 볼 것은 아니다.

[대판 1984.12.11. 84다카659] 민사소송법 제76조 제2항 규정의 취지는 피참가인들의 소송행위와 보조참가인들의 소송행위가 서로 저촉될 때는 피참가인의 의사가 우선하는 것을 뜻하는 것이라 할 것이므로 피참가인은 참가인의 행위와 저촉되는 행위를 할 수 있고, 따라서 보조참가인들이 제기한 항소를 포기 또는 취하할 수도 있다.

★★[대판 2015.10.29. 2014다13044] 재심의 소에 공동소송적 보조참가인이 참가한 후 피참가인이 공동소송적 보조참가인의 동의 없이 한 재심의 소취하의 효력(무효) 및 이는 재심의 소를 피참가인이 제기한 경우나 통상의 보조참가인이 제기한 경우에도 마찬가지인지 여부(적극) / 통상의 보조참가인이 재심의 소를 제기한 경우, 피참가인의 재심의 소취하로 재심의 소제기가 무효로 되거나 부적법하게 되는지 여부(소극)
재심의 소를 취하하는 것은 통상의 소를 취하하는 것과는 달리 확정된 종국판결에 대한 불복의 기회를 상실하게 하여 더 이상 확정판결의 효력을 배제할 수 없게 하는 행위이므로, 이는 재판의 효력과 직접적인 관련이 있는 소송행위로서 확정판결의 효력이 미치는 공동소송적 보조참가인에 대하여는 불리한 행위이다. 따라서 재심의 소에 공동소송적 보조참가인이 참가한 후에는 피참가인이 재심의 소를 취하하더라도 공동소송적 보조참가인의 동의가 없는 한 효력이 없다. 이는 재심의 소를 피참가인이 제기한 경우나 통상의 보조참가인이 제기한 경우에도 마찬가지이다. 특히 통상의 보조참가인이 재심의 소를 제기한 경우에는 피참가인이 통상의 보조참가인에 대한 관계에서 재심의 소를 취하할 권능이 있더라도 이를 통하여 공동소송적 보조참가인에게 불리한 영향을 미칠 수는 없으므로, 피참가인의 재심의 소취하로 재심의 소제기가 무효로 된다거나 부적법하게 된다고 볼 것도 아니다.

---

3) 피참가인에게 불이익한 행위

피참가인에게 불이익한 행위, ⓔ 청구의 포기·인낙, 소송상 화해, 자백 등은 참가인이 할 수 없다.

4) 소송 그 자체를 처분·변경하는 행위

참가인은 소송의 목적(심판의 대상)을 변경하고 확장하는 행위(ⓔ 소송 그 자체를 처분·변경하는 행위)는 할 수 없다. 즉 참가인은 당사자가 아니므로 기존의 소송을 전제로 소송행위를 할 수 있는 것이고, ⓔ 소의 취하, 소의 변경 또는 반소의 제기 등은 할 수 없다.

5) 사법상의 권리행사

가) 문제점

참가인 자신의 사법상 권리를 행사하는 것은 별 문제이나, 피참가인이 가진 사법상의 권리(ⓔ 피참가인의 취소권, 해제권. 상계권)를 행사할 수 있는지 여부가 피참가인의 이익보호와 보조참가인의 소송상 지위의 면에서 문제이다. 다만 사법이 참가인에게 그 권한의 행사를 인정한 경우에 행사할 수 있음은 물론이다(민법 제404조, 제418조, 제434조).

나) 학설

① 보조참가인의 종속성을 강조하고 피참가인의 이익보호를 위해 참가인은 피참가인이 가진 사법상의 권리를 행사할 수는 없다는 입장이 다수설이다(부정설 – 참가인이 이를 행사하지 못함으로써 패소한 경우 참가인의 보호는 참가적 효력을 배제함으로써 충분하다고 한다). 반면 ② 보조참가인의 독립성을 강조하여 참가인은 피참가인의 사법상 권리를 행사할 수 있다는 입장(긍정설 – 피참가인의 보호는 스스로 참가인과 저촉되는 행위를 함으로써 가능하다고 한다)과 ③ 이를 부정함이 타당하나 보조참가인이 권리행사를 한 경우 피참가인이 지체 없이 이의를 제기하지 않는 한 묵시의 추인이 있는 것으로 보자는 견해(절충설)도 있다.

V. 참가인에 대한 판결의 효력

> **제77조(참가인에 대한 재판의 효력)**
> 재판은 다음 각 호 가운데 어느 하나에 해당하지 아니하면 참가인에게도 그 효력이 미친다.
> 1. 제76조의 규정에 따라 참가인이 소송행위를 할 수 없거나, 그 소송행위가 효력을 가지지 아니하는 때
> 2. 피참가인이 참가인의 소송행위를 방해한 때
> 3. 피참가인이 참가인이 할 수 없는 소송행위를 고의나 과실로 하지 아니한 때

1. 문제점

판결의 효력으로써 기판력이나 집행력은 당사자에게만 미치고 보조참가인에게는 미치지 않는다(제218조 제1항). 그런데 제77조에서는 참가인에게도 재판의 효력에 미친다고 하고 있는데, 여기서 재판의 효력이란 무엇인지가 문제된다.

2. 법적 성질

(1) 학설

① 종래에는 기판력의 확장이라고 보는 기판력설이 있었으나, ② 현재의 통설은 참가인이 피참가인과 협력하여 소송을 수행한 이상, 패소의 경우에는 그 책임을 공평하게 분담하여야 한다는 공평의 관념에 근거한 효력이고, 참가인이 뒤에 피참가인에 대한 관계에서 판결의 내용이 부당하다고 주장할 수 없는 금반언의 구속력으로서 기판력과 달리 보조참가에 특수한 효력, 즉 참가적 효력으로 풀이한다(이른바 참가적 효력설). 반면 ③ 참가인과 피참가인 사이에 발생하는 효력은 참가적 효력이나, 참가인과 상대방 당사자 사이에서는 기판력 내지 쟁점효라고 하는 신기판력설도 있다.

(2) 판례

판례는 형평의 원칙상 보조참가인이 피참가인에게 그 패소판결이 부당하다고 주장할 수 없도록 구속력을 미치게 하는 이른바 참가적 효력이 있음에 불과하므로, 피참가인과 그 소송상대방간의 판결의 기판력이 참가인과 피참가인의 상대방과의 사이에까지는 미치지 아니한다고 하여 참가적 효력설의 입장이다.

***[대판 1988.12.13. 86다카2289]** 형평의 원칙상 보조참가인이 피참가인에게 그 패소판결이 부당하다고 주장할 수 없도록 구속력을 미치게 하는 이른바 참가적 효력이 있음에 불과하므로, 피참가인과 그 소송상대방 간의 판결의 기판력이 참가인과 피참가인의 상대방과의 사이에까지는 미치지 아니한다.

◈ 원고와 참가인 사이의 효력 ◈

1. 문제점

피참가인의 패소판결이 확정된 경우, 원고가 참가인을 상대로 제기한 후소에 전소판결의 참가적 효력 및 기판력이 미치는지 여부가 문제이다.

2. 참가적 효력이 미치는지 여부

참가적 효력은 참가인과 피참가인 사이에서만 인정되므로, 원고와 참가인 사이에는 미치지 않는다.

3. 기판력이 미치는지 여부

기판력은 전소 당사자인 원고와 피고(피참가인) 사이에만 미치고, 전소 소송물과 동일관계, 선결관계 또는 모순관계에서만 작용한다. 따라서 후소는 이에 해당하지 않으므로 전소 기판력이 후소에 미칠 수 없다. 다만 후소법원은 전소 판결이유 중 판단에 구속되어야 하는지가 문제된다.

4. 판결이유 중 판단의 증명력

전소 확정판결의 효력인 참가적 효력 및 기판력이 후소에 미치지 않으므로, 후소법원은 별도의 변론과 증거조사에 의해 형성된 심증에 따라 판단하면 된다. 다만 전소 판결이유 중 판단은 유력한 증거자료가 되어 후소법원은 합리적 이유 없이 이를 배척할 수는 없다. 그러나 별도의 증거조사 결과 피고의 항변이 이유 있다고 심증형성이 되었다면 후소법원은 피고의 항변을 받아들여 원고 청구를 기각할 수 있다. 전소 판결이유 중 판단을 배척할 합리적 이유가 있기 때문이다.

★[대판 2015.5.28, 2012다78184] 전소가 확정판결이 아닌 화해권고결정에 의하여 종료된 경우, 참가적 효력이 인정되는지 여부(소극)

보조참가인이 피참가인을 보조하여 공동으로 소송을 수행하였으나 <u>피참가인이 소송에서 패소한 경우에는 형평의 원칙상 보조참가인이 피참가인에게 패소판결이 부당하다고 주장할 수 없도록 구속력을 미치게 하는 이른바 참가적 효력이 인정되지만</u>, 전소 확정판결의 참가적 효력은 전소 확정판결의 결론의 기초가 된 사실상 및 법률상의 판단으로서 보조참가인이 피참가인과 공동이익으로 주장하거나 다툴 수 있었던 사항에 한하여 미친다. 이러한 법리에 비추어 보면 <u>전소가 확정판결이 아닌 화해권고결정에 의하여 종료된 경우에는 확정판결에서와 같은 법원의 사실상 및 법률상의 판단이 이루어졌다고 할 수 없으므로 참가적 효력이 인정되지 아니한다.</u>

3. 효력의 범위

참가적 효력설에 따르면, 그 효력의 범위는 피참가인의 <u>패소의 경우</u>에 ① 주관적으로는 참가인과 피참가인 사이에서, ② 객관적으로는 <u>판결주문 중의 판단만이 아니라 전소 판결이유 중 패소이유가 되었던 사실상·법률상의 판단에도 그 효력이 생긴다.</u> 다만 판결결과에 영향을 미칠 수 없는 방론이나 부가적·보충적 판단에는 미치지 않는다.

[대판 1997.9.5, 95다42133; 대판 2020.1.30, 2019다268252]

[1] 보조참가인이 피참가인을 보조하여 공동으로 소송을 수행하였으나 피참가인이 소송에서 패소한 경우에는 형평의 원칙상 보조참가인이 피참가인에게 패소판결이 부당하다고 주장할 수 없도록 구속력을 미치게 하는 이른바 참가적 효력이 인정되지만, <u>전소 확정판결의 참가적 효력은 전소 확정판결의 결론의 기초가 된 사실상 및 법률상의 판단으로서 보조참가인이 피참가인과 공동이익으로 주장하거나 다툴 수 있었던 사항에 한하여 미치고, 전소 확정판결에 필수적인 요소가 아니어서 결론에 영향을 미칠 수 없는 부가적 또는 보충적인 판단이나 방론 등에까지 미치는 것은 아니다.</u>

[2] 보조참가인이 피고를 위해 보조참가를 하였다가 피고 패소판결이 확정된 판결은 먼저 주된 판단으로서, 공공용지의 취득 및 손실보상에 관한 특례법에 의한 협의취득은 사법상의 매매계약과 같은 성질의 것으로서 협의당사자 사이에서만 협의에 따른 권리의무관계가 성립될 뿐인데 협의취득의 당사자는 원고와 피고이지 보조참가인이 아니라는 이유를 들고, 거기에 부가하여 보충적인 판단으로서 당해 토지가 1950년경의 대홍수로 낙동강의 수류가 변동됨에 따라 완전히 강바닥으로 변하여 10여년 이상 강물이 상시 흐르는 침수 상태가 계속되어 포락됨으로써 보조참가인의 소유권이 소멸되었다는 이유를 들어 보조참가인이 당해 토지에 관한 진정한 소유권자임을 전제로 보조참가인에게 보상금청구권이 있다는 피고 및 보조참가인의 주장을 배척하고 있는 경우, 보상금지급청구권의 존부에 관한 확정판결의 결론은 주된 판단이 정당한 이상 보조참가인의 당해 토지에 관한 소유권이 포락에 의하여 소멸된 것인지 여부에 관계없이 유지될 수밖에 없는 것이어서 당해 토지의 포락 여부에 관한 판단이 확정판결에 필수적인 요소로서 그 결론의 기초가 된 사실상, 법률상 판단에 해당된다고 볼 수 없고, <u>보조참가인으로서는 판결의 결론에 영향을 미칠 수도 없는 부가적인 판결이유의 당부만을 문제삼아 따로 불복하여 다툴 수도 없었던 것이므로, 보조참가인에 대한 확정판결의 참가적 효력이 당해 토지의 포락 여부에 관한 부가적 판단에까지 미치지 않는다.</u>

➲ [해설] : 통설은 참가적 효력은 주문 중의 판단에 한정되지 아니하고 그 전제로서 이루어진 판결이유 중의 사실인정이나 선결적 권리관계의 존부에 관한 판단에도 미친다고 한다. 그러나 종래 객관

적 범위와 관련해서 구체적으로 어떠한 경우에 어떠한 사항에 관하여 그 효력이 발생하는지에 대해서는 판례의 입장이 불분명했던바, 본 판결은 이 점에 대해 보다 분명하게 판시함으로써 참가적 효력의 객관적 범위를 결정하는 기준을 제시하였다는 점에 그 의의가 있는 판결이라고 평가된다.

4. 참가적 효력의 배제

참가인이 참가적 효력을 받는 것은 소송수행의 공동책임(패소책임)을 분담함에 있는 것이므로, 참가인이 충분히 소송수행을 할 수 없었던 경우에는 패소책임을 인정하기가 어려울 것이다. 따라서 다음의 경우에는 참가적 효력이 배제된다(제77조).

① 참가인이 참가당시의 소송 정도로 보아 소송행위를 유효하게 할 수 없거나, 참가인이 한 소송행위가 피참가인의 행위에 어긋나서 효력이 없는 경우(제1호)

② 피참가인이 참가인의 소송행위를 방해한 경우(제2호)

③ 피참가인이 참가인이 할 수 없는 소송행위를 고의나 과실로 하지 아니한 경우(제3호)

★★[대판 1974.6.4, 73다1030] 참가적 효력의 배제
① 보조참가의 경우에 그 재판이 참가인에게 미치는 참가적 효력은 참가인과 피참가인 사이에만 발생되고 참가인과 피참가인의 상대방 간에는 미치지 않는다. ② 참가인이 부인하는 사실을 피참가인이 자백한 경우와 같이 피참가인이 참가인의 소송행위를 방해한 경우에는 그 재판은 참가인에 대하여 효력이 없다.

참가적 효력과 기판력의 비교

구분	참가적 효력	기판력
의의	피참가인이 패소하고 피참가인이 참가인을 상대로 후소를 제기한 경우에만 발생하는 효력	승소나 패소를 불문하고 일률적으로 발생하는 효력(실질적 확정력)
성질 및 주장	(1) 참가인에게 충분한 소송수행의 기회가 보장되었을 경우에 발생하는 효력 (2) 당사자의 원용이 있어야 비로소 발생하는 효력(항변사항)	(1) 당사자로 소송수행한 이상 구체적 사정에 좌우되지 않고 무조건적으로 발생하는 효력 (2) 법원의 직권조사사항
주관적 범위	참가인과 피참가인	당사자
객관적 범위	판결주문 중의 판단뿐만이 아니라, 판결이유 중의 사실상·법률상 판단	판결주문 중의 판단에만 발생
효력배제 허용 여부	예외적 효력배제 인정	예외 ✗

제2관 공동소송적 보조참가

> **제78조(공동소송적 보조참가)**
> 재판의 효력이 참가인에게도 미치는 경우에는 그 참가인과 피참가인에 대하여 제67조 및 제69조를 준용한다.

I. 서설

1. 의의 및 인정취지

공동소송적 보조참가란 재판의 효력을 받을 제3자가 타인 간에 계속 중인 소송에 보조참가하는 것을 말한다. 참가인에게도 판결의 효력이 미치는 경우에는 참가인의 이해관계가 크므로, 참가인의 절차권을 보장하기 위하여 인정된 제도이다.[26] 따라서 그 참가인과 피참가인에 대하여는 필수적 공동소송에 관한 제67조 및 제69조를 준용하도록 하였다(제78조).

2. 구별개념

① 재판의 효력을 받는 제3자가 참가하는 점에서 통상의 보조참가(제71조)와 다르고, 또한 ② 판결의 효력을 받으면서 당사자적격이 있는 제3자가 공동소송인으로 참가하는 공동소송(당사자)참가(제83조)와 다르다. 특히 후자와 관련해서 문제가 되는 유형은 다음과 같다.

II. 유형 – 공동소송참가와의 한계 사례

판결의 효력을 받는 제3자가 당사자적격을 갖지 않는 경우에는 공동소송인으로 참가하는 공동소송참가는 허용되지 않고, 다만 보조참가인으로 참가하는 공동소송적 보조참가가 된다.

1. 파산관재인의 소송 중 파산자의 참가형태

파산재단에 관한 소송에서 파산자는 당사자적격이 없고 파산관재인에게 당사자적격이 있는데(파산법 제152조), 파산관재인이 받은 판결의 효력은 파산자에게도 미치게 되므로(제218조 제3항), 이 경우에 파산자가 파산관재인의 파산재단에 관한 소송에 참가를 하면 공동소송적 보조참가가 된다.

2. 선정당사자의 소송 중 선정자의 참가형태

선정당사자가 소송계속 중에 선정자가 참가하는 경우, 선정자의 적격상실유무에 대한 견해 대립이 있는데, ① 적격상실설에 의하면 공동소송적 보조참가가 되겠지만, ② 적격유지설의 입장에서도 중복소송으로 말미암아 공동소송적 보조참가를 해야 된다고 본다.

---

26) 판결의 효력을 받는 제3자가 당사자적격을 갖지 않는 경우에는 공동소송인으로 참가하는 공동소송참가는 허용되지 않고, 다만 보조참가인으로 참가하는 공동소송적 보조참가가 된다.

3. 주주총회결의취소소송 중 선임된 이사의 참가형태

乙회사가 주주총회를 개최하여 A를 이사로 선임한 바, 乙회사의 주주 甲이 乙회사를 상대방으로 주주총회결의 취소를 구하는 소를 제기한 경우, 주주총회결의에 의하여 선임된 이사 A는 결의취소소송의 피고적격을 가지지 않으므로, A로서는 자기의 지위를 보전하기 위하여 피고 乙회사 측에 공동소송적 보조참가를 할 수밖에 없다는 것이 일반적이다.

> [대판(전) 1982.9.14, 80다2425] 주주총회결의 취소와 결의무효확인 판결은 대세적 효력이 있으므로 피고가 될 수 있는 자는 그 성질상 회사로 한정된다.

4. 회사대표소송 중 회사의 참가형태

회사대표소송의 계속 중에 회사가 참가하는 경우(**예** B주식회사의 발행주식 총수의 2/100에 해당하는 주식을 가진 주주 A는 상법 제403조(주주의 대표소송)에 의하여 B주식회사의 前 이사인 C를 상대로 C의 B주식회사에 대한 손해배상책임을 추궁하는 소를 적법하게 제기하였는데, 소송계속 중 B회사가 이 소송에 참가하는 경우)에 대해서도 위와 같은 논의가 있다(공동소송참가설과 공동소송적 보조참가설의 대립). 그러나 이에 대해 판례는 공동소송참가를 할 수 있다는 입장이다.

> ★★★[대판 2002.3.15, 2000다9086] 주주의 대표소송에 있어서 원고 주주가 원고로서 제대로 소송수행을 하지 못하거나 혹은 상대방이 된 이사와 결탁함으로써 회사의 권리보호에 미흡하여 회사의 이익이 침해될 염려가 있는 경우 그 판결의 효력을 받는 권리귀속주체인 회사가 이를 막거나 자신의 권리를 보호하기 위하여 소송수행권한을 가진 정당한 당사자로서 그 소송에 참가할 필요가 있으며, 회사가 대표소송에 당사자로서 참가하는 경우 소송경제가 도모될 뿐만 아니라 판결의 모순·저촉을 유발할 가능성도 없다는 사정과, 상법 제404조 제1항에서 특별히 참가에 관한 규정을 두어 주주의 대표소송의 특성을 살려 회사의 권익을 보호하려한 입법 취지를 함께 고려할 때, 상법 제404조 제1항에서 규정하고 있는 회사의 참가는 공동소송참가를 의미하는 것으로 해석함이 타당하고, 나아가 이러한 해석이 중복제소를 금지하고 있는 민사소송법 제259조에 반하는 것도 아니다.

5. 채권자대위소송 중 참가의 유형

(1) 채무자의 참가형태

1) 문제점

채권자대위소송계속 중 채무자가 채권자 측에 참가하는 경우, 참가형태가 공동소송참가인지 아니면 통상보조참가 내지 공동소송적 보조참가인지 여부가 문제된다.

2) 학설

가) 공동소송참가설

채무자는 당연히 당사자적격이 있고, 채권자가 받은 판결의 효력은 채무자에게 미치므로(제218조 제3항) 공동소송참가에 해당한다고 보는 견해이다.

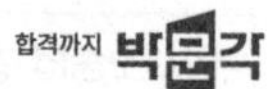

나) 공동소송적 보조참가설

① 채무자는 당사자적격을 잃은 자는 아니지만, 참가는 중복소제기에 해당하게 되어 공동소송참가는 부적법하고 공동소송적 보조참가만이 가능하다는 견해(다수설)와 ② 공동소송참가에 있어서는 동일 절차에 참가하여 병합심리되므로 중복소제기금지의 근거인 판결의 모순·저촉이 없으므로 중복소제기에는 해당하지 않으나, 채무자는 대위권행사 사실의 통지 후에는 관리처분권을 상실하는 것이므로(민법 제405조 제2항), 공동소송적 보조참가만을 할 수 있다는 견해[27]가 있다.

다) 통상보조참가설

채권자 대위소송의 성질을 독립한 대위권설로 보는 입장에서 대위소송은 제3자 소송담당이 아니므로 채무자는 당사자적격이 없고 또한 제218조 제3항은 적용되지 않아 기판력이 채무자에게 미치지 않으므로 채무자는 통상보조참가만을 할 수 있다는 견해이다.

3) 판례

채권자대위소송에 관한 판례는 아니지만, 제3자 소송담당으로서 병행형에 해당하는 회사대표소송에서 회사가 참가하는 경우 소송경제가 도모될 뿐만 아니라 판결의 모순·저촉을 유발할 가능성도 없고, 회사의 참가는 공동소송참가에 해당하는 것으로서, 중복제소를 금지하고 있는 민사소송법 제259조에 반하는 것도 아니라고 하였다.

(2) 다른 채권자의 참가형태

1) 문제점

채권자대위소송계속 중 다른 채권자가 동일한 채무자를 대위하여 채권자대위권을 행사하면서 참가하는 경우, 참가형태가 공동소송참가인지 아니면 통상보조참가 내지 공동소송적 보조참가인지 여부가 문제된다.

2) 학설

채권자대위소송계속 중 채무자가 채권자 측에 참가하는 경우와 동일한 맥락에서, ① 공동소송참가설, ② 공동소송적 보조참가설, ③ 통상보조참가설의 견해대립이 있을 수 있다.

3) 판례

★★★[대판 2015.7.23, 2013다30301·2013다30325] 채권자대위소송이 계속 중인 상황에서 다른 채권자가 동일한 채무자를 대위하여 채권자대위권을 행사하면서 공동소송참가신청을 할 수 있는지 여부(적극)

채권자대위소송이 계속 중인 상황에서 다른 채권자가 동일한 채무자를 대위하여 채권자대위권을 행사하면서 공동소송참가신청을 할 경우, 양 청구의 소송물이 동일하다면 민사소송법 제83조 제1항이 요구하는 '소송목적이 한 쪽 당사자와 제3자에게 합일적으로 확정되어야 할 경우'에 해당하므로 그 참가

---

[27] 채권자대위소송에 있어서 채무자가 그 사실을 알기 전에는 채무자와 병행형, 그 사실을 안 후에는 갈음형에 해당한다고 보는 견해이다.

신청은 적법하다. 이때 양 청구의 소송물이 동일한지는 채권자들이 각기 대위행사하는 피대위채권이 동일한지에 따라 결정되고, 채권자들이 각기 자신을 이행 상대방으로 하여 금전의 지급을 청구하였더라도 채권자들이 채무자를 대위하여 변제를 수령하게 될 뿐 자신의 채권에 대한 변제로서 수령하게 되는 것이 아니므로 이러한 채권자들의 청구가 서로 소송물이 다르다고 할 수 없다. 여기서 원고가 일부 청구임을 명시하여 피대위채권의 일부만을 청구한 것으로 볼 수 있는 경우에는 참가인의 청구금액이 원고의 청구금액을 초과하지 아니하는 한 참가인의 청구가 원고의 청구와 소송물이 동일하여 중복된다고 할 수 있으므로 소송목적이 원고와 참가인에게 합일적으로 확정되어야 할 필요성을 인정할 수 있어 참가인의 공동소송참가신청을 적법한 것으로 보아야 할 것이다.

Ⅲ. 공동소송적 보조참가의 요건

공동소송적 보조참가가 성립하기 위해서는 ① 타인 간의 소송계속 중일 것(법정대리인도 당사자에 준하므로 본인소송에 참가할 수 없다. 또한 소송계속 중이란 판결확정 전까지이다. 상고심의 경우에는 판결의 효력이 미침을 고려하여 상고심에서의 참가도 허용함이 타당하다), ② 참가인은 당사자적격이 없을 것, ③ 또한 본 소송의 판결의 효력이 참가인에게 미칠 것이 요구되고, ④ 소송행위의 유효요건을 구비하여야 한다.

Ⅳ. 공동소송적 보조참가인의 지위

1. 개설

참가인은 소송물에 대하여 당사자적격이 없으므로 보조참가인으로서의 종속성을 완전히 벗어날 수는 없고, 다만 판결의 효력을 받는 사람이므로 그 독립성이 강화되어 있다. 따라서 참가인과 피참가인에 대하여 제67조 및 제69조를 준용한다(제78조).[28]

2. 독립적 지위

(1) 제67조의 준용과 제76조 제2항의 적용 배제

참가인은 판결의 효력을 받기에 필수적 공동소송인에 준하는 지위, 보다 엄밀히 말하면 유사필수적 공동소송에 준하는 지위를 갖는다. 따라서 법 제76조 제2항과 같은 것은 배제된다. 즉 참가인은 ① 피참가인과 저촉되는 행위를 할 수 있으며, ② 참가인이 상소제기하면 피참가인은 상소를 취하·포기할 수 없다. 또한 피참가인의 소송행위는 모두의 이익을 위해서만 효력이 인정되고, 공동소송적 보조참가인에게 불리한 경우에는 효력이 없으므로, 참가인의 동의가 없는 한 피참가인이

---

[28] 공동소송적 보조참가는 보조참가의 하나의 태양이지만, 참가인의 종된 지위를 일정한 경우에 수정하여 그에게 필수적 공동소송인에 준하는 지위(보다 엄밀히 말하면 유사필수적 공동소송에 준하는 지위)를 인정함으로써, 참가인의 이익을 보호하기 위해 인정된 참가제도이다. 이 점에 비추어 보면, 제3자가 보조참가를 신청하였더라도 공동소송적 보조참가의 요건을 갖춘 경우 필수적 공동소송인에 준하는 지위를 보장하는 것이 타당할 것이다. 따라서 공동소송적 보조참가인지 여부는 당사자의 신청에 구애받지 않고 법원이 법령의 해석에 의하여 결정하여야 하는 것이고(대판 1962.5.17. 4294행상172), 이 경우 참가인의 선택권은 인정될 수 없게 될 것이다.

자백하는 행위는 불리한 소송행위이므로 할 수 없다. ③ 상소제기기간도 참가인에게 판결정본이 송달된 때부터 독립하여 진행된다. 나아가 ④ 참가인에게 절차의 중단·중지사유가 있으면 피참가인에게도 절차의 중단·중지효과가 미치게 된다.

(2) 재심의 소취하와 소취하의 가부

① 재심의 소의 취하는 확정된 종국판결에 대한 불복의 기회를 상실하게 하므로, 재심의 소에 공동소송적 보조참가인이 참가한 후 피참가인은 참가인의 동의 없이 재심의 소를 취하할 수 없다.

② 그러나 소취하는 본안에 관한 종국판결이 선고된 경우에도 그 판결 역시 처음부터 존재하지 아니한 것으로 간주되고, 이는 참가인에게 불이익이 된다고 할 것도 아니므로, 피참가인이 참가인의 동의 없이 소를 취하하였다 하더라도 이는 유효하다.

[대판 2001.1.19. 2000다59333] 피고로부터 부동산을 매수한 참가인이 소유권이전등기를 미루고 있는 사이에 원고가 피고에 대한 채권이 있다 하여 당시 피고의 소유명의로 남아 있던 위 부동산에 대하여 가압류를 하고 본안소송을 제기하자 참가인이 피고보조참가를 한 사안에서, 원고가 승소하면 위 가압류에 기하여 위 부동산에 대한 강제집행에 나설 것이고 그렇게 되면 참가인은 그 후 소유권이전등기를 마친 위 부동산의 소유권을 상실하게 되는 손해를 입게 되며, 원고가 피고에게 구하는 채권이 허위채권으로 보여지는데도 피고가 원고의 주장사실을 자백하여 원고를 승소시키려 한다는 사유만으로는 참가인의 참가가 이른바 공동소송적 보조참가에 해당하여 참가인이 피참가인인 피고와 저촉되는 소송행위를 할 수 있는 지위에 있다고 할 수 없다.

➩ [해설] : 사안의 경우, 참가인이 피참가인의 행위와 저촉되는 소송행위를 할 수 있는 지위에 있는 이른바 공동소송적 보조참가에 해당하지 않고, 통상보조참가에 해당한다고 본 사례이다.

★★[대판 2015.10.29. 2014다13044]

[1] 재심의 소에 공동소송적 보조참가인이 참가한 후 피참가인이 공동소송적 보조참가인의 동의 없이 한 재심의 소취하의 효력(무효) 및 이는 재심의 소를 피참가인이 제기한 경우나 통상의 보조참가인이 제기한 경우에도 마찬가지인지 여부(적극) / 통상의 보조참가인이 재심의 소를 제기한 경우, 피참가인의 재심의 소취하로 재심의 소제기가 무효로 되거나 부적법하게 되는지 여부(소극)

재심의 소를 취하하는 것은 통상의 소를 취하하는 것과는 달리 확정된 종국판결에 대한 불복의 기회를 상실하게 하여 더 이상 확정판결의 효력을 배제할 수 없게 하는 행위이므로, 이는 재판의 효력과 직접적인 관련이 있는 소송행위로서 확정판결의 효력이 미치는 공동소송적 보조참가인에 대하여는 불리한 행위이다. 따라서 재심의 소에 공동소송적 보조참가인이 참가한 후에는 피참가인이 재심의 소를 취하하더라도 공동소송적 보조참가인의 동의가 없는 한 효력이 없다. 이는 재심의 소를 피참가인이 제기한 경우나 통상의 보조참가인이 제기한 경우에도 마찬가지이다. 특히 통상의 보조참가인이 재심의 소를 제기한 경우에는 피참가인이 통상의 보조참가인에 대한 관계에서 재심의 소를 취하할 권능이 있더라도 이를 통하여 공동소송적 보조참가인에게 불리한 영향을 미칠 수는 없으므로, 피참가인의 재심의 소취하로 재심의 소제기가 무효로 된다거나 부적법하게 된다고 볼 것도 아니다.

[2] 민사소송법 제76조 제1항 단서가 공동소송적 보조참가인에게도 적용되는지 여부(적극)

통상의 보조참가인은 참가 당시의 소송상태를 전제로 하여 피참가인을 보조하기 위하여 참가하는 것이므로 참가할 때의 소송의 진행 정도에 따라 피참가인이 할 수 없는 행위를 할 수 없다(민사소송법 제76조 제1항 단서 참조). 공동소송적 보조참가인 또한 판결의 효력을 받는 점에서 민사소송법 제78조,

제67조에 따라 필수적 공동소송인에 준하는 지위를 부여받기는 하였지만 원래 당사자가 아니라 보조참가인의 성질을 가지므로 위와 같은 점에서는 통상의 보조참가인과 마찬가지이다.

★★[대결 2013.3.28, 2012아43] 피참가인이 공동소송적 보조참가인의 동의 없이 한 소취하의 효력(유효)
공동소송적 보조참가는 그 성질상 필수적 공동소송 중에서는 이른바 유사필수적 공동소송에 준한다 할 것인데 유사필수적 공동소송의 경우에는 원고들 중 일부가 소를 취하하는 데 다른 공동소송인의 동의를 받을 필요가 없다. 또한 소취하는 판결이 확정될 때까지 할 수 있고 취하된 부분에 대해서는 소가 처음부터 계속되지 아니한 것으로 간주되며(제267조), 본안에 관한 종국판결이 선고된 경우에도 그 판결 역시 처음부터 존재하지 아니한 것으로 간주되므로, 이는 재판의 효력과는 직접적인 관련이 없는 소송행위로서 공동소송적 보조참가인에게 불이익이 된다고 할 것도 아니다. 따라서 피참가인이 공동소송적 보조참가인의 동의 없이 소를 취하하였다 하더라도 이는 유효하다.

3. 종속적 지위

공동소송적 보조참가인은 당사자가 아니므로, 위의 사항을 제외하고는 통상의 보조참가인의 지위와 같다. 따라서 ① 참가인은 소의 변경, 소의 취하, 청구의 포기·인낙 등 소송의 처분행위를 할 수 없으며, ② 참가 당시의 소송정도에 따라 피참가인도 할 수 없는 행위는 할 수 없다. 즉 제76조 제1항 단서는 적용된다. 또한 ③ 증인신문의 대상이 된다(견해대립 존재).

★★[대판 2018.11.29, 2018므14210] 피참가인이 사망하여 당사자능력이 없고, 사망자의 재심청구를 허용하는 규정이 없는 상태에서 보조참가인이 피참가인을 위해 보조참가를 하면서 재심청구를 할 수 있는지 여부(소극)
① 통상의 보조참가인은 참가 당시의 소송상태를 전제로 피참가인을 보조하기 위하여 참가하는 것이므로 참가할 때의 소송 진행정도에 따라 피참가인이 할 수 없는 행위는 할 수 없다(민사소송법 제76조 제1항 단서 참조). 공동소송적 보조참가인도 원래 당사자가 아니라 보조참가인이므로 위와 같은 점에서는 통상의 보조참가인과 마찬가지이다.
② 판결 확정 후 재심사유가 있을 때에는 보조참가인이 피참가인을 보조하기 위하여 보조참가신청과 함께 재심의 소를 제기할 수 있다. 그러나 보조참가인의 재심청구 당시 피참가인인 재심청구인이 이미 사망하여 당사자능력이 없다면, 이를 허용하는 규정 등이 없는 한 보조참가인의 재심청구는 허용되지 않는다. 이는 신분관계에 관한 소송에서 소송의 상대방이 될 자가 존재하지 않는 경우 이해관계인들의 이익을 위하여 공익의 대표자인 검사를 상대방으로 삼아 소송을 할 수 있도록 하는 경우(민법 제849조, 제864조, 제865조, 가사소송법 제24조 제3항, 제4항, 대판 1992.5.26, 90므1135)와는 구별된다.
⊃ [해설] : A가 B를 상대로 제기한 소송에서 'A는 B와 사망한 남편 C 사이의 친자관계가 존재하지 않음을 확인한다.'는 판결(재심대상판결)이 선고되어 확정된 다음 A와 B가 모두 사망했는데, B의 자녀인 보조참가인이 공동소송적 보조참가를 하면서 재심의 소를 제기한 사안에서(사망한 재심청구인 B와 사망한 재심피청구인 C를 대신해서 재심청구인, 재심피청구인을 모두 '검사'로 특정함), 보조참가인의 재심청구 당시 재심청구인 B가 이미 사망하였고, 이 사건 재심청구인의 지위가 상속되는 것도 아니므로, 보조참가인의 이 사건 재심의 소는 허용될 수 없어 부적법함을 이유로 이 사건 재심의 소를 각하한 원심의 결론을 수긍한 사례이다.

V. 판결의 효력

1. 참가적 효력

공동소송적 보조참가도 보조참가의 일종이므로 위와 같은 지위상 특례 이외에 보조참가의 이익, 보조참가의 절차, 재판의 효력 등은 전부 통상의 보조참가의 경우와 공통된다. 예컨대 피참가인의 패소판결이 부당하다고 주장할 수 없는 구속력으로서, 전소에서 피참가인과 같이 주장한 법률상·사실상 판단에 구속된다. 다만 제76조 제2항 등과 같은 참가적 효력 배제사유는 적용되지 않는다.

2. 기판력

피참가인과 상대방간의 판결의 효력은 승·패를 불문하고 참가인에게 미친다.

<h2 style="text-align:center">제3관 소송고지</h2>

> 제84조(소송고지의 요건)
> ① 소송이 법원에 계속된 때에는 당사자는 참가할 수 있는 제3자에게 소송고지를 할 수 있다.
> ② 소송고지를 받은 사람은 다시 소송고지를 할 수 있다.
> 제85조(소송고지의 방식)
> ① 소송고지를 위하여서는 그 이유와 소송의 진행정도를 적은 서면을 법원에 제출하여야 한다.
> ② 제1항의 서면은 상대방에게 송달하여야 한다.
> 제86조(소송고지의 효과)
> 소송고지를 받은 사람이 참가하지 아니한 경우라도 제77조의 규정을 적용할 때에는 참가할 수 있었을 때에 참가한 것으로 본다.

I. 서설

1. 의의

소송고지란 소송계속 중에 당사자가 소송참가의 이해관계를 가지는 제3자에게 일정한 방식에 따라 소송계속 사실을 통지하는 것이다(제84조).

2. 취지

① 피고지자에게 소송에 참가하여 그 이익을 주장할 수 있는 기회를 주고, ② 고지자에게는 패소판결이 난 경우 피고지자에게 참가적 효력을 미쳐서 고지자와 피고지자의 후소에서 전소와는 다른 사실인정이 될 위험을 방지한다는 점에 그 실익이 있다. 이러한 기능은 소송고지가 있으면 고지를 받은 피고지자가 소송에 참가하지 않은 경우에도 제77조의 규정을 적용하여(제86조), 전소의 사실판단과 모순되는 주장을 할 수 없도록 한 제도상의 구속력에 의하여 담보되고 있다.

3. 법적 성질

소송고지는 소송계속의 사실을 단순히 알리는 사실통지이며, 제3자에게 소송참가를 최고하거나 요구하는 의사의 통지가 아니다. 또 소송고지는 엄밀히 말하면 상대방 당사자에 대한 권리의 주장이나 방어가 아니다.

Ⅱ. 요건

1. 소송계속 중일 것

보조참가가 상고심에서도 가능한 것에 대응하여 소송고지도 상고심에 계속 중이라도 무방하다. 또한 판결절차·독촉절차·재심절차 등이 계속되고 있어야 한다.

2. 고지자

(1) 고지를 할 수 있는 자

당사자 및 그에 준하는 참가인이 할 수 있다(제84조 제1항). 이외에 보조참가인도 당사자를 위하여 고지를 할 수 있고, 이들로부터 소송고지를 받은 피고지자도 소송고지를 할 수 있다(제84조 제2항).

(2) 소송고지의 행사

① 소송고지를 하는지 여부는 고지자의 자유이다.

② 다만 예외적으로 추심의 소(민집법 제238조), 주주의 대표소송(상법 제404조 제2항), 재판상대위(비송 제84조 제1항), 채권자대위권 행사의 통지의무(민법 제405조) 등의 경우에는 고지의무가 있다.

③ 이 경우 고지의무를 위반하면 판결의 효력은 피고지자의 절차권의 보장을 위하여 그에게 미치지 않는다고 보는 것이 통설·판례(대판(전) 1975.5.13, 74다1664)의 태도이다.

3. 피고지자

(1) 소송고지를 받을 수 있는 자

고지를 받을 수 있는 자는 당사자가 아닌 자로서 그 소송에 참가할 수 있는 제3자이다. 보조참가인이 일반적이지만 독립당사자참가, 공동소송참가 또는 권리승계참가를 할 수 있는 제3자 등도 포함된다. 다만 참가의 자격이 없는 자에게 소송고지를 하면 고지의 효과가 생기지 않는다.

(2) 이중소송고지

동일인이 당사자 양쪽으로부터 이중으로 소송고지를 받은 경우에는 양 당사자 중 패소자와의 사이에 참가적 효력이 생긴다.

Ⅲ. 소송고지의 방식

① 소송고지는 고지의 이유 및 소송의 진행정도를 기재한 서면(소송고지서)을 법원에 제출하고, 법원은 법원명의의 고지서를 따로 작성하는 것이 아니라 고지자에 의해 제출된 고지서를 그대로 피고지자 및 소송의 상대방에게 송달한다(제85조. 상대방 당사자에게도 송달하여야 한다는 점에 주의를 요한다). 소송고지에 대하여 법원은 그 요건을 심사하지 않은 채, 고지서를 송달하고, 피고지자가 실제로 소송에 참가하여 상대방의 이의가 있을 때에 비로소 심사한다.

② 소송고지서의 송달은 법원이 하며, 고지자가 공증을 받아 배달증명우편으로 송달하는 등 직접 송달할 수는 없다.

Ⅳ. 효과

1. 소송법상 효과

(1) 피고지자의 지위

① 소송고지를 받은 자가 해당 소송에 참가하느냐의 여부는 피고지자의 자유로서 피고지자가 참가를 하는 경우에는 고지자는 그 참가에 대하여 이의를 진술할 수 없으나 상대방은 이의를 진술할 수 있다.

② 피고지자가 고지를 받고도 참가하지 아니한 경우에는 소송고지에 의해 참가할 수 있었을 때에 참가한 것과 같이 제77조의 참가적 효력을 받게 된다(제86조).

③ 소송고지의 효력은 그 고지서를 법원에 제출한 때에 생기는 것이 아니라 피고지자에게 적법하게 송달된 때에 생긴다. 따라서 피고지자에게 보낸 소송고지서가 송달불능이거나 적법하게 송달된 경우가 아니라면 소송고지의 효력은 발생하지 아니한다.

[대판 1975.4.22. 74다1519] 소송고지의 효력은 그 고지서를 법원에 제출한 때에 생기는 것이 아니라 피고지자에게 적법하게 송달된 때에 비로소 생긴다.

(2) 참가적 효력

1) 내용

① 소송고지의 피고지자가 고지자에게 보조참가할 이해관계가 있는 한 고지자가 패소한 경우에는 소송고지에 의하여 참가할 수 있었을 때에 참가한 것과 마찬가지로 법 제77조의 참가적 효력을 받는다(제86조). 이러한 참가적 효력 때문에 피고지자는 뒤에 고지자와의 소송에서 본소판결의 결론의 기초가 된 사실상·법률상의 판단과 상반되는 주장을 할 수 없다.

② 다만 참가적 효력이 미쳐 피고지자가 후소에서 주장할 수 없는 사항은 전소에서 상대방에 대하여 피고지자가 고지자와 공동이익으로 주장할 수 있었던 사항에 한하므로, 피고지자와 고지자 사이에 이해가 대립되는 사항에 대하여는 참가적 효력이 생기지 않는다.

③ 또한 고지자가 필요한 항변을 제기하지 아니하여 패소되었을 때에는 피고지자는 참가적 효력을 받지 아니한다(참가적 효력의 배제 법리의 적용).

[대판 1986.2.25. 85다카2091] 소송고지제도는 소송의 결과에 대하여 이해관계를 가지는 제3자로 하여금 보조참가를 하여 그 이익을 옹호할 기회를 부여함과 아울러 한편으로는 고지자가 패소한 경우의 책임을 제3자에게 분담시켜 후일에 고지자와 피고지자 간의 소송에서 피고지자가 패소의 결과를 무시하고 전소확정판결에서의 인정과 판단에 반하는 주장을 못하게 하기 위해 둔 제도이므로, 피고지자가 후일의 소송에서 주장할 수 없는 것은 전소확정판결의 결론의 기초가 된 사실상, 법률상의 판단에 반하는 것으로서 피고지자가 보조참가를 하여 상대방에 대하여 고지자와 공동이익으로 주장하거나 다툴 수 있었던 사항에 한한다.29)

[대판 1991.6.25. 88다카6358]

[1] 소송고지제도는 소송의 결과에 대하여 이해관계를 가지는 제3자로 하여금 소송에 참가하여 그 이익을 옹호할 기회를 부여함과 아울러 고지자가 패소한 경우에는 형평의 견지에서 그 패소의 책임을 제3자에게 분담시키려는 제도로서 피고지자는 후일 고지자와의 소송에서 전소확정판결에서의 결론의 기초가 된 사실상 법률상의 판단에 반하는 것을 주장할 수 없게 된다.

[2] 제3자가 고지자를 상대로 제기한 전부금청구소송에서 피고지자가 소송고지를 받고도 위 소송에 참가하지 아니하였지만 고지자가 위 소송에서 제3자로부터 채권압류 및 전부명령을 받기 전에 피고지자에게 채권이 양도되고 확정일자 있는 증서에 의하여 양도통지된 사실을 항변으로 제기하지 아니하여 위 소송의 수소법원이 위 채권압류 및 전부명령과 위 채권양도의 효력의 우열에 관하여 아무런 사실인정이나 법률판단을 하지 아니한 채 고지자에게 패소판결을 하였다면 피고지자는 위 소송의 판결결과에 구속받지 아니한다.

➤ [소송과정 및 해설] : 乙의 채권자 甲은 乙의 丙에 대한 물품대금채권에 대하여 압류 및 전부명령을 받고 丙에 대하여 전부금청구의 소(제1소송)를 제기하였는데, 한편 乙에 대한 또 다른 채권자 丁은 乙의 丙에 대한 위 물품대금채권을 양수받았음을 이유로 丙을 상대로 양수금청구의 소(제2소송)를 제기하였던바, 丙은 제1소송이 제기된 사실을 丁에게 소송고지하였다. 그러나 丁은 제1소송에 참가하지 않았고, 제1소송에서 丙은 위 물품대금채권이 丁에게 양도되었다는 사실을 진술하지 않았고 제1소송은 甲의 전부명령과 丁의 채권양수 사이의 우열에 관하여 아무런 사실인정이나 법률판단을 하지 아니한 채 甲 승소(丙 패소)로 된 사안이다. 대법원은 제1소송에서 전부

---

29) 송수관로 누수방지공사를 수행하던 인부들(이하 '인부 A'라 한다)의 과실로 사망한 丙의 유족인 丁은 甲을 상대로 甲이 위 인부 A의 사용자라고 주장하면서 손해배상청구의 소(전소)를 제기하였는데, 甲은 위 공사는 甲이 乙에게 도급준 것이고 위 인부 A는 乙의 인부로서 甲과 사이에는 사용자·피용자의 관계가 없다고 주장하면서, 乙에 대하여 소송고지를 하였다. 그러나 乙은 위 소송에 참가하지 않았다. 甲은 위 소송에서 패소한 뒤 乙을 상대로 구상금청구의 소(후소)를 제기하였다. 위 소송에서 乙은 甲이 위 인부 A를 직접 고용하였고 乙은 위 공사를 수급하지 않았다고 주장하였고, 甲은 전소에서 도급관계 있음을 전제로 甲이 패소하였던바 전소의 참가적 효력으로 인하여 乙은 후소에서 위 공사를 수급하지 않았다는 주장을 할 수 없다고 주장하였다. 이에 대해 대법원은 위 공사를 甲으로부터 수급하지 않았다고 다투어야만 할 乙로서는 위 공사를 甲으로부터 수급하였는지 여부에 관한 한 甲과는 이해관계가 상반되는 입장이었고, 따라서 수급 여부는 乙이 전소에 보조참가를 하여 상대방인 丁에 대하여 甲과 공동이익으로 다툴 수 있었던 사항이 아니라 고지자인 甲과 다투어야 될 사항이었으므로, 乙이 소송고지를 받은 전소에서 위 공사를 甲이 乙에게 도급준 것으로 인정하였다고 하더라도, 후소에서 乙이 위 공사를 甲으로부터 수급받은 바 없다고 다투는 것은 전소 판단에 반하는 것이라고 볼 수 없다고 하면서 甲과 乙의 도급관계를 인정하지 않았다.

명령과 채권양도의 우열에 관하여 아무런 판단이 없었으므로 丁은 제1소송 판결에 구속받지 않고, 丁이 제2소송에서 채권양수 사실을 주장하는 것은 제1소송 판결 결론의 기초가 된 사실상·법률상 판단과 상반되지 않는다고 하였다.

> **[대판 2020.1.30. 2019다268252]** 보조참가인에 대한 전소 확정판결의 참가적 효력이 미치는 범위 및 소송고지를 받은 사람에게도 위와 같은 효력이 미치는지 여부(적극)
>
> 보조참가인이 피참가인을 보조하여 공동으로 소송을 수행하였으나 피참가인이 소송에서 패소한 경우에는 형평의 원칙상 보조참가인이 피참가인에게 패소판결이 부당하다고 주장할 수 없도록 구속력을 미치게 하는 참가적 효력이 인정된다. 전소 확정판결의 참가적 효력은 전소 확정판결의 결론의 기초가 된 사실상·법률상 판단으로서 보조참가인이 피참가인과 공동이익으로 주장하거나 다툴 수 있었던 사항에 미친다. 소송고지를 받은 사람이 참가하지 않은 경우라도 참가할 수 있었을 때에 참가한 것으로 보기 때문에(민사소송법 제86조, 제77조) 소송고지를 받은 사람에게도 위와 같은 효력이 미친다.

2) 피고자가 고지자의 상대방에 보조참가한 경우

가) 문제점

이때 고지받은 피고지자가 오히려 고지자의 상대방 측에 보조참가하여 고지자가 패소한 경우에도 그 패소판결의 참가적 효력이 피고지자에게 미치는지 여부가 문제된다.[30)]

나) 학설

① 제86조의 문언상 소송고지의 효과가 미친다고 보는 견해가 있으나, ② 참가적 효력은 피고지자가 고지자 측에 참가할 것이 기대될 수 있었을 때에 피고지자에게 미치는 것으로 볼 것이므로, 피고지자가 오히려 고지자가 아닌 그 상대방에 보조참가한 경우는 참가적 효력이 미치지 않는다고 보는 견해가 타당하다.

(3) 기판력의 확장

소송고지제도는 참가적 효력을 미치게 하는 데 중심이 있으나 가사소송 등과 같은 경우에 있어서는 기판력이 확장되기도 하고(가사소송법 제21조), 또한 공동소송적 보조참가 및 공동소송참가를 할 자에게 고지하면 기판력이 미친다. 판례도 채권자대위소송에서 채권자가 채무자에 대하여 제84조의 소송고지 등을 위시하여 어떤 사유에 의하건 채무자가 대위소송이 제기된 사실을 알았을 때에는 그 판결의 효력이 미친다고 함으로써, 소송고지의 효력으로 기판력의 확장을 인정한 바 있다(대판(전) 1975.5.13. 74다1664 등).

---

30) 이해를 위한 사례는 다음과 같다 : 甲은 乙 소유의 건물을 乙의 대리인 丙으로부터 매수하였고 만일 丙에게 대리권의 수여가 없었다면 표현대리가 성립한다고 주장하면서 乙에 대하여 그 이전등기를 구하는 소를 제기하였다. 이때 乙은 이러한 사실을 인정하지 않고 丙에게 소송고지를 하였는데 丙은 甲측에 보조참가하였다. 법원은 乙의 대리권 수여는 없지만 표현대리의 성립을 이유로 甲의 승소판결을 선고하였고 이 판결이 확정된 후 乙이 丙에 대하여 불법행위에 기한 손해배상청구를 제기한 경우 丙이 乙의 대리권 수여가 있었다고 주장할 수 있는가?

2. 실체법상 효과

① 어음·수표법은 상환청구권(소구권)에 대하여 소송고지로 인한 시효중단을 규정하고 있지만, 민법상으로는 규정하고 있지 않다(민법 제168조 참조). 그런데 소송고지를 하는 이유는 고지자 자신의 패소 시 그에 따른 책임의 청구를 피고지자에게 하려는 의도로써 하는 것이므로, 적어도 민법상 최고(민법 제174조)로서 시효중단의 효과를 인정하여야 한다는 것이 통설·판례(대판 1970. 9.17, 70다593은 '최고의 효력 있는 소송고지로써 소멸시효가 중단' 운운함으로써 소송고지에 민법상의 최고의 효과가 있음을 비쳤다)이다. 나아가 ② 소송고지에 의한 최고는 보통의 최고와는 달리 법원의 행위를 통하여 이루어지는 것이므로 만일 법원이 소송고지서의 송달사무를 우연한 사정으로 지체하는 바람에 소송고지서의 송달 전에 시효가 완성된다면 고지자가 예상치 못한 불이익을 입게 된다는 점 등을 고려하면, 소송고지에 의한 최고의 경우에는 민사소송법 제265조를 유추 적용하여 당사자가 소송고지서를 법원에 제출한 때에 시효중단의 효력이 발생한다(대판 2015.5.14, 2014다16494).

[대판 2009.7.9. 2009다14340] 소송고지의 요건이 갖추어진 경우에 그 소송고지서에 고지자가 피고지자에 대하여 채무의 이행을 청구하는 의사가 표명되어 있으면 민법 제174조에 정한 시효중단사유로서의 최고의 효력이 인정된다. 시효중단제도는 그 제도의 취지에 비추어 볼 때 이에 관한 기산점이나 만료점은 원권리자를 위하여 너그럽게 해석하는 것이 상당한데, 소송고지로 인한 최고의 경우 보통의 최고와는 달리 법원의 행위를 통하여 이루어지는 것으로서, 그 소송에 참가할 수 있는 제3자를 상대로 소송고지를 한 경우에 그 피고지자는 그가 실제로 그 소송에 참가하였는지 여부와 관계없이 후일 고지자와의 소송에서 전소 확정판결에서의 결론의 기초가 된 사실상·법률상의 판단에 반하는 것을 주장할 수 없어 그 소송의 결과에 따라서는 피고지자에 대한 참가적 효력이라는 일정한 소송법상의 효력까지 발생함에 비추어 볼 때, 고지자로서는 소송고지를 통하여 당해 소송의 결과에 따라 피고지자에게 권리를 행사하겠다는 취지의 의사를 표명한 것으로 볼 것이므로, 당해 소송이 계속 중인 동안은 최고에 의하여 권리를 행사하고 있는 상태가 지속되는 것으로 보아 민법 제174조에 규정된 6월의 기간은 당해 소송이 종료된 때로부터 기산되는 것으로 해석하여야 한다.

➲ [해설] : ① 소송고지서에 고지자가 피고지자에 대하여 채무의 이행을 청구하는 의사가 표명되어 있으면 민법 제174조에 정한 시효중단 사유로서의 최고의 효력이 인정되며, 이때 6월 내에 재판상 청구 등을 하는 경우 그 6월의 기간은 당해 소송이 종료된 때로부터 기산한다는 것이다. ② 그럼에도 원심이 소송고지로는 소멸시효 중단의 효력이 없다거나, 소송고지가 최고로서의 효력을 가진다고 하더라도 소송고지일로부터 6월 내에 재판상의 청구 등을 하지 아니하여 소멸시효 중단의 효력이 없다고 판시한 것은 소송고지로 인한 소멸시효의 중단에 관한 법리를 오해하여 판결에 영향을 미친 위법이 있다고 보았다.

제4관 공동소송참가

> **제83조(공동소송참가)**
> ① 소송목적이 한 쪽 당사자와 제3자에게 합일적으로 확정되어야 할 경우 그 제3자는 공동소송인으로 소송에 참가할 수 있다.
> ② 제1항의 경우에는 제72조(참가신청의 방식)의 규정을 준용한다.

I. 의의

① 소송계속 중 당사자 사이의 판결의 효력을 받는(예 소송목적이 한쪽 당사자와 제3자에게 합일적으로 확정되어야 할 경우) 제3자가 원고 또는 피고의 공동소송인으로 소송에 참가하는 것을 말한다(제83조). 주주 1인이 소집절차의 흠을 이유로 주주총회결의취소의 소를 제기한 경우에 다른 주주가 공동원고로 소송에 참가하는 경우가 그 예이다.

② 판결의 효력을 받는 제3자가 당사자적격을 갖지 않는 경우에는 공동소송인으로의 공동소송참가는 허용되지 않고, 다만 보조참가인으로 참가하는 공동소송적 보조참가가 된다.

II. 요건

1. 타인 간의 소송계속 중일 것

소송계속 중이라면 상급심에서도 참가할 수 있다. 다만 공동소송참가는 신소제기의 실질을 가지므로 판례는 항소심에서는 참가할 수 있으나 상고심에서는 할 수 없다는 입장이다(대판 1961. 5. 4, 4292민상853). 여하튼 제68조에서 고유필수적 공동소송의 경우에 일부 누락된 공동소송인을 추가하는 제도가 마련되었긴 하지만, 이는 제1심에서만 허용하므로 이 점에서 공동소송참가는 여전히 누락자 보정의 제도로서 그 의미가 있다.[31]

2. 당사자적격이 있을 것

타인 간의 소송계속 중에 당사자인 공동소송인으로 참가하는 것이므로, 자기 스스로도 당사자적격을 구비하여야 한다.

3. 소송목적이 합일적으로 확정되어야 할 것

1) 소송목적이 한쪽 당사자와 제3자에게 합일적으로 확정되어야 할 경우이어야 한다. 여기서 「합일적으로 확정될 경우」라 함은 법원이 판결의 효력에 의한 분쟁해결을 위해서 모순된 판단을 해서는 안 된다는 법률상의 요청을 말한다. 이 요청에 의하여 소송법적으로 소송공동의 강제 효과가

---

31) 이러한 취지로 판례와 달리 상고심에서도 참가를 허용하여 방어의 기회를 주어야 한다는 견해가 있다.

생긴다. 따라서 유사필수적 공동소송이 될 경우는 물론 고유필수적 공동소송이 될 경우에도 포함된다고 본다.[32] 그리하여 참가 뒤에는 유사필수적 공동소송 내지는 고유필수적 공동소송이 된다.

2) 판례도 ① 필수적 공동소송인 공유물분할청구소송이 항소심 계속 중 당사자인 공유자의 일부 지분이 제3자에게 이전되었고 그 제3자가 당사자로 참가(승계참가·소송인수 등)하지 않았다면 이로써 소송 전부가 부적법하게 되었으므로, 이를 간과한 채 변론종결하여 본안판단에 나아간 원심은 위법하다고 하였다(대판 2014.1.29, 2013다78556 → 항소심에서 소송참가로 소를 적법하게 할 수 있음을 비추었다는 점에서 그 의미가 있는 판례이다). 또한 ② 채권자대위소송이 계속 중인 상황에서 다른 채권자가 동일한 채무자를 대위하여 채권자대위권을 행사하면서 공동소송참가신청을 할 경우, 양 청구의 소송물이 동일하다면 민사소송법 제83조 제1항이 요구하는 '소송목적이 한쪽 당사자와 제3자에게 합일적으로 확정되어야 할 경우'에 해당하므로 그 참가신청은 적법하다고 하였다. 이는 결국 기판력 등의 판결의 효력이 미칠 가능성이 있는 경우 합일적 확정이 필요하다는 의미이다.

★★[대판 2014.1.29, 2013다78556]

[1] 공유물분할청구의 소는 분할을 청구하는 공유자가 원고가 되어 다른 공유자 전부를 공동피고로 하여야 하는 고유필수적 공동소송이다.

[2] 공유물분할에 관한 소송계속 중 변론종결일 전에 공유자 중 1인인 甲의 공유지분의 일부가 乙 및 丙 주식회사 등에게 이전된 경우, 변론종결 시까지 민사소송법 제81조에서 정한 승계참가나 민사소송법 제82조에서 정한 소송인수 등의 방식으로 일부 지분권을 이전받은 자가 소송의 당사자가 되었어야 함에도 그렇지 못하였다면 위 소송 전부는 부적법하다.

★★★[대판 2015.7.23, 2013다30301·2013다30325] 채권자대위소송이 계속 중인 상황에서 다른 채권자가 동일한 채무자를 대위하여 채권자대위권을 행사하면서 공동소송참가신청을 할 수 있는지 여부(적극)

채권자대위소송이 계속 중인 상황에서 다른 채권자가 동일한 채무자를 대위하여 채권자대위권을 행사하면서 공동소송참가신청을 할 경우, 양 청구의 소송물이 동일하다면 민사소송법 제83조 제1항이 요구하는 '소송목적이 한 쪽 당사자와 제3자에게 합일적으로 확정되어야 할 경우'에 해당하므로 그 참가신청은 적법하다. 이때 양 청구의 소송물이 동일한지는 채권자들이 각기 대위행사하는 피대위채권이 동일한지에 따라 결정되고, 채권자들이 각기 자신을 이행 상대방으로 하여 금전의 지급을 청구하였더라도 채권자들이 채무자를 대위하여 변제를 수령하게 될 뿐 자신의 채권에 대한 변제로서 수령하게 되는 것이 아니므로 이러한 채권자들의 청구가 서로 소송물이 다르다고 할 수 없다. 여기서 원고가 일부 청구임을 명시하여 피대위채권의 일부만을 청구한 것으로 볼 수 있는 경우에는 참가인의 청구금액이 원고의 청구금액을 초과하지 아니하는 한 참가인의 청구가 원고의 청구와 소송물이 동일하여 중복된다고 할 수 있으므로 소송목적이 원고와 참가인에게 합일적으로 확정되어야 할 필요성을 인정할 수 있어 참가인의 공동소송참가신청을 적법한 것으로 보아야 할 것이다.

---

32) 고유필수적 공동소송인 중 일부가 누락한 경우 각하해야 함을 이유로 부정하는 견해도 있으나, 이 경우에도 소송경제·재판의 통일 등을 고려하여 허용하자는 견해가 일반적이다.

⊃ [소송과정] : "아남인스트루먼트는 회사 대주주인 김 회장 등으로부터 자사주 100만여 주를 95억 원에 매수했다. 회사의 채권자인 한국외환은행은 김 회장 등의 거래는 상법이 금지한 회사의 자기주식 취득이어서 무효라며 회사를 대위해 김 회장 등을 상대로 매매대금을 반환하라는 소송을 냈다. 한국외환은행이 1심에서 일부승소하자 또 다른 채권자인 신용보증기금은 아남인스트루먼트의 채권자인 한국외환은행이 1심에서 승소해 대위권에 대한 기판력이 생기는 경우이므로, 우리도 별개의 소송 없이 권리를 인정받을 수 있게 해달라며 항소심에서 공동소송참가를 신청했다. 하지만 항소심 재판부는 채무자가 아닌 채권자에게 직접 금원을 지급하라는 채권자대위소송은 채권자마다 청구취지가 서로 다르기 때문에 채권자 사이에 합일적 확정이 필요하다고 보기 어렵다며 각하했다." 이에 대해 대법원은 위와 같은 이유로 참가인의 공동소송참가신청을 적법하다고 보았다.

◈ 논증구도 ◈

1. 공동소송참가의 의의 및 요건
2. 채권자대위소송의 법적 성질 - 법정소송담당 ; 병행형
3. 소송목적이 합일적으로 확정되어야 할 것

(1) 의미

기판력 등 판결의 효력이 미치는 경우를 의미한다.

(2) 공동대위채권자 상호간 기판력이 미치는지 여부

1) 채권자대위소송의 판결의 효력이 다른 채권자에게 미치는지 여부

판례는 어떠한 사유로든 채무자가 채권자대위소송이 제기된 사실을 알았을 경우에 한하여 그 판결의 효력이 채무자에게 미치므로, 이러한 경우에는 그 후 다른 채권자가 동일한 소송물에 대하여 채권자대위권에 기한 소를 제기하면 전소의 기판력을 받게 된다고 하였다.

2) 기판력의 객관적 범위와 작용 - 소송물 동일 여부

판례는 ① 채권자대위소송이 계속 중인 상황에서 다른 채권자가 동일한 채무자를 대위하여 채권자대위권을 행사하면서 공동소송참가신청을 할 경우, 양 청구의 소송물이 동일하다면 민사소송법 제83조 제1항이 요구하는 '소송목적이 한 쪽 당사자와 제3자에게 합일적으로 확정되어야 할 경우'에 해당하므로 그 참가신청은 적법하다. 이때 양 청구의 소송물이 동일한지는 채권자들이 각기 대위행사하는 피대위채권이 동일한지에 따라 결정되고, 채권자들이 각기 자신을 이행 상대방으로 하여 금전의 지급을 청구하였더라도 채권자들이 채무자를 대위하여 변제를 수령하게 될 뿐 자신의 채권에 대한 변제로서 수령하게 되는 것이 아니므로 이러한 채권자들의 청구는 서로 소송물이 다르다고 할 수 없다고 하였다. ② 여기서 원고가 일부 청구임을 명시하여 피대위채권의 일부만을 청구한 것으로 볼 수 있는 경우에는 참가인의 청구금액이 원고의 청구금액을 초과하지 아니하는 한 참가인의 청구가 원고의 청구와 소송물이 동일하여 중복된다고 할 수 있으므로 소송목적이 원고와 참가인에게 합일적으로 확정되어야 할 필요성을 인정할 수 있어 참가인의 공동소송참가신청을 적법한 것으로 보아야 한다고 하였다.

4. 일반적 소송요건을 구비할 것

공동소송참가는 소제기의 실질이 있으므로, 일반적 소송요건도 구비하여야 한다.

> [대판 2002.3.15, 2000다9086] 주주의 대표소송에 있어서 원고 주주가 원고로서 제대로 소송수행을 하지 못하거나 혹은 상대방이 된 이사와 결탁함으로써 회사의 권리보호에 미흡하여 회사의 이익이 침해될 염려가 있는 경우 그 판결의 효력을 받는 권리귀속주체인 회사가 이를 막거나 자신의 권리를 보호하기 위하여 소송수행권한을 가진 정당한 당사자로서 그 소송에 참가할 필요가 있으며, 회사가 대표소송에 당사자로서 참가하는 경우 소송경제가 도모될 뿐만 아니라 판결의 모순·저촉을 유발할 가능성도 없다는 사정과, 상법 제404조 제1항에서 특별히 참가에 관한 규정을 두어 주주의 대표소송의 특성을 살려 회사의 권익을 보호하려한 입법 취지를 함께 고려할 때, 상법 제404조 제1항에서 규정하고 있는 회사의 참가는 공동소송참가를 의미하는 것으로 해석함이 타당하고, 나아가 이러한 해석이 중복제소를 금지하고 있는 민사소송법 제259조에 반하는 것도 아니다.

Ⅲ. 절차

① 참가인이 새로운 절차에 가입한다는 점에서는 보조참가와 공통성을 가지므로 참가신청의 방식은 보조참가에 준한다(제83조 제2항, 제72조 제1항). 따라서 참가취지와 참가이유를 기재하여야 한다. 다만, 참가신청은 보조참가와 달리 실질적으로 신소제기의 실질(원고 측) 또는 청구기각의 판결을 구하는 신청(피고 측)이므로 소액사건을 제외하고(소액사건심판법 제4조) 서면으로 하여야 한다(제248조).

② 참가신청서에는 소장에 준하는 인지를 붙여야 한다.

Ⅳ. 심리와 판결의 효력

① 참가신청은 실질적으로 소제기이므로, 이에 대하여 당사자는 이의를 신청할 수 없다. 법원은 직권으로 참가요건을 조사하고, 흠이 있는 때에는 종국판결로써 각하하여야 한다. 다만 그것이 공동소송적 보조참가 또는 보조참가의 요건을 갖추었으면 소송행위의 전환의 법리에 의해 그러한 참가로 인정하여도 무방할 것이다.

② 참가인과 피참가인 간에는 필수적 공동소송관계가 생기므로, 제67조가 적용되고 참가인에게는 당연히 판결의 기판력이 미친다.

제5관 독립당사자참가

> **제79조(독립당사자참가)**
> ① 소송목적의 전부나 일부가 자기의 권리라고 주장하거나, 소송결과에 따라 권리가 침해된다고 주장하는 제3자는 당사자의 **양쪽** 또는 **한쪽**을 상대방으로 하여 당사자로서 소송에 참가할 수 있다.
> ② 제1항의 경우에는 제67조(필수적 공동소송에 대한 특별규정) 및 제72조(참가신청의 방식)의 규정을 준용한다.

Ⅰ. 서설

1. 의의 및 취지

① 독립당사자참가란 타인 간 소송의 계속 중 제3자가 원·피고 양쪽(쌍면참가) 또는 한쪽(편면참가)을 상대방으로 하여 소송목적의 전부나 일부가 자기의 권리라고 주장하거나(권리주장참가), 소송결과에 따라 권리가 침해된다고 주장하면서(사해방지참가) 당사자로서 그 소송절차에 참가하는 것을 말한다(제79조). ② 이는 3자 간의 사이에 통일적인 분쟁해결(판결의 모순·저촉의 방지)의 도모와 소송경제를 위함이 그 취지이다.

2. 구별개념

① 제3자가 당사자의 지위를 취득하는 점에서 보조참가와 구별되고, ② 종래의 당사자 어느 쪽과도 (연합적인) 공동소송관계에 서는 것이 아니고 독립한 지위를 가지는 점에서 공동소송참가와 구별된다.

3. 소송구조[33]

종전 독립당사자참가의 형태는 쌍면참가의 형태를 인정하는 것에서 시작하는데, 여기서 이당사자대립구조라는 기본적인 민사소송구조를 염두에 두고 3개소송병합설, 3면소송설 등이 제창되었다. 즉 ① 이당사자대립구조의 원칙에 따라 원고·피고 간, 참가인과 원고 간, 참가인과 피고 간에 각 1개씩 3개의 소송이 성립하며, 이는 동일한 법률관계를 둘러싸고 병합된 것으로서 통일적인 재판의 필요성이 있으므로 소송정책상 제67조가 준용되는 것이라고 보는 3개소송병합설, ② 이당사자대립구조의 예외로서 원고·피고·참가인 3자 사이에 독립한 지위에서 서로 대립·견제되는 3면의 1개 소송(관계)이 성립되며, 제67조가 준용되는 것은 3자 사이에 서로 대립·견제관계에 있기 때문이라고 보는 3면소송설이 대립한다. ③ 판례는 3개소송병합설을 취한 것으로 보여지는

---

33) 이에 대한 견해대립은 사실상 논의 실익이 없다. 소송구조론과 각 문제되는 쟁점에서의 해결이 논리필연적인 관계에 없을 뿐만 아니라 결론상 실질적인 차이가 없고, 다만 해석상의 근거에서만 차이가 있기 때문이다. 또한 재판실무에서는 판례의 문언(3면소송설의 입장으로 볼 수 있는 판결요지)과 달리 독립당사자참가에 따로 사건번호를 부여하고 참가인에 대하여 따로 주문을 내어 주는 등 사실상 병합소송과 같이 취급하고 있다. 이해의 편의를 위해서 상술하였지만 몰입할 필요는 전혀 없으며, 시험에서 답안에 기술할 이유도 없는 부분이다.

것도 있으나, 독립당사자참가소송에서 본소가 적법하게 취하된 경우에는 3면소송관계는 소멸한다고 하는 등 주류적 태도는 3면소송설의 입장이다(대판 1991.12.24, 91다21145·21152 등).

그런데 신법은 편면참가형태를 새롭게 허용하였다. 이에 따라 편면참가에서도 3면소송설이 유지될 수 있는가는 문제이다. 이러한 문제에 대해 편면참가에서도 당사자가 3인임을 중시하여 3면소송의 일부 공백의 형태로서 「준3면소송형태」로 보자는 견해도 주장되고 있다. 반면 3개소송병합설에서는 편면참가는 2개소송병합의 특수한 형태로 보게 된다.

생각건대, 3면소송설의 입장을 논리적으로 관철시켜 보면, ⅰ) 본소나 참가신청을 가분적으로 취하하는 것은 허용할 수 없고, ⅱ) 참가인의 신청이 원고가 구한 청구와 동일한 것이라 하여도 중복소송에 해당하지 않게 된다는 점에서 문제가 있다. 따라서 이를 용이하게 설명할 수 있는 3개소송병합설이 편면참가도 허용하고 있는 현행 민사소송법 하에서는 타당하다(물론 3면소송설에서도 3면소송의 가분성, 즉 가분적 청구와 같이 취급할 수 있다는 점을 인정한다면 결론상 차이는 없게 된다).

Ⅱ. 요건

① 타인 간 소송이 계속 중일 것, ② 참가의 취지로 계속 중인 소송의 원·피고 양쪽 또는 한쪽에 대하여 자기의 청구에 대한 심판을 구할 것, ③ 참가의 이유가 있을 것, ④ 소의 객관적 병합의 요건(참가신청은 본소청구에 참가인의 청구를 병합 제기하는 것이므로)을 갖출 것 이외에 ⑤ 일반적인 소송 요건(참가신청은 실질적으로 신소의 제기이므로 당사자능력, 당사자적격, 중복제소, 기판력, 확인의 소의 이익 등에 관한 일반적인 소송요건을 갖추어야 한다[대판 1994.11.25, 94다12517·12524 등])을 구비하여야 한다.

1. 타인 간의 소송계속 중일 것

① 여기서 소송은 본래 판결절차를 말한다. 따라서 판결절차 이외의 강제집행절차, 증거보전절차 등이 계속 중이라도 참가를 할 수 없다.

[대결 1994.1.20, 93마1701] 대립하는 당사자구조를 갖지 못한 결정절차에 있어서는 보조참가를 할 수 없다.

② 본 소송은 타인 간의 소송이어야 하므로 본 소송의 당사자가 아닌 자만이 참가할 수 있다. 보조참가인은 당사자가 아니므로 독립당사자참가를 할 수 있고, 통상공동소송에는 공동소송인 독립의 원칙이 적용되므로 공동소송인은 다른 공동소송인과 상대방의 소송에 참가할 수 있다.

③ 소송이 계속 중이면 되므로 1심·2심을 불문한다. 따라서 제1심 판결선고 후 상소의 제기와 동시에 참가할 수도 있고, 사실심 변론종결 후 변론재개신청과 동시에 참가할 수도 있다. 다만, 독립당사자참가는 신소제기의 실질을 가지므로 사실심리를 하지 않는 상고심에서는 참가할 수 없다는 것이 판례이다.

[대판 1994.2.22, 93다43682·51309] 독립당사자참가는 실질에 있어서 소송제기의 성질을 가지고 있으므로 상고심에서는 독립당사자참가를 할 수 없다.

2. 참가의 취지

(1) 쌍면참가

독립당사자참가는 전형적으로는 동일한 권리·법률관계를 둘러싼 3자간의 분쟁에 대처하는 제도이므로, 참가인은 참가취지에서 당사자 양쪽에 대하여 각각 자기의 청구를 정립하여 참가하여야 하는 것(그리고 각각의 청구는 모두 적법하여야 하는 것)이 원칙이다.

(2) 편면참가

① 종래 통설은 소송경제와 분쟁의 일회적 해결을 위해 편면참가도 긍정하는 입장이었으나, 개정 전 판례는 일체의 편면참가의 형태를 허용하지 않고 있었다.

② 그러나 개정법에서는 통설의 입장을 받아들여 관련분쟁의 일회적 해결과 소송경제 도모라는 독립당사자참가제도의 취지에 부합하게 편면참가의 형태도 인정하기에 이르렀다(제79조).

3. 참가의 이유

참가의 이유는 ① 제79조 제1항 전단의 "소송목적의 전부나 일부가 자기의 권리라고 주장하는" 권리주장참가와 ② 후단의 "소송결과에 따라 권리가 침해된다고 주장하는" 사해방지참가의 두 가지이다.

(1) 권리주장참가

① 제3자가 "소송목적의 전부나 일부가 자기의 권리라고 주장"하면서 당사자로 소송에 참가하여 세 당사자 사이에 서로 대립하는 권리 또는 법률관계를 하나의 판결로 서로 모순 없이 일시에 해결하려는 것이다. 예 원·피고 사이의 소유권확인청구소송에 있어서 참가인이 자기의 소유권을 주장하는 경우 등이다.

② 권리주장참가는 참가인의 청구(권리주장)와 원고의 본소청구(권리주장)와 양립하지 않는 관계에 있어야 한다(양립불가능).

③ 통설·판례는 권리주장참가의 참가이유를 판단할 때 본소청구와 참가인의 청구가 주장 자체에서 양립하지 않는 관계에 있으면 족하고, 본안심리 결과 양청구가 실제로 양립하면 참가인의 청구를 기각하면 된다고 본다.

 권리주장참가의 참가이유 – 판례를 중심으로

1. 문제점

권리주장참가는, 참가인이 주장하는 권리는 원고의 본소청구와 양립하지 않는 권리 또는 그에 우선하는 권리일 것을 요하는바, 본소청구와 참가인의 청구가 주장 자체에서 양립하지 않는 관계이면 족한지 아니면 실체적 판단으로도 양립불가능해야 하는지가 문제된다. 특히 부동산 이중양도에 있어서 어느 한 매수인이 권리주장참가를 하는 경우 이를 적법하다고 볼 것인지가 문제된다.

2. 참가이유 구비 여부의 판단기준

통설·판례는 권리주장참가의 참가이유를 판단할 때 본소청구와 참가인의 청구가 주장 자체에서 양립하지 않는 관계에 있으면 족하고, 본안심리 결과 양청구가 실제로 양립하면 참가인의 청구를 기각하면 된다고 한다(대판 1992.12.8, 92다26772).

3. 부동산 이중양도와 권리주장참가

(1) 참가인이 피고에 대해서는 소유권이전등기절차의 이행을 구하고 원고에 대해서는 소유권확인청구를 구하는 경우

이에 대해 대법원은 원고에 대한 소유권확인청구는 물권변동에 관하여 형식주의를 취하는 현행법 하에서 참가인이 소유권을 취득하였다 할 수 없음이 명백하여 참가는 부적법하다고 한다.

> [대판 1969.12.9, 69다1440·1441] 참가인이 원고로부터 본건 토지를 매수하여 원고에 대하여 소유권이전등기를 청구할 수 있는 지위에 있다고 하더라도 본건 토지에 관하여 소유권이전등기를 경료하고 건물을 건축하여 소유하는 자에 대하여는 자기의 소유임을 주장할 위치에 있지 아니하므로 참가인은 독립당사자참가 요건을 구비하지 못하였다(대판 1966.7.19, 66다869 등 同旨).
>
> ➲ [해설] : 개정법률에 의해 편면참가가 허용된 이상 이러한 근거는 더 이상 문제되지 않는다고 볼 수도 있겠으나, 청구의 양립 여부를 판례와 달리 보지 않는 한 개정법 하에서도 이 유형의 이중매매에 대한 독립당사자참가는 허용되지 않을 것이다.

(2) 참가인이 원고에 대하여 원·피고 사이의 매매계약이 존재하지 아니함의 확인 또는 자신의 소유권이전등기청구권의 확인을 구하고, 피고에 대해서는 소유권이전등기절차의 이행을 구하는 경우

1) 학설

① 제1매수인과 제2매수인의 소유권이전등기청구권은 주장 자체로 양립불가능하다고 보아 권리주장참가는 허용된다고 보는 견해와 ② 제1매수인과 제2매수인은 각각 별개의 매매계약에 기한 소유권이전등기청구권을 주장하는 것이므로 주장 자체로 양립가능한 권리를 주장하는 것에 불과하여 권리주장참가는 허용되지 않는다고 보는 견해의 대립이 있다.

2) 판례

판례는 통상의 이중매매사안에서 참가인의 청구와 원고의 청구는 모두 채권적 권리를 주장하는 것으로서 양립가능하다는 점을 근거로 권리주장참가를 부적법하다고 하였다.

> [대판 1981.7.28, 80다2532·2533] 원고가 피고를 상대로 매매를 원인으로 소유권이전등기청구소송 중 독립당사자 참가인이 피고로부터 동 부동산을 매수하였음을 전제로 원고에 대하여 원·피고 사이의 위 매매계약에 인한 채권채무관계의 부존재확인을 구하는 청구는 확인의 이익이 없어 부적법하고, 따라서 독립당사자 참가신청도 참가요건을 구비하지 못한 것으로 부적법하다.
>
> ➲ [해설] : 본 판결을 기초로 한 통상의 이중매매 사안에서 판례는 참가인의 원고에 대한 청구가 확인의 이익이 없다는 점과 원고의 청구와 참가인의 청구가 양립한다는 점을 근거로 하고 있는데, 개정법이 편면적 참가를 허용하고 있는 이상 첫 번째 근거는 더 이상 문제가 되지 않으나 청구의 양립 여부를 달리 보지 않는 한 개정법 하에서도 통상 이중매매에 대한 독립당사자참가는 허용되지 않을 것이다.

(3) 최근 판례의 동향

최근 판례의 경향은 참가인이 주장하는 권리가 물권과 같은 대세권이 아닌 한 참가신청은 부적법하다는 종래의 입장에서 채권적 권리를 주장하는 경우에도 참가이유를 인정하는 등 주장참가의 요건을 완화하는 경향에 있다고 볼 수 있다.

★★★ **[대판 1988.3.8. 86다148~150, 86다카762~764(판결이유 중)]** 자기의 권리 또는 법률상의 지위가 타인으로부터 부인당하거나 또는 그와 저촉되는 주장을 당함으로써 위협을 받거나 방해를 받는 경우에는 그 타인을 상대로 그 권리 또는 법률관계의 확인을 구할 이익이 있다고 할 것인바(대판 1963.3.21, 62다821 참조), 이 사건에 있어서와 같이 <u>원고는 피고와의 사이에 체결된 매매계약의 매수당사자가 원고라고 주장하면서 그 소유권이전등기절차 이행을 구하고 있고 이에 대하여 참가인은 자기가 그 매수당사자라고 주장하는 경우에는 참가인은 원고에 의하여 자기의 권리 또는 법률상의 지위를 부인당하고 있다고 할 것이고, 그 불안을 제거하기 위하여 매수인으로서의 권리의무가 참가인에 있다는 확인의 소를 제기하는 것이 유효적절한 수단이라고 보여지므로, 결국 참가인이 피고에 대하여 그 소유권이전등기절차의 이행을 구함과 동시에 원고에 대하여 이 사건 확인의 소를 구한 것은 확인의 이익이 있는 적법한 것이라고 할 것이다</u>

(➲ **[보충]** : 아울러 이 사건에 있어서 원고의 피고에 대한 소유권이전등기청구권과 참가인의 피고에 대한 소유권이전등기청구권은, 당사자참가가 인정되지 아니하는 2중매매 등 통상의 경우와는 달리 하나의 계약에 기초한 것(단일매매의 경우)으로서 어느 한쪽의 이전등기청구권이 인정되면 다른 한쪽의 이전등기청구권은 인정될 수 없는 것이므로 그 각 청구가 서로 양립할 수 없는 관계에 있음은 물론이고, 이는 하나의 판결로써 모순 없이 일시에 해결할 수 있는 경우에 해당한다고 할 것이므로 이 사건 당사자참가는 적법하다고 아니할 수 없다).

➲ **[해설]** : 본 판결은 배타성이 없는 채권적 권리만을 가지는 경우에도 권리주장참가가 허용될 수 있다는 점을 명확히 하였다는 점에서 그 의의가 있다. 그러나 대법원은 방론으로 이 사건은 이중매매의 경우와는 다르다고 하며, 이중매매의 경우에는 청구가 양립될 수 있다는 점을 덧붙이고 있다. <u>본 판결사안은 통상의 이중매매와는 달리 매매계약체결 사실은 한 개이고, 그렇다면 채권적 권리라도 주장 자체로 원고가 주장하는 권리와 참가인이 주장하는 권리는 양립불가능한 관계에 있으므로</u>, 본 판례의 태도는 타당하다고 생각한다.

[대판 1995.6.16. 95다5905 · 95다5912] 甲이 乙 명의로 된 부동산의 실질적인 소유자라고 주장하면서 乙에 대하여 명의신탁 해지로 인한 이전등기절차의 이행을 구하는 본소에 대하여, 丙이 자신이 실질적인 소유자로서 乙에게 명의신탁을 해 둔 것이라고 주장하면서 乙에 대하여는 명의신탁 해지로 인한 이전등기절차의 이행을 구하고 甲에 대하여는 이전등기청구권의 존재 확인을 구하는 독립당사자참가를 한 경우, <u>甲의 乙에 대한 명의신탁 해지로 인한 이전등기청구권과 丙의 乙에 대한 명의신탁 해지로 인한 이전등기청구권은 어느 한 쪽의 청구권이 인정되면 다른 한 쪽의 청구권은 인정될 수 없는 것으로서 각 청구가 서로 양립할 수 없는 관계에 있어 하나의 판결로써 모순 없이 일시에 해결할 수 있는 경우에 해당하고</u>, 丙은 甲에 의하여 자기의 권리 또는 법률상의 지위를 부인당하고 있는 자로서 그 불안을 제거하기 위하여 乙에 대한 이전등기청구권이 丙에게 있다는 확인의 소를 제기하는 것이 유효적절한 수단이어서 丙이 乙에 대하여 이전등기절차의 이행을 구함과 동시에 甲에 대하여 이전등기청구권의 존재확인을 구하는 것은 확인의 이익이 있는 적법한 청구라고 하여, 丙의 당사자참가는 적법하다.

➲ [해설] : 명의신탁사실은 역사적으로 하나이고 진정한 명의신탁자는 1인뿐이므로, 비록 채권적 권리라고 하여도 양 청구는 양립불가능한 관계에 있고, 따라서 권리주장 참가는 적법하다고 본 것이다. 이와 같이 채권적 청구권이라도 양 청구가 양립불가능할 수 있음을 인정하는 태도는 이하의 판례에서도 마찬가지이다.

[대판 1996.6.28, 94다50595 · 50601] 甲이 乙에 대하여 취득시효 완성을 원인으로 한 소유권이전등기를 구하는 본소에 대하여, 丙이 乙에 대하여는 취득시효 완성을 원인으로 한 소유권이전등기를, 그리고 甲에 대하여는 관리위탁계약의 해제를 이유로 토지의 인도를 각 청구한 경우, 甲의 乙에 대한 청구와 丙의 乙에 대한 청구는 주장하는 권리가 채권적인 권리인 등기청구권이기는 하나 어느 한 쪽의 청구권이 인정되면 다른 한 쪽의 청구권은 인정될 수 없는 것으로서 각 청구가 서로 양립할 수 없는 관계에 있으므로, 丙의 독립당사자참가 신청은 적법하다.

[대판 1992.12.8, 92다26772] 원고가 건물의 증축부분(건물의 3층부분)의 소유권에 터잡아 피고에게 그 증축부분의 인도를 구하는 소송에서 참가인이 증축부분은 자기가 증축한 것으로서 자기 소유임을 이유로 원고를 상대로 소유권확인 및 피고를 상대로 인도를 구하면서 독립당사자참가신청을 한 경우, 주장 자체에 의해서는 원고가 주장하는 권리와 참가인이 주장하는 권리가 양립할 수 없는 관계에 있다 할 것이므로, 비록 본안에 들어가 심리한 결과 증축부분이 기존건물에 부합하여 원고의 소유로 되었고 참가인의 소유로 된 것이 아니라고 판단되더라도 이는 참가인의 청구가 이유 없는 사유가 될 뿐 참가신청이 부적법한 것은 아니므로 이를 각하하여서는 아니 된다.

[대판 2007.6.15, 2006다80322] 독립당사자참가 중 권리주장참가는 소송의 목적의 전부나 일부가 자기의 권리임을 주장하면 되는 것이므로 참가하려는 소송에 수개의 청구가 병합된 경우 그 중 어느 하나의 청구라도 독립당사자참가인의 주장과 양립하지 않는 관계에 있으면 그 본소청구에 대한 참가가 허용된다고 할 것이고, 양립할 수 없는 본소청구에 관하여 본안에 들어가 심리한 결과 이유가 없는 것으로 판단된다고 하더라도 참가신청이 부적법하게 되는 것은 아니다.34)

★[대판 1991.12.24, 91다21145 · 21152] 독립당사자참가의 적법요건
독립당사자참가는 소송의 목적의 전부나 일부가 자기의 권리임을 주장하거나 소송의 결과에 의하여 권리의 침해를 받을 것을 주장하는 제3자가 당사자로서 소송에 참가하여 3당사자 사이의 3면적 소송관계를 하나의 판결로써 모순 없이 일시에 해결하려는 것이므로, 종전당사자인 원고와 피고에 대하여 각 별개의 청구가 있어야 하고 각 청구는 소의 이익을 갖춘 것이어야 한다.

➲ [사실관계 및 해설] : ① A는 부동산을 C로부터 매수한 당사자가 B라고 주장하면서 그 매매계약해제에 따라 B가 C에 대하여 취득한 중도금반환채권을 전부받은 자라고 주장하면서 C에게 그 이행을 구하고 있고, 이에 대하여 참가인 甲은 위 부동산의 매수인은 B가 아닌 乙이라고 주장하며 乙의 중도금반환채권을 甲이 양도받았다 하여 A에 대하여는 참가인 甲의 권리확인을 구하고 C에 대하여는 위 금원의 지급을 구하였다. ② A의 C에 대한 전부금채권과 참가인 甲의 C에 대한 양수금채권은 어느 한 쪽의 채권이 인정되면 다른 한 쪽의 채권은 인정될 수 없는 것으로서 각 청구가 서로 양립할 수 없는 관계에 있고

> 이는 하나의 판결로써 모순 없이 일시에 해결할 수 있는 경우에 해당한다고 할 것이고, 참가인 甲은 원고 A에 의하여 자기의 권리 또는 법률상의 지위를 부인당하고 있는 자로서 그 불안을 제거하기 위하여 피고 C에 대한 위 중도금반환채권이 참가인에게 있다는 확인의 소를 제기하는 것이 유효적절한 수단이라고 할 것이므로 결국 참가인 甲이 피고 C에 대하여 위 채권금액의 지급을 구함과 동시에 원고 A에 대하여 채권확인의 소를 구한 것은 확인의 이익이 있는 적법한 청구라고 할 것이어서 그 독립당사자참가는 적법하다.

(2) 사해방지참가

1) 의의

제3자가 "소송결과에 따라 권리가 침해된다고 주장"하는 경우의 참가이다. 권리주장참가와 달리, 참가인의 청구와 원고의 청구가 논리상 양립할 수 있는 관계에 있다고 할지라도 무방하다.

2) 권리침해의 의미

가) 학설

여기서 소송결과에 따라 권리가 침해된다는 의미에 대하여 견해의 대립이 있는데, 원고와 피고가 해당 소송을 통하여 제3자를 해할 의사, 즉 사해의사를 갖고 있다고 객관적으로 인정되는 경우에 참가가 허용된다는 입장(사해의사설)이 통설이다.

나) 판례

판례는 엄격히 말해 사해의사를 갖고 있다고 객관적으로 인정되는 경우 외에 권리침해의 염려를 요구하였으나, 사해의사가 인정되면 권리침해의 염려가 추정된다고 할 것이므로 판례의 입장이 사해의사설과 큰 차이가 있다고 보기는 어렵다고 할 것이다.

---

34) 乙로부터 의료장비에 대한 매매계약을 체결한 甲은 乙을 상대로 주위적으로는 매매계약에 기해 소유권을 취득하였다고 주장하면서 소유권에 기한 의료장비인도청구를 구하고, 예비적으로는 위 매매계약은 채권담보를 위한 것이라고 주장하면서 동산양도담보계약에 기한 의료장비의 인도를 구하는 본소를 제기하였다. 이에 丙은 의료장비는 자신의 소유라고 주장하며 원고 甲에 대하여는 소유권 확인을 구하고, 피고 乙에 대하여는 소유권에 기한 의료장비의 인도를 구하면서 독립당사자참가를 하였다. 원심법원은 의료장비가 甲에게 인도되지 않아 甲이 소유권을 취득하지 못하였음을 이유로 주위적 청구를 기각하고, 법률은 의료장비의 양도에 주무관청의 허가를 요하는데 의료장비의 양도에 관하여 주무관청의 허가가 없었음을 이유로 예비적 청구도 기각하면서, 丙의 참가신청은 甲의 주위적 청구와는 양립할 수 없으나, 예비적 청구는 동산양도담보계약에 기한 것으로서 성질상 채권에 해당하는바 丙의 주장과 양립가능함을 이유로 부적법 각하하였다. 이에 대법원은 위 판결요지와 같은 이유로 甲의 주위적 청구와 丙의 주장이 양립하지 않는 관계에 있는 이상 丙의 독립당사자참가는 적법하다고 하면서 항소심 판결 중 합일확정을 필요로 하는 甲의 주위적 청구 부분과 丙의 청구 부분을 파기·환송하였다.

★★★ **[대판 1990.4.27, 88다카25274・25281]** 민사소송법 제79조 제1항 후단의 사해방지참가의 경우는 원고와 피고가 당해 소송을 통하여 제3자를 해할 의사를 갖고 있다고 객관적으로 인정되고, 그 소송의 결과 제3자의 권리 또는 법률상의 지위가 침해될 염려가 있다고 인정되는 경우에는, 제3자인 참가인의 청구와 원고의 청구가 논리상 서로 양립할 수 있는 관계에 있다고 하더라도 독립당사자참가를 할 수 있다.

➡ **[평가]** : 종래 대법원판례는 독립당사자참가의 요건으로서 권리주장참가 신청사건의 경우뿐만 아니라 사해방지참가 신청사건의 경우에도 모두 일률적으로 참가인은 원고와 피고에 대하여 본소청구와 양립할 수 없는 별개의 청구를 하여야 하는 것처럼 판시하였다(대판 1967.6.13, 67다550; 대판 1974.9.24, 74다199・200; 대판 1982.12.14, 80다1872・1873 등). 그러나 이 사건 대법원판결은 제79조 후단의 '권리의 침해'의 의미에 대해 사해의사설을 따름을 밝힘과 동시에, 사해방지참가의 경우에는 피고에 대한 원고의 청구와 참가인의 청구가 반드시 양립할 수 없는 것이어야 하는 것은 아니라고 하면서 사해방지참가의 요건에 관하여 애매하였던 종래의 입장을 명백히 하였다. 그 결과 법조문 속에서만 있던 사해방지참가를 처음으로 인정함으로써 제도의 취지를 살리고 그 효용성을 높이는 중요한 계기를 마련했다는 점에서 의의가 있는 판결이라 할 것이다.

➡ **[사실관계 및 소송과정과 해설]** : (1) 본소는 원고 A가 피고 B에 대하여 1985.12.30. 대물변제계약을 원인으로 X부동산에 관하여 소유권이전등기절차의 이행을 구하는 것이었는데, 독립당사자참가인 甲은 1982.11.9. B로부터 당시 체비지로서 B에게 장래 소유권이 이전될 예상인 상태에 있던 위 X부동산을 매도담보로서 소유권이전등기를 경료받거나 1번 근저당권설정등기를 경료받기로 약정하고 같은 해 12.22.부터 1983.8.17.까지 사이에 4차례에 걸쳐 합계금 4천만원을 대여하였는데 1985.12.28. 위 체비지가 환지확정되어 B가 참가인 甲에게 위 X부동산에 대하여 담보제공절차를 취하여야 할 처지에 이르게 되자 B는 유일무이한 재산인 위 X부동산에 관하여 甲에 대한 위 채무를 면탈하기 위해서 위와 같은 사정을 잘 아는 A와 공모하여 甲을 해할 목적으로 1985.12.30.자 가장대물변제계약을 체결하고 A가 B를 상대로 소유권이전등기절차 이행의 소를 제기하였으므로 甲은 그 소송결과에 의하여 권리의 침해를 받을 위험이 있다고 주장하면서, ① 주위적 청구로서 원고 A 및 피고 B 쌍방에 대하여 위 X부동산에 관한 그들 사이의 1985.12.30.자 대물변제계약을 취소한다고 구하고, 다시 B에 대하여 금 4천만원 및 그 지연손해금의 지급을 구하고, ② 예비적 청구로서 원고 A 및 피고 B 쌍방에 대하여 위 X부동산에 관한 위 대물변제계약은 무효라는 확인을 구하고, 다시 B에 대하여 주위적 청구에서와 같은 금원의 지급을 구하였다. (2) 이에 대하여 원심은, 독립당자자참가인의 ① 주위적 청구에 관하여 사해행위취소의 소는 취득자나 전득자를 상대로 구하여야 하는데 피고적격이 없는 채무자인 B를 상대로 구하였으므로 B에 대하여는 그 청구자체가 부적법하고, A의 B에 대한 본소청구인 X부동산에 관한 대물변제계약을 원인으로 한 소유권이전등기절차이행을 구하는 청구와 독립당사자참가인 甲의 B에 대한 대여금반환청구는 서로 양립될 수 있는 것이므로 결국 위 주위적 청구는 부적법하다고 하였고, 나아가 ② 예비적 청구는 A 및 B에 대하여 이들 사이의 대물변제계약이 무효라는 확인을 구하는 것이나 甲이 B에게 금원을 대여하고 X부동산을 담보로 제공받기로 하였다 하더라도 특별한 사정이 없는 한 제3자에 불과한 참가인 甲에게 위 대물변제계약이 무효라는 확인을 구할 법률상 이익이 있다고 보기 어렵고, B에 대한 대여금반환청구는 본소청구와 서로 양립될 수 있는 것이므로 예비적 청구 역시 부적법하다 하여 독립당사자참가신청을 각하하였다. (3) 이에 대해 대법원은, ① 위와

같은 이유로 제79조 제1항 후단 소정의 독립당사자참가를 할 수 있다고 보았고, 나아가 ② 주위적 청구에 관하여 채무자인 B에 대한 사해행위취소청구가 부적법하다 하더라도 다른 하나의 청구인 B에 대한 금전지급청구는 적법하고, 예비적 청구에 관하여 자기의 권리 또는 법률상의 지위가 타인들 사이의 사해적 법률행위를 청구원인으로 한 사해소송의 결과로 인하여 침해를 받을 염려가 있는 경우에는 그 타인들을 상대로 하여 사해소송의 청구원인이 된 법률행위에 대하여 무효임의 확인을 소구할 이익을 부정할 수 없다고 할 것이니, 그것은 위의 무효확인청구야말로 사해판결이 선고 확정되고 집행됨으로써 자기의 권리 또는 법률상의 지위가 침해되는 것을 방지하기 위한 유효적절한 수단이 된다고 하여 확인의 소의 이익을 인정하였다.

★★ [대결 2005.10.17. 2005마814] 독립당사자참가 중 권리주장참가는 원고의 본소청구와 참가인의 청구가 그 주장 자체에서 양립할 수 없는 관계라고 볼 수 있는 경우에 허용될 수 있는 것이고, 사해방지참가도 본소의 원고와 피고가 당해 소송을 통하여 참가인을 해할 의사를 갖고 있다고 객관적으로 인정되고 그 소송의 결과 참가인의 권리 또는 법률상 지위가 침해될 우려가 있다고 인정되는 경우에 허용될 수 있다.

★★★ [대판 2014.6.12. 2012다47548·47555] 독립당사자참가인이 원고의 피고에 대한 본소청구의 원인행위가 사해행위라는 이유로 원고에 대하여 사해행위취소를 청구하면서 사해방지참가하는 것이 적법한지 여부(소극) 민사소송법 제79조 제1항에 규정된 독립당사자참가는 소송대상의 전부나 일부가 자기의 권리임을 주장하거나, 소송의 결과에 의하여 권리침해를 받을 것을 주장하는 제3자가 당사자로서 소송에 참가하여 세 당사자 사이에 서로 대립하는 권리 또는 법률관계를 하나의 판결로써 서로 모순 없이 일시에 해결하려는 것이다. 그리고 독립당사자참가 중 민사소송법 제79조 제1항 후단의 사해방지참가는 본소의 원고와 피고가 당해 소송을 통하여 참가인을 해할 의사를 가지고 있다고 객관적으로 인정되고 그 소송의 결과 참가인의 권리 또는 법률상 지위가 침해될 우려가 있다고 인정되는 경우에 그 제3자가 사해소송의 결과로 선고·확정될 사해판결을 방지하기 위하여 그 사해소송에 참가하는 것이다. 한편 채권자가 사해행위의 취소와 함께 수익자 또는 전득자로부터 책임재산의 회복을 명하는 사해행위취소의 판결을 받은 경우 그 취소의 효과는 채권자와 수익자 또는 전득자 사이에만 미치므로, 수익자 또는 전득자가 채권자에 대하여 사해행위의 취소로 인한 원상회복 의무를 부담하게 될 뿐, 채권자와 채무자 사이에서 그 취소로 인한 법률관계가 형성되거나 취소의 효력이 소급하여 채무자의 책임재산으로 복구되는 것은 아니다.

이러한 사해행위취소의 상대적 효력에 의하면, 원고의 피고에 대한 청구의 원인행위가 사해행위라는 이유로 원고에 대하여 사해행위취소를 청구하면서 독립당사자참가신청을 하는 경우, 독립당사자참가인의 청구가 그대로 받아들여진다 하더라도 원고와 피고 사이의 법률관계에는 아무런 영향이 없고, 따라서 그러한 참가신청은 사해방지참가의 목적을 달성할 수 없으므로 부적법하다고 할 것이다.

★★ [대판 2017.4.26. 2014다221777·221784]

[1] 독립당사자참가신청의 적법 요건

민사소송법 제79조 제1항에 규정된 독립당사자참가는 다른 사람 사이에 소송이 계속 중일 때 소송대상의 전부나 일부가 자기의 권리라고 주장하거나, 소송결과에 따라 권리가 침해된다고 주장하는 제3자가 당사자로서 소송에 참가하여 세 당사자 사이에 서로 대립하는 권리 또는 법률관계를 하나의 판결로써 서로 모순 없이 일시에 해결하려는 것이다. 그러므로 독립당사자참가 중 권리주장참가는 원고의 본소청구와 참가인의 청구가 주장 자체에서 양립할 수 없는 관계라고 볼 수 있는 경우에 허용될 수 있고, 사해방지참가는 본소의 원고와 피고가 소송을 통하여 참가인의 권리를 침해할 의사가 있다고 객관적으로 인정되고 그 소송의 결과 참가인의 권리 또는 법률상 지위가 침해될 우려가 있다고 인정되는 경우에 허용될 수 있다.

[2] 공동저당 목적물 중 물상보증인 소유의 부동산이 먼저 경매되어 물상보증인이 채무자에 대하여 구상권을 취득함과 동시에 채무자 소유의 부동산에 관한 선순위공동저당권을 대위취득하는 경우 채무자가 물상보증인에 대한 반대채권과 물상보증인의 채권과 상계함으로써 물상보증인 소유 부동산의 후순위저당권자에 대하여 대항할 수 있는지 여부(소극)

공동저당에 제공된 채무자 소유의 부동산과 물상보증인 소유의 부동산 가운데 물상보증인 소유의 부동산이 먼저 경매되어 그 매각대금에서 선순위공동저당권자가 변제를 받은 때에는 물상보증인은 채무자에 대하여 구상권을 취득함과 동시에 변제자대위에 의하여 채무자 소유의 부동산에 대한 선순위공동저당권을 대위취득한다. 그 물상보증인 소유의 부동산에 대한 후순위저당권자는 물상보증인이 대위취득한 채무자 소유의 부동산에 대한 선순위공동저당권에 대하여 물상대위를 할 수 있다(대판 1994.5.10, 93다25417 등 참조). 이 경우에 채무자는 물상보증인에 대한 반대채권이 있더라도 특별한 사정이 없는 한 물상보증인의 구상금채권과 상계함으로써 물상보증인 소유의 부동산에 대한 후순위저당권자에게 대항할 수 없다. 채무자는 선순위공동저당권자가 물상보증인 소유의 부동산에 대해 먼저 경매를 신청한 경우에 비로소 상계할 것을 기대할 수 있는데, 이처럼 우연한 사정에 의하여 좌우되는 상계에 대한 기대가 물상보증인 소유의 부동산에 대한 후순위저당권자가 가지는 법적 지위에 우선할 수 없다.

➫ [해설] : 물상보증인 소유의 부동산에 대한 후순위저당권자가 물상보증인이 대위취득한 채무자 소유 부동산의 선순위공동저당권에 대하여 물상대위할 수 있음을 이유로 선순위공동저당권자 등을 상대로 근저당권의 이전 등을 구하는 본소 청구에 대하여, 채무자가 물상보증인의 변제자대위의 전제가 된 구상권이 상계로 소멸하였다는 이유로 선순위공동저당권자를 상대로 같은 등기의 말소를 구하는 독립당사자참가신청을 한 사안에서, 이러한 참가인의 말소등기청구는 ① 위 등기의 이전을 구하는 원고의 청구와 동일한 권리관계에 관하여 주장 자체로 양립되지 않는 관계에 있지 않으므로 이 부분 독립당사자 참가신청은 민사소송법 제79조 제1항 전단에 따른 권리주장참가의 요건을 갖추지 못하였고, 나아가 ② 원고와 피고가 본소 소송을 통하여 참가인의 권리를 침해할 의사가 있다고 객관적으로 인정하기도 어려우므로 민사소송법 제79조 제1항 후단에 따른 사해방지참가의 요건을 갖추었다고 볼 수도 없다는 이유로, 독립당사자참가요건을 갖추지 못하여 부적법하다고 보아 독립당사자참가신청을 각하함이 타당하다고 본 사례이다.

4. 소의 객관적 병합요건을 갖출 것

독립당사자참가는 본소청구에 참가인의 청구가 병합되는 것이므로 청구의 병합요건, 즉 동종절차·공통관할이라는 요건을 갖추어야 한다.

5. 일반적 소송요건

(1) 내용

독립당사자참가는 이른바 당사자참가로서 신소제기의 실질이 있는 것이므로 일반적인 소송요건, 예컨대 당사자능력, 당사자적격, 중복제소, 기판력, 확인의 소의 이익 등에 관한 요건도 갖추어야 한다. 따라서 ① 참가인의 청구와 같은 소송물에 관하여 이미 소송계속이 있으면 참가인의 청구는 중복제소로 부적법하다(제259조). 또한 ② 참가인이 원고에 대하여 원고의 피고에 대한 권리가 없다는 확인을 구하는 것은 설령 그 확인의 소에서 독립당사자참가인이 승소판결을 받는다고 하더라도 그로 인하여 원고 또는 피고에 대한 관계에서 자기의 권리가 확정되는 것도 아니므로 확인의 이익이 없어 부적법하다(대판 2012.6.28, 2010다54535 · 54542).

★★[대판 2014.11.13, 2009다71312] 원고가 독립당사자참가인의 권리 또는 법률상의 지위를 부인하면서 독립당사자참가인의 주장과 양립할 수 없는 제3자에 대한 권리 또는 법률관계를 주장하는 경우, 독립당사자참가인이 원고 주장의 제3자에 대한 권리 또는 법률관계의 부존재 확인을 구할 이익이 있는지 여부(소극)

확인의 소는 반드시 당사자 간의 법률관계에 한하지 아니하고, 당사자의 일방과 제3자 사이 또는 제3자 상호간의 법률관계도 그 대상이 될 수 있는 것이지만, 위와 같은 법률관계의 확인이 확인의 이익이 있기 위해서는 그 법률관계에 따라 참가인의 권리 또는 법적 지위에 현존하는 위험, 불안이 야기되어야 하고, 그 위험, 불안을 제거하기 위하여 그 법률관계를 확인의 대상으로 한 확인 판결에 의하여 즉시 확정할 필요가 있고 또한 그것이 가장 유효적절한 수단이 되어야 한다. 또한 독립당사자참가인의 권리 또는 법률상의 지위가 원고로부터 부인당하거나 또는 그와 저촉되는 주장을 당함으로써 위협을 받거나 방해를 받는 경우에는 독립당사자참가인은 원고를 상대로 자기의 권리 또는 법률관계의 확인을 구하여야 할 것이고, 자기의 권리 또는 법률상의 지위를 부인하는 원고가 자기의 주장과는 양립할 수 없는 제3자에 대한 권리 또는 법률관계를 주장한다고 하여 원고 주장의 그 제3자에 대한 권리 또는 법률관계가 부존재한다는 것만의 확인을 구하는 것은, 설령 그 확인의 소에서 독립당사자참가인이 승소판결을 받는다고 하더라도 그 판결로 인하여 원고에 대한 관계에서 자기의 권리가 확정되는 것도 아니고 그 판결의 효력이 제3자에게 미치는 것도 아니어서, 그와 같은 부존재확인의 소는 자기의 권리 또는 법률적 지위에 현존하는 불안, 위험을 해소시키기 위한 유효적절한 수단이 될 수 없어서 확인의 이익이 없다.

➡ [사실관계] : 원고는 골프회원권 판매를 영업으로 하는 피고로부터 A골프장 회원권을 매수하였다고 주장하면서 피고에 대하여 A골프장 회원지위 확인의 소를 제기하였다(본소). 참가인은 자기도 피고로부터 그 A골프장 회원권을 매수하였다고 주장하면서 원고에 대해서는 위 회원권에 관한 권리 부존재확인을, 피고에 대해서는 위 회원권에 관하여 양도를 원인으로 한 명의개서절차이행 청구의 소를 제기하는 독립당사자참가 신청을 한 사안이다.

◈ **본 판례의 문제점과 논증구도** ◈[35]

1. 확인의 소의 이익 유무

확인하는 소는 보다 유효하고 근본적인 해결을 추구하여야 하기 때문에 자기 권리의 적극적 확인을 구할 수 있을 때에는 상대방 권리의 소극적 확인을 구해서는 안 된다. 위 대법원 판결이유는 이 점을 명시하였다.[36]

---

35) 동 판례에 대한 강현중 교수의 평석을 제시하였다.
36) 이에 대해 부존재확인청구이지만 적어도 3자간의 권리자합일확정의 이익 때문에 확인의 이익을 긍정하는 것이 옳다고 보는 견해도 있다.

2. 권리주장 참가의 참가이유

(1) 문제점

만약 참가인이 원고에 대하여 A골프장회원권의 매수자 지위 확인을 구하는 적극적 확인을 구하고, 피고에 대해서는 위 회원권에 관하여 양도를 원인으로 한 명의개서절차이행청구의 소를 제기하는 독립당사자참가를 한 경우에도 참가의 이익이 없는지 문제된다.

(2) 판단기준

일반적으로 독립당사자참가에서 권리주장 참가사유(제79조 제1항 전단)는 참가인의 청구 및 이를 이유로 한 권리주장이 원고의 청구 및 이를 이유로 한 권리주장과 논리적으로 양립할 수 없는 관계에 있어야 하므로 배타적이고 대세적 효력이 있는 물권인 경우가 주로 참가의 대상이 된다. 그러나 채권적 청구권이라고 하더라도 그 청구권이 논리적으로 양립할 수 없는 경우에는 독립당사자참가가 가능하다.

(3) 사안의 경우

따라서 이 사건에서 ① 피고가 A골프장회원권을 원고 및 참가인에게 2중으로 양도를 하였다면 원고와 참가인의 지위는 논리적으로 양립할 수 있으므로 참가인의 독립당사자청구는 부적법하다. 그러나 ② 피고가 A골프장회원권을 원고 및 참가인 가운데서 참가인 한 사람에게만 양도하였다면 참가인은 원고에 대하여 A골프장 회원권의 매수자 지위의 확인을 구하고, 피고에 대해서는 위 회원권에 관하여 양도를 원인으로 한 명의개서절차이행청구의 소를 제기하는 독립당사자참가를 할 수 있다.

3. 참가취지 – 편면참가

(1) 허용 여부

이 사건에서 참가인이 피고에 대해서만 위 회원권에 관하여 양도를 원인으로 한 명의개서절차이행청구의 소를 제기하는 '편면참가'의 형식으로 독립당사자참가를 할 수 있는지 문제된다. 우선 계쟁권리가 참가인과 피참가인 사이에서 논리적으로 양립할 수 없는 관계에 있기 때문에 소송 중 분쟁이 현재화될 수 있거나(권리주장참가), 계쟁권리가 참가인과 피참가인 사이에 양립할 수 있는 관계에 있다고 하여도 피참가인이 상대방과 결탁하여 참가인의 권리를 침해할 염려가 있는 경우(사해방지참가)에는 참가인이 원·피고 어느 한 쪽에 참가하더라도 독립당사자참가가 허용된다(제79조 제1항 참조). 그러나 제67조의 준용관계상 한 쪽 참가로 참가인의 청구가 어느 한 쪽을 향한다 하더라도 소송의 모습은 3파분쟁, 즉 권리주장참가의 경우에는 참가인과 피참가인 사이에서 논리적으로 양립할 수 없는 관계에 있기 때문에 소송 중 분쟁이 현재화될 수 있거나, 사해방지참가의 경우에는 피참가인이 상대방과 결탁하여 참가인의 권리를 침해할 염려가 있어야 하며, 그렇지 않으면 편면참가는 독립당사자참가로서 부적법하다고 해야 한다.

(2) 사안의 경우

이 사건에서 원고의 지위와 참가인의 지위는 위에서 검토한 바와 같이 논리적으로 양립할 수 없는 경우와 그렇지 않은 경우가 있으므로 양립할 수 없는 경우에만 편면참가가 가능할 것이다. 따라서 참가인이 편면참가를 한 경우 비록 참가인이 원고에 대한 청구를 생략하였다 하더라도 법원은 심리를 하여 원고의 지위와 참가인의 지위가 논리적으로 양립 가능한지 여부를 먼저 검토하여, ① 논리적으로 양립 가능한 경우에는 참가인의 피고에 대한 명의개서절차이행청구의 당부를 따질 필요가 없이 참가의 청구를 각하하여야 할 것이고, ② 논리적으로 양립할 수 없어 원고의 본소청구를 인용할 경우에는 참가인의 청구를 기각하고 원고의 본소청구가 이유 없는 경우에 한하여 참가인의 청구를 인용하여야 할 것이다.

(2) 채권자대위소송 계속 중 채무자의 독립당사자참가의 가부

1) 문제점

독립당사자참가는 신소제기의 성질을 가지므로, 대위소송 계속 중 채무자가 채권자에게는 피보전 권리의 부존재확인을 구하고, 제3채무자에게는 이행을 구하는 독립당사자참가를 하는 것이 중복 소제기에 해당하여 부적법한 것이 아닌지가 문제이다.

2) 학설

① 채권자대위소송을 법정소송담당으로 보는 입장에서 대위소송 계속 중에 채무자가 별소를 제기 하면 중복제소에 해당하는 것으로 본다는 점에 비추어 볼 때 채무자의 독립당사자참가는 중복소 송에 해당하여 부적법하다고 보는 것이 다수설이다. 반면 ② 법정소송담당설을 전제로 하되, 참가 의 경우에는 소송경제에 바람직하고 재판의 모순·저촉의 우려가 없으므로 중복소송에 해당하지 않는다는 견해와 ③ 독립한 대위권설의 입장에서 당사자와 소송물이 다르므로 중복소송에 해당하 지 않는다는 견해도 있다.

Ⅲ. 절차

1. 참가신청 및 그 효과

① 독립당사자참가는 참가인이 새로운 절차에 가입한다는 점에서는 보조참가와 공통성을 가지므로 참가신청의 방식은 <u>보조참가에 준한다</u>(제79조 제2항, 제72조 제1항). 다만, 참가신청은 보조참가와 달리 실질적으로 당사자 양쪽에 대한 <u>신소제기의 실질을 가지므로 소액사건을 제외하고</u>(소액사 건심판법 제4조) <u>반드시 서면으로 하여야 한다</u>(제248조 ➡ 소는 법원에 소장을 제출함으로써 제기한다).

② 서면에는 참가의 취지와 이유를 명시하고 자기 청구에 대해 청구취지와 원인을 기재하여야 한 다. 또한 참가신청서에는 심급에 따라 소장·항소장에 준하는 인지를 붙여야 한다. 참가신청서 에 흠이 없으면 지체 없이 당사자 쌍방에게 신청서부본을 송달해야 한다(제79조 제2항, 제72조).

③ <u>참가신청서의 제출은 신소제기의 실질을 가지므로 참가인의 청구에 대한 시효중단과 기간준 수의 효력이 생기며</u>(제265조), 참가소송의 계속이 발생하므로 동일한 청구에 대한 별소의 제기 는 중복제소에 해당한다(제259조).

④ 당사자가 상소하지 않는 경우 제3자가 독립당사자참가와 동시에 상소를 제기할 수 있다.

2. 참가신청의 취급

참가신청을 실질적으로 보면 신소제기이므로 일반적으로 소의 제기에 대하여 이의를 할 수 없는 것처럼 참가신청이 소정의 참가요건을 구비하지 못한 경우라도 상대방인 원고·피고는 이의를 할 수 없다는 견해가 일반적이다.

3. 중첩적 독립당사자참가

① 판례는 이미 독립당사자참가가 있는 소송에 다시 제3자가 참가인 사이에는 아무런 청구를 하지 않은 채 본소의 당사자를 상대방으로 독립당사자참가를 하는 경우와 같은 중첩적 독립당사자참가를 허용하고 있다. 다만, 제1참가인과 제2참가인 간에는 아무런 소송관계가 없으므로 이들 사이에는 합일적 판결을 할 법률상의 필요가 없다고 한다. 즉 3면소송의 중첩적인 형태는 허용하되 이른바 4면소송까지는 허용될 수 없다는 취지이다(대판 1963.10.22, 62다29).

② 이에 대해 독립당사자참가는 하나의 권리관계를 둘러싼 다파분쟁을 통일적으로 해결하려는 데 그 제도적 취지가 있는 것이므로 4면소송을 막을 이유는 없다고 보는 견해가 일반적이다.

IV. 심판

1. 참가요건과 소송요건의 조사

① 독립당사자참가신청이 있으면 먼저 참가요건을 직권으로 조사한다. 참가요건에 흠이 있는 경우 판례는 부적법 각하하여야 하고, 통상공동소송 등으로 취급하여 심리할 필요는 없다고 한다. 다만 보조참가로의 전환을 허용한 예도 있다.

② 참가요건을 갖추었을 경우 참가인의 청구에 대한 소송요건을 직권으로 조사한다. 소송요건에 흠이 있는 경우 참가신청을 각하하여야 한다.

★[대판 2022.10.14, 2022다241608 · 241615] 민사소송법 제79조 제1항에서 정한 독립당사자참가의 요건 / 독립당사자참가인이 수 개의 청구를 병합하여 독립당사자참가를 하는 경우, 각 청구별로 독립당사자참가의 요건을 갖추어야 하는지 여부(적극)
① 독립당사자참가 중 민사소송법 제79조 제1항 전단의 권리주장참가를 하기 위해서는, 독립당사자참가인은 우선 참가하려는 소송의 당사자 양쪽 또는 한쪽을 상대방으로 하여 원고의 본소 청구와 양립할 수 없는 청구를 하여야 하고 그 청구는 소의 이익을 갖추는 외에 그 주장 자체에 의하여 성립할 수 있음을 요하며, ② 민사소송법 제79조 제1항 후단의 사해방지참가는 본소의 원고와 피고가 당해 소송을 통하여 독립당사자참가인을 해할 의사를 가지고 있다고 객관적으로 인정되고 그 소송의 결과 독립당사자참가인의 권리 또는 법률상 지위가 침해될 우려가 있다고 인정되는 경우에 허용된다. ③ 독립당사자참가인이 수 개의 청구를 병합하여 독립당사자참가를 하는 경우에는 각 청구별로 독립당사자참가의 요건을 갖추어야 하고, 편면적 독립당사자참가가 허용된다고 하여, 참가인이 독립당사자참가의 요건을 갖추지 못한 청구를 추가하는 것을 허용하는 것은 아니다.

2. 본안심리

(1) 제67조 규정의 준용

독립당사자참가소송은 원고도 피고도 참가인도 각 독립적으로 소송활동을 전개하는 것이지만, 참가인 · 원고 · 피고 3자 사이의 분쟁을 일거에 모순 없이 해결하려는 소송형태이므로 필수적 공동소송에 있어서와 마찬가지로 '소송자료의 통일'과 '소송진행의 통일'을 확보하지 않으면 안 된다.

따라서 판단자료와 심리의 공통을 위하여 제67조 필수적 공동소송의 특별규정을 준용하고 있다 (제79조 제2항). 다만 원고·피고·참가인의 공동소송이 강제되는 것은 아니므로 필수적 공동소송 중 유사필수적 공동소송의 법리에 따라 규율된다.

(2) 소송자료의 통일

① 당사자 가운데 한사람의 소송행위는 참가인의 불이익이 되는 한도에서는 그 효력이 생기지 않 는다(제67조 제1항). 참가인이 한 소송행위에도 마찬가지이다. 불이익이 되는 소송행위의 예로 서는 자백이나 청구의 포기·인낙을 들 수 있다. 두 당사자 사이의 화해도 불리한 소송행위로 나머지 한 사람에게 불이익이 되는 한 허용되지 않는다. 반대로 유리한 소송행위에 대하여는 나머지 다른 사람을 위하여도 효력이 생긴다. 또한 본소취하나 참가신청의 취하는 할 수 있다.

[대판 2005.5.26, 2004다25901·25918] 민사소송법 제79조에 의한 소송은 동일한 권리관계에 관 하여 원고, 피고 및 참가인 상호간의 다툼을 하나의 소송절차로 한꺼번에 모순 없이 해결하려는 소 송형태로서 두 당사자 사이의 소송행위는 나머지 1인에게 불이익이 되는 한 두 당사자 간에도 효력 이 발생하지 않는다고 할 것이므로, 원·피고 사이에만 재판상 화해를 하는 것은 3자간의 합일확정의 목적에 반하기 때문에 허용되지 않는다.

② 그리고 당사자 가운데 한 사람이나 참가인 한 사람에 대한 소송행위의 효력은 다른 자 전부에 대하여 생긴다(동조 제2항).

(3) 소송진행의 통일

통일적 진행을 위하여 한 사람에 대한 중단·중지의 사유가 생기면 당사자 모두의 관계에서 소송 이 정지한다(제67조 제3항). 변론의 분리도 허용되지 않는다. 다만, 예 상소기간과 같은 소송행위를 위한 기간은 각 당사자마다 계산한다.

★★ [대판 1995.12.8, 95다44191]

[1] 민사소송법 제79조에 의한 소송은 동일한 권리관계에 관하여 원고·피고 및 참가인 상호간의 다 툼을 하나의 소송절차로 한꺼번에 모순 없이 해결하려는 소송형태로서 원고·피고·참가인 간의 소송절차는 필요적 공동소송에 있어서와 같이 기일을 함께 진행하여야 함은 물론 변론을 분리할 수 없는 것이고, 본안판결을 할 때에도 하나의 종국판결을 하여야 하는 것이지 그 당사자 간의 일부에 관하여서만 판결을 하거나 추가판결을 하는 것은 모두 허용되지 않는 것이므로, 제1심에서 원고 승 소, 피고 및 참가인 패소의 판결이 선고된 데 대하여 피고와 참가인이 항소한 이상, 항소심인 원 심으로서도 변론을 일체로 진행하여 원고·피고와 참가인 간의 청구를 모두 항소심의 심판대상으 로 하여 1개의 판결을 하여야 한다.

[2] 독립당사자참가 소송에서 참가인이 불출석한 기일에 원고와 피고가 모두 출석하여 변론하였음에도 불구하고 그 이후의 변론기일에 참가인을 소환조차 하지 아니하고 원고와 피고만을 변론에 관여시킨 채로 원고의 청구에 대한 변론만을 진행하여 변론을 종결한 후 이에 대하여서만 판결을 한 원심에는 민사소송법 제79조의 적용을 그르친 위법이 있고, 이러한 원심의 잘못은 직권조사사항에 해당한다.

3. 본안판결

① 3자 사이의 판결의 내용은 논리적으로 모순이 없어야 한다. 그리고 전 청구에 대하여 1개의
판결로 동시에 재판을 하여야 하고, 법원이 변론을 분리하여 일부판결을 할 수도 없다.

② 일부판결을 한 경우에는 추가판결로써 누락 부분을 정리할 수는 없고, 판단누락에 준하여 상
소나 재심으로 처리한다(제451조 제1항 제9호).

**[대판 2024.7.11, 2021다216872] 민사소송법 제79조에 따른 독립당사자참가소송의 의미 및 독
립당사자참가가 적법하다고 인정되는 경우, 본안판결을 선고하는 방법**

민사소송법 제79조에 따른 독립당사자참가소송은 동일한 권리관계에 관하여 원고, 피고와 독립당사
자참가인이 서로 간의 다툼을 하나의 소송절차로 한꺼번에 모순 없이 해결하는 소송형태이다. 독립
당사자참가가 적법하다고 인정되어 원고, 피고와 독립당사자참가인 간의 소송에 대하여 본안판결을
할 때에는 세 당사자를 판결의 명의인으로 하는 하나의 종국판결을 선고함으로써 세 당사자들 사이에
서 합일확정적인 결론을 내려야 한다.

---

4. 판결에 대한 상소

(1) 이심의 범위

원고·피고·참가인의 세 당사자 가운데 두 당사자가 패소하였으나 패소당사자 중 한 사람이 승
소당사자를 상대로 상소를 제기하였을 경우, 그 상소의 효력(이심의 효력)이 패소한 다른 당사자에
게도 미치는지가 문제된다. 이에 대해서 ① 상소하지 않은 다른 패소당사자에 대한 판결은 이심되
지 않고 분리확정된다고 보는 견해(분리확정설)도 있으나, ② 통설·판례는 상소불가분의 원칙에
의해 상소의 유무에 관계없이 모든 소송관계의 확정이 차단되어 상소심으로 이심되고 상소심은
세 당사자를 명의인으로 하는 1개의 종국판결을 하여야 한다고 본다(이심설).

★★★[대판 1991.3.22, 90다19329·19336]

[1] 민사소송법 제79조에 의한 소송은 동일한 권리관계에 관하여 원고, 피고 및 참가인이 서로간의 다툼을
하나의 소송절차로 한꺼번에 모순없이 해결하는 소송형태로서 원·피고, 참가인간의 소송에 대하여
본안판결을 할 때에는 위 삼당사자를 판결의 명의인으로 하는 하나의 종국판결을 내려야만 하는 것이지
위 당사자의 일부에 관하여만 판결을 하거나 남겨진 자를 위한 추가판결을 하는 것들은 모두 허용되지
않는 것이므로 제1심에서 원고 및 참가인 패소, 피고 승소의 본안판결이 선고된 데 대하여 원고만이
항소한 경우 원고와 참가인 그리고 피고간의 세개의 청구는 당연히 항소심의 심판대상이 되어야 하는
것이므로 항소심으로서는 참가인의 원·피고에 대한 청구에 대하여도 같은 판결로 판단을 하여야 한다.

[2] 위 [1]항의 경우 참가인의 본소청구에 대하여 판단을 하지 않은 원판결의 하자는 소송요건에 준하
여 직권으로 조사할 사항에 해당한다.

---

(2) 상소하지 않은 당사자의 상소심에서의 지위

① 통설 및 판례인 이심설의 입장에서는 상소하지 않은 자의 상소심에서의 지위가 문제된다. 이
에 대해서는 필수적 공동소송에서와 같은 견해의 대립(상소인설, 피상소인설, 단순한 상소심당사자설

등)이 있으나, 통설·판례는 판결의 <u>합일확정의 요청</u> 때문에 불가피하게 상소심에 관여하여야만 하는 상소인도 피상소인도 아닌 「단순한 상소심당사자」라고 본다(대판 1981.12.8, 80다577).

[대판 1981.12.8, 80다577]

[1] 독립당사자 참가신청이 있으면 반드시 각 그 청구 전부에 대하여 1개의 판결로써 동시에 재판하지 않으면 아니 되고, 일부판결이나 추가판결은 허용되지 않으며, 독립당사자 참가인의 청구와 원고의 청구가 모두 기각되고 원고만이 항소한 경우에 제1심 판결 전체의 확정이 차단되고 사건전부에 관하여 이심의 효력이 생기는 것이므로 독립당사자참가인도 항소심에서의 당사자라고 할 것이다.

[2] 독립당사자 참가신청의 성질은 소이므로 그 취하에는 민사소송법 제266조 제2항이 적용되어 상대방인 원피고 쌍방의 동의를 요한다.

---

② 상소심당사자설에 따르면, 그 구체적 지위는 (i) 상소취하권이 없으며, (ii) 상소장에 인지를 붙일 의무가 없고, (iii) 승패에 관계없이 상소비용도 부담하지 않으며, (iv) 상소심의 판결문 당사자표시는 단순히 「참가인」으로 표시할 것이다.

(3) 심판의 범위(불이익변경금지원칙의 배제)

상소심에서의 불이익변경금지의 원칙을 독립당사자참가소송에서의 합일확정의 요청과 어떻게 조화시킬 것인지가 문제되는데, ① 통설은 <u>합일확정의 필요성을 강조하는 나머지 독립당사자참가의 상소에는 불이익변경금지의 원칙의 적용이 배제된다고 보고, 상소를 한 당사자에 관한 판결과 합일확정을 위하여 필요한 한도에서 상소를 하지 아니한 패소자에게 유리하게 원심판결을 변경할 수 있다</u>고 해석하고 있다. ② 판례는 <u>항소심의 심판대상은 실제 항소를 제기한 자의 항소 취지에 나타난 불복범위에 한정하되, 세 당사자 사이의 결론의 합일확정을 위하여 필요한 경우에는 그 한도 내에서 항소 또는 부대항소를 제기한 바 없는 당사자에게 결과적으로 제1심 판결보다 유리한 내용으로 판결이 변경되는 것도 배제할 수는 없다</u>고 하여 기본적으로 통설과 마찬가지의 입장이다.

★★★**[대판 2007.10.26, 2006다86573·86580; 대판 2022.7.28, 2020다231928]** 민사소송법 제79조에 의한 독립당사자참가소송은 동일한 권리관계에 관하여 원고, 피고, 참가인이 서로간의 다툼을 하나의 소송절차로 한꺼번에 모순 없이 해결하는 소송형태로서, 독립당사자참가가 적법하다고 인정되어 원고, 피고, 참가인 간의 소송에 대하여 본안판결을 할 때에는 위 세 당사자를 판결의 명의인으로 하는 하나의 종국판결을 선고함으로써 위 세 당사자들 사이에서 합일확정적인 결론을 내려야 하고, 이러한 본안판결에 대하여 일방이 항소한 경우에는 제1심 판결 전체의 확정이 차단되고 사건 전부에 관하여 이심의 효력이 생긴다. 그리고 이러한 경우 항소심의 심판대상은 실제 항소를 제기한 자의 항소 취지에 나타난 불복범위에 한정하되 위 세 당사자 사이의 결론의 합일확정의 필요성을 고려하여 그 심판의 범위를 판단하여야 하고, 이에 따라 항소심에서 심리·판단을 거쳐 결론을 내림에 있어 위 세 당사자 사이의 결론의 합일확정을 위하여 필요한 경우에는 그 한도 내에서 항소 또는 부대항소를 제기한 바 없는 당사자에게 결과적으로 제1심 판결보다 유리한 내용으로 판결이 변경되는 것도 배제할 수는 없다. 그러나 판결 결론의 합일확정을 위하여 항소 또는 부대항소를 제기한 적이 없는 당사자의 청구에 대한 제1심판결을 취소하거나 변경할 필요가 없다면, 항소 또는 부대항소를 제기한 적이 없는 당사자의 청구가 항소심의 심판대상이 되어 항소심이 그 청구에 관하여 심리·판단해야 하더

라도 그 청구에 대한 당부를 반드시 판결 주문에서 선고할 필요가 있는 것은 아니다. 그리고 이와 같이 항소 또는 부대항소를 제기하지 않은 당사자의 청구에 관하여 항소심에서 판결 주문이 선고되지 않고 독립당사자참가소송이 그대로 확정된다면, 취소되거나 변경되지 않은 제1심판결의 주문에 대하여 기판력이 발생한다.

★★[대판 2007.12.14. 2007다37776·37783]

[1] 민사소송법 제79조 제1항에 따라 원·피고, 독립당사자참가인 간의 소송에 대하여 본안판결을 할 때에는 위 3당사자를 판결의 명의인으로 하는 하나의 종국판결만을 내려야 하는 것이지 위 당사자의 일부에 관해서만 판결을 하는 것은 허용되지 않고, 같은 조 제2항에 의하여 제67조가 준용되는 결과 독립당사자참가소송에서 원고승소의 판결이 내려지자 이에 대하여 참가인만이 상소를 한 경우에도 판결 전체의 확정이 차단되고 사건 전부에 관하여 이심의 효력이 생긴다.

[2] 독립당사자참가소송에서 원고승소 판결에 대하여 참가인만이 상소를 했음에도 상소심에서 원고의 피고에 대한 청구인용 부분을 원고에게 불리하게 변경할 수 있는 것은 참가인의 참가신청이 적법하고 나아가 합일확정의 요청상 필요한 경우에 한한다.

[3] 독립당사자참가소송에서 원고의 피고에 대한 청구를 인용하고 참가인의 참가신청을 각하한 제1심 판결에 대하여 참가인만이 항소하였는데, 참가인의 항소를 기각하면서 제1심 판결 중 피고가 항소하지도 않은 본소 부분을 취소하고 원고의 피고에 대한 청구를 기각한 것은 부적법하다.

V. 단일소송 또는 공동소송으로의 환원

1. 본소의 취하

(1) 참가인의 동의요부

독립당사자참가가 있은 뒤에도 본소의 원고는 소를 취하할 수 있다. 원고로서는 독립당사자참가로부터 이탈하는 방법으로는 소송탈퇴가 있으나(제80조), 판결효를 받음이 없이 당사자의 지위를 소멸시키는 방법으로서 본소의 취하를 인정할 필요가 있다. 다만, 소의 취하에 있어서 제266조 제2항에 따른 상대방의 동의에 관하여는 피고의 동의뿐만 아니라 참가인의 동의도 필요하다. 이 경우에 참가인의 입장에서는 참가에 의한 합일확정에 있어서 본소의 유지에 이익이 있기 때문이다.

[대결 1972.11.30. 72마787] 독립당사자 참가 소송에 있어 원고의 본소 취하에는 피고의 동의 외에 당사자 참가인의 동의를 필요로 한다.

(2) 본소취하 후의 소송관계

1) 쌍면참가의 경우

본소의 취하가 있는 경우 취하 후의 소송관계가 어떠한지에 대해서는, ① 독립당사자참가의 애초의 소송목적을 상실하게 되므로 3면소송은 끝이 난다는 전소송종료설과 ② 본소의 계속을 조건으로 한 참가신청이라는 특별한 사정이 없는 한 참가인의 원·피고에 대한 공동소송으로 남는다는 공동소송잔존설(통설)이 대립한다. ③ 판례는 본소 취하로 인하여 독립당사자참가의 운명은 참가인의 원·피고 양쪽을 상대로 한 공동소송으로 변한다고 하는 공동소송잔존설의 입장이다.

> [대판 1991.1.25, 90다4723] 독립당사자참가소송에서 본소가 적법하게 취하된 경우에는 삼면소송 관계는 소멸하고, 그 이후부터는 당사자참가인의 원·피고들에 대한 청구가 일반 공동소송으로 남아 있게 되므로, 당사자참가인의 원·피고에 대한 소가 독립의 소로서의 소송요건을 갖춘 이상, 그 소송 계속은 적법하며, 종래의 삼면소송 당시에 필요하였던 당사자 참가요건의 구비 여부는 가려 볼 필요 가 없다(대판 2007.2.8, 2006다62188 同旨).

2) 편면참가의 경우

편면참가에서 본소가 취하되면 참가인과 원고 또는 참가인과 피고 사이의 단일소송으로 남는다.

2. 참가의 취하

(1) 원·피고의 동의요부

참가인은 소의 취하에 준하여 참가신청을 취하할 수 있다. 이 경우 본소의 원고나 피고가 본안에 관하여 응소한 경우에는 쌍방의 동의가 필요하다(제266조 제2항).

(2) 참가취하 후의 소송관계

① 참가를 모두 취하한 뒤에는 원고의 피고에 대한 애초의 소가 그대로 남는다(참가가 각하된 경우도 마찬가지이다).

② 반면 원고와 피고 중 한쪽 당사자에 대하여만 취하가 된 경우에는 편면참가로 남는다.

3. 소송탈퇴

> **제80조(독립당사자참가소송에서의 탈퇴)**
> 제79조의 규정에 따라 자기의 권리를 주장하기 위하여 소송에 참가한 사람이 있는 경우 그가 참가하기 전의 원고나 피고는 상대방의 승낙을 받아 소송에서 탈퇴할 수 있다. 다만, 판결은 탈퇴한 당사자에 대하여도 그 효력이 미친다.

(1) 의의 및 취지

① 민사소송법 제79조의 규정에 따라 자기의 권리를 주장하기 위하여 참가신청을 한 자가 있는 경우에 본소의 당사자로서 머물러 있을 이익을 갖지 않는 자는 상대방의 승낙을 얻어 소송에서 탈퇴할 수 있으나, 판결은 탈퇴한 당사자에 대하여도 그 효력이 있다(제80조).

② 본소의 당사자로서 더 이상 머물러 있을 이익이 없는 경우 그 소송에서 벗어날 수 있게 하여 소송관계를 간명하게 하려는 것이다.

(2) 법적 성질

1) 학설 및 판례

① 소송탈퇴의 경우에도 소송인수의 경우처럼 결과에 전면 승복하겠다기보다는 소송수행권만 열의 있는 남은 두 당사자에게 맡겨 소송담당을 하게 하는 것일 뿐 탈퇴자의 소송관계는 여전히

남는다는 소송담당설(청구잔존설)과, ② 소송탈퇴는 종전 당사자의 일방이 자기의 상대방과 참가인 간의 소송결과에 전면적으로 승복할 것을 조건으로 소송에서 물러나는 것으로, 이에 의하여 참가인의 상대방에 대한 소송관계만이 남게 되고 본소와 참가인·탈퇴자 간의 소송관계는 종료된다고 보는 조건부 청구의 포기·인낙설이 대립한다. ③ 최근 판례는 소송탈퇴로 인하여 종전 당사자의 소송관계는 종료된다는 입장을 취하였다(대판 2011.4.28, 2010다103048).

2) 탈퇴자에 판결의 효력이 미치는 근거

제80조 단서에 의해 판결의 효력이 탈퇴자에게 미치는 법리적 근거에 대해, ① 조건부 청구의 포기·인낙설에서는 탈퇴자가 소송결과에 전면적으로 승복할 것을 조건으로 하였기 때문이라고 보는 반면, ② 소송담당설에 따르면 소송담당관계의 반영으로 판결의 효력이 미친다고 보게 된다.

(3) 요건

① 소송탈퇴를 할 수 있는 자는 본소송의 당사자인 원고 또는 피고이다. 법정대리인이나 소송대리인은 특별수권을 요한다(제56조 제2항, 제90조 제2항).

② 제3자의 참가가 적법하고 유효한 경우에만 허용된다.

③ 권리주장참가에 한하지 않고 사해방지참가의 경우에도 탈퇴할 수 있다고 본다(통설).[37]

④ 상대방의 승낙을 필요로 하고, 제80조의 문언상 참가인의 승낙은 불필요하다.

(4) 절차

탈퇴 및 이에 대한 승낙은 서면에 의하여야 하나 기일에서 구술로 할 수도 있고, 법정대리인 또는 소송대리인이 탈퇴를 함에는 특별수권이 있어야 하며, 이 특별수권은 서면으로 증명하여야 한다(제58조, 제89조).

(5) 효과

1) 당사자의 지위상실

통설인 조건부 청구포기·인낙설에 따를 경우 탈퇴자는 당사자의 지위를 상실하게 되어 소송은 2당사자 소송구조로 환원된다. 따라서 탈퇴자는 탈퇴함과 동시에 제3자가 되어 당사자임을 전제로 하는 규정은 적용되지 않고, 증인이 될 적격이 생긴다.

2) 새로운 당사자의 지위 승계 여부

① 참가승계와 인수승계의 경우는 원칙적으로 새로운 당사자가 탈퇴자의 지위를 승계하게 된다.

② 그러나 독립당사자참가의 경우는 참가인은 원·피고 쌍방과 대립하게 되므로 참가인은 탈퇴자의 소송상 지위를 승계할 수 없다고 본다.

---

37) 사해방지참가의 경우에도 탈퇴할 수 있는지 여부에 대해서는, ① 제80조의 문언상 권리주장참가의 경우에만 인정됨을 근거로 부정하는 견해가 있으나, ② 통설은 제82조의 인수승계의 경우에도 소송탈퇴가 가능한 점을 고려할 때 권리주장참가에 제한할 필요는 없다고 본다.

3) 탈퇴자에 대한 판결의 효력

제80조 단서가『… 판결은 탈퇴한 당사자에 대하여도 효력이 있다』라고만 규정하고 있어 이때 효력의 내용이 무엇인지에 대해서는, ① 참가적 효력설, ② 기판력설, ③ 기판력 및 집행력설(집행력 포함설)의 견해가 대립하고 있다. ① 참가적 효력설에 대해서는 보조참가와는 달리 탈퇴자와 잔류자 사이에 협력관계가 없다는 비판이 제기되고, ② 기판력설은 기판력으로는 잔류자가 탈퇴자에게 강제집행을 할 수 없어 불충분한 문제점이 있다. 따라서 민사집행법 제25조가 집행력의 주관적 범위에서 제71조의 보조참가의 경우만을 제외한 점을 고려할 때 통설인 집행력 포함설이 타당하다고 본다.

▌제3자 소송참가의 개괄적 비교

구분	보조참가	공동소송적 보조참가	공동소송참가	독립당사자참가
참가 신청	서면 또는 말(구술)	좌동	서면	서면
참가 이유	소송결과에 법률상 이해관계가 있는 경우 (제71조)	판결의 효력을 받는 경우(제78조)	판결의 효력을 받는 경우 → 합일적 확정의 필요	① 권리주장참가 (제79조 제1항 전단) ② 사해방지참가 (제79조 제1항 후단)
참가인 의 지위	이중적 지위(제76조) → ① 종속적 지위 ② 독립적 지위	제76조(제76조 제2항은 적용 없다)와 제67조	제67조	제67조(제79조 제2항)
판결의 효력	참가적 효력	참가적 효력 + 기판력	당사자로서 판결의 효력	좌동

제5절 ▶ 당사자의 변경

제1관 임의적 당사자변경

소송절차에서의 당사자의 변경에는 크게 나누어 두 가지 경우가 있다. ① 하나는 실체관계에 변동이 없는데도 절차상 당사자가 바뀌는 경우이고, ② 다른 하나는 실체관계의 변동(예 당사자적격의 이전)에 수반하여 당사자가 바뀌는 경우이다. 전자의 경우가 임의적 당사자변경의 문제이고, 후자의 경우가 소송승계의 문제이다.

I. 의의

1) 일반적으로 당사자변경은 소송계속 중에 제3자가 종래의 당사자와 함께(당사자의 추가), 또는 종래의 당사자에 대신하여(당사자의 교체) 새로운 당사자가 되는 것을 의미하는데(좁은 의미에서는 당사자의 교체만을 가리킨다), 그 가운데 임의적 당사자변경은 소송계속 중에 당사자가 될 사람을 잘못 삼은 것이 판명되거나 또는 어느 일부의 사람을 누락한 때에 이를 보정하기 위하여, 실체관계에 변동이 없음에도 불구하고 당사자의 의사에 따라 절차상 당사자를 바꾸는 것을 말한다.

2) 당사자 표시의 변경 전후에 있어서 당사자의 동일성이 있는 경우에는 당사자표시정정이고, 동일성이 없는 경우에는 임의적 당사자변경이라고 풀이하는 것이 일반적이다.

II. 허용 여부

1) 학설은 종래부터 임의적 당사자변경이 허용된다고 보았다. 임의적 당사자변경을 불허한다면, 소송경제와 분쟁해결의 일회성의 요청에 어긋나게 된다는 것이 그 이유이다.

2) 그러나 판례는 종래부터 임의적 당사자변경을 불허하였다. 다만 ① 사망자인 것을 모르고 피고로 표시하여 제소하였을 때 상속인으로 정정하는 경우나, ② 학교와 같이 당사자능력이 없는 자를 내세웠다가 당사자능력자(例 자연인 또는 학교법인)로 바꾸는 것 등 제한적인 범위 내에서 당사자 표시정정의 방법을 허용하였을 뿐이다. 현재에도 판례는 명문의 규정이 있는 경우를 제외하고는 그 경위가 어떻든 간에 형식 여하를 불문하고 일체의 임의적 당사자변경의 형태를 불허하고 있다.

[대판 1998.1.23, 96다41496]

[1] 일반적으로 당사자표시정정신청을 하는 경우에도 실질적으로 당사자가 변경되는 것은 허용할 수 없고 필요적 공동소송이 아닌 사건에서 소송 도중에 당사자를 추가하는 것 역시 허용될 수 없으므로, 회사의 대표이사가 개인 명의로 소를 제기한 후 회사를 당사자로 추가하고 그 개인 명의의 소를 취하함으로써 당사자의 변경을 가져오는 당사자추가신청은 부적법한 것이다.

[2] 그러나 제1심 법원이 부적법한 당사자추가신청을 그 부적법함을 간과한 채 받아들이고 피고도 그에 동의하였으며 종전 원고인 대표이사 개인이 이를 전제로 소를 취하하게 되어 제1심 제1차 변론기일부터 새로운 원고인 회사와 피고 사이에 본안에 관한 변론이 진행된 다음 제1심에서 본안판결이 선고되었다면, 이는 마치 처음부터 원고 회사가 종전의 소와 동일한 청구취지와 청구원인으로 피고에 대하여 별도의 소를 제기하여 본안판결을 받은 것과 마찬가지라고 할 수 있으므로, 소송경제의 측면에서나 신의칙 등에 비추어 그 후에 새삼스럽게 당사자추가신청의 적법 여부를 문제삼는 것은 허용될 수 없고, 당사자추가신청이 당초 부적법한 것이었다고 하더라도 위와 같이 제1심 제1차 변론기일에 원래의 소장과 함께 당사자추가신청서가 진술된 이상 원고 회사의 피고에 대한 청구취지도 진술되었다고 봄이 상당하다.

➡ [해설] : 판례사안에서는 원래의 원고인 회사의 대표이사와 새로이 바꾸려는 원고인 법인과의 관계이므로 당사자의 동일성이 인정되지 않음은 명백하다. 따라서 당사자표시정정의 방법을 이용할 수는 없다. 또한 동 판결은 기존의 판례의 입장과 마찬가지로 임의적 당사자(원고)변경을 부적법한 것으로 보아 이를 허용하지 않고 있다. 그러나 결과적으로는 원고회사가 별소를 제기한 것과 마찬가지라는 점과 피고가 동의했다는 점을 들어 부적법한 당사자추가신청이지만 소송

경제나 신의칙에 비추어 새삼스럽게 당사자추가신청의 적법 여부를 문제삼는 것은 허용되지 않는다고 하여 결론에 있어서는 타당한 결과를 끌어내고 있다. 이는 임의적 당사자변경을 극히 제한적으로만 인정하고 있는 현행 민사소송법의 한계를 긍정하면서도 이에 따르는 불합리를 가능한 축소시켜 보려는 판례의 고민이 숨어 있는 것으로 평가된다. 한편 동 판결의 결론에는 찬성하나 논리적 근거로서 신의칙을 끌어들인 점을 비판하는 견해가 있다.

Ⅲ. 임의적 당사자변경과 관련된 구체적 규정

'필수적 공동소송인의 추가(제68조)', '예비적ㆍ선택적 공동소송인의 추가(제70조)', '피고의 경정(제260조 – 교환적 당사자변경의 형태)'에 대하여 규정하고 있다.

1. 필수적 공동소송인의 추가

> 제68조(필수적 공동소송인의 추가)
> ① 법원은 제67조 제1항의 규정에 따른 공동소송인 가운데 일부가 누락된 경우에는 제1심의 변론을 종결할 때까지 원고의 신청에 따라 결정으로 원고 또는 피고를 추가하도록 허가할 수 있다. 다만, 원고의 추가는 추가될 사람의 동의를 받은 경우에만 허가할 수 있다.
> ② 제1항의 허가결정을 한 때에는 허가결정의 정본을 당사자 모두에게 송달하여야 하며, 추가될 당사자에게는 소장부본도 송달하여야 한다.
> ③ 제1항의 규정에 따라 공동소송인이 추가된 경우에는 처음의 소가 제기된 때에 추가된 당사자와의 사이에 소가 제기된 것으로 본다.
> ④ 제1항의 허가결정에 대하여 이해관계인은 추가될 원고의 동의가 없었다는 것을 사유로 하는 경우에만 즉시항고를 할 수 있다.
> ⑤ 제4항의 즉시항고는 집행정지의 효력을 가지지 아니한다.
> ⑥ 제1항의 신청을 기각한 결정에 대하여는 즉시항고를 할 수 있다.

(1) 의의

1) 필수적 공동소송인 가운데 일부가 누락된 경우에는 원고의 신청에 따라 누락된 사람을 추가하는 것이다(제68조). **예** ① 공유물분할청구소송에서 원고가 공유자 가운데 일부를 빠뜨리고 제소한 경우 누락된 자를 추가하는 경우, ② 조합의 조합재산으로 매수한 부동산에 관한 소유권이전등기청구의 소가 계속 중에 누락된 조합원을 당사자로 추가하는 경우 등 필수적 공동소송의 경우에 문제된다.

[대판 1994.10.25, 93다54064] 동업약정에 따라 동업자 공동으로 토지를 매수하였다면 그 토지는 동업자들을 조합원으로 하는 동업체에서 토지를 매수한 것이므로 그 동업자들은 토지에 대한 소유권이전등기청구권을 준합유하는 관계에 있고, 합유재산에 관한 소는 이른바 고유필요적공동소송이라 할 것이므로 그 매매계약에 기하여 소유권이전등기의 이행을 구하는 소를 제기하려면 동업자들이 공동으로 하지 않으면 안 된다(➡ [보충] : 따라서 누락된 자를 당사자로 추가하는 경우 필수적 공동소송인의 추가에 해당하게 된다).

2) 이는 고유필수적 공동소송에서 누락된 자가 있는 경우 당사자적격의 흠으로 소가 부적법 각하
되는 것을 막기 위해 둔 제도이다.

(2) 요건

① 필수적 공동소송인 중 일부가 누락된 경우이어야 하고, ② 공동소송의 요건을 갖추어야 하며,
③ 시기적으로 제1심 변론종결 전이어야 한다(새로 가입하는 새로운 당사자의 심급의 이익과 절차보장을
위한 것이다). ④ 원고 측 추가의 경우에는 추가될 당사자의 동의를 요한다(새로운 당사자의 절차보장과
처분권의 존중을 위한 것이다).

(3) 절차

① 원고에게만 신청권이 있으므로 피고나 제3자에게는 신청권이 없다.

② 필수적 공동소송인의 추가는 신소제기의 성질을 가지므로 서면에 의해야 하고(제248조 참고),
서면에는 추가될 당사자의 이름·주소와 추가신청의 이유를 적는다(민사소송규칙 제14조).

③ 법원은 이에 대하여 결정으로 허가 여부를 재판한다(제68조 제1항).

(4) 효과

① 고유 필수적 공동소송인의 추가가 허용된 경우에는 처음의 소가 제기된 때에 추가된 당사자와
의 사이에 소가 제기된 것으로 본다(제68조 제3항). 따라서 시효중단과 기간준수의 효과는 소장
제출 시에 소급하여 발생하며, 이 점에서 뒤에서 볼 피고의 경정과 다르다.

② 종전의 필수적 공동소송인의 소송수행결과는 유리한 소송행위인 경우에 추가된 당사자에게도
효력이 미친다.

2. 예비적·선택적 공동소송인의 추가

> 제70조 제1항(예비적·선택적 공동소송에 대한 특별규정)
> 공동소송인 가운데 일부의 청구가 다른 공동소송인의 청구와 법률상 양립할 수 없거나 공동소송인 가운
> 데 일부에 대한 청구가 다른 공동소송인에 대한 청구와 법률상 양립할 수 없는 경우에는 제67조 내지
> 제69조를 준용한다. 다만, 청구의 포기·인낙, 화해 및 소의 취하의 경우에는 그러하지 아니하다.

(1) 의의

원·피고 사이에 소송계속중 제1심 변론종결 시까지 당사자를 추가하여(제68조 준용) 후발적으로
예비적·선택적 공동소송으로 할 수 있다(제70조). '법률상 양립할 수 없는 경우'라는 예비적·선택
적 공동소송의 요건을 충족하여야 하는 것은 물론이다.

(2) 요건

① 예비적·선택적 공동소송인 중 일부가 누락된 경우이어야 하고, ② 공동소송의 요건을 갖추
어야 하며, ③ 시기적으로 제1심 변론종결 전이어야 한다. ④ 원고 측 추가의 경우에는 추가될
당사자의 동의를 요한다.

[대결 2007.6.26. 2007마515]

[1] 민사소송법 제70조 제1항에 있어서 '법률상 양립할 수 없다'는 것은, 동일한 사실관계에 대한 법률적인 평가를 달리하여 두 청구 중 어느 한 쪽에 대한 법률효과가 인정되면 다른 쪽에 대한 법률효과가 부정됨으로써 두 청구가 모두 인용될 수는 없는 관계에 있는 경우나, 당사자들 사이의 사실관계 여하에 의하여 또는 청구원인을 구성하는 택일적 사실인정에 의하여 어느 일방의 법률효과를 긍정하거나 부정하고 이로써 다른 일방의 법률효과를 부정하거나 긍정하는 반대의 결과가 되는 경우로서, 두 청구들 사이에서 한 쪽 청구에 대한 판단 이유가 다른 쪽 청구에 대한 판단 이유에 영향을 주어 각 청구에 대한 판단 과정이 필연적으로 상호 결합되어 있는 관계를 의미하며, 실체법적으로 서로 양립할 수 없는 경우뿐 아니라 소송법상으로 서로 양립할 수 없는 경우를 포함하는 것으로 봄이 상당하다.

[2] 법인 또는 비법인 등 당사자능력이 있는 단체의 대표자 또는 구성원의 지위에 관한 확인소송에서 그 대표자 또는 구성원 개인뿐 아니라 그가 소속된 단체를 공동피고로 하여 소가 제기된 경우에 있어서는, 누가 피고적격을 가지는지에 관한 법률적 평가에 따라 어느 한 쪽에 대한 청구는 부적법하고 다른 쪽의 청구만이 적법하게 될 수 있으므로 이는 민사소송법 제70조 제1항 소정의 예비적·선택적 공동소송의 요건인 각 청구가 서로 법률상 양립할 수 없는 관계에 해당한다.[38]

3. 피고의 경정

제260조(피고의 경정)
① 원고가 피고를 잘못 지정한 것이 분명한 경우에는 제1심 법원은 변론을 종결할 때까지 원고의 신청에 따라 결정으로 피고를 경정하도록 허가할 수 있다. 다만, 피고가 본안에 관하여 준비서면을 제출하거나, 변론준비기일에서 진술하거나 변론을 한 뒤에는 그의 동의를 받아야 한다.
② 피고의 경정은 서면으로 신청하여야 한다.
③ 제2항의 서면은 상대방에게 송달하여야 한다. 다만, 피고에게 소장의 부본을 송달하지 아니한 경우에는 그러하지 아니하다.
④ 피고가 제3항의 서면을 송달받은 날부터 2주 이내에 이의를 제기하지 아니하면 제1항 단서와 같은 동의를 한 것으로 본다.

제261조(경정신청에 관한 결정의 송달 등)
① 제260조 제1항의 신청에 대한 결정은 피고에게 송달하여야 한다. 다만, 피고에게 소장의 부본을 송달하지 아니한 때에는 그러하지 아니하다.
② 신청을 허가하는 결정을 한 때에는 그 결정의 정본과 소장의 부본을 새로운 피고에게 송달하여야 한다.
③ 신청을 허가하는 결정에 대하여는 동의가 없었다는 사유로만 즉시항고를 할 수 있다.
④ 신청을 허가하는 결정을 한 때에는 종전의 피고에 대한 소는 취하된 것으로 본다.

제265조(소제기에 따른 시효중단의 시기)
시효의 중단 또는 법률상 기간을 지킴에 필요한 재판상 청구는 소를 제기한 때 또는 제260조 제2항·제262조 제2항 또는 제264조 제2항의 규정에 따라 서면을 법원에 제출한 때에 그 효력이 생긴다.

---

38) 아파트 입주자대표회의 구성원 개인을 피고로 삼아 제기한 동대표지위 부존재확인의 소의 계속 중에 아파트 입주자대표회의를 피고로 추가하는 주관적·예비적 추가가 허용된다고 한 사례이다.

(1) 서설

1) 의의

원고가 피고를 잘못 지정한 것이 분명한 경우에 법원의 결정으로 피고를 경정하는 것이다(제260조).

2) 표시정정과 피고경정의 구별

당사자 표시의 변경 전후에 있어서 당사자의 동일성이 있는 경우에는 당사자표시정정이고, 동일성이 없어서 새로운 사람을 끌어들이는 경우라면 피고경정이라고 풀이하는 것이 일반적이다.

> [대결 2006.7.4, 2005마425] 원고가 사망 사실을 모르고 사망자를 피고로 표시하여 소를 제기한 경우에, 청구의 내용과 원인사실, 당해 소송을 통하여 분쟁을 실질적으로 해결하려는 원고의 소제기 목적 내지는 사망 사실을 안 이후의 원고의 피고표시 정정신청 등 여러 사정을 종합하여 볼 때 사망자의 상속인이 처음부터 실질적인 피고이고 다만 그 표시를 잘못한 것으로 인정된다면, 사망자의 상속인으로 피고의 표시를 정정할 수 있다. 그리고 이 경우에 실질적인 피고로 해석되는 사망자의 상속인은 실제로 상속을 하는 사람을 가리키고, 상속을 포기한 자는 상속 개시 시부터 상속인이 아니었던 것과 같은 지위에 놓이게 되므로 제1순위 상속인이라도 상속을 포기한 경우에는 이에 해당하지 아니하며, 후순위 상속인이라도 선순위 상속인의 상속포기 등으로 실제로 상속인이 되는 경우에는 이에 해당한다.

3) 원고경정의 허용 여부

피고의 경정 이외에 원고의 경정에 대하여는 규정하고 있지 않으므로 문제가 있는데, ① 학설은 명문의 규정이 없으므로 부정하는 견해도 있으나, 통설은 제260조를 확장해석하거나 제68조 제1항 단서를 유추하여 이를 해석상 인정하고자 한다. 그러나 ② 판례는 원고를 임의적으로 변경한 사안에 있어서 그 변경을 불허하고 있다.

> [대판 1994.5.24, 92다50232] 권리능력 없는 사단인 부락의 구성원 중 일부가 제기한 소송에서 당사자인 원고의 표시를 부락으로 정정함은 당사자의 동일성을 해하는 것으로서 허용되지 아니한다.

(2) 요건

1) 원고가 피고를 잘못 지정함이 명백할 것

판례는 ① 법인격의 유무에 관하여 착오를 일으킨 것이 명백하거나(예 회사를 피고로 하여야 할 것을 그 대표이사 개인을 피고로 한 경우), ② 청구취지나 청구원인의 기재내용 자체로 보아 원고가 법률적 평가를 그르치는 등의 이유로 피고의 지정이 잘못된 것이 분명한 경우 등을 말하고, 피고로 되어야 할 자가 누구인지를 증거조사를 거쳐 사실을 인정하고 그 인정 사실에 터잡아 법률 판단을 해야 인정할 수 있는 경우는 이에 해당하지 않는다고 하였다.

> ★★[대결 1997.10.17, 97마1632] 민사소송법 제260조 제1항 소정의 '피고를 잘못 지정한 것이 명백한 때'라고 함은 청구취지나 청구원인의 기재 내용 자체로 보아 원고가 법률적 평가를 그르치는 등의 이유로 피고의 지정이 잘못된 것이 명백하거나 법인격의 유무에 관하여 착오를 일으킨 것이 명백한 경우 등

을 말하고, 피고로 되어야 할 자가 누구인지를 증거조사를 거쳐 사실을 인정하고 그 인정 사실에 터잡아 법률 판단을 해야 인정할 수 있는 경우는 이에 해당하지 않는다.

> ➲ [해설] : 다수설은 소송경제를 이유로 피고의 경정을 넓게 인정하여, 의무자를 혼동한 경우에도 탄력성 있는 소송수행을 위하여 피고경정이 허용된다는 입장으로서, 위 판례의 입장을 비판한다.

2) 변경 전후에 걸쳐 소송물이 동일할 것

변경 전후에 걸쳐 소송물이 동일해야 한다. 따라서 경정신청 시에는 인지를 따로 붙일 필요가 없다.

3) 제1심 변론종결 전일 것

시기적으로 제1심 변론종결 전이어야 한다. 새로 가입하는 새로운 당사자의 심급의 이익(절차보장)을 위한 것이다.

4) 피고가 본안에 관하여 본안변론한 때에는 피고의 동의를 얻을 것

피고의 경정은 신소제기 및 구소취하의 실질을 가지므로, 피고가 이미 본안에 관한 준비서면을 제출하거나 변론준비기일에 진술 또는 변론을 한 뒤에는 그의 동의를 받아야 한다(제260조 제1항 단서). 다만 피고가 경정결정서를 송달받은 날로부터 2주일 내에 이의하지 아니하면 동의한 것으로 본다(제260조 제4항).

(3) 절차

① 피고의 경정은 신소제기 및 구소취하의 실질을 가지므로 원고가 서면으로 신청하여야 한다. 신청서에는 경정 전후의 피고, 법정대리인, 경정신청사유 등을 기재한다. 경정신청서는 종전의 피고에게 송달하여야 하지만 그에게 소장부본이 송달되기 전이라면 송달할 필요가 없다(제260조 제3항).

② 원고의 신청에 의하여만 피고를 경정할 수 있고, 피고나 제3자의 신청권은 인정되지 않는다.

(4) 심판

① 원고의 경정신청에 대하여 제1심 법원은 변론종결 시까지 결정으로 허가 여부의 재판을 하여야 하며, 그 신청에 대한 결정은 피고에게 송달하여야 한다. 다만, 피고에게 소장부본이 송달되지 아니한 경우에는 그러하지 아니한다(제261조 제1항).

② 경정신청을 허가하는 결정에 대하여는 동의가 없었다는 사유로만 즉시항고를 할 수 있다(제261조 제3항). 경정신청에 대한 기각결정에 대하여는 통상항고를 제기할 수 있다.

(5) 효과

① 경정허가결정이 있는 때에는 종전의 피고에 대한 소는 취하된 것으로 본다(제261조 제4항).

② 경정된 피고에 대한 소제기의 효과, 즉 시효중단이나 기간준수의 효과는 경정신청서 제출 시 발생한다(제265조). 이 점이 앞에서 고유필수적 공동소송인의 추가와 다르다.

제2관 소송승계

Ⅰ. 의의

1) 소송승계란 소송계속 중에 소송목적인 권리 또는 의무의 실체관계(당사자적격)가 변동한 결과, 이에 맞추어 절차상으로도 제3자가 새로운 당사자가 되어 종전 당사자의 소송상 지위를 이어받는 것을 말한다. 소송계속 중 당사자적격의 승계가 있다는 점에서, 소송목적인 권리·의무관계(실체관계)에 변동이 없는 데도 절차상 당사자가 바뀌는 임의적 당사자변경과 구별된다.

2) 실체관계의 변동의 결과, ① 법률상 당연히 당사자의 지위가 변경되는 경우와 ② 종전의 당사자 내지는 제3자의 절차적 행위(참가 내지는 인수)가 있어서 당사자의 지위가 교체되는 경우가 있다. 전자를 당연승계(= 포괄적 소송승계), 후자를 특정승계라고 한다. ③ 후자는 다시 참가승계와 인수승계로 나뉜다.

Ⅱ. 당연승계

실체법상 포괄승계가 있는 때에 새로운 당사자적격자의 의사를 묻지 않고 법률상 당연히 그 사람이 당사자의 지위를 취득한다. 이를 당연승계(= 포괄승계)라고 한다. 승계인과 상대방 사이에 심리가 진행되게 된다.

1. 원인

(1) 당사자의 사망

> **제233조(당사자의 사망으로 말미암은 중단)**
> ① 당사자가 죽은 때에 소송절차는 중단된다. 이 경우 상속인·상속재산관리인, 그 밖에 법률에 의하여 소송을 계속하여 수행할 사람이 소송절차를 수계하여야 한다.
> ② 상속인은 상속포기를 할 수 있는 동안 소송절차를 수계하지 못한다.

소송계속 중 당사자의 사망으로 상속이 발생하는 경우가 그 전형적인 예이다(제233조). 다만 당사자가 사망하여도 소송물인 권리관계가 상속이 되는 경우에 한하여 승계가 이루어지는 것이므로, 포기할 수 있는 기간 내에 상속을 포기한 때, 소송물인 권리관계가 일신전속적이기 때문에 성질상 상속의 대상이 되지 않을 때에는 소송은 당연히 종료된다.

(2) 법인 등의 합병에 의한 소멸

> **제234조(법인의 합병으로 말미암은 중단)**
> 당사자인 법인이 합병에 의하여 소멸된 때에 소송절차는 중단된다. 이 경우 합병에 의하여 설립된 법인 또는 합병한 뒤의 존속법인이 소송절차를 수계하여야 한다.

(3) 당사자인 수탁자의 임무종료

> 제236조(수탁자의 임무가 끝남으로 말미암은 중단)
> 신탁으로 말미암은 수탁자의 위탁임무가 끝난 때에 소송절차는 중단된다. 이 경우 새로운 수탁자가 소송절차를 수계하여야 한다.

(4) 일정한 자격에 의하여 당사자가 된 사람의 자격상실

> 제237조 제1항(자격상실로 말미암은 중단)
> 일정한 자격에 의하여 자기 이름으로 남을 위하여 소송당사자가 된 사람이 그 자격을 잃거나 죽은 때에 소송절차는 중단된다. 이 경우 같은 자격을 가진 사람이 소송절차를 수계하여야 한다.

(5) 선정당사자의 소송 중에 선정당사자 모두의 사망 또는 그 자격의 상실

> 제237조 제2항(자격상실로 말미암은 중단)
> 제53조(선정당사자)의 규정에 따라 당사자가 될 사람을 선정한 소송에서 선정된 당사자 모두가 자격을 잃거나 죽은 때에 소송절차는 중단된다. 이 경우 당사자를 선정한 사람 모두 또는 새로 당사자로 선정된 사람이 소송절차를 수계하여야 한다.

(6) 파산의 선고 또는 해지 등

> 제239조(당사자의 파산으로 말미암은 중단)
> 당사자가 파산선고를 받은 때에 파산재단에 관한 소송절차는 중단된다. 이 경우 '채무자 회생 및 파산에 관한 법률'에 따른 수계가 이루어지기 전에 파산절차가 해지되면 파산선고를 받은 자가 당연히 소송절차를 수계한다.
> 제240조(파산절차의 해지로 말미암은 중단)
> '채무자 회생 및 파산에 관한 법률'에 따라 파산재단에 관한 소송의 수계가 이루어진 뒤 파산절차가 해지된 때에 소송절차는 중단된다. 이 경우 파산선고를 받은 자가 소송절차를 수계하여야 한다.

2. 소송절차의 수계와 구별

당연승계의 원인이 발생한 때에는 소송에 있어서 당사자의 지위는 승계인에게 승계되지만, 승계인이 곧바로 소송수행을 할 수 있는 것은 아니므로 소송절차의 중단·수계라는 절차적 규정을 마련하고 있다. 주의할 것은 소송승계는 당사자의 소송상 지위면에서 본 것이고, 소송절차의 중단·수계는 소송절차의 진행면에서 파악한 것이기 때문에 양자는 별개의 관념이라는 것이다. 따라서 중단사유가 있음에도 불구하고 당사자의 교체가 없는 경우도 있으며(예 소송능력을 잃은 경우), 반대로 소송승계가 있음에도 불구하고 중단이 발생하지 않는 경우도 있다(예 소송대리인이 있는 경우로 실질상 소송대리인은 승계인의 대리인이라고 할 수 있다).

3. 절차의 진행

당연히 수계가 인정되는 경우를 제외하고(제239조 후문), 소송절차가 중단되는 때에는 승계인 또는 상대방에 의한 수계신청 또는 법원의 속행명령에 의하여 소송이 속행된다. 한편, 당연승계가 있어도 소송절차가 중단되지 않는 경우에는 소송절차의 진행에 아무런 영향이 없다.

★[대판 1981.3.10, 80다1895]

[1] 소송수계 후 신청인이 수계자격 없음이 판명된 경우와 본안판결의 가부

당사자의 사망으로 인한 <u>소송수계 신청이 이유 있다고 하여 소송절차를 진행시켰으나 그 후에 신청인이 그 자격 없음이 판명된 경우에는 수계재판을 취소하고 신청을 각하하여야 한다.</u>

[2] 수계자격이 없는 자에 대한 본안판결을 한 경우의 진정수계인과 참칭수계인의 법률상 지위

<u>위의 경우에 법원이 수계재판을 취소하지 아니하고 수계인이 진정한 재산상속인이 아니어서 청구권이 없다는 이유로 본안에 관한 실체판결을 하였다면 진정수계인에 대한 관계에서는 소송은 아직도 중단상태에 있다고 할 것이지만, 참칭수계인에 대한 관계에서는 판결이 확정된 이상 기판력을</u> 가진다.

---

4. 취급

당연승계가 발생하면 승계인은 당연히 당사자가 된다. 예 소송계속 중 당사자의 사망이라는 승계원인이 발생하면 실체법상 피상속인의 권리의무가 상속인에게 승계되고 그것에 대응하여 소송법상으로는 상속인이 피상속인에 대신하여 당연히 당사자의 지위에 서게 되며(소송의 승계), 상속인은 당사자로 소송을 속행하기 위하여 절차를 수계한다(절차의 수계). 상속인은 수계하는 것에 따라 당사자가 되는 것이 아니고, 상속으로 당사자가 되는 것에 따라 수계하지 않으면 안 되는 것이다.

III. 특정승계

1. 의의

1) 소송계속 중 소송물인 권리관계에 관한 당사자적격이 특정적으로 제3자에게 이전됨으로써 소송을 인계받게 되는 경우를 특정승계라 한다. 특정승계의 경우에는 양수인이 소송을 승계하는 절차가 필요한데, ① 승계인이 자발적으로 <u>소송을 승계하는 하는</u> 경우를 참가승계라 하고, ② 종전 당사자가 양수인을 강제로 소송에 끌어들이는 것을 인수승계라고 한다.

2) 참가승계와 인수승계는 승계인이 권리자인가 혹은 의무자인가에 따라 구별되는 것이 아니라, 승계인이 <u>자발적</u>으로 소송에 참가하는가(참가승계), 아니면 종전 당사자의 의사에 따라 <u>강제적</u>으로 소송에 관여하게 되는가(인수승계)로 구별된다.

2. 참가승계

> **제81조(승계인의 소송참가)**
> 소송이 법원에 계속되어 있는 동안에 제3자가 소송목적인 권리 또는 의무의 전부나 일부를 승계하였다고 주장하며 제79조(독립당사자참가)의 규정에 따라 소송에 참가한 경우 그 참가는 소송이 법원에 처음 계속된 때에 소급하여 시효의 중단 또는 법률상 기간준수의 효력이 생긴다.

(1) 의의

참가승계란 소송계속 중 소송목적인 권리 또는 의무의 전부나 일부를 승계하였다고 주장하며 독립당사자참가신청의 방식으로 스스로 참가하여 새로운 당사자가 되어 소송을 승계하는 것을 말한다(제81조). **예** 甲이 乙을 상대로 소유권에 기한 건물명도청구소송의 계속 중에 甲이 그 건물을 丙에게 양도한 경우에 승계인 丙이 소송절차에 승계참가하는 경우이다.

(2) 요건

참가승계가 인정되기 위해서는 ① 타인 간의 소송계속 중, ② 소송의 목적인 권리·의무의 전부 또는 일부의 승계가 있을 것이 요구된다.

1) 타인 간의 소송계속 중

참가신청은 사실심의 변론종결 전에 한하여 허용되며, 상고심에서는 허용되지 않는다는 것이 판례이다(대판 2001.3.9, 98다51169).

2) 소송의 목적인 권리의무의 승계

가) 승계의 원인

① 소송승계의 원인으로는 ⅰ) 소송물인 권리관계 그 자체가 양도된 경우뿐만 아니라, ⅱ) 그 권리관계가 귀속되는 물건(= 계쟁물)이 양도되어 당사자적격이 이전된 경우도 포함된다(**예** 건물철거 및 토지인도청구소송에서 건물이나 토지가 제3자에게 양도된 경우).

② 여기서 승계의 원인은 묻지 아니한다. 즉 매매, 증여 등의 법률행위, 경매 등의 집행처분뿐만 아니라 대위와 같은 법률의 규정에 의한 이전도 무방하고, 이전적 승계 이외에 설정적 승계(**예** 소유권이전등기말소청구의 소가 제기된 부동산에 관하여 제3자가 피고로부터 저당권설정등기를 받은 경우)도 포함된다. 또한 전부양도만이 아니라 일부양도도 포함된다.

나) 승계의 범위

① **변론종결 후 승계인과의 관계**

참가승계·인수승계에서의 승계인과 변론을 종결한 뒤의 승계인(제218조 제1항)을 통일적으로 처리하여야 한다는 것이 통설 및 판례이다. 양자는 모두 분쟁주체인 지위가 소송 외에서 변동된 경우에 분쟁해결의 실효성을 확보하려는 제도적 취지가 공통되며, 다만 변론종결 전 승계인지 그 후의 승계인지의 차이가 있을 뿐이고, 전자가 「생성 중의 기판력」을 승계인에게 미치게 하는 것이라면, 후자는 「완성된 기판력」을 승계인에게 미치게 하는 것이라 할 수 있기 때문이다.

② 소송물인 권리관계 자체의 양수인

채무이행청구의 소송계속 중 채권양수인, 소유권확인소송의 계속 중 소유권양수인 등이 이에
해당한다. 소송물의 성질이 물권적인지 채권적인지 불문하고 승계인에 해당한다.

**★★★[대판 2019.5.16. 2016다8589] 채권양도와 승계참가신청 / 소송계속 중 권리의 승계가 이루어진
것인지 여부에 대한 판단 기준시기**(=채권양도의 대항요건이 갖추어진 때)

① 채권을 양수하기는 하였으나 아직 양도인에 의한 통지 또는 채무자의 승낙이라는 대항요건을 갖추지
못하였다면 채권양수인은 채무자와 사이에 아무런 법률관계가 없어 채무자에 대하여 아무런 권리주
장을 할 수 없고, 양도인이 채무자에게 채권양도통지를 하거나 채무자가 이를 승낙하여야 채무자에
게 채권양수를 주장할 수 있다(대판 1990.11.27, 90다카27662).

② 이에 따라 채권양수인이 소송계속 중의 승계인이라고 주장하며 참가신청을 한 경우에, 채권자로서
의 지위의 승계가 소송계속 중에 이루어진 것인지 여부는 채권양도의 합의가 이루어진 때가 아니라
대항요건이 갖추어진 때를 기준으로 판단하여야 한다.

③ 반면, 민사소송법 제81조의 권리승계참가는 소송의 목적이 된 권리를 승계한 경우뿐만 아니라 채
무를 승계한 경우에도 이를 할 수 있으나, 다만 그 승계는 소송의 계속 중에 이루어진 것임을 요함
은 위 법조의 규정상 명백하다. 그러므로 소송이 계속되기 전에 권리를 양수한 경우에는 특단의 사
정이 없는 한 승계참가의 요건이 결여된 것으로서 그 참가인정은 부적법한 것이라고 볼 수밖에 없다
(대판 1983.9.27, 93다카1027 참고).

---

③ 계쟁물의 양수인

ⅰ) 청구권의 성질을 불문하고 승계인에 포함된다는 견해가 있다. 즉 채권적 청구권에 기한 소
송 중 계쟁물을 양수한 자도 포함된다고 본다. 그러나 ⅱ) 판례는 청구권의 성질이 채권적 청구
권인가 물권적 청구권인가를 구별하여, 전자의 경우에 양수인은 승계인에 해당하지 않지만, 후
자의 경우에 양수인은 승계인에 포함된다고 하였다.

(3) 신청절차와 심판

1) 절차 – 참가의 형태

① 참가신청은 독립당사자참가 신청방식에 따라서 한다. 따라서 반드시 서면에 의하여야 하며,
그 서면에는 참가의 취지와 이유를 명시하여야 한다.

② 전주와 참가인 사이의 관계는 원칙적으로 이해가 대립되는 관계가 아니므로 소송의 구조는 고
유한 독립당사자참가의 3면소송관계와 근본적인 차이가 있고, 전주가 승계사실을 다투지 않
는 한, 참가인은 전주에 대해 아무런 청구를 하지 않아도 되므로 편면참가를 하게 되며, 이
경우에는 3면소송관계가 성립하지 않게 된다.

③ 다만 피참가인과 참가인 사이에 양도의 유무나 효력에 관한 다툼이 있는 경우에는 승계인은
전주에 대하여도 일정한 청구를 하여야 하므로 쌍면참가를 하게 되며, 이때에는 독립당사자참
가와 마찬가지로 3면소송관계가 성립하므로 독립당사자참가에 준하여 처리한다. 따라서 이
경우에는 제79조를 적용하여 심판한다.

2) 심판

참가신청은 소제기의 실질이 있으므로, 참가요건은 직권조사사항으로서 소송요건에 해당한다. 따라서 ① 법원은 참가요건에 흠이 있는 때에는 판결로 참가신청을 부적법 각하하여야 한다. 다만 ② 승계인에 해당하는지 여부는 참가인의 주장 자체로 판단하며, 본안심리의 결과 승계가 인정되지 않으면 법원은 청구기각의 판결을 하여야 한다.

(4) 효과

1) 시효중단·기간준수의 효과

참가신청을 하면 참가시기에 관계없이 소송이 법원에 처음 계속된 때에 소급하여 시효의 중단 또는 법률상 기간준수의 효력이 생긴다(제81조).

2) 종전 당사자가 한 소송수행결과에의 구속

승계인은 독립당사자참가와 달리 전주의 소송상 지위를 승계하므로, 유·불리를 불문하고 참가할 때까지 전주가 한 소송수행의 결과에 구속된다.

3. 인수승계

> **제82조(승계인의 소송인수)**
> ① 소송이 법원에 계속되어 있는 동안에 제3자가 소송목적인 권리 또는 의무의 전부나 일부를 승계한 때에는 법원은 당사자의 신청에 따라 그 제3자로 하여금 소송을 인수하게 할 수 있다.
> ② 법원은 제1항의 규정에 따른 결정을 할 때에는 당사자와 제3자를 심문하여야 한다.
> ③ 제1항의 소송인수의 경우에는 제80조의 규정 가운데 탈퇴 및 판결의 효력에 관한 것과, 제81조의 규정 가운데 참가의 효력에 관한 것을 준용한다.

(1) 의의

인수승계란 소송계속 중 소송목적인 권리 또는 의무의 전부나 일부의 승계가 있는 경우 종전 당사자의 인수신청에 의해 승계인인 제3자를 새로운 당사자로 강제로 끌어들이는 것을 말한다(제82조). 예 甲이 乙을 상대로 소유권에 기한 건물명도청구소송의 계속 중에 乙이 그 건물을 丙에게 양도한 경우에 甲의 신청에 의하여 승계인 丙을 새로운 피고로 소송에 끌어들이는 경우이다.

(2) 요건

1) 타인 간의 소송계속 중

참가신청은 사실심의 변론종결 전에 한하여 허용되며, 상고심에서는 허용되지 않는다.

2) 소송의 목적인 권리의무의 승계

소송승계의 원인으로는 ① 소송물인 권리관계 그 자체가 양도된 경우뿐만 아니라, ② 그 권리관계가 귀속되는 물건(= 계쟁물)이 양도되어 당사자적격(본안적격)이 이전된 경우도 포함된다. 다만 계쟁물 승계의 경우 판례에 의하면 소송물이 물권적 청구권에 기한 경우에 한하여 승계인에 해당한다고 본다. 이와 달리 소송물이 채권적 청구권에 기한 경우에는 여기의 승계인에 포함되지 않는다.

[대결 1983.3.22. 80마283] 부동산소유권이전등기청구 소송의 계속 중 부동산을 양수한 자에 대한 소송인수신청의 허부(소극)

부동산소유권이전등기청구 소송계속 중 그 소송목적이 된 부동산에 대한 이전등기이행채무 자체를 승계함이 없이 단순히 같은 부동산에 대한 소유권이전등기(또는 근저당설정등기)가 제3자 앞으로 경료되었다 하여도 이는 민사소송법 제82조 제1항 소정의 "그 소송의 목적이 된 채무를 승계한 때"에 해당한다고 할 수 없으므로 위 제3자에 대하여 등기말소를 구하기 위한 소송의 인수는 허용되지 않는다.

[대판 2019.2.28. 2016다255613] 주택재건축사업 시행자가 조합 설립에 동의하지 않은 토지 또는 건축물 소유자를 상대로 매도청구의 소를 제기하여 매도청구권을 행사한 이후 제3자가 매도청구 대상인 토지 또는 건축물을 특정승계한 경우, 사업시행자가 민사소송법 제82조 제1항에 따라 제3자로 하여금 매도청구소송을 인수하도록 신청할 수 있는지 여부(원칙적 소극)

민사소송법 제82조 제1항은 '승계인의 소송인수'에 관하여 "소송이 법원에 계속되어 있는 동안에 제3자가 소송목적인 권리 또는 의무의 전부나 일부를 승계한 때에는 법원은 당사자의 신청에 따라 그 제3자로 하여금 소송을 인수하게 할 수 있다."라고 정하고 있다. 토지 또는 건축물에 관한 특정승계를 한 것이 토지 또는 건축물에 관한 소유권이전등기의무를 승계하는 것은 아니다. 따라서 사업시행자가 조합 설립에 동의하지 않은 토지 또는 건축물 소유자를 상대로 매도청구의 소를 제기하여 매도청구권을 행사한 이후에 제3자가 매도청구 대상인 토지 또는 건축물을 특정승계하였다고 하더라도, 특별한 사정이 없는 한 사업시행자는 민사소송법 제82조 제1항에 따라 제3자로 하여금 매도청구소송을 인수하도록 신청할 수 없다.

---

(3) 신청절차와 심판

1) 참가의 형태

가) 교환적 인수

소송목적인 채무 자체를 제3자가 승계한 때에 허용된다. 예 피고의 채무를 제3자가 면책적으로 인수한 경우 등이다.

나) 추가적 인수

① 소송목적이 된 채무 자체의 승계가 아니라도, 소송의 목적이 된 채무를 전제로 '새로운 채무'가 생김으로써 제3자가 새로 피고적격을 취득한 경우에도 소송인수를 허용할 것인지가 문제되는데, 이에 대해 판례는 소극적이다. 소송의 목적인 채무를 승계한 경우가 아니라는 이유이다. ② 그러나 공유물분할청구소송은 분할을 청구하는 공유자가 원고가 되어 다른 공유자 전부를 공동피고로 삼아야 하는 고유필수적 공동소송이므로, 소송계속 중 변론종결일 전에 공유자의 지분이 이전된 경우에는 변론종결 시까지 민사소송법 제81조에서 정한 승계참가나 민사소송법 제82조에서 정한 소송인수 등의 방식으로 일부 지분권을 이전받은 자가 소송당사자가 되어야 한다. 그렇지 못할 경우에는 소송 전부가 부적법하게 된다(대판 2022.6.30. 2020다210686·210693).

★★[대결 2010.1.14. 2009그196] 민사집행법 제31조 제1항에서 "집행문은 판결에 표시된 채권자의 승계인을 위하여 내어 주거나 판결에 표시된 채무자의 승계인에 대한 집행을 위하여 내어 줄 수 있다"

고 규정하고 있는바, 채무자의 채무를 소멸시켜 당사자인 채무자의 지위를 승계하는 이른바 면책적 채무인수는 위 조항에서 말하는 승계인에 해당한다고 볼 수 있지만, 중첩적 채무인수는 당사자의 채무는 그대로 존속하며 이와 별개의 채무를 부담하는 것에 불과하므로 소극적으로 해석하여야 한다.

★★[대결 1971.7.6, 71다726] 소송당사자가 민사소송법 제82조의 규정에 의하여 제3자로 하여금 그 소송을 인수하게 하기 위하여서는 그 제3자가 소송계속 중 그 소송의 목적된 채무를 승계하였음을 전제로 하여 그 제3자에 대하여 인수한 소송의 목적된 채무이행을 구하는 경우에 허용되고, 그 소송의 목적된 채무와는 전혀 별개의 채무의 이행을 구하기 위한 경우에는 허용될 수 없다 할 것이므로, 본건 소송의 목적된 채무인 본건 건물철거 채무의 승계를 전제로 한 그 건물의 철거채무와는 전혀 별개의 채무인 본건 건물에 관한 상대방등 명의로 경료된 각 등기의 말소채무의 이행을 구하기 위한 본건 신청은 부적법하다.

◈ 비교판례 ◈

★★[대판 2014.1.29, 2013다78556; 대판 2022.6.30, 2020다210686 · 210693]

　　[1] 공유물분할청구의 소는 분할을 청구하는 공유자가 원고가 되어 다른 공유자 전부를 공동피고로 하여야 하는 고유필수적 공동소송이다.

　　[2] 공유물분할에 관한 소송계속 중 변론종결일 전에 공유자 중 1인인 甲의 공유지분의 일부가 乙 및 丙 주식회사 등에게 이전된 경우, 변론종결 시까지 민사소송법 제81조에서 정한 승계참가나 민사소송법 제82조에서 정한 소송인수 등의 방식으로 일부 지분권을 이전받은 자가 소송의 당사자가 되었어야 함에도 그렇지 못하였다면 위 소송 전부는 부적법하다.

　　➡ [해설] : 공유물분할청구권은 공유지분에 기한 형성권이고, 그 법적 성격상 물권적 청구권에 준하여 처리함이 타당하다. 따라서 공유물분할청구에 관한 소송계속 중 공유지분을 양수한 자는 계쟁물 승계인에 해당한다고 보아야 한다.

2) 절차와 심판

가) 일반론

① 인수신청의 방식에 관하여는 특별한 제한이 없으므로 서면 또는 말로 할 수 있다(제161조).

② 인수신청이 있으면 법원은 당사자와 제3자를 심문하여 신청의 허부에 대한 결정을 한다(제82조 제2항). 여기서는 제3자가 권리 · 의무를 승계하고 있는 것이 소명되고 있는지 여부가 심리대상이 된다. 이 소명이 있으면 제3자에게 인수를 명하고, 소명되지 않으면 인수신청을 각하한다.

나) 인수결정 후 승계인이 아님이 밝혀진 경우

① 인수결정 뒤 본안에 관한 심리 중에 권리 · 의무의 승계가 없다고 판명된 때(예컨대, 승계인이라고 할 수 없다는 판단이 든 경우로서 참칭승계인으로 밝혀진 경우), 법원은 어떠한 재판으로 결말을 맺어야 하는지가 문제된다.

② 이에 대해서는 ⅰ) 승계가 없으므로 당사자적격의 흠결로 소각하판결을 해야 한다는 견해(소각하설), ⅱ) 인수승계의 요건 흠결로 인수신청 자체를 각하하자는 견해(신청각하설), ⅲ) 인수결정이 행해졌으므로 본안문제로 취급하여 청구를 기각해야 한다는 견해(청구기각설)의 대립이 있다.

③ 판례는 이를 본안문제로 취급하여 청구기각해야 한다는 입장이다. 생각건대, 당사자적격은 주장 자체로 인정된다는 점, 실체법상 의무자인지 여부는 본안문제(본안적격)라는 점, 분쟁을 종국적으로 해결한다는 점에서 청구기각판결을 하여야 한다는 판례의 입장은 타당하다.

★[대판 2005.10.27, 2003다66691] 소송계속 중에 소송목적인 의무의 승계가 있다는 이유로 하는 소송인수신청이 있는 경우에 신청의 이유로서 주장하는 사실관계 자체에서 그 승계적격의 흠결이 명백하지 않는 한 결정으로 그 신청을 인용하여야 하는 것이고, 그 승계인에 해당하는가의 여부는 피인수신청인에 대한 청구의 당부와 관련하여 판단할 사항으로 심리한 결과 승계사실이 인정되지 않으면 청구기각의 본안판결을 하면 되는 것이지 인수참가신청 자체가 부적법하게 되는 것은 아니다.

➲ [해설] : 결국 주장하는 사실관계 자체에 의하여 승계적격의 흠이 명백하지 않으면 인수승계신청을 받아들이는 결정을 하고, 이후 심리를 진행한 결과 인수승계인이 권리·의무를 승계하지 않은 것이 밝혀지면 청구기각의 본안판결을 하여야 한다는 입장으로 정리할 수 있다.

(4) 효과

① 참가신청을 하면 참가시기에 관계없이 소송이 법원에 처음 계속된 때에 소급하여 시효의 중단 또는 법률상 기간준수의 효력이 생긴다(제82조 제3항, 제81조).

② 승계인은 전주의 소송상 지위를 승계하므로, 유·불리를 불문하고 참가할 때까지 전주가 한 소송수행의 결과에 구속된다.

4. 소송승계 뒤의 심리(소송관계)

(1) 소송상태의 승계

① 참가승계에 있어서 참가인은 상대방과 전주와의 사이에서 행하여진 변론이나 증거조사, 재판 등에 구속되는 소송상태 승인의무가 있고, 또한 인수승계에 있어서도 승계인은 소송상태 승인의무가 있어서 전면적으로 전주의 소송상의 지위에 구속된다. 따라서 승계인은 자기에게 유리·불리를 묻지 않고 전주와 동일한 소송상태에 놓이게 되고, 승계 전의 변론·증거조사는 전부 그 효력이 있으며, 시효중단이나 법률상의 기간준수의 효력도 소송계속 시에 소급하여 승계인에게 생긴다(제81조, 제82조 제3항).

② 또한 전주가 이미 할 수 없는 소송행위, 예 재판상 자백에 반하는 주장이나 시기에 늦은 공격방어방법을 제출하는 것 등은 승계인도 할 수 없다.

(2) 종전 당사자의 지위와 소송탈퇴

1) 탈퇴한 경우의 소송관계

① 전주라고 하여도 이미 계쟁물을 양도한 이상 상대방의 승낙을 얻어 탈퇴할 수 있고, 이 경우 전주는 당사자적격을 상실한다. 따라서 전주와 상대방 사이의 소송관계는 소송탈퇴로 적법하게 종료된다(대판 2011.4.28, 2010다103048).

② 결국 소송은 승계참가인과 상대방 사이에서 계속되고, 통상의 이당사자대립구조가 된다. 탈퇴자에게는 판결의 효력이 미친다(제80조).

2) 탈퇴하지 못한 경우의 소송관계

① 전주가 승계 여부에 대해 다투지 않으면서도 전주의 소송탈퇴에 「상대방이 동의하지 않아」 탈퇴하지 못한 경우, 최근 전원합의체 판례는 "원고 승계참가인과 피참가인인 원고의 중첩된 청구를 모순 없이 합일적으로 확정할 필요성 등을 종합적으로 고려하여, 승계로 인해 중첩된 원고와 승계참가인의 청구 사이에는 필수적 공동소송에 관한 민사소송법 제67조가 적용된다고 보아야 하므로, 종전 원고의 청구와 승계참가인의 청구가 통상공동소송 관계에 있다는 취지의 판결들은 이와 배치되는 범위 내에서 모두 변경한다."고 하였다.

★★★[대판(전) 2019.10.23, 2012다46170; 대판 2022.6.16, 2018다301350] 소송 계속 중 제3자가 민사소송법 제81조에 따라 소송에 참가한 후 원고가 제3자인 원고 승계참가인의 승계 여부에 대해 다투지 않으면서도 소송탈퇴, 소취하 등을 하지 않거나 이에 대하여 피고가 부동의하여 원고가 소송에 남아 있는 경우, 승계로 인해 중첩된 원고와 원고 승계참가인의 청구 사이에 필수적 공동소송에 관한 민사소송법 제67조가 적용되는지 여부(적극)

승계참가에 관한 민사소송법 규정과 2002년 민사소송법 개정에 따른 다른 다수당사자 소송제도와의 정합성, 원고 승계참가인(이하 '승계참가인'이라 한다)과 피참가인인 원고의 중첩된 청구를 모순 없이 합일적으로 확정할 필요성 등(→ 권리승계형 승계참가의 경우에도 원고의 청구가 그대로 유지되고 있는 한 독립당사자참가소송이나 예비적·선택적 공동소송과 마찬가지로 필수적 공동소송에 관한 규정을 적용하여 같은 소송 절차에서 두 청구에 대한 판단의 모순, 저촉을 방지하고 이를 합일적으로 확정할 필요성이 있다. 민사소송법 제81조는 승계인이 독립당사자참가에 관한 제79조에 따라 소송에 참가할 것을 정하는데, 제79조는 제2항에서 필수적 공동소송에 관한 특칙인 제67조를 준용하고 있으므로, 제81조는 승계참가에 관하여도 필수적 공동소송에 관한 특별규정을 준용할 근거가 된다)을 종합적으로 고려하면, 소송이 법원에 계속되어 있는 동안에 제3자가 소송목적인 권리의 전부나 일부를 승계하였다고 주장하며 민사소송법 제81조에 따라 소송에 참가한 경우, 원고가 승계참가인의 승계 여부에 대해 다투지 않으면서도 소송탈퇴, 소취하 등을 하지 않거나 이에 대하여 피고가 부동의하여 원고가 소송에 남아 있다면 승계로 인해 중첩된 원고와 승계참가인의 청구 사이에는 필수적 공동소송에 관한 민사소송법 제67조가 적용된다. 그러므로 2002년 민사소송법 개정 후 피참가인인 원고가 승계참가인의 승계 여부에 대하여 다투지 않고 그 소송절차에서 탈퇴하지도 않은 채 남아있는 경우 원고의 청구와 승계참가인의 청구가 통상공동소송 관계에 있다는 취지로 판단한 대판 2004.7.9, 2002다16729, 대판 2009.12.24, 2009다65850, 대판 2014.10.30, 2011다113455·113462 판결을 비롯하여 그와 같은 취지의 판결들은 이 판결의 견해에 배치되는 범위 내에서 이를 모두 변경하기로 한다.

➋ [사실관계 및 해설] : (1) 건설업체인 A는 B와 2003년 서울 강남구 일대에 다세대 주택 12세대를 재건축하는 공사도급계약을 체결했다. 하지만 공사계약에 따른 정산금을 제대로 지급받지 못했고, A는 B를 상대로 정산금 청구소송을 제기하였다. 이 과정에서 C는 A의 정산금 채권 중 일부에 관해 법원으로부터 채권압류 및 전부명령을 받았고, 1심 소송에 승계참가를 하였다. 한편 A는 채권 일부가 C에게 이전되었음을 인정하고 승계 여부에 대해서 다투지 않았으면서도 소송탈퇴 또는 소취하 등을 하지 않은 채 청구를 그대로 유지하였다. 제1심 법원은 원고가 참가인의 승계를 인정하였지만 자신의 청구 중 승계된 부분을 취하하지 않았으므로 원고의 청구를 기각하고 승계참가인

의 청구를 인용하는 판결을 선고하였다. 이에 승계참가인인 C와 피고 B는 1심 판결에 불복해 항소하였고, 원고인 A는 항소하지 않았다. 항소심(원심) 계속 중 B가 C의 전부명령이 압류 경합으로 무효라고 다투자 원고인 A는 부대항소를 제기하였다. 원심은 승계된 부분에 관한 원고 A와 승계참가인 C의 청구 사이에는 필수적 공동소송에 관한 민사소송법 제67조가 적용되어 제1심 판결에 대하여 승계참가인과 피고만 항소하였더라도 원고 청구 부분을 포함한 제1심 판결 전체의 확정이 차단되고 사건 전부에 관하여 이심의 효력이 생기므로 원고 A가 제기한 부대항소는 적법하다는 이유로, A의 부대항소를 받아들여 원고 A의 청구를 인용하고 승계참가인 C의 청구를 기각하였다. 이에 B는 상고심에서 "원고 A의 청구와 승계참가인인 C의 청구는 통상 공동소송 관계에 있으므로 A가 1심에서 패소한 뒤 불복하지 않은 이상 1심 판결 중 A에 대한 부분은 분리 확정되었다"며 "A의 부대항소는 부적법하고, 원심이 이를 받아들인 것은 잘못"이라고 주장하였다. 이에 대해 대법원은 위에서 설시한 법리에 따라 원심의 판단은 정당하다고 하였다. (2) 대법원에서는 원고 A가 C의 승계참가를 인정하면서도 그대로 소송에 남아있는 경우, 원고의 청구와 승계참가인의 청구 사이에 필수적 공동소송이 적용되는지 여부가 쟁점이 되었는데, 이에 대해 대법원은 이유에서 설시한 바와 같이, ① 중첩된 청구의 경우 원고의 피고에 대한 청구와 승계참가인의 피고에 대한 청구는 주장 자체로 법률상 양립할 수 없는 관계에 있는 점, ② 공동소송인 독립의 원칙을 관철할 경우 이 사건과 같이 피고에 대한 정산금채권이 인정되는데도 원고와 승계참가인이 모두 패소할 수 있는 부당한 결론(원고 청구는 기각으로 확정되고 승계참가인의 청구는 압류의 경합 등으로 인해 승계참가인의 전부명령이 무효가 됨으로써 기각되는 사정 등을 고려)이 내려질 가능성이 있으므로 이러한 불합리한 상황을 방지하고, 분쟁을 모순 없이 합일적으로 확정할 필요성이 있는 점 등을 고려할 때 위 판례의 결론은 타당한 것으로 생각된다.

② 다만 「피참가인과 참가인 사이에 승계의 유무나 효력에 관한 다툼」이 있어서 전주가 소송에서 탈퇴하지 못한 경우에는 독립당사자참가와 마찬가지로 3면소송관계가 성립하므로 독립당사자참가에 준하여 처리한다. 따라서 이 경우에는 제79조를 적용하여 심판한다.[39]

---

39) 누가 채무자인지 여부가 쟁점이 되는 인수참가의 경우라면 견해의 대립이 있으나, 채무자 합일확정의 필요상 예비적 공동소송의 형태가 된다고 보는 견해에 의하면 제70조의 규정을 유추적용하여 재판의 통일을 도모하고자 한다.

판례색인 ## 선고일자별 대법원 판결·결정 색인

1990년대

박문각 법무사

이혁준 민사소송법 정리
2차 | 기본강의

제10판 인쇄 2025. 11. 20. | **제10판 발행** 2025. 11. 25. | **편저자** 이혁준

발행인 박 용 | **발행처** (주)박문각출판 | **등록** 2015년 4월 29일 제2019-0000137호

주소 06654 서울시 서초구 효령로 283 서경 B/D 4층 | **팩스** (02)584-2927

전화 교재 문의 (02)6466-7202

이 책의 무단 전재 또는 복제 행위를 금합니다.

정가 54,000원
ISBN 979-11-7519-325-3

MEMO

MEMO